西方哲学史

叶秀山 / 王树人
——— 总主编

学/术/版

古代希腊与罗马哲学 ［上］

姚介厚 著

江苏人民出版社

图书在版编目(CIP)数据

西方哲学史：学术版. 古代希腊与罗马哲学 / 叶秀山，王树人主编；姚介厚著. — 2 版. — 南京：江苏人民出版社，2023.2

ISBN 978 - 7 - 214 - 24265 - 5

Ⅰ. ①西… Ⅱ. ①叶… ②王… ③姚… Ⅲ. ①西方哲学—哲学史②古希腊罗马哲学 Ⅳ. ①B5②B502

中国版本图书馆 CIP 数据核字(2019)第 270783 号

西方哲学史(学术版)

叶秀山　　王树人　总主编

书　　　名	古代希腊与罗马哲学
著　　　者	姚介厚
责 任 编 辑	戴亦梁
装 帧 设 计	刘葶葶
责 任 监 制	王　娟
出 版 发 行	江苏人民出版社
地　　　址	南京市湖南路 1 号 A 楼,邮编:210009
照　　　排	江苏凤凰制版有限公司
印　　　刷	苏州市越洋印刷有限公司
开　　　本	652 毫米×960 毫米　1/16
印　　　张	74.25　插页 8
字　　　数	990 千字
版　　　次	2023 年 2 月第 2 版
印　　　次	2023 年 2 月第 1 次印刷
标 准 书 号	ISBN 978 - 7 - 214 - 24265 - 5
定　　　价	370.00 元(精装上下册)

(江苏人民出版社图书凡印装错误可向承印厂调换)

目　录

绪　论

本卷的内容是古代希腊与罗马哲学。它延续的时间很长,从公元前6世纪初早期希腊哲学产生,至公元529年东罗马帝国皇帝查士丁尼关闭雅典的柏拉图学园标志着古代希腊罗马哲学的终结,长达1 000余年。由于罗马时代的哲学是从希腊哲学变迁而来的,不少西方哲学史著作将罗马哲学视为晚期希腊哲学的组成部分,罗马哲学也就成了希腊哲学史的附属之尾。无疑,在古代西方,希腊哲学最有开创性、持续性,罗马哲学深受希腊哲学的熏陶,但是罗马哲学其实有其自身体现罗马文明时代特征的文化精神,在理论形态上也有别于希腊古典文明和希腊化文明时代的哲学,所以本书不将罗马哲学看做希腊哲学的简单延伸与附属部分,而将有专门论述。

古代希腊罗马哲学是西方哲学之源,奠立了西方哲学与文化的传统,历来是在各历史阶段激发活力的西方文化研究的重要领域,至今仍在深刻影响着西方哲学的演进。它那富有活力、博大精深的思想内容,在古代世界文明中是很突出的,是全人类的珍贵文化宝藏。

那么,为什么西方哲学最早发源于地中海地区的希腊、罗马民族,并达到高度繁荣? 古代希腊罗马哲学自身又是如何演进的? 我们研究古代希腊罗马哲学的根据与方法是什么? 哲学作为抽象的理论思维,是一个民族进入文明社会后才产生的。每一个时代的哲学,都是它那个时代的社会现实与精神生活的集中表现,所以"任何真正的哲学都是自己时代精神的精华",那个时代的"人民最精致、最珍贵和看不见的精髓都集中在哲学思想里"。① 哲学是文明的理论核心与活的灵魂,它的发生与发展是和一定历史阶段的文明形态紧密关联的。

"文明"不单纯是地理、种族、宗教、语言意义上的范畴,而是指人类在实践中实现自身的本质力量所创造的物质文化、制度文化与精神文化的总和,是特定历史阶段的经济结构、政治结构和文化精神的综合,或是一种广义的文化共同体。文明时代相对"蒙昧时代"(旧石器时代)和"野蛮时代"(新石器时代)而言。人类随着原始氏族社会解体、私有财产与奴隶制出现,才进入文明社会,这也是哲学产生的基本社会历史前提。古代希腊罗马哲学是西欧古典文明的产物。正是这种西欧古典文明的特殊形态,为希腊罗马哲学的高度发展提供了社会与文化基础。

西欧古典文明指处于奴隶制时代的古希腊罗马的文明。它发端于约公元前 2000 年的克里特文明,崛起在近东的古埃及文明和两河流域文明之后,终结于公元 476 年西罗马帝国灭亡,和中华文明、印度文明有大体同样久远的历史。它依次包括爱琴文明、希腊古典文明、希腊化文明、罗马文明等四个阶段性文明。它的地域范围并不限于现今的希腊和意大利,而是首先发源于爱琴海域的希腊半岛,渐次向地中海四方伸展、扩张。全盛时,东连小亚细亚西部,北抵黑海以至欧陆中西部腹地,西及比利牛斯半岛,南达非洲北部,有横跨欧亚非三洲开阔疆域之优势。当欧陆中北部的所谓蛮族还过着迁徙不定的游牧生活时,古代希腊与罗马民族已先后在地中海的历史舞台上勃发生机与才智,创建了独特成型的社会制度,盛开了绚丽多彩的精神文化之花。这一古典文明在和埃及、巴比伦两大近东文明相互辉映与交融中熠熠生辉,显示了悠久的生命力,为西欧文明奠定了深厚的基础,成为全部西方文化的源泉。古代希

---

① 见《马克思恩格斯全集》第 1 卷,第 120—121 页,人民出版社,1956。

腊罗马哲学正是根植于西欧古典文明的土壤中而勃发多姿的。

马克思曾将古代民族的发展加以比较，说："有粗野的儿童，有早熟的儿童。古代民族中有许多是属于这一类的。希腊人是正常的儿童。"①他在《1857—1858 年经济学手稿》中，区别了向文明社会过渡的三种形态：一是东方（埃及、巴比伦文明等）向专制主义过渡的形态；二是古代希腊罗马的形态；三是日耳曼的形态，这里暂可不论。他是从原始氏族社会向奴隶制社会的所有制转变的不同方式这个根本点，来说明前两种文明形态的差异的。第一种转变形成"亚细亚的所有制形式"，其特征是凌驾于部落"这一切小的共同体之上的**总合的统一体**表现为**更高的所有者或唯一的所有者**，实际的公社却只不过表现为**世袭的**占有者"，就是说，由作为"共同体之父的专制君主"体现"最终作为个人而存在的更高的共同体"，占有公社的财产即剩余产品，"而这种剩余劳动既表现在贡赋等等的形式上，也表现在为了颂扬统一体——部分地是为了颂扬现实的专制君主，部分地为了颂扬想象的部落体即神——而共同完成的工程上"。② 在这种文明形态中，君主、贵族、祭司以"更高的共同体"的体现者的名义，占有原先氏族公社的财产，并以专制方式掌管社会公共事务与宗教事务，统治全体社会成员，这样变成的奴隶制社会没有破坏原先氏族制度的血缘关系这根自然纽带，反而使它强化了；各个小公社彼此独立地勉强度日，个人与家庭单独地被束缚在份地上从事劳动，商品生产得不到较大发展；而宗教及祭司集团和专制政权紧密结合，使宗教森严可怕，用至高无上的神权表现、巩固专制制度，于是就有埃及的金字塔、巴比伦的通天塔等颂扬专制君主与神的工程。而第二种向古希腊罗马文明转变的"古代的所有制形式"，是"原始部落更为动荡的历史生活、各种遭遇以及变化的产物"，其特征"是把城市即已经建立起来的农村居民（土地所有者）的居住地（中心地点）作为自己的基础"，在这城市即城邦

---

① 《马克思恩格斯选集》第 2 卷，第 114 页，人民出版社，1972。
② 见《马克思恩格斯全集》第 46 卷（上），第 472—473 页，人民出版社，1979。

的基础上，同专制君主等以"更高的共同体"名义占有的原先公社财产相区别，个人与家庭财产较大地发展起来。"单个人的财产在事实上只靠共同劳动来利用（例如象东方的灌溉渠道那样）的可能性越少，纯粹自然形成的部落性质由于历史的运动、迁徙而受到的破坏越大，部落越是远离自己的原来住地而占领异乡的土地，因而进入全新的劳动条件并使每个人的能力得到更大的发展……那么，单个人变成归他和他的家庭独立耕作的那块土地——特殊的小块土地——的私有者的条件就越是具备"；而城邦国家"是这些自由的和平等的私有者间的相互关系，是他们对抗外界的联合；同时也是他们的保障"。① 古希腊罗马人以这种方式进入文明社会，分工与商品经济的形成发展在其中起有巨大的历史推动作用，其加速了个人与家庭同氏族公社及自然血缘关系分离且独立的过程，导致氏族制度全部瓦解和新的国家政治制度确立，所造就的独特的奴隶制也充分、成熟地经历了各发展阶段；而这里的宗教也相对宽松，有人性化特点，没有同政权紧密结合成一种压制、窒息思想文化的专制势力。这就使古希腊罗马人有较大的自由空间获得经济、政治、文化上的自主发展，从而发挥了巨大、生动的文化创造力。

马克思关于西欧古代文明的论述是很精辟的，表明古代希腊罗马哲学的发展有深刻的社会历史基础。早先产生的近东文明虽有保守性，但它们的文化成就对古代希腊罗马哲学也有重要影响。而哲学作为远离经济基础的一种文化样式又有相对的独立性，更直接地表现为它和其他文化样式的相互制约与渗透，有其自身演进的内在逻辑。

在绪论中，我们要概略考察西欧古典文明的演变，从总体上理解古代希腊罗马哲学产生与演进的社会历史基础，并概述古代东西方文明的文化交往、希腊罗马哲学和其他文化样式的相互关系，简要考察古代希腊罗马哲学的成因、发展的基本线索以及它在西方文明中的历史地位；同时，简要论述有关希腊罗马哲学的分期和研究方法。

---

① 见《马克思恩格斯全集》第 46 卷（上），第 474—476 页，人民出版社，1979。

爱琴文明

西欧古典文明不是凭空发生的,它的产生是西欧文明史前社会演变的结果。

西欧自有人类活动起,历经了约 30 万年的漫长时间才开始步入文明社会。爱琴海域的克里特岛和希腊本土及小亚细亚,率先分别于约公元前 2000 年和前 1200 年进入奴隶制社会,罗马则在公元前 8 世纪至前 7 世纪左右才步入文明时代,西欧中部、北部的日耳曼人还长期滞留在氏族社会末期,直到公元 2 世纪后才逐渐先后完成这种过渡。

西欧古典文明最早起源于爱琴海地区,后者包括希腊半岛、爱琴海诸岛和小亚细亚西岸。小亚细亚位于现在的土耳其,古代称安那托利亚(Anatolia),腓尼基人开始称它为"亚细亚",意思为"东方",其希腊文的意思是"太阳升起的地方",后来此名扩展指谓所有东方的亚洲,原来安那托利亚地区及附近诸岛就被称为"小亚细亚"。爱琴海地区位扼欧亚非三洲交通之要冲,地理环境特色为地少山多、海岸曲折、岛屿密布,为温和的地中海气候,冬雨夏爽,适于橄榄、葡萄生长,发达的航海业便于和近东先进文明建立联系。

据考古发掘的遗址证实,远在公元前 7000—前 6000 年,这里就有旧石器时代、新石器时代的先民。而之后的远古历史以往并不清楚。19 世纪 70 年代,格罗特(G. Grote)等著名史学家认为爱琴文明始于荷马时代或自公元前 776 年起的奥林匹亚竞技纪年,之前只有模糊不清的传说。然而,荷马史诗曾吟述爱琴海南端的克里特岛土地富庶、人口众多,远古就有"城市 90 座";古希腊史学家希罗多德、修昔底德都记载过克里特王(米诺斯)最早组织海军,是征服许多土地的统治者;希腊哲学家亚里士多德也指出米诺斯"获得了爱琴海帝国"。还有,荷马史诗《伊利昂记》描写迈锡尼王阿伽门农率希腊大军攻陷爱琴海域的小亚细亚西岸特洛伊城的故事,也曾被认为只是诗人的虚构,并无历史根据。19 世纪 70 年代

至 20 世纪初期,德国谢里曼、英国伊文斯、希腊卡洛凯里洛斯等执着的
考古学家,历经辛劳,终于发掘出克里特的克诺索斯王宫遗址、特洛伊的
9 层城垣遗址和迈锡尼的竖井状、圆顶状王家墓。以后其他学者又结合
埃及、赫梯及希腊的文物和文献细加研究,确证了爱琴文明的久远历史。
它包括:克里特文明和迈锡尼文明时代(前 20—前 12 世纪),荷马时代
(前 11—前 9 世纪),兴建希腊城邦的古朴时代(前 8—前 6 世纪)。

在爱琴文明中,希腊各部族确实历经动荡的历史生活和各种曲折的
遭遇、变化,终于形成后来作为希腊哲学主体的希腊民族,发展出独特成
型的城邦奴隶制文明,并且产生了萌发哲学思想的希腊神话这种精神文
化。爱琴文明是希腊民族与希腊文化的摇篮。

克里特岛横列爱琴海南端,在北非和希腊之间,公元前 3 000 年已向
青铜文化过渡,出现了私有制。公元前 20 世纪已合并奴隶制小国,建立
以克诺索斯为首都的统一王朝,国王称米诺斯,岛人亦称米诺斯人。祖
先可能是来自小亚细亚和埃及的混合民族。当时首都即有人口 10 万,
农业、工商业和航海贸易相当发达,同小亚细亚、希腊半岛和埃及有频繁
的经济与文化交往。王朝拥有强大的造船业和舰队,获有海上霸权,其
势力范围东自小亚细亚、西至南意大利。所用语言非希腊语,文字已从
象形文转变为线形文,王宫所存数千块属经济档案的泥版文书,使用线
形文 A,可惜至今尚未能解读。亚里士多德曾说过米诺斯是远古的立法
者,斯巴达的法制从其遗制学来。米诺斯的文化已较繁荣,建筑术尤为
高明。王宫面积达 22 000 平方米,房屋 1 500 间,构筑精致小巧,寝宫所
附浴室、厕所使用自来水,而西方人 19 世纪才有这种设施。金银、彩陶
工艺品精巧秀丽,许多壁画表现了渔民生活和航海活动,灵秀清逸或自
由奔放,堪称得希腊古典时代艺术风格之先。米诺斯人已有宗教思想,
崇拜自然的一元神教,主宰天地、司善亦司恶的主神是女神。克里特岛
的主要地区曾三次被毁,其原因可能是火山爆发或大地震,克里特文明
从此逐渐衰落。

公元前 1400 年左右,迈锡尼人征服克里特岛,取代并部分接续了它

的文明。迈锡尼在希腊半岛的伯罗奔尼撒东北部,居民是公元前 2000
年左右部落大迁移中从巴尔干北部南下的印欧语族阿卡亚人。公元前
15 世纪他们已使用希腊语(阿卡亚方言为主),建立起贵族奴隶制王朝。
王朝的势力范围遍及希腊本土和爱琴海地区,现已发现的迈锡尼文明遗
址遍布这些地区,有 1 000 处以上。现存的许多泥版文书的线形文字 B
已被成功解读,它记录了大量使用奴隶和土地占有的情况。迈锡尼的线
形文字、城堡建筑与工艺品,都近似于米诺斯文明,两者都还没有哲学思
想的痕迹。公元前 1250 年以后,迈锡尼和与之交往密切的埃及、赫梯都
处于盛极而衰的时期。约在公元前 1200—前 1170 年间,爆发了荷马史
诗《伊利昂记》所写的特洛伊战争。特洛伊别名伊利昂,处在小亚细亚西
北达达尼尔海峡和爱琴海连接之处,是逆流北入马尔马拉海和黑海的唯
一通道。海峡水流湍猛、风急浪高,航行至此只能从陆上拖运船只、驮运
货物,所收税金与运费就是重要财源,加之特洛伊土地肥沃,农牧工商业
皆很发达,所以很是富裕。传说的特洛伊战争起因是:迈锡尼王阿伽门
农因其弟斯巴达王门涅劳斯之妻海伦被特洛伊王子帕里斯诱拐,遂率希
腊诸部族联军围攻十年而使特洛伊城陷落,这是希腊本土部族首次集成
一体行动,但还算不得联合成希腊民族。其实,发动这次战争的真正目
的是掠夺该地财富,占有扼据航运要冲的财源。这是迈锡尼文明衰落之
际的最后挣扎。战争的历史后果是两败俱伤,特洛伊城毁灭了,残存居
民沦为奴隶,希腊本土也元气大伤,迈锡尼宫廷陷入内乱的流血悲剧。
希腊北部的多立斯人乘虚而入,征服除雅典之外的希腊本土,希腊文明
进入一个曲折的历史时期。

从公元前 11 世纪初往后 300 年间,西方史学家称为黑暗时期。半
农半牧原始部族的多立斯人摧毁希腊本土城镇,破坏手工业与商业,文
化也凋零没落。已发掘的此时期的粗劣陶器,只有原始几何形风格。这
一时期又称荷马时代,因为传说中的盲诗人荷马在公元前 9 世纪融合历
史与神话传说创作的史诗《伊利昂记》、《奥德修记》中,描写了迈锡尼文
明末期的故事,其实也反映了他所处时期的社会环境与生活方式。荷马

时代的希腊已从奴隶制倒退为氏族部落组织的军事民主制阶段,但这种历史曲折中又孕育着一些新的重要因素,对向希腊古典文明进展实有深刻影响。(1)使用铁器。冶铁术最早于公元前16世纪在小亚细亚北部的赫梯势力范围内发明,是秘而不宣的专利,铁价贵似黄金。多立斯人南下带来了冶铁术,铁器逐渐在希腊的农业、手工业中推广使用,荷马史诗描写阿喀琉斯发给运动员的奖品就是一大块圆形生铁,说足够他耕用五年。如恩格斯所说,铁是在历史上起过革命作用的各种原料中最后的和最重要的一种原料,铁使大面积农耕成为可能,并提供了当时其他金属不能抵挡的工具。[①] 这促使个体家庭私有经济在部族内部较多地自由发展,避免了贵族奴隶主以"王者"名义垄断部族公社的经济,也就使以后希腊城邦奴隶制得以有较高的生产力起点,充分发展为一种如马克思所说的独特的"古代的所有制形式"。(2)军事民主制的部落组织设立了三个权力建制,即氏族贵族的议事会、全体成年男子参加的民众大会和军事首长(巴赛勒斯,Bassileus)制。这种"自然长成的民主制"是以后希腊城邦国家由以形成政治建制的雏形。(3)结束了早期希腊部落经常大迁徙的动荡历史,从部落向民族过渡,形成了伊奥尼亚人、埃俄利亚人和多立斯人三个希腊民族集团,而稳定的居住区内的人又融合成较稳固的地区共同体,后来就转变为城邦。当时已开始发生有序的移民潮,如抵挡住多立斯人侵扰的雅典就接受了大量避难移民而实力大增。雅典推动伊奥尼亚人在小亚细亚与爱琴海岛屿的移民活动,建立起最早生发哲学的米利都、爱菲斯、萨摩斯等名城,这是之后扩展希腊城邦的殖民运动的先驱。(4)产生了精神文化的重要结晶,即两部荷马史诗《伊利昂记》、《奥德修记》和公元前8世纪赫西奥德写的两部长诗《工作与时日》、《神谱》。它们以不同方式映现或梳理了早期希腊的社会生活、神话传说、经验知识、伦理德性,体现了希腊先民勤劳奋斗的英雄主义精神,这和以后的多类希腊古典文化有密切的源流关系;并且它们最早以神话形式孕育

---

① 见《马克思恩格斯选集》第4卷,第159页,人民出版社,1972。

了哲学思想与传统伦理思想,这是希腊哲学史前的哲学思想萌芽形式。

公元前 8 和前 7 世纪的古朴时期,实为兴建、扩张希腊城邦的重要时期。以铁器为代表的生产力的发展,促成经济复兴、阶级分化,导致城邦形成。公元前 8 世纪中叶从小亚细亚到希腊半岛已星罗棋布地建立了 408 座城邦。城邦(polis)原由卫城(acropolis)发展而来,是以一个城市或大村镇为中心、有独立主权的奴隶制小国。最大的城邦斯巴达在国势最盛时领土面积也不过 8 400 平方公里,雅典城邦面积只有 2 556 平方公里,普通城邦方圆数十里,居民万余人。荷马时代已有的铁器生产力与小型奴隶制家庭经济稳定结合,军事民主制则演变为城邦政治建制,这些重要历史因素都使希腊城邦没有神授的统一专制王权,而有别于一些近东文明的政体。诸城邦各自独立,是多中心的,但互相之间又有密切的经济联系和民族文化的同一性。那时,各城邦的人都自称"希腊人"[取自传说中伊奥尼亚、埃俄利亚和多立斯三族始祖的共同之父希伦(Hellen)之名],以区别于"异族人"(barbarians)。公元前 8 世纪左右,通过改造先进的腓尼基文的 22 个拼音字母(只有辅音无母音),加上母音,形成统一使用的希腊文字,这是创生希腊精神文化包括哲学的重要工具。首届奥林匹亚竞技会于公元前 776 年举行,四年一届的运动会是全希腊规模最大的盛会,成为各城邦共同的节庆和纪年;德尔斐神庙供奉的阿波罗神于公元前 700 年成为全希腊崇拜的民族神,是统一的希腊民族的象征。各城邦的社会制度、风俗习惯、宗教信仰、文化传统有着一致性。这种统一的民族意识后来使希腊各城邦迅速团结起来抵御波斯帝国的入侵。希腊城邦的奴隶制是小规模、分散型的,因而更需要加强各城邦之间以及它们同外部世界之间的工商贸易,加上得天独厚的航海条件,因此发展商品经济比较充分;而希腊各城邦虽有不同政制,但公民皆可参加公民大会,有相对多的政治权利。这类经济、政治条件使希腊人有较为开阔的视野、活跃的心智,并能较快、较多地吸纳早已丰富的近东文明成果,来创造自身的新文化,从而成为善于"哲学思维"的民族。所以此时希腊城邦制的兴建至为重要,它为继之而来的希腊古典文明奠立了社会基础。

希腊城邦建立后,普遍出现了大规模的殖民运动,就是城邦组织部分居民迁移到海外"异乡"另立家园,建立新的殖民城邦。它不同于自发的部族迁徙和移民,而是城邦为解决自身的发展问题有组织地进行扩张的方式;它也不同于近代资本主义的殖民侵略与统治,因为殖民城邦和母邦属于同一希腊民族,有共同的文化和相似的社会制度,在政治、经济上基本平等,不是殖民地和宗主国的关系。在从公元前8世纪初起经历了200多年的殖民运动中,希腊人扬帆远渡、开拓疆域,展开了希腊世界向四面八方扩展而趋于丰满的壮观画面。据统计,先后参加殖民的城邦共有44个,在比希腊本土远为广大的海岸地带共建殖民城邦140多座。① 小亚细亚早有希腊哲学发源地米利都、萨摩斯等殖民城邦,又东进叙利亚、埃及设立商站殖民点。西向殖民最宏伟,在南意大利和西西里岛广建克罗顿、塔壬同、爱利亚、叙拉古等众多名城,它们也是早期希腊哲学的重镇,此地区后来被罗马人称为"大希腊";往西更远至今法国南部建立马萨利亚(今马赛),又在西班牙建立埃姆波利艾城邦。北向殖民直达黑海广大地区,包括后来的历史文化名城拜占庭。南向殖民则在北非利比亚建立居勒尼等一些城邦。殖民的原因是希腊山多地薄、土地有限,人口增长的压力突出。马克思指出:在古代希腊和罗马,周期性殖民是社会制度的一个固定环节,因为国家制度建立在人口的一定限度上,超过这个限度古代文明就有毁灭的危险;为了保存自己的文明,以免遭受把自由民变为奴隶的沉重体力劳动的折磨,"唯一的出路就是强迫移民"。② 殖民运动影响之广泛、意义之深远,古无先例。希腊城邦的巨大扩张,奠定了希腊古典文明时代的开阔疆域,它们如雨后春笋般茁壮成长在地中海、黑海地区,希腊人比喻它们像是围着地中海这个"大池塘"此呼彼应的青蛙,母邦与新邦密切联系、互惠互益,增强了经济实力,巩

---

① 见《剑桥古代史》(*Cambridge Ancient History*)第3卷第3分册,第160—162页,剑桥,剑桥大学出版社,1982。
② 见《马克思恩格斯全集》第8卷,第618—619页,人民出版社,1961。

固了城邦制度。殖民运动造就了一个海陆交错、东西方联结的,古代地中海地区最大的贸易圈和经济圈,这就大大促进了工商业贸易,使希腊在古代世界中发展了独特、充分的奴隶制商品经济,壮大了工商奴隶主及平民的力量,有利于形成民主政治。东西方的文化交流更为扩大、频繁,给希腊带来更多的东方文明成果,并使希腊人得以在更广阔的实践活动中,培育科学见识,孕生哲学智慧。希腊古典时代的科学与哲学思想就是首先兴起于比希腊本土经济更早繁荣的东西部的殖民城邦,而后才进入希腊本土的。

总之,爱琴文明历经 1500 年漫长之途,终于从经济、政治、社会生活与文化环境等方面准备了充分条件,迎来了光辉灿烂的希腊古典文明,因而有希腊哲学的诞生。

希腊古典文明

从公元前 6 世纪初至前 4 世纪 30 年代的希腊古典文明,是西欧古典文化奠立根基和全面鼎盛的时代,也是希腊哲学产生并发展至全盛的时代。公元前 6 世纪初至前 5 世纪中叶,科学与早期希腊哲学的启蒙思想清风先在小亚细亚和南意大利的殖民城邦生起,尔后在以雅典为中心的希腊本土吹开文化领域的百花,整个希腊世界辉耀着灿烂的古典文化。公元前 5 世纪中叶至前 4 世纪末叶,希腊古典哲学也走向全面鼎盛。这种古典文明,本质上表现了臻于成熟、处于全盛的希腊城邦奴隶制社会的时代特征和文化精神,造就了光彩夺目的希腊古典哲学。

一 历史盛衰

(一)希腊城邦的发展

希腊城邦的发展是多中心、多样态、不平衡的。

小亚细亚诸城邦较少氏族血缘制的历史羁缚,工商贸易发达,又较多地直面近东的埃及文明和巴比伦文明,在公元前 6 世纪初就已繁荣起来,孕生了伊奥尼亚的科学与哲学思想,吹拂起早期希腊古典文化的清风。西方第一位哲学家泰勒斯就是在繁盛之邦米利都建立学派的。而当时希腊本土的城邦还处在破除氏族血缘关系、完成建立城邦社会制度的过程中,精神文化上尚无明显建树。

希腊本土的各城邦,由于所处历史环境不同,它们建立起来的经济和政治体制也不一样。

位于伯罗奔尼撒东南部拉哥尼亚地区的斯巴达,经过传说中的立法者莱喀古斯(Lycurgus)根据德尔斐神谕颁布"瑞特拉"(Rhetra,意为"法令")的改革,已形成贵族寡头统治的国家制度。它按地区组成新的部落和选区,用按地区划分国民的户籍原则代替氏族组织的血缘原则,建立奴隶主贵族控制的三十人议事会,民众大会形同虚设,名义上保留的多立斯传统的"双王制"已无王权之实,因为双王只是议事会成员,而5名贵族监察官愈益专权。斯巴达实行残酷的奴隶制,它先后征服邻邦希洛和麦西尼亚,将两地居民掠为奴隶,皆称为希洛人;土地和奴隶均属国家所有,分给自称"平等人公社"的成员世袭占用,不得买卖,约9 000户奴隶主残酷奴役并可任意虐杀希洛人。斯巴达公民不能从事工商业,全民皆兵,男女从小至60岁都要接受严格的军事训练,过军营集体生活,以外出征战和镇压希洛人为天职。斯巴达因拥有强大的陆军而渐成霸主,控制了周围各邦,组成军事性质的伯罗奔尼撒同盟。这种军事统治窒息了科学文化,不能滋育哲学之花。

雅典位于希腊半岛南部的阿提卡地区,土壤贫瘠。先民引进橄榄、葡萄种植技术,农业才有发展。它还拥有矿藏和良港资源。在迈锡尼文明时期,雅典曾是小王国,多立斯人入侵后王国被灭,但雅典城邦仍挺立。传说中的英雄人物提修斯的改革,是在荷马时期重建雅典国家和立法。它以协议而非征服方式联合各村社,建立中央议事会(塞诺西辛),跨出摧毁氏族制度的第一步;它又将公民分为贵族、农民和手工业者三个等级,他们都可参加公民大会,但只有贵族能当官掌权。雅典一度保留国王名义,但王权衰微,实权由贵族执政官垄断。他们施行虐政,放高利贷,搞土地兼并和债务奴隶制,使平民无以为生。德拉古立法更使债务奴隶合法化,而且用刑严酷。至公元前 7 世纪末叶,贵族和平民的斗争已很尖锐,发生了基伦反叛事件并被镇压。亚里士多德描述道:当时土地集中于少数人,贫民全家被称为被保护民和"六一汉"(只能得到 1/6 的收获,余皆纳租),如不能纳租还债就要被捕,"成为富人的奴隶";当时雅典的宪法"完全是寡头政治的","在群众眼中,宪法上最残酷和苛虐的部分就是他们的奴隶地位"。① 雅典因得益于地中海贸易圈的形成而兴起工商业,新兴工商奴隶主已崭露头角并倾向于平民。

(二)雅典的经济和民主政治改革

雅典崛起,成为希腊古典文明的中心,正是由于它进行了长达一个多世纪的经济和民主政治改革。

被誉为"七贤"之一的杰出政治家梭伦是这场改革的创始人。他也是一位颇负盛名的学者、诗人。公元前 594 年他被选为执政官兼仲裁,握有全权,开始进行了历史影响深远的经济与民主改革。他主要采取三大立法措施:(1)发布"解负令",禁止人身担保的借贷,废除债务奴隶制,并规定个人占有土地的最高限度,使平民重新成为土地的主人。梭伦曾自豪地赋诗,称正是他为土地"拔掉了树立着的许多界标:以前她曾是一个奴隶,而现在已经自由"②。(2)按照每年的财产收入(以麦斗估价),将公民分为五百斗者、骑士(三百斗)、双牛者(二百斗)和日佣(不足二百斗),前三个等级可选任不同级别的官员,第四等级只可参加公民大会与陪审法庭。以私有财产规定公民权利与义务,打击了氏族贵族势力,有利于工商奴隶主得势。(3)政治体制上以公民大会为最高立法机构,以由四部落抽签选举而组成的四百人议事会作为行政机构,并设立公民皆可参与和上诉的陪审法庭。这使雅典民主体制基本成形。梭伦还采取一系列措施保护公民的人身权利,鼓励工商业发展,引进外邦技术人才

---

① 见亚里士多德《雅典政制》,日知、力野译,第 4—5 页,商务印书馆,1959。
② 同上书,第 15 页。

与技艺教育。亚里士多德说他"采取曾是最优良的立法,拯救国家"①;恩格斯指出他以"侵犯所有制"揭开了"政治革命"②,就是打击氏族贵族对土地的大规模占有与兼并,扶持平民的小土地所有与工商经济,使其和民主改革相辅相成。

政治改革在贵族寡头派和平民民主派的反复较量中取得进展。公元前541—前527年的庇西特拉图僭主统治,以温和宪政推行梭伦的立法。他还给山区贫民发放贷款,鼓励农民耕作,颁行全国所得税,用经济办法增加国家收入,同时免除最贫苦农民的赋税;他还在雅典大兴城市建筑和文化教育事业,荷马史诗就是经他主持审定后成为当时的课本的。公元前506年选任首席执政官的克利斯提尼,实行摧毁氏族贵族反抗的更为彻底的政制改革,其要义为:废除4个血缘部落,代之以10个新选区,消除氏族关系残余;由10个选区抽签选举产生五百人议事会和十执政官,所有公民都可选任,扩大了民主;由各选区选举组成十将军委员会,军事执政官为首席将军,指挥由各选区征兵配备的强大武装力量;实行"贝壳流放法",公民大会每年用贝壳投票,决定将危害民主与国家安全的人流放国外十年。克利斯提尼被称为雅典民主制之父。亚里士多德说他的宪法"比梭伦宪法要民主得多"③。恩格斯评述道:"现在已经大体上形成的国家是多么适合雅典人的新的社会状况,这可以从财富、商业和工业的迅速繁荣中得到证明。"④雅典及其代表的希腊古典文明从此蒸蒸日上。

(三)希波战争及其影响

希波战争是确立希腊古典文明、捍卫新生民主制的重要契机。

公元前6世纪末期,最初崛起于伊朗高原的波斯帝国早已征服新巴比伦,消灭吕底亚、米底亚等王国而占领小亚细亚,势力范围抵及两河流

---

① 亚里士多德:《雅典政制》,日知、力野译,第13页,商务印书馆,1959。
②《马克思恩格斯选集》第4卷,第110页,人民出版社,1972。
③ 亚里士多德:《雅典政制》,第26页。
④《马克思恩格斯选集》第4卷,第115页。

域、埃及与印度三大文明地区。它实行行省制的君主专制统治,而又相对宽容地允许各民族文化多样发展,并吸收众多地区包括希腊的优秀文化成果,造就了一种独特、强盛的文明。

此时的波斯帝国野心勃发,不断西进,先是侵占爱琴海北部色雷斯地区,阻断希腊与黑海的通道,并攻陷小亚细亚米利都等希腊城邦。公元前492—前449年近50年间,大流士和薛西斯二帝迭次率5万以至50万—60万海陆大军进犯希腊本土。已强盛的雅典修好斯巴达,会盟250个城邦,团结希腊民族英勇御敌。经过马拉松、温泉关和萨拉米海域等著名战役,终于彻底击败波斯帝国。

希波战争有深远的历史意义。希腊民族捍卫了自由与独立,激发出高昂的爱国主义与民族意识,巩固了希腊城邦制与雅典民主制。雅典则以提洛同盟盟主称雄,获得主导希腊古典文明的实力。就世界文明格局而言,如若希腊失败,西欧古典文明就会夭折,波斯文明就会扩据地中海地区,西欧历史就会重写,甚至会中断、扼杀正在生发的早期希腊哲学。而希腊胜利,则形成了之后欧亚版图的总体格局和东西方文明并峙发展的基本态势,保证了早期希腊哲学向希腊本土转移而趋于兴盛。这种战争形式的文明冲突毕竟是暂时、有限的,不同文化的交流、融合并未被阻断,反而增进了。原子论者德谟克利特就是在此时向波斯玛伽僧侣和迦勒底星相家学习了天文知识;小亚细亚的许多知识人士移居希腊本土,带来先进的科学文化,阿那克萨戈拉进入雅典传布启蒙思想,开创了希腊本土哲学。早期希腊哲学正是兴起在雅典民主制确立与希波战争时期,它是科学启蒙与民主精神的产物。

(四)伯里克利时代

马克思说,"希腊的内部极盛时期是伯利克里(即伯里克利——引者)时代"[1]。克利斯提尼的外甥伯里克利是富有才智、清正廉明的杰出政治家。他击败贵族派政治家西蒙,从公元前461年至前429年执掌政

---

[1]《马克思恩格斯全集》第1卷,第113页,人民出版社,1956。

权 32 年,使雅典成为全希腊的政治、经济和文化中心。这是希腊古典文明达于鼎盛的黄金时代。

希波战争胜利后,提洛同盟已变成雅典帝国称霸的工具,300 多个盟邦被雅典勒索每年交纳盟金,雅典年存款达 9 700 塔兰同,工商贸易遍及地中海海域,拥有发展经济、扩充军事、繁荣城市建筑与文化事业的强盛实力。

伯里克利进而推行民主政治革新:公民大会真正成为最高权力机构,所有公民都可以直接参政,参加投票、选举和参与决策;公民大会和五百人议事会、陪审法庭、十将军委员会之间有了严格的权力制衡;各级官吏向一切公民开放,都以抽签方式产生,并为任职和参与政治活动的公民发放工资或补贴,公民一生中总有能够在政治机构中任职的机会。已臻完善的雅典政制在城邦奴隶制的历史条件下,初步体现了主权在民(当时雅典的公民)、依法治国和权力制衡的原则,堪称古典城邦民主政治的典范。伯里克利在演说中自豪地说:雅典民主政治制度"是别人的模范",因为"政权是在全体公民手中",人人"在法律上都是平等的",都能以"真正才能"而出任公职,都能"独立自主"并充分表现"多才多艺",所以雅典"是全希腊的学校"。①

伯里克利有很高的文化修养,他采取许多卓有成效的举措大力发展文化,这是希腊古典哲学与文化繁荣的直接条件。他将国家收入的很大部分用于城市建设和文化设施。在他执政时期,庄美绝伦的帕提侬神殿耸立于卫城之巅,各种有精美雕刻和绘画的神庙、剧场、画廊、竞技场等公共建筑物纷纷建立。他还给民众发放"观剧津贴",以鼓励文化活动。原本是半农村式的雅典在希波战争中几成废墟,现在奇迹般地成为宏伟典雅、文化气息浓烈的大都市。民主政治提供了较大的科学文化自由,希腊知识精英荟萃雅典,各路智者和各派哲学家、众多文学艺术大师焕发才智,竞献精品,真有百花齐放、百家争鸣之盛况。伯里克利尊重知识

---

① 见修昔底德《伯罗奔尼撒战争史》上册,谢德风译,第 130—133 页,商务印书馆,1997。

与人才,延揽各地文化名流,阿那克萨戈拉就是教给他清明理智的良师益友,当师长受审蒙难时他竭力营救。他和他的优雅能干的情妇兼助手阿丝帕希娅设立文化沙龙,哲学家普罗泰戈拉与苏格拉底、历史学家希罗多德、雕刻家菲狄亚斯、戏剧家索福克勒斯与欧里庇德斯等一代名家,都是他们的座上客。

总之,在这一辉煌时期,希腊古典哲学以希腊本土为中心走向鼎盛,希腊古典文化从哲学、科学、人文社会知识到文学艺术达到整体性的繁荣,各领风骚的贤哲名家毕集,使伯里克利时代真正成为世界文化史上一个群星灿烂的时代。

（五）伯罗奔尼撒战争及其后果

公元前 431—前 404 年的伯罗奔尼撒战争,是希腊古典文明由盛趋衰的转折点。战争的起因是雅典和斯巴达争霸,雅典帝国剥掠外邦也造成提洛同盟内外部诸邦的反抗。

开战不久,因雅典发生大瘟疫,主帅伯里克利病死,使雅典大伤经济与人力元气。长达 27 年的残酷战争遍及全希腊各邦。公元前 415—前 413 年,雅典远征西西里,全军覆灭。斯巴达不断蹂躏阿提卡地区。雅典城内 2 万奴隶大逃亡,农村破产,工商凋敝,国库空虚,兵力衰竭。公元前 405 年的羊河之役,雅典海军又被全部歼灭,雅典只能屈膝求和,从此在政治与经济地位上一蹶不振。斯巴达也因穷兵黩武、奴隶起义而大伤实力,制度与文化的封闭性、保守性也使它不能有所作为。

这场战争激化了希腊城邦奴隶制的各种内在矛盾,驱使它在以后半个多世纪因两极分化和不断的党派斗争、城邦之间的战争而衰落。雅典经过短暂的寡头政制和三十僭主政制后,虽然恢复了民主政制形式,但已丧失了原有的社会基础。原由国家供养的 2 万多自由民已成为不屑于劳动的穷光蛋,民主政制变质为政客弄权的工具,对重振城邦已无回天之力。战争的后果又造成全希腊的政治秩序、精神生活与道德价值陷入极大的混乱与危机,哲学家柏拉图就惊呼"成文法和道德习惯以惊人的速度崩溃"①。

但是,不能说这场战争就已标志着希腊古典文明的终结,精神文化演进有其相对的独立性。公元前4世纪希腊古典文化仍在发展,如科学知识增长并进向系统化超过了战前,而希腊古典哲学达于体系化的鼎盛也正是在这一时期。哲学作为象征智慧的猫头鹰在黄昏时才展翅高飞,它要反思希腊古典文明的全部成就并探究其暴露的种种问题。柏拉图和亚里士多德正是在这一时期,以恢弘的气势建立了博大精深的哲学体系,可以说是对希腊古典文明的哲学总结。亚历山大大帝征服希腊和公元前322年亚里士多德去世,才标志着希腊古典文明终结并进向希腊化文明。

二 希腊古典文明的特征

希腊古典文明是包纳物质生产、社会体制和精神生活的文化有机体。根据前述其盛衰的历史线索,可概括出它的四个总体特征,也是希腊古典哲学繁盛的社会与文化根据。

第一,它是古希腊在特定历史条件下城邦奴隶制充分发展而产生的一种文明形态,因而自有一些不同于古代近东文明的特色。如马克思所述,小农经济和独立的手工业生产构成希腊的"古典社会全盛时期的经济基础"②。雅典型的发达奴隶制经济,代表希腊奴隶制经济的主要方向,它有不同于东方古国奴隶制经济的四个特点:(1)使用奴隶以小规模为主。雅典公民三个等级拥有奴隶的数量,第一等级为25人左右,第二等级为15人左右,第三等级为3人左右。这不同于东方古国的帝王将相、豪门显贵拥有成千上万甚至数十万奴隶。(2)国民经济中占优势的

---

① 柏拉图:《第七封信》,324B—326B,载于《柏拉图对话全集,附信札》,汉密尔顿、凯恩斯编,普林斯顿、普林斯顿大学出版社,1978(以下所引此书均为此版本)。本书引用柏拉图著作一般采用1578年斯特方在巴黎出版的希腊文版中编订的分卷、页码与分栏(A,B,C,D,E),如《国家篇》429D指第429页D栏。

②《马克思恩格斯全集》第23卷,第371页注(24),人民出版社,1972。

是小农和小作坊经济。第三等级占有重要地位,雅典公民 16.8 万人,其中第三等级即有 10 万人。这不同于东方古国,那里是王室、贵族、神庙经济占主导地位。(3)奴隶劳动使用于商品生产的比重较大。商品经济十分活跃,其比重有超过自然经济之势,农业中也以生产用于商品交换的经济作物为主。因此,工商奴隶主的势力比较强大,这对希腊城邦的民主政治和思想文化有深刻影响。(4)自梭伦废除债务奴隶制以来,一般不以本城邦公民为奴隶,而是通过战争或奴隶市场买卖获得外邦人、蛮族人为奴隶。奴隶占城邦人口的比例不算很高,雅典全盛时代总人口约 40 万人,其中奴隶 20 多万,约占一半。总之,小农与独立手工业经济、商品生产发达的城邦奴隶制,是希腊古典文明中民主制政治和科学文化的坚实的经济基础。

第二,它在总体上表现了一种古代的民主和科学精神。民主制是希腊城邦奴隶制所创造的一种崭新的政治形式,代表工商奴隶主和小农、手工业者等自由民的利益。它能给众多公民带来较多的政治权利和较大的社会公共活动空间,极大地促进了学术与文化繁荣,明显优越于东方的一些君主专制政体。雅典民主制只是人类民主制发展的较优越的初级形式,因此也存在一些缺陷。主要有:民主范围有限,不包括奴隶与 3.2 万外邦人,在 16.8 万公民中占一半的妇女也无参政权;直接民主和多数裁定的原则有进步性,但是缺乏相应的法律和关于公职人员素质的规定,民众易受情绪支配而有随意性,所以后来会发生审判阿那克萨戈拉、苏格拉底等冤案;这种民主制也会因所谓"多数暴政"而蜕化变质。但是应当肯定,以雅典为代表的民主体制与民主意识促成了希腊古典文化的高度繁荣,激发了科学文化的创造力与创新思维,而科学与哲学启蒙的力量又是这种古代民主的思想前提。民主制创造了"百家争鸣、百花齐放"的学术文化自由环境,保证了各种新思想的表达与传播。

第三,它在精神文化上已有从哲学、科学思想、人文社会知识到文学艺术的多样式的整体发展,贯穿其中的基本文化精神是崇扬理性和人自身的本质力量,表现为热爱智慧,发挥理智能力探求关于宇宙、社会与人生的知识,人的自我意识觉醒。希腊民族的理性思维能力达到了较高的程度,希腊古典哲学的长足发展尤其突出,它是以科学文化的整体发展作为其知识基础的,它体现的希腊古典文明的基本文化精神就是科学理性与人文精神,这成为贯穿西方哲学的优秀传统。这种基本文化精神集中表现在哲学理论形态的进展中,并通过它的影响渗透在科学、人文社会知识、文艺、宗教等其他文化样式中。古希腊宗教在社会生活中也有重要作用,但它没有像东方专制国家中的宗教那样和政权紧密结合,造成文化专制的精神力量;它自身有人神同形同性的人性化特征,同哲学有局部的交互影响,并在哲学的影响下演进,在哲学中它的人格神逐步被改造成理性神。

第四,希腊古典文明的多源性与多元化。它是经过殖民运动,在广阔的地中海海域生成,不同地区的城邦文化都自有特色,和不同的东方文化又有多种交融,所以从东西部殖民城邦和希腊本土的各种哲学与其他文化样式中,都可以发现其多种渊源和多元的表现形式。希腊民族的杰出智慧在于它善于综合,实现多样性的和谐统一,创新出一种有丰富内涵和持久生命力的古典哲学与文化传统,得以在历史长河中不断绵延进化,成为西方文明之源。

希腊化文明和罗马文明

公元前 4 世纪,希腊城邦奴隶制危机愈益严重。在土地兼并与战乱频仍中,作为城邦经济基础的小农与手工业经济严重破产,奴隶数量剧增,其中雅典奴隶即达 30 万人,拥有上千名奴隶的大作坊、大田庄纷纷出现。贫民与大奴隶主的矛盾日趋尖锐,许多城邦爆发贫民起义。危机又表现在城邦之间的混战愈演愈烈,自科林斯战争以后,雅典、斯巴达与底比斯各自结盟,不断相互讨伐,波斯帝国插手其间,从中渔利,侵占小亚细亚诸邦和塞浦路斯岛。底比斯在杰出军事家伊巴密浓达的领导下曾中兴十年,最终这些同盟都在争霸中瓦解,各城邦都在精力枯竭中衰落下去。小国寡民、分散自治的城邦奴隶制已走到历史的尽头,社会基本矛盾的运动必然促使其走向帝国型统一集权的大规模奴隶制,而希腊本土城邦已无力完成这一历史转变,只待外部征服力量将它们带入一个新时代。

一　马其顿的崛起与希腊化文明

(一)马其顿的兴盛与分裂

希腊北部边陲的马其顿(Macedonia),原是文明起步较晚的多立斯人分支"蛮族",此时由国王腓力二世执政,崛起称雄。

腓力年轻时曾在底比斯作人质,学习了伊巴密浓达的军政才略与希腊文化。他执政后集中全国军政财权,实行适应国际金融流通的货币改革。在军事上创制了很有威力的著名的"马其顿方阵",并且采用远交近攻、分化瓦解、各个击破的对外扩张策略,在掠取希腊北部城邦后,挥师南下,公元前338年在喀罗尼亚大战中彻底击败雅典的盟军。次年在科林斯召开全希腊会议,确立马其顿对全希腊的统治地位。

公元前336年腓力二世因王族内部仇隙遇刺身亡,年仅20岁的腓力之子亚历山大被拥立为王。他果断镇压贵族谋叛,巩固对全希腊的统治。他是个有雄才大略的杰出的军事家、政治家,自幼受希腊文化熏陶,以亚里士多德为师,16岁起在随父征战、治政和外交中积累了丰富的经验,胸怀征服天下的勃勃雄心。他于公元前334年率马其顿-希腊联军,进行了历史上规模空前的十年远征,夺小亚细亚,入埃及,灭波斯,进中亚,直打到印度西北部,远超出地中海文明的范围,建立了横跨欧、亚、非三洲的大帝国。

公元前323年,年仅33岁的亚历山大大帝在巴比伦突患疟疾病逝。尔后,他的将领们为瓜分帝国争战20年,最终形成塞琉古(Seleucus,占西亚、中亚)、托勒密(Ptolemy,占埃及、小亚细亚)、马其顿(即安提柯王朝,占希腊本土)三大王国长期鼎足而立的局面,造就了近300年的希腊化文明。

（二）希腊化文明

"希腊化"一词的原义指随着亚历山大东征,大批希腊人流向东方取得统治地位,并且将希腊文化播撒到广大的东方世界。其实,文明的交融总是双向的,东方文明也征服了亚历山大大帝及其后继者们,渗透入希腊统治者建立的新社会体制中,深刻影响了希腊文化的演变。

希腊化文明不是希腊古典文明的衰落阶段或延伸扩展,而是一种独特、新型的阶段性文明,有它自具特色的经济结构、政治结构和基本文化精神。它基本上抛弃了已传承400多年的城邦体制,建立了适应大规模集权奴隶制的新社会体制,并且在继承、更新、兼容希腊古典文化与东方文化中,创造了一种多民族、多元化的文化。希腊化文明时代的文化既开阔丰富又斑驳错杂,在内容与精神气质上不同于希腊古典文化。

在希腊化时代,马其顿结合东方的君主集权政治形式,是为了发展帝国型、兼融希腊与东方特色的大规模奴隶制经济。当时在王朝与行省掌权的希腊将领、官吏,因封赏田产变成大奴隶主。三大王国发展了大型的农业与工商业,其规模远超过原埃及法老王朝、波斯帝国及希腊城邦的经济。它们在文化上一般采取比较宽容的政策,支持希腊文化和东方多民族的传统文化并存与融合,削弱原有的僧侣文化专制。这种适应大型奴隶制的集权政治体制,为以后的罗马帝国的政制提供了蓝本。此外,希腊化文明中的社会政治结构也不是绝对齐一的,还保留了希腊因素的多样性。在三大王国纷争的间隙或中间地带,还存在一些独立的小王国,如小亚细亚西北的帕加马（Pergamun）王国、爱琴海东域的罗得（Rode）岛、西西里的叙拉古等,它们在文化上也卓有贡献。希腊化时代的政治并不导致文化专制主义,却能为科学文化的发展与东西方文化的融合保留较大的空间。

希腊化文明的经济特征,是在国家集权控制下发展大型奴隶制经济,商品经济得到大规模的发展,东西方的经济交流空前繁荣。其经济重心在东方的塞琉古和托勒密两大王国,马其顿虽然也涌入大批从东方掠夺来的财富,国势却弱,这样就形成富裕的东方对着贫乏的西方的格局。托勒密和塞琉古两大王国的经济体制虽然有差异,但是都由国家占有全国土地作为"王田",官吏、大奴隶主分有"赐田",由农奴或佃农耕种。国家占有和垄断作坊、采矿、运输、商店等主要工商业,部分商业留给私人经营。由于历年征战和佃农、小手工业者破产,奴隶数量增多,国内、国际奴隶市场兴旺,为发展大型农庄与工商业提供了充裕的劳动力。托勒密的埃及已能建造可容 1 000 人的大船,可见劳动规模之宏大。亚历山大的远征消除了波斯帝国这一东西方贸易的障碍,沟通了希腊同埃及、西亚、中亚以至印度的商业贸易,形成贯通欧、亚、非三洲的国际贸易网络。东方的塞琉古和托勒密两大王国都改变了以往宫廷贮藏巨额金银的陋习,将大量新铸金银货币投入流通,东西方的商贸交往十分繁盛,使希腊化时代的奴隶制经济侧重商品生产,并使之得以持续繁荣。希腊化时代后期,当中国汉朝的张骞通西域之时,东西方的国际贸易通道更扩展成为著名的陆上"丝绸之路"和海上"丝绸之路"。中国的史书《史记》《汉书》都有关于条支(塞琉古)、大夏(巴克特里亚)和安息(帕提亚)的记载。[①] 经济繁荣也表现在兴建了众多大都会式的城市,如叙利亚的安条克(Antiochia)、底格里斯河流域的塞琉西亚(Seleucia)、埃及的亚历山大里亚(Alexanderia)等城市,人口均达数十万乃至近百万,它们成为经济与文化的中心。

(三)晚期希腊哲学

在上述社会历史背景中,晚期希腊哲学体现了希腊化时代的文化精神,有其特异的内容和重要的历史地位。希腊化文明的基本文化精神有三个特征,也表现在希腊化时代的哲学中。

第一,希腊文化和东方文化空前规模地交流融会。一方面,希腊文化在东方世界广为传播,深入西亚、中亚,直达印度与帕米尔高原,在亚洲腹地也传诵着希腊悲剧和希腊哲学家的著作。20 世纪 60—70 年代在阿富汗东北边境、临近帕米尔高原处,发掘出公元前 4 世纪末的希腊式

[①] 参见《史记·大宛列传》《汉书·西域传》。

城市,城内希腊风格的神庙、广场、宫殿、体育馆布局井然有致,并且有希腊文手稿残篇,写着欧里庇德斯悲剧和亚里士多德著作的文句。这种希腊文化在近东、中东的播撒,不仅影响了当时东方各地的原有传统文化,也为后世伊斯兰阿拉伯文化吸纳希腊文化提供了历史准备。另一方面,在希腊文化和东方原有各种文化传统并存、交融的多元格局中,东方文化对希腊文化的深远影响也不可低估,犹太教的希伯来文化就在这个时期开始传向西方,并且和希腊哲学相结合,为后来在罗马帝国时期产生基督教神学作了早期铺垫。雅典虽然仍保持重要的文化地位,但是文化中心已经转移到东西方文化交会的亚历山大里亚。托勒密王朝在此地建立了历史上第一所国立高等科研机构,就是"缪斯神宫"(或译"博物馆"),它广为搜集东西方文化典籍、稿本,藏书达 70 万册,并集中众多东西方著名学者在这里开展研究。它持续存在达 600 年,取得巨大的哲学、神学与科学文化研究成果,对后世西欧和东方的文化都有深远影响。

第二,知识的系统化与创新。亚历山大里亚的学者们系统地整理、编纂、校勘了大量希腊典籍,使希腊古典哲学与文化得以保存在希腊化文明中,并进入罗马文明,留传后世。在希腊古典文明已有知识积累和理性方法的基础上,希腊化时代的学者们广为研究从哲学、语言、文学到天文、数学、物理、医学等各门类的人文学科和自然科学知识,将它们发展成为比较严整的学科知识体系,欧几里德的《几何原本》就是一个范例。在经济与社会发展中,希腊化时代的科学家们在自然科学与技术的各领域,更有很多伟大的发现与创造,其成就超过希腊古典文明时代的科学。这些表明希腊古典哲学中的科学理性与人文精神在一定范围内仍得到继承,并且有所光大、发展。

第三,哲学与文化的嬗变。总体看,晚期希腊哲学有三个特点:(1)希腊城邦社会瓦解了,面对帝国集权型奴隶制社会,晚期希腊哲学以自然理性、宇宙理性对世界作出新的哲学解释,注重于研究比城邦开阔的新社会形态的"自然秩序"、"世界秩序"。(2)希腊化时代自然科学有辉煌的创造,但已从哲学中游离出去。哲学仍然为科学提供理性(包括逻辑)准则,不同学派仍研究形而上学、自然哲学和知识论;但为适应新的社会生活,哲学更关注研究人生问题,以伦理为核心主旨与归宿,以不同形式论证个体伦理和世界主义的政治伦理。(3)哲学中的宗教成分渐趋浓重。怀疑主义动摇了希腊哲学的理性基础,希腊本土的神秘宗教和东方宗教思想交会,渗入希腊哲学,使其开始呈现出同宗教合流的势头。在东西方文化交融中,希腊哲学和东方犹太教思想已有会合,希伯来宗教文化开始被引进西方,并且开始对它作出希腊哲学的解释,这对罗马时代基督教的兴起及其与希腊哲学的融合,是重要的思想准备。晚期希腊哲学的特殊内容与历史作用不可低估,它绵伸入罗马时代,也是罗马哲学的主要内容。特别是斯多亚主义长久存在达五六百年,是最有影响的主导性哲学,在罗马时代也是官方哲学。

二 罗马文明

由于帝国型奴隶制走向严重的两极分化,三大王国的外战内乱消耗国力,王朝统治集团日趋昏庸腐败,公元前 2 世纪希腊化文明就趋向衰落。公元前 168 年和前 146 年罗马先后灭亡马其顿、征服希腊本土。公元前 64 年,罗马大将庞培灭亡塞琉古王国。托勒密王朝的末代女王克娄巴特拉先后投靠罗马统帅凯撒和安东尼,最后在公元前 30 年,女王依靠的安东尼败亡于罗马帝国的屋大维之手,女王也自杀身亡。希腊化文明终结了,而希腊哲学与文化融入罗马文明,征服了罗马人。

罗马文明从起源、鼎盛到衰落,历经 1 000 多年。它在古代西方是时间跨度最长、疆域规模最大的一种世界帝国型奴隶制文明,也是西欧最后一种奴隶制高度发展形式造就的社会文明形态。它承接希腊化文明,保存、传播了希腊文化,同时又有更大的综合性与包容性,有自身的创造性特色。这一文明的发源地是意大利,是以罗马为中心展开的。

(一)罗马文明的建立

罗马在公元前 7 世纪只是拉丁氏族部落聚居地。它从一个蕞尔小邦,先后经历王政时代(前 8 至前 7 世纪—前 510 年)、共和时代(前

510—前 29)和帝制时代(前 29—公元 476),逐步强盛,壮大到统一意大利,称霸地中海,继而又吞并希腊化世界、征服西欧诸地,建立起一个西至不列颠和西班牙、南至北非、东至两河流域的,古代世界最为庞大的帝国,发展出一种涵盖疆域最为广阔、自有特色的罗马文明,这在世界史中实在是一个奇迹。虽然罗马文明后期也出现了名为元首制的帝制与君主统治政体,但从文明形态看,它作为西欧古典文明中的最后一个阶段性文明,承续了希腊古典文明与希腊化文明,仍有别于东方的专制社会。

罗马文明的经济特征,是它建立在比希腊化时代更大规模的帝国集权型奴隶制基础之上。军事征服为罗马帝国提供了充裕的奴隶来源,加上生产技术条件的发展以及贵族集权统治的传统,使大规模使用奴隶劳动成为可能。奴隶广泛使用于农业、采矿,手工业作坊和公共工程也大批使用奴隶,还有家庭奴隶(包括有文化知识和技能的奴隶用做教师、乐工、医师等)。在罗马帝国的经济结构中,大土地所有制的庄园经济占主导地位,庄园往往占据数千、上万犹格[①]土地,为市场提供农产品,所以商品生产相当发达。它显然不同于分散自立的希腊城邦奴隶制经济,在劳动组织规模和容纳生产力方面也远超过希腊化世界的大型奴隶制经济,因此它在共和时代后期和帝制时代前期,促成生产力迅速发展、商品经济高度繁荣,达到古代地中海文明 3 000 年来的最高水平。整个地中海已成为罗马帝国的内湖,条条道路通罗马,畅通的交通组成无比庞大、繁盛的商业贸易网络。同时,对外贸易也很发达,除了和欧洲中北部、非洲内陆的贸易外,已发展了通达安息、中亚、印度和中国的陆上和海上"丝绸之路"。《后汉书·西域传》记载:"至桓帝延熹九年,大秦王安敦遣使自日南徼外献象牙、犀角、玳瑁,始乃一通焉。"[②]这是中国和罗马官方交往的历史记录。托勒密在《地理志》中也对罗马商人在中国经商开业有所记述。

[①] 1 犹格约为 1/4 公顷。

[②] 桓帝延熹九年为公元 166 年,大秦指罗马,安敦为安敦尼王朝皇帝马可·奥勒留,日南位于今越南中部。

罗马文明的政治特征,是中央高度集权的贵族奴隶主集权统治。它适合大规模奴隶制经济发展的要求,能维系庞大帝国的统一,保障规模经营的各种产业和各地区经济的网络式交往。它显然不同于希腊的奴隶制城邦政治形式,和希腊化时代诸王国的君主统治相比,罗马帝国的政治也有它的高明、灵活之处:

一是建立中央集权的官僚制度,并在屡次改制中照顾到骑士阶层、中小奴隶主和自由民的利益,使帝国政权有较广阔的社会基础。

二是设立行省制,既派驻总督保证中央集权,又不同程度地给予各行省以自治权,使它们能自主发展。由于各城市、行省的斗争,罗马公民权这种政治特权渐而扩大到全意大利,以至全罗马帝国,这也有利于缓和罗马与各城市、各民族地区的矛盾,保障了帝国的统一和众多民族的融合。

三是有严密的法制建设。罗马帝国制定法律之完备,在古代文明世界中无与伦比,除大量民法、刑法之外,还有普遍适用于各地区、各民族的"万民法"。正是凭借这种比较切合实际的法制建设和法律统治,罗马帝国得以稳固社会秩序,调整各社会阶层的利益,协调各民族的关系,维系持久的统治。

然而,贵族奴隶主统治终究会导致腐败,一旦帝制时代晚期的罗马皇帝袭用了东方专制君主的统治形式,就彻底腐败下去了。同时,军事独裁又演变为皇权旁落于军队,酿成政局混乱,军不成军,无力抵御蛮族入侵,终究走向灭亡。

(二)罗马文化与哲学

在哲学与人文文化方面,罗马文明没有取得像希腊古典文明那样辉煌的成果,在自然科学理论上也没有像希腊化文明那样丰富的建树,然而,罗马文明在哲学与文化上也焕发才智,表现出创造精神,留下对后世深有影响的精神文化遗产。总体来看,罗马文明的基本文化精神有五大特征,在罗马哲学中也是有所体现的。

第一,罗马文化既继承希腊文化传统,又在发展中自具特色。罗马立国之初,伊达拉里亚文化就深受希腊文化熏陶,南意大利的希腊城邦文化对意大利的中、北部都有直接影响。罗马人的拉丁字母是从希腊字母移植过来的,罗马的宗教神话也和希腊的宗教神话对应相似。公元前2世纪罗马武力征服了希腊,它自身却被希腊文化征服。大量希腊艺术珍品以及文学、哲学、史学、科技和其他学科的著作传入罗马,许多希腊文化人士被当做奴隶和人质带到罗马,有些人后来成为罗马文化界的名流。在共和时代向帝制时代转变之际,罗马元老西塞罗更将传播、吸收希腊哲学与人文文化引向较大的广度和深度。然而,精神文化毕竟要反映自身的时代精神。罗马在经济、政治上都不同于希腊古典城邦和希腊化世界,罗马文化也绝非简单抄袭或照搬希腊文化,它在哲学、科技、文学、艺术、史学和宗教等领域都有自己的民族特色和创新,归结到一点,它们表现了罗马帝国众多民族的智慧和所处时代的社会特质。

第二,罗马文化较之希腊古典文化和希腊化文化,更具有民族的多样性。罗马拥有更为广袤的疆域和更为众多的民族,在文化政策上比较宽容,允许保留和发展各民族的文化传统,所以罗马文化有较大的包容性。雅典和亚历山大里亚依然是文化重镇,柏拉图学园一直存在到公元6世纪才被东罗马帝国皇帝查士丁尼关闭。直到公元4世纪末,罗马帝国仍允许各民族的宗教(包括各多神教和犹太一神教)并存,罗马现存的万神庙气势恢弘,是这种文化宽容和多样性的象征。就哲学、文学、艺术、史学等而言,也都表现了不同地区诸民族多样化的流派和风格。

第三,适应帝国集权型奴隶制经济和政治统治的需要,罗马文化注重法律文化的建构和哲学的伦理化。罗马十分注重法学理论和法律的制定,从公元前450年制定"十二表法"到公元6世纪查士丁尼皇帝编成《国法大全》,罗马法历经千年积累,内容丰富、义理精深,形成古代奴隶制社会最为发达、完备的法律体系,法律文化的发展达到古代世界的巅峰。罗马法不仅有适应奴隶制政治统治的特殊内容,也有在商品经济条件下规范各种社会关系的普遍性内容,被恩格斯誉为"商品生产者社会的第一个世界性法律"①。它对后世的影响深远,它的许多内容被近代和当今世界各国所借鉴和沿用。法律需要哲学根据和伦理基础,罗马也需要建树相应的伦理道德秩序。罗马哲学接受、发展了希腊化文明中的哲学,伊壁鸠鲁派哲学和怀疑论哲学都长期并存而且有所演变,而斯多亚主义已完全伦理化,成为统治阶级的官方意识形态,它为罗马法提供法哲学与伦理根据,以适应建立帝国型法制社会与伦理道德秩序的需要,并且渗透在文学、史学和宗教等各种文化形式之中。

第四,基督教兴起并且经过长期激烈的斗争取得"国教"地位。这是罗马进入帝制时代后和政治斗争紧密交织的重大精神文化变革,它为西欧向封建社会转变作了精神准备。罗马帝国长期盛行诸民族的多神教,罗马民族的传统多神教更被官方崇奉为国教并表现在政治活动中。基督教是从犹太教中脱胎而出的新生宗教,是伦理化的一神教。它得以在罗马帝国逐步传播并最终取胜,是因为它在复杂的阶级矛盾中拥有较宽厚的社会基础,也因为宗教演进的规律就是较粗俗的、偶像崇拜的多神教必然要被伦理性的一神教所取代。基督教直至公元 4 世纪末才被定为"国教",当时它的统治地位并未巩固,其哲学根据和神学教义的完善需要经历一个过程,它内部的各教派的斗争又和动荡的政治斗争相交织,所以将基督教定为一尊无助于挽救罗马帝国的灭亡,而只成为西欧向封建社会过渡的精神文化中介形式。罗马的斯多亚主义和新柏拉图主义哲学最初对基督教都采取排斥、批判的态度,以后才逐渐和基督教融合,使后者具有了完备的哲学根据和理论形态,基督教从此成为西方文明的重要内容。

第五,注重知识系统化和实用理性的科学精神。有些学者认为,罗马文明缺乏希腊古典文明和希腊化文明那样突出、显著的科学理论建树,是因为罗马民族重军事征服和暴力统治而缺乏科学创造力。这种论断有片面性。其实,罗马帝国在发展出远超过希腊城邦时代和希腊化时

---

①《马克思恩格斯全集》第 21 卷,第 346 页,人民出版社,1965。

代的生产力的过程中,对科学技术也是很重视的。它的科学技术成就表现在两方面:一是将希腊古典时代以来的科学知识更加系统化,达到集大成的规模,有些学科更形成精深而有创新的理论体系,如托勒密的天文学体系。二是重视科学技术知识在各生产领域的实际应用,使之转变成为现实生产力,罗马的农业、手工业、工程技术、城市建筑都达到古代世界的最高水平。罗马民族的这种综合知识系统与发扬实用理性的科学智慧,在罗马哲学中也有所表现。

希腊罗马哲学与东方文化

西欧古典文明不是孤立、封闭地形成和发展的,而是在和东方文明的交往中发展的。希腊罗马哲学和东方文化有密切关系,吸取东方(主要是当时近东、中东)的成果一直是希腊罗马哲学产生与演进的重要因素。这主要表现在两个方面。

一　希腊哲学的形成与发展得益于西亚和埃及的科学与宗教思想

在世界文明史上,爱琴文明与希腊古典文明是发生得比较晚的。在它们之前,邻近的西亚和埃及早已发展了不同的文明,有着当时堪称先进的文化。

西亚即伊朗高原以西、阿拉伯半岛至小亚细亚半岛地带,是人类最早进入文明的地区之一。在希腊人后来称为美索不达米亚(原意为“两河之间的地方”,通称两河流域)的地区,已经历了诸多文明的变迁。最早有约公元前2900—前2000年的苏美尔文明,经历了奴隶制王朝的兴衰。经过伊辛王朝与拉尔萨王朝,接着兴起了悠久的巴比伦文明。约在公元前1894—前539年,又经历了古巴比伦、亚述帝国和新巴比伦等不同历史时期的奴隶制帝国。其中,古巴比伦的汉谟拉比建立了强大、统一的中央集权的奴隶制帝国,他颁行的《汉谟拉比法典》是最早的奴隶制法典。公元前539年波斯王居鲁士消灭新巴比伦,但承续、推进了巴比伦文化,波斯文明与希腊古典文明就有了直接的冲突与交融。此外,这一地区穿插的赫梯帝国及赫梯文化(前 13—前 8 世纪)、工商贸易发达的腓尼基人的小国和他们于公元前 9 世纪在北非建立的迦太基城(后发展成强大的国家),对希腊的经济、政治与文化都有直接影响。两河流域的文明创造了灿烂的西亚古代文化,尤其在天文学与数学方面成就突出。在汉谟拉比时代就已使用太阳历,编制了日月运行表,能辨别恒星与行星,测定星座,确定闰月;美索不达米亚人早就发现了黄道(太阳在恒星背景下所走的路径),并将黄道带划分为 12 个星座,能预测月食;迦勒底人在公元前 600 年左右已发现 223 个朔望月为一个日食周期。在数学方面,古巴比伦创造了十进位制和六十进位制,能解有三个未知数的方程式和一元二次方程式;他们的计时方法是将圆周分为 360 度,每小时为 60 分,每分为 60 秒,以 7 天为一星期,沿用至今。近代考古学家还发现了巴比伦的农业历书,比赫西奥德的《工作与时日》早 1 000 年。巴比伦的神话杰作《伊奴玛·伊立希》内容丰富,以神话形式表现了古代巴比伦人的宇宙论思想,在迈锡尼时代或殖民时代已传入希腊。波斯帝国的文化也处于全盛时期,在建筑、天文学、数学、文艺、医学和宗教等方面都有较高成就。

埃及也是世界文明古国之一。约公元前 3500 年古埃及就步入前王朝的文明时代,约公元前 3200—前 3100 年形成早王朝时期,并过渡到中央集权的奴隶制国家。从公元前 27 世纪上半叶形成统一的埃及帝国至公元前 11 世纪,先后经历了古王国、中王国、新王国、后期埃及的 31 个王朝,直至公元前 332 年马其顿王亚历山大征服埃及。在这漫长的历史过程中,埃及人创造了影响希腊文明的先进文化。公元前 4000 年左右,下埃及就出现了文字和用于书写的芦苇制草纸,它在荷马时代后期传入希腊,后来大量用做保存希腊罗马书写文化的载体。埃及的天文学与数学,希腊人是很熟悉的。被誉为西方“历史学之父”的希罗多德(前 484—前 424)说:“埃及人在全人类当中第一个想出了用太阳年来计时的办法……根据他们的说法,他们是从星辰而得到了这种知识的。在我看来,他们计年的办法要比希腊人的办法高明。"①由于尼罗河每年泛滥,需要重新界定土地边界,埃及人很早就研究作为测地学的几何学,知道圆面积的计算方法,还能计算矩形、三角形和梯形的面积以及立方体、箱体与柱体的体积。他们在金字塔与神庙建筑艺术、浮雕与绘画、临床医药、多种体裁的文学等方面都有丰富成就。古埃及的宗教经历了不少演变,后形成了以太阳神阿蒙为主神的多神教,并曾有过失败的宗教改革,出现过向以阿吞神为唯一主神的一神教发展的趋向。埃及宗教的一些神学都有关于宇宙从混沌与太阳中创生以及灵魂轮回的思想,对希腊宗教与哲学有重要影响。

早期希腊人,特别是小亚细亚和南意大利殖民城邦的居民,与西亚、埃及已有频繁的经济与文化交往。公元前 6 世纪米利都的历史纪事家赫卡泰厄斯(Hecataeus)所写的《谱系志》、《大地巡游记》记载有对东方文化的见闻,赫兰尼库斯(Hellannicus)则以编年体来描述波斯和希腊的历史。希罗多德的《历史》更根据自己赴东方的考察、体验,大量记述了希腊先民和西亚、埃及人在经济、政治、文化上的交往史和他对东方风土人情的认识。希波战争后的希腊古典文明盛衰时期,这种交往也不曾间断过,对希腊的各种文化形式(建筑、雕刻、绘画、诗歌等)都有影响。

对希腊哲学的产生与进展有直接影响的是西亚和埃及的科学与宗教思想。

希腊哲学与自然科学思想是紧密交融在一起的,到亚里士多德时各门科学才开始从哲学中分离。科学思想是孕育早期希腊自然哲学的温床,而东方先进的科学知识是希腊科学思想的源泉。许多希腊先哲都到过西亚和埃及游学或熟悉两地的科学成果,在此基础上发展起自己的数学、天文学思想,并凭借理性自然观将东方实用型的科学思想发展到理论的高度,升华为探求自然本原的哲学。希罗多德说,埃及为了划分土

---

① 希罗多德:《历史》上册,王以铸译,第 110—111 页,商务印书馆,1985。又,当时希腊人还是根据月亮运行来使用太阴历的。

地才"第一次有了量地法,而希腊人又从那里学到了它。不过波洛斯(日钟——译者)、格诺门(日晷——译者)以及一日之分成十二部分,这却是希腊人从巴比伦人那里学来的"①。几何学在埃及是经验事实描述的测地术,数学史家希思(T. L. Heath)说最早从埃及引进几何学的泰勒斯建立了五条几何定理,使它"开始成为建立在普遍性命题之上的一门演绎科学"②。泰勒斯成功地预言公元前585年5月28日的日食,大约也是由于他已获悉巴比伦人关于日食在223个朔望月周期中重复出现的知识。巴比伦人神话中的宇宙观设想地是浮在水上的扁盘,而天是半球状的天穹覆盖在水上,这启发了早期伊奥尼亚哲人提出大地是浮在水上或气中的扁平盘状物这种科学思想猜测。从毕达哥拉斯、德谟克利特等的数学和宇宙论思想直到亚里士多德的科学思想,大都曾得益于东方的科学思想。柏拉图在《国家篇》中指出要发展的数理天文学,当时在西亚也正露端倪。当然,希腊哲人对局限于实用需要与经验描述的西亚、埃及的科学思想,有很大的超越和独创性发展。他们在经验观察与理论思维相结合中,注重对自然的基本原理的研究,从对自然零散的直观或猜测,到探究自然的结构、成因和发展规律,形成系统知识,开创了我们如今所说的基础科学研究;而在这种探究中就会进而引生求知自然总体"原因"的自然哲学的思维飞跃。东方的科学思想与之相比是逊色的,但它们却是希腊科学与哲学思想的"先师"。

希腊宗教没有东方那样强大的神庙经济,也没有和政权紧密结合形成阻碍哲学发展的专制精神势力,但希腊神话与宗教也是希腊哲学产生与演变的重要思想因素。希罗多德指出:"可以说,几乎所有神的名字都是从埃及传入希腊的。我的研究证明,它们完全是起源于异邦人那里的,而我个人的意见则是,较大的一部分则是起源于埃及的。"③赫西奥德的《神谱》受西亚诸神谱系的影响。《剑桥古代史》在"近东对希腊的影

---

① 希罗多德:《历史》上册,王以铸译,第155页,商务印书馆,1985。
② 希思:《希腊数学史》第1卷,第128页,牛津,克拉伦登出版社,1921。
③ 希罗多德:《历史》上册,第133页。

响"一节中,专门列举了希腊神谱中来自埃及、赫梯、腓尼基、吕底亚、米底亚的神的名称,认为《神谱》和巴比伦的神话著作《伊奴玛·伊立希》有特殊的联系,在想象宇宙起源于混沌、区分天地等内容上是很相似的,后者可能是在迈锡尼时代或小亚细亚西岸殖民时代传入希腊的。[1] 公元前6世纪就已在希腊流行的重要宗教奥菲斯教(Orphic),崇拜狄奥尼索斯神(Dionysos,收获之神与酒神),它的神话孕育着关于宇宙起源的猜测,是早期希腊自然哲学的思想渊源之一;它的灵魂轮回转世(3 000 年一大轮回)和净化说、宗教伦理思想,直接影响了毕达哥拉斯学派、恩培多克勒以至柏拉图的学说。它的教义源自埃及的宗教神话。希罗多德说:"在埃及,人们相信地下世界的统治者是戴美特尔和狄奥尼索斯。此外,埃及人还第一个教给人们说,人类的灵魂是不朽的"。肉体死去后,人的灵魂在海、陆、空三界的一切生物中轮回后,再次投生人体,"整个的一次循环要在三千年中间完成。早先和后来的一些希腊人也采用过这个说法,就好象是他们自己想出来的一样"。[2] 希腊古典文明中的宗教在产生和演进中,对西亚与埃及的宗教也有很大超越,它在哲学思想的影响下,逐渐以哲学的外衣形成了理性一神的思想,而东方除希腊化时代才西渐的犹太教是一神教外,大都是人格化的多神教。

关于希腊哲学和东方文化的关系,在西方近现代哲学史家中存在争议。有两种各走极端的看法。

黑格尔在《哲学史讲演录》中认为:追溯希腊的历史文化,"我们可以不必远溯到东方和埃及,即在希腊世界与希腊生活方式内,就可以追寻出:科学与艺术的发生、萌芽、发达直到最盛的历程,以至衰落的根源,都纯粹在希腊人自己的范围里面"[3]。他否认古代东方文明对希腊古典文明的影响,这样希腊哲学的发生与盛衰也就和东方文化没有任何关系,而只是具有天赋理性思维的希腊民族的独创。20 世纪初叶英国著名希

---

[1] 参见《剑桥古代史》第 3 卷第 3 分册,第 29—31 页,剑桥,剑桥大学出版社,1982。

[2] 见希罗多德《历史》上册,王以铸译,第 165 页,商务印书馆,1985。

[3] 黑格尔:《哲学史讲演录》第 1 卷,贺麟、王太庆译,第 158 页,商务印书馆,1959。

腊哲学史家伯奈特(J. Burnet,1863—1928)认为:"希腊哲学的产生完全独立于东方的影响",而"希腊哲学兴盛时期也不曾有哲学家从东方获取任何哲学内容";科学除了希腊民族和受希腊影响的民族外,也没有在其他民族中存在过。[①] 无疑,希腊的人性化多神教以及后来哲学中的理性神思想,都有自身的民族特色与哲学特色,希腊的科学与哲学思想也有独特的创造性贡献,但是,伯奈特否认希腊的科学与宗教也吸取了东方的科学与宗教思想,从而影响了希腊哲学的起源与进展,这是有失偏颇的。另一种极端,是和伯奈特大体同时的英国著名希腊哲学史家康福德(F. M. Cornford)的主张,他认为:在亚里士多德之前,希腊根本没有产生过基于观察、概括和实验的科学;伊奥尼亚派等哲学家的宇宙论只是一种适应社会需要的唯理主义的推理,追溯其来源,不过是将从东方借取的"神话中的教义用不同的术语重复一遍罢了",当然也是一种理智化的改造,使得"在古代各民族中只有在希腊人当中才达成了从神话到哲学的过渡"。[②] 康福德确认希腊哲学有其东方神话与宗教的思想渊源,并毕生对此作了许多深入的考究;但他将科学界定在严格意义的狭小范围内,否认希腊古典文明中早有自身的科学思想起源及其对希腊哲学的重要影响,并将它们都只归结为对东方神话与宗教思想的理智化,这也难以令人信服。

当代英国哲学史家格思里(W. K. C. Guthrie,1906—1982)在其多卷本《希腊哲学史》中的见解比较客观、公允。他认为:在具体的数学、天文学和其他一些科学技术方面,东方人早已超过了希腊人,是希腊人的老师。但是,东方发展科学技术只是为了使用和宗教的需要,停留在认识具体事物的阶段,没有深化、上升为系统的科学与哲学理论知识;希腊人则深入提出"为什么"的问题,探究本原与原因,"寻求逻各斯",这就使希腊人的思想大大提升,达到较高的抽象思维,产生了理论科学思想与哲

[①] 见伯奈特《早期希腊哲学》,第23—24页,纽约,世界出版公司,1967。
[②] 见康福德《鉴别原理:希腊哲学思想的起源》,第10—11、259页,剑桥,剑桥大学出版社,1953。

学,超过了他们的东方先驱者。① 这种论见符合历史实际,为多数学者所接受。

二　晚期希腊和罗马哲学与东方文化的密切交融关系

希腊化世界和罗马帝国本身就包纳了广阔的近东与中东地区,官方支持的东西方文化的大规模交流是希腊化文明和罗马文明的重要特色。在这种文化背景下生成的晚期希腊与罗马哲学,自然更多、更直接地深受东方的科学知识、宗教与宗教哲学的影响,这是它的一个明显的特点。亚历山大里亚成为东西方文化交会、融合的中心。希腊化时代与罗马时代的有些哲学家就来自东方,有的哲学流派就产生在东方地区。斯多亚学派的创立人芝诺就是塞浦路斯人,新柏拉图主义的创立人普罗提诺来自埃及,这个流派的分支中有扬布里柯建立的叙利亚学派和女哲学家希帕蒂娅建立的亚历山大里亚学派。这些流派的学说都有东西方文化交融的特色。

希腊化文明中科学知识的重大创新,希腊化与罗马时代的科学与人文社会知识的系统化,都综合了东方的大量知识成果。亚历山大里亚的"缪斯神宫"(博物馆)广为搜集东西方文化典籍、稿本,当时规定到此港口的每艘船都须交出所带的各地书籍,供"缪斯神宫"抄录复制后发还。亚历山大曾用大队骆驼载运大量巴比伦的天文学版书至小亚细亚的希腊城市,翻译成希腊文。希腊古典时代对东方文化的吸取,主要靠学者在两大文明圈交界地区的有限游历,现在则成为国家扶持的东西方学者无障碍的大规模文化交往。希腊化时代的伟大科学成就,如阿里斯塔库、希帕库、埃拉托色尼、阿基米德的科学创新,以及罗马时代的知识系统化,如托勒密综合构建的天文学体系和博物学家老普林尼编写的 37卷本百科全书《自然史》,都得益于对东方科学知识的吸纳。融会东西方丰富而又斑杂的自然科学和人文社会知识,对于晚期希腊与罗马哲学建

①　见格思里《希腊哲学史》第 1 卷,第 31—38 页,剑桥,剑桥大学出版社,1971。

立多种有别于希腊古典哲学的学说,形成各种宇宙观、知识论与世界主义的政治伦理学说,具有重要的影响。

当时东方的许多宗教与宗教哲学,对晚期希腊与罗马哲学更有大量的渗透与交融,是促使晚期希腊与罗马哲学变迁并最终倒在宗教怀抱里的重要因素。东方的许多宗教神秘主义在希腊、罗马盛行,埃及母神埃西斯(Isis)、迦勒底人的星灵宗教及占星术等,在希腊化世界与罗马世界中受到狂热的信仰,琐罗亚斯德教的支派密特拉教(Mithras)也较有影响。在东方宗教的影响下,新毕达哥拉斯学派将奥菲斯教教义、柏拉图和斯多亚派的世界灵魂说,与东方神秘的精灵崇拜糅合起来,它对柏拉图学园派蜕变为折中主义很有影响。早期斯多亚派对东西方各种神话和宗教文献作哲学思辨的解释,形成一种"喻意解经法",这种文本解释方法对后来犹太神学、基督教神学和希腊哲学的融合深有影响。处在希腊化文明晚期和罗马时期的中晚期斯多亚派,也吸收了在希腊和罗马流行的各种东方宗教的斑驳错杂的神学内容,有浓重的折中主义色彩。

而在希腊化与罗马时代最重要的东西方哲学与宗教文化的交融,是东方作为希伯来文化的犹太教和基督教,它们以其特有的一神教形态,因时顺势西渐,和希腊哲学逐步融合,促成晚期希腊与罗马哲学在和宗教结为一体中达到终结。它所造就的基督教神学与哲学,对西方文明有深远的历史影响。

希伯来民族原是起源于阿拉伯沙漠南部的闪族的一支,约公元前2000年来到迦南地区(今巴勒斯坦)这"流奶与蜜之地",当地人叫他们"哈比鲁人"(Habiru),意为"从大河那边来的人","希伯来人"(Hebrew)一词即由此转音而来。希伯来人有悠久的文化传统,犹太教是希伯来民族信奉的宗教,由无数先知长期撰写与汇编成的犹太教典籍《旧约全书》、《次经》、《伪经》、《死海古卷》,是希伯来这个多灾多难民族的智慧结晶。塞尔茨指出,"在以多神教为准绳的时代,以色列是世界上第一个信奉一神教的民族",彻底的一神教"是圣经时代以色列人对西方文明的贡献";它又"以一种前所未达的程度强调了道德因素",因而又被称为"伦理一神教"。① 散居是希腊化世界的特征,各民族通过散居进行文化交融很普遍。犹太人的散居(dispora,来自希腊文,意思为"分散"或"散布")则更突出,成为其民族的历史特性。当时亚历山大里亚作为希腊化文明的思想文化中心,人口总数达 50 万,其中 1/5 是犹太人,有着当时世界上最大的犹太社区;在整个埃及,犹太人数高达 100 万。《旧约全书》的正典化是犹太散居区得以保持民族同一性的最重要的原因。在希腊化时代和罗马时代早期,《旧约全书》已最后定型,并成为犹太人的大众教育的基础。通过《旧约全书》,犹太人作为一个与上帝签约并必须遵守其诫命的民族,保持了共同的信仰、价值观和民族特性。在《旧约全书》的后期作品中,可以发现犹太作家已用希腊哲学为自己的宗教辩护。而希腊人对希伯来文化也不断加深了解,要求犹太学者将圣书译成希腊文。公元前 250 年左右,托勒密二世从犹太境内延请了 70 名犹太学者,各自翻译《旧约全书》中的"摩西五经",70 种译本完成后竟一字不差,这就是著名的《七十士五经》(*Septuagint Pentatcuch*)。几个世纪里,它一直是神圣的经卷,被地中海地区讲希腊语的犹太人广为使用和解释,同时也使希腊人首次得以理解希伯来文化的核心部分。公元前 2 世纪"先知书"和"文学圣卷"部分也被翻译成希腊文,希腊人更得以获悉《旧约全书》的全貌。

　　希伯来文化和希腊文化交融的深化,更表现在一些犹太学者热衷于研究希腊哲学,并用它来解释《旧约全书》,将它移植到犹太教的母体中去。早在公元前 2 世纪,亚历山大里亚的犹太学者阿里斯托布罗(Aristobulus)就已将五经故事看做寓有哲学的含义,用希腊哲学特别是亚里士多德的哲学,来注释"摩西五经"。这种研究当时已很流行。而这一工作做得最深入的是罗马消灭托勒密王国之后不久的犹太学者斐洛,他在用希腊哲学诠释《旧约全书》中,将犹太教神学、柏拉图哲学和斯多亚派哲学融为一体,深刻影响了罗马时代的新柏拉图主义和基督教

---

① 见塞尔茨《犹太的思想》,赵立行、冯玮译,第 27 页,上海三联书店,1994。

神学。

公元1世纪初叶产生而后逐渐壮大的早期基督教,是罗马文明对后世西方最有影响的一个组成部分。基督教产生于罗马帝国统治下的巴勒斯坦犹太人中间,有深刻的社会背景。它最初是在下层民众反抗罗马帝国残酷压迫中产生的犹太教的一个支派,它的形成和确立,经历了一个东西方宗教、哲学冲突与交融的历史过程。恩格斯在《论早期基督教的历史》中指出,"那种所谓基督教是一下子便体态完备地从犹太教里产生出来",并"从巴勒斯坦征服了世界"的说法,只是一种奇谈。① 耶稣并未意识到自己创立了新宗教,他接受犹太教的规则和教仪,只是注重用虔诚、道德和仁爱来补充犹太教的律法和先知的教训。耶稣亲传的门徒彼得领导的原始基督教派在其产生时,是奴隶、被释放奴隶、穷人和无权者及被罗马征服和驱散的人们的宗教,有强烈的反抗意识,鼓动人民起来报仇申冤,推翻罗马与犹太上层的黑暗统治,向往财富平均、共同消费的新耶路撒冷千年王国。使基督教发生重大转变的是小亚细亚塔索斯的希腊化犹太人保罗(Paul,约生于公元7年)。他及其门徒马可等人大力开展希腊语传教活动,三次赴塞浦路斯、马其顿、雅典、科林斯等地进行传教旅行,宣传自己不同于原始基督教的教义,大量吸收小亚细亚、希腊、罗马等地的非犹太人入教,广为发展教会组织,众多奴隶主、有产者都加入进来,保罗派终于占据教会的正统地位。在公元1世纪末至2世纪编订的《新约全书》,是基督教的圣经,用希腊文而非希伯来文写成,主要反映了保罗派的教义。它已有鼓吹顺从罗马统治的宗教伦理,并且吸收斐洛的犹太-希腊哲学神学和柏拉图、斯多亚派的哲学思想,开始形成早期基督教神学。如恩格斯所指出的,这种"新的世界宗教","已经从普遍化了的东方神学、特别是犹太神学和庸俗化了的希腊哲学、特别是斯多葛派哲学的混合中悄悄地产生了"。② 它是希伯来文化和希腊罗马文

---

① 见《马克思恩格斯全集》第22卷,第531—532页,人民出版社,1965。
② 见《马克思恩格斯选集》第4卷,第251页,人民出版社,1972。

化相结合的产物。

神话、宗教与哲学

哲学作为高度抽象、最具普遍性的理论形态,是在和其他精神文化形式的交互影响下产生与发展的。除了自然科学思想与人文社会思想是希腊罗马哲学的知识基础外,希腊罗马的神话与宗教也是影响希腊罗马哲学发生与演变的重要因素。

一　希腊罗马的神话与宗教

马克思在《〈政治经济学批判〉导言》中指出了希腊神话的本质:"希腊神话不只是希腊艺术的武库,而且是它的土壤……任何神话都是用想象和借助想象以征服自然力,支配自然力,把自然力加以形象化";"希腊艺术的前提是希腊神话,也就是已经通过人民的幻想用一种不自觉的艺术方式加工过的自然和社会形式本身。这是希腊艺术的素材"。[①] 远古的希腊人由于认识能力的局限,还不能用科学的思维方式理解自然力与人类自身,于是主要采用神话的形象思维方式去解释世界。瑰丽多彩、意韵深远的希腊神话,不只是希腊艺术的土壤和素材,它又有两种演变途径:一是通向因对自然力与支配人类命运的力量的恐惧无知而发生的宗教,被吸纳为古希腊宗教思想的主要组成部分;二是在形象地解释世界中孕育了哲学思想,成为产生古希腊哲学的温床。

关于奥林帕斯山上诸神的神话,早在荷马之前的希腊就已形成,迈锡尼文明时期的线形文字 B,已有奥林帕斯的主要的神的名字。希罗多德说:"我认为,赫西奥德与荷马的时代比之我的时代不会早过四百年;是他们把诸神的家世教给希腊人,把它们的一些名字、尊荣和技艺教给

---

① 见《马克思恩格斯选集》第 2 卷,第 113 页,人民出版社,1972。

所有的人并且说出了它们的外形。"①荷马整理的两部伟大史诗《伊利昂记》与《奥德修记》，将当时流传的各种神话与英雄传说集中成完整的形式，成为爱琴文明中最卓越的精神文化成就。它们描写的是希腊人攻陷特洛伊城的事迹，却将天上的诸神和地上的英雄结合在一起。诸神有着与凡人一样的智慧、情爱、正义乃至欺诈、残暴、贪婪、妒忌、淫乱等品性，能和凡人生出半神半人的英雄，他们实际上是人自身的升华与神化。神即人对自然力与人世支配力的拥有。史诗按照人的形象、性格、品德、组织塑造了奥林帕斯的神族，他们是神人同形同性的神灵，是控制与干预宇宙和人世的力的群体；神话与英雄传说也表现了迈锡尼时代与荷马时代的经济、政治与社会状况。约公元前 8 世纪出生于中希腊的民间诗人赫西奥德撰写的《神谱》，则将奥林帕斯诸神梳理成一个有起源、更替与传续的完整谱系。一切事物包括诸神都是产生出来的。荷马史诗说一切事物包括诸神都是从俄刻阿诺（Oceanus，海洋之神，也指海洋）中产生的。《神谱》则叙述最先产生的是卡俄斯（混沌），混沌中产生大地女神该亚（Gaea），还有厄瑞诺斯（黑暗化身）和夜神尼克斯（Nyx），他们俩又生出光明化身埃忒耳和白天之神赫莫拉。大地该亚所生的广天之神乌兰诺斯曾是威力无比的诸神中的霸主，他和该亚所生的最小但最有心机的儿子克罗诺斯（Chronos）设计推翻并阉割了父亲，成为提坦诸神的统治者。他曾企图吞掉他和地神瑞亚所生的宙斯，以防止被儿子推翻。但宙斯被瑞亚秘密收藏，他长成后以更强大的力量推翻了克罗诺斯，战胜、驱逐了提坦诸神，成为奥林帕斯的神中之王。《神谱》很具体地描述了以宙斯为主神的奥林帕斯神灵们代代相生的谱系。这些人格化的神，不仅是自然力的化身，也有如老年、辛劳、友谊、复仇、誓言、记忆、智慧、正义等生理、社会与文化现象，这个神圣世界所表现的爱琴文明后期的人世内容更为丰富了。

由上述神话演变而生的奥林帕斯教是古代希腊最有影响、多数城邦

---

① 希罗多德：《历史》上册，王以铸译，第 134—135 页，商务印书馆，1985。

信奉的宗教,也称埃琉西斯(Eleusis,阿提卡地区的一个城,传说是该教的发源地)教。公元前8世纪后希腊地区出现移民浪潮,荷马史诗和《神谱》广为传播,逐步形成有全希腊意义的宗教信仰,也促进了希腊民族意识的增强。伊奥尼亚地区的一些城邦率先接受奥林帕斯天神为城邦的供奉对象,并向其他地区扩展,使这种宗教完全成型。马克思指出,"古代国家的'真正宗教'就是崇拜它们自己的'民族',它们的'国家'"①。这种宗教的形成与希腊城邦社会和统一民族的形成是同步的。以宙斯为最高主神并有其他相对独立、多样的诸神,这种具有兼容性的天神系统,使大多数城邦既有共同崇拜的神明,也有各城邦自身供奉的神明,诸神的亲缘关系也体现了各城邦希腊人的亲缘关系。

公元前6世纪起,希腊还流行另一种颇有影响的宗教,就是奥菲斯教。崇拜狄奥尼索斯主神在希腊早已有之。他原先是一位外来神,远古时期传入希腊成为奥林帕斯神系的一员,但还只是未进入天庭的地上神灵,是"神圣家族"的边缘分子。在城邦社会到来后,对他的崇拜逐渐形成一种具有平民性、表达自由放达心性的民众宗教。这种崇拜后来经过奥菲斯(Orpheus)的改革演变为奥菲斯教。神话传说奥菲斯是色雷斯国王俄亚格洛斯(Oeagrus)和缪斯女神之一卡利俄柏(Calliope)所生,或传说是阿波罗神的儿子。他很有文艺天赋,柏拉图说他是"琴师"②,据说他的歌声使山林震动、野兽驯服。现代西方学者认为,据说由他写的陈述教义的《圣书》是在公元前6世纪出现的。这种宗教最初在色雷斯北部流行,后来扩展到南意大利、小亚细亚与希腊本土。它崇奉的狄奥尼索斯是收获之神,又是酒神,每年在隆冬肃杀之际去世,到春天复生,象征生对死的胜利。每年的收获季节,希腊人庆祝酒神狄奥尼索斯的活动是狂热的,人们开怀痛饮,高歌狂舞,享受一年辛勤劳作的果实。他也是一种非理性的自由与狂放的象征。尼采在《悲剧的诞生》一书中,以他和太

①《马克思恩格斯全集》第1卷,第114页,人民出版社,1956。
② 柏拉图:《会饮篇》,179D,载于《柏拉图对话全集,附信札》。

阳神阿波罗作为古希腊的自由浪漫主义和理性主义这两种艺术与文化精神的象征。奥菲斯教的教义强调灵魂轮回和净化。它的神话说宙斯在和提坦神族(巨人、叛恶之神)的斗争中,用灰烬创造人,其中既有提坦的灰烬,它使人生来不完善而有原罪,也有狄奥尼索斯的实体部分,它使人生来就有某种神性。前者是人的肉体、感官、欲望部分,后者是人的灵魂或心智部分。所以,人的肉体是灵魂的囚笼与坟墓;人必须通过"净化"来赎罪,消除原罪,使灵魂在轮回转世中变得纯洁,从而得到解脱,复与诸神同在,享受至福。净化的方式则有:用清净的泉水洁身、戒食、禁绝杀生和血祭等。奥菲斯教的神话也含有以幻想的形式猜测宇宙的起源的部分,这也是早期希腊自然哲学的思想渊源。它的教义对希腊哲学的一些流派如毕达哥拉斯学派、恩培多克勒的学说和苏格拉底、柏拉图的学派以至新柏拉图主义,都有深厚的影响。

此外,公元前 6 世纪还产生了一种以创立人名字命名的斐瑞居德(Pherecydes)教。斐瑞居德是锡罗斯的宗教家,大体和泰勒斯同时代,有人将他列为"七贤"之一,也有人说他懂得天文星象。亚里士多德在《形而上学》中讲到他是神话诗人时,说他"并不是完全使用神话语言的"[①]。他写的圣书已失落,从现存的残篇看有较多直接探索宇宙起源和天体生成的内容。他的思想中已经有一些对自然事物的较直接的哲学说明。在第尔斯、克兰茨编纂的"斐瑞居德残篇"中,就有这样的陈述:"斐瑞居德像泰勒斯一样,认为水是本原,不过他叫它'混沌',可能是从赫西奥德那里借用来的"[②]。他的宗教思想较为混杂,既有奥菲斯教的成分,也有

[①] 亚里士多德:《形而上学》,1091b8—9,载于《亚里士多德全集》,巴恩斯主编,普林斯顿,普林斯顿大学出版社,1984(以下所引此书均为此版本)。近代公认的亚里士多德著作希腊文版本是德国柏林研究院于 1830—1870 年校印的希腊文《亚里士多德著作集》,又称贝刻尔本,本书引用的亚里士多德著作的页码即贝刻尔本页码,如《形而上学》1046a5—15,指贝刻尔本第 1046 页 a 栏第 5—15 行。

[②] 第尔斯、克兰茨编:《苏格拉底以前哲学家残篇》,DK7B1a,希腊对照本,柏林,魏德曼出版社,1974(以下所引此书均为此版本)。本书引用早期希腊哲学家和智者的残篇一般采用第尔斯所编订的次序,如 DK22B32 就是指第尔斯-克兰茨本第 22 章(赫拉克利特)B 部分第 32 则残篇。B 部分为原著残篇,A 部分为古代著作家转述的残篇。

对赫西奥德的《神谱》的修正。他的神话思想对早期希腊哲学也有一定影响。

罗马民族的神话是从希腊神话借取、移植过来的,而后形成罗马的传统多神教。他们只是用拉丁名字更改了希腊诸神的名字,建立了相似的神系,就算是本民族的神明了。如宙斯称朱庇特,宙斯的妻子赫拉(Hera)称朱诺,智慧女神雅典娜称密涅瓦,爱神阿佛洛狄忒称维纳斯,等等。罗马的文化历来有和希腊人攀亲缘关系的特点,在罗马神话中就加有从攻陷特洛伊城到罗马立国的神话故事。罗马帝国的奥古斯都建立帝制后,杰出诗人维吉尔创作的史诗《伊尼阿斯》被称为"罗马的荷马史诗",它就取材于罗马民族早就自创的神话传说。它描述罗马祖先维纳斯女神之子伊尼阿斯本是特洛伊的英雄,在特洛伊城被攻破后,负父携子经西西里逃至迦太基,和女王狄多相爱结婚,后因神命所遣奔赴意大利,女王悲愤自杀。伊尼阿斯历经千辛万苦,终于来到拉丁姆,获国王拉丁努斯盛情款待,并以女儿相许。婚事遭鲁图利亚王图尔努斯嫉恨,伊尼阿斯在交战中杀死情敌而立罗马之国。显然,这个神话传说是罗马民族自己创编的,为的是歌颂罗马祖先也有神圣家世与丰功伟绩,以激发民族意识与爱国精神。

二 希腊神话中孕育的哲学思想

希腊神话孕育着哲学思想,它是早期希腊哲学发生的中介,这已被现代西方研究希腊哲学史的学者所承认。康福德早就认为泰勒斯不是一下子蹦出"万物是由水造成的"这个命题的,他在《从宗教到哲学:西方思辨起源研究》等著作中细致探究了从神话到哲学的演变,自有贡献,他的偏颇只是在于将早期希腊自然哲学归结为和科学思想无关的宗教思想的变形。格思里则指出:赫西奥德、奥菲斯、斐瑞居德等人"作为哲学家的先驱,以及在他们之中存在一种离开神话、向理性思想发展的倾向,其重要性最近已经越来越清楚地被认识到了"。他举了一个实例来说明:第尔斯(H. Diels)在汇编苏格拉底以前哲学家的残篇时,将上述宗教神话家的资料只是作为"附录"编在书的最后,而他在此书第 4 版(1922)序言中看法已有改变;克兰茨(W. Kranz)在修订、出版此书的第 5 版(1934)时就实施了第尔斯的设想,将这些人的资料作为正文列于泰勒斯之前。① 德国的卡佩莱(W. Capelle)编纂的《苏格拉底以前的学派:残篇和资料》,将这些人的资料列为第 1 章,标题为"希腊哲学史前史:宇宙演化论的诗篇和散文"。英国学者基尔克和拉文(G. S. Kirk & J. E. Raven)编纂的研究早期希腊哲学的重要残篇资料《苏格拉底以前的哲学家》,也将这些资料列为第 1 章,标题为"哲学宇宙演化论的先驱"。神话中孕育的哲学思想还是以人格神的形象方式来寓意和表现的,要经过科学思想的中介环节,凭借科学理性的思维,才能升华为哲学的范畴,正式产生哲学。但神话确实是早期希腊哲学的思想渊源之一。根据荷马与赫西奥德的原著和西方学者整理的有关残篇资料,我们可以简要论述希腊神话中所包含的关于世界万物的本原、宇宙的起源和演化以及人的灵魂的原始思想。

(一)世界万物的本原

希腊神话认为世界万物包括神都是产生出来的,不是亘古不变的永恒存在。它们从自然力的人格化即神中探究自然世界发生的"最初的实在",以追溯神谱的方式探求自然最初始、最根本的起源。这直接影响了早期希腊哲学的中心问题,就是探索自然万物的本原(arche)。神话中对本原有各种猜测,其中天(Uranus)、时间(Chronos)、混沌(Chaos)等的神名,后来就沿用为哲学范畴。希腊神话中关于万物本原的说法,这里概述三种:

1. 海洋之神俄刻阿诺

为大海所环抱、生活和海洋息息相关的希腊人,早就有海洋与水是万物根源的猜测。荷马将俄刻阿诺看做世界开初之神明,他说:俄刻阿诺是围绕大地的海洋之神,万水之源,从它的"深水伟流那里,确实流出

---

① 见格思里《希腊哲学史》第 1 卷,第 XI、39 页,剑桥,剑桥大学出版社,1971。

了全部江河、全部海洋和一切溪泉"。他将海洋之神看做巨大的、秩序井然的宇宙的力量,是一切有生命的东西赖以生长的神。① 荷马史诗记载神后赫拉声称:"我正要到富饶的大地的尽头,去探望诸神的父亲俄刻阿诺,母亲忒提斯。"②柏拉图解释荷马的这一吟唱"意思是说万物都是变动之流的产物",并说赫西奥德与奥菲斯都说过类似的话。③《神谱》中确实也说到天神乌兰诺斯和大地女神该亚交合而生儿子俄刻阿诺,他是3 000位海洋女神俄刻阿尼德(Oceanids)和一切江河之神的父亲。④ 他在《神谱》中虽然已不是最初的"本原"之神,但也发挥着水之源头的伟力。

柏拉图是将这种神话和赫拉克利特的万物皆流变的思想相联系而论的。亚里士多德则点出了这种神话会升华为水是万物本原的哲学思想,他说:"这一派哲学的创始人泰勒斯认为本原是水……可是也有人认为,那些生活在很久以前、最早想说明神的人也是这样看的,因为他们将俄刻阿诺与忒提斯夫妇说成是创世的父母……不过泰勒斯总是提出第一因的。"⑤在他看来,这种神话和泰勒斯最早形成的水是万物的本原的哲学思想,意义是同样的,但泰勒斯以理性思维方式提出了"第一原因",才使神话转变为哲学。

2. 黑夜之神尼克斯

远古希腊人看到白天的万物从黑夜中出现,猜测黑夜的混沌是万物的始源。希腊神话就将尼克斯看做明朗万物的创始之神。荷马的神话已将黑夜看做宇宙最先的力量、万物的始源,说"黑夜是诸神和人类的征

---

① 见荷马《伊利昂记》,第 8 卷第 607 行,第 21 卷第 194—200 行,第 14 卷第 201、246、302 行,默里英译,"洛布古典丛书",麻省,剑桥,哈佛大学出版社,1972。以下所引此书均可参见荷马《伊利亚特》,陈中梅译,花城出版社,1994。

② 同上书,第 14 卷,第 200 行,默里英译,"洛布古典丛书",麻省,剑桥,哈佛大学出版社,1972。

③ 见柏拉图《泰阿泰德篇》,152E,载于《柏拉图对话全集,附信札》;柏拉图《克拉底鲁篇》,402B,载于《柏拉图对话全集,附信札》。

④ 见赫西奥德《神谱》,第 133、364 行,载于《赫西奥德著作集和荷马颂歌》,怀特英译,"洛布古典丛书",麻省,剑桥,哈佛大学出版社,1977(以下所引此书均为此版本)。以下所引此书均可参见赫西俄德(即赫西奥德)《工作与时日 神谱》,张竹明、蒋平译,商务印书馆,1991。

⑤ 亚里士多德:《形而上学》,983b20—984a3,载于《亚里士多德全集》。

服者",其他的神明都害怕"惹怒黑夜"。① 赫西奥德的《神谱》说:最初从混沌中"产生出厄瑞诺斯(黑暗化身)和黑夜之神尼克斯;由黑夜生出埃忒耳(光明化身)和白天之神赫莫拉,尼克斯和厄瑞诺斯相爱怀孕生了他俩"②。

公元6世纪的新柏拉图主义学派的达玛修斯(Damacius)在他的著作《关于本原的问题和证明》中提到,亚里士多德的弟子欧德谟在论及奥菲斯的神学时,说奥菲斯认为黑夜是万物的本原,虽然后来流行的奥菲斯教的说法有所不同。③ 亚里士多德论述事物的动因时,从批判的角度说出了神话中的"黑夜"和哲学中的"混沌"的联系:"如果我们追随那些认为世界是从黑夜产生的神学家们,或者追随那些说'万物混在一起'的自然哲学家们,就会得出相同的不可能的结果;如果没有现实的存在的原因,如何会有运动呢?"④从他的解释也可见,后来的自然哲学家所说的宇宙开初所处的"混沌",是从神话所说的黑夜是万物的本原演变过来的。

3. 时间之神克罗诺斯

远古希腊人直觉到万物在时间中产生与消亡,于是将时间人格化为创生诸神、主宰世界万物的一位始源性巨神克罗诺斯。赫西奥德的《神谱》描述:克罗诺斯是天神乌兰诺斯与大地女神该亚所生的子女中"最小但最可怕的一个",他"狡猾多计",是乌兰诺斯生出的提坦神族中最有伟力的。他和母亲巧施计谋,用大镰刀阉割了夜幕时分来大地求爱的乌兰诺斯,成为神中之王。他创生了一系列神明,后来被自己的儿子宙斯推翻。⑤ 可见,稳固了的奥林帕斯神系和宇宙万物的最高主宰宙斯,也是

---

① 见荷马《伊利昂记》,第14卷,第258—262行,默里英译,"洛布古典丛书",麻省,剑桥,哈佛大学出版社,1972。
② 赫西奥德:《神谱》,第120—125行,载于《赫西奥德著作集和荷马颂歌》。
③ 见第尔斯、克兰茨编《苏格拉底以前哲学家残篇》,DK1B12。
④ 亚里士多德:《形而上学》,1071b27—29,载于《亚里士多德全集》。
⑤ 见赫西奥德《神谱》,第135—140、160—185、480—495行,载于《赫西奥德著作集和荷马颂歌》。

"时间"的产物。

上面引述的达玛修斯的著作,记载了奥菲斯教也有时间之神是万物的根源的说法:"在流行的奥菲斯的叙事诗中,关于认知的东西的神话大体是这样的:作为一个原始因素的,是克罗诺斯;作为两个的,是以太和混沌,在'存在'的地方,还有'蛋',这三者是最初产生的。"[1]奥菲斯教认为,时间是产生一切可知事物的第一因素,因为有时间就有运动变化,就能将原来混沌一片的东西区分开来。格思里对这条残篇作了解释:克罗诺斯是万物的始源,后来出现了成对的以太(光明的、燃烧的东西)和混沌(裂开的、昏暗的深渊),由此形成或产生了被浓雾包围起来的银壳的世界——"蛋";这枚"世界蛋"破裂后,它的上半部变成天穹,下半部含有水,形成海洋与大地。[2] 早期希腊人以神话方式,将"时间"看做原始混沌在运动中化生一切事物的根本要素,表现了他们对于"时间"的本原性作用的朴素认识。这对后来希腊哲学的时间观也是有影响的。

(二)宇宙的起源和演化

希腊神话叙述的神的谱系,实质上也是古希腊人猜想的宇宙的谱系,就是以幻想的神话形式对宇宙的生成与演化作了素朴的猜测,甚至有了对自然现象作某些理性解释的萌芽。这和早期希腊自然哲学的宇宙论较相似,对后者有影响。

宇宙从混沌中起源与演化,是较多神话中的共同内容。宇宙起源于混沌,后来也是多数早期希腊哲学的宇宙演化观的共同见解。赫西奥德的《神谱》描述:"最先产生的确实是卡俄斯(混沌),其次便产生该亚——宽广的大地",混沌还产生出黑夜之神和黑暗化身,这两人相爱生出光明化身和白天之神,大地女神又产生出天神乌兰诺斯,他们俩交合又产生了海洋之神等诸多代表闪电、雷霆等等自然界事物的神明。[3] 在希腊古典文明时代的诗人的剧本中,也记录下这类古老的神话。悲剧诗人欧里

---

[1] 第尔斯、克兰茨编:《苏格拉底以前哲学家残篇》,DK1B12。
[2] 见格思里《奥菲斯和希腊宗教》,第80—95页,普林斯顿,普林斯顿大学出版社,1993。
[3] 见赫西奥德《神谱》,第115—145行,载于《赫西奥德著作集和荷马颂歌》。

庇德斯在已失落的悲剧《美拉尼沛》中说到剧中人从其母亲那里听来的故事："天和地本来是一片混沌,当它们彼此分离开来时,就产生万物。万物投入阳光中去,就出现各种树木、飞禽、走兽;生物是由咸的海水滋养的,还有人类。"①喜剧诗人阿里斯托芬在喜剧《鸟》中,保留了大约是奥菲斯教的关于宇宙演化的神话:"一开始只有混沌、暗夜、冥荒和茫茫的幽土";"从冥荒的怀里黑翅膀的暗夜首先生出了风卵,经过一些时候,渴望着的情爱生出来了"。"最初世上并没有天神的种族,情爱交合后才生出一切,万物交会才出了天地、海洋和不死的神"。② 奥菲斯神话强调爱神(厄罗斯)作为一种"结合"的自然力量,在生成天地万物中起有重要作用,这明显地影响了后来颇受奥菲斯教熏陶的恩培多克勒的自然哲学,他将"爱"的自然力作为万物生成和宇宙演化的主要动因。

　　关于天体和大地的构造,希腊神话的解释和早期希腊自然哲学的说明也是相似的。荷马在《伊利昂记》中记载:天穹是钵形的固态半球,它覆盖着圆盘状的大地。在天和地之间的最低部位,包括云层在内,到处充满了气或湿气,较高的部位则充满了以太。在地平面以下是地府哈得斯,再下面是冥府塔尔塔洛。神话的这种天似穹隆、地似扁盘的猜测,后来也是一些早期希腊自然哲学家的素朴见解。奥菲斯教的神话对天体构造则有另一种说法。约公元前6—前5世纪的克里特诗人厄比美尼德(Epimenides)写了表现奥菲斯的宇宙论的叙事诗,第尔斯所辑的有关残篇记述:"厄比美尼德认为气和黑夜是本原……它们互相结合生出'蛋',其他事物都由此产生"③。整个宇宙是蛋形结构,天地万物都在这"蛋"中演化生成。这种蛋状天体结构对恩培多克勒的宇宙论有明显影响,他主

---

① 欧里庇德斯:《残篇》,转引自格思里《希腊哲学史》第1卷,第61页,剑桥,剑桥大学出版社,1971(以下所引此书均为此版本)。
② 见《阿里斯托芬喜剧集》第3卷,亨德森英译,第692—703行,"洛布古典丛书",麻省,剑桥,哈佛大学出版社,2000。
③ 第尔斯、克兰茨编:《苏格拉底以前哲学家残篇》,DK3B5。

张整个宇宙是一个有限无界的球体"斯弗拉"。

（三）灵魂

远古希腊人无法解释做梦和死亡等现象,于是产生了与肉体分离的灵魂的想法。灵魂成为"另一个我",是与活着的"我"完全相同的"双重化的人"。原始人对灵魂感到恐惧,怕灵魂来损害自己,就设法将他赶走即驱鬼;后来为他营造居室、供给生活用品即建造坟墓;以后引入世俗伦理观念,产生天堂与地狱的概念,设想灵魂在不同的轮回转世中对生前的行为负责。如前所述,远古希腊人的灵魂轮回观念最初来自埃及。希罗多德指出:古代埃及人认为,人死后,灵魂要历经陆地的走兽、水中的鱼类和空中的飞鸟,过3 000年才能再轮回投生为人。在荷马时代,这种灵魂不死并不是好事,而是不幸。特洛伊战争中希腊联军最勇猛的首领阿喀琉斯死后,他的灵魂仍统率地府的鬼魂,他对返回故乡途中的英雄奥德修说:"光荣的奥德修,我已经死了,你何必安慰我呢? 我宁愿活在世上作人家的奴隶,侍候一个没有多少财产的主人,那样也比统率所有死人的灵魂要好。"[1]

奥菲斯教对灵魂的看法和希腊人原有的看法不同。奥菲斯教认为:灵魂只有离开肉体才能呈现真正的本性,它并不像荷马所设想的那样,仅仅是人自身的苍白、不幸的双重化,而是一个沦落尘世、在几世事物中轮回转生的神或精灵(daimon);寄寓在肉体中的灵魂,可以通过"净化"与秘密崇拜重新回到神的队伍中去。这种教义很快为人们接受,因为他们不满于城邦传统宗教渲染仙凡异途、死后灵魂总是去地府遭受不幸,而认为需要强调人人可通过"净化"的赎罪手段而成为神,享受永恒的福祉。伯奈特认为:奥菲斯教的一系列信仰建立在"出神"(ekstasy)的基础上,"奥菲斯教的仪式和仪礼的主要目的,是使灵魂摆脱'生的轮回',即摆脱投生到动物和植物体中。这样摆脱后的灵魂,就再次成为神,而且

---

[1] 荷马:《奥德修记》,第1卷,第470—490行,默里英译,"洛布古典丛书",麻省,剑桥,哈佛大学出版社,1980。

享受永恒的福祉"①。奥菲斯教的这种永生、不朽、高踞于肉体之上并可与肉体分离的灵魂观念,这种灵魂轮回转世思想,对以后的宗教与哲学都有深远的影响。

古希腊人使用的"灵魂"(psyche)一词有双重含义。一是神话中所说的和肉体相对立的东西,基尔克、拉文解释它是"肉体的一种非实体性的影像,它给肉体以生命,当离开肉体以后,它苍白无力地存在于冥府之中"②。这种灵魂后来在希腊罗马哲学中发展为不朽的精神实体。灵魂的另一种意义是指生命与呼吸,指人的感觉、情感、理智等意识活动的主体或活动本身。后来希腊罗马的许多哲学家也在这种意义上研究灵魂,发展了认识论的学说。

此外,希腊神话中也有粗朴的历史观念与伦理观念。荷马史诗中表现了对神的虔敬和神人皆不可违背的"命运"的观念,"命运"的支配直到埃斯库罗斯时还是他的悲剧的中心主题;史诗中表现的英雄时代的部族伦理如正义、英勇、友爱等,后来演变为早期城邦社会的关于正义、勇敢、友爱、节制等传统美德。赫西奥德的《工作与时日》记录了当时的农耕经验,以及天文、气象、动物等与农作物生长的关系,宣扬小农的朴实勤劳的美德,反对暴力与争斗,企盼公正与和平的生活。赫西奥德还以神创生五代种族的方式,提出了一种退化的历史观。他认为人类经历了五个时期:(1)黄金时代。黄金种族处在克罗诺斯时代,他们和平轻松地生活在富有的土地上,不用耕作,无疾病、劳累与忧愁,是最幸福的时期。(2)白银时代。白银种族处于宙斯已获统治的时代,人们的身心已蜕变,失去原先的美德,不能避免犯罪与彼此伤害。(3)青铜时代。青铜种族已是凶暴好战的种族,最后导致自我毁灭。(4)英雄时代。半神半人的英雄种族经历了许多战争,包括特洛伊的远征,这大体是迈锡尼文明后期至荷马时代前期。(5)黑铁时代。就是作者所处的时代。黑铁种族困

---

① 伯奈特:《早期希腊哲学》,第 81—82 页,纽约,世界出版公司,1967。
② 基尔克、拉文:《苏格拉底以前的哲学家》,第 9 页,剑桥,剑桥大学出版社,1978。

于劳累的苦工,善恶不分,道德堕落,人们信奉力量就是正义,认为虔诚不是美德,人类陷入深重的罪恶与悲哀之中。① 处在古朴时期的赫西奥德对向城邦社会转型的剧变不那么适应,所以对他所处的时代颇有贬词。不过,当代英国哲学家波普称他是"第一个希腊人,提出一种比较明确的历史决定论的学说"②。他的这种思想对后来的希腊哲学家包括柏拉图的社会政治观点是有影响的。赫西奥德在《工作与时日》中还提出了一种"公正"的观念,主要是分配的公正,强调劳动致富,不取不义之财,更不可以暴力攫取财富,对本邦和外邦的人都要公正,这样城邦才能繁荣、富裕。③

三 希腊罗马的宗教和哲学

哲学的希腊文原意是"爱智慧"(philosophia),据说毕达哥拉斯最早用"爱智者"(philosophos)一词④,可见的最早文字则是在赫拉克利特的残篇第三十五中:爱智慧的人应当熟悉很多事物。哲学是智慧与理性的技艺即知识,自然不同于神话与宗教,它是超越了神话与宗教才产生的。但在希腊与罗马的文明中,宗教作为一种普遍性的精神文化,对哲学仍有特殊的影响,两者处于互动、互渗的复杂的演进关系中,哲学处在宗教的影响之下,或者它自身也表现为宗教的理想化的思想形式。马克思指出:"哲学最初在意识的宗教形式中形成,从而一方面它消灭宗教本身,另一方面从它的积极内容说来,它自己还只在这个理想化的、化为思想的宗教领域内活动。"⑤

---

① 见赫西俄德(即赫西奥德)《工作与时日 神谱》,张竹明、蒋平译,第4—7页,商务印书馆,1991。
② 波普:《开放社会及其敌人》第1卷,第11页,普林斯顿,普林斯顿大学出版社,1966。
③ 见赫西俄德(即赫西奥德)《工作与时日 神谱》,张竹明、蒋平译,第8、10—11页,商务印书馆,1991。
④ 参见第欧根尼·拉尔修《著名哲学家的生平和学说》,希克斯英译,第8卷,第8节,"洛布古典丛书",麻省,剑桥,哈佛大学出版社,1972(以下所引此书均为此版本)。
⑤《马克思恩格斯全集》第26卷(Ⅰ),第26页,人民出版社,1972。

希腊与罗马的宗教和哲学的演进关系,大体经历了三个阶段:

第一个阶段是哲学凭借科学思想而产生,同宗教分离和对立,但又没有摆脱宗教的影响,甚至自身包含着宗教的渗透因素。从泰勒斯创生哲学到公元前5世纪中叶智者派的人文主义运动,宗教和哲学就处于这种既分离又渗合的关系。伊奥尼亚的哲学传统自然是素朴的科学思想与唯物论,本质上是和宗教对立的,但它没有和流行宗教决裂,还有物活论和泛神论思想;对传统宗教冲击最厉害的是原子唯物论者的无神论思想,以及智者派提出"人是万物的尺度",用相对主义和怀疑主义破坏了传统宗教的权威。而这一时期,宗教特别是奥菲斯教的教义深深渗入南意大利哲学,毕达哥拉斯和恩培多克勒的哲学尤其明显。在理性思维抽象化的过程中,早期哲学从爱利亚学派的塞诺芬尼起,已开始产生理性一神的观念,抨击流行的神人同形同性的多神教。恩培多克勒的《净化篇》也有用理性一神修正奥菲斯教教义的内容。不过,他们的理性一神观念还只是表现为一些论断,未经系统的哲学论证。

第二个阶段是精致地以哲理或体系化的哲学构造理性一神论。这表现在希腊古典哲学鼎盛期的苏格拉底的哲学变革,以及柏拉图、亚里士多德的博大精深的哲学体系中。他们都用一种理性主义的哲学范畴来表现理性一神。苏格拉底由之获罪的"新神"是凭借理性的宇宙支配者;柏拉图的神就是最高理念"善",在他的后期对话《蒂迈欧篇》中则是凭借理念与宇宙灵魂创世的造物者;亚里士多德的神即最高形式——"善",是完全现实、不含任何质料的第一推动者,他将自己的"第一哲学"称为"神学"。这种理性一神的观念直到希腊化与罗马时代,仍被包含在斯多亚主义和新柏拉图主义中。但这些哲学家的理性一神只是被包裹在他们的学理中,停留在学术小圈子里,因为现实世界中传统的多神教在社会生活中还是很有势力的,他们并没有也不可能用理性一神去改造、取代人格化的多神,甚至还是信奉、维护传统的多神教的。这种理论和现实的矛盾,经过很长的历史演变才得到克服。

第三个阶段是宗教浓重地渗透入哲学,动摇它的科学知识基础。两者在东方一神教西渐的机缘下,最终都被扬弃,哲学则融入吸纳理性一神思想的现实的一神教即基督教。这就是晚期希腊与罗马宗教和哲学的演变过程。在希腊化和罗马时代的特定历史条件下,东西方的各种多神教与秘教渗入已被怀疑主义逐渐蚀落理性基础的哲学,哲学精疲力竭地倒在宗教的怀抱里;但最终并不是哲学抛弃理性一神的思想,被传统的多神教吞没,而是传统多神教被基督教灭亡,希腊罗马哲学中的理性一神思想,终于和来自东方现实世界的一神教,即脱胎于犹太教的基督教会合,融入了基督教的学说中。这不是哲学向希腊罗马传统的多神教复归,而是希腊罗马哲学以其自身的哲理与伦理,参与建立新的一神教的哲学神学。

希腊罗马哲学的分期和研究方法

希腊罗马哲学是在希腊古典文明、希腊化文明和罗马文明的开阔的时代背景中生成与展开的。它的演变,既有其所处各阶段性文明的社会历史根据,也有希腊罗马人日益深化和发展的关于世界的知识根据,有其自身演进的内在逻辑。

一 分期

一般将希腊罗马哲学的发展分为三个时期,每一个时期的哲学都自有其中心内容与历史特色。本卷也按照这样的分期,分为上、中、下三篇论述。

（一）早期希腊哲学

从公元前 6 世纪初至前 5 世纪中叶的早期希腊哲学,主要是自然哲学,其中心内容是探究自然万物的“本原”或“原理”,以及宇宙的生成与演化。哲学家们大多是最早的杰出科学思想家,他们的哲学中也包括了希腊科学思想起源时期的成就。他们不满足于只说明自然现象,而是穷根究底,进而深入探究宇宙万物的根源与普遍本性,开创了以科学理性探索自然奥秘的最初的哲学形态。

　　早期希腊哲学已有多源性和多元性。它先在小亚细亚和南意大利两个殖民城邦地区兴起,分别形成伊奥尼亚哲学传统和南意大利哲学传统,前者包括泰勒斯创立的米利都学派和赫拉克利特的哲学,后者包括毕达哥拉斯学派和爱利亚学派。伊奥尼亚自然哲学的特点,是凭借观察与有限的经验,直观地认识到自然的无限多样性统一于某种具体物质,并且整个世界永恒地运动变化、不断生灭;但他们只用某种元素的物态变化说明宇宙万物的复杂生成,在解释天体的构造时有相当大的猜测、想象成分。南意大利的自然哲学则注重形而上的抽象思辨,将万物的本原归结为某种原理。毕达哥拉斯学派最早从数和空间形式说明自然的本性,并能以较精致的数理方式描述宇宙构造;爱利亚学派则用思辨论证方式确立自然的原理,该学派的创立者巴门尼德提出"存在"这个重要的基本哲学范畴,有深刻的意义。

　　公元前5世纪中后叶的自然哲学综合与深化上述两种哲学传统,深入到物质结构层次探究自然的本原,主张间断、可动的物质基本粒子是生成万物的永恒存在(元素论、种子论与原子论),并且比较科学、合理地提出各种宇宙起源与演化的假说。这一时期的代表人物有恩培多克勒、阿那克萨戈拉和德谟克利特等。西西里岛的恩培多克勒仍带有较浓重的南意大利哲学传统的气息。阿那克萨戈拉在希波战争期间从小亚细亚移居雅典,将伊奥尼亚哲学引进希腊本土并加以发展,促成希腊本土发生复兴伊奥尼亚哲学的思潮,此后哲学的重心便转移到以雅典为中心的希腊本土。德谟克利特建立的原子论,主张原子和虚空作为存在和非存在都是自然的本原,并且提出了原子漩涡运动的宇宙演化说,这已是相当深刻的物质结构与宇宙论假说,也是早期自然哲学的顶峰与终结。

　　早期希腊的自然哲学家已开始粗朴地论及人的认识问题,区别感性认识和理性认识,注重从生理机制角度研究认知形式。但是从总体上说,他们对理性思维形式的研究都还薄弱,虽然他们的科学思想中已在运用、积累逻辑思维,但还没有在自觉地反思人的理性思维中形成逻辑学思想,德谟克利特也只是在小范围涉及普遍定义的问题。早期希腊哲学家也有对社会问题的哲学思考,但当时的人文社会知识还较浅薄,历史学还限于没有完全摆脱神话传说的历史纪事,哲学家也只是从自己的哲学原则出发对社会问题作一些论断,缺乏人文社会知识的论证,往往不能摆脱宗教与神话的"命运"观的支配。

（二）鼎盛期的希腊古典哲学

从伯里克利的黄金时代到伯罗奔尼撒战争之后的公元前4世纪末叶,希腊古典文明由盛极而趋于衰落,希腊古典哲学则处于全面鼎盛而达到体系化时期。在伯里克利时代的民主政治和文化繁盛中,人的自我意识觉醒,人文与社会知识发展了,促使希腊哲学关注研究人和社会、文化问题,出现了"人"的转向;而公元前4世纪希腊的自然科学知识已有深化、精确化和系统化的趋向,使哲学得以在综合普遍知识的前提下走向体系化;希腊城邦奴隶制的危机则促使当时杰出的哲学大师以构建哲学体系的方式来反思、总结希腊古典文明,探求克服危机的社会理想。

这一时期主要有智者运动、苏格拉底哲学和小苏格拉底学派、柏拉图和亚里士多德的体系化哲学。

最先兴起的智者运动是西方最早的人文主义启蒙思潮。智者的哲学思想已破除神主宰人的传统观念,认识到人是社会生活的主人,提出素朴的社会进化思想,从哲学上论证民主制与建立城邦秩序的伦理原则。他们又主张一种依据个人的感觉来判断感知现象的相对主义,宣扬幸福就是实现自我欲望的快乐这种极端情感主义的社会伦理原则,以及强权即正义、弱肉强食为自然法则等霸权政治原则。这些理论后来被从事侵伐争霸的城邦统治者所奉行,加剧了社会道德风气的败坏。苏格拉底、柏拉图、亚里士多德三代师生传承的哲学大师,先后都以一种博大精深的理性主义哲学,从多方面批判智者派的理论。他们总结、反思希腊古典文明,概括、升华科学与人文社会知识,将希腊古典哲学推向高峰。

苏格拉底开创哲学变革,第一个将哲学从天空召唤下来,使它立足于城邦,研究人世生活,成为一种人的哲学。他引入一种逻辑分析的对话辩证法,建立归纳论证和普遍性定义,这是建构一切证明的科学知识的基本前提和奠立西方分析理性传统的重要环节。他倡导一种伦理政治,主张以"贤人政制"来改善城邦政制,救亡图存,这又是他们三代师生相似的伦理政治基调。苏格拉底的弟子们在哲学与伦理道德上各有不同的建树(包括三个小苏格拉底学派),表现了那个文明危机时代的不同的思想态度。

柏拉图构建了精致的理念论哲学体系,扩展了研究全体存在的知识,以客观唯心论与理性主义的知识论反思了当时希腊的科学文化知识,深化了希腊古典文明的理性传统与人文精神。他的理念论旨在探索并解答自然、社会与人生现实中的问题,他还提出多种别具一格的学说,包括伦理政治型的城邦国家学说、吸纳当时前沿科学知识的宇宙论、法哲学思想、艺术哲学思想等,几乎论及当时的全部精神文化。他构建的气势恢弘的理性主义哲学体系,对西方后世的基督教、哲学与文化都有深远的影响。

亚里士多德更是百科全书式的学术巨子。他几乎系统研究了当时哲学和科学文化的各门知识,作出理论知识、实践知识和创制知识的分类,各有系统的理论建树。他的博大精深的知识体系,是希腊古典文明的最高精神文化成就和全面总结。他自觉反思人的理性思维形式,创立逻辑学,构建证明知识的科学方法论,使各门知识得以从哲学中分化、独立出来并初具学科形态,这对西方奠立分析理性传统和发展科学有重要价值。他构建了以本体为中心的存在论哲学范畴体系,以及研究事物运动变化的"四因"说、潜能与现实说,形成系统、深刻的自然哲学,并紧密结合知识论考察了人的认识过程和不同的理性能力。他突出"人是目的"的原则,建立了以完善公民的品格为伦理原则的城邦体制伦理和德性伦理,并以伦理为基础提出一种总结城邦政制历史、力图消弭危机的政治哲学。他从哲学的高度提炼魅力永恒的希腊艺术精神,铸成了西方美学的开山杰作,在西方文化史上首次构建了系统的美学理论,即他的诗学。亚里士多德的学说作为希腊古典文明最瑰玮的理论结晶,有博大精深的内涵和绵延发散的生命力,不仅深久地影响西方文化一直至今,而且也被犹太教、伊斯兰教、基督教的多种文化所融会、吸收。

(三) 晚期希腊与罗马哲学

晚期希腊与罗马哲学就是希腊化文明和罗马文明时期的哲学。这一时期,雅典和亚历山大里亚都是哲学的中心。柏拉图学园一直存在,但它的哲学已失去创造力。老学园固守柏拉图的内部秘传的"不成文学说",中期学园浸染了浓重的怀疑主义,新学园则走向和斯多亚派合流的折中主义。但柏拉图的哲学经过斐洛使之和犹太教神学融合,最后发展出新柏拉图主义,对建立基督教哲学神学有决定性作用。亚里士多德传统的漫步学派也继续研究了一段科学史与自然科学中的哲学问题,亚里士多德哲学的科学理性与逻辑思想对当时科学知识的系统化和科学创新仍无形地起着作用,但在新的历史环境中,它已不作为一种独立的、主要的哲学起作用,而是被其他学派各取所需地吸收和改造。

贯穿两个阶段性文明约 800 年的主要哲学是伊壁鸠鲁哲学、斯多亚主义和怀疑论哲学、新柏拉图主义。这一时期哲学的特征是:科学理性精神犹存,但也交杂神学目的论与"天命"观;伦理成为中心论题,面对新的生活世界、顺应不同历史环境纷陈出多样性;世界主义的伦理政治;哲学的理性主义传统逐渐被怀疑主义、宗教神秘主义销蚀,最终融入基督教的哲学神学。

伊壁鸠鲁学派保留、弘扬了科学启蒙精神,同时又通过修正与发展原子论来论证一种不再从属于城邦的个体伦理。他们以个体伦理为依据,又建立了一种社会伦理,提出了最早萌发社会契约思想的社会观与社会理想,即对希腊化世界寄寓一种纯朴的理想:建立在友谊与社会合作基础上的安定友爱的大社群。罗马共和国时期的卢克莱修则运用希腊化时代以来的科学成果,详细阐发了原子论的自然学说和社会进化、社会契约思想,捍卫、丰富了伊壁鸠鲁主义。

斯多亚主义在希腊化和罗马时代都是官方支持的主导思想,成为沟通、连接希腊化文明和罗马文明的重要环节,集中体现了两个时代的基本文化精神,是很值得重视和研究的。希腊化时代的早期斯多亚主义,在逻辑学(包括认识论)、自然哲学和伦理学中对希腊古典理性主义有所承袭,又使它嬗变为一种天命论;倡导理性神,又受东西方流行宗教的影响;适应希腊化大世界集权统治的需要,形成自然主义伦理和世界主义政治学说。处在希腊化末期和罗马文明交接处的中期斯多亚主义,已带有浓重的折中色彩。斯多亚派的世界主义,在长达 800 年的希腊化文明和罗马文明中,都是主导的政治伦理精神;他们最早提出依据自然法的法哲学思想,对以后罗马法的繁盛发展有深远影响。

从公元前 3 世纪初一直延续至公元 3 世纪的怀疑论哲学,表现了希腊传统理性主义哲学的裂解式的嬗变。它将希腊古典时代以来一切承认知识与真理确定性的哲学,都视为独断论加以批判,主张"悬置"一切关于事物的判断,以求个人内心宁静的伦理生活。这种哲学大体有两种理论形态:第一种是以皮罗为代表的相对主义的怀疑论,第二种是中期学园派的怀疑论。两者分别以一些思辨的"论式"论述一切认识与逻辑论证都不可靠,事物本性不可知,以"二律背反"的"论式"消解希腊传统哲学的理性精神。不过,它们揭露了思维的矛盾,也有主观辩证法的思想因素,在哲学史上有其特殊地位。怀疑论消解了希腊古典时代以来哲学传统的理性基础,客观上为晚期希腊与罗马哲学趋向神秘主义、与宗教神学合流提供了理论条件。

上述三种哲学思潮都延伸入罗马文明,但罗马哲学不是简单地接受、照搬希腊化哲学,而是有所改造与创新,表现了自身的时代特征与理论特征,特别表现在中晚期斯多亚主义和新柏拉图主义之中。

罗马斯多亚主义的显著特征是高度伦理化。它不再重视研究物理学(自然哲学)和逻辑学、知识论,而成为一种适应罗马帝国统治需要的社会伦理学和道德哲学。罗马斯多亚派哲学在一定程度上保留了希腊哲学的理性主义,但它不像希腊哲学那样注重思辨,而是注重于社会实际的运用。它建立了自然法哲学,根据自然伦理建立世界主义的政治哲学与国家学说,并发展了一种兼容仁慈、宽容、普遍爱人和宿命论、禁欲主义的德性伦理,为罗马帝国建立法制、政制与社会道德秩序提供了理论根据。

理性主义沦丧和哲学宗教化,是罗马文明趋衰时期哲学思潮的基本特征。公元3世纪产生的新柏拉图主义正是将这些宗教化的哲学思想,结集成古希腊以来最后一个哲学体系。在公元3—5世纪的政治和宗教动乱中,罗马多神教和崛起的基督教之间的斗争非常激烈,并同政治斗争交织在一起。新柏拉图主义作为适合"多神论的政治和爱国主义需要的一种表述"①,与恪守多神教的一些罗马皇帝结成联盟,对来自外邦的基督教一直予以抵制和挞伐。在罗马文明衰落时期它取代了斯多亚主义的主导地位,并发展了一些支派。罗马皇帝和权贵意图用这种宗教哲学维系人心,巩固罗马多神教的统治,挽救罗马精神的颓势。基督教取得合法地位进而被确立为国教后,它仍作为与之抗衡的思想势力继续存在。继普罗提诺和波菲利的罗马学派后,还有公元4世纪以扬布里柯为代表的叙利亚学派、公元5世纪普洛克罗的雅典学派和以女哲学家希帕蒂娅为代表的亚历山大里亚学派,它们的学说各有不同的演变。新柏拉图主义随着罗马文明的终结,最终被融合在日益强大的基督教哲学之中。

二 研究方法

本书研究希腊罗马哲学的基本方法,是将三个时期的哲学纳入希腊古典文明、希腊化文明和罗马文明中,力求根据确实的史料,作出历史主义的、实事求是的考察与分析,把握其演进与发展的规律。简单地说,就是力求以马克思主义研究哲学史的态度,做到论从史出。在具体方法上,主要着眼于三方面的综合分析:

第一,将三个时期的哲学纳入希腊罗马的各个阶段性文明的开阔历史背景中,考察它们形成与演变的社会历史根据,以及它们在希腊罗马

①《剑桥古代史》第12卷,第188页,剑桥,剑桥大学出版社,1981。

文明进化中的历史作用与地位。经济结构是最底层的成因，它和政治结构、精神文化综合在一起，对希腊罗马哲学起着决定性作用。精神文化是重要的中介环节。希腊罗马文明的基本文化精神直接激发了希腊罗马哲学，使它们表现为文明的理论核心与活的灵魂。

第二，联系希腊罗马文明中的其他精神文化形式，特别是自然科学知识、人文社会知识与宗教文化的演进，来探究希腊罗马哲学的演变。希腊罗马宗教对希腊罗马哲学产生与变化的重要影响，前面已有所述。哲学的演进有其知识基础，它本身就是在总结、概括希腊罗马文明的知识成就中发展的，知识论也是希腊罗马哲学的中心问题之一。希腊罗马人的知识的不断开阔、深化与系统化，表现了他们对自然、社会与人生认识的不断进化，这是希腊罗马哲学演进的直接动因。早期希腊自然哲学的步步深化，与早期希腊哲人认识自然的科学知识的积累、深化紧密关联；鼎盛期的希腊古典哲学得以进向体系化，和那个时期自然科学与人文社会知识的整体化发展并趋向系统化显然也是密切相关的；晚期希腊罗马哲学的成因，也在于吸纳、概括了当时的自然科学知识和新生的伦理、政治、法律、历史文化知识。哲学和其他精神文化是互动的，希腊罗马哲学作为所处文明的理论核心，也深刻地主导、影响着其他精神文化。对此，我们在论述中也将简要地点出，但因本书不是写文化史，所以不详细展开。

第三，探究希腊罗马哲学自身演变的内在逻辑。哲学作为探究世界的最具普遍性的知识，有其相对独立性与承继性，有其自身的发展线索可循。这集中表现在不同时期各种哲学范畴与基本概念的含义及它们的异同关系中。早先的哲学所包含的理论困难与矛盾，会使后来的哲学在力图克服困难、解决矛盾的过程中有所超越与深化；而后来的哲学往往是吸取、综合了先前的哲学成果而得到丰富、发展的。这是哲学自身深化与演变的逻辑。早期希腊哲学的不同流派围绕"本原"这一中心范畴步步深入而有相互的连续与超越，苏格拉底的哲学变革是突破早期希腊自然哲学与智者派哲学，柏拉图的理念论体系和亚里士多德的存在论体系是对先前哲学的综合,晚期希腊罗马哲学是对希腊古典哲学的折中和将希腊的伦理精神演变为新的形式,这些都表现了希腊罗马哲学的自身思想运动。本书将力图剖析历史上不同哲学流派的思想运动,探究希腊罗马哲学自身演变的具体线索与内在逻辑。

19 世纪以来,西方学者在探究希腊罗马哲学方面有多样的研究方法,取得了各有特色的成就。他们在研究方法上或许互相有非议,我们却可博采众长,综合运用,吸纳各种合理的方法或成果,从而形成我们自己的研究特色。总体上看,他们的研究方法大致有以下五种,后三种是 20 世纪出现与流行的。

一是"我注六经"的研究方法。就是首先从原著文本和有关编纂史料出发,着重于考释、解读原始文本的含义,吃透希腊罗马哲学家思想的本来意义,从中引出自己的解释和见解来。这是研究希腊罗马哲学最基本的扎实的方法。西方研究希腊罗马哲学的大家,从策勒(E. Zeller)、伯奈特、康福德、罗斯(W. D. Ross)、泰勒(A. E. Taylor)到格思里等人,都是用这种方法不断深化对希腊哲学原著的研究,取得了许多卓越的成果,并使英国、美国、德国成为希腊哲学研究的中心。以解读史料为根据来立论,也应是撰写本书的基本方法。

二是"六经注我"的研究方法。这是指近现代有些哲学流派的大家,非常重视用自己的哲学学说研究与解释希腊罗马哲学,并使这种研究成果成为自己的哲学学说的有机构成部分。黑格尔的《哲学史讲演录》就是这种研究方法的一个典型,罗素的《西方哲学史》也有以自己的哲学阐发、论评希腊罗马哲学的特色,尼采和海德格尔也都是以自己的哲学视角对希腊古典哲学进行研究的。这种研究方法有时不免带上他们自身哲学视角的片面性,但往往能发他人所未发,得出有特殊意义和价值的见识。过去国内对这种研究方法和研究成果关注较少,本书则力图有所考察与吸收。

三是发生学的方法。德国希腊哲学史家耶格尔(W. Jaeger)建立的这种研究方法,强调希腊哲学家的思想并非凝固不变,而是表现为发生与发展的动态进程。他本人就细致研究了柏拉图、亚里士多德的哲学思想的演进过程,取得了独特的研究成果。这对静态地将希腊哲学家的思想看做是一成不变的传统研究方法是很大的突破,但在解释一些无法确定时间顺序的问题时也会遇到困难。我国老一辈著名的希腊哲学史家陈康先生最早将这种方法引进国内,他用这种方法研究希腊哲学取得了独创性成就。这种方法是值得我们特别重视与采用的。

四是分析学派的方法。贯穿 20 世纪的作为西方哲学主流思潮之一的分析哲学,强调用语言与逻辑分析的方法研究哲学问题,至 20 世纪中叶,这种方法也进入希腊罗马哲学的研究领域。欧文(G. E. L. Owen)、巴恩斯(J. Barnes)等人抨击发生学方法,而用分析哲学的方法细密研究希腊哲学范畴的意义。这种方法对考察奠定西方科学理性传统的希腊哲学确实也是很有价值的。向希腊罗马哲学"寻根",已是当今分析哲学思潮的一个特征。国内过去对此涉及较少,我们可吸取其合理的方法与成果。

五是解释学的方法。从 19 世纪德国的施莱尔马赫建立古典解释学,狄尔泰发展为精神科学方法论的解释学,至 20 世纪 60 年代伽达默尔等人创立哲学解释学,在西方一直有这种研究人文学科包括希腊哲学的方法,强调联系语境对文本的意义及其演变作出理解与解释。不同学派的解释学方法也有不同,古典解释学与精神科学方法论的解释学强调,历史上的文本自有其客观的意义;当代的哲学解释学则认为,文本的意义在历史中是可变的,是随历史的语境和解释者视野的变迁而变动的,不同时期的不同解释者对同一文本会有不同的解释。伽达默尔运用他的解释学方法研究柏拉图等希腊哲学,颇有影响。这种方法也会带上哲学解释学的存在主义、现象学等思想痕迹,但它对人文学科包括希腊罗马哲学的研究来说,有胜过分析学派的方法之处,也是值得我们重视与吸取的。

希腊罗马哲学是理解与研究西方全部哲学与文化传统的重要窗口,

因为希腊罗马哲学的精神如科学理性与人文精神等,一直贯穿在西方哲学的历史发展中,对以后各时代包括当代的西方哲学都有深刻影响,并融渗在西方的科学、宗教与文化生活中。因此,研究希腊罗马哲学的历史,不仅对认识其哲学本身是有益处的,也可以增进我们对整个西方文化传统的了解。

上 篇
早期希腊哲学

引 言 历史背景、发展线索与主要问题

　　早期希腊哲学发生在公元前 6 世纪初至前 5 世纪中后叶希腊古典文明的前期,是全部希腊哲学的基础。它是在希腊城邦奴隶制基本确立并趋向成熟的历史背景中产生与发展的,经历了约一个半世纪的演进,包含着非常丰富的理论内容,使希腊古典文明的基本文化精神一开始就渗透了一种浓烈的科学理性精神,并显示了一种人文精神的曙光。

一　早期希腊哲学产生的历史背景

　　亚里士多德说:"不论现在还是过去,人们只是由于诧异才开始研究哲学";"只是在几乎所有的生活必需品和供消遣的用品有了保证的时候,人们才开始寻求这类知识"。① 他点出了闲暇与求知是希腊哲学产生的必要的社会条件与动因。希腊经历了公元前 8 世纪至前 7 世纪的殖民运动,到前 6 世纪至前 5 世纪中叶,希腊城邦制度已基本确立,并在希波战争的胜利中得到巩固。它造就的奴隶制商品经济的发展,为已从社会自由民中分化出来的文化人士探求无功利性的哲学提供了"闲暇"的保证;而对海阔天空、日月星辰、浩瀚宇宙的自然奥秘的惊诧与探究,使

---

① 见亚里士多德《形而上学》,982b10—15,载于《亚里士多德全集》。

一种超越了实用技术的科学思想产生出来,它促使孕育于希腊神话与宗教中的哲学思想脱胎而出,独立形成一种与科学思想融为一体又涵括全部知识的自由的学问。

早期希腊哲学最初并未发生在希腊本土,而是发生在小亚细亚伊奥尼亚的殖民城邦,而且早期哲学诸学派也是以小亚细亚和南意大利的殖民城邦为主要舞台演进的,直至公元前5世纪中叶希波战争结束后,阿那克萨戈拉将伊奥尼亚哲学传入雅典,希腊本土才开始建立、发展哲学,并逐渐成为希腊古典哲学的中心。这是因为,当时和希腊本土相比,小亚细亚和南意大利的殖民城邦经济富裕,处于地中海贸易圈的要冲地位,工商贸易发达,氏族贵族势力与旧宗教传统的控制较弱,政治与思想的自由空间相对较大;小亚细亚那里欧亚民族杂居,和北非及西亚两河流域的经济与文化交往也更直接、活跃,能更快、更多地吸收埃及和巴比伦的文化,尤其是它们的科学思想。希腊哲学家最初产生在米利都并形成学派并不奇怪,因为当时它是伊奥尼亚地区最富裕的城邦,虽然它曾先后处于吕底亚与波斯的统治之下,但波斯帝国在信仰与文化上采取比较宽容的态度,使哲学与科学思想仍可在米利都不受压制地生发。伊奥尼亚较早兴起哲学的地方还有萨摩斯、爱菲斯等较强盛的著名城邦。伊奥尼亚的哲学很早就传播到南意大利的克罗顿、塔壬同、爱利亚及西西里岛的叙拉古、阿克拉伽等名城,毕达哥拉斯就是从萨摩斯跑到克罗顿去的,而南意大利由于自身特有的宗教、科学与文化气质,很快就形成了自身的哲学传统。希腊本土正是综合了伊奥尼亚和南意大利两大哲学传统,才完成希腊早期哲学的终结并向希腊古典哲学大踏步转变的。早期希腊有较大的自由活动空间,还使希腊早期哲学自产生后,就其文化传承与传递方式而言,有两个特点:(1)它是哲学家个人的自由精神活动,不受城邦政治统治与传统宗教权威的制约,并发生哲学家们个人的师承关系,形成学派甚至盟会这样的团体,这使希腊哲学从一开始就保有历史的持续性。(2)由于地中海海域诸城邦不是闭关自守的,彼此间有频繁、密切的交往,所以早期希腊哲学的每种学说都不局限在一个小圈子里,而是得以较快地流布到东西部诸殖民城邦、北部的色雷斯与希腊本土。像爱菲斯哲人赫拉克利特的著作,即使在爱利亚与雅典也是知名的;来自小亚细亚的阿那克萨戈拉的著作甚至在雅典的书坊里也可以买到;而色雷斯的德谟克利特显然对伊奥尼亚与南意大利的哲学都是非常熟悉的,因而得以将早期希腊自然哲学推进到原子论的顶峰而完成其终结。这种持续师承与密切、开阔、迅速传递的特点,使希腊早期哲学家之间有密切的思想交往,在活跃的争论中激发活力,并能形成持久的哲学传统。

二 早期希腊哲学的理论特征和演进线索

早期希腊哲学的一个显著特征是哲学与科学思想融为一体,哲学与科学思想的起源紧密关联,几乎是同步的。

早期希腊哲学家们大多是杰出的科学思想家,他们吸收与发展埃及、巴比伦的天文和数学思想,凭借经验直观的观察与理性的逻辑思维,对自然现象作出了许多科学的说明,并且逐步将对自然的探究推进到相当开阔、深刻的程度。这种哲学与科学思想的起源与进展,是相辅相成、互动互渗的。一方面,正是科学思想的起源,促使已孕育的对世界本原与宇宙生成的原始哲学思维,摆脱了宗教、神话中将自然力量人格化的拟人观,经由科学思想升华的哲学范畴的理论思维,标志着哲学作为世界观的学问,和宗教、神话分离开来;而早期希腊哲学的演进,同早期希腊科学思想对自然现象和结构的探究与解释的逐步深化,也是紧相联系、相互一致的。另一方面,希腊人所以成为"哲学"的民族,就因为他们是爱智者,并不满足于只说明自然现象。早期希腊哲学自产生起,就不停留、局限于对自然表面现象的简单解释和功利性的实用技术层面,而是穷根究底,进而深入探究哲学的最早主题即自然的"本原",也就是深究宇宙万物的根源与普遍本性。这就开创了以科学理性探索自然奥秘的风气,逐步形成一种科学理性的传统,它反过来又促使希腊早期的科学思想逐步深化,逐步达到其科学内涵令近现代科学也十分惊讶的深度。

　　通常将早期希腊哲学称为早期希腊的自然哲学，那是突出了早期希腊哲学和自然科学思想水乳交融、重在对自然界事物的本性的哲学探究。其实，古代希腊人所理解的"自然"并不限于今人说的自然界，"自然"的希腊文 physis，本是指"呈现"、"生成"的意思。早期希腊哲学家的著作往往题名为《论自然》，他们所说的"自然"是指世界或宇宙全体，包括其变化、生成的本性，所以后来亚里士多德也将"自然"定义为"运动和变化的本原"[①]。因此，早期希腊哲学家认为他们研究的自然是涵括世界与宇宙的一切事物的，包括人自身及其活动与行为，他们所探究得出的自然的"本原"或哲学原理，是适用于解释世界与宇宙的一切事物的。他们的哲学中也包含了不少对人自身的本性与活动的思考，至今还留下不少关于社会政治、伦理道德和审美文化的哲理性片断格言。不过，早期希腊哲学家首先直面和诧异的是气象万千、奥秘无穷的自然界的现象事物，这是因为当时自然科学思想较早产生与进展的知识条件，使他们在探究世界与宇宙的本性时首先着重于从自然界展开；当时对人自身及其活动的认识还十分肤浅、模糊，还笼罩在宗教、神控"命运"的迷雾中，人文知识很有限，只有一些立法、"七贤"等刻在德尔斐神庙的道德格言、少数历史纪事本末以及萨福和品达等一些诗人抒发的对城邦与个人生活的感受。所以，说早期希腊哲学主要是自然哲学并不错，但不应忽略它已蕴涵、萌发的人文精神内容。

　　对于早期希腊哲学的发展线索，自古至今都有很多学者关注并进行研究。早在希腊化时期，亚历山大里亚学者索提翁（Sotion）在公元前200—前170年期间写的《哲学系列》中，就认为希腊哲学有两条平行的发展路线：一条是伊奥尼亚路线，从泰勒斯到中期柏拉图学园以及斯多亚派的克律西普；另一条是意大利路线，从毕达哥拉斯派到爱利亚派、原子论派，经智者派、怀疑论派，最后到伊壁鸠鲁。19世纪德国哲学史家策

---

① 亚里士多德：《物理学》，200b12，载于《亚里士多德全集》。

勒指出:"他的错误在于全然不加鉴别地把公元前4世纪和3世纪各学派之间的关系强加给较早的前苏格拉底哲学。"①我们认为,索提翁正确地揭示了早期希腊哲学发生时就形成了伊奥尼亚和南意大利两个不同路线或传统,他的错误在于刻板、不当地将早期希腊哲学开初阶段的两个传统,简单地延伸、套用于全部后来的希腊哲学。在公元前6世纪至前5世纪初叶,早期希腊哲学确实有两条路线、两个传统:一是伊奥尼亚哲学,包括米利都学派和赫拉克利特的学说;二是南意大利哲学,包括毕达哥拉斯学派和爱利亚学派。而在公元前5世纪中后叶,早期希腊哲学进入深化发展阶段,从恩培多克勒、阿那克萨戈拉的哲学到希腊本土有所改造地复兴伊奥尼亚哲学的思潮(阿凯劳斯、第欧根尼和希波克拉底的学说),直至德谟克利特的原子论哲学,都已是对前一阶段两种哲学传统的综合,而不是早先某一传统的延伸。随着科学思想与人文精神的进展,这后一阶段的哲学在本原论、宇宙论、认识论与逻辑思维以及社会与道德思想方面,都比前一阶段大为推进了。

三　早期希腊哲学的主题

早期希腊哲学的中心主题是"本原",即世界与宇宙的始基、根源或本性问题。不同传统与学派对这个根本问题的不同立论,展开表现为不同元素生成说或以数、存在为世界本性的原理论,从而又导致不同的宇宙论、认识论与思维方法,导致不同的科学思想,乃至对社会与宗教生活的不同哲学概括。总体来看,早先的伊奥尼亚哲学传统注重对生灭变动的自然的观察经验作哲学概括,南意大利哲学传统则注重对世界全体的数理结构与本质作形而上的思辨。公元前5世纪中后叶的自然哲学家们则力图将这两种本原论综合起来,将观察经验与理性思辨、自然的现象与本质统一起来,从而对自然的科学认识与哲学理解也大有深化,达到一个新的高度。

---

① 策勒尔(即策勒):《古希腊哲学史纲》,翁绍军译,第7页,山东人民出版社,1992。

这种早期希腊哲学思想发展的内在逻辑，也具体表现在它所探讨的几个主要问题上。

1. 早期希腊哲学的中心主题——世界的本原问题

伊奥尼亚哲学认为，生灭变易的万千世界都根源于某种具体的自然物质，如米利都学派说的水、"阿派朗"、气，赫拉克利特说的火，他们非常素朴地用一种自然物质的物态变化(干湿、冷热、稀散与浓聚等对立的作用)来径直解释万事万物的生成与变易，来说明多样性物质世界的统一性。赫拉克利特作为古代素朴辩证法思想家的杰出代表，则深刻指出支配这种世界运动变化的是"对立的斗争与统一"的逻各斯。伊奥尼亚自然哲学家已直观地认识到自然的无限多样性统一于某种具体物质，整个世界呈现为永恒运动变化、不断生灭的画面。但他们只用某种元素的物态变化说明宇宙万物的复杂生成，并且有不分辨物质和精神的物活论思想，因而他们的认识有较大的直观性、表面性。南意大利哲学家们并不否认现象世界是流动变易的，但他们要透察支配、决定这种自然现象的事物的内在本性或本质，将世界的本原归结为某种确定的结构或原则。毕达哥拉斯学派认为世界的本原是数，最早从数量和空间的几何结构形式来说明自然的本性。爱利亚学派的代表巴门尼德认为，靠感官经验的"意见之路"只能认识生灭变动、不真实的"非存在"即现象，靠理智的"真理之路"才能认识自然的本质即"存在"，思维所把握的世界全体的本质是永恒连续、没有动变、不生不灭的"一"。虽然此学派因抹煞现象世界的真实性而失之偏颇，但在哲学史上最早强调应以理智思维透过现象把握本质，提出了"存在"这个高度抽象而极为重要的基本哲学范畴，尽管这个"存在"还是静止、空洞的抽象规定，在西方哲学史上却有深远的意义。

公元前5世纪后半叶的自然哲学家在科学思想进展、深化的基础上，综合伊奥尼亚哲学与南意大利哲学，将物质元素的本原论和数理结构与存在原理说结合起来，深入到微观粒子的物质结构层次探究自然的本原，主张间断、可动的物质基本粒子是生成万物的永恒存在，以克服前两种哲学中现象世界和本质世界的对立，将本原论提高到一个崭新的水平。过去有些学者将这个新阶段的自然哲学说成是伊奥尼亚哲学与南意大利哲学的折中、调和，这是不确切的。这一新阶段的哲学是在科学思想颇有进展、确有深化的基础上，来综合先前两个哲学传统，形成自身更具科学性的崭新的哲学。恩培多克勒提出"四根"即水、火、气、土四种微粒子元素，由于"爱"与"争"（一译"恨"）的动力而按一定的数量比例结合和分离，从而造成自然万物的生成与变易。阿那克萨戈拉则提出种子论，主张极细微、不可见、可无限分割又相互渗透的无限多质的种子，是构成全部自然的永恒"存在"，万物的成分互相包含，只由占优势的成分决定一物之特性。他又在哲学史上首次提出"努斯"即心灵这个理性的精神实体本原，它精纯同质、能动自律，推动种子与万物在分离中形成合理的秩序，并使分有它的人的灵魂有认知自然的本性。他提出"种子"与"努斯"的二元论，开始明确区分物质和精神概念。德谟克利特建立的原子论更主张原子和虚空作为存在和非存在都是自然的本原，原子作为细微同质、坚实能动、不可分割的基本粒子，因形状、大小无限多样，在虚空中的组合又有次序和位置（物质结构）的差异，所以它们在无限的宇宙中的组合与分解，造成一切自然物的运动和生灭。这种高度抽象而深刻精致的物质结构假说，对西方近代道尔顿的原子论与机械唯物论深有影响。这个新阶段的自然哲学家们，凭借已大为增强的科学的抽象力，将早先伊奥尼亚哲学中的某种无定形（无确定结构、形式）的具体物质的本原，深化为微观物质结构层次上的粒子性本原，并以此来解释运动、变化着的全部自然；同时，他们也有所修正、改造地吸收了南意大利哲学的数理结构与"存在"原理，认为"存在"就是"四根"（四元素）、"种子"、"原子"的有限或无限的全体，而这种"存在"的全体在数量与本质的规定上，也是不生不灭、不增不减、守恒不变的。

　　2. 早期希腊哲学的第二个重大主题——宇宙论问题，即宇宙的生成、演化与结构问题

　　早先的伊奥尼亚哲学家们比较简单地用某种具体物质本原的物态

变化(稀散与浓聚、上升与下降等)来说明宇宙与天体的生成,他们对天体还只有极其素朴的直观与幼稚的猜测,如米利都学派认为大地似扁平之盘浮在水上,赫拉克利特说天体是天空中集聚着明火的凹陷小窝,太阳不比人的脚大。随着科学思想的进展,早期希腊哲学从零散的天象观测或猜想,发展成为有自然哲学或数理根据的关于宇宙起源和天体运行结构的假说。哲人们探究浩瀚的宇宙,形成两种不同的宇宙论假说,分别影响着近现代西方的宇宙学说。

第一种是有限宇宙与天体结构说,有数理天文学思想萌芽的特色。毕达哥拉斯学派最早认识到大地是圆球,并不处在宇宙的中心,整个宇宙是球体,中央是"中心火",由近及远依次有"对地"、地球、月球、太阳、金星、水星、火星、木星、土星、恒星天群等十种天球,它们各自在十个同心圆轨道运行,构成和谐的动态宇宙整体,被称为"科斯摩斯"(cosmos)。它的最外层由无限的"嘘气"(普纽玛)包围并被吸入宇宙。这种有限宇宙论与天体结构模型直接影响了柏拉图和亚里士多德的宇宙论和他们学园中的一些学者所发展的同心圆天球层模型假说,后者则为希腊化时代托勒密的天体系统提供了雏形。

第二种是漩涡运动起源说。阿那克萨戈拉认为,宇宙最初是无限的种子绝对混合在一起的"混沌",其中气和以太(火)占优势,因"努斯"启动造成巨大的分离力,按照自然法则形成无数事物,并造就宇宙秩序。这已有天体力学思想的萌芽。德谟克利特认为,无数原子在无限虚空中运动,造成巨大的漩涡运动,它们按照同类相聚、运动方向轻重有别的必然法则,生成无数个世界,一切"世界"都会经历产生、鼎盛和衰亡的过程,所衰变的自由原子又会重新组合,生成新的世界,就像神话中的"火凤凰"不断自焚而后新生,这就是宇宙生灭不息的演化总画面。近代西欧的科学思想家笛卡尔、拉普拉斯、康德分别论述了太阳系起源于以太或白热气体或微粒星云的漩涡运动,德谟克利特2000多年前就提出类似的假说,实属难能可贵。

3. 灵魂、人的认识与思维问题在早期希腊哲学中虽尚未充分展开，但也占有重要地位

当时的灵魂不仅指认识的主体，也指一种生命力。最初的米利都学派认为宇宙中充满了灵魂即生命力，有物活论倾向。之后的哲学学派大都将感觉与思想、感性认识与理性认识区分开来，并根据各自的本原论，对灵魂与人的认识进程、感知与理性思维的关系有不同的论述。公元前5世纪中后叶的自然哲学家们已注重从生理机制角度研究认识的起源与认知形式，区别感觉经验和理性思维，倡导主客体粒子相互作用的反映论，如四元素粒子同类相知的流射说、种子异类相知说、原子影像论等。毕达哥拉斯学派和德谟克利特已在局部范围内涉及普遍定义的问题，但是从总体上说，他们对理性思维形式的研究都还比较薄弱。不过，毕达哥拉斯学派和德谟克利特的杰出数学成就，表明他们已在纯熟地运用演绎推理的逻辑思维。爱利亚学派的哲学思想已表现为一种逻辑性很强的理性思辨形式，芝诺为否定事物的"多"与运动，提出四个著名的悖论，所谓事物既无限大又无限小、健将阿喀琉斯追不上乌龟、飞箭不动和运动场悖论，其结论并不正确，像是诡辩，而其内容实为一种合乎逻辑形式的主观辩证法思想，以逻辑形式上的自相矛盾深刻揭露了客观事物中的连续性与间断性等种种矛盾，这些悖论后来吸引了许多哲学家和逻辑学家的研究。上述早期希腊哲学家对灵魂、认识的初步探究和逻辑思想的积累，对希腊古典哲学细致研究灵魂与认识论问题、创建逻辑学也是重要的准备。

4. 自然科学思想的萌发和进展与本原论紧密相关，是早期希腊自然哲学的有机构成部分，它也表现为不断深化的过程

早期希腊科学思想的发展表现为从对自然零散的直观或幼稚猜测，到探究自然的结构、成因和发展规律，从早先简单的观察经验到公元前5世纪中后叶已有简单实验与动物解剖的科学手段，到百科全书式的德谟克利特那里甚至已出现知识系统化的端倪。早期希腊哲人们开阔的探究，在算术几何、天文气象、地理水文、物质结构、动物起源、生理与医学

等领域都取得开创性的重要成就。

在数学方面,泰勒斯已提出关于圆周的五条定理;毕达哥拉斯学派最早证明勾股定理,开展了对根号 2 的无理数的研究,并且发现了素数、递进数列、平面几何、立体几何的一些定理,这一学派的阿尔基塔则将已发现的几何定理运用于机械与仪器制作。公元前 5 世纪的德谟克利特、希波克拉底、菲罗劳斯和一些智者,都不断解答难题,丰富与发展了数学、平面几何与立体几何。

在天文气象方面,除了不同的天体起源与运行结构说之外,从泰勒斯到德谟克利特等不少自然哲学家根据自己的本原论,对许多天文现象与气象的成因作出比较科学的解释,甚至能准确预测天象,这对还被宗教、迷信笼罩着的早期希腊人来说是很有科学启蒙意义的。

在物理方面,四元素论、种子论、原子论既是哲学上的本原论,也是物理学上最早的微观物质粒子结构学说。恩培多克勒已指出光线是发自星体光源的粒子流射体,它以高速运行,须经过传播时间到达大地。19 世纪的哲学家、物理学家马赫高度评价了这个为近代物理学所证实的天才猜测。

在动物学思想方面,早期希腊哲人一般都认为动物从潮湿的东西中自发生成。阿那克西曼德猜测人从鱼变来,劝大家别吃人类共同的祖先。恩培多克勒说最初有许多由不同肢体、器官结合而成的合适动物和怪异动物(如牛头人身、半雌半雄),后者不适合生存就灭亡了,适合生存的动物保存下来,成为自行繁殖生命的动物界。两位哲人已有生物自发变异或自然选择、适者生存的粗朴进化思想。

医学是人的科学,在古希腊较早得到发展,被尊为崇高的技艺。公元前 5 世纪中后叶产生了两大有不同理论建树的医学学派。恩培多克勒创立的南意大利医学学派,以元素论哲学概括解剖与医疗经验,形成独特的有整体论特色的医学理论,这一医学学派一直至罗马时代还很有影响。希波克拉底创建的科斯医学学派更有深远的影响,他因此被尊为"西方临床医学之父"。他在复兴伊奥尼亚哲学的思潮的熏陶下,批判地总结古代医学思想，主张吸取、光大其中有效的实际经验，反对只恪守冷热、干湿等对立原则的"空洞的假设"，强调医学应在解剖与临床医疗的基础上使经验与理性结合，形成"真实的假设"，达到正确的"理论化"。他做过大量动物与人体解剖，吸取各地医学经验，在生理、医学理论与临床医疗方面都作出了创造性的贡献。留传下来的《希波克拉底文集》共计有 70 篇，以希波克拉底的著述为主，为这一学派的著作合集，是珍贵的西方医学遗产。希波克拉底的学说直到 18 世纪仍是西方医学的基本理论。

5. 宗教神学在早期希腊哲学中的地位与作用，也是值得重视的复杂问题

在早期希腊城邦社会政治生活的剧烈变动中，希腊人有普遍的惶惑与不安全之感。当时新产生的奥菲斯教传扬在酒神崇拜中人与神的直接感应与交通，主张灵魂应摆脱肉体镣铐的束缚，通过赎罪与净化在灵魂的轮回中恢复神性、获得新生。这种新的宗教神学迎合了早期希腊人的社会心理需要，在希腊本土与南意大利尤其盛行，并且渗入早期希腊哲学，主要是毕达哥拉斯学派和恩培多克勒的学说，其深远影响一直延续至希腊古典哲学甚至晚期希腊与罗马哲学。策勒认为，至公元前 6 世纪，希腊人再也不满足于传统的宗教，奥菲斯教"这种新宗教有助于动摇旧事物的权威"，"它已予思想一种新的推动力"，"在希腊人中间引起活跃的哲学思考"。他批评西方有的学者从奥菲斯教的神秘主义去追寻早期希腊自然哲学的根源，而认为早期希腊哲学已展现了两条道路，即伊奥尼亚学派的"理性的思维和探究的道路"和奥菲斯教的"宗教神秘主义的道路"，而这两条路线是"交叉又交叉的"。[①] 策勒对奥菲斯教的神学不是简单的否定，而是对它在历史与哲学中的影响作出客观的评价，是有一定的道理的。实际上，在学理上对希腊哲学有深入影响的不是希腊传统宗教，而是奥菲斯教。它在早期希腊哲学中已扎根，之后通过柏拉图

---

① 见策勒尔（即策勒）《古希腊哲学史纲》，翁绍军译，第 18—19 页，山东人民出版社，1992。

哲学与新柏拉图主义而和基督教神学有所衔接。另一方面,对希腊传统宗教,伊奥尼亚学派的哲学家们虽然并不否定、抨击,但在实际上是通过自己的素朴唯物主义的科学探索,将它废弃在一边了;在德谟克利特的原子论将早期希腊科学与哲学思想推至顶峰时,就将神归结为只是一种虚幻的"影像",得出了彻底的无神论结论。南意大利的哲学家们对神人同形同性的希腊传统多神教也展开了批判,爱利亚学派的先驱塞诺芬尼抨击传统神话中的诸神只是"先辈们的虚构",只有一个神,他是"心灵与思想的总体"。[①] 恩培多克勒则既保留奥菲斯教的诸神,又主张在他们之上有一个更高级的、非人格的理性神,"他只是一个神圣的不能言状的心灵,以敏捷的思想闪耀在整个世界中"[②]。在学理上主张理性一神而对社会实际生活中的多神教则容忍甚至维护,这是之后希腊与罗马一些哲学家的基本态度,包括最后的新柏拉图主义者;而希腊与罗马哲学最终能和基督教神学融合,很重要的原因之一,就是希腊哲学一直孕育着理性一神论,它和反对偶像崇拜、主张一神的基督教是合拍的。

6. 还有一个重要问题,就是早期希腊哲学家也力图从自身哲学原则的高度,去反思社会政治、伦理道德乃至审美的现象,显露出了希腊人文精神的曙光。这是往往容易被人们忽视的

早期希腊哲学确实是偏重对自然界事物的探究,因为哲学产生时首先直面探究的是自然的奥秘,这也是当时科学启蒙的需要,而由于社会生活的纷繁复杂,当时人文知识又相对薄弱,对人与社会生活、精神文化的反思必然要滞后一些。早期希腊所接受、涉及的人文知识只是赫西奥德的淳朴的小农道德与历史退化的循环论,梭伦等政治家的立法,"七贤"的一些道德格言如刻在德尔斐神庙的"认识你自己"、"毋过分",《伊索寓言》与一些诗人抒发的道德思想片断,对社会历史与人还缺乏整体的探索。历史学还处于初创的萌发中,但也初步表现出要摆脱神话传说

---

① 见第欧根尼·拉尔修《著名哲学家的生平和学说》,第 9 卷,第 19 节。以下所引此书均可参见第欧根尼·拉尔修《名哲言行录》(上、下),马永翔等译,吉林人民出版社,2003。
② 第尔斯、克兰茨编:《苏格拉底以前哲学家残篇》,DK31B134。

从而认识人自身的历史事件的启蒙意识。当时已出现了一批根据见闻或文献以散文形式记载事实的"纪事家",留名可查的有 30 多位。米利都的纪事家赫卡泰厄斯最著名,他所写的《谱系志》、《大地巡游记》记载了米利都城邦史和作者游历埃及、小亚细亚各地的见闻,已抛弃荷马史诗中神与英雄主宰历史事件的神话与传说,力图如实记载小亚细亚与埃及发生的人自身的史实。至公元前 5 世纪中后叶,才出现已受雅典的民主与科学精神熏陶的希腊"历史学之父"希罗多德。他经历了希波战争,希腊民族的爱国热忱和他对近东文明的兴趣,促使他写成以这场伟大战争为主题的不朽之作《历史》,这是希腊第一部规模宏大、史实与研究相结合的通史著作。前四卷记述波斯帝国、小亚细亚诸国以及埃及的历史、文化与政治斗争,后五卷详致叙述战争起因、过程和希腊人决战的胜利。这部杰作表现了客观、公正地述评人的历史活动的理性精神,虽然书中也有轻信传说之处,但从总体上说是认识人自身历史事件的信史。但是,这部巨著还是就事论事地述评历史事件,还没有从哲学的高度反思人的本性和社会历史演变的根本原因。面对支配历史的力量,它表现了一种对人的脆弱性与暂时性的意识,认为历史是被某种超乎人理解力的奥秘的力量——或是诸神的嫉妒,或是天数,或是命运——所控制的。希罗多德还没有达到像希腊古典文明由盛趋衰时期的历史学家修昔底德那样对历史有较深刻的理解的程度。修昔底德在《伯罗奔尼撒战争史》中所理解的历史并不是由某种绝对的神秘力量——命运或嫉妒的神性——所统治的,他认为历史事件是人自身的欲望、情感、利益与善恶本性所造成的一些变易与冲突的力量的结果,人自身就是他的灾难的动因。和希罗多德处于同时代的希腊"悲剧之父"埃斯库罗斯,在他描写诸神与英雄的悲剧中也回荡着一个主旋律:命运与逆境不可违背,勇于与严酷的命运抗争的人却要对自己所选择的行为负责。当时这种历史与人文知识的局限性,使得早期希腊哲学家还不可能对人、社会历史、政治与伦理道德作深入和系统的探究。

　　但是,毕达哥拉斯学派的成员以及赫拉克利特、恩培多克勒等都是希腊城邦政治舞台上的显要人物,一些早期希腊哲学家也在反思人与社会生活,并且已有超乎早期历史学家与悲剧家之处。他们根据自己的哲学原则,对人、社会与文化作出了一些哲理性的论断。毕达哥拉斯学派的十对"对立的本原"就包括了判断人与社会行为的"善与恶"。古代学者认为赫拉克利特的主要著作不是讨论自然,而是讨论政府的。① 耶格尔则强调他"是第一个研究人的哲学家",人学是他的哲学的核心。② 可惜有关著作未完整保留下来,仅留存了一些他从变易及对立的斗争与和谐的原则论述战争、法律与审美问题的残篇。恩培多克勒则认为"爱和争是善和恶两个对立的原则"③,争是人类凡世生活中造成种种纷乱、战争、灾难和死亡的恶的根源,他期待爱的力量将人类导向黄金时代与理想的神圣乐园。和智者的人文启蒙相平行的德谟克利特,更写了不少论述社会政治、伦理道德与文化艺术的著作,现还留存200多条关于社会政治与伦理道德的残篇。他认为"人是一个小宇宙"④,已有素朴的人类社会文明进化的思想,明确拥护希腊民主制,并主张一种限制贫富两极分化、缓和社会矛盾、求得精神宁静和谐的伦理道德观。总之,早期希腊哲学也已关注探索人与社会、文化问题,萌发了一种稚嫩而简明的人文精神,希腊古典哲学中业已成熟、深化的人文精神对它有历史的承续性。

　希腊哲学的史料是丰富而又不平衡的。早期希腊哲学家大都有著述,但由于历史的沧桑变迁,它们几乎都没有留传下来,只在后来的哲学家的著述和编纂家的著作中有片断的记载与相关的论述,而且这些残篇往往又是辗转留存下来的。柏拉图、亚里士多德等原著中保存了不少早期希腊哲学家的思想。古代编纂家汇编的古代希腊哲学家的生平与思想资料中,也有许多早期希腊哲学史料,如最重要的哲学家传记作者是

① 见第欧根尼·拉尔修《著名哲学家的生平和学说》,第9卷,第15节。
② 见耶格尔《潘迪亚:希腊文化的理想》第1卷,第181页,伦敦,牛津大学出版社,1980。
③ 希波吕托:《驳众异端》第7卷,第31章,第3节,转引自格思里《希腊哲学史》第2卷,第260页,剑桥,剑桥大学出版社,1969(以下所引此书均为此版本)。
④ 第尔斯、克兰茨编:《苏格拉底以前哲学家残篇》,DK68B34。

公元 3 世纪的古代罗马的古希腊哲学史家第欧根尼·拉尔修（Diogenes Laertius），他写的《著名哲学家的生平和学说》是了解古希腊哲学家的生平事迹与思想的最重要的依据之一，历来受到重视并广为采用。近现代西方学者对早期希腊哲学进行了比较科学的整理。最重要的是德国学者第尔斯（1848—1922）于 1903 年出版的《苏格拉底以前哲学家残篇》，他去世后，由克兰茨于 1934—1937 年出版了修订第五版。此书已由弗里曼（K. Freeman）译为英文，书名为《苏格拉底以前哲学家的辅助读物》。西方学者后来又陆续发表了一些类似的并带有研究性的资料著作，比较突出而常被引用的是基尔克与拉文的《苏格拉底以前的哲学家》，弗里曼的《苏格拉底以前的哲学家：第尔斯的〈苏格拉底以前哲学家残篇〉导读》，卡佩莱的《苏格拉底以前的学派》，都兼有残篇和较值得参考的解释或论评。

近现代西方学者研究希腊哲学史的著作也很多。德国著名的哲学史家策勒（1814—1908）从 19 世纪 40 年代起，陆续出版与修订了 3 卷本 5 巨册的《希腊哲学史》。原维也纳大学教授冈珀茨（T. Gomperz）写的 3 卷本《希腊思想家：古代哲学史》（1896—1909，此书的英译本为 4 卷），法国著名希腊哲学史家罗斑（L. Robin）所著的《希腊思想和科学精神的起源》，也都较有影响。20 世纪下半叶最受学术界重视的有关著作，是剑桥大学教授格思里撰写的 6 卷本《希腊哲学史》。新近出版的希腊哲学史著作则有：特耶拉（V. Tejera）的《重写希腊哲学史》和特伦德尔（Robert C. Trundle）的《古希腊哲学》（*Ancient Greek Philosophy*）。这些希腊哲学断代史著作都有关于早期希腊哲学的专门论述。

此外，值得参阅的专门研究早期希腊哲学的研究成果有：英国伯奈特的名著《早期希腊哲学》（1892），尼采的《希腊悲剧时代的哲学》，耶格尔的《潘迪亚：希腊文化的理想》第 1 卷（古代希腊：雅典精神）和《早期希腊哲学家的神学》，艾伦（R. E. Allen）与福莱（D. J. Furley）的 2 卷本《苏格拉底以前哲学研究》，巴恩斯的 2 卷本《苏格拉底以前的哲学家》，克莱芙（F. M. Cleve）的 2 卷本《智者以前希腊哲学的巨人》，福勒

(B. A. G. Fuller)的《希腊哲学史：泰勒斯到德谟克利特》，萨姆伯斯基(S. Sambursky)的《希腊人的物理世界》。可参阅的中国学者的有关研究著作有叶秀山的《前苏格拉底哲学研究》和汪子嵩等的《希腊哲学史》第1卷(此书"绪论"第6节对古希腊哲学的史料和近现代学者的研究有详细论述)。

第一章　米利都学派

希腊哲学最早开创于小亚细亚伊奥尼亚的殖民城邦米利都。泰勒斯、阿那克西曼德和阿那克西美尼三代传人是希腊最早的哲学家,被称为米利都学派。希腊哲学最早在米利都诞生,是由于当时米利都有得天独厚的历史文化条件。

米利都(Miletos,在今土耳其境内,仍用原名)地处弥安德河入海口附近的有利位置,早在克里特文明时代此地就建立了老米利都城,考古发掘表明爱琴文明就是经过这里逐渐传播到伊奥尼亚地区的。米利都素有历史文化的积累,体现了爱琴文明向早期伊奥尼亚文明转变的连续性。[①] 公元前 7 世纪时,伊奥尼亚地区的经济远比希腊本土发达,支配了地中海的欧、亚、非之间的贸易,而作为小亚细亚南部弗里吉亚出口贸易中心的米利都更居首位,处于全盛时期,人口虽不过 6 万,但在发展工商贸易中已积累了巨大的财富。早期僭主政治改革促使新的社会组织代替了部落氏族制度,扩大了公民权与工商奴隶主的权利,在塞拉绪布罗(Thrasyboulos)僭主统治之时(前 610 年左右),米利都达到前所未有的繁荣状态。这位贤明的僭主还和不断侵略伊奥尼亚城邦的强邻吕底亚

---

① 参见伯奈特《早期希腊哲学》,第 39 页,纽约,世界出版公司,1967。

成功地建立了结盟关系,至公元前 6 世纪上半叶,吕底亚王克娄苏(Croesus)发动战争征服小亚细亚的爱菲斯等城邦。米利都虽名义上受吕底亚统治,但由于历来的结盟关系,它并不完全臣属吕底亚,而保持相对的独立性。和吕底亚的这种密切联系有利于米利都的社会稳定与科学文化的发展。当时吕底亚的首都撒尔迪斯(Sardeis)是小亚细亚繁盛的经济文化中心。希罗多德说:"当时正好生活在希腊的一切贤者都得以相继来到了富强如日中天的撒尔迪斯,而其中就有雅典人梭伦。"[①]曾随从克娄苏的泰勒斯就和来游历的梭伦会晤过。吕底亚和埃及、巴比伦都保持了良好的关系。无疑,通过和吕底亚的紧密联系,米利都人能吸收会聚到撒尔迪斯的希腊各地的文化营养,并加强和埃及、巴比伦的文化交往。公元前547年吕底亚被波斯战败,克娄苏被波斯俘虏,米利都等伊奥尼亚城邦便被波斯统治。而约半个世纪中,波斯帝国对异邦的文化政策是相对宽容的,所以没有阻碍伊奥尼亚科学文化的进展。公元前494年波斯帝国攻陷米利都并残酷屠城,这成为希波战争的导火线,米利都也就衰落了。米利都的哲学繁荣时期,正是它先后受吕底亚与波斯统治但相对平和安定之时。

后人所称的米利都学派,并不是因为它像毕达哥拉斯学派那样组成一个团体,或像柏拉图、亚里士多德那样建立了学园,而是因为米利都的三位哲学家的有明显共性的思想承续关系。

米利都学派作为希腊哲学的开创者,使哲学作为一种科学的思维活动从宗教与神话中独立出来,开始形成一种探究世界与宇宙全体的根本问题的学问,提出并阐发了早期希腊哲学的一些基本范畴,并且与此紧密相关地开创了自然科学思想。这在希腊哲学史上无疑有特殊重要的地位与深远的影响。

米利都学派也开创了早期希腊哲学的源流之一即伊奥尼亚哲学传统,其思想特点是:形成一种素朴唯物论,探究变易世界的物质性本原,

---

① 希罗多德:《历史》上册,王以铸译,第 13 页,商务印书馆,1985。

主张这种本原是无定形、流变、可转化的;认为世界是永恒运动变化的,试图在物质性本原所包含的"对立"中寻求运动变化的力量;通过阐述无限的物质性本原的物态变化,提出一种无限的、运动变易的宇宙论;注重从经验观察中得出科学思想与哲学结论,尽管它包含有许多还带着稚气的猜测,但是这种重经验观测是希腊科学思想发展的重要的认识动因。米利都学派开创的伊奥尼亚哲学传统,在赫拉克利特哲学中进一步发展,对南意大利哲学也不无影响,公元前 5 世纪中后叶在雅典又得到复兴,对恩培多克勒的四元素论、阿那克萨戈拉的种子论和德谟克利特的原子论都有影响。

第一节 泰勒斯

泰勒斯是伊奥尼亚哲学与米利都学派的创始人。

对泰勒斯的这一地位也有不同的看法。第欧根尼·拉尔修记述伊奥尼亚哲学开始于阿那克西曼德,泰勒斯只是"教导过阿那克西曼德"[1]。伯奈特也强调泰勒斯没有留下任何哲学著述,而只有极少的第二手转述的论断,认为他在当时所以闻名,不是作为哲学学派的创立人,而是作为"七贤"之一与技师、发明者。[2] 但是,这些历史情况并不能动摇泰勒斯开创希腊哲学的历史地位。早于拉尔修的亚里士多德就曾指出:泰勒斯是主张质料性本原"这一派哲学的创始人",并且记述了他的关于水是本原的一些见解。[3] 在亚里士多德看来,泰勒斯最早提出本原观念就堪称哲学创始人。实际上,从亚里士多德至今,学者们公认泰勒斯是西方第一位哲学家。

---

[1] 第欧根尼·拉尔修:《著名哲学家的生平和学说》,第 1 卷,第 13 节。
[2] 见伯奈特《早期希腊哲学》,第 47、50 页,纽约,世界出版公司,1967。
[3] 见亚里士多德《形而上学》,983b20—984a5,载于《亚里士多德全集》。

一 从事政治与科学活动的"贤人"

泰勒斯(Thales)兼有欧亚血统。希罗多德说他是"一个米利都人、又和腓尼基人有血统关系"[1]。第欧根尼·拉尔修记述他属于来自希腊、曾参与向伊奥尼亚殖民运动的卡德摩斯的"高贵家族",母亲是"腓尼基人塞琉斯的后裔"。[2] 伯奈特认为从他的父亲之名埃克萨密俄(Examyes)来看,不是闪族人,而是卡里亚人,后被伊奥尼亚人完全同化了,所以泰勒斯"已属于纯粹米利都人的后裔,尽管或有卡里亚人的血统"[3]。他的生卒年代也无可靠记载,只能根据他曾预言某次日食来估算。希罗多德记述:吕底亚人和美地亚人之战第六年的一次会战中,"白天突然变成了黑夜","米利都人泰利士(即泰勒斯——引者)曾向伊奥尼亚人预言了这个事件,他向他们预言在哪一年会有这样的事件发生,而实际上这话应验了"[4]。据考证,泰勒斯预言的是发生在公元前585年5月28日的日食,那年作为他的鼎盛年,可推算他约生于公元前624年;拉尔修说他活到78岁或90岁,那么他当生活在公元前7世纪末叶和前6世纪上半叶,正当塞拉绪布罗僭主和吕底亚王克娄苏先后统治的米利都兴盛时期,他高年时则随从克娄苏参与抗击波斯入侵的战争。

泰勒斯是当时闻名全希腊的杰出人物,与雅典的梭伦等名人被誉为"七贤"。[5] "贤"的希腊文 sophia 是"智慧"的意思。"七贤"大多是在政治、立法、道德生活与日常事务方面富有实践智慧的人士。普卢塔克记述,"只有泰勒斯懂得自然哲学,所有其他的贤人都是由于政治上的智慧而获得荣誉的"[6]。其实,泰勒斯是一位在经济事务、政治活动与科学

[1] 希罗多德:《历史》上册,王以铸译,第85页,商务印书馆,1985。
[2] 见第欧根尼·拉尔修《著名哲学家的生平和学说》,第1卷,第22节。
[3] 伯奈特:《早期希腊哲学》,第41页,纽约,世界出版公司,1967。
[4] 见希罗多德《历史》上册,第37页。
[5] 见柏拉图《普罗泰戈拉篇》,343A,载于《柏拉图对话全集,附信札》。
[6] 普卢塔克:《梭伦传》,第3节,载于普卢塔克《希腊罗马名人传》,佩林等英译,"洛布古典丛书",麻省,剑桥,哈佛大学出版社,1982(以下所引此书均为此版本)。

领域中有开阔才智的多面手。

普卢塔克说，当时"从事流动商业甚至是光荣的事业，可以使野蛮部落转为文明，得到君王的友谊，在不少地方学习到许多东西……贤人泰勒斯和数学家希波克拉底都曾经作为商人进行过旅行"[1]。经商是泰勒斯到处游历、获取知识的手段。他游历过埃及，可能还有巴比伦、小亚细亚西部诸地。古代编纂家认为，埃及几何学引入希腊应归功于泰勒斯；希罗多德记述了解释尼罗河泛滥现象的三种说法之一，即"认为季节风阻止尼罗河河水入海，故而使河水高涨起来"，艾修斯认为这是泰勒斯的见解。[2] 而且，他最早意识到可以依靠科学知识来谋求经济利益：他在冬天靠观察星辰的技艺预测第二年油橄榄将大获丰收，便将自己有限的资金租用了开俄斯和米利都的所有榨油设备，次年大丰收时就收高价榨油，获得大量金钱。"他向世人表明：哲学家只要愿意是容易致富的，只是他们的抱负并不在此。"[3]

泰勒斯富有政治智慧，在当时的政治生活中比较活跃，至少是统治者的智囊人物。他和雅典的政治改革家梭伦有着深厚的友谊。梭伦完成政治改革后因雅典局势不安要外出时，他给梭伦写信："要是你离开雅典，我看最好是定居到米利都来，这是雅典的殖民地，到这里你不会遇到危险"；并说要是讨厌僭主统治的话，"你至少也可以来这里享受朋友的友谊"。[4] 当波斯国王居鲁士和吕底亚国王克娄苏发生战争时，泰勒斯的建议使米利都得以保全自身："泰勒斯也被认为是在政治上能提出高明建议的人，当克娄苏要求和米利都结盟时，他挫败了这个计划，从而在居鲁士获得胜利的时候，米利都得以幸免"[5]。而另一种说法是，他曾随从克娄苏迎战居鲁士，熟悉河道工程技术的泰勒斯设法挖新月形深沟使哈

---

① 普卢塔克：《梭伦传》，第 2 节，载于普卢塔克《希腊罗马名人传》。

② 参见伯奈特《早期希腊哲学》，第 44 页，纽约，世界出版公司，1967。

③ 亚里士多德：《政治学》，1259a8—18，载于《亚里士多德全集》。

④ 见第欧根尼·拉尔修《著名哲学家的生平和学说》，第 1 卷，第 44 节。

⑤ 同上书，第 1 卷，第 25 节。

律司河分流,军队便可以徒步过河。① 当波斯征服吕底亚,进而威胁到伊奥尼亚其他希腊城邦时,他采取坚决反抗波斯入侵的态度,劝告伊奥尼亚人"建立一个共同的政府并以提奥斯作为这个政府的所在地(因为它在伊奥尼亚的中心)"②。这仿佛是约半个世纪后希腊人大联合抗击波斯入侵的先声。

泰勒斯作为"贤人",在日常道德方面大约也有一些精辟的论语。现仅见拉尔修记录了几行据说是他写的诗句:"多说话并不表示心里理解,去寻找唯一的智慧吧,去选择唯一的善吧,这样你就会钳住唠叨不休的舌头。"③以实践行动去追求唯一的智慧与善,这也是他自己明心志的箴言。

在"七贤"中,泰勒斯是唯一追求科学智慧的学者,是最早的科学思想家与自然哲学家。可以说,在西方他最早开创了自然科学研究,主要是在数学与天文学领域取得了杰出成就。

埃及很早就有几何学,因尼罗河泛滥后重新分配土地的需要而发展了"量地法"这种用经验事实描述的几何学,希腊人是从他们那里学来的。④ 泰勒斯往访过埃及,和当地祭司有交往。第欧根尼·拉尔修记载,"他向埃及人学习过几何学"⑤,但他已不像埃及的几何学那样停留在经验事实描述的水平上,而是提升到几何学普遍原理的高度,概括出一些几何命题。数学史家希思评述道:"因此,随着泰勒斯,几何学开始成为建立在普遍性命题之上的一门演绎科学。"⑥冈珀茨也说他把埃及人测量土地的方法"上升成为建立在一般原理上的演绎的几何科学"⑦。根据古

---

① 见希罗多德《历史》上册,王以铸译,第38页,商务印书馆,1985。
② 同上书,第85页。
③ 第欧根尼·拉尔修:《著名哲学家的生平和学说》,第1卷,第36节。
④ 见希罗多德《历史》上册,第155页。
⑤ 第欧根尼·拉尔修:《著名哲学家的生平和学说》,第1卷,第36节。
⑥ 希思:《希腊数学史》第1卷,第128页,牛津,克拉伦登出版社,1921。
⑦ 冈珀茨:《希腊思想家:古代哲学史》第1卷,马格纳斯英译,第47页,伦敦,约翰·莫莱出版社,1969。

代文献记载,泰勒斯总共提出了五条几何定理:(1)圆周被直径等分;(2)等腰三角形的两底角相等;(3)两直线相交时对顶角相等;(4)如两个三角形的一边和两邻角彼此相应和相等,则这两个三角形全等;(5)内切半圆形的三角形是直角三角形。现在看来这些不过是初中生就学过的平面几何的基本定理,但在 2 500 多年前,作为开创科学理论的普遍性命题,那是非常了不起的。而且,他又善于将几何学原理运用于航海的实用技术。据普洛克罗记载,欧德谟斯在《几何学史》中将相似三角形定理也归诸泰勒斯,并说"泰勒斯使用这种定理表明,他找到了测量海上船舶距离的方法,那是必须包含这种原理的"①。

泰勒斯的天文学成就在当时更是闻名。据说在他的塑像下面有一段铭文:"这里长眠的泰勒斯是最聪明的天文学家,米利都和伊奥尼亚的骄傲。"②当时巴比伦已积累了丰富的天文观测资料,但和迷信的占星术混在一起。泰勒斯大约也接受了巴比伦的天文学知识,但他自己独立观测天文现象,沉迷于其中而不顾地面世事。柏拉图记载过一件有趣的故事:"泰勒斯仰观星空竟失足掉落井里",伶俐的色雷斯女奴嘲笑"他只热衷于认识天上发生的事情,却看不到在脚下发生的是什么"。③ 在长期的观察经验中,他屡有天体运行与天文现象的发现。他发现太阳在冬至点到夏至点之间的运行并不总是一致的。拉尔修说他"第一个测定太阳从冬至点到夏至点运行的历程",他已知一年分成 365 天、一个月分成 30 天的历法,并且写道,"卡利马科认为他发现了小熊星座,卡利马科在《长短诗》中说,他第一个测量了小熊座诸星,腓尼基人就是据此导航的"。④据说他还制作了日晷。他在天文学上的另一个重要贡献,是前文已有所述的预言了公元前 585 年 5 月 28 日的日食。这是一件颇有争议的历史

① 托马斯:《希腊数学原始资料选编》第 1 卷,第 167 页,"洛布古典丛书",麻省,剑桥,哈佛大学出版社,1980。
② 第欧根尼·拉尔修:《著名哲学家的生平和学说》,第 1 卷,第 34 节。
③ 见柏拉图《泰阿泰德篇》,174A,载于《柏拉图对话全集,附信札》。
④ 见第欧根尼·拉尔修《著名哲学家的生平和学说》,第 1 卷,第 23—27 节。

公案。大体有两种对立的见解：一种看法认为他预言那次日食是真实的。数学史家希思认为，巴比伦经过一些世纪的持续观察，已发现日食按照"223个朔望月的周期"重复出现，"泰勒斯无疑知道这种周期"。[①]基尔克认为泰勒斯可以利用巴比伦人的确有这类记载的泥版文书记录，"这种记录他可以从吕底亚的首都撒尔迪斯得到"[②]。康福德也认为，泰勒斯已从东方人那里获悉日食、月食周期性出现，公元前585年的日食确实"是在小亚细亚可以看到的"[③]。第二种看法认为泰勒斯当时预言日食是不可能的。伯奈特说他认为大地是扁平的，"他对日食的原因还很无知"，根据巴比伦的朔望月周期只能近似地预测月食，要在地球某处预测日食是不可能的，到阿那克萨戈拉那里才能认识日食的原因。[④] 格思里也认为，"泰勒斯没有用来预言某个地区发生日食所必需的天文学知识，也不可能预见日食是偏食还是全食"[⑤]。我们认为，泰勒斯利用巴比伦的天文观测资料与经验预言日食还是可能的，而且他只是预言了哪一年会有日食（并未精确到月、日与可见日食的地区）更是可能的，有的经验性的预测并不一定都是知悉原因后才能作出的。

除了一本可疑的《航海星象学》之外，泰勒斯没有留下任何成文的著作。也可能"述而不作"是当时"贤人"的一般情况。所以我们只能从亚里士多德和古代编纂家的转述与评述中，了解他的自然哲学思想。

二 水是本原

亚里士多德在《形而上学》中说："在第一批哲学家中间，大多数认为质料性的本原是所有事物的唯一本原。所有事物都由它构成，它们最初从它产生，最后又消解为它（本体常存不变，只是变换它的属性），他们

---

① 见希思《希腊数学史》第1卷，第137—138页，牛津，克拉伦登出版社，1921。
② 基尔克、拉文：《苏格拉底以前的哲学家》，第97页，剑桥，剑桥大学出版社，1978。
③ 康福德：《鉴别原理：希腊哲学思想的起源》，第132页，剑桥，剑桥大学出版社，1953。
④ 见伯奈特《早期希腊哲学》，第41—42页，纽约，世界出版公司，1967。
⑤ 格思里：《希腊哲学史》第1卷，第47—48页。

说,这就是元素和事物的本原。""至于本原的数目和性质,他们并不完全一致。这一派哲学的创始人泰勒斯说,水是本原(由于这个理由,他宣称大地浮在水上)。"①

"本原"是希腊哲学中提出的第一个哲学范畴,它的希腊文 arche 的原意是"开始、发端、起源"。泰勒斯第一个用哲学语言提出基本命题"水是本原",其含义就是水是一切事物的根源,万物最初从水产生,最后又消解为水。先前的希腊神话把各种事物的根源都归结为神,泰勒斯首次用一种具体的自然物质本身来解释世界万物的根源,标志着早期希腊自然哲学已从神话世界观脱胎而出,开始用科学的理性思维来理解自然的世界,这无疑有开创性的重要意义。叶秀山先生称道:"泰利士(即泰勒斯——引者)是意识形态上的梭伦,他宣布了古代神话宇宙观的结束,开始了真正科学的哲学思想的发展阶段。"②

在理解亚里士多德转述泰勒斯的基本命题中,有两点须澄清:

第一,本原是个历史性范畴,随着希腊哲学史的演进,本原不断丰富、更新其含义。亚里士多德在《形而上学》第 1 卷第 3、4 章中,将伊奥尼亚哲学家和到原子论为止的公元前 5 世纪中后叶的自然哲学家,都归类为用质料因(物质性元素)来说明世界的本原。就他们都是素朴唯物论者而言,这是合理的。但亚里士多德对本原的阐述也有非历史性的不确切之处:一是他用自己的本体(基质)不变、只是变换属性的观点,来解释早期伊奥尼亚哲学的本原,这是不对的。早期伊奥尼亚哲学中的本原只有一切事物由它构成、从它产生、最后消解为它的含义,水、气、火等本原自身都是能动、可变的,并没有本体不变、只有属性变换的思想;到公元前 5 世纪中后叶,从恩培多克勒到原子论者的自然哲学吸收了南意大利哲学中的存在不生不灭的思想,才有点接近本体(存在)不灭的思想,但也尚未形成本体和属性这对范畴。二是他用元素来解释早期伊奥尼

---

① 亚里士多德:《形而上学》,983b6—22,载于《亚里士多德全集》。
② 叶秀山:《前苏格拉底哲学研究》,载于《叶秀山全集》第 1 卷,第 142 页,江苏人民出版社,2019。

亚哲学的本原也不确切。元素是物质世界结构的基本成分与要素，到了恩培多克勒才开始形成这种"元素"范畴，即是公元前5世纪中后叶的自然哲学家的本原论。此外，南意大利哲学学派从世界全体事物的形式结构、内在本性、内在根据来理解与说明本原，如用数或存在来解释世界万物的本性，他们的本原一般被称为"原则"或"原理"（principle）。

第二，由于辛普里丘在《〈物理学〉注释》中说本原是阿那克西曼德最先使用的，后来有些哲学史家也认为泰勒斯还没有提出本原范畴。黑格尔认为："泰利士（即泰勒斯——引者）还没有这一思想范畴。他认为 ἀρχή 是时间上的起始，但并不是内在的根据。泰利士哲学里还没有提出'原理'这一思想范畴，'第一原理'乃是更进一步的规定。"[1] 其实，虽然泰勒斯没有留下著述，但远比辛普里丘早的亚里士多德记载了泰勒斯本人说水是本原，这不会是任意推测，必定是有其他文献根据的。所以，不能仅凭后世辛普里丘的一句话，就否定泰勒斯已提出本原范畴，只能说从现存文献看，阿那克西曼德已有著述展开论述本原范畴。黑格尔的话其实也肯定了泰勒斯从时间上的起源的含义上使用了本原，但他自己偏向南意大利哲学和后来的希腊古典哲学从"原理"、"第一原理"来把握本原，由此否定泰勒斯已有本原的思想范畴，这也是失之偏颇的。

泰勒斯为什么会产生水是世界万物的本原的思想呢？我们可以设想，伊奥尼亚与整个希腊世界处在地中海海域，受浩渺的海洋的包围，其生产和生活与水紧密联系在一起。亚里士多德提到远古希腊人以神话方式表达对自然的看法，就把水奉为神圣之本，"把俄刻阿诺（海洋之神）和忒提斯（海洋女神）当做创世的祖先，而且描写众神皆以水起誓"。他还指出，"据说泰勒斯宣称他本人主张这样的第一原因"。[2] 神话以水为自然之根本这种思想传统可能对泰勒斯有所影响，但泰勒斯提出水是本原的哲学命题，并不是简单地从神话中承袭过来的，而是超脱神

---

[1] 黑格尔：《哲学史讲演录》第1卷，贺麟、王太庆译，第47页，商务印书馆，1959。
[2] 见亚里士多德《形而上学》，983b27—984a3，载于《亚里士多德全集》。

话,出于观察经验与科学的理性思维而得到的。罗斑指出他的本原论和神话的创世说在方法上也是不同的,塞奥弗拉斯特"把他的方法确定为一种归纳法,是将从感觉中所得的事实上升为普遍性的命题"①。

泰勒斯本人对于为什么水是本原的问题,并没有直接留下具体的说明。古代学者有两种皆有合理性的解释:

第一种是生物学的解释。亚里士多德推测:"他得到这个观念也许是由于看到所有事物的滋养物是潮湿的,而且热本身是从湿气中产生出来并依靠它得以保持活力的(那个所有事物由之产生的东西就是所有事物的本原)。他从这个事实并且从所有事物的种子都具有潮湿的性质这个事实,以及水是潮湿事物的性质的来源,得出他的观念。"②亚里士多德的学生塞奥弗拉斯特和辛普里丘等人也有类似的记载。这种生物学的解释是有道理的,因为主张物活论的泰勒斯认为,世界万物都有灵魂即一种活力,是由热激活的,热则来自湿气,万物最终都来源于湿气的根源即水。伯奈特批评亚里士多德的推测是"将后来萨摩斯的希朋支持相似论题的论证赋予泰勒斯了……而在泰勒斯的时日流行的旨趣不是生理学的论证,而是气象学的论证"③。这个批评缺乏说服力,因为亚里士多德根本看不起希朋,曾说"他的思想微不足道",怎么会将公元前5世纪时希朋的生理学论证套用于泰勒斯呢?而泰勒斯当时根据种子的活力来自水这种生物现象,推而论及世界万物,是很可能的。

第二种是天文、气象学的解释。艾修斯解释说:"太阳的火和星辰本身,以及整个宇宙,都是由水蒸发出来的湿气滋养的。"④公元1世纪时《荷马问题》的作者赫拉克勒特(Herakleides)更具体地作出这样的解说:所以挑选水这种天然湿润的本体,因为它是最容易形成不同事物的,它

---

① 罗斑:《希腊思想和科学精神的起源》,陈修斋译,段德智修订,第39页,广西师范大学出版社,2003。
② 亚里士多德:《形而上学》,983b22—27,载于《亚里士多德全集》。
③ 伯奈特:《早期希腊哲学》,第48页,纽约,世界出版公司,1967。
④ 艾修斯:《哲学家意见集成》第1卷,第3章,第1节,转引自汪子嵩等《希腊哲学史》第1卷,第161页,人民出版社,1997(以下所引此书均为此版本)。

容易经受各种不同的变化。水蒸发的部分就成为气,其中最精致的部分燃起来就成为以太,当水变得坚实时就成为黏泥,再变为土。所以,泰勒斯声称四元素之一的水作为原因,是最有活动力的。这种从宏观上解释水能生成宇宙与世界万物也能自圆其说,很可能也是泰勒斯本人的理解。

　　泰勒斯提出水是本原,就是以一种原始、自发的素朴唯物论观点,将自然现象的无限多样性统一于某种特殊的具体物质,在特殊的物质中寻求世界的统一性。黑格尔说,这作为哲学开端的水,其实是"一种有单纯的普遍性或一般的流动性的东西"[1],泰勒斯的哲学是"把自然概括为单纯感性的实体"[2]。伊奥尼亚哲学家们都将世界的本原归结为某种特殊的物质,尚不可能形成普遍的物质概念,也还不能像公元前 5 世纪中后叶的自然哲学家们在"存在"的抽象高度形成较有普遍性层次的物质粒子概念。而泰勒斯作为这种特殊物质本原观的开端人物,要超越纯经验观察与幼稚猜测,科学地解释唯一的水如何生成宇宙与世界万物,无疑是困难的。他没有作这方面的论述,只是含混地认为流动的水自身能变成他物,是通过湿气、热给万物以活力的。策勒指出:至于事物如何从水产生的问题,"极其可能的是,泰勒斯从未考虑过这个问题,他自己只是满足于这种不确定的观念,认为事物来自水或是从水产生的"[3]。米利都学派的两位传人和赫拉克利特,在特殊物质的本原如何生成宇宙万物与万物复归于特殊物质的本原问题上,才进一步作出哲学的解释。

三　水成宇宙和大地浮在水上

　　古代解释宇宙的形成和构造的学说,被称为宇宙论或宇宙生成论。泰勒斯是最早涉及研究宇宙学说的哲学家。他依据自己的本原论与简

---

[1] 黑格尔:《哲学史讲演录》第 1 卷,贺麟、王太庆译,第 184 页,商务印书馆,1959。

[2] 同上书第 1 卷,第 192 页。

[3] 策勒:《苏格拉底以前的学派》第 1 卷,奥列尼英译,第 224 页,伦敦,朗格曼斯·格林出版公司,1881。

单的观察,猜测宇宙的形成和人类居住的大地的情况,虽留下的资料极少,猜测在今天看来也很幼稚,但在当时却突破了神创宇宙观,开启了一种自然哲学的宇宙论研究。

从上文引述的艾修斯等古代编纂家的解释中,我们可以约略知悉,泰勒斯认为宇宙与天体是由水生成的,主张一种水成论的宇宙观。整个宇宙包括太阳与星辰都靠水蒸发的湿气来滋养。太阳和星辰的"火"与水并非绝对对立,水能成火,因为水蒸发的气的精致部分能燃成以太,能造成太阳与星辰的"火",以太则充满宇宙。而水变得坚实时能成黏泥,再化为土,就是说人类生活的大地最终也是由水生成的。

亚里士多德在《论天》中论述:"另外一些人说大地浮在水上。这确实是保存下来的最古老的理论,据说是属于米利都人泰勒斯的。大地被假定为静止的,因为它浮在那里,就像木头和其他类似的东西一样,这些东西的构造使它们浮在水上而不是浮在气上。"[1]泰勒斯观察到希腊人所处的大地被海洋包围,地下也有水,因而猜测大地浮在水上;大地与木头等他物在水上能浮定,在空气中则不能浮定而要下落。至于大地的形状,泰勒斯没有留下说明。亚里士多德在《论天》中曾说:"阿那克西美尼、阿那克萨戈拉和德谟克利特提出大地是扁平的,以此作为它保持静止的原因。"[2]有些学者由此推测泰勒斯也很可能认为大地像扁平的盘状物。伯奈特就这样推测,并认为除阿那克西曼德外,"这种看法,是直到德谟克利特以前所有伊奥尼亚学派的、区别于意大利学派的宇宙论的特征"[3]。古代学者一般记载,南意大利的自然哲学家包括毕达哥拉斯学派、爱利亚学派以及西西里的恩培多克勒,认为大地是球形的。泰勒斯还根据大地浮在水上的原理解释了地震现象。罗马时代斯多亚派哲学家塞涅卡保留了塞奥弗拉斯特的有关记载:"因为他(泰勒斯)讲过,大地

---

① 亚里士多德:《论天》,294a28—32,载于《亚里士多德全集》。
② 同上书,294b14—15,载于《亚里士多德全集》。
③ 伯奈特:《希腊哲学:第一部分,从泰勒斯到柏拉图》,第20页,伦敦,麦克米伦出版公司,1928。

是由水支撑的,它像一只船那样漂浮在水上;当讲到地震时,他认为地震实际上是随着水的运动而起的摆动。"①这种说法现在看来很幼稚,当时却突破了地震是神谴征兆的观念,是一种进向科学说明的自然哲学解释。

　　有些学者如基尔克、拉文、康福德和汤姆逊等人,认为泰勒斯主张大地浮在水上,也很可能是受了埃及与西亚地区的神话传说的影响。②古代埃及人将大地看做定浮在水面上的扁平圆碟,宇宙充满水,太阳在船上航行,白天在天空,夜晚在地下。古代巴比伦的神话诗篇《伊奴玛·伊立希》也描述太初两巨神阿普苏与阿马特代表水,后来分裂为天、地和海洋、河流。其实,当时希腊乃至以色列都有类似的神话,泰勒斯有可能间接地受了一点这类神话的影响,但也没有直接的证据。他说大地浮在水上,主要出自他的水是本原的自然哲学观念。

四　万物皆有灵魂与神灵

　　泰勒斯还没有专门论述事物运动的原因问题,但他将灵魂看做一种引起运动的能力,认为万物皆有灵魂。亚里士多德在《论灵魂》中记述:"根据有关泰勒斯的记载来判断,他似乎认为灵魂是一种引起运动的能力。他说过磁石有灵魂,因为它吸动了铁。"③第欧根尼·拉尔修又记载:"亚里士多德和希庇亚说,他(泰勒斯)认为即使是无生命的事物也有灵魂,他用琥珀和磁石来证明这一点。"④在阿那克萨戈拉提出"努斯"范畴之前,泰勒斯等哲学家都还没有物质与精神概念的分化认识。泰勒斯这里说的灵魂不是指一种精神性的实体,而是指和呼

---

① 《塞涅卡论自然问题》,第 3 卷,第 14 章,载于《塞涅卡文集》第 7 卷,科尔克兰英译,"洛布古典丛书",麻省,剑桥,哈佛大学出版社,1971。

② 参见基尔克、拉文《苏格拉底以前的哲学家》,第 90—91 页,剑桥,剑桥大学出版社,1978;康福德《鉴别原理:希腊哲学思想的起源》,第 15 章,剑桥,剑桥大学出版社,1953;汤姆逊《古代哲学家》,何子恒译,第 7 章,生活·读书·新知三联书店,1963。

③ 亚里士多德:《论灵魂》,405a19—20,载于《亚里士多德全集》。

④ 第欧根尼·拉尔修:《著名哲学家的生平和学说》,第 1 卷,第 24 节。

吸、血液流动联系在一起的一种生命力与活动的能力。一般称泰勒斯的万物皆有灵魂说是一种"物活论",那也不能理解为万物皆有精神意识,而只能理解为万物皆有活力。黑格尔确切地指出:泰勒斯说的"灵魂则是磁石的这种运动,是与物质的本性同一的"①。

和万物皆有灵魂联系在一起,泰勒斯又认为万物充满神灵。亚里士多德在《论灵魂》中记述:"有些思想家认为,灵魂是掺和在整个宇宙之中的,可能是由于这个理由,泰勒斯得出万物充满神灵这样的看法。"②既然泰勒斯说的灵魂是指生命力与活力,他说的万物中充满的神灵也就不是指人格化的诸神(他们的数目还是有限的),更不可能是指到塞诺芬尼才开始提出的单一的理性神,这种神灵也无非是指宇宙万物中内蕴的生命力与活力。泰勒斯所以称之为神灵固然是由于在用词上尚未完全摆脱神话的影响,也因为在他看来这种内蕴的力量使宇宙万物得以活动和有生命,是神圣的。伯奈特认为,泰勒斯很可能也"称水是一种神灵,但不会含有任何确定的宗教信仰的意思"③。然而,泰勒斯对灵魂、神灵这种万物中内蕴的生命力与活力毕竟还没有明晰的认识,而是有分化理解为物质性动因和精神性动因的可能,所以恩格斯说在泰勒斯那里"已经包藏着后来分裂的种子"④。但杨适先生认为这里已有"素朴的唯心主义的萌芽","这是唯心主义地解释动因的最初表现"。⑤ 这个论评也未必切合泰勒斯的灵魂与神灵说的原义。

古代就有编纂家与哲学家将泰勒斯的灵魂与神灵曲解为精神性实体与神。艾修斯就用斯多亚学派的"世界灵魂"来解释泰勒斯的灵魂学说。伯奈特批评说:"艾修斯甚为热衷地将世界灵魂的学说赋予泰勒斯,并用斯多亚学派的术语来表达它,将世界理智和神等同起来";他还批评

---

① 黑格尔:《哲学史讲演录》第 1 卷,贺麟、王太庆译,第 191 页,商务印书馆,1959。
② 亚里士多德:《论灵魂》,411a7—17,载于《亚里士多德全集》。
③ 伯奈特:《早期希腊哲学》,第 50 页,纽约,世界出版公司,1967。
④《马克思恩格斯全集》第 20 卷,第 528 页,人民出版社,1971。
⑤ 见杨适《哲学的童年》,第 86 页,中国社会科学出版社,1987。

罗马时代的哲学家西塞罗将这种曲解了的"世界理智"进一步"扭曲为柏拉图的'创造者',说泰勒斯主张神的心智从水中造就万物"。[1] 基尔克也指出:"和这种见解一样的许多可以辨别出来的虚构,都是那些不审慎的编纂家和传记作者们归诸泰勒斯的。"[2]虽然泰勒斯作为希腊哲学的先驱,其论断有思想朦胧之处而易被误解,但那些非历史的唯心主义与神创论的曲解,还是不难辨识的。

第二节 阿那克西曼德

阿那克西曼德是米利都学派第二代传人的代表,是伊奥尼亚哲学中承前启后的重要哲学家。

他将探究本原问题引向深入,由于他提出"阿派朗"范畴,之后才导出米利都学派较盛行的以"气"为本原的学说。他最早论述"对立",也是赫拉克利特建立对立统一学说的先声,并影响了早期希腊的许多自然哲学;他根据"对立"事物从阿派朗中分离的原理,较为系统地论述了永恒运动的无限宇宙的形成与构造,并且在天文、地理与生物起源等方面萌发了许多科学思想,对后来的自然哲学也颇有影响。他留存了较多的思想残篇,其中有些论述扑朔迷离,易引起歧义,哲学史家们在论评中也颇有争议。

一 科学思想家的一生

阿那克西曼德(Anaximander)是米利都本地人,是泰勒斯的年轻而志同道合的朋友与学术继承人。第欧根尼·拉尔修记载阿波罗多鲁在他的《编年史》中说:"阿那克西曼德在第58届奥林匹亚赛会的第2年是64岁,之后不久就去世了"[3]。由此可知,他64岁行将离世时当在公

---

① 见伯奈特《早期希腊哲学》,第49页,纽约,世界出版公司,1967。
② 基尔克、拉文:《苏格拉底以前的哲学家》,第96页,剑桥,剑桥大学出版社,1978。
③ 第欧根尼·拉尔修:《著名哲学家的生平和学说》,第2卷,第1—2节。

元前 546 年,他的生年应是公元前 610 年,与泰勒斯约相差一代。

阿那克西曼德大约也像泰勒斯一样积极参与过城邦的公共政治活动,但已无史料可考证,只有公元 2 世纪罗马修辞学家埃利安(Aelian)在《杂史》中记载,阿那克西曼德率领米利都的一支远征队,到黑海边的阿波洛尼亚建立了一个殖民城邦。据说后人曾在米利都发掘出一座当时塑立的、底部刻有阿那克西曼德名字的雕像。伯奈特认为这是他的同胞为纪念他对兴建殖民城邦这类公共事务作出卓越贡献而树立的,但也有学者认为此雕像似乎像女性,底部刻的可能是捐资建雕像者的名字。①

阿那克西曼德是一名出色的科学思想家,有不少著述,从留存的残篇可看出,他在天文、气象、地理、生物方面作过许多观察,并有独到的论述。史料中记述了他的两种科学活动。

一是他游历过小亚细亚、希腊本土与黑海沿岸等地区,考察过各地的地理情况与民情风貌。有的学者认为他写的《大地描述》可能记述了他经考察所知的地理、居民、种族与民俗等②,而他最著称于科学史的是绘制了第一张关于当时希腊人所知的世界的地图。希腊化时期的著名地理学家斯特拉波(Strabo)认为地理学堪称哲学的研究,并将其祖师回溯至荷马。他记述亚历山大里亚图书馆馆长、地理学家埃拉托色尼(Erastosthenes)说过:"在那些追随荷马的尊贵并熟悉哲学的人们中,首要的有两位,泰勒斯的熟人与同邦人阿那克西曼德和米利都的赫卡泰厄斯,前者是第一个发表了大地的地图的人,后者留下了一本和他的其他著作一样真实的论著。"③赫卡泰厄斯写的《大地巡游记》是他考察小亚细亚等地的地理记述,阿那克西曼德绘制第一张"世界地图"也当是严谨的。希罗多德嘲笑当时的一些人无任何根据就画可笑的世界地图,"把

---

① 参见伯奈特《早期希腊哲学》,第 52 页,纽约,世界出版公司,1967;格思里《希腊哲学史》第 1 卷,第 75 页。

② 参见格思里《希腊哲学史》第 1 卷,第 75 页。

③ 斯特拉波:《地理学》第 1 卷,第 1 章,第 11 节,转引自第尔斯、克兰茨编《苏格拉底以前哲学家残篇》,DK12A6。

世界画得像圆规画的那样圆,而四周则环绕着欧凯阿诺斯(即俄刻阿诺)的水流,同时他们把亚细亚和欧罗巴画成一样大小"①。阿那克西曼德通过实地考察写了《大地描述》,大约是以此为根据绘制他了解的大地的地图的,也没有自称他画的是世界地图,所以他画的不会是希罗多德嘲笑的那种出于任意想象的世界地图。因为他既有地理考察,画的又是当时希腊人所知的世界,历来哲学史家和科学史家都给予了很高评价。耶格尔称赞他"绘制了第一张世界地图和创立了科学的地理学"②,冈珀茨赞誉他是"科学地理学之父"③。

二是他较多地从事天文、气象的观察活动并发明了相关仪器。第欧根尼·拉尔修记载:"他第一个发明了日晷指时针,将它安装在拉栖代蒙(斯巴达)的日晷上,用以测定冬至、夏至和昼夜的平分点;他还造了一个计时器。他又是第一个画出陆地和海洋轮廓的人,并且造了天球。"④他造的天球有可能是天穹或他观测的天体(太阳或月亮)的模型。日晷是希腊人从巴比伦人那里学来的,阿那克西曼德只是加以改进和推广应用。西塞罗说他靠置于斯巴达的日晷预报即将发生地震,劝说当地人去室外过夜以免丧生。⑤ 当时能靠日晷预报地震,这种神奇的说法并不可信。但阿那克西曼德热衷于天文、气象观测与研究的科学家形象是确实的。

阿那克西曼德有多种著作。约编于公元1000年的拜占庭辞书《苏达》记载了阿那克西曼德的著作目录,有《论自然》(*On Nature*)、《大地描述》(*Description of Earth*)、《恒星》(*Fixed Star*)、《天球》(*Celestial Sphere*)及其他几种。第欧根尼·拉尔修说公元2世纪还保存有阿那克西曼德的著作,《苏达》记载的很可能是依据亚历山大里亚图书馆所

---

① 希罗多德:《历史》上册,王以铸译,第279页,商务印书馆,1985。
② 耶格尔:《潘迪亚:希腊文化的理想》第1卷,第157页,伦敦,牛津大学出版社,1980。
③ 冈珀茨:《希腊思想家:古代哲学史》第1卷,马格纳斯英译,第50页,伦敦,约翰·莫莱出版社,1969。
④ 第欧根尼·拉尔修:《著名哲学家的生平和学说》,第2卷,第1节。
⑤ 见西塞罗《论预见》第1卷,第50章,第112节,转引自格思里《希腊哲学史》第1卷,第75页。

存的著作目录。阿那克西曼德一改用韵文表达神话的文体,用散文自由畅达地论述深刻的哲理,这也是伊奥尼亚哲学的文风;南意大利的哲学家们则较多地固守传统文体,用优雅甚至华美的韵文来写哲理诗。

二　阿派朗

阿那克西曼德提出"本原是阿派朗",将伊奥尼亚哲学的本原论推向前进,但后人对"阿派朗"的含义颇有不同的理解。

所谓"本原是阿派朗"的主要史料,是辛普里丘的据说是根据塞奥弗拉斯特的《论自然哲学家的意见》的记载:

> 他(阿那克西曼德)说一切存在物的本原和元素是阿派朗,他是第一个提出这个本原的名称的。他说本原并不是水,也不是任何别的被称为元素的东西,而是某种本性是无限的东西,从其中产生出所有的天以及一切世界。"各种存在物由它产生,毁灭后又复归于它,都是按照必然性而产生的,它们按照时间的程序,为其不正义受到惩罚并且相互补偿。"[1]这是他用带有诗意的话说出来的。显然,他是由于观察四种元素的互相转化,因而想到不以其中某一元素,而以这些元素以外的某种东西为基质才合适。他不认为元素的变化为"产生",而认为是永恒运动所造成的对立的分离才是"产生"。因此,亚里士多德将他的看法和阿那克萨戈拉相比。[2]

"阿派朗"的希腊文 apeiron,原意是"无限制、无界限、无规定、无定形"。英文有各种译法:infinite、unlimited、boundless、indeterminate 等。中文旧译为"无限",但不完全合乎阿那克西曼德用此词的本来意思。

亚里士多德认为:研究自然都要"研究空间的量、运动和时间,其中每一个必然不是无限的就是有限的"。一些自然哲学家将无限看做事物

---

[1] 第尔斯、克兰茨编:《苏格拉底以前哲学家残篇》,DK12B1。
[2] 辛普里丘:《〈物理学〉注释》,第 24 页第 13 行起,转引自汪子嵩等《希腊哲学史》第 1 卷,第 187 页。

的本原,"无限再没有自己的本原,而是它自身作为其他事物的本原,并且包容一切,支配一切,这是那些除了无限之外不承认有其他原因(如'努斯'、'爱')的人们所主张的。并且他们认为无限是神圣的,因为神圣的东西是不死的、不毁灭的,如阿那克西曼德和大多数自然哲学家所说的那样"。① 显然,这里亚里士多德所说的空间的量、运动和时间上的无限,是指所有那些伊奥尼亚传统哲学家和原子论者所主张的质料因(自然物质)本原的普遍特征,由于这种自然物质自身能包容、支配一切,其空间的量、永恒运动与时间上的无限也被称为本原,因此,这里的"无限"并不是专门指谓阿那克西曼德的阿派朗及其特殊含义,虽然阿派朗也有"无限"的某些含义。由于将他的阿派朗理解为某种抽象、普遍的无限,对它就造成某些曲解或拔高的误解。如 19 世纪德国学者劳特(Röth)在其所著《西方哲学史》中,将阿派朗解释成具有理智、意识本性的"无限的精神"。策勒就批评这是曲解古人,因为阿那克萨戈拉才第一个明确地提出精神性的本原——"努斯"。② 另一种见解则认为阿派朗是理性将物质的各种规定性都抽象化之后得到的作为理性对象的"普遍物质",黑格尔就认为阿那克西曼德将本原规定为"无限"是一大进步,"我们可以把它当作思想看待。不过显然他指的不是别的,就是一般的物质,普遍的物质"③西方持类似见解的学者还有一些,他们认为阿那克西曼德提出抽象的无限或普遍性物质是一种超越和进步,阿那克西美尼再回到主张某种具体物质——"气"——为本原则是一种"后退"。将阿派朗简单地理解为抽象的"无限",拔高成为"普遍物质"范畴,似乎泰勒斯的继承人在把握"物质"概念的普遍性上一下子飞跃到比原子论还要高的程度,这不符合作为早期希腊自然哲学的开端的米利都学派的认识进程,也不是阿那克西曼德的阿派朗的本来的特殊含义。

---

① 见亚里士多德《物理学》,202b30—203a4,203b3—15,载于《亚里士多德全集》。
② 见策勒《苏格拉底以前的学派》第 1 卷,奥列尼英译,第 249 页注 3,伦敦,朗格曼斯·格林出版公司,1881。
③ 黑格尔:《哲学史讲演录》第 1 卷,贺麟、王太庆译,第 195 页,商务印书馆,1959。

根据阿那克西曼德的"阿派朗"的本来含义,我们可以将它译为"无定形",理解为无定形的基质。将他的阿派朗放到米利都学派寻求万物本原的对自然的认识进程中去,就能得到这种比较确切的解释。泰勒斯和他都还没有恩培多克勒才开始有的元素观念,最多只有对水、火、土、气等宏观物质形态的一般观念。伯奈特认为,阿那克西曼德的阿派朗是从泰勒斯的思想中"自然地发展起来的",是为解决以水为本原不足以说明其他各种物质形态及其所具有的"对立"东西的生成与毁灭问题而提出的。这种见解是合理的。① 泰勒斯只说到水是冷与湿的,水蒸气的精致部分能生成热的以太以及太阳、星辰的火,水坚硬则变成土。这种解释毕竟牵强,不合常识。很难具体理解冷与湿的水怎么会突然变成性质相反的东西,变成热与干的火、热与湿的气、冷与干的土。用我们现今的话来说,就是很难用某种有具体形态的物质来解释物质世界多样性的统一。阿那克西曼德认为,作为宏观的物质形态的本原,是一种"无定形"的基质即阿派朗,它没有确定的形态,却潜蕴着上述"对立"的东西,所以能在"分离"出"对立"的东西中生成万物。因此,亚里士多德在《物理学》第 3 卷第 5 章中说:

> 有些人认为无限是一种单一的物体,或者将一种在元素之外的东西称为无限……因为有些人认为不是气或水,而是一种在它们之外的东西才是无限;为的是如果其中的一种元素是无限的,别的元素就会被消灭,这些元素彼此是相反的、对立的——气是冷的,水是湿的,火是热的,如果其中的一种是无限的,别的就不能存在了。因此,他们说,无限不是这些元素,而是产生这些元素的东西。②

策勒认为这里所论述的思想"无疑是源出自阿那克西曼德的"③。亚里士

---

① 见伯奈特《早期希腊哲学》,第 53—54 页,纽约,世界出版公司,1967。
② 亚里士多德:《物理学》,204b22—29,载于《亚里士多德全集》。
③ 策勒:《苏格拉底以前的学派》第 1 卷,奥列尼英译,第 247 页,伦敦,朗格曼斯·格林出版公司,1881。

多德用自己的元素概念来论述阿那克西曼德的本原是不确切的,伯奈特称之为"一种不合时代的错误",但伯奈特也认为他的论述正确地道出了阿那克西曼德所以会提出"阿派朗"的缘由。[①]

由于米利都学派当时还不可能形成一种高度抽象的"普遍物质"概念,也没有深入到自然物质的微观粒子结构去探究自然的本原,因此,阿那克西曼德的阿派朗其实是为了解决泰勒斯的水为本原难以说明生成万物与自然界的多样性的统一的问题,因而设想提出了本原应是一种无定形的原初具体基质——它仍是一种具体的、混沌性的质料,但潜蕴着能生成各种事物的物态性成分。当时还没有形成本体与属性、元素、性质等范畴,只是从宏观的物态即物质形态的变动来理解与解释万物的生成与变易;冷热、干湿这些"对立"还没有被归纳为"性质"范畴,而是被理解为导致不同事物生成与变易的"物态"性成分。所以阿那克西曼德说从原初的阿派朗中"分离"出冷热、干湿等对立,从而生成万物。

就阿派朗作为原初混沌的无定形基质而不是某种具体事物而言,它在"质"上是不确定的、无规定性的;但就它也是一种潜蕴着物态性成分的具体物质本原而言,它在"质"上又是确定而有规定性的。另一方面,这种作为宇宙本原的阿派朗,在空间的量、运动与时间上也是无限的,有"无限"这种本性。它在空间中的数量无限多,无穷地广阔绵延,因而能生成无数个世界;它永恒运动无止境,因而造成万物生灭不息;它在时间上也是无限的,因而能作为本原,没有开端与终结。这样理解阿派朗,和阿那克西曼德的宇宙论、科学思想能一致起来,也符合米利都学派探讨本原进程的内在思想逻辑。用阿派朗这种具体基质来解释万物生成变易和多样性事物统一于一种具体物质的本原,确实比泰勒斯的"水"要高明、合理,是一大进展。但这种阿派朗究竟是一种什么样的基质还不甚了了,阿那克西曼德其实还在探索中,只能以"无定形"来名谓。紧随他的阿那克西美尼其实继承、发展了他的本原论,主张这种本原应是"无定

[①] 见伯奈特《早期希腊哲学》,第 53 页,纽约,世界出版公司,1967。

形"的"气"。

由于亚里士多德说过,有些自然哲学家"把无限看做被他们称为元素的某一自然物(如水或气或它们的中间物)的属性"①,一些古代编纂家与近代西方哲学史家便认为阿派朗就是上述的"中间物",如黑格尔说它很可能就是"比空气浓厚又比水稀薄"②的中间物。而现代西方的学者大多认为这种见解无确实根据。罗斯同意伯奈特的看法,认为这种中间物为本原说可能属于阿那克西美尼学派的人。③

国内学者对阿派朗也较早作了研讨,在准确、历史地理解这个范畴上给人颇多启迪。叶秀山教授早在 1982 年就指出,如将阿派朗当做"近代哲学的'无限'解,那么阿那克西曼德就要成为米利都学派'超时代'的'天才'";阿派朗应译为"无定形的",是一种始基物体的属性,"这个概念是承上启下、合乎历史的和思想的发展规律的",它也可能只是对泰勒斯的水为始基的理由作出哲学上的说明。④ 杨适教授则觉得把他的 apeiron"理解和翻译为'无规定者',可能比较切近它的原义。它的主要意义当在表示质的方面的无规定性,而不是在空间上或形状上"⑤。

阿那克西曼德对本原论的深化,更表现在他认为阿派朗的运动变化具有各种存在物产生于它、毁灭后又复归于它的必然性,而且,"它们按照时间的程序,为其不正义受到惩罚并且相互补偿"。这里已明确提出本原生成与变易万物是处在时间进程中的、有必然规律的深刻思想。所谓各种存在物会在时间程序中因其不正义受到惩罚与相互补偿,只是借用了"不正义"这个行为性的术语来说明事物的消长、盈亏有其按时间运作的必然性。伯奈特也解释"不正义"只是指冷热、干湿

① 亚里士多德:《物理学》,203a16—18,载于《亚里士多德全集》。
② 黑格尔:《哲学史讲演录》第 1 卷,贺麟、王太庆译,第 195 页,商务印书馆,1959。
③ 见罗斯《亚里士多德〈物理学〉》,第 483 页,牛津,克拉伦登出版社,1936。
④ 参见叶秀山《前苏格拉底哲学研究》,载于《叶秀山全集》第 1 卷,第 146—150 页,江苏人民出版社,2019。
⑤ 杨适:《哲学的童年》,第 91 页,中国社会科学出版社,1987。

等对立中,一种成分过度了,就会使存在物受损,而后在相互补偿中恢复常态的平衡。[1] 杨适教授则根据汤姆逊说对"不正义"的"补偿"源自部落的意识形态,认为阿那克西曼德的此说体现了当时新旧事物冲突、交替的辩证法思想和巨大的历史感,他的哲学是"那个时代的精神的一种缩影或一面镜子"[2]。这是一种推测。耶格尔则认为这里所讲的"不正义"、"惩罚"、"补偿"是道德律而非物理上的自然律,永恒正义的力量统治、支配着整个宇宙,这是"对宇宙的精神发现",象征着早期希腊哲学对希腊文化的影响,表明神学和自然哲学"一起发生作用"。[3] 这种说法缺乏直接或间接的资料佐证,是一种过分的推想。

三　"对立"与"分离"说的宇宙论

在阿那克西曼德看来,"对立"是冷热、干湿等造就物质形态的成分或事物,也就是使某一具体事物成其所是的基本物态成分,阿派朗潜蕴着无限多的这种"对立",也就包含着生成无限多样事物的可能性。他在早期希腊哲学中确实最早形成"对立"范畴,有重要的影响。亚里士多德的各种著作中依然大量使用"对立"范畴,但赋予它更丰富的含义。阿那克西曼德只是从他的本原论的角度用"对立"范畴来指谓冷热、干湿等基本物态成分,尚未将其上升为一种事物变化、发展的普遍法则。罗斯说他已"认为对立——热和冷、干和湿——的斗争构成世界"[4],这种说法就把他拔高成最早发现辩证法规律的哲人。他的"对立"思想对提出对立的斗争和统一普遍法则的赫拉克利特会有影响,但他当时还不可能达到后者的认识高度。

阿那克西曼德的宇宙论思想比泰勒斯精致、丰富,冈珀茨称他是"宇

---

① 见伯奈特《早期希腊哲学》,第54页,纽约,世界出版公司,1967。
② 杨适:《哲学的童年》,第91页,中国社会科学出版社,1987。
③ 见耶格尔《潘迪亚:希腊文化的理想》第1卷,第160—161页,伦敦,牛津大学出版社,1980;耶格尔《早期希腊哲学家的神学》,第34—36页,牛津,克拉伦登出版社,1947。
④ 罗斯:《亚里士多德〈物理学〉》,第549页,牛津,克拉伦登出版社,1936。

宙演化学的始祖"①。他提出一种"分离"说的宇宙论:永恒运动的、无限的阿派朗将其潜蕴的无限的"对立"(冷热、干湿)分离出来,就形成无数个世界与宇宙万物。亚里士多德记述他主张"对立是在'一'之中,是由它分离出来的"②。辛普里丘也记述"阿那克西曼德说,对立物蕴藏在基质之内,基质是一个无限体(阿派朗),从这个无限体中分离出对立物。他是第一个把基质称为本原的人。对立物就是热和冷、湿和干等等"③。阿派朗永恒运动,按照必然性将潜蕴的对立物(物态的基本成分)分离出来,无限多的冷热、干湿等"对立"再在运动和变易中生成多样的事物,又在毁灭中复归于它。阿派朗并不是现存地混合着万物的种子,所以这种"分离"说不同于阿那克萨戈拉的万物的种子从原初的混沌中分离出来的理论。

　　阿派朗是以一种什么样的运动分离出"对立"而生成万物又使万物复归于它的呢? 一些西方学者认为是漩涡运动,因为阿那克西曼德认为大地在这个宇宙世界的中心,而漩涡运动使大地集结于中心位置。罗斑就认为,"这种运动似乎是一种相反事物的分离和结合的过程,它的原始形式当是一种混沌的旋涡运动"④。伯奈特说,这种漩涡运动使土、水居中心位置,使气在边缘包围它们。⑤ 冈珀茨、汤姆逊更认为阿那克西曼德主张的漩涡运动说是康德、拉普拉斯的太阳系起源于星云假说的最早先驱。⑥ 但也有学者不同意这种见解,如基尔克、拉文认为,亚里士

---

① 冈珀茨:《希腊思想家:古代哲学史》第 1 卷,马格纳斯英译,第 337 页,伦敦,约翰·莫莱出版社,1969。
② 亚里士多德:《物理学》,187b12—23,载于《亚里士多德全集》。
③ 辛普里丘:《〈物理学〉注释》,第 150 页,转引自伯奈特《早期希腊哲学》,第 55 页,纽约,世界出版公司,1967(以下所引此书均为此版本)。
④ 罗斑:《希腊思想和科学精神的起源》,陈修斋译,段德智修订,第 42 页,广西师范大学出版社,2003。
⑤ 见伯奈特《早期希腊哲学》,第 62 页。
⑥ 参见冈珀茨《希腊思想家:古代哲学史》第 1 卷,第 53 页;汤姆逊《古代哲学家》,何子恒译,第 174—175 页,生活·读书·新知三联书店,1963。

多德说到阿那克西曼德时,认为大地因平衡的力量保持在中心位置。[1]
说阿那克西曼德已提出宇宙的漩涡运动起源学说,并无确实的史料佐
证,而且,在后继者阿那克西美尼的通过稀散与浓聚气生成宇宙的学
说中也了无承袭的痕迹。有史料记载的首次提出宇宙的漩涡运动起源
学说的哲学家是阿那克萨戈拉,而堪称康德、拉普拉斯的星云起源学
说的先驱的,是德谟克利特的原子漩涡运动生成宇宙的学说。

　　阿那克西曼德认为阿派朗是永恒运动且无限的,万物从它产生又复
归于它,它造的宇宙有无数个世界,也就是无数个类似日月星辰与大
地的"世界"。艾修斯记载他曾说,"存在物的本原是阿派朗,因为万物都
从它产生,而又消灭复归于它;因此有无数个世界连续地从它们的本原
中产生,又消灭复归于它们的本原"[2]。这里的无数个世界是指阿派朗生
成的世界是生成、毁灭的无限循环系列。而辛普里丘另有记载,说阿那
克西曼德和原子论者等"主张世界在数目上无限的人","认为无限数目
的世界在无限的时间中产生和消灭,其中有些在产生中,同时有些却在
消灭着"。[3] 这里是说宇宙中同时并存着无数个世界,而它们各自生灭的
时间并不是同步的。西方哲学史家中有两种理解:策勒、康福德与格思
里认为"无数个世界"只是指我们的世界既无开始又无终结,是无限系列
的连续的世界。[4] 伯奈特则认为阿派朗无限,尽管每个世界可灭,仍有
"无数个世界"在空间上同时存在。[5] 这两种说法各持一端,各有理解的
片面性。其实,根据对古代资料的分析,阿那克西曼德说的无数个世界
既指时间上的无限连续相继,也指它们在无限空间上的同时并存。他的

---

[1] 见基尔克、拉文《苏格拉底以前的哲学家》,第128页,剑桥,剑桥大学出版社,1978。

[2] 艾修斯:《哲学家意见集成》第1卷,第3章,第3节,转引自第尔斯、克兰茨编《苏格拉底以前
哲学家残篇》,DK12A14。

[3] 见辛普里丘《〈物理学〉注释》,转引自第尔斯、克兰茨编《苏格拉底以前哲学家残篇》,
DK12A17。

[4] 参见策勒《苏格拉底以前的学派》第1卷,奥列尼英译,第265页,伦敦,朗格曼斯·格林出版
公司,1881;康福德《鉴别原理:希腊哲学思想的起源》,第179页,剑桥,剑桥大学出版社,
1953;格思里《希腊哲学史》第1卷,第111页。

[5] 见伯奈特《早期希腊哲学》,第58—59页。

这种思想对阿那克萨戈拉、德谟克利特以至伊壁鸠鲁的宇宙论都有深远影响。

四　天文、气象思想和生物进化思想的萌芽

阿那克西曼德认为,大地与海洋是阿派朗中分离出的冷、湿(物态成分)生成的。而关于日月星辰的形成,伪普卢塔克在《汇编》中记载:"他说,宇宙产生时,热和冷的胚芽从永恒的本体中分离出来;从这种胚芽中生长出一团火球,围绕着包围大地的空气,就像树皮围绕着树木一样。当这个火球破裂和断离开来成为几个环形物时,日月星辰就产生了。"[①]这里说的热和冷的胚芽,就是从阿派朗中分离出来的"对立"即热与冷的原始物态成分,它们生长出火球进而形成环绕大地的日月星辰。这种天体生成说和他的本原论、宇宙论是一致的。格思里认为,这里说的"胚芽"是同奥菲斯教关于宇宙从"世界卵"演化出来的说法相联系来解释宇宙的形成的。[②] 这种见解并不如实,从史料来看,这种宇宙观并无奥菲斯教教义的思想痕迹。对天体的构造与排列,阿那克西曼德还只能凭当时简单的观察作想象色彩甚浓的猜测。他说:"太阳位于全宇宙的最高处,太阳的后面跟着月亮,下面是恒星和行星"[③]。他描述太阳和月亮的大小分别是大地的 28 倍和 19 倍,都像车轮状的圆环,边缘凹而充满火因而自身都有光,在运转中表现出种种变相,而月亮的轮子边缘的开口关闭就造成月食。[④] 他又设想星辰自身也是一些被气包裹着的火圈,但有通气的管状开口之洞,于是能显出不甚明亮的样子。[⑤] 现在看来这些见解是空想性的幼稚猜测,但在当时是最早摆脱神话宇宙观,凭观察事实来对天体所作的一种科学解释。和亚里士多德同

---

① 伪普卢塔克:《汇编》,第 2 章,转引自第尔斯、克兰茨编《苏格拉底以前哲学家残篇》,DK12A10。

② 见格思里《希腊哲学史》第 1 卷,第 90—91 页。

③ 第尔斯、克兰茨编:《苏格拉底以前哲学家残篇》,DK12A8。

④ 见同上书,DK12A21—22。

⑤ 见同上书,DK12A11。

时代的欧德谟斯的《天文学史》还说,阿那克西曼德"是第一个讨论各个行星的大小和距离的","那时是以日、月食作为认识的出发点加以估算的"。① 毕达哥拉斯学派最早确定天体结构与行星序列,而阿那克西曼德最早估算行星的距离也不无可能,而要猜测行星的大小就没有设想的根据了。

可能由于在地平面极目观察各方向皆连成圆周形,阿那克西曼德便认为,"大地好像一根柱子的础石"②,是扁的圆柱体,深度是宽度的1/3。它有两个彼此相反的表面,人们只是住在其中的一个表面上。③ 它不是浮在水上,而是悬在空中,处在中心,和天穹的各端距离相等,不朝任何方向运动,必然保持静止不动。④ 这是西方天文学史上最早的地心说。

阿那克西曼德根据经验观察事实,开始解释风雨雷电等自然现象,虽很粗糙,但已是一种比泰勒斯有较多进展的科学思想。他说:"风是空气的流动,因为空气的最轻和最湿的部分被太阳所晒而膨胀起来"⑤。"雨是由太阳从地上蒸发起来的气产生的"⑥。风又造成雷电,被关在密云中的风冲出来,"于是撕破云层而发出声响,而裂口的扩大则点亮了黑夜","雷是彼此撞击的云的闹声"。⑦ 可以说,他开创了气象学的研究。

阿那克西曼德在西方科学思想史上又最早提出了关于动物与人类起源的论述,已有粗朴的生物进化思想的萌芽。他认为,"最初的动物是在潮湿的东西中产生的,并且有一层硬皮包裹着"⑧,它们长大,爬到干燥

---

① 见第尔斯、克兰茨编《苏格拉底以前哲学家残篇》,DK12A19。
② 同上书,DK12A25。
③ 见同上书,DK12A11。
④ 参见亚里士多德《论天》,295b10—16,载于《亚里士多德全集》;伯奈特《早期希腊哲学》,第64—65页所引残篇。
⑤ 第尔斯、克兰茨编:《苏格拉底以前哲学家残篇》,DK12A24。
⑥ 同上书,DK12A11。
⑦ 见同上书,DK12A23。
⑧ 同上书,DK12A30。

的岸上,硬皮破裂,就作为另一种生物活下去。这大约是观察卵生动物的产生与成长所得出的见解。他更提出人是由鱼变来的。他认为人肯定是由另外一种动物变来的,理由是人出生时不能很快给自己觅食,要有很长的哺乳期,要是他起初就是这样就不能留存下来。这有适者生存的思想萌芽。他还粗朴地描述了从鱼变成人的过程:"从热的水和土中产生出鱼或非常像鱼的生物;从这些生物中长出人来,从胚芽到青春期一直还保留着原来的形式,直到最后,像鱼一样的生物破裂了,已经能够喂养自己的男人和女人生长出来了。"[1]人的胚胎像幼鱼形可能启发了这种从鱼到人的猜测,其描述虽然过于简单化,但在公元前 6 世纪就有这种生物进化思想的萌芽,确实令人惊叹这位杰出的自然哲学家的超前的科学思想。

第三节　阿那克西美尼

阿那克西美尼是米利都哲学的最后完成者。

他提出气为本原,较好地说明了多样性的物质世界统一于一种具体物质形态的规定性。他不是凭猜测或想象,而是用可观察到的气稀散与浓聚这种蕴涵某种空间量的物态变化,来说明万物的生于气又复归于气,已有实证科学精神的萌发;他依据气本原说和经验观察所阐述的宇宙论并以此解释自然现象,也比他的前辈精细;他的哲学对公元前 5 世纪中后叶希腊本土复兴伊奥尼亚自然哲学以及各种在探究微观物质粒子中寻求世界本原的自然哲学,都有直接的重要影响。

一　米利都哲学的第三代传人

关于阿那克西美尼(Anaximenes)的生平,古代的记载很少。

第欧根尼·拉尔修记述他是"欧律斯特拉托的儿子,米利都本地人,

---

[1] 第尔斯、克兰茨编:《苏格拉底以前哲学家残篇》,DK12A11—30。

是阿那克西曼德的学生",并称"根据阿波罗多鲁的说法,他主要活动在撒尔迪斯陷落的时候,卒于第 63 届奥林匹亚赛会时期"。① 波斯国王居鲁士攻陷吕底亚的首都撒尔迪斯是在公元前 546/545 年(第 58 届奥林匹亚赛会的第 3 年),以此作为阿那克西美尼的鼎盛年,上推 40 年即公元前 586/585 年,可以设定为他的生年,而他死于第 63 届奥林匹亚赛会期间,当在公元前 526/525 年。据上述可推算,他出生于泰勒斯的鼎盛期,比阿那克西曼德约年轻 20 岁,而在他的鼎盛期,他的老师已垂垂老矣,师祖泰勒斯则离世了,三代师生各相差约 20 岁。他作为米利都学派的第三代传人,也作为希波战争爆发、米利都衰落前的最后一位本地哲学家,对米利都哲学的完善与存扬后世,起有特别重要的历史作用。

关于阿那克西美尼的政治与学术活动,留下的记载极少。他一生主要致力于研究自然,但也关注城邦国家的存亡大事,因为城邦的毁灭也意味着学术自由的毁灭。他和比他年轻十余岁的毕达哥拉斯似乎私交甚厚,曾给他的这位同行朋友写信,祝贺后者平安地离开僭主统治下的萨摩斯(距米利都不远),到达南意大利的克罗顿,受到当地人的欢迎。出生并曾生活于伊奥尼亚的毕达哥拉斯跑到克罗顿创建了南意大利传统的第一个哲学学派,他很可能也曾受米利都哲学的熏陶,阿那克西美尼的观念对他的哲学会有影响。在那封信中,阿那克西美尼还说:"米利都是不能没有僭主的",因为除了波斯外,强迫米利都纳贡的又一强邻"吕底亚的国王就是另一个令我们害怕的人";他坚定地声称,"伊奥尼亚人为了保卫共同的自由,就要和吕底亚作战,这样我们也就不再希望平安了。当遭到毁灭或奴役的威胁时,阿那克西美尼如何能再继续研究天呢?"② 由此可见,在外患紧逼之际,他是一位坚决捍卫本邦独立与自由的爱国志士,为了邦国与学术的自由,他可以投笔从戎!

第欧根尼·拉尔修记载的塞奥弗拉斯特的著作目录中有一卷《论阿

---

① 见第欧根尼·拉尔修《著名哲学家的生平和学说》,第 2 卷,第 3 节。
② 见同上书,第 2 卷,第 5 节。

那克西美尼的著作》,这表明阿那克西美尼曾有一些著作,但没有保存下来,只留存为数较少的一些残篇,主要出自塞奥弗拉斯特的记载,后来编纂家的记述也源出于它。第欧根尼·拉尔修还说,"他是用简明而纯朴的伊奥尼亚方言写作的"①。这表明,他的写作既不同于用韵文表达的想象色彩浓烈的神话文体,也不同于阿那克西曼德有点玄奥的散文化的诗意表述,而能深入浅出、更见成效地宣扬他所完成的米利都哲学。

二 气为本原

阿那克西美尼提出气为万物本原的学说。亚里士多德早就记述:"阿那克西美尼和(阿波洛尼亚的)第欧根尼认为气先于水,是一切简单物体中最基本的。"②

另两则残篇较具体地阐明了气为本原的观点。一则是辛普里丘的记述:"米利都人阿那克西美尼是阿那克西曼德的学生,也像他一样认为自然的基质是'一',是无限的;但是他不像阿那克西曼德那样说它是无定的,而认为它就是气。"③还有一则是希波吕托的记述:"另一个米利都人、欧律斯特拉托的儿子阿那克西美尼认为本原是无限的气。一切生成的东西,已经是或者将要是的东西,还有神和神圣的东西,以及其他由它产生的东西,都是由它而成为存在的。气的形式是这样的:当它均匀地分布时,它是不可见的,但是,冷、热、湿和运动,却使它显露出来了。它总是在运动中,不然,如果没有运动,变化的事物也就不能变化了。"④

根据上述残篇,可看出阿那克西美尼的气为万物本原的学说有三点思想特征:

第一,在探求统一自然万物的基质即本原上,综合了数量、空间的无

---

① 第欧根尼·拉尔修:《著名哲学家的生平和学说》,第 5 卷第 42 节,第 2 卷第 3 节。
② 亚里士多德:《形而上学》,984a5—7,载于《亚里士多德全集》。
③ 辛普里丘:《〈物理学〉注释》,第 24 页第 26 行起,转引自第尔斯、克兰茨编《苏格拉底以前哲学家残篇》,DK13A5。
④ 希波吕托:《驳众异端》第 1 卷,第 7 章,第 1 节,转引自第尔斯、克兰茨编《苏格拉底以前哲学家残篇》,DK13A7。

定形性(无限性)和质上的确定性,是对阿那克西曼德的阿派朗本原说的继承、发展与超越,是米利都哲学本原说的完成形态。阿派朗本原说超越泰勒斯的水本原说,在于要另外寻求一种无定(无限)的基质,以求比"水为本原"更合理地解释自然万物的统一性,但阿那克西曼德还无法探明这是一种什么基质,难以确定它的质的规定性,只能描述阿派朗在数量上无限、在空间上无定形,潜藏着可分离出来以生成万物的无穷的冷热、干湿等物态成分。这算不得是高度抽象的思辨,而在很大程度上是出于一种想象性的推断。阿那克西美尼的气是从阿派朗合乎内在逻辑地发展而来的,它和阿派朗一样数量上无限、空间上无定形(形态无定、空间形式结构无定),但气作为一种自然的基本物质又有质的规定性,在解释自然万物统一于某种具体物质形态上,比水与阿派朗更合理恰当,更合乎科学经验的观察。所以,将阿那克西美尼的气为本原说看做是从阿那克西曼德的阿派朗本原说倒退回泰勒斯的水本原说的水平,是一种误解。阿那克西美尼说,气"均匀分布"的本来形态是无形"不可见的",冷热、干湿等物态变化与运动才使它显露而被人感知。这种无定形的基质也还不是当时尚未认知的有形态的"空气",恩培多克勒才首次发现空气和虚无的空间不同,是一种特殊、有形的精微粒子。

第二,无限的气永恒运动变化,其内在动因是气内蕴固有的冷热、干湿等对立物态成分。阿那克西美尼强调气作为本原总是运动着的,否则就没有事物的变化了,也就不合乎常识与对事物的经验观察了。阿那克西曼德的阿派朗只是将潜藏的冷热、干湿等物态成分"分离"出来,再由它们生成万物,它们是被分离的对象而不是分离的动力,阿派朗自行分离的动因并未被阐明。阿那克西美尼也体现了米利都哲学的认识水平,将事物的变动归结为物态的变动,但他已明确地说明是气固有的冷热、干湿等对立成分作为动因,造成了气的运动,并且表现为下文要论述的稀散与浓聚的对立(物态),从而生成宇宙,促成万物的生灭。这种本原运动观也比阿那克西曼德的阿派朗"分离"说要高超。

第三,阿那克西美尼以气为本原,较好地用一种确定的物质本原解释万物的起源与复归、宇宙论乃至生命与灵魂,使米利都哲学成为一种首尾一以贯之的哲学理论系统。气的稀散、浓聚,造成万物生自气又复归于气。伯奈特论评道:"气的稀散与浓聚的引入是一种突出的进展。事实上,它使米利都学派的宇宙论首次一以贯之起来;既然一种理论将一切事物说明为一种简单物体的形式,它就必定要将一切差异看做量的差异"①,就是将一切事物的多样性归结为气在空间中分布多少的差异。阿那克西美尼更一以贯之地以本原的气具体解释生命与灵魂,已经开始摆脱了物活论,比较合乎观察经验地说明了阿那克西曼德的阿派朗难以具体解释的生命与灵魂,这对公元前5世纪中后叶的自然哲学注重从生理现象上研究本原、探究认知的生理基础,是有一定影响的。

三 稀散与浓聚

米利都学派的哲学家都从物态方面考虑万物生自本原、复归于本原的命题,而对这种变化、生灭的具体途径或方式仍然是语焉不详的。比如,泰勒斯并未说明水如何生成万物;阿那克西曼德只是简单地设想阿派朗通过"分离"出冷热、干湿来生成万物,但是对于冷热、干湿这些物态成分如何能化成万千世界,却没有明确的答案。阿那克西美尼则已指明,气变生万物的动力是它内在固有的冷热的对立,而气生万物的主要环节是冷热所造成的气的稀散与浓聚。这里,冷热是对立的物态成分,稀散与浓聚则是气在空间中的分布形态,它内蕴着空间量的规定性。他指出:"气在种类上是不定(阿派朗)的,以其所具有的性质而定。万物都由气的浓聚或稀散而产生。运动是永恒存在的"②。而"使物质集合与凝

① 伯奈特:《早期希腊哲学》,第74页。
② 伪普卢塔克:《汇编》,第3章,转引自第尔斯、克兰茨编《苏格拉底以前哲学家残篇》,DK13A6。

聚的是冷,使它稀散和松弛的则是热"①。他描述道:

> 它(气)由于变得更加浓厚或稀薄,就有不同的外观。当它消解得更加稀薄时,变为火;当它变得浓厚时,就变成风,然后是可以看到的云。当它更浓厚时,就产生水;再浓厚时就成为土,最浓厚时就成为石头。而结论是,产生影响最大的是热和冷这一对对立。②

由上可知阿那克西美尼的观点:气虽然是一种无定形的单一本原,但它自身在性质上又有多样性,因而有多种类的气,由此造就了万物在质上的多样性。他还将万物中一些基本的质的差异归结为气的稀散与浓聚程度,即气在空间中分布的密集度这种有所量化的物态的差异,火、气、风、云、水、土、石就是由气的密集度逐渐递增而变生的一些基本物质,从而成就万物。

阿那克西美尼强调稀散与浓聚是气生万物、万物复归于气的主要环节,更好地说明了世界万物的多样性统一于气这一单一本原;而且,这里也暗示着同一种物质的空间量(气在空间中的分布形态这种特殊物态)的差异可衍生质上不同的诸多事物,已有朦胧的"量"规定"质"的思想萌芽。

但是,我们也不可夸大这点。如有的看法认为,他已明确地有了将事物的质的多样性还原为量的多样性的思想。其实不然,他指明气自身在性质上的多样性也是万物多样性的重要根由,但并没有自觉地形成作为自然哲学范畴的"数量",还没有自觉、精细地从量和空间几何结构方面去探究本原和物质的粒子结构。米利都哲学的特点还是"无定形性"。现代英国分析学派的希腊哲学史家巴恩斯认为,就将形式和数联系起来而言,"阿那克西美尼是毕达哥拉斯学派的先驱。阿那

---

① 伪普卢塔克:《汇编》,第3章,转引自第尔斯、克兰茨编《苏格拉底以前哲学家残篇》,DK13B1。
② 希波吕托:《驳众异端》第1卷,第7章,第1节,转引自第尔斯、克兰茨编《苏格拉底以前哲学家残篇》,DK13A7。

克西美尼的宇宙演化论认为相对的密度是各种质料的本质特征,并用这种特征去解释各种质料的其他特性;任何质料都仅仅只是如此密度的气而已。现在,对我们来说,密度是一种量的概念,是可以用数量的大小来检验的。因此,阿那克西美尼的自然哲学基本上是一种量的学说,它暗示着一种包含科学的真正本质的原理,即认为质能够还原为量"①。这种观点几乎将阿那克西美尼说成是毕达哥拉斯的先师了,是一种以今解古的拔高。

阿那克西美尼说的气的稀散与浓聚还只是气在空间分布的形态,一种外观的物态,这种气还不是粒子化的,因此他不可能有"密度"这种物理量的概念,因而也就不可能像毕达哥拉斯那样有和数量相联系的几何形式(几何数)观念,更没有自觉形成"质还原为量"的科学与哲学观念。将他的全部自然哲学归结为一种量的学说也不合适,这样就抹煞了米利都学派主张无定形的本原在自身运动变化中造就自然万物生灭这种基本思想特征。我们认为阿那克西美尼的气的稀散与浓聚说朦胧地暗示着一种空间量的观念,加上他的气的宇宙构成论,可能对他的朋友毕达哥拉斯有所启发,但并不成为后者的直接思想渊源。

四 气和生命、灵魂

阿那克西美尼首次用气来解释生命与灵魂的本性,将气本原说扩展到生命有机体的范围,这也是他对米利都哲学的推进。他说:

> 正如我们的灵魂是气,它将我们结合起来,同样,嘘气(pneuma,普纽玛)和气(air)也包围着整个宇宙。②

这里的嘘气是指活动着的宇宙外层的气,和一般的"气"同义使用。就像气包围、生成宇宙,气也包围、生成灵魂即生命这个小宇宙。正因为

---

① 巴恩斯:《苏格拉底以前的哲学家》第1卷,第45页,伦敦,劳特利奇出版社,1979。
② 艾修斯:《哲学家意见集成》第1卷,第3章,第4节,转引自第尔斯、克兰茨编《苏格拉底以前哲学家残篇》,DK13B2。

人们的灵魂都是气,有同一性,有共通的生命本性与灵性,所以人们能结合在一起,相互沟通。为什么气也是生命即灵魂的本原呢?他凭借经验观察认识到,生命的关键是不能须臾丧失的呼吸,而呼吸是断然离不开气的,气的呼吸就是生命的原理。而且,气的呼吸中也包含着冷与热的对立这种使质料稀散与浓聚的动因,也是生命的动因。他形象地解释道:

> 从人的嘴里既可以吐出热,也可以吐出冷。如果呼吸时紧压嘴唇,吐出的气就是冷的;放松嘴唇,呼出的气就是热的。[1]

阿那克西美尼将呼吸、生命与灵魂几乎是等而视之的,灵魂就是生命,不过他还没有探究灵魂的精神、意识功能。尽管如此,他对"物活论"还是有所超越,已不主张万物有灵魂,认为作为生命的灵魂是一种特殊的、呼吸着的气。他说的"嘘气"即"普纽玛",是包围着宇宙的做着类似呼吸运动的气。毕达哥拉斯学派的宇宙结构图景中描述的"普纽玛"包围着宇宙的外层,可能是从他那里袭用来的,但他们的"普纽玛"都还不是晚期希腊哲学中斯多亚学派说的带有精神性的"世界灵魂"。黑格尔将他说的"普纽玛"译为"精神",认为他的气本身有精神性,将他的有关原话误译为"整个世界也与一种精神和空气结合在一起",并得出结论,"他仿佛标志着从自然哲学之过渡到意识哲学"。[2] 这种看法是一种非历史主义的曲解,米利都哲学还没有触及精神意识问题,因为当时还没有开始探究精神意识的科学认识前提与逻辑思想前提。此外,阿那克西美尼还说气就是神。艾修斯解释道:"阿那克西美尼说气就是神:人要懂得,这就是说渗入元素和物体中的种种力量。"[3]这种解释是合理的。在阿那克西美尼看来,不是神创造气和万物,而是与人

---

[1] 普卢塔克:《论冷的原理》,947F,转引自第尔斯、克兰茨编《苏格拉底以前哲学家残篇》,DK13B1。

[2] 见黑格尔《哲学史讲演录》第1卷,贺麟、王太庆译,第198页,商务印书馆,1959。

[3] 艾修斯:《哲学家意见集成》第1卷,第7章,第13节,转引自第尔斯、克兰茨编《苏格拉底以前哲学家残篇》,DK13A10。

同形同性的神也生自气本原,不过是渗透入质料的比较神圣的力量造就了特殊的物种——"神"。诸神从气派生,气才是最神圣的。

五　气成宇宙论及其对自然现象的解释

阿那克西美尼主张气是宇宙的本原,宇宙是从气生成的。整个宇宙本来就弥漫着永恒运动的气。气由冷与热驱动,变得稀散与浓聚,形成了火、水、土等基本质料。伪普卢塔克在《汇编》中有这样的记载:

> 他说,当气浓缩时,最初生成的是大地(土),它是扁平的,因而为气所支撑。至于太阳、月亮和其他星辰,都是从地产生的。所以他认为太阳也是土,只是由于它的迅速运动才获得最大的热量。①

他和泰勒斯、阿那克西曼德以及后来的阿那克萨戈拉、德谟克利特都认为大地是扁平的。希波吕托说他主张"大地是扁平的,并且浮在气上"②。亚里士多德则解释他主张扁平的大地浮在气上"保持静止不动的原因",是由于"大地并不劈开气,而是像盖子一样罩在上面",使被紧压在下面的气"挤成一堆,就没有足够的地方来变换位置了"。③ 亚里士多德的解释并不确切,因为阿那克西美尼主张无限的气就像阿派朗一样上下左右包围着大地,使它好似浮在气上而稳定不动,就像叶子浮在空气中,其实是空气上下左右包围着它。

主张日月星辰不是神,而和大地一样是土,这在当时是以科学精神对宗教、神话宇宙观的大胆突破。有人或许会问,伪普卢塔克的记载是否可疑。阿那克西美尼当时似乎还不可能有物体高速运动会生热、冒火的科学知识。其实,这个记载并不可疑。艾修斯也有相似的记载:"阿那克西美尼说,天体的性质像火一样,其中也包含一些具有土的性质的物

---

① 伪普卢塔克:《汇编》,第 3 章,转引自第尔斯、克兰茨编《苏格拉底以前哲学家残篇》,DK13A6。
② 希波吕托:《驳众异端》第 1 卷,第 7 章,第 4 节,转引自第尔斯、克兰茨编《苏格拉底以前哲学家残篇》,DK13A7。
③ 见亚里士多德《论天》,294b13—23,载于《亚里士多德全集》。

体,它们都为同一运动所牵引。"①当时的希腊人从观察流星、陨石中,也可能会有星体在运动中发生火光的粗朴认识。阿那克西美尼也可以用他的气的学说,来解释太阳等星体在迅速运动中使表面的气释放热,使气更加稀散而成火,并且使星体表面的土也稀散成气,更加稀散而成火。

　　阿那克西美尼已有大地为中心、日月星辰围绕大地在轨道上运动的思想,这种天体运行的宇宙结构图景,比阿那克西曼德认为大地是扁圆柱、日月星辰是一些通气口喷火的无序的环状物要更为科学。希波吕托记载:

　　　　他说天体并不是像有些人猜想的,是在大地下面运动的,而是围绕大地,正像毡帽绕着我们头上转动;而太阳并不是隐藏到大地下面,而是被大地的较高部分挡住了,那里离我们很远。②

由于他认为大地是扁平的,所以主张星体是围绕大地作半圆形的运动,设想黑夜时太阳并非运行到大地下面,而是被高地挡住了阳光。天体为什么能在固定的轨道上环绕大地运行呢? 他用宇宙中充满的气来解释。艾修斯记载:

　　　　阿那克西美尼说,各个天体是被凝聚的、有抵抗力的气推动到轨道上循环的。③

阿那克西美尼是古希腊第一位提出天体按照圆形轨道作有规则运行的科学思想家,他的素朴而有真知的宇宙图景说,对毕达哥拉斯学派的"科斯摩斯"说即宇宙结构论,对后来希腊哲学的种种天体运行结构论,都有开创性的影响。

　　阿那克西美尼以气本原说来解释各种天文、气象现象的成因,比较

---

① 艾修斯:《哲学家意见集成》第 2 卷,第 13 章,第 10 节,转引自第尔斯、克兰茨编《苏格拉底以前哲学家残篇》,DK13A14。
② 希波吕托:《驳众异端》第 1 卷,第 7 章,转引自第尔斯、克兰茨编《苏格拉底以前哲学家残篇》,DK13A7。
③ 艾修斯:《哲学家意见集成》第 2 卷,第 23 章,第 1 节,转引自格思里《希腊哲学史》第 1 卷,第136 页。

合理,也更符合经验的观察。他这样解释地震:"当大地湿透或干涸的时候,它就裂开了,大块土地落下来就发生地震。所以地震总是出现在干旱或暴雨季节。"[1]他这样解释雷电:风撕破云层产生雷鸣,裂口扩大点亮黑夜就是闪电,就像在海上"当桨划破水面的时候,边产生了反光"。[2] 他这样解释云、雨、雹、雪、虹的成因:"当气更加浓厚起来的时候,便产生云;再进一步凝聚时,便下雨了;雨在下降时冻结起来,便是冰雹;雨水里结合了部分气时,便下雪了"[3]。"当太阳光照在极浓厚的云上时,便发生虹。云总是暗的,因为光照在上面时不能穿过它"[4]。这里已有光线在云上折射而散出七色的光学思想萌芽。

阿那克西美尼根据自己的本原说较科学地解释了自然现象的原因,这种基本思路被后来的一些自然哲学家所沿用与发展。

总之,阿那克西美尼是米利都哲学的完成者,将米利都哲学与科学思想作为一个理论整体发展到最高点,应充分认识到他的学说对后来早期希腊自然哲学的影响比阿那克西曼德更大。毕达哥拉斯学派的宇宙论无疑吸取了他的气成宇宙论与天体按轨道运行的思想,他们的"数"的原理也可能受他的蕴涵的空间量的思想的启发。公元前5世纪中叶希腊本土复兴伊奥尼亚哲学思潮,主要是复兴他的哲学,阿波洛尼亚的第欧根尼更是直接继承与发展了他的气本原论。恩培多克勒、阿那克萨戈拉和原子论学派也吸取了不少他的自然哲学与科学思想,进而探究微观物质粒子本原和更为精致地提出宇宙论假说。

---

[1] 亚里士多德:《气象学》,365b6—12,载于《亚里士多德全集》。
[2] 见艾修斯《哲学家意见集成》第3卷,第3章,第2节,转引自第尔斯、克兰茨编《苏格拉底以前哲学家残篇》,DK13A17。
[3] 同上书第3卷,第4章,第1节,转引自第尔斯、克兰茨编《苏格拉底以前哲学家残篇》,DK13A17。
[4] 同上书第3卷,第5章,第10节,转引自第尔斯、克兰茨编《苏格拉底以前哲学家残篇》,DK13A18。

第二章　赫拉克利特

赫拉克利特虽略晚于毕达哥拉斯与爱利亚学派的先驱塞诺芬尼,但因他的哲学承续、发展了米利都哲学,且没有证据表明他在伊奥尼亚哲学传统中独特地形成的哲学思想接受过并综合了毕达哥拉斯与塞诺芬尼的思想影响,所以本书紧接着米利都学派就论述他的哲学,以此可见伊奥尼亚哲学的连续演进。

赫拉克利特接受了米利都哲学家们在经验观察中形成的科学思想,尽管他自己在这方面并无较大的新建树,然而,靠对自然、社会与人生的深睿直觉与抽象思辨,他确立了一种古代辩证法的世界观,将早期伊奥尼亚哲学推向一个新的巅峰。他以火本原说,在古希腊首次明白地表述了万物皆流和一切都在运动、变化、产生、消灭的素朴辩证法的世界观;他以逻各斯学说,凭借深刻的思想与智慧,揭示了事物的运动、变化有普遍法则,最根本的普遍法则是对立的斗争与统一;他还最早研究了"人的哲学",就是不局限于狭义的自然哲学,而是运用他的普遍哲学原则来探究社会、政治、法律与宗教问题,最早展现了一种人文精神,这也标志着早期希腊哲学的一大进展。

赫拉克利特对早期希腊哲学、希腊古典哲学和晚期希腊哲学的演变有着深远而持续的影响;而在近代,黑格尔承认其辩证法受到他的思想的启迪,说"没有一个赫拉克利特的命题,我没有纳入我的逻辑学中"①。马克思主义经典作家高度评价他是辩证法的奠基人,马克思说,"在古代的哲学家中,我认为他仅次于亚里士多德"②。

然而,他留存的残篇虽不算少(有 130 则),但多是寓意或隐喻风格的,比较晦涩。后来斯多亚学派因推崇他的哲学,又夹入一些斯多亚主义色彩的解释,所以在学者中往往有许多歧义的理解。而在近现代,他的哲学也往往被曲解成一种唯心辩证法的"绝对哲学"或"神秘主义"。比如,黑格尔就将他的哲学比附为自己的哲学。1858 年德国工人运动中的机会主义者拉萨尔写了一部《晦涩哲人赫拉克利特》,马克思讥讽它是"非常无聊的作品",像小学生的作业,牵强附会地将这位杰出的古代辩证法家弄成黑格尔式的绝对唯心论者。③ 英国的批判理性主义哲学家波普肯定他是"具有非凡能力和创造性的思想家",说他的许多思想"已通过柏拉图的中介"成为西方"哲学传统主体的组成部分",但一向对柏拉图、黑格尔反感的波普又称他的哲学起有"反理性主义和神秘主义的作用",在历史上通过黑格尔起着反动作用。④ 所以,正本清源,根据原初文本和早期希腊哲学演进的内在逻辑,既不夸大附会也不扭曲贬低,准确认识赫拉克利特的思想本义,确切评价他在哲学史中的历史地位,还是很有必要的。

第一节 爱菲斯的晦涩哲人

爱菲斯(Ephesos)是伊奥尼亚地区仅次于米利都的繁荣的港口城邦,在今土耳其西部最大港口伊兹密尔远郊。传说公元前 11 世纪时,雅典国王考德罗斯(Codrus)的儿子安德罗克罗(Androklus)率伊奥尼亚族

---

① 黑格尔:《哲学史讲演录》第 1 卷,贺麟、王太庆译,第 295 页,商务印书馆,1959。
②《马克思恩格斯全集》第 29 卷,第 527 页,人民出版社,1972。
③ 见同上书第 29 卷,第 262 页。
④ 见波普《开放社会及其敌人》第 1 卷,第 15、17 页,普林斯顿,普林斯顿大学出版社,1966。

人渡海来这里兴建殖民城邦,使它成为伊奥尼亚的一个中心;公元前 8
世纪中叶起工商、贸易发达,曾是古希腊供应奴隶的最大市场。公元前 7
世纪,爱菲斯和强邻吕底亚王国关系密切,直至公元前 6 世纪中叶,吕底
亚王克娄苏征服爱菲斯,但它仍像米利都一样享有相对的独立性。公元
前 546 年波斯帝国征服吕底亚,爱菲斯处于波斯四代国王的统治下。波
斯的文化政策比较宽松,没有扼杀伊奥尼亚的自然哲学与其他文化。赫
拉克利特主要生活在波斯国王大流士一世统治时期(前 522—前 486)。
他的中晚年时期,伊奥尼亚爆发反抗波斯的斗争,希波战争已壮烈展开,
伊奥尼亚诸城邦处于动荡的局势中,因此有了摆脱波斯控制的有利条
件。他去世时希波战争行将结束。

一 生平活动

据记载,赫拉克利特(Heraclitos)是伯洛松的儿子,爱菲斯本地人。
他的鼎盛年约在第 69 届奥林匹亚赛会(前 504—前 501)时,活了 60
岁。[1] 由此推算,他约生于公元前 544—前 541 年,卒于公元前 480 年左
右。关于他的生平事迹,古代记载甚少。他出身高贵,据说是爱菲斯奠
立人安德罗克罗王族的后裔,本应是王位继承人,但他襟怀宽广,将王位
让给了他的弟弟。[2] 也许他这样做是因为他更愿追求智慧与"逻各斯"的
事业。但他放弃王位后,并未立即退居林泉做埋头著述的隐士或聚徒授
业的学究,而是非常关注反抗波斯的民族斗争和城邦内部复杂的现实
政治。

公元前 500 年米利都发生反波斯的暴动,得到小亚细亚和希腊本土
诸邦的支持,引发了长期的希波战争。赫拉克利特在这场关系希腊民族
存亡的斗争中的态度是鲜明的。第尔斯辑录了公元 4 世纪塞米斯提乌
在《论善》中的有关记载:赫拉克利特支持他的同胞反抗波斯的统治,指

---

① 见第欧根尼·拉尔修《著名哲学家的生平和学说》,第 9 卷,第 1、3—4 节。
② 见同上书,第 9 卷,第 6 节。

出抵抗的关键是必须暂时牺牲他们的奢侈的生活方式。① 第欧根尼·拉尔修记录了他和大流士的通信:大流士热情邀请艰深著作《论自然》的作者去波斯讲授希腊文化,赫拉克利特拒绝,说世人皆热衷名利,他视荣耀为畏途,唯求满足自己心灵的平静,所以不能去波斯。② 第欧根尼·拉尔修记录的这种婉拒多少染上了点斯多亚哲学思想的色彩,而赫拉克利特反波斯统治的态度则是真实的。他蔑视众人,贬低从荷马到当时的塞诺芬尼等诸多文化名人;他很少赞扬他人,却颂扬倡言建立统一的伊奥尼亚城邦、坚决抵抗波斯入侵的希腊"七贤"之一彼亚斯,说他"比别人有更高的逻各斯"③。

爱菲斯长期以来内部的政治斗争是复杂的。当它还处在吕底亚的强烈影响之下时,雅典母邦就派民主派的显贵公民阿里司塔库(Aristarchus)来帮助爱菲斯人恢复曾仿效梭伦民主政制建立起来的法律,后来又由他的朋友赫谟多洛继续从事这项改革立法工作。然而,据说爱菲斯内部又发生了所谓"民主运动",竟将赫谟多洛驱逐出城邦。于是,他远行到罗马,帮助罗马正在开启的、有进步意义的立法工作。不少记载说他参与了罗马共和时代最早的立法即"十二表法"的制定,有的还说罗马人为他立了纪念碑,到公元1世纪老普林尼在世时还树立着。④赫拉克利特是赫谟多洛的好友,志同道合。那些主张放逐赫谟多洛的爱菲斯人是在立法上守旧的成年人,赫拉克利特愤然抨击他们:"如果将爱菲斯的成年人都吊死,把他们的城邦让给未成年的少年去管理,那就对了,因为他们放逐了赫谟多洛——他们中间最优秀的人。"他讥讽他们还颟顸地说:"我们不要最优秀的人,要是有这样的人,就让他到别处去和

---

① 见第尔斯、克兰茨编《苏格拉底以前哲学家残篇》,DK22A36。
② 见第欧根尼·拉尔修《著名哲学家的生平和学说》,第9卷,第13—14节。
③ 第尔斯、克兰茨编:《苏格拉底以前哲学家残篇》,DK22B39。关于彼亚斯的倡议,详见希罗多德《历史》上册,王以铸译,第85页,商务印书馆,1985。
④ 见冈珀茨《希腊思想家:古代哲学史》第1卷,马格纳斯英译,第62页,伦敦,约翰·莫莱出版社,1969。

别人在一起吧"①。有些哲学史家如策勒,根据他出身王族,为被"民主派"驱逐的赫谟多洛鸣不平,就说他是坚决站在保守贵族的立场上反对"民主派"。② 其实,这种论评并不可靠。当时小亚细亚诸城邦大多实行温和的僭主政制,不少早期僭主政制是倾向于民主改革与立法的,雅典就有庇西特拉图僭主继承、发展了梭伦民主改革。赫拉克利特支持赫谟多洛,无疑是倾向于梭伦与庇西特拉图的立法改革的。而那些因循守旧、排绝优秀改革人士的爱菲斯"成年人",恐怕不是什么真正的"民主派",而是顽固的保守派。

　一些哲学史著作又往往认为赫拉克利特是反"民主派"的保守贵族派并有一些愤世嫉俗的言论,就认为他是蔑视人民群众甚至是蔑视人类的傲才。这个看法也不确切。其实,这位支持立法改革的失意哲人之所以发表一些激烈的言论,有三个原因:一是他不满于本城邦的政治现实,所以将人们的意见称为"儿戏",说人们不懂得怎样听话与说话。③ 他呼吁人们为法律而战斗,但断然拒绝替已在坏政制支配下的爱菲斯立法。二是他确有"精英"主导社会历史的思想,如说"一个如果是最优秀的人,在我看来就抵得上一万人"④。我们恐怕不能要求他应该有"群众创造历史"的观点,当时他主张优秀的人而不是神主宰历史,就是一种历史观念的进步。三是他反对神话世界观,有泛神论倾向,因而说"应该把荷马从赛会中驱逐出去,并且加以鞭笞"⑤,并讽刺被奉为众人之师的赫西奥德"却不知道日和夜其实是一回事"⑥;他强调"博学并不能使人智慧"⑦,认为史学家赫卡泰厄斯、哲学家塞诺芬尼与毕达哥拉斯都没有达到真正的

① 第欧根尼·拉尔修:《著名哲学家的生平和学说》,第 9 卷,第 2 节;第尔斯、克兰茨编:《苏格拉底以前哲学家残篇》,DK22B121。
② 见策勒《苏格拉底以前的学派》第 2 卷,奥列尼英译,第 4 页注,伦敦,朗格曼斯·格林出版公司,1881。
③ 见第尔斯、克兰茨编《苏格拉底以前哲学家残篇》,DK22B70,DK22B19。
④ 同上书,DK22B49。
⑤ 同上书,DK22B42。
⑥ 同上书,DK22B57。
⑦ 同上书,DK22B40。

智慧,而只是"博闻强记"甚至是"抄袭行为"①。其实,他强调要运用深刻的智慧,探究、把握"逻各斯"即有普遍意义的哲理,这是立足于新的思想高度来反传统,批判并未进入这种哲理境界的同时代的思想家。

赫拉克利特和爱菲斯的时政格格不入,就离群索居、隐迹山林,拒绝参加任何政治活动。和孩子们玩骰子虽可自娱,日子却过得很艰苦,有时靠吃树皮、草根为生。终于因此在公元前 480 年左右得水肿病而去世,时年约 60 岁。

二 思想渊源

有些哲学史家因为赫拉克利特的残篇中提到塞诺芬尼、毕达哥拉斯,并认为他和后两者有思想相似之处,就主张他的哲学渊源于塞诺芬尼和早期毕达哥拉斯学派的哲学思想。其实,这并没有可靠的史料根据,是不成立的。

他在残篇中提到塞诺芬尼与毕达哥拉斯都是以贬低、指责的口气,没有任何自认师承的意思。他说两人徒然博学,没有智慧,说毕达哥拉斯在科学探讨上虽有超过他人的智慧,但也只是"博闻强记"而已。第欧根尼·拉尔修曾记载:"有些人讲过,他(赫拉克利特)曾经是塞诺芬尼的学生"②。但正如伯奈特所指出的,这是不可能的。因为塞诺芬尼早年虽生活在伊奥尼亚的殖民城邦科罗封,但赫拉克利特出生前他已被逐出母邦,移居南意大利的西西里了;两人虽都批判传统宗教的人格化多神论,但批判的哲学视角很不相同,塞诺芬尼作为爱利亚学派的思想先驱已有基于"存在"哲学的理性一神观,赫拉克利特则是发展了伊奥尼亚哲学传统,从火本原说走向一种泛神论。冈珀茨特别强调毕达哥拉斯对赫拉克利特有思想影响,认为赫拉克利特的重要思想范畴"对立"、"尺度"、"和

---

① 第尔斯、克兰茨编:《苏格拉底以前哲学家残篇》,DK22B129。
② 第欧根尼·拉尔修:《著名哲学家的生平和学说》,第 9 卷,第 5 节。

谐"等都是受毕达哥拉斯的影响而形成的。① 其实,赫拉克利特的"尺度"等范畴,了无数量关系、空间几何形式结构的痕迹。他说的"对立"是相反相成、互相转化的,是这种对立统一的和谐,和毕达哥拉斯僵硬排列的十对立和形式结构的和谐大相径庭,而是发展了阿那克西曼德的对立与和谐思想。

赫拉克利特继承、发展了米利都哲学,将伊奥尼亚哲学传统弘扬到一个新的理性高度。他的哲学思想和米利都学派的亲似关系是很明显的:他以火为本原,也是探求一种具体的宏观物质形态作为世界的本原并用以解释宇宙的成因。亚里士多德在《形而上学》中说他和米利都的哲学家们都是寻求事物的质料因的,只是主张本原或为水,或为气,或为火,有所不同。② 而他以火为本原,在火的上升之路与下降之路的变化中,仍相当突出地包纳了泰勒斯的水和阿那克西美尼的气。他和米利都学派一样也强调了本原与宇宙的无限性和永恒的运动变化。他在解释火变生万物时,吸取、发展了阿那克西曼德的"对立"和阿那克西美尼的"稀散与浓聚"的思想。然而,和米利都学派相比,他在根据经验观察的实证科学思想方面只是袭用了米利都学派的一些说法,没有新进展,有的幼稚猜测(如说太阳只有一只脚大)甚至更落后。他在哲学的思辨理性方面,则比米利都学派有了很大的跃升,那就是从"逻各斯"的高度,展示了世界普遍联系、永恒运动变化的画面,透察了这种运动变化的轨迹与普遍规律,揭示了对立斗争与统一的普遍法则,从而首次比较深刻、周详地创立了一种世界本原意义上的古代朴素的辩证法(不是知识论与逻辑方法意义上的辩证法,如苏格拉底、柏拉图、亚里士多德的各有不同意义的辩证法)。它和黑格尔与马克思的辩证法是相通的。黑格尔虽然出于自己的唯心论将赫拉克利特的火曲解为理念,但还是承认这种火是实

---

① 见冈珀茨《希腊思想家:古代哲学史》第 1 卷,马格纳斯英译,第 74—75 页,伦敦,约翰·莫莱出版社,1969。
② 见亚里士多德《形而上学》,第 1 卷,第 3 章,载于《亚里士多德全集》。

在的形态,承认他是属于伊奥尼亚传统的自然哲学家。① 策勒也认为赫拉克利特的宇宙观"无疑是受了伊奥尼亚学派的影响",并且在论述变化的"逻各斯"方面有自己重要的独立创造与发展。②

西方有些学者夸大、误解赫拉克利特的某些似乎神秘的晦涩、隐喻的表述,或也作黑格尔式的唯心论曲解,将他和米利都学派的科学理性对立起来。如耶格尔认为,将赫拉克利特和米利都学派并属于一起是受柏拉图与亚里士多德传统解释的误导。③ 格思里则认为,赫拉克利特是依凭灵感的"诗人"、"先知"和"神秘宗教的传教师",他用非世俗的"象征语言说话",不能期望他会"具有米利都学派的理性的世界观"。④

三　著述残篇

第欧根尼·拉尔修记载:赫拉克利特流传下来的著作为"一组连续性的论文《论自然》(*On Nature*),它分三篇论述,第一篇论宇宙,第二篇论政治,第三篇论神学";并且转述塞奥弗拉斯特的说法:赫拉克利特的著作某些部分是"半成品",其余部分是一种"奇突的混合品",而他刚愎自用的性格有时使他的陈述不完整、不连贯。⑤

说赫拉克利特已将自己的著作写成宇宙论、政治论与神学三部分是很可疑的。伯奈特指出:"这不是赫拉克利特自己的分类;我们可推断在斯多亚派的注释家们形成他们手头的版本时,他的著作才自然地分成那三部分。"⑥有的学者如格思里认为,柏拉图和亚里士多德手头都有过他的完整著作;⑦有些学者如策勒则认为,从他的残篇的状况看,他没写过

---

① 见黑格尔《哲学史讲演录》第 1 卷,贺麟、王太庆译,第 303 页,商务印书馆,1959。
② 见策勒《苏格拉底以前的学派》第 2 卷,奥列尼英译,第 105—106 页,伦敦,朗格曼斯·格林出版公司,1881。
③ 见耶格尔《潘迪亚:希腊文化的理想》第 1 卷,第 178 页,伦敦,牛津大学出版社,1980;耶格尔《早期希腊哲学家的神学》,第 110 页,牛津,克拉伦登出版社,1947。
④ 见格思里《希腊哲学史》第 1 卷,第 415 页。
⑤ 见第欧根尼·拉尔修《著名哲学家的生平和学说》,第 9 卷,第 6 节。
⑥ 伯奈特:《早期希腊哲学》,第 132 页。
⑦ 见格思里《希腊哲学史》第 1 卷,第 406—408 页。

完整的著作,后来流传的是一些警句与格言的汇编。基尔克还认为他没有写过书,而只有大约是由他的学生编订的言论汇编。① 赫拉克利特是离群索居的隐士,不像苏格拉底和中国的孔子、孟子,施教众门生,虽述而不作但仍有语录被记载下来,他必定是靠自己的著述影响而成立学派并使自己的思想流传后人的。他的著述可能多有警句、隐喻与格言,又涉及自然、社会、人生、政治、法律等多方面,不严谨、不连贯或较为散漫。

从柏拉图、亚里士多德、塞奥弗拉斯特到斯多亚学派、第欧根尼·拉尔修、古代怀疑论学派直至早期基督教神学家的著作中,保存了较多的赫拉克利特残篇或有关资料。第尔斯、克兰茨编的《苏格拉底以前哲学家残篇》汇集了赫拉克利特的著述残篇130余则,最后10则疑伪,编辑序列不易见其思想脉络。伯奈特在所著《早期希腊哲学》中,批评第尔斯未按残篇的思想内容编排而使其显得支离破碎;他按思想线索重新整理、编排并英译了赫拉克利特残篇130则。20世纪后半叶,西方学者整理、研究赫拉克利特残篇的重要名著有两部:一是基尔克编的《赫拉克利特宇宙论残篇》(1954)。实际上是研究了反映赫拉克利特的主要自然哲学思想的48则残篇,将残篇出处的前后文也列出,并作了许多校勘与注释,研究相当深入、细致。二是卡恩(C. H. Kahn)编的《赫拉克利特的艺术和思想》(1979)。该书根据思想内容重新整理安排了残篇的序列,又在重新翻译中较明晰地表达了原来语言的意蕴,并作了占全书约1/2的详细注释,对人们深入研究也是很有帮助的。

古代就有人评述赫拉克利特的文风晦涩。其实,这点也不过是从一个侧面表现了他的思想特征,不必从负面意义上贬低或夸大。一是他往往用寓意、隐喻、警句、格言来表述,就像他的残篇谈到德尔斐神庙中阿波罗神的神谕:"那位在德尔斐发神谕的主神既不明说,也不掩饰,只是暗示。"②这是他在当时的思想条件下表达贯穿于自然、社会人生、政治法

---

① 见基尔克编《赫拉克利特宇宙论残篇》,第7页,剑桥,剑桥大学出版社,1978。
② 第尔斯、克兰茨编:《苏格拉底以前哲学家残篇》,DK22B93。

律与宗教等各领域的思想的一种方式,当时还不可能在这些领域有系统连贯的表述。二是他已形成超前的、普遍意义上的哲学思想,但他和别的哲学家都还没有形成足以充分、明晰地表达他的深刻哲学思想的理性范畴,于是往往借用感性的语言来表达理性的思想,这在当时可能也易被人领悟。三是他表达的思想脉络其实是清楚的,含义是明确的,并不妨碍我们把握其要义。第欧根尼·拉尔修称他"说得清楚明了,以至最愚蠢的人也容易懂得,精神最不集中也能掌握他的思想脉络。他叙述的简练而丰富是无与伦比的";他还记载苏格拉底称赞赫拉克利特的论文无论理解与不理解的部分都是"优美的",读者"需要像一个潜水探宝者那样去寻根究底"。[①]

第二节 永恒活火和万物皆流

赫拉克利特将火看做一种宏观物质形态,主张生机勃勃、往复燃烧熄灭的火是宇宙与万物的本原,万物生自火、复归于火,火是万物变化生灭的活力之源;世界上的一切事物永远都在运动变化之中,万物皆流,无物常驻。他以火为本原,将世界的多样性统一于一种变动不居、能变生各种异质事物的具体物质,从而将米利都哲学推进到一个新境界,展示了一幅较完整的朴素辩证法的世界图景。

一 宇宙是一团永恒的活火

从现存的记载看,亚里士多德提到以质料因为本原的,有米利都学派的水、气,紧接着就是赫拉克利特的火。他说:"墨塔蓬通的希巴索和爱菲斯的赫拉克利特则认为本原是火……"[②]希巴索是早期毕达哥拉斯学派的一个异端人物,可能是学派内部的非正统的"信条派"的创立人。

---

① 见第欧根尼·拉尔修《著名哲学家的生平和学说》,第 9 卷第 7 节,第 2 卷第 22 节。
② 亚里士多德:《形而上学》,984a7—8,载于《亚里士多德全集》。

有记载说他曾写了《秘密教义》,用来败坏毕达哥拉斯学派的名声,后因泄露毕达哥拉斯学派的数学秘密而被罚沉入海底。[1] 伯奈特认为,"赫拉克利特和毕达哥拉斯学派人物的联系环节是希巴索,在他的思想体系中火起着一种重要作用"[2]。他没有说两人谁影响谁。冈珀茨认为,希巴索的生活年代在赫拉克利特形成自己的学说之后,他只是作为一个折中的哲学家企图糅合毕达哥拉斯学派和赫拉克利特的思想;他主张宇宙运转、变化按一定的周期,也和赫拉克利特的宇宙论相似。[3] 显然,希巴索不是赫拉克利特得以承袭毕达哥拉斯派学说的中介,而是早期毕达哥拉斯派人物中吸取赫拉克利特思想的一个"异端"。

在赫拉克利特主张火为本原的残篇中,有一则最精彩、最集中地表述了他的思想:

> 这个有秩序的宇宙(科斯摩斯)对万物都是相同的,它既不是神也不是人所创造的,它过去、现在和将来永远是一团永恒的活火,按一定尺度燃烧,按一定尺度熄灭。[4]

在这里,他明确宣称,内蕴动力的活火是永恒运动变化的世界万物的本原,是它生成宇宙并使宇宙有秩序,这个有秩序的宇宙不是任何神或人创造的,而是由火这种物质自然地生成的。所谓燃烧与熄灭的"尺度"也就是世界变化、事物生灭的度衡、规则,所谓宇宙秩序也是一种火与万物相生相灭的动态的秩序,而不是一种静态的结构。这是他坚持、发展伊奥尼亚传统的科学理性与辩证法思想的哲学纲领。基尔克称它是"一个庄严的、精心构设的、惊动人心的宣言"[5]。

---

[1] 参见第欧根尼·拉尔修《著名哲学家的生平和学说》,第 8 卷,第 7 节;扬布里柯《毕达哥拉斯传》,狄龙、赫尔斯贝尔英译,第 247 节,亚特兰大,学者出版社,1991。

[2] 伯奈特:《早期希腊哲学》,第 142 页。

[3] 见冈珀茨《希腊思想家:古代哲学史》第 1 卷,马格纳斯英译,第 371 页,伦敦,约翰·莫莱出版社,1969。

[4] 第尔斯、克兰茨编:《苏格拉底以前哲学家残篇》,DK22B30。

[5] 基尔克编:《赫拉克利特宇宙论残篇》,第 311 页,剑桥,剑桥大学出版社,1978。

在古代希腊人看来,火不只是一种燃烧现象,它本身就是一种能燃烧与熄灭的特殊形态的东西(事物、物质)。这种看法很自然地符合当时的科学认识水平,即使到近代,有的化学家还认为火的燃烧是由于有一种"燃素"存在。米利都学派的哲学家们也主张水、阿派朗与气等本原及其生成的世界是运动变化的,但这些本原总难以解释永恒无限的运动和质变的多样性,也未能说明本原和其动因的内在一致性。赫拉克利特选择火为本原,因为富有热力、总是活跃的火既是一种有特殊形态变化的宏观物质,也是一种有内在动力的运动过程,是能动的本原和运动的内力的统一。所以黑格尔评述道,"赫拉克利特不能说本质[本原]是空气或水之类的东西;因为它们自身(这是首要的)不是过程。而火则是过程;因此他把火认作最初的本质[本原]"[1]。对这种本原与动力(能量)内在统一的卓识,现代量子力学中哥本哈根学派的代表人物海森堡曾给予高度评价:赫拉克利特的火"既是物质,又是一种动力。在这里我们可以看到,现代物理学在某些方面非常接近赫拉克利特的学说。如果我们用'能量'一词来替换'火'一词,我们差不多就能用我们现在的观点一字不差地来重述他的命题"[2]。

赫拉克利特形象地描述火这种本原的威力:"雷霆[火]驾驭万物"[3];"火遇到万物,便审判和制伏它们"[4]。火生灭万物,支配万物,识别与判断万物,是自然统制力的主宰。他将火比喻为黄金这种通货,形容火和万物相互转化:"万物都换成火,火也换成万物,正像货物换成黄金,黄金换成货物一样。"[5]火如何产生万物、万物又如何复归于火? 就普遍哲理的逻各斯而言,是通过对立的冲突与和谐;而在科学思想层面上,他袭用了阿那克西美尼的"稀散与浓聚"这种物态变化的说法,并将米利

---

① 黑格尔:《哲学史讲演录》第 1 卷,贺麟、王太庆译,第 305 页,商务印书馆,1959。
② 海森伯(即海森堡):《物理学和哲学:现代科学中的革命》,范岱年译,第 28 页,商务印书馆,1981。
③ 第尔斯、克兰茨编:《苏格拉底以前哲学家残篇》,DK22B64。
④ 同上书,DK22B66。
⑤ 同上书,DK22B90。

都学派的水或气包容在火生万物的中介层次之中。第欧根尼·拉尔修记载了他的有关学说:"火是本原要素,万物都由火的转化形成,或者是由稀散形成,或者是由浓聚形成。"[1]艾修斯记载他的说法则较为具体:

> 万物都从火产生,又都消灭而复归为火。当火熄灭时,宇宙间的万物就形成了。最初,火的最浓厚部分浓缩起来成为土;然后,土被火熔解成为水,水蒸发时又产生气。整个宇宙和万物后来在一场宇宙大火中被火烧毁。[2]

火浓烈燃烧出灰土,并能将矿土熔解成水样的液体,又能将水蒸发成气,这是符合古人经验观察的常识的。辛普里丘说得更言简意赅:

> 万物借浓聚化和稀薄化从火产生,又重新化解为火,这个东西[火]乃是唯一的本原。所以赫拉克利特说,万物都是火的转换。他认为宇宙的转化是按照不可避免的必然性,是有一定的秩序和确定的周期的。[3]

这里说的稀薄与浓聚不只是指火燃烧得稀弱与浓烈,也是指火的燃烧使土、水、气等宏观物质因物态上的稀散或浓聚而转化为他物。这就将阿那克西美尼的气的稀散与浓聚,发展成一种所有自然物质因稀散与浓聚的物态变化而发生转化的普遍规律,它有确定的周期性。他也很重视泰勒斯的水本原说,在火的往复转化序列中给水保留了特别重要的地位。克莱门特记载他说:"火的转化是:首先成为海";"他的意思是:火凭借着安排万物的逻各斯和神,通过气成为水,水作为形成宇宙过程的胚胎,被称为海,从海生出地(土)和天以及一切被它包围的东西"。[4] 这里,水是

---

[1] 第欧根尼·拉尔修:《著名哲学家的生平和学说》,第 9 卷,第 8 节。

[2] 艾修斯:《哲学家意见集成》第 1 卷,第 3 章,第 11 节,转引自汪子嵩等《希腊哲学史》第 1 卷,第 429 页。

[3] 辛普里丘:《〈物理学〉注释》,第 23 页,转引自格思里《希腊哲学史》第 1 卷,第 432 页;第尔斯、克兰茨编:《苏格拉底以前哲学家残篇》,DK22A5。

[4] 见克莱门特《汇编》第 5 卷,第 104 章,第 3 节,转引自基尔克编《赫拉克利特宇宙论残篇》,第 325 页,剑桥,剑桥大学出版社,1978(以下所引此书均为此版本)。

略低于火的"次本原",明显可见他受到了伊奥尼亚哲学祖师泰勒斯的水成宇宙论的影响。

他又认为,火转化为其他宏观自然物质,不是纷乱的、任意的,而是循着必然的途径和周期的,这就是第欧根尼·拉尔修记载他说的"上升之路"和"下降之路":

> 火浓缩成为湿气,湿气凝聚成为水,水又凝结成为土。这个过程他叫做下降之路。反过来,土又熔解成为水,从水形成其余的一切。他几乎将每一事物的产生都归于海的蒸气。这个过程就是上升之路。从土也像从海一样可以产生蒸气。而从海产生的蒸气是光亮的、纯洁的,从土产生的蒸气则是黑暗的。火是由光亮的蒸气哺育的,湿的东西由别的蒸气哺育。①

由土到水、到光亮的(热湿)气、到火的转化顺序是上升之路,由火到光亮的(热湿)气、到水、到土的转化顺序则是下降之路。正向火转化或背向火转化是区别上升之路和下降之路的标志。上升之路和下降之路构成了一个首尾联结的循环。赫拉克利特"几乎将每一事物的产生都归于海的蒸气",也可证明他的思想是颇受泰勒斯、阿那克西美尼的本原论的影响的。他还区别了海生的蒸气是可直接通达火的光亮的热气,而土生的蒸气是阴暗的潮湿之气,这与他论述灵魂的状态也是有关的。

他用火本原来解释灵魂的本性、差异与转化,对阿那克西美尼较简单的灵魂是气或呼气之说,既有吸收,也有发展。两人都还没有严格区分物质和精神,区分灵魂的物质(生理)基础与精神内涵,一个说灵魂就是气,另一个则说灵魂就是火或火生的热气。亚里士多德在《论灵魂》中记述:

> 赫拉克利特也说:本原——热的呼气,照他的说法,万物都是由它组成的——就是灵魂;再说,这种热的呼气是最不具体的又是不

---

① 第欧根尼·拉尔修:《著名哲学家的生平和学说》,第 9 卷,第 9 节。

停地流动的;凡是在运动中的事物,要求认知它们的[灵魂]也应该
是在运动中的;一切存在的东西之所以存在,主要是在运动中(这是
大多数人都同意的)。

他认为灵魂的本性就是火本原或它表现的热气,它因为也在不断运动,
所以才能认识不断运动的事物。而赫拉克利特论述灵魂的本性是火,又
有两个新发挥:(1)他用火或火生干燥的热气、水或水生的湿气来区别灵
魂认知能力的优劣。"闪闪发光的是干燥的灵魂,它是最智慧、最优秀
的。"①大约是因为干燥的灵魂最具有火本原的禀性,就最智慧。"对灵魂
来说,变湿会愉快,但也就死亡。"②湿冷会使人快乐,但也意味着失落火
本原的智慧禀性,会导致灵魂意识沦落甚至死亡。他打比喻说:"当人喝
醉的时候,会被未成年人打倒,而不知所措,因为他的灵魂有水。"③这个
说法现在看来是幼稚的,在当时却是一种企图从灵魂的生理基础来说明
意识状况的思想的开端,而这是公元前 5 世纪中后叶希腊自然哲学家的
一个重要思想特征。后来推崇赫拉克利特哲学的斯多亚学派将他的灵
魂说成只是智慧与理性,那是根据他们自己的学说需要而作的曲解。
(2)他用火转化为他物的上升之路与下降之路,来改造奥菲斯教的灵魂
轮回说:"灵魂死亡就变成水,水死亡就变成土;而水是从土产生出来的,
灵魂是从水产生出来的。"④克莱门特在记述这则残篇前引用了奥菲斯教
的相似的话。⑤ 这表明他对兴起不久的奥菲斯教教义在词语上有所吸
取。这和他将火与逻各斯说为神,用泛神论取代奥菲斯教也是一致的。

二 "人不能两次踏进同一条河流"

赫拉克利特用生动的比喻,表达世界万物永恒运动变化的哲学命

---

① 第尔斯、克兰茨编:《苏格拉底以前哲学家残篇》,DK22B118。
② 同上书,DK22B77。
③ 同上书,DK22B17。
④ 同上书,DK22B116。
⑤ 参见克莱门特《汇编》第 6 卷,第 17 章,第 1 节,转引自基尔克编《赫拉克利特宇宙论残篇》,第
339 页。

题。他说：

> 人不能两次踏进同一条河流……它分散又结合……接近又分离……①
>
> 踏进同一条河流的人，遇到的是不同的水流。②

基尔克认为，"人不能两次踏进同一条河流"是柏拉图的转述，便将有关内容译为：

> 根据赫拉克利特的说法，要两次踏进同一条河流是不可能的，正像将手两次摆在固定状态的有生灭的物体一样[不可能]。由于它的变化迅速剧烈，所以它分散又结合，而且与其说它"又"或"后来"，不如说它同时聚合又流开，接近又分离；所以它的变动并不终止于存在……③

但基尔克认为柏拉图在《克拉底鲁篇》中转述、解释的话是符合赫拉克利特的深刻原义的。柏拉图的原文是：

> 据说赫拉克利特说过：万物都在运动中，没有静止的东西；他将它们比做河流，说过你不能两次踏进同一条河流中去。④

赫拉克利特无疑将运动变化看做一切事物的基本规定。他进而说："我们踏进又不踏进同一条河流，我们存在又不存在。"⑤对这则辑自赫拉克勒特的《荷马问题》的重要残篇，多数学者肯定它是真的，但基尔克、卡恩等怀疑它的真实性，卡恩认为这是后人从关于河流的残篇中简单引申出来的。我们知道，亚里士多德在《形而上学》第4卷论述不矛盾律的逻辑与存在的公理时，批评说："我们不能相信同一事物既存在又不存在，

---

① 第尔斯、克兰茨编：《苏格拉底以前哲学家残篇》，DK22B91。
② 同上书，DK22B12。
③ 普卢塔克：《论放逐》，第18章，392B，转引自基尔克编《赫拉克利特宇宙论残篇》，第381页。
④ 柏拉图：《克拉底鲁篇》，402A，载于《柏拉图对话全集·附信札》。
⑤ 第尔斯、克兰茨编：《苏格拉底以前哲学家残篇》，DK22B49a。

有人认为这是赫拉克利特说的。"①他虽未完全肯定这句话是赫拉克利特说的,但认定是他的思想而加以批评的。其实,不久后巴门尼德提出"存在"哲学时就批评了主张"存在又不存在"的人,也是针对赫拉克利特的思想的。这个命题确实集中、精练地表达了万物皆流、无物常驻的辩证法世界观。但赫拉克利特论述"存在和不存在",与巴门尼德最早对"存在"范畴作思辨论证,是颇为不同的。一是他说的"存在"的含义只是一种内涵为"有"的、基本独立于精神意识的狭义的客观实在;巴门尼德的"存在"则兼有"是"、"有"、"真"三重含义,也包纳了思想的哲学范畴。二是他说的"存在"既有相对稳定性,又有不断的动变性,因而和"不存在"是对立的统一;巴门尼德的"存在"是在严格的论证中被规定为绝对不变动的绝对本质与思想。这两种存在观是对立的,表现了早期希腊哲学家对世界本质的两种不同的看法。

　　赫拉克利特的"万物皆流、无物常驻"的辩证法思想中包含着相对论的因素,而他的学派的后人克拉底鲁(Cratylus)将这种相对论的因素夸大成一种相对主义。亚里士多德评论道:"他最终认为人根本不能说什么,而只能简单地动动他的手指;他批评赫拉克利特所说的人不能两次踏进同一条河流,因为他认为即使踏进一次也不可能。"②赫拉克利特虽主张万物都在运动变化中,没有静止的东西,但他仍认为变动中有相对稳定性和质的规定性。他的本原论中火与水、气、土转化的上升之路与下降之路的每个环节,都是一种特定的宏观物质,有质的规定性。其他事物也是如此。所以他强调是可以通过智慧与思想来认知、把握它们的。而克拉底鲁的相对主义已走到不可知论的极端,并不真正代表赫拉克利特的思想。基尔克也认为他的河流比喻是要说明整个河流的稳定性和水流点变化的结合,"同一条河"、"同一个人"都有稳定性,这是他要表达的重点。③ 不过,颇受赫拉克利特学说影响的柏拉图,"青年时就首

---

① 亚里士多德:《形而上学》,1005b23—25,载于《亚里士多德全集》。
② 同上书,1010a10—14,载于《亚里士多德全集》。
③ 见基尔克编《赫拉克利特宇宙论残篇》,第 377 页。

先通过克拉底鲁熟悉了赫拉克利特的学说,即认为一切可感觉的事物都永远在流动状态中,对它们不能有任何知识,这种观点一直到他晚年还保持着"①。这种"熟悉"还是有点扭曲的,因为赫拉克利特主张智慧与思想是可以把握事物与变化的逻各斯而获得知识的。但赫拉克利特较完整形成的万物变易生灭的学说,对柏拉图形成自己的哲学有很深的影响。

三 火成宇宙

赫拉克利特只是原则上说道,火在转化的上升之路和下降之路中生成水、气、土,凭借"海"(水)的重要中介,从而形成宇宙与大地。这表述了一种较简单的火成宇宙观。在天体、气象思想方面,惯于思辨、颇少实证经验的他就很少有所创新了,主要是承袭了米利都学派有关思想中一些较幼稚的猜测,甚至凭他自己的臆测。据第欧根尼·拉尔修记载,他没有说明天空周围的东西的性质,只是说天体是许多"凹面向着我们、其中聚集着明亮热气而形成火焰"的"小窝",太阳最热、最明亮,它和月亮的"小窝向上反转时,就发生日食和月食"。月亮的盈亏也是月亮的小窝"逐渐翻转造成的"。"日和夜、月、季、年、雨、风等等"的不同气象,"都是由不同的热气造成的"。② 他说"太阳每天都是新的"③,意思是说哺育太阳的火热之气不断在更新,表现了他的万物皆处在新陈代谢的变易中的思想;他又说"太阳不应越出它的尺度,否则厄林尼斯(Erinyes,复仇之神)——正义之神的女使就会把它找出来"④,意思是指各天体都在特定的轨道上运行,越出轨道就会得到破坏性的后果;他说"太阳只有人的脚那么大小"⑤,米利都的哲学家不会这样只凭肉眼来估计天体的大小。他

---

① 亚里士多德:《形而上学》,987a32—b1,载于《亚里士多德全集》。
② 见第欧根尼·拉尔修《著名哲学家的生平和学说》,第9卷,第9—11节。
③ 第尔斯、克兰茨编:《苏格拉底以前哲学家残篇》,DK22B6。
④ 同上书,DK22B94。
⑤ 同上书,DK22B3。

的长处还是在于对自然哲学范畴的抽象思考。他开始了对"时间"范畴的思考,说时间"是有秩序的运动,是有尺度、限度和周期的。太阳是这些周期的监视者和保卫者,它建立、规定和揭示出变动带来一切季节"①。他已经认为时间就是运动的秩序,这在当时是一种卓见;而他谈论时间的尺度与周期是以太阳为坐标的,这和当时希腊奉行的太阳历是一致的。

第三节　逻各斯和对立的斗争与和谐

赫拉克利特超越米利都学派和同时代哲学家,成为古希腊朴素辩证法的杰出代表,还在于他提出逻各斯学说,确认事物运动变化依循普遍的必然法则或规律,而最根本的是对立的斗争与统一的法则。他强调这种逻各斯必须通过思想、理智把握,开始将人的认识区分为感性认识和理性认识。

一　逻各斯的含义

赫拉克利特的不少残篇在谈到事物的运动变化包括灵魂与社会问题时,都认为它们是依循着"逻各斯"的。逻各斯学说是他的哲学的中心思想。如在"残篇第一"中他就说:

> 逻各斯虽然像我所说的那样常在,但人们在听到它以前,或是第一次听到它的时候,却总是不能理解它。万物都是按照这个逻各斯产生的,虽然我已经根据事物的本性将它们加以区别,解释了它们是如何发生的,而且人们也经常遇到像我所说明的那些话语和事实,但是他们却像从来没有遇到过它一样。②

---

① 第尔斯、克兰茨编:《苏格拉底以前哲学家残篇》,DK22B100。
② 塞克斯都·恩披里柯:《反数理学家》,第 7 卷,第 132 节,转引自基尔克编《赫拉克利特宇宙论残篇》,第 32 页;第尔斯、克兰茨编:《苏格拉底以前哲学家残篇》,DK22B1。

"逻各斯"一词是早已有之的,但赫拉克利特所说的逻各斯是事物的本性与产生的根据,它已被用来解释万物怎样发生,而当时许多人并不能把握逻各斯的这种新的深刻含义。

逻各斯(Logos)在早期希腊是通行的用词,有宽泛的多义性,在英语中也很难找到一个确切的对应词。格思里归纳出直至公元前 5 世纪在各类著述中的逻各斯的十种含义:任何说或写的内容;有关评价的,如名誉、名声;思考、思想;从说或写引申为缘由、理性或论证;事物的真理;尺度;对应关系或比例;一般的原则或规律(原子论学派已阐发了相近的此种含义);理性的力量;定义或公式(此种含义在早期希腊哲学中已萌发,到公元前 4 世纪才较流行)。[1] 他分析了有关残篇,认为赫拉克利特说的"逻各斯"是一种人们能认识、叙述的共同的东西,也是共同的理智与直觉,它"既是支配宇宙的普遍原则,也是指人的思想",而就他的本原论切近米利都哲学家而言,他说的逻各斯也首要地"有物质性的力量体现"。[2] 基尔克则主要从语言上考证,认为赫拉克利特的逻各斯的含义是事物的尺度、比例、公式,并指出"尺度"(metron)这个概念来自伦理思想,是当时流行的观念。[3] 这两种理解其实是可以一致起来的。黑格尔认为赫拉克利特的逻各斯就是理性的规律。[4] 剔去其唯心论的外衣,这种解释乃是一种涵盖上述两种理解的深刻的哲学洞见。赫拉克利特当时虽还未形成规律范畴,但根据他的本原论,他说的逻各斯实质上是用"尺度"、"支配事物发生"、"共同的"、"必然"等用语蕴涵着的一种普遍原则或法则,已含有规律性的意义。他说的尺度,虽也包括了比例的意思,但应更开阔地理解为一种"度",一种必然的规定,也近乎规律性的意思;而他说的比例虽已原则上蕴涵数量关系,但他并未从数量关系展开论述过,是

---

① 见格思里《希腊哲学史》第 1 卷,第 420—424 页。
② 见同上书第 1 卷,第 424—428 页。
③ 参见基尔克《赫拉克利特哲学中的自然的变化》,转引自叶秀山《前苏格拉底哲学研究》,载于《叶秀山全集》第 1 卷,第 187 页,江苏人民出版社,2019。
④ 见黑格尔《哲学史讲演录》第 1 卷,贺麟、王太庆译,第 312—313 页,商务印书馆,1959。

很笼统地说及的。他还不像泰勒斯研究过数学(几何),也没有袭取毕达哥拉斯的数的哲学思想,所以他说的比例是自发地提出的,只是原则上直觉到逻各斯也蕴涵有数量关系的意义,并不像是从毕达哥拉斯学派那里拿过来的。

赫拉克利特论说的逻各斯,概而言之,有四重意义:

第一,它是"共同的"。就是说,它具有普遍性意义,又是人们必须共同理解(不是私自理解)与遵从的。他说:"所以必须遵从那共同的东西。虽然逻各斯是共同的,但大多数人还是按他们私自的理解那样活着。"①逻各斯其实并不神秘,是人们生活中经常遇到的,只是由于无知而同它相悖。"对于那些接触最多、支配一切的逻各斯,他们格格不入,对每天都遇到的事情,他们显得很生疏。"②他将这些人比喻为沉溺于睡梦中而无清醒认识之人。

第二,它是一种支配万物运动、变化、生灭的普遍的必然法则。宇宙的本原活火按一定的尺度燃烧与熄灭,火转化为万物的上升之路和下降之路,都是具有普遍必然性的这种逻各斯。所以,他有时也将逻各斯比喻为"道路",批评"忘记了道路通向那里的人"③。这种作为普遍的必然法则的逻各斯,也体现为统一、共同的宇宙秩序,有运动、演变秩序的宇宙就是"科斯摩斯"。他说:"对于清醒的人来说,科斯摩斯是统一的、共同的;如果睡着了,每个人就回到他自己的世界。"④那就是个纷乱的、梦魇般的私人理解的世界了。

第三,逻各斯体现在自然、人与社会的各领域,包括灵魂与法律,是普遍中见特殊。他说:"灵魂有它自己的逻各斯,它自行增长。"⑤干燥的灵魂最智慧、最优秀,潮湿的灵魂使灵魂醉醺醺,这就是灵魂的逻各

---

① 塞克斯都·恩披里柯:《反数理学家》,第 7 卷,第 132 节,转引自基尔克编《赫拉克利特宇宙论残篇》,第 33 页;第尔斯、克兰茨编:《苏格拉底以前哲学家残篇》,DK22B2。
② 第尔斯、克兰茨编:《苏格拉底以前哲学家残篇》,DK22B72。
③ 同上书,DK22B71。
④ 同上书,DK22B89。
⑤ 同上书,DK22B115。

斯。他更将社会的逻各斯看做一个神圣的、自然的法律,人类的人为法律只有根据它产生,城邦才能有正确、出色的治理。他说:"如果要理智地说话,就得将我们的力量依靠在这个人人共同的东西上,正像城邦依靠法律一样,甚至还要更强一些,因为所有人类的法律都是由一个神圣的法律所哺育的,只有它才能要怎样治理就怎样治理,才能满足一切,还能有所超越。"①逻各斯作为这种高于并且哺育了人为法的神圣法,可以说已蕴涵了后来"自然法"的思想萌芽,后来在晚期希腊罗马就有斯多亚学派的世界主义的"共同法"和作为一切人为法根据的自然法的思想。

　　第四,逻各斯主要靠思想把握。"思想是人人共同的"②。他强调,"健全的思想(sophronein)是最优越、最智慧的,它能说出真理并按真理行事,按照事物的本性(自然)认识它们"③。而要有健全的思想,又首先要"认识自己"。"人人都能认识自己并有健全的思想"④。这种健全的思想把握的逻各斯,首要地还是客观的、普遍的逻各斯。所以他说,"不要听我的话,而要听从逻各斯,承认一切是一才是智慧的"⑤。但这种逻各斯也表现在认识主体中,即清醒地认识自己才能有把握逻各斯的健全思想,这就是主体逻各斯和客体逻各斯的一致性。德尔斐的阿波罗神庙入口处铭刻的箴言"认识你自己",似乎早已体现在赫拉克利特的哲学思想中。后来在柏拉图的早期对话《卡尔米德篇》中,苏格拉底根据这一箴言阐发出"自制"德性,并以此作为他的哲学变革的一种纲领,提出要建立一种人的哲学,也就是他的将哲学从天上引向人间的哲学,包括他的道德哲学。⑥

　　赫拉克利特首先在哲学中提出并较系统地论述了逻各斯学说,在早

①第尔斯、克兰茨编:《苏格拉底以前哲学家残篇》,DK22B114。

②同上书,DK22B113。

③同上书,DK22B112。

④同上书,DK22B116。

⑤同上书,DK22B50。

⑥参见汪子嵩等《希腊哲学史》第2卷,第378—380页,人民出版社,1993。

期希腊哲学中是一大突破,在西方哲学史上有深远的意义。他用逻各斯突破、改造了古希腊传统的神控"命运"观。他说:"万物服从命运,命运就是必然性";"命运的实质即是贯穿宇宙物体的逻各斯。命运是以太性的物体播撒生产万物的种子和周期运行的尺度"。① 命运是一种自然物体动变的尺度,是一种人的思想、智慧可把握的自然的必然性。他用逻各斯赋予了崭新意义的这种命运观,显然冲破了希腊神话与神学中神主宰人的宿命论,甚至比略后的希罗多德的有点迷茫、悲观的命运观都要高超。他论及的逻各斯的四重含义,可以说是后来西方哲学的一个主旋律,成为西方哲学传统体现理性主义(包括科学理性与理性的人文精神)的一个重要思想特征。当代后结构主义哲学家德里达批判西方的一切传统哲学是逻各斯中心主义,这固然是出于他的解构论的哲学成见,但他这样刻画古希腊以来的西方哲学传统也还是触及要旨的,而逻各斯中心主义最早的自觉表现,是在赫拉克利特的哲学思想中。

二 对立的斗争与和谐

在赫拉克利特看来,万物运动变化中最为"共同"(普遍)、最为根本的逻各斯是对立的斗争与和谐。他最早素朴而深刻地论述了我们如今说的辩证法的核心。对立统一的观点在他的学说中有着重要地位,并且展示了深层次的丰富意义。

赫拉克利特用"弓与琴"解释对立的统一。他强调人们都要"听从逻各斯",批评忽视逻各斯的人。他说:"他们不了解不同的东西是自身统一的,相反的力量(palintonos)造成和谐,像弓与琴一样。"②他又说:"互相排斥的东西结合在一起,从不同的音调产生最美的旋律。"③弓弦与琴弦绷紧形成对立的张力,才能奏出音调,不同的音调才能演奏成交响、和

---

① 见第尔斯、克兰茨编《苏格拉底以前哲学家残篇》,DK22A8。
② 希波吕托:《驳众异端》第 9 卷,第 9 章,第 1 节,转引自基尔克编《赫拉克利特宇宙论残篇》,第 203 页;第尔斯、克兰茨编《苏格拉底以前哲学家残篇》,DK22B51。
③ 第尔斯、克兰茨编《苏格拉底以前哲学家残篇》,DK22B8。

谐的优美乐曲。叶秀山将"相反的力量"理解、阐释为"二力背反",是颇
为形象而中肯的。^① 由于一切事物都是对立的统一这种结合体,所以赫
拉克利特认为:"结合物既是整体又不是整体,既是一致又有不同,既是
和谐又不和谐;从一切产生一,从一产生一切。"^②亚里士多德在引用这则
残篇前,解释了残篇主张的对立统一的普遍性:城邦是由富人和穷人等
对立的阶层组成的,"城邦的一致中总是带着最有冲突的特征的,从多样
性中产生统一";自然界也是从相反的东西产生和谐,"它将雌和雄配合
起来,而不是同性相配";艺术也在这方面模仿自然,绘画将不同的颜色
混合起来造成和原物相似的形象,音乐达成高低音、长短音的和谐。^③ 亚
里士多德虽主张同一律既是逻辑的公理又是存在的公理,批评赫拉克利
特关于"我们存在又不存在"的命题,但他仍是确认事物皆对立统一的
辩证法思想家,只是他主张对立面统一于同一本体上,经由同一的基
质才能达成对立的转化与和谐。就此而言,赫拉克利特的对立统一学
说比他的有关思想要丰富而彻底。阿那克西曼德最早论及从阿派朗中
分离出冷热、干湿等对立,但只限于某些特殊的物态成分的对立,并不
像赫拉克利特已深刻论述了对立双方既排斥冲突又和谐统一的辩证关
系,并将对立统一升华为宇宙万物运动变化的普遍法则。当然,前者
的"对立"说对后者的"对立统一"说会有启迪、影响。早期毕达哥拉斯
学派已列出有限与无限、一与多、右与左、雌与雄、静与动、直与曲、明
与暗、善与恶、正方与长方等十个对立,但没有论及普遍的对立统一的
辩证关系,并视之为事物运动变化的普遍法则。他们的"和谐"说也不
是从对立统一中得出的,所以两者的"对立"论有很大差异。没有证据
表明赫拉克利特的对立统一学说渊源于早期毕达哥拉斯学派的"对
立"说。基尔克和格思里都认为两者的"对立"思想很不同,前者并不是

---

① 见叶秀山《前苏格拉底哲学研究》,载于《叶秀山全集》第 1 卷,第 194—195 页,江苏人民出版
社,2019。
② 第尔斯、克兰茨编:《苏格拉底以前哲学家残篇》,DK22B10。
③ 见亚里士多德《论世界》,396b1—25,载于《亚里多德全集》。

受后者影响而产生的;伯奈特则认为两者都主张世界既是一又是多,都提出和谐说,前者是受后者影响的。[1]

赫拉克利特从三个方面揭示了对立统一的辩证关系:

第一,对立双方互相依存,结成统一体。他说:"如果[恐惧、罪恶、刑罚等]不存在,他们就不知道正义的名字"[2];又说:"疾病使健康成为愉快和好的,饥饿使饱足成为愉快和好的,疲劳使休息成为愉快和好的"[3]。他更用形象的实例说明直和曲统一于一种工具的转动中:"漂洗铺里称做'螺旋器'的工具的转动既是直的又是曲的,因为它既向上又作环形运动",他说"这两者是同一的"。[4] 再如,"在圆周上,起点和终点是同一的"[5]。总之,他认为:"互相排斥的东西结合在一起,不同的音调形成最美的和谐;一切都是从斗争产生的。"[6]

第二,对立双方互相排斥的斗争是事物产生的根本动因。他从城邦奴隶制社会的内部斗争、希腊城邦间的掠伐纷争以及希腊和波斯帝国的长期动荡的战争中,深刻地总结出一则名言:"战争是万物之父,又是万物之王。它使一些人成为神,一些人成为人;使一些人成为奴隶,一些人成为自由人。"[7]这是对当时奴隶制城邦内外部斗争造成阶级与贵贱分化的极好写照。他强调:"应当知道,战争是普遍的,正义就是斗争,万物都是由斗争和必然性产生的。"[8]统一体的和谐其实来自对立双方互相排斥这种比战争更广义的斗争,不是早期毕达哥拉斯学派的静态或循环式的和谐,而是动态、生长式的和谐。所以他批评道:"当荷马说'但愿斗争从

---

[1] 参见基尔克编《赫拉克利特宇宙论残篇》,第219页;格思里《希腊哲学史》第1卷,第435页;伯奈特《早期希腊哲学》,第143—144页。

[2] 第尔斯、克兰茨编:《苏格拉底以前哲学家残篇》,DK22B23。

[3] 同上书,DK22B111。

[4] 见希波吕托《驳众异端》第9卷,第10章,第4节,转引自基尔克编《赫拉克利特宇宙论残篇》,第97页。

[5] 第尔斯、克兰茨编:《苏格拉底以前哲学家残篇》,DK22B103。

[6] 亚里士多德:《尼各马科伦理学》,1155b5—7,载于《亚里士多德全集》。

[7] 第尔斯、克兰茨编:《苏格拉底以前哲学家残篇》,DK22B53。

[8] 同上书,DK22B80。

神和人之间消失'时,他是错了。因为如果没有高音和低音就没有和谐,没有雌和雄也就没有动物,它们都是对立的。"①

第三,对立双方的同一又在于它们能互相渗透、互相转化,是动态的同一。他举例说:"不朽的是有死的,有死的是不朽的;这个死那个生,那个生这个死。"②这里既说及泛神论意义的神和人(英雄)有不朽与死的相互渗透,也说及生命传代中的通过生死转化得以传承生命的关系。而且,就在一个人的生命活动中都随时随处可见对立的相互渗透与转化:"在我们身上,生和死、醒和睡、少和老都是同一的,因为这个变那个,那个又再变成这个。"③米利都哲学已有论及的"对立"即对立的物态成分,也提到对立统一的高度,指出它们是可互相转化的:"冷变热,热变冷,湿变干,干变湿。"④伊奥尼亚的哲学家都认为这种对立物态成分的转化造成自然事物的千变万化。赫拉克利特深刻阐述了对立统一的丰富内涵,在希腊哲学中确实是非常杰出的。对此,马克思主义经典作家曾经给予很高的评价。

赫拉克利特的辩证法强调对立的相互渗透与转化,包含着哲学(不是物理学)上的相对论因素,但他主张事物是相对性与确定性的统一,并不是克拉底鲁的否认可言说真理的相对主义,也不是后来智者派主张的感觉相对主义。例如,他说:"海水既是最清洁又是最肮脏的。对于鱼,它是能喝的和有益的;对于人,它是不能喝的和有害的。"⑤再如他说:"最美丽的猴子和人类相比,也是丑的。"⑥海水既清洁又肮脏是就不同的确定意义而言的;猴子的既美又丑、美丑同一,其实是相对于猴子和人类的不同而又确定的审美标准而言的,并没有将美与丑混为一谈。柏拉图认为,主张"人是万物的尺度"的普罗泰戈拉的感觉相对主义,其

① 亚里士多德:《欧德谟伦理学》,1235a25—28,载于《亚里士多德全集》。
② 第尔斯、克兰茨编:《苏格拉底以前哲学家残篇》,DK22B62。
③ 同上书,DK22B88。
④ 同上书,DK22B126。
⑤ 同上书,DK22B61。
⑥ 同上书,DK22B82。

背后的"秘密真理"就是赫拉克利特主张的万物流动变易而有相对性的学说。① 赫拉克利特认为事物的相对性中有确定性,并且强调把握这种对立的统一主要靠理智、智慧而不是感觉。所以,柏拉图将他的学说曲解成智者派的感觉相对主义的支柱是没有道理的,也不符合希腊哲学史的思想传承关系和演进的内在逻辑。

三　初步区分感性认识与理性认识

赫拉克利特在希腊哲学史上最早关注、探讨人的认识问题。可以说,西方的认识论研究肇始于他,虽然这种探究还是极为初步和粗略的。

他已大体将人的认识进程区分为感觉经验和理性认识(思想、智慧)这两个阶段或形式。他重视感觉经验,将它看做认识真理的前提。他说:"人们不懂得怎样去听,也就不懂得怎样说话。"②他指出视觉在认识中的作用比听觉显得更重要:"眼睛是比耳朵更可靠的见证。"③他用讲故事来喻说缺乏感知就会缺乏理智的推断力:荷马虽是最智慧的人,但一个孩子刚杀死虱子抓在手中,问他:"什么东西是我们看到了、抓住了但又可将它放掉的?"④而荷马因失明无法猜出此谜语,竟在郁闷中去世。⑤他表示:"凡是能够看到、听到,以及从经验中学习到的东西,都是我所喜爱的。"⑥但他又认为,就认识逻各斯的真理而言,理解、思想、智慧这种理智认识是更重要的。他指出:"如果没有理解,即使他们听见了,也像聋子一样。关于他们有谚语为证:虽在场却不在场。"⑦他称说:"智慧只在于一件事,就是认识那驾驭并贯穿一切的逻各斯。"⑧"健全的思想是最优

---

① 见柏拉图《泰阿泰德篇》,151D—153C,载于《柏拉图对话全集·附信札》。
② 第尔斯、克兰茨编:《苏格拉底以前哲学家残篇》,DK22B19。
③ 同上书,DK22B101a。
④ 同上书,DK22B56。
⑤ 参见卡恩编《赫拉克利特的艺术和思想》,第 39 页,剑桥,剑桥大学出版社,1983。
⑥ 参见同上书,第 35 页;第尔斯、克兰茨编《苏格拉底以前哲学家残篇》,DK22B19。
⑦ 第尔斯、克兰茨编:《苏格拉底以前哲学家残篇》,DK22B19。
⑧ 同上书,DK22B41。

越、最智慧的:它能说出真理并按真理行事,按照事物的本性(自然)认识它们。"①在他看来,不懂逻各斯,没有理性指引的感觉是愚蠢的:"眼睛和耳朵对于人们乃是坏的见证,如果他们有着野蛮人的灵魂的话。"②而关于感觉和理性这两种认识形式的关系,他无疑更看重把握逻各斯的理性认识。塞克斯都·恩披里柯说:"赫拉克利特还设想过,为了获得真理的知识,人具备两种器官,即感觉和理性。他和前面提到过的自然哲学家们[指德谟克利特和恩培多克勒等]一样认为,这些器官中的感觉是不可靠的,只有理性才是标准。"③

对于赫拉克利特在认识问题中的基本倾向,现代哲学史家有不同的看法。策勒同意较多的传统见解,反对将他说成是经验论的第一个代表,认为他重视理性、轻视感觉经验,因为对他而言认识的最高的中心问题是在流动变易的现象中把握事物的永恒本质即逻各斯,"只有把握'一般'的理性认识,对他才是有价值的"。④ 当代英国的巴恩斯认为,赫拉克利特"不只是一个经验论者,而且还是一个感觉论者:知识必须建立在经验上,尤其建立在感觉经验上"⑤。格思里也认为,他论述的个人"私人世界"的感觉经验这种思想是智者派普罗泰戈拉的感觉相对主义的朦胧的预示。⑥ 其实,如果客观、历史地评价赫拉克利特论认识的基本倾向,应当说他还只是初步区别了感性认识和理性认识,区别了感觉与思想的不同功能,对两种认识的具体含义和认识发展的序列与进程都还没有深究,用经验论或唯理主义这些后来才有的哲学趋向给他加冕都不合适。他作为研究认识问题的开拓者,达到的程度就是开始区别了两种认识形

---

① 第尔斯、克兰茨编:《苏格拉底以前哲学家残篇》,DK22B112。
② 同上书,DK22B107。
③ 塞克斯都·恩披里柯:《反逻辑学家》,第1卷,第126节,载于《塞克斯都·恩披里柯文集》第2卷,"洛布古典丛书",麻省,剑桥,哈佛大学出版社,1976(该书共有4卷,均出版于1976年,以下所引此书均为此版本)。
④ 见策勒《苏格拉底以前的学派》第2卷,奥列尼英译,第88、93页,伦敦,朗格曼斯·格林出版公司,1881。
⑤ 巴恩斯:《苏格拉底以前的哲学家》第1卷,第146页,伦敦,劳特利奇出版社,1979。
⑥ 见格思里《希腊哲学史》第1卷,第431、476页。

式,既肯定感性认识是认识真理的必要前提,更重视思想与智慧在把握逻各斯即事物的本质与真理中的主要作用。

第四节 社会与法律、宗教与神

赫拉克利特超越米利都哲学的又一大进展,是最早根据他的哲学原则论述人与社会问题、宗教与神等精神文化问题。

古代学者狄奥多托(Diodotus)认为,他的主要著作是讨论政府的,讨论自然的物理学部分仅仅是用来说明有关普遍法则的例证。[1] 现代的耶格尔则称他是"第一个研究人的哲学家",认为他的哲学应是包含宇宙学、神学和人学三部分,而人学是他的哲学的核心。[2] 不过,我们只能根据他留存不多的有关人、神和社会的残篇来进行研究。从他当时的认识与社会条件看,他还不可能像智者派与苏格拉底那样建立一种以人为中心的哲学。但我们可以从这些残篇中看出,他坚持将他的普遍哲学原则也贯彻到社会、人生与精神文化领域;他用对立统一的观点观察城邦社会的构成与动因,主张用"法治"来维系城邦的稳定秩序和革新社会;他以火本原论改造当时的奥菲斯教,主张一种特殊的泛神论;他论及道德品质与审美思想的一些格言,也开始萌发了一种人文精神。

一 以法治求秩序稳定与革新

赫拉克利特心目中的城邦社会无疑和其他万物一样,也是处在不断流动、变易之中的,而城邦内部与城邦之间的对立的斗争是其动因,造成城邦社会的一种动态的结构,这种动态结构由对立的社会成分结合成多样性的统一体。希波战争前后,希腊本土和小亚细亚的奴隶制城邦社会

---

[1] 见第欧根尼·拉尔修《著名哲学家的生平和学说》,第9卷,第15—17节。
[2] 见耶格尔《潘迪亚:希腊文化的理想》第1卷,第181页,伦敦,牛津大学出版社,1980。

在剧烈的动荡与大规模的战争中造就了曲折、复杂的历史。这使赫拉克利特坚信,"战争是普遍的,正义就是斗争",社会也是"由斗争和必然性产生的",正是战争使城邦社会分化为奴隶和自由民。他看出城邦社会也"既是整体又不是整体,既是一致又有不同,既是和谐又是不和谐"的。[①] 亚里士多德对他的这种城邦社会观有一段解释:

> 既然城邦是由对立的阶层——富的和穷的、年轻的和年老的、弱的和强的、好的和坏的——组成的,它如何能继续存在呢? 他们没有注意到城邦的一致中总是带着最有冲突的特征的,从多样性中产生统一,从不相同中产生相同,它总得允许各种不同存在。[②]

当时良好的城邦社会秩序靠制定良好的法律来维系与保障。希腊城邦社会从氏族贵族制向民主制或温和僭主制的变革中,立法是改革者的主要武器,如梭伦的改革,而保守的贵族派往往固守不成文的旧习或神学的信条来抵制改革。从这个历史背景来看,赫拉克利特主张法治,强调法律至高无上而不是服从任何个人或神的意旨,表明他是站在城邦社会改革的进步方面的。他反对违背法律的暴行,说"消灭暴行急于扑灭火灾"[③],号召"人民应当为法律而战,像为自己的城垣而战一样"[④]。法律是多样的,但不能是任意的,他声言"法律也要服从唯一的意志"[⑤]。这不是要法律服从任何个人的意志,而是指各种法律都应当根据、服从唯一的神圣之法——逻各斯,即法中之法、普遍的逻各斯之法。这实际上已蕴涵着一种自然法的思想萌芽。

对于赫拉克利特的社会政治观,西方的学者们有很不相同的见解。英国的波普认为,他的社会思想是对当时正在进行的社会变革的典型的反动,说他持有"保守的反民主的观点",他号召"为法律而战"不过是"为

---

① 见第尔斯、克兰茨编《苏格拉底以前哲学家残篇》,DK22B10。
② 亚里士多德:《尼各马科伦理学》,1155b5—7,载于《亚里士多德全集》。
③ 第尔斯、克兰茨编:《苏格拉底以前哲学家残篇》,DK22B43。
④⑤ 同上书,DK22B44。

他的城邦的古老法律而战"。① 波普的看法没有史实根据。当时爱菲斯
城邦的所谓民主派很可能是公元前499—前494年伊奥尼亚人起义失败
后波斯帝国扶持的政权,实行的并非希腊独立城邦的真正意义上的民主
制,它驱逐了赫拉克利特支持的秉持梭伦民主派精神在爱菲斯进行立法
改革的赫谟多洛。而赫拉克利特号召为之而战的法律,当然是赫谟多洛
制定的进步的法律,不会是氏族贵族固守的不成文的旧习与宗教信条。
策勒认为:赫拉克利特已看出对政府而言法律的统治最必要,人为法律
从神圣的法律而来才有社会的正义,它"对统治者和群众都是平等相待
的",所以"他实际上是'自由之友',但他又憎恨与鄙视民主制,因为民主
制不懂得如何听从最优秀的人,不能容忍任何伟大的杰出人物"。② 策勒
对赫拉克利特的法治观的论评是确切的,但说他既是"自由之友"又反对
民主制则难以自圆其说,而且说他憎恨、鄙视民主制则是一个误解。卡
恩的论评比较切实,他深刻分析了当时希腊立法改革的"意识形态背
景",回顾了此前梭伦描述雅典政治危机的诗句,提出没有法律会给公众
带来普遍危害,只有法律才能治愈这些祸害,认为赫拉克利特的哲学包
括社会与法律观,是将"梭伦的政治学说和梭伦自己的开明领导的实践
推广成为一种普遍统一的原则"③。这种见解是有根据、颇合理的,因为
梭伦在立法改革后往访过小亚细亚并和泰勒斯相识,在伊奥尼亚的雅典
殖民城邦中深有影响,而赫拉克利特所支持的其密友赫谟多洛的立法改
革,奉行的就是梭伦的法律精神。

二　宗教观和泛神论

伊奥尼亚的理性主义的自然哲学是对希腊传统的人格化多神宗教
的有力挑战。米利都学派的自然哲学是和传统宗教对立的,但没有公

---

① 见波普《开放社会及其敌人》第1卷,第11—13页,普林斯顿,普林斯顿大学出版社,1966。
② 见策勒《苏格拉底以前的学派》第2卷,奥列尼英译,第98—99页,伦敦,朗格曼斯·格林出版
　公司,1881。
③ 卡恩编:《赫拉克利特的艺术和思想》,第179—180页,剑桥,剑桥大学出版社,1983。

开、正面批评传统宗教,而是以自己的本原论、宇宙论冲破传统宗教的神创世论。赫拉克利特则明确地从批判传统宗教的祭神仪式入手,其实和塞诺芬尼一样,以不同方式批判了拟人化的多神教。塞诺芬尼是倡言理性一神而批判多神教的,赫拉克利特则是主张一种特殊的泛神论而批判传统多神教,否定性也就更强。耶格尔认为,在赫拉克利特身上出现了一种新的更崇高的宗教,它是早期自然哲学家的宇宙学和奥菲斯教教义的统一体。他说:"赫拉克利特的灵魂概念,把奥菲斯教提到一个更高的水平……公元前 6 世纪的宇宙学和宗教之间的冲突,就在赫拉克利特的统一中得到了解决。"①耶格尔将赫拉克利特说成是早期伊奥尼亚自然哲学和传统宗教的调和人与综合者,这并不确切。赫拉克利特在灵魂学说上虽然袭用了奥菲斯教的某些词语,但赋予了泛神论的意义,他对奥菲斯教包括其血祭仪式也是痛加批判的。

赫拉克利特反对一切偶像崇拜和向神祈祷。"[赫拉克利特向埃及人说:]如果他们是神,你们为什么哀悼他们? 如果你们哀悼他们,你们就是不再将他们看做神。"②他又指向希腊人:"他们向神的塑像祈祷,好像它们能听见似的,其实它们听不见,也不能给予回报,正像不能提出要求一样。"③他对奥菲斯教的血祭净化仪式也给予了猛烈批判:"如果不是为了酒神[也是收获之神]狄奥尼索斯,他们举行赛会和歌唱阳具的颂歌,就是最无耻的行为。"④"人们将为祭神而宰杀的动物的血涂在身上来使自己纯洁是徒然的,正像一个人掉进泥坑却想用污泥来洗净自己一样。任何人看到他这样做,都会将他看成疯子。"⑤

表面看来这只是对愚昧、迷信的流行宗教包括奥菲斯教的偶像崇拜与血祭净化仪式的批判,但联系到赫拉克利特从火本原论和逻各斯的哲学原则出发以泛神论来解释"神",就可看出,他实际上是用

① 耶格尔:《潘迪亚:希腊文化的理想》第 1 卷,第 184 页,伦敦,牛津大学出版社,1980。
② 第尔斯、克兰茨编:《苏格拉底以前哲学家残篇》,DK22B127。
③ 同上书,DK22B128。
④⑤ 同上书,DK22B15。

自己的理性主义的自然哲学从根本上颠覆了传统或流行的人格化多
神教。

在前文已引述的残篇中赫拉克利特已明确表示世界不是神创造的：
这个有秩序的宇宙不是神也不是人所创造的,它是永恒的活火,按一定
的尺度燃烧和熄灭。[①] 他多处说到的"神",是指宇宙的火本原和作为宇
宙万物运动变化法则的逻各斯,包括对立统一,它们对世界万物有着驾
驭、统制力,所以被他称为神,而把握这种逻各斯的智慧也就被他看做获
得神性。在他看来,神就体现在万千的自然与社会事物中,"神是日又是
夜,是冬又是夏,是战争又是和平,是饱足又是饥饿,它像火一样变化着,
当火和各种香料混合时,便按照那一种香料的气味而命名"[②]。这里的
"香料"是一种诗意的说法,是指明暗、冷热、干湿等物态以及斗争与和
谐、满足与缺乏等态势。火具有那些物态或态势,便被命名为日夜、冬
夏、战争与和平、饱与饥。这种神就是活火和逻各斯。而这种逻各斯或
对逻各斯的把握与运作,他都称之为神性的"智慧"。在这里他对客观自
然的逻各斯和人的理智把握的主观逻各斯没有严格区分。至高无上的
智慧既可称为神,也表现为人的智慧而可不称为神,所以他说"智慧是唯
一的,它既不愿意又愿意接受宙斯的称号"[③]。他认为人的智慧自然不
及作为神性本身的智慧,所以他说"人类的本性没有智慧,只有神的本性
才有"[④];他又认为,在神看来人是幼稚的,就像在成人看来儿童是幼稚
的那样。神即活火和千变万化的逻各斯造就了一切真善美的事物,和这
种泛神论意义的智慧相比,人当然还很幼稚,要好好学习、理解与把握神
的智慧即逻各斯,使人自己也具有神性。此外,如本章第 2 节所论,他袭
用了奥菲斯教关于灵魂轮回的词语,如将灵魂看做火、灵魂死亡变成水、
水死亡变成土等,实质上本性为火的灵魂的转化,不过是火的上升之路
和下降之路的环节,而没有奥菲斯教的灵魂轮回的意义。罗素认为,赫

---

① 第尔斯、克兰茨编:《苏格拉底以前哲学家残篇》,DK22B30。
②③④ 同上书,DK22B67。

拉克利特"有他自己的宗教","他或许会是一位宗教改革家"。① 这种说法是没有根据的推测。他批判一切传统宗教,用泛神论取代奥菲斯教,不可能别创新宗教。后来斯多亚学派的哲学部分地吸取了他的泛神论思想,但又将他说的逻各斯与神性(智慧)曲解为世界理性,并容纳了希腊与罗马的传统多神教,这样斯多亚主义在宗教神学方面就成为理性一神和人格化多神的奇特的混合体了。

三　道德与审美格言

赫拉克利特只留下零星的道德与审美格言,难以从中窥见他是否有这方面的较系统的论述。但从这些零星而深刻的格言中,可以看出他的学说比米利都的自然哲学又进了一步,那就是观察、研究了人的精神生活,萌发了有人性与辩证法意义的道德与审美思想。

他的道德与审美价值有客观、终极的标准,那就是逻各斯即神。他说:"对于神,一切都是美的、善的和公正的;而人却认为有一些东西不公正,另一些东西公正。"②但道德价值又有相对性,不同的主体有不同的价值标准。他用动物的感受来喻说这个道理:"猪在污泥中比在清洁的水中更为高兴"③,"驴子宁愿要草料而不要黄金"④。他已提出道德生活的目的是幸福,并倾向于理性的道德生活,不欣赏那种唯求满足欲望的快乐主义道德。所以他说:"如果幸福在于肉体的快感,那么就应当说,牛找到草料吃时是幸福的。"⑤他强调生命的价值要靠人自己把握,并比喻说:"生命的时间就像是儿童玩棋,王权是掌握在儿童手里的。"⑥在涉及个人的道德品质与道德评价时,他出于一种爱城邦国家的精神,崇扬为邦国捐躯的志士:"神和人都崇敬在战争中阵亡的人"⑦,"战死的灵魂比

---

① 见罗素《西方哲学史》上卷,何兆武、李约瑟译,第70—71页,商务印书馆,1963。
② 第尔斯、克兰茨编:《苏格拉底以前哲学家残篇》,DK22B102。
③ 同上书,DK22B13。
④ 同上书,DK22B9。
⑤⑥ 同上书,DK22B4。
⑦ 同上书,DK22B24。

染病而死的灵魂纯洁"①。他的一些处世格言也是意味深长的,他已注意到性格是人道德心理成长的关键,他说:"人的性格就是他的守护神。"②他看出教育对人的发展至关重要,指出:"教育是有教养的人的第二个太阳。"③他谆谆告诫人们要有一些良好的道德品质,"获得好名誉的捷径是做好人"④;"自满是进步的退步"⑤;爱听恭维话、爱戴高帽会屈人心志,"颂扬使神灵和人们俯首帖耳"⑥;玩世不恭会使自己陷入尴尬,因此,"不可以跟人乱开玩笑,弄到自己反倒成了笑柄"⑦。

赫拉克利特认为万物运动变化的逻各斯已确立了美的标准,而就尘世间具体的审美评价而言,美又有相对性,是绝对与相对的统一。柏拉图在讨论美的定义与本质的对话《大希庇亚篇》中记述:"赫拉克利特说过,最美的猴子比起人来还是丑的";"他不也说过,在学问方面,在美的方面,在一切方面,人类中学问最渊博的比起神来,不过是一个猴子吗!"⑧这样的格言,至今常被人援引。

赫拉克利特的哲学在哲学史上有着深远的影响。他形成了一种较完整的、富有辩证法思想的"万物皆流皆变"的宇宙观,和大体同时的爱利亚学派主张宇宙的本质是静止不动的"存在"论哲学形成鲜明的对立,两者都深深影响了公元前5世纪中后叶的自然哲学。他的哲学又影响了柏拉图的理念论哲学,成为其考察现象世界的组成部分。希腊化时期的主流哲学斯多亚主义,更以吸取他的火本原论、逻各斯学说和泛神论思想为特色。他的学说不仅在古代响彻千年,在近现代也颇有影响。黑格尔吸取了他的辩证法思想,并认为他的哲学标志着他的逻辑学中绝对理念的"变"的环节。马克思主义经典作家也高度评价他的学说,恩格斯

① 第尔斯、克兰茨编:《苏格拉底以前哲学家残篇》,DK22B136。
② 同上书,DK22B119。
③ 同上书,DK22B134。
④ 同上书,DK22B135。
⑤⑥ 同上书,DK22B131。
⑦ 同上书,DK22B130。
⑧ 见柏拉图《大希庇亚篇》,289A—B,载于《柏拉图对话全集,附信札》。

在论述现代唯物辩证法的理论渊源时,一直追溯到赫拉克利特,他指出,"这个原始的、素朴的但实质上正确的世界观是古希腊哲学的世界观,而且是由赫拉克利特第一次明白地表述出来的"①。

---

① 《马克思恩格斯全集》第 20 卷,第 23 页,人民出版社,1971。

第三章　毕达哥拉斯和前期毕达哥拉斯学派

毕达哥拉斯开启了早期希腊哲学的南意大利传统，他和他的学派在西方科学思想史和哲学史上都占有很重要的地位。

由于这个学派在数学上的重大研究成果，使希腊早期科学思想被推进到一种较高的抽象的逻辑思维水平，与此相关萌发了一种数理天文学思想，后来在希腊化时期得到充分发展。他们在数理科学上的杰出成就在科学史上有开创性价值。正是基于这种数学研究，毕达哥拉斯及其学派主张数为万物本原（原理）的哲学，和处于东部小亚细亚殖民城邦的凭借观察经验在具体物质中探求世界本原的伊奥尼亚传统相对应，在西部南意大利的希腊殖民城邦创始了另一种哲学传统，就是更注重以理性的逻辑思维去把握万物与宇宙的内在本性或本质。他们理解的本原已不是万物生于斯、复归于斯的某种具体物质，不是本原通过物态变化衍生万物，而是事物与世界内在固有的一种原理（principle，或译"原则"，但不如译"原理"更切合其哲学）。毕达哥拉斯及其学派认为这种本原即原理是万物和世界内在固有的、体现空间几何形式结构的数，是这种"几何数"决定和支配了万物的运变、规定性以及世界的结构与秩序，并力图用这种数的哲学来解释伦理与社会生活。稍后的爱利亚学派正是凭借更高度的哲学抽象，超越了毕达哥拉斯及其学派只从数量关系与空间形式结构寻求本原或原理的传统,强调靠理智的思维去把握全部自然即世界全体的普遍本质——"存在"(being)。毕达哥拉斯及其学派又往往蒙在一种神秘的宗教迷雾中,他们的科学与哲学思想是和有所改造的奥菲斯教教义交织在一起的,既和这种宗教有虚幻而似密切的思想联系,又在实质上用他们的哲学与科学思想来赋予奥菲斯教教义理性的成分,开始将它往理性神学方向提升。这也是他们开创的南意大利哲学传统的又一思想特色。

毕达哥拉斯学派在古希腊罗马哲学中是存在时间最长的一个哲学流派,从公元前 6 世纪末直至公元 3 世纪的古罗马时期,几乎长达 800 年之久。大体可分前后两个时期:前期是从公元前 6 世纪末到公元前 4 世纪上半叶,贯穿希腊古典文明时期,直到柏拉图时期,大体围绕毕达哥拉斯学说特别是其科学含义方面演进;后期是在希腊化和罗马时期,先在亚历山大里亚和柏拉图学园派内部生存,后是公元 1 世纪兴起新毕达哥拉斯学派,最后融入新柏拉图主义,其特征是和东方各种宗教思想混合,强化了神秘主义内涵。毕达哥拉斯学派的具有科学与宗教双重特性的哲学,对古希腊罗马哲学的影响很是深远,不可小看。它直接导生了早期希腊哲学中的南意大利传统,对紧接着的恩培多克勒和德谟克利特的哲学有不同的影响;它对柏拉图及其学园派的学说也有多种影响;在晚期希腊与罗马哲学中,新毕达哥拉斯主义也是当时折中主义和新柏拉图主义的重要思想构成部分。

本章只论述毕达哥拉斯及其前期学派。由于这一学派有神秘性,直接资料甚少,毕达哥拉斯和其学派的学说界限又不分明,学派内部的思想差异也很多,所以历来哲学史家都觉得对他们的研究很有难度。虽然有的问题难以完全澄清,但对这一学派的基本哲学理论及其历史价值还是可以作出明确论评,并在某些问题上作出更深入、合理的解释的。

第一节 毕达哥拉斯其人及其盟会

毕达哥拉斯没有留下任何著作或残篇,史家也没有记载过他写有论著,他很可能是述而不作的。毕达哥拉斯学派是一个宗教社团性质的盟会,有严格的教规,在早期它内部的学说被视为秘传的真谛,不许泄漏外传,有著作也难以流传。所以第欧根尼·拉尔修说,当时"要获得任何关于毕达哥拉斯学派学说的知识是不可能的",直到公元前 5 世纪末和前 4 世纪初,"只有菲罗劳斯公开发表的那三本著作,也是柏拉图花了一百个弥那买下来的"。[①] 现仅存的出于前期毕达哥拉斯学派的直接资料,只是菲罗劳斯和柏拉图时期的阿尔基塔的一些有争议的残篇。和毕达哥拉斯大体同时代的赫拉克利特和爱利亚学派的先驱塞诺芬尼,以及约 100 年后的历史学家希罗多德,都只是极为简略地提到他。柏拉图和亚里士多德在行文中直接点名毕达哥拉斯的虽然只有一两处,但从毕达哥拉斯学派吸取灵魂不朽论和数的哲学的柏拉图,在《斐多篇》记述了前期毕达哥拉斯学派的思想。特别是亚里士多德,在《形而上学》、《物理学》、《论天》、《论灵魂》等著作中,多处论述毕达哥拉斯学派(没有将它和毕达哥拉斯区分开来)的学说。据说他还写过有关此学派的专门论著,其中《答毕达哥拉斯学派》(1 卷)已全佚失,《论阿尔基塔哲学》(3 卷)和《论毕达哥拉斯学派》(1 卷)则留下了一些较有价值的残篇,英国著名的希腊哲学史家罗斯已将它们辑录在一起[②]。亚里士多德深入掌握希腊古典哲学学脉源流,距毕达哥拉斯学派算是最切近的,他的记述是我们研究毕达哥拉斯学派的最重要的依据。此外,柏拉图的弟子赫拉克利德(Heraclides of Pontus)和亚里士多德的弟子阿里司托森(Aristoxenus)、狄凯亚尔库(Dicaearchus)是同前期毕达哥拉斯学派有交往、本人也从事科学探讨的学者,他们的一些留存的残篇也有较可靠的价值。

---

① 见第欧根尼·拉尔修《著名哲学家的生平和学说》,第 8 卷,第 15 节。
② 参见《亚里士多德著作集》第 12 卷,罗斯主编,第 134—136 页,伦敦,牛津大学出版社,1952。

从公元 1 世纪的西塞罗时期起,随着新毕达哥拉斯主义兴盛并和当时的其他学派混合,新柏拉图主义者和怀疑论者提供了大量毕达哥拉斯及其学派的资料。普罗提诺的弟子波菲利的《毕达哥拉斯生平》留存了一些片断,波菲利的弟子扬布里柯的《毕达哥拉斯传》则完整地保留了下来,但包含了许多神化毕达哥拉斯的传说与奇迹,以及和当时一些学说混杂的神秘主义内容。新柏拉图学派的普洛克罗的《欧几里德〈几何原本〉评释》,对研究毕达哥拉斯学派的数学成就较有价值。第欧根尼·拉尔修的《著名哲学家的生平和学说》第 8 卷和怀疑论学派的塞克斯都·恩披里柯的《皮罗主义纲要》、《反数理学家》等都有较多关于毕达哥拉斯及其学派的记述,但也有许多与后期新毕达哥拉斯派、其他学派搅混在一起的内容。策勒对后期的资料基本上不予重视与采信。现代西方的学者对这些后期资料做了许多去伪存真的考释工作,使我们能有分析地使用某些后期资料。格思里在《希腊哲学史》第 1 卷中,对有关毕达哥拉斯学派的公元前 6 世纪至前 5 世纪的资料、公元前 4 世纪除了亚里士多德及其弟子之外的资料、柏拉图之后的资料作了一个扼要的考释,颇有参考与研究价值。

就现有的资料看,无法将毕达哥拉斯和前期较早的毕达哥拉斯学派成员的学说区分清楚,所以我们应当谨慎地将他们联系在一起论述。法国的希腊哲学史专家罗斑主张,将公元前 6 世纪末至前 4 世纪中叶的前期毕达哥拉斯主义笼统地“当作一种相当一致的学说来看,除了若干特别有利的情形之外,不必企图把每一哲学家特有的贡献区别清楚”①。这原则上不错,但毕达哥拉斯学派在前期也有演进,内部也多有学说歧异,确有不少可区别之处。因此,谨慎地加以区分,才能比较完整而有分析地理解整个学派的学说。

西方学者较新的研究毕达哥拉斯学派的著作有:戈尔曼(P. Gorman)

---

① 罗斑:《希腊思想和科学精神的起源》,陈修斋译,段德智修订,第 50 页,广西师范大学出版社,2003。

的《毕达哥拉斯传》，金斯勒(Peter Kingsley)的《神秘与巫术：恩培多克勒
和毕达哥拉斯学派的传统》，卡恩的《毕达哥拉斯和毕达哥拉斯学派简
史》等。

一 毕达哥拉斯作为科学家与宗教首领的生涯

毕达哥拉斯(Pythagoras)约于公元前 570 年出生在小亚细亚的萨摩
斯岛，鼎盛年在公元前 532—前 529 年。他的父亲是指环雕刻匠涅萨尔
科[1]，他很可能也随父学过手艺。萨摩斯是伊奥尼亚人在小亚细亚建立
的殖民城邦，和米利都、爱菲斯隔海相望，同处通往亚、非、欧的海上要
道，当时也是地中海海域最富裕的城邦之一，在僭主波吕克拉底的统治
下达到空前的强盛，而这位僭主后因骄妄被波斯王设计杀害，萨摩斯便
在临近希波战争时趋于衰落。

毕达哥拉斯在青少年时就热衷于研习科学与宗教。当时风行的米
利都学派的思想对他必有影响，波菲利记载他直接听过阿那克西曼德的
讲演，耶格尔据此认为他们两人在关注自然事物的量的规定性上有相似
之处[2]。实际上，毕达哥拉斯的学说和伊奥尼亚哲学传统只是有某种联
系。他又师从于锡罗斯岛著名的宗教家斐瑞居德。斐瑞居德创立了一
种独特的宗教，它既有奥菲斯教的成分，也以修正赫西奥德《神谱》的方
式探索宇宙起源和天体生成，其教义是宗教和原始科学思想的混杂体，
这大约也影响了毕达哥拉斯的治学与从教结合的特色。他"起初勤奋地
探讨数学和算术，后来也并不贬除斐瑞居德宣扬的奇迹"[3]。师生情谊深
厚，斐瑞居德病危、去世，毕达哥拉斯专从外地赶来护理、营葬。第欧根
尼·拉尔修和扬布里柯都记载过他曾往访埃及等地，入埃及神庙修习秘

---

[1] 见第欧根尼·拉尔修《著名哲学家的生平和学说》，第 8 卷，第 1 节。
[2] 见耶格尔《潘迪亚：希腊文化的理想》第 1 卷，第 162 页，伦敦，牛津大学出版社，1980。
[3] 亚里士多德：《残篇》，F186，载于《亚里士多德全集》。

密教规,洞悉埃及的宗教思想与仪制。① 这不是不可能,但缺乏直接的印证。在毕达哥拉斯去世后半个世纪,希罗多德在《历史》中写道,毕达哥拉斯"在希腊人中绝非最差的智者",说埃及和毕达哥拉斯的宗教有毛织品不能入神殿、入葬的同样的教仪,说一些希腊人(可能也暗指毕达哥拉斯)采用的灵魂轮回说来自埃及。但他未直接说到毕达哥拉斯游历过埃及;而且,他说埃及的宗教已有灵魂轮回说也是误解,如伯奈特指出的,当时的埃及人全然无此信仰,他是误信了某些说法。② 拉尔修说,毕达哥拉斯从埃及等地回到萨摩斯后(当是 40 岁左右的中年期),"发现他的母邦正处在波吕克拉底僭主统治下,他就航行到意大利的克罗顿去了"③,是否因为政治分歧没有说明。

克罗顿是希腊的阿卡亚人在意大利南端建立的殖民城邦,虽较伊奥尼亚殖民城邦在经济、政治、文化上落后,但当时比希腊本土发达,但因被邻邦洛克里战败,毕达哥拉斯到来时正沦于弱势。他组建了毕达哥拉斯盟会这个兼有科学、宗教与政治色彩的社团,既崇奉并改进奥菲斯教教义,又从事科学研究。核心门徒有数百人,势力迅速扩大。主要以传教为主的门徒被称为"信条派"(Acousmatics),以接受并研究科学为主的门徒被称为"数理派"(Mathematicians)。④ 毕达哥拉斯和他的门徒在政治上也很有作为,为南意大利的各希腊殖民城邦立法,"出色地治理着城邦,把他们的政制搞成真正的贤人政制"⑤。他们在克罗顿等许多城邦掌权达 20 年之久,影响遍及南意大利,直至后来恩培多克勒所在的西西里岛。关于他们所建立的政制的性质,现代学者们有不同的看法。策勒既肯定毕达哥拉斯盟会在克罗顿和整个大希腊重建了秩序、文明和法

---

① 见第欧根尼·拉尔修《著名哲学家的生平和学说》,第 8 卷,第 3 节;扬布里柯《毕达哥拉斯传》,狄龙、赫尔斯贝尔英译,第 18 节,亚特兰大,学者出版社,1991。
② 见希罗多德《历史》,第 4 卷第 95 节、第 2 卷第 81、123 节,转引自伯奈特《早期希腊哲学》,第 88—89 页。
③ 第欧根尼·拉尔修:《著名哲学家的生平和学说》,第 8 卷,第 3 节。
④ 见基尔克、拉文《苏格拉底以前的哲学家》,第 227 页,剑桥,剑桥大学出版社,1978。
⑤ 第欧根尼·拉尔修:《著名哲学家的生平和学说》,第 8 卷,第 3 节。

律,又认为盟会是当地贵族党派的中心,后被一些野心家煽动的民主运
动捣毁。① 汤姆逊和格思里都根据赛尔特曼(C. T. Seltman)的考据——
当时在克罗顿等城邦的特殊货币可能是毕达哥拉斯雕刻、盟会掌权者发
行的——推测毕达哥拉斯及其盟会代表新兴工商阶级,促进了国际市场
的商品经济的发展。② 这些看法都还缺乏充分的根据。第欧根尼·拉尔
修说他们的政制是 aristocracy,这个词不是指贵族政制,如伯奈特指出的
应是指柏拉图在《国家篇》中所说的贤人政制③,而后来打击他们的一股
政治势力正是库隆(Cylon)为代表的上层贵族。他们既然能稳定、持久
地统治这些城邦并使它们昌盛,必定是凭借立法与宗教伦理的纽带,建
立了一种有利于当时当地社会秩序稳定、促进经济发展的制度。但仅凭
毕达哥拉斯是可能的货币雕刻者这一点,还不能推断他是新兴工商奴隶
主阶层的代表。戈尔曼认为毕达哥拉斯去意大利的目的就是在当地各
城邦中推行自由和民主,以消灭民众的不满。④ 这更是超越历史的拔高,
因为公元前 6 世纪末叶希腊西部殖民城邦还没有严格意义的民主派。
约在公元前 500 年左右,毕达哥拉斯盟会遭到第一次沉重打击,以库隆
为代表的上层贵族和以尼农(Ninon)为代表的下层民众这两股势力推翻
了毕达哥拉斯及其盟会在各城邦的统治,毕达哥拉斯也在这场政治动荡
中死去。关于他的死亡,第欧根尼·拉尔修记载了一些不同的说法:或
说他是在其门徒、著名运动员与政治家米罗家里被人放火烧死的;或说
他逃到一块豆子地前,因不愿违背自己的戒律穿过此地而被割断喉管;
或说他是逃亡到墨塔蓬通避居在缪斯神庙 40 天后饿死的。⑤ 毕达哥拉
斯盟会与学派继续在南意大利存在。公元前 460 年左右,反毕达哥拉斯

① 见策勒《苏格拉底以前的学派》第 1 卷,奥列尼英译,第 342、352—357 页,伦敦,朗格曼斯·格
  林出版公司,1881。
② 参见汤姆逊《古代哲学家》,何子恒译,第 282—285 页,生活·读书·新知三联书店,1963;格
  思里《希腊哲学史》第 1 卷,第 176—178 页。
③ 见伯奈特《早期希腊哲学》,第 89—90 页。
④ 见戈尔曼《毕达哥拉斯传》,第 102 页,伦敦,劳特利奇出版社,1979。
⑤ 见第欧根尼·拉尔修《著名哲学家的生平和学说》,第 8 卷,第 39—40 节。

学派的运动蔓延整个南意大利,给了这个学派第二次毁灭性打击,一批学派的成员避居希腊本土,在底比斯和佛利岛建立了新的中心。

二　毕达哥拉斯盟会在科学史上的成就

毕达哥拉斯盟会可以说是西方历史上最早的一个有严密组织的科学共同体,又是一个严格而自有教义的宗教社团,它表现了科学和宗教的某种奇特的联系。盟会中从事数理研究的毕达哥拉斯学派成员,在数学、天文学等方面取得多种开创性的成就,在科学史上有深远的影响。它的一个基本特征是在尚未建立逻辑学的背景下,已运用缜密的理性分析确定数学的概念与命题,运用严密的演绎方法证明了一些几何定理,并试图将这种数理方法运用于天文学与声学。这就促使早期希腊主要以零散经验观察为根据的科学思想向着一种理智的证明科学的方向发展,就希腊科学思想史本身的演进而言是一个关键性的转折。

泰勒斯从埃及游历回来,已将埃及土地测量的经验规则上升为五个几何命题,但还看不出要造就一种几何的证明科学。毕达哥拉斯学派则开始了奠立数学基础的工作。他们认为数为宇宙的本原,也是数学的本原;算术是数学的基础,而运算数的算术和几何又有内在的同一性。他们紧密结合算术与几何进行富有创造性的数学证明研究,用算术方法论证几何定理,也用几何图形与定理解释数的实在性。所以他们的"数"是以点与单位数同一为基础的图形数,或者可称为"几何数"。从这种图形数或几何数,就可理解点流动成线,线流动成面,面流动成体,这些成为宇宙万物本性的几何形式结构,都是和一定的单位数同一的。因此,在毕达哥拉斯学派那里,"数为宇宙本原或原理"是数学的哲学基础,而算术与几何内在融合的数学也为哲学提供了本原论证明。根据这种深蕴哲理性的数学基础,他们在数和几何的研究中取得了丰厚的成果。

毕达哥拉斯学派将自然数区分为奇数、偶数、素数、完全数、平方数、三角数和五角数等,各予探究。在他们看来,数为宇宙提供了一个模型,数量和形状决定一切自然物体的形式,数不但有量的多寡,而且具有几何形状。在这个意义上,他们把数理解为自然物体的形式和形象,是一切事物的总根源。毕达哥拉斯学派对整数的变化规律有创造性的研究。例如,把(除其本身以外)全部因数之和等于本身的数称为完全数(如6,28,496等),而将本身大于其因数之和的数称为盈数,将小于其因数之和的数称为亏数。在研究几何数中,他们还提出一个关于直角三角形三边的三元数组。今天,人们仍将表示直角三角形三边的三个整数所构成的任何集合称为"毕达哥拉斯三元数组"。据说他们还研究了素数、递进数列,发现了算术、几何、音乐的三种比例关系。

在几何学方面,毕达哥拉斯学派更有超凡的成就。他们证明了泰勒斯提出的"三角形的三内角之和等于两直角"和"内接半圆的角为直角"的论断,并推证了多边形内角和的定理;研究了黄金分割;发现了正五角形和相似多边形的作图法;在埃及人已经知道的正四面体、正六面体、正八面体的基础上,发现了以正五角形构成的正十二面体和以正三角形构成的正二十面体,并证明了正多面体只限于这五种"宇宙体"。最为著名的是他们发现与证明了直角三角形的"勾股定理",即直角三角形的斜边的平方等于其他两边的平方的和。据第欧根尼·拉尔修记载,毕达哥拉斯曾为发现这条定理举行以牛献祭的大庆。[1] 其实,通过对20世纪在美索不达米亚出土的楔形文字泥版书进行的研究,发现早在毕达哥拉斯以前1 000多年,古代巴比伦人就已知道了这个定理。在我国西汉或更早时期的天文历算著作《周髀算经》中,第一章记述了西周开国时期(约前1 000年)商高和周公姬旦的问答。周公问商高:"天不可阶而升,地不可将尺寸而度,请问数从安出?"商高回答:"折矩以为勾广三,股修四,径隅五,既方之外半其一矩,环而共盘得成三四五。"即我们常说的勾三、股四、弦五。"勾股定理"在中国也被称为"商高定理"。在古希腊这一定理被记录在欧几里德的《几何原本》第1卷第47命题中,至今被称为毕达哥拉斯定理,它已被严格的、普遍性的数学所证明。

---

[1] 见第欧根尼·拉尔修《著名哲学家的生平和学说》,第8卷,第12节。

　　无理数的发现是毕达哥拉斯学派的重大成就之一，也是数学史上的一个里程碑。整数是在对有限集合的对象进行计算的过程中产生的抽象概念，毕达哥拉斯学派的数学原本是包括所有的整数和分数的有理数系统，其中的两个任意数及其体现的几何形式都应是可通约的。毕达哥拉斯学派的成员在研究正方形时，发现对角线和边长的比例（$\sqrt{2}$）是一个无限不循环的小数，这就意味着存在不可通约的线段，即没有公共的量度单位的线段，直线上也就存在不对应于任何有理数的点。由于毕达哥拉斯学派以整数为基础的关于比例的定义，假定了任何两个同类量是可通约的，所以这种比例理论中的所有命题都局限在可通约的量上。这一发现意味着他们的比例理论及其推论将不得不被全部推翻。"逻辑上的矛盾"是如此之大，以至有一段时间毕达哥拉斯学派竭力将此事保密，不准对外泄露。据说，学派的骨干成员希巴索由于泄露了这个秘密而被罚扔入大海。[①] 后来将这个新发现的数称为"无理数"。所谓"无理"，实为"不可通约"之义。无理数的发现对毕达哥拉斯学派而言是一次数学危机，也是一次数学思想的革命，它扩大了数域，推进了算术与几何的发展。柏拉图时期的杰出的数学家、天文学家欧多克索（Eudoxus of Cnidos，约前408—前355）曾是毕达哥拉斯学派的阿尔基塔的学生，他通过给比例下新定义的方法杰出地论述了不可通约量（记录在欧几里德的《几何原本》第5卷中），这个新定义已和狄德金于1872年所作的无理数的现代解释基本一致。无理数的发现也反映出直觉和经验不一定靠得住，而推理证明才是可靠的。从此，希腊数学家更注重从"自明的"公理出发，经过演绎推理建立几何学体系，直到欧几里德将其综合成一个较完善的公理化系统。

　　毕达哥拉斯学派将其数为本原的哲学和数学理论用于研究天体和音乐，提出了开创性的有限宇宙结构模型论和谐音学（声学）。他们在

---

① 见扬布里柯《毕达哥拉斯传》，狄龙、赫尔斯贝尔英译，第247节，亚特兰大，学者出版社，1991。

这方面的重要科学成就,也深远地影响了希腊以至近代欧洲的天文学与宇宙论。哥白尼赞同毕达哥拉斯学派的主张,在《天体运行论》中提出用简明的几何图像来表示宇宙的结构和天体的运行规律;推进哥白尼学说的开普勒也深受毕达哥拉斯的宇宙结构论的影响,以数学的和谐性去探索宇宙。

三 毕达哥拉斯盟会对奥菲斯教的理智性的宗教改良

毕达哥拉斯盟会无疑是一个带有神秘色彩的宗教社团,主要崇扬奥菲斯教,也混合斐瑞居德教的思想,将科学与宗教、理智与信仰奇妙地结合在一起。据希罗多德描写,北方色雷斯地区派两名少女带着"包在麦草里面的供物",千里跋涉将其宗教传到亚得里亚海边与南意大利。[1] 大约传的就是奥菲斯教。所以毕达哥拉斯来到南意大利时,奥菲斯教已经在民众中流行了。毕达哥拉斯和奥菲斯、斐瑞居德一样主张灵魂不朽与灵魂轮回转世。波菲利曾提到他向门徒宣述的三个要点:

> 首先,他认为灵魂是不朽的;其次,灵魂能够移居到其它生物体中去,而且循环往复出现,以致没有一件绝对新的东西;最后,因此可以说一切有生命的东西都是血缘相通的。[2]

爱利亚学派的先驱、和毕达哥拉斯同时的塞诺芬尼说了一个故事:当有一只狗遭人痛打时,毕达哥拉斯极为怜悯地喊叫:"住手! 不要打他。他是我的一个朋友的灵魂,我听到他的吠声时就认出了他。"[3]据说他还回忆自己的前生已四次轮回转世。[4] 因此他的盟会有严格的戒律,禁止杀生和用有生命物血祭。这和奥菲斯教的前身以血祭狂热崇拜狄奥尼索斯不同,所以后人将他们奉为素食主义的始祖。盟会还有许多奇怪的禁

---

① 参见希罗多德《历史》,王以铸译,第277—279页,商务印书馆,1985。
② 波菲利:《毕达哥拉斯生平》,第18节,转引自汪子嵩等《希腊哲学史》第1卷,第256页。
③ 第尔斯、克兰茨编:《苏格拉底以前哲学家残篇》,DK21B7。
④ 见第欧根尼·拉尔修《著名哲学家的生平和学说》,第8卷,第36、3—4节。

忌或规矩:追随神,最要紧的是要约束你的舌头;不要用铁拨火;帮助负重的人,不帮助不负重的人;不要在日光下谈论毕达哥拉斯学派的事情;不以公鸡奉祭,因为它是献给月亮和太阳的;不要坐在量斗上;不要让燕子在你的屋顶下做窝;不要戴戒指;不要不相信神和宗教信条的奇迹;禁吃活的东西;禁食豆子;等等。[①] 这些繁多的清规戒律,有些可能源自埃及与希腊某些地区的原始禁忌,有些属于盟会的神秘教规,有些则体现了盟会的伦理性教义。

毕达哥拉斯盟会不是简单地、原封不动地承袭奥菲斯教,而是融入哲学与科学的理智以及伦理性价值,对它有重要的改良与革新,这样才使他们崇奉的奥菲斯教对以后的希腊哲学与理性神学产生了深远影响。

希腊人崇奉奥林帕斯诸神的传统宗教带有露骨的神人同形同性色彩,是以诉诸想象力的荷马神话为渊源的。后来兴起的对狄奥尼索斯的崇拜是对希腊传统宗教的一种突破与革新,它通过肉体上的迷醉和精神上的狂喜引导人和神沟通并合为一体。它发展为奥菲斯教教义已添上的灵魂不朽与轮回说、灵魂净化说和禁欲主义,把粗糙的交感通神的原始仪式提高到具有一定的精神价值。希腊传统宗教和荷马神话认为,灵魂仅仅是人自身的苍白伴影,人生前受神主宰,死后灵魂总是去地府遭受不幸。奥菲斯教则认为灵魂依存肉体时也可通过修炼获得净化,使人死后的灵魂摆脱投生动物、植物的轮回而恢复神性,享受永恒的福祉。这种教义在公元前 6 世纪后切合希腊人提升人自身价值的社会心理,奥菲斯教也就盛行开来。毕达哥拉斯盟会则对奥菲斯教又作了改良与革新。奥菲斯教崇拜狂放粗犷的酒神与收获之神狄奥尼索斯,毕达哥拉斯盟会则崇拜庄重优雅的希腊文化的保护神阿波罗,甚至毕达哥拉斯本人也曾被克罗顿等城邦神化为降世的阿波罗。更重要的是,他们已试图使这种宗教向理智化、伦理化提升,将宗教、科学与哲理、社会伦理结为一体,虽然这种结合还是初步的、外在的。这主要表现在两方面:

---

① 详见基尔克、拉文《苏格拉底以前的哲学家》,第 226—227 页,剑桥,剑桥大学出版社,1978。

第一，在奥菲斯教教义中纳入哲理性内容。哲学与科学既和教义融通，也成为灵魂净化的最重要的手段。据记载，在西方历史上，"第一个使用哲学这个词并称自己是哲学家（爱智者）的是毕达哥拉斯；他又说只有神是智慧的"[1]，哲学（爱智）和爱神应是同一的。在回答僭主勒翁问他是何许人时，毕达哥拉斯说自己是"一个哲学家"，并将生活比做一个大竞技场，说那里有三种人，"有些人是来争夺奖赏的，有些人是带货物来出卖的，而最好的人乃是沉思的观众"。他以前两种人比喻生活中"出于卑劣天性追名逐利"之人，而以最好的"观众"比喻对世界本性与生活进行沉思的哲人，"只有哲学家才寻求真理"[2]。因此，他的数为本原（原理）的哲学，就是他的奥菲斯教的应有之义，是神的智慧，也是人的灵魂净化的最高境界。净化不再只是一些净水洗身、不杀生、不血祭之类的教仪教规，已经提升到灵魂理智化的高度。所以伯奈特评述道：在毕达哥拉斯看来，"一切中最伟大的净化是科学，唯有献身于这种事业的人，亦即真正的哲学家，才能使自己有效地摆脱'投生之轮回'"[3]。盟会从事的科学活动同样是灵魂净化的重要手段，也是这种奥菲斯教的精神生活的重要内容。据亚里士多德的学生阿里司托森的说法，"毕达哥拉斯学派凭借医学净化身体，凭借音乐净化灵魂"[4]，医学和音乐（谐音学）都是他们的科学研究的对象，音乐也是一种以艺术熏陶情操来净化灵魂的方式。

第二，在奥菲斯教中注入某些伦理与道德精神。柏拉图在批评荷马时，说他不像毕达哥拉斯那样办学结社，而"毕达哥拉斯本人曾为此受到特殊的崇敬，他的继承者时至今日还把一种生活方式称为'毕达哥拉斯楷模'，并因此而显得优越"[5]。这种"生活方式"，体现了经盟会改良的奥

① 第欧根尼·拉尔修：《著名哲学家的生平和学说》，第 1 卷，第 12 节。
② 见同上书，第 8 卷，第 8 节。
③ 伯奈特：《早期希腊哲学》，第 98 页。
④ 基尔克、拉文：《苏格拉底以前的哲学家》，第 229 页，剑桥，剑桥大学出版社，1978。
⑤ 柏拉图：《国家篇》，600B，载于《柏拉图对话全集，附信札》。

菲斯教的某种伦理原则与道德价值。根据毕达哥拉斯学派的神学思想，普天之下的人皆是神的财产、神所牧的羊群①，这蕴涵着人在神面前平等的思想；而他们的灵魂轮回转世说又意味着凡有生命之物皆有亲缘关系，人对他人与一切生命物皆应有同情心。据扬布里柯记载，盟会内部实行"财产共有"，连科学与数学的成果都是共有的；男女平等，妇女也可参加盟会，扬布里柯记载的盟会成员的名单上就有不少女性的名字②，这在当时是绝无仅有的。这种"生活方式"对后来柏拉图在《国家篇》中设计的城邦国家内部实行财产共有、男女平等，可能也有所启迪。道德修养是灵魂避免玷污、获得净化的最可靠手段③，因此盟会对成员的内心修养和行为规范有严格的训练与要求，如每日必须作一次严格的自我反省，要尊神、服从神意并坚守岗位，对朋友忠实，热心帮助他人，生活简朴、节制使用财物，做错事、坏事要知耻，不发虚誓和伪誓而要言必信、行必果，严格保守盟会的秘密，等等。④ 盟会奉行的这类道德生活原则肯定大为增强了它的凝聚力，使它在南意大利得以迅速扩大势力。格思里认为，他们的道德生活必定也体现了他们崇奉的阿波罗神庙中的格言"毋过分"、"守规定"，他们的哲学所强调的"限定性"、"秩序"、"比例"、"和谐"必定也体现在他们治理城邦的社会伦理原则与个人的道德生活中。⑤这可能也是早先的毕达哥拉斯学派得以稳定治理南意大利诸城邦长达20 年之久的一个重要原因。

　　毕达哥拉斯盟会使宗教理智化还是初步而粗糙的，它并未使奥菲斯教摆脱人格化的多神教，它的宗教思想和哲学、伦理思想的连接还是外在的、虚弱的，而不像后来的基督教那样建立了一种有系统理论

---

① 见柏拉图《斐多篇》，62B，载于《柏拉图对话全集·附信札》。它表达的这种毕达哥拉斯学派的观点不仅是菲罗劳斯的思想，也是更老的毕达哥拉斯学派成员的思想。

② 见扬布里柯《毕达哥拉斯传》，狄龙、赫尔斯贝尔英译，第 29—30 节，亚特兰大，学者出版社，1991。

③ 详见柏拉图《斐多篇》，64A—66B，载于《柏拉图对话全集·附信札》。

④ 见扬布里柯《毕达哥拉斯传》，第 96—100 节。

⑤ 见格思里《希腊哲学史》第 1 卷，第 205—207 页。

根据的、高度伦理化的神学,所以它的宗教势力也就有限而不能持久。但是,在西方,理智的哲学思辨和宗教神学思想的结合正是始于毕达哥拉斯及其盟会的;毕达哥拉斯学派肇始的这种思想倾向,对爱利亚学派、恩培多克勒、柏拉图和新柏拉图主义以及基督教哲学与神学,有着深远的影响。

第二节　数是万物的本原

"数是万物的本原",这是毕达哥拉斯学派的哲学纲领。这种"本原"已有"原理"的含义,因为热衷于并大为推进数学学科的毕达哥拉斯学派,在哲学上也强调以理智的沉思从数量关系与空间的几何形式结构去把握事物本身内在的本性亦即一种原理,并且用这种"有定形"(有限或有限定)和"无定形"(无限或无限定)的基本对立去解释万物的生成与规定、宇宙的"和谐",甚至力图用这种哲学纲领去解释灵魂和社会生活的基本价值。这种数的本原论,是伊奥尼亚自然哲学和爱利亚学派的存在论思辨性哲学的一个中间环节,是希腊哲学思想向运用理性探究世界内在本质演进的一个重要环节。对这种哲学理论不能简单地冠以"唯心论"或"唯物论",而是要作具体分析。

一　数本原的含义

如前所述,毕达哥拉斯学派研究数学时,将算术与几何紧密结合在一起。他们的数学之数,不是纯概念的数或数目,而是事物的数量关系和空间几何形式结构内在地关联在一起的数,是一种图形数、几何数。毕达哥拉斯学派将这种数升华为万物的本原,一种哲学原理,也就是将他们用理智思维所认识的事物的量和几何形式结构,看做宇宙万物的本性。从这种视角,我们就能较切实地理解数本原论的要义,并可澄清有关研究中的疑难问题。

关于毕达哥拉斯学派的数本原的含义,最切近、可靠的记述还是来自亚里士多德。他在《形而上学》第 1 卷第 5 章中说,毕达哥拉斯学派在孜孜从事并首先推进数学研究中,"认识到数学的原理就是所有事物的原理,因为就这些原理而言,数在本性上是最首要的,而在数中他们似乎看到了许多数和存在与生成事物的相似处——比如在火、土、水中更多地看到相似处(诸如一种数的限定是正义,另一种数的限定是灵魂与理性,再另一种数的限定是机会)——相似地几乎所有其他事物都可通过数来表达",如音乐的音阶的属性与比例可用数来表示,"因此,所有其他事物看来在其整个本性上是以数为模型的,而数似乎是自然的整体中的首要事物,他们设定数的元素就是所有事物的元素,而整个天是一种音阶与一种数"。① 从这段记述中,我们可理解到,毕达哥拉斯学派已和伊奥尼亚哲学传统不同,不是从某种具体物质寻找万物派生与复归的本原,而是从事物内在的(与空间几何形式结合的)数的规定性发现宇宙整体与万物的本性或原理,认为这种数比火、土、水在实质上更相似于现存与生成的事物,也比火、土、水等能更大范围地说明超越自然事物的原理,如灵魂和理性、正义、机会等精神性事物与社会生活的价值都可用数的规定性(比例、和谐、合度)来解释。这在早期希腊的本原观演进中,开启了一种深化哲学认识的方向性转折。

前期毕达哥拉斯学派主张的作为本原的数就存在于事物中,是表现在事物的形式结构中的一种数量关系,不是与事物分离的抽象概念或精神实体。亚里士多德明确地指出:毕达哥拉斯学派所说的这种数学的数"不是分离(存在)的,而可感觉的本体是由它形成的,因为他们由数构造出整个宇宙,这数并非只是由抽象单位构成的;他们设定这些单位是有空间幅度的"②。又说毕达哥拉斯学派主张"数学的对象不分离存在"是"无可非议的","因为他们看到数的许多属性属于可感觉物体,就设定实在的事物就是数,不是(与实在事物)分离的数,而是实在事物所由构成

---

① 见亚里士多德《形而上学》,985b23—986a5,载于《亚里士多德全集》。
② 同上书,1080b17—20,载于《亚里士多德全集》。

的数"。① 还说"这些思想家显然也认为数是既作为事物质料的原理，也是作为形成事物的规定与状态的原理"②。策勒和康福德等学者解释这句话的意思是：数既是事物的质料因，也是事物的形式因。③ 亚里士多德又通过比较指出：毕达哥拉斯学派的自然哲学不同于伊奥尼亚自然哲学和恩培多克勒、阿那克萨戈拉的自然哲学之处，在于他们"从非可感觉的东西中"即"数学的对象"这种除天文对象外皆为不动的东西中获得原理；但他们和那些自然哲学家又有共同之处：都讨论和研究"关于自然的所有一切，关于天的形成，以及他们观察到的天体的部分、属性和作用等现象"，"都认为'实在'就是一切可感知的事物"，并用他们的原理或原因去解释这一切。他还论评毕达哥拉斯学派所提出的原因与原理"足以解释更高一级的实在"。④ 由上述可知，来自萨摩斯的毕达哥拉斯及其学派和伊奥尼亚的自然哲学传统毕竟有一定的思想联系，两者都从可感知的自然事物中寻求本原，并用自然的本原或原理去解释实在的一切事物。阿那克西美尼论稀散与浓聚中蕴涵的量的规定性的思想可能对毕达哥拉斯有所启发，而毕达哥拉斯学派超越了阿那克西曼德的"无定形"本原，强调用数学与哲学的理智才能把握的"有定形"即数与相关的空间形式结构的规定才是事物的本性与原理。这也和赫拉克利特说的逻各斯表现为"比例"一致。

　　亚里士多德的一个记述却引起了现代研究者们的争议。他论述柏拉图的"分有"这个名词是新的，说："因为毕达哥拉斯学派说事物由摹仿数而存在，柏拉图则说事物由分有（形式即理念）而存在，改变了名称。但是形式的分有与摹仿会是什么，他们留下了一个未解决的问题。"⑤这

---

① 见亚里士多德《形而上学》，1090a20—24，载于《亚里士多德全集》。
② 同上书，986a15—17，载于《亚里士多德全集》。
③ 见策勒《苏格拉底以前的学派》第1卷，奥列尼英译，第375—376页，伦敦，朗格曼斯·格林出版公司，1881；康福德《柏拉图和巴门尼德》，第6页，伦敦，保罗-特伦奇-特鲁布纳出版公司，1951。
④ 见亚里士多德《形而上学》，989b30—990a7，载于《亚里士多德全集》。
⑤ 同上书，989b10—14，载于《亚里士多德全集》。

一记述,似乎和他多次说毕达哥拉斯学派主张数就在事物中、不分离存在自相矛盾,他们的数似乎和柏拉图的形式即理念一样也是和实在事物分离的精神性实体。彻尼斯(H. Cherniss)就认为亚里士多德没有看出这种矛盾,他指出:"这种说法实际上认为毕达哥拉斯学派和柏拉图是一致的,因为'摹仿'包含了数和事物分离的意思,可正是在这一点上,亚里士多德总强调是柏拉图和毕达哥拉斯学派的主要区别。"①其实,毕达哥拉斯学派所说的事物由摹仿数而存在,是指事物得以存在的本性是以数体现的形式结构为模型,并没有数和事物分离的意思,不同于柏拉图说的事物分有同其分离的形式(理念)。策勒认为亚里士多德并不自相矛盾,因为事物是数的摹本,就是说数是事物由以构成的本质。② 实际上,亚里士多德就在《形而上学》的同一卷中明确地指出了上述两种学说的区别:"当他们(毕达哥拉斯学派)说事物自身就是数,并不将数学对象置于可感觉事物和形式(理念)之间时,他(柏拉图)却认为'数'是在可感觉事物之外分离存在的。他和毕达哥拉斯学派的分歧,在于将'一'与数同事物分离开来。"③

　　一般认为数是量的抽象,它如何能作为一种本原生成自然事物呢?其实,毕达哥拉斯学派说的数不是纯数目,而是图形数,是有几何形式的数,它是事物所由产生与存在的一种本质规定。一是点,二是线,三是面,四是立体,它们可生成事物并且是事物的本性。亚里士多德说他们"看到点是线的极限,线是面的极限,面是体的极限,所以认为这类东西必然是实在的"④;又说他们"认为物体的界限,如面、线、点和单位,是本体,它们比体和有形物体更是本体"⑤。万物如何因这种几何图形的数而

---

① 彻尼斯:《亚里士多德对苏格拉底以前的哲学的批判》,第 392 页,巴尔的摩,霍普金斯大学出版社,1935。

② 见策勒《苏格拉底以前的学派》第 1 卷,奥列尼英译,第 374—375 页,伦敦,朗格曼斯·格林出版公司,1881。

③ 亚里士多德:《形而上学》,987b27—30,载于《亚里士多德全集》。

④ 同上书,1090b5—7,载于《亚里士多德全集》。

⑤ 同上书,1028b16—18,载于《亚里士多德全集》。

生成和被规定？罗马怀疑论派的塞克斯都·恩披里柯有两种解释：一种是静态的解释，点是一，线是不定之二，平面图形（如平面三角形）是三，立体（如立体角锥）是四，这些几何图形就是使事物得以存在的本性；第二种是动态的解释，"点流动时产生线，线流动时成为平面，平面向深度运动时就产生三度的立体"。[①] 不论是哪种解释，毕达哥拉斯学派都是要从数量关系与形式结构的角度探究事物的内在本质的。亚里士多德说，他们"开始就本质的问题作陈述与定义，但处理得太简单了，因为他们下的定义是表面的"[②]。就是说，他们还是在数量（它只是本体的一种属性）的局部范围来寻求事物的本质，不能确切地给事物的本体作定义。前期毕达哥拉斯学派一直热衷于探究宇宙是由何种多面体构成的，这种几何形体构成宇宙说也被柏拉图接受与改造，成为他在《蒂迈欧篇》中论述创生宇宙的重要内容。前期毕达哥拉斯学派还和伊奥尼亚哲学一样主张自然物体有运动、有生灭，但亚里士多德批评他们的数本原论不能解释自然事物"如何能有运动，或者，如果没有运动和变化，如何能有生成和毁灭，以及天体如何还能运行"[③]。他们没有深究事物运动的原因，也可能认为几何形体是自然流动而成万物的。将宇宙万物的动因归诸世界灵魂，那只是晚期希腊与罗马的新毕达哥拉斯主义的观点。黑格尔论评毕达哥拉斯学派在将宇宙解释为数的尝试里，发现了到形而上学[哲学]的第一步，说他们处在伊奥尼亚哲学家和爱利亚哲学家之间，其哲学原则"形成了实在论哲学到理智哲学的过渡"，在感官事物与超感官事物之间，仿佛构成一座桥梁。[④] 这论评是对的。

前期毕达哥拉斯学派的数本原论也有神秘成分，有通向唯心论的因素。他们不局限于自然事物，还用数来解释人世命运、生活价值，这就很

---

① 见塞克斯都·恩披里柯《反数理学家》，第9卷，第276—282节，载于《塞克斯都·恩披里柯文集》第3卷。
② 亚里士多德：《形而上学》，987a20—25，载于《亚里士多德全集》。
③ 同上书，990a10—13，载于《亚里士多德全集》。
④ 见黑格尔《哲学史讲演录》第1卷，贺麟、王太庆译，第217页，商务印书馆，1959。

牵强附会,再附会于他们的灵魂轮回转世说,就难免通往宗教神秘主义。这也是前期的信条派和后期的新毕达哥拉斯主义最为强调与鼓吹的。他们认为日常生活中的事情与各种技艺的实践都可以数为尺度来评判,如"债款、证据、选票、契约、时间、周期等都是和数结合在一起的"①。对这些事物都做到"胸中有数",这也不错。但"他们将理性(这是他们给灵魂的称呼)和本体与'一'等同起来",又将"一"等同于阿波罗神;他们认为"相互的义务和相等性是正义的特性",它存在于"四"这个数中;"他们说婚姻是'五'这个数";他们说"'七'这个数是机会",也是"雅典娜女神",等等。② 由于这种对数的夸大的神秘解释以及它和宗教的幻想联系,前期毕达哥拉斯学派的数学的数和本原的数也包含着与实在事物分离成为精神实体而通向唯心论的因素。

二　对立

根据以数为本原的总原理,毕达哥拉斯学派的成员还从自然与人间的事物中,概括出十种对立,称它们也是本原(原理),这可以说是希腊哲学史上第一次较规整地提出了对立的范畴表。根据亚里士多德的记述,这十种对立(本原)是:

有限	奇	一	右	雄	静	直	明	善	正方
无限	偶	多	左	雌	动	曲	暗	恶	长方

他还说后来的此学派成员阿尔克迈恩也相似地认为"相反"是事物的本原,只是随意列举"白和黑、甜和苦、善和恶、大和小"③等相反的东西。

毕达哥拉斯学派的成员中究竟是何许人、在何时提出过多少种对立,编纂家、新柏拉图主义者(如波菲利)有不同的记述,西方现代学者们

---

① 塞克斯都·恩披里柯:《反数理学家》,第6卷,第105—106节,载于《塞克斯都·恩披里柯文集》第4卷。
② 见汪子嵩等《希腊哲学史》第1卷,第285—289页。
③ 亚里士多德:《形而上学》,986a22—b4,载于《亚里士多德全集》。

也有不同的看法,但亚里士多德的记述是比较严整、可靠的。阿那克西曼德说"阿派朗"(无定形)通过对立生成宇宙万物,只是列举冷与热、干与湿等少数物态变化的对立,还没有将这些对立提到本原的高度。毕达哥拉斯学派提出的十种对立是数为本原的具体化,是涵盖自然与人世生活的概括。这里,最基本的对立是"有限"和"无限",它们并不是后来哲学所说的时间与空间量度的有限与无限,而是指"有限定(有定形)"和"无限定(无定形)",就是在数量与形式结构上有没有规定、尺度、确定性等,这是在考究数本原构成万事万物中的关键所在。排在"有限"一行的对立面都是毕达哥拉斯学派认为"有定形"的,有肯定价值的;排在"无限"一行的对立面则是他们认为"无定形"的,只有被动、消极甚至负面价值的(如他们肯定奇数有确定性,奇数列能构成正方形;偶数有不确定性,偶数列构成长方形)。叶秀山先生将毕达哥拉斯学派肯定的"有定形"和阿那克西曼德的"无定形"作了比较,深刻指出:毕达哥拉斯学派(至少是早期的)可以称作为"反无定形性学派",正是在这个意义上,我们也可以说,毕达哥拉斯学派是"反伊奥尼亚学派"。①

毕达哥拉斯学派唯从数量关系与几何形式结构探究事物的原理,虽然也确认自然物体的运动变化,但不追究其动因。因此,他们提出的十种对立只是对自然与人世生活现象的僵直的普遍概括,对立面之间缺乏相互依存与转化的辩证联系,它们不能作为动因也不是作为动因被提出来的。它们缺乏赫拉克利特的"对立的斗争与统一"的辩证法精神。黑格尔批评它们是"简单的列举","这是对于对立的详细规定的一个粗率的开始,没有秩序,没有深义"。② 还说,"在这里发展的必然性和证明是找不到的……所以都是枯燥的,没有过程的,不辩证的,静止的范畴"③。他的批评无疑是对的。但这"关于对立的详细规定",虽然是一个"粗率

---

① 见叶秀山《前苏格拉底哲学研究》,载于《叶秀山全集》第 1 卷,第 162 页,江苏人民出版社,2019。
② 见黑格尔《哲学史讲演录》第 1 卷,贺麟、王太庆译,第 227 页,商务印书馆,1959。
③ 同上书第 1 卷,第 223 页。

的开始",在希腊哲学史上还是颇有理论价值的。一是它们最早提出了有限和无限、一和多、静和动这些有深刻哲学意义的重要的对立范畴,后来希腊的许多哲学,从爱利亚学派到后期柏拉图的哲学与宇宙论,都围绕这些对立范畴展开不同的学说,并深化对它们的论述。二是列入善和恶的对立范畴,有伦理价值的意义,表明毕达哥拉斯学派已力图用他们的本原论解释伦理生活,而善和恶的伦理范畴也已体现出本体论的意义。这大约和毕达哥拉斯盟会的宗教伦理生活和社会伦理观念也是密切相关的。

三　灵魂

毕达哥拉斯盟会的主要教义之一是宣扬身体是灵魂的坟墓,灵魂可脱离身体、轮回转移甚至永恒不朽,灵魂就像是一种可永久存在的纯粹的精神实体。但是,他们当时还未明确地区分物质与精神的范畴,也没有精神实体的概念表述。学派中的一些成员(可能主要是数理派)大约仍受伊奥尼亚哲学传统的影响,将灵魂解释为一种细微物质即以太碎片,或根据他们的数本原说将灵魂解释为一种作为身体的有生命功能的"和谐"。这也表明,前期毕达哥拉斯学派不完全是一种单纯划一、原始粗糙的宗教唯心论,它内部包含着不同的思想倾向。

第欧根尼·拉尔修记述了毕达哥拉斯学派某些成员的观点:一切生命物都分有热,而植物却无灵魂,就因为它只分有以太的冷的部分,而人和动物的"灵魂是从以太分出来的部分(碎片)",特别是它分有了热的以太部分。"灵魂不同于生命;它是不朽的,因为它所从出的部分是不朽的"。他们反对认为生命物可从泥土中自发产生的意见,描述当一滴精液"进入子宫,就从脑髓生出灵液、流体和血液,这些就形成为肌肉、神经、骨头、头发和整个身体,而灵魂和感觉则是由包含于其中的热气生成的"。[①] 这种见解和后继的该学派成员阿尔克迈恩主张脑是生命中枢的

[①] 见第欧根尼·拉尔修《著名哲学家的生平和学说》,第 8 卷,第 28—29 节。

思想接近。亚里士多德记述毕达哥拉斯学派认为灵魂是"空气中的尘埃"或"尘埃运动"的推动者①,大约也是指上述热的以太碎片,他们还不可能将灵魂说成是某种运动的精微原子。在他们看来,这种对灵魂的生命科学思想的解释以及灵魂不朽与转移说,是可调和一致的。灵魂不朽,就因为构成它的热的以太碎片是不灭不朽的;灵魂可转移,就因为它是生命的"种子",仍可促使另一个生命体发育成长。他们提出人和动物的感觉功能也是出于这种生命体具有的以太的热气,这可以说是希腊哲学史上最早猜测感知功能有其生理基础的理论。

柏拉图在《斐多篇》中记述,毕达哥拉斯学派稍后的重要代表菲罗劳斯的学生西米亚斯(Simmias)在和苏格拉底讨论灵魂不灭问题时说,他们(毕达哥拉斯学派)有一种灵魂理论,"大体是这样的:身体是由热和冷、湿和干等对立的元素按照某种张力结合起来的,而灵魂却是由于它们之间有比例的调和而成的和谐",就像是琴、弦与谐音的关系(有如形神关系,和中国古代范缜在《神灭论》中说刀刃和锋利的关系相似),身体有疾病或过度紧张,灵魂这种"和谐"功能可先于身体而消灭。② 西米亚斯反驳苏格拉底的灵魂不朽论,主张灵魂是物态元素的"和谐"、灵魂可灭,已经突破了毕达哥拉斯盟会的宗教教义。

第三节 和谐有限的宇宙论

毕达哥拉斯学派从数本原论出发,去研究全部宇宙和天体运行结构。他们认为,宇宙和天体也是在空间上有限定的,有和谐的秩序的,由此提出了一种和伊奥尼亚学派不同而较为严整的、和谐有限的宇宙论,以及相关的一些天文学上的见解。他们开启了一种直到中世纪一直占主导地位的有限宇宙结构模型说,而这种宇宙结构模型和他们主张的地球不是宇宙中心说,也启发哥白尼提出了以太阳为中心的天体运行结构

---

① 见亚里士多德《论灵魂》,404a16—19,载于《亚里士多德全集》。
② 见柏拉图《斐多篇》,85E—86D,载于《柏拉图对话全集,附信札》。

说,所以他们的有关学说在宇宙论哲学和天文学史上都是有较高价值的。

一　和谐、有序和天体的谐音

毕达哥拉斯学派最早研究了谐音与音乐中存在的某种数量比例关系。

据说,毕达哥拉斯有一次在铁匠铺从打铁发出的谐音中得到启发,便比较不同重量的铁锤打铁时发出的不同谐音,又用琴弦做试验,测出不同弦的长度和音程的比例关系:八音程为 2∶1,五音程为 3∶2,四音程为 4∶3。[①]毕达哥拉斯本人及其学派根据这种音程的比例关系,对谐音学做了开创性的研究。策勒评述道:"由于把数学应用到音乐中去,他们就成为科学的声学理论的奠基人,这种理论又是那样深刻地渗透入他们的全部思想体系之中。"[②]

声学应是力学的一个分支,但在毕达哥拉斯学派开创时声学是先于力学独立产生的。后来声学研究方面一直没有什么重大的进展,直到 17世纪初叶,伽利略才在《两门新科学》(1638)中指出,音调的高低是由它的振动频率决定的,弦的振动频率与弦的长度、张力和质量有关。几乎与他同时,默森在他的《普通声学》中指出:弦的振动频率与弦的张力的平方根成反比,而与弦的长度以及单位长度上的质量的平方根成反比。

毕达哥拉斯学派从数本原论与谐音学中形成了一个重要的范畴,就是"和谐"(harmonia)。此词的原意是"将不同的东西美好地连接、调和在一起",如音乐将不同的音调优美地结合在一起而成为有审美意义的谐音。推广成一种哲理范畴,和谐就是一定的数的比例关系,如该学派

[①] 详见塞克斯都·恩披里柯《皮罗主义纲要》,第 3 卷,第 16、155 节,载于《塞克斯都·恩披里柯文集》第 1 卷;塞克斯都·恩披里柯《反数理学家》,第 4 卷,第 6—7 节,载于《塞克斯都·恩披里柯文集》第 4 卷;塞克斯都·恩披里柯《反数理学家》,第 7 卷,第 95 节,载于《塞克斯都·恩披里柯文集》第 2 卷。

[②] 策勒:《苏格拉底以前的学派》第 1 卷,奥列尼英译,第 347—348 页,伦敦,朗格曼斯·格林出版公司,1881。

发现的"黄金分割线段"能产生审美效果。和谐也是绘画、雕塑、建筑等艺术在形式结构中体现的美。和谐不仅是万物有善的限定性的原理,也是这个学派的审美与伦理价值观念。

毕达哥拉斯学派将这种根据数学比例的和谐与谐音观念运用于推设有限的宇宙模型,提出一种有天籁(天体的谐音)的天体运行结构说。"科斯摩斯"(cosmos)的希腊文的原意是"秩序"。据记载,毕达哥拉斯"第一个将天(乌兰诺斯)称为'科斯摩斯',并且说地球是圆形的"①。他说的"科斯摩斯"已是指有秩序的宇宙或世界。该学派并不研讨宇宙如何出于某种物质本原的生成与演化,而是注重研究宇宙的动态形式结构,径直认为宇宙是一个有限(既指空间上有限,也指形式结构上有限定、有定形)、有序的和谐整体,天穹是圆形的,分布在特定位置上的各种天体在限定的圆形轨道上运行。这种有限有序、和谐协调的宇宙模型说在天文思想上是一大创新与突破。古代巴比伦的天文思想(占星术)以为,宇宙是一个密封的巨大箱子,大地是其底板,中央矗立着冰雪覆盖的区域,幼发拉底河就发源于这些区域中间,大地四周有水环绕,水之外覆有天山,以支撑蔚蓝色的天穹。古代埃及的天文思想也有类似的幼稚猜想,也以为宇宙是一个南北较长的方盒,天是一块平坦的或穹窿形的天花板,四方有四个天柱即巨峰支撑,埃及就处在略呈凹形的底面中心,星星是用链缆悬挂在天上的灯,方盒上方边沿围着一条有船载着太阳运行的大河,尼罗河是这条河的一个支流。米利都学派的阿那克西曼德已猜测天穹围绕北极星旋转,可见的天的穹窿是一个完整的球体的一半,扁平圆筒状的地球就处在中心,主张世界(宇宙)是无限的、无定形的,没有固定的秩序与结构。和以上的宇宙观念相比,毕达哥拉斯学派根据数学比例的推断而提出的有限、和谐的宇宙模型与天体运行结构论,自然要科学得多,已较接近后来直到近代的天体运行模型。

---

① 第欧根尼·拉尔修:《著名哲学家的生平和学说》,第 8 卷,第 48—49 节。

毕达哥拉斯学派认为,天空中的各种天体由于自身大小、相互距离与运动速度不同,就会产生不同的音调,合成和谐的音乐,即天体的谐音。

> 因为围绕宇宙中心运行的各个天体之间的距离,都是有一定的数的比例的,有的天体运行得快些,有的慢些;运动得比较慢的天体发出深沉的音调,运动得比较快的天体发出高昂的音调;而这些和距离成比例的音调就结合成为和谐的声音。①

这种巨大的声音为什么人们竟听不到呢? 他们解释说,人们从出生起耳朵里就充塞着这种声音,以致"分辨不清",就像铁匠习惯于打铁声,就听而不闻了。② 毕达哥拉斯学派的宇宙论是一种动态的天体运行结构说,由天体运动而推断必定存在着极为优美的天体谐音,这只是依据数学比例和人世音乐所作的一种类比推理,但这种新颖、奇妙的科学想象力至今令人赞叹。在晚期希腊罗马哲学中,新毕达哥拉斯主义和斯多亚学派将这种天体谐音说神秘化,渲染为神的奇迹,那不是前期毕达哥拉斯学派的本义。

二　天体系统

毕达哥拉斯学派将他们主张的有限、有序的和谐宇宙模型,描述为一种十个天体围绕同心圆中心(中心火)在圆周轨道上运行的动态的天体系统。艾修斯记载了菲罗劳斯所表述的这种天体运行的结构:处于宇宙中央的是全部天体的"火炉"、"支持者和尺度",即"中心火"。有十个神圣天体"按照自然的秩序"由近及远依次排列,围绕中心火旋转,它们是对地、地球、月球、太阳;再后面是五个行星,即金星、水星、火星、木星、土星;最后是恒星天(群)。月球以内是"环绕地球的乌兰

---

① 《亚里士多德著作集》第 12 卷,罗斯主编,第 143 页,伦敦,牛津大学出版社,1952。
② 见亚里士多德《论天》,290b12—30,载于《亚里士多德全集》。

诺斯"即天,它是"变化和生成的发源地"。[①] 恒星天外"环绕天体的最高领域"是"奥林帕斯","那里的要素成分的纯度是最纯的"。在这可见的宇宙外缘还有一些边缘火团"在极高的地方环绕着宇宙",星光可能就是从它获得的。而在最远的更外面,是"无限的嘘气"或称"普纽玛"。[②] 这是希腊科学思想史上第一次描绘的有确定轨道的天体运行系统,有较高的科学价值。它记述的地球、月球、太阳、五个行星和恒星天的序列,大体符合当时的人们的天文观测,有科学根据,是对当时天文观测经验的一种概括。这个宇宙模型中也有为了满足"数"的完善性而牵强附会的虚构,那就是他们凭空设想了一个不可见的天体"对地"。因为"十"是表征完善性的数,为了凑足十个天体,他们就在地球和中心火之间纳入一个并无任何观察根据的"对地"。亚里士多德批评他们这样做"不是寻求理论和原因去解释观察到的事实",而是硬要"事实去符合他们自己既定的学说和意见"。[③] 他们解释人所以看不到"对地",是因为"地球在运行中和'对地'保持相反的位置"[④]。

在这个天体系统中,有三点和早先的希腊自然哲学家的一般见解不同,是值得重视和评价的:

第一,认为大地是球形的,并不处于宇宙的中心。这在古代希腊是独具慧眼的卓识。早先的伊奥尼亚自然哲学家都凭简单的直观,推测大地是扁平的或呈圆柱形。亚里士多德接受约 200 年前毕达哥拉斯学派提出的大地为球形这一观点,并且为之辩护:反对者说如果大地为球形,日落时可见大地的边缘线应是曲线而非所见的直线,这是因为他们忽视了太阳和地球的距离极大,以致可见的曲线显得成为直线,因此不应该

---

① 见艾修斯《哲学家意见集成》第 2 卷,第 2 章,第 7 节,转引自第尔斯、克兰茨编《苏格拉底以前哲学家残篇》,DK44A16—17。

② 见同上书第 3 卷,第 11 章,第 3 节,转引自第尔斯、克兰茨编《苏格拉底以前哲学家残篇》,DK44A17。

③ 见亚里士多德《论天》,393b16—33,载于《亚里士多德全集》。

④ 艾修斯:《哲学家意见集成》第 2 卷,第 2 章,第 7 节,转引自第尔斯、克兰茨编《苏格拉底以前哲学家残篇》,DK44A17。

"怀疑大地是球形的"。① 古代希腊直到文艺复兴时代以前,哲学家和人们一般都认为地球处于宇宙的中心,而毕达哥拉斯学派在公元前500多年就已独特地指出地球并不处在宇宙的中心,它只是诸多天体中的一个,每天由西向东绕着中心火环行,只是由于中间隔着和地球同步运行的"对地",人们才看不到中心火。② 据艾修斯记载,他们认为地球环绕中心火作倾斜的环行转动,所以地球上有白昼、黑夜和一年四季的变化,否则面向中心火的地球一面将永是白昼与夏日了。③ 亚里士多德是坚持地心说的,但也客观地记述了毕达哥拉斯学派认为地球不是宇宙中心的观点能更好地解释一些天文现象,如还有人们看不到的天体,而月食比日食更频繁,是因为运行的其他天体更容易挡住它从中心火反射的光。④

第二,关于中心火的问题。毕达哥拉斯学派认为宇宙中心是火团,不是地球,围绕中心火运行的太阳也只是"像镜子一样,它接受宇宙[中心]火团的光,并且反射给我们以光和热。因此在某种意义上有两个太阳:宇宙中那个燃烧的物体,还有那个像镜子性质作反射的太阳"⑤。他们为什么将火置于宇宙中心,认为它是地球、月球与太阳、行星的热和光的来源,而且设想宇宙的边缘圈也有火,使众多遥远的星星发光? 原因有两个:(1) 他们认为火比土(地)贵重,更有本原意义,这可能是接受了或相似于赫拉克利特的火本原论和火成宇宙说。据记载,学派中的"墨塔蓬通的希巴索和爱菲斯的赫拉克利特都认为本原是火"⑥。(2) 如亚里士多德评述的,"中心乃是最初的、第一的和最可贵的东西",居于中间位置的东西最有规定性、限定性,"限定比被限定的东西更为宝贵"⑦,最

---

① 见亚里士多德《论天》,293b34—294a12,载于《亚里士多德全集》。
② 详见同上书,第2卷,第13章,载于《亚里士多德全集》。
③ 见艾修斯《哲学家意见集成》第3卷,第13章,第1—2节,转引自第尔斯、克兰茨编《苏格拉底以前哲学家残篇》,DK44A21。
④ 见亚里士多德《论天》,293b16—33,载于《亚里士多德全集》。
⑤ 艾修斯:《哲学家意见集成》第2卷,第20章,第12节,转引自第尔斯、克兰茨编《苏格拉底以前哲学家残篇》,DK44A19。
⑥ 亚里士多德:《形而上学》,984a7—8,载于《亚里士多德全集》。
⑦ 亚里士多德:《论天》,293b1—16,载于《亚里士多德全集》。

有限定性的中心火给其他天体以规定。辛普里丘就解释说:"真正的毕达哥拉斯学派的追随者们认为处于中心的火团是创造力的中心,火团从中心激励整个地球,使地球已经变冷的部分温热起来。"①显然,他们总是认为有定形是本,无定形是末,前者胜于后者。中心火说虽然还不是日心说,但它否定了大地为宇宙中心的传统观点,不是太阳、胜似太阳的"中心火"说,比较容易启导出太阳中心说来。

第三,关于"无限的嘘气"的问题。该学派认为,在宇宙外缘有要素成分最纯的"奥林帕斯",在更远的外部有"无限的嘘气",也称"普纽玛"。那么,这个"无限的嘘气"又究竟是什么呢? 亚里士多德记述:"毕达哥拉斯学派也主张虚空存在,它从无限的气进入世界,而吸入虚空的世界也就区别事物的本性,仿佛它分离与区别了一个系列的数项。这就首要地表现在数中,因为虚空区别了这些数的本性。"②这里有两点值得研讨:(1)他们那时说"无限的嘘气"是一种"虚空",不会是后来的原子论者德谟克利特所说的作为"非存在"、绝对空无的"虚空",他们那时还不可能有这种近似绝对空间的观念。他们说的"虚空"即"无限的嘘气"就是一种无限的气,即无定形的气,这里仍可见他们受阿那克西美尼的气本原论的影响,不过已不再把气放在本原的地位,但在区别数和事物上仍有辅助作用。无定形对构成有定形仍是必要的,因为无定形的气作为"虚空",才使数的区分和几何形式结构得以成立。晚期希腊和罗马的新毕达哥拉斯主义和斯多亚学派将这种"普纽玛"说成是世界灵魂这样一种精神性的神秘东西,那不是前期毕达哥拉斯学派的本义。(2)"无限的嘘气"是否有空间上无限、无穷大的意思? 从现有文献看,毕达哥拉斯学派只是强调了嘘气的无限定、无定形,当时还没有涉及宇宙在时间与空间上是有限或无限的问题。他们只是就可观测和推测的"科斯摩斯"的范围,提出了一个有限、有序而和谐的天体运行结构模型,至于在它之外的

---

① 辛普里丘:《亚里士多德〈论天〉注释》,第 512 页,转引自格思里《希腊哲学史》第 1 卷,第 290 页。
② 亚里士多德:《物理学》,213b22—27,载于《亚里士多德全集》。

无限定的嘘气在数量与空间上是有限、有穷尽的,还是无限、无穷大,他们并没有论述,也没有想到要研究。

毕达哥拉斯学派的天文学思想中还有一些有科学性或想象力的猜测,如"月球的光是从太阳得到的"[1];"月食是由于干扰,有时是地球的插入,有时是'对地'的插入"[2],遮住了月球的光;还认为"月球的外观和地球一样",月球上也有"有生命的动物和植物……在月球上动物的力气要比地球上大 15 倍"[3]。有些猜想已被后来的科学研究所证明,如按照今天的科学看来,月球的引力小于地球的引力,宇航员在月球上自可举起比在地球上远为沉重的物体。

三　毕达哥拉斯学派的宇宙论的历史地位

毕达哥拉斯学派在早期希腊开创性地提出了一种有限的宇宙结构模型,强调宇宙是有定形、有秩序的和谐整体,地球不是宇宙的中心,地球和其他天体一样都围绕中心火在圆形轨道上运行。这种宇宙论在古代希腊罗马以至近代都有深远的影响,具有独特的重要历史地位。

从泰勒斯到罗马时代的托勒密近 800 年间,希腊和罗马的宇宙论与相关的天文学得到长期的持续发展,名家不胜枚举,先后形成四大学派,即伊奥尼亚学派(一直影响到阿那克萨戈拉和德谟克利特),毕达哥拉斯学派开启的南意大利学派,以雅典为中心的柏拉图学园派,希腊化时代和罗马时代的亚历山大里亚学派。实际上,毕达哥拉斯学派的有限定、有秩序的宇宙论思想与模式,对后来伊奥尼亚传统的宇宙论的演变也有影响;南意大利学派中,爱利亚学派的静止、球状的有限宇宙和恩培多克勒的循环演变的有限宇宙,都是对毕达哥拉斯学派宇宙论的修正;而柏拉图学园派和亚历山大里亚学派的宇宙论及其天

---

[1] 第欧根尼·拉尔修:《著名哲学家的生平和学说》,第 8 卷,第 27 节。

[2]《亚里士多德著作集》第 12 卷,罗斯主编,第 146 页,伦敦,牛津大学出版社,1952。

[3] 艾修斯:《哲学家意见集成》第 2 卷,第 30 章,第 1 节,转引自第尔斯、克兰茨编《苏格拉底以前哲学家残篇》,DK44A20。

文学思想,可以说更是凭借日益精确的观测和算术、几何学的发展及其在天文学中的运用,直接继承与发展了毕达哥拉斯学派的宇宙论及相关的天文思想。

希腊的哲学家与科学思想家在探究浩瀚宇宙的过程中,都是以不同程度和方式接受了毕达哥拉斯学派宇宙论的影响,大体上形成了两种不同的宇宙论假说。

第一种是发展伊奥尼亚的宇宙论传统,形成漩涡运动的无限宇宙的起源与动态结构说。阿那克萨戈拉论述宇宙最初是无限的种子绝对混合在一起的"混沌",其中气和以太(火)占优势,因"努斯"启动造成巨大的分离力,按照自然法则形成无数事物,并造就宇宙秩序。德谟克利特论述无数的原子在无限虚空中运动,造成巨大的漩涡运动,它们按照同类相聚、运动方向轻重有别的必然法则,生成无数个世界,一切"世界"都会经历产生、鼎盛和衰亡的过程,所衰变的自由原子又会重新组合,生成新的世界,就像神话中的"火凤凰"不断自焚又新生,这就是宇宙生灭不息的演化总画面。这种宇宙论强调漩涡运动的起源与结构,明确主张宇宙在时间、空间与演化上是无限的。这显然不同于毕达哥拉斯学派的宇宙论。但它们已强调了"努斯"或自然法则造就宇宙秩序这种限定,那还是接受了毕达哥拉斯学派宇宙论的影响,而不同于早期伊奥尼亚的无定形的宇宙论。

第二种是有数理天文学特色的有限宇宙结构模型说。毕达哥拉斯学派从天体谐音、数学比例和几何结构形式推测宇宙是一个和谐的动态整体,已有数理天文学的思想萌芽。公元前 4 世纪数学与天文学已得到较大发展。柏拉图在《国家篇》中呼吁重视研究当时城邦轻视的新兴学科——立体几何,赞同毕达哥拉斯的主张即谐音学和天文学是有内在联系的"兄弟学科",倡导"应该像研究几何学那样来研究天文学"。① 实际上,他已敏锐地在启导研究数理天文学(运用几何

---

① 见柏拉图《国家篇》,528B—C,530B—D,载于《柏拉图对话全集,附信札》。

学来研究天文学）。柏拉图学园中的一些学者则更精密地发展了毕达哥拉斯学派的有限宇宙模型，形成了以地球为中心的天球层模型假说。欧多克索在《现象》一书中构建了27个同心天球层，它们各有球半径，按照特定的旋转轴心与旋转速度作不同方向的匀速运动，这样可以比较准确地说明所观测到的天体运动，包括某些不规则的运行现象。卡利普斯（Callipus of Cyzicos）进而提出34个天球层的模型，以求更精确地符合观测。亚里士多德则提出56个天球层的模型，最外层的原动天是第一推动者，所有天体由纯洁的"以太"构成，他们作为有物理联系的整体，永恒不朽地围绕地球作完美的匀速圆周运动，这已为托勒密的天体系统提供了雏形。希腊化时代伟大的天文学家、数学家希帕库（Hipparchos，约前190—前120）曾在亚历山大里亚学习，后在罗得岛建立观象台，制造天文观测仪器，综合巴比伦人和自己的观测资料，编制了一幅空前详致的星图，它已使用完善的经度，记载了1 000多颗亮星。他的更为卓越的贡献是，首次全面研究了三角函数定理，制定了精确的三角函数表，并将平面三角术推广于球面，创立了球面三角学这门数学工具，使希腊天文学融入精致的数学研究，并用球面三角学的新数学方法计算行星在天穹球面的运动，建立新的有限宇宙模型假说。欧多克索等人因袭毕达哥拉斯学派的有限宇宙论而提出的同心球模型，认为天体是在以地球为同心的圆形轨道上作匀速圆周运动，并不能解释复杂的天体现象。希帕库则大为发展、更新了毕达哥拉斯学派的有限宇宙模型，用数理方法创立本轮-均轮天球体系。虽然他仍坚持地心说，但已指出各天体既沿着自己的本轮作匀速圆周运动，而各本轮又沿着各自的均轮绕地球的偏心作匀速圆周运动。他构设的这种精致的宇宙模型，较好地解释了不规则的天体现象。他的这一假说后来成为托勒密建立天球体系学说的基础。托勒密是罗马时代亚历山大里亚的学者，是希腊天文学的集大成者，他系统综合希腊天文学的优秀成果，运用球面几何学和球面三角学，形成更为精致的本轮-均轮天球体系。毕达哥拉斯学派的有限宇宙模型对现代宇宙论也不无借鉴意义，爱因斯坦就主张一种膨胀着的有限无界的宇宙模型。

毕达哥拉斯学派的有限宇宙论在2 500多年以前就提出中心火,反对地心说,对于后来产生革命性的日心说有重要影响。希腊化时代的萨摩斯人阿里斯塔库(Aristarchos,约前310—前230)曾在雅典吕克昂学园研习,后赴亚历山大里亚从事天文学研究。他在历史上第一个提出日心说的宇宙论。古希腊天文学者除毕达哥拉斯学派外,都主张地球和人类处于宇宙的中心,太阳和一切星辰处于以地球为同心圆的不同轨道上。这种地心说不断精致化,一直主导着西方的宇宙论和天体学说,直到1543年哥白尼临死前发表《天体运行论》才被推翻。其实,早在哥白尼之前1 800多年,阿里斯塔库已独具慧眼,形成地球绕太阳转动的天才假说。其原文已佚失,但阿基米德传存的著作《恒河沙数》(即《沙粒计算者》)中记述了他的这一学说的要义。他将太阳置于毕达哥拉斯学派所述的"中心火"的位置,认为太阳和恒星都不动,地球和行星绕太阳旋转,地球又每天绕轴自转一周,才使人有恒星周日转动的错觉,由于恒星离地球极远,所以难以察觉地球绕动中相对恒星的位置变化。这种假说在当时看来太激进,人们都不相信,甚至有人扬言要指控它渎神,于是很可惜地被湮没了。哥白尼以日心说推翻统治天文长达1 800多年的地心说,他自称是从阅读有关毕达哥拉斯学派的著作而得到启发的。[①]

第四节　毕达哥拉斯学派的几位代表人物

前期毕达哥拉斯学派一直活动到公元前4世纪的柏拉图时代。近200年间涌现了不少名家,有诸多思想演变,内部学说错杂纷呈,和其他的哲学流派也有不同的交融。希巴索可能是毕达哥拉斯生前的学派成员,是学派内部所谓"信条派"的创始人,他和赫拉克利特都主张火是本

[①] 参见伯奈特《早期希腊哲学》,第299页。

原,都认为宇宙的运转与变化是按照一定的周期的。伯奈特认为他是毕达哥拉斯学派和赫拉克利特之间的联结环节。① 西西里岛上的叙拉古人厄克芳图和希凯塔应是生活在公元前 5 世纪末德谟克利特时代或之后。厄克芳图宣称"一"是有形体即原子,"宇宙由原子构成","万物的本原是原子和虚空",原子有大小、形状和能力的不同,原子运动的能力来自神圣的"努斯"。② 显然,他是将毕达哥拉斯学派的数本原论和阿那克萨戈拉的精神性的"努斯"说、德谟克利特的原子论糅合在了一起。他和希凯塔都主张地球是绕着自己的轴作旋转运动的,这一思想影响了哥白尼。哥白尼在致罗马教皇保罗三世的信中写道:据西塞罗说,希凯塔"认为大地是动的……当我从这里觉到有这种可能的时候,我自己也开始思考大地的运动了"③。前期毕达哥拉斯学派在演进中对早期希腊和希腊古典时代的科学与哲学最有影响的代表是以下三位。

一　阿尔克迈恩

阿尔克迈恩(Alcmaeon)是克罗顿人,应生活于公元前 6 世纪末至前 5 世纪初,他盛年时毕达哥拉斯已垂垂老矣。他是"毕达哥拉斯的另一名学生,主要撰写医学著作,但也一再接触自然哲学,如他说,'大多数人类的事情是成对进行的'";"他也主张灵魂不朽,它像太阳一样在持续运动中"。④ 克罗顿以医药著称,是南意大利医派的渊源地。阿尔克迈恩是一位著名医生兼哲学家,和毕达哥拉斯的数的思辨不同,他的思想中较多地散发出注重"经验"的特色。

他并不将事物限于十种抽象的对立,而是就经验观察所至进行概括。所以亚里士多德说:"他说大多数有关人的事情都是成对的,只是他

---

① 见第欧根尼·拉尔修《著名哲学家的生平和学说》,第 8 卷,第 84 节;伯奈特《早期希腊哲学》,第 142 页。
② 见希波吕托《驳众异端》第 1 卷,第 15 章,转引自格思里《希腊哲学史》第 1 卷,第 325 页。
③ 丹皮尔:《科学史及其与哲学和宗教的关系》,李珩译,第 171—172 页,商务印书馆,1975。
④ 见第欧根尼·拉尔修《著名哲学家的生平和学说》,第 8 卷,第 83 节。

不像毕达哥拉斯学派那样明确规定相反的东西,而是随意列举,如白和黑、甜和苦、善和恶、大和小。"①就健康与疾病而言,他主张"保持健康要使各种(对立的)性能平衡,湿和干,冷和热,苦和甜等等,一旦其中的一方占到优势,就产生疾病,因为任何一方占优势就是破坏。疾病的发生直接由于冷或热的过度,间接则由于营养的过量和不足"②。他的医学思想和当时在小亚细亚受伊奥尼亚自然哲学影响的克尼杜(Cnidos)医派的思想相似。

他也主张灵魂不朽,但已淡化了奥菲斯教的神秘色彩,认为灵魂是一种永恒的自身运动的东西。亚里士多德记述:"他说,灵魂是不朽的,因为它和'不朽的东西'相似,而它所以具有不朽性,就是由于灵魂不停歇地运动着;一切'神圣的东西',月球、太阳、行星,以及整个天体,都是处在持续的运动中的。"③

阿尔克迈恩的一大贡献是在医学研究中最早从事动物解剖,发现了视觉神经,提出了大脑是感觉和理智的中枢。塞奥弗拉斯特在其《论感觉》中记述:他用"异类相知"来解释感觉(这点和后来的阿那克萨戈拉的思想相似);他说人和动物的区别在于"只有人能理解,别的[动物]仅有感觉而不能理解"。他分别研究了各种感觉,认为听觉是"声音在耳腔中发生,气发生回声";味觉是"由于舌头的多孔而敏感的构造,它接受并传送各种味道";视觉是由于"眼球通过它周边的水看东西",眼球中包含火,受到刺激后在闪闪发光中"能反射映象"。他又认为"所有这些感觉都以某种方式和大脑联结,因此,要是大脑受到扰乱或变化,这些感觉就都不起作用,因为它阻塞了感觉发生的通道"。④

阿尔克迈恩在医学研究中既强调人体的各种性质的综合平衡,又最

---

① 亚里士多德:《形而上学》,986a31—b2,载于《亚里士多德全集》。
② 艾修斯:《哲学家意见集成》第5卷,第30章,第1节,转引自格思里《希腊哲学史》第1卷,第313页。
③ 亚里士多德:《论灵魂》,405a29—34,载于《亚里士多德全集》。
④ 见格思里《希腊哲学史》第1卷,第347页。

早引入解剖手段。他的医学思想对公元前 5 世纪下半叶希腊的两大平行发展的医学学派,即恩培多克勒所完善发展的南意大利医派和希波克拉底发展的解剖术与有机体平衡论的科斯医派,都有不同的影响。而在关于人的认知学说上,他可以说是最早开始了研究感知认识的生理机制,并且早有卓见,认识到大脑是各种感觉的中枢,还指出了感觉和思想(理解)的区别。这在当时是很难能可贵的。

二　菲罗劳斯

菲罗劳斯(Philolaus)大约生于公元前 474 年,活动于公元前 5 世纪下半叶至前 4 世纪初叶,比德谟克利特略年长。他原本生活于克罗顿等南意大利城邦,后由于南意大利反毕达哥拉斯盟会的政治动乱而移居到希腊本土的底比斯,从事研究与教学。

他学识广博,对数学、天文学、谐音学、医学、生理学等都有开阔的研究,是那个时期毕达哥拉斯学派中数理派的最重要的代表。在第尔斯辑录的毕达哥拉斯学派的残篇中,指名归于他的见解有许多则。他将构成天体的元素归结为不同的几何形式结构:土为立方体,火为四面体,气为八面体,水为二十面体,等等。这和柏拉图在《蒂迈欧篇》中用本性为几何形式的元素来构造宇宙万物的论说是一致的。还传说,柏拉图在往访西西里的叙拉古宫廷期间,"曾花了 40 个银币从菲罗劳斯的亲属那里买到他的著作,《蒂迈欧篇》是从它改写过来的"[①]。他也细致研究了无理数,并涉及芝诺的悖论所引发的"极限"难题的探讨。

菲罗劳斯的学说和前期毕达哥拉斯学派的基本思想是大体一致的,也主张数为万物的本原,整个宇宙中的自然事物都包含有限和无限的对立,而正是有限定性给了事物以规定性。他对毕达哥拉斯学派思想的独特贡献在于,他论述了数的规定性和人的认知的关系,最早开始了一种有粗朴理性思辨色彩的认识论研究。主要表现在以下三点:

---

① 第欧根尼·拉尔修:《著名哲学家的生平和学说》,第 8 卷,第 85 节。

第一，数给作为认识对象的事物以有限的规定性。数本原包含着有限和无限的对立。无限即无限定性，只是事物形成的一种配属机制。"如果万物都是无限，那么在认识开始之前，甚至连对象也不能有了"①。有限即有限定性，它给作为认识对象的事物以几何形体的定形，因此正是由于"数"，任何事物能被认识，灵魂就可以比较事物之间的异同，去把握和认识它们。

第二，数给作为认识主体的人的灵魂以指导性的规定和能力，使认识成为可能。他论述道："'数'的本性是认识的原因，对于费解与未知的事物，数能给每个人以指导"，因为任何事物正是由于数及其本质才能被认识，"正是'数'使万物通过感性知觉和灵魂相适应，使它们成为可以认识的，并且可以彼此比较的"；这种数赋予事物的可认识的本性和赋予灵魂的认知能力，在各认识领域都有普遍的意义与价值，"在一切人类的活动和语言中到处发生作用，并且贯穿于一切技艺作品和音乐之中"。②

第三，数的逻各斯是判断真理和谬误的认识标准。他认为"逻各斯是认识的标准"，这是指"由各种科学得到的逻各斯"；他说："要精通万物的本性，此外[灵魂]还要具有某种[和外物的本性]类似的本性，因为本性是同类相知的"。③ 他说的各种科学中的逻各斯即科学的对象事物的本性，就是指数的逻各斯，这是认识的目的与标准。所谓"同类相知"，就是指灵魂的本性有和对象事物同类的数的逻各斯，所以能正确认识事物。这和后来恩培多克勒认为同类元素在流射中发生感知并非同义，但也可能对后者有所启发。数的逻各斯也就是真理，是事物和灵魂本性的一种有限定性的理智规定，而谬误则是违背数的逻各斯，是一种无限定、无知、不合理性。这里，菲罗劳斯突出了理性认识在把握事物的本质(数

---

① 扬布里柯：《关于尼各马科的〈数学引论〉》，转引自第尔斯、克兰茨编《苏格拉底以前哲学家残篇》，DK44B3。

② 见忒俄斯《理解柏拉图的数学辅助》，转引自第尔斯、克兰茨编《苏格拉底以前哲学家残篇》，DK44B11。

③ 见塞克斯都·恩披里柯《反数理学家》，第 7 卷，第 92 节，载于《塞克斯都·恩披里柯文集》第 2 卷。

的逻各斯)中的重要作用,这对西方科学史与哲学史的科学理性传统的进展是有积极意义的。

三　阿尔基塔

阿尔基塔(Archytas)生活于公元前 4 世纪上半叶,是柏拉图的知交好友。他既是杰出的数学家,也是当时南意大利的著名政治家、军事家。他率领塔壬同城邦的军队所向无敌,甚至打败了西西里岛上最强大的叙拉古,威镇南意大利,其权威得到当时大希腊城邦联盟的承认。

他是个很有才智的政治领袖,将塔壬同城邦治理得甚为繁荣稳定。苏格拉底被处死后,28 岁的柏拉图于公元前 399 年离开雅典游历东西部各地长达 12 年之久,他往访塔壬同,结识阿尔基塔,结下了深厚持久的友谊。毕达哥拉斯学派的数为本原的哲学,很可能是通过阿尔基塔对柏拉图的哲学发生影响的。阿尔基塔推行温和政治,促使城邦强盛、秩序稳定而无社会的大分化与冲突,很受人们爱戴,必定也给柏拉图留下了深刻印象,成为柏拉图心目中追求的哲学家和政治家合而为一的“哲学王”的雏形。格思里认为,阿尔基塔在塔壬同推行的政治制度,给柏拉图的《国家篇》提供了中心论旨。① 公元前 367 年,柏拉图以 60 岁的高龄应邀第二次往访叙拉古宫廷。僭主狄奥尼修二世因和柏拉图的密友狄翁(Dion)发生尖锐的矛盾,将柏拉图也软禁在城堡里,是阿尔基塔写信给狄奥尼修二世,敦促他允许柏拉图返回雅典。公元前 362 年,柏拉图第三次往访叙拉古宫廷。他和狄奥尼修二世意见相左,又被赶出城堡,处境艰险。阿尔基塔接到他的信,即派外交使节去交涉,帮助柏拉图于公元前 360 年返回雅典。所以,这位政治家、哲学家是颇正直仗义的,也很重友情。

阿尔基塔推崇数学家“具有优秀的辨别能力”,“因为既然他们能够

---

① 见格思里《希腊哲学史》第 1 卷,第 333 页。

对全体的本性作出卓越的判断,他们对个别事物也就会有卓越的观点";许多知识都和数学研究有关,和全体与个别这"'存在'的两种基本形式相关联"。① 他已生活于爱利亚学派之后,对"存在"自有看法,认为它有全体和个别之分,并将存在看做是运动的,如星座有运行速度,声音来自运动着的对象之间发生的碰撞,"当事物冲击我们的感觉时,声源速度快而有力,音调就高;慢而无力时,音调就低"。② 在数学中,他又看重算术,说"算术是远远高于一切科学的,特别是高于几何学,因为算术能够清晰地处理它所要处理的任何问题……当几何学对一个问题失败时,算术能够加以证明;同时,如果问题是涉及'形式'(eidos)(即数本原)的,算术也能探讨形式"。③ 他的算术研究的"数"仍然是一种图形数、几何数,但已注重并推崇更为抽象的纯数的算术运算,强调它能解决几何难题。他在这里说的"形式"和柏拉图的"理念"(或译"形式"、"相"、"理型"等)用的都是 eidos 这个原意为"观看"的词,但不能说两人用的词有渊源关系,不能说柏拉图是接受了阿尔基塔的这个概念才提出理念论的。阿尔基塔说的"形式"作为数本原,仍然是指表征几何形式结构的数,和柏拉图所说的在普遍性定义中体现事物普遍本质的理念有重大差异。

阿尔基塔对毕达哥拉斯学说的一个发展,是在球面几何学的研究中突破了有限宇宙模型,探究了宇宙空间的无限性(不是无限定、无定形的含义)。他论述道:"要是我达到了(宇宙的)外面,就是达到了恒星天的外面,我能否将我的手或手杖再向外伸展出去?"他认为:"要是回答说不能再向外伸展出去的话,那在任何情况下总是荒谬的;因此不管在各个层次越出物体或空间,总必然会伸展得无限。"④ 在他之前,爱利亚学派的麦里梭已论证了存在是无限的,但他的存在是静止不动的,阿尔基塔所说的则是运动变化着的无限的宇宙。

阿尔基塔将人们获得的知识区分为从别人学得的既有的知识和自

---

①②③ 见第尔斯、克兰茨编《苏格拉底以前哲学家残篇》,DK47B4。
④ 同上书,DK47A24。

已发现的知识,认为有创新意义的知识要通过正确的方法、艰难的探索,才能罕见地获得。他在几何学方面就有卓越的发现。"他以其独创的定理丰富了几何学,并对几何学的一些定义提出了真正合理的设定。"①

　　他的又一独特贡献,是注重将数学原理运用于制作机械的实践。这种初步的理论与实践相结合的传统,后来在希腊化时期被阿基米德的数学和力学研究所发展。而近 400 年之前的阿尔基塔,"是第一个将数学原理运用于制作机械的人;他又是第一个将机械运动应用于几何作图的人"②。普卢塔克记述他和同时代的欧多克索是"著名的受珍视的机械技能的首创人,他们用机械工具巧妙地说明几何学的真理",如关于"给定两线求其比例中项"。"这两位数学家在解决这个问题时都借助于仪器,使其适用于他们需要的某些曲线和线段"。总之,阿尔基塔既应用几何学原理研究制作机械,又制作绘图仪器(可能类似于如今的圆规之类)来帮助几何学的研究,这在希腊的科学研究中开创了新风气,后来在希腊化时期的科学创新中得到大发扬。普卢塔克又记述:柏拉图对此大为愤慨,加以谴责,说这是败坏了几何学,使其不顾纯理智的抽象对象,而回归到感性;并卑躬屈膝、丧尽尊严地求助于物质。③ 罗马时代的普卢塔克仅根据传闻的这段记述并不可靠。柏拉图在《国家篇》中,确实强调统治者学习算术与几何学要着重研讨纯粹的数本身,深入把握数的理念,"直到用自己的纯粹理性看到了数的本质",使灵魂认识永恒的实在,提升进入"辩证法"的境界,通过推理与逻辑论证认识事物的本质,最终把握理念世界的顶峰——"善"。但这只是对城邦治理者的教育要求,他并不否定数学的实际应用也给人们带来了好处,比如治理者也要会应用数学于战争,统帅军队的将军必须对军事做到胸中有"数",会将几何学用于安

---

① 欧德谟斯:《物理学残篇》,转引自《不列颠百科全书》(第 11 版)第 2 卷,第 446 页,"阿尔基塔"条目,伦敦,不列颠百科全书出版公司,1957。

② 第欧根尼·拉尔修:《著名哲学家的生平和学说》,第 8 卷,第 79—83 节。

③ 见克莱因《古今数学思想》第 1 册,张理京、张锦炎译,第 53 页,上海科学技术出版社,1979。

营扎寨、排列队形,等等。①

阿尔基塔更将数的逻各斯运用于城邦的治理,协调社会权益的分配,控制公民冲突,建立相对公平的城邦社会秩序。他认为:"一旦发现了正确的计数标准,就能控制公民的冲突并促进协调。因为达到这一点,就不会有过分的权益,平等就占据统治地位。正是这个[正确的计数标准]给我们带来了契约,穷人从有财产的人那里得到东西,富人给穷人东西,彼此公平对待,相互信任。"②"分配正义"对一个国家的稳定与发展是至关重要的,后来柏拉图与亚里士多德都很重视这点。阿尔基塔早就说过的"正确的计数标准",实际上就是权利与财富分配的合适比例,通过实现某种分配的公平与正义,达到城邦的稳定与繁荣。这也是阿尔基塔在塔壬同成功治理城邦国家的经验,可给后人以启迪。

---

① 见柏拉图《国家篇》,525C,527B,526E,531E—532B,载于《柏拉图对话全集,附信札》。
② 第尔斯、克兰茨编:《苏格拉底以前哲学家残篇》,DK47B3。

第四章　爱利亚学派

爱利亚学派在希腊哲学的发展中是一个重要的转折点,它将早期希腊哲学中的南意大利传统发展到成熟阶段。它以理智的思辨探求宇宙万物的原理,既对伊奥尼亚哲学进行了批判性的总结,也不是只停留在毕达哥拉斯学派的数量关系与几何形式结构的外在直观方面,而是更为纯粹、深入地强调以理性的思维去把握"存在"全体的本质,将早期希腊的自然哲学引向本体论的范畴建构,为早期希腊和希腊古典时代的哲学提供了一种纯粹逻辑分析的思辨理性的方式。就此而言,它是后来希腊"第一哲学"以纯粹理性探索"存在"全体的本质的逻辑起点。

爱利亚(Elea)是南意大利的一个城邦,是这个学派的主要活动中心地,后人就以此地名来命名该学派。但是,爱利亚学派只有大体一贯的思想联系,它不像毕达哥拉斯学派那样结成一个既是科学共同体又是宗教社团的盟会,也不像后来的柏拉图和亚里士多德那样有固定持续的教学与研究的学园。爱利亚学派像米利都学派一样,并没有一个有形的组织。但是,因为他们有着承续一致的哲学思想,最主要的代表也是在爱利亚奠定了基本理论,于是被称为爱利亚学派。这个学派从公元前6世纪中叶发端到公元前5世纪一直延续了100多年。其间,塞诺芬尼以批判传统的人格化多神教、首创理性一神的方式,成为该学派的思想先驱;

巴门尼德建立思辨的存在哲学,成为爱利亚学派的奠基人和核心代表;芝诺提出蕴涵主观辩证法的悖论,捍卫、发展了巴门尼德的理论;麦里梭则在该学派处于衰弱之时,在回应其他学派的挑战中对本学派的理论作出修正。

爱利亚学派的哲学当时传播的地区相当广泛,除了南意大利和西西里岛外,在希腊本土(例如雅典)和东方小亚细亚伊奥尼亚地区都有广泛的传播和深刻的影响。它的"存在"论被公元前5世纪下半叶的希腊自然哲学家吸收与综合,成为他们深入探究粒子性元素的本原;它所倡导的以纯粹理性探求事物与世界的本质、建构哲学范畴的方式,对柏拉图的哲学尤其有重要的影响。

第一节 塞诺芬尼

塞诺芬尼是爱利亚学派的思想先驱,从某种意义上说是从伊奥尼亚哲学进向爱利亚哲学的过渡环节。他通过批判希腊传统的拟人化的多神教,首创理性神,从而启导认识宇宙的本性是不动、有心智与思想的"一",在原则上开启了爱利亚学派的哲学思想的方向。

一 游吟诗人和爱利亚哲学的先驱

塞诺芬尼(Xenophanes)出生于小亚细亚伊奥尼亚的殖民城邦科罗封。据记载,他"是阿那克西曼德的同时代人"。他92岁高龄时有诗自述:"自从我在希腊的土地上漫游以来,已经过去了六十七年,但在这以前直到我出生时,还有二十五年,这点,我会说出真话的。"[1]现代西方学者多将他的生卒年代考定在公元前570—前470年左右。[2] 他年轻时阿那克西曼德已年迈,他比毕达哥拉斯也年轻些,但比赫拉克利特年长。

---

[1] 第欧根尼·拉尔修:《著名哲学家的生平和学说》,第9卷,第18—20节;第尔斯、克兰茨编:《苏格拉底以前哲学家残篇》,DK21B8。

[2] 参见格思里《希腊哲学史》第1卷,第363页。

他毕生是一位游吟诗人，为平民和贵族的宴会吟诵荷马、赫西奥德的史诗和自己创作的诗篇，在当时也算属于受人尊敬的知识阶层。他长期反复吟诵荷马、赫西奥德的史诗，在反思神话中为批判传统宗教立下了思想根基。据说他也写讽刺诗、哀歌、叙事诗，而且，更重要的，他是一位富有深刻哲学智慧的诗人，写了不少哲理诗，以诗言思，这后来也成了南意大利的巴门尼德和恩培多克勒的独特风格。作为热爱智慧的游吟诗人，他长期漂泊漫游，到过希腊的许多地方。既在小亚细亚写过科罗封的建城诗，熟悉伊奥尼亚的自然哲学，更长期活动在南意大利，写过建立爱利亚殖民城邦的诗，还可能在当地有过教学活动。他嘲讽过毕达哥拉斯的灵魂转世说，对毕达哥拉斯学派的思想想必是了解的。亚里士多德只是根据传说记述"巴门尼德据说是他的学生"[1]，辛普里丘更只是依据此传说转述"塞诺芬尼是巴门尼德的老师"[2]。从年龄来说，年轻的巴门尼德和年长的塞诺芬尼有可能直接接触，但没有确凿的史料佐证。他的思想就表现在他写的哲理诗中，至今留下了118行残篇。第尔斯将其辑成41则残篇（B类），52则后人论述的资料（A类）。他所留存下来的残篇比米利都学派和毕达哥拉斯多。在早期希腊哲学家中，他是留下残篇较多的哲学家。

由于无法确定塞诺芬尼是否在爱利亚建立过学派，以及与该学派的主要代表巴门尼德是否有直接的师承关系，因此对于他是否属于爱利亚学派，现代西方学者有不同意见。伯奈特认为他92岁时还在过流浪生活，很难说"他定居在爱利亚并在那里建立了一个学派"[3]。格思里和基尔克、拉文等人也持相似意见，将他和赫拉克利特、毕达哥拉斯并列论述，或放在伊奥尼亚思想家行列。策勒则认为，爱利亚学派经过了三代，历时一个世纪，塞诺芬尼主要通过论神的问题阐发自己的思想，是这个

---

① 亚里士多德：《形而上学》，986b21—22，载于《亚里士多德全集》。
② 第尔斯、克兰茨编：《苏格拉底以前哲学家残篇》，DK21A31。
③ 伯奈特：《早期希腊哲学》，第115页。

学派的奠基人。① 我们说塞诺芬尼是爱利亚学派的思想先驱，并不依据他必定在爱利亚建立了实体性学派或和巴门尼德有直接的师承关系，而是认为他的哲理思想在学脉上是该学派的先导。这是有可靠的文献根据的。柏拉图的《智者篇》中有位来自爱利亚的陌生人说："至于我们爱利亚学派，可以追溯到塞诺芬尼甚至更早，他是这样说的，我们所说的'万物'，其实不过是'一'。"②亚里士多德在《形而上学》中也认为："塞诺芬尼是第一个说出'一'的，但他没有阐述清楚，似乎没有掌握这'一'的两方面的本质……"③显然，塞诺芬尼首先将宇宙全体规定为一种理性神即抽象的"一"，即不动变、有思想的宇宙全体。从他到巴门尼德、芝诺、麦里梭的思想发展，有连贯相续的内在逻辑。他的残篇中也有一些对自然进行经验观察后的科学思索成果和相关的自然哲学见解，甚至有最早的对地层与古生物化石的考察，并以此推断海洋和陆地的变迁。这表明，曾生活在小亚细亚的他受到过伊奥尼亚自然哲学的影响。但是从哲学思想的总体特征而言，他不属于伊奥尼亚自然哲学家，而是已基本上从伊奥尼亚的自然哲学过渡到一种理性神论和新的思辨哲学。叶秀山先生认为，伊奥尼亚的自然哲学虽是唯物主义的，但还没有直接批判、改造当时占统治地位的宗教观点，塞诺芬尼则另辟新路，首先从批判、否定传统宗教入手，创新哲学，实际上也是升华了伊奥尼亚哲学。④ 这种论评着眼于早期希腊哲学演进的内在逻辑，是确实、深刻的。

二 对拟人化传统宗教的多神观念的批判

塞诺芬尼不是仅凭激情浪迹四方的游吟者，而是一位崇尚理智与智慧、关注城邦治理与精神文化大业的诗人。他抨击时人唯独崇尚奥林匹

---

① 见策勒《苏格拉底以前的学派》第 1 卷，奥列尼英译，第 555 页，伦敦，朗格曼斯·格林出版公司，1881。
② 柏拉图：《智者篇》，242D，载于《柏拉图对话全集，附信札》。
③ 亚里士多德：《形而上学》，986b21—22，载于《亚里士多德全集》。
④ 见叶秀山《前苏格拉底哲学研究》，载于《叶秀山全集》第 1 卷，第 201 页，江苏人民出版社，2019。

亚体育竞技、忽视智慧培植的倾向。他在残篇中说:他自己比奥林匹亚赛会的获胜者更值得受奖,"因为我们的智慧优于人或马的体力。在这件事情上人们的意见混乱不堪,而重视体力甚于重视智慧是不公正的";纵然有竞技冠军,"城邦却并不因此而治理得更好","并不能使城邦的库藏充盈"。① 他说的智慧含义是广阔的,包括思想、技艺和美德。他对传统宗教的批判也蕴涵着对理智与德性的重视。他指责母邦的贵族生活奢靡:"他们摆脱了可恨的僭主的奴役时,却从吕底亚人那里学会了过度的奢侈。他们身穿紫袍走进会场,极度虚荣,讲究头发的式样,遍身搽着精工调制的香膏,人数不下一千人。"②他在残篇中还大段生动地描述了贵族宴会的盛况与祭神仪式,结尾时强调应赞美宴饮后"仍然表现出高尚思想并且记住美德的人。不要去歌颂泰坦、巨人或半人半兽的怪物们的斗争,那是先辈们的虚构","唯有崇敬神才是善行"。③ 泰坦、巨人之类的旧神系和奥林帕斯山上的以宙斯为最高主宰的新神系,在他看来都是祖先们的"虚构",他要倡导的是一种新的理性之神。总之,在崇尚理智、生活方式、关于宗教的神和道德的观念等方面,他都有反传统、反贵族的倾向,所以耶格尔说他的有关残篇反映了"旧贵族的涵养和新的哲学人物的不可避免的冲突"④。

希腊传统宗教包括奥林帕斯神系的宗教和后来产生的奥菲斯教,都是源自远古时代流传下来的拟人化的多神教。它将种种自然力量与社会力量幻化为人格化的多神,神人同形同性,并且表现了原初社会的杂婚制、群婚制和原始习惯,缺乏后来改善了的道德观念。这种传统的多神观念集中反映在荷马史诗和赫西奥德的《神谱》中。塞诺芬尼从理性与道德的高度对传统的拟人化多神观念的批判,也就表现为对荷马与赫

---

① 见第尔斯、克兰茨编《苏格拉底以前哲学家残篇》,DK21B2。
② 同上书,DK21B3。
③ 见同上书,DK21B1。
④ 耶格尔:《潘迪亚:希腊文化的理想》第 1 卷,第 171、230—234 页,伦敦,牛津大学出版社,1980。

西奥德神话的批判。他的批判主要表现在三方面:(1)批判他们赋予神以人的形象,认为这些神是人按照自己的形象塑造或想象出来的。他说:"凡人们以为诸神是诞生出来的,穿着衣服,并且有同他们一样的容貌和声音。"①人神同形,不同地方的人们所造之神也就不同,"埃塞俄比亚人说他们的神的皮肤是黑的,鼻子是扁的;色雷斯人说他们的神是蓝眼睛、红头发的"②。所以他以讽刺的口吻揭示这种人造神的秘诀:假如牛、马和狮子都能像人一样画画和塑像,"它们就会各自照着自己的模样,马画出或塑成马形的神像,狮子画出或塑成狮子样的神像"③。(2)批判他们将诸神描绘成可以是不道德的,实际上是将人间的反道德行为赋予虚构的诸神。他指责道:"荷马和赫西奥德将人间的无耻丑行都加在诸神身上:偷盗、奸淫、彼此欺诈。"④(3)批判他们虚构诸神之间有统治关系。他指出:"在他们[诸神]之间不存在统治关系;认为诸神中有一个统治者,那是渎神。无论在哪方面,诸神都不欠缺任何东西。"⑤

这种对传统宗教的拟人多神观念的批判,后来也被苏格拉底和柏拉图所承袭与发挥。在柏拉图的早期对话《欧绪弗洛篇》中,苏格拉底力图使宗教理性化,他尖锐辛辣地抨击希腊传统多神教中诸神自身的生活行为充满非理性的混乱,相互嫉妒、仇斗、杀戮、乱伦,并无严正的道德规范。柏拉图在《国家篇》第2卷中指责荷马史诗和赫西奥德《神谱》中描述的神话故事是最荒唐的,将伟大的神都描写得丑恶不堪,诸神明争暗斗,彼此勾心斗角,要弄阴谋诡计,甚至有儿子绑母亲、父亲摔儿子的情节。柏拉图的批判矛头也是指向在这种神话基础上形成的希腊传统的拟人化多神教的。

值得注意的是,塞诺芬尼还借助伊奥尼亚自然哲学的科学思想来批

① 第尔斯、克兰茨编:《苏格拉底以前哲学家残篇》,DK21B14。
② 同上书,DK21B16。
③ 同上书,DK21B15。
④ 同上书,DK21B11。
⑤ 同上书,DK21A32。

判将自然力量神化为拟人神。在荷马史诗中伊里斯是彩虹女神,她腾云驾雾去传达宙斯的旨意。塞诺芬尼却说:"所谓伊里斯不过是一团云,看起来是紫的、鲜红的和黄绿色的。"①他还解释所谓天空中神奇的"爱尔谟圣火",是"由于浮云的运动而发出的闪光"。② 他的不少残篇从经验观察出发,对自然事物与现象作了科学的解释,无疑是接受了一些伊奥尼亚自然哲学的影响,这当然也有借"他山之石"来批判拟人多神观的动机。不过也应肯定,他在对具体的自然现象的看法上,毕竟接受了伊奥尼亚自然哲学的熏陶,这也是他的思想的不可忽视的组成部分,表现了他的思想有从伊奥尼亚自然哲学向思辨的理性神与宇宙存在论过渡的特征。

三　"一":带有泛神论色彩的理性神

塞诺芬尼说"一"就是神,这个神是非人格化的不动变的整体,以其思想支配宇宙万物。这主要表现在他的四则残篇中。他说:"有一个神,他是神和人中间最伟大的;他无论在形体或心灵上都不像凡人。"③"神永远在同一个地方,根本不动,一会儿在这里、一会儿在那里对他是不相宜的。"④"神是作为一个整体在看,在知,在听。"⑤"神用不着费力气,而是以他的心灵和思想使万物活动。"⑥

据第欧根尼·拉尔修记载,他还认为:"神的本体是球形的,无论哪一方面都不像人……他是心灵和思想的总体,他是不朽的。"⑦其他古代的编纂家与思想家也有类似的记载。⑧ 显然,塞诺芬尼最早提出了一种和希腊传统宗教中拟人化的神完全不同的理性神观念。毕达哥拉斯学

---

① 第尔斯、克兰茨编:《苏格拉底以前哲学家残篇》,DK21B32。
② 见同上书,DK21A39。
③ 同上书,DK21B23。
④ 同上书,DK21B26。
⑤ 同上书,DK21B24。
⑥ 同上书,DK21B25。
⑦ 第欧根尼·拉尔修:《著名哲学家的生平和学说》,第9卷,第19节。
⑧ 参见汪子嵩等《希腊哲学史》第1卷,第570—571页。

派虽然已使奥菲斯教初步理智化并注入伦理性的教义,但没有以他们的数本原的哲学理性来改造传统的神的观念,塞诺芬尼则开启了希腊哲学中以哲学理性改造较为粗俗的传统拟人化多神的先河。

概而言之,他心目中的神有这样一些特点:神自身没有人那样的形体与器官,却能知悉一切;神不动变、无生灭,却能使万物运动;神是单一、不可分割的全体,所谓"球形"是用来表征神的完善性;神自身的本性就是心灵与思想,以心灵与思想支配宇宙万物。这种非人格的理性神,自然不应是膜拜与祭祀的偶像,而应通过人的理智去把握。他说的"一"是神,就是通过理智的抽象将宇宙存在全体的本性看做"一",也有理性一神的含义。对神,人必须通过理智的思索去把握,他说从来没有任何人"认识神和我所说的一切事物的真理……一切只是意见而已"[①]。他强调神并未一开始就给凡人指点一切,"而是人们经过一定时间的探索逐渐找到更好的东西"[②]。虽然他的残篇中多处说到"诸神",表述复数的神,但不是主张拟人化的多神,只能说明在当时的社会习俗中,他仍然容忍、保留了传统多神,但已提出一个高于诸神的理性神来主宰、改造他们,理性一神才是他确认的最高真神。古希腊罗马从爱利亚学派、柏拉图到斯多亚学派、新柏拉图主义这些有理性神思想倾向的哲学流派,大多是采取了这种在学理上说理性神、在实际生活中却容忍甚至维护传统多神教的态度。

古代希腊罗马从原始粗俗的拟人化多神教演进至有理性与伦理内涵的一神教,经历了一个十分漫长而曲折的过程。塞诺芬尼作为萌发理性一神思想的开启者,自有其重要地位,其特点是以哲学的理智来塑造新的理性神。从爱利亚学派开创理性神,到苏格拉底引进理性的"新神"、柏拉图的最高理念之神、亚里士多德的最高的善,直至斯多亚学派的宇宙理性之神和新柏拉图主义的"太一",都是循着这个理智与伦理的

---

① 第尔斯、克兰茨编:《苏格拉底以前哲学家残篇》,DK21B34。
② 同上书,DK21B18。

方向演变的。当时犹太教虽早已是非偶像崇拜的一神教,但耶和华是无形体的、威严的世界立法者,用律法统治宇宙与人间,哲学理性与伦理精神相对淡漠,这也是后来融合了希腊罗马哲学的基督教胜于犹太教的原因之一。

塞诺芬尼"凝视整个太空,说'一'是存在的,'一'就是神"。这个"一"与"神",也就是宇宙全体的本性,后来就被发展为巴门尼德的"存在"范畴。所以,从策勒到格思里的西方学者大多认为塞诺芬尼是泛神论者。也有学者反对,如弗兰克尔指出:他的神不动,又描述宇宙是运动的,两者无法统一。① 笔者认为,他刚开始萌发理性一神思想,还受伊奥尼亚自然哲学的影响,是带有泛神论色彩的理性神论者。他确认宇宙的本性或本质是不动变的"一"与神,它体现、支配运动变化着的多样化的现象世界,就像巴门尼德说的真理之路和意见之路分别认识的"存在"和现象,就他自己的看法而言是不矛盾的。所以,他的残篇中有不少解释自然现象的内容和伊奥尼亚的自然哲学思想颇为相似。

和伊奥尼亚自然哲学主张世界是由物质性本原生成的不同,他从宇宙全体的本性是不动变的"一"出发,认为"世界不是产生出来的,而是永恒的,不可毁灭的"②。但是对于运动变化着的自然现象,他作出了和伊奥尼亚自然哲学颇为相似的出于素朴经验观察的科学解释。他强调水对天文气象的作用,认为"海洋是水的源泉",没有大海就不会从云中刮出风暴,不会有江河泛滥与天空的雨水,"大海可以说是风、云和江河之父"。③ 在观察天体中,他强调"太阳由炽热的火云组成"④,"星辰是从火云生出来的,它们一到白天就熄灭,晚上又重新燃烧,就像炭一样"⑤。他的独特之见是:"一切(生命物)都从土中生,一切最后又都复归于土"⑥;

① 见格思里《希腊哲学史》第 1 卷,第 381—382 页。
② 第尔斯、克兰茨编:《苏格拉底以前哲学家残篇》,DK21A37。
③ 见同上书,DK21B30。
④ 同上书,DK21A32。
⑤ 同上书,DK21A38。
⑥ 同上书,DK21B27。

"一切生成与生长的东西都是水和土"[1];"我们都是从土和水中生出来的"[2]。早期希腊自然哲学家有生命物从湿土中自发滋生的见解,恩培多克勒也认为生命物最初从泥沼中自发滋生。塞诺芬尼的一个独创性的科学思想是他最早根据观察到的化石,对海洋与陆地的变迁提出了深刻的见识,在地质史上可以说是独步最先的。他认为海水退缩形成大地,因海水侵袭、雨水冲刷,"随着时间的推移,大地不断受到侵蚀,渐渐归入大海"[3]。他的证据就是在各处发现的化石。"在陆地和高山上发现了贝壳,在叙拉古的采石场发现了鱼和海草的痕迹,在帕罗斯岛的石头深层发现了月桂树叶,在马耳他岛发现了压扁的海生生物";在海陆循环变迁中,它们本来被稀泥覆盖,稀泥干透就形成了这些遗骸。他说当全部大陆都复归大海,"全人类就毁灭了。然后又开始新的大地生成,所有的世界就是这样形成的"[4]。前述他认为"世界"永恒不灭,不是产生出来的,那是指宇宙的存在全体,这里所说的"世界"只是指人类和生物生存的大地世界,两个说法不矛盾。这种沧海桑田的地质观和大地世界的生成变迁说,也是塞诺芬尼思想中的伊奥尼亚科学思想的痕迹。

第二节　巴门尼德

巴门尼德是爱利亚学派最重要的奠基人,也是希腊哲学思想进展中一位起关键转折作用的人物。他最早用"存在"(being)这一抽象而有普遍本质意义的哲学范畴,来深入规定世界全体的原理,并强调了理性思维在认识真理中的重要意义。这对伊奥尼亚自然哲学注重从经验直观中探求万物本原与毕达哥拉斯学派只停留在从数量和空间形式结构层面把握万物的原理,都是一种哲学思维上的超越。他的思想不仅促使在

---

[1] 第尔斯、克兰茨编:《苏格拉底以前哲学家残篇》,DK21B29。
[2] 同上书,DK21B33。
[3] 同上书,DK21A32。
[4] 同上书,DK21B33。

他之后的早期希腊自然哲学去深入探究宇宙万物的内在本性,而且对希腊古典哲学特别是柏拉图与亚里士多德构建哲学体系都有重要意义,在西方哲学演进史上也是一个重要环节。

一　生平和著作

巴门尼德(Parmenides)是爱利亚本地人。关于巴门尼德的生活年代,有两种不同的记述。一种是第欧根尼·拉尔修的。他说,巴门尼德"是塞诺芬尼的学生(塞奥弗拉斯特在《述要》中说他是阿那克西曼德的学生)。可是巴门尼德自己认为,他虽然受塞诺芬尼的教导,却并不是他的信徒"。拉尔修又记述,巴门尼德的"鼎盛年约在第 69 届奥林匹亚赛会时",即公元前 504—前 501 年,按此推算他的生年当在公元前 540 年左右。[①] 巴门尼德是否直接师从于塞诺芬尼,还是一个悬案。第二种记述是柏拉图的。他在《巴门尼德篇》中叙述白发苍苍、已届 65 岁高龄的巴门尼德和正当青年的苏格拉底会晤讨论哲学问题,在柏拉图的《智者篇》、《泰阿泰德篇》中也有相似的记述。[②] 苏格拉底约于公元前 400 年或前 399 年 70 岁时被处死,据此推算,会晤时间当在公元前 450—前 445 年左右,那么巴门尼德当生于约公元前 515—前 510 年。现代西方学者分别倾向于两种记述的都有。不相信柏拉图记述的学者认为,他说的会晤并非史实而是假托的虚构;但在我们看来,他即使虚构对话内容,也不至于在年代上失真。好在上面两种记述相差仅 25 至 30 年,我们当可断定巴门尼德约生活于公元前 6 世纪末期至前 5 世纪中叶,在赫拉克利特、毕达哥拉斯之后,在恩培多克勒和苏格拉底之前,正好是早期希腊哲学的一个转折时期。

有关巴门尼德的生平活动,留下的文献资料甚少。我们只知他出身

---

① 见第欧根尼·拉尔修《著名哲学家的生平和学说》,第 9 卷,第 21、23 节。
② 见柏拉图《巴门尼德篇》,127A—C,载于《柏拉图对话全集,附信札》;柏拉图《智者篇》,217C,载于《柏拉图对话全集,附信札》;柏拉图《泰阿泰德篇》,183E,载于《柏拉图对话全集,附信札》。

富豪之家，"曾以立法者的身份为他的母邦立过法"。毕达哥拉斯学派当时在南意大利影响甚大，巴门尼德一定熟悉并可能曾信奉此派的学说。他和一位毕达哥拉斯学派成员阿美尼亚(Amenias)交往甚密，有师友关系。第欧根尼·拉尔修说："阿美尼亚贫穷但颇有声望，巴门尼德宁愿追随他。阿美尼亚逝世时，出身豪门富家的巴门尼德还为他建立祭堂。引导巴门尼德走向沉思生活的，与其说是塞诺芬尼，还不如说是阿美尼亚。"[①]因此，巴门尼德在思想方法和哲学原理上，对毕达哥拉斯学派的学说有更多、更直接的继承与批判，他对伊奥尼亚哲学则可能是通过毕达哥拉斯学派为中介来理解与批判的。

巴门尼德流传下来的只有他用六韵步写的诗篇《论自然》(*On Nature*)，诗句华美而深寓哲理，是他在思想成熟时期的力作，在希腊诗史中也是堪称一流的。它曾流传了近 1 000 年，公元 6 世纪的辛普里丘还因其稀罕与珍贵想将它收为注释亚里士多德著作的附录。但是这部诗现仅存残篇 25 则(19 则被认为可靠)。残篇仍表现了原诗篇的结构：完整的"序诗"；约保存 9/10 的"真理之路"；约保存 1/10 的"意见之路"。诗篇的后两个部分阐发了他的学说的两个方面：存在与真理，现象与意见。亚里士多德和古代注释家们一般都将这两个方面理解为巴门尼德自己论本质世界和现象世界的学说，对后者有贬低但并不抛弃。19 世纪末以来，有些学者如雅可布·柏奈斯(Jacob Bernays)和弗里曼等人认为，"意见之路"部分只是针对赫拉克利特的学说和类似的观点来批判的，不是他本人学说的组成部分。卡尔·莱因哈德(Karl Reinhardt)和格思里不同意这种看法，认为这两部分作为巴门尼德的学说是相对应而不可分割的。叶秀山先生也认为，巴门尼德对米利都学派的传统确有贬低，但这和他否定"意见"与"现象"不是一回事。[②]

---

① 第欧根尼·拉尔修：《著名哲学家的生平和学说》，第 9 卷，第 21 节。
② 详见叶秀山《前苏格拉底哲学研究》，载于《叶秀山全集》第 1 卷，第 208—213 页，江苏人民出版社，2019。

二　存在与真理之路

在"序诗"中,巴门尼德以典雅的诗句描述道:智慧之马驱车载他离开黑暗,走进光明,通达女神之门。女神亲切地对他说:"欢迎你,年轻人! 你由不朽的驭者驾着车,来到我的住所。引你走上这条路的不是恶运,而是公平和正义,因为这远不是一般人走过的道路。走上这条路你就可以学到一切东西,既有不可动摇的圆满的真理,又有不包含真实信念的凡人的意见。无论如何你也应该学习这些东西——那些看来是如此的东西,只有通过彻底的考察,才能判明那些似乎是存在的东西。"[1]显然,他自称他的哲学是通达坚实、圆满之路的真理,同时也包含着常识的意见。女神开宗明义地告诉他:"只有两种探究之路可考虑。一种就是存在,存在不可能不存在,这是真理之路。另一种就是非存在,非存在必定要不存在,我告诉你,那是一条没人能完全学到真知之路。因为你不能对非存在有知识——那是不可能的——也不能言说它;因为能被思想的和能存在的是同样的东西。"[2]这就是巴门尼德的基本哲学纲领。

自巴门尼德提出"存在"(being)这个范畴后,历来的众多哲学家都使用这个范畴,当然不断赋予这个范畴切合他们自身哲学的意义。如何理解巴门尼德使用这个范畴的本来意义呢? 中文应如何确切地翻译呢? 这是个相当复杂的问题,既涉及理解这个术语的希腊文原意并在中文翻译中做到"信、达、雅",也涉及对这个术语的哲学意义甚至逻辑意义的理解与解释问题。现所用的"存在"一词在希腊文中原为"是"动词(verb to be)的不同形态。希腊文"是"动词的不定式 einai,相当于英文 to be;第一人称单数为 eimi,相当于英文 I am 中的 am;第三人称单数为 esti,相当于英文 it is 中的 is;其中性分词 on、阴性分词ousa用做动名词都只能

① 第尔斯、克兰茨编:《苏格拉底以前哲学家残篇》,DK28B1。
② 伯奈特:《早期希腊哲学》,第 173 页;第尔斯、克兰茨编:《苏格拉底以前哲学家残篇》,DK28B2。

英译为 being,ousa 在亚里士多德那里则被用来表述十范畴之首的"本体"。巴门尼德残篇中的"存在"是分别用这个动词的不定式、第三人称单数和分词用做动名词来表述的。[①] 国外的卡恩等人对此词的翻译与理解有专门的讨论和不同的见解。国内的陈康先生早就在他译注的《巴曼尼得斯篇》中主张将它译为"是",近些年来汪子嵩、王太庆、王路、俞宣孟等学者也著文主张用"是"来译"being",或根据语境分别译为"存在"与"是"。

围绕这个问题国内哲学界已经开展了一场多人参与的热烈讨论。[②]大体而言,有三种意见:第一种意见认为,"存在"往往被理解为和思维对立的客观、具体的事物,不能完全准确表达希腊文、英文中此词由"是"动词和转化为动名词所包含的"是"、"在"、"有"、"真"的含义,因而主张将从巴门尼德到海德格尔的全部西方哲学中的 being 都改译为"是"。第二种意见主张,在希腊哲学和之后西方哲学的演进中,根据不同的哲学学说或上下文的语境,分别用"是"或"在"或"有"来表述。第三种意见认为,中文中难以找到一个合适的词来全面对应希腊文中的 einai 及其不同的式以及英文中的 being,所以仍沿用旧译"存在"为宜。

讨论"存在"这个词的确切翻译问题有重要意义,它不仅是字面翻译问题,更涉及对巴门尼德和西方哲学史中这个基本范畴意义的全面、准确理解,可使人们纠正过去将它的原来意义狭隘地理解为只是独立于思维、和思维对立的客观事物所"在"的错误做法,避免对西方哲学史中的这个范畴进行片面的理解甚至误解、曲解。但是,中文里确实难以找到一个合适的词来涵括"是"、"在"、"有"、"真"的意义,中文极少用"是"的动名词。如果设"是"的动名词为基本哲学范畴,而在句子中经常用系词"是",就会大量出现"是'是'"的情况,汉语表述上就会出现许多不顺畅

[①] 关于"存在"一词在巴门尼德残篇的希腊文版本中的使用,参见汪子嵩等《希腊哲学史》第 1 卷,第 594—599 页(陈村富所写)。

[②] 关于这场讨论中各家的论述,可参见宋继杰主编《BEING 与西方哲学传统》(上、下卷),河北大学出版社,2002。

与困难,反而造成意义表述与理解上的混乱;而且,如果都译为"是",会牵动理解与翻译西方哲学史的全局,各时代、各流派、各哲学家的学说赋予这个基本范畴的意义也是很不相同的,甚为复杂。所以,在上述讨论尚无一致结论的情况下,本卷仍用"存在"的译名。实际上,自佛经中译以来,每种外来范畴的中文译名多少都改造或修正了对应中文名词的传统含义。本书所用的"存在"也已不再依据传统的中文含义,而是赋予它更为开阔的新的内涵和外延,用更新意义的方式来重新使用这个译名。它的内涵更丰富,综合地兼有"是"、"在"、"有"和逻辑上的"真"的意义,在不同的语境中可着重于其中一个或部分的意义;它的外延也是最广的,不只是指独立于思维的物质性东西,而是包括"有"、"在",可用"是"表述而又在哲学与逻辑意义上为"真"的一切东西,既指物质性的东西,也可指一切精神性、思想性乃至逻辑性的东西。

巴门尼德所提出的"存在",实质上是以此来概括世界全体的普遍、必然的本质,一种表示世界全体统一的本性。它不同于伊奥尼亚自然哲学的生于斯、复归于斯的某种具体物质的本原,也不同于毕达哥拉斯学派仅从数量关系与空间几何形式结构解释宇宙万物的原理,而是将它提升为更普遍、本质的原理。他的"存在"将塞诺芬尼的"一"在哲学意义上明确地展开,其特征为:它是全体的"一",不动变、不生灭,是永恒的、连续不可分的整体。"存在不是过去的存在,也不是将来的存在,因为它一直是现在这样,作为单一的、连续的整体而存在"。"存在是不生不灭的,存在是完整的、单一的、不动的、没有终结的"。"存在还是不可分的,因为它是完全一样的,它不会这里多些,那里少些,因而妨碍存在联系在一起,毋宁说存在是充满的、连续的,存在和存在是紧紧相连的"。[①] 一种普遍的必然性将"存在"这种世界的本性联结为有限定性、齐一性。"存在被强有力地锁在有限定的范围内……存在自身静止在同一个地方,永远停留在那里,因为强大的必然性将它牢牢地锁在有限定的范围内,使它

---

① 见第尔斯、克兰茨编《苏格拉底以前哲学家残篇》,DK28B8。

在各个方向都一样。"①唯有存在可被思想、被表述，关于存在的思想才是真理："所谓思想就是关于存在的思想，因为你绝不可能找到一种不表述存在的思想……凡人们在他们的语言中加以固定的、自以为真的东西不过是空洞的名称，如生成与毁灭、存在又不存在、位置的改变、色彩的变化等。"②巴门尼德还不能像后来的柏拉图、亚里士多德那样用完全高度抽象的语言来界定、表述"存在"的哲学意义，他就像毕达哥拉斯学派用几何数、图形数来表述宇宙万物的原理那样，将"存在"描述为一种有限定的球体："由于有一个最边远的界限，存在在各个方向都是限定的，很像一个滚圆的球体，从中心到任何一个方向都相等……存在是完全不受侵犯的，因为它在各个方向都和自己相等"③。这种"存在"是球体的表述，既有将毕达哥拉斯学派的"科斯摩斯"设想为一种不动变的、完善的球体的意思，也是形象地比喻世界的普遍本性是不变、齐一、完善的。因此亚里士多德说他和麦里梭在探求自然的本性上虽然否认生灭与运动，"但还只是关于可感知事物的本体的存在形式的思想"④。

　　伯奈特认为，巴门尼德的存在论指出动变生灭、有虚空与时间的现象不是世界的本性，肯定了有限定、不动变、圆球形、有形体的连续体这种"自在之物"，所以他并不是如一些人所说的"唯心主义之父"，相反，是"唯物主义之父"，后来的唯物主义学说如恩培多克勒的"元素"、阿那克萨戈拉的"种子"、留基伯与德谟克利特的"原子"，都是"依据他的实在观的"。⑤ 伯奈特之说有一定的道理，当时物质与精神范畴还没有明确地分化确立，巴门尼德并没有将存在等同于思想或其他精神性实体，也没有像后来亚里士多德的"存在"已包括了思想性与逻辑的东西。公元前 5世纪下半叶的自然哲学家正是吸取了他的并非无中生有的存在观，并将他的不动变、有形体、全体齐一的"存在"打个粉碎，转变为运动变化的微粒子存在，从而深入探究物质粒子结构的本原的。但伯奈特将他誉为

①②③ 第尔斯、克兰茨编：《苏格拉底以前哲学家残篇》，DK28B8。
④ 亚里士多德：《论天》，298b21，载于《亚里士多德全集》。
⑤ 见伯奈特《早期希腊哲学》，第 182 页。

"唯物主义之父"也是拔高了,因为他片面强调只有思想才能把握的这种作为世界普遍本性的、不动变的存在,也潜存着后来经由苏格拉底的"普遍性定义"通达柏拉图的与具体事物分离的"理念"的可能性。

巴门尼德强调,只有通过思想(努斯)才能把握世界的本性和关于存在的真理。他说:"要用你的心灵(努斯)牢牢注视那遥远的东西,好似近在眼前"[①];他认为思想是人的心灵器官的一种理解能力,"人类的心灵(努斯)也是这样,因为进行思想的理解能力是每个人也是所有人都一样的器官的本性"[②]。他已将思想和感觉明确区分开来,认为感官所产生的感觉不能获得关于存在的真理,只能获得关于变动不居的现象世界的意见。过去曾将他的一则残篇译为"思想和存在是同一的",黑格尔又对此着力作了客观唯心论的解释,于是就判定他的存在论是唯心主义学说。现代西方学者从策勒、伯奈特、康福特到格思里,都根据希腊文上下文和该句的准确意义,将它译为"能思想的和能存在的是同一的"。[③] 其含义就是存在是思想的对象,思想把握的是作为世界本性的存在。这里,毫无将存在等同于思想之意,存在甚至还没有像后来那样将其外延扩大到涵括所"是"的思想性与逻辑的东西。思想把握了存在即世界全体的本性,就能通达真理。"真理"的希腊文 aletheia 的原意为"自然的显现"、"揭蔽",海德格尔据其基本的本体论将它解释为"在"的解蔽;而巴门尼德是首次将"真理"解说为思想(理性)揭示、发现存在即事物的本质,这后来成为西方哲学与科学的最高范畴和目标。

如果说毕达哥拉斯学派已运用了数学的逻辑论证的方法,巴门尼德则在论述存在与真理之路中,在哲学思维的更高层面上运用了逻辑推理的论证方法。他将存在的本质世界和非存在的现象世界对立起来,用较严格的、逻辑性强的哲学论证,指出对后者的认识不可靠,只能走存

---

① 第尔斯、克兰茨编:《苏格拉底以前哲学家残篇》,DK28B4。

② 同上书,DK28B16。

③ 参见汪子嵩等《希腊哲学史》第 1 卷,第 637—638 页(陈村富所写);格思里《希腊哲学史》第 2 卷,第 14 页;第尔斯、克兰茨编《苏格拉底以前哲学家残篇》,DK28B16。

在之路、真理之路;而对存在的特征的界说也是在严密论证的基础上自圆其说的。这种哲学上的逻辑论证方法后被他的学生芝诺发展为一种有更强逻辑性的论辩方法,一种主观辩证法。当时还未产生亚里士多德的逻辑学,但我们从中可看到哲学思维中的逻辑思想在积累、生长,从而哲学思维也因此在把握事物的普遍、必然的本质方面提高到新的层次。

三　非存在与意见之路

巴门尼德说的非存在是变动生灭的现象世界,意见之路就是凭感知与常识性的看法认知非存在的现象世界,它是一种没有把握世界全体本性的认识。他的学说中也包容了这种认识,但认为将它看做世界本性的真理就是一种谬误。他首次表现了将世界二重化、将认识区分为真理与意见两段的初步思想,后来柏拉图将它发展为现象世界和理念世界的二重化,将认识划分为意见和知识两大阶段。

"意见"一词的希腊文 doxa 的词源意义是"希望、期待",后来衍变为意见、看法、判断、见解等,从塞诺芬尼、巴门尼德起成为一个表达认识阶段或认识形式的范畴,指对事物表面现象的感知认识、常识性见解或尚未达到把握事物本质(知识)的认知。巴门尼德残篇中有 11 则专论意见之路。他虽然将伊奥尼亚自然哲学或许也将毕达哥拉斯学派关于自然现象的学说,都批评为只是"意见",但他认为这些意见也是值得了解的。他描述了人们习惯于将明和暗、稀散和浓聚、火和土等对立看做事物生灭的主要原理,然后说:这种"对世界秩序的看法是表面的、肤浅的。我将它统统告诉你,这样任何一种凡人的看法就不能胜过你了"①。他承认在不动变的存在的"一"之外,也有动变生灭现象的"多"要认识。亚里士多德说:"他不得不根据观察到的事实,在承认存在着逻各斯的'一'的同

---

① 第尔斯、克兰茨编:《苏格拉底以前哲学家残篇》,DK28B8。

时,又根据感觉,承认存在着'多'。"①在他的诗篇的第三部分即认识自然现象的意见之路中,他以总括早先的自然哲学思想自居,而伯奈特认为他的诗篇的这部分是二元论的宇宙论,是"当时毕达哥拉斯学派的宇宙论的一种概括"②。不过,我们认为,生活在南意大利的他,通过当时毕达哥拉斯学派的自然思想对伊奥尼亚的自然哲学与科学思想也有吸收。

他和当时的自然哲学家一样,也论述了自己的宇宙论见解。他将光明和黑暗列为自然现象构成、动变与生灭的基本对立,"万物都被称为'光明'和'黑暗',根据其中这一个或那一个的力量给每一类事物命名"③。由这一基本对立而有火(以太)和土、热和冷、稀散和浓聚、轻和重、雄和雌、左和右等等对立。他认为通过这些对立的作用,可以解释大地、太阳、月亮、星辰的生成和作用,"你还可以认识周围的天空是从哪里生出来的,以及必然性如何强制它限定在星辰之中"④。他描述的宇宙结构大体吸收、修改了毕达哥拉斯学派的有限定的圆环形结构,补充了伊奥尼亚学派的宇宙论的一些见解。他说,宇宙"有许多环形的带,一个绕在另一个上面",那是"由稀散东西组成的带"和"由浓厚东西组成的带"叠加而成的;以太在所有一切之上,下面是人们称为"天"的部分;"太阳和银河圈是火的呼气,月亮是由土和火混合而成的",而在宇宙"混合带的最中心的是运动和变化的本原和原因",是"驾驭一切的女神和钥匙掌握者——'正义'和'必然'"。⑤ 这是毕达哥拉斯学派和伊奥尼亚宇宙论思想的一种并不高明的糅合。南意大利有医学传统,值得注意的是巴门尼德开始用对立性质的"比例"来解释某些生理现象,说"当女人和男人将'爱'的种子混合在一起,由不同血液组成的血中的雏形(胎儿)的力量只要能保持合适的比例,便可以形成构造完善的身体"⑥。这对后来恩培

---

① 亚里士多德:《形而上学》,986b31—34,载于《亚里士多德全集》。
② 伯奈特:《早期希腊哲学》,第185页。
③ 第尔斯、克兰茨编:《苏格拉底以前哲学家残篇》,DK28B9。
④ 同上书,DK28B10。
⑤ 见同上书,DK28A37。
⑥ 同上书,DK28B10。

多克勒用元素比例来解释生物构造和生理现象有一定的影响。

第三节 芝 诺

被亚里士多德称为"论辩术的创始者"的芝诺是爱利亚派学说的坚定捍卫者。他以一种看来是严格的逻辑论证的方法,提出了一与多、动与静、连续与间断等存在的悖论,其目的是要否定现象的多、动和可分的间断性,以归谬法来反证"一"即不动、连续的存在才是世界全体的合理本性。他的结论虽是否定变化生灭为万物本性这种形而上学,但实际上是以一种逻辑论证的主观辩证法揭示了客观世界和思想的矛盾,在辩证法与逻辑思想史上都有重要意义,对当时数学的发展也起有促进作用。

芝诺(Zeno)是爱利亚本地人,他的鼎盛年在第 79 届奥林匹亚赛会即公元前 464—前 461 年,他的生年应在公元前 504—前 500 年。他身材魁伟,是"巴门尼德的学生和亲密朋友","在哲学上和政治上都是一个出色的人",性格刚强,品格"高尚",忠于信念,为捍卫所信奉的学说写下了"充满智慧"的著作。他还大力从事"推翻僭主"的政治活动,惨烈地死于政治斗争。据说他要"谋杀暴君,拯救爱利亚人",但暴君将他"抛进了石臼"捣碎而死无全尸。他德高望重而死于非命,激使"这个城邦的公民们后来就起来将这个僭主打死了"。[1] 柏拉图在《巴门尼德篇》中讲到芝诺和巴门尼德一起去雅典,住在皮索多罗家里。[2] 这是可能的。古代辞书《苏达》说他写过四种著作,即《辩驳》、《反哲学家》、《论自然》和一部考察恩培多克勒的著作[3],但并不可靠。格思里认为前三种实际上是亚历山大里亚时期赋予同一著作的不同名称,至于第四种则更为可疑;[4]辛普里丘也只提到一部著作,大约是公元前 460 年左右写的。普洛克罗说这部

---

① 见第欧根尼·拉尔修《著名哲学家的生平和学说》,第 9 卷,第 25、26、28、29 节。
② 见柏拉图《巴门尼德篇》,127C,载于《柏拉图对话全集,附信札》。
③ 见第尔斯、克兰茨编《苏格拉底以前哲学家残篇》,DK29A2。
④ 见格思里《希腊哲学史》第 2 卷,第 81 页。

著作的名称是 *Epicheiremata*，就是《反诘或辩驳》。① 这部著作的主要特色是：从对方所主张的前提出发推论出两个自相矛盾（包括与常识矛盾）的结论，由此证明它的前提是虚假的。后来的逻辑学称之为归谬法（反证法）。但是芝诺的归谬论证推出了两个近似二律背反的命题，目的虽不是要都肯定它们，但其哲学上的客观效果却更有主观辩证法的意义，就是在论辩的思想中揭示客观事物自身存在的矛盾。芝诺本人的著作残篇只留下 4 则，古代后人转述或介绍的残篇则有 30 则。他的思想集中表现在他提出的五个著名的悖论中。

一　关于"多"的悖论

芝诺师从巴门尼德，主张作为世界全体本性的存在是"一"。他驳斥的"多"是主张作为世界本性的"存在"是"多"（既指本原意义上的多元，也指空间组成部分的多），并不是否认现象世界的多样。这个悖论的中心意思是说，如果肯定存在是多，那么它就会既是无限大，又是无限小。一般认为，"如果存在没有大小，它就不能是存在了"，似乎存在必定是多。他却论证世界全体的本性如果是由部分组成而表现为空间和数量上的"多"，都会得出悖论：（1）在空间形式构成上，"如果存在是多，它就必须每一个部分都有一定的大小和厚度，而且与别的部分有一定的距离。对于处在这一部分前面的那个部分，也可以说这样的话。那个部分自然也会有大小，也会有另外一个部分在它前面"。这样可无穷推扩。如果你承认每个"前面的部分"都有大小，在无穷推扩中就会达到无限大；如果否认"每个部分"有大小，现存和所推扩的部分都是零，无论怎样无穷推扩也是无限小而几近于零。所以，"如果存在为多，那么它必然同时既是小的又是大的：小会小到没有，大会大到无穷"。② （2）再从数量关系看，如果事物的存在是多，就会得出它的数量既有限又无限的相反

---

① 见第尔斯、克兰茨编《苏格拉底以前哲学家残篇》，DK29A5。
② 见同上书，DK29B1。

结论。正题为："如果事物[的存在]是多数的,那就必须与实际所在的事物正好相等,既不多也不少。可是如果有像这样多的事物,事物(在数量上)就是有限的了。"而反题也能推出："如果事物[的存在]是多数的,存在的东西(在数量上)就是无限的。因为在各个个别事物之间永远有一些别的事物,而在这些事物之间又有别的事物。所以它们(在数量上)是无限的了。"①

芝诺的这个悖论实际上涉及希腊哲学中的一个重要主题即"一"与"多"。他的目的是为了维护他的老师的主张,即世界全体的本性是并非多样也非由多部分组成的"一",也就是统一而不可分割的存在。当时,他在哲学上用悖论的方式驳斥"多",也是矛头有所指的。他的矛头更着重、更直接地指向当时盛行于南意大利的毕达哥拉斯学派的基本观点,也就是以数本原来解释由"一"生"多",由几何数、图形数和(部分构成整体的)空间几何形式结构来解释宇宙的本性或原理。

二　关于"运动"的四个悖论

芝诺以思辨方式论证,如果肯定运动是世界的本性,就会产生四个悖论。他的论证的原文已佚失,但亚里士多德的《物理学》中保存了有关内容。

(一)二分法(dichotomy)的悖论

这"第一个论证是说,运动不存在,因为一个运动的物体在达到目的地以前必须先达到全路程的一半"②。另一种表述是："有许多论证是同流行的意见相反的,例如芝诺说,运动是不可能的,你不可能越过运动场(stadium)。"③stadium 即古希腊运动会的竞技场,从公元前 776 年开始

---

① 见第尔斯、克兰茨编《苏格拉底以前哲学家残篇》,DK29B1。
② 亚里士多德:《物理学》,239b11—14,载于《亚里士多德全集》;第尔斯、克兰茨编:《苏格拉底以前哲学家残篇》,DK29A25。
③ 亚里士多德:《论题篇》,160b7—8,载于《亚里士多德全集》。

举办全希腊的奥林匹亚赛会后,运动场地的跑道长度定为 600 希腊尺,折合 606.75 英尺。芝诺向常识挑战,说运动员不可能穿过跑道、到达终点,因为要达到终点,首先要到达全程的一半,即1/2,为此又必须先超过这一半中的一半,即 1/4,依此类推,要先越过1/8,1/16,1/32,…,1/n,这是无穷的,因此根本不可能越过。这个悖论和中国古代哲学中的"一尺之棰,日取其半,万世不竭"①含义相似。中国的论辩者惠施和希腊的芝诺都从时空的有限中看到可分割的无限性,但惠施的目的是论述相对主义,事物的不确定性,芝诺的目的则是为了否定运动,以一种静态的无限微分将存在固定为完全静止不动变的。

亚里士多德对芝诺的这个悖论是从两方面批驳的:(1) 有限的时间与空间都能无限分割。"芝诺的论证是错误地认为不可能在有限的时间内越过无限的点",虽然事物"不能在有限的时间内同数量上无限的东西相接触,却能同可分性意义上无限的东西相接触。因为从可分性意义上讲,时间本身也是无限地可分的"。②(2)指出芝诺片面地以间断性取代连续性。"在将连续的距离分为两半时,将一点当做两点了,使它成为一个起点和一个终点……如果以这种方法来分,无论是距离或是运动就都不是连续的了。"③

事物的运动总是在时间与空间中进行的,时间与空间本来就是运动存在的形式。芝诺的悖论客观上揭示了运动中时间与空间在量度上的有限与无限(可分)、连续性与间断性的矛盾。他的其他三个关于运动的悖论的实质也是类似的。

（二）阿喀琉斯追不上乌龟的悖论

攻打特洛伊的英雄、全希腊跑得最快的阿喀琉斯,芝诺却说他追不上爬得极慢的乌龟:"最快的永远赶不上最慢的,因为追赶者必须首先

①《庄子·杂篇·天下第三十三》。
② 见亚里士多德《物理学》,233aI—28,载于《亚里士多德全集》。
③ 同上书,263a23—27,载于《亚里士多德全集》。

跑到被追赶者起跑的出发点,因此最慢者必然永远领先。"①阿喀琉斯赶不上同他赛跑的乌龟,因为他在赶上乌龟以前,必须首先到达乌龟的出发点,而他到达这一点时,乌龟已经又爬了一段,由此无穷地逼近也最终赶不上乌龟。这个悖论是建立在割裂时空的有限性与无限可分性、连续性与间断性这两种矛盾的统一的基础之上的。论证的目的更明显地是:如果说"作为世界本性的存在是运动的"这个原理是真的,就会得出跑步健将阿喀琉斯赶不上乌龟的荒谬结论;但在实际上当然不会有这种情况,所以依凭思辨的理性去把握作为世界本性的存在是不运动的。

(三)飞矢不动的悖论

疾飞的箭就其无限分割的瞬间而言实际上是静止不动的,"如果某物处于和它自有的量度相等的空间里,它就是静止的;而运动着的物体在每一瞬间中(都占据这样一个空间),因此,飞矢不动"。亚里士多德批评道:"这个说法是错的,因为时间不是由不可分割的'瞬间'组成的,正如别的量度也都不是由不可分割的部分组成一样。"②这个悖论的实质是将运动经历的时间无限微分为不连续、不可超越的静态"瞬间",以此论证,就世界本性的存在而言,运动是表面的假象,运动不过是由无数静止的画面拼接而成的,就像如今动态的电影放映时连接的静态胶片一样。

(四)运动场的悖论

这是关于运动场上两排物体的论证:"每排由大小相等、数目相同的物体组成,各以相同速度按相反方向通过跑道,其中一排从终点开始排到中间,另一排从中间排到起点。他[芝诺]认为,这里包含一个结论:一半时间等于一倍时间。"亚里士多德指出:"这个论证的错误在于,它假定一个物体经历另一个以同等速度运动的物体所用的时间,和经历同样大小的静止的物体所处的时间是相等的。"③这个悖论看来复杂费解,历史

---

① 亚里士多德:《物理学》,239b14—18,载于《亚里士多德全集》;第尔斯、克兰茨编:《苏格拉底以前哲学家残篇》,DK29A26。

② 亚里士多德:《物理学》,239b5—9,载于《亚里士多德全集》。

③ 同上书,239b33—240a18,载于《亚里士多德全集》。

上有种种不同的解释。实质上，它涉及运动中时间的相对性问题。芝诺将运动物体相对于按相反方向同样运动的物体作为参照系的时间，和该物体相对于静止物体作为参照系的时间混为一谈，为的是否认作为世界本性的存在是运动的：如果承认运动的真实性，就会得出一半时间和其一倍时间相等的荒谬结论来。

除了以上四个著名的关于运动的悖论外，他还有一个否定"空间"存在的悖论。爱利亚学派主张存在是连续、充实的整体即"一"，其中是没有虚空的，就是说，没有"存在"占据的、绝对虚空的"空间"是没有的。芝诺则用反证法否定这种空间的存在："如果空间自身也是一种存在的东西，那么，它存在于何处呢？芝诺的诘难要求我们作出解释：因为如果一切存在的东西都存在于空间里，[而空间自身又是一种存在的东西，]那么就会有空间的空间，以至无穷了。"[①]空间本身是物质存在的形式，早期希腊哲学在原子论之前没有承认绝对虚空的空间存在，毕达哥拉斯学派说间隔事物的空间是存在的"嘘气"造成的。芝诺的诘难目的是为了论证"存在"自身就有连续、充实的空间，绝对虚空的"非存在"是不成立的。他最早从逻辑论证上否定空无的"绝对空间"，是有意义的。

三　芝诺悖论的历史意义

虽然芝诺的一系列悖论的目的，是为了论证存在是不动变的"一"这种形而上学，但是它们在哲学与科学思想史上有特殊的意义与价值。

芝诺悖论首创了一种主观辩证法，它客观上揭示了在时空中运动的事物所固有的内在矛盾。黑格尔高度评价道，"他是爱利亚学派的大师，在他那里，爱利亚学派的纯思维成为概念自身的运动，成为科学的纯灵魂，——他是辩证法的创始者"[②]。只有理论思维才能揭露对象本质中的矛盾。他创始的是逻辑论证的主观辩证法，在悖论这种思想矛盾中折射

---

① 亚里士多德：《物理学》，209a23—26，载于《亚里士多德全集》。
② 黑格尔：《哲学史讲演录》第 1 卷，贺麟、王太庆译，第 272 页，商务印书馆，1959。

出客观事物的普遍性矛盾,包括:"一"与"多",运动是在同一瞬间物体既在这个地点而同时又不在这个地点,事物量度的有限性与可分割的无限性,时间与空间以及相关的运动历程的连续性与间断性,等等。这种主观辩证法有助于哲学思维深入把握事物的普遍本质与内在矛盾。后来的苏格拉底的对话辩证法、麦加拉学派的悖论、后期柏拉图研究的对立范畴、晚期希腊罗马怀疑论学派的一些有二律背反意义的"式",都是各以其不同的方式、自身目的与结论,吸收、发展了这种主观辩证法,而麦加拉学派的悖论和芝诺悖论是一脉相承、最为相似的。黑格尔说,芝诺的辩证法"曾经掌握了我们空间和时间观念所包含的诸规定",把它们"提到意识前面,并且在意识里揭露出它们的矛盾。康德的'理性矛盾'[即二律背反]比起芝诺这里所业已完成的并没有超出多远"。[①]当然,芝诺揭露了运动和时空的本质的矛盾,但是没有能将对立的双方统一起来,终究还是停留在黑格尔所说的爱利亚学派固有的"形而上学的抽象论证"中,"沉没在理智[知性思维]同一性的深渊里"。[②]

黑格尔将知性的思维方法和形式逻辑这种思维形式的科学规律与方法等同视之,这并不确切,因为形式逻辑并不等同于知性的形而上学思维,形式逻辑是对任何哲学学说与学科都适用的关于思维形式的科学。说芝诺悖论只是因为遵循形式逻辑才造成否定客观事物运动的辩证法,这种说法也是不确切的。形式逻辑固然不能承认关于同一命题对象的两个相反命题同时皆真,也不能从同一个前提同时推出相反的结论来,但是形式逻辑根本不排斥同一个前提中有确认事物矛盾的内容,唯物辩证法和唯心辩证法都是要运用形式逻辑的。所以,芝诺悖论的实质不是因为遵循形式逻辑的思维,而是因为他进行逻辑论证的关于"多"、运动、时间与空间的前提中,不包含承认有限与无限(可分)、"一"与"多"、连续与间断等对立统一的内容,在前提中这些矛盾的双方是割裂

---

① 见黑格尔《哲学史讲演录》第 1 卷,贺麟、王太庆译,第 293 页,商务印书馆,1959。
② 见同上书第 1 卷,第 276 页。

的,并且是夸大或偏执一方的,因而推出相互对立的(包括和常识的真理相对立的)结论来。就是说,由于爱利亚学派存在论的形而上学性,它们的前提本身否定了客观辩证法,所以芝诺的主观辩证法只能以扭曲的方式折射出客观事物的辩证法。

芝诺悖论在逻辑思想史上也有意义与价值。形式逻辑这门学科到亚里士多德那里才建立,它是靠几个世纪以来希腊哲学、科学与论辩术(修辞学)中逻辑思想的不断积累,才得以形成一门思维科学的。芝诺悖论标志着希腊逻辑思想日益趋向成熟,也促进了后人逻辑思想的发展(如智者的论辩术和苏格拉底的对话辩证法中的逻辑分析思想),为形成这门思维科学提供了重要的思想积累。后来的希腊罗马哲学家与逻辑学家中,不少人致力于从逻辑上剖析芝诺悖论的难题,也有助于逻辑思想的发展。

芝诺悖论对希腊以至近代数学思想的发展也有开创性的启迪意义。希腊数学思想的发展,除了从泰勒斯、毕达哥拉斯学派的几何学思想一直到欧几里德的《几何原本》这条线索外,另一条线索是关于无限小、极限的探讨。芝诺悖论的难题最早在这方面向希腊数学家提出了挑战,启发他们去研究有关无限小、极限以及求和过程等各种数学概念,并努力创新这方面的数学方法。如安提丰和欧多克索创立了穷竭法;到近代西欧数学家发明了微积分,在数学中完善地引入变量,解决了运动与时空中的有限与无限可分、连续性与间断性的对立统一。

第四节　麦里梭

麦里梭生活于公元前 5 世纪下半叶,是爱利亚学派末期的代表人物。

当时小亚细亚与希腊本土兴起复兴伊奥尼亚自然哲学的思潮,而南意大利的恩培多克勒也已力图综合伊奥尼亚和南意大利的哲学传统,将对"存在"的抽象论述转变为四元素和"爱"与"恨"两动力的物质粒子结构的本原论及宇宙演化观。面对这些哲学学说的挑战，麦里梭一方面固守与阐发巴门尼德的基本学说，另一方面吸收伊奥尼亚哲学的某些思想来修正巴门尼德的"存在"论，并使其摆脱形体性表述而更有抽象性。亚里士多德对他的评价不高，远在巴门尼德和芝诺之下。他似乎只是一位二流的哲学家。但近代以来也有不少西方学者认为应给他较高的评价。作为爱利亚学派终结时期的代表，在希腊的东西方哲学思潮风云际会之中，他的哲学思想有其特点与贡献。

据记载，麦里梭（Melissus）是小亚细亚的"萨摩斯本地人"，是赫拉克利特的同乡。他的鼎盛年在第 84 届奥林匹亚赛会（前 444—前 441）期间。"他是巴门尼德的学生，又和赫拉克利特有关系，是他向不知道［赫拉克利特］的爱菲斯人介绍他所并不看重的赫拉克利特的"；"他还参与政治活动，受到本邦人的敬重，被选为舰队司令"。① 他是一位能干的政治家兼军事家。由于麦里梭主要活动于伊奥尼亚地区的萨摩斯，又是巴门尼德的学生，伯奈特便认为，他很可能原来是伊奥尼亚学派的成员，后来转而信奉爱利亚学派的学说的。② 他有一大著名的军事功绩，就是在约公元前 441—前 440 年领导萨摩斯人击败了雅典伯里克利派来封锁与入侵的强大舰队。普卢塔克在《伯里克利传》中记述道："正值伯里克利离开的时候，伊泰根尼的儿子、领导萨摩斯人的哲学家麦里梭，蔑视为数不多的雅典舰队以及指挥官们的无能，劝告萨摩斯人出击。战斗发生了，萨摩斯人取得胜利。他们捉了许多俘虏，毁坏了许多舰只，因而控制了许多海域。他们还获得不少战利品。根据亚里士多德记载，伯里克利自己在早些时候也曾经败在麦里梭手下。"③修昔底德在《伯罗奔尼撒战争史》第 1 卷第 8 章中具体记述了这场著名的萨摩斯之战的缘由与过程。④

---

① 见第欧根尼·拉尔修《著名哲学家的生平和学说》，第 9 卷，第 24 节。
② 见伯奈特《早期希腊哲学》，第 321 页。
③ 普卢塔克：《伯里克利传》，第 26 节，载于普卢塔克《希腊罗马名人传》。
④ 详见修昔底德《伯罗奔尼撒战争史》上册，谢德风译，第 79—80 页，商务印书馆，1997。

　　辛普里丘在亚里士多德的《物理学》和《论天》的注释中都说麦里梭只写有一部著作《论自然或存在》(On Nature or Being)，书名可能是后人所加。在辛普里丘的时代还有麦里梭的著作，后来就佚失了。第尔斯辑录麦里梭的残篇(即 B 类)共 10 则，后人关于麦里梭思想的记述(即 A 类)多则，主要出自亚里士多德和辛普里丘的著述。此外，艾修斯和希波吕托也有所记述，而出自伪亚里士多德的著作《论麦里梭、塞诺芬尼和高尔吉亚》(可能是麦加拉学派或漫步学派的成员所写)的麦里梭部分的残篇比较完整，也体现了他对存在学说的新论证。两类资料内容一致，可以互相印证。在爱利亚学派中，他留存的残篇最多，远比巴门尼德与芝诺丰富，这对我们了解与研究爱利亚学派是有价值的。

　　他生活在恩培多克勒、阿那克萨戈拉、留基伯等一代新哲学家辈出之时，巴门尼德的存在学说不仅遭到老的学派(如小亚细亚的伊奥尼亚哲学和毕达哥拉斯学派)的反对，也遇到了新的更有综合性、更为深化的自然哲学的挑战，而且人们的抽象认识与逻辑思维能力也有了提高。面对新的思想情势，麦里梭不再维护巴门尼德学说中的明显生硬、破绽之处，他既对巴门尼德学说提供新的阐发与论证，也力图将伊奥尼亚哲学和其他新的哲学思想糅合进来，意图在修正爱利亚学派的学说中维护其生命力。这自然不会成功，巴门尼德学说的历史生命力已主要表现在它对后起的各种新哲学的深刻影响之中。但从麦里梭的学说中，我们可饶有兴致地察知，在公元前 5 世纪下半叶那个新老学说交替的时期，也有一种别致的思想画面。

　　从现有的残篇来看，麦里梭和芝诺一样，都没有讨论到巴门尼德的"意见之路"的内容，他固守"存在"的真理，对自然现象的科学探索明显地落后于同时代的自然哲学家。但是，麦里梭面对其他新老学说的挑战，为了维护爱利亚学派的基本学理，大胆地修正了巴门尼德学说中的论述不足或有破绽之处，主要在三方面提供了新的论证：

　　第一，他主张存在是无限的，而不是有限的。他说的无限仍是无限制、无限定的意思，但已有时间上无开端与终结的"无限"的意思，认为这样才能论证"存在"的真理。其残篇论证的推理程序为:(1)"存在是永恒的,它就是无限的,因为它没有产生的开端,也没有在某一时候停止或到达的终点(因为它是整体的存在)。"①要是"它是产生出来的,就必然得出:在它产生以前无物存在。但如果无物存在,也就绝不能有任何东西从无中产生"②。(2)"存在是无限的,它就是'一'。因为如果它是二或是多,它们就会互相限制。"③就是说,存在无限制,才成其为"一";而巴门尼德说存在有限制,反倒会导致存在是"多"。(3)存在是"永恒、无限"的"一",它无处不充实,也没有虚空,它才是"根本不可能动的"④。可能针对当时已开始出现的关于原子与虚空的思想,麦里梭特别反对"虚空"说,强调"没有虚空;因为虚空就是无;凡是无的东西是不存在的。存在也不能运动";"因为如果有虚空,它就会向虚空移动;但虚空是不存在的,它不能向任何地方移动"⑤。(4)"只有无限的存在才是完善的,伟大的,没有缺陷的。"巴门尼德强调存在被"强大的必然性""牢牢地锁在有限这一范围内",如果它无限,就是有缺陷而不完善的。麦里梭则反其道而认为,无限的存在"正如它是永恒存在的一样,它也是无比完善的"⑥。麦里梭的无限存在说还没有空间幅度与时间进程上的无限的意义,它是将伊奥尼亚自然哲学的无定形说和毕达哥拉斯学派"有限"与"无限"的对立说糅合进来,修正巴门尼德的有限存在说。伯奈特正确指出了麦里梭深受伊奥尼亚哲学的影响⑦,但毕达哥拉斯学派关于无限定与有限定的基本思想也被他吸收与改造。

第二,他主张存在是无形体的。巴门尼德形象地说存在是球形的,以表述其有限性与完善性,这是因为他的存在还是一个对世界普遍本质的既空泛又不能摆脱具象思维的规定。麦里梭对世界的无限的普遍本

---

① 第尔斯、克兰茨编:《苏格拉底以前哲学家残篇》,DK30A5。

② 同上书,DK30B1。

③④ 同上书,DK30A5。

⑤ 见同上书,DK30B7。

⑥ 见同上书,DK30B3。

⑦ 见伯奈特《早期希腊哲学》,第321页。

质作出更高度的抽象,所以辛普里丘记述道,他"认为存在是无形体的,他写道:'如果它存在,它必然是一;而作为一,它必然没有形体,如果它有厚度,它就会有部分而不再是一了'"①。在他看来,存在作为一种对普遍本质的最高度抽象的规定,应当是不具形体的,这样它才能普遍地有同一性。亚里士多德评述道:"巴门尼德似乎专注于作为定义的一,麦里梭则注意于作为质料的一,由此之故,前者说它是有限的,而后者说它是无限的。"②其实,巴门尼德以"定义的一"揭示存在是世界的普遍本质,但并没有摆脱"球体"这种模糊的"质料"思想;而麦里梭说存在无限又无形体,是要表述存在这种世界的普遍本质是自在的、不受任何限制的,因为是抽象的东西而无形体。但他的思想因受伊奥尼亚哲学的影响,也有将这种存在表述为类似抽象的物质性本原的意思,所以亚里士多德批评他从"质料"出发而且粗俗。当时从恩培多克勒到原子论者已将存在打碎为"多"来探讨物质的微粒子本原,麦里梭的存在观也会有所回应而受影响。他说:"如果存在是'多',就应当同我所说的'一'具有同样的性质。"③就是说微粒子本原作为"存在"也应是永恒、无限、不可分割的。伯奈特说麦里梭预见到多元论的唯一出路是原子论,"换句话说,唯一能自圆其说的多元论是原子论"④。但这一论评拔高了麦里梭,他毕竟缺乏当时已层见叠出、超越前进的多元粒子存在学说,而只是要将这些学说比附为爱利亚学派的存在观。

　　第三,他主张存在是不带任何情感色彩的宇宙秩序,是理性神。他认为存在是永恒、无限制、自身健全同质的"一","它既不会消失,也不会增大或变更宇宙秩序(cosmos),它也不感到痛苦或悲伤。因为如果它有这些感受,它就不再是'一'了";"健全的东西不会感到痛苦,否则健全的

---

① 第尔斯、克兰茨编:《苏格拉底以前哲学家残篇》,DK30B9。
② 亚里士多德:《形而上学》,986b15—25,载于《亚里士多德全集》。
③ 第尔斯、克兰茨编:《苏格拉底以前哲学家残篇》,DK30B8。
④ 伯奈特:《早期希腊哲学》,第328页。

东西——即存在——便会消失,而非存在却会产生"。① 理性才能把握的宇宙秩序也是一种没有拟人化情感色彩的理性神。第欧根尼·拉尔修记载:"他[麦里梭]的观点是:宇宙是无限的、不变动的,是'一',是同一的、充实的。没有真正的运动,只是一种现象。他还说[宇宙是神],对于神不可以作确定的说明,因为对神是不能认识的。"②艾修斯也记述:"麦里梭和芝诺认为,一或整体就是神,唯有神是永恒的、无限的。"③他强调宇宙与神没有任何人格,不受任何感情支配,这是否定希腊传统的拟人化多神教。他和塞诺芬尼一样,有带着泛神论色彩的理性一神思想。

　　总之,麦里梭的哲学缺乏独具一格的创造性。他对存在的新论证,只是在所处的哲学与科学思想俱进的情势中,表现了一种以固守爱利亚派学说为根本来吸收其他思想的、有折中色彩的学说,因而不会有深久的历史影响。

---

① 见第尔斯、克兰茨编《苏格拉底以前哲学家残篇》,DK30B9。
② 第欧根尼·拉尔修:《著名哲学家的生平和学说》,第9卷,第24节。
③ 艾修斯:《哲学家意见集成》第1卷,第7章,第27节,转引自汪子嵩等《希腊哲学史》第1卷,第749页。

第五章　恩培多克勒

从本章至第 7 章,论述早期希腊哲学的后一阶段,即公元前 5 世纪下半叶的希腊自然哲学。在时间上,它和希腊古典文明由盛趋衰时期的希腊古典哲学相衔接并有所交叉。这一阶段最主要的哲学家代表是恩培多克勒、阿那克萨戈拉和德谟克利特。

这一时期的自然哲学有以下几个主要思想特点:

第一,从探索物质结构这一新途径来解决万物的本原问题,力图克服伊奥尼亚和南意大利两大哲学传统的对立。这一时期的自然哲学对两大哲学传统都作了扬弃。

第二,致力于克服伊奥尼亚和南意大利哲学传统关于本原问题的两种"一元论"的对立,在本原探究上经过"多元论"最后达到一元和多元的统一。

第三,在阐述物质粒子的基本特性、描述自然总画面和宇宙演化时,都还处在素朴的直观中,保留和发扬了伊奥尼亚哲学的自发辩证法光彩,但也有所消退,带有机械性。

第四,开始以日渐明朗的方式产生了对物质和精神分化的认识。

第五,开始重视研究认识问题,力图将比较粗浅的认识论思想和本原论贯通起来,形成了素朴的反映论。

第六,更多地关注人和社会问题,较多地显露、增进着人文精神。

综上所述,公元前 5 世纪下半叶的自然哲学,是古希腊哲学开始走向系统化的时期,是人类认识史上的一个重要环节。它承前启后,比早先的哲学有相当明显的新进展,又为苏格拉底以后哲学的繁荣作了重要准备。

恩培多克勒,公元前 5 世纪下半叶挑头的自然哲学家。他既是民主派政治家、知识开阔的杰出科学思想家,又是神秘的宗教先知,双重人格奇妙地融为一体。他较多地接受了南意大利哲学传统的影响,将伊奥尼亚哲学的单一的物质本原论率先改造为微粒子结构的四元素说,也率先研究了自然和人的世界变化生灭的动力问题,提出"爱"与"争"两动因说和宇宙循环演化论;他率先研究感知认识的物质与生理基础,论述了"同类相知"的"流射说";他宣扬的奥菲斯教教义已明显表现出理性一神思想,并被用来阐释净化说与历史循环论,这和毕达哥拉斯学派宣奉的奥菲斯教教义、爱利亚学派主张的"一"与"存在"即理性一神都有不同,有新的阐释与发挥。

第一节 西西里岛上的传奇哲学家

西西里岛南部的阿克拉伽(Acragas)原是希腊本土的阿卡亚人在公元前 582 年建立的一个殖民城邦,约有 20 万人口,规模宏伟,实力雄厚,在西西里岛上仅次于叙拉古。它是西西里岛重要的农业和海外贸易中心之一,也是一座著名的文化古城。恩培多克勒(Empedocles)就在这里出生,并度过了他的风茂年华。哲学史家一般认为,他大约生活在公元前 492—前 432 年,鼎盛期当在第 84 届奥林匹亚赛会,即公元前 444—前 441 年左右。据记载,他曾是巴门尼德的学生,智者高尔吉亚则是他的学生。[1] 他比巴门尼德年轻 20 岁左右,和阿那克萨戈拉、普罗泰戈拉是同

---

[1] 参见第欧根尼·拉尔修《著名哲学家的生平和学说》,第 8 卷,第 58、56 节。

时代人。

恩培多克勒出身于一个显贵世家,家庭富有,父亲麦同是城邦政治生活中活跃的奴隶主民主派。他年少时希波战争正在进行,公元前488—前472年,阿克拉伽在能干的僭主塞隆的统治下,同叙拉古结成联盟,击败和波斯人勾结的迦太基人的入侵,西西里岛获得相对安定的局面,经济文化得到繁荣,阿克拉伽处在全盛时代。塞隆热心扶植科学文化事业,他的宫殿里汇集了医生、诗人、建筑师等知识界人士。著名的诗人品达就在他的庇护下写下很多优雅的颂诗,诗中也渲染了奥菲斯教的灵魂轮回转世思想。社会历史与文化背景造就了恩培多克勒这位有非凡魅力的传奇哲学家。奴隶制工商业的繁荣为萌发和传播科学思想提供了良好的条件,促使他孜孜探索自然的奥秘;美丽的景色和浓郁的人文氛围使他撰写的哲学诗篇文采焕发,洋溢着热爱自然与人的激情;而奥菲斯教的宗教生活在这里起着重要作用,又使他成为神奇的"先知"和"布道者"。他有着政治家、哲学家、科学家、宗教先知融为一体的奇妙人格。

一　民主派政治家

在古希腊的哲学家中,以民主派政治领袖身份活跃在政治舞台上的唯有恩培多克勒。塞隆去世后,其子塞拉绪代乌继任僭主,但他不争气,很快就使阿克拉伽陷入同叙拉古的灾难性战争;城邦内部贵族派和民主派势力的斗争也尖锐化,麦同和恩培多克勒父子领导民众推翻僭主政权,建立了民主制政权,成为深得公众爱戴的民主政体领导人。

在建立和维护民主制的活动中,恩培多克勒显示出敏锐果断的政治才干。据记载,在政变后,为了粉碎贵族派势力,他立即"解散了已建立三年之久的千人团,以证明他不仅是富人,而且是拥护群众的事业的"。[①]还有一个传说:他曾被邀请和一位长官赴宴。群客久候,那长官姗姗来

① 见第欧根尼·拉尔修《著名哲学家的生平和学说》,第8卷,第66节。

迟,来后又在主宾席上张狂地"命令客人们要么喝酒,要么将酒浇在头上",并且显露"他自己要当僭主的计谋"。恩培多克勒沉默不语,第二天他就控告东道主和那个主宾,使他们被判处死刑。这样开始了他的政治生涯。① 他说服阿克拉伽人结束派系纷争,培植政治平等,反对个人专权,禁绝个人高踞于公众之上。他的医务同行阿克隆要为他死去的父亲建立一座显耀的纪念碑,他下令禁止,斥问道:"难道要把伟大的城邦压在碑脚下面?"②他倡导清廉,反对奢侈,赈济贫寒,还施舍钱财为贫困少女作嫁资。他的施政赢得公众的爱戴,享有很高的声誉。而当城邦公众出于对他的崇敬,"要授予他王位时,他拒绝接受,因为他宁愿过一种节俭的生活"。因此,"亚里士多德称他为自由之冠,他讨厌任何种类的统制"。③

然而,政敌们怨惧他的政治措施和对公众的影响,乘他离开城邦往访奥林匹亚时,发动政变阻止他回国。恩培多克勒从此流落异乡,据说去了伯罗奔尼撒,后来可能就死在那里。他的富有哲学睿智、倾心救治民众的民主派政治家的高大形象,在历史上一直受到赞颂。据说后来在阿克拉伽和罗马共和国的元老院前,都建立过他的雕像。19世纪意大利的民族英雄加里波第和玛志尼的部属,都崇奉他为民主政治的先驱,向他呈献花环。恩培多克勒的一生富有传奇色彩,19世纪德国诗人荷尔德林(Höldelin)和英国诗人阿诺德(Mathew Arnold)都撰写过这位古代政治家、哲学家与医学家的诗剧。直到20世纪50年代,还有描写他的戏剧在一些国家上演。

二 科学思想家与宗教先知

恩培多克勒是当时杰出的科学家,他在宇宙演化、天文气象、生物进

① 见第欧根尼·拉尔修《著名哲学家的生平和学说》,第8卷,第66节。
② 同上书,第8卷,第64节。
③ 见同上书,第8卷,第63节。

化、生理和医学方面的建树,在苏格拉底以前的哲学家中比较突出。同时,他又像是个蒙着神圣面纱的宗教先知与布道者。

他在所写的宗教布道诗《净化篇》开场中,声称"我是一位不朽之神,而非凡人",描述他漫行在繁荣的城邦中,人们向他致敬,给他"戴上绶带和花环"。他说:"无数的人群追随着我,祈问我什么是求福之道;有些人想求神谕;又有些人在漫长而愁苦的日子里,遭受各种疾病的痛苦折磨,祈求从我这里听到医病的指示。"①在他所写的《论自然》中,他对心爱的弟子鲍萨尼阿(Pausanias)声称:经过他的秘授,能使这位弟子平息或逆转疾风、终止雨水或普降甘霖,"还能使死人从地狱复生"②。他将自己拥有的科学技术,夸大到近乎江湖奇术的地步。当时人们确实将他看成是能创造奇迹的"术士"。据说他的弟子智者高尔吉亚说过,他曾在场见过老师表演法术。③ 关于他的神奇本领,有种种传说:说他是"挡风者",将驴皮袋挂在树上就削弱了损害农作物的地中海季风;说他将昏迷多日的妇女治醒过来,有起死回生之术,等等。甚至关于他的死也附会了种种离奇的传说:有的说他跳进埃特纳(Etna)火山口而成为神;有的说他在深夜救活了一位妇女以后,突然天空中有高声呼唤他,他就升天不见了。④

恩培多克勒勇于探索自然,具有先进的知识和技艺,又热心为民造福,自然容易被当时没有科学知识的民众视为降临凡世之神。据记载,当时塞利努斯的居民由于河道污染、瘟疫传播而大量死亡。恩培多克勒来考察后,指导人们疏通河道,净化河水,消灭了瘟疫,人们在河岸宴饮庆祝,将他当做神来崇拜。他实质上是一位信赖经验观察而又有深刻理论思维的科学家。他对各类自然现象作了大量观察和解释,开始探索自然物质的内部成分与构造,比早先素朴的自然科学思想要精细、准确。

---

① 第尔斯、克兰茨编:《苏格拉底以前哲学家残篇》,DK31B112。
② 同上书,DK31B111。
③ 见第欧根尼·拉尔修《著名哲学家的生平和学说》,第 8 卷,第 59 节。
④ 见同上书,第 8 卷,第 70 节。

他在生物、生理和医学方面的贡献尤为突出。他继承和发展了毕达哥拉斯学派的阿尔克迈恩的学说,对人体器官构造作局部的解剖,对生理现象作了大量观察,并且用元素论的自然哲学原理加以概括,建立了比较系统的医学理论,成为南意大利医派的主要奠立者。但他又是一个虔诚的、带有江湖术士气息的宗教布道者,认真地用宗教和巫术的方式从事科学活动和医疗实践。所以科斯医派的希波克拉底猛烈抨击他的南意大利医派是"挡风者和街头占卜人",是借助"净化和符咒"等迷信活动来治病。

三 哲学师承和著作

从哲学思想的师承关系看,恩培多克勒有深厚的南意大利哲学传统的思想烙印,对伊奥尼亚的自然哲学思想也有所吸取与综合。

他先师从爱利亚学派。据记载,他和芝诺"是巴门尼德的差不多同时的学生",塞奥弗拉斯特肯定地说他是"一个非常钦佩巴门尼德的人,并且刻意模仿他写诗";赫尔米波(Hermippus)则说他更"钦佩塞诺芬尼,实际上他和后者一起生活过"。[①] 他和巴门尼德一样用华美的诗句表达论自然的深刻哲理。爱利亚学派的哲学在他的学说中烙有深刻的印迹,他接受并改造了"存在"论的基本命题,这成为他建立元素论哲学的出发点;他的宗教思想中也有向理性一神过渡的特点。

他后来又师从毕达哥拉斯学派。他很可能并不完全尊奉该学派的正统思想,有记载说,"他和柏拉图一样,犯了剽窃毕达哥拉斯的言论的错误,因而一直被禁止参加毕达哥拉斯盟会的讨论"[②]。但恩培多克勒在自己的诗篇里非常崇敬地提到毕达哥拉斯:"在他们中间生活着一位赋有超人知识的人,他[毕达哥拉斯]真正拥有最伟大的智慧财富。"[③]毕达

---

① 见第欧根尼·拉尔修《著名哲学家的生平和学说》,第8卷,第56节。

② 同上书,第8卷,第54节。

③ 第尔斯、克兰茨编:《苏格拉底以前哲学家残篇》,DK31B129。

哥拉斯学派的学说对他的哲学与科学思想也有深刻影响。他的元素论哲学吸取了数量比例和结构形式的因素,从阿尔克迈恩到菲罗劳斯这一向经验科学方向发展的分支,也影响了恩培多克勒注重总结经验观察的哲学与科学思想;他的有浓重的奥菲斯教气息的灵魂轮回与净化说显然也源自毕达哥拉斯学说,并衍生出一种宗教的历史循环论。

第欧根尼·拉尔修还记载,"阿尔基达玛在他的论文《物理学》中"说,恩培多克勒也是阿那克萨戈拉的学生。[①] 过去哲学史家大多否定此话的可靠性。当代学者克莱芙考证认为,阿尔基达玛是恩培多克勒的弟子高尔吉亚的学生,是柏拉图的同时代人,他和恩培多克勒的时代比较接近,是可靠的报道者;恩培多克勒往返阿那克萨戈拉所在的雅典是可能的,因为另有记载他的医业同行"阿克隆曾在雅典和恩培多克勒一起学习过"。[②] 但是,这个问题由于缺乏其他印证材料,还只能存疑。然而可以肯定,从思想渊源看,他的元素论自然哲学也明显地综合了伊奥尼亚自然哲学,从单一物质本原综合成多元的物质本原,并且在宇宙与万物的动变生灭中也强调了"对立"的动力。亚里士多德根据哲学学说的内在联系,比较严谨地将他同阿那克萨戈拉、留基伯和德谟克利特放在一起论述,肯定他同伊奥尼亚哲学有一定的思想联系。有的学者如欧文斯(J. Owens)在《古代西方哲学史》中则认为,恩培多克勒是在巴门尼德和赫拉克利特之间走中间路线,搞折中、调和,在哲学上没有什么独到见解,只是把早先各派哲学混在一起作了通俗化而已。这种见解是不确切、不公正的。他对早先东西两大传统的各派哲学都有不同程度的吸纳和改造,并综合起来,从而建立了别具一格的元素论哲学。策勒有一点讲得好:"恩培多克勒哲学的主要倾向,不是对巴门尼德的'存在'概念作形而上学的逻辑探讨,而是对自然界的生灭变易现象作物质结构方面的

---

① 见第欧根尼·拉尔修《著名哲学家的生平和学说》,第 8 卷,第 56 节。
② 见克莱芙《智者以前希腊哲学的巨人》第 2 卷,第 335—338 页,海牙,马丁努斯·尼霍夫出版社,1969。

研究,从而成为对自然界作机械说明的开创人。"①

恩培多克勒留存下来的是他的两部主要著作《论自然》(*On Nature*)和《净化篇》(*Purification*)中的一些残篇。前者论述自然哲学,有残篇111则;后者阐发宗教思想,有残篇42则。共计残篇153则,均用韵文形式写成,共约450行。据说这两部著作原来总计约5 000行,其中《论自然》分2卷,有2 000多行。② 在苏格拉底以前的哲学家中,恩培多克勒的残篇算是保留下来比较多的,加上亚里士多德和塞奥弗拉斯特等人的著作中也记载了不少他的哲学思想,供研究的资料比早先的哲学家丰富。上述两部著作的残篇都由第尔斯、克兰茨收辑,在伯奈特的《早期希腊哲学》一书中以及弗里曼的著作中都已译成英文。美国的列昂奈达(W. E. Leonard)于1908年以韵文形式英译全部残篇出版,书名《恩培多克勒》,保留了原诗的文采风格,但其内容和伯奈特的译文出入不多。

据记载,富有诗人天赋的恩培多克勒"善于辞令,精于比喻,娴熟于诗歌技巧",写过颂诗、关于希波战争的诗和一些悲剧,也写过政治论文,还写过一篇论医学的论文,可惜都没有流传下来。《希波克拉底文集》中转述了他的一些医学思想。他是一位杰出的修辞学家,"亚里士多德在《智者篇》中称恩培多克勒是修辞学的创始人,正如芝诺是辩证法的创始人一样"。③ 他在古代希腊修辞学的创立和发展上作出过重要贡献,西西里著名的修辞家如科拉克斯、提西阿斯以及智者高尔吉亚,都是他的学生。

《论自然》是恩培多克勒向他的弟子鲍萨尼阿传授元素论哲学和自然科学思想的作品,有明显的素朴唯物论的科学精神;而《净化篇》则是作者对阿克拉伽公众的宗教布道诗,渲染灵魂轮回的宗教思想。如何看待这两部著作的思想关系? 有些人说,这两部著作写于不同的时期,恩

---

① 策勒:《苏格拉底以前的学派》第2卷,奥列尼英译,第204—205页,伦敦,朗格曼斯·格林出版公司,1881。
② 见第欧根尼·拉尔修《著名哲学家的生平和学说》,第8卷,第77节。
③ 见同上书,第8卷,第57—58、77节。

培多克勒的思想在前后期发生了根本变化。例如，比特兹（Bidez）等认为《净化篇》写在作者鼎盛年代，因而满怀宗教热情向公众传道，而《论自然》则是他在流放期间研习科学的作品，所以否定了自己往昔的宗教信仰。第尔斯则相反，认为《论自然》是作者在早期科学活动中形成的"唯物论的无神论"，《净化篇》则是他在被放逐的孤独生活中的思想倒退，转向宗教神秘主义。这些见解都缺乏确凿的材料根据。伯奈特和弗拉斯托斯（G. Vlastos）等认为，这两部著作体现了作者思想中深刻的内在矛盾，有不可跨越的鸿沟，要将两者联系起来是徒劳的。[①] 康福德认为，恩培多克勒的全部思想是从宗教出发，《论自然》只是转用物理术语来表达它。[②] 这就夸大了恩培多克勒哲学中的宗教思想成分。格思里认为，这两部著作虽然内容迥然不同，但它们之间仍有互相吻合的脉络可寻，他以比较严谨的态度作了具体的剖析，可以给人启发。其实，一位哲学家兼有科学思想和宗教思想，写出内容不同的著作，这在西方哲学史上并不罕见，何况生活在奥菲斯教盛极一时的南意大利的恩培多克勒。他兼有科学和宗教的双重熏陶，他的两部著作存在着不甚严密的思想联系。《论自然》的主导倾向是元素论与科学思想，是他的哲学精髓所在，但是他的自然哲学中也包含有二元论倾向，他的"爱"和"争"、宇宙循环演化论以及灵魂学说，都同《净化篇》中的宗教思想存在着松散的联系。

第二节　四根说和"爱"与"争"两动力

恩培多克勒的四根（四元素）和"爱"与"争"两动力的基本学说，是一种新的本原论。处在早期希腊哲学发展的一个转折点上，这种学说打开了伊奥尼亚哲学将某一种具体物质（水或火或气）当做本原和爱利亚学派以抽象静止、浑然一体的"存在"为原理这两种"一元论"僵持对立的胶着状态，在更浸染南意大利传统气息的情况下，它综合这两种不同的哲

[①] 参见格思里《希腊哲学史》第 2 卷，第 123—127 页。
[②] 见康福德《从宗教到哲学：西方思辨起源研究》，第 110 页，纽约，哈珀与罗出版社，1957。

学传统,统一"一"与"多"、感性现象世界与世界全体的本质,将本原的探讨引向物质微粒子结构和动因问题,以此解释万物的动变生灭与宇宙演化,而动因问题又潜蕴着物质和精神分化的可能性。他的学说在公元前5世纪下半叶,为深化发展自然哲学迈出了可贵的开创性的第一步。

一 四根说是最早的物质元素论

恩培多克勒是一位自然科学家,他主张结合观察自然的经验和对世界全体的理智思索,改造巴门尼德的核心命题和伊奥尼亚哲学的本原观,沟通自然的本质构成和现象世界。在《论自然》中,他开宗明义地指出认识自然的正确途径:"你要用各种感官去观察,看看每一件事物用什么方式才是明白的。不要以为视觉比听觉更为可靠,也不要以为轰鸣的听觉比清晰的味觉更高,也不要低估其余各种感官的可靠性,因为认识的途径只有一条,你要考虑用哪种知觉使每件事物清楚明白。"[1]就是说不局限于抽象的逻辑思辨或某种感觉的直观,而要综合感知经验的全体才能认清事物。他指出,"散布在人们肢体上的感官是局促的",人们不能"只看到自己生活的一小部分","只相信自己在各方面的迷途中所碰到的东西,却以为自己发现了全体",而只有"当你走上正路时,你就可以学习到——不亚于精神所能达到的"。[2] 那就是理智的精神把握的世界全体的本性及其现象。他就是循着这一认识的"正路",提出了"四根"即四元素的新本原论。

恩培多克勒用诗喻的方式指出:

一切事物有四种"根":照耀万物的宙斯,哺育万物的赫拉,以及埃多涅乌(Aidoneus)和涅司-蒂(Nes-tis),他们让自己的泪水成为变灭的事物的生命泉源。[3]

---

① 第尔斯、克兰茨编:《苏格拉底以前哲学家残篇》,DK31B4。
② 同上书,DK31B2。
③ 同上书,DK31B6。

他用希腊神话中的四位神分别喻指水、火、气、土四种根。在他的《论自然》残篇中，直接提到四种"根"的就只有这一处。他认为它们是万物的本原，并且以此解释在本原上"一"与"多"在事物变化生灭中的动态的统一。他论述了"一个双重的道理"："在一个时候，'一'由'多'生成；另一个时候，'一'又分解为'多'"；而"火、水、土和极高的气"，它们是相等本原、同样持久而又各有不同的能力与特性，"它们依次在时间的循环中，占据优势。在这些东西以外，没有任何东西产生和消灭"。它们就是永恒存在的全体，也没有"虚空"，所以四根自身是不生不灭的。①

四根的结合与分解造成事物的生成与消灭，造成"一"与"多"在运动变化中的统一："生灭的事物的生成是双重的，它们的消灭也是双重的。当一切结合在一起时，'一'被生成了，又被破坏了；而在分解时，别的东西又生成了，又解体了……所以，就'一'从'多'中产生又立即分解为'多'来说，它们是生成而不是不变的，可是就它们永不停止连续变换场所来说，它们在这种循环中又是始终不变的。"②他主张四根自身永恒不变，只是由于它们的相互结合和分解，才造成世界万物循环性的产生和毁灭。四根造就宇宙的一切："从这些东西中产生一切过去、现在和将来存在的事物；树木、男人、女人、兽类、鸟类、水生的鱼，甚至连长寿的最尊贵的神也是这样产生的。因为只有这些东西互相穿插，由于它们混合变化的不同，成为不同的事物。"③四根是世界的终极存在，它们构成一切，连神也不例外。

恩培多克勒没有使用本原这个范畴，而代之以四根，有深化本原的新含义。当时希腊人看到植物都从根生长出来，因此这个词也被借用来表示基础、起源。亚里士多德指出，"恩培多克勒说它[本原]是四种元素"④。首先将四根说成是四种元素，那是很合适的，以后的辛普里丘等古代注释家们都将四根作为四元素来阐释。伊奥尼亚的哲学家们早已

---

①② 见第尔斯、克兰茨编《苏格拉底以前哲学家残篇》，DK31B17。
③ 同上书，DK31B21。
④ 亚里士多德：《形而上学》，984a8—11，载于《亚里士多德全集》。

各自提出水、火、气三种本原,解释水、火、气是无定形的宏观粗放的物质形态,并且只用它们具有的冷和热、干和湿、浓聚和稀散这些对立的物态,来解释性质迥然相异的万物及其复杂的千变万化,这显然已经不能适应公元前5世纪下半叶希腊人深入认识自然物的要求了。恩培多克勒提出四根或四元素,并不是只将早先哲学已涉及的水、火、气、土这四种本原简单地综合、拼凑在一起。他所说的"根",就根源意义来说,已经是指物质结构的四大基本元素,是指作为万物内在构成的本原。他已不再停留在单一物质本原的表面物态变化上,而是开始深入探究物质内部构造的堂奥,最早提出了关于物质结构的元素理论,并通过物质元素的结合和分离的构造活动,来深入解释事物的生成和毁灭。四大基本元素在质上不可变,它们作为永恒存在的全体也没有生成和毁灭。因此,早先哲学家所探讨的本原,到恩培多克勒那里开始有了物质结构元素的崭新的意义;这开启了当时近半个世纪希腊自然哲学的基本方向,也是早先的"本原"范畴向后来的"本体"范畴过渡的一个重要中介环节。

恩培多克勒的四根说或四元素理论,是他综合、改造爱利亚学派哲学和伊奥尼亚哲学两大传统的结果。

他的学说的基本前提,很大程度上是接受了巴门尼德的主要哲学范畴和命题,这鲜明地表现在他的一些残篇中。他强调无中不能生有,认为,"从根本不存在的东西中产生出东西来是不可思议的,而存在的东西会消灭,也是不可能的"[1];"[四根]不是产生出来的"[2];"全体中没有任何部分是虚空,也没有过剩的。既然全体中没有任何部分是虚空,怎么能进入任何东西呢?"[3]巴门尼德关于存在不能从非存在中产生,也不能变为非存在的思想,以及全体不生不灭、没有虚空等基本思想,他都吸收过来并加以了改造。他用不生不灭的四种物质元素,改造了巴门尼德那个抽象空泛的"存在",用四元素的结合和分离来说明自然万物的生灭变

---

[1] 第尔斯、克兰茨编:《苏格拉底以前哲学家残篇》,DK31B11—12。
[2] 同上书,DK31B7。
[3] 同上书,DK31B13—14。

易,肯定了被巴门尼德贬抑的"意见世界"的真实性。他将巴门尼德的"存在"打碎成为四元素的微粒子。它们的结合和分离形成万千个别事物的生灭和变易,但它们自身是无生灭的"存在"全体。"任何变灭的东西的基质,都没有真正的产生,在毁灭性的死亡中也没有终结"①。

恩培多克勒论述四元素各自的特性,还和伊奥尼亚哲学相似,只从冷热、干湿、明暗等物态性质方面加以描述,如气是流动透明的,水是黑暗寒冷的,土是坚硬沉重的,火是明亮灼热的。他在医学理论中,也用人体内部的冷热、干湿的对立和平衡作为病理和治疗的基本根据。他虽然说这四根是相等的,实际上又将四元素分为处于相反关系的两组,"以火作为一种,而以和它相对立的——土、气、水——作为另一种"②,突出了火的地位和能动作用。在论述宇宙演化和生命起源时都突出了火聚合各元素的重要作用。如他论述天体形成时说,整个天穹不仅形成火半球,还由于火对气的凝烤作用,形成另一个和火半球相对立的透明的气半球。③ 他又认为,在太古时代,整个大地下面燃烧着火,人的产生也是由于火对土和水的作用,使元素聚合的结果。④ 他无疑也吸收了赫拉克利特和毕达哥拉斯学派强调火在宇宙生成中有显要作用的观点。而他对伊奥尼亚哲学的单一本原论的根本改造,又在于他的四元素论已是最早的一种微观物质结构论。

二　四元素的微观物质粒子结构说

四元素说是哲学上的新本原观,也是首创的物理学意义上的微观粒子结构说,它强调物质的有定形的数量比例与形式结构,无疑也深受毕达哥拉斯学派的影响。它有粒子化、孔道结构和数量比例三个特点。

---

① 第尔斯、克兰茨编:《苏格拉底以前哲学家残篇》,DK13B8。
② 亚里士多德:《形而上学》,985a33—b2,载于《亚里士多德全集》。
③ 见艾修斯《哲学家意见集成》第2卷,第11章,第2节,转引自第尔斯、克兰茨编《苏格拉底以前哲学家残篇》,DK31A51。
④ 见第尔斯、克兰茨编《苏格拉底以前哲学家残篇》,DK31B52,DK31B62。

第一,四元素是粒子化了的,是构造物质的基本单元。四元素本身就是许多微小的粒子,它们以不同的方式组合起来就成为万物。亚里士多德记述:"在那些主张和恩培多克勒同样学说的人看来,什么是事物生成的方式呢?他们认为是组合,就像用砖和石砌成墙一样。他说,这种'组合'就是用元素组成,这些元素是不变的,只是以它们的细小粒子形态紧密排列结合起来。肌肉和其他一切事物都是这样由元素组合成的。"①

第二,微粒元素组合万物,具有特定的孔道结构。元素粒子结合构成物体,包含着无数微小的孔道,不同物体所含孔道的大小不同;和另一物体的孔道相吻合的粒子,就可以进入那个物体,否则就不能。所以恩培多克勒说:"水与酒可以和在一起,水与油却不能融合。"②亚里士多德论述这种孔道论时说:"一些哲学家(包括恩培多克勒)在物体结构方面提出这种孔道理论。他们并不将孔道限于物体的作用和受作用上。他们说,元素的'组合'只发生在'那些所含孔道相互对称吻合的物体之间'。而将这种理论最系统、一贯地应用到一切物体的,是留基伯和德谟克利特,他们自然将这种学说作为他们首先的出发点。"③塞奥弗拉斯特也指出:"他[恩培多克勒]一般用孔道的对称吻合来说明结合。"④这种孔道结构说在恩培多克勒论感知的流射说中也得到应用和发挥。元素粒子的结合和分离,并不是如某些哲学史家所误解的,只是杂乱的混合与分隔,而是有定形的,具有确定的孔道形式结构;后来原子论哲学更将这一点透彻发展为原子在虚空中以一定的形状、次序和位置结合成万物,就是具有更严格的几何形状的孔道结构。亚里士多德批评恩培多克勒既否认虚空,又承认元素粒子的间断性和主张孔道结构,说这是自相矛盾的。他说:"那些思想家通过孔道来解释物体的运动,可又认定孔道是

---

① 亚里士多德:《论生灭》,334a26—31,载于《亚里士多德全集》。
② 第尔斯、克兰茨编:《苏格拉底以前哲学家残篇》,DK31B91。
③ 亚里士多德:《论生灭》,324b34—325a3,载于《亚里士多德全集》。
④ 第尔斯、克兰茨编:《苏格拉底以前哲学家残篇》,DK31A86。

充实的,那么,设定孔道就是多余的了。"①这一批评并不正确,因为孔道内也可容有气、水之类的东西。早期希腊自然哲学除原子论外都不承认有虚空,但都认为事物是运动的,亚里士多德本人也否认虚空,但仍将运动看做物体存在的方式。

第三,物体的元素结构有一定的数量比例。恩培多克勒认为,由于四种元素粒子数量上的不同比例,造成万物在性质和形态上的千差万异。他比喻道:"就像画家画出奉献给神的丰富多彩的图画一样,那些善于绘画艺术的人用手选取各种色彩的颜料,将它们混合起来,这一样多一点,那一样少一点,画出酷肖各种事物的形象,画出树木、男人和女人,兽类和鸟类,以及养在水里的鱼,甚至还有永生的最尊贵的神。"②元素按不同的数量比例结合,就形成各有不同的自然物体。他还认为:"肌肉的形成是由于四种元素等量地混合,神经由火、土和双倍的水结合而成……骨头是由两份水、两份土和四份火混合成的。"③

恩培多克勒注重南意大利哲学强调的本原有定形传统,吸收了毕达哥拉斯学派的数与几何形式结构的思想,来建立物质微观粒子结构学说。虽然他的论述还很粗糙,但开始用量来规定质,开启了探讨物质构造中量和空间形式结构的规定性,这同强调本原无定形的伊奥尼亚哲学相比终究是一大进步。赫拉克利特虽然提到逻各斯是比例,但缺乏严格的规定与具体的阐释。恩培多克勒批评本原无定形的主张时说:"如果土的深度和气的多少都是无定的,像许多愚蠢的人从他们口里说出来的那样,他们对于全体真是一无所知。"④

恩培多克勒的四元素说,是物理学上的基本粒子和化学上的元素概念的最初萌芽。

---

① 亚里士多德:《论生灭》,326b6—8,载于《亚里士多德全集》。
② 第尔斯、克兰茨编:《苏格拉底以前哲学家残篇》,DK31B23。
③ 艾修斯:《哲学家意见集成》第5卷,第22章,第1节,转引自第尔斯、克兰茨编《苏格拉底以前哲学家残篇》,DK31A78。
④ 第尔斯、克兰茨编:《苏格拉底以前哲学家残篇》,DK31B39。

三　"爱"与"争"

四种基本元素自身不变动、无生灭,只因它们的结合和分离产生万物。那么,这些元素怎样才会运动? 它们结合和分离的动因究竟何在? 恩培多克勒提出一对对立的动力因:"爱"(philotes)和"争"(neikos,或译为"憎"、"恨")。他说:"因为它们以前存在,以后也将同样存在,我相信,这一对力量万古长存。"①爱是一种结合的力量,争是一种分离的力量:"在一个时候,万物在爱中结合为一;在另一个时候,个别事物又在争的冲突中分离。"②他认为,从日月星辰、大地海洋到植物动物、人的形骸乃至万物,都是由爱和争这两种力量在四种元素间发生作用的结果。他用富有感情色彩的诗句描述道:

> 看看那给处处带来温暖和光明的太阳,看看那浸沐在温暖光明中的不朽的星辰,看看那到处寒冷阴暗的雨水,看看那从大地涌出的牢固结实的东西。这一切在受争支配时形状不同,彼此分离,然而它们在爱中却结成一体,互相眷恋。③

> 这个过程,在人的肢体里可以看得很明显:有时,当精力旺盛的时候,身体的一切部分由爱团聚成一个整体;在另一个时候,则由残酷的争将它们拆散,各自在生命的边缘踯躅。植物和住在水里的鱼、住在山上的野兽和展翅飞翔的鸟,全都是这样。④

爱和争这两种对立的动力此消彼长,使四种基本元素不断结合又不断分离,因而万物就处于经常的生灭变易之中。

在早期希腊哲学家中,恩培多克勒第一个从自然本原以外去寻找运

---

① 第尔斯、克兰茨编:《苏格拉底以前哲学家残篇》,DK31B16。
② 同上书,DK31B17。
③ 同上书,DK31B21。
④ 同上书,DK31B20。

动的原因。亚里士多德指出:"恩培多克勒是第一个假定不是一种动力
因,而是两种不同的相反的原因。"①万物的生灭变易是两种对立力量作
用的结果,这里仍然含有赫拉克利特关于对立统一的素朴辩证法的印
迹。爱和争的作用是双重的,它们的关系是辩证的。爱将不同的元素和
不同的物体吸引、结合在一起,同时也就是将本来聚集在一起的相同的
元素分离开来了;而争将某一结合物体中的不同元素分解开来,同时也
就是将同类元素吸引、聚集在一起了。这就是说,爱在结合时产生了(另
一些事物的)分离,争在分离时产生了(另一些事物的)结合。结合和分
离是对立的统一。事物的产生和消亡也是双重的:不同元素的结合体形
成,也就是同类元素的聚合体消解;不同元素结合体的消解,也就是同类
元素聚合体的产生。亚里士多德指出,这种双重作用"正如它是毁灭的
原因一样,也是存在的原因。同样,爱也不单是存在的原因,因为当它将
事物结集为'一'时,也就破坏了所有别的东西"②。黑格尔称赞这种认为
"没有分离的联合与没有联合的分离是不存在的"深刻思想是"综合"观
念,是对"赫拉克利特的思辨理念"的"一种补充","至今还有影响"。③ 当
代科学史家萨姆伯斯基也指出:"近代物理学家们对恩培多克勒凭直觉
提出吸引力和排斥力同时存在感到惊讶",而现代物理学也确认"宇宙中
起作用的排斥力,通过银河系的衰变,导致宇宙的膨胀",在原子物理中
正负电荷"同极相斥,异极相吸","也不能免除排斥力和吸引力的
假定"。④

在四元素之外的爱和争,究竟是物质性的动因还是精神性的动因?
恩培多克勒自己对爱和争的说明是宽泛含混的:既说"在这[四根]之外
还有毁灭性的争,它在各处都有相等的分量;在它们中间还有爱,它的长

---

① 亚里士多德:《形而上学》,985a29—30,载于《亚里士多德全集》。
② 同上书,1000b10—12,载于《亚里士多德全集》。
③ 见黑格尔《哲学史讲演录》第 1 卷,贺麟、王太庆译,第 323、326—327 页,商务印书馆,1959。
④ 见萨姆伯斯基《希腊人的物理世界》,第 19 页,达格特英译自希伯来文,伦敦,劳特利奇与基
　根·保罗公司,1956。

度和宽度都是相等的",它们似乎是有形体的东西;又说"我们认识的爱根植于人的形体之中,它使人们有友爱的思想,并从事协调的工作,因此人们称其为喜乐之神或爱神阿佛洛狄忒",它们又仿佛是一种精神性的力量。① 他还在论同类相知时说:"我们是用土来看土,用水来看水,用气来看明亮的气,用火来看毁灭性的火;用爱来看爱,用剧烈难忍的争来看争。"②认识的客体和主体都有四元素、爱和争。亚里士多德认为恩培多克勒的爱和争既是动力因又是质料因,说他"持有一个相悖的观点,因为他将'善'和'爱'相等同,而它[爱]既是动力的原则(arche),因为它将事物结合在一起,同时又是质料,因为它也是结合物的部分"。质料因和动力因是不同的,于是就提出了问题:"那么,爱是哪一方面的原则呢?"③亚里士多德又认为,根据其意义分析,可以发现,"爱是善(好)的事物的原因,而争则是坏的事物的原因。因此,恩培多克勒第一个提出了恶和善是本原"④。而亚里士多德说的善和恶既有本体意义,也有伦理意义。古代学者辛普里丘和普卢塔克认为争是火的特性,爱是湿润元素的特性;近代学者里特则认为爱是火的特性,争是同火相对立的另外三种元素的特性。⑤ 这些解释都牵强附会,因为爱和争明明是外在于四元素的两种动力。20 世纪的西方学者有三种见解:(1)伯奈特和贝利(C. Baily)认为,爱和争完全"是一种有形体的物理力量",因为爱对各元素"在长度和宽度上相等",争对每种元素的作用力量也相等;而借用带心理色彩的语言来表述,并不能证明爱和争是精神性的。⑥ (2)克莱芙认为,恩培多克勒的宗教情绪强烈,爱和争完全是一种精神性力量,表现了"情感是一切

---

① 见辛普里丘《〈物理学〉注释》,第 158 页第 19—24 行,转引自第尔斯、克兰茨编《苏格拉底以前哲学家残篇》,DK31B17。
② 第尔斯、克兰茨编:《苏格拉底以前哲学家残篇》,DK31B109。
③ 亚里士多德:《形而上学》,1075b1—6,载于《亚里士多德全集》。
④ 同上书,985a4—10,载于《亚里士多德全集》。
⑤ 参见策勒《苏格拉底以前的学派》第 2 卷,奥列尼英译,第 141 页,伦敦,朗格曼斯·格林出版公司,1881。
⑥ 见伯奈特《早期希腊哲学》,第 232 页;贝利《希腊原子论学派和伊壁鸠鲁》,第 31 页,牛津,克拉伦登出版社,1928。

运动的终极动力"，就像阿那克萨戈拉将"努斯"看成终极动力一样，它们的作用也意味着元素和万物的"内在意识"的结合和分离。①（3）格思里认为爱和争既是一种非人格、不神秘的"机械力量"，"就像是以磁力、重力等方式将无生命的物体结合在一起"；同时爱和争也带有人格色彩，使用了"命令"、"仇视"、"支配"这类语言，因此"争论爱和争的作用是物理的还是心理的没有意义，因为这两者都是"。② 其实，恩培多克勒本人既是科学家又是宗教的先知。在科学和自然哲学方面，爱和争主要表现为物理的力量，但也染上了人格和情感色彩；而在宗教思想中，它们就完全是精神性力量。他自己还没有明确地将精神和物质区别开来，也还没有意识到这种区别的必要，但他所解说的爱和争带有明显的二重性，潜生着物质性动因和精神性动因分化认识的可能性。

第三节　宇宙论和天体、生命学说

恩培多克勒根据四元素和爱与争两动因论述的宇宙论和科学思想很有特色，含有不少超前的卓见，在医学上更是自成一派，有深远的影响。

一　宇宙演化的四阶段

恩培多克勒认为，宇宙是个球体（这点是接受了巴门尼德的观点），永远处于周期性的循环演化之中。四种元素是它的基本质料，爱和争则是演化的动力。每个循环周期经历四个不同的演化阶段。爱和争这两种对立的力量轮流占据主导地位，使元素分别结合和分离，当这种运动达到绝对状态时，爱和争的主导地位便发生变化，朝着相反的运动方向转化。就这样分合交替，周而复始。在这种循环演化中，由不同元素结

---

① 见克莱芙《智者以前希腊哲学的巨人》第 2 卷，第 352—354 页，海牙，马丁努斯·尼霍夫出版社，1969。
② 见格思里《希腊哲学史》第 2 卷，第 156—157 页。

合成的具体事物,或是在分离中各类元素的自相聚集,都是暂时的,只有四种元素的存在以及爱和争的力量才是永恒的。他说:

> 爱和争依次占优势地位:爱将一切东西结合成为一,破坏了争所创生的宇宙,并使之成为球体,而争又一次将元素分离,创生出如今那样的世界。[①]

他按照爱和争的轮流交替,将宇宙循环演化的每个周期分为四个阶段。

第一阶段,爱的力量占主导、支配地位。宇宙是一个各方面相等、滚圆的混沌球体,叫神圣的"斯弗拉"(Sphere)。爱处在球体中心,它的力量统治整个宇宙,将一切东西都混合在一起,形成一种漩涡运动;争的力量只能潜处在球体外层最边缘。宇宙中的一切都绝对地混合,没有任何区别、纷争和冲突,处于和谐的状态中。他形象地描述这种状态:"在那里分不出太阳的明亮的肢体,分不出草木丛生的大地,也分不出海洋。滚圆的球体处在固定地布满的和谐之中,在它的面面孤独的状态中自得其乐。"[②]他又说:"然而,这个神圣的球体在各方面相等,并且是无限的……"[③]这里说的"无限",是指有限的宇宙没有限定和(球面的)界限,同现代爱因斯坦在广义相对论中说宇宙是有限无界的球体有所相似。

第二阶段,争的力量崛起。争从外层边缘侵入球体,将爱的力量向球体中心压迫,同爱发生冲突。吸引和排斥力量的相反作用产生回旋式运动,造成各元素从绝对混合中分化,形成天地、日月、星辰和江河大海等等,化生出世界万物。他描述道:首先分离出气(以太),上升为天,后又先后分离出火、土、水,水和土一起形成大地,火和气形成众多的日月星辰。天地和整个宇宙快速旋转,将它们维系在各自的位置。他认为:"目前的世界秩序处于争的力量占优势的状态,正如过去它在爱的支配

[①] 辛普里丘:《〈论天〉注释》,第 293 页第 13 行起,转引自汪子嵩等《希腊哲学史》第 1 卷,第 834 页。
[②] 第尔斯、克兰茨编:《苏格拉底以前哲学家残篇》,DK31B27。
[③] 同上书,DK31B28。

之下。"①他在《净化篇》中也强调人类所生活的尘世是代表恶的争在起很大作用的时期。

第三阶段,争的力量达到高峰,占据绝对的主导和优势地位。争的力量扩展到整个球体,将爱压缩到球体的中心点。由元素结合成的一切物体都解体了,各种元素相互处于绝对分离的状态,每一种元素则自己聚集在一起。宇宙中各种结合物体不复存在,只有四种元素各自的集合体。

第四阶段,爱的力量重新崛起。爱的力量又从中心点扩张开来,将争的力量向球体的外层边缘驱压,各种不同的元素又重新结合起来,形成另一个自然和生命世界。直到爱的力量逐渐达到顶峰,使各种元素又绝对地混合在一起,回复到最初的绝对和谐、混沌的"斯弗拉",再开始下一个周期。

恩培多克勒的宇宙循环演化论,本质上是根据他的本原论推想出来的,但也包含着吸引力和排斥力在宇宙演化中有重要作用的合理思想。他描写宇宙演化时使用的一些神秘的词句,如说爱和争有"严密的誓约",后来被打破了,和他在《净化篇》中的有关说法是相似的,已潜藏着宗教的意义。他的宇宙循环演化论,似乎也为《净化篇》中灵魂轮回的历程提供了自然的躯壳或居留的客观场所。

二　天体学说

恩培多克勒是当时杰出的自然科学家,特别在天体学说、人体研究以及医学方面都作出了重要贡献,比他以前的自然哲学家在认识自然方面有较多的进展,但也还有一些猜想和虚构的成分。

恩培多克勒认为,整个天体系统都是由物质元素在宇宙演化中形成的。从宇宙最初的那个"斯弗拉"中首先分离出来的是气和火。在火的凝烤下,天穹形成两个明暗不同但又都是透明的半球,即火半球和气半

---

① 亚里士多德:《论生灭》,334a6—8,载于《亚里士多德全集》。

球。处于天体中心的地球在不断旋转中,依次面对这两个半球,便成为日和夜。太阳是由火元素聚合而成的,"星辰也由火构成,具有火的形态,是火元素的构合体"[①]。他区别恒星和行星,"恒星是嵌定在凝冻的天穹半球上面的,行星则可以自由流动";还指出,"月亮本身不发光,它从太阳那里得到光"。[②] 他描述了整个天穹的结构形状:"由于太阳的热的前冲作用,气让路了,整个天穹的两极就发生倾斜,北高南低,整个宇宙也受到同样的影响。"[③]"我们所处的大地到天穹的高度,小于整个天穹的宽度;天空向宽的方面更多地伸展,因而宇宙像一个横放的蛋。"[④]这种看法同中国汉朝张衡提出的浑天说很相似,在古代天文学史上是一种比较合理的天体结构学说。

恩培多克勒开始探索天体运行的轨道问题。他认为,由于争的力量,整个天体发生剧烈的漩涡运动,带动太阳、大地及一切星辰在一定的轨道上旋转。为什么它们能各自保持确定的位置和轨道呢? 他解释道:"因为比较大的和重的物体总是在漩涡的中心运动的",所以"大地聚集在中心";"天体的运动是一种快速的运动,所以能防止大地的[离开中心的]运动;正像水在杯里,杯子作快速圆周运动时,里面的水总是贴着杯壁,能防止水按其本性要作的下坠运动"。[⑤] 他还不可能形成向心力和离心力的概念,但他以观察水的旋转运动这种力学现象来说明天体运动有稳定的轨道和序列,却不失为一种科学的猜测。

恩培多克勒在阐释天体演化和气象、地理等自然现象时,都强调了火元素所起的重要作用。火形成天穹半球,并且凝烤出气半球;火是

---

① 艾修斯:《哲学家意见集成》第2卷,第13章,第2节,转引自格思里《希腊哲学史》第1卷,第192页。

② 见第尔斯、克兰茨编《苏格拉底以前哲学家残篇》,DK31A30。

③ 艾修斯:《哲学家意见集成》第2卷,第8章,第2节,转引自第尔斯、克兰茨编《苏格拉底以前哲学家残篇》,DK31A58。

④ 同上书第2卷,第31章,第4节,转引自第尔斯、克兰茨编《苏格拉底以前哲学家残篇》,DK31A50。

⑤ 见亚里士多德《论天》,295a11—23,载于《亚里士多德全集》。

日月星辰的构成要素；火将水中的气蒸发出来，行风布雨；火在地底炙烤，使大地内部的土变成坚硬的岩石，这是最早的"火成岩"的地质假说；火还给大地带来生命，在生物起源、胚胎成形中火都起重要的作用。凡此种种都可以看出他受赫拉克利特思想的影响，但他的解说更为具体、科学，显示了这一时期希腊科学思想的发展。他对一些天文现象的解释也是如此，比如关于日食的成因。虽然传说泰勒斯已经能够预言日食，但他未能作出科学的说明；赫拉克利特只能幼稚地猜想，由于天体上的喷火小孔反转过来、开口朝上而造成日食。恩培多克勒大概是第一个认识到，日食是由于本身不发光的月亮运行时通过太阳和地球之间造成的。他描述道："当太阳经过月亮上面时，［月亮］遮住了它［太阳］的光，而在大地上投下一个和面色苍白的月亮一样大的黑影。"①再如，他认为光由火粒子构成，光线由太阳传播到大地，要经历一段运行的时间。这种在当时堪称卓越的科学想象力，比后来的亚里士多德还要高明。亚里士多德虽然承认光线也是一种存在物，但他否认光线在运动以及它运动要经历时间。他为此还批评道："恩培多克勒错误地说光线是在运行着的，或者说光线从大地到外层之间要经过一定的时间，但我们观察不到它的运动"；并反问："大地从极东到极西的距离那么大，怎么还会观察不到呢？"②而一则历史资料记载："恩培多克勒说，光线是一种流射体，它从光源放射出来，先穿过大地和天空之间这个区域，然后才到我们这里，但是我们意识不到这种运动，因为它的速度太快。"③他认为光线以高速度运行，它的传播要有时间，这种天才猜测为近代物理学所证实。关于光的电磁理论和量子理论都证实，光是一种射流（也是波，波粒二象性）；从伽利略到丹麦天文学家鲁以麦（Roemer）都论证了光的运行有一定的高速度。19世纪的物理学家马赫高度评价了恩培多克

① 第尔斯、克兰茨编：《苏格拉底以前哲学家残篇》，DK31B42。
② 见亚里士多德《论灵魂》，418b20—27，载于《亚里士多德全集》。
③ 庞罗波诺：《论灵魂》，第344页第34行，转引自第尔斯、克兰茨编《苏格拉底以前哲学家残篇》，DK31A57。

勒的猜测,认为"倒是亚里士多德没有从自然事实中学到东西"①。

三 生命起源、动物进化和医学思想

恩培多克勒更重要的贡献是在生命科学领域。他在生命体的起源与构成、动物进化、生理和医学等方面,都做了大量的考察和研究,所取得的成果,在那时的自然哲学家中,只有稍后于他的希波克拉底堪与伦比。

恩培多克勒认为一切生命体都是在宇宙演化的一定阶段,在爱和争的力量作用下,由四种元素结合产生的。他说:分离出来的火在产生男人和女人的生命"胚芽"中起最重要的作用;包含热的性质的土、水中发生生命体的"尚未分化的形式","它们还是没有肢体的肉体,也没有人所有的声音和各种器官"。② 他当然还不知道从无机物向生命体的转化需要经历漫长复杂的过程,但他已认识到生命体由无机的物质元素产生,它同整个自然界在物质构成上是统一的,并不存在不可逾越的鸿沟。他又认为由各种元素结合成生命体不是简单的混合,而有一定的比例,即逻各斯。亚里士多德记述道:"他说出逻各斯是组成事物的本质或真正的本性",例如,他解释什么是骨头,不仅说了它的元素组成的质料,"并且还说出它们的组合比例(逻各斯)"。③ 他还具体指出,"温和的土在它宽广的框子里接受了八分之二的水,还有四分火,便形成了白色的骨头"④。这可以说是最早的生物化学思想的萌芽。他进而企图用不同性质的元素构成解释不同生物的特性,比如:"各种元素的不同配置,便结合成雄性和雌性的不同形式";"湿气不足的树木叶子易枯萎,而那些包含较多湿气的树木则是常绿的";鸟类体内气和火的元素居多,所以能在空中飞行;鱼类因体内火元素较多而太热,所以需要生活在凉湿的水中,

---

① 福勒:《希腊哲学史:泰勒斯到德谟克利特》,第 378 页,纽约,亨利·霍尔特出版公司,1923。
② 见第尔斯、克兰茨编《苏格拉底以前哲学家残篇》,DK31B62。
③ 见亚里士多德《动物之构造》,642a17—24,载于《亚里士多德全集》。
④ 亚里士多德:《论灵魂》,409b33—410a6,载于《亚里士多德全集》。

等等。①

当代学者对恩培多克勒关于动物进化的猜测很感兴趣。乍一看,他论述动物的产生和演变很是怪异:"从土里生出许多没有脖子的头,有许多没有肩的胳臂游来荡去,还有一些没有额的眼睛单独游荡着";"孤独的肢体游荡着[寻求结合]"。这些个别、分离的器官或肢体在爱和争的交锋中,凭偶然的机遇,在互相追求中结合成形形色色的动物,其中许多是怪物。"长着无数只手的蹒跚而行的动物","那时生下来许多前面后面长着两张脸和两个胸的动物,产生出人头牛身的动物,还有牛头人身的动物,还有一半男、一半女的长着不能生育的生殖器的生物"。② 他将动物整体的形成,看成是各个器官、肢体偶然地拼凑和结合起来的,仿佛很幼稚可笑。但值得注意的是,他认为从最初那些由不同肢体、器官结合起来的怪异动物到后来自行繁殖生命的动物界,是经历了一个进化过程的。艾修斯记述他认为动物的演化经历了四个阶段:(1)植物和动物的第一代"各肢体部分都是分离产生";(2)这些肢体部分偶然结合生长为"怪异动物";(3)"完整有机地构成的世代";(4)能"自行生殖了,它们的某些营养体变得浓厚,雌性动物的美刺激了另一些雄性动物的精液"。③ 动物怎么会从第二阶段演变到第三阶段,即从怪异动物发展为正常的生命体的呢? 他用素朴的适者生存、自然淘汰的原则来解释这个进化过程:

> 许多动物体是由肢体合适地结合起来的,所以能确保它们的生存,这些动物就保存下来了,因为它们的各部分能互相切合需要。牙齿能撕咬和咀嚼食物,胃能消化,肝又将它们变为血液。人的头和人的身躯相遇,就可以确保整个人体的存活。而那些人头牛身的动物是不适合生存的,就逐渐消亡。所以那些构造不合适的动物,

---

① 见第尔斯、克兰茨编《苏格拉底以前哲学家残篇》,DK31A70。
② 见亚里士多德《论灵魂》,DK31B57—61,载于《亚里士多德全集》。
③ 见艾修斯《哲学家意见集成》第5卷,第19章,第5节,转引自第尔斯、克兰茨编《苏格拉底以前哲学家残篇》,DK31A72。

都要灭亡。[1]

西方学者对于恩培多克勒的这些论述有不同的评价。如冈珀茨说，它"以一种自然的方式来阐明生命世界的构成"，使"我们不能不想到达尔文的适者生存理论"。[2] 法灵顿也认为，恩培多克勒的动物演化思想"清楚地暗示了适者生存的学说"[3]。策勒则持不同意见，认为生物学在目的论尚未发展以前，进化论思想不可能产生，恩培多克勒的一些零散的想象，算不得进化论思想的萌芽。[4] 其实，恩培多克勒认为不是神一开始就合理地安排了我们这个世界，生物有一个不适合生存者被淘汰、适合生存者被保存的进化过程。这可以说是"适者生存"思想的最初萌芽，而它发生在 2 400 多年以前，实属难能可贵。

恩培多克勒是南意大利医学学派的奠立人。他既有丰富的医疗实践，更以元素论概括经验，形成了较为完整的医学理论，还培育了鲍萨尼阿、狄奥克勒(Diocles)和腓力司通(Philiston)等杰出的医生，使南意大利医派在古代希腊独树一帜，成为当时最重要的医学学派之一。

他的医学思想只保存在《希波克拉底文集》的有关转述中，其基本要义是整体论的辨证论治。人和自然都由四元素构成，从事医学必须有对自然总体和人的整体的认识。构成自然和人体的四元素，都含有相互对立的二重性质。人必须在饮食、劳作、体育等同自然环境发生交涉的活动中，使身体内的各种元素按比例地和谐，使各元素的冷热、干湿等对立性质在体内得到平衡，如果某种元素或性质过多或匮乏便会致病(如发烧是由于热的性质过多，打寒战则是由于冷的性质过多)。人和自然是有机联系的整体，人体本身也是各元素及其性质的

---

[1] 辛普里丘:《〈物理学〉注释》，第 371 页第 33 行起，转引自格思里《希腊哲学史》第 2 卷，第 204 页。

[2] 见冈珀茨《希腊思想家:古代哲学史》第 1 卷，马格纳斯英译，第 244 页，伦敦，约翰·莫莱出版社，1969。

[3] 法灵顿:《希腊科学》第 1 卷，第 57—58 页，米德塞斯，企鹅丛书出版公司，1953。

[4] 参见格思里《希腊哲学史》第 2 卷，第 204 页。

有机联系的整体。医生治病不能头疼医头、脚疼医脚，而应在这种有机整体的相互联系和制约中去诊断病因，提出克服不平衡的合适的治疗措施。他的医学理论同中国古代医学所讲的"阴阳五行"和辨证论治的原则颇为相似。

对他的医学理论，西方从古至今有不同的评价。稍晚于他的希波克拉底创立科斯医派，同南意大利医派有激烈的论战。希波克拉底在《论古代医学》里，集中批判恩培多克勒及其医派。有些批评是对的，如指责他们在医疗活动中夹杂着巫术迷信，强调应从经验与事实出发具体分析健康与疾病因素的多样性和复杂性，反对只从冷热、干湿等对立原则推演医学理论；但有些批评也有片面性，如将恩培多克勒的整体论、元素及其性质的对立和平衡论，都斥为只是从宇宙论原则出发的空洞假设，与其说这是医术，毋宁说是文学描述。恩培多克勒在《论自然》一开始就强调感知经验是正确认识的出发点。如果他不重视医疗实践，就很难理解当时南意大利医派何以能享有较高、持久的声誉，直到罗马时代仍有生命力。现代西方科学史家法灵顿认为，恩培多克勒只从元素论和对立性质的抽象原则来诊治疾病，"对医疗技术产生了最坏的影响"[1]。这也是不公允的。冈珀茨公正地指出：恩培多克勒和希波克拉底的医学理论也有相似之处，"希波克拉底从赫拉克利特、恩培多克勒以及阿那克萨戈拉那里都吸取了一些东西"，从而"使南意大利医派和科斯医派开始接近起来"。[2] 古希腊罗马医学集大成者伽仑（C. Galen）早就指出过：当时希腊三大医派有既相互激烈竞争又相互吸收的"高尚的争辩"，"科斯派幸而有最多、最出色的开业医生，克尼杜派紧紧追赶，而南意大利派同样有不少功绩"。[3]

---

[1] 法灵顿：《希腊科学》第 1 卷，第 67 页，米德塞斯，企鹅丛书出版公司，1953。

[2] 见冈珀茨《希腊思想家：古代哲学史》第 1 卷，马格纳斯英译，第 293 页，伦敦，约翰·莫莱出版社，1969。

[3] 见第尔斯、克兰茨编《苏格拉底以前哲学家残篇》，DK31A3。

第四节　同类相知的流射说

在早期希腊哲学中,恩培多克勒开始比较具体地研究认识论的问题,主要是研究各种感知认识形式及其生理基础。他将元素本原论和考察认识问题有机地联系起来,提出同类相知的流射说这种素朴的反映论,并从感知的生理机制剖析认识的主体方面,形成一种认识活动的感官生理学。阿尔克迈恩对眼、耳、舌等感官的结构作了初步解剖,研究它们在感知活动中的生理功能,并且指出,这些感官将不同的感觉传达到脑,由脑对它们进行综合和贮存,形成知识,脑是意识的中枢。恩培多克勒吸取了阿尔克迈恩的部分研究成果,并且在元素论哲学的基础上加以发展,形成自己的感知认识论即流射说。

他有一种素朴的"粒子放射"的见识,认为任何物体都有连续不断、细微不可见的元素粒子放射出来。他这样"思索物质:'要知道从一切生成的事物里都发生流射'。不仅动物、植物、大地和海,而且石头、铜和铁都不断放射出许多流;因为任何事物都是由于这种无休止射流的不断运动而损耗和消亡的"①。这有点近似于现代的基本粒子辐射观,当然只是粗糙的思想萌芽。

他的同类相知的流射说,又是和他的元素的"孔道结构"与同类相聚学说相一致的。他认为:"严格意义的活动者[指元素的放射流]通过一定的孔道进入,使受动者发生作用。"②就是说,感觉是物质的元素粒子在流射中通过孔道互相作用的结果,而客观对象的流射粒子进入感官,应是和成分相同的元素的构成部分相遇,进入合适的孔道,才能形成种种感觉。塞奥弗拉斯特指出:"恩培多克勒以同样的方式说到一切感觉的

---

① 普卢塔克:《自然问题》,第 19 章,916D,转引自基尔克、拉文《苏格拉底以前的哲学家》,第 343 页,剑桥,剑桥大学出版社,1978(以下所引此书均为此版本);第尔斯、克兰茨编:《苏格拉底以前哲学家残篇》,DK31B89。
② 亚里士多德:《论生灭》,324b26—28,载于《亚里士多德全集》。

形成,主张感觉是由一些各自和一种感官相适合[的射流]产生的。所以一种感官不能认识另一种感官的对象,就因为某些感官的孔道对感觉对象是太宽了,另一些又太窄了,因而有些[对象的粒子]可以没有接触就穿过孔道,另一些却根本不能通过。"①

根据这种流射说,同类相知就成为他的认识原则。他认为:"智慧就是以相同对待相同,无知是以相异对待相异。智慧等同于感觉或者和感觉非常相似。"他在列举了我们如何由于同类对应而认知每一事物以后,又补充说:"一切合适地集结和构造的事物,都出于这些[同类的]东西,也是通过这些东西,他们思想,并感到快乐和痛苦。"②

他根据这种同类相知的流射说,具体研究了各种感知认识形式。他解释道:"听觉是由外面的声音产生的,声音在耳内振动空气便形成听觉";"嗅觉是由呼吸作用来的,因此,嗅觉最灵敏的人的气息运动最强烈,而大量的气息来自最细和最轻的物体";至于触觉和味觉,他原则上说也是"由于和孔道相适应而产生的"。③

在人的感官与感觉中眼睛与视觉最为重要,他对此的研究也最细致。塞奥弗拉斯特有较多这方面的记述:"他[恩培多克勒]试图说明视觉的本性。他说眼睛内部是火,火的周围是土和气,由于眼睛结构精细,所以火能够像灯笼里的光一样通过土和气。火与水的孔道是交替排列的。通过火的孔道我们看到光亮的对象,通过水的孔道则看到暗黑的对象。每一类对象都同一种孔道相适合,各种颜色都是由流射带入眼睛的。"④由此可见,他对眼睛内部的网状结构已经作了初步的观察和解剖,并用粒子流射进入眼内的不同孔道来说明产生不同颜色的视觉。他还

---

① 塞奥弗拉斯特:《论感觉》第 7 卷,转引自基尔克、拉文《苏格拉底以前的哲学家》,第 343 页;第尔斯、克兰茨编:《苏格拉底以前哲学家残篇》,DK31A86。
② 同上书第 9 卷,转引自基尔克、拉文《苏格拉底以前的哲学家》,第 344 页;第尔斯、克兰茨编:《苏格拉底以前哲学家残篇》,DK31A86。
③ 见第尔斯、克兰茨编《苏格拉底以前哲学家残篇》,DK31A86。
④ 同上。

形象地用冬夜出行所提的灯笼来进行比喻,尽管风呼呼刮,火粒子仍可通过灯壁孔道将光线照射很远。"同样,藏在圆的瞳孔后部的火包着精细的薄膜,火也是通过薄膜上奇妙的小孔射出;薄膜可以防止瞳孔周围的水渗进来,而火很精细,可以射出去。"[1]他更以眼中火元素的不同去解释视觉的不同状况:"有些动物白天能看清楚,有的则在夜晚看得清楚。火少的眼睛白天看得清楚,因为眼中的火要和外面的火平衡;包含与火相反的水元素较少的眼睛在夜晚看得清楚,因为它们的缺陷得到了弥补。""最好的是这两种元素的比例相等的眼睛。"[2]

他开始注意研究认识主体的生理差异对于认识功能的影响,这对于认识论思想的发展是有意义的,后来的德谟克利特进一步论述了感觉的相对性问题。总之,他将眼睛比喻为镜子,认为视觉形象"是由于对象的流射凝聚在镜子的表面上,并且被镜内排出的火凝定下来造成的"[3]。这是西方哲学史上最早表述的镜式的素朴反映论。

对于人的理智和情感的生理基础,恩培多克勒也有所猜测,但同他的感觉学说相比就显得过于简单了,而对理性认识的逻辑思维形式还没有也不可能有所研究。

他没有接受阿尔克迈恩关于脑是意识中枢的合理见识,而认为:"心处在对流的血液洪流里,它正是人们所谓思想力的所在地,因为围绕着心涌流的血液就是人的思想力。"[4]后来亚里士多德也接受了这种观点。他主张人用心及其血液思想,因为身体各部分包括各感官的元素在血液中完全会合,能综合地认识物质元素全体。他还认为,血液中的元素混合得越均匀,人就越聪明,反之就是笨人。医师双手灵巧,演说家巧舌如簧,就是由于他们的手里或舌头里的血液混合得均匀。他用相似的方式来说明人的情感和性格。快乐是由于感官和对象的元素成分相同造成

① 第尔斯、克兰茨编:《苏格拉底以前哲学家残篇》,DK31B84。
② 见同上书,DK31A86。
③ 同上书,DK31A88。
④ 同上书,DK31B105。

的，如果它们的成分不同就产生痛苦。身体中物质元素结构较稀松的人笨拙而勤劳，身体中元素挤紧又裂为许多碎片的人，血液流动太快，容易冲动。

他显然也认识到感觉和理智的区别，在《论自然》开篇就强调感官只能考察事物的个别部分，只有心灵才能认识全体，但理智必须通过感官的渠道。[①] 但他当时毕竟还不能对理性思维作出具体、深入的研究，于是在解释知识与思想时表现出生理科学家和宗教思想家的矛盾情结。一方面，他认为思想与知识状况也取决于身体的生理基础。他说："人的知识随身体的改变而改变，人的智慧因身体滋养而日增"，"他们的体质怎样改变，心灵中的思想也发生怎样的改变"。[②] 另一方面，他又主张一种万物有灵论，强调理性贯通于万物之中。他说："命运的意志使万物皆有理智"[③]，"一切事物都有意识，都赋有自己的一份思想"[④]，他"模糊地主张万物都赋有理性，不但动物有，植物也有"[⑤]。这种主张不同于伊奥尼亚哲学中的物活论，而表现出将理智夸大为无处不在的某种精神实体的倾向，这和他在《净化篇》中的灵魂轮回学说与理性一神思想是相呼应的。他在《论自然》中并不论灵魂，而是将它放到宗教和道德生活领域中去论述，形成他在《净化篇》中的宗教唯心论思想。

第五节　《净化篇》中的宗教与哲学思想

"净化"（katharsis, purification）一词的原意是"清除罪恶"。它本来是奥菲斯教的一种重要教仪，采取献祭、祛邪、禁欲以及用清水净身等仪式，来洗净依附于肉体的灵魂所带有的前世原罪，如恩培多克勒所说，人

---

① 见第尔斯、克兰茨编《苏格拉底以前哲学家残篇》，DK31B2，DK31B4。
② 见亚里士多德《形而上学》，1009b12—21，载于《亚里士多德全集》。
③ 第尔斯、克兰茨编：《苏格拉底以前哲学家残篇》，DK31B103。
④ 同上书，DK31B110。
⑤ 塞克斯都·恩披里柯：《反数理学家》，第 8 卷，第 286 节，载于《塞克斯都·恩披里柯文集》第 2 卷。

们必须"从五泉中汲水盛入坚实的铜盘来洗净自己"①。

当时,奥菲斯教对南意大利等地区的精神生活有很大影响。毕达哥拉斯学派接受了这种教义,从诗人品达和索福克勒斯的作品中也都能看到这种宗教的深刻影响。恩培多克勒则专门写了《净化篇》(现存残篇 42则),主要论述灵魂轮回、人神关系以及人的宗教道德生活。但我们不应将它简单地理解为一种奥菲斯教的布道,它也含有新的宗教与哲学意义:将毕达哥拉斯学派已有修正的奥菲斯教教义,包括萌发的知识净化思想,用爱利亚学派的理性一神思想加以改造,将净化提升到理智与道德的高度,并对现实尘世的苦难表现出某种人文关怀,憧憬在人世建立和平、幸福的理想国度。它同《论自然》的本原论、宇宙循环演化说有松散的思想联系。

他以爱与争为动因来论述灵魂轮回说。他讲的"灵魂"没有用 psyche 这个词,而是用 daimon,它有"个别的神"和"灵魂"的意思,也可译为"精灵"(daemon, divine spirit)。它们本来住在诸神的幸福乐园里,同诸神共享至福。然而,他说:

> 有一种"必然"的神谕,诸神的古老的箴言,它是永恒的,用含蓄的誓言密封着,说:一个精灵如果罪恶地用血污染了自己的肢体,并且发了错误的誓言去追随"争",就要过长时期的罪孽深重的生活,被从幸福乐园里放逐出三万个季节,去过各种有生灭形式的生活,从这一种变为另一种。强劲的气将它们赶进海里,而咆哮的海又将它们喷涌到干燥的陆地上,大地再将它们赶在炽热的太阳光下,太阳又将它们投到以太的边缘。一种[元素]将它们从另一种接过来,又谁都讨厌它们。我现在也是这样一个从天上放落下来的流荡者,因为我相信那残酷无情的"争"。②

这种灵魂轮回转世说同他的本原论、宇宙论相联系,爱是善的目的,

---

① 第尔斯、克兰茨编:《苏格拉底以前哲学家残篇》,DK31B143。
② 同上书,DK31B115。

争是堕落的动因,灵魂轮回要通过四元素,物质元素与宇宙演化为灵魂的轮回转世提供了场所。灵魂在轮回中可轮番地寄托在自然界的各种植物和动物之中,如动物包括最值得灵魂寄托的黄褐色的狮子,植物包括有令人赏心悦目的叶簇的月桂。恩培多克勒现身说法,说他自己因为相信争,"从那光荣之乡,从那至高的福境,我堕落在这大地,徘徊在芸芸众生之中"①;"我曾经生为男孩、女孩、树木、鸟,以及不会说话的海里的鱼"②。

在《论自然》中,爱和争是使事物结合与分离的吸引和排斥的力量;在《净化篇》中,爱和争是代表善和恶两种伦理价值的势力,可以使灵魂从善而升华或使灵魂作恶而获罪,是两种对立的精神原则。希波吕托记述道:"恩培多克勒说有被争主宰的宇宙,是恶的宇宙,又有另一个被爱所主宰的理智的宇宙。爱和争是善和恶两个对立的原则。贯穿于它们之间的是逻各斯,正是按照它,事物被争分割开来,又被爱结合在一起,成为和谐的'一'。"③

在恩格多克勒看来,如今灵魂所寄托的凡间现实世界,处于争的巨大影响之下,争在人类的凡世生活中是造成种种纷乱、战争、灾难和死亡的恶的根源。他以阴郁的笔调描述道,人们生活的尘世存在着种种对立,"有着血污的争斗和慈善的和谐,公道和邪恶,兴盛和凝滞,可爱的确实的真理和黑发④的变易无常,生和灭,睡和醒,动和静,加冕的帝王和群氓贱民,安宁和喧嚣"⑤,等等。人们生活在一个充满纷争、不幸和哀怨、灾难的悲惨世界。他哀叹道:"这个悲哀的大地,总是伴随着死亡、神谴和给人厄难的征伐;炙人的瘟疫、腐烂和洪水于黑暗中在草地上泛滥。"⑥

---

① 第尔斯、克兰茨编:《苏格拉底以前哲学家残篇》,DK31B119。

② 同上书,DK31B117。

③ 希波吕托:《驳众异端》第 7 卷,第 31 章,第 3 节,转引自格思里《希腊哲学史》第 2 卷,第260 页。

④ 恩培多克勒借用荷马《伊利昂记》中的词句描写这些对立,"黑发"比喻不确定、变动不居。

⑤ 第尔斯、克兰茨编:《苏格拉底以前哲学家残篇》,DK31B122—123。

⑥ 同上书,DK31B126。

而与此形成鲜明对照的是，他描述并憧憬着灵魂未获罪、被放逐前同神生活的至善世界，它不是宙斯统治的奥林帕斯天国，而是他向往的以爱神阿佛洛狄忒为权威的和谐天堂：诸神（他也称之为"精灵"）和人们一起过着宁静和谐的生活，"在他们中间，没有被崇拜的战神，没有争斗的呼号，没有宙斯作为他们的王，没有克罗诺斯，没有海神波塞冬，只有爱神才是女皇。他们将神圣的礼物献给她，为她描绘肖像；种种香膏和纯净的药脂，甜醇的乳香，芳香扑鼻，棕色的蜂蜜作为奠酒洒在地上。那里没有被公牛血的恶臭所玷污的祭坛，而且，撕裂生物吞噬它们美好的肢体，被认为是最可恶的亵渎"①。这个幸福的乐园，显然不同于希腊传统多神教所崇奉的存在着争斗、奸诈、嫉妒、仇杀和血祭的诸神世界，它由爱的原则所主导，四季如春，树木长青，没有战争和痛苦，只有相亲相爱的和平与欢乐。公元前 5 世纪初以来，希腊经历着社会动乱，民众饱尝战争与疾病的灾祸。恩培多克勒描述这样一个和谐的乐园，是以宗教形式表达他的政治理想和人民对和平生活的向往。

人是灵魂轮回的最高形式，人必须通过净化手段，洗涤罪恶，才能使灵魂返回到和诸神同在的极乐至境。恩培多克勒说了三种净化手段，表现了他依据自己的哲学改造奥菲斯教教义的思想特色。

第一种净化方式是禁吃肉和豆类、月桂。他和毕达哥拉斯一样是素食主义者，而且因为月桂树叶是灵魂在植物中寄托的最高形式，豆类同人的生命有亲缘关系，所以他告诫"绝对戒食月桂树叶"②，"切莫去触动豆类"③。而动物的躯体中寄藏着同人的灵魂有亲缘关系的灵魂，吃肉无异是一种吃亲骨肉的极大罪恶。他猛烈抨击当时盛行血祭仪式的希腊通俗多神教，谴责这是亲骨肉间"互相吞噬"："父亲举起他自己的已经变换形态的儿子，口中念着祷词屠杀了他……准备了罪恶的祭宴。而儿子呢，也以同样的方式攫住他的父亲，或者儿童攫住他的母亲，撕毁双亲的

---

① 第尔斯、克兰茨编：《苏格拉底以前哲学家残篇》，DK31B128。
② 同上书，DK31B140。
③ 同上书，DK31B141。

生命,吃着亲属们的肉。"①

　　第二种净化方式是"戒绝邪恶"②。和毕达哥拉斯学派的有关思想相比,道德净化被提到更要紧的地位。他强调在社会生活中不可作恶,并警告说:"你们是被邪恶弄得心神狂乱了,你们那负荷着罪孽的灵魂将不能忍受。"③灵魂在邪恶的重压下是不能解脱的。亚里士多德说他将爱和争视为善和恶的原则。在他看来道德上的邪恶也是争所引起的,他主张用爱的伦理联结人们和社会,过和善、恬静的生活。

　　第三种净化方式最重要,就是知识净化。毕达哥拉斯学派已暗示沉思与获求知识是净化灵魂的重要途径,恩培多克勒则更有具体、明确的发挥。他认为,人和乐园中的诸神并无截然的区别,只是知识的高低不同。他说诸神就是"那些获得丰富的神圣知识的人;而那些可怜的不幸的芸芸众生,在他们心里只有对于诸神的模糊、朦胧的意见"④。灵魂要获救,要返璞归真,就必须向诸神看齐,靠理智去获得丰富的知识,包括自然、宗教和道德的知识,这样才能跻身于神的行列。他说,这种知识渊博、与神齐等的先知在凡世已经有了,"他们出现在芸芸众生之中,作为占卜预言家、诗人、医生和王族"⑤,也包括他自己。他自称为"不朽之神",不是装神故弄玄虚,而是因为他深信自己已获得渊博的知识。这种知识净化说将理智和知识成分吸纳入宗教思想中,促使拟人化多神教向理性一神思想过渡。

　　这种多神教向理性一神思想过渡的特点,也是他综合爱利亚派和毕达哥拉斯派的宗教思想的结果。他保留了早期希腊神话和宗教中的人格化的多神,只是将他们降到了次等神的地位,他们和人的界限并不是严格地不可逾越的。他说的诸神(gods,即精灵,用复数名词)同人相似,

① 第尔斯、克兰茨编:《苏格拉底以前哲学家残篇》,DK31B136—137。
② 同上书,DK31B144。
③ 同上书,DK31B145。
④ 同上书,DK31B132。
⑤ 同上书,DK31B147。

也由四元素结合而成,也有生有死,只是寿命比人长,是"获得丰富的神圣知识的人",即灵魂净化的人。① 而在这诸神之上,恩培多克勒还提出一个更高级的神(god,用单数名词),说他根本不具形体,"要我们将这个神置于我们眼前,或者用我们的手去把握他,那是不可能的,那样做只是人心通常的信仰途径"②。他是最高级的、神圣的、非人格的理性神。"在他的躯体上并没有人的头,没有两肢从他的双肩生出来,没有脚,也没有反应灵敏的膝盖,也没有毛茸茸的部分;他只是一个神圣的不能言状的心灵,以敏捷的思想闪耀在整个世界中。"③这样的"一神"没有形体,只有智慧,同塞诺芬尼的那个"全视、全知、全听"的非人格的理性神很相似,而且恩培多克勒更加明确地将他的本性表述为心灵与思想。从传统的拟人化多神教向理性一神论过渡,正是那个时代的哲学的一个特征,一直进展到苏格拉底、柏拉图和亚里士多德。

---

① 见第尔斯、克兰茨编《苏格拉底以前哲学家残篇》,DK31B21,DK31B132。
② 同上书,DK31B133。
③ 同上书,DK31B134。

第六章　阿那克萨戈拉和复兴伊奥尼亚哲学的思潮

在公元前 5 世纪中叶,同意大利的恩培多克勒遥相呼应,阿那克萨戈拉孜孜从事哲学启蒙,首先将伊奥尼亚的自然哲学带到希腊本土,为伯里克利时代兴盛的希腊古典文明灌注了科学精神,促使希腊哲学的中心转向希腊本土。他也综合伊奥尼亚哲学和南意大利哲学,探求物质粒子结构的本原,但和恩培多克勒不同,他更偏重以彻底的多元论修正和革新伊奥尼亚哲学,并且提出"种子"和"努斯"这种二元论哲学原则,使物质和心智范畴的分化认识明朗化。他在宇宙论和科学思想上也别具一格、颇有成就。他的哲学成为古希腊哲学向德谟克利特和苏格拉底、柏拉图过渡的重要环节。

第一节　雅典的启蒙哲学家

阿那克萨戈拉(Anaxagoras)生于小亚细亚的希腊殖民城邦克拉佐门尼(今土耳其伊兹密尔附近)。它位于士麦那海湾边,是爱菲斯和科罗封城北边不远的一座美丽而繁荣的城邦。据记载,"他生于第 70 届奥林匹亚赛会(前 500—前 497)期间,卒于第 88 届奥林匹亚赛会的第 1 年(前428)";他 20 岁时波斯王"薛西斯渡海入侵",正是希波战争激烈进行之时,他因此西迁,"开始在雅典研究哲学",并在那里居住了 30 年;约在公元前 450 年受审判被放逐,回到伊奥尼亚地区的兰萨库斯(Lampsacus)。"他活了 72 岁",他去世的公元前 428 年,正值柏拉图诞生,伯罗奔尼撒战争已打响两年。[①]

　　阿那克萨戈拉出身于富有资产的显贵门第。他年少时即好学深思,追求自然知识,漠视金钱,将继承的遗产分赠亲属,自己专心致志于哲学与科学研究。他主张幸福的人"并不是那些财主和专制君王",认为求知才是幸福,幸福者要"用他们所感知的一切永恒的东西来判断"。[②] 当波斯王薛西斯率军大举侵入希腊时,年轻的阿那克萨戈拉西行来到雅典[③]。他在定居雅典的 30 年中,默默从事自然哲学的研究和教授,建立自己的哲学学说,没有直接参加政治活动;但他通过传播科学思想,并作为良师益友影响着伯里克利,有力地促进了雅典的思想启蒙,对民主制黄金时代的科学昌盛和文化繁荣作出了开创性的重要贡献。

　　他初到雅典时,城邦中奴隶主民主派和贵族寡头之间的斗争很激烈,思想文化领域比小亚细亚与南意大利殖民城邦远为保守落后,笼罩着宗教迷信的浓雾,科学思想尚未启蒙。伯里克利要确立和壮大民主制,开创一代新风,就必须倡导思想启蒙,扫除为贵族寡头势力张目的旧传统。阿那克萨戈拉带来的伊奥尼亚哲学和科学知识,对雅典来讲好比是一股新鲜空气,他自己建立的哲学更是一种严谨的散发着科学理性光芒的崭新学说,自然会受到伯里克利的重视。他和有开明政治头脑的达蒙(Damon)成为伯里克利的老师(达蒙是音乐教师,在政治思想上对伯

----

① 见第欧根尼·拉尔修《著名哲学家的生平和学说》,第 2 卷,第 6—7 节。
② 见亚里士多德《尼各马科伦理学》,1179a12—16,载于《亚里士多德全集》。
③ 伯奈特推断,伊奥尼亚反抗失败以后,克拉佐门尼归属波斯帝国,阿那克萨戈拉可能作为被波斯军队征募的人员,随军去了雅典,所以后来他受审时,被控为 medism(私通波斯者)(参见伯奈特《早期希腊哲学》,第 254 页)。弗里曼不同意这种说法,认为阿那克萨戈拉是举家避难,逃亡到雅典去的(参见弗里曼《苏格拉底以前的哲学家:第尔斯的〈苏格拉底以前哲学家残篇〉导读》,第 262 页,牛津,布莱克威尔出版社,1959)。无论是哪种情况,指控他私通波斯都是别有用心制造的冤案。

里克利有重要影响)。伯里克利在执政前就受阿那克萨戈拉思想的熏
陶,执政后阿那克萨戈拉一直是他过从甚密的师友。他教给伯里克利丰
富的自然科学知识和清明的理智,这对于一位民主派政治家是极为重要
的。后来柏拉图评述道:"一切杰出的才能都需要讨论和高度思索有关
自然的真理,因为只有这样才能产生崇高的思想和完善的本领。而这
点,我以为正是伯里克利从和阿那克萨戈拉的交往中得到的,增补了他
的自然天赋。"①普卢塔克也记述道:"他从向阿那克萨戈拉学习中获益甚
大,他敬服他的老师的雄辩和丰富多彩的哲学……这种哲学充实了伯里
克利的天赋才智,他利用学习自然哲学得到的成果,使他的演说变得庄
严,远远超过了其他演说家。"②这种科学理性还成为他破除迷信、反击贵
族寡头派的有力思想武器,"他懂得如何克服那些由于不同的天体现象
在人们中产生的恐怖和迷信","在人们中培植一种由理性展示和维护的
清醒的心智"。③ 据说,有一次伯里克利即将出征时发生了日食,将士们
惊慌失措,他很冷静地要大家用衣袖挡着半眼看,说明日食不过是太阳
的部分被遮住了。再如阿那克萨戈拉揭穿过用谶纬迷信作为政治斗争
的手段:伯里克利同他的政敌修昔底德(不是历史学家修昔底德)角逐权
力方酣时,敌对派中有人从农庄里带来一个长着独角的公羊头,占卜者
拉姆朋扬言,坚实独角崛生公羊前额正中,昭示"全部权力当授予发现这
个祥瑞之物的一派";阿那克萨戈拉当众解剖公羊头,指出"它只是因为
颅内不充实而收缩成椭圆形,才崛生出独角。观者对阿那克萨戈拉深表
赞佩"。④他的自然哲学思想广泛传播,对当时雅典思想文化的启蒙有重
要影响。这从当时雅典上演的戏剧中也可以看出,他的学生、著名悲剧
作家欧里庇德斯在一些剧本中鲜明地表现了他的自然哲学与科学思想,
如说太阳是炽烧的石头或"金色的泥团",声称"我们通过显现出来的事
物判断不可见的东西"等等,几乎是照搬阿那克萨戈拉的原话。

---

① 柏拉图:《斐德罗篇》,270A,载于《柏拉图对话全集,附信札》。
② 普卢塔克:《伯里克利传》,第 8 节,载于普卢塔克《希腊罗马名人传》。
③④ 见同上书,第 6 节,载于普卢塔克《希腊罗马名人传》。

雅典的贵族寡头派势力利用宗教迷信发动了对民主派的反扑。据记述,当时的宗教狂热分子狄奥拜底(Diopeithes)竟颁布了一条法规:凡是不信神存在、宣扬天体现象新学说的人都得受公审。他们选择阿那克萨戈拉开刀,借以打击伯里克利。在这场政治事件中同时受审判和迫害的还有伯里克利的能干的情妇阿丝帕希娅和著名雕塑家菲狄亚斯。控告阿那克萨戈拉的主要罪状有两点:一是他宣传"太阳是炽烧的石头",二是他"私通波斯人"。他原本要被处死刑,由于伯里克利大力营救才逃出雅典。祸不单行,他身陷囹圄时又遭丧子之痛。在坎坷乖蹇的命运面前,他竟是那样沉静,置生死于度外:听到要被判死刑时,他说,"自然早就判处我的审判官们和我都是要死的";听到爱子夭亡时,他说,"我早就知道我的孩子们生来就是要死的"。①

阿那克萨戈拉逃离雅典,回到伊奥尼亚,定居在兰萨库斯,在那里执教授徒。他在当地备受尊敬,享有很高的声望。临终时,执政官员问他有何遗愿,他说只希望以后每年在他逝世的那个月份有孩子们的假日,后来当地长久保持了这个规定。当地公众隆重为他下葬,树立祭碑,碑上铭刻:"探究天体真理的阿那克萨戈拉安息于此。"②他的故乡克拉佐门尼人一直纪念他,直到希腊化和罗马帝国时代还在钱币上铸有阿那克萨戈拉右手把握天体的图像。

哲学史家们一般公认阿那克萨戈拉的学说主要渊源于伊奥尼亚哲学。伯奈特说他的哲学以"古老的伊奥尼亚哲学为背景",是"米利都精神的恢复",甚至说他是"典型的伊奥尼亚派"。③ 但阿那克萨戈拉对爱利亚学派包括巴门尼德以及和他同时代的芝诺的学说也必定是熟悉的,并对这两个哲学传统有所综合。他的哲学不是伊奥尼亚学说的简单重复,也不是将伊奥尼亚哲学和爱利亚哲学作折中的拼合。他的哲学的创新和发展在于:一方面,他对自然的科学观察和探索要比伊奥尼亚的先辈

---

① 见第欧根尼·拉尔修《著名哲学家的生平和学说》,第 2 卷,第 13 节。
② 同上书,第 2 卷,第 14 节。
③ 见伯奈特《早期希腊哲学》,第 254 页。

们精细和开阔,得以从物质粒子结构的微观层次探究自然的本原,并因考察自然的动因与秩序问题而最早提出心智性的精神范畴;另一方面,他受巴门尼德关于存在不生不灭的命题和芝诺关于无限分割的悖论的启迪,将爱利亚学派的"存在"彻底打碎成无限多元的异质粒子,使他的本原论、宇宙论和认识思想独具一格,对希腊本土的哲学演进产生了深远影响。

他与同时期的恩培多克勒所探讨的课题和基本思路很相似,但两人的哲学内涵、风格与气质又很不相同,后者偏重于南意大利哲学传统,而阿那克萨戈拉的哲学深蕴伊奥尼亚哲学气质。这表现为两点:(1)在探讨自然本原和物质粒子结构上,恩培多克勒固守南意大利"有定形"的思想传统,注重数量比例和孔道结构;他则强调物质本原在质上的无限多样性和连续性、融合性,忽略了探讨自然物质的数量规定性和形式结构,仍然表现了伊奥尼亚哲学的"无定形"的特色。(2)恩培多克勒的哲学带着浓厚的科学思想和宗教思想的二重性;他的自然哲学则不见宗教气息,洋溢着强烈的理性主义精神,基本倾向是捍卫科学和理性,同宗教迷信相对立。他的哲学中虽然有种子和努斯二元论倾向的内在矛盾,他的努斯已经是吹胀和夸大了的理智,但它还不是人格化的上帝或理性神,不具有宗教意义。

第欧根尼·拉尔修将他列入"只写过一部著作的学者",并且赞扬他的著作"有着引人入胜而格调庄重的风格"。[1] 这部著作也题名为《论自然》(On Nature)。它不仅论述了他的自然哲学原理,也包括研究从天体到生物的科学思想。他的这部著作在苏格拉底时期还很流行,苏格拉底说到在当时的雅典市场花一个塔兰同即可买到。[2] 到公元 6 世纪,辛普里丘在注释亚里士多德的自然哲学著作时引述了它的一些原文,就是现存的阿那克萨戈拉的《论自然》残篇 22 则。这些残篇直到 17 世纪时由

---

① 见第欧根尼·拉尔修《著名哲学家的生平和学说》,第 2 卷,第 6 节。
② 见柏拉图《申辩篇》,26D,载于《柏拉图对话全集,附信札》。

珂特华兹(Cudworth)重新发现,后来由第尔斯辑入苏格拉底以前哲学家的残篇中,数量虽不多,却是可靠的。亚里士多德、塞奥弗拉斯特和辛普里丘等人的著作中转述了不少阿那克萨戈拉的思想,也是我们研究阿那克萨戈拉哲学的重要资料。今人吉尔琛生(D. E. Gershenson)和格林贝格(D. A. Greenberg)所著《阿那克萨戈拉和物理学的诞生》一书,探讨深入而多有新意,并汇集了古今有关阿那克萨戈拉的各种资料,较有参考价值。

第二节 种子和努斯

阿那克萨戈拉同恩培多克勒一样,用多元的物质本原来改造巴门尼德的"存在",用粒子化的物质结构来革新和发展伊奥尼亚哲学的本原论,以此来阐明自然的本原和现象的统一。他提出别具一格的物质结构说——种子论,将物质本原的多元论推到极点,把无限多样的自然物质分析为既是无限多样又是无限微小的粒子——种子,用这种无限多元的本原径直说明自然界的无限多样性。它修正了伊奥尼亚哲学的本原论的缺陷,为原子论的进一步发展铺平了道路。同时,他探究自然的动因,不同于恩培多克勒的爱与恨的物质与精神的双重性;他提出了"努斯"即心灵这个哲学范畴,在西方哲学史上第一个明确地将"努斯"视为理性的精神实体,也是万物的本原。这使哲学对物质与精神范畴的分化认识进一步明朗化,为苏格拉底与柏拉图的理念论开辟了道路。种子和努斯的二元论就是阿那克萨戈拉的本原论。

一 种子论的由来和种子的特性

阿那克萨戈拉主要是继承和发展伊奥尼亚哲学传统的,而他建立种子论却是接受了巴门尼德关于"存在不能从非存在产生,也不能变为非存在"的原理作为他的推论前提。他说:"事物的全体是既不能增多也不能减少,因为多于全体是不可能的,它们始终如一。"①他这样说,不是认为事物全体像巴门尼德的存在无动变,而是认为事物全体不可能从无生有,生成与毁灭只是粒子的混合与分离。他指出:"希腊人在说到产生和消灭时是用词不当的。因为没有什么产生或消灭,只有事物的混合和分离。所以他们应当确切地称产生为混合,称消灭为分离。"②亚里士多德也指出他"否认虚空存在"③,认为他"主张本原是无限多样的,或许是由于他接受了自然哲学家的普遍意见,即认为存在不能从非存在产生"④。而他提出种子论不只是根据关于存在的理论推理,更秉承伊奥尼亚哲学传统,将存在的原理用于对自然的经验观察,落实到每一件具体事物。在日常饮食中,食物不是头发或并不全是肉,而吃后却能生长出头发和肉来,所以他提出问题:"头发是怎样从非头发产生的,肉是怎样从非肉产生的?"⑤他的回答是:"我们摄取的营养物如面包和水,是单纯的、同质的,可是从这些食物中却能长出头发、血管、肌肉、筋腱、神经、骨头和其他肢体来。根据这种情况,我们应当承认,在我们所摄取的营养物中,包含有一切东西;还应当承认,每一事物都是从已经存在的事物中生长出来的。在营养物中必定已经有产生血、肌肉、骨头等东西的部分。这些部分是只有理性才能认知的。"⑥就是说,只有理性才能把握营养物中本来就有的人身体中各种东西的极为细微的粒子。由此他推想,自然界的"任何事物都不能从虚无中产生,每一事物只能靠同类事物来养育","同类事物由同类事物所增聚",如"在培育树木的水中,必定也包含了木、茎、叶子和果实了"。⑦

---

① 辛普里丘:《〈物理学〉注释》,第 156 页第 10 行,转引自第尔斯、克兰茨编《苏格拉底以前哲学家残篇》,DK59B5。
② 同上书,第 163 页第 20 行,转引自第尔斯、克兰茨编《苏格拉底以前哲学家残篇》,DK59B17。
③ 亚里士多德:《物理学》,213b22,载于《亚里士多德全集》。
④ 同上书,187a27—33,载于《亚里士多德全集》。
⑤ 第尔斯、克兰茨编:《苏格拉底以前哲学家残篇》,DK59B10。
⑥ 艾修斯:《哲学家意见集成》第 1 卷,第 3 章,第 5 节,转引自第尔斯、克兰茨编《苏格拉底以前哲学家残篇》,DK59A46。
⑦ 见第尔斯、克兰茨编《苏格拉底以前哲学家残篇》,DK59A45。

阿那克萨戈拉将这种无限微小、和现成事物同类的粒子推广到整个宇宙,就提出了他的种子本原说。他的《论自然》开篇就说:"最初万物都在一起,数目上无限多,体积上无限小。因为小才能是无限的。一切都在一起,由于它们微小,所以不能分离、区别开来。气和以太也是无限的,在整个混合中,由于它们在数目上和大小上都是最重要的,所以优于一切。"①宇宙最初就是这些微小粒子的绝对混合,万物无区别,只因气和以太占优势而表现出来。他概括说:"在每一个复合体中,包含着一切种类的许多东西,万物的种子(spermata, seeds)。它们具有各种性状、颜色和气味。"②在他看来,宇宙中无限多样的、生灭变易的自然事物,包括水、火、土、气,以至动物、植物,其本原就是无限多的种子,它们才是永恒的存在。种子不生不灭,具体事物的种种生灭变化只是种子的混合和分离。他用无限多元的种子革新了伊奥尼亚哲学的单一的物质本原,又将巴门尼德的那个不动变、不可分割的"存在"彻底粉碎,而且采用了芝诺悖论中述及的无限分割的手段,认为事物是由无数异质、永恒的微粒子组成的。

他的种子说有不同于恩培多克勒的四元素论的三个特点:

第一,种子无穷异质、无限多元、无定形。他继承了伊奥尼亚哲学中物质本原"无限"、"无定形"(阿派朗)的思想,认为种子在数量和种类上无限,在结构上则是无定形的。他和阿那克西曼德、阿那克西美尼一样,认为宇宙开始是无限的混沌,万物的种子都凝聚在一起,没有分化,一切都不定形,没有显示出各自的特性来,但是在性质上已经包含着无限多的种类。这就是说,后来分化为万物的无限多元的种子,在宇宙开初的混沌中早就永恒存在,不过它们都混在一起,没有分化,但包含着分化成无限多种事物的可能性。他和阿那克西曼德都用了"阿派朗"这个术语,但意义不同。后者指单一的物质本原,在质上没有任何规定性,而他说

---

① 辛普里丘:《〈物理学〉注释》,第 155 页第 26 行起,转引自第尔斯、克兰茨编《苏格拉底以前哲学家残篇》,DK59B1。
② 同上书,第 34 页第 29 行起,转引自第尔斯、克兰茨编《苏格拉底以前哲学家残篇》,DK59B4。

的阿派朗却指无限多元的种子,在质上有无限多的潜在的规定性。从自然本原和现象世界的关系上,这可以说是"以无限求无限"、"由无限生无限"。它避免了伊奥尼亚哲学用单一的物质本原转化生成万物所遇到的困难,也没有了恩培多克勒的四元素论"以有限求无限"、"以少生多"的疑难。为了解决这个"一"和"多"的矛盾,他将多元论推到极点,将自然物质的无限多样性,直接还原为种子本身在质上的无限多元性。这就造成他的种子学说的另一些特点:强调物体可以无限分割,主张粒子在性质上具有互相包含成分的弥渗的连续性,而忽视了对物质构造中的数量比例和形式结构的探讨。

第二,种子和物体的无限可分割性。芝诺的悖论否认事物的间断性和多样性,认为如果事物可以分割为众多部分,它们必然同时既是小的又是大的,小会小到没有大小,大会大到无限。这已涉及事物是否无限可分的问题(也是数学上的极限问题)。阿那克萨戈拉却针锋相对地论述物体和种子都可以无限分割,事物的大和小都是无限的、相对的。他说:"在小的东西中没有最小的东西,总是还有更小的东西,因为存在不能分割成为非存在;而对大的东西也总有更大的东西,大东西和小东西在数量上相等,每个东西本身都是既大又小的。"①辛普里丘指出,他的种子和物体都可以无限分割的见解,也就意味着一切事物都以无限微小的成分互相包含,间断性中有连续性。他说:"容易看到,如果一切事物可以从每一事物中抽取,如果每一事物都由一切事物的成分组成,那么,不仅宇宙,而且每个个别事物在数量和空间上都是无限多倍的无限。"②种子本身就是物体分割的一个"微分",一个微观的、肉眼不可见的物质粒子。但种子并不是不可再分割的基本粒子,它可再分割,分割得再小,仍然是种子。所以,种子的大小是不确定的、无定

---

① 辛普里丘:《〈物理学〉注释》,第 164 页第 17 行起,转引自第尔斯、克兰茨编《苏格拉底以前哲学家残篇》,DK59B3。
② 同上书,第 495 页第 25 行起,转引自吉尔琛生、格林贝格《阿那克萨戈拉和物理学的诞生》,第306 页,纽约,布莱斯德尔出版公司,1962(以下所引此书均为此版本)。

形的,也是相对的。它不会被分割到零,成为绝对的非存在;它也不会是一种数学上抽象的、不可再分割的几何点。这一学说已经蕴涵了后来数学上的"微分"观念;而在物理学意义上,种子论在探索物质结构的层次上,则比恩培多克勒的四元素说更为深入地探索了物质的微观结构。

第三,种子包含万物的成分。阿那克萨戈拉认为任何微小的种子中都包含所有万物的成分,这是他的物质结构学说的特色。任何一个种子都可以无限分割,无论分割到多小,它仍然是种子,仍然包含着分化为万物的因素。正是从这个意义上,他认为大的东西和小的东西所含的成分在数量上是相等的,因为它们都包含了所有万物的成分。他说:"既然大东西和小东西所含的成分在数目上是相等的,因此,所有一切东西都在每一件事物之中,要将它们分离开来是不可能的。一切事物都含有每一事物的成分。"[1]种子可以无限分割,每一个种子本身又包含着万物的一切成分,所以种子本身就是间断性和连续性、"一"和"多"的统一体。万物之间都以极细微的成分互相包含、互相弥渗。种子和宇宙万物就是互相紧密联系、具有连续性的统一体。他说:"我们的统一的宇宙中所有的事物并不是彼此割裂的,不是可以用斧头将它们彼此割裂——热从冷、冷从热——开来的。"[2]他将整个宇宙看成是一个普遍联系的整体,对立面也是相互联系的。这里闪烁着朴素辩证法的光彩。种子包含万物的成分,但和宇宙开初混沌的绝对混合已不同。在混沌中任何事物不可区别,没有质的规定性,种子则根据"优势原则"而有区别他物的质的规定性,种子以其内部包含得最多的、占优势的成分决定它的质。亚里士多德记述:他认为"每一事物混合在每一事物之中","但是事物看起来是彼此不同的,每一事物由于在混合中所含的最占优势的成分而被命名。他

---

[1] 辛普里丘:《〈物理学〉注释》,第164页第26行起,转引自第尔斯、克兰茨编《苏格拉底以前哲学家残篇》,DK59B6。

[2] 同上书,第172页第12行起,第176页第29行起,转引自第尔斯、克兰茨编《苏格拉底以前哲学家残篇》,DK59B8。

说,任何事物都不是纯粹的白或黑或甜,也没有纯粹的肉和骨,事物的性质是按照它包含最多的成分决定的"。[1]

阿那克萨戈拉的种子论和恩培多克勒的元素论,都综合伊奥尼亚和南意大利两大哲学传统而形成,都强调要用理智才能把握的微观粒子物质结构说,但由于偏重的哲学传统不同,它们之间有四点区别:(1)四元素是自身同质的基本粒子,没有内部构造,不可无限分割,自身的质不变,四元素之间也不能相互转化。而种子自身异质,内部是万物成分的融合体,可无限分割,无论分割到何等程度仍然是包含万物成分的种子,包含着生成一切事物的无限可能性;种子以其内部占优势的成分规定其质,可以改变优势成分以改变质。(2)四元素机械地砌合生成万物,具有间断性的孔道结构。种子都是内部包含万物成分的融合体,它们的结合不通过孔道结构,而是通过相互弥渗的连续性。(3)四元素粒子的结合和分离即事物的产生和消解,有双向意义:不同元素粒子结合成物体,就是同类元素聚合体的分离;而物体分解为不同元素,同时就是同类元素结合。种子的结合和分离则只有单向意义:自然界一切互相区别的种子都是从宇宙的原始混沌中分离出来的,每一复合物体的产生,就是同类或不同类种子的结合,物体的消解也就是种子的分离。(4)四元素粒子构成物体有确定的数量比例和形式结构,是"有定形"的。虽然种子的内部成分根据"优势原则"确定事物的质也有某种笼统的、不精确的量规定质的思想,但是总体看,种子论不注重研究物质构造中的数量比例和形式结构,而强调种子和物体的"无定形"和弥渗的连续流动性。从现代物理学观点来看,种子论这种别具一格的物质微观粒子结构说,是关于基本粒子的辩证的科学思想的最早萌芽。现代物理学也主张基本粒子内部仍可分割,它们之间可以互相转化,量子既有粒子性又有波动性,就是间断性和连续性的统一。

---

[1] 见亚里士多德《物理学》,187b1—6,载于《亚里士多德全集》。

二 同类部分和对立

关于阿那克萨戈拉的种子学说,历来学者们有不少争议。其中比较突出的是两个互相关联的问题:一是种子和"同类部分"的关系,二是种子和"对立"的关系。

阿那克萨戈拉的现存残篇中没有使用"同类部分"(homoiomereia,或译"同素体")这个概念。亚里士多德在论评他的物质结构的本原论时,多处在同样意义上使用"同类部分"和"种子"这两个概念:"他说本原在数目上是无限的,因为他说几乎所有的事物都由'同类部分'组成"[1];"他认为元素是'同类部分',如肉、骨以及类似的东西……每一个都是由一切看不见的'同类部分'集合而成的"[2];他"认为元素是'同类部分',即骨、肉、髓以及别的事物,它们每一个部分和整体都是同名同性的"[3]。所谓"同类部分",就是和事物整体有同样的性质、同名的微小组成部分,如极微小的骨、肉等。亚里士多德并没有说明"同类部分"是不是阿那克萨戈拉自己的概念,到罗马时代的卢克莱修,就将它说成是阿那克萨戈拉的"同类部分"了[4]。后世的许多注释家沿用了这种说法。最早提出质疑的是 19 世纪德国的著名哲学家尼采,他在《希腊悲剧时代的哲学》(1873)一书中提出:亚里士多德将种子说成是同类部分,实在就是认为阿那克萨戈拉"把世界的本原想象成为某种像尘粒那样无限小而充实的点的物质,每一物质点只具有一种单独的性质"。这是"一个大错误",因为种子是"一些本体的聚合物",自身异质,内部包含无数成分,并不是一种自身同质的质点。[5] 伯奈特也认为"同类部分"这个词只是亚里士多德用来称呼"种子"的词,而在他自己的学说中,"同类部分"指谓事物结构

---

[1] 亚里士多德:《形而上学》,984a13—16,载于《亚里士多德全集》。

[2] 亚里士多德:《论天》,302a28—b5,载于《亚里士多德全集》。

[3] 亚里士多德:《论生灭》,314a19—21,载于《亚里士多德全集》。

[4] 见卢克莱修《物性论》,第 870—880 行,转引自卢克莱修《物性论》,方书春译,第 44—45 页,商务印书馆,1981。

[5] 见尼采《希腊悲剧时代的哲学》,第 105 页,芝加哥,雷格纳列·盖特威出版社,1962。

的中间成分,指介于组成它们(同类部分)的元素以及由它们(同类部分)所组成的器官之间的成分,如心脏不能分割为心脏,而肉的同类部分仍是肉。康福德也认为亚里士多德的说法会导致阿那克萨戈拉的理论中同类部分原则和"每一事物都包含一切事物的成分"命题的自相矛盾,他认为亚里士多德误解了阿那克萨戈拉。当代另一些哲学史家如贝利和格思里等人认为,亚里士多德用同类部分阐释种子论并不是曲解,也不会导致自相矛盾。格思里认为,阿那克萨戈拉自己不像使用了"同类部分"这个词,亚里士多德只是指出他以为是基本元素的本原,恰恰就是亚里士多德在自己的物质复合结构层次上称之为"同类部分"的东西。最完全发展的层次是生物(植物、动物和人),它们是由次层的、被称为"非同类部分"的器官组成的,它们不能再分割为同名的东西,如心脏不能分解为小心脏。器官又由被定义为"部分和整体是同名同性"的同类部分的实体组成,如动物的骨和组织,木、树皮、汁液以及别的植物的组织,矿物,金属和石头。它们是由最单纯的物体即四种元素(土、水、气、火)组合成的。亚里士多德正是这样批评种子即"同类部分"并不是最基本的元素。①

其实,现存的阿那克萨戈拉的残篇为数甚少,不是他的全部论述,而在亚里士多德等人手头还保留有阿那克萨戈拉的《论自然》的全文或节本,很难设想这样严谨的学者要使用一个阿那克萨戈拉自己没有使用过的概念来强加于他。同类部分即种子,这同种子内部包含一切事物的成分非但不矛盾,而且是互为补充的。它从内部和外在两个方面表明了种子的特点:它自身内部是异质的,但它又按照"同类相聚"的原则,聚合成为物体。亚里士多德批评同类部分或种子并不是事物的基本元素,在夹叙夹批中没有歪曲阿那克萨戈拉的原意,倒是正确地指出了种子论的弱点:种子即同类部分只是将常见的复合物体分割成无数微粒,这些微粒

---

① 见格思里《希腊哲学史》第 2 卷,第 282—283 页;贝利《希腊原子论学派和伊壁鸠鲁》,附录"阿那克萨戈拉的理论",牛津,克拉伦登出版社,1928。

还是复合体,不是基本元素①;种子论无视物质世界构造的复杂性,不能正确说明各类复合物体的结构层次。

另一个有争议的问题是种子和"对立"的关系。既然任何种子都包含着一切事物的"成分",那么这些成分是否指冷热、干湿、明暗这些涉及事物"性质"的对立成分?

有些哲学史家认为,这些对立成分就是全部自然物质和种子的终极构成要素。如康福德认为,种子"分有"万物的成分、"一切包含一切",就是指分有对立的成分,种子是物质结构的基本元素,但每个种子又都内含着各种对立成分。并且他认为当时希腊人还没有形成"性质"(quality)这个哲学范畴,事物的性质还被看做是"事物"(things)。所以康福德造了一个新词,说"对立性质应当被理解为这种'质物'","'质物'只存在于种子中,作为物,它们不仅是种子的固有属性,而且种子就是由它们这些成分构成的",它们才是构成种子的基本要素。② 当代美国哲学史家弗拉斯托斯断言,"一切种子的终极构成是热和冷、干和湿以及一切伊奥尼亚宇宙论传统的对立",它们"是一种本体性的'质物',或者说得更好些,是'能量'或'能力'(power)的形式";他还认为,阿那克萨戈拉在物理学上的革命就在于,他将这种种子的构成成分("质物")看做"巴门尼德的存在",它们"是一切事物共同具有的"。③

另外一些哲学史家反对这种观点,认为种子可以无限分割同种子包含万物成分这两点是一致的,而这些成分就是万物无限分割成的细微质料,阿那克萨戈拉并没有将那些对立性质看成是一切事物和种子的终极要素。如策勒强调,在阿那克萨戈拉那里,冷热、干湿、明暗等对立的性质"对事物生成所起的作用,已不像早先伊奥尼亚哲学和毕达哥拉斯学

① 见亚里士多德《论天》,302b10—20,载于《亚里士多德全集》。
② 见康福德《阿那克萨戈拉的物质理论》,转引自艾伦、福莱《苏格拉底以前哲学研究》第2卷,第311页,伦敦,劳特利奇与基根·保罗公司,1970—1975。
③ 见弗拉斯托斯《阿那克萨戈拉的物理理论》,转引自艾伦、福莱《苏格拉底以前哲学研究》第2卷,第331—341页。

派哲学所说的那样重要了"①。格思里也不同意他的老师康福德以及弗拉斯托斯的见解,认为如果将种子看成单纯的物体,又将对立成分说成是不可再分割的终极要素,这才是曲解了阿那克萨戈拉哲学的本意,会造成理解上的混乱。② 贝利在和康福德的通信中进行辩论,坚决反对种子内部结构的解释,主张"融合论"的解释,认为种子包含万物的成分就是包含万物的细微质料,像糖溶解于水那样在种子内部水乳交融在一起,"完全融合为一个新的实体,就像我们今天所说的化学结合的观念"③。

　　前一种观点缺乏足够的史料根据,笔者基本上同意后一种观点。当然,策勒的见解也不确切,因为对立的性质一直是早期希腊哲学家们很关心的问题,他们把性质和事物等量齐观,因此不可能将对立性质单独分离出来看做更深层次的终极基本元素。每一事物包含一切事物的成分,是包含无限多样事物的细微质料及其对立性质。辛普里丘在比较种子论和原子论时,指出原子没有不同的质,只在形状、大小和位置上有不同。然后说,"阿那克萨戈拉及其学派主张,宇宙的基本要素是由有对立性质的物质构成的;他们主张,热和冷、干和湿、稀和浓以及其他一切对立的性质,是在同类部分之中的",同类部分"是一切事物的构成要素","事物的基本区别,是质的区别"。他还指出,冷热、干湿这些对立性质实际上也是恩培多克勒的四元素所具有的,"但是阿那克萨戈拉所说的对立性质比较宽泛,还有甜苦等等,更表现为种子的基本属性,显示了种子的无限多样性"。④ 实际上,阿那克萨戈拉正是由于一方面接受了巴门尼德关于存在不能从非存在产生的原理,另一方面又观察到自然界中对立

① 策勒:《苏格拉底以前的学派》第2卷,奥列尼英译,第338页,伦敦,朗格曼斯·格林出版公司,1881。
② 见格思里《希腊哲学史》第2卷,第293页。
③ 贝利:《希腊原子论学派和伊壁鸠鲁》,附录"阿那克萨戈拉的理论",牛津,克拉伦登出版社,1928。
④ 见辛普里丘《〈物理学〉注释》,第164页第10行起,第153页第26行起,转引自吉尔琛生、格林贝格《阿那克萨戈拉和物理学的诞生》,第289—290、281页。

的事物互相产生的现象,才提出种子论的。亚里士多德说:"对立物互相产生这个事实,使他们得出结论,认为这一个必然已经存在于另一个之中。"①塞克斯都·恩披里柯举过一例:"阿那克萨戈拉反对说雪只是白的。他论证说:雪是凝冻的水,而水是黑的,由此可知雪也是黑的。"②水变成雪、黑变成白,这是对立的转化,但这不是由非存在变为存在、从无到有,而是对立的一面早已存在于对立的另一面之中。雪中有水、白中有黑,白的雪也是黑的。他所说的这种对立的转化,是指原来已经存在于同类部分中的异质成分从对立中分离出来,自相聚合,占有优势,造成水转化为雪,黑转化为白。这种转化已经带上某种机械性。他的种子和对立性质本身都是永恒的存在,在转化中只有程度(是否占优势)的不同,并没有质的飞跃和新陈代谢。他的对立性质并不是自身能动的"能量"、"能力",不是事物生成和变灭的动因,因此他才必须从一切事物和种子的外部设置作为万物动因的"努斯"。

三 努斯

"努斯"(nous)本来是希腊语中的常用词,相当于中文中的"心"、"心灵",泛指感觉、思想、理智、意志等精神活动以及这些活动的主体。在荷马史诗以及许多作家的著作中经常使用这个词。阿那克萨戈拉在希腊哲学中首次明确地提出以"努斯"这一理智性的精神实体作为万物的本原。爱利亚学派所论的思想还是神、人的心灵器官的思维功能,此派和恩培多克勒萌发的理性神还未明确地将思想异化为一种独立的精神性本原。在阿那克萨戈拉以前,努斯只有认识论和心理学、生物学上的意义,从他开始,努斯具有本体论意义,种子和努斯就构成他的二元论倾向哲学的两根平行的支柱,物质和精神两大哲学范畴的分化认识才明朗起

---

① 亚里士多德:《物理学》,187a33—34,载于《亚里士多德全集》。
② 塞克斯都·恩披里柯:《皮罗主义纲要》,第1卷,第33节,载于《塞克斯都·恩披里柯文集》第1卷。

来。所以,他提出的"努斯",是哲学思想发展的重要转折点。黑格尔赞道:"这里有一道光芒开始放射出来(诚然它还是很微弱的):心智被认为是原理。"[1]"在此以前,我们只见过各种思想,现在才见到思想自身被当作原理。"[2]

他留存的论述努斯的残篇不多,最集中的论述来自辛普里丘著作所辑的残篇第十二,全文引述如下:

> 别的事物都分有每个事物的部分,只有努斯是无限的,它不是和别的事物相混,而是自己单独存在的。因为如果它不是这样,而是和别的事物相混合,它就要分有一切事物;正如我以前说过的,每一事物都含有一切事物的部分。和它[努斯]相混的东西就会妨碍它,使它不能像在独立存在的情况下那样支配事物。因为它是万物中最精最纯的,它有关于一切事物的所有认知,具有最大的能力。努斯能支配一切有灵魂的事物,不论大的或小的。努斯也支配整个漩涡运动,使它在最初开始旋转。它从一个小范围内开始旋转,现在已经扩展到较大的范围,还要越转越大。一切混合的东西,分离开和相区别的东西,都被努斯所认知。所有一切过去存在的东西,一切过去存在而现在已不存在的东西,以及一切现在存在和将来要存在的东西,都由努斯安排有序,包括漩涡运动以及由此分离开的星辰、太阳、月亮、气和以太。正是漩涡运动造成了分离,将稀的和浓的、热的和冷的、明的和暗的、干的和湿的分离开来。在众多事物中都包含有众多的成分,但是,除了努斯以外,没有任何事物能同其他事物完全分离、区别开。努斯不论大小,都是一样的,而其他任何事物却都不是一样的,每个单纯的物体都以它现在和过去包含最多的成分而显示出来。[3]

---

[1] 黑格尔:《哲学史讲演录》第1卷,贺麟、王太庆译,第342页,商务印书馆,1959。
[2] 同上书第1卷,第343页。
[3] 辛普里丘:《〈物理学〉注释》,第164页第24行,第156页第13行起,转引自第尔斯、克兰茨编《苏格拉底以前哲学家残篇》,DK59B12。

由此可知,努斯作为与物质性的种子和万物相对立的精神性的本原,有四个自身的本质特征:(1)万物无限多元、异质;努斯虽然也是无限的,却是单纯、单一、自身同质的。(2)万物是不能完全分开、互相渗透的混合体,努斯是同万物完全分开、不相混合的独立存在的单纯体。(3)万物不能自动,它们只能由努斯启动和安排而运动;努斯却是能动的动因,它不但启动宇宙的漩涡运动,而且支配和安排万物,形成有秩序的(善的和美的)宇宙。(4)万物和种子不具有任何精神性的功能,不能认识别的事物;只有努斯才具有认知全部事物的本性并且决定宇宙事物的能力。在阿那克萨戈拉以前,许多哲学家都讲到灵魂,但都没有从哲学范畴的高度将灵魂和物体明确地区分和对立起来。阿那克萨戈拉已鲜明地设立了两个完全对立的本原:物质性的种子和精神性的努斯。辛普里丘引述塞奥弗拉斯特《物理学》的残篇说:"看来阿那克萨戈拉使他的物质性本原成为无限的,而运动和生成的原因却只是一个,叫做努斯……他实际上是肯定了两种本原,即无限的本体和努斯。"①

关于努斯的本性是精神性的还是物质性的,现代西方学者也有争议。有些学者认为,努斯既然"最精(或译'最稀')最纯"、有大有小、占有空间,它必定是某种有形体的、特殊的物质性的东西。因此,伯奈特认为:"它是一切事物中最稀的东西,所以它能到处渗透",它所起的作用只是开启物质性的漩涡运动,它只在生理意义上等同于灵魂;努斯能认知一切事物,并不足以表明它是精神,因为在早期希腊哲学中赫拉克利特的"火"也赋有思想能力。② 福勒也认为努斯"同赫拉克利特的火一样","完全是物质性的",他甚至设想努斯也有粒子形式,是"一种有能力的、自动的特殊元素,是宇宙构成的一个方面"。③ 另一些学者不同意这种看法,认为最初提出的哲学范畴"努斯"虽有其不成熟的复杂性,但它本质

① 第尔斯、克兰茨编:《苏格拉底以前哲学家残篇》,DK59A41。
② 见伯奈特《早期希腊哲学》,第268—269页。
③ 见福勒《希腊哲学史:泰勒斯到德谟克利特》,第217—220页,纽约,亨利·霍尔特出版公司,1923。

上是精神性的。策勒指出努斯具有"非形体的本质"。他又认为,在努斯学说中,"一方面,精神被描述成为一种有认知力和自为存在的本性","有神那样的精神性人格方面";"另一方面,它又被说成是一种非人格的物质,或非人格的力量,有许多自然力方面"。因此努斯学说"既是理性化的又是自然主义的"理论。① 格思里剖析了努斯的精神本性,但也指出,努斯在某种意义上相似于阿那克西曼德的引生万物的"阿派朗"这个物质本原和赫拉克利特的"逻各斯"或"智慧之火"(Fire which was wise),而所以造成这种表面的相似性,只是因为阿那克萨戈拉当时对精神性的哲学概念尚难作出比较确切的描述和规定。他认为阿那克萨戈拉的残篇中"没有称'神'的内容,但这是偶然的,他不可能不将努斯思考为神"。②

对物质和精神的分化认识,本原意义的"精神"哲学范畴的形成,是经历了一个漫长而复杂的演进过程的。从伊奥尼亚哲学的灵魂或"智慧之火"、毕达哥拉斯学派的灵魂到恩培多克勒的爱与争,都在逐步推进这种分化认识。阿那克萨戈拉的努斯才第一次明确形成本质上是独立的精神本原范畴,第一次比较明确地提出一种二元论倾向的哲学。努斯的精神性实质是明确的。阿那克萨戈拉说:"在每一事物中都包含除了努斯以外的一切事物的成分,但在有些事物中也有努斯。"③这"也有努斯"的"有些事物"指有精神理智活动的生命体,这就表明努斯是和物质不同的精神性本原。他用"最精(最稀)最纯"这类词描述努斯,只是为了说明它绝对单纯,同总是混合异质成分的物质性种子相对立。他所说的"最精(最稀)最纯",用的是"lepton"这个词,格思里考证它的原意指"某种精细的编织物或精细的粉末"(所以译为"最精"比"最稀"更恰当)。荷马早

---

① 见策勒《苏格拉底以前的学派》第 2 卷,奥列尼英译,第 345—349 页,伦敦,朗格曼斯·格林出版公司,1881。

② 见格思里《希腊哲学史》第 2 卷,第 277—279 页。

③ 辛普里丘:《〈物理学〉注释》,第 164 页第 23 行,转引自第尔斯、克兰茨编《苏格拉底以前哲学家残篇》,DK59B11。

在《伊利昂记》中用它来喻指智慧。所以阿那克萨戈拉借用这个词描述努斯,只是为了强调理智性的努斯最精细纯粹,同自身异质的种子不同,它又贯穿和支配一切物质。它启动了宇宙,"而努斯又是永恒的,直到现在也在其他一切事物所在的地方,存在于周围的物质中,在一切聚合或分离的事物中"①。努斯是支配和安排一切事物的精神力量。阿那克萨戈拉作为自然科学家,在对自然的探究中贯穿着比较浓重的素朴唯物论的科学精神,在某些方面遏制了努斯的精神性作用的发挥。他的自然哲学体系中,努斯的作用并不见始终如一的彻底贯彻,使后来的苏格拉底颇感失望。② 格思里说他不可能不将努斯思考为神,其实不然。

阿那克萨戈拉的哲学洋溢着科学精神,热衷于探讨物质结构,那么为什么要在物质的种子以外,再设置一个精神本原努斯呢? 其原因或理论根源有三点:

第一,物质和运动分开,努斯充当动力因。恩培多克勒以爱和争作为动因,它们基本上还是物质力量,但已带上精神、情感和意志的色彩;阿那克萨戈拉的努斯则进一步变成物质以外的理性动力。他说:"在无限长的时间内,万物混合在一起,静止着,然后努斯引入运动,将它们分离开来。"③努斯的首要功用就是启动原先完全静止、绝对混合的宇宙混沌,它的作用是"分离"。亚里士多德评析道:"有一个分离的开端,不仅是每个事物的分离,而且是万物的分离"。这分离就是"生成的起源,这个根源他就叫做努斯,努斯在某个出发点上开始它的思想工作。这样,一切事物在一个确定的时间内必然聚合在一起,又必然在一个确定的时间开始运动"。④

第二,灵魂的理智功能被外化为努斯即心智这种精神本原。他说的

① 辛普里丘:《〈物理学〉注释》,第157页第7行,转引自第尔斯、克兰茨编《苏格拉底以前哲学家残篇》,DK59B14。
② 见柏拉图《斐多篇》,97C—98B,载于《柏拉图对话全集,附信札》。
③ 亚里士多德:《物理学》,250b25—27,载于《亚里士多德全集》。
④ 见同上书,203a23—33,载于《亚里士多德全集》。

努斯比灵魂的含义要小。任何动物都有灵魂但并非都有努斯,一切人都有灵魂但并非都有努斯,努斯是最高级的灵魂即理智、理性。希腊文中原本泛指一切精神活动的努斯,已被他限定为专指高级的精神活动能力即理智与理性了。后来从柏拉图、亚里士多德到黑格尔等哲学家都是在这个意义上使用努斯这个词的。这样的努斯才能认知万物、安排万物,成为精神的本原。所以这努斯译成"理性"或"心智"更确当。

第三,努斯是安排宇宙合理秩序的原因,已有某种目的论思想因素。早期希腊哲学已经发现自然界有秩序,如毕达哥拉斯学派的科斯摩斯(宇宙秩序)思想,赫拉克利特的逻各斯范畴,都认为宇宙万物不是乱七八糟的,而是构造有序、秩序井然的。这善的和美的秩序是以谁的目的安排的呢?哲学在批判人格化的多神后,就要在神的意志之外别求理智的目的因。恩培多克勒将"爱"和"争"同"善"和"恶"结合起来,就开始含有目的论意义,但还不明显。阿那克萨戈拉的努斯-理性才明显地有了目的论意义,它将宇宙安排为最善最美的秩序,也是万物所要达到的最后目的的原因。亚里士多德正式形成"目的因"哲学范畴,他很重视努斯的目的论意义,称努斯是将整个自然安排有序的原因,赞扬阿那克萨戈拉和他的前人的空谈(或译"糊涂思想")相比,是清醒的(或译"睿智的")人。[1]

对努斯学说在阿那克萨戈拉的全部哲学中所占的地位和作用,应有恰当的评价。他是一位严肃的启蒙科学家,他的哲学有二元论倾向,推进了对物质与精神分化的哲学认识,有积极意义,而从他的思想总体看,科学理性精神占有主导地位。英国哲学史家赫悉(E. Hussex)将努斯学说看成是一种典型的宗教唯心论的目的论,认为阿那克萨戈拉已将神看成"就是努斯的世界",将宇宙看成是"神的努斯中的理念"。[2] 耶格尔也将努斯学说解释为宗教神学,认为努斯就是神,人所分有的努斯就是人

---

[1] 见亚里士多德《形而上学》,984b16—18,载于《亚里士多德全集》。
[2] 见赫悉《苏格拉底以前的哲学》,转引自汪子嵩等《希腊哲学史》第1卷,第923页。

心中的神意;努斯事先就设计了"世界模型",提供了"世界的机械、自动的画面,但是世界的各个阶段都是神圣的努斯所预见的","努斯即神的本质","即纯粹理性,作为造物主的心灵活动"。① 这就将努斯学说夸大、曲解为宗教神学了。其实,阿那克萨戈拉的科学理性精神限制了努斯的作用:(1)在宇宙演化中努斯只是最初启动之动因,被限制于"第一推动力"的作用,这同近代哲学中的非人格的自然神论有某种相似之处。(2)在阿那克萨戈拉的认识论中,并没有因努斯而形成先验论,他仍局限于偏重对感知认识及其生理基础的探讨,表现为一种素朴的反映论。所以,亚里士多德论评他的努斯的作用是有限的:"阿那克萨戈拉以努斯作为创造世界的机括,但他只是在无法说明某些事物的必然原因是什么时,才拉进了努斯,而在其他一切场合,他总是用别的原因来说明事件。"②他毕竟是有浓郁科学理性精神的启蒙哲学家。

第三节　宇宙漩涡运动生成论和科学思想

阿那克萨戈拉认为,宇宙和自然界万物的生成,是在努斯的启动下,进行剧烈的漩涡运动所产生分离作用的结果,宇宙生成是个分离式漩涡运动的过程。这和他的种子论与努斯学说是一致的,是继承与发展了伊奥尼亚的哲学思想。

他描述道:宇宙处于原始混沌时,无限的种子绝对混合在一起,一切个别事物都还没有分化出来,全体处于静止状态,这就是无定形的阿派朗。在这个混沌中气和以太最占优势,包含了其他的一切。③

他所说的"气"不是空气,而是指无数冷、湿、暗的种子的集合群。他所说的"以太"就是火,亚里士多德说他"不正确地用以太的名称代替火";他所说的火,也不是指燃烧的火,而是指无数热、干、明亮的种子集

---

① 见耶格尔《早期希腊哲学家的神学》,第163—164页,牛津,克拉伦登出版社,1947。
② 亚里士多德:《论天》,27b24—25,载于《亚里士多德全集》。
③ 见第尔斯、克兰茨编《苏格拉底以前哲学家残篇》,DK59B1。

合群。气和以太这两大性质相反的种子群中,早已潜存着后来分化的自然界的全部事物。但是,它们是处于静态的,不能区别地混合成一体,要靠努斯来启动。亚里士多德认为宇宙运动是永恒的,批评"阿那克萨戈拉荒谬地说明为什么无限是静止的。他说无限自身是它凝滞不动的原因"①,"但这是不真实的"②。努斯启动了宇宙混沌,形成漩涡运动,首先从一个小点开始,越来越扩大,就有了越来越大的分离力量,就好像人用棍子搅动水,从一点开始引起全部水的旋转运动那样。努斯给了第一转动力、引起漩涡运动以后,似乎就给了万物以持久不衰、日益强烈的永动力和自然安排,而努斯自身就和万物分离、缩回自在,无须再有作为了;万物却能在越来越快的漩涡运动中,按照一定的自然法则彼此分离开来,形成宇宙秩序和无数个别事物。③

阿那克萨戈拉描述自然界的形成过程:首先,气和以太从周围物质中分离出来,它们在数量上是无限的。④ 冷、湿、暗和热、干、明这两大种子群,在漩涡运动中造成宇宙万物的首次大分离。但这种分离并不是绝对的,每一个种子仍包含一切事物的成分,只是由于分离作用,使它内部的某些优势成分显示出来,才具有某种质的规定性,而万物之间互相包容和渗透的状态并没有改变。所以他说:除了努斯以外,没有一个事物能和其他一切事物绝对分开。⑤ 这两大种子群的分离,就分别形成天和地:"浓的和湿的、冷的、暗的结合在一起,到现在是大地的地方;稀的和热的、干的、明的结合到以太的外空。"⑥据另一记述,阿那克萨戈拉说:"努斯开启了运动,重的物体占据较低的地位,轻的物体在上空,水和气

---

① 亚里士多德:《论天》,27b24—25,载于《亚里士多德全集》。
② 亚里士多德:《物理学》,b1—6,载于《亚里士多德全集》。
③ 见第尔斯、克兰茨编《苏格拉底以前哲学家残篇》,DK59B12。
④ 见同上书,DK59B2。
⑤ 见同上书,DK59B13。
⑥ 辛普里丘:《〈物理学〉注释》,第 179 页第 3 行起,转引自第尔斯、克兰茨编《苏格拉底以前哲学家残篇》,DK59B15。

则在中间."①

　　伊奥尼亚哲学家早在观察天体的圆周运动中,就推测宇宙是在漩涡运动中分化和形成的。恩培多克勒的宇宙循环演化论也是由爱和争所引起的漩涡运动。相比较而言,阿那克萨戈拉的漩涡运动学说更带有伊奥尼亚哲学气质,又有他自己的新意。恩培多克勒的宇宙循环演化论是爱和争轮流主导,结合和分离、动和静周而复始地循环进行,这同他的宗教思想相吻合。阿那克萨戈拉的一次性分离式漩涡运动,分离中有聚合,即分离出来的同类种子结合成各个物体。虽然他设置了努斯这个精神性的第一推动力,但他的漩涡运动说中可以包含较多的科学内容,同宗教思想没有任何牵连。辛普里丘记述:"塞奥弗拉斯特说,阿那克萨戈拉的这个理论同阿那克西曼德的理论相似,因为阿那克萨戈拉说,在无限事物的分离中,相同的东西趋集在一起,在原初的全体中是金和土的东西,分别变成金和土."②阿那克西曼德也认为自然万物是从原始混沌的本原阿派朗在漩涡运动中分离出来的,但是两人的学说又有不同。阿那克西曼德的阿派朗是完全没有规定性的物质本原,本身就能运动,不需要他者启动。阿那克萨戈拉的原始混沌是静止的,要靠努斯启动,虽然原初种子群绝对混合、不显差别,但它们全体中已潜存着万物,潜存着无限多的质的规定性。漩涡的分离作用只是使种子内部早已潜存的各种优势成分显示出来,成为各种现实的质的规定性,即在分离中使各类相同的种子聚合成各种物体。据记述,他的观点是:"数量无限的同类部分开始从一个混合物中分离出来,每一事物存在于一切事物之中,但是每个同类部分由占优势的成分显示它的特性."③他的"同类部分"是指有相同优势成分的种子,不同于恩培多克勒的"同类部分"是同类的元素结

---

① 辛普里丘:《〈物理学〉注释》,第 27 页第 11 行起,转引自第尔斯、克兰茨编《苏格拉底以前哲学家残篇》,DK59B15.
② 同上书,第 27 页第 11 行起,转引自第尔斯、克兰茨编《苏格拉底以前哲学家残篇》,DK59A41.
③ 同上书,第 155 页第 23 行起,转引自格思里《希腊哲学史》第 2 卷,第 294 页.

合体,两者也属于不同的物质结构层次。早已潜存在宇宙混沌中的种子在漩涡运动的分离作用下显现其特质,聚合成物体,这就像在动植物的种子中早已潜存着生命的各种基因,而后显现生长出生命体,所以他将万物的本原称为"种子"。

和伊奥尼亚自然哲学相比,阿那克萨戈拉对自然的观察更为精细,并有种子论和宇宙漩涡运动生成说为理论基础,所以他的科学思想较为开阔、深入,更具有科学理性,特别表现在推进物理学思想萌发和天体科学思想方面。

他的种子论,在物理学上也是别具一格的物质结构论。种子无限可分。他将"微分"思想和微观结构引入物理领域,认为物质结构可无限分割,粒子间又可互相渗透和包含,是间断性(粒子性)和连续性的统一。这种关于粒子结构的朴素的辩证观念,从现代量子力学角度看是颇有意义的猜测。他对物体运动的许多不同形式以及一些力学现象(压力、向心力等)作了初步考察,描述了漩涡运动、垂直下落运动、速度和力的关系等等,萌发了力学思想。如他认为正是漩涡运动的速度造成种子的分离力:"这些质料旋转时,被力量和速度所分离。速度造成了力量。它们的速度同现今人类世界中任何事物的速度都不同,而是要快过许多倍。"①

他的天体学说和天文气象思想同他的宇宙漩涡运动生成说密切相关。在漩涡运动中,气和以太两大相反的种子群首先演化出天地、各种天体和万物。"浓的、湿的、暗的、冷的东西以及一切重的物体,都聚集到[漩涡运动的]中央,它们的密集物就是大地;而它们的对立物,稀的、热的、亮的、干的和轻的东西,形成为以太领域内的事物";"太阳、月亮和星辰是炽烧的石块,它们似乎是由于以太的旋转运动而[从大地]卷上去的。"②艾修斯也记载了他的说法:"环绕宇宙的以太是火的实体。由于它

---

① 第尔斯、克兰茨编:《苏格拉底以前哲学家残篇》,DK59B9。
② 希波吕托:《驳众异端》第 1 卷,第 8 章,第 2 节,转引自格思里《希腊哲学史》第 2 卷,第 302 页。

的旋转运动剧烈,它从大地上攫走岩石,将它们置于火中,变成了星辰。"①天体和大地是同样的物质构成的。被希腊宗教奉为神明的日月星辰,原来不过是从大地分离出去的炽烧的石块。这在当时的雅典确实是一种振聋发聩的无神论启蒙科学思想,因此他被当时的雅典政敌控告为不敬神,几乎被处死。他还认为宇宙混沌状态中的种子是无限的,宇宙漩涡运动"这种分离不仅在我们生活的这块地方进行,也在其他地方进行"。他设想无限的种子在漩涡运动的分离作用下,可以形成无数个类似人类所生存的世界,有相似的物质构成、自然规律、自然秩序,有同样的"太阳、月亮和其他星辰",同样由种子形成"人和别的有生命的动物",同样"建立城市,耕种土地"。② 这种富有科学想象力的假设至今仍引人思索,当代科学家们仍在探究宇宙中是否另有存在生命和人的天体,是否另有比人更有智慧的生命。

在古希腊的宗教传统中,苍穹是不可亵渎的禁区,灿烂的日月和群星是诸神所在的地方,变幻莫测的天文气象是冥冥诸神的威力。阿那克萨戈拉从天体的物理运动和种子的物质结构等自然法则去阐释日月星辰和雷电冰雹的成因,这在当时是使人耳目一新的勇敢启蒙,他的一些具有科学合理性的见解,在天文和气象学史上有一定的地位。公元前468 或前 467 年,一块巨大的陨石坠落在希腊的爱戈斯波大摩(Aigospotamoi)附近,人们惊惧地以为是天谴之兆。罗马的老普林尼在其名著《自然史》中记述道:"这块石头有一辆货车大小,棕色的。一颗彗星在那几夜也闪耀着",并说,阿那克萨戈拉曾"预言某天将有一块石头从太阳坠落下来"。③ 这当然是夸大的,现代天文学家还做不到这一点。但另有普卢塔克等人记述他解释了陨石的成因:每颗星辰是重的炽热石

---

① 艾修斯:《哲学家意见集成》第 2 卷,第 13 章,第 3 节,转引自第尔斯、克兰茨编《苏格拉底以前哲学家残篇》,DK59A71。
② 见辛普里丘《〈物理学〉注释》,第 35 页第 3 行起,转引自第尔斯、克兰茨编《苏格拉底以前哲学家残篇》,DK59B4。
③ 见第尔斯、克兰茨编《苏格拉底以前哲学家残篇》,DK59A11。

头,因漩涡运动"不在它的自然位置上","由于以太的阻力和摩擦而发光","在这种阻力中作圆周式的拖动,并被整个漩涡运动吃力地拉绷得紧紧的",而如果这"嵌在天空中的物体被撼动了,其中一块会被撕裂开,往下甩,掉落下来",就是陨石。① 在天文学史上,他可谓最早从天体力学角度试图说明陨石的成因的。他说太阳只比伯罗奔尼撒大一些,当然是直观的错误。但他认为,整个天体自生成后就处于永恒的运动之中,整个天体从东往西作旋转运动,没有一颗星辰固定在一个位置上,并推断,在浩瀚的太空中,还存在许多我们看不到的天体。② "银河是那些星群的光",它们的光亮在白天时被阳光淹没,当太阳落下,"被大地挡住了,这些星群的光就显露出来,成为银河"。③ 他认为月亮同大地一样,也有平原和深谷,他的一个新发现是"月亮的光来自太阳光的反射"④。他从天体运行轨道的角度正确地说明了月食和日食的成因:"月食是由于大地遮断了太阳照到月亮上的光"。"日食发生在新月时,那时月亮遮蔽了太阳照射到大地上的光",而所遮蔽的圆锥形阴影有多大,食面就有多大。⑤ 他和伊奥尼亚哲学家一样推测大地是扁平的,但认为空气也有形体,能支撑沉重的大地。他还认为地下的洞穴中也注入了以太即火,由于雨水在外冲注使以太扰动地壳,发生地震。⑥ 闪电是云块互相撞击时发生的火光,引起的爆响就是打雷,所以雷声出现在闪电以后。冰雹的成因是云块被热气推升到很高的空中,高处不胜寒,云中水气凝结成冰掉落下来,所以冰雹常发生在夏季。⑦ 他虽未实地勘察,但也研究了古希腊学者们热衷探讨的非洲尼罗河水在夏季泛滥的原因,批驳了种种猜测,认为

---

① 见第欧根尼·拉尔修《著名哲学家的生平和学说》,第 2 卷,第 12 节;第尔斯、克兰茨编《苏格拉底以前哲学家残篇》,DK59A12。
② 见第尔斯、克兰茨编《苏格拉底以前哲学家残篇》,DK59A42。
③ 见亚里士多德《气象学》,345a25—29,载于《亚里士多德全集》。
④ 柏拉图:《克拉底鲁篇》,409A,载于《柏拉图对话全集,附信札》。
⑤ 见希波吕托《驳众异端》第 1 卷,第 8 章,第 3 节,转引自第尔斯、克兰茨编《苏格拉底以前哲学家残篇》,DK59A42。
⑥ 见伯奈特《早期希腊哲学》,第 271 页。
⑦ 见亚里士多德《气象学》,369b14,348a14—25,载于《亚里士多德全集》。

其真实原因是南部埃塞俄比亚山上的大量积雪在夏季融化，流入河中。[①]由此可见他的丰富的地理知识和科学推断能力。他说，"我们将太阳光在云里的反射叫做虹"[②]，表明他已认识到光线的折射现象。他还认为事物的颜色有黑色和白色两个极端，其他颜色是依次排列在黑白之间的连续带，是黑白两色的混合物。[③] 这是最早的色谱观念。阿那克萨戈拉的主要贡献之一是他研究了各种自然现象的物理成因，从而促进了物理学思想的萌发。在亚里士多德以前，他在这方面的研究和贡献是较为突出的。

　　阿那克萨戈拉对生物和生理也有研究，但是这方面留存的材料少而零碎。他同恩培多克勒相似，认为"生物最初是在湿、热和土中产生的，后来就一代一代自行繁殖了"[④]。但是关于生命的最初起源，他并不认为是从无机物中逐渐自行演化产生的，而认为生命的种子亘古存在，说"空气中包含了一切种子，它们随着雨水冲落下来，产生了植物"。这是最早的生命外空飞来说。他认为在万物中只有有生命的事物才分有努斯，这是生物同非生物的分界。植物有呼吸，而且他认为"植物是能够感觉快乐和痛苦的动物，这从它们会弯动的叶簇可以推知"，所以植物也"有欲望，有运动，有灵魂"。[⑤] 他认为"人是动物中最聪明的，原因在于他有双手"[⑥]。他猜测到人的双手是能使人增长理智能力的，这是卓越的见解。在生理方面，他也有些合理的见解，如他认为鱼是用鳃排出水而呼吸空气的。[⑦] 他也赞同阿尔克迈恩的观点，认为脑是感知的中枢器官，因而在胚胎发育中脑是最先形成的，等等。但总体来看，他在生命科学领域取

---

① 见《亚里士多德著作集》第12卷，罗斯主编，第246页，伦敦，牛津大学出版社，1952。
② 第尔斯、克兰茨编《苏格拉底以前哲学家残篇》，DK59B19。
③ 见塞奥弗拉斯特《论感觉》，第92节，转引自汪子嵩等《希腊哲学史》第1卷，第942页。
④ 第欧根尼·拉尔修：《著名哲学家的生平和学说》，第2卷，第9节。
⑤ 见第尔斯、克兰茨编《苏格拉底以前哲学家残篇》，DK59A113；亚里士多德《论植物》，816b25—26,815a17—20，载于《亚里士多德全集》。
⑥ 亚里士多德：《论动物之构造》，687a7—10，载于《亚里士多德全集》。
⑦ 见亚里士多德《论呼吸》，470b33—35，载于《亚里士多德全集》。

得的研究成果,比恩培多克勒远为逊色。

第四节 异类相知

阿那克萨戈拉自己著作的留存残篇中论认识问题的很少,塞奥弗拉斯特的《论感觉》中保留了较多转述的资料。

他和恩培多克勒相似,主要从主客体物质粒子的物理作用与生理机制角度,考察人的认识形式,主要是感知认识。他没有具体研究人的理智认识,虽然他认为人的灵魂分有努斯,但他在论认识时几乎不提努斯,没有将努斯学说贯彻在认识论思想中,而只提出一种异类相知的素朴反映论。

塞奥弗拉斯特将以前哲学家研究感知的理论区分为两组类型:同类相知和异类相知。"巴门尼德、恩培多克勒和柏拉图属于前一组,阿那克萨戈拉、赫拉克利特和他们的学派属于后一组……后一组哲学家们主张,感知必然涉及性质的变动;只有具有不同性质的物体,才能互相产生物理变化,而相似的物体彼此并不发生影响。这是他们的中心论点。他们引用触觉来论证他们的理论,因为对于[和主体有]同样温度的事物,是不会感到热或冷的。"①

阿那克萨戈拉和恩培多克勒都认为,感觉的原因是客观物体对人的感官发生作用。但恩培多克勒强调这种作用必须是元素粒子的流射同感官的孔道结构相吻合,因而主张同类相知;而阿那克萨戈拉根据种子论强调异质成分互相包含,强调客观物体同感官所含的成分必须相异,才能发生物理作用的变化。他将感觉器官看做赋有一定成分和性质的物体,认为只有当客观对象的性质(或性质的程度)同感官的性质不相同时,才能对感官引起刺激,产生相应的感觉。据记述,他主张"异类相知,因为相同的是不会被相同的所作用的……如果一个事物和我们一样热

---

① 塞奥弗拉斯特:《论感觉》,第1节,转引自第尔斯、克兰茨编《苏格拉底以前哲学家残篇》,DK28A46。

或冷,和它接触时我们是不会感到热或冷的,我们也不能用相同的去认知甜或苦;我们只能用热认知冷,用咸认知淡,用苦认知甜,按照各自相反的程度去感知它们"①。

他所说的异类相知,主要从事物的性质着眼,讲感官和对象中具有相反的、对立的性质,即冷和热、咸和淡、苦和甜等等,他还没有从哲学范畴上将事物的本体和属于本体的性质区别开来。他的异类相知说比较重视认识主体在感觉过程中的作用,指出由于感官状况的不同而产生感觉的相对性,这符合相反相成的辩证法思想,之后对德谟克利特的认识论有影响。

异类相知,就是感觉器官和客观对象在发生物理的相互作用时,相反相成地感知到外物的性质。这是一种素朴反映论。如阿那克萨戈拉将形成视觉的原理直接比喻为镜子中的映象:"视觉是由于入射光线在瞳孔中造成的映象。然而,一个物体不能反映在和它同色的镜子里,只能反映在异色的镜子里。绝大多数的动物有着和它在白天所见颜色不同的眼睛,但某些动物有和夜色不同的眼睛,所以这些动物在夜间的视力好……视力映象在白天发生,因为光线对映象是必需的。"②他对眼睛这一感觉器官的生理结构和生理机制缺乏具体说明,但他指出光线在形成视觉中的重要作用,那是合理的。他将眼睛同物体的颜色相异看成是形成视觉的必要条件,并以此解释大多数动物白天视力好、少数动物夜间视力好,这当然是并不科学的猜测。塞奥弗拉斯特批评他的这种武断,但仍然称赞说:"他的特殊贡献是分别研究了每一种感觉,特别是视觉,因为视觉是最重要的感觉。"③他认为,嗅觉是呼吸了细微的东西而形成的;空气振动形成的声音通过耳、脑周围骨部的空穴传导到脑部,就形成听觉。④

感知伴随着情感。恩培多克勒主张同类相知,认为任何感觉中都有

---

① ② ③ 塞奥弗拉斯特:《论感觉》,第 27 节,转引自第尔斯、克兰茨编《苏格拉底以前哲学家残篇》,DK59A92。
④ 见同上。

和谐一致,因此总伴随着愉悦。阿那克萨戈拉的看法则相反。既然感觉是相异事物对感官的刺激,他就认为:"任何感觉都会伴随着痛苦,因为和每个相异的事物接触会产生痛苦,而感觉持续的时间越长或超强烈,痛苦也越显著……闪亮的色彩和过高的噪音都是使人不快乐的,难以长久承受它们。"①两人的看法都流于表面和片面。阿那克萨戈拉还有一些只是对部分动物的感觉作表面观察而得到的不科学的概括,如认为,"知觉随动物形体的加大而增加",大眼睛的大动物能看到大而远的物体,听到广而远的声音,小眼睛的小动物只能看到小而近的物体,听到小而近的声音。塞奥弗拉斯特批评他的这种简单看法,指出"一个动物的感知能力,应当有赖于整个生命有机体的功能"②。

　　他也指出感官的认识能力是有局限性的:"由于我们的感官的无力,我们不能判断真理。"③他原则上强调了要靠理性认识才能把握不可感知的事物的真理,特别是极为细微、不可见的种子。他说:"食物中便已含有血液、神经、骨骼等等的原始成分,这些成分只能被理性所认识,因为不能将一切都归结到感官,感官只能给我们指出水和面包的形态;只有凭借理性,才能认识到它们所含的物质成分。"④他无疑崇尚科学理智,并认为感觉和理性认识是沟通、联系的。他说:"可见的东西是不可见的东西的一种显示。"⑤通过感知事物的现象,理智才能把握不可见的种子的本性。但他对人的理性认识包括其过程与形式缺乏具体研究,这是由于当时认识论的研究才起步,逻辑思想没有足够的积累,尚未形成学科。对人的理性认识进行较充分的研究要到希腊古典哲学之时。然而,阿那克萨戈拉是倡导科学理性的启蒙思想家,他充分肯定理智在人的全部活动中的重要作用,强调正是理性使人成为人,成为能征服自然、高于动

---

① ② 塞奥弗拉斯特:《论感觉》,第 27 节,转引自第尔斯、克兰茨编《苏格拉底以前哲学家残篇》,DK59A92。

③ 第尔斯、克兰茨编:《苏格拉底以前哲学家残篇》,DK59B21。

④ 艾修斯:《哲学家意见集成》第 1 卷,第 3 章,转引自第尔斯、克兰茨编《苏格拉底以前哲学家残篇》,DK59A46。

⑤ 第尔斯、克兰茨编:《苏格拉底以前哲学家残篇》,DK59B21a。

物、驾驭动物的人。他指出:尽管我们在体力和敏捷上不如其他动物,"但是我们有经验、记忆、智慧和技巧,能够使用它们(以收集动物的产物)"①。这同他认为人有双手才成为动物中最聪明的观点是一致的。他所崇扬的理性,正是人在实际经验活动中培育起来的高级认识能力,并不是先验地分有努斯而得到的。

阿那克萨戈拉将伊奥尼亚哲学和科学思想传播到希腊本土的雅典,并且创建了自己的崭新学说,对古希腊的科学和文明作出过重要贡献。他的自然哲学和科学理性精神,是伯里克利一代文明的重要构成部分。在希腊哲学思想的演进中,他是继往开来的重要人物。他是古代希腊东部殖民城邦与本土之间哲学和科学思想交往的重要桥梁。从他开始,希腊本土才有自己的哲学;随后,古希腊哲学的中心转向雅典,并逐步走向系统化的全盛时代。他本人虽然因政治迫害而被逐出雅典,但他留下的思想种子却在雅典和希腊本土生根发芽。他的学生阿凯劳斯在雅典建立科学团体,努力宣扬阿那克萨戈拉的自然哲学和科学思想,并且注意研究伦理问题,成为青年苏格拉底的老师。据说是他将生性疏漫、狂狷的青年苏格拉底引上哲学训练的正途。阿那克萨戈拉哲学对苏格拉底和柏拉图的影响,大约是通过他为媒介的。德谟克利特深入研究过阿那克萨戈拉的学说,而晚期希腊著名的原子论者伊壁鸠鲁也深受阿那克萨戈拉和阿凯劳斯的影响。当时在希腊本土,一批年轻的自然哲学家如阿凯劳斯、阿波洛尼亚的第欧根尼等人,紧随阿那克萨戈拉的哲学,兴起一股复兴并革新伊奥尼亚哲学的思潮,促进了当时的自然哲学与科学思想欣欣向荣,如阿那克萨戈拉的学生俄诺庇得在天文学上有杰出的成就,而西方医学的鼻祖希波克拉底也是在这种科学精神的熏陶下成长的,并形成了和他的医学理论紧密联结的、独特的自然哲学思想。

---

① 第尔斯、克兰茨编:《苏格拉底以前哲学家残篇》,DK59B21b。

第五节　阿凯劳斯和阿波洛尼亚的第欧根尼

自公元前 5 世纪中叶起的二三十年间,以雅典为中心的希腊本土上一批自然哲学家非常活跃,兴起了一股复兴伊奥尼亚哲学的思潮。这一思潮的主导倾向是宣扬理性,促进科学发展。它和同时的智者派运动的人文主义精神平行发展,是伯里克利时代希腊古典文明盛期启蒙运动的一个方面,是从阿那克萨戈拉哲学向德谟克利特和苏格拉底哲学过渡的一个中间环节。阿凯劳斯、阿波洛尼亚的第欧根尼和希波克拉底是这股思潮的主要代表。这股思潮并非如西方某些学者认为的,只是简单地回复传统的伊奥尼亚哲学,没有任何创造性。从希腊哲学思想演进的内在逻辑看,它有一些重要的过渡性特点:表面回复到伊奥尼亚的一元物质本原观,实际上吸收了巴门尼德的"存在"思想和恩培多克勒、阿那克萨戈拉的物质粒子结构本原思想,力求统一"一"与"多";在回复一元本原说中吸纳阿那克萨戈拉的"努斯",力求调和物质与精神本原为一体;在科学思想上比伊奥尼亚自然哲学家要深刻、细致得多,更增科学理性,而且更多地关注人的科学——医学、生理、农学等,甚至也涉及对社会的人和政治、伦理的研究,这和当时希腊启蒙运动中人们的注意力从天上转向人间有关,是"研究人自己"这种时代精神在自然哲学上的表现。

这股思潮在内容上参差不齐。最先确实也有一些在哲学史上被称为"小哲学家"的人物,他们在哲学上确无创见,但在科学思想上有所进展。且先简述两位,以窥其一斑。

希朋(Hippon),被当时的剧作家讥嘲为"无神论者",可能曾参加过毕达哥拉斯盟会。[①] 他复活了泰勒斯的学说,主张水或湿气是万物的本原。但和泰勒斯不同,他受南意大利医派的影响,更注重从生命和灵魂方面论述自然的本原,认为水是生命的本原,"由于它,我们能感觉,有生

---

① 见第尔斯、克兰茨编《苏格拉底以前哲学家残篇》,DK38A1。

命。当这种水气处在合适的状态时,生命体是健康的;一旦水气干涸,生命体就丧失感觉,死亡了","由于过冷或过热,使水气的合适状态发生变化,就会导致疾病"。[①] 亚里士多德对他的评价很低,说"他的思想是没有价值的"[②],但也解释他的思想特点是"宣称它[灵魂]是湿气",而他论证的根据为,"一切动物的精子是液体",并且"企图驳斥那些认为灵魂是血液的人,理由就是,作为最初灵魂的精子并不是血"。[③] 他继承、发挥了阿尔克迈恩主张脑的生长来自精液的思想,认为灵魂是脑而非血液,充满水分的脑则从精液生长出来,它的水分是从脊髓里流过来的。

和阿那克萨戈拉同时代的克莱得谟(Cleidemus),运用伊奥尼亚的自然哲学来研究各种自然现象,特别关注研究同农业耕作实践相关的自然本原问题和感觉的生理基础问题。他认为,植物和动物的本原本来是相同的,只是前者的质料更冷,更混浊,所以在生长发育中和动物区别开来了。[④] 植物的生长和季节之间,有冷与热相反相成的关系:冷性的植物在夏季萌发,热性的植物在冬季抽芽。[⑤] 人们必须懂得这种关系,才能搞好农业耕作。他论述感觉的生理成因,兼收并蓄恩培多克勒和阿那克萨戈拉的有关思想。他认为因为眼睛透明而有视觉能力,同阿那克萨戈拉一样强调光在形成视觉中的重要作用。他也赞同恩培多克勒的流射说,认为耳、鼻、舌等器官能感知事物,是因为感知对象的细微粒子能进入这些有孔道结构的感官;各感官大多能自行辨识感觉,只是耳朵没有,必须将声音传达到"心灵"(努斯)中才能加以辨识,他的"努斯"是感觉的中枢器官。

阿凯劳斯和阿波洛尼亚的第欧根尼则是这股思潮中较有革新意识的、不可忽略的重要代表,在此分别作简要论述。希波克拉底更是在这

---

① 见第尔斯、克兰茨编《苏格拉底以前哲学家残篇》,DK38A11。
② 亚里士多德:《形而上学》,984a3—5,载于《亚里士多德全集》。
③ 见亚里士多德《论灵魂》,405b1—4,载于《亚里士多德全集》。
④ 见第尔斯、克兰茨编《苏格拉底以前哲学家残篇》,DK62A3。
⑤ 见同上书,DK62A5。

股思潮中创建了独特的医学哲学并在医学上有巨大贡献的杰出代表,将在下一节专论。

一　阿凯劳斯回返"气"一元论

阿凯劳斯(Archelaus)大约是出生于雅典的第一位哲学家,鼎盛年在公元前 450 年左右。

第欧根尼·拉尔修记述他是"阿那克萨戈拉的学生"、"苏格拉底的老师",说他"被称为自然学者"。"他也讨论法、善和正义。苏格拉底从他那里接过这个题目,将它发展到顶峰,因而被认为是伦理学的创始人"。① 据说,苏格拉底 17 岁时就受教于阿凯劳斯,两人交往多年。他对青年苏格拉底在自然哲学与伦理思想方面都有一定影响。柏拉图在《斐多篇》中说,苏格拉底听到有人介绍阿那克萨戈拉的思想后就去买后者的书来研读,这个介绍的人大概就是阿凯劳斯。他和苏格拉底有密切联系,曾一同随雅典军队参加以麦里梭军队为对手的著名的萨摩斯战役。他在雅典活动多年后,去兰萨库斯继承他的老师的衣钵,成为阿那克萨戈拉学派的掌门人。他是从阿那克萨戈拉到苏格拉底的思想发展的中介人。一则残篇中记载:他"写过一本《生理学》,并且认为正确与错误不是人的天性固有的,而是约定俗成的。他还写过另外一些著作"②。他的原著残篇被保存的只有寥寥几字。他对正确和错误的看法大约接受了当时智者派的影响。

他的老师的学说有二元论的内在矛盾,他试图用阿那克西美尼的气本原一元论,来弥合阿那克萨戈拉哲学中种子和努斯的分立。辛普里丘记载说:"他试图将某些他自己的带有创造性的思想引进宇宙论及其他课题。"③阿那克萨戈拉认为在宇宙的原始混沌中,气和以太(火)两大种

---

① 见第欧根尼·拉尔修《著名哲学家的生平和学说》,第 2 卷,第 16 节。
② 第尔斯、克兰茨编:《苏格拉底以前哲学家残篇》,DK60A1。
③ 辛普里丘:《〈物理学〉注释》,第 27 页第 23 行起,转引自基尔克、拉文《苏格拉底以前的哲学家》,第 396 页。

子群包含一切物质;阿凯劳斯论述宇宙的生成,则强调"气"的主导作用,气支配宇宙万物,燃烧的气形成宇宙中的一切天体。艾修斯记述:"阿凯劳斯主张本原是无限的气,它凝聚为水,稀散为火";"气和努斯是神","宇宙是从热气和有生命力的气中产生的"。① 他将阿那克西美尼的气改造成为物质本原和努斯的综合体,是一种有生命力的能动的本原。他虽然抽象地承认努斯是运动的始因,但在具体论述宇宙的演化时,又说气固有的热和冷分别是运动和静止的原因,是粒子性万物浓聚和稀散、结合和分离的原因。他用对立的自然力量的相互作用来说明宇宙的形成:宇宙的原始混合物是阴暗的气,热和冷首先分离开来,造成稀散和浓聚,产生火和水。水由于热而液化,流向宇宙中央,进而冷却,凝聚为土。普卢塔克保存了他本人原著的仅有几个字的残篇:"冷是土的镣铐。"②气燃烧成为火,形成广阔无垠的宇宙中灿烂的日月群星;而冷却的大地却静止地躺在宇宙的中央,仅是大千世界的一个部分。他在论宇宙形成的动因时,实际上否定了努斯作为第一推动力的作用,而代之以气本原的内在性质——热和冷的物理作用。他这样描述宇宙画面:"大地被空气所包围,空气被圆周形的火所包围";"太阳是天体中最大的,而宇宙是无限的"。③

阿那克萨戈拉认为动植物生命的种子早就在外空存在,雨水将它们冲落到地面而衍生出各种生物。阿凯劳斯没有接受这种由天外飞来生命的说法,而是同恩培多克勒一样,认为各种动物和人都是在冷热混合的泥沼中产生的。"他主张,当土发热,并抛出乳状的浓稠黏泥作为一种养料,生命就从土中产生了,土以同样的方式产生出人。"④他强调气和热

① 见艾修斯《哲学家意见集成》第1卷,第3章第6节,第17章第15节,转引自第尔斯、克兰茨编《苏格拉底以前哲学家残篇》,DK60A7,DK60A12。

② 第尔斯、克兰茨:《苏格拉底以前哲学家残篇》,DK60B1。

③ 见第欧根尼·拉尔修《著名哲学家的生平和学说》,第2卷,第17节;希波吕托《参考资料》第1卷,第9章,第6节,转引自基尔克、拉文《苏格拉底以前的哲学家》,第396—397页。

④ 希波吕托:《参考资料》第1卷,第9章,第6节,转引自基尔克、拉文《苏格拉底以前的哲学家》,第396—397页。

是产生生命的必要条件,并且认为潮湿的土壤为最初萌发的生命提供了养料;后来生物就自行繁殖了。他的这种解释从无机物向生命过渡的看法,后来被伊壁鸠鲁学派所接受和发挥。

阿凯劳斯论述认识问题没有独特的见解。他认为,"努斯是一切动物都生来固有的,每种动物都和人一样使用努斯,只是有的用得比别的更敏捷些"。这样就使努斯失去了阿那克萨戈拉强调的理智认识的功能,不过成为一般的生命力和认知能力了,人和动物只有使用努斯敏捷和迟钝的程度高低之分。塞奥弗拉斯特干脆说阿凯劳斯在认识方面的论述不值得评论。但他强调"人和动物区别开来后,建立起统治者、法律、技艺、城邦等等"①社会文明。阿凯劳斯无疑曾着力探讨社会伦理问题,可惜这方面留下的历史记载极少。希波吕托曾简单提到,阿凯劳斯论述了世界的生成、社会生活的起源,一直追溯到最早的人类社会的产生,并且论述了法律、伦理和艺术问题。② 阿凯劳斯和智者普罗泰戈拉是同时代人,又生活在智者活动的中心雅典,他自然会有素朴的社会进化思想,作为自然哲学家也关注研究道德和法的问题。

二　阿波洛尼亚的第欧根尼革新"气"一元论

阿波洛尼亚的第欧根尼(Diogenes of Apollonia)是颇有思想特色的哲学家。阿凯劳斯只是羞羞答答地、含混地修补他老师的哲学,第欧根尼则鲜明地抨击多元本原论,指责它们不能解释世界的统一性。他吸收了巴门尼德的"存在"论和同时代的原子论先驱留基伯的"虚空"思想,进一步将阿那克西美尼的"气"的学说革新为一元论的粒子结构本原观,并且较多地注入了新的科学内容,特别是生理学思想。所以,他的学说是联结伊奥尼亚哲学和原子论的一个演进环节。西方有的哲学史家将他

① 第尔斯、克兰茨编:《苏格拉底以前哲学家残篇》,DK60A4。
② 见希波吕托《参考资料》第1卷,第9章,第6节,转引自第尔斯、克兰茨编《苏格拉底以前哲学家残篇》,DK60A4。

贬为一名折中主义者,那是不公允的。

古代希腊罗马有不少叫第欧根尼的人,如公元 3 世纪时的传记作家第欧根尼·拉尔修,昔尼克学派和伊壁鸠鲁学派中都有叫第欧根尼的哲学家;阿波洛尼亚的第欧根尼稍后于阿那克萨戈拉,亚里士多德在《形而上学》中常提到的第欧根尼就是他。在古代希腊也有几个小城邦叫阿波洛尼亚,经一些学者考证,第欧根尼出生的阿波洛尼亚,很可能是靠近黑海边的一个米利都人的殖民城邦。他的鼎盛期大约在公元前 440—前 423 年间。他在雅典是颇负盛名的自然哲学家,阿里斯托芬在著名喜剧《云》(约前 423)中,名义上是嘲谑苏格拉底,实际上也讽刺了第欧根尼的自然哲学观点。公元 6 世纪的辛普里丘记述他"写过不少著作",有《论自然》、《气象学》、《论人的本性》等,但留到辛普里丘手头的"却只有《论自然》,在那里,他力图充分论证他所设定的本原是很有理智的"。① 而留存至今的则只有辛普里丘保存的此书的八则残篇。第欧根尼可能还是一位对生理学颇有研究的医生,罗马时代的伽仑在《论医学的经验》中说到,第欧根尼写过一系列简要的关于医学病理和治疗的论文。

他在《论自然》(On Nature)的开首便提出:"在我看来,任何研究的开始,必须是某种无可辩驳的出发点,它的表述是简明而严整的。"②

他的学说的出发点是:气是自然的一元性的本原,万物和生命都从气产生。据记述:"第欧根尼的学说如下:气是普遍的元素。有无限多的世界和无限的虚空。气通过凝聚和稀散产生世界。存在不从非存在产生,也不消失为非存在。大地是圆球形的,由于热和冷的凝聚发生的漩涡运动,确定了大地的结构。"③他以气为自然的本原,并不是简单地回复到阿那克西美尼的学说,而是首先引进巴门尼德认为存在不能产生自和

---

① 见辛普里丘《〈物理学〉注释》,第 151 页第 24 行起,转引自第尔斯、克兰茨编《苏格拉底以前哲学家残篇》,DK64A4。
② 第尔斯、克兰茨编:《苏格拉底以前哲学家残篇》,DK64B1。
③ 第欧根尼·拉尔修:《著名哲学家的生平和学说》,第 9 卷,第 57 节。

消失为非存在的原则,在批判恩培多克勒和阿那克萨戈拉的多元本原论中提出气的一元论。在他看来:"一切存在的事物都是由同一事物变化产生的,并且是同一的东西"。"现在宇宙中所有存在的事物——土、水、气、火和一切看来在这个宇宙中存在的事物——如果其中任何一个在它自己固有的本性上和别的东西不同,如果在许多变易中而不保持本质上的同一性的话,它们就不可能互相结合,或者会相辅相害"。因此,万物"本是由同一事物组成的","由同一事物变化出来的","又复归为同一事物"。① 他反复强调了自然万物具有本质上的同一性,它们的本原是同一的。他认为要贯彻巴门尼德的存在原则,就得承认万物的本原是唯一的存在,这样才能说明万物的统一性。因此,他主张万物的本原只能是一个,就是"无限的永恒的气,当它凝聚、稀散或变换位置时,别的事物的形式就产生了。这就是塞奥弗拉斯特所说的关于第欧根尼的话;传到我手上的第欧根尼的题为《论自然》的书明白地说别的一切都是从气发生的"②。

同阿那克西美尼的气本原论、阿那克萨戈拉的学说比较,第欧根尼的气一元论自有新的意义。

第一,第欧根尼的"气"即"存在",它虽能化生万物,但它自身的本质特性是不变的,实际上是粒子化的"气"。他还承认有"虚空",为气粒子运动变化提供场所。

阿那克西美尼说的气是呈宏观物态、无定形的具体物质。后来巴门尼德提出了"存在不能从非存在产生"的原则,也是针对一种物质不能从另一种物质产生的问题:气怎么能产生土? 水怎么能产生火? 恩培多克勒和阿那克萨戈拉深入探究物质的粒子构造,提出了多质、多元的元素说和种子说,但也不能回答类似上述的问题,不能多中求一来阐明世界的统一性。第欧根尼的气实际上已经是粒子化的气,所以它能凝聚与稀

① 见辛普里丘《〈物理学〉注释》,第151页第31行起,转引自第尔斯、克兰茨编《苏格拉底以前哲学家残篇》,DK64B2。
② 同上书,第25页第1行起,转引自第尔斯、克兰茨编《苏格拉底以前哲学家残篇》,DK64A5。

散、结合与分离或改变位置,于是别的事物的形式便产生了,而并不改变它自身的本性。这里已可见"原子"思想的萌发,但第欧根尼的科学抽象能力不够高,还提不出更高层次的原子,只能将它说成是最具有普遍本质的也是物质元素中最抽象的气。他同爱利亚学派、恩培多克勒和阿那克萨戈拉的学说又都有所不同的是,他追随留基伯,承认有虚空,因为气粒子要有运动场所,就需要虚空,并认为有无限多的世界和无限的虚空。这也是很接近已开始出现的原子论的。

第二,他偏重于从生命现象的角度将气阐释为一种有生命力的特别是包含理智能力的本原,试图以此来克服阿那克萨戈拉哲学中二元论的内在矛盾。

他的气不只是物质本原,也有努斯的理智功能,集两者于一体。他在不少残篇中论述气是生命力,赋有理智力。他强调一个重要论据:"人和其他动物都是用气、通过呼吸气而生活的。所以对于他们来说,气既是灵魂又是理智(noesis,intelligence),这是明显的;如果它移去,他们就要死亡,理智也要消失。"①他又描述有理智的气:"所有的人都受它支配,它的能力超越万物。就是这个气,我认为是神②,它无所不在,安排万物,并在每一事物之中。没有任何单一的事物是不分有它的;但是每个事物分有它时,相互间是不相等的。气自身和理智都有许多变化样式……因而生物也有各种样式,数目又很多,所以无论在生命的方式或是在理智上,彼此都不会一样。然而它们都是由于同一个东西[气]而生活着,看见,听到,而且还有理智。"③他形容"它[气]是伟大的、强有力的、永恒不朽的、富有智慧的"④。他更认为自然的最好秩序安排就表明了气的理

---

① 辛普里丘:《〈物理学〉注释》,第 152 页第 18 行起,转引自第尔斯、克兰茨编《苏格拉底以前哲学家残篇》,DK64B4。

② 塞奥弗拉斯特在《论感觉》第 42 节中说,第欧根尼认为我们身体中的气是"神"的一小部分。

③ 辛普里丘:《〈物理学〉注释》,第 152 页第 22 行起,转引自第尔斯、克兰茨编《苏格拉底以前哲学家残篇》,DK64B5。

④ 同上书,第 153 页第 20 行起,转引自第尔斯、克兰茨编《苏格拉底以前哲学家残篇》,DK64B8。

智："它[实在的本体]如果没有理智，就不可能分开，[理智]是万物——冬和夏，夜和日，下雨、刮风和晴天——的尺度。别的事物也是如此，人如果想要研究它们，就会发现它们都是以最好的可能安排的。"[1]气作为精神性的本原，不仅是人和生物的灵魂-生命的原则，而且是理智-认识的原则，使人能将万物区别开来；气能支配所有的人，它的能力超越万物。它是以最好的可能方式安排万物的。这有些类似于后来莱布尼茨所说的：现实世界是上帝安排的最好的可能的世界。他明白宣称本原气就是神。

有些西方学者认为，第欧根尼的学说要旨是要回复神学意义的一元神。耶格尔和格思里认为这是要"确立一元的神"，使传统宗教中的神与神性"奠立于理性的基础上"。[2] 这一论评并不确切，夸大了有关残篇的字面意义，因为古代希腊哲学家有时将他们认为最崇高有力的东西，包括物质性的本原，都称为神。第欧根尼说气就是神，认为气能最好地安排万物，蕴涵着可通向宗教目的论的潜在意义，但他和阿那克萨戈拉提出精神本原努斯一样，并不是着眼于宗教和理性一神的，而是主要着眼于科学理性的。他提出气的一元论，使气具有物质与精神本原的双重功能，旨在弥合阿那克萨戈拉二元论哲学中两种本原的裂隙。但这种调和方式并不能成功，因为他只是将物质和精神的两种本原简单化地合二为一。因而，他对气如何决定理智能力的解释也是简单化的。如认为动物和人呼吸的气就是有生命力的灵魂，也就是有认知能力的理智；呼吸的气越纯净，认知能力就越高，而潮湿的、不纯洁的气会阻滞认知能力；在地面匍匐行走的动物，呼吸的气远不如人所呼吸的气那么纯净、清新，又吃黏湿混浊的食物，所以它们的认知能力就比人要差得多。

第三，以气粒子本原观考察感知认识形式的生理机制和解释自然现

---

① 辛普里丘：《〈物理学〉注释》，第152页第13行起，转引自第尔斯、克兰茨编《苏格拉底以前哲学家残篇》，DK64B3。

② 见耶格尔《早期希腊哲学家的神学》，第166页，牛津，克拉伦登出版社，1947；格思里《希腊哲学史》第2卷，第369页。

象,有其独到之见。

据记述:"第欧根尼将思想、感觉,同生命一起,都归于气。所以,看来他是以相似的东西的作用来说明的,因为他说,除非万物都从同一来,否则就没有作用和被作用了。"他接受恩培多克勒的同类相知的原则,以一种素朴反映论解释各种感觉:"嗅觉是从脑周围的气产生的";"当耳朵以内的气被外部的气推动时,听觉就产生了,传递到脑。当事物在瞳孔上反映时,产生视像,它和眼中的气结合,就产生感觉";"味觉是舌头和温柔的东西接触产生的"。[①] 他赞同阿尔克迈恩的观点,认为脑是感知和思想的中枢器官,因为血液在血管中运行,将气贯通全身,而血管都是发端于脑的。所以他认为:"在人体中脑是最强有力的。因为在正常的情况下,脑是我们对于通过气进来的事物的说明者,而且是气产生了理智。眼睛、耳朵、舌头以及手和脚做些什么,都由脑决定,因为在整个身体中,虽然各部分都分有气,但只有那里[脑]才有理智的因素,只有脑才是理性的传导者"。因为呼吸进并传布全身的气的"最精粹的部分留在脑中,它就是理智,并能作出判断"。[②] 当时希腊的生理学思想对于脑在人体中的功能已经有比较科学的认识。希波克拉底也接受了第欧根尼的这种观点,他在《论神圣的病》一文的开头就说:"我主张脑在人身体中能力最大",接着就阐发了看来是得自第欧根尼的思想:"因为脑,如果它是健康的,它就是从气产生的事物的说明者;是气提供了理智"。[③]

第欧根尼已将理智和感觉区别开来,认识到理智的重要作用,但他还不可能认识理智的本质,只是将理智、思想简单地归结为一种纯净的、干燥的气,认为同感觉一样,只是气的一种生理作用:"思想是由纯洁和干燥的气产生的,因为散发潮湿的[气]会阻滞理智。由于这个道理,在

---

① 见塞奥弗拉斯特《论感觉》,第 39 节,转引自第尔斯、克兰茨编《苏格拉底以前哲学家残篇》,DK64A19。

② 见希波克拉底《论神圣的病》,第 16 节,转引自基尔克、拉文《苏格拉底以前的哲学家》,第 442 页;第尔斯、克兰茨编《苏格拉底以前哲学家残篇》,DK64C3a。

③ 见希波克拉底《论神圣的病》,载于《希波克拉底文集》第 2 卷,琼斯英译,"洛布古典丛书",麻省,剑桥,哈佛大学出版社,1972(以下所引此书均为此版本)。

睡眠、醉酒和暴食时,思想便会消失。湿气会使理智消失,也表现于这些事实:别的生物智力低下,因为它们是从地面吸气,并且吸取黏湿的营养物。"①阿里斯托芬在喜剧《云》中描述苏格拉底为了呼吸清新的空气以获得理智和灵感,坐在吊篮里升腾到高空。这里的角色虽然名为苏格拉底,实际上是嘲讽第欧根尼的上述观点。

第欧根尼还用气的生理功能来解释人的不同情感:"当气以一定的量和血混合,使它轻松,合乎自然,贯通整个身体,就产生快乐;但是,当气违反自然,不同血混合,血就凝滞了,变得衰弱和浓稠,痛苦也就产生了。信心和健康以及与它们相反的情况,也是类似地发生的。"②这种解释当然是简单化的,但在当时不失为对情感等心理现象的生理机制的科学猜测。

第欧根尼用气的学说解释宇宙生成和各种自然现象,也都洋溢着科学理性精神。他认为气本身就是能动的,宇宙生成无须另有努斯之类的外力启动:"万物都处于运动中,有无数个世界","全体处在运动中,在某些地方变得稀薄了,另一些地方变得浓稠;浓稠的事物聚合,集中起来,形成大地,其他事物也以同样的方式形成,最轻的部分位于上边,产生了太阳"。③ 他的天文、气象思想综合了阿那克西美尼和阿那克萨戈拉的有关科学思想,也吸收了恩培多克勒的科学思想,如认为:光线是从固定在太阳中心的以太辐射出来的;磁石和铁都有相应的孔道结构,并且用气在孔道中的奔流解释磁石吸铁的原因。第欧根尼作过较多的生理解剖和医学病理研究,有不少在当时可谓创新的见解。他指出,血管分布于动物和人的全身,有左、右两个血管系统,并描述了血管在身体各个部分的位置。他还认为血液中所含的气通过血管流往全身各个部位,给动物

---

① 塞奥弗拉斯特:《论感觉》,第44节,转引自第尔斯、克兰茨编《苏格拉底以前哲学家残篇》,DK64A19。

② 同上书,第43节,转引自第尔斯、克兰茨编《苏格拉底以前哲学家残篇》,DK64A19。

③ 见伪普卢塔克《汇编》,第12章,转引自基尔克、拉文《苏格拉底以前的哲学家》,第438页;第尔斯、克兰茨编《苏格拉底以前哲学家残篇》,DK64A6。

和人以生命力和理智。他已初步认识到血液循环的事实,来解释一些生理现象。他还发现了从舌苔的颜色可以判断病因。伽仑说,舌苔的颜色,"对第欧根尼和他同时代的权威"是诊断疾病的最精确的表征,他们以舌苔的颜色和血液、体液来给疾病分类。① 用舌苔的颜色来判断病因即苔诊,是从长期的医学实践中总结出来的医术,古代希腊的第欧根尼等自然哲学家、医学家同中国古代医学家都很早认识到这个道理,只是它在西方后来被医学家放弃了,而在中国传统医学中一直保留着。

后人对第欧根尼的哲学重视和研究不够,一般哲学史甚至没有专门论述他。其实,在他所处的时代,他的学说影响相当广泛,深入人心,甚至出现在文学作品中,直到公元前 4 世纪的喜剧作家菲勒门还在一部喜剧中模仿第欧根尼的思想,声称:"我就是'气',人们也可以将我叫做宙斯。我像神一样,无处不在——在这里雅典,在帕塔拉,在西西里,在所有的城邦,在所有的家庭,在你们每一个人之中。没有一个地方没有'气'。他[气]到处出现,因为在每一个地方他都必然地知道每一件东西。"②柏拉图在《斐多篇》中借苏格拉底之口,回忆他在青年时代曾热衷于学习自然科学,研究万物成毁的原因,他来回踱步,困惑地思索:"我们是用血,还是用在我们中的气或火来思想的? 或者它们都不是,而是脑提供给我们听觉、视觉和嗅觉的,从它们又产生记忆和意见,建立在感觉和意见的基础上,产生了知识。"③这表明第欧根尼的思想在当时既是一种流行的时尚,又提出了当时哲学家们探讨的重要课题。古代东西方哲学本来就存在很多共同的原创性哲学思想。在中国古代哲学中,气也是一个最重要的范畴,气可以说成是物质性的质料,又可以解释为"精气",甚至在有的理论中也是理智性的。将中国的有关学说和古希腊的有关气本原的哲学作比较研究,探索其同异及其原因,是很有意义的课题。

---

① 见伽仑《论体液》,转引自格思里《希腊哲学史》第 2 卷,第 378 页。
② 菲勒门:《残篇》,第 91 则,转引自格思里《希腊哲学史》第 2 卷,第 380 页;第尔斯、克兰茨编:《苏格拉底以前哲学家残篇》,DK64C4。
③ 柏拉图:《斐多篇》,96B,载于《柏拉图对话全集,附信札》。

第六节　希波克拉底及其学派

希波克拉底是希腊科斯医学学派的领袖,被称为"西方医学之父"。他在生理、解剖、病理及临床诊断、医疗等方面作出了创造性贡献,无论在临床实践还是理论方面对奠立、发展西方医学都有深远影响。亚里士多德崇敬地说:"希波克拉底所以被称为伟大,并不是作为一般的人,而是作为一位医生,他比别的比他高大的人更为伟大。"①当代西方医学史家阿克奈西特(E. H. Ackernecht)称他是"希腊医学第一个创造性时期的象征",说他的名字"代表了一切时代的医学的美、价值和尊严"。② 其实,他也是伯里克利时代的一位重要的启蒙思想家,他的创造性的生理学和医学思想是同他革新伊奥尼亚自然哲学密切关联的,他的自然哲学也自有特色。他的医学哲学突出地表现了当时革新的自然哲学对科学思想的重大推进,是将哲学与科学创新紧密结合的典范。冈珀茨在《希腊思想家:古代哲学史》中专辟一章探讨希波克拉底及其科斯学派的医学哲学思想,较有参考价值。希波克拉底及其学派是早期希腊哲学演进中一个颇值得研究的环节。

一　科斯医派和《希波克拉底文集》

希波克拉底(Hippocrates)出生在伊奥尼亚沿海的科斯岛,约生活在公元前460—前379年,鼎盛年被定在公元前431年左右伯罗奔尼撒战争开始前后。他的故乡早有医学传统,医生在当地是受人尊敬的职业,已建立医生的"同业公会",以古希腊神话中的医神阿司克勒彼亚得(Asclepindae)的名字命名。他出身于一个医生世家,在青少年时代先后向他的父亲赫拉克莱德(Heracleides)和另一位名医赫罗狄库

---

① 亚里士多德:《政治学》,1326a15—17,载于《亚里士多德全集》。
② 见阿克奈西特《医学简史》,第58页,纽约,罗纳德出版公司,1968。

(Herodicus)学医。据说他还是智者、修辞学家高尔吉亚的学生,原子论哲学家德谟克利特曾专程拜访正在解剖动物的他,两人是好友。

希波克拉底既有高深的医学造诣,又有深厚的自然哲学功底及广博丰富的自然和人文知识。他在医学上崭露头角以后,离开科斯本土,在全希腊游历,吸取各地的医学经验,热心为人治病,传播自己的医学思想和医疗技术。他的足迹横跨欧亚两洲,曾东至小亚细亚,采纳克尼杜学派的医学精华,还应邀西行,为马其顿王佩尔狄卡治愈了怪病。他往访过德谟克利特的老家阿布德拉,留下许多在当地治病的医案①,并且帮助当地居民摆脱了流行的瘟疫。他在雅典和阿提卡地区有杰出的医疗贡献,作为一名异邦人被授予雅典公民的荣誉称号。希波克拉底在行医中收徒授业,成为当时最有实力与影响的科斯医派的领袖。这位古代希腊最杰出的医学大师,差不多和德谟克利特同时逝世,卒于拉利萨。古希腊的一些城邦长期保留向他献祭的传统。传说有大群蜜蜂常在他的墓边采花酿蜜,附近的奴隶们用这些蜂蜜为他们的孩子治疗鹅口疮。

到公元前5世纪中后叶,古希腊三大医学学派都已形成,各有自然哲学根基与医术特点。小亚细亚西南端的克尼杜医派最早产生,以早先传统的伊奥尼亚自然哲学为医学理论原则,后来也吸取了恩培多克勒的四元素论。南意大利医派以毕达哥拉斯学派和恩培多克勒的自然哲学为理论根据,在生理解剖和辨证论治方面作出了贡献,他们的医疗活动夹杂着宗教巫术的神秘因素。希波克拉底的科斯医派则超越和革新传统的自然哲学理论原则,吸取另两个医派的合理因素,大为发扬科学理性,发挥实验科学精神,在生理解剖和临床医疗方面都达到新的水平。希波克拉底及其学派的医学理论在西方一直被运用到近代,他是最重要的西医的创立人。

从古代留传下来的《希波克拉底文集》(*Hippocrates*)计有70篇著

---

① 这些医案保存在希波克拉底所著《流行病》[载于《希波克拉底文集》第1卷,琼斯英译,"洛布古典丛书",麻省,剑桥,哈佛大学出版社,1972(以下所引此书均为此版本)]中。

作。20世纪20年代英国学者琼斯（W. H. S. Jones）将它重新编纂、翻译，出版了4卷希腊文和英文对照本。这是希腊古典文明为人类留下的一笔宝贵的思想遗产。这部文集是那个时代希波克拉底学派的自然哲学家和医生的著作合集，其中有较多的希波克拉底本人的作品。这70篇著作的写作时间前后相距约100年之久。这样一部内容丰富的传世文集是怎样形成的？以里特莱（Littre）为代表的传统看法认为，它是在公元前3世纪希腊化时代由亚历山大里亚博物馆（缪斯神宫）的学者们首先编纂发表的。[①] 琼斯批评这种说法不确切，将成书时间推后了。他认为科斯是希波克拉底医派的基地，应是当地早已根据收藏的文稿编纂了这部文集的雏形，以后不断充实，到希腊化时期定形为流传至今的文本。[②]

《希波克拉底文集》内容丰富，包括大量生理、解剖著述，总结医学经验的专题论文，病例医案，分别为传徒授医或者为公众写的教本和讲义，还有一些笔记，供医生同业公会训诫医德的《誓词》（*The Oath*），等等。从医学内容看，绝大多数篇章反映了希波克拉底学派的医学思想，但也夹杂了少数克尼杜医派的医学论文。这些对研究西方医学思想发展史有重要价值。其中有些著述是和医学密切结合的自然哲学论文，是对当时自然哲学思想演进的重要记录，这是我们要着重论述的。这些著述大多反映了希波克拉底本人的哲学思想，也有被他批评过的观点，反映了当时流行的哲学思潮。经西方学者考订，可以确定一些著述是他本人的作品，有些篇章则历来就有争议，难以确定。我们以下论述的内容，主要根据多数学者鉴定的希波克拉底的著述，以及虽非他本人所写但能体现希波克拉底学派的自然哲学思想的篇章。

[①] 见阿克奈西特《医学简史》，第59页，纽约，罗纳德出版公司，1968；莱伐恩《希波克拉底》，第20页，纽约，特威尼出版公司，1971。

[②] 见《希波克拉底文集》第1卷，"导言"。

二 探求自然哲学和医学原理的创新

《论古代医学》(*Ancient Medicine*)是希波克拉底论述医学和自然哲学的关系的一篇重要代表作,在希腊哲学思想和医学发展史上都有重要价值。到公元前 5 世纪下半叶,生理研究和医学思想的蓬勃发展是伯里克利文明中的一大科学硕果。它和当时自然哲学思想的发展有紧密联系:一方面,医学内容中对生命现象、人的生理本性以及人和自然的关系等等的探索,丰富和促进了自然哲学的发展,不少自然哲学家都注重研究生理和医学问题。另一方面,总结医疗实践经验,发展新的医学理论,又需要哲学原则。生理学和医学思想要创新发展,就会对自然哲学提出新的要求。希波克拉底正是在这种思想背景下撰写《论古代医学》这篇重要论文的。他从哲学角度批判地总结了古代医学发展的经验,力图突破早先自然哲学的旧框框,主张医学发展应当在科学实践的基础上,革新自然哲学与革新医学原理应相互关联、相辅相成、同步实现。

饮食营养和身体健康是人生存的基本条件。希波克拉底考察了从远古蛮荒时代起的营养和摄生改善、医学萌发的历史,有素朴的社会进化思想。他指出,医学的产生和发展经历了漫长的岁月,积累了许多行之有效的医疗技艺,这是当前研究和发展医学的基点。他对古代医学既不妄自尊大、予以鄙视,也不全盘肯定、墨守成规,而是有分析地批判总结。他说,"我们不应将古代的技艺当做非存在,或当做错误的探索方式而摒弃",而"应当赞扬那些医疗发现,它们不是偶然产生的,而是在医疗工作的正常探索中产生出来的"。[1] 同时他认为,医学是一种科学活动,有科学进步的合理性,随着人的生活条件、疾病与健康状况的变化等,不断探索与发展医学是一个"常规";"沿着这个常规,在时代的进程中曾作出许多美妙的医学发现;如果具有合适才智的人们具备了迄今已发现的知识,以这些成果作为出发点,进一步探讨,医学将日益完善"。他主张

---

[1] 见希波克拉底《论古代医学》,第 11 节,载于《希波克拉底文集》第 1 卷,第 33 页。

吸取和发扬光大古代医学中有效的经验,认为完全摒弃它们另搞歪门邪道,是自欺欺人,"这条路是走不通的"。①

然而,医学实践在发展,古老医学中的一些理论原则和哲学内容毕竟过时了。希波克拉底强调只应吸收古代医学中的合理内容,但不能墨守成规,也不能将医学弄成宗教迷信、巫医邪术,否则就会阻碍医学的新发展。他尖锐地批评了当时医学中的两种倾向,主张要在创新自然哲学中创新医学科学。

他在《论古代医学》中着重批判了第一种倾向,那就是恪守一些已经陈旧的自然哲学原则,将"空洞的假设"作为医学的理论基础,从而使医学故步自封,不求新发展。他说:"那些打算对医学有所论述的人,都自己采取某些假设作为他们论证的基础——热、冷、湿、干,或其他任何他们能想象的东西,他们将人们的疾病和死亡的因果关系弄得非常狭窄。"②他批评"那些医生并没有发现热或冷、干或湿以及另一些'性质'本身是什么样的",就是并不真正懂得食物与身体中这些性质的本性,"实际上他们是诉诸空洞的赘语,诉诸我们熟悉的一种本原"。③ 早期的伊奥尼亚哲学出于对自然现象的直观,素朴地将某种具体物质如水、火或气当做万物的本原,并且认为冷热或干湿是自然物质固有的性质与能力,它们的对立和转化促成自然的运动与变化。这种素朴的自然哲学观点长期影响着早期希腊医学,包括克尼杜医派和南意大利医派。他们用冷热、干湿等对立解释人体的生理和病理现象,这本来包含自发的辩证法思想,对当时医学的发展起过积极作用。但是,这毕竟只停留于素朴的直观水平,缺乏对生理和病理事实作深入的解剖和实验,缺乏科学的说明。随着生理解剖和医学材料的丰富积累,这种素朴的理论原则越来越显得太简单狭窄了,不能概括错综复杂的生命现象,不能适应临床医疗的发展需要。阿尔克迈恩已经在观察自然

---

① 见希波克拉底《论古代医学》,第 2 节,载于《希波克拉底文集》第 1 卷,第 15 页。
② 同上书,第 1 节,载于《希波克拉底文集》第 1 卷,第 13 页。
③ 见同上书,第 15 节,载于《希波克拉底文集》第 1 卷,第 41 页。

和生命现象中扩展了对立的数目。到希波克拉底之时,已积累了丰富的临床医疗经验,生理解剖和医学都有了较大的进展;他觉察到旧的自然哲学原则已经不能适应医学思想发展的需要,它们之间存在尖锐的矛盾。所以,他批判"空洞的假设",其实质是在呼吁突破和革新已经变得陈旧的自然哲学原则。他指出当时的一些医学家不具体研究人体的生理现象,只将冷热、干湿的对立看成是人体的基本要素,用其中某一个对立成分(如冷或热)的过多或匮缺作为判断疾病的原因,从而对它们的削多补缺就成为医疗的基本手段。希波克拉底认为,这是从简单的原则出发推演一切病因,用这种抽象的类同的"原因"难以确诊多样、复杂的疾病,不能做到对症治疗。他宣称:"我一直认定,不需要一种无法解释的'空洞的假设'。"①

希波克拉底区分了真实的假设和空洞的假设,注重从事实出发的科学精神。他指出,科学不需要那些"不可见的、不能测度"的"空洞的假设",因为它们没有"充分确实的标准"。他主张医学应根据有事实、可测度、有确实性标准的"真实的假设"②。他并不完全否定生理现象中有冷热和干湿等对立,但是反对将它们看做研究医学的唯一理论原则,也反对将冷和热、干和湿截然分割,绝对对立,而认为它们并不是孤立和独立存在的东西。他指出,在生理活动中,冷和热是相对的,它们相互依存、相反相成。他认为,人体中包含着多种多样的能力或性质,致病的因素也是多样而复杂的,冷和热总是同其他致病因素联系在一起才引起疾病的。如"热"并不是发烧的唯一致病原因,发烧有各种不同的病态。他根据不同的症候,提出了不同的病因联系:"苦热、酸热、咸热,以及另外一些热的联系,还有冷和其他能力的联系,正是所有这些能力引起了疾病。"③他强调医疗活动和医学研究不能从抽象、空洞的原则出发,而应该从经验事实和临床观察出发,具体分析食

---

①② 希波克拉底:《论古代医学》,第 1 节,载于《希波克拉底文集》第 1 卷,第 15 页。
③ 同上书,第 17 节,载于《希波克拉底文集》第 1 卷,第 45—46 页。

物、环境及生理现象，看到致病因素的多样性和复杂性，从中革新自然哲学与医学理论原则。他和他的学派注重运用解剖、实验等方法，对各种疾病作出具体的解释。这种注重实验、寻究具体原因的实证科学精神，使古代西方医学发生了方向性转折，即向所谓"西医"方向的转折，特别到近代，它和其他自然科学相结合，获得更大、更迅速的发展。

西方有些哲学史家从实证主义哲学立场出发，认为希波克拉底批判"空洞的假设"，表明他已强烈地主张医学应当完全摆脱自然哲学，成为绝对独立的学科。如琼斯所说，希波克拉底已"主张医学摆脱哲学的假设，恰如要摆脱宗教教条一样"①。冈珀茨说他力图使医学摆脱自然哲学，摆脱思辨的形而上学的樊笼，"成为一种完全独立于普遍科学的个别学科"②。这种见解并不确切。他所反对的，只是当时医学中流行的将早先自然哲学原则过时、僵化地奉为"空洞的假设"，他不可能像后来的实证论者那样将科学和传统哲学完全对立起来。从《希波克拉底文集》可以看出，他正是在综合当时的各种自然哲学思想中，力求革新医学哲学和医学理论原则。

希波克拉底批判的另一种倾向是医务中的宗教迷信和巫医活动。他坚持从自然本身研究人的生理和病理现象，宣扬科学精神，表现出无神论的倾向。在《论神圣的病》(*The Sacred Disease*)这篇重要著作中，他说："任何智慧都是从事科学的方法"，"一位热爱智慧的医生，就等于是一位神"，医生必须"摆脱迷信和什么先定的神性"。③他尖锐地批判当时流行的看法，即认为某些"神圣的疾病"如癫痫的发生是由于某种超自然的、出自神意的原因。他指出，这些疾病"也是有自然原因的"，而对

①《希波克拉底文集》第1卷，"导言"。
② 冈珀茨：《希腊思想家：古代哲学史》第1卷，马格纳斯英译，第310页，伦敦，约翰·莫莱出版社，1969。
③ 见希波克拉底《论神圣的病》，载于《希波克拉底文集》第2卷，第187页。

"神圣疾病"的迷信,其"根源在于人们缺乏经验,不了解它的特性"。[1] 他针对当时南意大利医派中存在的某些宗教巫术成分,以及其他地区的巫医迷信活动,展开了猛烈的抨击。他说:"那些首先将这种疾病[癫痫]说成带有神性的人,像当今那些巫医、净化者、庸医、骗子们,自称对神虔诚,并且具有至高无上的知识,实际上他们只是用迷信来掩饰自己行医的无能,他们将某种疾病称为有神性的,只是为了避免暴露他们自己的无知罢了。"[2]他表面上没有否定希腊传统宗教中的诸神,但认为诸神根本不干预自然和人体生命现象,由此机智地驳斥那些用"净化"等奥菲斯教法术欺骗人的庸医。他们说神能干预人体的生命,实际上正是对神不敬,否定了神。他们自称能摘月遮日,挡风唤雨,有神奇法术,但他们自己是人不是神,这恰恰表明即使他们能改变某些自然现象,也是人造成的。这只能表明,"所谓神的能力,是能被人的机智所克制、支配的";而他们说的神意致病,也恰恰是亵渎了他们的"神",恰恰表明"神不存在"。[3] 希波克拉底强调一切疾病都是由于自然的原因,否定任何超自然的能力,坚决批判巫医,主张在医疗活动中消除一切宗教迷信成分。这表明,他所领导的科斯医派比恩培多克勒的南意大利医派有较彻底的科学精神,他机智地表达了无神论倾向。

但是,他对南意大利医派的批判也不免失之偏颇。他批评恩培多克勒的医学首先从四元素论来"研究自然的人",认为恩培多克勒提出"人开初是什么,人最初是怎样产生的,人原本是由哪些元素组成的",这样"所说所写的,毋宁说是文学的描述,不像是医学"。他指出,"详尽细致地理解人是什么,人是由于什么原因产生的等等问题,还要经过一个漫长的历程"。[4] 这当然并不错,但他否定恩培多克勒主张运用四元素论研究人的总体本性、强调整体性的辨证论治,是有片面性的,使这种合理的

---

① 见希波克拉底《论神圣的病》,载于《希波克拉底文集》第 2 卷,第 139 页。
② 同上书,载于《希波克拉底文集》第 2 卷,第 141 页。
③ 见同上书,载于《希波克拉底文集》第 2 卷,第 145—149 页。
④ 见希波克拉底《论古代医学》,第 20 节,载于《希波克拉底文集》第 1 卷,第 53—55 页。

医学理论在西方医学中被长期湮没。后来西医注重局部的生理解剖和医学实验，忽视将局部发生的疾病摆在整个人体范围、根据整个人体状况来诊治，也就是比较缺少同南意大利医派相似的中国传统医学所强调的整体性辨证论治。古代中国的哲学家和医学家也讲冷和热、干和湿，而且还概括出更有普遍性、整体性的对立——阳和阴，这种用阴阳五行说论述人的整体性的辨证论治，至今还保持着生命力，对人类医学也作出了有益的贡献。了解这种中西医学及其哲学根据的发展史并作比较研究，有益于结合、发挥中西医各自的长处。他不区别南意大利医派的合理理论、有效的临床经验和所夹杂的宗教巫术成分，不分青红皂白地将它们都看做巫医邪术，全盘否定，那更是片面的。当代历史主义学派的科学哲学家费耶阿本德认为，科学理论的发展一直是多元的，非理性因素在多元的科学方法与科学史中也会起积极作用。哥白尼形成日心说，曾受毕达哥拉斯学派的菲罗劳斯关于圆周的神秘信念启发，古代医学曾受益于江湖草药、巫医巫术，对它们应作合理分析，不能笼统否定。他称赞中国传统医学中有比西医更好的诊疗术，肯定在中国中西医结合的做法是合理的，值得仿效。[①]

希波克拉底从医学发展的实际需要出发，呼吁革新某些旧的自然哲学与医学理论原则。他还不能如原子论者那样创立独特的、自成体系的自然哲学。从《希波克拉底文集》可见，他和他的学派努力综合、提炼各种自然哲学的合理内涵，包括早先的和革新了的伊奥尼亚自然哲学的合理内容，加以融会贯通，运用于医学理论，研究人的生理、病理机制。例如，他们也将宇宙全体的存在及其运动变化，归结为各种元素的结合与分离。他们认为："因为事物永不停留在同一的状况，总是从这个事物变为那个事物，不相似的事物也从这些元素中分离出来。这样一切事物没

---

① 见法伊尔阿本德（即费耶阿本德）《自由社会中的科学》，兰征译，第81页，上海译文出版社，1990。

有消亡,也不会产生原来不存在的事物。"① 他们又认为,自然万物由于水和火的对立,交替占优势,永远"处于向上和向下两个流动变化状态中"。"火向上变化,太阳的运行历程最长;水向上变化,太阳的运行历程最短"。② 这分明是融合了米利都学派、赫拉克利特和阿那克萨戈拉的见解而自成一说。他们更用这种本原观解释生命现象,认为全部生命现象是有不同"能力"的水和火的对立平衡过程:"包括人在内的一切动物,是由'能力'不同而一起发挥作用的两种事物构成的,那就是火和水","它们各自都是依据自己的本性而不是靠他物具有能力的"。"火总是能推动一切事物,而水总是能营养一切事物,但是它们各自轮流在最大或最小的可能范围内占主导或次要地位,然而它们都不能获得完全的主导地位。理由是:当火推进到超过水的范围,便缺乏营养,它就转向有营养的地方;当水推进到超出火的范围,发现它丧失运动,就此停止,它的力量也停止了,火便进入"。③ 文集中有的作者还用赫拉克利特式的格言,描述身体和食物的本原都是一种"能力",它是"流动的一","一切开始于一,又复归于一"。④ 他们接受并在生理、医学中发挥阿波洛尼亚的第欧根尼的本原观。希波克拉底在《气,水,场所》(Airs, Waters, Places)中强调气是天地万物和生命的本原,气赋有理智的功能。希波克拉底在《论神圣的病》中接受并发挥了第欧根尼关于脑是意识中枢、气给脑以理智的见解,用他自己的体液论加以发展,并以此说明癫痫的病因。他认为"脑是人体中最强有力的器官",反对认为心脏是思想器官的见解。他指出,人体各器官都由血管连通到脑部,而气给脑以理智。脑通过血管将气输导到人体各部分,使整个人体都介入理智性的活动,所以脑是意识的"信使"和"说明者"。但是,当季节突变,或人受突然打击,过度欣喜

---

① 希波克拉底:《摄生篇》(Regimen in Health),第 4 节,载于《希波克拉底文集》第 1 卷,第235 页。
② 见同上书,第 5 节,载于《希波克拉底文集》第 1 卷,第 237 页。
③ 见同上书,第 3 节,载于《希波克拉底文集》第 1 卷,第 231 页。
④ 见希波克拉底《营养篇》(Nutriment),第 1 节,载于《希波克拉底文集》第 2 卷,第 345 页。

或过度忧伤时,体液中的黏液突然跃入血管,脑通过气输导理智到人体各器官的功能被堵塞,便发生癫痫,引起全身抽搐和痉挛。[1] 这虽不符合现代医学的解释,但在当时表现了一种科学理性。

希波克拉底学派还追求科学认识与科学方法的创新,揭示医学认识是一个从感知经验上升到理论的发展过程,关键是要把握契机,有机地结合经验和理性。在《箴言》(*Precepts*)中,作者强调医生首先"必须投身于医疗实践,不是首先致力于似是而非的理论,而应致力于同理性相联系的经验"。他们主张一种素朴的反映论,认为"感官知觉首先在经验中产生,并且传达给概括事物的理智;这种感性知觉是清晰的印象,理智多次接受这些事物的印象,将它们贮存起来,记忆它们"。而"一种理论是关于事物的一种复合的记忆,它是凭借感官知觉了解事物的"。同时,他们又指出医学科学的认识需要有一个正确的"理论化"(theorizing)阶段,它"以清晰的事实为基础","从它推演出的结论也和现象符合","而理智从印象中获得事物的本性,并且引导我们通向真理"。在"建立完整的医学技艺"的"理论化"中,要运用分析、综合、归纳、概括等科学方法,首先应当观察认识对象的"各个部分及其特殊细节,然后再将各个部分联结成为一个整体",并且注意考察它们发生作用的"普遍性",从中得出普遍有效的医学原理来。他们较早注重研究逻辑方法在建立科学理论中的作用,是后来亚里士多德的逻辑与科学方法论的先驱。他们强调清晰的印象和事实是鉴别真理和错误的标准,告诫医生"武断和空谈是欺骗性的、危险的,因此,医生必须紧紧地在概括中把握事实,专注于坚持事实"。这样做,医生就能获得熟练无误的"医疗技艺","就是为病人和医生都造了大福"。如果医学不这样做,"而是从暧昧的虚构出发,它就常会导致严重麻烦的结果","都会陷入死胡同"。[2] 希波克拉底学派的医学之所以在理论和实践上都取得辉煌的成就,正是由于他们坚持了科学的

---

[1] 见希波克拉底《论神圣的病》,载于《希波克拉底文集》第 2 卷,第 153、179—181 页。
[2] 见希波克拉底《箴言》,第 1 节,载于《希波克拉底文集》第 1 卷,第 313—315 页。

认识路线与方法。

三 生命有机体平衡论

在丰富的解剖生理和医疗实践经验的基础上,凭借革新的自然哲学以及科学的认识与研究方法,希波克拉底建立起一种创新的医学理论。他所奠立的西医的基本理论,在西方一直被沿用到近代,直到18世纪法国的启蒙哲学家拉美特利也用他的这种医学理论来论述自己的"人是机器"的学说。

希波克拉底认为人的生命体是由多种要素构成的、处在流动变易之中的整体,是经常从不平衡到平衡的有机统一体。他从生理结构和生理功能两方面,将人体区分为两个相互联系、内在关联的系统。

第一是人体结构形式系统,包括人体的外部器官和内脏器官、组织。他对肺、胸、脾、膀胱、胃、头颅等的结构形态都作过具体剖析,在人体解剖方面取得的成果远超过前人。他认为,在医疗中必须注意考察人的所有器官的结构形态是正常还是畸变,以及是否适合执行正常的生理官能。第二是人的体液(humours)系统。体液指人体内贮存和流动的各种液体,它们由多种不同的要素构成,有多种多样的"能力",担负着维系生命力的不同功能。他认为,诊断疾病要考虑到上述人体结构形式和体液的能力是否正常,"必须知道哪种疾病状态出自'能力',哪种疾病状态出自人体结构。我能粗略说的是:'能力'是体液的一种强度和力量,而'结构'是人体中的构成"[1]。

四体液论是希波克拉底学派在医学上的一大创新与贡献。以往的医生或自然哲学家往往只说到人体内有某一种液体,如恩培多克勒只强调血液有生命力和思想力,阿那克萨戈拉认为胆汁不正常是致病的主要因素,克尼杜学派常认为黏液过多或缺乏是主要病因。这些见解都是较简单的、缺乏科学根据的猜测。希波克拉底根据解剖生理与医疗经验,

---

[1] 希波克拉底:《论古代医学》,第22节,载于《希波克拉底文集》第1卷,第57页。

提出人的体液其实有四种：血液、黄胆汁、黑胆汁和黏液（指人体的一些内分泌液），它们自身又都各赋有多种"能力"，冷热、干湿只是其中的一小部分。四种体液的流动承担着营养和维系生命力的功能。"能力"是体液执行生命功能的强度的表现，它们会随着季节气候、食物营养以及其他生活条件的变化而变化。如果这四种体液自身保持纯质，而且它们之间在强度、数量以及相互结合上，在经常的流动变易中，不断从不平衡达到和谐的平衡，就是健康；如果这种平衡被急剧或持久地破坏了，就会致病。他还论述了由于四种体液在人体内的比例不同，形成了人的不同气质：性情急躁、动作迅猛属胆汁质；性情活跃、动作灵敏属多血质；性情沉静、动作迟缓属黏液质；性情脆弱、动作迟钝属抑郁质。这是最早的一种研究心理的生理机制的学说。

希波克拉底的生命有机体平衡论、四体液论，继承并大为发展了阿尔克迈恩早先提出的身体要素平衡论，形成了一种系统、完整的生理和医学理论。他的四种体液所赋有的多重能力或性质，远远超过冷热、干湿那样简单的对立。他不仅论述四体液的对立和平衡，而且将整个人体看成是平衡协调的有机统一体。他具体论述道：四体液及其能力同身体器官的结构形式是内在关联的，应相互配合，保持协调和平衡；吸收营养和生理消耗也应当有合适的比例，求得平衡，营养缺乏和暴食都会致病；等等。所有这些，都是保持生命体健康的基本条件。这在他那个时代是最科学的生理和医学理论，极大地促进了古代医疗事业的发展，造福于广大民众。这种创新的医学理论以辩证的自然哲学原则为根据：人体内水和火两种本原处于对立与流变状态，赋有理智特性的气本原以脑为中枢运行贯通全身；多种对立和异质因素在流动变易中平衡，才能构成人体的有机统一。他反对爱利亚学派所主张的僵硬和绝对不变的"同一"，指名批评麦里梭的这种观点，说他坚持这种"同一"观，便"无法理解正确的知识来自对于实在的认识，在讨论中便会自己推翻自己"[1]。他的生命

---

[1] 希波克拉底：《人的本性》(*Nature of Man*)，第1节，载于《希波克拉底文集》第4卷，第5页。

有机体平衡论中有辩证法的精华内容,可惜在近代医学兴起后,他的这部分思想并没有得到应有的重视。

四 人与环境研究和医学伦理

希波克拉底在《气,水,场所》这篇著作中,认为人生活在自然环境中,人同自然环境也是对立的统一体,研究医学、医疗疾病也要注重研究人和环境的关系。他依据大量的考察材料,论述自然环境对人的身体结构和形态、对人体的健康和疾病,以至对人的性格特点等等,都有重要的影响。他认为人的生理状态、自然本性、社会属性乃至心理性格与习惯,都是深受环境制约的。

希波克拉底认为,人体生命是在自然环境和生活方式影响下的自然过程。合适的环境和生活方式,可以使人体生命同环境保持和谐与统一,使人保持健康;反之,不合适的自然条件和不正常的生活方式会破坏人体同自然的和谐,破坏人体内部的生理平衡,这是致病的重要原因。因此,他强调指出,医生到一个地方出诊,必须入境问俗,首先了解当地的气候状况、地理环境及生活方式。这样,"他才不会在诊治疾病时感到困惑,或犯愚蠢的错误"。[①] 他举出大量观察到的事实和病例,具体分析季节和气候的变迁同流行病的关系,水质和土质的不同对人的消化营养乃至生育的影响,而居民的生活方式,如是否酗酒等饮食方式及体育运动状况等等,也往往会同某些疾病紧密相关。他指出,一位称职的医生,不能将目光只专注于人体本身,而应当具备广博的天文、气象、地理和生活等各方面的知识。希波克拉底在这篇著作中强调从人和环境的关系中去研究病理,应该是发展医学的重要原则。

希波克拉底是西方最早的地理环境决定论者,认为地理环境决定了人种或民族的人体结构、生理特征、生活方式与心理性格。他细致分析了埃及、小亚细亚、利比亚及欧洲不同地区的气候和地理条件,阐明它们

① 见希波克拉底《气,水,场所》,载于《希波克拉底文集》第1卷,第73页。

的差异怎样直接影响了不同民族和部落的人在体形、身体结构、生活习惯、生理特征与心理性格上的不同。例如，他认为："亚细亚人的性格不像欧罗巴人那样好战，比较温和，主要原因在于当地气候比较均衡，没有剧烈的冷热变动，因而不会产生心灵上的震动和剧烈的生理变化"；而欧罗巴地区的民族或部落的人，由于气候和地理多变，造成他们的性格呈多样性，"比较刚强"，尤其是那些高地的游牧民族，他们的性格更为"独立不羁"。[①]　这里有种族人类学思想的萌芽。

　　他将政治体制状况也看做影响民族性格的一种重要的外在环境。他说："亚细亚人的性格比较纤弱，他们的制度是一个辅助性原因，因为亚细亚的较大部分是由君主统治的。"因而，在这些地区，"人们不是他们自己的主人，不是独立自主的，而被专制君主所统治，他们不喜欢军事力量，不愿战争"。这是因为，"臣民总是被迫从事兵役和劳役，以至死亡，只是为了君主的利益而要同他们的妻子、儿女和朋友分离。他们作出有价值的英勇业绩，也只是服务于抬高君主、扩张君主的势力；可是他们自己得到的却只是危险和死亡，他们的土地由于敌人入侵和自己的疏怠而必然荒芜"。在这种情况下，"甚至那些天性勇敢的人，他们的性格也由于他们所处的政治制度而改变了"。而另外一些欧亚地区的人，由于"没有君主统治，独立自主，只为他们自己的利益和荣誉而劳作、冒险，他们的性格就比较勇猛"。由此他得出结论："哪里有君主，哪里必定是最懦怯的，因为人们的灵魂被奴役了。"[②]他揭露了君主专制政制对人们的性格所起的压抑的消极作用，赞扬奴隶主民主制能提高人们发奋图强的精神。他的论述同18世纪法国启蒙思想家孟德斯鸠的地理环境决定论看来相似，其实不同。他主要论述自然环境和政治制度对人的生理特点和心理性格的影响，不像孟德斯鸠过分强调地理环境对社会生活方式的影响，甚至强调政治体制也由地理环境所制约和决定。希波克拉底只是将

---

① 见希波克拉底《气，水，场所》，载于《希波克拉底文集》第1卷，第115—117页。
② 见同上书，载于《希波克拉底文集》第1卷，第133页。

政治制度看做影响民族心理的客观环境的一个方面,而他剖析欧亚人民在君主专制统治和民主制下民族性格的不同,不是为了论证不同种族天生有优劣之别,只是表明他反对君主专制和颂扬民主制度,这并不是种族主义理论。

希波克拉底强调医生从医的宗旨应是热心为患者解除疾病痛苦,为民造福,医业应有合乎这一宗旨的严格规范。他本人毕生刻苦钻研,创新医学,治病救人,无论贵贱,无损他人,不谋私利,表现了崇高的医德医风。他为医生同业公会训诫医德而写的《誓词》,是西方最早的一份卓杰的医学伦理文献,包含着丰富而严谨的医学伦理与道德规范内容。直到20世纪世界医学联合会通过的两个伦理学法典,即1948年的《日内瓦宣言》和1949年的《医学伦理学法典》,都继承与发展了希波克拉底的《誓词》的精神。现将这份《誓词》的一个译本载录于此,以供体察希波克拉底所建立与发扬的优秀医学伦理传统:

> 仰赖医神阿波罗、阿司克勒彼亚得及天地诸神为证,鄙人敬谨宣誓,愿以自身能力及判断所及,遵守此约。凡授我艺者敬之如父母,作为终身同业伴侣,彼有急需我接济之。视彼儿女,犹我弟兄,如欲授业,当免费并无条件传授之。凡我所知无论口授书传俱传之吾子、吾师之子孙及发誓遵守此约之生徒,此外不传与他人。

> 我愿尽余之能力及判断力所及,遵守为病家谋利益之信条,并检束一切堕落及害人行为。我不得将危害药品给与他人,并不作该项之指导,虽有人请求亦必不与人,尤不为妇人施堕胎手术。我愿以此纯洁与神圣之精神,终身执行我职务。凡患结石者,我不施手术,此则有待于专家为之。无论至何处,遇男或女,贵人及奴婢,我之唯一目的,为病家谋幸福,并检点吾身,不作各种害人及恶劣行为,尤不作诱奸之事。凡我所见所闻,无论有无业务关系,我认为应守秘密者,我愿保守秘密。倘使我严守上述誓言时,请求神祇让我生命与医术能得无上光荣;我苟违誓,天地鬼神共殛之。

第七章　留基伯和德谟克利特

　　早期希腊哲学从泰勒斯开始，经历了近两个世纪的发展，在公元前5世纪下半叶至公元前4世纪初达到一个光辉的顶峰，那就是留基伯开创、德谟克利特确立的原子论哲学。虽然雅典民主制已由极盛而趋衰，原子论哲学仍是伯里克利文明时代的科学理性与人文精神结出的硕果，它实现了对早期希腊各派自然哲学的大综合，是哲学与科学认识上的一次重大飞跃。它处在希腊哲学史发展的一个转折点上，标志着早期希腊自然哲学终结，行将进入希腊哲学最繁荣的时期，进向体系化的希腊古典哲学。

　　留基伯和德谟克利特的卓杰贡献在于，以一种极为深刻的科学理性，综合、概括全部早期希腊哲学和科学思想，加以系统化，建立起西方哲学史上第一个较为完备的唯物论哲学体系和科学的物质结构假说。原子论对希腊哲学与科学思想的演进，对西方哲学和科学的历史发展，都起有深远的影响。亚里士多德赞扬说："在我们的先驱者中，除了德谟克利特是唯一例外，可以说，没有一个人曾经深入事物的表面或透彻地考察过这些问题。只有德谟克利特，看来不仅细致地思考所有这些问题，而且从开始起就以他的方法表现卓越。"[①]近代德国新康德主义者、著

──────────

① 亚里士多德：《论生灭》，315a34—b2，载于《亚里士多德全集》。

名哲学史家文德尔班认为,在古希腊哲学的启蒙时期,从具体知识"进向形而上学",形成综合性体系,"这方面的成就应归功于三位追求知识的伟大人物,他们造就了古代思想中最有价值的发展,他们就是德谟克利特、柏拉图和亚里士多德";他们都具有"体系化的特点","都建立了自身完整的无所不包的用以说明世界的科学体系","提炼、深化了典型的三种不同的世界观",形成三足鼎立的局面。① 当代著名的希腊哲学史专家基尔克、拉文认为:原子论是"在柏拉图以前希腊哲学所达到的最高峰,它解开了爱利亚学派辩驳的死结",综合与升华了早期希腊的各种哲学,"本质上是一种崭新的概念",直到晚期希腊与罗马,"还通过伊壁鸠鲁和卢克莱修,一直在希腊思想中成为重要部分",更"刺激了现代原子学说——它的真实的性质和动机都是很突出的——的发展"。②

第一节 原子论的创始者留基伯

留基伯(Leucippus)的生平资料留存极少,只有第欧根尼·拉尔修的短短两句话的记述:"留基伯出生于爱利亚,有人说他出生于阿布德拉,也有人说他出生于米利都。他是芝诺的学生。"③他的生卒年代已无从查考,但他必定比巴门尼德年轻,而年长于公元前460年左右出生的德谟克利特。阿波洛尼亚的第欧根尼曾从他那里吸取"虚空"概念,而在公元前423年上演的阿里斯托芬的喜剧《云》嘲讽了第欧根尼的赋有理智的"气"本原观,由此推算留基伯的鼎盛年约在公元前423年左右。而关于他的出生地的记述有三种说法,有些学者认为这可能是综述了他的生活与学术的经历:或许他本来是米利都人,他的学说出自伊奥尼亚哲学传统;希波战争中米利都沦为废墟后,他迁居爱利亚,成为芝诺的学生,他无疑通晓爱利亚学派的哲学;后来他又去阿布德拉,

① 见文德尔班《哲学史》第1卷,第99—100页,纽约,哈珀与罗出版社,1958。
② 见基尔克、拉文《苏格拉底以前的哲学家》,第426页。
③ 第欧根尼·拉尔修:《著名哲学家的生平和学说》,第9卷,第30节。

成为德谟克利特的老师,师生二人自树高帜,建立了原子论的阿布德拉学派。

关于历史上是否确有留基伯其人,有一则历史公案,现已了断。据第欧根尼·拉尔修记载,希腊化时代的原子论哲学家伊壁鸠鲁在致欧律罗库的信中,"否认留基伯这位哲学家的存在,虽然有些人和伊壁鸠鲁学派的阿波罗多洛都说他是德谟克利特的老师"①。心地宁和、性情谦逊的伊壁鸠鲁居然数典忘祖,将师祖打入乌有之邦,真是不可思议。这段记载在历史上本来并不被人重视,因为从亚里士多德、塞奥弗拉斯特到罗马思想家卢克莱修、西塞罗的著作都没有怀疑过留基伯的存在。但到近代,德国学者罗德(Rohde)在 1879 年出版的一本文集中,却翻出伊壁鸠鲁这封陈信来,认为历史上根本没有留基伯这个人。伯奈特认为这是误解和误译,伊壁鸠鲁这句话的原意是"留基伯算不得什么哲学家",其用意是"我(有意)忽略他"或"我不想讨论他"。② 留基伯的生平与思想资料极少,他的成就又被他的学生德谟克利特所掩盖,以致仅约一个半世纪后的伊壁鸠鲁也难以研讨他。但留基伯创始原子论的贡献不应抹煞,在哲学史上也应有光辉的一席。

留基伯写有建立原子论基本理论框架的论著。塞奥弗拉斯特说他写过一部《大宇宙系统》③,但没有流传下来。据第欧根尼·拉尔修记载,公元 1 世纪的学者塞拉绪罗(Thrasyllus)编辑的德谟克利特的著作目录中有这部著作,并注明"塞奥弗拉斯特将它归于留基伯"④。很可能这部著作是他们师生共同合作的成果。留基伯还写过一篇论文《论心灵》,亦已佚失,只保存了留基伯的唯一的一则原著残篇:"没有任何事情是随便发生的,每一件事都有理由,并且是遵循必然性的。"⑤

---

① 第欧根尼·拉尔修:《著名哲学家的生平和学说》,第 10 卷,第 12—13 节。
② 见伯奈特《早期希腊哲学》,第 330 页注 2。
③ 见第尔斯、克兰茨编《苏格拉底以前哲学家残篇》,DK68A33。
④ 第欧根尼·拉尔修:《著名哲学家的生平和学说》,第 9 卷,第 46 节。
⑤ 第尔斯、克兰茨编:《苏格拉底以前哲学家残篇》,DK67B2。

关于留基伯创立的原子论是否有希腊之外的思想渊源,从古至今既有怪异之说,也有不同的学术见解。古希腊后期有一种记载,说在留基伯以前,远在特洛伊战争期间,就有一个腓尼基人摩赫(Mochus)提出了"原子"概念。若说那时有人曾讲过"原子"这个词并简单地赋予原始、粗朴的意义,从词源上说或有可能;但说那就是最早的原子论哲学,则是无稽之谈,因为在公元前 12 世纪希腊迈锡尼文明时期根本还没有产生哲学,怎么可能有高度抽象的原子论哲学呢? 还有一个问题,古代印度哲学中也产生过原子论哲学,希腊的原子论是否受此种印度哲学的影响? 贝利认为,印度的原子论比留基伯创建的原子论要晚一些,两种原子论的内容也颇为不同。[1] 也有学者认为印度哲学的原子论在先,或有思想联系。我们以为,留基伯如在小亚细亚生活与游历过,他对东方思想或有了解与吸收,但这要有确凿的史料佐证。从现有的历史记载看,他创建的原子论不是"舶来品",而是内源的,自有其希腊自然哲学内在演进的源流关系。

留基伯大约在爱利亚生活过,听过芝诺讲学。他的思想明显曾受爱利亚学派的"存在"哲学的影响,但他不受拘约,循着恩培多克勒和阿那克萨戈拉的思想路线,将它改造为物质粒子结构的本原论,达到比两人的学说层次更高的境界。亚里士多德经常指出原子论哲学同爱利亚学派的思想联系,但他总是将原子论者放在恩培多克勒和阿那克萨戈拉以后并列论述。留基伯建立原子论,在理论方向上是和恩培多克勒、阿那克萨戈拉一致的,他们都打碎、改造了爱利亚学派的不动变的、唯一的"存在",循着探索物质结构的途径,去认识物质内部不变的本原,从而解决了"一"与"多"的矛盾,沟通了自然本原和现象世界。辛普里丘记载塞奥弗拉斯特所说:"留基伯在哲学上曾同巴门尼德交往,但他关于'实在'的观点,并没有走和巴门尼德与塞诺芬尼相同的路子,毋宁说似乎是走

---

[1] 见贝利《希腊原子论学派和伊壁鸠鲁》,第 64—65 页,牛津,克拉伦登出版社,1928。

了相反的道路。"①亚里士多德在论述了恩培多克勒等一些哲学家关于物体结构和认识的理论后,指出原子论是有重大理论创新的,"而最系统、最始终一贯,并且可以应用于一切物体的学说,是由留基伯和德谟克利特提出的"②。

由于留存的留基伯原著的残篇只有一则,古代转述他的思想的第二手资料大都将他和德谟克利特并提,所以很难截然将师生两人的思想区分开来,而单独论述留基伯的原子论哲学。因此,如果硬将他们两人的思想分开论述,必然会造成重复累赘,如贝利所著《希腊原子论学派和伊壁鸠鲁》一书虽颇详致,有独到之见,但有这种弊病。古代唯有第欧根尼·拉尔修对留基伯的学说有单独记载:"他[留基伯]的观点是这样一些。事物的总数是无限的,它们互相转化。全体包含了虚空和充实。原子落进虚空并相互结合就形成许多世界,当它们体积增大而运动时就产生各种星体。太阳循着更大的圆周绕月亮运动。大地稳定地停留着,作绕中心的漩涡运动,它的形状像一面鼓。留基伯是第一个提出原子是本原的人。这些就是他的观点的概述。"接着便较详细描述了存在的"全体是无限的",基本元素原子与虚空的结合和分离造成无数世界的形成与消亡,在原子漩涡运动中形成各种在各自轨道上运行的天体,并发生一些天文现象。总之,他认为,"世界是生成的,它也有成长、衰落和毁灭,按照某种必然性,可是对此他并没有细说"③。由此可以推测:留基伯作为原子论的创始人,已经提出原子和虚空这对基本的本原范畴,用以说明世界的生灭成毁现象。他还初步论述了原子漩涡运动的宇宙论,并借以说明一些天体现象。他在西方哲学史上第一个明确提出必然性范畴,这也是一种重要的创见。大体上说,他已经提出了原子论哲学的基本要点,而原子论的系统理论是德谟克利特完成的,其中某些内容是他们师生共同持有,而主要由德谟克利特充实、发展的。

---

① 塞奥弗拉斯特:《物理学》,"残篇第八",转引自格思里《希腊哲学史》第2卷,第384—385页。
② 亚里士多德:《论生灭》,324b36—325a7,载于《亚里士多德全集》。
③ 见第欧根尼·拉尔修《著名哲学家的生平和学说》,第9卷,第30—34节。

至于涉及认识与逻辑思想,社会政治、伦理道德与审美等人文与社会知识的内容,是德谟克利特在他所处时期的研究成就。

第二节 百科全书式的学者德谟克利特

据第欧根尼·拉尔修记载:德谟克利特(Democritus)"是阿布德拉本地人","他自己在《小宇宙系统》中说,当阿那克萨戈拉是老年人时,他还是一个青年,他比阿那克萨戈拉小 40 岁"。而"按照塞拉绪罗在《阅读德谟克利特著作的导言》中说,他生于第 77 届奥林匹亚赛会的第 3 年(前 470—前 469),这就比苏格拉底大 1 岁。因此,他应当是阿那克萨戈拉的学生阿凯劳斯以及俄诺庇得学派的同时代人,事实上他提到过俄诺庇得","他被公认为苏格拉底的同时代人"。[①] 策勒据此推算他约生于公元前 460 年,他去世的年代无可靠记载,难以断定,说他活了 90 岁、95 岁、100 岁、109 岁等的都有,他必定享有罕见的高寿。

他的故乡阿布德拉是早在公元前 6 世纪中叶就由希腊人建立起来的一个殖民城邦,位于希腊本土东北端的色雷斯地区,处在从希腊本土到东部小亚细亚的中间要冲地段,当时以经济繁盛、文化发达著称,和亚里士多德的故乡斯塔吉拉邻近,又是早就著名的智者普罗泰戈拉的老家,希波克拉底在那里整理了不少医案。阿布德拉和雅典在学术文化上有密切的关系。他的童年时期正值希波战争结束,战争也使色雷斯地区成为东西方文化交会之处,而战后的伯里克利文明经济繁荣、政治革新、文化昌盛,德谟克利特显然感受到了这种时代精神,他是奴隶主民主制的热诚拥护者。他的鼎盛年在公元前 420 年左右,正当伯罗奔尼撒战争第一阶段,雅典同盟在这场大战中遭到惨败,但希腊古典文明孕育出来的科学理性和人文精神并没有中断,仍在战祸和危难中继续发扬。他的思想始终焕发着科学和民主精神。

---

① 见第欧根尼·拉尔修《著名哲学家的生平和学说》,第 9 卷,第 34、41—42 节。

德谟克利特的父亲在阿布德拉是很有资产和地位的人士。在希波战争中，波斯王薛西斯率军经过色雷斯时，受到他父亲的款待，因而给他家留下一些有学问的人，这些东方的高级知识分子就成为德谟克利特的启蒙老师。有记载："他是［波斯的］玛伽僧侣和迦勒底星相家的学生"，"当他还是孩子时，就从这些人学习神学和天文学"。[①] 他从小就了解东方的宗教文化与科学思想，并培植了追求知识的终生旨趣。他漠视财富，专注于学问，并且不满足于已有的书本知识，决意走向广阔的世界，去获取生动丰富的科学知识。据说在分遗产时，他只要了最少的一份——100塔兰同，全都花费在游历上。他游学地区之广，在同时代的学者中，只有著名的历史学家希罗多德可以相比。据说，他南赴埃及向祭司学习几何学，东去波斯结识星相家，越过红海，直达埃塞俄比亚，甚至到印度和裸形智者有所交往。[②] 他自称："在我的同辈人中，我漫游了地球的绝大部分，探索了最遥远的东西；我看见了最多的地方和国家，我听见了最多的有学问的人的讲演；而在勾画几何图形并加以证明方面，没有人超过我，就是埃及的所谓土地测量员也未能超过我。"[③]他周游世界，获得极为丰富的知识。保留下来的他的著作目录中，就有《巴比伦的圣书》(*The Sacred Writings in Babylon*)、《迦勒底研究》(*A Chaldaic Discourse*)、《弗里吉亚研究》(*A Phrygian Discourse*)、《环洋航行》(*The Voyage round the Ocean*)和研究当时数学前沿问题的著作，表明游学是他的广博知识的重要来源之一。他远游归来，已一贫如洗，只能靠兄弟达玛苏斯帮助维系生活。但他凭借科学知识料事如神，在当地很有名气。据说在一次盛暑割麦时，他劝大家立即停下，先去收藏已经割下的

---

① 见第欧根尼·拉尔修《著名哲学家的生平和学说》，第9卷，第34节。

② 策勒是欧洲中心论者，否认德谟克利特受东方思想影响，说他不可能到过印度（参见策勒《苏格拉底以前的学派》第2卷，奥列尼英译，第212页，伦敦，朗格曼斯·格林出版公司，1881）。但据希罗多德在《历史》中记载，当时印度也曾向波斯帝国纳贡。所以，其家和波斯王有交往关系并亲受波斯僧侣熏陶的德谟克利特，并非不可能赴印度游历。

③ 欧塞比乌：《福音初阶》第10卷，第472页，转引自《马克思恩格斯全集》第40卷，第251页，人民出版社，1982。

麦子,不久便来了暴雨,不听信他的人大受损失。他还根据所观察的星象,预言橄榄的收成和油价会上涨。当地的同胞十分惊异,赞誉他是"贤人",甚至是能享有"神"的荣誉的人。

马克思和恩格斯赞扬德谟克利特是"经验的自然科学家和希腊人中第一个百科全书式的学者"[1]。他所积累与研究的丰富的自然哲学、数学、经验科学知识和人文、社会知识,正是他建立原子论哲学的重要基础。自从伊奥尼亚的科学文明传到希腊本土以后,自然哲学与科学思想在深化发展,一些学科如数学(包括几何学)、生理学和医学等已初具规模,而在伯里克利文明中,历史、修辞学、伦理、文学(特别是悲剧)、建筑、雕塑、绘画等人文与社会知识也长足地发展起来。德谟克利特广泛吸取当时的知识成果,甚为开阔、深入地从事各种科学研究。据说,希波克拉底曾去拜访他,他正坐在一棵大树下,四周堆着正在解剖的动物躯体。[2]他考察过天文气象,编过历法,探溯过尼罗河泛滥的原因,研究过圆锥切割定理等高深的数学问题,探讨过海盐的成因、地理与地震、光线辐射、动物生理、胚胎成形、植物生长、医疗摄生和社会伦理、政治、审美、修辞学与语言,等等,差不多涉及当时人类知识的每一个领域。塞拉绪罗评述道:"德谟克利特确实通晓哲学的每一分支,因为他娴熟于物理学和伦理学,还有数学以及教育的正规项目,他还是通晓艺术的行家。"[3]当时智者运动已蔚然成风,形成研究人和社会生活的文化气氛,德谟克利特较深入地研究社会与人文知识,这也是他有别于早期希腊其他自然哲学家之处。他是亚里士多德以前百科全书式的卓越学者,渊博的学术素养是他将哲学思想推向系统化的重要条件。

他有良好的哲学训练,对早期希腊哲学诸流派有开阔的研究,能博采众家,兼收并蓄,加以改造,作出综合,这也是他能登上原子论哲学高

---

① 《马克思恩格斯全集》第3卷,第146页,人民出版社,1960。
② 见格思里《希腊哲学史》第2卷,第465、468页。
③ 第欧根尼·拉尔修:《著名哲学家的生平和学说》,第9卷,第37节。

峰的重要前提。或说他曾师从于阿那克萨戈拉①,他的自然哲学与科学思想中,明显有阿那克萨戈拉及其传来的伊奥尼亚自然哲学的影响。有人说他曾受教于毕达哥拉斯学派的一位成员,并和菲罗劳斯在一起过。②他写过一部题为《毕达哥拉斯》的著作,赞扬了毕达哥拉斯。他注重研究数学,强调原子的几何形状和原子在虚空中结合的形式结构规定了事物的质,这种"有定形"的思想无疑是合理吸收与改造毕达哥拉斯学派学说而形成的。他和留基伯都研究过爱利亚学派,论述了巴门尼德和芝诺关于"一"的学说,原子论学说的出发点正是要解开爱利亚学派不能解开的"一"和"多"、静止和运动、本质和现象相互割裂的死结。总之,原子论哲学继承和发展了伊奥尼亚自然哲学传统,吸收、改造了南意大利传统的哲学思想,循着元素说和种子论的道路,更深入地研究物质内部的粒子结构本原,从而提出更抽象、更有普遍意义也更科学的原子论假说。由留基伯开创、德谟克利特完成的原子论哲学,确实可以说是对以前各派学说的综合与升华,登上了早期希腊自然哲学的顶峰,也是它的光辉终结。

德谟克利特毕生从事学术研究,是一位不重名利的谦谦君子,性情平和,为人善良,事业上坚忍刚毅,处世达观开朗。罗马时代的西塞罗和诗人贺拉斯说他的别号是"欢笑的哲人",同赫拉克利特这位"晦涩的哲人"形成对照。他拥护奴隶主民主制,但是没有任何他从事政治活动的记载;苏联的《哲学史》说他"积极从事政治斗争"③,但没有提供任何资料和事实根据,不足采信。他访问过雅典,那时苏格拉底已名噪一时,而他在雅典却默默无闻。苏格拉底被处死在公元前 399 年,所以他访问雅典当他 60 岁以前。虽然那时他的学说在雅典还不为人知,但在他的母邦阿布德拉他的学说已为他确立了不朽的名誉。秉性谦逊善良、毕生献

---

① 见第欧根尼·拉尔修《著名哲学家的生平和学说》,第 9 卷,第 34—35 节。
② 见同上书,第 9 卷,第 38 节。
③ 敦尼克等主编:《哲学史》第 1 卷(上册),中央马列著作编译局译,第 103 页,生活·读书·新知三联书店,1958。

身于科学真理的德谟克利特认为,死亡不过是灵魂原子同身体相分离,是符合自然法则的。他活到罕见的高寿,从容安详地离开了人世。卢克莱修在诗中赞颂他:"当成熟的高年提醒他他的记忆的心灵的运动已经衰退的时候,就出自本意地把他的头颅献给死神。"[1]他逝世后,城邦为他举行了隆重的葬礼,为他树立铜像。他享有科学伟人应得的荣誉。

德谟克利特的思想在当时已经广泛流传,并因其广博的知识、深刻的思想而颇有影响。据记载,塞拉绪罗说过,在一篇真伪待考的柏拉图的对话《对手篇》中,"苏格拉底说这位哲学家是全能的运动员"[2]。又据记载,阿里司托森在他的《历史实录》中说:"柏拉图想把他所能收集到的德谟克利特的著作全都烧掉",但是两位毕达哥拉斯学派的成员劝阻了他,"说这样做是无用的,因为这些著作已经广泛传播了";而柏拉图在著作中"几乎提到了所有早期的哲学家,却没有一处提到德谟克利特,甚至在那正应该反对他的地方也不提,显然因为他知道他所遇到的是所有哲学家中最强有力的巨人"[3]。这段过去常被引用来说明哲学史上唯物主义和唯心主义两军对战的记载,其实是很可疑的。柏拉图也是大思想家,他虽然不会赞同德谟克利特的哲学,还不至于愚蠢到想出焚书即可战胜论敌的点子来。柏拉图研究自然哲学的著作不多,点名讨论早期希腊自然哲学家的内容本来就少,而在他晚期讨论宇宙论的著作《蒂迈欧篇》中,讲到世界物体由有几何形状本性的四元素构成,这实际上综合吸收了毕达哥拉斯学派、恩培多克勒和德谟克利特的思想;他的学园中大量研讨数学特别是几何学问题,显然也会研讨、利用当时很有影响的德谟克利特的数学研究成果。想必柏拉图学园中已有对德谟克利特的研究,从中出来的亚里士多德注重研究自然哲学,也很重视研究德谟克利特的学说,并作了详致的评述。

德谟克利特写了大量著作,卷本之多、内容之广,在同时代人中无与

---

① 卢克莱修:《物性论》,方书春译,第 185 页,商务印书馆,1981。
② 第欧根尼·拉尔修:《著名哲学家的生平和学说》,第 9 卷,第 37 节。
③ 见同上书,第 9 卷,第 40 节。

伦比。他的百科全书式的著作,可以和后来亚里士多德的著作并称。公元 1 世纪的塞拉绪罗曾按照编排柏拉图著作的同样方式,编纂了德谟克利特的著作,现在仅存一个目录①。目录分列伦理学、物理学、数学、文学和音乐、技术等 5 大栏,按 4 部(篇)一组编排,有 13 组,再加上未列入 5 大栏的著作 2 组 18 篇,总计 15 组 70 部(篇)。从这些书的题目可以看出,他论述了哲学、物理、数学、天文、地理、逻辑、心理、动植物、医学、摄生、社会伦理、政治、历史、诗、音乐、绘画、语言、农业耕作乃至军事等各方面的问题,几乎探索了当时自然和人文、社会知识的一切领域。据古代学者评论,德谟克利特的原著文笔优美,逻辑严谨,很有说服力。古罗马著名学者西塞罗赞扬他的著作虽然不是韵文,却富有诗意,笔墨生动,修辞俏丽,行文潇洒,有雄辩的风格。

可惜德谟克利特的原著基本上没有保存下来,有关自然哲学的原著连第一手的残篇也没有了,这真是哲学史上的一大不幸。据说,公元 3 世纪的塞克斯都·恩披里柯手里还有德谟克利特的著作。很可能由于罗马帝国灭亡、入侵蛮族摧毁文化典籍等原因,到公元 6 世纪的辛普里丘已经没有这些原著,只能转述第二手材料了。幸亏亚里士多德很重视研究德谟克利特,他的著作中有大量关于德谟克利特的论述,他还写过一本《论德谟克利特》及 2 卷本《论德谟克利特提出的问题》;他的学生塞奥弗拉斯特也写过《论德谟克利特》和《论德谟克利特的天文学》两本著作,这些书都已佚失。但在塞奥弗拉斯特的《论感觉》中保留了一些德谟克利特的有关认识论的思想材料。塞克斯都·恩披里柯、辛普里丘等人也提供了一些转述的残篇。这些是我们现在研究德谟克利特思想的可靠史料。它们能提供原子论哲学的主要脉络,但德谟克利特的全部思想详情已经难以知道了。

从现存的第二手转述的残篇看,他的著作目录中物理学一栏内的 16 部(篇)作品很重要,论述了原子论的自然本原说、宇宙论和认识论思想,

---

① 见第欧根尼·拉尔修《著名哲学家的生平和学说》,第 9 卷,第 46—49 节。

其中又以居首的著作《大宇宙系统》(The System of Great Cosmos)和《小宇宙系统》(The System of Little Cosmos)最重要,是他的自然哲学的代表作。现存的阐释各种自然现象的第二手残篇,大约都出自数学栏内的天文、地理著作,以及1组9篇关于研究天文、气象、动植物等各种"自然原因"的著作。

作为德谟克利特的原著残篇留存下来的,只有216条引起争议的道德格言。其中的130条,是公元6世纪的斯托拜乌(Stobaeus)辑录的。另外86条,是在17世纪才首次发表的,据说是根据一个题为《哲学家德谟克利特的黄金格言》的稿本。一些学者对全部道德格言的残篇发生了怀疑,主要理由是从柏拉图、亚里士多德以后的700年中无人提到过有关内容。在考订中也有不同看法:罗斯完全否定全部道德格言的可靠性,策勒则认为斯托拜乌所辑的那部分是取自早先已有的原著①。我们以为,从版本出现的年代看,《哲学家德谟克利特的黄金格言》那部分令人怀疑,但至今学者也提不出确凿的论据推翻它,所以只能同意格思里的意见,对它的真伪暂且存疑,不作绝对的肯定或否定。② 本章仍然根据全部道德格言残篇,论述德谟克利特的社会政治和伦理思想。

第三节　原子与虚空

德谟克利特认为,宇宙的本原就是原子和虚空。原子是充实的"存在",虚空是为原子提供运动场所的"非存在"。亚里士多德记述留基伯和德谟克利特主张,"[万物的]元素是充实和虚空,前者被叫做'存在',后者是'非存在'。存在是充实的、坚固的,非存在则是虚空的(因而他们

---

① 见策勒《苏格拉底以前的学派》第2卷,奥列尼英译,第214—215页,伦敦,朗格曼斯·格林出版公司,1881。
② 见格思里《希腊哲学史》第2卷,第490页。

说，'存在'并不比'非存在'更为实在，因为充实并不比虚空更为实在）"①。提出原子与虚空这两种新的本原，统一存在与非存在，主张原子在虚空中结合与分离的运动造成宇宙和万物的生成与毁灭，这是一种崭新的自然模型和科学的物质结构假说，是人类认识史上的一次飞跃。它在哲学史和科学史上都有深远的意义。

一　原子

原子（atomos，atom）是指"不可分割"的东西。德谟克利特说的原子是指最微小的、不可再分割的物质微粒，它又是坚实的、充满的、内部没有空隙的东西。他将原子比做"在空气中游动的细微尘粒，我们从透过窗户的光线中可以看到它们"②。这只是比喻其微小，不可再分割的原子其实是更微小、不可见的。"虚空"（kenos，empty）并不是指空气，当时希腊人已经知道气体也是存在物，虚空乃是完全空虚无物的空间，它只是为原子提供运动的场所。原子学说是从综合、改造以前一些哲学家的本原思想中发展出来的，即早先伊奥尼亚哲学家的具体物质本原，巴门尼德的"存在"，恩培多克勒和阿那克萨戈拉的"根"和"种子"，以及毕达哥拉斯学派的几何数和芝诺的非连续的、不可再分的最小量度。这从原子论者论述原子本身的内在性质也可察知。

第一，原子是非常微小、不可见、不可感知、内部绝对充实而无空隙，因而又是坚不可入、不可分割的粒子。它们是数目无限多的构造物体的基本单元。辛普里丘记载亚里士多德在《论德谟克利特》中说，他认为原子是"如此之小，以至是我们的感官所不能把握的，但是它们具有各种形式、形状和大小的差异"，它们"通过聚合产生能被视觉或别的感觉所感知的事物"。③ 不可分割的原子是我们看不见、摸不着的，不是任何感觉

---

① 亚里士多德：《形而上学》，985b4—13，载于《亚里士多德全集》。

② 亚里士多德：《论灵魂》，404a3—4，载于《亚里士多德全集》。

③ 见辛普里丘《〈论天〉注释》，第295页第1行起，转引自第尔斯、克兰茨编《苏格拉底以前哲学家残篇》，DK68A37。

的对象,只能在理智的思维中才能把握它。巴门尼德的"存在"是唯一、有限的整体,所以不可分;原子是将巴门尼德的"存在"碎成为无限多的、微小的"存在",是"一"和"多"的统一。原子不可分割,而由原子组成的复合物体却是可分割的,但这种分割又不能像阿那克萨戈拉的"种子"那样可无限分割下去、永无止境,分割到原子就是最小的极限,它是可分性和不可分性的统一。芝诺关于事物的连续性和间断性的悖论,也是反对事物可以无限分割的,但它以间断性否定连续性;原子内部是不可分的连续的"一",而原子的聚合和分离又显示了事物的间断性,并使运动和生灭的自然现象成为可能,因而解决了物质结构上连续性和间断性的统一这一难题。原子论者解开了爱利亚哲学关于"一"与"多"、可分与不可分、连续性与间断性、本原与现象的死结,而关于物质基本粒子是否无限可分的问题,现代物理学虽已深入到量子与夸克层次,但仍是一个尚未完全解决的问题。

第二,原子都是同质的,无性质不同,但在形状、大小和排列上有差异,因此使它们组成的事物有质的多样性。四元素说和种子说都是不同元素粒子本原异质的多元论,而原子尽管数量无限多,但自身性质是同一的。两位原子论者说:"它们[原子]在形状上彼此不同,但它们的性质是相同的,就像从一块金子上剥离的许多金屑。"[1]原子论将四元素和种子的异质性抽象掉,成为有普遍性的同质本原,这比阿波洛尼亚的第欧根尼远为深刻地回复、上升到一元论,是早期希腊自然哲学关于物质结构理论的最高的科学抽象。原子论者将事物内部的各种性质上的不同归因于原子外部的形状、次序和位置的差异。两位原子论者说:"存在只在'状态'、'接触'和'方向'上有不同,而状态就是形状,互相接触就是次序,方向就是位置,如 A 和 N 是在状态上不同,AN 和 NA 是在次序上不同,H 和 Ⴠ 是在位置上不同。"[2]他们认为多样性和事物的生灭变易现象

---

[1] 亚里士多德:《论天》,275b34—276a2,载于《亚里士多德全集》。
[2] 亚里士多德:《形而上学》,985a16—19,载于《亚里士多德全集》。

主要是由于原子形状"在数目上也是无限多"造成的,就像"悲剧和喜剧都是由同样的字母组成的"。①

原子论者认为原子的形状、大小多种多样,因而造成各种不同的性质。比如,火的原子细小、圆形、平滑,因而它的性质活泼、易动、明亮;土的原子较大而粗糙,所以它的性质厚实、凝重、灰暗。就是说,原子的几何形式包括其大小的量决定了它的性质。原子组合成事物时,它们的次序即排列组合的方式和趋向不同,就是事物以有几何形式的原子为基本单元的几何结构形式及其量的规定性也有不同,便造成千千万万性质不同的事物。这种原子与事物的几何结构形式、数量关系决定事物的质的思想,显然是吸取、改造毕达哥拉斯学派的思想而形成的。所以亚里士多德说,留基伯和德谟克利特的观点"在某种意义上是将事物变成了数,或是由数构成。他们没有明白地这样说,但这是它的真正意思"②。德谟克利特讲到原子的"形状"、"形式"时,是就原子的几何形式说的,他用的是希腊文的 idea(形式)这个词,《希英大辞典》中这个词条的解释中也包括有"德谟克利特的原子的形式"。他用的 idea 还是从毕达哥拉斯学派的"几何图形"直接演变过来的。柏拉图的"理念"(或译"理型"、"相")的希腊原文用的也是这同一个词。格思里说:"唯物论者德谟克利特和唯心论者柏拉图常被注释为,将他们的最后那不可感知的实在都叫做 ideas。他们是以不同的方式使用了毕达哥拉斯学派的学说。"这是完全确切的。他接着说:"但是对于毕达哥拉斯学派和柏拉图来说是非常本质的几何图形的有规则的观念,却被原子论者撤弃了。"③这个说法就不确切了。德谟克利特没有撤弃毕达哥拉斯学派的几何图形,而是吸收并改造为物质原子的形式与事物的形式结构;柏拉图则将这个 idea(形式)改造为一种客观存在的普遍本质,一种精神性的实体。

德谟克利特说原子有大小,他是否承认原子有不同的重量呢? 古代

---

① 见亚里士多德《论生灭》,315b9—16,载于《亚里士多德全集》。
② 亚里士多德:《论天》,303a5—11,载于《亚里士多德全集》。
③ 格思里:《希腊哲学史》第 2 卷,第 395 页注 2。

学者包括亚里士多德对此并无明确的记述。马克思在他的博士论文《德谟克利特的自然哲学与伊壁鸠鲁的自然哲学的差别》中,对此专门作了考察,并得出结论说:"德谟克利特只是从原子特性与现象世界的差别的形成的关系上来考察原子的特性的,而不是从原子本身来考察的",因而他"并没有把重量当做原子的一种本质特性提出来。在他看来,重量是不言而喻的东西,因为一切物体都是有重量的",而且"体积也不是什么基本的质。它乃是原子在具有外形时即已具备了的一个偶然的规定"。德谟克利特最注重的是"形状的差别",因为"除了外形的差别外,形状、位置、次序之中再也不包含任何东西了"。比较而言,"体积、形状、重量在伊壁鸠鲁那里是相提并论的,所以它们的差别就是原子本身所具有的差别"。有的哲学史著作将马克思所说的德谟克利特和伊壁鸠鲁的原子论的不同,简单地归结为:德谟克利特认为原子没有重量上的不同,伊壁鸠鲁则指出了原子有重量的不同。这是一种误解。马克思并没有否认德谟克利特可能承认原子在重量上也有不同。马克思指出的他们两者间的差别是很深刻的:德谟克利特用原子的外在形状(即几何形式)说明事物的性质与现象的多样性,体积、重量也有不同,但都是附属于形状的"偶然的规定性",并不是原子的本质特性。而到希腊化时代的伊壁鸠鲁,经过希腊古典时期哲学与物理学思想的进展,已深入研究原子自身内在的质的规定性,将原子的体积、形状、重量三者结合起来考察,它们都不是原子的"偶然的规定性",而是原子的本质特性。所以恩格斯说伊壁鸠鲁"已经按照自己的方式知道原子量和原子体积了"①。

　　第三,原子内部充实,没有虚空,所以其内部永无动变,但每个原子作为整体又是能动的,永恒运动,在虚空中结合和分离,造成自然界具体事物的生成和消亡。那么,这种事物是以什么样的运动造成事物的生灭的呢?亚里士多德在失传的《论德谟克利特》中记述了他的具体描述:原子"在虚空中运动、互相冲撞与碰击,并且互相紧密地联结在

---

① 《马克思恩格斯全集》第 20 卷,第 384 页,人民出版社,1971。

一起";"他认为原子所以在某一时刻处于结合状态,是因为它们能相互吻合,相互捕捉住了",由于"它们中有些是有角的,有些是带钩的,有些是凸出的,有些是凹陷的,还有无数别的这样的差别,所以它们能够互相钩住,结合起来,直到周围某些更强的必然性来撼动它们,将它们分离开来"。① 这样的运动完全是物质原子自身在虚空中的机械运动。

亚里士多德批评原子论者没有说明世界运动的原因和"最初的动者"②。其实,原子论比恩培多克勒、阿那克萨戈拉高明,在高深的层次上继承与发展了早期伊奥尼亚自然哲学的传统,认为物质原子本身就是能动的动因,根本不需要从原子以外去寻求动因。当代科学史家萨姆伯斯基评述道:"正是这种真实的科学本能,使原子论学派的奠基人摆脱了亚里士多德本人所纠缠的问题之网",他们[原子论者]从一开始就将运动作为一种既定事实加以接受,恰如他们对待原子一样。萨姆伯斯基还高度评价原子论者无须数学帮助,就触及物质的动力学原则,他说:"德谟克利特描述原子运动的画面,使我们想到近代气体动力学理论中理想气体的分子,处于以恒常冲撞为特征的永恒运动之中。"③格思里也公正地指出:"在拒绝需要运动的第一推动者这点上,留基伯和德谟克利特比亚里士多德更加接近自从伽利略和笛卡尔以来的欧洲科学家的流行观点。"④不过,原子论者认为原子本身无变动、生灭,无性质变化与相互转化,它们只能在空间中进行位移运动,聚集或者分散,作凌乱、偶然的机械运动,没有运动变化的质的多样性,因此他们更不可能从中探求从低级运动层次发展到高级运动层次的规律。这是因为当时原子论者还缺乏对原子自身内部的质的分析,未剖示原子内部存在着运动的原因。他

---

① 见辛普里丘《〈论天〉注释》,第 295 页第 9 行起,转引自第尔斯、克兰茨编《苏格拉底以前哲学家残篇》,DK68A37。
② 亚里士多德:《形而上学》,1071b31—34,载于《亚里士多德全集》;亚里士多德:《论天》,300b12—17,载于《亚里士多德全集》。
③ 萨姆伯斯基:《希腊人的物理世界》,达格特英译,第 112 页,伦敦,劳特利奇与基根·保罗公司,1956。
④ 格思里:《希腊哲学史》第 2 卷,第 399 页。

们还不可能有现代原子物理学的见识。

二 虚空

留基伯和德谟克利特提出另一个新范畴"虚空"作为自然万物的另一个本原。在西方哲学史上,这是第一次比较明确地提出空间概念,具有重要意义。

在这之前,毕达哥拉斯学派提到虚空,只是指空气。爱利亚学派认为只有存在,非存在是不存在的,他们明确否认运动与虚空。麦里梭认为,存在是充实的,它所以不能运动,就由于它没有虚空;因为如果有虚空,它就向空中移动了,既然没有虚空,也就没有可借以移动的空间。[①]原子论者提出虚空,正是受到爱利亚学派的反面启发:"他们认为虚空就其作为运动发生的场所的意义上说,乃是运动的条件,这就是有些人所说的空间那种东西。"[②]原子论者认为非存在就是虚空,不是绝对的无,只是相对于完全充实的原子(即存在)而言,它空无一物,才是非存在。所以,作为非存在的虚空,也是一种客观的实在,它和原子一起,是构造自然万物的两大本原之一。这种见解在当时是大胆而新颖的。其重要意义在于:确认这种空间概念,就能科学地解释原子运动并在运动中构成千差万别的事物。

虚空是运动的场所,具有容器那样的性质。亚里士多德在《物理学》中列举了原子论者强调的虚空是运动条件的论据:"如果没有虚空,运动就不存在,凡是充实的[地方]就不能包含更多的东西。如果能够的话,就会有两个物体在同一个地方了,任何数量的物体也就可以在一起了(那世界秩序就乱了套了)!"有虚空,酒才能注入桶中,生命体才能吸收营养,灰堆才能吸收像空的容器那样多的水。[③] 亚里士多德还说:"主张

---

① 见第尔斯、克兰茨编《苏格拉底以前哲学家残篇》,DK28B7。
② 亚里士多德:《物理学》,214a24—25,载于《亚里士多德全集》。
③ 同上书,213b5—23,载于《亚里士多德全集》。

虚空存在的理论就包括位置[空间]的存在,因为人可以将虚空定义为抽掉物体以后的位置[空间]。"①他又说,那些主张事物是由于虚空而运动的人,"他们用虚空说明的是位移运动"②。所以,原子论者所说的虚空,就是抽掉物体以后的空间,而他们所说的运动,主要是在空间中的位移运动。

在原子组合成物体时,虚空也造成原子和原子之间的空隙,它不同于四元素论说的非真空的孔道结构,而使原子的结合具有不同的几何形式结构,从而造成事物具有不同的性质。原子结合的次序和位置都在一定的虚空中形成,而一些物体的性质不同,就是由于它们内部原子之间的空隙不同,如海绵和铜的比重不同,是由于它们内部原子之间的空隙很不一样。

空间是物质存在和运动的形式,亚里士多德在《物理学》第4卷第8、9章中论证过:同物体分离的虚空是不存在的。现代科学也已证明,自然界没有脱离物质的绝对真空。原子论者在当时提出"虚空"范畴,已颇相似于近代牛顿提出的绝对空间,在当时有积极的哲学与科学意义。

原子论者引入作为原子运动条件的虚空,改造、激活了巴门尼德和麦里梭的那个绝对充实、僵死不动的"存在"。引入虚空,也有助于克服恩培多克勒和阿那克萨戈拉哲学中的二元论倾向。四元素和种子的结合与分离,也是一种位移运动,但他们否定虚空,所以"元素"和"种子"本身也僵硬不动,要别求外部的"爱"与"争"或努斯作为运动的始因。原子论者否认原子内部的性质可以变动,无疑带有机械性,但是他们引入虚空这种运动场所,使原子成为能动的粒子,否定了精神性的运动始因。他们认为原子和虚空是万物的两大本原,既将空间和物质区别开来,又在某种程度上揭示了空间同物质运动的必然联系。赫拉克利特的存在和非存在的对立统一,在他们那里发展成为原子和虚空在运动中的对立

---

① 亚里士多德:《物理学》,208b24—26,载于《亚里士多德全集》。
② 同上书,265b27,载于《亚里士多德全集》。

统一。原子论者的虚空和运动学说,虽然已表现出机械性,但也包含着自发的辩证法成分。总之,原子的数量和虚空的范围都是无限的。无限众多的原子在广阔无垠的虚空中运动,自由状态的原子互相结合就是物体的产生,它们的分离就是物体的消亡。千差万别的自然事物生灭不息,而原子及其在虚空中的运动永恒不灭。原子论在当时比较科学地展示了自然现象和本原相统一的总画面。

三 对原子论的评价

马克思、恩格斯高度评价德谟克利特的原子论在科学上是一种"物理假设,用以解释事实的辅助工具"[①]。这种原子论在当时还缺乏实验科学的验证,只是一种假说。但它已不像早先自然哲学家那样,只满足于对自然的直观,以可感知的具体物质作为万物的本原。它已经是一种立足于当时经验科学知识的科学的抽象,是当时乃至近代的堪称为合理、深刻的物质结构假说。"原子"就是当时可能达到的、由科学抽象而获得的普遍性"物质"概念。

留基伯和德谟克利特的原子和虚空学说,是对早期希腊各派哲学综合、改造和系统化而形成的一种崭新的哲学。它坚持并发展了伊奥尼亚哲学传统的唯物论,又将它的物质本原从个别性上升到作为万物共同的构成本原的同质的"原子"的这种普遍性,完成了从具体上升到抽象本质的过程。它将爱利亚学派的那个不可分割、连续抽象、僵死不动的"存在"或"一",改造成为无数个在虚空中生动活泼的原子个体。原子论又将恩培多克勒和阿那克萨戈拉的多元异质的元素和种子,改造成为一元同质的原子,排除了"爱"和"争"以及努斯这类带精神性的外在动因。它在认识物质结构的层次和认识自然本原的科学抽象的深度上都有很大进步:它将元素和种子的比较粗糙的混合和分离,改造成为比较精致的原子和虚空以及两者相统一的物质结构形

[①]《马克思恩格斯全集》第 3 卷,第 146 页,人民出版社,1960。

式。此外,原子论者关于在虚空中运动的原子的形状大小、次序、位置等物质结构形式决定事物性质的论述,更吸收和改造了毕达哥拉斯学派关于图形数(几何数)和几何形式结构的合理内核。德谟克利特本人注重研究数学,并赞颂毕达哥拉斯,他吸收、改造毕达哥拉斯学派的学说是顺理成章的。

　　总之,在原子论哲学中,存在和非存在,"一"和"多",连续性和间断性,自然的本原和现象,在物质的原子结构上都豁然贯通起来。因此,它在当时能比较科学、系统地说明物质世界多样性的统一,能首尾一贯、比较严密地建立起一个自然哲学体系。这种科学的物质结构假说,对西方近代唯物论哲学和科学的兴起与发展,包括对著名科学家道尔顿建立近代的原子论,都有重大影响。德谟克利特的原子论也已带上较多的机械论色彩:自然的全部生灭变化都只是永恒不变的原子的结合与分离,全部运动都只是原子在虚空中的位移运动,一切原子同质,没有性质差异,只用原子的形状、大小及形式结构来说明原子和物体的多样性,由量与几何形式决定质;空间不是物质自身存在的形式,而是一种外在于原子的场所或分隔物体的空隙,因而是后来牛顿的"绝对空间"的先声。他的原子论是后来近代西方的机械唯物论哲学的先导。

　　有些西方学者对他的原子论的论评并不确切。一种是前文已点到的,将他的原子和柏拉图的理念混为一谈。文德尔班就认为德谟克利特的原子论和柏拉图的理念论同出于毕达哥拉斯主义,认为原子"抽象"掉了可感物体(物质)的一切性质,只剩下光秃秃的数学形式,说德谟克利特和柏拉图"都把纯粹的形式(idea)设计成事物的真正的本性"。[①]还有些学者认为原子只是逻辑上和数学上不可分割的点,犹如毕达哥拉斯学派说的数学上的抽象的"点"。其实,毕达哥拉斯学派所说的数是图形数、几何数,所说的"点"也并非抽象、无形体的。伯奈特的论评比较准确、客观:"我们必须看到,原子并不是数学上的不可

――――――――――
① 见文德尔班《哲学史》第1卷,第106—110页,纽约,哈珀与罗出版社,1958。

分割,因为它是有大小的;无论如何,它是物理上的不可分割,就像巴门尼德的'一'一样,它不包含虚空的空间。"①

第四节　必然性和宇宙演化论、科学思想

留基伯留存的唯一完整的一句话是:"没有任何事情是随便发生的,每一件事都有理由,并且是遵循必然性的。"②但没有留存他的阐释。而可知的是德谟克利特在古希腊哲学史上第一次从哲学上阐述了"必然性"(anankes,necessity),并用以论述宇宙演化与自然现象,使它成为原子论哲学体系的一个重要的哲学范畴。在他之前,巴门尼德在诗中有几处用了 anankes,指命运女神之一;恩培多克勒在《净化篇》中讲到灵魂的轮回转世有"必然性",只是一个神秘的宗教思想的概念。摆脱了神学意义,从哲学上对"必然性"首先进行探讨的是德谟克利特。

德谟克利特所说的必然性,是指事物的产生都有一定的因果关系。第欧根尼·拉尔修阐释了他的见解:"一切事物都是根据必然性发生的,漩涡运动是产生一切事物的原因,他称之为必然性。"认识这种自然的作用,可"使灵魂继续处于安静和强有力的状态,不受恐惧、迷信以及其他情绪的困扰"。这正鲜明地表现了他对自然的科学理性态度。他有一句名言:"宁愿找到一个因果的说明,而不愿获得波斯的王位。"③这又表现了他蔑视富贵、献身科学的崇高品德。他说的必然性首要地是宇宙演化的法则,也指事物现象的原因,排除了任何目的论意义。所以,亚里士多德论评道:"德谟克利特无视目的因[终极因],将自然界的一切作用归结为必然性。"④他写过一系列自然科学著作,都题为关于某种现象的"原因",亦即探究其必然的因果关系,如《天体现象的原因》(*Heavenly*

---

① 伯奈特:《早期希腊哲学》,第 336 页。
② 第尔斯、克兰茨编:《苏格拉底以前哲学家残篇》,DK67B2。
③《欧塞比乌注释狄奥尼修斯》第 14 卷,第 27 章,第 4 节,转引自第尔斯、克兰茨编《苏格拉底以前哲学家残篇》,DK68B118。
④ 亚里士多德:《动物的生成》,789b2—4,载于《亚里士多德全集》。

Causes)、《大地表面的原因》(Causes Affecting Eearth Surfaces)、《声音的原因》(Causes Affecting Voices)、《种子、植物和果实的原因》(Causes Affecting Seeds, Plants and Fruits)、《动物的原因》(Causes of Animals),等等。[①] 这表明他旨在探究自然现象的必然性,已大为深化了科学思想。

德谟克利特终究是首次提出必然性就是因果关系,还不能分清必然的原因和偶然的原因,没有理解必然和偶然的对立统一,将一切现象都归诸必然,因而有机械的宿命论色彩。亚里士多德在《物理学》中讨论到"偶然性"(chance)和"自发性"(spontaneity)算不算原因时,批评德谟克利特的学派"竟怀疑它们[偶然性和自发性]是否实在。他们说没有什么事情是偶然发生的,我们说的偶然或自动发生的事情,都是有一定原因的"[②]。比如有人到市场上去,偶然遇到了某个正要去找的人,遇到这个人是偶然的,在他们看来也有其必然原因,那就是他肯定会到市场上去买东西的。德谟克利特自己举例说:某些看来是偶然的事件,像种橄榄时挖地发现了宝藏,秃鹰从高空猛扑乌龟而碰破了脑袋等,都有必然的原因。[③] 像这样否定自然事件中有偶然性,表明他对因果必然联系的理解是机械的,有片面性。但是,他排除任何神学意义的目的论,启发人们去认识物质世界本身固有的客观原因和科学规律,又富有科学精神。罗素论评道:"原子论者乃是严格的决定论者,他们相信万物都是依照自然规律而发生的","原子论者要比批评他们的人更科学得多"。"原子论者问的是机械论的问题而且做出了机械论的答案。可是他们的后人,直到文艺复兴时代为止,都是对于目的论的问题更感兴趣,于是就把科学引进了死胡同"。[④]

---

① 见第欧根尼·拉尔修《著名哲学家的生平和学说》,第 9 卷,第 47 节。
② 亚里士多德:《物理学》,195b36—196a5,载于《亚里士多德全集》。
③ 见辛普里丘《〈物理学〉注释》,第 330 页第 14 行起,转引自格思里《希腊哲学史》第 2 卷,第 418 页;第尔斯、克兰茨编《苏格拉底以前哲学家残篇》,DK68A68。
④ 见罗素《西方哲学史》上卷,何兆武、李约瑟译,第 98—100 页,商务印书馆,1963。

德谟克利特对宇宙总体提出原子漩涡运动的必然性，阐述了世界生成和宇宙演化的总貌。艾修斯记载说："［关于必然性］德谟克利特认为就是指原子的运动、抵抗力和撞击力。"①无数的自由原子在广阔无垠的虚空中，向不同方向作看来是凌乱的运动，就像现代物理学的气体分子运动理论所描述的那样。原子在互相撞击的作用力下，自然地形成一种漩涡运动。其中，有两条具有必然性的物理法则起着作用。

第一条法则是同类相聚。他认为同类相聚是自然界的普遍法则。他说："生物同类相聚，如鸽和鸽，鹤和鹤，别的动物世界也如此。还有非动物世界，人们可以在筛种子时或在沙滩上的石子中看到，在前者，由于筛子的旋转，豆和豆、大麦和大麦、小麦和小麦［合在一起］；在后者，由于波浪的运动，卵石和卵石、圆石和圆石在一起。别的事物也同样，好像有一种吸引力将它们合在一起。"②恩培多克勒也讲元素与事物的同类相聚，但是要靠"爱"与"恨"的外在力量的作用。德谟克利特说的同类相聚则是同类原子或具有同一性质的事物本身彼此发生趋同的物理作用：原子在漩涡运动的分离作用下，形状大小相同的结合起来，形成水、火、土、气等元素物质，进而结合成为万物。

第二条法则是原子及其结合物在漩涡运动中造成轻重有别的运动方向。当时的自然哲学家还不懂得牛顿发现的万有引力原理，不会用它来解释重力的实质。德谟克利特所说的原子的轻重和原子的形状大小紧密关联。他说："每个不可分的物体［原子］越大，它就越重。"③塞奥弗拉斯特记述道："德谟克利特用大小区别轻重"；又认为，"在复合物体中，包含更多虚空的越轻，包含少的越重"。④ 当代法国学者奥伯林（D.

---

① 艾修斯：《哲学家意见集成》第1卷，第26章，第2节，转引自基尔克、拉文《苏格拉底以前的哲学家》，第413页。

② 塞克斯都·恩披里柯：《反数理学家》，第7卷，第117节，转引自第尔斯、克兰茨编《苏格拉底以前哲学家残篇》，DK68B164。

③ 亚里士多德：《论生灭》，326a9—10，载于《亚里士多德全集》。

④ 见塞奥弗拉斯特《论感觉》，第61—62节，转引自第尔斯、克兰茨编《苏格拉底以前哲学家残篇》，DK68A135。

O'Brien)在其《德谟克利特,重量和大小》一书中,提出根据亚里士多德在《论天》中谈到的有"绝对的轻重"和"相对的轻重"之分别,认为德谟克利特的原子"近乎有绝对的重量,只是对于由原子组成的物体,亚里士多德才说它们有相对的重量"。[①] 原来亚里士多德在《论天》第4卷第1章讨论"轻"和"重"时,提出有"绝对的轻重"和"相对的轻重"之区别。所谓相对的轻重,是指两个有重量的物体如木与铜,如果大小相同,一个(铜)在下降运动中的速度快于另一个(木),就是相对的重。而整个宇宙是圆形的,无所谓上和下,但有中心和边缘的区别。当原子运动时,有些原子总是从中心向边缘运动,这是向上运动,就是绝对的轻;相反,如果从边缘向中心运动,就是向下运动,就是绝对的重。德谟克利特认为,原子在无限的宇宙中作漩涡运动时,有的形状小的原子从中心向外圈边线运动,就是轻的;有的形状大的原子从外圈向中心运动,就是重的。大小不同的原子在漩涡运动中形成了不同的运动方向。重原子趋向运动中心,轻原子则飞向漩涡的外层。在漩涡运动中造成的轻重区别,不仅取决于原子的大小,就原子结合的物体说,也取决于原子与原子间包含虚空的多少,因为德谟克利特是用这个道理说明由原子结合成的物体有的是大而轻的,有的是小而重的。

早期的伊奥尼亚哲学和阿那克萨戈拉已用漩涡运动来说明宇宙的生成。德谟克利特的原子漩涡运动的宇宙演化说则更为精细、科学,富有辩证法思想。这种漩涡运动有内在的必然法则,从中分化出宇宙万物,并在永恒运动中演化出无数个生灭的世界。

他描述人类所处的世界是这样生成的:各种形状、无限数目的原子在无限的虚空中运动,互相作用,就形成一种漩涡运动,在彼此冲撞中同类相聚,并造成轻重有别的不同运动方向。轻的物体像扬筛似地被抛向外层虚空,其余较重的物体就纠集着陷向漩涡中心,因为运动的合力,紧密地结合成最初的一团球形,它像一层壳,逐渐厚固,就形成处于漩涡中

① 见奥伯林《德谟克利特,重量和大小》,转引自汪子嵩等《希腊哲学史》第1卷,第1067页。

心的大地。抛向外层的物体也不断有自由原子和新的物体附着上去,分别形成一团团紧密的物体。它们最初是潮湿泥泞的,后来逐渐干了。它们的基质构成同大地一样,都是原子的结合物,只是它们处在漩涡外层,运动速度快,所以燃烧而明亮发光。月亮、太阳和各种星辰就是这样形成的。它们各自运行的轨道同漩涡中心——大地的距离不等,因而速度也不等。我们人类所处的这个世界体系,就是这种井然有序的原子运动的大漩涡之一,是原子自身运动的必然结果。他的这种天体系统理论是一种地心说,不像后来亚里士多德和托勒密的地心说那样精致,但是它认为整个天体系统都是物质原子自身运动所生成的,有必然的因果联系,无需神的第一推动力,不给神以任何容身之地,因而是一种更科学的天体起源假说。

他又认为:宇宙在时间和空间上都是无限的,像人类所处的原子漩涡运动所生成的世界,在宇宙中有无数个。无数个世界产生了,又分解还原为无限多的原子。他具体描述了无数个世界有生有灭、无限多样。他说:

> 有无数个大小不同的世界。在有些世界中,既无太阳也无月亮,在另一些世界中,太阳和月亮比我们这个世界中的太阳和月亮要大,而另一些世界中不只有一个太阳和月亮。这些世界距离不等,某一个方向大些,另一个方向小些。一些世界正处在鼎盛时期,另一些世界在衰落之中。这里的世界产生了,那里的世界毁灭了,它们是因彼此冲撞而毁灭的。某些世界没有动物、植物,也没有水。[1]

这真是卓杰的科学推断,和当今的宇宙观与天体科学很接近。他还认为,一个世界衰亡,或者是由于它达到鼎盛期后,不能再从外层虚空补充新原子,它逐渐自行消解为互相分离的自由原子;或者是由于一个世界

---

[1] 希波吕托:《驳众异端》第1卷,第13章,第2节,转引自第尔斯、克兰茨编《苏格拉底以前哲学家残篇》,DK68A40。

在运行中被另一个世界碰击而并合了,但它的原子构成的本质不变,"并合"不过是原子的更大聚集。总之,无限的宇宙中有无数个世界在生灭不息。它们生长于原子漩涡运动,衰变为自由原子;自由原子在另一个时刻又会结合成另一个世界。它们的运动生灭都有必然性。一切世界、一切事物都会消亡,但运动的原子永恒不灭。这就是宇宙演化的总画面。

他的宇宙演化学说,是一种虽素朴但非常卓杰的假说,辩证的科学内容已大为增强,在西方科学发展史上有重要意义。17世纪笛卡尔提出太阳系起源于以太漩涡运动,被誉为近代科学史上探究天体起源的一次勇敢尝试。18世纪拉普拉斯提出太阳系起源于白热气体的漩涡运动,大胆摒弃了上帝这个假设。而康德冲破形而上学缺口的星云假说,主张太阳系起源于物质微粒的凝聚和漩涡运动,认为无限的宇宙中有无数个太阳系不断生灭成毁,就像神话中的"火凤凰",不断"自焚",又"从它的灰烬中恢复青春得到重生"。[①] 这些近代的科学假说,在天体力学内容和科学论证方面,当然是德谟克利特的宇宙演化论不好比拟的,但它们的基本观点却很相似。德谟克利特的假说提出于2 000多年以前,确实是很难能可贵的。

德谟克利特用原子论哲学探讨各类自然现象的原因,写过许多著作,可惜现在只有一些残存的第二手资料,但仍可从中察知其丰富的科学思想。西方有些学者如克莱芙认为,德谟克利特的科学思想是保守陈旧的,只是因袭了早先伊奥尼亚自然哲学家的科学思想。这种说法不确切。他的某些见解是接受了前人一些素朴的猜测,如他认为大地是一个扁长、中凹的大圆盘,人和虫豸一样是从潮湿温热的泥土中滋生的。但不应以偏概全。他在科学探讨上富有创新精神,也取得了不少成就。

他重视研究数学,特别是几何学,他是当时著名的数学家。比他略

---

① 参见康德《宇宙发展史概论》,上海外国自然科学哲学著作编译组译,第154—156页,上海人民出版社,1972。

早的智者普罗泰戈拉认为,人是万物的尺度,只有感知到的现象是存在,几何学研究的抽象的几何图形并不存在。普罗泰戈拉认为几何学上的圆和直线并不是人们能感知的东西,几何学上说"圆和直线只能在一点上相切",而人们看到的一个铁环和一根直杆却绝不止在一点上相切。他以此反对几何学。① 德谟克利特著作目录中有一篇题为《论观点的差异或论圆或球面相切》,已佚失,一些学者推断这篇著作是批评普罗泰戈拉的上述论点的。他肯定感性经验反映现实,同时指出几何学是必要的理性认识的学问。他研究过数、锥角、锥切面等数学课题,他是研究当时刚萌发的立体几何学的先锋(柏拉图在《国家篇》中也很重视并倡导这门前沿学科)。希腊化时期的著名数学家、力学家阿基米德称赞"德谟克利特确实对圆锥体和角锥体的定理有不小的贡献","这些定理即:一个圆锥体是一个底面和高与之相同的圆柱体的三分之一,角锥体是一个底面和高与之相同的角柱体的三分之一,而他是首先没有留下证明而陈述这些几何定理的",后来柏拉图学园的欧多克索进而作出证明。②

他也研究天文学,在天体运行轨道方面纠正了经验观察中的一些误解。留基伯因袭阿那克西曼德的看法,认为太阳炽热,最明亮,所以运行速度最快,处在离大地最远的外层轨道上,其次才是别的天体包括恒星,月亮最靠近大地。③ 德谟克利特认为:不能只凭天体的可见亮度来判断其运行速度和轨道远近。天体越靠近漩涡中心——大地,受旋转力影响越小,速度越慢;反之则速度越快。他指出,恒星离大地最远,看起来似乎不动,其实运行速度最快,其次才是太阳、月亮。他专门写过《论行星》(On Planets),指出行星很多,不少行星尚未被人发现。④ 留基伯主张月

---

① 见亚里士多德《形而上学》,998a1—4,载于《亚里士多德全集》。
② 见格思里《希腊哲学史》第2卷,第488页。
③ 见第欧根尼·拉尔修《著名哲学家的生平和学说》,第9卷,第33节。
④ 见第尔斯、克兰茨编《苏格拉底以前哲学家残篇》,DK68A92。

亮本身有微弱的火,能发光。① 而德谟克利特认为月亮同大地一样,有山峡幽谷(那就是人们所看到的月亮上的阴影),它本身不发光,只是由于反射太阳光而明亮。②

他不限于用冷热、干湿、浓聚与稀散的对立素朴地解释气象的成因,而是用原子运动对气象作出了不少新阐释。风的成因是,当大量原子聚集在较小的空间互相猛烈冲击,空气流动,便产生风;而当原子流溢,散入较大的空间,风就平息了。③ "打雷的原因是云块中原子结合不平衡,往下方挤迫。闪电是云块的冲撞,由于这种冲撞,生火的粒子聚集在一起,它们彼此摩擦,通过许多空隙,进入一个点而滤出";"海上龙卷风的发生是因为具有较多虚空的原子的结合,被带入虚空的地方,而且有一种特殊的膜包围了它们,然后由于许多因素混合,形成猛烈旋转翻腾的东西"。④

他还用原子论解释物理现象。恩培多克勒用孔道结构和元素粒子流射说明磁石吸铁。但孔道如果是充实而不是虚空的,怎么能吸入粒子? 为什么是磁石吸铁,而不是铁吸磁石? 德谟克利特肯定粒子流射和同类相吸的观点,但是他作出新的解释,认为磁石吸铁在虚空里进行,磁石和铁由形状相似的原子构成,而磁石原子比铁原子更小、更活跃,磁石内部的原子组合更稀松,有较大的空隙,能很快进入铁中,激动铁原子,使它们进入磁石内部较稀松的空隙。因而是铁被磁石吸引,而不是铁吸引磁石。⑤

德谟克利特对生物、生理作过许多研究。他用原子论的观点解释植物营养、果实成因,从动物皮肤和血管的孔道结构阐述营养吸收过程。

---

① 见第欧根尼·拉尔修《著名哲学家的生平和学说》,第 9 卷,第 33 节。
② 见第尔斯、克兰茨编《苏格拉底以前哲学家残篇》,DK68A90。
③ 见同上书,DK68A93a。
④ 见艾修斯《哲学家意见集成》第 3 卷,第 3 章,第 11 节,转引自第尔斯、克兰茨《苏格拉底以前哲学家残篇》,DK68A93。
⑤ 见同上书第 5 卷,第 3 章,第 6 节,转引自第尔斯、克兰茨编《苏格拉底以前哲学家残篇》,DK68A165。

他观察了狮、鹰、蜘蛛、海鱼的特殊生理功能,用原子的生理结构加以说明,如他认为狮子睡觉不闭眼、猫头鹰夜间视力好,是由于它们的眼内含有较多的火原子。他具体研究了动物的繁殖问题,认为动物和人的生命力在于活跃的圆球形的原子。动物的精子和卵子的生殖力在于从身体各部分吸取过来的各种元素,它们集中到精子或卵子中,已包含了身体各重要部位的细微成分,而骨、肉、筋是最重要的成分。精子和卵子间并不均衡的结合,是生命体繁殖的原因,就像无生命物质中原子在碰击中结合一样。[1] 他反对阿那克萨戈拉和第欧根尼强调的只有雄性种子才有繁殖能力的观点,主张雄性和雌性的种子在繁殖中都起作用。关于在动物和人的繁殖中决定胎儿性别的原因,他认为取决于父方或母方的种子在结合体中谁占优势。[3] 这是最早的基因遗传学思想的萌芽。

第五节 影像说

德谟克利特坚持唯物论,论述灵魂也是原子,人的感知是认识对象与认识主体的原子相互作用形成的影像,并且局部涉及研究理性思维形式问题。他在原子论基础上,统一了身体与灵魂、灵魂与努斯、感知与理性。

他认为,身体和灵魂的本原是同一的,都是原子,不过灵魂是一种精致的、圆形的原子。他指出:"太阳和月亮是由光滑、圆形的原子聚合成的,灵魂也是这样,它就是努斯。"[4]他将灵魂"说成是火,因为火是诸元素中最精致的,也是最接近于不是具体的东西,再说,就其最基本的意义而言,火既是被推动的同时又是产生一切别的事物的运动的"。他还认为,"灵魂和努斯是同一个东西",就是精致、圆形的原子,因为在所有的原子

---

① 见艾修斯《哲学家意见集成》第5卷,第3章,第6节,转引自第尔斯、克兰茨编《苏格拉底以前哲学家残篇》,DK68A165。
③ 见第尔斯、克兰茨编《苏格拉底以前哲学家残篇》,DK68A143。
④ 第欧根尼·拉尔修:《著名哲学家的生平和学说》,第9卷,第44节。

形状中,"圆形是最能动的,而这正是火和努斯两者的粒子的形状"。① 他将阿那克萨戈拉的精神性实体努斯还原为物质性的原子,克服了其二元论倾向的内在矛盾,在原子论的高度上回复到唯物论的一元论。

他认为灵魂原子到处存在:"一切事物都分有灵魂",甚至"在石头中也有一种灵魂"。② 但他并不是回复到传统的物活论,而是强调灵魂的原子很精细,最能动,可以无孔不入;这种自由游离的灵魂原子并不会使石头活起来,灵魂的原子必须和肉体相结合,才能构成生命。人体生命就是身体原子和灵魂原子的组合体。他认为,"身体和心灵的原初物体是一个对一个地彼此叠置着,互相交错而编成了我们肢体的组织",在身体中灵魂的原子形状小,数目也较少,稀疏地散布全身。③ 这种细小而能动的原子给身体以活力,是身体运动的原因。他用喜剧作家菲力普斯的说法作比喻:"代达罗斯给他的木雕的阿佛洛狄忒[爱和美的女神]像里注入水银,使她能活动。"德谟克利特也相似地说:"构成灵魂的圆形的原子,由于它们处于无休止的运动中,促使整个身体随它们而运动起来。"④

灵魂即生命。通过呼吸,生命体不断对灵魂原子吐故纳新。"当它们被周围的空气压在一起并被排出时",吸进空气中的许多"灵魂原子"就"抵消了这种压力,这样就防止了动物体内的灵魂之被逐出";而"一旦周围空气的压力占了上风,动物不再能呼吸","死亡就发生了。死亡是由于周围空气的压力,灵魂原子从体内溢出去了"。⑤ 因此,在他看来,由原子组成的"灵魂是会死亡的,随着肉体解体"⑥。死亡不过是灵魂原子同身体分离,人们不应害怕死亡,不必因宗教迷信所渲染的死后的惩罚

① 见亚里士多德《论灵魂》,405a4—13,载于《亚里士多德全集》。
② 见艾修斯《哲学家意见集成》第 4 卷,第 4 章,第 7 节,转引自第尔斯、克兰茨编《苏格拉底以前哲学家残篇》,DK68A117。
③ 见卢克莱修《物性论》,方书春译,第 149 页,商务印书馆,1981。
④ 亚里士多德:《论灵魂》,406b16—22,载于《亚里士多德全集》。
⑤ 见亚里士多德《论呼吸》,472a3—16,载于《亚里士多德全集》。
⑥ 艾修斯:《哲学家意见集成》第 2 卷,第 7 章,第 4 节,转引自第尔斯、克兰茨编《苏格拉底以前哲学家残篇》,DK68A109。

而感到恐惧。生命和死亡之间没有截然分开的绝对界限。他认为,人死后,"身体的大部分灵魂原子虽已溢出了,但保留了一些热和感受性"①。"死后的身体还会有感觉"②。他甚至"研究过坟墓中的尸体",发现"在一段时间内指甲和头发还在生长"。③ 总之,他论述了灵魂和身体统一于原子,否定了灵魂不朽说,这样就为发展朴素反映论的认识论思想提供了生理基础。

德谟克利特认为,灵魂具有感觉和理智这两种功能:遍布全身的灵魂原子具有感觉的功能,而灵魂中有一个特殊部分努斯,是思想的器官。关于这个思想的器官有不同的说法,或说他主张"灵魂有两个部分,理性[努斯]位于心,非理性部分弥散于全身";或说他主张"理性在于脑"。④从他的生理学思想倾向于阿尔克迈恩和希波克拉底的观点来看,应是属于后者。

他主张一切认识都发源于外界物体对身体的作用,认为其刺激了身体中的灵魂原子。亚里士多德说他和恩培多克勒等许多早期希腊的思想家,都"认为知识就是感觉,这是一种身体的变动,他们说,显现于我们感官的必然是真实的"⑤。他认为各种感觉都产生于外部对象同感官的接触。亚里士多德批评他和大多数自然哲学家"将所有感觉的对象都当做触觉的对象。若真是如此,显然每一别的感觉都只是触觉的一种样式了",说他们"对感性知觉的处理是不合理的"。⑥ 这种批评并不合适。恩培多克勒和德谟克利特是将一切感觉归结为认识对象和感官的粒子流的相互接触的作用,这不是作为感觉形式之一的狭义的触觉,而是

① 艾修斯:《哲学家意见集成》第4卷,第4章,第7节,转引自第尔斯、克兰茨编《苏格拉底以前哲学家残篇》,DK68A117。
② 第尔斯、克兰茨编:《苏格拉底以前哲学家残篇》,DK68A117。
③ 见西塞罗《图斯库兰论辩》第1卷,第34章,第82节,转引自第尔斯、克兰茨编《苏格拉底以前哲学家残篇》,DK68A160。
④ 见艾修斯《哲学家意见集成》第4卷,第4章,第6节,转引自第尔斯、克兰茨编《苏格拉底以前哲学家残篇》,DK68A105。
⑤ 亚里士多德:《形而上学》,1009b12—17,载于《亚里士多德全集》。
⑥ 见亚里士多德《论感觉及其对象》,442a30—b4,载于《亚里士多德全集》。

那种双向粒子流接触作用形成的一切形式的感觉,可以说是广义的触觉。当代西方学者考斯专门论述了这种广义的触觉,认为古代希腊思想家包括恩培多克勒、柏拉图直到希腊化时期的希帕库、欧几里德,大都"描绘对存在的首要通途的感觉,首要地是一种接触的方式",将感知归结为一种"触觉经验";他还说亚里士多德自己实际上也是将视觉归结为"作为运动的接触"。① 德谟克利特根据认识对象与主体的原子流的双向作用,发展了恩培多克勒的流射说,提出了更为精致的影像说。

他首先论述视觉是一种"影像"(eidolon, image),认为视觉是眼睛和对象都发出原子射流,相互作用,产生了视觉影像:"视觉影像并不是直接产生在瞳孔上的,而是在眼睛和视觉对象之间的空气被压缩,被看到的对象和看的人打上了印迹,因为任何事物总经常产生一种流射。"②他相信,"从事物流射出来的一定的影像同流射影像的事物[视觉对象]是相似的。这种影像进入注视者眼内,视觉就是这样产生的"③。空气是眼睛和对象之间的中介物,视觉影像要以空气为媒介来形成和传递,因而会造成影像的减弱甚至变形。他曾设想,"要是眼睛和对象之间只有虚空,我们就能清晰地看到天穹里的一只蚂蚁"④。他进而论述其他各种感觉也是双向原子流相互作用所产生的印象,如声音是密集的空气流动中大量粒子进入耳朵的孔道,以很强的力量扩散到全身,形成听觉。⑤ 味觉和触觉是各种不同形状的原子刺激舌头和身体的结果。他将各种感官得到的印象,都叫做"影像",认为它们是全部认识的来源。

影像说有不同于流射说的两个新进展,推进了早期希腊哲学的认识论思想。

---

① 见考斯《希腊的政治经验观》,载于《第欧根尼》(国际哲学与人文科学理事会季刊)中文版,总第 36 期,2002 年 11 月。

② 塞奥弗拉斯特:《论感觉》,第 50 节,转引自第尔斯、克兰茨编《苏格拉底以前哲学家残篇》,DK68A135。

③ 第尔斯、克兰茨编:《苏格拉底以前哲学家残篇》,DK68A29。

④ 亚里士多德:《论灵魂》,419a15—17,载于《亚里士多德全集》。

⑤ 见塞奥弗拉斯特《论感觉》,第 55 节,转引自格思里《希腊哲学史》第 2 卷,第 446—447 页。

德谟克利特的第一个新进展是:剖析原子的不同形状大小如何对感官发生作用,重视研究认识中的主体因素及其造成感觉的相对性。他认为,像颜色、冷热、甜苦这类感觉内容,是在主客体相互作用中才表现出来的性质,并不是客观物体本身的直接反映或原始内容。它们是因主观条件而变易的,有相对性,它们都是"习惯俗成"的,"是根据身体和事物的状况而变易的,是身体和事物相接触或相抵御的一种反应"。而"真实存在的是原子和虚空"。[①]　正常的人感觉甜或热,病人可能感觉苦或冷,皆因身体条件的不同而异。他认为这些可感性质都不存在于客观事物中,"它们都是感官在变动中的经验"[②]。但是,他并不认为这类可感性质是主观感官自生的,是纯粹主观的经验;他认为它们是认识主体和客观物体相互作用的结果,随身体或感官状况的变化而变化,有相对性。据塞奥弗拉斯特记述,德谟克利特论述了每一感觉对象包含有许多不同形状的原子,但以占优势的原子的形状为特性,并说:"感觉又依赖于原子所进入的身体的状况,这也造成了不少的差异,因为同样的对象有时能产生相反的效果,而相反的对象也能产生相同的效果。"这种感觉效果的相对性,既和身体状况有关,也取决于对象中的原子本身。比如,蜂蜜含有大量比较大的、表面平滑的原子,进入身体便产生甜味;但蜂蜜也含有一些比较小的、粗糙的原子,在某种身体状况下会产生苦味。[③]　这些感觉性质的"习惯俗成",是指身体和对象的原子双向作用的相对性。过去有人将它解释成为"主观上的约定",是一种误解。黑格尔就因此批评德谟克利特"为坏的唯心论打开了大门"[④],他将这种感觉的相对性说成近似于巴克莱的主观唯心论观点,那是误解。

德谟克利特论述感觉的相对性,是在西方哲学史上最早区别物体的

---

① 见塞克斯都·恩披里柯《反数理学家》,第7卷,第139节,转引自第尔斯、克兰茨编《苏格拉底以前哲学家残篇》,DK68A11。
② 塞奥弗拉斯特:《论感觉》,第65节,转引自第尔斯、克兰茨编《苏格拉底以前哲学家残篇》,DK68A129。
③ 见同上书,第67节,转引自格思里《希腊哲学史》第2卷,第438—439页。
④ 黑格尔:《哲学史讲演录》第1卷,贺麟、王太庆译,第341页,商务印书馆,1959。

第一性质和第二性质。客观物体由原子和虚空组成,又有各种形状大小不同的原子及其位置、次序,这是物体固有的第一性质;而冷热、颜色、味道等等可感性质由物体的原子与虚空构成所派生,并因主体条件不同而有相对性,这是物体和感官作用造成的第二性质。第二性质不是主体感官任意自生的,归根结底,是由物体的原子与虚空构成作用于感官所派生的性质。如他认为,不同的食物原子形状和身体状况造就了甜、辣、辛辣、苦、咸等不同的味觉。① 颜色的感觉取决于对象的表面原子的形状、位置以及它们相距的空间,其中白、黑、红、绿是四种基本色,其他颜色是它们的混合。比如,光滑的原子造成白色,这些原子周围有较多的虚空,较为稀松,不产生阴影,容易渗透,造成明亮而透明的色感;而粗糙、多角的原子能投下阴影,不易穿透,便造成黑色;较大的、球形的、生热的原子则造成红色。② 他论述原子与虚空固有的第一性质和它们派生的第二性质的联系,从现代物理学来看也是合理的。一定的颜色是一定波长的光线作用于感官而呈现出来的,声波频率同音度的关系、分子运动同冷热的关系也是相似的,其中感官正常与否也会影响对第二性质的感知。他强调研究认识也应注意研究认识主体的因素,这不同于智者派的感觉相对主义,对促进认识论思想的发展有积极意义。近代的伽利略、笛卡尔和波义耳在这方面都发挥了德谟克利特的这种观点,直到洛克比较系统地建立了关于第一性质和第二性质的学说。

德谟克利特在认识论思想上的第二个新进展是:明确区别感性认识和理性认识,并局部涉及研究理性思维的逻辑形式。贝利认为他主张的某种"影像"非常精细,不刺激身体表面而能直达原子紧密聚合的努斯,刺激努斯就产生一种特殊的感觉即思想。③ 说德谟克利特将思想归结为一种特殊的感觉,只是一种没有资料根据的推想。他在一部题为《论逻辑或规则》(*On Logic or Rules*)的著作中,区别了"暧昧认识"和"真理认

① 见第尔斯、克兰茨编《苏格拉底以前哲学家残篇》,DK68A135。
② 见塞奥弗拉斯特《论感觉》,第 65、80 节,转引自格思里《希腊哲学史》第 2 卷,第 441、445 页。
③ 见贝利《希腊原子论学派和伊壁鸠鲁》,第 173 页,牛津,克拉伦登出版社,1928。

识",前者指感知,后者指理智。感知认识是暧昧的,因为它只停留于事物的现象,并受认识主体因素的影响,有相对性。理智则能认识事物内部的本性——原子和虚空,比感知优越。他说:"当暧昧认识在最最微小的领域内,不能再看,不能再听,不能再嗅,不能再尝,不能再触摸,而知识的探求又要求精确时,真理认识就参加进来了,它具有一种更精致的工具。"①这种工具就是概念和思想。然而,他又认为事物的现象同事物的本原是相通的,感觉和理智的关系并非截然割裂,感觉给理智提供影像原料,理智则能纠正错误的感觉,透过现象洞悉原子和虚空的内在真理。理智优于感觉,又离不开感觉,必须以感觉为基础。他有一段名言生动地描述了感觉和理智的辩证关系:"可怜的理性,你从我们这里取得证据又要推翻我们? 你的胜利同时也就是你的失败!"②

关于感知认识向理性认识过渡和理性思维的逻辑形式,他还不可能展开作具体深入的研究。他写的《论逻辑或规则》不是后来所说的逻辑学著作,大约是讨论了人类认识的标准以及感觉和理智的关系。他主张科学研究应从事实出发,注重经验的概括,再上升到理论。他在《论逻辑或规则》中强烈反对只从一些自明的公理来作推演论证。他主张有三种真理标准:"现象是了解可见事物的标准","概念是研究的标准","情感是取舍事物的标准"。③ 他已经开始从逻辑上认识到概念这种思维形式对于认识事物本质的重要作用。逻辑学的创立人亚里士多德指出:"我们的先驱者都不懂得这种[下定义——逻各斯的]研究方法,理由是他们还没有获得关于本质的观念,也没有获得任何为本体定义的观念。首先接触到这点的是德谟克利特,但他也还远远没有将它当做自然科学的必

① 塞克斯都·恩披里柯:《反数理学家》,第7卷,第139节,载于《塞克斯都·恩披里柯文集》第2卷。
② 伽仑:《论医学的经验》残篇,第1259页第8行起,转引自格思里《希腊哲学史》第2卷,第460页。
③ 见塞克斯都·恩披里柯《反数理学家》,第8卷第307节,第7卷第140节,载于《塞克斯都·恩披里柯文集》第2卷。

然的方法来采用,他只是不知不觉地被事实强迫而提出了它。"①亚里士多德还指出:"自然哲学家德谟克利特只是在小范围内接触到这个〔普遍定义的〕问题,他以某种方式定义了热和冷。"②这些材料只能说明,德谟克利特已经开始在有限的、局部的范围内注意到普遍的"定义"、"概念"这种逻辑思维形式,这是逻辑思想的一个进展,但他还没有自觉形成与规定这些逻辑范畴,还没有系统研究逻辑学。苏联的一部《哲学史》断言"德谟克利特是归纳逻辑的奠基人"③,这并无资料根据,也不合乎逻辑思想史的实际。

德谟克利特有时强调人感知认识事物的现象有相对性,要认识事物的内在本性很难。因此,他是否认为人能把握真理,是否有怀疑论倾向,对这个问题自古至今的学者有不同的看法。亚里士多德既承认德谟克利特认为人感知的现象就是真实的,但也说他认为人的感觉印象中"或者是没有真理,或者是对于我们至少真理是不清楚的"④。古代怀疑论学派的塞克斯都·恩披里柯说:德谟克利特"摒弃一切现象","摒弃显现在感官中的事物,断言它们都不是真理的表现,只是意见的表现";"他〔德谟克利特〕在《论形式》中说,人必须懂得这个原则:'人离实在很远',要认识每一事物的实在本性是不可能的"。⑤ 第欧根尼·拉尔修记述他说过这样的话:"关于真理我们什么也不知道,因为真理隐藏在深渊中。"⑥近代德国学者迪洛夫(Dyroff)在所著《德谟克利特研究》中根据这些记载

---

① 亚里士多德:《动物之构造》,642a25—28,载于《亚里士多德全集》。
② 亚里士多德:《形而上学》,1078b19—21,载于《亚里士多德全集》。
③ 敦尼克等主编:《哲学史》第1卷(上册),中央马列著作编译局译,第101页,生活·读书·新知三联书店,1958。
④ 亚里士多德:《论灵魂》,404a28,载于《亚里士多德全集》;亚里士多德:《形而上学》,1009b7—12,载于《亚里士多德全集》。
⑤ 见塞克斯都·恩披里柯《反数理学家》,第7卷,第369节,载于《塞克斯都·恩披里柯文集》第2卷。
⑥ 第欧根尼·拉尔修:《著名哲学家的生平和学说》,第9卷,第72节。

断言,德谟克利特是个怀疑论者。策勒认为他只是有怀疑论的因素。[1]
贝利认为应当联系德谟克利特的全部哲学思想,有分析地对待上述历史
资料,应肯定德谟克利特是可知论者,不是怀疑论者。[2] 其实,德谟克利
特说过不少"人离实在很远"之类的话,那是强调感知现象不等于认识了
真理,还要更深入地认识原子和虚空,才能把握事物的本性。他建立原
子论哲学,敲开了物质结构的大门,就是为了认识宇宙万物的本原性真
理。但当他用原子论解释各种自然现象时,受到了当时科学水平的限
制,而他不像恩培多克勒会用诗意的想象来虚构自然哲学的某些部分,
因而认为包括他自己的原子论哲学在内都还远未达到全部真理,没有穷
尽真理,这正表现了他的严肃的科学态度。由于他强调现象的相对性和
真理难知时表述不尽恰当,因而被怀疑论者误解与利用;后来他的某些
弟子正是循着这个方向加以夸大,真正走向了怀疑论。

他坚持唯物论的可知论也表现在:坚持从自然本身说明自然,用原
子和虚空排除了神在自然界中的地位,用影像说批判神秘的宗教迷信。
在早期希腊哲学家中,他是态度最鲜明的彻底的无神论者。

在他看来,天空中的太阳、月亮等天体,不过是像大地一样的物块,
只是因为充溢了火原子使它们炽亮,因此当时的宗教把它们幻化为主宰
人世的神来盲目膜拜是很可笑的。他讥嘲道:"一些有教养的人,向着我
们希腊人现在叫做天空的地方伸起他们的双手,说:'宙斯深察万物,他
洞悉一切,他赐福万物,享受万物,他是万物之王'。"[3]他认为这是愚昧的
举动。他反对凡事祈求于神,认为人应当靠认识自然来为自己造福,掌
握自己的命运。他说:"人们在祈祷中恳求神赐给他们健康,而不知道这
种力量还在于他们自己;如果他们无节制地去做相反的事情,他们就离

---

① 见策勒《苏格拉底以前的学派》第 2 卷,奥列尼英译,第 275 页,伦敦,朗格曼斯·格林出版公司,1881。

② 见贝利《希腊原子论学派和伊壁鸠鲁》,第 178 页,牛津,克拉伦登出版社,1928。

③ 第尔斯、克兰茨编:《苏格拉底以前哲学家残篇》,DK68B30。

开了自己所希望有的健康。"①他指出,人们所以会造神、拜神,其根源是对自然现象的无知和恐惧:"古代的人们看到天空中发生的事情,像雷电、霹雳、天体会合、日食、月食等等,就畏惧诸神了,相信他们是这些事情的原因。"②他用影像说解释所谓神显示的某些"奇迹"、"神兆",认为它们不过是一些难以说明的自然现象,其实都是人的灵魂感觉到的一些"偶像",就是特殊的"影像"。他说:"古代人感受到它们的影像,就想象有一种神,其实除了这些影像外,并没有享有不死的本性的神。"③所谓"神",实际上是灵魂感知到的原子流射所形成的特殊的影像,不过这种影像比其他自然现象形状奇特,更为持久,被人在想象中神化了。他认为,在自然界这种尚未被人认知的影像其实很多。塞克斯都·恩披里柯记述道:"德谟克利特说幽灵就是影像,并说天空中充满了它们。"④它们都只是原子流射造成的自然现象。

第六节　社会进化和社会伦理思想

德谟克利特生活在智者派已经活跃的时代,他必定感受到当时人文主义启蒙思潮的影响,他的著作目录中就有关于社会起源、伦理和修辞、文学艺术等方面的著作,但未流传下来。当时城邦奴隶制的各种社会矛盾已日益显露出来,他注重观察与研究各种社会问题,并提出自己较成熟的社会伦理与道德思想,意图化解、调和那些社会矛盾,力求维系民主制的希腊古典文明。留存的与近代重新发现的德谟克利特的残篇一共有200多条,大都是格言,集中反映了他的社会进化和社会伦理与道德思想。他将人和宏观世界——"大宇宙"相比,说"人是一个小宇宙"⑤。

① 第尔斯、克兰茨编:《苏格拉底以前哲学家残篇》,DK68B234。
② 同上书,DK68A75。
③ 塞克斯都·恩披里柯:《反数理学家》,第9卷,第19节,载于《塞克斯都·恩披里柯文集》第3卷。
④ 同上书,第9卷,第24节,转引自第尔斯、克兰茨编《苏格拉底以前哲学家残篇》,DK68A78。
⑤ 第尔斯、克兰茨编:《苏格拉底以前哲学家残篇》,DK68B34。

在研究人和社会的"小宇宙"中,他的哲学焕发出鲜明的人文精神。

希腊传统宗教将社会起源和人世生活说成都是受神控制的。到公元前5世纪中叶,一些思想家如希波克拉底、普罗泰戈拉,诗人剧作家如埃斯库罗斯、欧里庇德斯以及历史学家希罗多德等人,都注意探索人类社会和文明的起源问题,描述远古人类孤独地生活,饥寒交迫,茹毛饮血,凿穴而居,没有衣服、房屋、农业、家畜及技艺,不少人沦为野兽的食物或疾病的牺牲品;后来,为了生存的需要,他们便集合起来,合群生活;狂野和自私的本性使他们屡遭挫折以后,才逐渐确立起稳定的社会生活,从城邦、技艺到各种社会文化开始建立和发展起来。德谟克利特也主张这种素朴的社会进化思想,并更突出人自身的能动性与文化创造性。他是无神论者,否定神创社会或神主宰社会生活,认为人是自然的产物,人自己逐渐创造出社会文明。他描述道,远古人类像动物那样过着衣食匮乏的群居生活,是双手和智慧引导他们从蒙昧走向文明。技艺和文化不是神赐予的,而是人类经验的结晶。他说:"在许多重要的事情上,我们是动物的学生:从蜘蛛学会纺织和缝纫,从燕子学会造房子,从天鹅和夜莺等鸣鸟学会唱歌,都是摹仿它们的。"[1]他思察到文化艺术是随着人类物质生活条件的改善而发展起来的,指出:"音乐是相当年轻的艺术,原因就在于它不是由需要产生的,而是生活已经富裕后的产物。"[2]关于语言的起源与进化,也是当时热烈讨论的主题。柏拉图在《克拉底鲁篇》中记述,当时有两种对立的观点:一种认为,语词和它们所代表的事物有某种天然的关系;另一种见解认为,语词是人们从俗约定而进化的,是由于人们之间需要交流思想感情而产生的,同它们所表示的事物只有通过声音发生人为的互相对应的联系。后来新柏拉图主义者普洛克罗在评注《克拉底鲁篇》中记述,德谟克利特赞成语言是从俗约定而进化的,并进行了分析论证:(1)不同的事物有时用同

---

[1] 第尔斯、克兰茨编:《苏格拉底以前哲学家残篇》,DK68B154。
[2] 菲罗德谟:《论音乐》第4卷,第31章,转引自格思里《希腊哲学史》第2卷,第474页。

一个名词称呼；(2)不同的名词有时可用来称呼同一事物；(3)关于一件事物或一个人的名词有时可以随便改变；(4)两个平行的观念，一个可以用词表达，另一个却没有词表达，如动词"思想"有相应的名词"思想"，而名词"正义"却没有相应的动词。

他非常关注社会政治。普卢塔克记载道："德谟克利特劝人接受政治方面的教育，认为这是极重要的，并劝每个人去从事那种能借以实现最伟大和最美的事情的工作。"[1]他自己不是政治活动家，但他的社会伦理包含着政治伦理思想。他无疑维护奴隶制，说，"应当像使用我们身体的一个部分一样地使用奴隶，让每一个[奴隶]完成他的任务"[2]。他认为，"统治天然是属于强者的"[3]。他也有当时希腊人重男轻女的成见，说，"接受女人的统治，是对一个男人最大的侮辱"[4]。但他是奴隶主民主制的坚定拥护者，说，"在民主制度下贫穷也比在专制制度下享受所谓的幸福好，正像自由比受奴役好"[5]。

他的大半生处在一个奴隶主民主制从极盛开始走向衰落的时代。由于奴隶制本身的内在矛盾激化，奴隶主民主制的社会基础瓦解，财富积累和集中于少数人手中，大批自由公民贫困化，变成穷光蛋。苏联的一本哲学辞典将他誉为"古代民主政体的代表"，这并无事实根据。伯里克利有一篇著名的在阵亡将士葬礼上的演说，满怀豪情地讴歌雅典民主制造成模范的政治、公正的法律、华丽的城邦、强大的军事、充裕的财富、真挚的友谊、英雄的气概，等等，它确实是民主制政治家的一篇杰作。而德谟克利特的那些格言，连追忆这种民主制的青春年华的影子也没有，对民主制没有振奋人心的赞颂，不少论述都是在旁敲侧击社会生活中的

---

① 普卢塔克：《驳科洛底》，第 32 节，载于普卢塔克《道德论集》第 14 卷，巴比特等英译，"洛布古典丛书"，麻省，剑桥，哈佛大学出版社，1956(该书共有 16 卷，均出版于 1956 年，以下所引此书均为此版本)。

② 第尔斯、克兰茨编：《苏格拉底以前哲学家残篇》，DK68B270。

③ 同上书，DK68B267。

④ 同上书，DK68B111。

⑤ 同上书，DK68B251。

阴暗面,字里行间透露出他对民主制下所潜伏危机的不安。他已经敏锐地从社会伦理角度反思当时社会政治体制的矛盾与问题,并主张通过调整社会伦理与个人道德价值来修缮社会体制,防止社会危机。他比柏拉图更早涉及社会体制和社会伦理研究,这在政治思想史与伦理思想史上是独步先驱的。

他深刻地审察到,贫富两极分化这种不公平是造成当时社会与思想动荡的重要原因。他说:"赤贫和豪富动辄变换位置,是造成灵魂巨大困扰的原因。灵魂被大的分歧所震动,是不稳定也不愉快的。"①他的道德残篇中多处反对财产兼并和贫富分化。他指责有些人"为孩子们聚敛太多的财富只是一种借口,用以掩饰自己的贪欲"②。他斥责守财奴"贪得无厌会使自己失其所有,就像《伊索寓言》中[贪婪]的狗那样"③。这种贪婪地聚敛财富是不公正的恶。他指出,侵占别人的财产是最坏的占有,"正像毒瘤是最坏的疾病一样"④。他从道德上告诫说这种作恶不得善果:"守财奴的没有教养的子女,就像在刀尖上跳来跳去的人那样。如果他们落下来时没有把脚落在该落的地方,就完蛋了。"⑤

德谟克利特提出,要改善社会体制,实现社会公平,维护民主政制,必须限制财富的积聚和兼并,克服因贫富过于悬殊造成的"不幸"和"危机"。他说:"我的意见是,在一切事物中,均等是好的,过分和不足是不好的。"⑥他早于亚里士多德而有"中庸之道"的伦理原则。他主张在自由民中扩大"中产阶层",主张"应该只安排一个中等的财富,奋斗的目标只能以一个人的需要为标准来衡量"。⑦ 他试图激发富人的恻隐之心与道德同情心,要富人们多想想"生活贫困的人的痛苦",有所收敛而不陷于

---

① 第尔斯、克兰茨编:《苏格拉底以前哲学家残篇》,DK68B191。
② 同上书,DK68B222。
③ 同上书,DK68B224。
④ 同上书,DK68B281。
⑤ 同上书,DK68B228。
⑥ 同上书,DK68B102。
⑦ 见同上书,DK68B285。

"贪得无厌"。① 他甚至梦想，"如果有钱人能够借钱给穷人，给他们帮助，给他们利益，结果就会有同情、友爱和互助，公民间的和谐，以及许多别的人们能够数得出来的好处"②。他希望通过调整社会伦理价值与激发道德情感来克服贫富悬殊、两极分化，使民主制能够稳定下来。这种政治伦理设想是美好的，但在当时并不现实可行。

他对当时衰变的民主制中的法制败坏、官吏腐败造成政治生活的纷扰和动荡，表现出明显的不安，主张通过改善社会体制，使它确立在正义、公道的伦理基础上来解决这些重大问题。他抨击现行的体制不能防止官吏蜕化变质："在现行的宪章制度下，没有方法可以防止官吏做坏事，即使他们本来是好的。因为他是为自己而不像是为了别人，所以在不同的环境下他会表现为同样的人。"③他已经看出，权力会毁坏人，当时在衰变中的民主制的一些法律实际上只是使那些拥有权力的人可以为所欲为，即使他们本来是好人，也会去干坏事。所以他主张要从伦理上改善社会政制。他大声疾呼："应该将国家[城邦]的事务摆在最重要的位置上，要好好管理；人们不应该为反对公道的事而争执不休，也不应该获得违反公共利益的权力。治理得好的国家是最大的庇护所，可以包容一切；它安全了，一切就都安全，它毁灭了，一切也都毁灭。"④他呼吁大家都要秉执公道，以国家公共利益的大局为重，才不致成为覆巢之卵。他对改善社会体制提出两条原则：（1）健全法制，制定于民有利的好的法律。他说："法律意在使人民生活有利。它应该能做到这一点，因为人民自己希望得到好处，这表现于那些服从法律并以之作为自己特有的美德的人。"⑤（2）通过扬善惩恶，从社会道德价值上引导人们做正义的人。他指出："正义就是去做他应该做的事；不正义就是没有做到他应该做的，

---

① 见第尔斯、克兰茨编《苏格拉底以前哲学家残篇》，DK68B191。
② 同上书，DK68B255。
③ 同上书，DK68B266。
④ 同上书，DK68B252。
⑤ 同上书，DK68B248。

并且将它置之一边。"①"人必须尽自己的最大努力去处分那做了坏事的人,不应该忽视它。这样做就是正义和善,忽视它便是不正义和恶。"②

他在个人道德价值观念方面,强调精神宁静,适当节制,追求理智与知识。

理智的、完善的灵魂以宁和的生活为幸福。他说:"人们重视灵魂胜过肉体是对的,因为灵魂的完善可以纠正肉体的劣势,而强壮的身体如果缺乏理智,是不能改善灵魂的。"③"对人来说,最好的方式是使他的生活尽可能地快乐,尽可能地减少痛苦。而这点,如果人是在要毁灭的事物[名利]中寻求幸福,是不可能达到的。"④"人们只有通过有节制的享受和生活上的宁静和谐,才能得到快乐。"因此他告诫人们不要贪得无厌,应该常去想想比自己更不幸的人。⑤ 只有这种精神上的宁静和谐,才能将人引向正义和善。

他主张节制过度的欲望,但他不是禁欲主义者。他说:"一生没有宴饮,就像长途跋涉而没有旅店一样。"⑥他指出:"一切沉溺于口腹之乐并在吃、喝、情爱方面过度的人,快乐是短暂的,只在他们吃喝的时候才有,而痛苦会很多。"⑦他反对无节制的情欲,说它们在人们的内心中"是各种疾病的仓库,会带来许多痛苦的可能性"⑧。相反,"在灵魂中的理性,却是习惯于从自身获得幸福"⑨。他主张理性高于情欲,理性节制情欲,幸福源自理性,这和柏拉图的道德思想是一致的。他强调节制欲望,这和他的政治伦理思想是吻合的。他说:"对财产的欲望如果没有满足的限

---

① 第尔斯、克兰茨编:《苏格拉底以前哲学家残篇》,DK68B256。
② 同上书,DK68B261。
③ 同上书,DK68B18。
④ 同上书,DK68B189。
⑤ 见同上书,DK68B191。
⑥ 同上书,DK68B230。
⑦ 同上书,DK68B235。
⑧ 同上书,DK68B149。
⑨ 同上书,DK68B146。

度,要比极端的贫穷更为痛苦;因为情绪越强烈,产生的需要也就越大。"①他一方面要富人节欲,另一方面又对穷人说:"如果你的欲望不大,则很少一点对你也就显得是很多了;因为欲望少就使贫穷和富有相等。"②总之,富人和穷人都节欲,大家知足常乐,一切纷争便都烟消云散,社会矛盾与危机也就化解了。这是他为治疗希腊城邦社会体制所开的"伦理处方"。

德谟克利特的人生观渗透着一种理性主义的道德价值。他推崇理智,坚持原子论,反对宗教迷信。他说:"有些人对我们这有死之身毫无所知,但认识到生活中的痛苦,在生活期间就为烦恼和恐惧所困扰,便虚构死后的神话。"③如果懂得人的死亡不过就是原子的分离,便会毫无恐惧,也不必虚构来世生活的荒唐神话了。他的道德思想和他的原子论哲学是相通的。他强调只有追求知识才是最高尚的道德修养。他说:"坚定不移的智慧是最可宝贵的,胜过其余一切。"④"单单一个有智慧的人的友谊,要比所有愚蠢的人的友谊更好。"⑤"对善的无知就是犯错误的原因。"⑥因此不难理解他为什么会说,他宁愿找到一个因果的说明,而不愿获得波斯的王位。他本人言行一致,淡泊名利,不从政,以追求知识为人生目的与最大幸福,孜孜不倦地将自己的一生奉献给人类的哲学和科学事业。

留基伯和德谟克利特的原子论哲学,集早期希腊自然哲学之大成,形成西方最早的唯物论哲学体系。它在西方哲学发展史上有十分重要的地位,产生了深远的历史影响,而它的传承与发展也经历了曲折的历史命运。

---

① 第尔斯、克兰茨编:《苏格拉底以前哲学家残篇》,DK68B219。
② 同上书,DK68B284。
③ 同上书,DK68B297。
④ 同上书,DK68B216。
⑤ 同上书,DK68B98。
⑥ 同上书,DK68B83。

德谟克利特的原子论在当时还只是一个天才的假设,缺乏实验科学的验证。他提出原子论哲学之时,智者运动已经勃兴,思想界研究的重心已开始从自然界转向人和社会,接着很快出现了苏格拉底和柏拉图的唯心论哲学体系。柏拉图反对但又不明确论评原子论哲学,不过在他的《蒂迈欧篇》的宇宙创生论中,在论述不同几何形状的元素粒子如何构成万物时也有原子论哲学影响的痕迹。亚里士多德主张目的论,批评原子论的机械论思想;但他评价原子论哲学探讨自然现象最为详细,在自己的著作中颇多地引用和论述了德谟克利特的思想。原子论哲学对于亚里士多德建立自己的自然哲学很有启发和影响,策勒说德谟克利特是亚里士多德的"直接前驱",这并不过分。

公元前4世纪,德谟克利特的亲授弟子开俄斯岛的涅索斯(Nessus of Chios)主要关注社会文化问题,研究了荷马史诗的韵律及词源学问题。他的另一个弟子开俄斯岛的梅特罗多洛(Metrodorus of Chios)撰写了《论自然》,阐发他老师的关于原子和虚空以及宇宙演化的学说。但是,他强调人只能感知变易无常的现象,否定知识的可能性,有怀疑论倾向。他声称:"我否定我们知悉自己是否了解某一事物;我否定我们知悉有知或无知是否存在;总之,我们不知道任何事物存在或不存在。"[1]到他的学生阿布德拉的阿那克萨库(Anaxarchus of Abder),怀疑论色彩更趋浓重,他将实在看成是一个色彩变幻、难以认知的万花筒。他是马其顿王亚历山大的顾问,较多地关注社会伦理研究。而他的学生皮罗就是希腊化时期怀疑论哲学的创立人。皮罗的学生提奥斯的瑙西芬尼(Nausiphanes of Teos)的学说,时而追随德谟克利特,主张科学家应当尊重事实的知识,时而又响应皮罗的怀疑论。所以,领略德谟克利特学说真谛的伊壁鸠鲁,讥嘲他是优柔寡断的"水母"。[2]

希腊化时代的伊壁鸠鲁和卢克莱修真正继承与发展了德谟克利特

---

① 弗里曼:《苏格拉底以前哲学家的辅助读物》,第327—329页,麻省,剑桥,哈佛大学出版社,1978。

② 见同上书,第335—336页。

的原子论哲学。伊壁鸠鲁尽管自诩独创性，但正如古代学者赫尔米波所说，正是德谟克利特的著作使他成为原子论哲学的弘扬者的。[①] 卢克莱修的著作《物性论》系统阐发并为后世保存了丰富的原子论学说。在晚期希腊和罗马哲学中，伊壁鸠鲁和卢克莱修是阐扬、发展德谟克利特的原子论、灵魂说、无神论和伦理思想的代表；罗马时期的斐德罗（Phaedrus）、菲罗德谟（Philodemos）和琉善（Lucian）也传播原子论，反对宗教迷信。

在漫长的中世纪，原子论及其科学精神并没有因基督教的长期思想统治而窒息致死。到中世纪后期，随着西欧一些学者发掘和翻译介绍古代希腊文化典籍，德谟克利特的原子论重露头角，成为基督教内部异端思想家反对正统经院神学的思想武器。12 世纪的英国人阿迪拉特（Adelard of Bath）、科学家和哲学家威廉姆（William of Canches）以及法国人考恩特（Hugo Count of Blenkenburg）等学者，都翻译介绍了原子论的物质结构学说。两个世纪以后，尼古劳（Nicolaus of Antrecourt）的宇宙论完全接受德谟克利特的学说，主张物质的终极元素是原子，全部自然现象都是永恒原子的结合和分离，反对神学目的论的宇宙观。

在文艺复兴时期，原子论哲学俨然复苏，成为一股冲击经院哲学的亚里士多德主义和天主教神学的思潮。科学殉道者布鲁诺崇敬德谟克利特，从他的学说中吸取思想营养。在法国，16 世纪末的法官博亭（Jean Bodin）和希尔（Nicolaus Hill）都撰写过论述原子论思想的专著，以反对被经院哲学僵化了的亚里士多德主义；17 世纪的生理学家巴索（Sebastian Basso）在《自然哲学》一书中阐述了原子论，用"以太"修正"虚空"，此书被秘密送往日内瓦发表，冲击了法国天主教神学，1624 年引发公开争论，终于被法国政府下令禁毁；1646 年，法国学者马格奈努（Jeannes Chrysostomus Magnenus）又发表了向天主教神学挑战的著作《民主派哲学家德谟克利特复活了》，称颂德谟克利特是"力图理解连续

---

① 见弗里曼《苏格拉底以前哲学家的辅助读物》，第 294 页，麻省，剑桥，哈佛大学出版社，1978。

物质构造中最卓杰的人"。原子论虽然屡遭禁抑,仍然不断激发,真是"野火烧不尽,春风吹又生"。从物理学角度重新论述原子论,首先得力于伟大的科学家伽利略,他在科学观察和实验中接受了德谟克利特的学说,并且开始将古代原子论引上经受物理学验证的轨道。

在近代西方哲学中,原子论成为奠立机械唯物论的一块基石,成为先进思想家反对宗教神学和唯心论的锐利武器。霍布斯把伽利略的动力学说和原子学说相结合,发展成为一种机械唯物论的哲学,并且提出了激进的无神论思想。笛卡尔虽然否认虚空,主张物质可以无限分割,但他修正了原子论,形成广延、质量、动量等范畴,用物质粒子的机械运动解释种种自然现象。伽桑第更阐发了古代原子论的科学精神,大力批判经院哲学和当时的"形而上学"。不久,科学巨人牛顿实现了物理学上的伟大综合。他的存在于绝对时间与绝对空间中的宇宙体系,是由坚实不可分割的物质原子按照严格的力学规律构成的;他的严谨论述使原子论获得科学上的正宗地位,也增强了它的哲学影响。英国科学史家丹皮尔将牛顿和古代创建原子论的伟人相提并论,说牛顿"像古代德谟克利特一样,他真可算是人类中杰出的天才"[1]。

原子论通过笛卡尔、伽桑第和牛顿的宣扬进入 18 世纪,成为法国启蒙运动的重要内容。伏尔泰在《哲学辞典》中用原子和虚空给物质下定义,拉美特利依据原子运动撰写心灵的自然史,狄德罗赋予物质微粒运动以"自因",霍尔巴赫的庞大的自然体系完全是由物质"分子"构成的。古代原子论的科学理性,在法国启蒙思想家那里得到充分发挥,起了猛烈扫荡宗教神学的作用。

马克思在青年时代写的博士论文中,研究了德谟克利特与伊壁鸠鲁的自然哲学间的区别。尽管当时论文还没有摆脱黑格尔哲学的影响,然而他的研究成果颇为深刻,很有价值,并且表明马克思在完成他的世界观的转变以前,就已经重视对古代原子论哲学的研究。

---

[1] 丹皮尔:《科学史及其与哲学和宗教的关系》,李珩译,第 240—242 页,商务印书馆,1975。

　　罗素指出："原子论者的理论要比古代所曾提出过的任何其他理论，都更近于近代科学的理论。"[1]原子论对近代科学的物质结构学说和基础自然科学理论的发展有显著影响。伽利略、笛卡尔和牛顿已经在物理学上为物质的原子结构做了定性工作。牛顿甚至指出，"光的结构基本上是原子的"，提出了光的微粒说。17世纪的波义耳采纳原子论，抛弃了"四元素"的陈旧概念，提出了新的"化学元素"概念；它被18世纪法国的拉瓦锡所接受和发展，奠定了近代实验化学的基础。19世纪的道尔顿终于以精确的定量分析，建立了系统的关于物质结构的原子说。门捷列夫的化学元素周期表又按照原子量的顺序，科学地揭示了原子所构成的元素家族的谱系。德谟克利特的原子论假说经过了2 300多年，终于发展成为一种确凿验证的科学理论，充分显示了它的科学价值。

　　现代物理学的发展，从卢瑟福提出原子自身结构的模型，到高能加速器击碎了"坚实、不可分割"的原子，人类正在不断深入地揭示原子内部的秘密，原子并不是物质结构的最基本的粒子。现代物理学对物质结构深层次的认识，对宏观宇宙的认识，远远超过了古代和近代的原子论。但是，德谟克利特所涉及的一些自然哲学意义上的重要问题，可以说至今仍由科学家在探讨，从而拓展了科学前进的道路。例如，早期希腊哲学争论的有关自然本原、物质结构和宇宙论的一些问题（数、元素、种子、原子、宇宙结构、时空有限或无限等），对物质微粒可否进行无限分割，在各种基本粒子里能否更深层次地找到最基本的共同的"基质"、求得"一"与"多"的统一，等等，当代物理学家在量子物理学与天体物理学领域内仍在讨论；他们对"规范场"、"夸克禁闭"、"宇宙大爆炸和宇宙的时空"等的探索，仍旧含有古老的自然哲学意义。

---

① 罗素：《西方哲学史》上卷，何兆武、李约瑟译，第99页，商务印书馆，1963。

中　篇
希腊古典哲学

引　言　希腊古典文明由盛趋衰和希腊古典哲学

　　从公元前 461 年雅典帝国的伯里克利黄金时代,到公元前 323 年马其顿王亚历山大征服希腊后又挥师东征开辟希腊化时代,希腊古典文明由极盛而转衰落;亚里士多德于公元前 322 年去世,则标志着辉煌的希腊古典文明归于终结。在这约 140 年间,希腊哲学进入全面鼎盛时期。随着希腊经济、政治、文化中心从东西部殖民城邦转向希腊本土,希腊哲学也以雅典为中心演进,深化并奠定了西方文化传统中的科学理性与人文精神,体现并总结了处于剧烈变动中的希腊古典文明。希腊哲学作为时代精神的精华,全面深刻地反思科学、文化与社会的进程,跃向一个新阶段,内容比早期希腊哲学全面、成熟、深刻,特别是柏拉图和亚里士多德的哲学标志着它已完成一种体系化。这种希腊古典哲学是希腊古典文明的最厚重的文化成果,在西方文化传统中占有重要地位,对后世西方文明的演进和西方哲学的发展都有至为深远的影响。

一　希腊古典哲学的社会历史背景

　　希波战争结束后,雅典作为提洛同盟的盟主称雄希腊,发展成为强大的帝国。它控制了 300 多个城邦,势力达于小亚细亚、南意大利、黑海沿岸和北非。它拥有强大的海陆武装力量,并迫使盟邦交纳贡赋而拥有丰富的财力,每年财政收入的一半左右来自这种贡赋。雅典"获得了霸权","于是对待盟国,十分专横"。[①] "雅典人使他们的帝国日益强大,因而也大大地增加了他们自己国家的权势","雅典的势力达到顶点"。[②] 伯里克利自公元前461年成为雅典民主派的领袖,后又连续担任雅典首席执政官,到他于公元前429年染瘟疫去世,这32年的伯里克利时代,是以雅典为中心的希腊古典文明的极盛时期。他推进民主政制的改革,使已建立的民主制完善化,运转起以宪政与法制为基础,体现主权在民、国家权力分立与制衡的城邦国家机器;他扩大民主的社会基础,采取各种切实措施让广大下层公民参加政治活动,使公民在社会政治生活中的主体性得以发挥,大为增强了人的自主意识;他在繁荣城邦奴隶制经济的基础上,大力扶持学术与文化艺术的发展,充分发挥知识人士的才智,使希腊的文化精英荟萃雅典,将雅典变成"全希腊人的学校"、希腊世界的文化中心。亲历这一黄金时期的苏格拉底后来说:"雅典属于最伟大的城邦,是以智慧和强盛闻名于世的。"[③]这种古典民主政制建立在小规模城邦奴隶制经济的基础之上,以小农业主、小工商主为社会主力,奴隶都来自外邦和蛮族。如马克思所述,小农经济和独立的手工业生产构成希腊古典社会全盛时期的经济基础,商品经济繁盛活跃,工商奴隶主的势力比较强大,这对雅典的民主政制和思想文化有深刻影响。总之,立足于小农与独立手工业经济、商品生产发达的希腊城邦奴隶制,是以雅典为中心的希腊古典文明全盛的深厚的经济基础。

公元前431—前404年的伯罗奔尼撒战争将雅典帝国推向没落,也标志着希腊古典文明由全盛趋向衰落。这场因雅典和斯巴达争霸而爆发的27年的残酷战争,造成全希腊的大动乱,激化了全希腊城邦的各种内外矛盾,严重破坏了经济,民生颠沛困苦,交织党派斗争的政局极为动荡,社会道德秩序与精神生活陷入混乱和危机。公元前405年,斯巴达

---

① 见亚里士多德《雅典政制》,日知、力野译,第29页,商务印书馆,1959。
② 见修昔底德《伯罗奔尼撒战争史》上册,谢德风译,第81页,商务印书馆,1997。
③ 柏拉图:《申辩篇》,29D,载于《柏拉图对话全集,附信札》。

军在赫勒斯旁海峡的伊哥斯波塔米(羊河)最终摧毁雅典的兵力,并从陆路包围雅典城,次年雅典只得投降,交出全部军舰与商船,毁掉新建卫城的城墙,承认斯巴达的霸权,雅典帝国宣告终结。战争的结果实质上是两败俱伤。斯巴达的封闭落后、耕战合一、靠掳掠外邦人作为奴隶维系劳动力的军营式经济,军事集权的贵族寡头统治的政治制度,缺乏内在的活力与调节机制,不能维持它对其他城邦的军事淫威统治,更不能复兴希腊古典文明,承载其璀璨的精神文化成果。亚里士多德说,斯巴达的整个政制仅靠"战士的德性"与战争维持其威力,"一旦获得了霸权,他们便衰落了,因为他们根本不懂得和平时期的生计,他们不会从事高于战争的其他事业"。① 斯巴达自身内部也在掠夺与积累财富中腐化,国家财富集中于少数人之手,贫穷成为普遍现象。从公元前 4 世纪初开始,经过斯巴达和波斯的战争(前 399—前 394)、希腊各邦反斯巴达暴政的科林斯战争(前 395—前 387),斯巴达一败再败,曾夺得伯罗奔尼撒战争最后胜利的主将吕珊德尔战死于底比斯,斯巴达就此一蹶不振。雅典一直实行开放式的商品经济,经济虽得到复苏,甚至出现了较大规模的工商业,但内部经济与政治体制都已蜕变与脆弱,不可能再恢复往昔的霸主地位。希腊古典文明的根基——城邦奴隶制也在重重危机中逐渐走向没落。

握有强大霸权、很有经济实力、实施先进民主政制的繁盛的雅典,竟会被保守落后、实行军事专制的斯巴达打垮,其缘由是很复杂的。最根本的原因在于,希腊城邦奴隶制的内在矛盾在城邦间长期的战争中激化,毁坏了希腊古典文明的经济与政治结构,民主政制丧失了原有的社会基础,也蜕化变质了。民主政制和贵族寡头政制的斗争历来贯穿于希腊城邦,但它们的内涵却是有变化的。在希波战争前后,这种斗争表现为代表从事商品经济的工商奴隶主和自由民利益的民主派势力,同固守封闭狭隘的自然经济的氏族贵族势力之间的斗争。到伯罗奔尼撒战争

---

① 见亚里士多德《政治学》,1271b3—6,载于《亚里士多德全集》。

前后,整个希腊的城邦奴隶制不论采取民主政制或贵族寡头政制都在经历危机,渐趋衰落。在雅典,由于穷兵黩武,财富兼并,两极分化,加之战争促使本来比较脆弱的农村经济迅速破产,大量自由民急剧贫困化,不能再依赖城邦供给为生;他们徒有"民主"权利,实际上已经变成一贫如洗的穷光蛋。民主政制的社会基础削弱了,它已不能再产生像梭伦、克利斯提尼和伯里克利那样的政治家,当时所谓的"人民领袖"大多是一些政治投机家、蛊惑家,他们惯于利用公众的情绪进行煽动,谋取个人私利。公民大会的投票决策出尔反尔,已经不是理智的公共意志。雅典在伯罗奔尼撒战争中的惨败暴露出它的民主制已经不适应当时社会发展的要求,雅典人曾试图更换政制以挽回颓势。公元前 411 年发生政变,由四百贵族寡头执政,当许多人叫喊反对变更民主政制时,这场政变的策动者庞珊德尔在公民大会上说:"目前我们应当考虑的是我们的生存问题,而不是我们政制的形式的问题。"[①]试图变更政制以求城邦出路的社会心理使雅典公民大会接受了这次政变,但是新建的寡头政制也不能挽救雅典的惨败,很快又恢复了已蜕变的民主制。另一方面,希腊不少城邦采取的贵族政制历经近一个世纪的历史沧桑,也已不是氏族贵族势力执政,而演变为从比较富有的奴隶主权贵阶层中推出少数政治代表,在城邦奴隶制格局内实行相对集权统治的一种政制形式。这种政制也不能挽救希腊城邦奴隶制的内在危机。民主政制和贵族政制都变得过时了,因为它们的城邦奴隶制基础自身由于内在矛盾不可克服而在衰落。

公元前 4 世纪,希腊城邦奴隶制的危机益趋严重。在土地兼并与战乱频仍中,作为城邦经济基础的小农与手工业经济严重破产,奴隶数量剧增,仅雅典奴隶即达 30 万人,拥有上千名奴隶的大作坊、大田庄纷纷出现。贫民和大奴隶主的矛盾日趋尖锐,许多城邦爆发贫民起义,如亚尔果斯的"棍棒党起义"剥夺富人财产、推翻民主派政府,这些武装斗争

---

① 修昔底德:《伯罗奔尼撒战争史》下册,谢德风译,第 600 页,商务印书馆,1997。

虽然都被镇压,但表明城邦的经济与政治体制已难以克服严重的内在矛盾。危机又表现在城邦之间的混战愈演愈烈,不断相互讨伐,波斯帝国插手其间从中渔利,侵占小亚细亚诸邦和塞浦路斯岛。底比斯在杰出军事家伊巴密浓达的领导下曾中兴十年,但最终各城邦都在互结同盟、互相讨伐中瓦解,在精力枯竭中衰落下去。小国寡民、分散自治的城邦奴隶制已走到历史的尽头,其社会基本矛盾的运动必然使其走向帝国型统一集权的大规模奴隶制,而希腊本土的城邦已无力完成这一历史转变,只待外部征服力量将它们带入一个新时代。

希腊古典哲学就是在希腊古典文明从全盛又走向衰落的社会历史背景中产生与演进的。在伯里克利的民主制黄金时代,学术文化欣欣向荣,促使它得以突破早期希腊自然哲学的眼界,摆脱神权观念的束缚,兴起智者派开启的人文启蒙运动。惨烈的伯罗奔尼撒战争和战后的城邦危机,更促使希腊哲学"从天上走向人间",关注研究人和社会,从哲学的高度思索社会现实,探究克服这种危机的种种理论方略。苏格拉底、柏拉图、亚里士多德等希腊古典哲学大师都是颇有时代使命感的。精神文化与社会经济和政治的进程并不是平衡、同步的,战后的希腊城邦社会虽危机四伏,但哲学和科学文化仍在大踏步进展,哲学更要反思、总结整个希腊古典文明,批判地综合先前的一切哲学,将科学理性与人文精神提升到新境界。所以,希腊古典哲学的全盛,使哲学体系化的大师,恰恰都是出现在希腊城邦趋衰时期。

二　希腊古典哲学的文化成因

和早期希腊相比,希腊古典文明由盛趋衰时期,希腊的自然科学知识与人文社会知识有了整体性的更大进展,希腊人反思自然、社会和人自身的理智认识能力有了飞跃式的提高。这是希腊古典哲学的重要文化成因,因为概括、升华人类知识的哲学是要有知识条件的,这种知识条件蕴涵着一个时期人的认识能力。整体性知识的挺进,使希腊古典哲学得以突破早期希腊哲学的褊狭视野,提升哲学思辨能力,进向建构博大精深的哲学体系。这里还要指出,将希腊古典哲学归结为只研究人和社会,认为这是它和早期希腊自然哲学的根本区别,这是不确切的。实际上,这一时期自然科学思想也有重大进步,自然哲学包括宇宙论并没有被排除、消失,而是大有进展,在希腊古典哲学中占有重要的地位,科学理性也达到以逻辑思维自觉建构系统的科学知识的新水平。

自然科学知识有明显的多领域的重大进展,并在趋向知识系统化。在数学思想方面,公元前 5 世纪末叶的德谟克利特、希波克拉底和一些智者都不断解答难题,丰富和发展数学、平面几何与立体几何。柏拉图学园重视数学研究,柏拉图在《国家篇》中就大力倡导研究当时属于科学前沿的立体几何,认为它对天文学的数理研究有重要的价值;学园中的欧多克索在推进数论与几何学方面很有贡献,他已引入"变量"概念,在完成计算曲边形面积和曲面体体积的方法中,已经有了微积分的思想萌芽。亚里士多德在世时,数学知识已在汇集、整理,进向系统化,他的学生欧德谟斯写了几何学史,已有莱昂或修底乌斯编的几何学教本。亚里士多德逝世不久,欧几里德的《几何原本》问世,它已具有严整的公理化演绎系统。天文学思想从一般的天象观测或推测的假说,发展成为有数理根据和深刻自然哲学内涵的关于宇宙起源和天体运行结构的假说。柏拉图学园中的一些学者形成了以地球为中心的天球层模型假说。数学家欧多克索也是杰出的天文学家,他在《现象》一书中构建了 27 个同心天球层,它们各有球半径,按照特定的旋转轴心与旋转速度作不同方向的匀速运动,这样可以比较准确地说明所观测到的天体运动,包括某些不规则的运行现象。卡利普斯进而提出 34 个天球层的模型,以求更精确地符合观测。亚里士多德则提出 56 个天球层的模型,最外层的原动天是第一推动者,所有天体由纯洁的以太构成,它们作为有物理联系的整体,永恒不朽地围绕地球作完美的匀速圆周运动。这已为罗马时代托勒密的天体系统提供了雏形。物理学思想已突破早期希腊局限于哲学思考的微观粒子结构假说。亚里士多德的《物理学》不仅是自然哲学著作,也已形成比较系统的运动学理论,论述了运动和时空的量度、静止、惯性、重力、速度等,虽然其中有些观点并不正确(如认为重量不同的物体坠落速度不同,后来被伽利略在比萨斜塔所做的实验否定),但他毕竟难能可贵地最早建立了物理学的基本范畴构架,正因有此基础希腊化时代才有力学的重大发展。他主张时间、空间和物体、运动不可分割,都是永恒的。这种时空观不像近代牛顿的"绝对空间"、"绝对时间"范畴,倒是有些接近现代爱因斯坦的相对论时空观。动物学思想从素朴的猜想到汇集资料、形成系统的学说,表明希腊人的科学理性已逐步达到能整理分析大量的观察与调查资料,使其上升到理论的高度,从而形成科学知识体系。亚里士多德在此领域有杰出的贡献,被称为"动物学之父"。他在游历考察中向渔夫、猎人广求报告,积累了大量的动物学资料,对 540 种动物作出分类,对 50 种动物作了解剖,进而探究动物演进和生理构造的原因,写了多部著作,形成最早的动物学理论。他能取得博厚的动物学研究成果,也是由于他纯熟地运用分析、综合、归纳、演绎等逻辑方法,将经验资料上升到经过科学证明的理论。总之,这一时期的科学思想已从零散地积累知识进向成熟,达到建构知识系统的能力。亚里士多德创建逻辑学说,就是反思、升华这种理性能力,为推进知识系统化提供坚实的思想工具。有的史家论评希腊古典时代的科学成就,认为它远逊于希腊化文明中科学知识系统化的重大创新。这种见解未必切实、公允,因为正是由于希腊古典文明全盛后在学科的基本理论原则、知识内容与研究方法方面已完成了奠基性准备,才能有希腊化文明中的伟大科学创新。

在希腊古典文明中,随着社会历史进程波澜壮阔地展开,希腊人的自我意识逐渐萌发与增强,对人和社会的认识较往昔远为深化,人文社会知识也空前地丰富与发展,为希腊古典哲学赋有浓烈的人文精神提供了知识条件。

在希腊城邦民主生活活跃的历史背景下,论辩术和修辞学在这一时期得到长足发展,推动了语言学与逻辑思维的进展。公元前 5 世纪中叶叙拉古的科拉克斯(Corax)及其弟子提西阿斯(Tisias)首先编写了修辞术教本,他们在雅典传授诉讼知识,教人如何论辩取胜。之后,塞拉西马柯、泰奥多罗等人相继有著述贡献。在智者派中,普罗泰戈拉已用比较科学的方法,研究希腊语言的词性及语法;普罗狄科则从语义角度细致研究了词义的区分;许多学者还就语言起源问题展开了自然天生论和约定俗成论的有哲学意义的重大争论。公元前 4 世纪更是修辞学的黄金时代,卓有成就的大师是伊索克拉底(Isocrates)和德谟斯提尼(Demosthenes),他们反对智者将修辞用于诡辩,主张修辞术是创造性技艺。亚里士多德在《辩谬篇》中中肯地说:当时的那些著名学者,由于继承、推进了许多前辈的遗产,"已经使修辞学达到了现在日臻完善的地步","这门学问已具有大量丰富的内容"。[①] 修辞学的蓬勃进展,促进了希腊人自觉反思理性思维,形成了思维科学,促进了对人的认知能力的哲学研究。

希腊古典文学艺术突出"人"的主题所取得的灿烂辉煌的成就,更是在西方文艺复兴之前无与伦比。它既辉耀朝气蓬勃、乐观进取的人性魅力,又表现以深沉的理智反思社会现实的批判精神。大量的建筑与雕塑艺术杰作,在洋溢生命活力的形体中显示了人的崇高、尊严和人性美。希波战争后重建沦为废墟的雅典,新的卫城、议事厅、圆形剧场、音乐厅、各座神庙、雅典英雄提修斯的神殿,还有著名城市设计家希波达摩设计的新庇雷埃夫港区,纷纷拔地而起,使雅典成为建筑艺术的精品园。伯里克利的好友、造型艺术天才菲狄亚斯(Phidias)负责建造的雅典卫城及其主体建筑帕提侬(雅典娜)神殿,更是希腊建筑艺术的典范。这一建筑群体融会多立斯风格和伊奥尼亚风格,成为造型庄重、气度恢弘的和谐整体。帕提侬神殿矗立在卫城最高点,君临群山远海,守护着城邦子民,表现出当时雅典人的文明创造力与壮美情怀。雕塑是公认的希腊艺术的传世之绝。这一时期希腊雕刻全盛,名家与杰作迭出,艺术性已臻精美成熟,无论是神像或人像,无论是健壮勇敢的男性或端庄秀慧的女性,

---

① 见亚里士多德《辩谬篇》,183b30—36,载于《亚里士多德全集》。

都表现了艺术家对人的力量、人性庄美的讴歌。普卢塔克称赞它们"具有永恒的生命",在形体结构中蕴藏着"永生的活力和不朽的精神"。菲狄亚斯用黄金与象牙雕刻的帕提侬神殿中的雅典娜,华美庄严,神情清逸,象征着智慧与纯洁;他赴奥林帕斯神殿用黄金与象牙创作的60英尺高的宙斯巨像,象征着人统摄宇宙的威力。米隆、利西普斯、波拉克西特列分别创作的《掷铁饼者》、《竞技优胜者》和《抱婴孩的赫耳墨斯》,都是表现人的健美、尊荣与圣洁的不朽名作。

戏剧是希腊古典文学的最高成就,是民主制的产物。它刻画人性,反思社会生活,内容开阔,更有思想深度。最著名的三大悲剧家及喜剧家的作品,表现了他们在古典文明由盛趋衰的过程中对人与历史命运的不同思索。"悲剧之父"埃斯库罗斯(Aeschylos,约前525—前456)在《被缚的普罗米修斯》中塑造了一位为人类盗取天火而被钉在高加索山上的神灵,他不畏宙斯的残暴王权,为人类进步勇于斗争、不怕牺牲,马克思称赞他是哲学日历中最高的圣者和殉道者。这一杰作实质上以神话寓意的方式,将雅典的民主斗争提升到关系人类命运的高度。他的悲剧回荡着一个主旋律:尽管逆境不可避免,具有自由意志的人能坚强自信地对自己所选择的行为负责。伯里克利的好友索福克勒斯(Sophocles,约前496—前406)曾任雅典十将军之一,主导雅典戏剧界30年,被誉为"悲剧创作的荷马"。他经历了民主制的盛世,又目睹伯罗奔尼撒战争中雅典的衰败,雅典的历史命运使他的创作交织着一种矛盾惶惑的情绪:既讴歌人的伟力与民主理想,又难以理解民主自由沦落这命运的捉弄。他在杰作《安提戈涅》中热情洋溢地歌颂人是世间最惊奇的,能穿越波涛,改造大地,善于劳动,独有语言与思想,能战胜一切困苦,为自由而斗争;而他最著名的杰作《俄狄浦斯王》蕴涵着作者对时局的困惑:追求民主自由的城邦怎么会在命运逆转中变为民主自由的破坏者、失落者? 苏格拉底的好友欧里庇德斯(Euripides,前480—前406)是有理性精神的"剧场哲学家",他终结了"英雄悲剧",直接描写现实的人和社会生活,是西方第一位"社会问题"作家。他以理智的批判精神,透析雅典城邦衰落中所暴露的种种弊端;抨击雅典对外侵略的不义战争,渴望美好的和平;指责民主制蜕变为政客弄权的工具,反映民众对真实民主的要求;揭露贫富悬殊,鞭挞富豪贪暴,同情穷人;批判奴隶制违背自然的人性,认为奴隶应有人的全部尊严。苏格拉底与他很有思想共鸣,说为了看他的戏,即使从外港长途步行到剧场也愿意。阿里斯托芬(Aristophanes,约前446—前385)是富有人道理想和批判精神的古希腊最杰出的喜剧家,他的作品开阔地展现了当时希腊的政治、经济与思想文化各领域的生活画面,以喜谑怒骂之笔针砭时弊、剖析危机,表达社会理想。在《阿卡奈人》中他批判雅典和斯巴达争霸之伯罗奔尼撒战争,提倡诸城邦和平相处的泛希腊爱国主义;在《骑士》中他猛烈抨击当权政客克莱翁借"民主"之名煽动战争、玩弄权术、图谋私利,揭示民主制的蜕变;在战争末期和战后,他在《鸟》中提出建立一个无压迫、共劳动、平等生活的理想国;在《财神》中他深刻揭露了财富分配不均、贫富急剧分化的严峻的社会矛盾,主张实行社会改革,废除私有财产,这是西方最早的"大同"思想。据说,柏拉图曾将他的剧本送给叙拉古王狄奥尼修,认为从中可了解雅典社会的实情。希腊古典文学艺术有丰盈的人性内涵和深刻的批判精神,实质上表达了作家对人和社会变迁的深刻理解。后来亚里士多德写的《诗学》是西方第一部系统的美学著作,它从哲学高度概括了希腊古典艺术的辉煌成就,升华了希腊艺术体现的人文精神和人文社会知识。

亚里士多德将研究人的社会活动与生活行为的知识,归类为凭借实践智慧获得的实践知识。在这一时期,历史学、伦理学与政治学的研究成就显著,体现了实践理性与人文精神的融合。它们从不同角度反思希腊古典文明自身的盛衰,形成了围绕人和城邦社会的历史观念、伦理精神与政治理想。修昔底德(Thucydides,约前460—约前400)的历史研究比早先的希罗多德更趋严密、成熟,深刻体现了对历史的理性批判精神。他经历了伯罗奔尼撒战争全过程,其追踪战争、倾毕生心血写成的《伯罗奔尼撒战争史》,摒除一切神话传说与宗教迷信因素,以严谨的逻辑与理智的分析,从哲理的高度深入探究了历史事件的因果关系,指出大战的根本原因是雅典在希波战争后扩展势力,和斯巴达争霸,雅典失败则是由于内部党派相互倾轧,奴隶逃亡,盟邦叛离,经济(特别是脆弱的农业)崩溃。他指出大战双方"都没有正义的动机",党派领袖们事实上都是为了"谋求私利",他们的酷虐杀伐造成全希腊政治秩序的极度混乱。他所刻画的政治动乱又造成希腊精神世界的极大危机更是入木三分:人性普遍堕落,行为准则乖变,野心与贪欲成为判断美德的标准,弱肉强食就是"正义"与"公道",肆无忌惮的侵略就是"勇敢","阴谋成功是智慧的表示"。他不是从神意或天命出发,而是根据人自身的本性与活动去探究希腊城邦由盛趋衰的根源。

在大战后的希腊社会转变时期,相互紧密联系的伦理学和政治学,更直接研究了城邦盛衰这一时代主题,发展成为系统的理论。苏格拉底最早提出道德振邦与贤人政制的主张,柏拉图和亚里士多德进而根据不同的人性论哲学,以伦理为基础,探究城邦的政制、道德与教育,总结希腊城邦存亡兴衰的缘由,都力图挽狂澜于既倒,各自提出重振城邦的理想的社会设计。亚里士多德更使内在关联的伦理学与政治学成为两门比较严整的学科,他的学说也更贴近生活现实,更富有实践智慧。这些对后世西方伦理学和政治学有深远影响的实践知识,都融会在他们的哲学学说之中。

希腊古典文明的各种精神文化形式是内在联结的。以上概述的这一时期自然科学知识与人文社会知识的整体性发展,和希腊古典哲学的特征与演进是相关联的,是它的文化成因与知识背景。

三　希腊古典哲学的演进线索、主要特征和研究资料

希腊古典哲学以雅典为中心展开,辐射希腊本土各地与东西部殖民城邦。伯里克利时代的民主政治和繁盛文化,促使希腊哲学关注研究人和社会、文化问题。从早期希腊自然哲学转向希腊古典哲学的标志,首先是兴起智者运动,这是西方最早的人文主义启蒙思潮。智者是收费授徒、教人论辩、参与政治活动的知识人士,在发展修辞学和语言学上颇有

贡献。他们的哲学思想已破除神主宰人的传统观念,认识到人是社会生活的主人,甚至已提出素朴的社会进化思想。智者派有两重性:他们起过人文启蒙的积极的历史作用,但他们主张"人是万物的尺度",宣扬感觉相对主义。在城邦争霸、利益纷争的社会背景中,一些智者还论证幸福就是实现自我欲望的快乐、强权即正义、弱肉强食为自然法则等情感主义的社会伦理原则和霸权政治原则,这些理论被从事侵伐争霸的城邦统治者所奉行,败坏了社会道德风气。有些后期智者则将论辩术玩弄成为反逻辑的诡辩术。后来苏格拉底、柏拉图、亚里士多德三代师生建立起博大精深的理性主义哲学,他们在理论上的拨乱反正,就是从哲学、伦理道德和逻辑等方面,批判智者派否定知识与真理的确定性,扰乱与败坏道德价值。他们总结、反思希腊古典文明的科学文化,将希腊古典哲学推向鼎盛的高峰。

希腊古典哲学的主要精华,就在于苏格拉底、柏拉图、亚里士多德三代师生相继批判地总结早先的哲学,概括、升华当时希腊人所发展的各类知识,力图从哲学高度思索和解决城邦奴隶制由盛趋衰的时代问题,从而创立了三种既有思想联系又很有区别的宏富深湛的哲学学说。

苏格拉底第一个将哲学从天空召唤下来,使它立足于城邦,研究生活、善和恶,建立一种人的哲学和理性主义的道德哲学。他发展了一种逻辑分析的对话辩证法,这是奠立西方分析理性传统的重要环节。他的哲学变革深化并融合了希腊古典文明中的科学理性和人文精神,奠立起希腊古典哲学的主流精神。他的哲学的目的是要拨乱反正,重建有客观确定性的理性认识和有普遍规范性的道德价值,实现道德振邦。

柏拉图继承并发展老师苏格拉底的哲学,进而构建精致的理念论哲学体系,从研究伦理知识扩展为研究全部存在的知识,研究自然、社会和各种文化,提出多种别具一格的学说,包括理念论、伦理道德学说、国家学说、法哲学、宇宙创生论、教育哲学、修辞与语言哲学思想、审美与艺术哲学思想,等等,几乎论及当时的全部精神文化。他的"理想国"是针对当时城邦奴隶制趋衰的乱世,依据确定的体制伦理原则设计的,实际上是以"乌托邦"的形式,表现了他的以清廉的集权型奴隶制取代趋于腐败的城邦奴隶制的政治理想,虽然难以实现,但从中也可见他对历史发展趋势有敏锐的洞察力与预见力。柏拉图是西方古代最重要的思想大师之一,他构建了气势恢弘的理性主义哲学体系,审视希腊古典时代的全部文化,以理论形态升华希腊古典文明的文化精神,他的思想对西方后世的基督教、哲学与文化都有深远的影响。

亚里士多德更是百科全书式的学术巨子,他几乎系统研究了当时哲学和科学文化的各门知识,各有系统的理论建树,使它们初具学科形态。他的博大精深的知识体系是希腊古典文明的全面总结和最高精神文化成就。他批判地总结了泰勒斯以来的各派希腊哲学,与柏拉图的理念论分道扬镳。他注重经验与理性结合,从科学知识与社会、文化的实际出发,建立严谨、深刻的哲学体系,体现了科学理性与人文精神的有机结合。他奠定了西方的分析理性传统,创立了语义分析和三段论形式结构相结合的逻辑学,其中包括建构证明知识的科学方法论;他建构了以本体为中心、表述存在的各方面普遍属性的哲学范畴体系,形成形而上学(第一哲学);他的自然哲学(第二哲学)是一种科学哲学,并包含着宇宙论;他的灵魂学说则研究人的心理和认识过程,并且细致考察了不同的理性能力在不同知识领域各有的特定功能;他开阔地研究人与社会,突出"人是目的"的原则,根据人的现实生活行为实践,建立起一种社群本位的城邦体制伦理和以完善公民的品格为原则的德性论,并以他的伦理原则为基础,建立了一种深刻、系统的政治哲学,旨在改善城邦,解救危机;他的诗学则是西方第一种较系统的艺术哲学。亚里士多德的哲学作为希腊古典文明最瑰玮的理论结晶,有博大精深的内涵和绵延发散的生命力,不仅一直深久地影响西方文化至今,而且也被犹太教、伊斯兰教、基督教的多种文化所融会、吸收。

在苏格拉底之后,他的一些弟子从不同角度发挥、修改他的学说,衍生出三个小苏格拉底学派,即融会爱利亚哲学并有逻辑思想建树的麦加拉学派,奉行禁欲主义的昔尼克学派,宣扬"幸福是快乐"这种情感主义道德的居勒尼学派。他们对"善"各有不同的阐发,表现了在那个城邦危机时代哲学与伦理思想复杂多样的局面。这些学派对晚期希腊罗马哲学也有一定的影响。

希腊古典哲学从总体上看,有以下五个主要的理论特征。

第一,从智者运动的人文启蒙,经过苏格拉底的哲学变革,进向哲学的体系化建构。哲学的主题已不局限、停留在早期希腊哲学所探讨的自然的本原上,而是通过形而上的思辨与富有逻辑分析精神的"辩证法",探究存在全体的本质,建立更为开阔、更深层次的哲学范畴体系。通过反思当时齐整推进的自然和人文社会知识,哲学的内容也大为开阔深入,特别是柏拉图和亚里士多德的哲学体系,不仅有系统的形而上学,而且包纳了哲学各分支部门的系统学说,而在早期希腊哲学中它们往往还只是比较零散的思想。这种体系化哲学的建立,使希腊哲学最终确立了为西方哲学与文化传统奠定根基的地位。

第二,突出对人和社会的哲学研究,伦理学和政治哲学成为希腊古典哲学的显要内容。在人文启蒙运动中突出了对人的价值的研究,而城邦间的政治斗争也早就促使智者们研讨政治伦理原则和情感主义道德论。城邦奴隶制趋于危机、社会道德秩序衰败与混乱的情势,更促使苏格拉底、柏拉图、亚里士多德以不同的理论取向和方式,特别重视社会伦理和相应的城邦政治体制研究,力图在矫正社会伦理道德秩序的基础上,重建革新的社会体制,克服社会危机,挽狂澜于既倒。伦理学和政治哲学在柏拉图和亚里士多德的哲学体系中都占有相当大的比重。三个小苏格拉底学派的学说重心也在对"善"的最高伦理原则的不同思考上,表现了他们在那个社会伦理生活纷乱的时期所持有并宣扬的道德取向。

第三,自然哲学没有被边缘化,而是更为深刻、充实与系统化,成为不同哲学体系的有机组成部分,更有科学理性的内涵。随着这一时期对自然探究的深入和自然科学知识趋向系统化,以及科学知识中逻辑思想的不断积累直至创建逻辑学,自然哲学中体现了较浓烈的分析理性精神,并有了建构证明知识系统的科学方法论。柏拉图的宇宙论是他的后期理念论的重要部分,综合、吸取了早期希腊自然哲学的许多成果,并概括、吸纳了当时的科学成就,特别是天文学和几何学的成果。亚里士多德将他的自然哲学称为第二哲学,著有多卷著作,是通达他的形而上学(第一哲学)的重要之途,也是他的哲学体系的重头部分。他的自然哲学是对科学知识中的哲学原则与方法的研究。凭借他所创建的逻辑学这一坚实的思想工具,他将当时已达获的各门科学知识梳理成有逻辑证明的系统,使它们初具学科雏形,但它们还没有完全独立于哲学,还是在自然哲学的框架内。

第四,早期希腊哲学的认识论思想,特别是对人的理性思维的探究是较为薄弱的,希腊古典哲学则大为加强了认识论方面的研究,对人的认知过程细加辨析,并自觉反思人的理性思维,形成较为严整的不同的认识理论,这成为不同哲学学说的重要方面。智者派的哲学出自他们的感觉相对主义。苏格拉底的"普遍性定义"和对话的"辩证法",实质上以逻辑分析精神强化了对人的理智思维的认识。柏拉图的理念论哲学体系,则包含着大量的对从感知认识到理智认识的不同阶段的细致研究,是灵魂上升"转向"、把握数理理念直至最高理念的认识之途。亚里士多德的知识论和灵魂学说,更切实地剖析人的求知过程,强调经验和理性都是知识的本源,具体分析了人的各种认知形式。特别是他的"辩证法"和逻辑学,是自觉反思人的理性思维及其形式结构所结出的硕果,为求获真知、建构证明的知识体系提供了科学的方法论,和他的形而上学也是水乳交融、内在联结、互渗互动的。

第五,将宗教哲学化,在哲学中包含着浓重的理性一神思想。在早期希腊哲学中爱利亚学派和恩培多克勒只有粗糙的理性神思想。这一时期的苏格拉底、柏拉图、亚里士多德等主要哲学家,虽不反对在当时城邦生活中仍起重要作用的传统多神教,但他们的哲学学说实际上以不同方式从理论上抨击、批判了拟人化的传统多神教,以不同的哲学思辨方式确立了理性一神。苏格拉底被控引进"新神",柏拉图的最高理念"善"和非人格的创生宇宙的理性"创造者",亚里士多德的"不动的动者"即最高形式"善",实质上都是以不同方式建树了理性一神。这种理论特征,决定了他们的哲学学说后来能和高度伦理化的一神教——"基督教"融合,成为基督教神学的理论支柱。

希腊古典哲学可供研究与参考的资料是比较丰富的。在全部希腊哲学中,这一时期留存的原著资料最多。柏拉图的已考证为真实的 28 种著作(包括对话篇和一些书信)和亚里士多德的 46 种著作(除少数短篇存疑外均经考证为真实的),是研究希腊古典哲学的最重要的原著资料。智者派和小苏格拉底学派的原著虽大多未完整保存下来,但从古代著作所保存的残篇或转述的文献中,仍可研究其思想脉络。从古代以来,评释与研究希腊古典哲学特别是柏拉图和亚里士多德的著作可谓浩如烟海。

近现代西方学者对希腊古典哲学的断代研究著作,较重要的有:黑格尔的《哲学史讲演录》第 2 卷;策勒的《苏格拉底和苏格拉底学派》、《柏拉图和老学园》和《亚里士多德和早期漫步学派》;康福德的《苏格拉底以前和以后》;冈珀茨的《希腊思想家:古代哲学史》第 2 卷《苏格拉底和苏格拉底学派,柏拉图》,第 3 卷《柏拉图》,第 4 卷《亚里士多德及其后继者》;耶格尔的《潘迪亚:希腊文化的理想》第 2 卷《探索神圣的中心》,第 3 卷《柏拉图时代文化理想的冲突》,以及他的《亚里士多德:发展史纲要》;格思里的《希腊哲学史》第 3 卷《公元前 5 世纪的启蒙运动》,第 4 卷《柏拉图其人和对话:早期》,第 5 卷《后期柏拉图和学园》,第 6 卷《亚里士多德》。对希腊古典哲学各派和专人、专题的研究更多,容后再述。

中国学术界对希腊古典哲学的总体研究自 20 世纪以来也贡献了不少成果,较重要的有:陈康的《论希腊哲学》(主要研究柏拉图和亚里士多德),叶秀山的《苏格拉底及其哲学思想》,汪子嵩等的《希腊哲学史》第 2、3 卷(研究从智者至亚里士多德的全部希腊古典哲学)。

第八章　智者运动

从公元前 5 世纪中叶起的半个多世纪,在以雅典为中心的希腊各地城邦,出现了一批智者掀起的思想运动,它开启了早期希腊自然哲学向希腊古典哲学的转折。智者运动是希腊民主制全盛的思想产物,是西方思想史上最早发生的一次人文启蒙运动和人本主义思潮。它不仅有其哲学思想,也涉及语言学、论辩术、修辞学、政治、伦理、宗教、文学艺术、史学等许多领域,而这多方面的思想也都有其人文哲学的根据。这股思潮虽较庞杂,也不是一个严整的学派,但有大体可追溯的哲学思路。它自身也是演变着的,有两重性。前期的智者运动顺应民主制时代的潮流,提出关于人类社会、人的本性、人的价值、人神关系、个人和城邦关系以及道德评价等的一系列新观念,提高了公民的文化素质,促进了文化繁盛,在现实生活中产生了广泛影响;它促使希腊哲学开始将人和社会作为研究的重要内容,吸纳了较浓烈的人文精神,可以说对希腊古典哲学起有一种"催生剂"的作用。智者运动本来就包含着感觉相对主义、伦理价值相对主义等消极的思想内涵,随着民主制趋向衰落,后来的智者将其吹胀,泛滥成为社会政治与道德秩序混乱的一种思想根源;而苏格拉底、柏拉图、亚里士多德都是在批判智者运动的负面思想中建立自己的哲学,将希腊古典哲学推向全盛的高峰的。因此,无论就正负面意义而言,智者运动都是开启希腊古典哲学的重要环节。

第一节　智者运动的兴衰

由于苏格拉底等哲学大师对智者的严肃批判,加之旧喜剧作家本来并非恶意的讽刺、漫画化,人们常将"智者"和"诡辩者"等同视之,所以智者的名声在很长一个时期不太好,近代初期一些哲学史家甚至认为智者学派毫无价值,简直是一团混乱。[①] 在现代学者中,全盘否定智者的人虽已几乎没有了,但或褒或贬,众说纷纭,看法很不一致。为了对智者运动有具体、深入的理解和全面、恰当的评价,我们应先从总体上了解它兴衰的时代背景、探究的主要哲学论题以及它的历史命运。

一　智者的含义和智者运动的演变

"智者"一词的希腊原文是 Sophistes,它本来的意思是指"有智慧的人"、"贤人"、"聪明有才能之人",哲学家即"爱智慧者"也是从该词扩展而来的。在希腊早先"智者"一词是用得相当宽泛的,包括在技艺和占卜、预言方面有特殊才能者,在诗歌、绘画、戏剧、雕刻等文学艺术方面有杰出才华者,古代著名医生,贤能的治理城邦者(如"七贤"之一梭伦),知识技艺研究方面的智慧之人包括泰勒斯以来的一些哲学家。[②] 而到公元前 5 世纪中叶,对兴起智者运动的智者则有了特定的含义,专指起初以普罗泰戈拉为代表的一批收费授徒,传授论辩术、演说与诉讼技巧、修辞知识和治理城邦知识的职业教师。早先希腊的许多知识人士从事文化工作如演戏、教书等,虽然也会获有报酬,但大多不以此为终身职业,而智者们却以教书为生,是第一批职业的教育家,兼而从法、从政。他们自称智者,以智者为荣;他们收费授徒,而学费一般也是有限的;他们以演

---

① 参见策勒《希腊哲学史纲》,第 498 页,伦敦,劳特利奇与基根·保罗公司,1931。
② 参见格思里《希腊哲学史》第 3 卷,第 27—34 页及有关的注,剑桥,剑桥大学出版社,1969。

讲和诉讼为主要教学内容,训练人的思维与表达能力、政治参与能力,或系统集中讲座,或个别传授,教学形式多样;他们在希腊各城邦巡回施教,游历各地,有的声誉日隆、颇负盛名的智者还充任外交使节。

古希腊的教育大体有三种地区类型:第一种类型是斯巴达,重在进行严格的体育和战争训练,将青少年培养成没有个性和灵魂的战争工具,不欢迎智者。第二种类型是帖撒利农牧区,本是文化蛮荒地,统治者为改变粗俗、闭塞的境况,让子女受教育以提高文化水平,重金礼聘一些智者去进行文化拓荒。第三种类型就是雅典,教育最发达,被称为"全希腊的学校",也是智者活动的中心。雅典从梭伦起就开始重视教育,到公元前5世纪初已形成一套按不同年龄的分级和分科教育:6—14岁的孩子都要进初等学校,教育内容包括音乐和体育。所谓音乐指缪斯女神传下来的各种技艺,包括读、写、背诗、弹唱和计算等。14—17岁的少年可接受中等教育,学习文学、文法、修辞、绘画和几何学等。18—19岁的青年要受两年军事训练。但如普罗泰戈拉所说,只有拥有钱财的富人才有条件受这样的传统教育。[①] 而到伯里克利时代,这种初等与中等教育已不适应雅典经济与政治发展的需要,民主政治迫切需要演说、论辩、修辞、诉讼与从政的能力,要求以一种研讨型的高等教育来探究与传播语言、政治、伦理等方面的人文社会知识,智者运动应运而生,智者们就是当时研究型的高等教师。

前期智者运动的兴起,正是雅典民主制的精神产儿。凡雅典城邦的自由公民,人人都可以参与政事,发表自己的意见,不是靠出身和权势,而是靠意见的正确来取得公众的信任。法律不再由神意所定,不再只是习惯法,而有成文法,人人得以在法庭上亲自辩护、据理力争。生动活泼的政治局面也带来思想文化上百花齐放、百家争鸣的盛况。在思想解放中各种意见得以发表,孕育着古典时代的思想大丰收。智者运动兴盛,正反映了雅典民主制激发的那种意气风发的精神面貌。如叶秀山先生

---

① 见柏拉图《普罗泰戈拉篇》,325C—326E,载于《柏拉图对话全集·附信札》。

所述:普罗泰戈拉的名言"人是万物的尺度",被黑格尔赞为"伟大的命题",对"当时希腊自由民的精神面貌作了精辟的哲学概括",虽然"是个人主义的、相对主义的,最终会导致怀疑主义,但在当时却曾经是自信的、积极的精神写照"。[①] 智者运动兴盛期涌现了普罗泰戈拉、高尔吉亚、普罗狄科、希庇亚等富有才智的名士,对推进当时的文化启蒙起了重要作用。从柏拉图的《普罗泰戈拉篇》等对话可见,苏格拉底和柏拉图虽在学理上严肃批判他们的观点,但对普罗泰戈拉、普罗狄科等文化启蒙的引导者还是相当尊重的。

公元前 5 世纪末到前 4 世纪时,在希腊和雅典社会曾盛极一时的智者运动明显地衰落了,这和雅典在伯罗奔尼撒战争中惨败、民主制蜕变是密切相关的。这时出现的较年轻一代的智者如塞拉西马柯、克里底亚(Critias)、欧绪德谟(Euthydemus)等人所宣扬的言论,已丧失了早期智者的学术严肃性和文化启蒙意义。他们将智者的智术完全当做赚钱的工具,将论辩技艺变成玩弄诡辩的游戏。如柏拉图在《欧绪德谟篇》中揭露欧绪德谟兄弟俩收集了大量智者的著作,潜心研究和摹仿,一心想出人头地,出入于市场和议事会等引人注目的场所;可是又高傲自大,生怕别人知道他们是学习了老一代智者的著作,总是装腔作势,好像他们是无师自通,天降大任于斯人也。他们的论辩术已不是针对严肃的论题,毫无正确的思维形式,而蜕变为一种任意玩弄概念游戏、逻辑上极为荒唐的诡辩。

智者运动中的感觉相对主义理论原则的消极面,在民主制衰变,希腊城邦互相讨伐、争霸争利的社会情势下恶性发展。智者的理论和实践活动的恶劣表现与后果有三:(1)为当时在希腊世界(包括南意大利和西西里)中实行"民主制"的城邦普遍出现的煽动民众的蛊惑家提供思想工具,用所谓"强的论证"煽惑群众,达到个人的目的,获取自己的私利,并

[①] 见叶秀山《前苏格拉底哲学研究》,载于《叶秀山全集》第 1 卷,第 333 页,江苏人民出版社,2019。

加速了法律与真正的城邦民主生活准则的瓦解。（2）宣扬"正义就是强者的利益"等弱肉强食的歪理，为当时希腊城邦间的侵占伐掠、军事征讨提供理论依据，对全希腊的政治秩序混乱起了推波助澜的恶劣作用。（3）以相对主义的情感道德论，宣扬幸福与德性就是满足个人欲望的快乐，搅乱了社会伦理与道德价值准则，对当时希腊社会道德风气的败坏负有一定的责任。当然，终极的根源还在于希腊城邦奴隶制和雅典民主制的衰败造成了智者运动中消极方面的恶性膨胀，并使这盛极一时的思想运动自杀性瓦解。

　　智者运动的人文思想涉及面宽泛，经历了一个演变的过程，智者们的见解也较庞杂歧异，那么他们能否被看做一个"哲学学派"呢？近现代的西方学者有不同的看法。有些学者认为"智者"不能成为一个"学派"，格罗特就认为，智者除职业相同外，别无其他共同点，因此"智者"只是一个阶层，而不是一个学派。① 多数学者则认为智者运动在哲学与文化上有重要的共同性，如耶格尔在他研究希腊文化的著作中，将智者学派当做教育学派、文化团体来研究，肯定他们哲学的启蒙意义，既主张从哲学、伦理学上来评价智者，又指出他们的人文精神是接续了诗人的传统，是荷马、赫西奥德、梭伦、塞奥格尼（Theognis）、西蒙尼德（Simonides）和品达（Pindarus）的继承者。② 实际上，智者是启蒙的人文主义者，又是这种人文精神的自我破坏者；他们可被看做包含积极的启蒙肯定因素和消极的自我否定因素这两重性的、松散又演变的哲学学派。在那个希腊古典文明由盛趋衰的时代，如叶秀山先生所述："他们的一切学问，无论伦理学也好，修辞学也好，论辩术也好，都蕴藏着一个哲学的原则，一个思想体系、意识形态的原则，而他们都是个人主义的、怀疑主义的、相对主义的。不可能想象，柏拉图会把一个没有哲学原则的修辞学派当作自己

① 见格罗特《希腊史》第 8 卷，第 333 页，伦敦，约翰·莫莱出版社，1883。
② 见耶格尔《潘迪亚：希腊文化的理想》第 1 卷，第 291 页，伦敦，牛津大学出版社，1980。

399

的主要论敌之一。"①

二　智者运动的主要哲学论题

智者们在内容宽泛的论辩与研究中，实际上探讨了不少哲学问题，表现了他们有着两重性的哲学思想。智者们研讨的哲学论题主要有以下四个：

第一，以人为中心的存在论。他们的哲学纲领为"人是万物的尺度"。早期希腊哲学的自然本原论，到巴门尼德后都已提到自然的"存在"这一哲学原理的高度来探究，而"人"还只是自然的一个小的从属部分，并不处于存在的中心部位，对人的探究也是有限的。智者的领袖普罗泰戈拉则一反早期自然哲学的传统，强调人才是万物的尺度，是存在的事物存在的尺度，也是不存在的事物不存在的尺度。这就开启了哲学的重心从自然向人转移的先河，并且揭示了在自然与社会人生中，神并不是人的统治者、支配者和裁决者，人才是存在的中心，是规范自身、决定自身命运的主人。但智者的"人"没有严整的理性规范，是建立在感觉论知识观的基础之上的，个人对事物现象的感觉与体验成了衡量存在的尺度，成了判断是非善恶的并无确定性的标准，这就滑向了个体主义、感觉论相对主义。而更极端的是在全盘否定早期希腊哲学的存在原理中，走向一种虚无主义、怀疑主义，如高尔吉亚提出的三命题：无物存在；即使存在某物，人们也不可能把握；即使把握了，人们也无法加以表述，告诉别人。

第二，自然(physis)论和约定(nomos)论之争。这是贯穿于智者运动中的一场重大争论，是对智者的各种学术有广泛影响的哲理之争，涉及自然和社会的区别、人和社会的本性、法律和伦理规范的本性乃至语言的本性等重要问题。约定论主张人和社会、城邦国家不是自然生成

---

① 叶秀山：《前苏格拉底哲学研究》，载于《叶秀山全集》第 1 卷，第 330 页，江苏人民出版社，2019。

的,不是神所先天决定的,而是后于自然人为地形成的,城邦的一切政治法律体制和伦理道德规范(不成文法)都是约定俗成的,有某种契约性,因而对已不适应现实生活的传统的城邦体制与法律、惯俗(伦理规范),人们有权、有理由作出变更。自然论则认为社会生活的一切皆应符合人和社会的自然本性,政治、法律和习俗规范都应有益于社会的自然本性即正义,应有益于改善人性,因此对那些成为这种"自然"本性的桎梏的法律和习俗,对那些不符合城邦正义和公民的自然要求而任意制定的法律,都可以更改。由此看来,自然论和约定论两派虽观点不一,但在城邦民主制兴盛时代,都为改革、变更陈旧的传统体制与规范提出了理论依据,都有积极的意义;而主张人性本恶的"自然论"者、杰出的历史学家修昔底德,也用人的贪欲、野心与统治欲,来解释伯罗奔尼撒战争的真实原因是雅典和斯巴达的争霸,人性的堕落造成了全希腊精神的堕落,这在当时不失为一种高超的历史哲学卓见。但自然论和约定论也都蕴涵着消极面,它们后来在民主制蜕变、城邦间的征伐争霸中恶性膨胀,成为迎合统治者意志的理论依据。有的约定论者主张,原本是人为的法律可随执政人(包括民主派蛊惑家)的意志不断修改,随意解释。自然论者则宣扬,强者统治弱者是普遍的自然法则,就是正义。如雅典征服、蹂躏弥罗斯岛前,雅典代表对弥罗斯岛代表扬言:正义的标准是以同等的强迫力量为基础的,强者能够做他们有力量做的一切,弱者却只能接受他们必须接受的一切。

　　第三,关于社会进化和人神关系的思想。在智者运动之前,希腊人一般持有城邦与社会由神主宰的观念,如赫西奥德以神话方式表达了一种从黄金时代、白银时代到铜铁时代的社会倒退论。智者运动则萌发了一种历史进步观念,也用神话形式,认为人凭其自身的本性,从动物中分化出来,依靠神赐的人的智慧,发明语言和各种技艺,得以生存与发展;从分散的个体变为群居,为自保而建立城邦;为免除人与人之间的侵犯、残杀,宙斯授予人"正义"和"相互尊重"两种品德,从而使城邦有合理稳定的政治、法律和道德秩序。这种素朴的社会进化思想,也是民主制的一种理论根据,并为希腊古典哲学深入、细致地研究城邦与社会的演进开了先声。但它毕竟还是很素朴的猜测,缺乏对城邦社会构成与演变的分析和论证,因而并不能形成一种理性指导的社会历史观,也不能抑制智者运动自身的社会相对主义、强权正义观的恶性膨胀。智者们还以素朴的社会进化观进一步破除了神主宰人的宗教观念,提出了怀疑神存在的疑神论思想。甚至已有主张不是神创人而是人创神的无神论思想,它具体阐释了人在文明创造活动中创造了神,神的形象不过是自然力量和人自身的卓绝能力的象征。这种思想在当时是很大胆新颖的,虽然不可能为公众接受,却突出地表现了人文启蒙精神。

第四,相对主义道德价值观和情感道德论。德性、美德的希腊文arete,原意泛指"一切事物的优良特性、品性与功能",后来逐渐专门具有伦理意义,指"人的优良的道德品性",有所谓希腊传统的四主德:节制、勇敢、友爱、正义,它们都是神赋予的。智者运动则强调这些德性是人自身具有的,也靠人自身的感知与体验来评判正当与否、善与恶;而且美德是可教的,靠人自身能传授。这无疑有破除陈旧的氏族贵族道德的积极意义,并使智者有"智术之师"和"道德之师"的双重形象。但他们在伦理道德领域也贯彻一种感觉论相对主义,认为各种德性是约定俗成的,可以因人因事而异,发生有益或有害的作用;道德价值完全是不确定的,没有普遍的标准,人的幸福和善恶是由快乐与痛苦等情感所支配和评判的。因此,智者运动最终不能为城邦民主制确立稳定、规范的社会道德秩序,反而搅乱、败坏了社会道德风气。

此外,智者运动对语言学、论辩术和修辞学做了大量开创性的研讨和传授工作,使它们成为专门的学问或是有学科的雏形,并在普及传授中起到文化启蒙的积极作用。而且,他们的研讨中也萌发了语言哲学思想,增加了正反面的逻辑思想,这对希腊古典哲学中逻辑思想的大发展,直至创建系统的逻辑学,都有重要意义。

三　智者运动在希腊哲学史上的地位

智者的学说促成了希腊哲学的重大转折,也就是突破了早期希腊以探究自然本原和宇宙生成论为主要内容的自然哲学,开阔了以研究人和社会为中心的新的哲学领域。"人是万物的尺度"这个响亮的口号,喊出了希腊文化繁荣昌盛的伯里克利时代的精神。人们的思想从传统的束缚中解放出来,文化上出现了百花争艳的局面。

智者和批判他们的苏格拉底、柏拉图、亚里士多德都是这个时代精神的产物,而且没有智者也就不会有后来希腊古典哲学的鼎盛,因此智者运动在哲学史上的积极作用与应有地位是不能抹煞的。随着雅典帝国和民主制的衰落,政治和经济方面的动乱日益加剧,城邦奴隶制危机日益严重,智者思想的消极作用也就日益明显。智者提倡的感觉论相对主义、怀疑论和强权政治伦理、情感道德论,助长了社会秩序的破坏和社会风气的堕落。当时需要一种以追求普遍真理为目的的理性主义哲学来取代他们,这就是苏格拉底、柏拉图和亚里士多德哲学的历史使命。但是苏格拉底、柏拉图和亚里士多德也还是延续了智者以人为中心的哲学方向,而且智者的思想也从反面启发和引导了他们的哲学建树。苏格拉底和柏拉图对智者的批判是严肃的,也有过分严厉之处,甚至刻意作了许多贬低、讽刺、漫画式的描述。如柏拉图在《智者篇》中为智者下定义,说他们是受雇于富豪子弟的教师,贩卖德行知识的零售商,是在论辩中赚钱的人。[1] 最后甚至说智者是只会摹仿、自己没有知识却又装做有知识的骗子,是在大庭广众中发表长篇大论的蛊惑家,等等。[2] 柏拉图等人的看法当时并没有在社会舆论中起主导性影响,同时代的伊索克拉底曾为智者作过辩护,社会生活的发展也需要有一批专门传授演讲、诉讼、修辞等技巧的教师,这类人物在晚期希腊和罗马世界仍相当活跃,也还

---

[1] 见柏拉图《智者篇》,221C—226A,载于《柏拉图对话全集,附信札》。
[2] 见同上书,265A—268D,载于《柏拉图对话全集,附信札》。

被称为"智者",当然其哲学含义已有变化。智者派的感觉论相对主义、怀疑主义和个体主义价值观,在希腊哲学演进中并未完全烟消云散,社会生活变迁的条件使它仍有深远的影响。在一些晚期希腊与罗马哲学家看来,由苏格拉底和柏拉图提出的理性主义和理想城邦不过是空想,而智者提出的个人的感受和体验虽然不具备理想的魅力,却是现实人生的动力。因而智者提倡的感觉论相对主义和思辨怀疑论,经过小苏格拉底学派中的犬儒学派和居勒尼学派的中介以后,到希腊化、罗马时期的人生哲学和怀疑论派哲学中又有新的表现。曾任叙利亚王朝女王教师的菲罗斯特拉图(Philostratus,170—249)写了《智者的生平》一书,介绍公元前5世纪直到公元3世纪的智者。但是柏拉图后来的权威影响越来越大,智者的名声也愈益低下,长期被视为一批卖弄伪智术赚钱、混淆黑白、颠倒是非的江湖骗子,在哲学上是毫无贡献的诡辩家,智者派也就被理解、翻译为"诡辩派"。这是非历史主义的、片面的评价。

　　黑格尔在近代第一个全面、深刻地理解智者思想,对其历史地给予了合理的评价。他在《哲学史讲演录》中说:"我们要把这个[智者]坏的意义抛在一边,把它忘掉。相反地,我们现在要进一步从它的积极的方面,严格地说,即是从科学的方面,来考察智者们在希腊究竟占据什么地位。"[1]策勒指出,这种从全盘否定到承认智者的功绩是历史的进步。[2]在现代的学者中,全盘否定智者的人几乎没有了。尽管由于历史原因,智者的原著材料大多已佚失,但得力于现代西方学者对残篇和各种材料的整理,智者运动从早期到后期的发展线索已比较清楚;对智者运动的研究也不断深入,虽有不同看法,但对智者特别是前期智者在希腊哲学史上的地位,采取了分析其两重性的态度,有较合理的评价。

---

[1] 黑格尔:《哲学史讲演录》第2卷,贺麟、王太庆译,第7页,商务印书馆,1960(以下所引此书均为此版本)。
[2] 见策勒《希腊哲学史纲》,第498页,伦敦,劳特利奇与基根·保罗公司,1931。

四　有关智者哲学的研究资料

智者本人的原著绝大部分已经佚失,现存资料残篇散见于古代学者的著作中,第尔斯、克兰茨所辑《苏格拉底以前哲学家残篇》编目 80—90 为智者的资料。除了本书已介绍的总体研究希腊哲学和希腊古典哲学的史料和研究论著外,专门关于智者哲学的资料还有如下一些。

希腊古典文明时代留存的资料,最主要的还是柏拉图的对话篇,主要有《普罗泰戈拉篇》、《高尔吉亚篇》、《大希庇亚篇》、《小希庇亚篇》、《克拉底鲁篇》、《欧绪德谟篇》、《美诺篇》、《斐德罗篇》、《智者篇》、《泰阿泰德篇》等。柏拉图的许多对话以反面角色——智者的名字命名,都涉及智者提出的问题或所批判的智者的思想,虽不免带有浓厚的主观成见,但毕竟为后人保留了智者的最详细、具体的资料,它们是研究智者思想的主要资料来源。色诺芬的《回忆录》也提供了一些有关智者的思想和行为的资料。亚里士多德的著作《论题篇》、《辩谬篇》、《修辞学》以及《形而上学》、《物理学》、《尼各马科伦理学》等都有关于智者的论述;托其名的伪作《论麦里梭、塞诺芬尼和高尔吉亚》也保留了智者的见解,仍有参考价值。

在希腊化和罗马时代,公元 2—3 世纪的菲罗斯特拉图所著《智者的生平》,是至今还完整保存的古代专门记述智者的著作。菲罗斯特拉图是爱琴海大岛利姆诺人,他的家族两代数人都像智者那样教授修辞、文法和论辩。他曾在雅典师从于新柏拉图学园派的普洛克罗和希波德洛姆、安提珀特等人,在爱菲斯师从于达米安努,并从后者那里知道历代智者们(广义的智者)的许多生平活动。约公元 202 年他经叙利亚王朝的宠臣安提珀特的推荐,结识了爱好哲学的女王朱丽亚·达姆娜,并跟随她游历历来智者活动的中心地,后在雅典写了《智者的生平》一书。全文保存至今,收入"洛布古典丛书",英译者作了许多注释,对研究智者代表人物的思想及智者运动的演变情况颇有价值。普卢塔克的《希腊罗马名人传》和《道德论集》、西塞罗的演讲和书信以及塞克斯都·恩披里柯的著作中,也都有一些涉及智者的资料。

　　近现代西方学者专门关于智者的资料编纂和注释,当首推翁特斯泰纳(M. Untersteiner)的《智者,证言和残篇》。它包括导言、原文、意大利译文和注释,以第尔斯、克兰茨所编资料为主,增加了不少新材料和注释,援引了古代有关资料并且订正了第尔斯的一些错误,很有学术价值。

　　近代西方对智者作出有价值的研究是从黑格尔和格罗特开始的,当代西方学者作了大量研究。格罗特的《希腊史》第 8 卷和《剑桥古代史》第 5 卷都有较详致的论述。除了关于希腊哲学史的多种著作皆有论述外,专门研究智者的值得参考的重要著作有四种:(1)翁特斯泰纳的《智者》(2 卷本,1948,米兰)。这是作者在编纂 4 卷本《智者,证言和残篇》的基础上所写的研究论著,分别论述各个智者的主要思想,1954 年由弗里曼译为英文(1 卷本,牛津)。(2)柯费尔德(G. B. Kerferd)的《智者运动》,已有中译本。(3)兰肯(H. D. Rankin)的《智者、苏格拉底和昔尼克学派》。(4)伽色达诺(G. A. Casetano)的《智者学说中的自然和人的理论》(1971,那不勒斯)。

第二节　普罗泰戈拉

　　普罗泰戈拉是智者运动的奠基人,是前期智者运动中最负声望的领袖。他的学说富有人文启蒙精神,强调人为万物之中心,主张素朴的社会进化观,大胆提出疑神论,并为智者运动确立了感觉论相对主义的哲学主调。

一　生平、学脉与著作

　　普罗泰戈拉(Protagoras)是德谟克利特的同乡阿布德拉人。第欧根尼・拉尔修说他"出生于阿布德拉"[①];柏拉图在《普罗泰戈拉篇》和《国家

---

① 第欧根尼・拉尔修:《著名哲学家的生平和学说》,第 9 卷,第 50 节。

篇》中都称他为"阿布德拉的普罗泰戈拉"①。在《普罗泰戈拉篇》中,已是
学界领袖的他声称比苏格拉底等"在座的诸位都要大一辈"②,另,在《美
诺篇》中,苏格拉底说"普罗泰戈拉活了将近 70 岁,他做了 40 年智者,获
得好声誉,一直保持到现在"③。另一说法是他活了将近 90 岁④。故可
推测他的生活年代约为公元前 490—前 420(或前 400)年。伯里克利黄
金时代,他正值风华正茂的盛年。

　　他 30 岁开始从事智者职业,长达约 40 年,曾游历过西西里等许多
地方,主要活动在雅典。他和伯里克利结为挚友。普卢塔克说他们两人
曾就标枪致人死命的事辩论了一天,辩论的问题是:究竟是标枪还是掷
标枪者,或是竞技会的组织者,应负这次法律责任。⑤ 柏拉图在《国家篇》
中说他和普罗狄科等智者"以私人教学使他的同时代人深信,人们如果
不受智者的教育,就不能管好家务治好国家;他们靠这种智慧赢得了深
深的热爱"⑥。公元前 444 年雅典在西西里的图里建立殖民城邦,普罗泰
戈拉帮助起草了城邦的法律。柏拉图在《普罗泰戈拉篇》中还说到,伯里
克利的两个儿子帕拉卢和克珊西普都师从普罗泰戈拉学习治理城邦的
知识和演说、诉讼的技艺。⑦ 这部对话篇的开场可以说是伯里克利时代
末期希腊知识界的一次"群英会",年事已高的普罗泰戈拉已享有盛誉,
被众多后学才俊追随、簇拥着,苏格拉底也赞颂他是"我们活着的人中最
有智慧的"⑧。他在晚年感受到了雅典民主制趋衰的悲凉。在伯罗奔尼
撒战争爆发后不久,公元前 430—前 429 年雅典发生大瘟疫,伯里克利的
"两个年轻漂亮的儿子"感染瘟疫"在八天以内都死了",他目睹伯里克利

---

① 柏拉图:《普罗泰戈拉篇》,309C,载于《柏拉图对话全集,附信札》;柏拉图:《国家篇》,600C,载
　 于《柏拉图对话全集,附信札》。
② 柏拉图:《普罗泰戈拉篇》,317C,载于《柏拉图对话全集,附信札》。
③ 柏拉图:《美诺篇》,91E,载于《柏拉图对话全集,附信札》。
④ 见第欧根尼·拉尔修《著名哲学家的生平和学说》,第 9 卷,第 56 节。
⑤ 见第尔斯、克兰茨编《苏格拉底以前哲学家残篇》,DK80A10。
⑥ 柏拉图:《国家篇》,600C,载于《柏拉图对话全集,附信札》。
⑦ 见柏拉图《普罗泰戈拉篇》,314E—315A,载于《柏拉图对话全集,附信札》。
⑧ 同上书,309D,载于《柏拉图对话全集,附信札》。

表现出政治家的风度和高尚品德："他克制住内心的悲伤表现得镇静自如"，"凡是看到他承受住莫大悲伤的人都认为他是个高尚的勇敢的超群的人"。① 普罗泰戈拉死于四百寡头执政的雅典政治动荡之际。公元前3世纪佛利乌斯的蒂蒙和菲罗科鲁说他被雅典人指控渎神，人们所存的他的全部著作在广场被焚毁，他离开雅典，在航海途中不幸淹死。② 或说他在雅典宣读他的《论神》，四百寡头之一的皮索多罗指控他渎神，他被逐出雅典，在前往西西里途中翻船溺死。③ 此说如确实，四百寡头执政是公元前411年，他当死于公元前410年左右的雅典危难时期。

普罗泰戈拉建立人文启蒙学说，无疑主要是因应那个民主制盛世的他自己的思想创新。而关于他年少时的教育和学脉渊源，也存在两个有争议的问题。一个问题是他少年时是否接受过东方思想的熏陶。菲罗斯特拉图说普罗泰戈拉是阿布德拉最富有的公民的儿子，约公元前480年波斯王薛西斯攻占阿布德拉时他还是个孩子，因为他父亲殷勤款待薛西斯，所以波斯王命令他的占星术士教育普罗泰戈拉。④ 策勒和格思里等否定这种说法，认为它的来源是公元前4世纪末狄浓的《波斯史》，那里只讲到普罗泰戈拉的父亲同薛西斯的关系，传到公元2世纪末菲罗斯特拉图那里才添枝加叶地说是占星术士教育了普罗泰戈拉。其实对这种说法并不可绝对否定，位于波斯和希腊本土要冲之地的阿布德拉，在希波战争中成为东西方文化交流之地，德谟克利特年少时也受过波斯的玛伽僧侣教育，当时波斯的占星术士是一些研究天文的知识人士，并不同于菲罗斯特拉图时代宣扬迷信的占星者，他的资料可能另有所本。再一个问题是普罗泰戈拉是否师从过德谟克利特。第欧根尼·拉尔修记载他"在德谟克利特门下学习"⑤，第尔斯所辑残篇中也说他"曾向德谟克

① 见第尔斯、克兰茨编《苏格拉底以前哲学家残篇》，DK80B9。
② 见柯费尔德《智者运动》，刘开会、徐名驹译，第47页，兰州大学出版社，1996。
③ 见第欧根尼·拉尔修《著名哲学家的生平和学说》，第9卷，第54—55节。
④ 见第尔斯、克兰茨编《苏格拉底以前哲学家残篇》，DK80A2。
⑤ 第欧根尼·拉尔修：《著名哲学家的生平和学说》，第9卷，第50、53节。

利特学过哲学和修辞学"①。这个说法一直在哲学史上沿袭。现代学者则有不同看法。策勒否定此说,认为从普罗泰戈拉以至其他智者们的学说中看不到德谟克利特的影响。② 格思里也认为大体和苏格拉底年岁相仿、小一辈的德谟克利特,不可能是普罗泰戈拉的老师。③ 但是巴恩斯认为:没有特别的理由去怀疑这个说法,因为"德谟克利特的思想和普罗泰戈拉的思想在各个方面都存在着明显的联系"④。其实,对上述历史记述不可绝对否定,德谟克利特较早就负有盛名,年长的普罗泰戈拉则是在中年后才提出成熟的学说的,他在老家师从德谟克利特并受其思想影响仍是可能的。德谟克利特强调人是小宇宙,热情支持民主制,在伦理道德学说中也已表现出思索时代问题的人文精神,他所论述的人的感知的相对性和普罗泰戈拉的感觉相对主义更有某种思想联系,实际上,德谟克利特的学说是从早期希腊自然哲学到智者运动的过渡环节。

普罗泰戈拉写过不少哲学和政治、道德、论神、论辩等方面的著作。柏拉图在《泰阿泰德篇》中两次提到普罗泰戈拉的《论真理》。⑤ 第欧根尼·拉尔修提到他的著作有:《论神》,及有关论辩术的 8 篇,即《论角力》、《论数学》、《论政制》、《论志向》、《论美德》、《关于事物的旧秩序》、《论冥府》、《论人的错误》等,此外还有《箴言》和《论相反论证》。⑥ 现代学者们认为,普罗泰戈拉的比较可靠的著作是《论真理》(On Truth)、《论神》(On the Gods)和《论相反论证》(On Contradictory Arguments)3 部,其余可能是演说或论辩中讲到的问题,后人为之加上了标题。这些著作已经全部佚失,现仅存极少残篇。第尔斯和克兰茨在《苏格拉底以前哲学家残篇》第 3 篇"前期智者"第 80 章(即编号 DK80)中收集了后人记述

① 第尔斯、克兰茨编:《苏格拉底以前哲学家残篇》,DK80A3。
② 见策勒《苏格拉底以前的学派》第 2 卷,奥列尼英译,第 411—412 页,伦敦,朗格曼斯·格林出版公司,1881。
③ 见格思里《希腊哲学史》第 3 卷,第 262 页,第 263 页注 1,剑桥,剑桥大学出版社,1969。
④ 巴恩斯:《苏格拉底以前的哲学家》第 2 卷,第 239 页,伦敦,劳特利奇出版社,1979。
⑤ 见柏拉图《泰阿泰德篇》,161C,162A,载于《柏拉图对话全集,附信札》。
⑥ 见第欧根尼·拉尔修《著名哲学家的生平和学说》,第 9 卷,第 55 节。

的有关普罗泰戈拉的材料(即 A 类)13 条,他的学说残篇(即 B 类)12 条,还有供参考的 C 类 5 条。

二　人是万物的尺度

普罗泰戈拉的名言"人是万物的尺度"是他的哲学思想的核心命题,也集中表现了智者运动的基本哲学取向。这个命题在古代哲学家与编纂家中有多处记述与论评,最切近的是柏拉图的《泰阿泰德篇》。对话人泰阿泰德主张"知识就是感觉",苏格拉底就说:"你关于知识本性的说法看来决不可低估,普罗泰戈拉发表过同样的看法","他说过:'人是万物的尺度,是存在者如何存在的尺度,也是非存在者如何不存在的尺度'"。[①] 柏拉图让对方作辩护性解释:"真理就是如同我所写的,我们中的每一个人都是存在和非存在的尺度。"[②]怀疑论者塞克斯都·恩披里柯在《反数理学家》第 7 卷中讨论到真理标准问题时,也转述了普罗泰戈拉在《论角力》中说过的上述话,他还解释普罗泰戈拉的话是"断言所有的感觉印象和意见都是真的,真理只是相对的,原因是人们所感知的或人们所认为的一切仅仅是对于他而言才是真的"[③]。柏拉图对智者持批判态度,因此转述这一命题时缺乏肯定方面的意义阐述;塞克斯都·恩披里柯则从怀疑论视角,将它只看做对真理的"否定性标准"。我们则应全面予以理解。

这个命题中所说的"人",是指个人还是泛指人或整个人类? 现代西方学者由于看法上的分歧,因此也就有不同的评价。策勒、伯奈特、格思里等多数人认为是指个人。中国的严群先生也这样理解,他在《泰阿泰德·智术之师》中将这个命题译为:"个人是一切事物的权衡;存在者之存在、不存在者之不存在,标准并存于个人。"[④]这个命题也就得理解为完

---

① 见柏拉图《泰阿泰德篇》,152A,载于《柏拉图对话全集,附信札》。
② 同上书,166D,载于《柏拉图对话全集,附信札》。
③ 第尔斯、克兰茨编:《苏格拉底以前哲学家残篇》,DK80B1。
④ 柏拉图:《泰阿泰德·智术之师》,严群译,第 37 页,商务印书馆,1963。

全是一种主张个体感觉是存在尺度的相对主义。冈珀茨在《希腊思想家：古代哲学史》中则持不同意见，认为："'人是尺度'是对认识论的一大贡献。而同对象整体相对应的'人'显然不是指个体，而是指整个人类"。他还引用歌德的话来喻释："我们注视着自然，如人所愿地度量它，计算它，衡量它。"①康福德、翁特斯泰纳等人持第三种看法，认为普罗泰戈拉那个时代还没有明确区分种、属和个体，他所说的"人"还没有自觉地区别"人类"和"个人"。我们认为这个看法是有根据的，综合、兼含了前述两种不同的看法，能比较客观地解释黑格尔所说的这个"伟大的命题"的全面意义，透察了它的两重性：它同时蕴涵着积极意义与消极意义。这里所说的尺度是指知识、认识的尺度即标准，所说的整体人类和个体的人都是活生生的感性的人，在感知活动中认识、体验存在的人，而不是抽象的理性人。普罗泰戈拉认为，这样的人就是对万物认识（知识）的尺度，既是对存在事物如何存在的认识尺度，也是对非存在事物如何不存在的认识尺度（他还没有后期柏拉图和亚里士多德所认为的非存在也是一种存在这种观念，他所说的非存在事物即指在变易生灭中消逝、不存在的东西）。亚里士多德的解释是较为确切的："普罗泰戈拉说人是万物的尺度，实际上是说正在认识或正在感知的人，因为他们有各自的知识或感觉，所以说知识和感觉是对象的尺度。"②这样理解，我们就可看出这个命题既突出人是行动与认识主体的人文启蒙意义，又因将人的认知尺度局限于个人的感知体验，缺乏理性支柱，而不可避免地滑向相对主义。

　　普罗泰戈拉的命题在社会、思想文化和哲学思想上，都有激进的反传统意义。当时保守的贵族派政治势力和旧传统习惯，总是抬出神主宰一切来反对变革，在之后的一个长时期中，希腊世界也仍普遍将神看做是真假、善恶、正义和不正义的裁判者。柏拉图在其最后的著作《法篇》中就针对普罗泰戈拉的命题坚持说："对我们来说应该是神是万物的尺

---

① 冈珀茨：《希腊思想家：古代哲学史》第 1 卷，第 451—452 页，伦敦，约翰·莫莱出版社，1969。
② 亚里士多德：《形而上学》，1053a30—b3，载于《亚里士多德全集》。

度,而不是人";"只有对神虔敬,像神一样的人才能作为万物的尺度"。①
由此可从反面启示我们,普罗泰戈拉的命题正是高扬了民主制时代一个
人文启蒙的伟大主旋律:在社会历史舞台上,神不是人的统治者、支配者
和裁决者,人才是社会历史的中心主体,是历史性存在的创造者、认识者
和裁判者;人为自己制定习俗、法律、伦理规范和城邦生活准则来规范、
约束自己,人又是主动的,人皆有资格发表意见,可以褒贬、修订、革新这
些准则。这样,以往的一切准则和教义都得在自我意识初步觉醒的希腊
人面前重新接受审查,辩明自己存在的合理性。这个思想主旋律为前期
智者运动提供了有进步意义的理论基础和指导思想。这种人本主义思
想的萌发,在当时无疑起着思想解放的重大作用。

从哲学思想的演进来说,这个命题也是对巴门尼德的"存在"论的否
定。巴门尼德认为真理只是抽象思维才能把握的不动变的存在即"一",
而将变化生灭的现象世界归结为对非存在的"意见",认为对其没有真理
的尺度可言,毫无知识价值。公元前5世纪下半叶的自然哲学虽然将巴
门尼德的"存在"打碎,让它活动变化起来,成为一种动态的物质微观粒
子结构,拯救了现象世界,在自然范围的某种程度上使存在与非存在得
到统一,但在人的认知环节上并未真正解决感性认识和理智认识的统
一,缺乏对存在和非存在的真理判定的统一尺度,对人和社会尺度更难
涉及,也不见人作为认知主体在把握知识的尺度中的重要作用。普罗泰
戈拉的命题则肯定了存在事物和它的变动生灭(非存在)都是感觉和认
知的鲜活对象,都是可"尺度"而形成意见或知识的,而人作为认知主体,
其自身的感知与体验在造就与把握这个尺度上起有关键作用,而且认知
的范围不再局限于自然,也可"尺度"人自身,扩展至社会生活,肯定了社
会中人的认知、意见和价值判断的多样性。虽然普罗泰戈拉的命题在反
巴门尼德的"存在"论中有夸大人的主体性、夸大感知与体验的判别功能
这种片面性,贬低了抽象的理性思维,但它仍是通向希腊古典哲学深化

---

① 见柏拉图《法篇》,716C—D,载于《柏拉图对话全集·附信札》。

研究存在与非存在、感知与理智的一个演进环节。所以黑格尔说他是"一位深刻的、彻底的思想家"①。

但普罗泰戈拉的这个命题毕竟建立在主体感觉与感性体验的基础之上，虽还不是主张"存在即被感知"，但他的《论真理》其实就是论"感觉就是知识"。在他看来，知识只是一种感性的体察，抽象的理智不能尺度存在、把握真理。亚里士多德在《形而上学》中说，可感知的线的"直"与"圆"和几何学家所定义的"直"和"圆"是不同的，而普罗泰戈拉却以感性知觉的真实性反对几何学的定义，他常说直线和圆相交并不是一点而是一条线。② 存在事物的现象变易多端，个人的感觉与体验也可因人和环境而异，多有不确定性。德谟克利特已指出了个人感觉的相对性，但还没有从总体上否定人的感知和理智认识的确定性。普罗泰戈拉的命题则夸大了这种相对性，必然走向否定有确定真理的相对主义。亚里士多德在《形而上学》中批判这种感觉论相对主义时说："如果所有的意见和表象都是真的，那么所有的陈述必定同时既是真的又是假的，因为许多人所持的信念是互相冲突的，他们都以为与己不同的意见是错的。这样，同一事物必然成为既是（存在）又不是（不存在）了。"③将这个命题推到极端的高尔吉亚否定存在及其可知性的命题，更会通向怀疑论。用这种眼界去观察复杂的社会问题，更会从一己或一集团的私利出发，只顾眼前实惠，将事实和利益、真理和价值对立起来，抹煞对象固有的本质规定性以及善恶、好坏、是非的界限，在论辩、伦理、政治等问题上得出专横、谬误的论断来，这也正是后来智者运动流弊的哲学根源。

普罗泰戈拉突出感知的人，无视理性的人，一个客观原因也在于早期希腊哲学中对人的感性认识有较多的研究，对人的理性认识的研究则相对薄弱。巴门尼德虽强调思维才能把握存在的本质，但只是抽象的原则规定，对思维和存在都未具体展开探究；阿那克萨戈拉的"心灵"也是

---

① 黑格尔：《哲学史讲演录》第2卷，第27页。
② 见亚里士多德《形而上学》，998a1—3，载于《亚里士多德全集》。
③ 同上书，1009a8—11，载于《亚里士多德全集》。

笼统的精神实体;逻辑思想虽在科学与哲学的进展中不断积累,但考察人的理性思维的逻辑学尚未建立,最多只是不自觉地在局部范围内涉及定义问题。在这种哲学思想背景下,出现感觉论相对主义是不奇怪的,甚至是必要的,因为只有经过这个否定性环节,希腊古典哲学才能在批判中深入详致地探究存在和理性思维。

感觉论相对主义的命题会导致否定客观真理,主张公说公有理、婆说婆有理,对立说法可同真。第欧根尼·拉修斯记述道:"普罗泰戈拉第一个说,'关于万物都有两个相互对立的说法'。"[1]就是说,凡事都有两个对立的"道理"。后来,人们将这种论述概括为对一切正题都可提出反题:"希腊人说,普罗泰戈拉提出的原则是对一切说法提出相对立的说法。"[2]这种正反题都成立的主张,并不是芝诺式的悖论,不是客观上揭露事物矛盾的主观辩证法,也不似康德的二律背反,而是强调感觉的相对性,认为一切感觉都是真的,基于感觉的一切说法也都可成立。由此可见它蕴涵着后来智者颠倒黑白、混淆是非、随心所欲、为我所用的危险性。普罗泰戈拉自己将这种主张运用到论辩术与修辞学中,强调论辩术是变弱的论证为强的论证的技艺。亚里士多德强调修辞学和论辩术的灵魂是逻辑论证,所以他批评道:"这就是'使弱的道理变强'。人们很正当地对普罗泰戈拉表示不满,因为这是错误的,是不正确的,只是表面上像是正确,其中只有修辞和论辩的技巧"[3]。应当说,高尔吉亚等前期智者的论辩也还有逻辑论证的力度,后来有些智者实践"弱论证变强论证",就流于语言游戏,甚至玩弄诡辩了。

三　素朴的社会进化思想

希腊人历来只有本部落或氏族起源于某个神的神话,并且认为城邦

---

① 第尔斯、克兰茨编:《苏格拉底以前哲学家残篇》,DK80B6a。
② 同上书,DK80A20。
③ 同上书,DK80A21。

社会生活冥冥中是由神主宰的,没有人类与城邦社会自然起源的观念。关于社会的演变,在智者运动之前,有三种论说:(1)赫西奥德的从黄金时代、白银时代到铜铁时代的历史退化论;(2)恩培多克勒附会奥菲斯教教义,提出在爱与恨轮流主导下的历史轮回论;(3)希罗多德在《历史》中表现的由某种奥秘力量(天数或是命运)支配历史的观念。普罗泰戈拉则假托神话方式,提出人类自身从野蛮向文明进化、城邦起源和城邦秩序依凭伦理原则的思想。这种素朴的社会进化和历史进步观念在当时很了不起,是人的自我意识的伟大觉醒。传说他写过《论城邦》和《论人类的原始状态》,很可能有这方面的内容,现已不存,但他的上述思想较明确地保存在柏拉图的《普罗泰戈拉篇》中。他在讨论美德能否传授时,假托神话故事,实际用深刻的哲学思维与隐喻语言,以较长篇幅阐述了人和社会进化的思想。[①] 概括其内容,可以述评以下三个要点:

第一,人从动物中分化出来,依靠拥有的技艺从野蛮向文明进化。故事说:诸神撮合火和土创造了一切生物,包括野兽和人,又让普罗米修斯和厄庇墨透斯兄弟俩去"装备它们,给不同类型的生物分配独特的能力"。厄庇墨透斯装备了所有动物,唯独没有装备人。普罗米修斯就偷取赫费司图的火和雅典娜的制造技艺给人类,"因为如果没有火,人类就不可能保持和使用任何技艺,这样人获得了维持生活所必需的智慧"。于是,"人分享了神的部分性质,由于人同神有这样的亲缘关系,所以只有人才崇敬神,设立祭坛塑造神像。人依靠已拥有的技艺,不久就发明了有音节的名称和语言,制造了房屋、衣服、鞋子和卧具,并且从地里获得食物"。这里吸取了早期自然哲学的成果,将人和野兽看做都是生物物种,都是由不同的元素混合而成的,人和兽有共同的自然渊源和本性,都有求生存、吃食物、繁殖的本性。人正是因为掌握"火"的自然力和拥有劳作的技艺,并发明了人际交流、产生思维的语言,才有人兽相别,人从而进向文明。

---

① 全文见柏拉图《普罗泰戈拉篇》,320C—322D,载于《柏拉图对话全集,附信札》。

第二，人类社会的形成和城邦的起源。故事说："人最初是分散居住各自获取养生资料的，他们没有 polis(城邦)，所以他们遭到野兽的袭击，因为他们在各个方面都不如野兽强大。他们的制造技艺虽然足以取得生活资源，却不足以战胜野兽。""防卫自己的需要使他们聚集在一起，建立了 polis。但当他们聚集在一起的时候，由于缺乏政治的技艺又互相残杀起来，再次陷入分裂和毁灭之中。宙斯担心人类会因此覆灭，所以派赫耳墨斯给人类送来 aido(相互尊重)和 dike(正义)，以便给城邦带来秩序以及友好合作的纽带。"由此，普罗泰戈拉认为，人从分散的个体变为群居，结成城邦这个共同体，是为了免受野兽侵害与自保；而城邦社会秩序是为了免除人与人之间的互相残杀、互相侵犯而形成的，是建立在相互尊重和正义的伦理原则之上的，这才可能有城邦成员的团结和友爱。"正义"本是希腊传统的四种主要德性之一，"相互尊重"则是在人文启蒙运动中提出的新德性，两者都被提升为确立城邦社会秩序的伦理原则。"正义"后来被柏拉图发展成为他建立理想城邦国体制的伦理原则，"相互尊重"从此也进入了政治伦理领域，后来成为亚里士多德政治学和伦理学中的"友爱"这一重要原则。后来西方的社会契约论中的"自然状态"和"自保"思想，可以说最早渊源于这种城邦起源说。但这里建立城邦秩序的原则名为神授，实为按城邦的"自然"本性而"约定"地确立的。这种城邦"自然"起源论和城邦社会秩序建立于伦理原则基础之上的卓见，与后来柏拉图的城邦社会"分工"起源论和城邦体制伦理说，也有思想源流关系。

第三，在伦理原则和法面前人人平等。故事说：赫耳墨斯问宙斯要按什么方式给人类分配"正义"和"相互尊重"的性能，"是像分配制造技艺那样只分给少数人，让一个灵巧的人拥有充分的医术或别的技艺去为众多不灵巧的人服务呢，还是应将相互尊重和正义分给所有的人？"宙斯回答说："分给所有的人，让他们每人都有一份，如果像制造技艺一样仅仅少数人拥有这种德性(arete)，城邦就绝不可能存在，而且你还要遵照我的命令立一条法令：凡是没有能力获得这种德性的人，就像是长在城邦上的毒瘤,一律予以处死。"这里强调了"正义"和"相互尊重"的伦理原则,而且人人必须皆分有这些德性、遵从这些伦理原则是城邦存在的基本前提。按照古代希腊传统,德性是少数优秀的人才拥有的,最优秀又最有力量的少数人就是贵族,他们理应统治城邦。普罗泰戈拉却提出相反的原则,认为正义和相互尊重是人皆天赋所有的伦理德性与政治智慧,不应是少数人垄断的,人皆有权通过教育和训练来实现这种性能;人人都得服从正义和相互尊重的伦理原则和据以制定的法,丧失德性、违背伦理与法的人就不得在城邦社会生存。这就从根本上否定了贵族制,从城邦起源的角度为雅典民主制提供了理论根据。后来 18 世纪法国启蒙学者提出天赋人权说,普罗泰戈拉的天赋伦理德性说也蕴涵着类似的人人权利平等的思想萌芽。

四　疑神论思想

人神关系是智者运动研讨的一个重要主题。爱利亚学派首先开启了用理性一神取代拟人化多神的思路。德谟克利特以原子影像论首创无神论思想;普罗泰戈拉从感觉论的"人是万物的尺度"思考人神关系,提出神不可知的疑神论思想,实际上变相地因袭了德谟克利特的无神论思想,只是其哲学根据从原子影像改变为人的感知与体验。疑神论或无神论思想在智者运动和当时的社会文化中是较有影响的。

第欧根尼·拉尔修列举普罗泰戈拉著作中有《论神》,并记述"普罗泰戈拉当众宣读的著作的第一部分就是论神"[1]。现仅留存一个残篇:"关于神,我不可能感受他们如何存在或如何不存在;我也不可能感知他们的型相是什么;因为有许多感知方面的障碍,人们不可能亲身体验到神,而且人生又是短促的。"[2]意大利著名学者翁特斯泰纳将残篇连同出处即欧塞比乌的转述用意大利文译出,其中译文是:"普罗泰戈拉曾经是

---

① 第欧根尼·拉尔修:《著名哲学家的生平和学说》,第 9 卷,第 54 节。
② 第尔斯、克兰茨编:《苏格拉底以前哲学家残篇》,DK80B4。

德谟克利特的门徒,他得到无神论的称号。据说在他的论文《论神》中确实说过:'关于神,我不能体验(感受)到他们是这个样子存在,抑或不是这个样子存在,我也不能体验到他们的外貌究竟代表什么意思。妨碍我们体验的困难很多:不仅是不可能有关于神的亲自感受,而且人生是短暂的。'"①

　　由上可知,普罗泰戈拉怀疑神存在与否,和他基于感觉论的"人是万物的尺度"的中心命题是一致的。既然只有短暂人生的人感知、体验不到神的真实形象,不能知道神是如何存在或不存在的,就只好将神的问题悬置起来。他悬置了神,在现实生活中就突出了人,实际上强调了人不应被那不可知、说不明道不白的神所支配与主宰,人应是生活的中心主体,完全可以自决一切事物。这种疑神论已切近无神论,和德谟克利特的无神论思想异曲同工,后者出于伊奥尼亚的科学理性传统,前者则体现了人文启蒙精神。古代学者也有不少记述,说就是因为他宣传疑神论,当时雅典衰败后的执政当局才将他视为目中无神的渎神者,焚毁他的著作,将他驱逐出去。

　　普罗泰戈拉的变相的无神论思想,在当时的人文启蒙中有同声相应的实际影响。受阿那克萨戈拉科学思想熏陶的伯里克利也认为:"神的存在只是一种推断而已,我们谁也没有见过。"②欧里庇德斯的《柏勒洛丰》残篇第二百八十六说:"谁说天上有神?不,没有!如果有人说有,就告诉他不要傻乎乎地相信那些古老的故事了。不需要用我的话去指引你的判断,只要看看你周围的事情好了:僭主们杀害了成千上万的人还掠夺了他们的财产,那些违背誓言的人将城邦引向毁灭,可是他们这样行事的时候却比那些日夜虔信神的人更加快乐。我还知道那些崇奉神的小城邦在战争中被人多势众的城邦颠覆了,臣服于那些比他们更不虔诚的

---

① 以上两段中译文均采用陈村富的翻译,见汪子嵩等《希腊哲学史》第 2 卷,第 194、189—190 页,人民出版社,1993(以下所引此书均为此版本)。
② 普卢塔克:《伯里克利传》,第 6 节,载于普卢塔克《希腊罗马名人传》。

城邦。"①他在残篇第二百九十二的第 7 节中又针对传统的神说:"如果神的行为是卑鄙的,他们就不是神。"②欧里庇德斯更是根据城邦社会冲突的不公正的现实,将疑神论思想明白地发挥为无神论思想。

五　美德可教和情感道德论

在柏拉图的《普罗泰戈拉篇》中,苏格拉底称和他对话的大师是"我们这一代中最智慧的人"。在严肃地讨论道德的教育与本性问题时,普罗泰戈拉从他的感觉论相对主义和道德与法的约定论的视角,阐述了他的美德可教的主张和情感道德论。

在对话中,苏格拉底请教普罗泰戈拉:年轻人向他学习能有什么收益? 普罗泰戈拉说,能使年轻人与日俱进,成为越来越好的人。苏格拉底追问:能在什么方面得到进步? 普罗泰戈拉说,他不像有些智者那样只教数学、几何、天文、音乐之类的技艺(可见有些智者也教授自然科学知识),而能教人成为精于治理家政和城邦公务的政治家和演说家,教人做好公民的政治技艺。苏格拉底认为政治技艺实为美德,问美德如何可教? 普罗泰戈拉认为:美德不是自然天生、自发产生的,是依凭人潜蕴的性能而人为规范约定的,因而它是可教的。对于别人的天生的缺陷如丑陋、弱小没有人会去训斥他,但如果缺乏通过学习和教育就可以得到的美德,陷入不正义、不虔敬等恶习,人们便会训斥和惩罚他,训斥和惩罚都是为了防止他重犯错误,也是一种教育,由此可见美德是可以传教的。如果反抗这种教育和惩罚,甚至会被城邦放逐和处死。再从个人教育方面来看:在孩童时期,父母和教师、保姆就告诉孩子这是对的,那是错的,这是光荣的,那是耻辱的,这是虔敬,那是渎神,等等。儿童进入学校后,无论识字和学习其他知识都是教他们行为从善,学习音乐和体育也是为

---

① 这段残篇采用陈村富的中译文,并可参见柯费尔德《智者运动》,刘开会、徐名驹译,第 190—191 页,兰州大学出版社,1996。
② 柯费尔德:《智者运动》,刘开会、徐名驹译,第 191 页,兰州大学出版社,1996。

了陶冶自制与和谐的性格使人能合理地调整生活。成人进入社会生活后,城邦让他们学习古代立法者制定的法律,教导他们用法律规范生活,对违犯法律的人就通过惩罚来纠正。总之,城邦政治生活和公民个人教育都表明美德是可教的。① 那么为什么好的父亲不能教出好的儿子呢?普罗泰戈拉认为这并不奇怪,正像一个享有盛誉的奏笛天才并不一定能使他的儿子成为奏笛高手,因为每个人的天赋能力是不同的,但自然禀赋只能影响教学美德的程度;主张美德可教总比反对美德可教而使人成为野蛮人好。他认为自己属于有超常的自然禀赋的人,能以教人从善为业,帮助人们获得善良高尚的品德,所以他作为智者是当之无愧的。②

从他的这番谈话可看出,前期智者运动很重视教育的社会功能,认为它应是全社会的事业,并且将道德教育看做政治技艺的有机组成部分,这点和苏格拉底的主张有一致之处,当然在教育内涵上有很大差异。普罗泰戈拉认为美德可教,理论根据是人皆有生成美德的潜能,教育就是要通过启导实现此潜能,树立美德,这也是一种人为的规范方式,使人能遵从同样规范、约定而成的法律与道德秩序。虽然他认为自然禀赋不同会影响培植美德的程度,但他主张人皆应、皆能受教育和树美德,有强调教育平等的民主思想。苏格拉底和他一样,也主张美德可教,只是两者对美德可教的理由和教育内容的看法甚为歧异。普罗泰戈拉认为美德只要凭借人为规范就可从人的潜能中启导出来,而道德和法律秩序都是约定的,不同的城邦就可以有不同的道德和法律,道德及其教育也就没有绝对的标准,它们是相对的。苏格拉底则认为美德出自人共有的理智本性,是一种知识,知识必然是可教的,道德应有共同、客观、绝对的价值标准。因而,更深层次的歧异,又在于他们对道德的内在本性的不同看法。

苏格拉底主张美德是知识,道德根源于人的理智,因而有普遍、绝对的价值准则。普罗泰戈拉则反对将美德完全等同于知识与理智,在道德

---

① 见柏拉图《普罗泰戈拉篇》,323C—326E,载于《柏拉图对话全集,附信札》。
② 见同上书,326E—328C,载于《柏拉图对话全集,附信札》。

领域,他坚持认为美德主要是人的感受、体验所造就的一种情感。如他认为自信作为一种能力(dynamis)既来自技艺(知识),也来自狂热和激情等情感;勇敢则是灵魂的天赋性能。① 他主张情感性的道德是相对的,善恶好坏的标准在于个人对快乐和痛苦的感受和体验,虽然有些快乐是恶,有些痛苦是善,还有些快乐和痛苦是非善非恶的,但总的来说,凡快乐的事情是善,痛苦的事情是恶,快乐和善是同一的。② 个人情感可因人因事而异,闪移不定,情感道德论会走向道德相对主义,从而强调道德价值的不确定性,否认普遍的价值标准。所以智者运动虽也讲有人文精神的道德教育,但无助于在民主制时代维系一种长期稳定的社会道德秩序,甚至助长了道德风气的败坏。但普罗泰戈拉首次将人的情感纳入道德考察的视野,也有其价值。后来亚里士多德就此批评苏格拉底只将道德归结为知识与理性并不全面,道德也有情感的内涵,他自己的伦理学说中也较重视对道德情感的分析。

第三节　高尔吉亚

高尔吉亚也是前期智者运动的主要代表。他是当时修辞学和论辩术的大师,他的焕发文彩与论证力的演说颇有反传统精神;在哲学上,他以怀疑论式的思辨论证否定爱利亚学派传统的"存在"论,实际上是否定、摧毁当时希腊自然哲学的一个核心范畴,从反面来张扬智者运动以感性的人为中心的相对主义。

高尔吉亚(Gorgias)出生于西西里东部的林地尼。普卢塔克在《演说家传》中说高尔吉亚比安提丰年轻些③,安提丰生于公元前 480 年,高尔吉亚大约略后出生,和普罗泰戈拉是同时代人。据记载他享有高寿,活了 109 岁,苏格拉底被处死时他还在世。他是修辞学创始人、哲学家恩

---

① 见柏拉图《普罗泰戈拉篇》,350D—351B,载于《柏拉图对话全集,附信札》。
② 见同上书,351B—E,载于《柏拉图对话全集,附信札》。
③ 见第尔斯、克兰茨编《苏格拉底以前哲学家残篇》,DK82A6。

培多克勒的学生,拥有神奇医术的"恩培多克勒表现他的法术时,高尔吉亚也在场"①。他向老师学过修辞学,大约还跟他学过医学和自然哲学,对南意大利的哲学传统必定是熟悉的。他在修辞学和论辩演说方面才华卓绝,在全希腊都有很高的声望。公元前 427 年林地尼和叙拉古发生争执,林地尼同盟派出以高尔吉亚为首席特使的代表团去雅典请求舰队援助。他在雅典发表的演说使公民大会大为震动,民众和官员们都折服于他的理智和政治才能。他还在辩论中击败了著名的修辞学教本作者、颇有名望的忒西亚斯的反对意见,雅典人决定和林地尼结盟并派舰队支持。② 他作为外交使节和演说家游访了希腊各地,活动地域很广阔。他去过雅典多次,曾应邀在雅典发表关于阵亡将士的演说。菲罗斯特拉图说,他在雅典的剧场发表演说时邀请听众向他随意提问,获得听众的赞赏。③ 雅典的大演说家伊索克拉底是高尔吉亚的学生,他将自己的许多演说成就归功于高尔吉亚。普卢塔克还说在伊索克拉底的墓碑中刻有高尔吉亚仰视天体的雕像。④ 他在雅典的政界与知识界都有崇高的威望,据菲罗斯特拉图等人记述:伯里克利及其情妇阿丝帕希娅、克里底亚、修昔底德、阿尔基比亚德都仰慕高尔吉亚;柏拉图和欧里庇德斯的朋友阿伽松甚至还摹拟高尔吉亚的用语和修辞风格。⑤ 约公元前 420 年,高尔吉亚在德尔斐发表演说,菲罗斯特拉图说他的演说及表现唤起人们的激情,人们为他建造了一座金质雕像。⑥ 从伯罗奔尼撒战争以来,希腊诸城邦之间的战争和纷争连续不断,他在泛希腊的奥林匹亚赛会上发表重要演说,号召希腊各邦协调统一,表现了他的政治卓识。他的后半生大多是在帖撒利地区的拉利萨城度过的,统治该地区的阿琉亚达家族重视文化,用重金聘请高尔吉亚传授修辞、演说和辩论的技艺,他确实帮助

---

① 第欧根尼·拉尔修:《著名哲学家的生平和学说》,第 8 卷,第 58—59 节。
② 见第尔斯、克兰茨编《苏格拉底以前哲学家残篇》,DK82A4,DK82A7。
③ 见同上书,DK82A1a。
④ 见同上书,DK82A17。
⑤ 见同上书,DK82A1,DK84A9。
⑥ 见同上书,DK82A1。

当地有效提高了文化水平。在柏拉图的《美诺篇》中苏格拉底说："曾经有一个时期帖撒利人以他们的富有和骑术闻名于全希腊,现在如果我没弄错的话,他们还以智慧闻名于希腊","这是高尔吉亚的功绩"。[①] 由此也可见,前期智者运动在推进希腊文化事业上确实有贡献。

高尔吉亚的著作大多已经佚失,只有《海伦颂》(*Encomium on Helen*)和《帕拉梅德斯辩护词》(*The Defense of Palamedes*)两篇论辩演说基本上完整地保存下来。他的重要哲学著作《论存在或论自然》(*On Being or on Nature*)在塞克斯都·恩披里柯的著作中也被大段摘录了,第尔斯编为残篇第三[②]。此外还保留了一些零星的演说片断。在智者中他的残篇算是保留得最多的。前两篇演说表现了他的反传统伦理成见的精神,运用了多种逻辑论证方式,颇有"说服论证"的力度,而且语言严密,大量运用了对比、排比、比喻和声韵的技巧,确实是修辞范文。《论存在或论自然》是思辨性很强的哲学残篇,以严密的推理,按照爱利亚学派的思辨方式,推论出和爱利亚学派完全相反的结论,它历来被认为是代表了高尔吉亚本人的哲学思想。

高尔吉亚的这个哲学著作残篇被塞克斯都·恩披里柯所记述,后者将高尔吉亚和普罗泰戈拉的思想都列为对传统的存在与真理标准观的否定性论证。他在转述普罗泰戈拉的中心命题后接着说:"林地尼的高尔吉亚属于放弃标准的同党,虽然他不采取普罗泰戈拉的方法。他在名为《论存在或论自然》的著作中力图建立三个相互关联的命题:第一,无物存在;第二,即使存在某物,人们也不可能把握;第三,即使把握了,人们也无法加以表述,告诉别人。"他接着详细介绍了这三个命题。[③] 由

---

① 见柏拉图《美诺篇》,70A—C,载于《柏拉图对话全集,附信札》。

② 见第尔斯、克兰茨编《苏格拉底以前哲学家残篇》,DK82B3。

③ 见塞克斯都·恩披里柯《反逻辑学家》,第 1 卷,第 65—87 节,载于《塞克斯都·恩披里柯文集》第 2 卷。它们和归于亚里士多德名下的伪作《论麦里梭、塞诺芬尼和高尔吉亚》的内容(979a11—980b21,载于《亚里士多德全集》)基本一致;伊索克拉底也提到这三个命题,赞扬高尔吉亚很有勇气,竟敢说"无物存在"(见第尔斯、克兰茨编《苏格拉底以前哲学家残篇》,DK82BI)。所以以此为高尔吉亚的原著残篇当是可靠的。

此可推测,普罗泰戈拉和高尔吉亚的哲学思想倾向是一致的,前者着眼于从正面"立"人才是存在和非存在的尺度,后者着眼于用严密的反证法"破"爱利亚传统的存在与真理观,也是为了肯定感性的人才是判断万物的唯一尺度。爱利亚学派是用抽象的思辨方法来论述存在与思维同一的真理观的,而高尔吉亚的三个命题的论证,正是"以子之矛,攻子之盾",用同样的抽象思辨的方法攻破了爱利亚学派的哲学原理。

第一个命题:"无物存在"。

他所讲的"无物存在"的"物",同普罗泰戈拉所说"存在物"中的"物",用的是同一个词 chremata,泛指一切东西、属性、性质或者某种真相,它已不可能用巴门尼德的抽象的"存在"来规定。他论证这个命题如下:"如果有某物,那么它或者存在,或者非存在,或者是既存在又非存在。"但这三种情况都不可能:(1)"首先非存在并不存在,因为如果非存在存在,那么它必定是同时既存在又不存在。就它被认做非存在而言,它是不存在的;但既然它是非存在,那么它又是存在的"。总之,说某物是非存在就会陷入"非存在拥有存在这一属性"或"存在也就拥有非存在这一属性"这种"荒谬的"自相矛盾。(2)"再者,存在也是不存在的",即说某物存在也是不可能的。"因为如果有存在,那么它或者是永恒的,或者是生成的,或者既是永恒又是生成的"。他证明三者都不可能:其一,"一切生成的东西都有某种开端",而"如果存在是永恒的","它就没有开端","它就是无限",而"如果是无限,它就不在任何地方",因为"如果它在某处",它所处的地方被他物包容,或被存在自身包容,那么它"不再是无限了"。总之,如果说某物存在是永恒的,就会推出某物不存在的自相矛盾的结论。其二,"存在也不可能是生成的"。因为如果是生成的,那么它或者是生于存在,或者是生于非存在,但是两者都不可能。要是存在生于存在,它就是已经存在的,就不是生成的;要是它生于非存在,也不可能,因为凡生成的东西必定是分有真实的存在和非存在,非存在不可能生成任何东西,所以存在不是生成的。其三,既然上述两种情况不可能,某物存在"是既永恒又生成的"也就不成立,"因为两者是互相排斥的"。(3)如果说某物存在,"它不是一就是多",两者都不可能。"因为如果存在是一,那么它或者是可分割的数量,或者是连续的,或者是可度量的大小",或者是"有长度、宽度和高度"的"物体",它就是"可分割的",也就不是"一"了;存在也不可能是"多","因为多是一的总和,如果取消了一,多也就随之荡然无存了"。总而言之,如果说某物存在,就会推出存在是不存在、存在和非存在同一的荒谬结果,一系列反证后,"没有别的选择可供思考,那么显然是无物存在"。

从上述第一个命题的论证可看出两点:(1)爱利亚学派仅凭借思辨论证万物的本质只有一个抽象的"存在","非存在"是不可能的;高尔吉亚则用类似的思辨方法,以一系列反证,推出这种"存在"原理不成立,会陷入既存在又不存在、存在和非存在搅混在一起的自相矛盾。(2)他的论证包含着类似芝诺悖论的主观辩证法思想因素,因为在这种思辨论证的思想矛盾中触及了客观事物的矛盾,如存在与非存在、连续与间断、一与多、无限与有限、永恒与生成等对立统一,而高尔吉亚将这些客观的矛盾绝对对立起来,用来批判爱利亚学派的"存在"论会导致荒谬的思想上的自相矛盾。

第二个命题:"即使存在某物,人们也不可能把握",也就是不能被思想。

他的论证似乎是一种奇怪的逻辑:"如果被思想的东西是不存在的,那么存在就不能被思想。"就是说,他从人们能思想有些"不存在的东西"如"一个飞人或一辆在海上行驶的四轮马车",推出结论:"所以被思想的东西是不存在的"。从形式逻辑的三段论来看,这无疑是从特称命题的前提推出全称命题的结论,是不成立的。但高尔吉亚的论证用意在于反对爱利亚学派的"存在和思维同一"观,即能被思维的才是存在。所以他又作出反论证:"如果被思想的东西是存在的,那么非存在的东西就不能被思想,因为相反的东西的属性是相反的。因此如果'被思想'是存在的属性,'不能被思想'显然就是非存在的属性。然而这是荒谬的,因为斯基拉(Scylla)和希马依拉(Chimaera)①以及许多不存在的东西都被想到了。因此存在是不能被思想的。"在他看来,一切可知的东西,都是相对感觉的现象,而不是爱利亚学派所主张的以能"被思想"作为唯一判定标准的"存在"。所以他进而论述道:"正如被看见的东西被称为真正可见的东西,那仅仅是对视觉而言;被听见的东西被称为真正可听的东西,也仅仅是对听觉而言"②;而"不同的对象应由自身特殊的感官来判断,不能由别的感官来判定",视觉对象不能因不能被听见就判定它不存在,听觉对象也不能因不能被看见而被抹煞。而如果将思想当做一个特殊器官,认为"被思想的东西也该由特有的标准来判定",以致相信他思想中的"海上行驶的四轮马车"确实存在,"这就是荒谬的"。总之,这一切论证都表明:"存在是不能被思想、被设想的。"

透过他有逻辑跳跃的反论证,可看出他的中心意思有两点:一是认为人们能设想不存在的东西,所以批判巴门尼德用能被思想来规定抽象的"存在",由此又推出不能被思想的就是非存在,都是荒谬的。这种只能被思想的存在其实是不能被认识的。二是认为感觉才是判断万物现象的尺度,真实的东西只是可感觉的东西,感觉才是人们的信念真实与否的唯一标准,而思想并不是一种特殊的感觉,并不能作为存在和非存在的标准。他的见解其实和普罗泰戈拉的感觉论相对主义是一致的。

第三个命题:存在"即使[被人们]把握了,人们也无法加以表述,告诉别人"。

他的论证有三点:(1)"如果存在的东西是在人以外的存在物,即视、听或其他感官的对象,可见的东西是由视觉来把握,可听的东西是由听觉来把握,而不是相反";而"我们用来传达的手段是语言(logos),但语言

① Scylla 是西西里岛一块大岩石的名称,岩洞里住着 Cratais 的女儿也叫 Scylla,长得像狗一样,有 12 条腿,6 个头,3 排利齿,是很凶猛的妖怪;Chimaera 是传说中小亚细亚西岸 Lycia 的吐火猛兽,狮头、羊身、龙尾,也是制造大灾难的怪物。
② 此段原英译文为:"正如所见到的东西之所以被称为可见的,是因为它们确实被看见了;所听到的东西被称为可听的,是因为它事实上被听见了。"本书采用陈村富中译的翁特斯泰纳的意大利译文,见汪子嵩等《希腊哲学史》第 2 卷,第 270 页。

426

并不是真实存在的东西,因此我们告诉别人的仅仅是语言,而不是真实的存在","外在于人的存在也不会变成我们的语言"。"既然语言不是存在的东西,它就不可能明白无误地传递给别人"。(2)再则,"语言是由从外在对象即可感觉的东西所激起的印象中产生的,由于香味我们产生了表达这种味道的语言,由于颜色的显现就产生了表达颜色的语言。高尔吉亚说,倘若如此,那就不是语言表现外在的对象,而是外在的对象表现了语言"。(3)"还有,语言的存在方式也不可能像可见或可听的东西那样","可见的物体同可说的词大不相同,因为可见物是由某种感官感知的,而语言是由另一种手段感知的,所以语言不能够表现大多数存在的东西,正像这些存在的东西自身不能表现彼此不同的性质一样"。

高尔吉亚的这个命题论证的要义是:语言既然不是外在于人的真实存在,它就不能表述存在物,也不能作为对存在物的认识传达给他人;存在物只能相对于感觉存在,只能被感觉把握,语言和感觉是异质的,因此它也不能表达与传递感觉和相关的外在对象,反倒是语言要靠感觉外在对象来表现;语言本身不过是一种特殊的可感知的东西(如有可听的声音或可看的符号形象),但和日常的感觉不同,这种特殊手段的对语言的感知,并不能表述、传达存在物和人的感觉、体验。他在这里突出、夸大了语言这种符号工具对存在事物和感知认识的异质性,当然也否定了它可以是表述、传达思想的一种载体。他的立足点仍是感觉论的相对主义,但他从否定方面也促使人们思考语言这种人所特有的符号手段与存在和认识的关系,后来的苏格拉底、柏拉图和亚里士多德分别从不同的角度对其都有深入的哲学探究。

关于高尔吉亚的上述三命题的论证,古代学者并不将它看做只是宣扬演说和论辩技巧的修辞习作,而看做是代表他的观点的严肃之作,这从伪托亚里士多德之作《论麦里梭、塞诺芬尼和高尔吉亚》对它的认真论评也可见。现代有些西方学者则认为它仅是修辞习作,如弗里曼说高尔吉亚"写这篇著作很可能是为了练习而没有任何严肃的目的,换言之只不过为了证明他能够随心所欲地写出任何风格的著作",其理由是"柏拉图在任何地方都没有涉及高尔吉亚的虚无主义的观点,他只把高尔吉亚看做是一个纯粹的修辞学家,而不是一个哲学家"。① 这个理由不成立,柏拉图也没有提及与反驳德谟克利特,但并不能表明后者不是有大量严肃著作的哲学家。格思里认为高尔吉亚的著作是"讽刺作品",但这是用讽刺破坏巴门尼德的严肃性,目的是反对爱利亚学派的哲学原理。② 这已被多数学者所肯定。在智者活动时期,爱利亚学派所引起的关于存在、思想和语言的关系问题被人们热烈讨论,普罗泰戈拉从正面论述了智者运动的主流思想,即人是存在和非存在的尺度,以感觉论相对主义和爱利亚哲学传统对立;高尔吉亚则用巴门尼德式的思辨论证去摧毁巴门尼德的"存在"哲学,是从反面捍卫智者运动的主流思想即感觉论相对主义。但它还不是后来的怀疑论哲学,更不是一种虚无主义,因为高尔吉亚并没有否定感知的东西可以是真实的、外在于人的东西是可被感知的,实质上仍是坚持人是万物的尺度。高尔吉亚的三个命题,作为希腊哲学史演进的一个环节也是有历史意义的。他实质上触及或提出了一些重要哲学范畴的关系问题,包括存在与非存在、思想与感知、语言与认知、语言的指称与意义等,都是后来的希腊古典哲学深化探究的内容,如后期柏拉图在《巴门尼德篇》和《智者篇》中就论述了存在与非存在、一与多、动与静等的辩证关系,可以说如果没有高尔吉亚这个否定性中间环节,也就难以有柏拉图的辩证法。

高尔吉亚的另外两篇论辩杰作《海伦颂》和《帕拉梅德斯辩护词》,则鲜明地表现了他的反传统的人文精神与强韧的逻辑论证力。

传说中的美女海伦是宙斯和斯巴达王后的女儿,青年时被雅典英雄提修斯带到阿提卡,后被她的兄弟救出。出嫁后又迷上了特洛伊王子帕里斯(又名亚历山大),被带到特洛伊,于是希腊诸王联合出兵攻打特洛伊城,她就成了著名的特洛伊之战的诱因与罪魁祸首,她的情欲一直被

---

① 见弗里曼《苏格拉底以前哲学家的辅助读物》,第 362 页,麻省,剑桥,哈佛大学出版社,1978。
② 见格思里《希腊哲学史》第 3 卷,第 193—194 页,剑桥,剑桥大学出版社,1969。

谴责。《海伦颂》则一反传统成见,以华美的文字、铿锵有力的说理,从道德上为海伦辩护:神从三方面迫使海伦就范,即爱的冲动、语言的诱惑和暴力的强制,她不是施害者,而是受害者,不应被谴责,而应受同情。而且"爱"这种欲求是人皆不可避免的自然本性,并不是反道德、不正当的。高尔吉亚说:"如果亚历山大[即帕里斯]的身体进入海伦的眼睛而引起心灵的爱的欲望和冲突,又有什么奇怪呢?"①"为什么卑贱的人就要躲避、放弃这种能力呢?"②这里可见前期智者的论辩中萌发着自然人性的思想。

帕拉梅德斯是攻打特洛伊城的英雄,也是对希腊文化有贡献的贤者,他被奥德修诬陷私通特洛伊王而被处死。针对这一冤案,高尔吉亚写了文理并茂的《帕拉梅德斯辩护词》,让冤主当庭作无懈可击的自我辩护。他连续多次使用反证法(即如今所说的归谬法)——为了证明某事不存在,先假设某事存在,由此推出矛盾(与情理不合),从而达到否定某事存在的目的。即假设帕拉梅德斯出卖祖国、要实现这种叛卖、有什么动机,但它们所必需的种种条件和动因经分析都是不可能的。帕拉梅德斯就说,"出卖希腊这件事,即使我能够,我也不愿意;即使我愿意,我也不能够",因而这件事根本不存在。他最后激昂地断言:"这些指控全无任何可靠的证据","如果你们非法地处死我,那末一切都会昭然若揭。我会看到,全希腊都知道你们的劣行",你们会使天下都相信"你们处死了一个和你们共事的人、对你们有功的人、对希腊有贡献的人"。这篇辩护词和后来的苏格拉底的"申辩词"有同等的逻辑论证力度和磅礴之气。高尔吉亚不仅熟练运用逻辑论证方法,而且强调"证据"是以逻辑论证判断有无事实的重要根据:"没有发生的事无论如何是不能有证据的,而发生了的事,不仅不能没有证据,而且很容易有证据,甚至必然有证据"。③由此可见,智者运动特别是前期智者的论辩术与修辞学,并非皆是语言

---

①② 第尔斯、克兰茨编:《苏格拉底以前哲学家残篇》,DK82B11。

③ 以上引文均采用叶秀山的中译文,见叶秀山《前苏格拉底哲学研究》,载《叶秀山全集》第 1 卷,第 353—354、373 页,江苏人民出版社,2019。

与文字游戏甚或诡辩,实际上也在增进正面的逻辑思想积累,这也是后来逻辑学创立的思想渊源之一。

第四节 其他智者

智者运动从前期到后期的演变中也有一些其他代表人物,在柏拉图的对话篇和其他古代文献中有简要记述。他们的思想倾向的变化和雅典民主制的衰变有密切联系,从中可看出智者运动从倡导人文启蒙、护卫民主制到人文精神衰落、嬗变成为强权政治辩护甚至流行诡辩之风的轨迹。他们的思想活动也受柏拉图和亚里士多德的重视,或有所肯定、吸取,或作为批判对象而在破中有立,所以他们也是希腊古典哲学的一个演进环节。由于他们的留存残篇零碎、稀少,我们只能择其要者,作简要述评。

一 杰出的修辞学家与无神论者普罗狄科

普罗狄科(Prodicus)是开俄斯人,生卒年代不详。他和德谟克利特与苏格拉底大体是同时代人,学者推测他当生在公元前460年以前,属于智者运动中略年轻的一代。他是普罗泰戈拉的学生。[①] 他在政治与学术上都是当时著名的活跃人物。柏拉图在《大希庇亚篇》中说,"我们的杰出朋友普罗狄科几次作为开俄斯的使节来到雅典"[②]。他学识渊博,也有丰富的自然知识,曾被称做自然哲学家[③]。阿里斯托芬在讽谑苏格拉底的喜剧《云》中,通过歌队领唱歌颂普罗狄科"很聪明,很有思想"[④],可见他在雅典很受人尊敬。他最负盛名的是精通修辞学,特别是在形成希腊语言学理论上卓有贡献。他游历各邦,收费授徒,许多智者以及悲剧

---

① 见第尔斯、克兰茨编《苏格拉底以前哲学家残篇》,DK84A1。
② 柏拉图:《大希庇亚篇》,282C,载于《柏拉图对话全集,附信札》。
③ 见第尔斯、克兰茨编《苏格拉底以前哲学家残篇》,DK84A1。
④ 阿里斯托芬:《云》,第360行,载于《阿里斯托芬喜剧集》,罗念生等译,人民文学出版社,1954。

作家欧里庇德斯和后来的修辞学大师伊索克拉底都听过他的课。在《普罗泰戈拉篇》中,苏格拉底说,"我渴望听普罗狄科讲话,他是个智慧完美的人"①。在《克拉底鲁篇》中,苏格拉底讨论名称是约定俗成的还是自然生成的,又说,"要不是因为穷我就能听完伟大的普罗狄科的 50 个德拉克玛的课了。据他自己说那是有关语法和语言的完整的课程……可惜我只是听了一次 1 个德拉克玛的课"②。据《苏达》辞典及《国家篇》的边注者说,普罗狄科是在雅典被控毒害青年,饮毒而死的。③ 他是在雅典民主制急剧衰变的悲剧时代,和苏格拉底大体同时遭受了同样的悲剧命运。有的学者如策勒认为这是和苏格拉底混淆的误记。其实当时受这种迫害的有多起,何况普罗狄科确实大胆公开宣传无神论思想,比只是隐蔽宣述"新神"的苏格拉底更容易被按上"毒害青年"的罪名。他大约是西方思想史上第一位因传播无神论而殉难的思想家。

关于普罗狄科的著作,色诺芬的《回忆录》和柏拉图的《会饮篇》都提到《论赫克勒》,它以散文讲述英雄故事,也涉及神的问题。④ 他必定有《论名称的正确性》的讲演或著作。西塞罗说他有一部著作《论事物的本性》⑤,伽仑说是《论人的本性》⑥,很可能都是结合名实、词物关系和人神关系来论述的。

希腊语言学理论成形归功于普罗狄科,可惜未流传原著文本,不能得知他的语言学的系统论述,但古希腊语法与"正名"学说中自有他的功绩。从留存的残篇看,他深有研究的是关于名实关系的"正名"说和词义辨析说。普罗泰戈拉最早强调了"正名",主张名称要和它所表达的对象相符,即名实一致。普罗狄科则更精细地从词义辨析的层次深化了"正名"研究。用当今分析哲学的话说,就是将指称和意义紧密结合来考察

① 柏拉图:《普罗泰戈拉篇》,315E,载于《柏拉图对话全集,附信札》。
② 柏拉图:《克拉底鲁篇》,384B,载于《柏拉图对话全集,附信札》。
③ 见第尔斯、克兰茨编《苏格拉底以前哲学家残篇》,DK84A1。
④ 见同上书,DK84B2。
⑤ 见同上书,DK84B3。
⑥ 见同上书,DK84B4。

名实关系,认为只有精确地辨析名词的意义,才能准确地表达指称对象。他强调词义辨析确切才能做到用词精当。柏拉图在《拉凯斯篇》中说:"在分辨词的意义方面,普罗狄科在智者中是最优秀的。"[1]在《普罗泰戈拉篇》中普罗狄科说:"参加讨论的人应该是'不偏不倚',但不应是'同等视之',这两者是不同的。他们必须同样注意听,但不是给予同等的评价;对于比较聪明的人应予较高的评价,反之则给予较低的评价,这就是不偏不倚。"他还辨析了争论和争吵、尊敬和恭维、喜悦和享乐的意义区别。[2] 普罗狄科辨析词义的研究方法是从两个或几个相近的词中找出它们的共同或相似的含义,同时又找出它们的细微的意义差别。他在希腊最早研究了一词多义与一义多词,建立了关于同义词、近义词与异义词等的学说。他从语言层面深入研究"正名"和词义辨析,可以说是西方最早涉及指称和意义的研究,有哲学的价值和影响,对后来的苏格拉底探讨语言哲学、柏拉图的理念的意义分析和亚里士多德的逻辑学与范畴论都是有启迪作用的。

塞克斯都·恩披里柯和西塞罗都说过,在伯罗奔尼撒战争期间及战后,希腊出现了一批无神论者,其中的狄亚戈拉被判处渎神罪,明确为智者的无神论者有普罗狄科和克里底亚。[3] 普罗狄科比普罗泰戈拉的疑神论更彻底,他以一种深刻的历史意识,从人和社会进化中神的观念的产生根源阐述他的宗教观,明白地阐发了他的无神论思想。古代关于他论神的记述不少,翁特斯泰纳和格思里分别有收集和介绍。[4] 最重要的记述有以下五则:

(1) 公元前 1 世纪伊壁鸠鲁学派的菲罗德谟《论虔敬》第 9 章:"培尔赛乌(斯多亚学派芝诺的学生)在他的《论神》中全然无视神并诋毁

---

[1] 柏拉图:《拉凯斯篇》,197D,载于《柏拉图对话全集,附信札》。
[2] 见柏拉图《普罗泰戈拉篇》,337A—C,载于《柏拉图对话全集,附信札》。
[3] 见格思里《希腊哲学史》第 3 卷,第 236—237 页,剑桥,剑桥大学出版社,1969。
[4] 以下材料见格思里《希腊哲学史》第 3 卷,第 238—239 页;翁特斯泰纳《智者》第 2 卷,第 191—197 页,米兰,拉姆普那尼·尼格利出版社,1967。以上均转引自汪子嵩等《希腊哲学史》第 2 卷,第 197—199 页。

神,他宣称普罗狄科说的绝不是不可能:最早被人们奉为神崇拜的是那些对我们有利、有营养的东西,以后人们发明了各种食物制品、住房和其他技艺如得墨忒耳、狄奥尼索斯和……[纸草文书中断]"得墨忒耳是农业和丰收女神,也指面包;狄奥尼索斯是植物神、酒神,也指酒。普罗狄科的意思是:起初人们将对人有用的自然野生物奉为神,后来懂得耕作和技艺,又将人自己的农作物和制造物奉为神。

(2)塞克斯都·恩披里柯《反数理学家》第9卷第18、52节:"开俄斯的普罗狄科说,'古人将日、月、江、河等一切有益于我们生活的东西当做神,认为正是它们帮助了人,例如埃及人就将尼罗河尊为神'。他还说过,正因为如此面包被称为得墨忒耳,酒被称为狄奥尼索斯,水被称为波塞冬,火被称为赫费司图,以及一切诸如此类的东西。""他们讲没有什么神。"

(3)西塞罗《论神性》第1卷第37章第118节:"开俄斯的普罗狄科留给我们的是一种什么样的宗教呢?他说,凡是对人的生活有用的东西,人们就奉之为神。"

(4)公元3世纪后半叶的米努基乌·斐利克斯《屋大维》第21章第2节:"普罗狄科说:那些发现了新的作物,因而对人的福利作出贡献的人就被人们奉为神。"

(5)公元4世纪的哲学家、修辞学家塞米斯提乌的第30篇讲演词是对于农业耕作的颂词。他说:从伊索克拉底以来,人们认为农业不仅提供了生活资源,而且是文明生活之母,是法律、正义、和平、庙宇、哲学等之父。他提道:"智慧的普罗狄科……他从农业的恩典中推断出各种宗教活动、神秘仪式和入会手续的起源;他相信神的观念就是由此产生的,而且使它成为施恩于人的保障。"

普罗狄科的无神论思想是鲜明的。原子论者只从人对自然现象的恐惧来解释神的观念的产生,并将神归结为原子产生的影像。普罗狄科则依据智者运动的人本思想,突出以人为中心,更为深化地探究了宗教与神的观念的起源,认为它们是人在向文明进化中自然地产生的。对人的生存有用的自然力量与产物，人自己创造的能为人谋福利的事物，为人们造福、作出贡献的人物，都会被崇奉为神。不是神创人，而是人创神。色诺芬则记述普罗狄科"否认神的属性是不朽的"[1]。神并非永恒的真实存在，这种人在文明进化的特定时期为人所用的宗教活动与神的观念，当然就只是暂时的历史性产物，是会消亡的。

二 自然论民主派智者希庇亚和安提丰

希庇亚(Hippias)是埃利斯人，生卒年不详，但肯定比普罗泰戈拉年轻，和苏格拉底是同时代人。他是当时在政治和文化活动中都很活跃的智者。在柏拉图的《大希庇亚篇》中，他自称，"无论何时埃利斯只要和别的城邦发生交涉，在公民中总首先想到我，选我做使节，认为我是最有能力判断和传递不同城邦的信息的人"[2]。他常出使或游访斯巴达、雅典和其他城邦，发表演说。他对保守的斯巴达没有好感，抱怨斯巴达人恪守传统，不变动原来的律法，不准给青年以和传统习俗不同的教育，并排斥外邦的教育，所以他不能在斯巴达讲演他娴熟的天文、算术、几何和修辞学等新学问，只能讲讲古代英雄们如何建立城邦的故事，这倒赢得斯巴达人的喝彩。[3] 他在雅典则颇受欢迎，能传扬新学，享有较高的声誉。希庇亚博学多才但恃才自傲，所以苏格拉底以挪揄的口吻说他懂得天文、几何、算术、文学、韵文、谐音学等，是个多才多艺的人物。[4]《小希庇亚篇》中的苏格拉底说他很聪明，懂各种技艺，会雕刻指环、印章，制造油瓶、鞋子、衣服、腰带，还懂得史诗、悲剧、赞歌、谐音学等等，"所有这些方面你都是无比超群的"。[5] 他和苏格拉底虽道不同，却有交往，色诺芬在《回忆录》中记载两人有关于正义问题

---

[1] 第尔斯、克兰茨编：《苏格拉底以前哲学家残篇》，DK84B2(31)。
[2] 柏拉图：《大希庇亚篇》，281A—B，载于《柏拉图对话全集，附信札》。
[3] 见同上书，283B—285E，载于《柏拉图对话全集，附信札》。
[4] 见同上书，285B—E，载于《柏拉图对话全集，附信札》。
[5] 见柏拉图《小希庇亚篇》，368B—D，载于《柏拉图对话全集，附信札》。

的谈话,希庇亚说苏格拉底"还是在讲我老早以前就听过的那老一套"①,可见两人有多次讨论。《大希庇亚篇》就是记述两人关于审美问题的对话,柏拉图在描述中虽不免有点漫画化,但仍可从中察知他的学问是广博的。他拥有丰富的自然科学知识并有专门的研究成就,这在智者中是突出的。普洛克罗的《欧几里德〈几何原本〉评释》中说,埃利斯的希庇亚发现了割圆曲线(quardratfix),它解决了当时数学上的两个难题:一是三角形的角的三等分或按任一比例划分的问题,二是在圆中作正方形的问题。②

关于希庇亚的著作,现存残篇中提到的有《演讲集》③、关于特洛伊的对话④、《部落的专有名称》⑤等,都已佚失。在自然论和约定论之争中,他是主张自然论的一个代表,较突出的是以自然论观点研讨正义和法律的本性问题,有民主派政治思想倾向,必定也有这方面的著作或讲演。

普罗泰戈拉主张约定论,认为可通过规范约定新法律来破除旧习惯法;高尔吉业则根据人有自然本性来为海伦辩护,认为一切人和社会的活动及其规范都是被自然本性所决定的。原先希庇亚也持约定论,在同苏格拉底专门讨论正义问题时,承认法律"是公民们一致制定的协议,规定他们应该做什么和不应该做什么",所以"守法和正义是同一回事"。但伯罗奔尼撒战争前后希腊立法多有乖变、危害于人这种现实,使他改变了观点,在探究法律和正义中批判约定论,主张自然论。他责问:"既然制定这些法律的人们自身就常常废弃或修改法律,人们又怎能把这些法律或把遵守这些法律看得具有真正的重要性呢?"⑥《大希庇亚篇》中的

---

① 色诺芬:《回忆录》,载于色诺芬《回忆苏格拉底》,吴永泉译,第 162 页,商务印书馆,1984(以下所引此书均为此版本)。

② 见弗里曼《苏格拉底以前哲学家的辅助读物》,第 385—388 页,麻省,剑桥,哈佛大学出版社,1978;克莱因《古今数学思想》第 1 册,张理京、张锦炎译,第 43—46 页,上海科学技术出版社,1979。

③ 见第尔斯、克兰茨编《苏格拉底以前哲学家残篇》,DK86B4。

④ 见同上书,DK86B5。

⑤ 见同上书,DK86B2。

⑥ 色诺芬:《回忆录》,载于色诺芬《回忆苏格拉底》,第 165 页。

他认为:"有益于城邦人们才制定法律的,但有时候如制定得不好就是有害的。"①他主张只有体现自然的法律,特别是符合自然本性的未成文法,才是正义的。未成文法有较多的道德内涵,在他看来更体现人的自然本性,所以他更推崇未成文法。而在制定成文法中,他也强调要注入、充实道德含义,如普卢塔克转述的:"希庇亚说,诽谤是很坏的,法律却没有规定对它的惩罚;然而诽谤犹如盗窃,它盗窃了人间最好的财富——友谊。抢劫当然不好,但是比诽谤好,因为它不是隐蔽行使的。"②他强调法律应出自人的自然本性,实质上触及法律和伦理道德的关系,主张法律应确立在体现人性的道德的基础之上,这种见解是很深刻的。

他更坚信,自然论符合人性,使人们亲善,而出于约定论任意立法,则暴害人类。《普罗泰戈拉篇》中的他说:"根据自然而不是根据约定,你们都是我的亲人、朋友和同伴。按照自然,同类团聚,但是'约定'是人类的暴君,是有害于自然的。谁了解自然,他就是希腊人的知识领袖。"③强加于人的法律,使人类分裂,有害人的自然本性。他说的"自然"不仅指自然界的事物及其性质,而且更普遍地泛指全宇宙的事物和人的本性。他批评现实的法律弊端、缺陷太多,主张必须根据人的普遍的自然本性,代之以全人类共同的法律,即"不成文法",也就是"到处都一致遵守的律法",所有人都一样的法律。④ 这里已很可贵地萌发了一种自然法思想,这和他的泛希腊民主政治思想倾向是一致的。这种自然法思想在希腊化时代由伊壁鸠鲁进一步阐发,和他的世界主义思想也是一致的。

还有一位重要的自然论智者是安提丰(Antiphon)。古代史料中提到的名人安提丰有几个,他们是否就是智者安提丰,一直论说不一,很混乱。1915 年在埃及的奥克西林克发现了大批纸草文书,其中有两幅《论真理》的纸草,以前只残留它的个别字句,这两幅却是完整的两大段,其

---

① 柏拉图:《大希庇亚篇》,284D,载于《柏拉图对话全集,附信札》。
② 第尔斯、克兰茨编:《苏格拉底以前哲学家残篇》,DK86B17。
③ 柏拉图:《普罗泰戈拉篇》,337D,载于《柏拉图对话全集,附信札》。
④ 见色诺芬《回忆录》,载于色诺芬《回忆苏格拉底》,第 167 页。

中有相对主义感觉论和主张民主制度以及关于自然和法律的见解等，其作者就是智者安提丰，和那个推翻民主制、成立四百人议事会的寡头政治家与演说家安提丰的观点是不相容的。后来的研究又区别开另一个公元前4世纪上半叶的悲剧作家和演员安提丰。① 现代西方学者已确认并较准确地研究了智者安提丰及其自然论思想。他的生卒年代不详，大体应是和苏格拉底同时代的人。赫谟根尼（Hermogenes）说他是雅典人。② 他早期在科林斯当过医生，并将语言和修辞学用于医学，认为语言有解除痛苦、慰藉心灵、预示未来的力量，如果病人说出痛苦的原因，接受语言治疗，便可以消除疾病。这就是他所著《摆脱痛苦的技艺》的内容，他因而被誉为"预言家"。其实这可以说是最早的一种心理治疗论。他的其他著作有《论和谐》《政治家》《对梦的解释》，仅留极少存疑的残篇，而最重要的、有确凿证据的残篇是哲学著作《论真理》（On Truth）。

安提丰坚决主张自然论，反对约定论。他认为语言也有其自然本性，语言指谓对象及其意义不是人为约定的，因为语言有其自然形成的规则，是由一种出于自然的"习惯"建立起来的。③ 而更重要的是他以自然论阐发了一种法哲学思想，这表现在被发现的《论真理》的一些残篇中，被收入冯特（Hunt）所编的纸草文书汇编。④ 我们可以从中分析其要义有以下三点：

第一，自然律令高于人为法律，正义的法律应根据"自然"的律令而形成。他说："正义当然不是违背城邦所确定的法律"，但"法律条文是人为制定的，而依据physis（自然）确定的条例则是应该如此的，不是人为的。法律的条文是经过协议达成的，并不是自然而然地形成的，然而自然的律令却不是人们约定的"。违背自然律令比违背约定法律，会导致

---

① 见汪子嵩等《希腊哲学史》第2卷，第83—86页。
② 见第尔斯、克兰茨编《苏格拉底以前哲学家残篇》，DK87A27。
③ 见同上书，DK86B1。
④ 这些内容被第尔斯辑为残篇第四十四并译为德文，弗里曼译为英文，翁特斯泰纳译为意大利文，以下引文均采用陈村富先生的中译文，见汪子嵩等《希腊哲学史》第2卷，第221—225页。

"千真万确"的更严重的后果。人为制定的"法律所确认的利益是自然的桎梏,自然所确定的利益却是自由自在的"。只有"按照自然"才能得到"有益的东西",避免"有害的东西"。制定法律应依据自然本性,使其确立在"自然律令"的基础之上。

第二,批判人为约定的法律违背自然,危害于人。普罗泰戈拉倡导约定论是为了以民主制的新法取代旧传统的习惯法;而在民主制蜕变时期人为制定的法律也蜕变了,反而有害于公民与城邦,所以安提丰对"约定"的法律严加批判,认为它们其实是反自然、非正义的。他指责"法律所确认的许多正义行动是违背自然的","法律所作的限制使人们越来越背离自然,它教唆人们逆自然而动"。他指出"同自然对立"的所有那些法律规定可"导致如下后果:受害者比害人者遭受更多的不幸,别人得意而你却扫兴,过着一种本来可以避免的难受生活"。"对那些遵守法律的人,法律没有力量给予公正的待遇和帮助。法律实际上是默认受害者遭难,允许害人者犯罪;法律不能防止受害者遇害,也不能防止作案者犯罪"。

第三,主张人皆有天赋平等的自然本性,这是自然律令的基本规定。他说:"人们尊重那些出身高贵的家族并赋予他们荣誉,但对那些出身低贱的人却既不尊重也不予以荣誉。我们这里是这样,我们的邻人野蛮人也是这样。实际上按照 physis(自然),不论是哪里的人,是希腊人还是野蛮人,生下来都是一样的。自然给予一切人以应有的补偿,这是人人都看得到的;所有的人也都有能力获得这种补偿。在这些方面不可能像区分希腊人还是野蛮人一样作出区分,我们大家都用嘴和鼻子呼吸,用手拿吃的东西……"这里,他鲜明地反对全希腊的"高贵"和"低贱"的等级之分,强调所有人的天赋自然本性是同等的,这应是第一—"自然律令"。这种自然法思想的萌发,还蕴涵着对当时全希腊视为天经地义、直到亚里士多德仍主张的"自然奴隶说"的否定,确实表现了一种果敢的反传统精神。

三　宣扬强权即正义的智者塞拉西马柯和卡利克勒

雅典民主制衰落后,希腊城邦内部强横者篡权,诸城邦间以强凌弱、掠灭对方的事件层出不穷。智者运动也走向乖变的末流,鼓吹强权即正义的论调甚嚣尘上,塞拉西马柯(Thrasymachus)和卡利克勒(Callicles)是其代表,柏拉图的《国家篇》和《高尔吉亚篇》中记述了他们的基本观点。

柏拉图在《国家篇》中提到塞拉西马柯是麦加拉的殖民地卡尔西冬人①,生于公元前549年左右,比苏格拉底年轻一些。他在雅典和帖撒利长期活动,在研究论辩术的"修辞学"发展史上颇有成就。亚里士多德在《辩谬篇》中说:凡学问和技艺,开创者做的工作虽然不多,但贡献最大,后人得以在他们的基础上发展;在修辞学的发展中,"忒西亚斯继承第一个开创者,塞拉西马柯又继承他"②,他算是第三位"开创者"。他写有《在公民大会上的演说》、《演讲术主题》、《唤起同情的技艺》和《论政制》等一些著作。

他对时局是有评判的。他认为古代人们之间和谐,现在是战争代替了和平,混乱代替了和谐,未来更不堪设想。他说:雅典人的光荣是在过去,现在衰落了;"最坏的后果不是由于天意和命运,而是由于我们的官员"③。"我们用战争代替了和平,由于冒险才成为现在这种狼狈的状态,所以我们怀着深情留恋过去,带着恐惧注视未来。我们牺牲了和谐一致,换来了仇视和内部的纷争……假如人们感受到现在事态的悲惨,相信他有办法结束这种状态,他为什么还沉默不语呢?"④他要"以天下为己任",立言以挽救城邦。靠神已不行,他对神的存在也采取怀疑的态度,至少他认为神与人世无关,"神不关心人间事务,否则他们不会忽视

---

① 见柏拉图《国家篇》,328B,载于《柏拉图对话全集,附信札》。
② 亚里士多德:《辩谬篇》,183b31—32,载于《亚里士多德全集》。
③④ 第尔斯、克兰茨编:《苏格拉底以前哲学家残篇》,DK85BI。

关系人们利益的最大的事情——正义,因为我们看到,人们并不践守这种美德"[1]。而那些演说家和争论成性的人都致力于无谓的争论,"他们陈述相反的观点,却体验不到他们的行动原是彼此一样的,对立党派的理论其实也就是他们自己的理论"[2]。那么,他认为正义与和谐的未来何在呢?

柏拉图的《国家篇》记述,他也以自然论为根据,却不认为人皆有天赋平等的自然本性,而主张人的天性是不平等的,强者统治弱者是自然法则,服从强权统治就是自然的和谐。他在和苏格拉底讨论什么是正义时侃侃而论:每个城邦的政府都是谁强谁统治,强者的利益就是城邦政府统治者的利益。无论是民主制的平民政府,或是贵族寡头制的专制政府,都制定对政府即强者有利的法律,并且明白告示大家,对强者的政府有利的,对老百姓就是正义的,必须遵守,谁不遵守,就有违法之罪,就有不正义的恶名,所以老百姓服从作为强者的统治者才是正义的。因此不论在实行何种政制的地方,"正义总是强者的利益"。[3] 他的这种正义观在当时的智者派中被奉行,也被当时许多希腊城邦的统治者所奉行,成为他们实行强权统治、从事阴谋党争以及征服与奴役其他城邦的一种理论依据。民主制蜕变后,智者已生活在城邦集团的争霸与掠伐中,他们论证与宣扬霸权主义天然合理的强权政治论,他们的感觉论相对主义的论辩术也变成了政客蛊惑民众、谋获权势的思想工具。

卡利克勒同样宣扬这种极端的自然论,并更露骨地反对有民主启蒙精神的约定论。他是阿提卡的阿卡奈人,教修辞学,也研讨政治伦理与道德问题。柏拉图在《高尔吉亚篇》中记述,卡利克勒和苏格拉底讨论城邦政治的伦理原则时,反对公民平等的"约定"论:"制作规范约定的是作为多数人的弱者,正是他们为了自己的利益制作了规范约定,确定赞成和非难的标准,为了防止强者超过他们,得到超过他们的利益"。"如果

---

① 第尔斯、克兰茨编:《苏格拉底以前哲学家残篇》,DK85B8。
② 同上书,DK85BI。
③ 见柏拉图《国家篇》,336B—354C,载于《柏拉图对话全集,附信札》。

低等人享有了平等地位,他们就心满意足了"。他攻击如果将"平等原则"作为"正义和公平"来奉行,只会将强者和优秀分子诱惑成"驯服的奴隶"。他主张:"自然本身显然是让强者超过弱者,让一些更好的人拥有高于不好的人的利益,认为这才是公正的。综观一切动物以及一切城邦和人都概莫能外,所谓正义,就是强者对弱者的统治和强者的利益"①;而不受限制地满足自己的欲望就是美德与幸福②。这种宣扬弱肉强食的原始"生存竞争"观念和个人欲望支配一切的情感道德观,正迎合了当时动乱中强邦奉行霸权主义、仗势蹂躏弱邦(如雅典蹂躏弥罗斯)的政治需要。这也表征着智者运动的没落。

智者运动的末流还表现在他们将本来有语言学和逻辑学意义的论辩术,变成了完全是玩弄语言游戏、反逻辑的诡辩。欧绪德谟和狄奥尼索多洛两兄弟最为典型。他们是开俄斯人,生活在雅典新殖民城邦图里,后来因参与党争被放逐,到雅典以教论辩术为生。柏拉图的《欧绪德谟篇》记述了他们不是教人知识与真理,而是胡乱推论许多荒唐的诡辩,如说:你养了小狗和老狗,老狗是小狗的爸爸,作为爸爸的老狗是你的,所以老狗是你的爸爸,你是小狗的兄弟,你打老狗就是打你的爸爸。③

总之,智者运动已走向反面,在哲学、政治、伦理道德与修辞论辩上都已尽失人文启蒙精神,而为当时城邦社会秩序与道德风气的败坏起了思想上的推波助澜的作用。苏格拉底和柏拉图在批判智者中推进希腊古典哲学,是必然而又必要的。

---

① 柏拉图:《高尔吉亚篇》,481D—484A,载于《柏拉图对话全集·附信札》。
② 见同上书,490A—492C,载于《柏拉图对话全集·附信札》。
③ 见柏拉图《欧绪德谟篇》,298E,载于《柏拉图对话全集·附信札》。

第九章　苏格拉底

　　苏格拉底是将希腊古典哲学推向全盛高峰的开路人。他和智者一样顺应历史潮流,主要研究人和社会,特别是伦理道德问题;同时,他在批判智者的感觉论相对主义中,大力开创理性主义哲学。正是在他的影响下,他的弟子柏拉图和再传弟子亚里士多德构建了博大精深的哲学体系,达成希腊古典哲学最光辉灿烂的全盛。他倡导的理性主义传统成为西方哲学和科学的主流,一直影响着西方文明进程。他在西方思想史上的地位可以和中国思想史上的孔子相比,而他作为思想政治犯被判处死刑的悲剧命运,表明他终生不渝恪守哲学理想和道德原则,不惜为此殉道献身,因此成为后人敬仰的伟大哲人。

　　对苏格拉底的研究有难度。他像孔子一样"述而不作",没有留下亲自写的著作,我们只能通过他的弟子们记述他的言行的思想资料来了解和研究他,其中最主要的资料又是他的声誉卓著的高足柏拉图写的对话篇,学生的巨大名声淡化了老师的形象,对话篇中思想的分属较难界定;而有些史料着重描写苏格拉底坚贞、崇高的品行和道德修养,似乎只将他看做一位忠于使命的道德实践家,因而忽略了深入全面地考察他在哲学创新上的重要贡献。他的政治态度和受审被处死的命运,也使他的形象被蒙上纷争之雾。在苏联的教条主义论判中,他被描绘成一个反动的奴隶主贵族思想家，说他"是一群青年贵族以及这些贵族在政治上的同道者所组成的哲学小集团的领袖"①，他的哲学是"借助唯心主义来论证贵族的道德理论"②。这种贴标签式的曲解如今已不足信。而在当代西方学者中也有一些论著，认为他是因反对雅典民主制而被处死，因而贬低他的思想。我们则应切实根据史料，汲取国内外学术界的合理研究成果，将苏格拉底放到他所处的那个历史时代，实事求是地还他的历史角色和哲学思想的本来面目。

苏格拉底是在希腊古典文明由盛趋衰、城邦奴隶制面临变革的历史转折时期，体现时代精神，倡导哲学变革，奠立理性主义传统，以图改革希腊社会、重新振兴城邦的贤哲。他的哲学变革，不只是使希腊思想演进从自然哲学转向人间伦理道德，更重要的在于他将哲学的主题转向人自身，在人的本性中激扬出一种深蕴逻辑力量的理性精神，其意义已不限于更新道德价值，更在于促使希腊哲学进入结合科学理性与人文精神的体系化新阶段，从而深刻地影响了西方的哲学传统与文明进程。

第一节　悲剧时代的哲学先知

苏格拉底的哲学思想和他的生活实践密切相关，要了解他的哲学必须先了解他的哲学实践的生平活动和相关的思想史料。在城邦奴隶制趋于衰落的时代，雅典竟处死了执著地要挽救与重振城邦的贤哲苏格拉底，这是时代的悲剧，而苏格拉底的命运也说明他生逢一个悲剧的时代。他这位敏锐地感觉到时代危机的先知哲学家所迸发的睿智，虽不能挽悲剧时代之狂澜于倒悬，却能在后世的历史进程中光照千秋。

---

① 敦尼克等主编：《哲学史》第1卷（上册），中央马列著作编译局译，第106页，生活·读书·新知三联书店，1962。
② 同上书第1卷（上册），第108页。

一 "牛虻"的使命

苏格拉底(Socrates)生于公元前 469 年,卒于公元前 399 年。第欧根尼·拉尔修记载:他"生于第 77 届奥林匹亚赛会第 4 年,塔尔盖利昂月的第 6 天[①]";"他卒于第 95 届奥林匹亚赛会的第 1 年,享年 70 岁"。又记载:"他是雕刻匠索佛隆尼司库和产婆菲娜瑞特的儿子。他是雅典阿罗卑克胞区的一位公民"。[②] 他的出身,既非富豪门第,也非贫寒贱民,应是普通的自由民之家。子承父业大约是当时希腊的习俗。传说苏格拉底的父亲让他年少时从学雕刻,他掌握了精湛的技艺;他的母亲的专长则可能启发了他后来将他的对话辩证法比喻为"助产术"。他少年和青壮年时的生活应该还算宽裕,后来生活潦倒,披旧大袍,赤脚周旋于公共场所,那已经是伯罗奔尼撒战争后期,雅典已处于严重的经济危机之中。

苏格拉底生当伯里克利的黄金盛世,当时的雅典是"全希腊的学校"。在浓厚的文化氛围中少年苏格拉底接受了良好的教育,获得丰富广阔的知识。他曾向伯里克利的老师达蒙学过音乐,修习过几何、算术和天文等学科,晚年还教导他的学生要为有意义的实用目的去熟悉这些科学知识。[③] 显然他有良好的自然科学知识素养。第欧根尼·拉尔修记载:"他成为自然哲学家阿凯劳斯的弟子。阿里司托森也说他和阿凯劳斯过从甚密。"[④]这应当是可靠的,因为阿里司托森和塞奥弗拉斯特均为亚里士多德的学生,都曾断言苏格拉底 17 岁时即追随阿凯劳斯,相处时久,说他是阿凯劳斯学派中的一个成员。[⑤] 而同伯里克利、苏格拉底有交往的诗人伊安也说:"苏格拉底还很年轻时就同阿凯劳斯一起离开雅典

---

① 塔尔盖利昂月是公历 5、6 月间,它的第 6 或第 7 天是塔尔盖利昂节,是雅典献祭阿波罗神的节日。
② 见第欧根尼·拉尔修《著名哲学家的生平和学说》,第 2 卷,第 18、44 节。
③ 见同上书,第 2 卷,第 19 节。
④ 同上。
⑤ 见泰勒《柏拉图其人及其著作》,第 66—67 页,伦敦,梅苏恩出版公司,1927。

去过萨摩斯"①。去干什么呢？萨摩斯是小亚细亚邻近米利都的一个岛邦，在苏格拉底 29 岁时发生叛乱，他们师徒二人是奉命去参加军事封锁的。阿凯劳斯是阿那克萨戈拉的学生，已开始注重伦理研究，对苏格拉底早年思想及其转变无疑有重要影响。苏格拉底青壮年时同当时雅典的学者名流已有较多交往，崭露出他的杰出才智，声誉渐起。他同伯里克利的情妇、文化沙龙的主持人阿丝帕希娅有不少接触，后来对她屡有赞扬。智者运动当时在希腊盛极一时，苏格拉底和当时智者的一些重要代表都有交往，柏拉图的不少早期对话也以这些智者的名字作为篇名，记述他们之间的论辩。在《普罗泰戈拉篇》中，老普罗泰戈拉最后对苏格拉底说："在你的同龄人中，我确实从未遇见过像你这样令我称羡的人，现在我说，你如将成为我们当今领头的哲学家之一，我决不惊讶。"②苏格拉底无疑深悉智者的学说，所以才会以他们为主要论敌进行犀利的抨击。他在中年时周围已经聚集起一批雅典和来自外邦的追随者，如后来居勒尼学派的创建人阿里斯提波即是慕苏格拉底盛名，从北非的居勒尼赴雅典从学的。③ 还有埃利斯、佛利乌斯、底比斯等地的门生以及毕达哥拉斯学派中仰慕他的学者，都闻风而来，像斐多（Phaedo）等人后来直到苏格拉底被处死时都陪侍在场。在公元前 423 年上演的喜剧家阿里斯托芬的《云》中，被漫画化的苏格拉底已俨然是"思想所"的首脑，渴慕的求知者接踵而来，这具有某种真实性。

　　苏格拉底的后半生几乎都是在长达 27 年的伯罗奔尼撒战争中度过的，这场大战对苏格拉底的思想历程有重要影响。苏格拉底作为忠于雅典城邦的公民直接参加过三次军事行动。第一次是参加直接导致大战爆发的波提狄亚战争（前 431—前 430）。波提狄亚原属雅典盟邦，但在科林斯和斯巴达的支持下叛离雅典。雅典派卡利亚先后率领 70 艘舰船和 3 000 名重装步兵去镇压叛乱，围攻两年，"城内粮食没有了，饥馑带来

---

① 第欧根尼·拉尔修：《著名哲学家的生平和学说》，第 2 卷，第 23 节。
② 柏拉图：《普罗泰戈拉篇》，361E，载于《柏拉图对话全集，附信札》。
③ 见第欧根尼·拉尔修《著名哲学家的生平和学说》，第 2 卷，第 65 节。

了许多骇人听闻的事。事实上已有人吃人的事情发生了"①,终于迫使敌方投降。在柏拉图的《会饮篇》中,阿尔基比亚德生动地叙述了苏格拉底在军队被围、供应被切断时,赤足履冰行军、单独杀开血路救出被敌军杀伤的阿尔基比亚德的英勇事迹。② 第二次是在公元前424年参加德立安战争。德立安是雅典北部邻近优卑亚的城邦,雅典在此与同斯巴达结盟的彼奥提亚人作战,双方各派出约7 000名重装步兵先后进行了两次战役。彼奥提亚人得到底比斯和科林斯的军队增援,最后以火攻大败雅典军队,雅典主将希波克拉底阵亡,溃败的军队取海道逃回。③ 这场战争表明雅典已呈败势。苏格拉底第三次参加的是公元前422年在色雷斯的安菲波利战争。苏格拉底参加三次征战获得了丰富的军事知识,他常用军事实例论证他的哲学思想。战争使全希腊的政治秩序陷入极度的混乱,霸主们公然宣扬血和火的杀伐,弱肉强食就是"正义"和"公道"。统治者们丧失理智的酷虐掠杀,必然使苏格拉底感到触目惊心,引起他的深思。各城邦内部民主派和贵族派的政治势力互施阴谋残酷杀戮,是当时遍及希腊的政治行为。社会政治动乱又使得希腊精神世界发生极大的混乱与危机:人性普遍堕落,生活行为准则乖变;狂热的野心和贪婪的私欲成为合理的动机和判断美德的标准,是非颠倒,黑白混淆。柏拉图在《第七封信》中说:希腊人的传统道德"以惊人的速度崩析堕落"④。苏格拉底作为热爱雅典城邦的公民和有远见卓识的思想家,敏锐地透察到战争已给雅典带来深刻的危机。他从精神道德和社会政治方面进行深刻反思,认为整个危机是道德和人性堕落、社会政治秩序混乱造成的,因此拯救社会的根本出路在于改善灵魂和人的本性,由此才能实现重振道德、改善政制以复兴雅典以至全希腊的宏图。他自称"牛虻",承担起哲学救世的历史使命。

---

① 修昔底德:《伯罗奔尼撒战争史》上册,谢德风译,第154页,商务印书馆,1997。
② 见柏拉图《会饮篇》,219E—220E,载于《柏拉图对话全集,附信札》。
③ 参见修昔底德《伯罗奔尼撒战争史》上册,谢德风译,第320—329页,商务印书馆,1997。
④ 柏拉图:《第七封信》,325D,载于《柏拉图对话全集,附信札》。

他的"牛虻"使命集中地表现于柏拉图的《申辩篇》中的他的自白。他对雅典人说："我是神特意赐给本邦的一只牛虻,雅典像一匹硕大又喂养得很好的马,日趋懒惰,需要刺激。神让我到这里来履行牛虻的职责,整天到处叮着你们,激励、劝说、批评每一个人。"①他将自己比做一只神赐给雅典的"牛虻",在城邦飞来飞去,螫刺、惊醒雅典这个迷钝昏乱的庞然大物,刻意促其重新奋发。苏格拉底借"神的命令"为自己设定哲学使命,在雅典城内到处找人谈话,讨论问题,启迪理智,引导人们追求智慧和道德的善,改善灵魂,从而拨乱反正,批判愚昧、私欲、不义和邪恶,以振奋城邦社会。他的使命和哲学实践并不是一种迂腐的道学箴劝,而是一种对时代的哲学反思,对支配当时希腊社会生活的一些原则观念的深刻批判。他的哲学思想就是在他的论辩与教诲的实践活动中阐发的。他的活动深入到了雅典民间的日常生活之中。从色诺芬的《回忆录》可以看出,他教诲的对象有阿尔基比亚德等在政治上崭露头角的人物,有阿里斯提波这样的学子,也有雕刻匠、画师乃至妓女等;他不仅讨论正义、节制、勇敢、友爱等道德修养问题,也讨论政治、法律、宗教、理财、修辞和技艺等,涉及社会生活的各个方面。强烈的使命感驱使他摩顶放踵、坚持不懈地进行启迪心智的活动,这样的哲学家在西方思想史上是少见的。

从柏拉图的对话篇和色诺芬的《回忆录》中可以看出,他实践哲学使命的活动有现实的政治目的,表现为以下四点:

第一,热爱母邦,反思雅典衰落的根源,希望奋发图强。在柏拉图的《克里托篇》、《美涅克塞努篇》中,他都表述了对养育他的城邦——雅典的眷恋深情。色诺芬的《回忆录》中记述他和小伯里克利谈话,后者讲到对城邦党争中滋长的大量罪恶,"经常怀着恐惧的心情,生怕有忍受不了的灾祸降临城邦";苏格拉底却满怀信心地说:"决不要以为雅典人已经

①柏拉图:《申辩篇》,30D—31A,载于《柏拉图对话全集,附信札》。

病入膏肓,不可救药了"。① 战争中城邦经济崩溃,大批自由民原可依赖帝国的殷厚收入过闲散的寄生生活,不屑与奴隶为伍从事贱业。《回忆录》记载他引用赫西奥德的诗句:"做工不是耻辱,闲懒才是耻辱",告诫自由民要劳动谋生。② 从色诺芬的《经济论 雅典的收入》中可以看到,他曾了解和总结波斯帝国的经验,向雅典提出要重视农业的建议。这正是雅典经济的致命弱点,它将奴隶们主要用于城市手工业和家庭劳动,忽视了作为生活的必需基础的农业;战争中本就脆弱的农业区又屡遭蹂躏,一旦进口粮食断绝,雅典就民不聊生了。所以苏格拉底主张"耕作是百工之祖"是很有见地的。从《高尔吉亚篇》等可以看出,他对当时的强权政治以及民主政制下党派政客操纵弄权都有尖锐的批判。他虽将雅典没落的根源归结为精神道德危机,但还是和社会经济、政治的危机联系起来分析的。

第二,从哲学高度着重讨论伦理问题,谋求改善灵魂即人的全部思维方式,重建道德价值,以达到振兴雅典的目的。从柏拉图的早期对话和色诺芬的《回忆录》中都可以看到,苏格拉底首要关注的是伦理道德问题,但他总是上升到哲学高度,对人的本性作深刻反思,包含本体论、认识论和方法论的哲学内容;并且运用他的哲学和道德原则去探讨社会的政治、宗教、审美、语言等人生和知识领域的问题,希望通过改造希腊人的全部思维和精神生活来克服社会的全面危机。

第三,针砭时政,着意培育俊才,意图振邦兴国。他自称神早就告谕他不要参政,他确实也不是活跃在历史前台的政治家,而是哲学家。他遵奉雅典民主制的法律,既抨击贵族寡头统治和阴谋篡权的僭主统治,也反对政客利用民主制度操纵弄权。《回忆录》记载他批评当时民主制的选举办法,"用豆子拈阄的方法来选举国家的领导人是非常愚蠢的"③。他认为治理城邦是"最伟大的工作",必须培植一批富有知识、精娴治国

---

① 见色诺芬《回忆录》,载于色诺芬《回忆苏格拉底》,第102页。
② 见同上书,载于色诺芬《回忆苏格拉底》,第19页。
③ 同上书,载于色诺芬《回忆苏格拉底》,第8页。

才能的专家来复兴雅典。他强调统治者就像船上的舵手、军队中的将领,如果没有驾驭的知识,"只会给那些他所不愿毁灭的人带来毁灭,同时使他自己蒙受羞辱和痛苦"①。在他看来,这正是当时城邦陷入危机的一个重要原因,因此,他认为当务之急是要选拔有专门知识和德行的统治人才。色诺芬记述了不少他鼓励青年学习政治和军事知识、勇于从政的实例。当智者安提丰问他自己为什么不从政时,他坦白地剖明心迹:"安提丰,是我独自一人参预政事,还是我专心致志培养出尽可能多的人参预政事,使我能够对政治起更大的作用呢?"②不参政的苏格拉底实际上深深地介入政治,起了现实的政治作用,因此必然触犯那些不学无术、无德无能的政治权贵,这也是他招致杀身之祸的一个重要原因。

第四,他教育的对象以青年居多,想用他的哲学塑造年轻一代,在他们身上寄托他的理想。他在雅典的街头巷尾、竞技场所谈论时,周围常簇拥着许多青年子弟,教育青年如何培养他们的美德常是他的谈话主题。他总是循循善诱地启迪他们的心智。老年苏格拉底意识到青年对城邦的前途至关重要,因此将复兴雅典的理想寄托于青年一代。他对青年的政治影响日益增大,自然使当政者不安,招致他被控为"败坏青年"。他本着"有教无类"的原则授教,教学圈中鱼龙混杂,既有后来成为三十僭主之一的克里底亚,也有后来朝秦暮楚的政治投机家阿尔基比亚德,但这些只是很小的部分;实际上他教育青年贫富不论,既有富人克里托(Crito)之子,也有像中国的颜回那样的贫寒苦学之士埃斯基涅(Aeschines)。他的弟子中涌现了一批学术英才,除柏拉图、色诺芬外,还有后来成为小苏格拉底学派三家的主要代表。他为希腊的学术文化培养了一批俊才。

苏格拉底不仅有哲学的言教,而且有身体力行的身教,他以俭朴、刚健、正直、英勇的人格,在雅典公众前树立了一种道德典范,使他的教义

① 色诺芬:《回忆录》,载于色诺芬《回忆苏格拉底》,第39页。
② 同上书,载于色诺芬《回忆苏格拉底》,第38页。

更具感召力。色诺芬在《回忆录》中有多处描述他的勤俭、自制、蔑视金钱等崇高品格。面对复杂的政局，他更表现出独立不倚、刚正不阿的品质。公元前406年雅典民主派执政时，其海军在阿吉纽西岛击败斯巴达舰队，但自身也损失了25艘船舰和4000名军人；因暴风雨阻碍，将军们未能将阵亡者的尸体打捞起来安葬。雅典当权者竟以此违反习惯为由审判并要处死8位将军，他们威胁适值代表胞区任议事会主席的苏格拉底，如不赞同也要对他起诉。他坚决拒绝，唯有他一个人投了反对票。[①]公元前404年雅典战败投降斯巴达后，斯巴达在雅典扶持克里底亚等三十僭主政权实行残暴的恐怖统治，杀害了许多人。苏格拉底直言指责这种行径，这些话传到三十僭主那里，克里底亚等人就将苏格拉底召去，下令禁止他和青年人讲论，剥夺了他施教和议政的权利。[②] 三十僭主又命令他和另外四个人去逮捕一位逃往萨拉米的无辜雅典公民勒翁，以此胁迫他和三十僭主同流合污；那四个人服从了，苏格拉底认为这与法律不符坚决拒绝执行。[③] 一年以后民主派推翻三十僭主，恢复雅典民主制，但已蜕变的民主制失去了理智，不能领会苏格拉底的哲学使命旨在维护雅典城邦的根本利益，却将他视为一种可怕的异端精神力量。四年以后苏格拉底就遭受了他的悲剧命运。

二 悲剧的命运

雅典民主派推翻三十僭主政权以后，为稳定政局曾宣布实行政治大赦，对公元前415年污渎赫耳墨斯神像事件以来的政治犯实行宽大政策；然而在公元前399年他们却处死了坚拒和三十僭主同流合污的苏格拉底。历来史家对这一西方思想史上的重大冤案作了许多探索，见解纷纭，莫衷一是，争议集中于两个问题：一是控告和处死苏格拉底的真实原

---

① 见色诺芬《回忆录》，载于色诺芬《回忆苏格拉底》，第5—6页。
② 见同上书，载于色诺芬《回忆苏格拉底》，第13页。
③ 见同上书，载于色诺芬《回忆苏格拉底》，第161页。

因究竟何在,二是如何理解苏格拉底之死的意义。两个问题实质上涉及对苏格拉底的政治态度和思想活动的评价。

关于苏格拉底被控处死的最早原始资料,保存下来的只有两种:一是柏拉图对话中记述苏格拉底受审、囚狱和临刑的《申辩篇》、《克里托篇》和《斐多篇》,《欧绪弗洛篇》也提到他受审前被指控为"不敬神"的情况。苏格拉底出庭受审时柏拉图在场,内容是可信的。二是色诺芬的《回忆录》第1卷和《苏格拉底在法官前的申辩》,苏格拉底被审判处死时色诺芬不在雅典,他归来后听在场人报告所作的记述也是可信的。这一重大案件在苏格拉底死后仍很有争议。当时有一个名叫波吕克拉底的人散发了一本继续攻击苏格拉底的小册子,宣传判他死罪理所应当。柏拉图和色诺芬的记述是为了回击波吕克拉底的攻击。

当时控告苏格拉底的有三个人:跳在前台的主控者是悲剧诗人、宗教狂热分子美勒托和没有名气的修辞家莱康,控告的实际主使人则是做过硝皮匠、当政后骄横不可一世的检察官安尼图斯,他是当时已恢复的民主政权的领导人之一。控告书的详细内容已不得而知,现存的记载表明控诉罪状有两条:败坏青年,引进新神。柏拉图在《申辩篇》中记述:"苏格拉底犯有败坏青年之罪,犯有信奉他自己捏造的神而不信奉城邦公认的神之罪。"[①]色诺芬在《回忆录》中记述:"苏格拉底的违犯律法在于他不尊敬城邦所尊敬的诸神而且还引进了新的神;他的违法还在于他败坏了青年。"[②]实质上,这两条罪名的根底都在于他的哲学使命。

柏拉图的《申辩篇》是苏格拉底在法庭受审时当众发表的一篇真切动人、富有哲理性的演说词。他答辩公众舆论对他的偏见和非议,指出支持控告的更可怕的舆论偏见是将他说成"能以虚弱无理的诡辩击败强有力的论辩"的"智者",曲解成阿那克萨戈拉式的自然哲学家,是"一个

---

① 柏拉图:《申辩篇》,24B,载于《柏拉图对话全集·附信札》。
② 色诺芬:《回忆录》,载于色诺芬《回忆苏格拉底》,第1页。

无神论者"。① 他郑重剖明:他并非不尊重自然知识,但确实无意深入研讨它。② 以不信神或渎神被判罪在雅典是屡见不鲜的。他申述道:他也不是高尔吉亚、普罗狄科、希庇亚那样收费教学的智者,他的声誉只不过出于他有一种"人的智慧"③,这种智慧就是"自知我无知"④。确有许多青年追随他,仿效他,并非难他人自以为是、实为无知,于是人们恼羞成怒,指责他像瘟神一样给青年灌输错误的观念。由上可知,当时审判他的一个重要根由在于苏格拉底的哲学活动的思想影响。他早年确曾研究自然哲学,后来转向了,到处论辩,像牛虻一样叮人,带动一批青年人指摘和揭露包括社会名流在内的人"无知",撼动了当时的一些政治信条和传统道德观念。他紧接着驳斥美勒托等人指控他的两条罪状,就自己的使命和活动作了长篇剖白,否定那些政治性诬蔑:他是神赐给雅典的牛虻,雅典人伤害他就是伤害他们自己。⑤ 他一贯奉公守法,无论是在实行民主制时还是寡头制时从不错误地屈从当局;他乐于教诲人,不论贫富,但"如果他们中任何人成为好公民或坏公民,我都不能负责"。⑥ 他还辩白他从不曾同他人在密室私下聚晤,并无秘传弟子,他的言论都是公开的;他要在场的弟子当庭作证。⑦ 他说:我不关注"政治任职、秘密结社、党派组织等我们城邦盛行的事情,我自知我过于坚守原则所以不适宜做这些事情"⑧。

色诺芬的《回忆录》写于约公元前 393 年,谈到无疑属于指控者所罗

---

① 见柏拉图《申辩篇》,18A—C,载于《柏拉图对话全集,附信札》。

② 见同上书,19B—C,载于《柏拉图对话全集,附信札》。

③ 同上书,20C,载于《柏拉图对话全集,附信札》。

④ 同上书,21D,载于《柏拉图对话全集,附信札》。这里苏格拉底叙述了著名的德尔斐神谕的故事:他的朋友、学生,善良的民主派人士凯勒丰曾赴德尔斐大庙问神:"是不是有比苏格拉底更智慧的人?"女祭司宣布神谕说:"没有。"苏格拉底对此感到很困惑,就先后遍访一些著名的政治家、诗人和工匠,检验他们是不是比自己聪明。结果发现,他们只是炫耀自己无所不知,实际上是无知。所以苏格拉底比他们聪明,是因为他知道自己无知。他体会到这道神谕的实质是告诫人们,真正的智慧是神的财富。

⑤ 见同上书,29D—31C,载于《柏拉图对话全集,附信札》。

⑥⑦ 见同上书,33B—34A,载于《柏拉图对话全集,附信札》。

⑧ 同上书,36B—C,载于《柏拉图对话全集,附信札》。

织的罪状事实时比较清晰。指控苏格拉底"败坏青年"的罪状有以下几点：(1)他批评用豆子拈阄的办法选举城邦领导人是非常愚蠢的，这使人"轻视现行法律"，"激起青年人对现行政府的不满"。(2)同苏格拉底交往过的克里底亚和阿尔基比亚德使国家遭受大量的祸害。(3)"苏格拉底教导儿童轻视他们的父亲"，"相信他们比自己的父母聪明"；按照律法儿子可以将有疯癫病的父亲拘禁，他以此"论证一个比较无知的人受一个比较聪明的人拘禁是合法的"。(4)"苏格拉底引用诗人赫西奥德的最坏诗句'做工不是耻辱，闲懒才是耻辱'来教导他的学生做无赖汉和暴君"。关于"引进新神"的罪状，色诺芬也道出了一点真情，说苏格拉底往往"照着心中的思想说话，因为他说，神明是他的劝告者"①；他反对事事都要占卜问神，认为一切人自己可以处理的事务，"完全属于学习问题，是可以由人的智力来掌握的"②，他认为，"人的本分就是去学习神明已经使他通过学习可以学会的事情"③。

从上述所谓"罪状"来看，他受控告实质上同他的哲学活动及其社会影响密切相关。他对当时民主制的抽签选举办法和当权者不满，确实有所批评，但并没有从根本上反对民主制，而是意图通过选贤任能来改善它。其实他对贵族寡头制和僭主制是从根本上反对的。他的学生中确有克里底亚和阿尔基比亚德这两个野心勃勃的人，指控人将他同这两个雅典的公敌牵扯在一起，只是因为这种蓄意株连容易煽动公众情绪，给人们一种苏格拉底和雅典民主制为敌的假象。苏格拉底启迪青年知识才是美德，比传统伦常关系更为重要，动摇了子女必须服从父母的传统伦理准则。他强调做工不是耻辱，鼓励自由民从事劳动，这同战后已成为穷光蛋却仍蔑视劳动为奴隶贱业的雅典自由民也是格格不入的，犯了众忌。苏格拉底实质上主张理性神，批判传统的拟人化的多神，限制神的权能范围，强调人自身的主观能动性，这在当时也会招致谴责。不敬

---

① 色诺芬：《回忆录》，载于色诺芬《回忆苏格拉底》，第2页。
②③ 同上书，载于色诺芬《回忆苏格拉底》，第3页。

城邦诸神而引进奇怪的新神,这在当时的雅典可是一条严重的政治性罪状,会使人将它同阿尔基比亚德的案件联想到一起。公元前 415 年阿尔基比亚德统率雅典大军远征西西里时,雅典城中发生了一起"神秘祭祀"大案:一天夜里,雅典神庙和许多私人住宅门口的赫耳墨斯神像的面部被毁坏了;告密者向当局举报有一些年轻人在私人住宅从事异教的神秘祭祀庆祝,阿尔基比亚德也在内。一些觊觎政权的人夸大其词,称它是为推翻民主政治、建立寡头政权策划的阴谋。当政者逮捕了许多显要的公民,雅典的气氛极为恐怖;被捕者被迫诬陷他人,许多人被处死。当政者下令召回已向叙拉古进军的阿尔基比亚德受审,促使他叛逃斯巴达。[1]这个案件很长时间没有了结,雅典公众心有余悸。和苏格拉底差不多同时受审的修辞学家安多基德因写过一篇演说词《论神秘祭祀》,也被指控同这起"神秘祭祀"案有牵连。

控告者最后要求将苏格拉底判处死刑。根据当时的雅典法律,法庭允许被判罪的人请求宽恕,以流放代替死刑,这样也就达到了将当权者憎恶的"牛虻"逐出雅典的目的。但苏格拉底恪守他的哲学使命和原则,不仅在法庭上严正地为自己辩护,而且继续针砭雅典时弊;在宣判他死刑后又表示决不为老妻和幼子而请求宽恕,因为这样做等于承认自己有罪。他视死如归,无所畏惧,认为死亡不过是让自己的灵魂返回应去的安息处所。在等待行刑的时日里,他的朋友和学生劝说并设法帮助他越狱逃亡,他坚决拒绝。他终于饮鸩就刑,从容赴死。

苏格拉底被审判处死了,历来往往有人认为这是雅典人犯糊涂,做了大逆不道之事,一位连三十僭主都不敢向他下毒手的圣贤君子,在民主政权恢复以后居然以"莫须有"的罪名被诬陷致死。其实,他被审判处死表现了一种历史必然性。苏格拉底的哲学实践活动及其造成的社会影响,是同当时雅典的政治统治及其精神支柱即传统的政治、宗教、道德观念相冲突

---

[1] 参见修昔底德《伯罗奔尼撒战争史》下册,谢德风译,第 443—444、465—467 页,商务印书馆,1997。

的。这是在历史转折中,城邦奴隶主内部有远见卓识的思想家,同缺乏自我危机意识的统治集团之间的冲突。黑格尔以深刻的历史洞察力指出:"他的遭遇并非只是他本人的个人浪漫遭遇,而是雅典的悲剧,希腊的悲剧,它不过是借此事件,借苏格拉底而表现出来而已。"①黑格尔一反前人单纯从道德角度评价这一历史事件的做法,指出苏格拉底并不只是无端受诬,"把真理放在内在意识的决定里面;他拿这个原则教人,使这个原则进入生活之中。因此他与雅典人民所认为的公正和真理发生对立;因此他是有理由被控告的"②。黑格尔又深入地剖析:苏格拉底大讲"神意"就体现在人的主体意识之中,这实际上不再是外在设定的、受公众崇拜的城邦诸神,而是借新神宣扬一种人主体的内在意识中的新道德原则,他使"认识你自己"成为希腊人的格言;"他是提出原则来代替德尔斐的神的英雄……拿人自己的自我意识,拿每一个人的思维的普遍意识来代替神谕,——这乃是一个变革"③。黑格尔将希腊传统的政治、法律、宗教、道德等称为"客观的自由",苏格拉底则将它们都交给理性来审查批判,使之成为"主观的自由",即人的理性所认可的东西。黑格尔说这种理性主义是往后一切时代哲学的普遍原则。

这种思想的矛盾与冲突,也表现为苏格拉底对待审判与处死的矛盾态度,以致甘愿接受悲剧命运。他对当时雅典的民主政制及其法律陷入一种矛盾状态:一方面他在自己良知的法庭上宣告自己无罪,对雅典法庭及其判决采取完全蔑视的态度;另一方面他又根据自己的政治和道德原则认为正义必须遵守法律,刻板地表示严格遵从雅典法律,决不逃避死亡的判决。④ 他蔑

---

① 黑格尔:《哲学史讲演录》第 2 卷,第 44 页。
② 同上书第 2 卷,第 90 页。
③ 同上书第 2 卷,第 96 页。
④ 柏拉图的《克里托篇》记述苏格拉底在狱中等待就刑的一个月期间,他的朋友和学生克里托多方劝说他听从朋友们的谋划越狱逃奔他邦。他却声称决不能这样做,说:"要是已宣布的法律判决没有力量,可以被私人取消和破坏,一个城邦难道还能存在而不被颠覆吗?"(柏拉图:《克里托篇》,50A—B,载于《柏拉图对话全集,附信札》)他认为逃亡就是"以错对错,以恶对恶"(柏拉图:《克里托篇》,54C,载于《柏拉图对话全集,附信札》)。

视对他的司法判决,一直意图变革雅典的法律和社会秩序,但他又严格忠于现存的雅典法律;他是叮着雅典的"牛虻",而又恋着雅典的法律甘愿被扑杀。他毕竟是从伯里克利时代过来的年届七十高龄的老人,缅怀、称颂并企望复兴那个伟大的时代,他对雅典民主制及其法律毕竟有眷恋、尊重之情。他不能摆脱这种内在的思想矛盾,只好以大义凛然、从容赴死来解决它。所以泰勒推测说:要是当时还不到 30 岁的柏拉图处于这种情况,他会毫不犹豫地逃走的。[①]

当代西方学者对这场悲剧的论争,实质上是对苏格拉底的政治态度有分歧意见,其中有两种截然相反的见解。

一种见解认为,苏格拉底主张建立贵族政权,是图谋推翻民主制的鼓动者,这是他被处死的真实原因。1957 年美国学者克鲁斯特(A. H. Chroust)出版《苏格拉底,人与神话》一书,力图推翻现存的有关苏格拉底被控告的史料。他根据一些间接转述的材料进行考证,企图重新构现公元前 393 年波吕克拉底的《对苏格拉底的控诉》这本小册子的主要内容,认为它"直接指控苏格拉底公开反对雅典民主制的活动"[②]。他认为,苏格拉底并不像后世学者只根据柏拉图对话篇所描述的那样是一位哲学家,而是一位政治活动家,他被控处死,"首要地是雅典贵族寡头制和民主制长期严酷斗争中的一个事件"[③]。另外两位美国学者温斯派尔(A. D. Winspear)和雪伏尔贝格(T. Silverberg)早在 1939 年出版了《苏格拉底是谁》一书,认为苏格拉底本来出身贫寒,同民主派在政治和思想上都有紧密联系,并且献身自然哲学、唯物论和怀疑论哲学;但他后来同富豪贵族颇多交往,变得保守了,他所引进的新神乃是"毕达哥拉斯盟会的神秘神灵,是一种国际性的军事保护神"[④],他从事"一种反对雅典

① 见泰勒《柏拉图其人及其著作》,第 168 页,伦敦,梅苏恩出版公司,1927。
② 克鲁斯特《苏格拉底,人与神话》,第 170—171 页,印第安纳波利斯,圣母大学出版社,1957。
③ 同上书,第 183 页。
④ 温斯派尔、雪伏尔贝格:《苏格拉底是谁》,第 76 页,印第安纳波利斯,圣母大学出版社,1939。

民主制的阴谋,对整个民主制生活方式作思想攻击"①。美国左派老报人、学者斯东(I. F. Stone)1989 年以八十高龄出版的绝作《苏格拉底的审判》,也认为苏格拉底被处死是由于他坚持反民主制的立场。

另一种见解认为,苏格拉底是一位拥护民主制和自由思想的哲学家。当代英国著名哲学家波普认为:《申辩篇》和《克里托篇》表现了苏格拉底的临终意愿,他"不仅能为命运、名誉及另一些高贵的事物而死,也能为思想自由和自我尊严献身"②。他认为后来的柏拉图正如其舅父克里底亚所做的那样背叛了苏格拉底,私自给苏格拉底塞进毕达哥拉斯派的东西,强加给他极权主义观念。③ 苏格拉底是热爱自由的民主派、人道主义者,而"柏拉图的政治主张纯粹是极权主义和反人道主义的,他根本不是苏格拉底的继承人"④。

上述两种见解各走极端,不是对苏格拉底的政治态度的确切评价。克鲁斯特对许多史料做了钩微索隐的整理工作,但是波吕克拉底的小册子毕竟已经佚失,仅根据古代学者的一些蛛丝马迹作推测,难以还原它的本来面貌,难以确证苏格拉底参与颠覆民主政权的事实。温斯派尔和雪伏尔贝格则主要根据苏格拉底弟子的出身和他们后来的政治倾向,去论证苏格拉底转向贵族寡头派,更是简单化,无说服力;当时毕达哥拉斯派思想在流行,他们崇奉的奥菲斯教教义在雅典一直允许传扬,说苏格拉底因传播毕达哥拉斯派崇奉的神灵而获谴判罪,更是不可能的。波普强调苏格拉底和柏拉图两人的政治思想有区别,这有道理,但柏拉图不是主张现代所谓的极权统治,而是发展他的先师的贤人政制思想,具体设计出《国家篇》中相对集权的贤人政制;波普从自由主义政治哲学观念出发,一味扬苏格拉底而贬柏拉图,将苏格拉底美化成现代意义的自由派思想家,无视他对当时蜕变的民主制有批评,这对师生二人都不是客

---

① 温斯派尔、雪伏尔贝格:《苏格拉底是谁》,第 84 页,印第安纳波利斯,圣母大学出版社,1939。
② 波普:《开放社会及其敌人》第 1 卷,第 194 页,普林斯顿,普林斯顿大学出版社,1966。
③ 见同上书第 1 卷,第 195 页。
④ 同上书第 1 卷,第 88 页。

观的论评。

对苏格拉底案件的社会政治意义应作具体的历史分析。民主政制和贵族寡头政制的斗争贯穿于希腊和雅典的城邦社会历史中,但它们的内涵却是有变化的。在希波战争前后,这种斗争表现为代表工商奴隶主和自由民利益的民主派势力,同固守封闭狭隘的自然经济的氏族贵族势力之间的斗争。到伯罗奔尼撒战争及之后,整个希腊的城邦奴隶制不论采取民主政制或贵族寡头政制,都在经历危机,趋于衰落。雅典由于穷兵黩武、财富兼并,大量自由民急剧贫困化,已不再有城邦供给的优裕特权,他们徒有"民主"权利,却已变成一贫如洗的穷光蛋,民主政制已失落其社会基础,自身也蜕变了。当时所谓的"人民领袖"大多是一些政治投机家、蛊惑家,惯于利用公众的情绪进行煽动以谋取个人私利。公民大会的投票决策出尔反尔,已经不是理智的公共意志。雅典在战争中的惨败暴露出它的民主制已经乖变,失去活力;雅典人曾试图更换政制以挽回颓势,公元前411年发生政变由四百贵族寡头执政,也不能挽救雅典的惨败。贵族政制历经近一个世纪的历史沧桑,已不再是氏族贵族势力执政,而已演变为从比较富有的奴隶主权贵阶层中推出少数政治代表,实行相对集权统治的一种政治形式。这种政制也不能挽救希腊城邦奴隶制的内在危机,以城邦奴隶制为基础的民主政制和贵族政制都变得过时了。因此,只根据苏格拉底倾向于其中哪一种政制来判定他的政治态度是进步的还是保守反动的,并非历史主义的观点。苏格拉底无疑对当时雅典蜕变中的民主制有所批评,因为他痛感它不能产生有智慧的坚强领导来振兴城邦。这种批评无可非议,正表现了他作为哲学先知有敏锐的政治洞察力。而且,他并未全盘否定,更没有蓄意要推翻这种政制,只是希望改革它。究竟要改革成什么样的政制形式,他还在上下求索之中,还只能在理论上提出一种贤人政制原则,即主张选拔一些真正有专门的治国知识和才能的人,让他们建立强有力的统治。后来是他的学生柏拉图,才将这种原则发展成为系统的政治哲学和政制理论。

苏格拉底的良苦用心不能为雅典公民所理解,雅典公民已被战争、政变和政客争权弄得晕头转向、意乱神迷,不能体察"牛虻"的使命和善意,也无力解救自己了。苏格拉底被他所苦苦眷爱的城邦处死,不仅是他个人的悲剧,也是雅典的悲剧,是城邦奴隶制趋衰时代的悲剧。第欧根尼·拉尔修记载:当时欧里庇德斯在他的《帕拉墨得》中谴责雅典人,"你们已经扼杀了全智的、无罪的缪斯的夜莺"①;而"雅典人不久就对他们的行为后悔了,他们惩处控告者,判处美勒托死刑;他们树立了一座由吕西普制造的铜像来纪念苏格拉底,放置在行进途中的山坡上"②。雅典人终究认识到苏格拉底思想的价值。苏格拉底凛然献身,使他的精神和思想获得了崇高的荣誉和永恒的价值。

三 史料和"苏格拉底问题"

苏格拉底没有著作,我们研究他只能依靠他的学生和其他哲人、编纂史家的有关记述。如何辨识史料,确定哪些内容体现了苏格拉底的思想,就成为哲学史上产生所谓"苏格拉底问题"的主要原因。

古希腊留下的有关苏格拉底的主要史料有四种:阿里斯托芬的喜剧,色诺芬的著述,柏拉图的对话篇,亚里士多德著作中的有关论述。此外,当波吕克拉底发表攻击苏格拉底的小册子时,苏格拉底的学生安提司泰尼和埃斯基涅都曾写过忆述苏格拉底的对话为他辩护,可惜这些对话大都已经佚失,仅埃斯基涅所写的七篇以苏格拉底为主角的对话还保留少数残篇,菲尔德(G. C. Field)在《柏拉图和他的同时代人》一书中有英译。当时的修辞学家伊索克拉底的演说中也有为苏格拉底辩护、反击波吕克拉底的片段;亚里士多德以后至罗马时代的哲学家和编纂史家记述苏格拉底的材料不少。弗格逊(J. Fergerson)所编的《苏格拉底史料》一书除节选上述四种主要史料外,还汇集了其他历史记述、残篇以及晚期希腊和罗马的资料。

---

① 第欧根尼·拉尔修:《著名哲学家的生平和学说》,第 2 卷,第 43 节。
② 同上书,第 2 卷,第 44 节。

上述四种研究苏格拉底的主要史料分别简要介绍如下:

第一,阿里斯托芬的喜剧。这是最早记述苏格拉底的资料,当时苏格拉底还在世。希腊喜剧是重要的文学瑰宝,它以嬉笑怒骂、讽刺揶揄的手法,刻画了包括显要人物和重大事件在内的现实社会生活,也具有历史价值。伯罗奔尼撒战争爆发以后,年逾四十的苏格拉底周旋于城邦生活的各个角落,在雅典已经很有名气。当时的一些喜剧往往以插科打诨的方式点到他,或径直让他的形象在舞台上亮相,但它们大多只留存少数残篇,完整保留下来的只有阿里斯托芬的《云》。《云》将苏格拉底描绘成一个装腔作势、狡辩骗钱的智者,将玩弄诡辩的智者、有无神论倾向的自然哲学家和禁欲主义的道德家这三种形象都捏合在苏格拉底身上,极尽讽刺挖苦之能事。当然这不是一个真实的苏格拉底,而是戏谑之作,据说演出时苏格拉底还站起来亮相致意。但是此剧对于了解苏格拉底的早期思想有参考价值。泰勒认为《云》曲折地反映了苏格拉底早期曾接受伊奥尼亚自然哲学思想。[1] 伯奈特也指出《云》上演时苏格拉底才45岁,喜剧作者是以苏格拉底的早期思想为依据,而不是以学术上已经成熟的苏格拉底为根据的。[2]

第二,色诺芬的著作。色诺芬和柏拉图年岁相近,青年时就是苏格拉底的亲近弟子,熟悉师长的言行,一直敬仰先师的智慧与人格。他是一位多产作家,作品有阿提卡式那种清明平实的散文风格。他写的《远征记》一书留下了雅典军队跟从居鲁士出征安那托利亚(今属土耳其)的第一手史料。他记述苏格拉底的著作现存四种:(1)《回忆录》,这无疑是最重要、最有价值的史料。[3] 全书共4卷39章,作者根据追随苏格拉底的亲身见闻详细记载老师的言行。它写于公元前393年波吕克拉底散

---

[1] 见泰勒《苏格拉底其人及其思想》,第73页,纽约,双日出版公司,1952。

[2] 见伯奈特《希腊哲学:第一部分,从泰勒斯到柏拉图》,第144页,伦敦,麦克米伦出版公司,1928。

[3] 《回忆录》和《苏格拉底在法官前的申辩》有吴永泉的中译本,合称《回忆苏格拉底》(商务印书馆,1984);《回忆录》还有邝健行的中译本:克舍挪方(即色诺芬)《追思录》(香港,中文大学出版社,1987)。

发小册子煽起谴责苏格拉底之风以后，以回忆的方式作正面辩护，保卫老师的形象。《回忆录》的内容相当开阔，记述了苏格拉底谈论哲学、政治、军事、经济、教育、审美乃至技术、养生等各种问题，其中不少内容是柏拉图对话篇中所没有的。它虽然文采不足，却是平直的实录，有独特的史料价值。① (2)《苏格拉底在法官前的申辩》，这是色诺芬随雅典军队远征安那托利亚回来后，根据苏格拉底另一位学生赫谟根尼的转述写成的。它篇幅很短，申辩平实，同柏拉图的《申辩篇》中苏格拉底犀利辩驳、侃谈哲理、为坚持真理慷慨赴难相比，远为逊色；但它和柏拉图的有关对话在实质内容上有不少可互相印证之处。(3)《经济论　雅典的收入》②，记述苏格拉底和伊肖玛霍(有人认为这就是色诺芬本人)关于管理农庄经济的对话，对于了解当时雅典的农业经济状况也很有价值。农业贫瘠本来是雅典城邦的一大弱点，苏格拉底对此问题有敏锐的见解。他强调不应只驱使奴隶从事城市小手工业和家庭劳动，而要重视生活最必需的农业经济基础，因为耕作是其他一切技艺的养育者。他认为管理农庄可以训练人的领导才智，宣称土地也会"使他们公平正直"。③ 他指出：光有土地和钱不是真正的财富，只有在知识的指导下土地和钱才有用，才能成为财富。对话中也涉及哲学思想，如他认为，以问答法启发知识是最好的教学方式，可以引人沿着"熟悉的知识之路"，知悉"不懂得的事情"。④ 他结合耕作实践谈到回忆是学习的内容，柏拉图在《美诺篇》、《斐多篇》和《泰阿泰德篇》中都论述学习知识就是回忆，其实也是继承、发挥了老师早有的思想。(4)《会饮篇》，这是一篇较长的对话，和柏拉图中期写的同名对话主题相近。它大约写于公元前4世纪80年代，因为90年代波吕克拉底攻击方盛，色诺芬不至于会抛出这篇记载苏格拉底放浪形

① 吉贡、克鲁斯特仅根据他们认为的此书"结构松散"，便断定它原是作者生前未发表的一些散篇著作，死后才由不细心的学者凑集而成，这种看法根据不足。参见格思里《希腊哲学史》第3卷，第346页。
② 有张伯健、陆大年的中译本(商务印书馆，1961)。
③ 见色诺芬《经济论　雅典的收入》，张伯健、陆大年译，第16—20页，商务印书馆，1961。
④ 见同上书，第59页。

骸于宴会、易导致非议他"败坏青年"的作品。它以粗放的白描手法记述苏格拉底和友人们饮酒、欣赏歌舞的种种表现,不连贯地插入苏格拉底与友人之间的提问和讨论。色诺芬自述写作此对话的意图:"在我看来记述一位高尚人物的行为是值得的,不光记述他是严肃的人,也应记述他的欢快自娱。"①宴会中舞蹈者的出色表现引起对话人比较男人和女人的能力。苏格拉底有两性平等的看法。他又提出如何赞颂"爱神"的问题,他笑谑调侃,最后仍是论证"灵魂的爱胜过肉体的爱"。这篇对话为我们留下了苏格拉底生动多姿的生活侧面和不加雕饰的言论,他赞颂爱和美富有激情、动人心弦。

第三,柏拉图的对话篇。柏拉图的早期和部分中期对话,是我们研究苏格拉底哲学思想的主要史料。只有像柏拉图这样思想深邃的哲学家,才能将他的老师的哲学思想深刻而又娓娓动听地阐发出来。柏拉图师从苏格拉底约 10 年,对话中记述的属于苏格拉底哲学思想的内容并不一定全都是他面聆的,有些可能是从其他学生和朋友处了解到的。柏拉图极为敬仰他的老师的人格和思想,他一生的哲学活动也可以说就是继承和发展苏格拉底的事业。苏格拉底被处死后,他离开雅典逃往麦加拉、埃及、居勒尼、西西里等地游学 12 年,这期间他写了不少以苏格拉底为主角的对话,真实记述了苏格拉底的思想,史称"苏格拉底式对话"。公元前 387 年柏拉图返回雅典创立学园,授徒执教达 40 年,写了他的中期和晚期对话以及多数信札,还讲授了没有写成文字的不成文学说。在对话中,大多数仍以苏格拉底为主角,其中较少部分表述苏格拉底思想,更多内容主要是他本人的发展和创造,构建成柏拉图的庞大哲学体系。它们大多以苏格拉底为主角,表明苏格拉底的哲学精义已凝注在柏拉图哲学体系之中。在晚期对话中主角的地位才逐渐地让给别人,以至到最后的《法篇》中苏格拉底不再出现,他不再借用老师

---

① 弗格逊编:《苏格拉底史料》,第 156—157 页,伦敦,开放大学出版社,1970;格思里:《希腊哲学史》第 3 卷,第 343 页。

之口来阐述自己的思想。柏拉图有卓越出众的文学才华,他写的对话特别是早期对话,不仅是深邃恢宏的哲理篇章,也是西方古代文学史上少见的瑰丽灿烂的精品杰作,人物形象栩栩如生,情词并茂富有魅力,处处散溢着才子气息,也只有这样的才笔方能再现苏格拉底丰富多彩的形象和珠玑倾泻的思想。根据多数学者对柏拉图早、中、晚期对话的区分,可作为苏格拉底思想主要史料的早期对话有 11 种:《申辩篇》《克里托篇》《拉凯斯篇》《吕西斯篇》《卡尔米德篇》《欧绪弗洛篇》《大希庇亚篇》《小希庇亚篇》《普罗泰戈拉篇》《高尔吉亚篇》《伊安篇》;还有《国家篇》的第 1 卷一般也认为是柏拉图的早期作品。另有 3 篇中期对话:《欧绪德谟篇》《美涅克塞努篇》和《克拉底鲁篇》。

　　第四,亚里士多德著作中的有关论述。亚里士多德的《形而上学》中有几处对苏格拉底哲学的扼要论述甚为精辟,使后人得以准确判断他和柏拉图的思想分水岭。亚里士多德在其伦理学著作中较多讲到苏格拉底思想的,大多集中在《尼各马科伦理学》和《欧德谟伦理学》中,在《政治学》中也有所论及,这和他所认为的苏格拉底主要探讨伦理问题的看法是一致的。此外在他的《诗学》《修辞学》和有些残篇中,也有一些论及苏格拉底的。亚里士多德虽然没有和苏格拉底直接接触过,但他在柏拉图学园中生活了 20 年,当然可以从他的老师那里得到许多有关苏格拉底的知识,也会读到当时色诺芬、安提司泰尼、埃斯基涅以及其他人的有关著述。他是一位严谨的学者,对先前哲学家的思想作过许多切实的评论,他对苏格拉底的记述应是相当可信的。

　　由于柏拉图对话篇中师生二人的哲学思想难解难分,学界历来就存在颇有争议的"苏格拉底问题",其实质是如何看待柏拉图对话篇中的苏格拉底的哲学思想。主要争议两个具体问题:

　　第一个问题,如何看待柏拉图对话篇中记述苏格拉底内容的历史真实性。西方学者中有两种截然相反的见解。一种观点是基本否定的。1913 年梅耶尔(H. Maier)所著《苏格拉底,他的作品和他的历史地位》,否定苏格拉底是哲学家,认为他只在道德和论辩术方面有贡献,柏拉图的某些早期对话只有参考价值。① 瑞士伯尔尼大学教授吉贡(Gigon)于1947年出版《苏格拉底》一书,更认为对话中的苏格拉底只是传说中的人物,柏拉图全部对话的主要思想只代表柏拉图自己。② 前文提到的美国学者克鲁斯特的《苏格拉底,人与神话》的基本倾向,是要破除关于苏格拉底的传统"神话",全部推翻包括柏拉图对话在内的所有关于苏格拉底的直接史料,认为它们只是虚构了一个"传说中的苏格拉底"③。另一种观点是肯定的。1838年德国浪漫主义思想家、古典解释学代表施莱尔马赫写了《论苏格拉底作为哲学家的价值》一文,同疑古风针锋相对,肯定柏拉图早期对话记述的苏格拉底的历史真实性,肯定他在哲学史上的重要地位。以后策勒、冈珀茨等希腊哲学史名家在他们的著作中都发挥了这种主张。英国学者泰勒和伯奈特在考释和论证柏拉图对话中苏格拉底的真实性方面卓有贡献。泰勒在《柏拉图其人及其著作》中,批评了19世纪德国学者认为全部柏拉图对话中的苏格拉底只是柏拉图自己的化身这种主张,他区分出一些柏拉图的早期对话,称之为"苏格拉底的对话"④,并对它们作了细致剖析,对研究苏格拉底思想很有价值。其实,柏拉图的不同时期的对话体现苏格拉底哲学思想的程度和范围是不同的。早期对话和少数中期对话,基本上以体现苏格拉底的哲学思想为主;柏拉图写这些对话时,苏格拉底的弟子还大有人在,都会读到这些对话,对话中要虚构苏格拉底思想是不可能的。

第二个问题,怎样看待对话中苏格拉底思想和柏拉图本人思想的关系。西方学者中也有两种截然相反、各走极端的见解。一种见解如吉贡等人认为,柏拉图的全部对话都是"借夫子自道",老师的嘴只不过是学生的话筒,对话中的苏格拉底只是柏拉图的代号。另一种见解完全相

① 见梅耶尔《苏格拉底,他的作品和他的历史地位》,第103页,图宾根,摩尔出版社,1913。
② 见格思里《希腊哲学史》第3卷,第327页。
③ 克鲁斯特:《苏格拉底,人与神话》,"前言",第 xii 页,印第安纳波利斯,圣母大学出版社,1957。
④ 泰勒:《柏拉图其人及其著作》,第24—25页,伦敦,梅苏恩出版公司,1927。

反,如泰勒和伯奈特夸大柏拉图对话体现苏格拉底思想的范围和程度,主张他的早、中、晚期全部对话中的苏格拉底,都表现了历史上真实的苏格拉底的言行。泰勒认为即使像晚期对话《巴门尼德篇》那种高度思辨的对理念论的自我批评,也是柏拉图根据安提丰的转述所写的,有历史真实性。① 这两种各走极端的见解现在已不再为多数西方学者所接受。格思里的看法比较客观和符合历史实际,他认为:柏拉图在对话中,"将自己的思想同苏格拉底的思想如此融合在一起,以致两者难以区分开来"。但是柏拉图实质上又不同于他的老师,"他借老师之口,常常阐述他自己成熟之年的研究成果,阐述更为开阔、更有系统的思想","展示有关全部实在的新眼界,涉及形而上学、心理学、宇宙论等等"。② 然而柏拉图又"立足于由苏格拉底的基本信念构造的理性规范的体系,捍卫和发扬苏格拉底的思想"③。

柏拉图师从苏格拉底约 10 年,无疑对老师的教义有深刻的领会。他写早期对话时尚未进入学术成熟之年,较少自己的创造,基本上以反映苏格拉底的哲学思想为主。他在写给叙拉古僭主狄奥尼修的第二封信札中就自述:"现在被认为是柏拉图的著作乃是被修饰过的适应现在需要的苏格拉底的著作。"④柏拉图才华出众,是一位很有创造性的学生,在苏格拉底去世后近半个世纪,他发展老师的基本哲学原则,将其演化成为一个严谨博大的哲学体系,在广度和深度方面都伸向老师尚未触及的领域;要是说柏拉图在这漫长的岁月中直至年逾花甲,还只在整理、记录他的老师的言论,令人难以置信。亚里士多德在柏拉图学园中学习 20

---

① 见伯奈特《柏拉图主义》,第 39 页,贝克莱,加利福尼亚大学出版社,1928;泰勒《柏拉图其人及其著作》,第 351—352 页,伦敦,梅苏恩出版公司,1927。

② 见格思里《希腊哲学史》第 3 卷,第 325—326 页。

③ 同上书第 3 卷,第 353 页。

④ 柏拉图:《第二封信》,314B—C,载于《柏拉图对话全集,附信札》。学者中对这第二封信札的真伪有争议。即使它不是柏拉图自己所写,而是出于另一个古代人的伪造,也可以表明古代希腊已有人认为柏拉图的早期对话都是在和狄奥尼修结识以前写的,是经他修饰、体现苏格拉底思想的著作。

年,当然熟悉老师和师祖的思想关系,加之他又有非凡的学识鉴别力,他的两条论断给我们提供了对话中苏格拉底和柏拉图的思想分水岭:(1)他在《形而上学》第1卷中说:"苏格拉底忙于研究伦理问题而忽视了作为整体的自然世界,只在伦理方面寻求普遍的东西,开始专心致志寻求定义";"柏拉图接受他的教导,但是认为不能将它应用在感性事物上,只能应用于另一类东西,理由是可感觉的事物总是永远在变动中的,所以共同的普遍的定义不能是有关感性事物的定义。这另一类东西他就叫做'理念'"。① (2)他在《形而上学》第13卷第4章谈到理念论产生的历史时说:"有两件事可以公正地归于苏格拉底,即归纳的论证和普遍性定义,这两者都是知识的出发点;但是苏格拉底并没有将这个普遍的东西或定义看做是分离存在的东西,而他们[那些肯定理念的人]却将它们看做是分离存在的东西,这就是他们称为'理念'的那种东西。"②根据这两条论断,可在对话篇中区分开苏格拉底和柏拉图两人的哲学思想:苏格拉底主要忙于研究伦理问题,未展开对自然世界整体的研究;柏拉图则以全部存在作为研究对象,建立了理念论、知识论、宇宙论和社会伦理学、政治哲学等互相贯通的哲学体系。苏格拉底在探求伦理问题时提出的普遍性定义是柏拉图的"理念"的来源,但苏格拉底并没有将普遍性定义看做和感性事物截然割裂、分离存在的东西,而柏拉图则将"理念"看做是在感性事物以外、分离存在的东西。根据这个分水岭,将前文已有列述的柏拉图的早期和部分中期对话篇,看做主要体现苏格拉底思想的重要史料,是有确切的历史根据的,可用以深化、丰富对苏格拉底的研究。

近现代西方学者研究苏格拉底的著作很多。除策勒、冈珀茨、耶格尔、格思里等人的希腊哲学史著作中有苏格拉底的专卷或专篇研究外,其他的重要研究著作还有:格罗特的《柏拉图及苏格拉底的其他友人》

---

① 见亚里士多德《形而上学》,987a32—b10,载于《亚里士多德全集》。
② 同上书,1078b27—32,载于《亚里士多德全集》。

(1875);梅耶尔的《苏格拉底,他的作品和他的历史地位》(1913);康福德的《苏格拉底以前和以后》(1932);伯奈特的《希腊哲学:第一部分,从泰勒斯到柏拉图》,《柏拉图主义》(1928);泰勒的《苏格拉底其人及其思想》(1952),《柏拉图其人及其著作》(1927);菲立普生(C. Phillipson)的《苏格拉底的审判》(1928);克鲁斯特的《苏格拉底,人与神话》(1957);伊尔文的《柏拉图的道德论:早期和中期对话》;桑塔斯(G. X. Santas)的《苏格拉底,柏拉图早期对话篇中的哲学》;还有一本美国著名希腊哲学史家弗拉斯托斯所编的研究论文集《苏格拉底的哲学,批判论文集》(1980)。我国叶秀山的专著《苏格拉底及其哲学思想》,最早对苏格拉底作出深入研究;汪子嵩等的《希腊哲学史》第 2 卷也列有专篇,对苏格拉底进行了较详致的研究。

第二节　苏格拉底的哲学变革

希腊哲学的重心从研究自然到研究人和社会的转折,是由智者运动开启的,但他们的研究立足于感觉论相对主义,在理论与实践上都有不确定性与消极后果。将这种转折建立于理性主义的哲学基础之上,真正完成从自然到人的哲学变革的,是苏格拉底。他深入反思作为主体的人自身的本性与理性思维,发掘人的理智能力,不仅将他自己注重研究的伦理确立在理性的坚实基石上,而且为希腊古典哲学开辟了新的研究领域与发展方向,使它得以根据理性主义的哲学原则,深入考察自然和社会存在的整体和各部分,进入体系化的全盛阶段。苏格拉底的哲学变革有着多重内涵,主要表现在三个方面。

一　倡导以理性精神实现从自然到人的哲学转变

苏格拉底使哲学的主题从自然转向人,这是哲学史上的一种定论,古代学者早有论评。色诺芬最早在《回忆录》中记述:苏格拉底认为早先的自然哲学家们互相争议关于自然本原与宇宙本性的种种问题,他们的这种玄奥哲学毫无实用价值,不能依靠他们发现的东西去"制造出风、雨、不同的节令以及他们自己可能想望的任何东西来",他们的谬误在于没有考察很重要的"人类事务";苏格拉底则主要考察伦理和国家政制等人类事务问题,"认为凡精通这些问题的人就是有价值配受尊重的人,至于那些不懂这些问题的人,可以正当地把他们看为并不比奴隶强多少"。① 罗马时代的西塞罗则形象地描述:苏格拉底"以前的古代哲学研究数和运动,研究万物产生和复归的本原;这些早期思想家热衷于探究星辰和一切天体的大小、间距和轨道。是苏格拉底第一个将哲学从天空召唤下来,使它立足于城邦并将它引入家庭之中,促使它研究生活、伦理、善和恶"②。

苏格拉底的这种转变实现在审察人的灵魂、开发理性与智慧之中,表现在他描述自己研习哲学主题转变的自白中。在《申辩篇》中,他说到阿里斯托芬的喜剧和公众舆论都说他曾研究自然事物,"必然是一个无神论者"。他为此郑重声明:我并非"不尊重这种自然知识","然而,雅典人啊,事实俱在,我现在已经对这类自然知识没有兴趣了"。③ 他转向研究人的智慧。他叙述了凯勒丰去德尔斐神庙求神谕、他"自知无知"的故事,其目的如他所声称的,他忙碌于世事,四处奔走找人谈话,不理家事也不从政,以致一贫如洗,就是为了根据神的旨意去考察人的智慧,指明人实际上还处于无知状态。他是借神谕说明,他的哲学旨趣是从研究自然转向考察人的智慧和德行,反思人的理智本性。他强调必须先自知无知,才能发掘自己的理性能力;他说,同"神的智慧"相比,"人的智慧"低得没有价值。这并不是要贬低人的知识能力,而是批判当时的雅典人缺乏理智。他批评政治家、诗人和工匠等种种人自以为有知,其实无知,目的是揭露公众还缺乏真正有价值的智慧,还不懂得知识和美德的本质,

① 见色诺芬《回忆录》,载于色诺芬《回忆苏格拉底》,第4—5页。
② 西塞罗:《图斯库兰论辩》,转引自弗格逊编《苏格拉底史料》,第193页,伦敦,开放大学出版社,1970。
③ 见柏拉图《申辩篇》,19B—C,载于《柏拉图对话全集,附信札》。

还没有反思人的理智本身。他认为"爱智是人的自然倾向"①,肯定追求智慧应该是人的本性。他决意探索人的"爱智"之道,考察和发掘人的理智能力和道德本性,这就是他的哲学主题转向的首要根本点。这种转向并不只是他个人哲学兴趣的转移,更重要的是出于社会现实的需要,体现了反思当时希腊思想文化的时代精神。他陈述他的哲学事业是引导人们"关注灵魂和道德的改善",给人们"实在的幸福"。② 它就是体现人的生命价值的智慧和道德,人生的价值就在于通过审察人的生活而趋向至善,而他的一句名言就是:"没有经过这种审察的生活是没有价值的。"③他要审察人,将人从当时流行的,也是智者们所肯定的物质利益和肉体欲望中解脱出来,去追求灵魂的善。他将智慧和知识引进道德领域,认为它是判断是非和善恶的标准。这就是由苏格拉底大力开创的理性主义精神。

在柏拉图的《斐多篇》中,苏格拉底同他的学生和朋友讨论灵魂不朽的问题,自述了他早年研习自然哲学遇到困难,后来转变哲学研究方向的过程。他说他年轻时也热衷于钻研自然知识,反复琢磨一些自然哲学问题,诸如天地现象如何生灭,是否"热和冷通过发酵作用产生出动物的组织","我们是用血还是用气、火来思想,或是脑子提供听觉、视觉和嗅觉,由这些感觉产生记忆和意见从而产生知识",等等。他被搞得头昏眼花,困惑不解。④ 后来他听说阿那克萨戈拉写的一本书主张努斯(心灵)安排并且造成万物,觉得用努斯说明万物有序的原因与必然性,应是很有一番道理的。努斯实有理性或理智的含义。苏格拉底原指望阿那克萨戈拉的努斯能说明人和自然万物必然是合理的,能告示"善的本性"⑤,就赶紧找他的书来读完,但美妙的期望很快落空:"读着读着我发现他并

① 柏拉图:《斐德罗篇》,279B,载于《柏拉图对话全集·附信札》。
② 见柏拉图《申辩篇》,36D—E,载于《柏拉图对话全集·附信札》。
③ 同上书,38A,载于《柏拉图对话全集·附信札》。
④ 见柏拉图《斐多篇》,96D,载于《柏拉图对话全集·附信札》。
⑤ 同上书,97B—98B,载于《柏拉图对话全集·附信札》。

不用努斯,不用任何真正的原因来安排事物,只是提出气、以太、水以及其他一些莫名其妙的东西当做原因。"①他举例说,种种自然事物的机括,都不能解释他被审判后留在监狱服刑是正当的,也不能说明自然存在全体的神圣原因。② 实际上,苏格拉底是在批判早先的自然哲学虽也触及以理智认识自然,甚至笼统地用宇宙理性说明自然的动因,但都没有运用理性来探究人,来反思人的理智本性,来洞悉世界存在全体有善的本性,合乎"善的目的"。早期希腊自然哲学的薄弱环节是缺少对人的研究和对人的理性认识、理智能力的反思。苏格拉底哲学变革的意图,是要建立一种开发理性的人的哲学。

二 "认识你自己"——建立"人的哲学"的宣言

苏格拉底的哲学转变突出了对作为认知与道德主体的人的研究,力图创立一种融贯知识论和道德哲学为一体、融合分析理性和人文精神的人的哲学。他将德尔斐神庙墙上铭刻的"认识你自己"这句箴言,用做新哲学的宣言。所谓"认识你自己",也就是苏格拉底最重视的、作为人的本性的一种美德——"自制",即明智,有自知之明,能实现自己的智慧本性。苏格拉底在讨论"自制"美德中,探索建立"认识你自己"的学问,一种人的哲学,这集中表现在柏拉图的早期对话《卡尔米德篇》中。

《卡尔米德篇》属于柏拉图早期的"苏格拉底的对话",记述在伯罗奔尼撒战争时期苏格拉底刚从波提狄亚的军旅归来,就到竞技场同凯勒丰、卡尔米德和克里底亚(两人均为柏拉图的堂舅)等一些年轻人讨论哲学,主题是如何理解"自制"这种美德。"自制"的希腊文 sophrosyne 过去一般英译为 temperance,中文也随着译为"节制",其实不确切,没有完整表达这个术语的原义。sophrosyne 一词包含三重意义:一是指理智健全、明智稳健,同理智失衡、愚妄偏见、无自知之明相反;二是指人道,即

---

① 柏拉图:《斐多篇》,98B—C,载于《柏拉图对话全集,附信札》。
② 见同上书,98C—99D,载于《柏拉图对话全集,附信札》。

仁慈、谦和（类似孔子的"仁"）；三是指对欲望的自我约束与控制，也只有在这重意义上才可译为"节制"。① 所以，全面、准确的中译应是"自制"。苏格拉底和柏拉图都很注重这种表现人的理智本性与人性的美德，认为它和勇敢、友爱等不同，是贯通人与社会全局整体的德性。柏拉图在《国家篇》中强调自制就是个人和国家都表现出来的自知之明与和谐一致性。② 苏格拉底在这篇对话中，并不只是讨论一种美德的定义，而是展示了更开阔的哲学含义，通过深刻的哲学思辨，强调了哲学研究对象应转变，表明了他探索建立人的哲学的思想意图。

苏格拉底驳难了卡尔米德给"自制"下的三个定义，即自制是沉着有序行事，是谦逊，是做各人自己的事情。他接着就在和克里底亚的讨论中引出德尔斐神庙题刻的铭言"认识你自己"，启发后者说："'认识你自己'和'要自制'的意义是一样的。"③因此，"自制"就是"认识你自己"的智慧，或者说它是关于"自我知识"的知识，这种智慧或知识就是关于人自身的知识，就是关于人自身的一门学问（希腊文 episteme 有"知识、学问、科学"的意思）。苏格拉底实质上认为"自我知识"是专门的学问，主张探索、建立关于人自身的哲学。就自我知识即创立人的哲学，他提出了要探究两方面的问题：一是这种自我知识的对象是什么，也就是自我知识是否可能；二是这种自我知识对人的实践生活是否有益。

任何一门学问或知识都有它自己的对象，如医学以健康和疾病为对

---

① 参见泰勒《柏拉图其人及其著作》，第 50—51 页，伦敦，梅苏恩出版公司，1927。
② 见柏拉图《国家篇》，432A—B，载于《柏拉图对话全集，附信札》。
③ 柏拉图：《卡尔米德篇》，164D—165A，载于《柏拉图对话全集，附信札》。德尔斐是科林斯湾北岸福基斯的一个小镇，依山傍水，风景秀美。公元前 6 世纪初首次在这里举行纪念阿波罗神的泛希腊匹西亚节后，它就成为全希腊的名胜地。这里有著名的德尔斐神庙，庙里有一批祭司，还有专门传达阿波罗神谕的女祭司匹西亚，她们定期接受朝拜者求问，以一些暧昧不明的语言预言未来的事情乃至国家大事。神庙的墙上刻有一些铭文，有为各城邦记事记功的，也有一些人生箴言。在柏拉图的《普罗泰戈拉篇》中苏格拉底历数泰勒斯、梭伦等古代"七贤"，说他们有同样高的智慧，他们的语言简洁易记，说"他们在德尔斐神庙聚会，向阿波罗奉献他们首要的智慧之果，刻下了至今脍炙人口的铭言：'认识你自己'和'不要过分'"（柏拉图：《普罗泰戈拉篇》，343A—B，载于《柏拉图对话全集，附信札》）。

象,建筑术以造房为对象,这些对象和认识主体是不同的东西。可是人的哲学即自我知识(自制)的对象却是认知主体自己,要分辨他是真知还是无知,判断人是否自以为知,实为无知。这样一种知识既是关于人的知识自身的知识,又是关于其他知识的知识,同时又是关于缺乏知识的知识,即它是以知与无知为对象。① 这样一种实质上是人的哲学的知识是否可能? 苏格拉底认为,建立这样一门学问虽有难度,但很有必要,也很值得。建立这门学问就是要研究人的这样一种能力(dynamis),它既可以应用于别的对象,又可以应用于他自身,就是要确立一门关于知识的知识即自我知识。这里他已经明确地提出要以人自身作为知识的对象,建立一种人的哲学;认知与理智及其形成的知识,应是人的本性,这种人的哲学首先要考察人是不是能够认识他自己,就是要考察人的认知活动和能力等问题。"认识你自己",是人的哲学的纲领性宣言。泰勒认为这实质上涉及理智活动能否成为自身的对象,能否考察人的认知本身,"如果有'认识论'这门科学,其对象就是'知识如何可能的条件'问题"②。这正是对早期希腊哲学薄弱环节的突破,也是2 000多年后康德继续大力研究的主题。

苏格拉底认为这种人的哲学研究所获得的自我知识,对人的实践生活至关重要,大有益处。准确判明自己是否有真知,在生活中就能正确地指导自己和别人,这样就能不发生错误,无论家务或是城邦事务都能安排得井井有条,这便是最大的利益和幸福。③ 有了这种关于自我认识能力的知识,一个人就容易学会和考察其他所需的具体知识,比缺乏这种自我认识的人要远为优越。④ 这样,人的每一行为都根据这种技艺或知识进行,就能防止不懂业务知识的领航员、医生、将军等冒充懂得这些知识,将大家引向歧途;人们由智慧作出的预言也会是关于未来的真

① 见柏拉图《卡尔米德篇》,167A—C,载于《柏拉图对话全集·附信札》。
② 泰勒:《柏拉图其人及其著作》,第55页,伦敦,梅苏恩出版公司,1927。
③ 见柏拉图《卡尔米德篇》,171D—172A,载于《柏拉图对话全集·附信札》。
④ 见同上书,172B—C,载于《柏拉图对话全集·附信札》。

实知识,能震慑住欺骗家们(指政治蛊惑家与智者),能真实地展示城邦的前景。① 苏格拉底认为人的哲学研究的最高、最普遍的知识,是关于世界存在合理安排的"善"的知识,它既是一种关于存在本性的知识,也是分辨善恶(好坏)的道德知识,它是和其他各种具体知识结合在一起的。如果将它和其他知识分开,医学就不能给我们治好病,舵工和将领就不能在海上和战争中给我们提供安全;如果没有分辨善恶的知识,任何别的具体知识都不能给我们提供好处。② 所以,"既然它是知识的知识,支配其他一切知识,就该掌握这门关于善的知识,这对我们大有裨益"③。

总之,在《卡尔米德篇》中,苏格拉底通过探讨什么是自制,以"认识你自己"作为建立人的哲学的纲领性宣言,将哲学从主要研究自然转向主要研究人自身,通过考察人的认识能力,进而研究世界存在全体的"善"的普遍本性和人以理智与知识为根据的道德本性。在他要创建的人的哲学中,不只是一些道德教义,而是有开阔的内涵,是由存在论(本体论)、认识论和伦理学三者结为一体的。

三　开展对智者的批判

苏格拉底的哲学变革有双重的理论背景,他不仅批判早期希腊的自然哲学,使哲学的主题从自然转向人和社会,而且他在创建的哲学中更注重批判当时盛行于全希腊的智者思潮。智者运动已经开启了哲学的人文转向,但它立足于感觉论相对主义,后来的政治、道德等学说更是乖变。它的强权政治论论证霸权主义天然合理,它的论辩术变成政客蛊惑民众、谋获权势的工具,它的个人欲望至上的情感道德论侵蚀了青年一代,导致滋长了享乐奢靡的风气,使得世风日下。由此,智者变得声名狼藉,日益招致人们的怨恨。柏拉图在《普罗泰戈拉篇》中

① 见柏拉图《卡尔米德篇》,173A—D,载于《柏拉图对话全集,附信札》。
② 见同上书,174B—D,载于《柏拉图对话全集,附信札》。
③ 同上书,174D—E,载于《柏拉图对话全集,附信札》。

让老年的普罗泰戈拉说：一些智者害怕招怨，都伪装成为体育家、音乐家等，用其他技艺为屏障，不敢承认自己是智者。① 苏格拉底认为，智者思想是使希腊社会政治与思想文化陷入混乱的理论根源。他要确立一种奠立在坚实的理性主义基础之上的人的哲学，匡正陷于混乱的道德价值体系，就必须在理论上拨乱反正，大力批判智者。他首先发起对智者的批判，从而建立理性主义哲学，这种批判直至由柏拉图和亚里士多德持续完成。没有这个否定性环节，就不可能有希腊古典哲学进向全盛。从柏拉图的一系列早期对话篇和色诺芬的《回忆录》中可见，苏格拉底对于智者的思想，从基本哲学观念到社会政治、道德、宗教、审美乃至逻辑和语言等思想，展开了全面、系统的批判。而他最早从总体上批判智者，集中表现在《高尔吉亚篇》中。

《高尔吉亚篇》属于柏拉图的早期对话②，描述了约公元前 427 年名噪一时的高尔吉亚任林地尼特使到达雅典，苏格拉底和他及其门徒波卢斯(来自西西里的阿格里根特)以及在雅典的后期智者卡利克勒，围绕智者的论辩术和基本思想展开的一场精彩辩论。实际上，高尔吉亚只对智者的修辞与论辩术作了辩释，为智者思想辩护的主要是较年轻的卡利克勒和波卢斯，而他们主张的后期智者的思想也尤其成为苏格拉底的批判对象。论辩与批判主要围绕三个问题展开：智者的修辞术的本质和价值，道德原则和道德信念，社会政治思想。

波卢斯吹捧高尔吉亚的修辞术是最好、最高尚、最有用的技艺。③ 应苏格拉底要求，高尔吉亚为他的修辞术先后下了三个定义，即修辞术是使用逻各斯的技艺，是最伟大、最崇高的人的事务，是一种"说服人的技艺"，并炫称他的修辞术是"用逻各斯使法庭中的法官、议事会的

---

① 见柏拉图《普罗泰戈拉篇》，316D—317B，载于《柏拉图对话全集·附信札》。
② 对《高尔吉亚篇》的成书年代，西方学者中还有不同意见，主要分歧在于它是在公元前 387 年柏拉图第一次访问西西里以前还是以后写的。多数学者认为它属于柏拉图早期对话中较晚的作品，后于《申辩篇》和《卡尔米德篇》等，大约和《普罗泰戈拉篇》相近(参见格思里《希腊哲学史》第 4 卷，第 284 页，剑桥，剑桥大学出版社，1971)。
③ 见柏拉图《高尔吉亚篇》，449C，载于《柏拉图对话全集·附信札》。

议员、公民大会或其他公民集会中的民众产生信服的能力",能使他人
"成为你的奴隶"。① 苏格拉底除了从逻辑上驳斥这三个定义都不确切
外,更着重从思想实质上驳斥智者的修辞术即论辩术。如后来亚里士
多德在《修辞学》中所说的,修辞术是一种说服的论证。但苏格拉底区
别了两种不同的"说服人":一是根据学得的知识,分辨正确和错误来
说服人;另一种是智者的修辞术,它只根据似是而非的论辩使人们产
生某种信念,以貌似有理、实无真理的论辩使人相信某种意见,并不能
在法庭和公众集会上教给人们知识和真理,让他们区别正确和错误。
智者没有确实有用的知识,对城邦没有什么贡献。他强调只有人的理
性才能掌握知识,也只有确定的知识才能使人懂得真理,辨别正确和
错误。他揭露智者实际上并不"懂得什么是正确和错误、高尚和卑下、
正义和非正义",也不教给弟子这类知识,却使他们在公众面前显得有
这类知识;"他们实际上说的并不是善,却显得像是善"。② 围绕修辞术
的辩论,实际上是对智者的知识观的批判。苏格拉底抨击智者认为知识
来自主观的感知经验,并以人的主观经验评判一切,没有确定的真理标
准,没有提供真正的"道德原则",而"任何非理性的东西都不是技艺"。③
他主张知识是靠理性求得的真理,有客观的真理标准,能引导人从善、合
乎正义。

关于道德原则,波卢斯主张"幸福就是快乐"这种情感道德论与享乐
主义的道德原则,认为苏格拉底主张的"知识即善"这种理性主义的道德
原则倒是悖逆情理的。他还用当时的马其顿王阿凯劳斯以阴谋手段篡
夺王位成为最快乐幸福之人这样一个事例④,来证明犯过错也可以是幸

---

① 见柏拉图《高尔吉亚篇》,452D—E,载于《柏拉图对话全集,附信札》。
② 见同上书,459D—E,载于《柏拉图对话全集,附信札》。
③ 见同上书,465A,载于《柏拉图对话全集,附信札》。
④ 本来马其顿王阿凯劳斯的母亲是他的伯父的奴隶,阿凯劳斯也只能当奴隶。然而,他以阴谋手
　段让他的伯父恢复了被他父亲篡夺的王位,又在宴饮中诱使他的伯父和堂兄大醉将他们杀害
　了,然后将他的同父异母的4岁的弟弟扔到井里溺死,谎称是失足落水。于是,这个恶贯满盈
　的人戴上了王冠(见柏拉图《高尔吉亚篇》,471A—D,载于《柏拉图对话全集,附信札》)。

福的。① 苏格拉底驳斥智者用这种道德原则曲意为犯过错者辩护,宣扬作恶得福,怂恿他们以逃脱惩罚为荣;说这种行径于国于民无益无用,而且使城邦社会的政治和伦理生活陷入混乱,造成邪恶横行。他强调知识最高尚,无知最可耻,知识与无知是幸福和不幸福的根源,无知与作恶根本不可能得到幸福。② 他认为在贫困、疾病和非正义这三种恶中,非正义作为灵魂的恶最可耻,非正义、不自制、怯懦和无知比疾病、贫困更令人痛苦;只有通过给灵魂治病,摆脱最不幸的灵魂的恶,才能得到真正的利益、快乐和幸福。③ 苏格拉底主张用理性主义道德论,拨开智者派的情感道德论的迷雾。

在社会政治思想方面,如前文已有所述,卡利克勒主张一种"自然"论的强权政治。他认为,动物和人类社会生活的实际表明,强者战胜并统治弱者是自然法则,强者侵占弱者利益是人的自然权利,弱肉强食合乎自然;天资强有力的人即使原先地位卑贱,也可以甩掉一切束缚,践踏一切非自然的人为约定,显示他是人群的主人,这才是自然的正义。④ 这种恃强凌弱的"自然法则",正迎合了当时希腊动乱中强邦奉行霸权、仗势蹂躏弱邦的政治哲学。苏格拉底从道德哲学的高度批驳这种强权政治论调,指出智者所谓的能力强是指有能力最大限度地满足自己的欲望,这是将人的灵魂视为一只永远注不满欲望的破罐。⑤ 他认为人的合理行为是应明察事物的本性和原因,达到善;善才是人生与城邦政治的最高目的。⑥ 治理城邦的首要任务是改善公民的灵魂,给他们知识教养,使他们过追求善的理性生活,这才是政治家的真正职责。他批评伯里克利等政治家不注意使公民的灵魂从善、生活正直、富有价值,却热衷于建造船舰、军港、卫城等设施,使雅典人变得骄惰、贪婪、粗野了,因此他们

① 见柏拉图《高尔吉亚篇》,471A—D,载于《柏拉图对话全集,附信札》。
② 见同上书,472C,载于《柏拉图对话全集,附信札》。
③ 见同上书,477C—D,载于《柏拉图对话全集,附信札》。
④ 见同上书,481D—484A,载于《柏拉图对话全集,附信札》。
⑤ 见同上书,493A—B,载于《柏拉图对话全集,附信札》。
⑥ 见同上书,500D,载于《柏拉图对话全集,附信札》。

对目前雅典的不幸和危机负有责任。① 他指责智者对这种危机也负有责任:智者的强权政治信条助长了一些政治家穷兵黩武、不择手段地追求权势的行为;智者自诩是使公民从善的教师,却唆使人们一味追求满足欲望的快乐,使他们追求错误的生活目的,变得骄纵、贪婪,陷入不正义和邪恶,毒化了人们的灵魂。② 苏格拉底不无自豪地宣称:"我以为在雅典人中,我不说是唯一的,也可以说是为数甚少的从事政治术的人之一,现在只有我是在实现政治家的风范。"③

苏格拉底的哲学变革以智者思想作为主要的批判对象,表现了希腊人文启蒙进程中两种对立的哲学观:(1)两种人的哲学。智者所说的"人"是只有自由意志的"自我"个体,只凭个人的感知经验、欲望和利益评判存在,活动行事没有确定、合理的价值标准。苏格拉底要从根本上改造这种"人"。黑格尔指出:"智者们说:人是万物的尺度,这还是不确定的,其中还包含着人的特殊的规定;人要把自己当作目的,这里面还包含着特殊的东西。在苏格拉底那里,我们也发现人是尺度,不过是作为思维的人;如果将这一点以客观的方式来表达,它就是真,就是善。"④苏格拉底所说的"人"是理性的人,以智慧和道德为其本性。(2)两种知识观。智者以相对主义感觉论去理解知识即技艺,囿于狭隘的个人感知经验,缺乏理论的建设性,有破除传统观念与习俗的作用,却不能反思人的理性思维,不能提供坚实的知识论或科学方法论。苏格拉底则已进展到反思人的理性思维本身,深刻指出知识必当探求事物的本性、本质和原因,着力于考察人的逻辑思维,为人类知识的长足发展和哲学系统化提供了新的方法论。(3)两种道德观。智者以追求现实利益作为人生目的,以满足个人欲望和利益作为道德的自然法则,不承认超越个人功利的价值追求,也不承认有社会整体的

① 见柏拉图《高尔吉亚篇》,516B—517C,519A,载于《柏拉图对话全集,附信札》。
② 见同上书,519C,载于《柏拉图对话全集,附信札》。
③ 同上书,521D,载于《柏拉图对话全集,附信札》。
④ 黑格尔:《哲学史讲演录》第2卷,第62页。

道德原则。苏格拉底主张人生的最高目的是追求正义和真理,要在理性主义基础上进行道德"正名",探求人的道德本性,确立和谐有序的社会道德价值体系;他要统一知识观与道德观,建立一种理性主义的道德哲学。(4)两种政治观。智者强调神人分离,主张社会政治是人的事务,这对希腊城邦摆脱贵族统治和神权政治、建立民主制度起过积极作用,但他们没有为巩固与发展民主政制提供坚实的政治理论,后来宣扬弱肉强食的"自然法则",更迎合了政治野心家的强权政治和霸权主义。苏格拉底则主张一种以知识与道德为本的政治论,强调政治并非权术,而是一种知识即技艺,它根植于道德,认为政治统治应着眼于尊重知识,弘扬道德,使公民灵魂向善。在西方思想史上他首先提出政治学应当是同知识论、道德论相互贯通的一门专门学科,是哲学的有机构成部分。

第三节 理性主义的基本哲学观念与方法

苏格拉底建立人的哲学,并不只是宣述一些道德教义,而是确立了一种理性主义的基本哲学观念与方法,具有深刻的存在论、知识论和方法论的意义。他的哲学基本原理,既是一种道德形而上的探本,也贯穿在他的多重具体哲学思想与活动中。这为柏拉图构建庞大的哲学体系提供了直接的思想准备,对亚里士多德的哲学取向与方法也有深刻影响。他的基本哲学观念与方法,主要是以下四方面内容。

一 普遍性定义和"理念"的雏形

苏格拉底的对话往往为一些概念正名,如什么是勇敢、友爱、自制、虔诚、正义、美德、美,等等,可以概括为一个公式:"X是什么?"这就是概念的定义。在希腊哲学中,他首次通过考察普遍性定义,规范人的理性知识,探讨存在的本质,蕴涵着深刻的哲学意义。亚里士多德在《形而上学》中称赞探讨普遍性定义是苏格拉底的一大贡献,也是柏拉图理念论的直接思想来源。①

普遍性定义指概念的定义有普遍性、确定性和规范性。苏格拉底寻求普遍性定义,也是直接针对智者的相对主义而发的。智者认为概念皆人为约定俗成,可以"公说公有理,婆说婆有理",没有确定意义。苏格拉底用逻辑方法对事物作出从现象到本质的分析,揭示一类事物的共同的本质属性,澄明概念的确定意义。他在概念定义中探求的"普遍性",不是一类事物的表面的共同性、相似性,而是一类事物的"本质特性"、事物的"本性",它是一类事物成其所是的原因,对事物的存在具有因果必然性。他的普遍性定义并不限于道德概念的定义,而有哲学本体论的意义,那就是以理性去把握一切存在事物的普遍本质即原因。他在定义活动中使用了种种推理和证明的逻辑方法,主要是一种归纳论证。他要求对话者提供某种美德的定义,对话人往往将特殊事例当做定义,或者提出一些过于褊狭或宽泛的表面说法;他在比较分析中使对方陷入自相矛盾,放弃错误定义,引导其从部分到全体,从特殊到普遍,归纳出某一类事物的共同本质,达到多立斯人常说的"辞事相称"②。

亚里士多德高度肯定苏格拉底的普遍性定义的重大科学价值。他在《形而上学》中说:"苏格拉底专注于研究美德,与此相联地成为第一个提出普遍性定义的人。在自然学者中只有德谟克利特曾触及这个问题,他追随时尚定义了热和冷;在此以前毕达哥拉斯学派曾为少数东西如机遇、正义和婚姻下过定义,将它们和数联系起来。苏格拉底自然要研究本质,因为他正在探究演绎,而'事物是什么'正是演绎的出发点"。"有两件事可以公正地归于苏格拉底,即归纳的论证和普遍性定义,这两者都是知识的出发点"。③ 因为归纳论证所获得的定义与公理是一切知识原初的基本前提,是构建全部科学知识特别是证明的科学知识的出发点,所以普遍性定义也有普遍的方法论意义。

① 见亚里士多德《形而上学》,1078b27—32,载于《亚里士多德全集》。
② 柏拉图:《拉凯斯篇》,193E,载于《柏拉图对话全集,附信札》。
③ 见亚里士多德《形而上学》,1078b10—25,载于《亚里士多德全集》。

　　苏格拉底认为定义所揭示的普遍本质是一种绝对实在的东西。《克拉底鲁篇》中的苏格拉底批判了赫拉克利特学派主张万物永远处于流动状态的学说,认为这种学说会否定知识。他倒过来论证:既然在定义中获得的关于事物的普遍本质的知识是绝对、恒定不变的,所以事物的本质是永远稳定而不变易的绝对实在;"事物中有永恒的本性",有"绝对的美或善以及其他一些绝对的存在"。① 柏拉图哲学的主干内容是"理念论","理念"(或译"相"、"理式"、"理型")并非存乎人心的念头,而是客观实在的型相。苏格拉底的普遍性定义学说是柏拉图理念论的直接思想渊源与雏形。亚里士多德在《形而上学》中有两段论述,专门讲到两者的渊源关系与主要区别。他说:苏格拉底忙于研究伦理问题,在伦理方面寻求普遍的定义。"柏拉图接受他的教导,但是认为不能将它应用在感性事物上,只能应用于另一类东西,理由是可感觉的事物总是永远在变动中的,所以共同的普遍的定义不能是有关感性事物的定义。这另一类东西他就叫做'理念'。"② 他又说:"但是苏格拉底并没有将这个普遍的东西或定义看做是分离存在的东西,而他们[那些肯定理念的人]却将它们看做是分离存在的,这就是他们称为'理念'的那种东西。"③

　　对于这两段话,西方学者中有两种截然不同的见解。一种意见如策勒认为:根据亚里士多德的论述可以断定柏拉图才提出理念论,苏格拉底只探究了它,但并无本体论意义的概念定义与知识论,没有任何理念思想。另一种见解以泰勒和伯奈特为代表,认为亚里士多德的论述带有"个人的猜测性","理念"已经是苏格拉底的主要哲学范畴,它已经是一种永恒的本性,具体事物"分有"它才存在,苏格拉底已经基本上完成了理念论。④ 其实,这两种见解都有片面性。亚里士多德的论述已准确指明了两者的内在联系与区别。苏格拉底的普遍性定义同柏拉图的理

---

① 见柏拉图《克拉底鲁篇》,440B—C,439B—D,载于《柏拉图对话全集,附信札》。
② 亚里士多德:《形而上学》,987a32—b10,载于《亚里士多德全集》。
③ 同上书,1078b10—25,载于《亚里士多德全集》。
④ 见格思里《希腊哲学史》第3卷,第441页。

念论之间有必然联系,这不仅在于普遍性定义为柏拉图形成理念论提供了逻辑手段,更在于苏格拉底的普遍性定义中所阐明的存在事物的普遍本质已是一种绝对的实在,可以一以贯之、由此达彼地过渡为理念,直接激发理念论的产生。亚里士多德在《形而上学》中就指出:"如我们以前所说的,苏格拉底以他的定义激发了这种理论[理念论],但是他没有将这些普遍的东西同个别事物分离开来;他不将它们分离开,是一种正确的思想。"①两者的主要区别在于,苏格拉底的普遍性定义探求存在事物的普遍本质,虽和流动变易的现象有所不同,但他还没有将这种绝对实在和感性事物分离开来,使之成为另一种独立自存的本体,而是就蕴涵在感性事物之中,事物和它没有"分有"的关系。

　　然而,苏格拉底的普遍性定义已是理念论的雏形。格思里说:苏格拉底的普遍性定义"在通向(理念的)完全实体化的道路上已经构成一个重要阶段"②。说它还没有完全实体化,是因为这种雏形还蕴存于特殊事物之中,没有成为独立的实体从而使世界二重化。但在苏格拉底的普遍性定义中,理念已经呼之欲出了。如在《欧绪德谟篇》和《大希庇亚篇》中,他已用了"美自身"的表述,说普遍性的智慧、善、美是"某种真实存在的东西"。柏拉图中后期对话中经常用这种方式表述理念。而且,苏格拉底自己也已开始用"理念"、"型"(idea, eidos)指称他的定义中探究的那种普遍本质。③ 柏拉图的早期对话《欧绪弗洛篇》,描述苏格拉底将赴法庭受审时同一位执意要控告自己父亲犯谋杀罪的宗教狂热分子欧绪弗洛讨论虔敬的定义问题。苏格拉底说:"好,记着,我并不是要你告诉我在许多虔敬行为中的一两个事例,我是要你告诉我使一切虔敬的行为成为虔敬的那个虔敬的'型'。我相信你会承认有一个'理念',由于它,一切不虔敬的事情成为不虔敬,而一切虔敬的事情成为虔

---

① 亚里士多德:《形而上学》,1086b2—7,载于《亚里士多德全集》。
② 格思里:《希腊哲学史》第3卷,第441页。
③ 见柏拉图《欧绪德谟篇》,301A,载于《柏拉图对话全集,附信札》;柏拉图《大希庇亚篇》,287C—D,载于《柏拉图对话全集,附信札》。

敬。"①在讨论语言命名问题的《克拉底鲁篇》中,苏格拉底主张根据事物的本性命名,他说:木匠制造梭子,不能以某个残破的梭子为模本,而只能专注于梭子的"型",根据它来制造,这才是真正的理想的梭子。无论梭子织造什么,它必须有梭子的"型",才能很好地发挥它的本性。② 不同的铁匠都是为同样的目的制造同样的工具,虽然他们所用的铁是不一样的,但必须根据同一的"理念"。命名者不论是在这里或外地,不论以哪种语言文字为事物命名,只要是根据这种事物的"型",他的命名就是正确的。③ 能够认识事物的"理念"或"型"并以此为事物命名的,被他称为"辩证法家"。④

二　善与理性神

苏格拉底从寻求普遍性定义出发,探求世界存在的最普遍的原因,提出"善"是世界万物最高、最普遍的本质,是一切事物的最好的范型,是它们追求的目的。他所说的善,不仅是伦理范畴,也是本体论范畴,适用于一切存在,它既有目的性,也有功能性。这种作为世界的终极原因的善,实质上是一种精神本体,是唯一的理性神,是依凭人的理性探究世界终极原因与目的的结果。

苏格拉底将他要建立的人的哲学,最终归结为关于善的知识;在讨论各种美德的定义时,最终也都说是善这种最高、最普遍的定义(价值)决定了自制等美德。善不仅是伦理道德意义上的实践理性,也是安排世界万物合理有序的目的性的宇宙理性,宇宙万物的终极目的因。这实际上就是他引进的新神——理性神。

---

① 柏拉图:《欧绪弗洛篇》,5C—D,载于《柏拉图对话全集·附信札》。idea 和 eidos 这两个意义相近的词在古希腊作品中并不是柏拉图才开始使用的。它们本来有"看"和"看到的东西"的意思,在荷马史诗中用来指人的形象(看到的东西),后来才有形式、形状、种和类、类型等抽象的意义。只有苏格拉底和柏拉图才明确将这两个词指称客观实在的普遍本质。
② 见柏拉图《克拉底鲁篇》,389B—C,载于《柏拉图对话全集·附信札》。
③ 见同上书,389E—390A,载于《柏拉图对话全集·附信札》。
④ 见同上书,390B—C,载于《柏拉图对话全集·附信札》。

　　他认为善就是宇宙普遍秩序的最好、最合理的可能安排。在《高尔吉亚篇》中他就说:任何事物"都不是只凭任意偶然性而能最好地得到的。任何事物的优良品性都是一种有规则、有秩序的安排,所以正是这种适合于该事物的秩序的出现才能使任何事物成为善的"①。他又说:"天和地、神和人都是由友谊和友爱、秩序、自制和正义联结在一起的,所以智慧的人称事物的全体为科斯摩斯——有秩序的宇宙。"他所说的智慧的人就是毕达哥拉斯学派,他们认为这秩序也就是"具有数学意义的完善性的'善'",因此要懂得"几何学上的对称性在神和人中都有极为重要的意义"。② 他的善是宇宙最好的普遍秩序的思想,吸收、综合了毕达哥拉斯学派的宇宙和谐结构论和阿那克萨戈拉的努斯有序安排宇宙的思想,不同的是,融入了目的论思想和伦理内涵,并在希腊哲学中最先通过解释善的哲学含义,而将善归结为一种理性神。

　　色诺芬的《回忆录》第 1 卷第 4 章和第 4 卷第 3 章都记述了苏格拉底关于善这种理性神的谈论。苏格拉底认为全智全能的神是宇宙万物中普遍体现的最高理智,这种神就像人身体中的努斯能随意指挥身体一样,充满宇宙的理性"也可以随意指挥宇宙间的一切"③。这最高的神是普遍的、无所不在的理性,他使宇宙万物的安排合理而有序,自身并无可见的形象,人只能通过理性思维,从宇宙万物的合目的设计中去体察这种理性神。他说:"惟有那位安排和维系着整个宇宙的神(一切美好善良的东西都在这个宇宙里头),他使宇宙永远保持完整无损、纯洁无疵、永不衰老,适于为人类服务,宇宙服从着神比思想还快,而且毫无误失。这位神本身是由于他的伟大作为而显示出来的,但他管理宇宙的形象却是我们看不到的。"④他认为善即理性神为了人类,合目的地设计和创造了宇宙万物,万物都是由这位愿意万物都生存下去的神特意设计的结果,

---

① 柏拉图:《高尔吉亚篇》,506C—E,载于《柏拉图对话全集,附信札》。
② 见同上书,507E,载于《柏拉图对话全集,附信札》。
③ 色诺芬:《回忆录》,载于色诺芬《回忆苏格拉底》,第 31 页。
④ 同上书,载于色诺芬《回忆苏格拉底》,第 159 页。

是神凭智力造出来的;神"能够同时看到一切的事情,同时听到一切的事情,同时存在于各处,而且关怀万有"。他是最关怀人类的"聪明仁爱的创造者",不仅创造了人,还为了各种有益的目的计划造出人的各种器官,使人能生存和繁衍,而且给人安置了灵魂,使人能追求知识,比其他动物都高明。[①] 苏格拉底认为人是万物之灵,神最为关怀和眷顾人,人是神设计安排宇宙万物的中心目的。理性神"为供给人们的需要而操心",他的一切设计和作为"都是为了人类的缘故而发生的"。神为人的视力提供光,为人的休息提供黑夜,星月照耀使人能分辨昼夜时分和节令,提供土地和水使人能生产食物,提供火使人能为保全生命策划一切有益的事情,提供气使人维持生命和扬帆远航,使太阳运行近地又远离,"生怕向我们提供的热量超过了我们的需要会伤害我们",神使"其他生物的成长也是为了人类"。神更赋予人同各种事物相适应的感官,使人能享受各种美好的东西;又在人心里培植语言的表达和推理能力,使人能知道和利用美好的东西,并且能"制定法律,管理国家"。[②] 苏格拉底最早提出了一种宇宙设计论,和西方近代的理神论(deism)相似。

苏格拉底将本体论意义的善等同于这种唯一的理性新神,他和最早萌发理性一神思想的爱利亚学派同样否定、批判希腊传统的拟人化多神教。《欧绪弗洛篇》中讨论到希腊传统宗教的神话故事,如宙斯因为他的父亲克罗诺斯(时间之神)吞噬另一男子,将父亲铸锁起来,而克罗诺斯也以相似的理由阉割了他的父亲乌兰诺斯(天神)。苏格拉底说:"每当人们告诉我这类神的故事,我总认为这是不善良、不恰当的,看来正是因此他们指控我有罪。"他反问:难道真能相信诸神中会发生战争、仇恶、争斗等种种可怕的事情吗? 在他看来这些不过是诗人和艺术家虚构出来的故事。[③]

然而,和爱利亚学派相比,他的理性神思想更为深化,有较浓重的哲

---

① 色诺芬:《回忆录》,载于色诺芬《回忆苏格拉底》,第28—32页。
② 见同上书,载于色诺芬《回忆苏格拉底》,第155—161页。
③ 见柏拉图《欧绪弗洛篇》,5D—6C,载于《柏拉图对话全集,附信札》。

学内涵与人性色彩。表现为三点：(1)他将本体论意义的善等同于这种唯一的理性新神，使理性神思想和对存在的普遍本质的哲学思辨密切结合起来，使希腊哲学得以深入渗透宗教，并在哲学理论的层次改造宗教，最早开启了哲学神学的思想历程。(2)他将人的理智外化为抽象的理性神，肯定神赋予人追求知识、实现理智本性的主动性。他用"认识你自己"的原则代替神谕，突出了人在生活中的自主权，大大缩小了传统宗教中诸神支配和干预人的生活的地盘和作用。他指出，如果对于人自己"可以通过计算、测量、权衡弄清楚的事还要去求问神"，"就是犯了不敬虔的罪"。他强调人凭借自身的理智可以自决主要的人世事务，达到善，这才符合理性神赋予人的主动精神和自我认识。他将"求助于占兆的人称为疯子"，他自己则"照着心中的思想说话，因为他说，神明是他的劝告者"。[①] 这种人、神的理智沟通，就是他所说的"灵机"(daimon)。黑格尔说，在他身上，"内心的认识方式采取了灵机的形式"，灵机就是人"自己独自决定什么是公正的，什么是善的……人对于他自己所应当作的特殊事务，也是独立的决定者，自己迫使自己作出决定的主体"，这是以"个人精神的证明代替了神谕"。[②] (3)善也是实践理性的最高伦理道德范畴，它所表征的理性神有浓烈的伦理道德内涵；理性神不是超越出世的，而是入世的，介入人的伦理生活实践。《欧绪弗洛篇》中的苏格拉底，通过探讨虔敬这种美德的定义，表现了他的宗教伦理思想和使宗教世俗道德化的倾向。

在希腊和罗马时代，虽然在社会实际生活中传统多神教长期盛行，但苏格拉底将理性一神同一于本体与伦理意义的善，推进、深化了哲学化的理性神思想，深刻地影响了柏拉图、亚里士多德以至斯多亚派、新柏拉图主义的理性神思想，使希腊哲学后来和希伯来文化的犹太一神教得以会合，并最终使希腊哲学和高度伦理化的基督教融合。

---

① 见色诺芬《回忆录》，载于色诺芬《回忆苏格拉底》，第2—3页。
② 见黑格尔《哲学史讲演录》第2卷，第86、89页。

三 理性与知识

倡导理性和凭借理性获得的知识,是苏格拉底的人的哲学包括伦理道德学说的鲜明特征,和智者派的感觉论相对主义根本对立。

苏格拉底认为灵魂的本质是理性。在柏拉图的《阿尔基比亚德Ⅰ篇》(副题为"论人的本性")[①]中,苏格拉底有一段论证,说明"认识你自己"就是要认识自己的灵魂,而灵魂之所以是神圣的,就是因为它是理性和智慧的所在地。他将灵魂和身体的关系,比喻为使用者和使用工具的关系,认为身体是使用工具,灵魂是使用者,是统治身体的。[②] 奥菲斯教和毕达哥拉斯认为灵魂高于肉体,肉体只是灵魂的监狱和坟墓,灵魂要从肉体中解放出来,苏格拉底对这种思想有所接受。在《克拉底鲁篇》中他解释"身体"的词义时说:"有些人说身体(soma)是灵魂的坟墓(sema),可以认为灵魂埋在我们现在的生命体中;又说肉身是灵魂的指标,因为灵魂给身体以指令。也许奥菲斯教诗人是这个名字的发明者,在他们看来灵魂正在遭受惩罚的痛苦,身体则是禁闭灵魂的围场或监狱。"[③]但是,苏格拉底淡化了这种说法的神秘的教义色彩,高扬灵魂的理性本质,用理性的灵魂论为他的人的哲学和知识论奠立认识论的根基。

在《阿尔基比亚德Ⅰ篇》中,他将人分为三个东西:灵魂、身体以及由这两者结合而成的个体。他说身体不能是统治原则,它不能统治它自身,它只能是被统治的对象。灵魂和身体结合起来的个体,人们将它看做"人",也不能是统治的原则,因为其中之一是被统治的对象,所以不能参与统治。其实个体并不是人的本质,人的同一的本质只能是灵魂。[④]

[①] 现存柏拉图对话中有两篇《阿尔基比亚德篇》,分称"Ⅰ"、"Ⅱ"篇。较短的《阿尔基比亚德Ⅱ篇》已被学者们定为伪作,《阿尔基比亚德Ⅰ篇》的真伪问题在学者中也有争议。但是许多学者承认这篇对话论述的内容同色诺芬记述的苏格拉底的思想比较一致,据说在古代它被当做了解苏格拉底哲学的入门书。

[②] 见柏拉图《阿尔基比亚德Ⅰ篇》,129B—130A,载于《柏拉图对话全集,附信札》。

[③] 柏拉图:《克拉底鲁篇》,400B—C,载于《柏拉图对话全集,附信札》。

[④] 见柏拉图《阿尔基比亚德Ⅰ篇》,130A—C,载于《柏拉图对话全集,附信札》。

有些人具有关于身体的知识,比如医生和体育教练的技艺,但如果只知道有关人的身体的状况,并不知道人的本性,还不能说有认识自我的知识。"认识你自己"应该是认识你的灵魂,理性又是灵魂的本质与主导所在。他比喻说:眼睛可以在别人眼睛的瞳孔里看到它自己,这是视觉的工具,是视觉作为视觉的 arete(长处)所在的部位。同样,灵魂要认识它自己,也只有在灵魂作为灵魂的 arete 即"理智"所在的部位,那就是理性与"实践智慧"(phronesis)。它是最接近神圣的,只有认识它从而认识一切神圣的东西,获得自我知识,才是真正认识了它自己。① 苏格拉底提出理性是灵魂中本质的主导部分,是获得自我知识从而切实获得其他一切知识的本源所在。这为他的知识论确立了理性基础,也开了柏拉图和亚里士多德将灵魂分为几个部分来探究的先河。

通过理性人能够得到确定的知识,这是苏格拉底的一个重要的基本思想;形成新的"知识"范畴,是他对发展希腊古典哲学的卓越贡献。策勒指出:"概而言之,知识观念的形成,是苏格拉底哲学的一个中心。"②对知识的本源、内涵与价值的探讨,之后也一直是希腊古典哲学的中心课题,表现了希腊哲学的科学理性和人文精神的深化与升华。

早期希腊自然哲学家考察人的认识能力还比较粗浅,较多地探讨人的感知能力及其生理基础,对人的理性思维的自觉反思则较为薄弱;爱利亚学派的巴门尼德将思想和感觉、真理和意见区别开来,开始将理性思维提到首要的地位。但他们都还没有深入、全面地考究"知识"(包括自然知识与人文社会知识)的本性与功用问题。在强调理性思维和区别真理与意见方面,苏格拉底继承和发展了巴门尼德的思想。他是在批判智者的知识观这一新背景中考究知识问题的。当时的智者以教授知识自诩,但是他们的感觉论相对主义不可能形成确定的知识,相反却造成了知识的混乱。苏格拉底明确提出:感觉只能认识流动变化的现象,不

---

① 见柏拉图《阿尔基比亚德Ⅰ篇》,132D—133C,载于《柏拉图对话全集·附信札》。
② 策勒:《苏格拉底和苏格拉底学派》,第89页,伦敦,朗格曼斯·格林出版公司,1885。

能得到有确定性的知识;只有凭借理性才能得到常住的、绝对的认识,这才是有确定性的、真正的知识。这种新知识观念,在《克拉底鲁篇》(副题是"论名字的正确性")中有论证。对话中的苏格拉底对主张名字与知识是任意约定的赫谟根尼说:"你是不是认为事物对于每个人都是不同的,就像普罗泰戈拉所说的'人是万物的尺度',我看来它是如此,它就是如此,你看来它是如彼,它就是如彼;还是你认为事物有自己的确定实在性?"[1]在他看来,如果每个人都是尺度,仅以个人不确定的感知现象来判定知识,就没有智慧和愚蠢的区别,也没有好人和坏人、善和恶的区别了。[2] 他考究了和知识密切关联的一些希腊词的词源意义,就是phronesis,synesis,gnome,episteme,它们都有"智慧"、"思想"、"理智"、"理性"、"知识"的意思,英文译本中常将它们译成 practical wisdom, intelligence,understanding,thought,judgement,knowledge。他认为当时的许多哲学家(包括一些自然哲学家和智者)都认为知识、智慧是流动变易的,而正确的命名与真正的知识不能从流变不定的印象得来,应来自确定的事物本性。他说:"如果万物都在变动,没有确定不变的东西,那便根本不能有任何知识(gnome),因为只有知识本身没有改变它才能是知识;如果作为知识的'型'变化了,它就不再是知识。"[3]他并不否定事物流动变易的现象,但认为知识应把握事物恒定的普遍本质,应是有确定性的,有常住不变的"知识的型"。

苏格拉底开始形成了一种新的"知识"范畴。它是灵魂的理性凭借寻求普遍性定义而来,它表现事物的恒定的普遍本质,具有确定性。这种知识观,和智者的感觉论相对主义的知识观,和某些自然哲学家(如自称属于赫拉克利特学派的克拉底鲁)主张事物与知识都绝对变易而无确定性,都是对立的。当然,苏格拉底这里所说的事物的实在、本质都得自他的普遍性定义,因而他否定实在与本质的可变性,否定知识自身也是

---

① 柏拉图:《克拉底鲁篇》,385E—386A,载于《柏拉图对话全集,附信札》。
② 见同上书,440A,载于《柏拉图对话全集,附信札》。
③ 同上。

可变化、演进的。这有他的客观唯心论的偏颇。但他强调知识的客观实在性与确定性,这又有逻辑上的合理性,在当时对他确立理性主义的哲学,对希腊科学知识的进步,都有重要的积极意义。他强调"认识你自己"就是要有自我知识,人的理性活动就是寻求普遍性定义而获得知识,知识即美德,是道德的核心,政治也应是一种专门知识。可以说,新的知识范畴,是他的理性主义哲学的轴心。

四　辩证法

苏格拉底自认为他的哲学方法,就是通过谈话和问答寻求普遍性定义、探究真理的方法。他在问答中不断揭露对方的矛盾,使对方承认并不断修正错误,从而引导其逐步认识真理,他喻称这是他的"助产术"。这是希腊原初意义的辩证法,但注入了辩证理性(思想矛盾运动)和分析理性(逻辑分析精神)相结合的新含义。

希腊文"辩证法"(dialektikos)的原初意义是"通过说话、谈话"[1]。《克拉底鲁篇》中说:"凡是知道如何提出和回答问题的人便可以称为辩证法家(dialektikon)。"[2]亚里士多德和苏格拉底同样将辩证法看做探究知识与真理的方法[3],他看出苏格拉底的辩证法既涉及对相反(矛盾)事物的思考,也具有逻辑分析的精神。他在《形而上学》中说到苏格拉底专心致志于美德,他首先提出普遍的定义问题,接着说:"苏格拉底寻求的是本质,因为他是探讨推理[三段论证,syllogize],而'事物是什么'正是三段论证的出发点;如果还没有能使人得到本质知识的辩证能力,就不能去思考相反的东西,也不能研究是否有同一门学问是研究相反的东西的。"[4]他还说:如"同"、"异","相似"、"不相似"和"相反",以及"先于"、

---

① "dialektikos"这个词的前缀词 dia 是"通过"的意思,lek 的词根 lego 就是"说话"的意思。
② 柏拉图:《克拉底鲁篇》,390C,载于《柏拉图对话全集,附信札》。
③ 亚里士多德赋予辩证法更新的含义,他实际上也将辩证法归结为一种语义分析的逻辑。见本书后文论亚里士多德的逻辑与哲学部分。
④ 亚里士多德:《形而上学》,1078b23—27,载于《亚里士多德全集》。

"后于"这类对立的词项,是辩证法家力图探讨的。[①]

　　早期希腊自然哲学家特别是赫拉克利特,认为万物包含对立,永恒运动变化。我们说他富有素朴的辩证法思想,但在古代希腊并没有人就此称赫拉克利特等是辩证法家。亚里士多德认为辩证法的创始人是芝诺[②],就因为芝诺在悖论的论证中揭示了思想自身的矛盾,而思考相反的东西是辩证法的一个主要特征。但在芝诺那里,主观的辩证意识和分析理性是分裂、对立的,他的悖论是一种消极、否定的主观辩证法;而苏格拉底则将揭示思想矛盾的辩证理性和合逻辑的分析理性统一了起来,确立了一种更有知识价值的积极的辩证法。

　　苏格拉底在对话中总是通过逻辑分析的论证,不断揭露对方的矛盾,从而逼使他们承认错误;也通过富有分析力度的论证,来探究确定的定义性知识。《回忆录》记载了他和自以为无所不知的智者欧绪德谟讨论治理城邦的问题。他首先指出:能够正确治理城邦的人必须是正义的人,能分辨什么是正义和非正义,他和欧绪德谟约定将正义的事情和非正义的事情分别归在"d"(dikaios,正义)与"a"(adikos,非正义)两个相反项下。他运用严密的逻辑分析,剖析正义与非正义的相反原则,揭露了欧绪德谟的自相矛盾,推翻了他的一系列错误论点,在这种思想的矛盾运动中得出结论:正义是一种严整的知识;无知,特别是对于美、善、正义这类问题无知的人只能当奴隶,不能成为自己的主人;要认识你自己,就要能认识自己的无知,要有自知之明。他最后说:"必须这样,才能成为最高尚的、最幸福的和最有推理能力的人。""辩证推理"(dialegesthai)这个词,就是由于人们聚在一起共同讨论,按着事物的本性进行选择(alegantas)而得来的。[③] 苏格拉底的对话辩证法作为"助产术",实质上是用严谨的逻辑分析来揭示思想矛盾,来透析、贯穿思想的矛盾运动,来探究事物的本性即普遍的定义性知识。这是一种和分析理性紧密结合

---

① 见亚里士多德《形而上学》,995b20—23,载于《亚里士多德全集》。
② 见第欧根尼·拉尔修《著名哲学家的生平和学说》,第 8 卷,第 57 节。
③ 见色诺芬《回忆录》,载于色诺芬《回忆苏格拉底》,第 173 页。

的辩证的思想矛盾运动。在他那里,后来康德的知性和理性的分野还不存在。当时逻辑学虽还未创立,但他的对话辩证法中实际上已运用了大量复杂、多样的逻辑论证方法,积累了远胜过先前的哲学家和科学家的逻辑思想。

就辩证法思想的历史看,苏格拉底的对话辩证法有独特的意义与地位。

赫拉克利特第一个认为对立统一是事物运动变化的普遍"逻各斯",发展出一种深刻的客观辩证法,从后来黑格尔意义的辩证法而言,他确实是辩证法的奠基人。但他的一些论断只是根据对事物现象的直观,还缺乏逻辑内涵的论证。芝诺的悖论则是一种诉诸理性思维的主观辩证法,在悖论论证的思想矛盾中触及一和多、运动和静止、有限和无限等客观事物的矛盾,它们不是感官经验所能把握的,只有靠理论思维和逻辑推论才能认识。但他在逻辑分析的推论中却否定了客观存在的矛盾,否定了多和运动,所以在他的辩证法中分析理性和辩证理性是分裂的,只是一种消极、否定的主观辩证法,不能成为探究知识的普遍方法论。智者如普罗泰戈拉与高尔吉亚认为,对于任一正题的论证都可以提出一个反题的论证(逻各斯),即矛盾的"双重论证",这涉及一种粗朴的二律背反,但他们主张这种矛盾的逻各斯无真假之分,"公说公有理,婆说婆有理"。他们也割裂了分析理性和辩证理性,否定了知识的确定性。智者认为所谓真和假、正义和非正义、善和恶等都是由个人的主观决定的。如黑格尔所说,智者的思想"倒向特殊主观性的一方面"[1],这必然陷入相对主义。因此,只能说他们的相对主义中消极地触及了辩证的思想因素。苏格拉底的对话辩证法则有机地结合分析理性与辩证理性,是一种探究确定知识的积极的辩证法。

从表面看,苏格拉底和芝诺的论辩有相似处,都是揭示对方论证中的矛盾,从而推翻对方的论证。但实质上根本不同:芝诺揭露思想矛盾、

---

① 黑格尔:《哲学史讲演录》第2卷,第8页。

推倒对方的论证就达到了他的目的;苏格拉底推翻对方的论证仅是他的一个手段,他要达到的目的则是探求认识普遍本质的真理。他也反对智者的相对主义,不承认真理只具有特殊的主观性,而是主张有普遍的真理。他以逻辑分析的力量引起对话的思想矛盾运动,是为了让对方从中认识自己的错误,跟他一道去寻求普遍真理。所以他自称他的方法是一种助产术,是帮助对方生产思想的孩子——真正的知识。叶秀山在《苏格拉底及其哲学思想》中论述了"苏格拉底的辩证法",对早期希腊哲学、苏格拉底至近代康德、黑格尔的"辩证的和分析的方法",作了详致、深入的历史和理论的考察。[①] 他指出,"在苏格拉底心目中,'辩证法'是掌握真理的武器。一方面保留了'二律背反'的辩证法的必然性,另方面又强调科学知识的可靠性、确定性"[②]。这正是苏格拉底的辩证法的历史特点与贡献。

第四节　道德哲学与政治理想

　　道德哲学是苏格拉底哲学的重心所在。他建立人的哲学,着眼于探究人的道德本性,通过探究美德的普遍性定义(道德正名),改造传统道德,给它注入理性与知识的新含义。他突出伦理问题,是为了从精神方面建立一种整体性的新道德价值体系,以消除智者造成的社会道德混乱的思想根源,矫正败坏中的社会风气,挽救雅典城邦的没落。通过改善公民道德来革新政治,实现道德振邦,则是他的政治理想。他在古代希腊首次建立了一种较严整的理性主义道德哲学,这体现了他的基本哲学观念与方法已渗透到他的政治、宗教和审美思想之中,展示了一种实践理性精神。他的道德哲学直接启发他的一些学生建立了不同的小苏格拉底学派,更由柏拉图和亚里士多德继承与发展。柏拉图将他的只着眼

---

① 参见叶秀山《苏格拉底及其哲学思想》,载于《叶秀山全集》第 1 卷,第 501—525 页,江苏人民出版社,2019。
② 同上书,载于《叶秀山全集》第 1 卷,第 518—519 页。

于改善公民德性的道德论和相关的贤人政制理想,发展成为改革城邦社会体制的体制伦理与政治哲学,亚里士多德的伦理学与政治学内涵更加丰富、更为系统,但他们强调伦理是政治的基础的理性主义取向,和苏格拉底的道德哲学与政治理想是一脉相承的。

一 美德即知识

这是苏格拉底的道德哲学的一个基本命题。它阐明人的理智本性和道德本性是同一的。希腊文 arete 的原意泛指"任何事物的优点、长处和美好的本性",后来指"人在生活行为中表现的优良品质",有正义、智慧、勇敢、节制等四种传统美德。arete 英译为 virtue。苏格拉底大为扩展了美德的范围,更用理性(智慧)与知识改造了原本无确定规范的传统美德的含义。色诺芬的《回忆录》记载:"苏格拉底还说:正义和一切其他德行都是智慧。因为正义的事和一切道德的行为都是美而好的;凡认识这些事的人决不会愿意选择别的事情;凡不认识这些事的人也决不可能把它们付诸实践……很显然,正义的事和其他一切道德的行为,就都是智慧。"[①]

"美德即知识"这个主旋律贯穿他的全部道德对话活动,他同人讨论种种美德的定义,经过往复辩驳,最终都归结到这个命题。他这里所说的"知识"主要是指要能认识人自己的本性,人有美德即有"认识你自己"的自我知识,这样立身行事,和他人交往,就不会做无知之事,不会犯错误,就能"获得幸福,避免祸患",并使城邦"繁荣昌盛";反之,无知与缺乏美德,就会"陷于祸患"。[②]

苏格拉底提出美德即知识,明确肯定理性知识在人的道德行为中的决定性作用,赋予道德价值以客观性、确定性和普遍规范性,批判智者的道德相对主义及其实践上造成的个人利己主义、享乐主义和强权道德,

---

① 色诺芬:《回忆录》,载于色诺芬《回忆苏格拉底》,第 117 页。
② 见同上书,载于色诺芬《回忆苏格拉底》,第 149—150 页。

认为它们腐蚀希腊民族精神,败坏道德风气,是造成社会祸害的根源。他在探讨美德的定义中,用他的辩证法将无确定规范的传统道德与伦理常识,转变、升华为一种有深刻哲学意义的道德理论,这同他的改善人的灵魂的哲学使命是一致的。既然美德即知识,知识是可教的,美德也是可教的,通过道德教育改善人的品性也是现实可行的。这种探求美德的定义性知识的哲学与道德教育活动,表现在一系列"苏格拉底式的对话"中。

柏拉图的《拉凯斯篇》描述了苏格拉底和当时最负盛名的老将军拉凯斯、尼西亚结合军事教育寻求"勇敢"定义的一场对话。[①] 他通过举例分析、驳难对方、层层剥笋的方式,寻求"勇敢"的普遍性定义。他指出:拉凯斯说勇敢就是"坚守阵地,反击敌人"[②],犯了以偏概全的错误;拉凯斯又说勇敢是"灵魂的坚忍性或明智的坚忍性"[③],则失于宽泛,未揭示出勇敢的特殊本性,也不是确切的定义。他肯定尼西亚提出的勇敢是一种在战争和其他任何事情中使人产生畏惧与信心(希望)的知识[④],将勇敢和知识联系起来,有高度的智慧,但还是未揭明这种知识的本质的特殊性。他认为,"勇敢不仅是关于畏惧和希望的知识,而且是关于任何时间的善和恶的知识"[⑤]。但这又似乎和全部美德相关,仿佛仍未发现勇敢是什么。其实,苏格拉底在这里强调勇敢是一种有关善和恶的知识,有两点特殊含义:(1)区别事实知识和道德价值知识。事实知识还不是判断道德上善和恶的价值知识,而美德的本性总是体现善和恶的道德价值;

---

① 尼西亚是雅典著名的主和派政治家,在他力主下雅典同斯巴达签订了尼西亚和约;战争后期他反对错误的西西里远征,又不得不接受委任率军前往,终于惨败殒命。柏拉图描述他有理智、讲谋略,尼西亚也很赏识苏格拉底的才智。拉凯斯是当时一位骁勇善战的名将,曾和尼西亚一起赴斯巴达议和,公元前 418 年战死在曼提尼亚。他同苏格拉底一起经历了公元前424 年雅典军队在德立安的败退。对话的背景正是在德立安战役后不久,拉凯斯至为称赞苏格拉底在战争中英勇无畏、镇定自若的气概。

② 柏拉图:《拉凯斯篇》,191E,载于《柏拉图对话全集,附信札》。

③ 同上书,192B,载于《柏拉图对话全集,附信札》。

④ 见同上书,194E—195A,载于《柏拉图对话全集,附信札》。

⑤ 同上书,198B—199D,载于《柏拉图对话全集,附信札》。

勇敢不只是由事实行为规定的,它涉及道德价值问题。事实知识和价值知识都需要智慧,但这两者有区别;事实知识也使人明智,这对形成人的行为美德是必要的,但必须进而有关于善和恶的价值知识规范事实行为,才能真正形成美德。(2)他主张美德与道德人格是一个统一的整体。智慧、知识和善的普遍本性使各种美德成为有内在联系的有机整体,因此勇敢和正义、自制等其他美德紧密联系、和谐一致,不能孤立地给勇敢作出精确定义,只有在规定美德的整体性中才能揭示勇敢这种美德的本性。

《吕西斯篇》中的苏格拉底和吕西斯、希波萨勒、克特西普、美涅克塞努等稚气未脱、天真活泼的少年①讨论什么是友爱。此篇对话主题的希腊文是 philia 或 philo,有"友谊"、"亲爱"、"倾慕"、"热爱"等意思,英文常译为 friend 或 friendship。中文译为"友谊",不足以准确表达这个词的全部含义,译为"友爱"比较妥切。年长的苏格拉底谆谆教导少年们:任何人都不爱无知无用的人,如果对事物没有知识就会将事物弄糟,失去别人的爱,甚至父母的爱,只能处处受制于人;如果你获得知识,显得有用与善良,所有人都会对你友爱。② 他深入浅出地说明了友爱这种美德同知识与善也是紧密相联的。他剖析了作为处理人事行为的友爱,不能归结为"同类相聚"或"异类相聚",因为穷人需要富人为友,弱者需要强者扶持,病人需要医生治病,无知的人珍视有教养的人因而爱他,而正义和非正义、善和恶是不能相反为友的。他更批评了一种说法,即人总是爱他所要爱的,不会爱他所不愿爱的人和物,所以欲望是友爱的原因;③指出它必然导致善恶不分,将善和恶的价值看成是等同的,从而否定理性的道德价值标准。他实质上肯定了友爱以知识、智慧、善为根据,有确

---

① 吕西斯和希波萨勒的身份已无从考证,从这篇对话中只知吕西斯出身名门望族,克特西普和美涅克塞努是叔侄关系,他们后来都成为苏格拉底的忘年之交,苏格拉底被处死时他们都在场。
② 见柏拉图《吕西斯篇》,207E—210D,载于《柏拉图对话全集·附信札》。
③ 见同上书,221A—D,载于《柏拉图对话全集·附信札》。

定的价值标准。后来亚里士多德的德性论继承、发展了苏格拉底的有关思想,专门论述了友爱是城邦社会体制的重要伦理基础。

此外,如前文所述,在《卡尔米德篇》中苏格拉底将"自制"这种美德归结为"认识你自己"的自我知识。在色诺芬的《回忆录》中他更强调:"自制是人的一个光荣而有价值的美德"[1],自制"是一切德行的基础"[2]。自制是明智,是智慧这最大的善;不自制使人远离智慧,缺乏健全的理智,只受情欲支配,不择善而行甚至去做无耻的事,就是不自由,使人成为"最坏的奴隶"。[3]

"善"是苏格拉底的最高哲学范畴。善的希腊文 agathon 原来有"好"、"优越"、"合理"、"有益"、"有用"等含意,在他的哲学中善既有存在论意义,也有道德意义,两者一致,是一种最早的道德形而上的探本。就道德意义而言,他认为最高的美德、美德的全体就是善,善是人生追求的最高目的。在《高尔吉亚篇》中苏格拉底说:"善是我们一切行为的目的,其他一切事情都是为了善而进行的,并不是为了其他目的而行善"[4];大而言之,善也是全部社会生活的目的,治理城邦的目的就是要使城邦和公民们尽可能行善。[5] 苏格拉底的善蕴涵有益、有用的功利性意义,他没有将善和有益、功用对立起来。他说过善(理性神)为了对人有益的目的设计了这个宇宙,在《卡尔米德篇》中他将关于善的知识称为"一种关于人的利益的学问"[6]。然而,西方有些学者却据此将苏格拉底的道德论解释成为一种实用色彩浓重的功利主义。菲立普生认为,苏格拉底的道德哲学的指导性思想是"有用性原则","一切机构、法律和学说的真正价值都用一种齐一的、一贯的标准来检验,那就是有用性"[7]。将苏格拉底的

---

[1] 色诺芬:《回忆录》,载于色诺芬《回忆苏格拉底》,第32页。
[2] 同上书,载于色诺芬《回忆苏格拉底》,第33页。
[3] 见同上书,载于色诺芬《回忆苏格拉底》,第170—171页。
[4] 柏拉图:《高尔吉亚篇》,500A,载于《柏拉图对话全集,附信札》。
[5] 见同上书,513E,载于《柏拉图对话全集,附信札》。
[6] 柏拉图:《卡尔米德篇》,174B—D,载于《柏拉图对话全集,附信札》。
[7] 菲立普生:《苏格拉底的审判》,第104—105页,伦敦,斯蒂劳斯出版公司,1928。

善仅归结为功利性,这是一种倒因为果的误解。在苏格拉底看来,善是使事物成为有益和有用的原因,并不是事物的有益和有用成为善的原因。他主张义利结合,但他反对只为满足个人的情感和欲望的功利观,认为个人的最高利益应当是满足灵魂的需要而不是身体的情欲,善和知识、真理、美相一致,这是真善美相统一的功利观。

他又认为善原本是人先天固有的禀性,提出一个重要的原则:无人自愿为恶,趋善避恶是人的本性。在《普罗泰戈拉篇》中,苏格拉底论证说:"无人自愿为恶或做他认为是恶的事,趋恶避善不是人的天性。"①人会作恶是人性后天受到污染的结果,就像中国的《三字经》所说:"人之初,性本善,性相近,习相远。"既然人皆根植有趋善避恶的天性,通过道德教育启迪、改善人的品性,进而改善城邦,也是现实可行的。因此,他十分重视道德教育,认为道德教育是树人治国之本,他一生孜孜不倦地论辩诲人就是在从事道德教育。他的道德哲学不只是思辨性的,而且有实践性的特色。

二　美德可教和美德的整体性

苏格拉底认为善是人的共同本性,善将所有的美德统摄为一个整体,因而美德是可教的,道德教育应培植整体性的美德,树立人的完整的道德人格。这集中表现在描述壮年时期的苏格拉底同智者大师普罗泰戈拉讨论道德问题的《普罗泰戈拉篇》中。② 这篇对话可以说是对苏格拉底的道德哲学的一个总结,它已不限于讨论某一种美德的定义或

① 柏拉图:《普罗泰戈拉篇》,358C—D,载于《柏拉图对话全集,附信札》。
② 这篇对话的时间设定在伯罗奔尼撒战争以前,对话在著名的雅典青年富翁、常鼎力资助智者活动的卡利亚家中进行。卡利亚在雅典一直有重要的社会地位,在公元前 371 年还率雅典军队赴科林斯作战,签订卡利亚和约。当时苏格拉底年约 40 岁,普罗泰戈拉则已年近花甲,自称是在场人们的父辈。在场的还有普罗狄科、希庇亚、斐德罗等著名的智者和很多雅典的青年才俊,可以说是伯里克利时代末期希腊知识界的一次群英会。这篇对话和《美诺篇》像是姐妹篇,都从美德是否可教展开讨论,但后者着重论述柏拉图前期的理念论与回忆说,主要体现了柏拉图自己形成的思想。

某个道德问题,而是从总体上探讨美德是否可教入手,展开论述美德的整体性,表现了他的理性主义的道德哲学和智者的情感道德论的对立。

苏格拉底和普罗泰戈拉都主张美德可教,但两人立论的基础根本不同。普罗泰戈拉认为美德不是自然天生的本性,也不是自发产生的,而是约定的规则,它就是可教的。他举了许多城邦政治生活、法律规范和公民个人教育的实例,来说明美德是可教的。[①] 他说像他这样的智者有超常的自然禀赋,能以教人从善为业,帮助人们获得善良高尚的品德。[②] 他主张美德可教,理由是不同城邦的道德和法律都是约定的、不同的,因而道德是相对的,没有绝对的标准,智者就可以随不同处境,根据道德与法的差异性施教。苏格拉底的理论根据完全相反,他认为道德应该有共同的客观、绝对的价值标准,美德与善出自人共有的理智本性,同一的人性本善决定道德心可以互相沟通;美德又是一种知识,知识必然是可教的,在善统摄全体美德、美德是知识这个共同性上,全部美德结成一种可交流、可教学的整体,使道德人格的教化与培植成为可能。

正义、自制、勇敢、友爱、虔敬等美德是各自单一、彼此割裂的,还是有机结合、有本质同一性的整体?对这个问题的不同回答,也表现了两种根本不同的道德学说。普罗泰戈拉主张道德相对主义,认为各种美德因约定而成,可以因人因事而异,发生有益或有害的作用。各种美德就像脸上的嘴、鼻那样的器官,各有功能,彼此不同,相互割裂。[③] 对立的道德可以共存一体,善也是相对的,可以对人有害;道德价值完全是不确定的,没有普遍绝对的标准,因此不能构成确定、完整的道德人格。苏格拉底针锋相对地论争,就是为了确立美德的有机整体性和道德价值的普遍确定性。他并不否认各种美德之间有差异,但认为它们就像不同的小金

---

① 见柏拉图《普罗泰戈拉篇》,323C—326E,载于《柏拉图对话全集,附信札》。
② 见同上书,326E—328C,载于《柏拉图对话全集,附信札》。
③ 见同上书,329A—E,载于《柏拉图对话全集,附信札》。

块,本性上都是同质的金子,蕴涵着有机联系的同一性,正义而不自制、不虔敬,勇敢而不明智,既愚蠢又自制,既善又恶,都是不可能的。① 一切美德都源于共同的理智本性,和智慧、自制内在关联,总是在善之中,有共同的使人获益从善的功用价值。这种本质上的同一性使各种美德内在联结,不能孤立存在,这就是美德的整体性。这是他的理性主义道德体系的轴心。不过,苏格拉底在阐述美德的整体性时,注重论述各种美德的同一性和它们的内在联系,而没有同时注重探究它们的特殊性,以及它们在道德体系中各自所处的地位和相互制约的作用,这个任务后来是由柏拉图完成的。

围绕美德问题的争辩,进而表现为更深层次的基本道德理论的对立,即苏格拉底的知识道德论和以普罗泰戈拉为代表的情感道德论的对立。普罗泰戈拉等不少人主张快乐是善,痛苦是恶,激情、快乐、痛苦、情爱与恐惧等情感支配人的行为,知识是屈从于情感的奴隶,甚至可以被情感抛到一边。他们还往往这样论证:有些人明知好事而不为,有些人明知恶事而故犯,就因为他们的行为受快乐和痛苦等情感的支配,情感统治理智。② 苏格拉底主张知识能最好地支配人的行为,因为它能使人辨别善恶,智慧是人最需要的援助,理智是道德的根基。③ 他立足于知识道德论,从四个要点批判情感道德论:(1)情感道德论主张快乐和痛苦支配人,所以知善而不为,知恶而故犯;但同时又主张快乐即善,痛苦即恶。这自相矛盾,不能自圆其说。(2)如果主张为了追求快乐,明知善而不为,明知恶而故犯,却又主张快乐和痛苦等同于善和恶,那么在逻辑上可以作出荒谬的推断:这种行为是为了善而作恶,爱善的情感支配了恶行。(3)道德生活中快乐、痛苦等情感是复杂、波动的,道德行为需要选择,面对各种现实的和可能的快乐与痛苦,人们总是选择较大分量或程度的快乐,较小分量或程度的痛苦。

---

① 见柏拉图《普罗泰戈拉篇》,332A—333D,载于《柏拉图对话全集,附信札》。
② 见同上书,351B—353A,载于《柏拉图对话全集,附信札》。
③ 见同上书,352B—C,载于《柏拉图对话全集,附信札》。

人们在选择时必须对快乐和痛苦作出衡量和测度,这种测度本身就是知识;只有知识才能保证作出正确的选择,保证我们获得善的生活,使恶的生活得到拯救,因此恰恰是知识支配着快乐和痛苦等情感。有些人明知恶而故犯,明知善而不为,并不是由于情感统治了知识,而是在测度快乐和痛苦时缺乏正确的知识,作了错误的选择,是一种严重的无知。(4)既然由于无知才做错事为恶,因此可以推断:自愿从恶避善不是人的本性,无人自愿为恶,明知恶而故犯的说法不能成立。人们所以会对预见的恶产生畏惧和恐怖,就是因为无人自愿遭遇恶、接受恶。情感道德论主张人会明知恶而故犯,就是主张人会自愿为恶,这是违反人的本性的;所谓明知恶而故犯,不过是在道德行为的选择中因无知而犯恶罢了。[1]

苏格拉底的理性主义道德哲学,就是一种知识道德论。有的西方学者认为苏格拉底没有完全否定情感道德,也有将善等同于快乐的享乐主义思想因素。确实,他并不否定道德生活中的情感表现,但他所说的快乐与痛苦等情感,不是指是否满足人的官能欲望,而是指理性的道德行为的某种价值表现,这是由知识来测度和裁定的,所以和享乐主义根本不同。但苏格拉底强调"美德即知识",将道德的本性只归结为理智,忽视、否定了情感在道德生活中的重要作用,也是有偏颇的。

亚里士多德对苏格拉底的道德哲学有两点批评:(1)将美德只归结为理性知识,不研究美德在人的生活行为中是怎样产生和实现的,这就抹煞了伦理学的经验性内容。他在《欧德谟伦理学》中说:"高年的苏格拉底以关于美德的知识为目标,常常探讨什么是正义、勇敢以及各种美德。他这样做是有道理的,因为他认为所有的美德不过是各种知识而已,所以知道了正义同时就是正义的人;因为当我们学会几何学和建筑学时我们也就是建筑师和几何学家了。所以他只探究美德

---

[1] 见柏拉图《普罗泰戈拉篇》,358C—E,载于《柏拉图对话全集,附信札》。

是什么,而不探究美德是如何或从哪里产生的"。"涉及美德,至少不
只是要知道美德是什么,而且要知道美德从哪里产生才是最高尚的。
因为我们不只是要知道勇敢是什么,而是要成为勇敢的人,不只是要
知道正义是什么,而是要成为正义的人"。① 亚里士多德认为伦理学不
是纯理论知识的学问,而是和生活行为经验紧密结合的实践性知识。
(2)否定情感在道德中的作用。亚里士多德在《大伦理学》第 1 卷中批
评了毕达哥拉斯将美德归结为数是不成功的以后,接着就说:"苏格拉
底对美德这个题目讲得比较好,有进展,但他也是不成功的。他惯于
使美德成为知识,而这是不可能的。因为所有知识都涉及理性,而理
性只是灵魂中的理智部分。在他看来所有美德都在于灵魂的理性部
分,他遗弃了灵魂的非理性部分,因而也就遗弃了情感和性格。所以
他研究美德在这方面并不成功。后来柏拉图将灵魂分为理性部分和非
理性部分,并赋予各自相应合适的美德,他这样做是对的。"②柏拉图将
个人的灵魂区分为所谓理性、激情和欲望,认为它们在形成德性中各自
起有作用。亚里士多德指出苏格拉底和柏拉图在伦理思想上的区别,为
我们提供了辨识两人伦理思想的一个指针。

三　道德振邦与贤人政制

　　苏格拉底面对雅典民主制与希腊城邦的衰落,将社会危机归咎于道
德精神的沦丧;他建立了理性主义的道德哲学,希冀匡正道德、振邦救
国,期盼智德兼备的政治专家来治国平天下。《回忆录》记述了他的许多
政治见解,可以概括为以下四个要点:
　　第一,道德是政治的基础,道德沦丧是城邦政治危机的根源,匡正道
德是振邦救国的根本。社会道德秩序的稳定是城邦兴盛的基础,政治家
的首要任务是改善人们的灵魂,培植好公民。他的哲学使命就是要使政

---

① 见亚里士多德《欧德谟伦理学》,1216b1—23,载于《亚里士多德全集》。
② 亚里士多德:《大伦理学》,1182a15—26,载于《亚里士多德全集》。

治家和公民都懂得改善灵魂、培植美德,这样才能建立稳定的社会政治秩序,才能救亡图存、振邦兴国。

第二,政治是知识,政治家应当是智德兼备的专家。他指出:治理城邦是"最伟大的工作","最美妙的本领和最伟大的技能",政治技艺不是轻易天成的"自然禀赋",也不可能通过和那些自称知识渊博的智者交往而获得。① 政治家应培养精确深厚的知识和道德素养,不仅要有引导灵魂从善的哲学修养,而且要有丰厚博大的从政知识;政治家从政前首先要学习,要熟悉国防军事、税务财政、农业经济等多方面知识,他们应是"知识最广博的人"。② 智者们自身应有自制、正义等美德和吃苦耐劳的修养,才能以德教人、以德治人。③ 让那些不懂治国之道的吹牛政客来治理城邦很危险,就像"一个没有必要的知识的人而被任命去驾驶一条船或带领一支军队,他只会给那些他所不愿毁灭的人带来毁灭,同时使他自己蒙受羞辱和痛苦"④。苏格拉底心目中的理想政治家,后来更演变、完善为柏拉图的理想国中的哲学王。

第三,法是普遍正义,应严格以法治邦,"守法就是正义"。所谓法就是"城邦的律法",即"公民们一致制定的协议,规定他们应该做什么和不应该做什么"。⑤ 法中也有道德规范的基础,他所说的法也包括公认的传统道德即"不成文法",如敬畏神明,不得撒谎、盗窃、杀人,要孝敬父母,不许乱伦,要以德报德,不忘恩负义等。他认为这些是神为人制定的律法,如果违犯就会遭到各种谴责,这就表明"神也是喜欢把正义和守法看为是同一回事"。⑥ 他强调法律有严肃性与至为重要的价值,只有遵守法

---

① 见色诺芬《回忆录》,载于色诺芬《回忆苏格拉底》,第141—144页。

② 见同上书,载于色诺芬《回忆苏格拉底》,第105—109页。

③ 见同上书,载于色诺芬《回忆苏格拉底》,第40—51页。

④ 同上书,载于色诺芬《回忆苏格拉底》,第39页。

⑤ 见同上书,载于色诺芬《回忆苏格拉底》,第164页。

⑥ 见同上书,载于色诺芬《回忆苏格拉底》,第167—169页。

律才能使人民同心协力,使城邦强大。① 在《克里托篇》②中,狱中待刑的苏格拉底和劝他越狱逃生的挚友克里托的对话,既表现了他坚守道德信念、甘愿慷慨就义的崇高气节,也表达了他对雅典城邦的政治态度和他的法治思想。他说:人皆非自愿为错作恶,以错对错的报复绝不可取,这是一条人生原则。他着重论述如果他越狱逃跑,就是对雅典城邦作了毁法败邦的报复,是摒弃了自己对城邦的守法承诺,违背了正义的生活原则。③ 他认为:法就是普遍正义,是指导城邦政治生活的最高原则。法是人们自愿遵守的,是城邦赖以存在的根基,如果不遵从法律判决就是背约违法、损害城邦;因为如果法律判决没有力量,可以被私人摒弃和破坏,就难以想象城邦能继续存在而不被推翻。④ 泰勒认为苏格拉底的这种主张是近代西方社会契约论的古代形式。⑤ 似乎苏格拉底不愿背法逃生,就是不愿违背自己承诺的契约。其实社会契约论思想的萌芽表现在智者(《普罗泰戈拉篇》)中,苏格拉底所说的只是指公民承诺服从由他们自己通过和制定的法律,而当这种法律和他的道德信念尖锐对立时,他尚未进展到主张根据他的道德政治观来变法,更未像柏拉图在《国家篇》中所主张的根据他的伦理政治观来推行城邦社会体制的改革。

第四,建立贤人政制。他对伯里克利时代末期以来的雅典民主制政体的蜕变,对以拈阄方式任用官吏,有尖锐的批评,但是他并不反对民主制,

① 见色诺芬《回忆录》,载于色诺芬《回忆苏格拉底》,第165—166页。
② 这篇对话记述了苏格拉底被处死以前在狱中的谈话,有历史真实性。在色诺芬写的《苏格拉底在法官前的申辩》中,赫谟根尼也说到苏格拉底的好友们想把他偷偷带出监牢,他执意不从。对话中,在狱中和苏格拉底密谈的只有克里托一人,他是苏格拉底的挚友,当时雅典的巨富;他的儿子师从苏格拉底,他在法庭和狱中多次表示愿意出资帮助苏格拉底逃脱被处死的厄运。苏格拉底被判处死刑后,正值一年一度的纪念阿波罗神出生的节日,雅典派一朝圣团携带祭品去提洛岛献祭,并纪念古代英雄提修斯杀死人身牛头怪物,从而免除了要向它贡献七对童男童女的陋习,雅典城邦规定必须一个月后朝圣船归来才可对犯人执行死刑。破晓前克里托获悉朝圣船当天即归,赶紧买通狱卒来见尚在安睡的苏格拉底,劝说他越狱求生,但苏格拉底强调他的道德原则与对雅典城邦法律的尊重和承诺,决不逃生,慷慨赴死。
③ 见柏拉图《克里托篇》,49A—50A,载于《柏拉图对话全集,附信札》。
④ 见同上书,50A,载于《柏拉图对话全集,附信札》。
⑤ 见泰勒《柏拉图其人及其著作》,第172页,伦敦,梅苏恩出版公司,1927。

倒是强调遵守并至死躬奉民主制政体下制定的一切法律。他明确反对僭主制政体,对由斯巴达势力支配的雅典三十僭主专政十分厌恶。对于斯巴达的贵族制,他只是对它早就有的严格的法制有赞美之词,并没有主张雅典照搬这种政制。《回忆录》记载:"征得人民同意并按照城邦律法而治理城邦,他认为这是君主制;违反人民意志且不按照律法,而只是根据统治者的意愿治理城邦,是僭主制。凡官吏是从合乎法律规定的人们中间选出来的地方,他认为是贵族政制;凡是根据财产价值而指派官吏的地方,是富豪(即寡头——引者)政制;凡是所有的人都有资格被选为官吏的地方,是民主政制。"[1]这和后来柏拉图在《国家篇》第 8 卷中的政制划分[2]是基本一致的。希腊当时无君主制,他主张实行的是改善民主制的贤人政制。aristocracy 过去被译为"贵族政制"是不确切的,因望文生义而将苏格拉底与柏拉图都说成是"维护反动的奴隶主贵族统治的代表"更是不对的。贤人政制是指智德兼备的贤人执掌权力,以法治邦。苏格拉底主张的贤人政制还只是改善民主制的一种方式,还没有和民主制分离;柏拉图在《国家篇》中主张的贤人政制,才是一种和民主制分离的、独特的政制。

苏格拉底对雅典民主制兴盛时代的怀恋,主张在民主制中纳入贤人政制,这鲜明地表现在柏拉图的中期偏早的对话《美涅克塞努篇》中:苏格拉底伪托他从伯里克利的情妇阿丝帕希娅那里听来的她所写的一篇情文并茂、慷慨激昂的在阵亡将士葬礼上的演说词[3]。这篇演说词赞

---

[1] 色诺芬:《回忆录》,载于色诺芬《回忆苏格拉底》,第 181 页。

[2] 见柏拉图《国家篇》,544C—D,载于《柏拉图对话全集,附信札》。

[3] 19 世纪一些西方学者曾经怀疑或否定它是柏拉图写的,主要理由是内容中有时代错误:它述评雅典历史时竟写到从公元前 395 年爆发直到前 387 年才结束的科林斯战争,而苏格拉底早在公元前 399 年已被处死,阿丝帕希娅逝世还更早一些。但是现代西方学者一般都肯定这篇对话是柏拉图的真作,因为亚里士多德在《修辞学》中有两处提到在这篇葬礼演说词中苏格拉底所说的"在雅典公众面前颂扬雅典人是并不困难的"(亚里士多德:《修辞学》,1367b8,1415b30,载于《亚里士多德全集》)。本书作者认为,该篇内容是严肃的,对雅典历史的叙述也是准确的,但是柏拉图写这篇对话是在科林斯战役以后,他要总述雅典人英勇抗击外侮的史迹,就将科林斯战役也包括进去了。这也说明柏拉图写的对话并不完全有刻板无误的历史真实性,这篇对话中的基本思想可以说是苏格拉底和柏拉图师生共同的。这篇对话是了解苏格拉底政治思想的重要文献。

颂了雅典城邦从希波战争以来抗击外侮的英雄业绩,寄托了他复兴母邦的政治理想。演说词追溯雅典胞族的由来,回顾雅典经历希波战争和伯罗奔尼撒战争的历史,直到科林斯之战的严峻形势,赞扬雅典救弱邦、抗强侮、捍卫正义和自由等高尚的民族精神,歌颂阵亡将士的爱国热情,勉励历经时艰的生者要勇敢地面对当前的危难时刻,发扬祖先的光荣声誉,重振邦威以告慰死者,并教养遗孤,将希望寄托在下一辈身上。这篇演说词在爱国激情和文体形式方面类似于伯里克利的同名演说,而在对雅典政治历史的评价和复兴城邦的政治主张方面,两篇演说有所歧异。苏格拉底认为希波战争是全体希腊人支持雅典抗击蛮族入侵、免除奴役争得自由的正义战争;对于伯罗奔尼撒战争,伯里克利也将它描述为争取自由的正义战争,苏格拉底却认为这是希腊诸城邦由于争夺财富的嫉妒心理,导致的以“自由”为名、实为不义的民族间自相残杀的战争。① 他充分肯定这场战争之前的雅典民主政制,这既是怀念盛世,也是寄望于理想政制。他说:政府体现人的本性,好人的政府是好的,坏人的政府是坏的。雅典人历经善(好)的政府熏陶,因此雅典人本质上是善的。雅典政制是民主政制,实质上都是经多数人赞同建立的最好的政制即贤人政制,实行民选,权力主要在人民手中,经多数公众选出贤能的统治者,他们又将各级权力委托给那些胜任的智贤人士。遴选的唯一原则是统治者必须是既明智又善的人。这种政制的根据在于雅典公民是生而平等的,他们都是城邦所生的子女,这种自然的平等使人们寻求法律上的平等,认识到公民之间只有智慧与美德上的差异,别无任何优劣和主奴之分。而其他一些城邦认定人天生不平等,因而他们的政府也是不平等的,故有僭主政制和寡头政制,其中各党派集团有主奴之分。② 在这里,苏格拉底热烈赞颂雅典的民主制,并且明确揭示民主政制的基本原则:人人天生平等,因而可以寻求法律规范的平等。他又认为,人们在智慧

---

① 见柏拉图《美涅克塞努篇》,242A—C,载于《柏拉图对话全集,附信札》。
② 见同上书,238B—239A,载于《柏拉图对话全集,附信札》。

和美德上有差异,因此必须遴选出有智慧和美德的贤人来执政,才能真正达到善。苏格拉底的政治理想就是将民主制和贤人政制结为一体。

四　孔子和苏格拉底的伦理学说之比较

中国和希腊都有悠久、璀璨的文化传统,两个伟大民族各自对世界文明作出了重要贡献。生活于大致同时代(轴心时代)的孔子(前551—前479)和苏格拉底(前469—前399),都创建了以伦理为核心内容的新哲学,深刻影响了中西文化的历史进程。比较研究这两位贤哲的伦理学说,对理解中西哲学与文化的同异颇有理论价值。

孔子和苏格拉底都生逢乱世,正值奴隶社会或城邦奴隶制趋衰,传统伦理价值崩析。苏格拉底经历长达27年的伯罗奔尼撒战争,希腊城邦奴隶制陷入危机,成文法和传统道德崩溃。孔子处于春秋末期,周室式微,天下无道,作为社会规范和行为准则的"周礼"弃失,诸侯争霸,征战频仍,百姓极为困苦。孔子和苏格拉底都认为伦理混乱与道德堕落是社会无序的根源,都将建构新伦理、倡导道德振邦作为自己的崇高使命。苏格拉底将哲学从天上召回人间,建立了一种理性主义道德哲学,旨在改善人的灵魂,复兴城邦。诚如当时著名的政治家子产所说:"天道远,人道迩"①,孔子罕论形而上的天道,认为当务之急是研究人自身,矫正人性堕落,他创建仁学,探究人性,游说列国诸侯,以求重建合"礼"的社会秩序和行为规范。两位贤哲都根据实际的社会情势,首次创建了一种人的哲学。

两位贤哲又都是教育家和道德师表。孔子开创中国的"私学","有教无类"②,门生三千,培育了许多政治才俊和弘扬儒学的学者。苏格拉底自喻为"牛虻",整日里"到处不停息地激励、劝说、批评",为了刺激、唤

① 《左传·昭公十八年》。
② 《论语·卫灵公篇》。

醒雅典"这匹已趋怠惰的壮马"。①　众多钦羡他的人从希腊诸城邦来到雅典投到他的门下,他培育了希腊古典哲学的众多精英。由于忙于教育实践和政治、道德活动,两位贤哲都述而不作,没有留下专门的著述。孔子整理《诗》、《书》、《礼》、《乐》、《易》、《春秋》等大量经典文献,对保存古代文化卓有贡献;他自己的教义则主要见诸记述他言行的《论语》和弟子们阐述其学说的著作。与其相仿,我们研究苏格拉底的思想,也只能根据其弟子们的忆述,主要是柏拉图的早期对话篇和色诺芬的《回忆录》。

　　东西方两位哲人的伦理学说,都体现了一种启迪人性、意图改革社会的时代精神,它们的相似性主要表现在三个方面:

　　第一,人道主义的伦理原则。

　　在《论语》中,孔子曰:"吾道一以贯之"②,"仁"是贯穿其伦理学说的中心范畴,它指谓一种人的本性。仁的根本含义是"爱人"③,"泛爱众"④,就是说善良、仁慈、博爱应是真实人性;仁又指恪守自己的善性并同他人互惠的忠恕之道⑤,"己所不欲,勿施于人"⑥,"己欲立而立人,己欲达而达人"⑦。这蕴涵着一种关于"宽容"的深刻的哲学意义。"仁"作为当时一个崭新的哲学范畴,是一种对人的发现,关于人的善性的自我意识。孔子确认人皆有生存权和人格尊严,应根据忠恕之道完善自身、造福他人。仁作为人内在固有的本质,只能靠人自己认知和实现。他说:"为仁由己,而由人乎哉?"⑧仁有其丰富的多重内涵,包含善、公正、义、完善德性等意义,它是人生的最高价值。只有把握与实践这一伦理原则,人才能辨别善恶,节制贪欲,规范行为,完善人格,从而达到社会和

---

① 见柏拉图《申辩篇》,30E,载于《柏拉图对话全集,附信札》。
②《论语·里仁篇》。
③《论语·颜渊篇》。
④《论语·学而篇》。
⑤ 见《论语·里仁篇》。
⑥《论语·卫灵公篇》。
⑦《论语·雍也篇》。
⑧《论语·颜渊篇》。

谐。当时贱民沦为豢畜,无辜百姓常遭虐待。孔子说:"民之于仁也,甚于水火"①。无疑,他的人道主义仁学颇有进步意义。

　　孔子的伦理学说回响着仁的主旋律,展示了丰富的多重内容:(1)仁是改善"礼"即社会规范和行为准则的内在伦理基础。孔子曰:"人而不仁,如礼何?"②他认为社会的全部典章、法令和道德秩序都应体现仁的原则。他称颂"周礼",并宣称"克己复礼,天下归仁"③。然而,他又主张"礼"是可改变的,以往的朝代总是对往昔的"礼"有所"损益"④,所以,他并非主张全盘恢复"周礼",而是意图用人道主义的仁的原则去改善它,使社会体制和生活体现人性。他谴责一切反人道的现象,认为如虐杀、用活人或俑殉葬、昏君横征暴敛的苛政,都是不仁背礼之举。(2)仁表现为人的多种德性,并贯穿其中,使它们内在联结、有机统一,成为完整的道德人格。孔子以仁为纲,建立了开掘人性与人的潜能的德性论。他详致论述了种种德性,包括忠、恕、孝、智、勇、诚、义、谦、敬、和、宽、直、俭等凡四十余种,它们具体地体现了仁的丰富的道德含义,并由仁总摄为一体而有整体性。仁是全部德性的本源、普遍本质与原因,是真善美的统一。孔子称有完整德性的人为"仁人"、"君子",称彻底弘扬"仁"者为"圣贤"。孔子的教义就是旨在培育智德兼备的贤人。(3)中庸之道是致仁的方法,是一种辩证理性。中庸即中和,是调整万物使之合度有序的恒常至理,是取中、适度,以求平衡与和谐的正确方法。⑤ 他的弟子记述他解释中庸的意义:"执其两端,用其中于民。"⑥这就是要把握相反方面或矛盾的对立面,审时度势,运用中介方法,实现适度、平衡与和谐,培养个人合理的道德情操,以求造福于民众。孔子强调圣贤总是"允执其中"而

---

① 《论语·卫灵公篇》。
② 《论语·八佾篇》。
③ 《论语·颜渊篇》。
④ 《论语·为政篇》。
⑤ 见《中庸》,第一章。
⑥ 同上书,第六章。

施仁政①,指出"过犹不及"②,反对走极端。毛泽东论评孔子的中庸观念:它"肯定事物与概念的相对安定的质",这是"孔子的一大发现,一大功绩,是哲学的重要范畴,值得很好地解释一番"。③

苏格拉底建立了以"善"为根本原则和最高哲学范畴的德性伦理,"善"是同孔子的"仁"颇为相似的人道主义伦理原则。善指谓以人为中心的宇宙中合乎事物本性的"秩序"与"规则",相似于中庸为调整万物使之合度有序的恒常至理。善又指谓人的明智本性,所以"无人自愿为恶或做他认为是恶的事,趋恶避善不是人的天性"④,类似于孔子主张仁即人性本善。苏格拉底也认为人所固有的善的本性,体现为正义、勇敢、友爱、自制、虔敬、宽容等德性,善统摄它们而有美德的整体性,它们使社会生活结成和谐的整体。行善才能使人获得真正的幸福与自由,社会中的种种恶与乱究其根本皆因丧失善的人性而生,故而恢复善的人性、消除邪恶应是治理城邦的要旨,而善作为最普遍、高尚的价值应是人人在生活中追求的目的。善和仁相似,也有丰富的哲学含义,同使人成善、修养人的本性紧密相关:(1)它就是"认识你自己"和"自制"这种自我知识,一种认识人自身本性的智慧,就是"为仁由己"。(2)善和仁都体现了人性中各种德性的共同本质,并将它们统摄为整体,使德性具有整体性和普遍确定性,将它们整合成一种健全的道德人格,以建立一种新型的坚实客观的道德价值体系,来克服当时道德价值的纷乱。(3)"毋过分"。这是古希腊"七贤"向德尔斐阿波罗神呈献他们的智慧之果的另一条铭言。⑤ 苏格拉底认为这也是自制的应有之义,自制的人应节制过分的欲望以规范行为,不应偏离正规生活而趋极端,即通过综合相反的见解获得切合德性的普遍性定义这种道德实在,通过调谐对立势力或偏激的道

---

① 见《论语·尧曰篇》。
②《论语·先进篇》。
③ 见《毛泽东书信选集》,中共中央文献研究室编,第 146—147 页,人民出版社,1983。
④ 柏拉图:《普罗泰戈篇》,358C—D,载于《柏拉图对话全集,附信札》。
⑤ 见同上书,343A—B,载于《柏拉图对话全集,附信札》。

德情感来实践德性、规范社会或个人的生活。亚里士多德后来继承、发展了这一思想,将中道确立为他的伦理学方法论的主要原则。总之,苏格拉底同孔子一样,最早将人自身置于哲学研究的中心地位,建树了一种闪耀人性光辉的道德哲学。

第二,理性主义的道德论。

两位贤哲都主张理性是灵魂或心灵的本质,人们必须通过在学习中运用智慧即理性思维,认知德性的普遍本质,并在实践德性中提升人的道德修养。他们的教义闪烁着融会理性与道德的光辉。

儒家的认识论原则是"格物致知"。孔子认为,"智"是人心的首要功能,它的伦理意义是知人自身的本性,即理解仁与德性。孔子曰:"性相近也,习相远也"①。人性本善,之所以后来有品性优劣的差距,是由于后天的环境与习染造成的。只有"知者不惑"②,所以德性培植必须靠学习知识和实践中的道德磨炼。如果不学习知识,就不能获得种种德性,而会感染弊病与邪恶。孔子的门生子夏说:"博学而笃志,切问而近思,仁在其中矣。"③孔子自述志向:"笃信好学,守死善道"④,"朝闻道,夕死可矣"⑤。知识的首要条件是老实判断自己认知的情况,他说:"知之为知之,不知为不知,是知也。"⑥犹如苏格拉底,孔子亦自认"无知"⑦,因为他并非"生而知之"⑧,他是靠勤奋钻研才获有深厚的学识的;他深感奋求知识者才有真正的快乐与幸福。孔子论述了融合学习知识和道德修养的三种方法:(1)学与思结合。他说:"学而不思则罔,思而不学则殆";只有

①《论语·阳货篇》。
②《论语·子罕篇》。
③《论语·子张篇》。
④《论语·泰伯篇》。
⑤《论语·里仁篇》。
⑥《论语·为政篇》。
⑦《论语·子罕篇》。
⑧《论语·述而篇》。

学而时习之,温故而知新,才能增长知识与德性。① (2)"不耻下问"②。就是要多观察事实,多向他人调查实际情况,因为知识是理性与经验的结合。孔子曰:"三人行,必有我师焉:择其善者而从之,其不善者而改之。"③(3)知行统一。他主张学到的德性知识只有付诸实践,才能转化为人内在的道德品质,君子应恪守言行一致。所以他"知人",总是"听其言而观其行"④。他指出:"巧言令色,鲜矣仁!"⑤他谴责伪善者"巧言乱德"⑥。孔子和苏格拉底一样,毕生"为之不厌,诲人不倦"⑦,并且身体力行求知与求德,因而被尊为圣贤和一代宗师。他的弟子颜渊赞颂孔子的学说与人格:"仰之弥高,钻之弥坚。"⑧

苏格拉底认为理性是灵魂的本质,爱智是人的自然品性,获得知识必须主要依靠探究作为事物的本质或原因的理性思维,就是探求美德的普遍性定义的"辩证法"。他强调美德即知识(主要指关于人的道德本性的理智认识),知识与无知是幸福与不幸的根本原因;美德可教,道德教学和人的生活实践应结合,只有关于正义和其他德性的合理知识才能指导人们区别善恶、选择德性,获得真正的幸福,"没有经过这种审察的生活是没有价值的"⑨。人人皆应通过追求知识、实践德性而臻于善,这就是人生的真实意义和价值。苏格拉底阐扬知识道德论和他实践中的完善人格,就像是一位古希腊的"孔圣人"。

第三,伦理政治和社会理想。

两位贤哲都倡导道德是政治之本,贤人或君子根据伦理原则以德治政,教化民众,才能建立造福人民、和谐安康的社会。

---

① 见《论语·为政篇》。
②《论语·公冶长篇》。
③《论语·述而篇》。
④《论语·公冶长篇》。
⑤《论语·学而篇》。
⑥《论语·卫灵公篇》。
⑦《论语·述而篇》。
⑧《论语·子罕篇》。
⑨ 柏拉图:《申辩篇》,38A,载于《柏拉图对话全集·附信札》。

在孔子看来,"仁"应是合理明智施政的内在原则。统治者"修己"才能使百姓安乐。"博施于民而能济众",可谓贤人之仁政。[1] "为政以德",统治者就会像北极星那样受众星拥戴。[2] 孔子的伦理政治原则就是"道之以德,齐之以礼",使民众从善。[3] 只有基于这一原则,合理规范的社会体制才能得以稳定地确立。孔子主张对人民要先"富之",后"教之"。[4] 就是说,民众教育应伴随经济发展。他称赞当时贤明的改革家管仲为仁德之政的范例,因为他作为首相,"不以兵车"而靠人道立法,"一匡天下,民到于今受其赐"[5]。所以,为政之要是"举贤才",施仁政,也就是贤人政制。孔子企求的理想社会是彻底实现仁的原则,就是道德振邦,实现"大道"的"大同"。他的后继者们描述"大同"的理想:"大道之行也,天下为公。选贤与能,讲信修睦,故人不独亲其亲,不独子其子",人人皆有合适的位置与充裕的财富,邦国像一个和睦的大家庭,没有战争、盗贼与邪恶,只有出于自觉成仁而生成的繁荣、和平、和谐与秩序。[6] 然而,鉴于当时社会等级、家庭和道德的实际情势,孔子期盼的第一阶段的社会目标是"小康":由贤明的统治者实施仁政,以礼与道德教化治国,使民众享有安乐的生活。和平、和谐与合度,以保持正常的秩序,在通向"小康"目标的社会进程中是至关重要的。这比苏格拉底复兴雅典城邦与柏拉图设计的理想国,有更和谐的道德氛围。

苏格拉底也强调道德是治理城邦的基础,认为雅典民主制危机的根源在于道德沦落,政治家的首要任务应是改善灵魂、培植好公民;他倡导贤人政制,以德治与法治结合改善民主制,期盼智德兼备的执政者能在改善的民主政体中被遴选出来,确立善与德性为城邦政治和公民生活的目的,使雅典重振雄姿,获得繁荣、光荣和幸福。这种伦理政治型的贤人

---

[1] 见《论语·雍也篇》。
[2][3] 见《论语·为政篇》。
[4] 见《论语·子路篇》。
[5] 《论语·宪问篇》。
[6] 见《礼记·礼运》。

政制,是当时中国与希腊圣哲的共同理想。

由于历史与文化背景不同,孔子和苏格拉底的伦理学说也有差异,表现了中西伦理文化传统的区别。(1)两种伦理学说都主张社群本位,但大不相同。孔子的学说强调家族本位,注重宗法等级秩序和家庭血缘关系,因而它详细论述忠君尊贵和父子、夫妻、兄弟的家族伦常关系。国家被视为一种扩展的家族,所以君子要先修身、齐家,然后治国、平天下。深受儒家影响的中国传统伦理有整体主义和家国群体价值本位的特色,它基于血缘关系、家族性和宗法体系中的差等关系。而在苏格拉底生活的时代,古希腊的氏族关系已较为脆弱,雅典民主生活活跃,所以苏格拉底注重城邦的公共伦理,是一种城邦社群本位和原子式个人结合的德性伦理。亚里士多德的伦理学也继承、发展了这种特色。当代西方麦金太尔等人的社群主义德性论,就是要在新的历史条件下重新发扬社群本位的德性伦理。(2)两种不同内涵的辩证理性。孔子建构伦理学说的方法,是运用理智的洞察力或直觉,结合《易经》中已蕴涵的辩证理性,解释范畴和一些古典文本的意义,这是中国的一种古典解释学方法。后来,这也成为中国传统思维方式的一个特征。虽然孔子之后的墨家与名辩学派曾建立中国的逻辑学说,印度的因明学在唐朝也被引入中国,但它们对中国传统思维方式的影响是有限的。苏格拉底运用其“辩证法”探讨德性的定义和其他课题时含有浓重的逻辑分析思想,这种辩证理性渗透了分析理性。亚里士多德发展了先哲们特别是苏格拉底所积累的逻辑思想,创建了系统的逻辑学说,它是奠定西方分析理性传统的关键环节。

第五节　审美、逻辑与语言

苏格拉底不只是一位道德家,他学识开阔,对审美问题也作过深入研讨,并有丰富的逻辑思想积累以及最早的深刻的语言哲学思想。这些对柏拉图与亚里士多德发展有关的理论都有启发和引导作用。

一　美的本质与艺术灵感

对美的本质的理解,历来是美学的一个基本问题。赫拉克利特只是在个别残篇中涉及论述美的相对性,苏格拉底则可以说是古希腊第一位对美作了深入的哲学探究的人。这集中表现在柏拉图的苏格拉底式对话《大希庇亚篇》①中。

颇为自负的希庇亚常在演说中论评一些文章的美与丑,苏格拉底就向他讨教美自身是什么。当时希腊人所说的美(kalon)有广泛的含义,泛指"优良"、"美好"、"精致"、"完善"等意思,不仅指艺术作品的美,也指生活中一切精良、美好、完善的东西,如美的人、美的物乃至美的习俗制度等。苏格拉底将美自身同美的东西区别开来,强调正是由于美自身,一切美的东西才是美的。他所说的"美自身",实质上是"美"理念的雏形。希庇亚混同"美自身"和一些美的东西,如说美就是漂亮的小姐,美就是黄金,甚至说家有很多钱财、身体健康、受人尊敬、长寿、死后备受殊荣等就是美。苏格拉底认为这些都不得要领,予以反驳。苏格拉底指出,具体事物的美是相对的,正像赫拉克利特所说的,最美的猴子和人相比还是丑的,学识渊博的人和神相比不过是猴子;只有美自身是绝对的美,将它的"型"加到任何东西上,它就显得美。② "它无论对任何人都不会以任何方式显得是丑"③。实质上,他要探究美的最普遍的本质。

苏格拉底在进一步研讨中,批判了希庇亚的和当时流行的三种不正确的"美"的定义。(1) 希庇亚说对某个东西合适的就能使它成为美的。④ 他

---

① 19 世纪有些西方学者认为这篇对话不是柏拉图的著作,怀疑是柏拉图的弟子写的,甚至认为它是希腊化时代的作品。但现在多数学者如罗斯、格思里等均认为它是柏拉图的原作,主要根据之一是,亚里士多德《论题篇》第 6 卷中曾不指名地引用《大希庇亚篇》中关于一种定义的原文,即"美是由视觉和听觉产生的快感",并且和苏格拉底相似地批判这种定义。这篇对话描述苏格拉底与在斯巴达不得意、再次来访雅典的著名智者希庇亚讨论美的定义问题。
② 见柏拉图《大希庇亚篇》,289A—D,载于《柏拉图对话全集,附信札》。
③ 同上书,291D,载于《柏拉图对话全集,附信札》。
④ 见同上书,290D,载于《柏拉图对话全集,附信札》。

主张合适即美,合适是使事物成为美的东西的原因,比如其貌不扬的人穿上合适的衣服和鞋,外表就显得美。① 苏格拉底指出,将美归结为合适的表现形式只能是外在的形式的美,它往往掩蔽了真正的实际的美。他区别了美的本质和美的外表现象,区别了实质美和形式美。他并不完全否认合适可以造成外表形式的美,但认为外表的合适并没有触及美的本质。(2)一种流行的说法,有用就是美。美的眼睛使视觉清晰,美的身体适于赛跑和决斗,我们考察任何动物、器皿、工具乃至制度习俗等,如果它们是有用的,可以实现某种目的,有效果,就是美的,如果无用就是丑的。② 苏格拉底指出:有用就是有能力达到某种目的,如果说有用就是美,那就等于说有能力是美,无能力是丑。有知识才有能力,因此知识最美,无知最丑。虽然没有人自愿为错为恶,但人在一生中往往为了达到个人的目的而运用知识和能力,无意中做了错事、恶事,这样的能力就不是美而是丑了。③ 如果像希庇亚说的,为了好的目的而有能力,有用的就是美,有益产生好结果,就是善,美和善就无法区分了,美反而成为善的原因了。(3)另一种流行说法,美是快感,而且只是通过视觉和听觉享受到的快感,如美的人,美的装饰、图画、雕刻都经由视觉产生快感,音乐、诗和故事则经由听觉产生快感,都使人感到美。④ 从主观感觉方面去规定美,同智者的相对主义感觉论相吻合。苏格拉底对此进行了颇有思辨性的批判。他并不否定美感的存在,但认为美感不是美自身或美的本质,不能从人的主观感觉即快感方面去发现美的原因,否则会失去确定的审美价值,而陷入种种不能自圆其说的自相矛盾。他主张美自身是一种普遍、绝对、客观的真实存在,而不是一种共同的主观感觉。可以说,苏格拉底在西方思想史上最早挑起了美是主观的还是客观的这个美学基本问题的争论。这篇对话是古希腊美学思想的重要文献。苏格拉底从哲学的高度探究美的本质,着力批判当时流

---

① 见柏拉图《大希庇亚篇》,293E—294A,载于《柏拉图对话全集,附信札》。

② 见同上书,295C—E,载于《柏拉图对话全集,附信札》。

③ 见同上书,296A—C,载于《柏拉图对话全集,附信札》。

④ 见同上书,297E—298A,载于《柏拉图对话全集,附信札》。

行的一些审美观念,触及了美学理论中的一系列重要问题:诸如超越美的现象来规定美这个哲学范畴的普遍本质,客观的美和主观的美感的关系,形式美和实质美的关系,美的本质和美的功用性即审美价值的关系,真、善、美的差异与统一,等等。这些都是后来西方美学思想演进中不断探究的重要理论问题。

色诺芬的《回忆录》也记述了苏格拉底在日常谈话中论及一些审美问题。他认为审美和道德紧密联系,不可能脱离道德作审美判断;他特别注重艺术美要在塑造典型形象中体现道德美。他对雅典著名画家帕拉西亚说,画家"描绘美的人物形象的时候,由于在一个人的身上不容易在各方面都很完善,你们就从许多人物形象中把那些最美的部分提炼出来,从而使所创造的整个形象显得极其美丽"①。他又指出:绘画的美不在于以色彩表现事物的外形和人的形体,而是要"描绘心灵的性格",表现"高尚和宽宏,卑鄙和褊狭,节制和清醒,傲慢和无知"等,使人热爱、憧憬善和美的可爱性格,摒弃丑和恶的可憎形象。② 他还对雕塑家克莱托说,艺术创作中要使形体美和心灵美统一,而心灵美更为重要。栩栩如生的雕塑形象之所以美,不仅在于作品酷肖人物的形体姿态,更在于忠实描绘人的感情,"通过形式把内心的活动表现出来"。③ 总之,在苏格拉底看来,智慧和美德既体现人的生活实际的美,也是艺术美的本质构成要素。

然而,苏格拉底并没有简单地将艺术等同于一般知识,在《伊安篇》④

---

① 色诺芬:《回忆录》,载于色诺芬《回忆苏格拉底》,第120页。
② 见同上书,载于色诺芬《回忆苏格拉底》,第120—121页。
③ 见同上书,载于色诺芬《回忆苏格拉底》,第122页。
④《伊安篇》是柏拉图早期的短篇对话,它描写苏格拉底和一位职业诵诗人伊安讨论诗歌创作是凭专门的技艺即知识还是凭灵感的问题,体现了苏格拉底关于艺术创作和鉴赏的审美思想。古希腊的文学作品类型主要有史诗、抒情诗、悲剧和喜剧。剧作一般是诗体,由演员们在剧场表演,在雅典民主制生活中起有重要的社会政治作用。史诗和抒情诗则由诵诗人在祭典或宴会场合朗诵,有时还进行竞赛并颁奖。荷马和赫西奥德既是伟大的诗歌创作者,也是行吟诗人。诵诗人主要诵述荷马的史诗,梭伦曾颁令在雅典的诵诗人应能背诵全部的《伊利昂记》和《奥德修记》。后来的诵诗人不仅背诵也对荷马史诗的内容别出心裁地进行解说和评论,像是中国的"评书",他们可以说是"荷马学"的始作俑者。伊安就是这类诵诗人。

中,苏格拉底最早提出诗歌创作和鉴赏的本性不是技艺和知识,而是灵感即激情,对艺术的独特性质和功能作了初步探讨。他不否认荷马史诗等艺术也是有知识内容的技艺,但认为艺术品创作与鉴赏的独特魅力在于灵感与激情的特殊作用。伊安擅长并陶醉于解说荷马史诗,一说到荷马就顿生情趣,文思泉涌。苏格拉底解开伊安之谜:他擅长解说荷马的能力来自一种神圣的力量,这就是灵感。它像欧里庇德斯所说的磁石,能连环地吸引、感应众多铁环,形成一条长的锁链。诗神就像这块磁石,首先给诗人以灵感,然后使其他人分有激情,也引发灵感,形成艺术感染的锁链。凡是高明的诗人都不是凭技术,而是因拥有灵感,才能创造出优美的诗歌。这种灵感是一种沉溺于激情、似醉如痴的情感心理,就好像巫师祭酒神狂舞时的迷狂,抒情诗人作诗时的心理也是如此。① 这种灵感不能被归结为理性知识,而是一种有强烈感染魅力、能发生锁链式反应的艺术激情。他认为,诗歌创作凭灵感,正像女信徒凭着对酒神的迷狂心理竟会从河水中去汲取乳和蜜,抒情诗人创作时也同样受韵律支配,灵魂像蜜蜂那样飞到诗神的花园和幽谷里去酿蜜。诗人像是长有羽翼、轻逸飞舞的神。没有灵感,只靠平常的理性,就没有能力作诗,吟唱出优美的诗句。苏格拉底将诗人凭灵感创作诗,说成好像是神给予的力量,使诗人成为神的代言人。② 诵诗人则是代言人的代言人。他们对诗的解说和鉴赏也是凭灵感的感染力激发锁链式反应。伊安朗诵荷马史诗的一些精彩段落时,"失去自主,陷入迷狂,好像身临诗所描述的境界",哀怜时"满眼是泪",恐怖时"毛骨悚然";听众同样如醉似迷,仿佛失去了清醒的神智。这种感染力来自灵感,诗人的灵感是原始磁石、最初一环,诵诗人和演员是中间环节,听众和观众是最后一环。③ 苏格拉底指出艺术创作和鉴赏不是凭抽象的逻辑思维,而是将激情融入艺术形象,创造出美的意境,从而产生磁石般的艺术吸引力。

---

① 见柏拉图《伊安篇》,533D—534A,载于《柏拉图对话全集·附信札》。
② 见同上书,534A—E,载于《柏拉图对话全集·附信札》。
③ 见同上书,535B—536D,载于《柏拉图对话全集·附信札》。

苏格拉底的灵感说并不是神秘主义和反理性主义的,而是认识到非理性的激情在艺术创作与鉴赏中的独特功用。过去有的论评说:《伊安篇》中的"灵感说基本上是神秘的反动的","此后尼采的'酒神精神'说,柏格森的直觉说和艺术的催眠状态说,弗洛伊德的艺术起源于下意识说,克罗齐的直觉表现说以及萨特的存在主义",都是和它"一鼻孔出气的"。[1] 评价一位哲学家的某一方面思想时,首先要确定他的整体思想倾向。苏格拉底是理性主义哲学家,他确认艺术美和智慧、知识、道德、善紧密关联,并没有将理性与艺术激情对立,只是如实肯定了倾注激情的艺术形象与艺术境界的独特魅力和功用。所以,上述论评是不成立的。苏格拉底的审美思想本质上是理性主义的,正因此,尼采在《悲剧的诞生》中将苏格拉底和欧里庇德斯作为崇扬理性的阿波罗精神的代表而大加抨击。

二 逻辑思想

苏格拉底的辩证法中渗透着分析理性。他注重对人的理性思维作自觉的反思,他的普遍性定义和对话辩证法都有严格的逻辑分析与论证。他积累了丰富的逻辑思想,为亚里士多德建立系统的逻辑学做了直接准备。以往的西方哲学史著作对此几乎很少论及,当代分析学派在分析哲学的"寻根"中,注重探究古希腊哲学中的逻辑与语言思想。美国学者桑塔斯在《苏格拉底,柏拉图早期对话篇中的哲学》一书中,对苏格拉底的逻辑思想贡献作了较为详细的探讨。早期希腊哲学与科学思想虽也一直在积累逻辑思想,但都是零散的、不自觉的;苏格拉底的逻辑思想则出于对理性思维形式的自觉反思,较为自觉、严整。它主要表现为以下四个方面:

第一,初步揭示形式逻辑规律。思维形式的确定性是保证人的理性思维正确的必要条件。亚里士多德所建立的逻辑学,规定思维必须遵从

---

① 见柏拉图《文艺对话集》,朱光潜译,"译后记",第356—357页,人民文学出版社,1963。

三条基本规律:同一律、不矛盾律和排中律。充足理由律是 17 世纪时莱布尼茨提出来的。而同一律至今仍然是建立一门科学(包括现代逻辑)的公理系统所必须遵循的基本法则。苏格拉底在论辩中已自觉要求以这些基本逻辑规律规范思维活动,并对它们作了初步表述。他在对话中总是要求,在同一思维过程中概念必须保持确定的意义(内涵)和外延,每一概念和判断必须与其自身保持同一性。他指出,"在同一时间内同一事物不能既是又不是"①,即同一概念所指称的对象必须确定,不能既指这个又指那个。这就是同一律公式"A 是 A"或"A→A"的素朴表述。因此,在论辩中,一旦对方发生偷换概念即违反同一律的情况,他就指斥其为思想错误。例如,他已认识到语词不等于概念,同一个语词因有多义性而可表达不同概念;他批判智者玩弄偷换概念的游戏,就好像捉弄人时请人入座又偷偷抽走坐凳一样。② 他在论辩中要求思维过程不能自相矛盾,实质上已提出应遵循不矛盾律。与此相关,他也初步表述了排中律,即在同一思维过程中两个互相矛盾的判断不能同时都假,其中必有一个是真的,不能有"两不可"的错误。例如在《高尔吉亚篇》中,他驳斥卡利克勒主张"善即快乐,恶即痛苦"的看法会导致善恶不分时,举例指出同一个人或他的同一器官"不能同时既健康又有病,也不能同时摆脱这两种情况",认为在同一时刻对同一对象作互相矛盾的判断时,不能同真,也不能都假。③ 这就是要求既遵守不矛盾律,又遵守排中律。

第二,概念的定义。在希腊哲学史上,毕达哥拉斯和德谟克利特曾不自觉地、个别地触及概念的定义,苏格拉底则开始自觉地从逻辑思想方面研究概念的定义,探究了什么是普遍性定义,怎样作出正确的定义以及概念定义的功用等。研究概念定义和归纳论证这全部科学的出发点,是苏格拉底的一大贡献。桑塔斯将苏格拉底同人们探讨过的概念定义项目分为两类:第一类是他和对话者提出并讨论的种种定义,如勇敢、

---

① 柏拉图:《欧绪德谟篇》,293D,载于《柏拉图对话全集,附信札》。
② 见同上书,227E—278C,载于《柏拉图对话全集,附信札》。
③ 见柏拉图《高尔吉亚篇》,495E—496B,载于《柏拉图对话全集,附信札》。

友爱、自制、虔敬、正义、修辞学、美等,共计 31 项。第二类是苏格拉底本人肯定地下了定义的,如机敏、恐惧、形状、颜色、怯懦、勇敢、美德、正义等,共计 10 项。①

　　从总体看,他探讨概念定义的形式和方法有四个特点:(1)使用归纳方法,从考察具体事物出发,概括上升为普遍概念,这就是从个别、特殊到归纳事物的共同本性,形成普遍性定义(或称"内涵定义")。(2)主要探究实质定义,而不是语词定义。语词定义只是对表达概念的语词作出意义规定或语义说明,只表明语词可以表述什么概念,并不揭示事物的本质属性即概念的内涵,不涉及概念指称对象的真假问题。普罗狄科在探讨这类语词意义方面做过许多工作。苏格拉底对此虽也有研究,但他主要致力于探究揭示事物本质、确定概念内涵的实质定义。这种共同本性或本质是使这类事物成其所是的原因,也可称为"因果发生性定义"。这是科学研究中最普遍采用的定义。(3)在探究定义时对概念进行逻辑分析,探讨概念之间的逻辑关系。例如,他在探讨自制、勇敢、友爱的定义时,揭示了这些具体美德和(一般)美德之间有概念的包含关系,具体美德的共同本质也就是美德的普遍本质即知识。他常从正反两方面同时探讨一些相互矛盾或对立的概念,如:知和无知、虔敬和不虔敬,涉及概念间的矛盾关系;善和恶、勇敢和怯懦、大和小,处于对立关系,不同于矛盾关系,可以有非善非恶的中间项存在。(4)他的定义中的被定义项往往既指一种抽象概念,又指涵括一类具体事物的一般概念,还没有将这两种概念区别开来。这正好印证了亚里士多德的论评:苏格拉底还没有使普遍性定义成为分离的存在。他的"理念"的雏形还是同具体事物结合在一起的。

　　苏格拉底认为定义是寻求知识和真理的一种必不可少的基本工具,揭示事物本质的定义是人们寻求知识的根本手段,有重要的实用价值。

---

① 见桑塔斯《苏格拉底,柏拉图早期对话篇中的哲学》,"苏格拉底式对话中全部定义项目单",
　　第 98—100 页,伦敦,劳特利奇出版社,1982。

桑塔斯归纳了苏格拉底论述的定义的三种功能：(1)判别功能。可使人们根据具体事物或行为是否具有定义所揭示的本性，判断它是否属于某一类事物或行为。(2)揭示因果性的功能。由因果性推理形成的定义，就是有确定性的知识。这种揭示因果性的功能，使概念定义成为人类探求知识、建立科学的一种根本手段，是概念定义最重要的功能。(3)认识功能。通过概念定义可以认知普遍真理，或者可以推断出新的普遍性知识，有推断新知的作用。①

第三，运用多种形式的逻辑论证。逻辑论证是从已知为真的命题，根据正确的逻辑推理，证明其他命题为真或为假，这是一种比较复杂的理性思维过程，常要使用多种推理形式。苏格拉底在对话论辩中，或是为了证明自己提出的命题，或是为了反驳对方提出的命题，大量运用各种逻辑论证，几乎涉及形式逻辑所阐述的各种论证和推理形式，其复杂程度超过前人。他虽然没有系统建立关于论证的逻辑理论，但是他娴熟地大量从事合乎逻辑规范的论证，本身就是一种重要的逻辑思想贡献。

归纳论证是从个别、特殊事例推导出一般原理从而论证某个论题的思维形式，这是苏格拉底经常使用的。普遍性定义与归纳论证是他的重大贡献，因为它们都是科学的出发点。他的归纳论证有两种类型：一是将类比推理和归纳推理相结合的归纳类比论证。类比推理就是根据两个(或两类)事物的某些相似或相异属性作出推理。苏格拉底往往首先使用类比推理推出某个事物有没有某些特性，然后再从个别上升到一般，归纳出这类事物的普遍性知识。这种将类比推理和归纳推理结合的论证是有说服力的，因为这里的类比推理不是无类比附或牵强附会的表面类比，而是举出两类事物的本性相同或相异，前提类和结论类有本质的同或异。他归纳出普遍性结论，也不是一种简单枚举的归纳推理，而是根据因果必然联系从特殊上升到普遍，是一种科学的归纳推理。二是

---

① 见桑塔斯《苏格拉底，柏拉图早期对话篇中的哲学》，"苏格拉底式对话中全部定义项目单"，第115—126页，伦敦，劳特利奇出版社，1982。

归纳概括论证。这种方法或是审察一些特殊事例，运用完全归纳或不完全归纳的推理形式去论证某个普遍性论题，或是以归纳为主，含有演绎，是归纳与演绎结合的论证。他的归纳论证虽然常采用列举实例的方式，却不是或然性程度大的简单枚举归纳推理，而是有因果必然性的归纳推理。

苏格拉底娴熟运用演绎论证，已使用了直言三段论推理的多种形式，并且使用选言推理、假言推理和归谬法。他运用这些形式进行步骤相当复杂的论证：先将总的论题分解成许多子题，步步推理证实，由浅入深，由偏及全，最后证实总的论题，其中对每个子题的论证都有严密的演绎推理①，全部逻辑程序相当细致严密。他运用归谬法，根据对方的论题演绎推出荒谬的结论或使对方陷入自相矛盾的结论，从而驳倒对方。这是苏格拉底得心应手地常用的逻辑方法，成为他的"讽喻"特色的逻辑要素。

苏格拉底的逻辑论证思想在实践上由柏拉图继承和发挥，在理论上直接影响了小苏格拉底学派中麦加拉学派的逻辑思想；后来亚里士多德和斯多亚学派关于推理和论证的逻辑理论的形成和发展，也得益于苏格拉底在这方面积累的丰富的思想资料。研究他的逻辑论证，可以使我们理解古代希腊的逻辑思想的积累与发展情况，并得以考察从苏格拉底、柏拉图到亚里士多德的哲学思想中分析理性的进展。

第四，驳智者的诡辩。智者的修辞学和论辩术对于当时希腊人活跃逻辑思维和研究语言都起有积极作用，但是相对主义感觉论使他们的论辩术带有很大的主观随意性，缺乏严格的逻辑规范。后期有些智者更将论辩术蜕变成为一种任意玩弄概念游戏的诡辩术，造成很坏的风气，严

---

① 例如在《普罗泰戈拉篇》中，他主张美德的整体性。为反驳普罗泰戈拉认为勇敢不同于其他四种美德，无知者可以是勇敢的人的观点，他提出总论题"勇敢是对可怕和不可怕事情的知识"。他用了多种格式的直言三段论推理和假言推理，分步证明九个子题。每个子题的推理步骤可参见桑塔斯《苏格拉底，柏拉图早期对话篇中的哲学》，第165—168页，伦敦，劳特利奇出版社，1982。

重阻碍了理性思维的进展。苏格拉底对逻辑思想发展的一个重要贡献，就是首先揭露智者诡辩术的种种逻辑错误，从而引导人们追求正确的逻辑思维，使论辩术成为追求真理的"辩证法"。亚里士多德的《辩谬篇》就用了不少苏格拉底驳斥智者诡辩的材料。苏格拉底驳斥智者诡辩，最生动集中地表现在柏拉图的早期对话《欧绪德谟篇》[①]中。

　　苏格拉底在对话中揭露智者授徒不是教人追求真理，而是教人诡辩，他们自称能教给少年智慧，其实是误人子弟。他驳斥了两名智者所作的一系列在逻辑上极为荒唐的诡辩：(1)任意扩大概念外延和任意周延命题的谓词，并且或将同一律内容绝对化，或允许逻辑上相互矛盾的命题同真。如说：一个女人不能既是母亲又不是母亲，所以她是你的母亲，必定也是一切人的母亲，而且必定是一切动物的母亲；所以她也是狗的母亲，因此你就是小狗的兄弟，你的爸爸是老公狗。[②] 再如说：沉默者在说话，因为如果你沉默，就是对一切事情都沉默，而说话包括在一切事情之中，所以沉默者在说话，而你在说话时也是沉默的。[③] (2)利用文字游戏偷换概念作诡辩。如说：那条狗是(小狗的)爸爸，那条狗是你的，所以那条狗是你的爸爸，你是小狗的兄弟，你打老狗就是打你的爸爸。[④] (3)从一个抽象的大前提出发，不论数量、时间、地点、条件和对象，任意推出荒唐的结论。如说：喝药对病人有益，所以病人应尽可能多地喝药，因此碾碎一车草药给病人喝下去最有效。[⑤] 再如说：金子是好东西，多多益善，所以时时处处有金子是大好事，因此在你的肚子里有三塔兰同金子，你便是很幸福的。[⑥] (4)无类比附的诡辩。如说：苏格拉底既然说美自身不同于美的事物，事物因伴有美自身而是美的事物，由此可以推论：

① 智者欧绪德谟和狄奥尼索多洛两兄弟是这篇对话中和苏格拉底辩驳的主要对话人。
② 见柏拉图《欧绪德谟篇》，298D—E，载于《柏拉图对话全集，附信札》。
③ 见同上书，300B—C，载于《柏拉图对话全集，附信札》。
④ 见同上书，298E，载于《柏拉图对话全集，附信札》。
⑤ 见同上书，299B，载于《柏拉图对话全集，附信札》。
⑥ 见同上书，299D，载于《柏拉图对话全集，附信札》。"塔兰同"是古代希腊罗马的衡制单位和币制单位。

你伴有一条公牛,所以你也是一条公牛。①

　　《欧绪德谟篇》是最早系统驳斥智者诡辩的著作。由于当时逻辑学还未建立,对话中的苏格拉底还没有从系统的逻辑理论的高度驳斥诡辩,所以他驳斥的主要方式是将自己的正确逻辑论证同诡辩对照,并通过一定的逻辑分析,暴露智者的论证与结论的荒谬,使人理解这类诡辩既悖逆事实又充满逻辑错误。他从批判诡辩的逻辑错误这个角度,促使人们去思索和探究逻辑理论问题,也促进了希腊逻辑学的诞生。亚里士多德后来在《辩谬篇》中用许多篇幅给多种诡辩勾画形象,揭露其逻辑错误,并评述驳斥诡辩的方法,就是继承和发展了苏格拉底驳斥诡辩的逻辑思想。

三　对语言的哲学思考

　　古希腊人最早使用的"逻各斯"这个范畴就包含着"言词"、"语言"的意义。现存的德谟克利特的著作目录表明他曾写过语言方面的专著,普罗狄科则已细致研究了语词的意义问题。智者运动中就语言的本性展开了自然论和约定论的争论。苏格拉底也介入这场论战,根据理性主义哲学的基本观点,对语言的本质和历史发展、语用、语形等问题都提出了哲学见解,甚至开始对哲学范畴(语词、概念)作出词源意义的考察。这集中表现在柏拉图的长篇对话《克拉底鲁篇》②中。这是一篇研究亚里士

① 见柏拉图《欧绪德谟篇》,301A,载于《柏拉图对话全集,附信札》。
② 《克拉底鲁篇》是柏拉图中期偏早写的对话,有理念思想的雏形,主要仍表现苏格拉底的思想。书中同苏格拉底对话的有两个年轻人:一个是他的好友赫谟根尼,他是雅典奉养智者的富翁卡利亚的一个贫寒兄弟,同苏格拉底结为至交,苏格拉底受审和被处死时他都在场;色诺芬根据他的转述写了《苏格拉底在法官前的申辩》。另一个是赫拉克利特学派的克拉底鲁。亚里士多德在《形而上学》中说柏拉图在年轻时通过克拉底鲁熟悉赫拉克利特的学说,并且称克拉底鲁将这种学说推到极端,认为人一次踏进同一条河流也不可能,所以人根本不能说什么,只能简单地动动他的手指(见亚里士多德《形而上学》,987a32—b1,1010a10—14,载于《亚里士多德全集》)。克拉底鲁无疑有相对主义思想,但说他完全否认静止也是可疑的,泰勒认为这可能是亚里士多德过于认真地对待某种传闻,未必确实(见泰勒《柏拉图其人及其著作》,第76页,伦敦,梅苏恩出版公司,1927)。这种看法有道理,因为在本篇对话中克拉底鲁并不否认语言的确定性和交往功能。克拉底鲁在苏格拉底被处死以前同青年柏拉图已有交往,和苏格拉底的交往可能更早。

多德以前的希腊语言哲学思想的重要文献，但是因为它包含大量古希腊文词源释义的艰涩内容，研究它有一定的难度。

当时思想界在语言起源问题上有自然论和约定论的争执。克拉底鲁就认为任何事物的名字都是自然天成的，不是人们约定使用的，因而有内在的正确性，名字的天生正确对希腊语言和蛮族语言都一样。赫谟根尼则认为任何名字中都没有正确性原则，都是约定俗成的，基于使用者的习惯，可任意更改，并没有自然的、固定的名字。苏格拉底实际上对古希腊的这场争论作出了总结。他一方面认为说话与命名是一种人的行为，语言是人们交往中用来传递信息和辨识事物本性的工具。① 因此，语言的外在形式（语音、文字）有约定俗成性，不同民族的名字制作者使用的声音和音节不同，因而有很不相同的语言。语言与名字不是天然自有的，要有人命名的行为活动，既约定语言形式，更赋予名字以意义。另一方面，他强调名字的意义不应根据"人是万物的尺度"来任意规定其真假，而应根据它是否表达存在的东西来确定其真假；名字的意义起源于表达事物自身固有的本性，事物的本性和语言之间有自然规定的关系。② 苏格拉底克服了自然论和约定论各自的片面性，比较切实地考察了语言的起源与本性。

苏格拉底进而根据他的普遍性定义与理念雏形的思想，考察命名和意义。赋予对象以确切的名字即命名，是一种重要的知识活动。他认为：名字是人辨识事物的工具，因此只能根据事物的本性命名。他以木匠制造梭子为例，说梭子是纺织用的工具，木匠只能根据适合于纺织本性的即梭子的"理念"或"型"来制造梭子；同样，命名者也只能根据事物的"理念"或"型"来为这事物命名。要确定织梭是否合适，并不是靠制造梭子的木匠，而要靠在使用中懂得织梭本性的织工；同样，能确定名字是否合适的人也不是名字制作者，而是经常使用名字进行问答论辩的辩证

---

① 见柏拉图《克拉底鲁篇》，387A—388C，载于《柏拉图对话全集，附信札》。
② 见同上书，386D—E，载于《柏拉图对话全集，附信札》。

法家。① 他们是合适的名字制作者,"能看到每个事物按其本性而有的名字,并在字母和音节中表述它们的'理念'"②。他指出:名字的自然的正确性就是名字的意义,也就是名字所表示的对象的本性即"理念"或"型",这是命名之本;而不论制作同一名字所用字母和音节是否相同,"只要保留其同一的意义就没有区别;只要事物的本质保留并表现在名字的含义中,字母的多少增减并不使同一名字发生差异;只要我们赋予名字的意义没有差误和改变,字母的增减不会使整个名字失去命名者赋予它的价值"③。他还提出命名的摹仿说:命名好像绘画,是以字母和音节对事物本性的摹仿,是用声音和文字表述事物的本性;绘画有优劣之分,命名的意义也有真假之分。这是西方思想史上最早论述的命名中的"意义"问题,它正是当代西方各种语言哲学热衷于讨论而见解纷纭的一个重要课题。

苏格拉底在考释名字的词源意义中,还探究了当时使用的一些哲学范畴在命名时的本来意义,这是西方哲学史上最早从词源学角度考释哲学范畴的原初意义。他认为最初给定这类名字的人,无疑也像近时的许多哲学家一样,在探究事物的本性时对万物的恒常转动感到眩晕,因而认为万物在不断地旋转和运动。他们将这种现象看做自然的实在,主张万物皆流动变化,没有静止不变的东西。④ 他们将这种对自然现象的直观理解为万物的普遍本性,将这种看法渗透在他们所赋予的哲学名词的意义之中。他考释了体现上述意义的哲学名词 36 个,分为三类:(1)关于自然本原的名字,有水、火、土、气、以太、本质等。如气(aer)的原意是"将事物从地上升起"(airei)或"永远流动"(aeirei)。(2)灵魂和认知方面的名字,有灵魂、身体、技艺、智慧、理解、知识、判断、意见、必然性、真理、错误、存在和非存在等。如真理(aletheia)的原意是"存在的一种神圣运

---

① 见柏拉图《克拉底鲁篇》,389A—390D,载于《柏拉图对话全集,附信札》。
② 同上书,390D—E,载于《柏拉图对话全集,附信札》。
③ 见同上书,393D—E,载于《柏拉图对话全集,附信札》。
④ 见同上书,411B—C,载于《柏拉图对话全集,附信札》。

动,使事物去蔽而呈现其本性",现代的海德格尔就是根据希腊文原意将真理解释为"去蔽"。(3)伦理道德名字,有美德、善、恶、美、丑、正义、非正义、勇敢、怯懦、有益、有害、快乐、痛苦、欲望、爱等。如正义(dikaion)原指"有精细、高速地穿透(diaion)事物的能力",后来有"万物生成的原因"的意义。苏格拉底主要是从词源学角度考释这些哲学名词的初始意义的,可以说是一种对哲学史上的前哲学名词的意义考释,对研究哲学范畴的起源有独特的价值。

苏格拉底认为:命名中赋予的意义正确与否,关键在于命名的哲学指导原则,即命名者对万物的普遍本性的哲学理解。如果没有正确的理解,便会造成命名中锁链式的意义错误。他指出:古人最初命名时都直观地看到万物的运动变化,这种主导观念符合赫拉克利特的学说,但这是一种错误的指导原则,随着命名者认定万物皆流转,他们自己也陷入这样一种"漩涡"之中,也就跟着旋转,而且将后人们拖住跟他们一起旋转,以致不能获得有正确意义的知识。① 后来也有一些命名者认为事物并不处在动变中,而是处在和运动相反的静止中,有一些名字如知识(episteme)的含意表示"事物的静止状态"。② 这无疑是指爱利亚学派的哲学原则。苏格拉底主张要在流转动变的现象中把握事物的普遍本性,就是"理念"或"型",它们是绝对自身同一的绝对存在(如绝对美、绝对善),这也就是把握了知识。理念与知识就是他所主张的命名的哲学指导原则。他反对克拉底鲁主张某种超人的力量给事物最初的名字,而后才有知识。他认为,不是名字产生知识,而是知识派生名字,知识并不源自名字,而是来自事物本身和关于事物本性的认识;先有实才有名,有了知识才有名字,认识的真假决定命名意义的真假。③ 苏格拉底在论述命名的哲学指导原则中,提出了已成雏形的理念说。

西方哲学历来重视对语言的哲学研究,苏格拉底的语言哲学思想对后

① 见柏拉图《克拉底鲁篇》,439C,载于《柏拉图对话全集·附信札》。
② 见同上书,436E—437C,载于《柏拉图对话全集·附信札》。
③ 见同上书,438A—439B,载于《柏拉图对话全集·附信札》。

世也有影响。在他之后,亚里士多德的逻辑学和修辞学著作都大量涉及语言研究;中世纪奥古斯丁的基督教哲学有语言哲学思想,唯名论和实在论的争论也是对语言的哲学理解问题的争论;19世纪德国哲学家施莱尔马赫和洪堡强调语言研究是重要的哲学课题,狄尔泰强调生命经验这个精神本体的语义性,重视从本体论角度研究语言现象。语言已成为现当代西方哲学两大思潮共同研究的一个中心课题:欧洲大陆哲学注重对语言的人文内涵研究,即语言体现人与文化的价值;分析哲学思潮则将全部哲学问题归结为逻辑分析和语言分析,构建了多种语言哲学理论。分析哲学中的许多语言哲学基本理论的研究,诸如命名理论包括名字和指称的关系这个中心问题,语义学中的意义理论和意义的真假值问题,语形学和语用学问题,等等,在《克拉底鲁篇》中都已经开始讨论或有所涉及。苏格拉底的某些论述同现当代西方语言哲学家的某些重要思想,也有可以追溯比较的相似之处,可供他们寻根认祖。例如,关于名字的意义,穆勒等人认为名字的含义即它们的内涵,表达指称对象的共同本质属性;弗雷格、罗素、维特根斯坦等人关于摹状词的理论,实质上是将名字的含义从共同本质属性扩展为一组限定摹状词,即一个或一类事物的一组特性。而在苏格拉底的命名学说中,名字的意义或指共同本质属性,或指共同特性,两者兼及,并无明确的区分(后来亚里士多德才在四谓词学说中区分"定义"和"特性")。当代美国著名语言哲学家克里普克(Saul Kripke)写了《命名与必然性》这部名著,对穆勒的传统观点和罗素等人的摹状词理论又提出挑战,提出命名的"历史的因果理论",自成一家。他认为专名和通名的命名总是借助有关历史条件,按照对象的某些特征来指称它;这个名字及其特征意义会沿着历史"传递的链条"一环一环地传递下去;名字的含义在传递中是可变的,不同时代的人由历史条件所决定,对同一名字所赋予的意义也会有历史的因果性变化。苏格拉底也早已考察了命名的历史过程,指出最早的原生名字演变出后来的派生名字,名字的意义在历史延续中有传递关系;并且,他认为随着人对事物本性的重新认识,同一名字的意义也会改变。这种见解同克里普克关于命名的"历史的因果理论",颇有素朴的相似之处。

第十章　小苏格拉底学派

苏格拉底哲学的主要继承与发展者,无疑是他的弟子柏拉图和再传弟子亚里士多德这两位构建了博大精深的哲学体系的大师。然而,苏格拉底生前汇聚众多门生,他们致力于传扬苏格拉底学说,甚或建立学派,都有不同程度的影响。其中有些人谨守苏格拉底的教诲,专心致志于忆述苏格拉底的哲学对话。如埃斯基涅写了记述苏格拉底言论的 7 篇对话(现仅存少数残篇);克里托写了 17 篇苏格拉底的对话;雅典鞋革匠西蒙述忆苏格拉底常去他的作坊和他谈话,写成 33 篇对话,时人戏称为"制革的对话"。从第欧根尼·拉尔修记载的这三个人的全部对话篇名看,内容涉及存在、知识、道德、宗教、政府、法、美、艺术等,相当广阔地记载了苏格拉底的哲学谈话,可惜这些宝贵资料都失传了。① 有些来自外

---

① 埃斯基涅是深受苏格拉底喜爱的忠实学生。他是雅典一位香肠制作者的儿子,矢志跟从苏格拉底,家境贫困但勤奋好学。苏格拉底称道:"只有香肠制作者的儿子懂得怎样崇敬我"。据说,他写的记述苏格拉底言论的对话文采焕发。居勒尼学派的创立者阿里斯提波同他友好,并将他引荐给叙拉古王狄奥尼修;但他并不得志,返回雅典后收费授徒终老其生。曾劝说苏格拉底越狱的雅典巨富克里托始终热情追随苏格拉底,他的四个儿子也是苏格拉底的学生,他写的对话在第欧根尼·拉尔修时尚存,集为一卷,总题为"人们并非单靠学识成善"。雅典鞋革匠西蒙是在苏格拉底活着时最早用对话体裁介绍苏格拉底哲学思想的人。这位工匠哲学家颇有才智,伯里克利曾想出资请他去,他却说:"我不愿为金钱而放弃我的自由谈论。"(见第欧根尼·拉尔修《著名哲学家的生平和学说》,第 2 卷,第 60—62、121、122—123 节)

邦的门生回原籍自立传播老师学说的小学派,如埃利斯人斐多(柏拉图的《斐多篇》就以其名命题)建立的埃利斯学派,恪守苏格拉底的教义,但较少特色。①

对希腊哲学演进有一定影响的是苏格拉底的三位门生分别创立的三个学派:麦加拉学派(Megara School)、昔尼克学派(Cynic School)和居勒尼学派(Cyrene School),史称"小苏格拉底学派"。这三个学派各具鲜明的特色,且代代有传人,影响持久。苏格拉底的哲学变革原本具有拓创性和探索性,内容丰富却尚未形成十分严密和确定的哲学体系,他的最高哲学范畴"善"还是比较抽象的规定,有各种阐发的可能,小苏格拉底学派得以撷取其不同的内容加以发挥。麦加拉学派将他的"善"同爱利亚学派主张的"存在是一"结合起来,并致力于发展芝诺式的论辩法,在逻辑思想方面颇有贡献,直接影响了斯多亚学派的逻辑思想。居勒尼学派吸收某些情感道德论因素,将"善"规定为快乐,虽有享乐主义的色彩,但还是重视理智规定的快乐,这与后来的伊壁鸠鲁哲学也有某种思想联系。昔尼克学派则主张"善"即顺应自然,满足于简单的自然需要,崇尚禁欲主义,这个学派同后来的斯多亚学派也有直接的思想联系。小苏格拉底学派有较长的传承过程,延伸入希腊化时代,是从苏格拉底思想到晚期希腊哲学变革的中间环节,从中可以看到希腊城邦社会衰落时期知识界千姿百态的精神状态。

第欧根尼·拉尔修在《著名哲学家的生平和学说》中对这三个学派的哲学家及其著作名称有所记述,可惜这些著作都已经佚失。研究小苏格拉底学派所能依据的资料大多出自第欧根尼·拉尔修的记载以及亚里士多德等古代哲学家的片断论述。

---

① 埃利斯人斐多,原本出身贵族世家,母邦被侵陷后他被掠为奴隶等待发卖;他偷偷同苏格拉底圈子取得联系,苏格拉底让阿尔基比亚德或克里托赎救了他,他从此追随苏格拉底学习。至少有《佐皮鲁》和《西蒙》两篇对话是他的真作(见第欧根尼·拉尔修《著名哲学家的生平和学说》,第 2 卷,第 105 节)。西塞罗转述《佐皮鲁》讨论了肉欲官能可以通过哲学修养而被意志控制,强调应该以追求理性驾驭本始冲动(见兰肯《智者、苏格拉底和昔尼克学派》,第 181—182 页,伦敦,克罗姆·汉姆出版社,1983)。

第一节 麦加拉学派

麦加拉学派糅合苏格拉底的哲学和爱利亚学派的哲学,将苏格拉底的"善"理解为存在的普遍本质,规定为不动变的"一",否定动变和多,形而上地发挥了苏格拉底关于善的学说。这个学派的哲学中道德理论与实践的内容比较薄弱,形而上学的思辨色彩浓重,并且发展了芝诺式的论辩,提出了一系列著名的悖论。后期的麦加拉学派研究模态命题和假言命题,在逻辑思想方面尤有贡献。

一 欧几里德:最高的善是"一"

这个学派的创始人是麦加拉人欧几里德(Eucleides of Megara)。他是一位热烈追随苏格拉底的学生。据说公元前 432 年雅典同支持斯巴达的麦加拉处于敌对状态时,生活在麦加拉的他为了聆听苏格拉底的哲学谈话,常常冒着被捕处死的危险,男扮女装潜往雅典。① 据记载:苏格拉底死后柏拉图等门生因为顾忌三十僭主残暴肆虐,到麦加拉去避祸,欧几里德盛情接待了他们。他曾致力于钻研巴门尼德的著作,后来他的追随者们被称为"麦加拉学派"。② 西塞罗说:他和另一些哲学家因是麦加拉人而被称为"麦加拉学派",很有盛名。"他们主张最高的善是'一',是连续一致、总是同一的。他们在许多方面也受柏拉图的影响"。西塞罗将他们列为爱利亚学派的继承者。③ 他年长于柏拉图,两人有密切交往。他大约活到 80 岁。第欧根尼·拉尔修记载欧几里德写过六篇对话,均未留传下来。

第欧根尼·拉尔修记载:欧几里德主张最高的善是"一",虽然也用

① 见奥拉·格列乌《雅典纪事》第 6 卷,第 10 章,转引自黑格尔《哲学史讲演录》第 2 卷,第 116 页。
② 见第欧根尼·拉尔修《著名哲学家的生平和学说》,第 2 卷,第 106 节。
③ 见西塞罗《论学园派》,第 2 卷,第 129 节,载于《西塞罗文集》第 19 卷,拉克汉姆英译,"洛布古典丛书",麻省,剑桥,哈佛大学出版社,1933(以下所引此书均为此版本)。

许多名字称呼它,有时称"智慧",有时称"神",有时又称"努斯";他总是否定一切同善相对立的东西,宣称它们是非存在。① 亚里士多德在《形而上学》中概括了欧几里德等人的观点:"有些人说'一自身'就是'善自身',但他们认为它的本体主要在于它的'一'"②。欧几里德用爱利亚哲学诠释与修正苏格拉底哲学。善是苏格拉底的最高哲学范畴,它不仅有伦理意义,而且有本体论意义。但苏格拉底对善的本体论意义并没有具体阐发。欧几里德主张最高的善是"一",无疑是在根据爱利亚学派的哲学原理从本体论上阐发苏格拉底的善。巴门尼德的"存在是一"是最抽象的同一性,是最空泛的规定。欧几里德将存在的"一"规定为善,也称它为"智慧"、"神"、"努斯",他既给巴门尼德的"一"以一定的规定性,又突出了苏格拉底的善的本体论意义。但是,他主张最高的善是"一",正像西塞罗所说,是强调它的连续一致、总是同一的;这实质上是片面、绝对地强调自身同一的普遍共性或共相才是真实的存在,认为特殊、个别的变动的东西是不可规定的非存在。黑格尔评述:"麦加拉派是最抽象的;他们死钉着善的定义不放。麦加拉学派的原则就是单纯的善,单纯形式的善,单纯性的原则……麦加拉派的任务是认识规定、共相;这个共相,他们认为是具有共相形式的绝对,因此绝对必须坚持共相的形式。"③欧几里德认为人的理性所认识的普遍本质即共相才是最高的善,这种不变动的、绝对自身同一的"一"才是真实的存在。他否定一切同这种善相对立的东西,也就是将人所感知到的一切流动变化的现象都说成是无真实性可言的非存在,是无知和恶的渊薮,没有认识价值和道德价值。因而,后来麦加拉学派也就有将共相和殊相绝对割裂、对立的种种论辩乃至诡辩。

第欧根尼·拉尔修记述了欧几里德进行论辩的逻辑方法:"当他反驳一种论证时,他攻击的是结论而不是前提。"他也擅长使用苏格拉底常

---

① 见第欧根尼·拉尔修《著名哲学家的生平和学说》,第 2 卷,第 106 节。
② 亚里士多德:《形而上学》,1091b13,载于《亚里士多德全集》。
③ 黑格尔:《哲学史讲演录》第 2 卷,第 114 页。

用的归谬法,将对方的结论推到荒谬的地步来驳倒对方的论题。然而,他却反对苏格拉底常用的类比论证,"宣称这种论证或是根据似同性(homoios)或是根据不似同性。如果它是根据似同性作论证,那么这些论证不是作类比,而是依据相同性;如果它是根据不似同性作论证,将这些有差异的东西作类比是没有理由的"①。欧几里德认为,只能根据绝对的同一性作论证,这就不是类比;根据相似或相异作推论都是不成立的。在他看来,事物的普遍本质即"一"自身是绝对同一的,A 就是 A,如果有些微差异就是两种本质不同的东西,是不容类比的。

欧几里德和柏拉图都对苏格拉底的"善"作出了形而上的本体论的阐发,但两人的阐发是不同的。柏拉图并不否认现象世界,以"善"涵盖存在全体,所以能建树博大的形而上学体系。而欧几里德只是片面接受爱利亚学派的思想,将本质与现象绝对对立,完全否定"意见"世界,所以他的成就和影响有限,而他的后继者的成就则局限在悖论和逻辑方面。

二　欧布里德的悖论

第欧根尼·拉尔修记述:"米利都人欧布里德(Eubulides)属于欧几里德学派,是以质疑形式提出许多辩证论辩的作者。这些论辩是:说谎者、伪装者、厄勒克特拉、蒙面人、谷堆论证、有角人和秃头论证。著名演说家德谟斯提尼是他的学生。他同亚里士多德有过争辩,说过许多攻击后者的话。"②他和亚里士多德是同时代人。七个论辩其实不完全算是诡辩,大多是有哲理和逻辑意义的悖论。第欧根尼·拉尔修在记述欧布里德时没有提供这些悖论的内容,但从他记述斯多亚学派哲学家的部分著作以及西塞罗的著作中,可以大体了解;黑格尔在《哲学史讲演录》中对这些悖论作过分析。七个悖论中较突出的是四个,代表悖论发生的四个类型。

---

① 第欧根尼·拉尔修:《著名哲学家的生平和学说》,第 2 卷,第 107 节。
② 同上书,第 2 卷,第 108—109 节。

第一个悖论是"为说谎者论辩"。如果有一个人承认他是在说谎,那么他是在说谎呢还是在说真话? 无论怎样回答都会陷入自相矛盾:如果说他是说真话,就是肯定他承认自己在说谎;如果说他是在说谎,就是否定他承认的自己在说谎,他倒是在说真话了。这是一个典型的逻辑上的悖论,即一个陈述句自身包含着真和假的自相矛盾。从古至今有不少人为解开这个悖论而倾注了心血,据说科斯人斐勒塔研究这个难题操劳过度竟得病死去,著名的斯多亚学派哲学家克律西普就此问题也写过一卷答论。[①] 现代哲学家罗素研究悖论也以这个说谎者论辩为范例。这个悖论的实质是:当一个陈述句的真或假同所陈述的内容的真或假正好相反时,便陷入思维的自相矛盾的两难境地。黑格尔论述这个悖论时举出《堂吉诃德》中一个相似的案例。一个富人在一座桥旁边设一绞架,行人必须说出他到何处去的真话方可过桥,如果说谎就得上绞架吊死。有一个人说他来此地是为了上绞架吊死,守桥人就不知所措了。因为如果他是说真话就应既放行又吊死他;如果认为他讲假话而吊死他,又等于承认他讲了真话而应该放行。[②] 罗素在《数学原理》中提出著名的类型论来解开这类逻辑悖论。它的基本原则是:任何涉及一个集合的所有分子的东西,必须不是这个集合的分子。这就是说,涉及一个集合的所有分子的那个陈述句,属于不同于此集合的另一种逻辑类型,应在另一个逻辑层次判断其正确性。如"某人承认自己在说谎",这是关于"自己在说谎"这个集合的陈述句,这个陈述句不属于"自己在说谎"这个集合,而属于另一个逻辑类型或层次,不应放到"自己在说谎"这个集合中判断其正确与否,否则,将两个不同的逻辑类型混同起来就会造成逻辑上的自相矛盾。

第二个悖论是"为蒙面人论辩"。你说你认识你的父亲,但是刚才进

---

① 见第欧根尼·拉尔修《著名哲学家的生平和学说》,第 7 卷,第 197 节。
② 见黑格尔《哲学史讲演录》第 2 卷,第 121—122 页。

来的那个头上蒙着布的人是你的父亲,你却不认得他。① 这个论辩使人
的思维陷入一种自相矛盾的悖论:你不认识你所认识的人。"蒙面人"和
"厄勒克特拉"也是相似的论辩。厄勒克特拉是希腊神话中英雄阿伽门
农的女儿,遇见她的兄弟俄瑞斯特时没有认出来,因此她不认识她所认
识的兄弟。这种悖论之所以发生,一方面是由于"认识"这个词的歧义,
另一方面是由于事物的普遍和特殊的对立表现为一种思维矛盾。"认
识"一个人,是指作为个别的这个人,如果他蒙面隐藏了其特殊性,就成
为无特殊规定的一般的人,熟人反倒因此不认识作为个别的这个人了。
这个悖论并非语言游戏,表现了认识中如果割裂一般与个别,就会发生
思维的自相矛盾。

第三个悖论是"谷堆论辩"和"秃头论辩"。谷堆论辩为:一粒谷能否
造成一堆? 不能。再加一粒呢? 还是不能。再加一粒……最后加上一
粒成为一堆。开始时否定一粒谷能造成一堆,最后却肯定一粒谷造成一
堆。② 秃头论辩为:你说一个人如果只有一根头发是秃头吗? 是的。如
果有两根头发是秃头吗? 是的……那么你在何处划秃头和不是秃头的
界限?③ 开始时否定一根头发能使秃头发生质的变化,最后肯定加上
一根头发就改变了秃头。这种悖论实质上表现了从量变到质变的辩证
法。在量变进程中一粒谷、一根头发的增加不能造成质变,但量变进到
一定的关节点时就会引起质的改变,使事物过渡到反面去。麦加拉学派
当然还认识不到量变和质变的对立统一,他们只是揭露了这种辩证法所
表现的思维矛盾。

第四个悖论是"有角的人"。"如果你没有丢失某样东西,你便仍旧
有它;而你没有丢失角,所以你是有角的人。"④这种诡辩表明一种逻辑意

① 参见琉善《出售哲学》,第 23 节,载于《琉善哲学文选》,罗念生等译,第 75 页,商务印书馆,
1980。
② 见西塞罗《论学园派》,第 4 卷,第 29 节,载于《西塞罗文集》第 19 卷。
③ 见同上书,第 2 卷,第 49 节,载于《西塞罗文集》第 19 卷。
④ 第欧根尼·拉尔修:《著名哲学家的生平和学说》,第 7 卷,第 187 节。第欧根尼·拉尔修在这
里将这个论辩归于克律西普,但他也指出有人认为这是欧布里德的论辩。

义:要是对一般的前提缺乏限定,抽象地从一般推论个别,就会得出荒唐的结论。

欧布里德提出上述论辩是为了论证麦加拉学派的基本主张:只有普遍、一般的东西才是绝对真实的存在,而涉及个别、特殊的现象和经验,便会使人的思维陷入难以确定的自相矛盾。他的论辩所揭示的各种悖论,在逻辑史上是有意义的。

三 斯提尔波:共相是绝对独立的存在

斯提尔波(Stilpo)是麦加拉人,他是欧几里德的学生或再传弟子。他一直活到亚历山大大帝去世后,直到麦加拉被托勒密占领时他尚在世,当卒于公元前307年以后。据记载:他是一位强有力的论辩家,他的机智和辞令胜过一切人,以致全希腊人都要被他吸引加入麦加拉学派了。托勒密给他丰厚的馈赠,邀请他随赴埃及,他拒绝随行。他声名远播,据说他到雅典时几乎所有的人都从工作场所跑出来看他。有人说:"斯提尔波,他们观看你,将你当做一个怪物。"他回答说:"不,是观看一个真正的人。"他有反传统宗教的思想,公然宣称雅典娜不是宙斯的女儿,不是女神,因为她不是宙斯而是雕刻家菲狄亚斯造出来的。第欧根尼·拉尔修记载他写了九篇对话,并且说斯多亚学派创始人芝诺是他的学生。[1]

斯提尔波将麦加拉学派关于存在和善是"一"的观点推到极端,将一般和个别完全割裂开来,只承认普遍的共相才是绝对独立的真实存在,完全否定个别的实在性。他断言只有一般的"人"(大写的Man)的存在,而没有个别的人的存在,而"白菜"也不是指给我们看的这棵菜,因为白菜在一万年以前已经存在了,所以给我看的不是(一般的)白菜。[2] 在他看来,作为一般的"人"、"白菜"是绝对独立的存在,是同个别的人和白菜

---

[1] 第欧根尼·拉尔修:《著名哲学家的生平和学说》,第2卷,第113、115、119—120节。
[2] 见同上书,第2卷,第119节。

完全分离的,因此甚至不能用一般名词指称个别事物。人们说人和白菜时只是肯定一般的人和白菜,并不肯定个别的人和白菜是真实存在。个别的东西根本不能用语言表述,因为语言表述都涉及一般,这和中国古代名家关于"白马非马"的论辩有相似之处。有一则轶事能表明他在论辩中是如何将一般和个别割裂的:他在同昔尼克学派的克拉底论辩的中途,匆忙离开去买鱼。克拉底指责他躲开论辩,他回答说:"我没有躲开,虽然我离开了你,但还保留论辩;因为'论辩'存在,而鱼是会很快卖掉的。"①

斯提尔波坚持只有一般才是真实的独立存在,将一物的诸多属性都分解为一般,从而认为个别事物并无真实的存在。辛普里丘指出:他主张一事物的各个规定(这是实在的东西)都是分离的,所以根本没有个体;由此证明每个事物都和自身分离,例如文雅的苏格拉底和聪明的苏格拉底是不同的规定,所以苏格拉底是和他自身分离的。② 他甚至主张,根本不能用和主词不同的宾词去称谓一个对象。我们不能说这个人是好的和这个人是一位将军,却只能简单地说:人只是人,好只是好,将军只是将军;同理,如果说"这人是好人"、"马在跑"也不行,因为"人"和"好"不是同一的,"马"和"跑"也不是同一的。③ 斯提尔波用一般消解个体的主张,也和中国古代名家"离坚白"的论辩相似。

四 第奥多罗和菲罗:模态理论和假言命题

后期麦加拉学派延伸入希腊化时代,在逻辑理论方面较有贡献,提出了一些有别于亚里士多德逻辑学的论说。爱索斯的第奥多罗(Diodorus)是著名的论辩家(绰号"克罗纳斯",意为"老手"),他和他的学生菲罗(Philo)都生活在公元前4世纪末托勒密执政时期至公元前

① 第欧根尼·拉尔修:《著名哲学家的生平和学说》,第2卷,第119节。
② 见辛普里丘《亚里士多德〈物理学〉注释》,第26页,转引自黑格尔《哲学史讲演录》第2卷,第129页。
③ 见普卢塔克《驳科洛底》,第22—23章,转引自黑格尔《哲学史讲演录》第2卷,第130页。

285年左右。他们都深入研究了模态理论和假言命题,著作没有保存下来,只能从其他有关文献中了解他们的论述。

模态逻辑研究有模态算子(可能、不可能、必然、不必然等模态词)构成的模态命题及其推理。亚里士多德的三段论学说是一种主谓逻辑,对含有模态谓词的模态命题和模态三段论推理作了细致的研究,并有其哲学含义。麦加拉学派则开了后来斯多亚学派建立命题逻辑之先声,以命题为单元别具一格地探究模态理论。

玻西乌斯在《亚里士多德〈解释篇〉注释》中记述了第奥多罗对不同模态的定义:第奥多罗"把可能的东西定义为或者现在是或者将来是的东西,把不可能的东西定义为现在是假的、将来不是真的东西,把必然的东西定义为现在是真的、将来不是假的东西,把不必然的东西定义为或者现在是假的、或者将来是假的东西"①。他不是根据事物的内在本性,不是根据从潜能向现实转变的情况来定义各模态,他只是就"现在"和"将来"(排除了"过去")这两段时态中的真假值来定义上述模态,各种模态值之间并无联系和互相转变。这种模态论实质上是孤立、静态地解释模态命题,和麦加拉学派不讲动变的基本哲学观是一致的。

第奥多罗提出了著名的模态"主论证"(kurieuon logos, masterargument)。罗马哲学家爱比克泰德在他的《爱比克泰德论说集》中指出:"主论证似乎是用了象下面这样一些出发点来表述的。下面三个命题是不相容的:'凡是过去的和真的东西是必然的','不可能的东西不是从可能的东西得来的','既非现在是也非将来是的东西是可能的'。由于看到这种不相容性,第奥多鲁斯(即第奥多罗——引者)利用对前两个命题的确信来建立下述论点:凡既非现在是真也非将来是真的东西不是可能的。"②从现代逻辑学来看,只有第二个命题才是无可指责的。亚里士多德已经知道这个命题,他在《尼各马科伦理学》中是这样表述的:

---

① 威廉·涅尔、玛莎·涅尔:《逻辑学的发展》,张家龙、洪汉鼎译,第152页,商务印书馆,1985。
② 同上书,第154页。

"用不着考虑过去发生的事,只须考虑将要发生和可能发生的事。因为过去的事情不可能不发生。阿伽松说得好:'让已经做成的事不做成,就是神也无能'。"①现代波兰著名逻辑学家卢卡西维茨受亚里士多德和第奥多罗的模态论的启示建立了三值模态逻辑。

菲罗和他的老师不同,他已经主张根据事物的内在性质来规定模态。玻西乌斯在《亚里士多德〈解释篇〉注释》中阐释了他对四个模态词的定义:"菲罗说可能的东西是那种由于论断的内在性质容许是真的东西,例如,我说我今天将再一次读德奥克利特的田园诗,如果没有外来的情况阻止的话,那么就其自身而言,这件事就可以肯定是真的。用同样的方式,这同一个菲罗把必然的东西定义为是真的,而且就其自身而言,永远不会容许是假的东西。他把不必然的东西解释为就其自身而言可以容许是假的东西,把不可能的东西解释为按照其内在性质永远不会容许是真的东西。"②菲罗按照论断内容自身的内在性质及其表现的真假值来定义四种模态,无疑比第奥多罗的定义深刻而确切。他触及了事物模态和逻辑模态的关系,但还不可能解决这个复杂的模态语义学问题。

第奥多罗和菲罗还开启了关于假言命题(条件句)性质及假言推理的著名争论,后来许多斯多亚学派的逻辑学家也卷入了这场争论,十分热烈,以至有人写打油诗说:"甚至屋顶上的乌鸦也在叫嚷条件句的性质。"③塞克斯都·恩披里柯记述了师生两人的有关论点:"菲罗说,一个完善的真的假言三段论是一种不是开始于真而结束于假的条件句,例如'如果是白天,我谈话'。事实上白天我在谈话。但是第奥多罗说,完善的条件句是一种既非过去可能又非现在可能开始于真而结束于假的条件句。按照他的说法,刚才所引的假言推理似乎是假的,因为当白天我

---

① 亚里士多德:《尼各马科伦理学》,1139b7—11,载于《亚里士多德全集》。
② 威廉·涅尔、玛莎·涅尔:《逻辑学的发展》,第159页。
③ 塞克斯都·恩披里柯:《反数理学家》,第1卷,第309节,载于《塞克斯都·恩披里柯文集》第4卷。

是沉默时，它就是开始于真而结束于假。"①

　　菲罗对假言命题真假值的规定，可以说是最早提出了现代逻辑所指的实质蕴涵，即除了"前件真后件假则假言命题为假"的情况外，在其他三种前件、后件取真假值的不同情况（包括前件假、后件真）下，假言命题皆为真。第奥多罗实际上也肯定了这种假言命题的真假值关系，他只是要求在确定的时间限度内都必然不是前件真后件假，假言命题方为真。麦加拉学派关于假言命题的讨论在逻辑史上很有价值，他们超越了亚里士多德的主谓逻辑，直接影响了斯多亚学派在假言命题和假言推理方面的命题逻辑理论的重大发展。

第二节　昔尼克学派

　　苏格拉底的学生安提司泰尼常在雅典郊外的"白犬之地"（Cynosarge）运动场同人谈话教学，他所创立的学派就被称为"昔尼克学派"（Cynic School），中文意译为"犬儒学派"。这个命名象征着一种道德警觉性，以猎犬似的吠叫提醒人们节制感官之欲，宣扬和践行一种最简单粗鄙的生活方式。昔尼克学派将苏格拉底的善和美德解释为顺应自然，将个人欲望抑制到最低限度，摒绝一切感性的快乐和享受，后来更演变成为一种放浪形骸的处世态度和奇形怪状的生活方式，表现了希腊古典文明衰落时期文人们愤世嫉俗、鄙弃社会现实生活的没落心理。他们的顺应自然论和禁欲主义对后来的斯多亚学派哲学有一定影响。

一　安提司泰尼

　　安提司泰尼（Antisthenes）约生活于公元前 446—前 366 年。据记载，他不是纯阿提卡血统的雅典人，他的母亲是色雷斯人，他因参加了公

① 塞克斯都·恩披里柯：《皮罗主义纲要》，第 2 卷，第 110—112 节，载于《塞克斯都·恩披里柯文集》第 1 卷。

元前 424 年的唐格拉战役并且颇有功绩,才取得雅典公民资格。他对土生土长而自负的雅典人表示轻蔑,说他们并不比土壤中滋生出来的蜗牛和蝗虫强。他起初跟随高尔吉亚学习修辞学,所写的对话也颇有雄辩风格;后来他带着自己的门徒一起跟从苏格拉底学习,获益良多。他住在拜里斯港,每天长途步行到雅典去听苏格拉底讲学,修炼得性格刚毅、漠视情感,开启了犬儒派的生活方式,他自己也获得"纯种狗"的绰号。他是一位多产作家,第欧根尼·拉尔修记载了他写的 10 卷书共 61 篇著作的全部篇名,并且认为他启发了后来的第欧根尼和克拉底等昔尼克学派重要传人的思想,斯多亚学派的哲学也渊源于他。① 作为昔尼克学派的创始人,安提司泰尼还表现出有高尚的教养,有较为严谨的哲学思想,较接近苏格拉底的教义;但在普遍性定义和道德哲学方面,却明显表现出片面性和绝对化倾向。

安提司泰尼是第一个定义逻各斯(陈述)的人,他说逻各斯就是指出事物是什么。② 他和麦加拉学派有相似的观点,认为事物的普遍本质是绝对自身同一的,以致认为 A 就是 A,不能用任何其他属性去陈述 A。苏格拉底也主张事物的普遍本质是自身同一的,但他并不否认事物有多样的属性,认为对它们的陈述是必要的;安提司泰尼则认为事物只绝对同一于它自身的本质,其他属性都是虚幻、不真实的,所以对一事物只能有一个陈述。亚里士多德在《形而上学》中批评他:"过于简单地声称,事物只能由一个关于它自身的陈述来指谓——一件事物只能有一个对应的陈述;根据这种观点就不能有矛盾,也几乎不能有错误的陈述了。"③他又批评安提司泰尼学派:"认为一事物是什么是不能定义的,因为所谓定义是一种长的陈述,只可能说明一事物像什么;例如银,我们不能定义它是什么,只能说它像铅。"④实际上事物的本质往往也有多重的内容,安提

---

① 见第欧根尼·拉尔修《著名哲学家的生平和学说》,第 6 卷,第 1—2、13—14、15—18 节。

② 见同上书,第 6 卷,第 3 节。

③ 亚里士多德:《形而上学》,1024b32—34,载于《亚里士多德全集》。

④ 同上书,1043b23—28,载于《亚里士多德全集》。

司泰尼对存在事物的本质作了绝对同一的理解,以致苏格拉底的普遍性定义也难以成立了。

安提司泰尼同苏格拉底一样崇尚理智,将智慧、善和美德视为一体。苏格拉底在论述道德的善时,对一味以感性快乐作为人生目的有所批判;安提司泰尼对此作了片面的发展,认为善和美德只是节制生活中的享受和快乐,满足于俭约和自律、自足的生活。苏格拉底并不否定善能给人快乐;安提司泰尼却片面地否定善的这种功用价值,批判一切对感性快乐的追求。他说:"我宁可成为一个疯子也不追求感官的快乐。"他在《赫拉克勒篇》中宣称"按照美德生活"是人生追求的目的。他及其追随者蔑视财富、荣誉和高贵门第,奉行一箪食、一瓢饮的俭朴生活。当安提司泰尼翻开他外衣的破烂部分给人看时,苏格拉底看出他的朴素生活是矫情做作、沽名钓誉,便说:"透过你外衣的破洞,我看到你的好名之心。"①

安提司泰尼和苏格拉底相似,以扬善祛恶、改善灵魂作为自己的使命,主张道德兴邦。他常向一些行为不轨的人作道德箴规,以道德医师自命。有人责难他和坏人们混在一起,他答道:"嗯,医生总是同病人混在一起,自己并不感冒发烧。"他对雅典的社会和民主制也有批评和讥刺:"很奇怪,我们从谷物中剔除毒物,在战争中剔除劣者,却不在国家事务中剔除恶人。"他认为,当不能区别好人和坏人时,国家就要灭亡。他讥嘲当时雅典的民主选举不能选出真正好的官吏。据说,他建议雅典人应当投票赞成驴子就是马,大家说这是荒谬的,他答道:"你们中间那些将军并没有经过训练,不过只是被你们选举出来而已。"②

二 第欧根尼

第欧根尼(Diogenes,前404—前323)是昔尼克学派中最典型、最有

---

① 第欧根尼·拉尔修:《著名哲学家的生平和学说》,第6卷,第3、104、8节。
② 同上书,第6卷,第6、8节。

影响的代表。据第欧根尼·拉尔修记载,第欧根尼出生于小亚细亚黑海边的辛诺普,他的父亲是当地的理财官员,因在制币时掺假全家被流放到雅典;也有人说这是第欧根尼本人干的事。他在雅典执意要师从安提司泰尼,后者起初拒绝,要用手杖赶他走,他直伸脑袋让打,坚决不走,终于被纳为门徒。据说他在赴伊齐那的航程中被海盗俘虏并被带到克里特作为奴隶叫卖,人们问他能做什么,他说能"治理人们";他要叫卖者喊"谁愿意买一个主人",真有一个富人买了他做儿子的家庭教师。"犬"本是希腊人的姓氏之一,第欧根尼被人戏称为"犬",因为他建立了一种落拓不羁、粗陋潦倒的生活方式,成为最著名的犬儒。一根橄榄树枝、一件褴褛的外衣、一个讨饭袋、一床夜里当睡窝的被子和一只水杯,就是他的全部家当。他在雅典到处游荡,住在神庙、市场乃至木桶里,并且说:"雅典人给我造了华丽的住所"。① 他认为这种极少需求、极为简单的生活方式就是顺应自然和个人自由,可以抵御文明和欲望对个人自由的损坏。他活得很长,直到亚历山大大帝时期还以其典型的犬儒生活方式和机智、辛辣的诙谐与辩驳吸引了许多追随者。晚期希腊和罗马的著作家记录了他的大量轶事。但他仍是一位学者,第欧根尼·拉尔修记载了他写的 14 篇哲理对话和 7 部悲剧的篇名②,原作均已佚失;他的一些基本哲学观点则保存在一些史料中。

第欧根尼早在卢梭之先就认为社会文明造就了腐败与罪恶。他将"自然"和"人为规范"绝对对立,认为人为规范造就的城邦及其一切立法和机构虽曾有价值,但文明已造成人的堕落和罪恶,所以要改造生活,使它返璞归真,回复自然。他反对普罗泰戈拉等智者所主张的素朴社会进化论,认为原始人以智慧征服自然并不是通向文明的社会,只是通向罪恶和堕落。据公元 1 世纪的昔尼克派学者克律索斯托姆(Chrysostomus)记载,第欧根尼认为:人类群居于城邦以免受外部敌人

---

① 见第欧根尼·拉尔修《著名哲学家的生平和学说》,第 6 卷,第 20—22、29—30 节。
② 见同上书,第 6 卷,第 80 节。

的侵扰,但人们在兴建这些城邦时犯有可怕的罪恶,神话中宙斯因普罗米修斯盗火给人类而惩罚他,就是因为这是造成文明与奢侈堕落的生活的根本原因。普罗泰戈拉认为,人的身体柔弱,不像其他动物有皮毛羽翼保护,为了生存,所以需要文明。第欧根尼反对说:青蛙的皮和肉虽然柔软也能生存,原始人没有火、衣服、皮革、盔甲等也同样能生存。一切文明和技术进步实际上都已用于邪恶。人类只是将理智用来追求快乐,而不是用以改善道德和正义。普罗米修斯是文明和堕落的肇始人,应该被挂在山岩上让鹰啄食他的肝。① 他并不是全盘否定历史上的城邦文明,也认为"社会不可能没有法律而存在,没有城邦就没有文明带来的利益";他既承认城邦文明和法等是一种历史的存在,又指责它们造成了邪恶和堕落,认为"高贵的门第、声誉和一切显赫的东西是浮夸的罪恶装饰品",金钱是一切罪恶的渊薮。② 他的社会理想是人类应返归自然,同自然结成一体,而唯一真实的国家应像世界一样广阔;他称自己是"世界公民",他在伊壁鸠鲁学派、斯多亚学派以前就提出"世界主义"。他还认为在自然中男女是平等的,甚至号召建立一种妇女不从属于男人、不同她所不赞成的男人结婚的"妇女社会",并且主张儿童由社会公有。③

第欧根尼发挥了安提司泰尼的教义,认为人有灵魂的和肉体的两种磨炼,而肉体的磨炼是更本质的,恰如体育锻炼能通向美德,工匠和笛手通过不断操作能练成一手超常的技艺。生活处事只有通过艰苦锻炼,摒弃一切使人劳烦而无用的东西,才能活得幸福,否则只会给人带来疯狂和不幸。摒绝快乐本身是最快乐的,而一味追求快乐反倒会走向反面。他主张人在生活中只应取用自然的东西,因为一切自然的东西才是智慧的人的财富,研习音乐、几何、天文等学科都是无用的、不必要的,人应满

---

① 见《狄奥·克律索斯托姆》,第 6 章,第 205、207 节,转引自兰肯《智者、苏格拉底和昔尼克学派》,第 231 页,伦敦,克罗姆·汉姆出版社,1983(以下所引此书均为此版本)。
② 见第欧根尼·拉尔修《著名哲学家的生平和学说》,第 6 卷,第 63、72 节。
③ 见同上书,第 6 卷,第 70—71、73 节。

足于最原始粗朴的生活。他在悲剧《堤厄斯特》中甚至认为,从庙堂里偷取任何东西或生吃任何动物的肉都并非不当,以至吃人肉也并非不虔敬,在异族人中就有这种习俗。① 这当然是一种惊世骇俗的诡辩。第欧根尼鼓吹并践履一种不羁形骸的禁欲主义的生活方式,其放任无为已达到自暴自弃的畸形程度。

第欧根尼摒弃一切生活享受,目中无人,自甘贫穷,以显示所谓的精神自由。其实这种精神独立和自由很虚假,不过是依赖性和寄生性的表现,满足于精神胜利,有点像阿 Q。有一次,亚历山大大帝站在他面前说:"我是亚历山大,伟大的皇帝。"他回答说:"我是第欧根尼,昔尼克派。"亚历山大问他为什么被称为"狗",他说:"我向那些给我东西的人摇尾乞怜,向不给我东西的人张牙舞爪。"②有一次,他在晒太阳,亚历山大对他说:"你可以向我请求你所要的任何恩赐。"他说:"走开,别挡住我的阳光。"③他经常同柏拉图唇枪舌剑地交锋。有人问柏拉图,第欧根尼是什么样的人,柏拉图回答说:"一个发了疯的苏格拉底派。"④柏拉图称第欧根尼是一条"狗",他回答说:"很对,因为我一次次回到卖掉我的人那里去。"他是讽刺柏拉图被卖为奴隶后又返回叙拉古宫廷的经历。⑤ 有一天,柏拉图邀请第欧根尼到自己家做客,他踩踏着华丽的地毯:"我践踏了柏拉图的虚荣。"柏拉图回答说:"第欧根尼,你用似乎卑贱的样子却表现得多么自傲。"⑥

三 犬儒末流

第欧根尼以后、希腊化时代的昔尼克学派在哲理上已很少新意,但犬儒的生活方式却愈演愈烈,表现了他们对现实社会的不满和可怜的反

① 见第欧根尼·拉尔修《著名哲学家的生平和学说》,第 6 卷,第 72—73 节。
② 见同上书,第 6 卷,第 60 节。
③ 见同上书,第 6 卷,第 38 节。
④ 见同上书,第 6 卷,第 54 节。
⑤ 见同上书,第 6 卷,第 40 节。
⑥ 见同上书,第 6 卷,第 26 节。

抗。在学术上,他们也提出一种犬儒式的乌托邦作为他们的社会理想。这股犬儒末流一直延续到罗马帝国时代,逐渐同斯多亚派、怀疑论派合流。这里简略介绍几位犬儒末流人物。

克拉底(Crates),鼎盛年约在公元前326年,底比斯人。曾师从麦加拉学派,后来却批判麦加拉学派的论辩是玩言词游戏,不能通达美德。他到雅典后成为第欧根尼的弟子。他出身富贵家庭,追随犬儒派后就将家产变卖成钱分送旁人,自己穿上褴褛的外衣,挟起行囊过流浪的犬儒生活,并同追随他的女犬儒希帕基娅同居,甚至在公众场合性交,将此说成是顺应自然。他以诗描述了一个犬儒式的理想城邦"帕拉"(即犬儒的行囊):"一座叫帕拉的城邦坐落在暗沉沉的薄雾之中,美丽富饶而没有财宝。到达此岸便没有愚蠢、马屁精、豪夺、奴隶和性刺激,它盛产麝香草、葱头、无花果和面包;人们不用为食物而相互争夺,也不为争夺金钱和名誉而建立军队。"[1]晚期犬儒忒勒斯(Teles,活动于公元前235年左右)记述他批判快乐是生活动力的论调,主张在帕拉城中的人从婴孩起就应有严格的磨炼,青年要接受军事训练,过严格的禁欲生活,这样才能实现美德。[2] 这似乎是将斯巴达生活犬儒化,只是一种空想。

莫尼摩(Monimus),出生于叙拉古。他本来服务于一个科林斯的钱庄主,这钱庄主同购买第欧根尼做家庭教师的主人相交甚好,所以莫尼摩能经常听到第欧根尼的谈论,后来就成为十分钦慕他的弟子。他装疯卖傻,将钱乱扔,老板只能解雇他。别的犬儒只有一个行囊,他却带了三个,表示执意追求犬儒生活。他写了《论本能》和《哲学箴言》两本著作。[3] 他已明显有怀疑论倾向,否定真理标准,认为一切言词都是虚浮的,一切理论都是废话,不相信有使人获得知识的判断标准,甚至"我们并不知道什么"这个判断也是我们不能确信的废话。在他看来,关于世界的知识是不存在的,我们的一切经验都只是一种朦胧的

---

[1] 见第欧根尼·拉尔修《著名哲学家的生平和学说》,第6卷,第85节。
[2] 见兰肯《智者、苏格拉底和昔尼克学派》,第236页。
[3] 见第欧根尼·拉尔修《著名哲学家的生平和学说》,第6卷,第82—83节。

形象,是梦境。①

皮翁(Bion),出生于米利都附近的波律斯提尼。家道中落后被卖为
奴隶,成为一个修辞学教师的仆从,很受宠信;后来继承了主人的家业,
便赴雅典,在柏拉图和亚里士多德的学园中都学习过,但克拉底是对他
最有影响的老师。他否认诸神存在,临死时也不愿去神庙忏悔自己渎
神。他表现出一种分裂的人格:既崇尚色诺芬笔下的俭约的苏格拉底,
又说苏格拉底节制欲望是傻瓜。他宣讲昔尼克派教义,却收取昂贵的学
费,生活奢侈,好炫耀自己并蓄有娈童而不以为恶。他说"名望是美德之
母",却看重财富,声称"财富是成就的筋腱"。② 他的教义和行为已浸透
着居勒尼派的享乐主义成分。

凯尔基达(Cercidas),是公元前 3 世纪下半叶阿卡狄亚地区美伽洛
波利城邦的政治家兼昔尼克派哲人,这表明犬儒思想也影响到上层政治
统治者。他曾率领军队同斯巴达作战,母邦沦陷后逃亡他地;母邦恢复
自由后被任命为立法官,参与制定新宪法,后来又成为娴熟于谈判事务
的外交官。他尊称第欧根尼是"宙斯之子,一条天堂之犬"③。他以诗歌
形式宣扬昔尼克派的哲学。1906 年发现了他的诗歌的纸草残篇,1911
年公开发表。④ 他在诗中诅咒脏猪般的金钱财富使人堕落,责怪诸神瞎
了眼,漠视人的利益,使人间没有正义,要求人们切断一切追求财富的
欲望。

在罗马帝国时代有两位著名的从政犬儒。一位是德米特里乌
(Demetrius),约生活于公元前 4—公元 65 年,因反对尼禄皇帝、图谋恢
复共和制而被流放。他用昔尼克派的所谓"自由"口号反对君主专制,毫
无成效。另一位是科凯伊阿努(Coceianus),生活在公元 1 世纪,早期学

① 见塞克斯都·恩披里柯《反数理学家》,第 7 卷,第 221 节,载于《塞克斯都·恩披里柯文集》第
　 2 卷。
② 见第欧根尼·拉尔修《著名哲学家的生平和学说》,第 4 卷,第 48 节。
③ 同上书,第 6 卷,第 77 节。
④ 见洪特《Oxyrhynch 纸草 vm 1073—1165》,转引自兰肯《智者、苏格拉底和昔尼克学派》,第
　 244—245 页。

习修辞,因雄辩得名"金嘴"。他因参与党争被流放,游历到希腊,成为昔尼克派,以干苦力或行乞为生;回罗马后成为皇帝处理希腊事务的顾问。保存下来的他的文集收有 80 篇讲演,以恢复智者时期古典式希腊文风著称,内容大多宣扬昔尼克派关于崇尚自然、禁欲和美德的教义,鼓吹帝王应有调和臣民之道,实质上成为斯多亚派的思想附庸。他的一些讲演含有"苏格拉底式的言论",可能是从安提司泰尼那里辗转流传下来的,有史料价值。[1]

第三节 居勒尼学派

居勒尼学派因其创始人阿里斯提波出生于地中海南岸的希腊城邦居勒尼(今属利比亚)而得名。同昔尼克学派将善规定为节制、禁欲相对立,居勒尼学派将善规定为个体的快乐,以感觉为根据,主张寻求愉快的感受是人的本性和最高的善。苏格拉底的"善"中包含着功利性的"快乐"效果,居勒尼学派将这种快乐因素加以扩展和发挥,其基本特征是将生活中快乐和痛苦的情绪性感受视为伦理的基础。初期,居勒尼学派有享乐主义倾向,但不能简单地将他们的"善即快乐"原则全部归结为一种追求贪欲和满足感官需要的享乐主义。这个学派的演变愈益倾向于寻求理智的快乐,寻求一种能避免痛苦和恶的不动心的宁静,后来直接影响了伊壁鸠鲁的哲学;同时因为面对社会的动荡不安,这个学派也表现出否定知识标准的怀疑论倾向。这个学派从公元前 5 世纪末一直延续到希腊化时代。现仅选择几位各有特色的代表人物作概要述评。

一 阿里斯提波

阿里斯提波(Aristippus)约生活于公元前 435—前 350 年。他本是出生于居勒尼的公民,后因受苏格拉底名声的吸引来到雅典,那时他可

---

[1] 见兰肯《智者、苏格拉底和昔尼克学派》,第 246—247 页。

能已经是一位有教养的演说家或"智者"了。他师从苏格拉底很久，但并不拘泥于老师的教义，有独立思想，同老师多有争辩。在苏格拉底的学生中他是第一个向受教者收取学费的，他曾送学费给老师，苏格拉底拒绝接受。他为人洒脱，"对各种场合、时间和人都能应付裕如，能在无论什么环境中都扮演适当的角色"。同柏拉图一样，他也曾去西西里的叙拉古，在狄奥尼修的宫廷中比别人更受宠幸，而得来这种受宠幸的快乐需要忍辱的随机应变。据说，有一次狄奥尼修啐了他一口，他忍受了，别人非议他时他则说："渔夫为了捕到一条小鱼不惜让海水溅身，我要捕一条大鱼，有什么不可忍受的。"犬儒第欧根尼称他是"国王的哈巴狗"。有一次，第欧根尼在洗菜时看见阿里斯提波走过，就对他喊："要是你学会做你的饭菜，你就用不着向国王献殷勤了。"阿里斯提波回嘴："要是你懂得怎样同人结交，你就用不着洗菜了。"这表明他同犬儒派持对立的生活原则。据第欧根尼·拉尔修记载，阿里斯提波写过一部3卷本的利比亚历史，是献给狄奥尼修的；还写了一部包含25篇对话的著作。第欧根尼·拉尔修记录了全部篇名，但这些著作都没有保留下来。①

　　阿里斯提波与居勒尼学派的哲学本质上是一种感觉论，这种感觉论的主要含义是情绪性的感受。塞克斯都·恩披里柯记述："居勒尼学派主张感觉是标准，只有感觉才是可理解的，不会错的；而引起感觉的事物都不是可理解的，不是确实可靠的。"②他们认为感觉是唯一真实的存在，探究对象事物的本性是没有意义的，这已有不可知论的思想倾向。居勒尼学派所说的感觉不是认知意义上的感觉，而主要是指一种带有情感意义的内在感受与体验。普卢塔克指出：居勒尼派"主张他们在自身中体验想像和情感，他们并不认为这些体验提供了关于外在世界是现实的可信证明。他们将自己闭锁在自我的情感中，仿佛处在围场之中一样，又

① 以上有关阿里斯提波的生平与著作的史料，见第欧根尼·拉尔修《著名哲学家的生平和学说》，第2卷，第65—68节。
② 塞克斯都·恩披里柯:《反逻辑学家》，第1卷，第191—196节，载于《塞克斯都·恩披里柯文集》第2卷。

断言'它看起来是',并不进一步证明'它是什么'"①。他们所说的感觉着重指内在的情感体验,并不等同于智者的感觉论。西塞罗指出了两者的区别:"普罗泰戈拉关于判断根据的观点认为,真理是对每个人看起来是真实的东西;居勒尼学派的观点却不同,他们认为任何东西都不能这样加以说明,而只能根据内在的情感说明;伊壁鸠鲁派则认为,一切判断的根据存在于感觉以及对事件的知觉和快乐之中。"②智者注重感知,居勒尼学派注重情感性的内在体验,伊壁鸠鲁学派则将这两者统摄起来。阿里斯提波只研究伦理生活的体验,不研究对现实存在事物的认识;他认为研究辩证法没有意义,研究外界事物的学问如数学与技术知识也没有价值。

阿里斯提波的伦理原则是:快乐是善,痛苦是恶。他认为:"有快乐和痛苦两种状态,前者是一种和谐平畅的状态,后者是一种粗糙难受的状态"。"快乐状态令人惬意,痛苦状态令所有的人反感"。快乐和痛苦都是内心体验。他认为有身体的与灵魂的快乐和痛苦,而灵魂的快乐和痛苦是从身体的相应部分来的,所以身体的快乐是生活的目的。人的本性就是要追求个人的特殊的快乐。人生的幸福就是以达到这种特殊的快乐为目的。③ 总之,在他看来,作为一种内在体验的个人的"特殊的快乐"特别是身体的快乐合乎人的本性,这就是善和人生的目的;幸福则是全部特殊快乐的总和,包括过去和未来的快乐,也会伴随一些不可避免的痛苦经验。

阿里斯提波提出不同于昔尼克派以苦修臻善的理想个人,推崇凭借智慧求得快乐的"贤人"。他认为现实生活复杂乖变,痛苦不可避免,个人只须求得特殊快乐,不必注重行为动机,而要重效果,即使动机荒谬、不仁慈,只要能求得快乐也是美德。慎重节俭固然是美德,但也只是因为它们能获得快乐的效果才是美德。人们追求财富并不是为了财富本

① 普卢塔克:《驳科洛底》,第1章,第120节,载于普卢塔克《道德论集》第14卷。
② 西塞罗:《论学园派》,第2卷,第42、131节,载于《西塞罗文集》第19卷。
③ 见第欧根尼·拉尔修《著名哲学家的生平和学说》,第2卷,第87—88节。

身,而是因为它能产生快乐。贤人虽也感受痛苦和恐惧等自然情感,但总是努力避免嫉妒、虚情、迷信等空虚的东西,设法摆脱恐惧和痛苦,预见到惩罚而不去做错事、恶事。他认为这种凭借智慧实现快乐的贤人人格,可以通过研习哲学和正确处理事务而达到。① 这种理想贤人已不是苏格拉底所说的以道德振邦、以智慧治政的贤人,而是追求现实快乐、避免痛苦与社会责任以获得安逸自由的个人。色诺芬记述了他和苏格拉底的对话,说他只想过一种悠闲、恬静的快乐生活,既不愿统治人,也不愿受人治理,因为被人统治要忍苦耐劳,而做统治者如果不能为人民提供必需的东西也要遭受谴责,给自己和别人都带来麻烦。他认为过这种劳碌的政治生活简直愚不可及。他表示:"我并不是一个拥护奴隶制的人","但我以为有一条我愿意走在其中的中庸大道,这条道路既不通过统治,也不通过奴役,而是通过自由,这乃是一条通向幸福的光明大道"。② 他并不是批判奴隶制度,因为他主张对懒惰的家奴要加以鞭挞使他们服从;当时奴隶制的内在矛盾正在激化,以致给多数公民带来痛苦和羁束,他已经不图改善这种社会制度,只是幻想独乐其身以求个人的安逸和"自由",表现了一种没落的情绪。

从许多记载的轶事中可以一窥阿里斯提波的生活方式。有一次,苏格拉底问他:"你怎么会弄到这么多钱?"他反问:"你怎么会只有这么少的一点钱呢?"柏拉图在西西里指责他生活奢侈,他说柏拉图既然认定狄奥尼修是善人,而这个国王比他生活更奢侈,为什么他就不能生活得舒适一些呢? 有一次,狄奥尼修问他为什么到这里来,他回答:"我需要智慧时就去苏格拉底那里,我需要钱时就来到你这里。"他轻视钱财,尽情挥霍。在一次旅行中,他的奴隶扛着一大笔钱实在太累了,他说:"将大部分钱扔了,能拿多少就算多少。"他享乐而不负任何责任。一个妓女对他说,她因为他而怀了孕。他说,你怎么知道是从我而怀孕的? 如果你

---

① 见第欧根尼·拉尔修《著名哲学家的生平和学说》,第 2 卷,第 91、93 节。
② 见色诺芬《回忆录》,载于色诺芬《回忆苏格拉底》,第 43—44 页。

走过荆棘丛,你能说得出是哪根刺将你刺了吗?①

二　安尼凯里

安尼凯里(Anniceris)生活于公元前 4 世纪下半叶。他曾花钱援救过在西西里被掠为奴隶的柏拉图。他的伦理思想有乐观祥和的精神,比较接近苏格拉底的思想。他建立了一个安尼凯里支派。

他也主张快乐是最大的善,但认为快乐来自善行,人应该根据善的原则追求快乐;善不是空泛不可企及的,而是表现为种种现实的美德。他认为,"友谊、对父母的孝敬和感恩等等在现实生活中都是存在的,一位善人的行为有时也出于爱国的动机"。人不应只关注自己,求美德也应关注他人。友谊包含着尊重别人的感情,"尊重朋友不只是因为他有用——不然的话就会抛弃朋友——而是为了善良的感情,为此我们甚至宁愿忍受痛苦"。他强调幸福在于培植美德,"智慧的人即使感受苦恼、没有快乐之感,他也同样是幸福的"。培植美德不能只靠语言,更要靠实践,"言教本身还不足以鼓励我们自信并使我们优于多数人的意见,必须形成良好的习惯;因为坏的品性一开始就会在我们中间滋生"。②

安尼凯里的道德论较少理论思辨成分,较多通俗性的道德教诲,崇尚美德实践,表现了居勒尼学派内部摒弃享乐主义又不流于个人漠不动心的另一种倾向。这种比较温良恭谦的道德学说,对希腊化时代和罗马时代西塞罗的伦理思想都有影响。

三　狄奥多罗

狄奥多罗(Diodorus)生活于公元前 4 世纪末叶的希腊化时代。他是安尼凯里和辩证法家狄奥尼修斯的学生,但也有古代著作家说他曾师从

① 见第欧根尼·拉尔修《著名哲学家的生平和学说》,第 2 卷,第 80、69、78、77 节。
② 见同上书,第 2 卷,第 96—97 节。

斯多亚派创始人芝诺及怀疑论创始人皮罗。他不信神,为此被放逐到雅典,他说,"多谢居勒尼人将我从利比亚赶到希腊";但后来又因不信神被雅典放逐。据说他写过一本叫《关于诸神》的书,后来伊壁鸠鲁从中吸取了许多内容。他是一位精明的论辩家,周旋于托勒密王朝,屡次充任外交使节;晚年退休返归居勒尼,享有声誉。[①]

狄奥多罗出名的原因之一,是他否认诸神的存在而先后被逐出居勒尼和雅典。难以断定他只是否定希腊通俗宗教中的人格化诸神而肯定理性一神,还是否定一切神的存在。西塞罗确认他说过诸神根本不存在。他在同斯提尔波论辩时说,既然人可以自称为"人",那么他自称为"神"也是可以的,意思是神不过是人为约定的名字罢了。[②] 他的反传统的无神论倾向较有影响,当时另一位居勒尼派成员欧厄麦罗就受他影响,提出一种惊世骇俗的关于诸神起源的理论,认为诸神不过是远古时代的一些伟人,在蒙昧时期逐渐成为人们崇拜的对象,作为古代人格和成就的传统一代代留传了下来。他将这种诸神起源论写在《圣铭》上,此书后来被罗马时代的诗人爱纽斯译为拉丁文。

狄奥多罗提出一种理智主义的快乐论。"他认为快乐和忧愁是终极的善和恶,智慧生善,愚昧生恶。他称智慧和正义是善,它们的反面是恶,快乐和痛苦则居于善和恶之间。"在他看来,人生固然以达到快乐为善,但善恶的根源在于是否有理智;快乐和痛苦的情感摆动于善恶之间,并不等同于善恶。他还有一些惊世骇俗之论,如他主张有时也可以允许盗贼、铸假币者、渎圣者存在,因为不能说他们的行为本性上便是坏的,如果破除对他们的偏见,他们的行为也可以起到集结愚众的作用。他还夸大苏格拉底所说的善的功利性,认为智慧的人应当放开自己的感情,不必顾忌环境;女人的美只要有用即可爱赏,为了有用的目的做任何事都不是做错事。由于生活在希腊化大世界中,他也主张一种世界主义,

---

① 见第欧根尼·拉尔修《著名哲学家的生平和学说》,第 2 卷,第 98、102—103 节。
② 见同上书,第 2 卷,第 100 节。

"他说世界是他的国家",认为智慧的人不冒险去狭隘地捍卫本国利益是合理的,因为不应该为造福不智慧的人而抛弃智慧。[①] 狄奥多罗的思想对伊壁鸠鲁的哲学有影响。

四　赫格西亚

赫格西亚(Hegesias)生活于公元前 3 世纪初的希腊化时代。他也建立了一个分支学派,这个分支学派的哲学已经带上较多的相对主义怀疑论色彩,宣扬一种"漠不动心"的贤人论。

赫格西亚派也将快乐和痛苦归为感觉,但他们认为"感觉是不可靠的,因为不能从感觉得到准确的知识,人只能做那些看起来是合理的事情"。既然人不能根据感觉作出精确的判断,获得真理,那么"犯错误是可以原谅的,因为无人自愿为错,只是被某种痛苦制约了";既然感觉不能给人确实的真理,快乐和痛苦都是不可避免的,那么两者并没有绝对的分别。他们"否认有自然的快乐和痛苦;对同一对象,有些人感到快乐而另一些人感到痛苦"。他们认为,"贫富同快乐无关,富人或穷人都并不特别地享有快乐。奴役和自由、出身高贵和低贱、荣耀和耻辱等,在计算快乐上都一样没有什么不同"。他们抹煞一切伦理价值的区别,认为人的行为都从自身的利益出发,并没有伦理的目的和价值。所以,他们认为,"没有所谓感恩、友谊、仁慈之类的东西,我们并不因它们而去选择做有关的事情;只能是出于利益的动机,没有除此以外的行为"。总之,一切所谓美德其自身并无价值,它们都只是个人利益动机所支配的行为带来的结果。

赫格西亚派宣扬一种有浓重悲观色彩、强调对一切漠不关心的人生观。他们认为,"幸福是不可能实现的",因为"身体被各种各样的痛苦所侵扰,灵魂也因身体的痛苦而受折磨,没有幸运,只有失望",人只是"轮次置身于生和死之间罢了"。所以,他们主张智慧的人的处世态度就是

[①] 以上引述见第欧根尼·拉尔修《著名哲学家的生平和学说》,第 2 卷,第 98—100 节。

对一切都漠不关心，"生活对愚人来说只是有利可图，对智慧的人来说就是漠不关心"。这种漠不关心并不是不要利益，而是指满足于自己要求的利益，不贪求超过他人的利益。"智慧的人在一切行为中以他们自身的利益为指导，因为他们不认为别人有和自己同等的价值；如果他要从旁人那里获取再多的利益，也比不上他给予自己的东西"。他们又指出："智慧的人在择善避恶中并不比他人有更多的利益，只能以没有身体和灵魂的痛苦、无忧无虑地生活作为自己的目的。"①

赫格西亚鼓吹的悲观主义"漠不动心"论，对希腊化时期怀疑论的伦理思想与现实道德状况有影响。据说，由于他煽惑群众对一切漠不关心、厌倦生活甚至去自杀，曾被托勒密王朝禁止讲学。

---

① 以上引述均见第欧根尼·拉尔修《著名哲学家的生平和学说》，第 2 卷，第 95 节。

西方哲学史

学/术/版

叶秀山 / 王树人
—— 总主编

古代希腊
与罗马哲学 〔下〕

姚介厚 著

江苏人民出版社

图书在版编目(CIP)数据

西方哲学史:学术版. 古代希腊与罗马哲学 / 叶秀山,王树人主编;姚介厚著. -- 2版. -- 南京:江苏人民出版社,2023.2

ISBN 978 - 7 - 214 - 24265 - 5

Ⅰ. ①西… Ⅱ. ①叶… ②王… ③姚… Ⅲ. ①西方哲学-哲学史②古希腊罗马哲学 Ⅳ. ①B5②B502

中国版本图书馆 CIP 数据核字(2019)第 270783 号

西方哲学史(学术版)

叶秀山　王树人　总主编

书　　　名	古代希腊与罗马哲学	
著　　　者	姚介厚	
责 任 编 辑	戴亦梁	
装 帧 设 计	刘葶葶	
责 任 监 制	王　娟	
出 版 发 行	江苏人民出版社	
地　　　址	南京市湖南路 1 号 A 楼,邮编:210009	
照　　　排	江苏凤凰制版有限公司	
印　　　刷	苏州市越洋印刷有限公司	
开　　　本	652 毫米×960 毫米　1/16	
印　　　张	74.25　插页 8	
字　　　数	990 千字	
版　　　次	2023 年 2 月第 2 版	
印　　　次	2023 年 2 月第 1 次印刷	
标 准 书 号	ISBN 978 - 7 - 214 - 24265 - 5	
定　　　价	370.00 元(精装上下册)	

(江苏人民出版社图书凡印装错误可向承印厂调换)

目　录

第十一章　柏拉图

柏拉图是希腊古典文明后期的一位杰出的哲学家,他的思想标志着希腊古典哲学进入体系化的鼎盛阶段。他批判地总结了在他之前的希腊的哲学与文化成果,构建了一个以理念论为中心的宏大的哲学体系。他不仅深刻阐发了以理念为核心范畴的本体论、灵魂学说、知识论、辩证法、宇宙论,而且紧密联系希腊城邦奴隶制文明由盛趋衰时期种种现实的社会与文化问题,在政治哲学、伦理道德、法哲学与法律、教育与心理、修辞学与语言哲学、文艺与美学等领域,都有独创性的思想贡献。他的体系化的哲学思想,是在希腊古典文明的"黄昏"中展翅高飞的"猫头鹰",是对希腊古典文明的一种敏锐的回顾与系统的总结。而就希腊古典哲学和希腊化、罗马时代的哲学演变直至基督教哲学的形成而言,柏拉图哲学都处于至关重要的枢纽地位。在古代西方,只有柏拉图的学生亚里士多德的百科全书式的哲学体系,可以和它相媲美。

所有在他以前的哲学家,我们只能根据一些残篇或第二手材料来探讨他们的思想,难免有局限性。柏拉图则著述宏富,而且基本上都流传下来,使后人得以比较完整地了解、研究他的内在思想逻辑,比较完整地探讨他的哲学思想内容及其发展过程。能留下如此丰富的哲学思想遗产,他在西方古代哲学家中是第一人。

柏拉图的哲学博大精深、绮丽多彩,有很大的开拓性,对 2 000 多年来的西方哲学与文化传统、西方文明乃至世界上其他文明的演进,都有着深远的影响。19 世纪德国著名的古典哲学家黑格尔说:"哲学之发展成为科学,确切点说,是从苏格拉底的观点进展到科学的观点。哲学之作为科学是从柏拉图开始〔而由亚里士多德完成的。他们比起所有别的哲学家来,应该可以叫做人类的导师〕"①。现代著名的过程哲学家怀特海甚至将西方 2 000 多年的哲学归结为对柏拉图的注释:"欧洲哲学传统最稳定的一般特征,是由对柏拉图的一系列注释组成的"②。此话似乎言过其实,但也可见柏拉图对西方哲学传统有全局性影响。西方各个时代的哲学家在建立自己的学说时,对柏拉图的哲学或继承、发展,或批判、反对,但大都不能绕开他的思想。

在柏拉图之后 2 000 多年的西方文明进程中,随着时代和社会的变迁,对柏拉图或褒或贬,他的思想的命运或浮或沉,但他的深远影响总是不能磨灭。当代英国批判理性主义哲学家波普是贬抑柏拉图的,但他也说:"人们可以说西方的思想或者是柏拉图的,或者是反柏拉图的,可是在任何时候都不是非柏拉图的。"③过去一些著作受苏联的教条主义的束缚,将柏拉图简单地批判为反动的上层贵族奴隶主思想家,这是不符合历史实际的。柏拉图生活在希腊古典文明衰落的危机时代,又力图挽狂澜于倒悬,他的思想既宏富又复杂,我们应当根据历史实际和他的原著中的真实思想,作出实事求是的历史主义的论评。

第一节　柏拉图其人及其著作

关于柏拉图的生平活动包括他的政治与学术生涯,我们可根据两个

---

① 黑格尔:《哲学史讲演录》第 2 卷,第 151 页。
② 怀特海:《过程与实在》,第 53 页,剑桥,剑桥大学出版社,1929。
③《国际社会科学百科全书》第 12 卷,第 163 页,波普写的"柏拉图"条目,转引自汪子嵩等《希腊哲学史》第 2 卷,第 596 页,人民出版社,1993。

主要历史资料进行比较具体的叙述。一是古代罗马哲学家第欧根尼·拉尔修写的《著名哲学家的生平和学说》，其中第 3 卷共 109 节，以很长的篇幅专门叙述了柏拉图。二是柏拉图晚年写给他的政治密友狄翁的支持者的《第七封信》(*The Seventh Letter*)，其中具体谈论了他的志向、学术与政治活动，以及他对当时希腊城邦的危机与所经历的政治事件的态度，这可以说是西方哲学家中第一份自传体文献。

一　身世与学业

柏拉图(Plato)生于公元前 427 年，即第 88 届奥林匹亚赛会之年，伯罗奔尼撒战争的第 4 年；卒于公元前 347 年，10 年后马其顿王腓力征服希腊，20 余年后希腊古典文明终结。他出生在雅典附近的伊齐那岛，享有 80 岁高龄。父亲阿里斯通、母亲帕里克提俄涅都出自雅典的名门望族；母亲的家系出自梭伦家族，柏拉图属于梭伦的第 6 代后裔。他的舅父卡尔米德和堂舅克里底亚都是伯罗奔尼撒战争后期雅典三十僭主的主要角色。柏拉图原名阿里斯托克勒(Aristocles)，他年少时的体育老师见他体魄强健、前额宽广，给他改名为柏拉图，其希腊文有"宽阔体魄"的意思。他是幼子，有两个哥哥——阿得曼托斯和格老孔，和他一起都追随苏格拉底，在他写的对话篇中常有出现，在《国家篇》中是苏格拉底的主要对话人。他有一个姐姐波托尼，所生的儿子斯彪西波(Speusippus)后来是柏拉图学园的继承人。柏拉图自幼丧父，母亲改嫁给他的堂叔皮里兰佩，又得一弟安提丰(不是那个智者安提丰)，后来也出现在他的对话《巴门尼德篇》中。皮里兰佩和伯里克利关系密切，积极支持民主政治，曾多次充任雅典派往波斯和其他东方国家的外交使节。柏拉图在早期对话《卡尔米德篇》中以颂扬的口吻谈到他的继父的活动。①

柏拉图从小生活在他的继父家中，在青少年时期受到良好的教育，有专门的体育与语文老师为他授课。伯里克利黄金时代浓郁的学术文

---

① 见柏拉图《卡尔米德篇》，158A，载于《柏拉图对话全集·附信札》。

化氛围对他深有熏陶。他观看过阿里斯托芬的喜剧和一些著名的悲剧，熟悉当时希腊古典戏剧与诗歌的辉煌成果。他在青年时期热衷于文艺创作，据说写过赞美酒神狄奥尼索斯的颂诗、抒情诗 32 篇和一些悲剧作品。从他后来写的对话篇也可看出，他具有诗人的天赋和文学才气。智者派在当时希腊的文化界、政治界最为活跃，从他后来写的不少以智者的名字命题、论评与抨击智者派的对话篇来看，他对老一辈的著名智者如普罗泰戈拉和同时代的智者代表如高尔吉亚、普罗狄科、希庇亚等人的思想都有深切的把握。然而，对柏拉图一生的哲学取向与政治志向起有决定性影响的，是他 20 岁时成为苏格拉底的学生。

第欧根尼·拉尔修记述了一个传说：苏格拉底梦见一只小天鹅飞来停在他的膝盖上，发出嘹亮美妙的鸣声后冲天飞去，次日就有人介绍柏拉图来拜师，他将柏拉图看做梦见过的天鹅。[①] 这对师生的关系确实非同寻常，老师很器重这位才华横溢的学生，学生也极为崇敬这位富有智慧、道德高尚的老师。正是从苏格拉底那里，柏拉图学习和研究了丰富、深刻的哲学思想，确立了自己的政治志向，并为此贡献了毕生精力。他后来写的对话绝大部分都以苏格拉底为主要发言人，从中可体察出他对老师的学问与道德一直深怀敬仰之情。

柏拉图师从苏格拉底约七八年，在此期间雅典发生了两个重大事件，对柏拉图的哲学事业与政治生涯产生了深刻的影响。

第一个事件是伯罗奔尼撒战争终于以雅典失败而告终。战败前后，雅典的政治极为动荡，城邦颓危败落，三十僭主推翻了民主政制。柏拉图的舅父卡尔米德和堂舅克里底亚是三十僭主的主要代表人物，他们认为柏拉图和他们"意气相投"，邀请他"参加他们的政府"，年轻的柏拉图曾幻想"他们会将城邦的治理从不正义引向正义"，便"以浓烈的兴趣关注他们的行动"。实情却令他极为失望，三十僭主实施了一系列暴政，包括迫害他所尊敬的苏格拉底，民怨沸腾，"人们重新怀念起以前的政府，

---

① 见第欧根尼·拉尔修《著名哲学家的生平和学说》，第 3 卷，第 5 节。

认为比较起来那才是黄金时代"。柏拉图对三十僭主施政的"罪恶活动感到厌恶,就让自己离开这些恶政"。这个政权存在了仅仅八个月就被群众推翻了,雅典恢复了民主政制。柏拉图说:"我又感到有参加政治活动的愿望了,尽管不那么热烈。那是乱世,是会遇到许多悲惨的事情的。"①

果然发生了第二个悲惨的事件,就是他的老师苏格拉底被处死刑。柏拉图写道:"有些掌权的人荒谬地指控并审讯了我的至友苏格拉底,以不敬神的罪名处死了他。"②柏拉图在早期对话《申辩篇》中,生动地记述了审判事件和老师如何在法庭上坚守自己的崇高使命与人格。苏格拉底被他苦苦眷恋的母邦处死这个雅典的悲剧、时代的悲剧,给年轻的柏拉图更强烈的心灵震撼,促使他从根本上思考城邦国家的治政者、法律与伦理道德传统。

经历了上述两大事件,柏拉图深深体察到希腊城邦体制的危机。他说:"我们的城邦已经不依传统的原则和法律行事了,要建立一种新的道德标准是极为困难的,再说法律和习惯正在以惊人的速度败坏着。"他看出"所有现存的城邦无一例外都治理得不好",他决心继承老师的使命,推进老师的政治理想与哲学事业,思考从根本上"如何改革整个制度",并坚信"只有正确的哲学才能使我们分辨什么是社会和个人的正义"。③柏拉图学习与研究哲学和政治紧密联系,以哲学指导政治,希望在现实世界中建立完善的城邦,这是他的政治理想和哲学目标之一。

二 游历考察和创办学园

苏格拉底在监狱饮鸩而死时,柏拉图因病没有在场,但他后来在《斐多篇》中记载,苏格拉底临终前曾经规劝在场的沮丧的弟子们外出游历,

① 柏拉图:《第七封信》,324B—325D,载于《柏拉图对话全集,附信札》。
② 同上书,326A,载于《柏拉图对话全集,附信札》。
③ 见同上书,326A—B,载于《柏拉图对话全集,附信札》。

到全希腊和其他民族那里去寻求智慧。柏拉图当时在雅典就结识了赫拉克利特学派的克拉底鲁和信奉爱利亚学派巴门尼德学说的赫谟根尼，这有助于他的哲学既肯定现象世界的流动变易，又追求绝对存在的哲学原则，对早期希腊哲学的两大传统进行了综合。28 岁的柏拉图于公元前399 年毅然离开雅典，外出游历东西部各地，长达 12 年之久。他考察了希腊各邦和其他民族的情况，与各派哲学家和政治人物交往，深化和开阔了哲学、科学与各种人文和社会知识，这对他形成自己的哲学体系与政治学说很有益处。他首先往访邻近的麦加拉，他的师兄欧几里德创立的麦加拉学派主张最高的哲学原则是"一"即善，对他的形而上思辨有影响，以致近代有些学者认为柏拉图哲学有段"麦加拉时期"。他赴小亚细亚的伊奥尼亚地区旅行，增进了对早期希腊的伊奥尼亚自然哲学的了解。他到过埃及，当地的天文学与数学成就，以及数千年的悠久文化传统和宗教思想，给他留下深刻的印象。他还到达当时希腊世界在北非的经济、文化中心之一居勒尼，结识并师从著名几何学家塞奥多洛，并对居勒尼学派的善即感觉与情感快乐的主张加以批判。更重要的是柏拉图往访南意大利毕达哥拉斯学派活动的中心地塔壬同，结识了此学派的著名代表阿尔基塔，结下了深厚持久的友谊，还会见了此学派的另一位主要代表菲罗劳斯。毕达哥拉斯学派的哲学对柏拉图的哲学深有影响。阿尔基塔是温和的民主政治领袖，政绩颇佳，备受人民爱戴，他成为柏拉图心目中追求的哲学家和政治家结合的一个雏形。当代著名希腊哲学史家格思里认为，阿尔基塔在塔壬同推行的政治制度，为柏拉图的《国家篇》提供了中心论旨。① 他从意大利又渡海到西西里岛的叙拉古。历尽艰险，才于公元前 387 年他 40 岁时，重返雅典，着手创办学园。在 12 年的外出游历中，柏拉图考察了各地的政治、法律、宗教等制度，研究了各派哲学学说和数学、天文学以及其他各种知识。正是这广博的知识，使他逐步形成自己的学说和改革城邦各种制度的见解，并且促使他建立学

① 见格思里《希腊哲学史》第 1 卷，第 333 页。

园,全面建树自己的哲学体系,大力培育人才,期望实现他的政治理想。

公元前 387 年,柏拉图在雅典城外西北角的阿卡德摩(Academus)建立了学园,此地原是纪念阿提卡英雄阿卡德摩的墓地。他的学园是欧洲历史上第一所综合性的高等教育与研究相结合、提供政治咨询、培养学者与政治人才的学校兼研究中心。后世西方各国的学术研究院沿袭它的名称都叫 Academy。公元 529 年,东罗马帝国皇帝查士丁尼为了维护正统基督教神学而下令封闭柏拉图的学园。它持续存在达 900 年之久,对希腊化文明与罗马文明中的各种哲学与文化有深久的影响。

柏拉图一生的后 40 年,主要是在学园中从事教授和治学,但也穿插了西西里之行等重要的政治活动。他在学园时期建立了博大的哲学体系,他的中后期对话篇包括《国家篇》大都是在该时期写的。学园学习与研究的重心是哲学,主要采取讲演与对话讨论的方式,有自由研讨的浓郁学术气氛,学生可以畅所欲言,发挥创见。后来成为卓杰的哲学大师的亚里士多德就是他的思想很活跃的门生,柏拉图说他像一匹小马驹那样常踢他,但并无责备之意。学园十分重视自然科学知识的传授与研究,学园门前写着“不懂几何学者不得入内”。学园内拥有当时杰出的数理科学研究人才,如立体几何学的创立人泰阿泰德(Theaetetus),数理天文学的奠基人欧多克索,两人在学园中已经整理了几何学的演绎系统;正因有此基础,数十年后在希腊化时期才能产生欧几里德(Euclid,曾在柏拉图学园学习,后在亚历山大里亚研究)的《几何原本》。动物和植物的收集与研究,在学园中也有所开展。柏拉图是想做“帝王师”的,学园又是柏拉图为实现政治理想而培植政治人才的基地,柏拉图亲自和他的一些学生参与了叙拉古的“政治试验”;学园中培育出的一些学生成为城邦的统治者,如小亚细亚的阿索斯和阿塔纽斯的温和的僭主赫尔米亚;柏拉图还派遣多名学生去为一些城邦立法与改革政制,也常有城邦的统治者来学园请教治国术。创办这一著名学园,是柏拉图对西欧古典文明的重要贡献。

三 三次往访西西里

柏拉图在学术研究与政治考察中逐渐形成一种信念:要改革希腊的城邦制度,必须以正确的哲学与伦理观念为指导,建立符合善与正义理念的贤人政制,而其关键又在于培植具有哲学与伦理智慧、深厚的知识素养并能通观国家全局、娴熟于政治技艺的城邦统治者。这就是他在《国家篇》中论述的"哲学王"的思想。在他外出游历考察的末期,这种思想已经孕育成熟,他说:

> 除非是真正的哲学家获得政治权力,或者是出于某种奇迹,政治家成为真正的哲学家,然不人类就不会看到好日子。这就是我初次造访意大利和西西里时所持有的信念。①

他的三次西西里之行,就是试图将这种信念付诸实行,推行他的理想城邦设计。这是他的政治生涯中曲折、传奇性的经历,虽然并不成功,但也表现了他对自己的哲学事业与政治理想的执着追求。

公元前387年柏拉图40岁时,作为外出游历的最后一站,是应邀首次访问西西里的叙拉古僭主狄奥尼修一世的宫廷。这位僭主已统治叙拉古达39年之久,征服了西西里全岛和意大利南部,成为地中海西部最强大、希腊世界中人口最多的城邦的统治者。他在当时的希腊世界中引人瞩目,很有地位与名望,柏拉图也很愿意选择这样一位统治者来实现自己的政治理想。而促成他此行的动因又来自狄奥尼修一世的姻弟与大臣狄翁。柏拉图在南意大利讲学时就已结识年方20岁的狄翁,狄翁很赞同他的哲学、政治与伦理学说,以及他的关于理想城邦的政治设计,并且热情地表示要在自己的生活实践中实行这种理想。狄翁写信要柏拉图尽快去叙拉古,以说服狄奥尼修一世制定新的政制,励精图治。柏拉图和这位僭主会面时提出忠告:统治者施政不能只为了自己的利益,

---

① 柏拉图:《第七封信》,326B,载于《柏拉图对话全集·附信札》。

统治者应在道德上出类拔萃,这样才能更好地达到施政的目的。这位僭主其实专搞军事独裁又很贪婪横暴,忠言逆耳,他勃然大怒,斥责柏拉图:"你讲起话来像一个老糊涂。"柏拉图反唇相讥:"你讲起话来像一个暴君。"狄奥尼修一世大发雷霆,只是由于狄翁等人规劝才免于处死柏拉图,但唆使正在叙拉古的斯巴达使节波利斯将柏拉图带走,要他在归途中下手杀掉柏拉图。波利斯却将柏拉图送到他的出生地伊齐那,想借仇恨雅典人的伊齐那人之手杀他。不料伊齐那人被柏拉图受审时无所畏惧的从容神态所感动,只将他作为奴隶发卖,又幸亏居勒尼人安尼凯里出资赎出,将柏拉图送回雅典。①

在柏拉图建立学园 20 年之际,他写的《国家篇》已详致勾画出理想城邦的蓝图。公元前 367 年狄奥尼修一世被迦太基战败后去世,狄翁拥立他的儿子狄奥尼修二世继位。狄翁写信邀请柏拉图再次访问叙拉古,认为现有很好的机会,因为他在政府中已有很大的权力与地位,他扶植的新主年轻且堪造就,热心于哲学与教育,在他身上有可能实现培植哲学家兼大邦统治者的理想。柏拉图也觉得这是在法律和政治上实现他的理想的很好的试验机会,就以六十高龄的白首壮心,应邀重返叙拉古宫廷。起初狄奥尼修二世颇听柏拉图的教诲与建议,也写起一些哲学论文和诗篇,一时宫廷中学习哲学与数学蔚然成风。但好景不长,这位新主即位才四个月,就在他父亲的重臣的支持下和狄翁发生了尖锐的矛盾,公元前 366 年以谋反叛国罪放逐了狄翁。狄翁带着他的动产去雅典进入柏拉图学园,住了九年,和学园的成员过从甚密,密谋组织力量武装反对狄奥尼修二世。这时,身在叙拉古宫廷的柏拉图处境很危险,雅典甚至盛传他已被杀害。狄奥尼修二世知道伤害很有名望的柏拉图对自己不利,表面上装出还宠信柏拉图,实际上却将他软禁在城堡里。后来柏拉图的好友、塔壬同的执政者、毕达哥拉斯派哲学家阿尔基塔写信给

---

① 见柏拉图《第七封信》,327A—B,载于《柏拉图对话全集,附信札》;第欧根尼·拉尔修《著名哲学家的生平和学说》,第 3 卷,第 18—19 节。

狄奥尼修二世,敦促他放柏拉图回国,后者才终于允许柏拉图返回雅典。[1]

公元前362年,狄奥尼修二世又敦促柏拉图重返叙拉古,并称允许狄翁次年也回去。在狄翁的怂恿下,年迈的柏拉图第三次渡海去西西里,意图看看还有无政治试验的机会,结果很失望。他已看透这个僭主不是研习哲学的材料,也无意政治改革,他本来不抱多大希望的政治意图完全落空。他仍见弃于宫廷。在处理狄翁财产的纠纷和叙拉古发生武装骚乱两件事上,柏拉图的相左意见又激起了僭主对他的仇恨之心,僭主借庭院发现一具女尸为由,将柏拉图赶出城堡,柏拉图只得住到很不安全的城外。他修书给阿尔基塔等友人诉说危难的处境。阿尔基塔派外交使节来交涉,在他的帮助下,柏拉图才于公元前360年返回雅典,时年67岁。返回途中经过奥林匹亚时,他遇见狄翁,说到叙拉古的财产纠纷和自己的遭遇。狄翁决心武装远征复仇,民众也欢迎他回去推翻暴政,柏拉图则已无意介入。狄翁在一些柏拉图学园成员的支持下,征集了数千名雇佣军,于公元前357年进行远征,夺取了叙拉古的政权。但他也未能实现政治改革,却卷入和他的盟友赫拉克利德的权力斗争,他因财政困难征取重税,从而失去民众的支持,在公元前354年被暗杀。已是73岁的柏拉图,对自己政治理想的寄托者的死亡是很悲痛的。他为狄翁的失败辩护,说他本来可以为他的母邦带来正义的统治,只是由于那块土壤中的邪恶太根深蒂固了,所以遭到失败。[2] 其实,当时希腊各城邦也大都是这种积重难返的情况。

三次往访西西里及其政治试验的失败,使他的"哲学王"的梦想破灭了,但并没有使他放弃毕生为之奋斗、用自己的哲学与伦理改革城邦的理想。实践的教训使他的政治思想有所修正,在《国家篇》中他更强调"哲学王"的"人治"与"德治";他在垂暮之年写的最后一部长篇对话《法

---

[1] 见柏拉图《第七封信》,327E—330A,载于《柏拉图对话全集,附信札》。
[2] 见同上书,335E—336B,载于《柏拉图对话全集,附信札》。

篇》中,在固守"德治"的同时,并重地强调"法治"。

公元前 347 年,柏拉图在一次婚礼宴会上无疾而终,葬于凝聚着他后半生心血的学园里。

十多年后,他的弟子亚里士多德的学生马其顿王亚历山大,在完全征服希腊后挥师东征十年,历史转入希腊化文明时代,帝国型的大规模集权奴隶制取代了城邦奴隶制。然而,柏拉图的哲学与政治思想却永世长存。亚里士多德的《致欧德谟》中有对他老师的一首悼诗:

> 在众人之中他是唯一的也是最初
>
> 在自己的生活中,
>
> 在自己的作品里,
>
> 清楚而又明显地指出,
>
> 唯有善良才是幸福。
>
> 这样的人呵,如今已无处寻觅。①

四　著作和现代研究

柏拉图的大量著作以优美的对话文体写成。他有卓越出众的文学才华,所写的对话特别是早中期对话,不仅是深邃恢弘的哲理篇章,也是瑰丽璀璨的文学杰作,人物形象栩栩如生,情词并茂富有魅力,明喻、隐喻、讽喻、神话、寓言等俯拾即是,激情、幽默和学识交融一体,处处洋溢着才子气息。他的作品是希腊阿提卡文化的典范,在西方文学史上也有很高的地位。

第欧根尼·拉尔修记述,公元 1 世纪时亚历山大里亚的塞拉绪罗记载、分类的柏拉图著作,有 35 篇对话和 13 封信。② 这些著作都流传至今。经过古代注释家和近现代学者辨别真伪,已可确认其中 27 篇对话

---

① 耶格尔:《亚里士多德:发展史纲要》,罗宾逊英译,第 106—107 页,牛津,克拉伦登出版社,转引自汪子嵩等《希腊哲学史》第 2 卷,第 618 页,人民出版社,1993。

② 见第欧根尼·拉尔修《著名哲学家的生平和学说》,第 3 卷,第 59—61 节。

和部分书信是柏拉图的真作。柏拉图的著作在古代以埃及莎草纸本流传,在中世纪以羊皮纸本流传,最早的铅字印刷本是 1513 年在威尼斯出版的希腊文《柏拉图全集》,按公元 1 世纪德拉西卢编定的 36 种著作排印。1578 年有斯特方在巴黎出版的希腊文版全集的页码和分段,为以后各国学者公认并采用。本书引用柏拉图著作注明出处时也用这个标准的分段。现今流传较广的柏拉图全集英译本有三种:乔伊特 1871 年出版的牛津版 5 卷本;伯里、肖莱等译的 12 卷"洛布古典丛书"希腊文和英译对照本;美国的汉密尔顿、凯恩斯汇编各家较好的译文,于 1963 年出版了普林斯顿版的《柏拉图对话全集,附信札》。

柏拉图的著作是在长期的学术生涯中陆续写成的,他早期以阐发苏格拉底的思想为主,中期逐渐形成自己的成熟思想,晚期又扩展、深化与修正前有的思想,所以他的早期、中期和晚期著作体现了他的思想演进过程。从 19 世纪下半叶至 20 世纪上半叶,不少西方学者根据文体风格与语言、古代著作的证据、对话中涉及的历史人物与事件、对话中互相涉及的内容等四个方面,对柏拉图对话的顺序与分期有不同看法,但大多数学者接受了康福德和他的学生格思里的分期意见。我们也据此将柏拉图的对话篇分为三期:

早期对话 11 篇:《申辩篇》(*Apology*)、《克里托篇》(*Crito*)、《拉凯斯篇》(*Laches*)、《吕西斯篇》(*Lysis*)、《卡尔米德篇》(*Charmides*)、《欧绪弗洛篇》(*Euthyphro*)、《大希庇亚篇》(*Greater Hippias*)、《小希庇亚篇》(*Lesser Hippias*)、《高尔吉亚篇》(*Gorgias*)、《伊安篇》(*Ion*)、《普罗泰戈拉篇》(*Protagoras*)。它们属于"苏格拉底的对话",内容主要记述苏格拉底被审判和在监狱时的论说,阐发了苏格拉底在运用对话辩证法中对勇敢、友爱、自制、虔敬、美与善的"普遍性定义"学说,以及他的理性主义的道德哲学和对智者派的尖锐批判,也表现了他的文艺与美学思想。当然,经过柏拉图的理解与加工,这也就成为柏拉图自己的早期思想,或者说体现了师生两人共同持有的思想。

中期对话 8 篇:《欧绪德谟篇》(*Euthydemus*)、《美涅克塞努篇》

(*Menexenus*)、《克拉底鲁篇》(*Cratylus*)、《美诺篇》(*Meno*)、《斐多篇》（《论灵魂》，*Phaedo*）、《会饮篇》(*Symposium*)、《国家篇》（《理想国》，*Republic*）、《斐德罗篇》(*Phaedrus*)。前 3 篇分别阐发了苏格拉底对智者的诡辩所作的逻辑批判、他的政治理想和语言哲学思想，还属于"苏格拉底的对话"，但也表现了柏拉图向理念论思想的过渡。后 5 篇对话则表明柏拉图已经形成了以理念论为核心的自己的哲学体系，深刻阐述了理念论哲学、政治哲学、伦理思想、教育思想与美学思想。《美诺篇》与《斐多篇》是柏拉图开始系统论述理念论哲学的作品，《国家篇》则是他综合各方面成熟思想的集大成的代表作，对了解与研究他在中期的完整思想最有意义与价值。

晚期对话 8 篇：《巴门尼德篇》(*Parmenides*)、《泰阿泰德篇》(*Theaetetus*)、《智者篇》(*Sophist*)、《斐莱布篇》(*Philebus*)、《蒂迈欧篇》(*Timaeus*)、《政治家篇》(*Statesman*)、《克里底亚篇》(*Critias*)、《法篇》(*Laws*)。柏拉图晚期的思想多有变化，主要是：将理念论深化、修正为一种互相有辩证关系的范畴系统，即"通种论"（前 4 篇对话）；建立了一种理性神创造世界的宇宙论（《蒂迈欧篇》）；承继、发展与修正《国家篇》的思想，在坚持"德治"的同时并重地强调"法治"，比较现实地具体制定了城邦国家的政治、法律、教育、宗教与文艺体制（后 3 篇）。这些对话表明柏拉图对自己的学说也有自我批判精神，追求真理精益求精，不断深化自己的学说。这些晚期著作文风有变，比较艰深，不像以往的对话那样生动活泼；苏格拉底作为对话主角逐渐淡化甚至不再出现，往往是另有主要对话人直接发表柏拉图的长篇理论。

除了黑格尔的《哲学史讲演录》和策勒、冈珀茨、耶格尔、格思里等人的多卷本希腊哲学史对柏拉图有重头研究外，近现代西方学者对柏拉图的专门研究汗牛充栋、不可胜数，有不少著名的研究专家和颇有影响的著作；现代西方一些主要哲学流派的代表人物，则注重用自身的哲学观点来理解与解释柏拉图，也出了一些颇有影响的专著。

在"我注六经"的古典学式研究中，出了较多的名家、名著。

　　英国历来是古典学式研究柏拉图的重镇。19世纪英国著名古典学者格罗特著有12卷《希腊史》，是传世巨著；他又撰写了3卷本《柏拉图及苏格拉底的其他友人》，有丰富的研究资料。在20世纪前期，英国学者伯奈特所著《希腊哲学：第一部分，从泰勒斯到柏拉图》、《柏拉图主义》，泰勒所著《柏拉图其人及其著作》，都是功力细致、颇有深度的力作，虽然两人主张柏拉图对话中凡是苏格拉底之口所说的内容都是夫子自道的思想，但这并不为其他多数学者所赞同。英国著名希腊哲学专家康福德对柏拉图中后期几篇重要对话作了译注，疏义精深，可帮助深化理解原著，有《柏拉图的认识论：〈泰阿泰德篇〉和〈智者篇〉》、《柏拉图的宇宙论：〈蒂迈欧篇〉》、《柏拉图和巴门尼德》、《柏拉图的〈国家篇〉》。罗斯由讲演改定成书的《柏拉图的理念论》(1951)对20世纪上半叶的柏拉图哲学研究作了概括，并着重对柏拉图的后期思想和不成文学说进行了研究。菲尔德所著《柏拉图和他的同时代人》，较透彻地论述了柏拉图哲学的时代与文化背景；他撰写的通俗读物《柏拉图的哲学》在读者中广为流传。

　　在现代美国，著名希腊哲学专家彻尼斯所著《亚里士多德对柏拉图和学园的批判》、《早期学园之谜》(1945)，对一系列问题特别是对"不成文学说"提出了独特的见解。芬德莱(J. N. Findlay)的专著《柏拉图：成文和不成文学说》以及此书的缩写本《柏拉图和柏拉图主义》认为不成文学说是柏拉图的成熟思想。前书载印了两个有价值的附录：(1)英译亚里士多德及古代作者关于柏拉图口头演讲的资料；(2)批判彻尼斯对这些资料的观点。美国著名的希腊古典哲学专家弗拉斯托斯发表过两部有影响的著作(《柏拉图研究》和《柏拉图的宇宙》)以及一系列论文，并主编了2卷本的《柏拉图：批判论文集》，第1卷讨论形而上学和认识论，第2卷讨论伦理学、政治学、艺术哲学和宗教。

　　在现代德国，斯坦策尔(J. Stenzel，1883—1935)是著名的柏拉图研究学者，撰写过《希腊古代文化》、《教育家柏拉图》、《柏拉图和亚里士多德论数和形》、《柏拉图辩证法发展研究：从苏格拉底到亚里士多德》(英译本改名为《柏拉图的辩证方法》)、《古代形而上学》等。他对柏拉图的研究致力于"历史的批判",认为不能只根据对话形式考察柏拉图的思想发展,更应研究其中的哲学内容。里特尔(C. Ritter)所著《柏拉图新探》和 2 卷本《柏拉图:生平、著作、学说》,以及后一部著作的缩写本《柏拉图哲学精华》(有英译本),也较有影响,它们对柏拉图的早期伦理学以及中后期的本体论、认识论和逻辑学等思想都作了系统的论述。弗里德兰德(P. Friedländer,1882—1968)的代表作 3 卷本《柏拉图》,反对从近现代的哲学观点或体系去解释柏拉图,主张完全根据古代的本来面目去理解柏拉图的对话,但也注意研究柏拉图对现代哲学的影响。德国的图宾根(Tübingen)学派(代表人物有 J. 克莱默尔、G. 盖塞尔等人)特别重视研究柏拉图的不成文学说,认为"理念数"学说不仅是柏拉图哲学的最后阶段,而且贯穿全部柏拉图哲学。这个学派的思想在法国、意大利也较有影响。

法国的希腊哲学专家罗斑著有《柏拉图》,认为柏拉图的前期对话是以优美的文笔表达了基本上属于苏格拉底的思想,但他也重视表达柏拉图自己学说的后期对话。在意大利,柏拉图研究当然也是热点,论著迭出,如 20 世纪初较有影响的著作有龙巴尔朵-拉地切(G. Lombardo - Radice)的《论柏拉图相对论的进展》和珀尔达切(G. B. Bertazzi)的《柏拉图唯心论生成史》;五六十年代则有夏伽(M. F. Sciacca)的 2 卷本《柏拉图》,还有迪亚诺(C. Diano)的《柏拉图哲学中的物质问题》,意欲重建宇宙的数学模型。阿多诺的译注《柏拉图政治对话》有广泛影响,他在 1984 年还出版了《柏拉图哲学导论》。

现代西方一些重要流派的哲学大家,根据本学派的视野来论述柏拉图,也成为柏拉图研究的一个重要方面,从中既可见他们的独特理解,也可从他们如何将柏拉图学说纳入自己的哲学体系中看出柏拉图至今的深远影响。这里仅简介三例:

新康德学派中的马堡学派创始人柯亨(H. Cohen,1842—1918)在《柏拉图的理念论和数学》中,认为"理念"和具体事物并不是分离的,反对亚里士多德的有关的"分离"说。此派的重要成员那托普(P. Natorp，1854—1924)在他的《柏拉图的理念论：唯心主义导论》和演讲集《关于柏拉图的理念论》中，也认为柏拉图的"理念"是思想的纯命题，是将现象分类的方法和规律，是判断真理的标准，认为柏拉图用"分有"叙述事物和理念的关系是表明逻辑判断中的主、谓项关系。他们都认为柏拉图的理念只存在于具体事物以内，和许多学者根据亚里士多德的说法，认为柏拉图的"理念"是和具体事物分离的客观实在的观点相对立，这就引起柏拉图研究中的"内在说"和"外在说"的争论。

当代法国的哥尔德施米特(V. Gold－Schmidt，1914—1981)运用结构主义的方法研究柏拉图，著有《论〈克拉底鲁篇〉：柏拉图思想发展史研究》、《论柏拉图的对话：其结构及其辩证方法》、《柏拉图辩证法中的范式》、《柏拉图与现代思想》等。他强调对柏拉图的原著文本进行结构分析，从中把握其深层意义。他认为对每篇对话的构成方式加以剖析，可以发现它们都贯穿着同样的辩证法程序，即分为四个层次：一是先通过常见的表象提出问题，二是根据某些标准对问题进行初步限定，三是探讨问题的本质并给出初步答案，四是达到对话者之间深层意义的共识。

当代德国哲学解释学的创立者伽达默尔很重视用解释学的观点与方法研究柏拉图，著有《柏拉图的辩证伦理学》、《柏拉图和诗人》以及由八篇研究柏拉图的论文合成的《对话和辩证法：八篇对柏拉图的解释学研究的论文》，颇有影响。他在这些解释学范式的著述中，既在当代视野中提出了许多研究柏拉图的新理解、新见识，也将这种研究作为阐发、应用与扩展他的解释学的有机内容。

中国老一辈学者在20世纪20年代起就陆续翻译、介绍柏拉图的一些对话篇，如吴献书译《理想国》(1920)，张师竹等译《柏拉图对话集六种》(1933)，郭斌龢(即郭斌和)、景昌极译辑《柏拉图五大对话集》(1934)。新中国成立后又有严群译《泰阿泰德·智术之师》(1963)，朱光潜译《文艺对话集》(1963)，郭斌和等译《理想国》(1986)。2003年则出版了王晓朝译的 4 卷本《柏拉图全集》。

中国的柏拉图研究就深度而言,当首推老一代著名专家陈康(1902—1992)。20 世纪 20 至 30 年代他在德国深造时师从斯坦策尔和哈特曼,在柏拉图研究中,既不同意以策勒为代表的实在论见解,也反对那托普的新康德主义解释,主张根据柏拉图原著的论证作历史的、批判的解释。他译注的杰作《巴曼尼得斯篇》以大量有独到之见的注释,对解读柏拉图的最艰深的对话作出了创造性的贡献,在国际学术界享有声誉。他也接受耶格尔的观点,用发生学方法研究柏拉图和亚里士多德,研究成果见《智慧:亚里士多德寻求的学问》和论文集《论希腊哲学》。他的最后一部英文专著《“相”的知识的获得——柏拉图在〈斐多篇〉、〈会饮篇〉和〈国家篇〉诸中心卷中的方法论研究》,是他去世后在斯图加特出版的。中国近 20 多年来柏拉图研究也有进展,如范明生出版了《柏拉图哲学述评》,汪子嵩等著《希腊哲学史》第 2 卷也主要研究苏格拉底和柏拉图。

第二节　前期理念论

理念论是柏拉图的哲学体系的核心。柏拉图在他建树的理念论中表达了对世界存在的普遍本质的看法和知识论,并据以论述他的社会伦理道德学说与政治哲学、教育思想、审美思想、宇宙论和法哲学思想等,从而建立了西方哲学史上第一个知识内容极为丰富的体系化哲学,几乎涵盖了当时知识的各门类,在哲学各分支领域也都有许多创造性的或合理的见解。虽然理念论本质上是一种客观唯心主义哲学,但我们不可简单化地小看它、贬斥它。可以说,它是在希腊古典文明中生长成的一颗光彩夺目的认识硕果。

柏拉图的早期著作在主要阐发他的老师苏格拉底的哲学思想的同时,孕育了理念论思想。他的中期著作特别是《美诺篇》、《斐多篇》和《国家篇》,表达了趋于成熟的理念论。他的后期著作对理念论在自我批评中有重要的修正与完善。

"理念"这个范畴，希腊文是 idea 与 eidos。它源自动词"看"的名词化，指"所看到的东西"。之后演化出多重含义，包括形式与形状、种与类、概念与观念等。在早期自然哲学家恩培多克勒与德谟克利特等人的著作中，此词指自然事物的"显形"、"形状"等。而柏拉图用此词表述他的哲学的基本范畴又有其特定含义，是指通过理智与理性把握的关于存在的永恒、绝对的本质，是知识的对象，他将这种思想、概念所把握的存在的普遍本性或本质、绝对真理，对象化为一种客观的实在。可以将它理解为精神性的客观实体，但不能将它理解为存在于个人的主观心灵中的东西（概念、观念）。古代新柏拉图主义者和中世纪的一些哲学家将柏拉图的理念解释为神的心灵中的概念，后来就一直将他的理念理解为人的主观精神性的东西、主体认识中的概念与观念，直至 20 世纪前 idea 与 eidos 的英译文都是 idea（观念）。20 世纪的一些西方希腊哲学史家认为这种译法是不确切的，因为柏拉图所说的 idea 与 eidos 是一种客观的实在，如罗斯赞同德国学者里特尔对柏拉图使用这两个词的细致分析，认为它们表述的完全是客观的实在，不依靠我们对它的思想，而 idea 的英译是远离柏拉图的单纯实在论的思想的。[1] 罗斯等人将 idea 和 eidos 解释为与人的理性、理智毫不相干，这也有片面性。现在的英文翻译和著作一般都将柏拉图的 idea 和 eidos 译为 form（形式），这"形式"和亚里士多德的本体性主要范畴"形式"有根本区别，但也有某种思想上的联系。

长期以来，柏拉图的这个范畴有不同的中译。最早时根据传统英译翻译为"观念"，现已无人采用。20 世纪 30 年代郭斌龢等译的《柏拉图五大对话集》中译为"理型"或音译为"埃提"。而后来长期通行的译法是"理念"。陈康在他译注的《巴曼尼得斯篇》中论析了一些译法的不确切，主张将柏拉图的 idea 与 eidos 翻译为"相"，如今国内一些学者采用此译。吴寿彭在翻译亚里士多德的《形而上学》时，则将 idea 与 eidos 译为"意

---

[1] 见罗斯《柏拉图的理念论》，第 14—15 页，牛津，克拉伦登出版社，1976。

式"与"通式"。罗念生还主张将它们译为"原型"、"模式"等。① 本书仍
采用约定俗成的通用译法"理念",认为它并不违背柏拉图使用此范畴
的原义,可解释为:"理"是客观实在之"理",而这种将理智与理性对象
化的实在,又是要通过来自"普遍性定义"的概念去把握的,"理念"将
两重含义都表达了。这和黑格尔的"绝对理念"有相通之处。eidos 有
时也可在理念的含义上译为"型相",作为形象的表述。当然,我们应
避免将柏拉图的"理念"简单化地理解为主观的观念,它本质上是一种
将理智和理性对象化的、精神性的客观实在,是他对存在的普遍本性、
本质的最高概括。

　　柏拉图的前期理念论,有一个从萌发、形成和达到成熟的过程。现
在,我们就在剖析这个思想的过程中,论述他的前期理念论是如何产生、
深化并不断丰富其内涵的。

一　理念论的渊源

　　亚里士多德在《形而上学》第 1 卷中论述了早先希腊哲学思想的进
展、柏拉图哲学和它们的思想关系。他指出:

　　　　在我们已经提到的这些体系以后便是柏拉图的哲学,他在许多
方面是追随这些思想家的,但又有不同于意大利学派的哲学的特
点。因为他在年轻时就熟悉克拉底鲁和赫拉克利特的学说,即认为
一切可感觉的事物永远处于流动状态,关于它们是不能有知识的。
这些观点他一直坚持到晚年。苏格拉底忙于研究伦理问题而忽视
了作为整体的自然世界,只在伦理中寻求普遍的东西,开始专心致
志寻求定义。柏拉图接受他的教导,但是认为不能将它应用在感性
事物上,只能应用于另一类东西。理由是:可感觉的事物总是永远
在变动中的,所以共同的普遍的定义不能是任何感性事物的定义。

① 有关各家对柏拉图的 idea 与 eidos 的中文翻译的具体见解,参见汪子嵩等《希腊哲学史》第 2
卷,第 656—661 页,人民出版社,1993。

这另一类东西他就叫做"理念"(idea),他说感性事物是依靠它们并以它们命名的,众多的事物是由"分有"和它们同名的"理念"而存在的。①

亚里士多德在同书的另一处说,苏格拉底的普遍性定义没有和具体的可感知事物分离(也就是说对感性事物可作普遍性定义),柏拉图的"理念"则是和具体的可感知事物分离的实在,成为超乎感性事物的"另一类"实在。

从亚里士多德的这段论评中可以察知,柏拉图的理念论在深入反思、推崇人的理性思维中探究存在的普遍本性,以客观唯心论的形态,综合、吸取了早先主要的希腊哲学思想。它和早先希腊哲学有多重的思想渊源关系。

理念论中划分"现象世界"与"理念世界",并力图使二重化世界有所统一,这可以说是对早期希腊哲学两大哲学传统的综合。

在伊奥尼亚传统的自然哲学中,赫拉克利特的学说对柏拉图较有影响,使他肯定了流动变易的现象世界。他年轻时就接受了赫拉克利特和克拉底鲁的学说,认为一切可感觉的事物永远处于流动变易状态,这运动变化的现象世界是存在的,是感觉的对象,不是知识的对象,但和形成知识仍有关。他没有像爱利亚学派那样绝对否定存在是运动的。对于阿那克萨戈拉的"努斯"这个精神实体的运动本原,柏拉图在《斐多篇》中认为它很重要,但不彻底,于是批判地加以吸取。他晚年在《法篇》中论述理性神时,认为完善的最高存在是有运动、有生命、有理性、有思想的神。所以,亚里士多德说他晚年仍坚持赫拉克利特等人的运动学说。

南意大利传统的哲学对他的影响更大。柏拉图游历南意大利时就结识了毕达哥拉斯学派的阿尔基塔,还见过菲罗劳斯和欧律托斯,他对毕达哥拉斯学派的学说很熟悉,在《国家篇》中说毕达哥拉斯本人的生活

---

① 亚里士多德:《形而上学》,987a29—b14,载于《亚里士多德全集》。

方式受人尊敬。① 毕达哥拉斯学派的数的范型说、对立的和谐说、宇宙论及其奥菲斯宗教传统的灵魂不朽说,被吸收来成为他的理念论哲学体系的重要内容;柏拉图后期与其学园中关于"理念数"的"不成文学说",更见毕达哥拉斯学派的深刻影响。爱利亚学派的哲学无疑也是理念论的重要渊源。在《泰阿泰德篇》中,已是柏拉图代言人的苏格拉底说:"巴门尼德在我眼里,正像荷马所说是可敬可畏的。"②巴门尼德强调理智思维才能把握存在的本质,这是理念论的基本立论方式。从某种意义上说,理念就是在理性把握的本质实在意义上打碎了的巴门尼德的"存在"即"一"。柏拉图后期在《巴门尼德篇》、《智者篇》等著作中,正是在批判地扬弃巴门尼德的"存在"中,对他自己的前期理念论作出了修正与发展。在他的后期对话《蒂迈欧篇》中,恩培多克勒的四元素、毕达哥拉斯学派的"数"和原子论关于粒子的几何形式也规定粒子性质的见解,都成为他的理念论的宇宙创造说的必要环节。

柏拉图创立理念论,和苏格拉底的哲学一样,有"拨乱反正"的理论背景,而且更为严整、深入地批判了当时盛行的智者派的感觉论相对主义哲学。特别是一些后期智者,认为人只是依据个人的感觉来判断所感知的现象,真理因人而异,提出幸福就是实现自我欲望的快乐、强权即正义、弱肉强食为自然法则等霸权政治原则,这些理论被从事侵伐争霸的城邦统治者所奉行,加剧了希腊城邦的危机,败坏了社会道德风气。柏拉图建立理性主义的理念论哲学,旨在倡导严整、确定的政治伦理与道德价值,也是为了破除智者派哲学造成的文化危机与价值混乱,这是他力图重振希腊城邦的必要环节。

柏拉图的理念论显然是直接继承与发展他的老师苏格拉底的哲学而形成的。苏格拉底的哲学变革集中表现在呼唤人要"认识你自己",着手建立一种人的哲学,发挥人的理智能力和道德本性,确立合乎理性的

---

① 见柏拉图《国家篇》,600B,载于《柏拉图对话全集·附信札》。
② 柏拉图:《泰阿泰德篇》,183E,载于《柏拉图对话全集·附信札》。

道德价值体系；他运用一种逻辑分析的对话辩证法，探讨勇敢、友爱、自制、虔敬等道德概念的"普遍性定义"，用这种定义揭示一类事物的共同本质。柏拉图推进、开阔了这种哲学变革，又有大手笔的修正。他的理念论是直接从苏格拉底的"普遍性定义"学说演变而成的，就是将概念的定义即思想所把握的事物的本质和具体事物"分离"开来，成为独立的客观精神实体；他的理念论本质上是一种开掘理智本性的"人的哲学"。苏格拉底主要忙于在伦理道德领域探讨"普遍性定义"，柏拉图则将理念学说运用和贯穿于自然、社会、人生与文化的各领域，形成一种完整的哲学体系。而他的同理念论密切相关的社会政治与伦理道德思想，和苏格拉底的有关学说也是一脉相承的，并且有重大的发展。

二 从《美诺篇》的回忆说看理念论最早产生于对先验知识的寻求

《美诺篇》①是柏拉图中期对话中最早的一篇，和他最后的早期对话《普罗泰戈拉篇》相衔接，探讨相似的主题即"美德是否可教"。但在此篇中，通过苏格拉底和青年美诺的对话，柏拉图已开始提出自己的理念论思想，论述了寻求美德和一切知识的定义就是寻求理念，理念就是从"普遍性定义"而来；而学习知识就是"回忆"（启发）灵魂先天固有的理念。这表明理念的提出有着探求先验的确定知识的动因，后来才在世界普遍本性的"存在论"层面展开，但也始终是和知识论与灵魂学说紧密交织在一起的。

在这篇对话中，柏拉图借苏格拉底之口寻求美德的定义，肯定了美德就是知识，并进一步明确指出，这种作为定义性知识的美德是一种理念："美德也是这样，不论它们有多少种不同，但它们成为美德，总有一种

---

① 一些学者认为《美诺篇》是《普罗泰戈拉篇》的续篇，是介于柏拉图的早期和中期对话之间的著作，但较多学者认为在此篇中柏拉图已初步形成自己的理念思想。此篇中参与对话的共有四人，但主要是苏格拉底和美诺讨论美德、知识和学习就是回忆的问题。美诺是帖撒利地区的拉利萨人，是个颇自负的贵族青年，受智者思想熏陶。色诺芬在《远征记》中记载他后来在出征时被波斯俘虏并处死。

共同的'理念'，要回答什么是美德的人必须着眼于这一点"①。柏拉图不再局限于伦理性的定义，而是将把握理念的定义性知识推广到一切知识领域，认为不仅美德是如此，寻求任何其他事物的知识也是要把握这类事物的"理念"（型相）。他以健康为例："只要是健康，不论是在男人或在任何别人身上，总是有一个相同的理念的"②。柏拉图还运用当时所达到的科学知识来说明自然领域中这种把握理念的定义性知识，比如形有平面和立体，它们的界限便是形；他用恩培多克勒的流射说来界定颜色，认为颜色便是从和视觉相应的形状中流射出来的，是视觉所看到的东西。③由此可见，柏拉图提出把握理念的定义性知识，也是有当时的科学知识背景的。

　　由上可知，柏拉图最早形成理念思想，是直接来源于苏格拉底的"普遍性定义"，寻求定义性知识是形成理念思想的原动力。他的老师虽已有理念思想的雏形，但主要仍限于获得表现在具体事物中的"普遍性定义"知识，柏拉图则开始将这种"普遍性定义"对象化为规定事物本性以及和具体事物相分离的另一类客观实在，但他在《美诺篇》中还未明确探讨理念和具体事物的关系。他强调这种理念来自从"多"中求"一"，它是一类事物的共同的特性或因素；它不是具体事物中一些性质的集纳，而有整体性、完整性，必须先认知、把握这种作为共同本性的整体规定，然后才能认识它的分属部分（如美德中的正义、勇敢等）以至具体的个别事物。那么，对于这种在具体事物之"先"的理念，究竟如何获得、认知与把握呢？柏拉图提出了他的著名的"学习就是回忆"说。

　　柏拉图接受了毕达哥拉斯学派和恩培多克勒的灵魂不朽说，但没有大事渲染灵魂轮回转世的思想，而是主要用来论述理念和知识的先验性。他说："既然灵魂是不朽的，可以不断重生，并且它已经在这个世界以及别的世界中获得了一切事物的知识，所以它能回想起先前已经知道

① 柏拉图：《美诺篇》，72C—D，载于《柏拉图对话全集，附信札》。
② 同上书，72D，载于《柏拉图对话全集，附信札》。
③ 见同上书，76A—D，载于《柏拉图对话全集，附信札》。

的有关美德和别的事物的知识,这是不必惊奇的"。因为"整个自然是同类的,灵魂已经学习到一切事物",所以,只要人们有足够的勇气去探求知识,就能通过灵魂的"回忆"发现所有的知识,"因此探求与学习并不是别的,不过就是回忆"。①《美诺篇》中的苏格拉底通过画图步步启发一个童奴从无知而得知比某个正方形面积大一倍的正方形的边长是多少,说明学习知识就是回忆灵魂中早已潜在的知识。回忆的希腊文 anamnesls中的 ana 有"自下而上"或"上升"的意思,mnesls 则有"察觉"、"意识"、"回忆"等含意。柏拉图所说的回忆,是指通过启发提升灵魂的自我意识,来察觉、重新发现灵魂中早已潜在的知识,从而把握理念。这种知识是一种潜意识,一种灵魂所固有的潜在的"天赋观念",它不是直接从外部世界的经验中得来的,人们对外部世界的感觉经验最多只能对理智的启发起些辅助作用。就知识论而言,这是一种较素朴的先验论。而它的目的,是为了通过知识的先验性,论述理念的先验实在性。

　　柏拉图的回忆说,在某种意义上讲是对苏格拉底的助产术说的修正。两者在探求、获得知识的方法上有相似性,都是运用包含逻辑分析与论证的对话辩证法,苏格拉底着重对伦理概念进行逻辑分析,而柏拉图还从几何学引入"假设"的方法,用未被证明的基本前提(实为公理、定义)作为出发点来进行推理与论证。两者又有不同。苏格拉底的助产术说满足于获得"普遍性定义"的知识,没有追究人的心智中孕育知识的终极根源,而且它有较浓重的"归纳"成分,没有完全切断理性知识和感知经验的联系。而柏拉图的回忆说,则将定义性知识明确界定为一种灵魂早就固有的先验知识,主要靠纯理智的"回忆",它和感知经验没有认识来源的联系,他还将这种定义性知识对象化为一种客观实在的实体。这和柏拉图将苏格拉底的"普遍性定义"推进为理念论这种关于存在的普遍本性的学说,也是一致的。

　　但柏拉图认为,"回忆"式的学习,并不是一蹴而就可立即获得把握

---

① 见柏拉图《美诺篇》,81C—E,载于《柏拉图对话全集,附信札》。

理念的知识,人在求知过程中常会经历一个"真意见"(orthe doxa,正确的意见;或 alethedoxa,真的意见;或 doxa ara alethes,行将成为真理的意见)的阶段形式。在巴门尼德的存在哲学中,"意见"和"真理"(aletheia)是截然对立的,意见不是真的,这种两分法显然将人的认识简单化了。柏拉图虽然后来也一直将世界二重化为"现象世界"和"理念世界",但在他的哲学中这两个世界还是连接的。就认知而言,他在《美诺篇》中开始将"意见"和"真理"沟通起来。他主张真意见也是正确的,和真知识一样有用,可为人们提供正确的指导。但真意见尚未达到对存在的因果本性的把握(这对把握理念是决定性的),所以它有或然性,以它为指导的行动不是必然能成功的,"只是有知识的人总是能成功,而有真意见的人只能有时成功,有时失败"。[1] 柏拉图认为两者既有区别,又有从真意见转变为和通达真知识之途。他用雕刻师代达罗斯在雕像中安装了一个奇怪的机关使它能转动,来比喻真意见不牢靠:"真意见是美好的,当它和我们在一起时它会做各种好事,但是它不会长期停在那里,它会从人心上跑掉。所以除非你用因果推理将它拴牢,不然它是没有多大价值的。""这个过程就是回忆。真意见一旦被缚住了便变成知识,就稳定了。这便是为什么知识比真意见更有价值的理由,将它们两者区别开来的就是这种拴缚。"[2]回忆就是从真意见上升为理念性知识的过程,而其关键在于运用因果推理来把握事物的普遍、必然的原因与本性,因为理念与知识不是把握事物的一般的共同特性,而是深入把握事物的因果性的普遍本质。但柏拉图此时对从意见上升为知识的认识过程还未展开论述,后来在《国家篇》和《泰阿泰德篇》中才作了更深入、细致的阐发。之后,亚里士多德在《论题篇》中论述凭借辩证法所获得的意见可通达真理,则是修正、改造了拉图的关于意见与真理的学说。

---

[1] 见柏拉图:《美诺篇》,97C,载于《柏拉图对话全集,附信札》。
[2] 同上书,97E—98A,载于《柏拉图对话全集,附信札》。

三 《斐多篇》中趋于成熟的理念论

《斐多篇》是柏拉图的中期著作,和他的《国家篇》同等重要,标志着柏拉图的理念论已开始趋向成熟。它记述了苏格拉底在雅典狱中服毒就死以前,和他的弟子斐多等人的最后一次谈话[1],从哲理上论证了灵魂不灭和哲人对待生死的问题,故其副标题为《论灵魂》。而其主要内容,实际上也同灵魂问题相关。虽然公元前 2 世纪斯多亚学派的代表人物帕奈提乌和近代以来的一些西方学者曾怀疑《斐多篇》的真实性,但历来绝大多数学者还是肯定它是柏拉图的中期代表作。泰勒认为这篇对话是苏格拉底在临死前和他的亲密友人谈话的"准确记录"[2],这并不确切,因为柏拉图在此篇对话中展示的颇有思辨深度、已臻成熟的理念论,已经超越了苏格拉底本人的思想。

苏格拉底面对将临的死亡并不悔惧,视死如归,他坚信死亡会使他的灵魂从玷污它的肉体中解脱出来,直面把握正义自身、美自身、善自身(柏拉图常用"X 自身"表述"X 理念")和其他无法感知的理念,认知真正的实在,获得真正的知识与智慧。在柏拉图的这篇对话中,灵魂不朽及回忆说同他的理念为先验知识说,是互为循环论证的。

柏拉图将灵魂看做生命和认识的原则。他接受了毕达哥拉斯学派和恩培多克勒的灵魂不朽与轮回以及净化灵魂的思想,也认为肉体的欲望玷污、束缚了灵魂,并更强调感觉、欲望等阻碍了灵魂凭纯思想回忆先验性知识与理念这种实在,而净化也是一种纯知识性的净化,以知识为

---

[1] 参与这场对话的人不少,都是苏格拉底的学生和老朋友,可谓他临终前最后的研讨性聚会。主要对话者斐多是埃利斯人,约生于公元前 417 年左右,被俘到雅典做奴隶,由他人为他赎身获得自由,后成为苏格拉底的忠实弟子;苏格拉底死后他回到原籍,建立阐扬苏格拉底伦理学说的埃利斯学派。另两位和苏格拉底讨论问题的主要人物是底比斯人西米亚斯和克贝,他们也热衷于研讨苏格拉底思想,柏拉图在《克里托篇》中曾提到他们愿意提供资财帮助苏格拉底越狱;他们在对话中就灵魂不朽问题向苏格拉底提出诘难。

[2] 泰勒:《柏拉图其人及其著作》,伦敦,梅苏恩出版公司,1927。

美德的道德价值体系要摆脱肉体的感觉与情欲的束缚。① 所以,他的灵魂不灭论和净化说没有毕达哥拉斯与恩培多克勒那样浓重的宗教色彩,而更具哲理性。他对灵魂不灭论并不流于传统的信仰与宣述,而是将早先希腊哲学中的"对立"学说运用到"生"与"死"的问题上,从对立面的相互转化来论证:一切生成与变化都是由对立的一方转向对立的另一方,如冷与热、大与小、睡与醒、美与丑、正确与错误等,生与死亦然;一切对立中都有两个相反的转变过程,一切生命体都有由死到生、由生到死的循环相反过程,否则就没有变化着的世界存在了。由此得出结论:人死后,作为生命与认识实体的灵魂转入另一个世界,继续存在,并仍可回到现世而生。② 灵魂在那另一个"世界"直接观照真正的实在即理念,获得先验性知识。所以,柏拉图是用灵魂不灭论证有永恒不灭的理念存在。柏拉图在此篇对话的最后,虽然宣述了传统宗教特别是奥菲斯教的不同灵魂有在地狱或天堂的不同轮回的说法,但他实质上景仰的是"理念世界"的"天国",这表现了当时希腊古典哲学家在哲学与宗教问题上的矛盾心态:他们要用自己的哲学将传统多神教改造成理性一神论,建立哲学神学,但又囿于传统宗教的强大习惯势力,只能顺应传统多神教的现状。

另一方面,柏拉图又发挥在《美诺篇》中已提出的回忆说,用灵魂能通过回忆获得先验的关于理念的知识,来论证灵魂是永恒存在而不会毁灭的。他虽用日常生活中对具体事物的回忆来喻说,但已不是简单地将对理念和知识的回忆看成一种完全脱离感知的神秘启发,而是也肯定感觉在认识过程中有一定的作用。在他看来,感觉有两重性。他既说肉体的感觉妨碍我们认识真理③,但又明确地说除非通过视觉、触觉或其他感觉,我们得不到"相等"自身(理念)的知识,可感事物和感知在回忆中起有"提醒"的启发作用。罗斯说得对:柏拉图在"论述我们得到知识的过

① 见柏拉图《斐多篇》,69D—E,载于《柏拉图对话全集,附信札》。
② 见同上书,70C—72D,载于《柏拉图对话全集,附信札》。
③ 见同上书,65A—B,载于《柏拉图对话全集,附信札》。

程中,感觉和理性的合作是正确的。他主张感性事物所以能够启发我们认识'理念',只是因为我们先就已经知道'理念'的存在①。在确认只有理性才能把握绝对存在的真理这点上,柏拉图继承了巴门尼德的思想,但他没有将身体与灵魂、感知和理性截然对立,而是承认感知在启发理智、把握理念而形成知识的过程中有一定的作用,之后在《国家篇》中更发展出意见和知识的四阶段认识过程说。对话中的苏格拉底认为,灵魂在人死后依然存在,保持能动的理智力量,免受肉体玷污,能更清纯地观照永恒、神圣、不朽的实在,达到"与神同在"的境界。因而,在某种意义上可以说,如果以正确的方式追求哲学,也就像他那样能易于面对死亡,这就是"实践死亡"的意义。② 大约当时有些毕达哥拉斯学派的人(可能是从事生理与医学研究的成员)认为,灵魂依附于身体,身体死了,灵魂也就消失了。对话中的西米亚斯就诘难苏格拉底:身体如琴弦,灵魂如弹奏琴弦而有乐音,琴弦若断裂,不复有乐音,所以身体死亡了,灵魂就消失。这类似于中国古代范缜在《神灭论》中提出的"形神相即"思想。苏格拉底的回驳并不有力,只是仍用回忆说表明人生前死后、灵魂进出于身体都拥有理念这种终极的实在来回答,并说这就要涉及更复杂的事物生灭的原因问题。③

在此篇对话中,柏拉图已明确指出理念和具体事物是两类不同的存在,而理念才是绝对的、真实的实在,如具体事物的"相等"是近似的,有不相等的成分,而"相等"自身即"相等"理念却是绝对的,毫无不相等的成分。他在将理念和现象世界的具体事物作比较中,展开论述了理念的特性。具体事物和作为"自身"的理念虽是同名,但有五点根本区别:(1)理念是单一的、同一的,不是组合成的;而具体事物是组合成或混合成的,不是单一的、同一的。(2)理念是不变的,具体事物是经常变化的。(3)理念不可见、不可感觉到,只能由思想把握;而具体事物是可见、可感

① 罗斯:《柏拉图的理念论》,第25页,牛津,克拉伦登出版社,1976。
② 见柏拉图《斐多篇》,80E—81A,载于《柏拉图对话全集,附信札》。
③ 见同上书,92D,95E,载于《柏拉图对话全集,附信札》。

觉到的。（4）理念绝对自身同一，是纯粹的；具体事物总是相对而不纯粹的。（5）理念是永恒、不朽的；具体事物不是永恒的，总是要毁灭的。①柏拉图将人的理智把握的具体事物的普遍本性即本质规定，对象化为和具体事物分离的另一类实在，并认为它们是绝对、真实的实在，这就是理念的根本特性所在，也是柏拉图的客观唯心论的根本所在。将普遍性定义所形成的概念和具体事物"分离"开来，对象化为实在，使世界二重化，这正是柏拉图的理念论和苏格拉底的"普遍性定义"相区别的关键所在。灵魂和作为具体的现象事物的身体也有类似的区别。观照、拥有理念的灵魂也最像理念这种实在。灵魂也是神圣的、不朽的、理智的、单一的、不可分的、不变的东西；身体则相反，它更像人间的、有死的、杂多的、可以分解的、永远变动的事物。② 当灵魂和身体同在时，灵魂应统治和主宰身体，犹如理念规定、支配现象世界的具体事物。

柏拉图进而论述理念和世界上具体事物的关系，认为理念是最强、最高的"逻各斯"，就是说理念是具体事物赋有某种本性或特性的原因与目的，如美自身、善自身、大自身是具体事物所以美、善和大的原因。"美"的理念是一切美的事物所以是美的唯一真实的原因，而不是美的颜色或形状造成的。如果用有着相对性的质料来说明美的本性，就会造成混乱。他认为，有某种本性或特性的具体事物是因为"分有"了某理念，才成为有某种本性或特性的事物，如美的事物、善的事物、大的事物是由于分有了美自身、善自身、大自身，才成其所是。"分有"（metecho）通常有"分沾"，"分别参与、赋有"的含义，柏拉图借用它来说明相对、特殊的具体事物是分别呈现、表现了理念这种绝对的型相、逻各斯，才成其所是。如某人和第二个人比大一个头，和第三个人比又小一个头，在前一场合他之所以大，是因为分有了"大"的理念，在后一场合他之所以小，又是因为分有了"小"的理念。理念绝对自身同一，不容相反者，所以不能

---

① 见柏拉图《斐多篇》，78C—79D，载于《柏拉图对话全集，附信札》。
② 见同上书，80B，载于《柏拉图对话全集，附信札》。

说此人同时分有"大"和"小"的理念。有些事物在本性上只能分有某种理念,如分有相反的理念就不成为此事物了,如雪只能分有冷的型相,如果容纳热的型相就融化而不是雪了。1、3、5 之类的数总是分有"奇数"的理念,2、4、6 之类的数总是分有"偶数"的理念。具体事物本性的变化,是所分有的理念发生了置换效应。这种具体事物和理念的"分有"关系,实质上是理念这种"共相"在原因与目的的意义上,对具体事物的本性或特性逻辑在先的关系,而不是我们如今所说的普遍性(共相)寓于特殊性之中,并非理念直接和具体事物结合在一起。

据以上所述,也就好澄清一个有所争议的问题:从具体事物和理念的分有关系,如何理解具体事物和理念相分离?亚里士多德指明,柏拉图的理念已和具体事物分离开来。一些学者则根据回忆说来论评理念是和具体事物分离的另一类实在。如康福德说:"显然灵魂在出生以前的分离存在也就意味着它的知识对象[理念]的分离存在。"①罗斯也认为:回忆说既然承认灵魂在生前存在,那么"它明显地包含有'理念'分离存在的思想,'理念'并不是以它的不完善性体现在可感事物之中,而是以它的纯粹性分离地存在的"②。格思里指出,对亚里士多德归于柏拉图的分离说唯一持怀疑态度的是陈康。③ 陈康的博士论文《亚里士多德论分离问题》对希腊哲学中的种种分离问题作了细致研究,认为《斐多篇》中的理念论是一种目的论,美的事物以美的理念为理想的目的,努力追求它,要达到它,所以理念和具体事物之间有完备与不完备之间的"距离",有程度或性质的差别,但不是空间的距离,不像是两个具体事物之间的空间上的分离。④ 其实,这两种见解是可以综合而不对立的。陈康并非对亚里士多德的论评持不同意见,而是对"分离"作出了新解释。他从目的论角度说得在理,不能将理念这另一类实在和具体事物的"分离"

---

① 康福德:《柏拉图和巴门尼德》,第 75 页,伦敦,保罗-特伦奇-特鲁布纳出版公司,1951。
② 罗斯:《柏拉图的理念论》,第 25 页,牛津,克拉伦登出版社,1976。
③ 见格思里《希腊哲学史》第 5 卷,第 60 页注 1,剑桥,剑桥大学出版社,1978。
④ 见柏拉图《巴曼尼得斯篇》,陈康译注,第 373—375 页,商务印书馆,1982。

简单地理解为现实空间中的分离;理念是一种对象化的精神性的客观实在,不能以现实的时空关系来理解它们和具体事物的分离,而应把它们看做具体事物的目的、原因,是在逻辑上先于具体事物的本原性的客观实在。赋有永恒"生命"本性的不灭的灵魂,可以和这种精神性本原世界同在,也可以在学习中通过启发"回忆"重新在现实世界中把握它。

柏拉图在《斐多篇》中,从理念论来论述世界上变化万千的事物存在和生灭的原因,探讨这个早期希腊自然哲学的根本问题,已鲜明地表现了一种目的论思想。苏格拉底已提出宇宙是理性神按照善的目的来设计的思想。柏拉图则将它具体发展成为万物在变化生灭中以追求(也是一种摹仿)理念为目的的学说,而最高目的是最高理念"善"。这种目的论批判地终结了早期希腊自然哲学,和早先用自然物质元素来说明万物存在和生灭的本原的学说是完全不同的。他批判了灵魂和谐说(即主张灵魂由身体中的元素组合而成,也自然分解而消亡)[1],强调是灵魂主宰身体而不是由身体规定灵魂。对话中的苏格拉底(也代表柏拉图自己)曾研究了种种自然现象和自然哲学,不得要领,"这些本来似乎合理的看法现在也模混不清了"[2]。他说正当他遇到这些困惑感到无法解决时,听说阿那克萨戈拉的书上写着努斯是安排一切的原因,非常高兴,觉得努斯应当将宇宙万物安排得最好,便急忙找书来念,可是他完全失望了,发现这位哲学家并不用努斯,而仍用气、以太、水等作为安排事物的原因;他认为用种种自然物质性的东西难以解释万物的真正原因,如苏格拉底自己弯身坐在牢狱中待刑和谈话,这种目的性行为不是用骨肉构成、声音和听觉所能说明其真实原因的。[3] 这里,他确实揭示了早先自然哲学难于解释人的自觉活动和社会生活的短处。他批评以前有些自然哲学

---

① 灵魂和谐说原是从阿尔克迈恩的平衡学说演化而来的一种当时流行的思想。阿尔克迈恩从医学上认为人类疾病是由于人体内的各种能力的不平衡而产生的,只有得到平衡才能得到健康,这个"平衡"也就是和谐;并且他认为人的思想中枢在脑。
② 柏拉图:《斐多篇》,96A—D,载于《柏拉图对话全集,附信札》。
③ 见同上书,98B—99B,载于《柏拉图对话全集,附信札》。

家关于天体的看法:有些人认为天是一个漩涡,绕着地转,地是固定不动的;又有些人认为地是扁平的槽支撑着天。他说,他们从来没有想到,将天地等安排成现在这个样子的,是一种要将它们安排得最好的力量,是神的力量。[1] 但柏拉图所主张的目的论,已不是一种简单的多神教意义上的神意目的论,或按照神意目的的宇宙设计论。在他那里,在理性神和现实世界之间,有一个理念的中介,万物首先以追求理念为内在目的,而就世界全体而言则追求最高理念"善",这种内在目的论已蕴涵着"善"就是理性神。

四　《国家篇》中系统的理念论

《国家篇》(中文译本也译为《理想国》)[2]是柏拉图在思想成熟的中期写下的最著名的一部代表作,是他中期哲学思想的集大成之作,也是他的思想从早期、中期至晚期演进中的承前启后之作。这部篇幅宏大的名著,针对城邦奴隶制危机时期的现实政治与社会文化问题,以理念论为核心,设计了一个以"正义"理念为哲学与政治伦理基础的理想城邦国家,意图挽救危亡中的希腊城邦国家。《国家篇》表明柏拉图的前期理念论已经成熟、深化,并且开始成为一种体系化的哲学理论。一方面,他将理念论运用于理想城邦国家的设计,使它成为这种设计的理论核心与哲学基础;理念论贯穿于社会政治思想、伦理道德学说、文化教育思想、艺

---

[1] 见柏拉图《斐多篇》,99B—C,载于《柏拉图对话全集,附信札》。

[2] 除王晓朝近译的 4 卷本《柏拉图全集》(人民出版社,2002—2003)中有《国家篇》外,过去的中译本有三种:一是吴献书译的《理想国》,商务印书馆 1929 年出版,1957 年重印,首次将这部对话引入中国,颇有贡献。但是此译本较早,文字与某些术语有点古奥。二是侯健译的《柏拉图理想国》,台北联经出版事业公司 1980 年印行,是根据乔伊特的英译本转译的,有不少词语与术语的翻译不同于大陆通行的译法。三是郭斌和、张竹明译的《理想国》,商务印书馆 1986 年出版,是根据希腊文本并参考七种英译本译成的,文字明白晓畅,术语比较规范,读来容易理解。这部名著的书名,其希腊文的原意是"国家"(城邦国家),本书用《国家篇》之名;而上述译本根据书的内容即柏拉图设计的一个理想的城邦国家,将书名译为"理想国",也是切合书的原意的。

术与审美思想中,有了更为开阔、丰满的内容。另一方面,理念论哲学自身也得到深化、系统化,不再停留在根据较简单的回忆说对先验的理念范畴作界定与论证,而是构建了一个由最高理念"善"所统摄、普照的理念"王国",并且剖示了世界(包括现象世界与理念世界)的基本结构,还相应地细致研究了人为获得知识而应有的认知结构和必经的认识阶段。就是说,理念论哲学自身已经形成比较完整的本体论与认识论。这主要表现在以下三个方面。

(一)善的理念统摄理念世界——太阳比喻

柏拉图根据正义理念设计出理想的城邦国家。他同时指出:统治者必须进而把握"善"这个最高的理念,因为"善的理念是最大的知识问题,关于正义等等的知识只有从它演绎出来的才是有用和有益的";不知善的理念,拥有再多的知识也没有任何益处,就像拥有任何其他东西而不拥有其善,就没有任何益处。[①] 从苏格拉底时代以来,善是各种哲学学派争论的一个主题。苏格拉底认为善是理性与人生的最高目的,也是天地神人的秩序与规则;他所说的善虽已涉及善的本体论意义,但没有明晰地展开,它主要还是最高的道德范畴。柏拉图则发展了苏格拉底的善的目的论思想,把善看做理念世界中统摄一切的理念,是一切理念的最高原因,从而使他的理念论得到深化与系统化。善不仅是伦理意义的最高范畴,在本体论和认识论意义上也是最高范畴。善是全部理念得以成立并有益、有用的最高原因,从而也是决定现象世界的最高原因;善使理念世界和现象世界有序列,成系统,形成等级结构,全部理念也就成为一种秩序或体系;善又是人透过现象把握本质、认识理念世界的最高动因与目的。所以,柏拉图强调,对城邦统治者来说,把握比正义更高的善,才是治理好城邦的根本。

善究竟是什么呢? 一种比较高明的说法认为善是知识,但又说不清这种知识指什么。对话中的苏格拉底用著名的"太阳比喻",来喻说它是

---

① 见柏拉图《国家篇》,505A—B,载于《柏拉图对话全集·附信札》。

理念世界的最高统摄者、全部世界的生命力的本源。他说：人看东西时，眼睛中有视觉，还有被看到的对象，但只有太阳的光将两者联结起来，使视觉成为一种射流，才能看到对象。太阳不仅是视觉的原因，又是万物包括视觉对象产生、成长和得到营养的原因，所以太阳可以说是善在可见的现象世界的"儿子"，最像善。相似的，善就像是理念世界中的太阳。只有在"善"照耀时，人的灵魂中的理性能力才能认知理念的真理、真实的存在，才能获得知识；当灵魂转而去看暗淡的生灭世界时，就只能得到"意见"了。善不仅使灵魂获得理智的认知能力，使知识对象即理念得到可知性，而且是使理念产生和成为真实存在的原因，所以它在地位与能力上都是高于其他一切理念的。[①] 总之，就像太阳是统治可见的现象世界之"王"，善是统治可知的理念世界之"王"。[②] 善处于理念金字塔的顶端，统摄、贯通于全部理念，是构建整个理念世界的内在动因和全部理念所追求的终极目的。因而，它也是整个宇宙、世界万物的内在动因与终极目的。实际上，柏拉图将善这个最抽象的哲学范畴，对象化或异化为一种独立的精神实体，就是一种非人格化的理性一神了。所以国外有的学者如凯尔德(E. Caird)认为，"柏拉图是思辨神学的奠基人"[③]。

(二) 世界和认识系列的四级别——线段比喻

柏拉图进而将全部世界(包括可见的现象世界和可知的理念世界)区分为四个级别，用一条线的分段来代表它们，这就是有名的"线段比喻"：这条线先分成长短不相等的两部分，短的部分表示可见的现象世界，长的部分表示可知的理念世界；然后，在这两部分中，各以和前面同样的长短比例再分为长短不相等的两部分，表示可见世界和可知世界中各有两个真实性程度不同的构成部分。如下图：

---

① 见柏拉图《国家篇》，508D—509B，载于《柏拉图对话全集，附信札》。
② 见同上书，508D—509D，载于《柏拉图对话全集，附信札》。
③ 凯尔德：《希腊哲学家中的神学演化》第1卷，第171—172页，格拉斯哥，麦克莱荷塞出版社，1904。

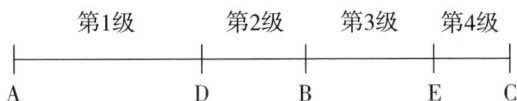

其中，BC 是可见的现象世界，AB 是可知的理念世界。可见的现象世界有两个级别：EC 是最低级的"影像"，BE 是现象世界中的实物。可知的理念世界也有两个级别：DB 是数理对象的理念，AD 是更高层次的哲理理念。柏拉图说理念世界线段长于可见世界线段，比喻前者的真实性高于后者；他说影像（EC）和实物（BE）之比等于可见世界（BC）和理念世界（AB）之比，等于数理对象的理念（DB）和哲理理念（AD）之比，无非是用线段的长短比例来喻说它们的真实性程度不同，并非用数学等式表示其他神秘的含义。

在可见的现象世界中，最低级的"影像"（第 4 级），指物体在阳光下的阴影、在水中或镜子里反射出来的影子，或其他类似的东西。柏拉图认为文艺作品的内容只是摹仿实际的事物，也将它归属于最低级的影像。高于影像的是实物（第 3 级），就是指一切自然界的事物和人造事物，柏拉图并不否定实际事物的真实性，并不将现实世界都看成是虚妄的。

他说可见世界中的实物相对于理念世界而言，也只能算是"影像"，因为它们是"摹仿"或"分有"理念才成其自身的，理念是更真实的存在。在理念世界中，较低的是数理对象的理念（第 2 级）。这里说的数理对象不只是数学对象，实际上包括算术、几何学、天文学、谐音学等，等于当时的全部自然科学。它有两个特点：（1）还要借助于实物作为"影像"来表达自身，如要画出三角形、写出数字，以摹仿手段来表示实际上不可见的"三角形"与"数"的理念（它们的定义）。（2）对它们的研究，"只能由假设出发，而且不是由假设上升到原理，而是由假设下降到结论"，"从这些假设出发，通过首尾一贯的推理最后达到他们所要追求的结论"。[1] 数理科

---

[1] 见柏拉图《国家篇》，510B—D，载于《柏拉图对话全集，附信札》。

学的理念或知识,要先有诸如"偶数"与"奇数"、"各种图形"、"三种角(锐角、钝角、直角)"等等的假设(定义)作为基本前提,才能通过演绎推理出结论来。后来亚里士多德建立了逻辑学,更准确地说明所有的证明科学的知识体系都是以定义与公理为基本前提建立的演绎推理系统。柏拉图还没有形成系统的逻辑理论,但已经体察到数理科学中的逻辑思想特点。数理对象的理念或知识,还不能突破或超越那些"假设",上升到绝对原理即哲学原理。

可知的理念世界的高级部分(第1级)则是哲理理念。它是"逻各斯[理性]本身凭借着辩证的力量"而达到的理念与知识。这里的假设不是用做"原理"(基本前提)而下降推演结论,而是用做起点上升到绝对原理(高层次的哲学范畴),然后又可根据绝对原理下降到依然是哲理性的结论。关于哲理理念的把握,不再需要借助于任何感性事物来表示自身,而只使用理念,从一个理念进向另一个理念,最后还是归结为理念。① 柏拉图说的这个高级的理念部分,其实就是哲理范畴系统,要靠他的"辩证法"来把握;它和数理对象的理念的关系,也就表征哲学范畴和科学概念的关系,他认为前者是比后者更高的实在。但是,在《国家篇》中,柏拉图对高级的哲理理念部分即哲学范畴系统,还没有具体展开探讨,他在后期的《巴门尼德篇》等对话篇中,对一与多、动与静、同与异等等抽象的哲学范畴才作了深入研究,对他的中期的理念论有自我批判与修正。

相应于全部世界的四个级别,柏拉图将人的认识即"灵魂状态"也区分为四个级别。对于可见的现象世界的认识都是尚无确实性的"意见",它包括两个级别:最低级的对"影像"的认识是"想象",对"实物"的认识是"信念"。对于可知的理念世界的认识才是确实性的知识,它也包括两个级别:对数理对象的理念的认识是"理智",对哲理理念的认识是"理性"。这样,柏拉图将人的认知的灵魂状态辨析为四个认识的阶梯,将人的认识展示为由低级至高级、由现象深入本质的循序渐进的过程。他正

---

① 见柏拉图《国家篇》,511B—C,载于《柏拉图对话全集,附信札》。

是根据这种认识进程来制定理想城邦的教育体制和教学课程的。

（三）灵魂的转向——洞穴比喻，数理知识和辩证法

柏拉图认为灵魂本身就具有一种认知能力，学习的器官就好比眼睛，教育的目的就是使整体的灵魂"转离变化的世界"，从"黑暗转向光明"，得以正面观看实在，直至观看实在中"最明亮"的"善"。① 这种灵魂转向说和柏拉图早先提出的学习是回忆说，都主张获得知识并非靠外部灌输，而要靠灵魂固有的认知能力；但回忆说还是比较简单的先验知识论，灵魂转向说则根据人的认识从低级向高级的进程，形成了一种比较系统的、合乎逻辑的知识论。

柏拉图认为，受过教育而获得关于实在的理念知识和没受过教育而沉沦在阴暗的可见现象世界，两者有本质的区别。为了说明这一点，他提出了一个很有名、很形象的"洞穴比喻"：设想有一个很深的地下洞穴，有些人从小就全身被捆绑在洞穴中，他们的头被绑着不能转动，只能看着洞穴的后壁，他们背后有东西燃烧而发出火光，在火光和囚徒之间有一道矮墙像是演傀儡戏的屏幕。有人举着器物或制作的假人假物沿墙头走过，像演傀儡戏那样，囚徒们看到火光投射在洞壁上的傀儡的阴影，以为这就是真实的事物。如果有一个囚徒被解除桎梏，转身抬头看望火光，会感到闪耀炫目，产生剧烈的痛苦，分不清实物和影子哪个更真实。如果有人将此囚徒硬拉上陡峭崎岖的坡道，走出洞外，见到真正的阳光，会满目金星乱蹦、金蛇狂舞，一时看不清真实存在的事物。他需要一个逐渐习惯的过程，先看阴影、水中倒影、夜间天象如月光与星光（柏拉图用来比喻实物是理念的影像），然后他才习惯于看阳光下的真实事物，最后他才看到太阳本身，认识到正是太阳"造成四季交替和年岁周期，主宰可见世界的一切事物"，它是万物的原因。②

柏拉图说，那个囚徒即使在洞穴里时已获得尊荣，当他看到太阳和

① 见柏拉图《国家篇》，518B—D，载于《柏拉图对话全集，附信札》。
② 见同上书，516C，载于《柏拉图对话全集，附信札》。

真实存在后,也决不会再愿意回到洞穴里去,如再回去,眼睛会漆黑一团,洞穴里的其他囚徒反而会认为他的眼睛变坏了。如果他要将已安于既有习惯的囚徒们释放并拉到洞外去,他们甚至会杀掉这位已获真知、反叛习惯意见的先知先觉者。

柏拉图用这个洞穴比喻,来说明他的关于认知与教育的学说。他将洞穴比喻为可见世界,其中的火光就是现象世界中的太阳的能力;将从洞穴上升外出到洞外看到真实的事物,比做灵魂转向,从可见的现象世界上升到可知的理念世界;他将可知的理念世界中要花很大努力才能最后看到的太阳,比喻为最高的"善"的理念。它就像是可见的现象世界中的太阳,是"创造光和光源者",它"就是一切事物中正确者和美者的原因","它本身就是真理和理性的决定性源泉;任何人凡能在私人生活或公共生活中行事合乎理性的,必定是看见了善的理念"。①

在柏拉图为理想城邦国家设计的教学课程中,把握抽象理念的数理科学知识的教育是灵魂转向的提升力。他说,数理科学不是产生与制造具体事物的实用性技艺,因为后者还只关涉人的意见与欲望;他说的数理科学是指当时的基本自然科学,特别是他很重视的数学,而能成为灵魂转向的提升力的,又是这些自然科学的理论知识层面,而不是应用性的部分。为了使灵魂逐步提升,最终能达到把握哲理理念的辩证法境界,柏拉图依次设计了五门数理科学知识课程的教学:算术、平面几何、立体几何、天文学、谐音学。可以说,它们涉及当时自然科学的前沿内容。例如,当时立体几何已开始作为一门独立的学科兴起,公元前5世纪德谟克利特已研究圆锥体的定理,柏拉图学园中的泰阿泰德和其他一些学者对立体几何已展开研究。柏拉图说这门学科还没有得到很好的发展,那是因为研究它很有难度,没有一个城邦重视它;也因为很难有这方面的导师指导研究,不易有人肯虚心学习。柏拉图呼吁研究这门学科,不光是为了灵魂转向,也因为他以敏锐的见识看出这门学科和天文

---

① 见柏拉图《国家篇》,517C,载于《柏拉图对话全集,附信札》。

学密切相关,有长远的发展前景。

　　凭借数理科学知识的助力,综合、贯通在学习上述五门课程中所获得的数理理念,灵魂就得以上升到最高境界的"辩证法"。辩证法是最高级的教育与训练,它使人能凭借理性把握最高实在的哲理理念,包括理念世界的"太阳"即"善",因而对全部理念实在有了贯通全体的哲学知识。所以,对话中的苏格拉底说:"辩证法像拱顶石一样,被放在我们教育体制的最上头",标志着教育课程的完成。① 柏拉图所说的辩证法,既是指他的教育体制中的最高阶段,也是指对最高的哲理理念的把握,即他说的"理性的知识",有别于"理智的知识"即数理知识。他在后期对话篇中将辩证法规定为研究最普遍的哲学范畴及其关系的学问,其具体内容对自己中期的理念论有所自我批判与修正,但就研究哲理理念而言,他后期所说的辩证法和《国家篇》中所说的辩证法还是相通一致的,只是《国家篇》中的辩证法还没有对哲理理念展开系统研究,他的后期对话篇则对普遍的哲学范畴作了深入的系统研究。

　　《国家篇》中所说的辩证法有以下四个要点,表明它是把握最普遍的哲理理念的知识:

　　第一,辩证法无须借助任何感官知觉、感性事物,只是运用灵魂中的最高级的理性部分,通过推理与逻辑论证认识事物的本质,最终把握理念世界的顶峰——"善"。② 就是说,辩证法不像数理知识那样,还需要感性实物作为自身的"影像"即参照物,而可以由理性的思想这种逻各斯,凭借逻辑分析与推理论证,通过纯概念的推演,直接洞悉事物的普遍本质,把握善的理念。它就像是后来亚里士多德所说的第一哲学或形而上学知识。

　　第二,辩证法使用独特、唯一的研究方法,"能够不用假设而一直上升到第一原理本身,以便在那里找到可靠的根据"③。柏拉图在这里所说

---

① 见柏拉图《国家篇》,534E,载于《柏拉图对话全集·附信札》。
② 见同上书,531E—532B,载于《柏拉图对话全集·附信札》。
③ 同上书,533C,载于《柏拉图对话全集·附信札》。

的"假设",就是指一门学科推演其全部知识的基本前提,它主要是公理、定义,也可以是由哲学或其他普遍性程度较高的学科提供的基本原理。它之所以被称为"假设",因为它不是这门学科自身所能证明的,但又是这门学科推演证明知识的出发点,所有的数理科学知识都是需要这种"假设"作为基本出发点来推演知识的。辩证法则研习最普遍的哲理理念,它们是最普遍的范畴,是不需要也不可能用某种"假设"为前提来推演的,它们是靠理性能力直接把握的"第一原理",即事物的最普遍的本质。辩证法的知识倒可以作为其他学科推演知识的"假设"即基本前提。

第三,辩证法把握的哲理理念有最普遍、确实的实在性,高于数理理念。对柏拉图的理念论而言,更普遍的本质就更有实在性。辩证法不靠任何假设而洞悉事物的最普遍的本质,所获得的哲理理念自然有最高的实在性。与之相比,数理科学知识把握的理念局限于特定领域,而且不能靠自身论证、说明所使用的"假设",所以,它们还只能算是向往地"梦见这种实在"。①

第四,辩证法能把握有别于其他一切事物的最高的理念"善",能给其他一切事物下定义。就是说,根据最普遍的善自身,可以洞悉任何特殊事物的本质,可以用真实的知识而非意见,正确地考察与论证全体事物,把握事物的全局。②

总之,辩证法能把握最普遍的实在即哲理理念,洞察全体事物的本质。至此,柏拉图设计的认知与教育进程,就是灵魂转向,从包括想象、信念的意见,提升为理智(把握数理知识),再升华至理性(掌握辩证法)。感性认识本是理性认识的来源,柏拉图的认识论有将两者割裂、源与流倒置、夸大理性认识而贬低感性认识的偏颇。不过,他描述人的循序渐进的认识进程是由感性认识到理性认识,由意见到知识,由理智的数理科学知识进向理性的哲学知识,也有合理性。

---

① 见柏拉图《国家篇》,533B,载于《柏拉图对话全集,附信札》。
② 见同上书,534B—C,载于《柏拉图对话全集,附信札》。

第三节　后期理念论

　　柏拉图的前期理念论将理念和具体事物"分离",实质上如后来亚里士多德所批评的,将世界二重化。由此造成现象世界与存在(理念)世界的割裂,而且孤立、静止的理念之间也是割裂而缺乏内在联系的;灵魂在把握理念世界的认识过程中,感知认识和理智认识也是断裂、脱节的。因而,前期理念论并不完善,存在着不少难以自圆其说的矛盾。而柏拉图在《国家篇》中提出的"辩证法"即把握最普遍的实在即哲理理念(不只是一个孤零零的"善"),实际上就是探究一些最普遍的哲学范畴,但也尚未具体展开。所以,柏拉图的后期理念论既是对他的前期理念论一以贯之的发挥,也包含着许多对他的前期理念论的自我批评与重要修正。此外,晚年柏拉图和他的学园的某些代表人物深受毕达哥拉斯学派影响,提出"理念数"的不成文学说,有将理念本身归结为纯数理的倾向。

　　柏拉图的后期理念论的主要特点是:对自己的前期理念论的内在矛盾与不完善作自我批评;发展他的"辩证法",探讨一些最普遍的哲学理念(范畴),将运动与联系的特征引入理念之间的关系,阐发了所谓的"通种论";在知识论上提出了"蜡版说"和"鸟笼说",打破了知识和意见绝对对立的界限,论述了从感知认识到理智认识的连续进展过程,超越了他前期的先验回忆说。虽然柏拉图的后期理念论并未完全摆脱"理念"和现实世界"分离"而产生的困难,后来仍受到他的学生亚里士多德的批判,但他将现实世界的运动与联系的特征引入理念世界,并以深刻的思辨首先尝试建立一种哲学范畴系统,这对后来亚里士多德建立自己的范畴体系有重要影响;而"理念数"的不成文学说,则表现了晚年柏拉图和老学园代表人物意图使最普遍的理念数理化,这和他的宇宙创生论有一致的联系,对晚期希腊与罗马哲学也有一定的影响。所以,只有了解柏拉图的后期理念论,才能完整地理解、把握他的发展着的理念论思想。

　　柏拉图的后期理念论思想主要表现在他的三篇对话中:《巴门尼德

篇》、《智者篇》、《泰阿泰德篇》；晚年柏拉图和老学园的不成文学说则是学园内秘传的口头研讨的思想，他的作为老学园代表的弟子的著作中也不见保存，现在只能从亚里士多德的《形而上学》等著作的有关批判中得知。

一　对前期理念论的自我批评

《巴门尼德篇》是柏拉图的一篇重要的后期对话，标志着他的理念论思想有了转折。这篇对话已从他的前期对话中以苏格拉底为主角、文风生动活泼，转变为少年苏格拉底做配角经受老巴门尼德的思想"考问"、文风变为艰涩的纯概念推演。[①] 这篇对话相当艰深玄奥，对它的理解与解释历来就很有分歧。陈康说："柏拉图的著作已几乎每篇是一个谜，或每篇至少包含一个谜了；然而《巴曼尼得斯篇》乃是一切谜中最大的一个"[②]。现代有两部书对《巴门尼德篇》各自作了全文翻译并作了细致的注释与深入的研究：英国康福德的《柏拉图和巴门尼德》(1939)，中国陈康译注的《巴曼尼得斯篇》(1944)。

对话分两部分，在第一部分中，柏拉图借老巴门尼德之口批评少年苏格拉底的理念论会遇到种种困难，从而毁灭辩证能力；在第二部分中，老巴门尼德引导少年苏格拉底进行思想训练，提出八组假设推演出不同结果，实质上已由此开始转向对最普遍的哲学理念(范畴)及它们之间联系的探究。现在多数学者认为第一部分中被批评的就是柏拉图自己的理念论；陈康则分析了少年苏格拉底的理念论和柏拉图在《斐多篇》、《国家篇》中的理念论的区别，认为少年苏格拉底的理念论只是代表当时柏拉图学派中有些人的观点。其实，少年苏格拉底论说中有所区别的内容

[①] 这篇对话通过三重转述，记述爱利亚学派哲学家巴门尼德、芝诺和少年苏格拉底之间的对话（第一部分）以及巴门尼德和少年亚利斯多特之间的对话（第二部分）。设置的对话应是在数十年之前，当然不是真实的历史记录，对话中巴门尼德、芝诺和少年苏格拉底所论述的，都是柏拉图"导演"的自己的思想演变之剧。
[②] 柏拉图：《巴曼尼得斯篇》，陈康译注，第7页，商务印书馆，1982。

不是根本性的,可能是在柏拉图学园中讨论过,也是从柏拉图的前期理念论中派生的,所以对话中批评的还是柏拉图自己的前期理念论,也是亚里士多德所批判的学园中"那些主张'理念'的人"的共同思想。

对话中批评柏拉图的前期理念论的要害,在于孤立、绝对、静止、割裂的理念与具体事物分离,因而也造成理念之间的割裂与分离问题。柏拉图借老巴门尼德之口作自我批评的内容主要有以下几点:

第一,难以用理念说明现象世界中的一切事物的普遍本性,因而也难以建立完整而有说服力的理念系统。少年苏格拉底提出的理念论主张有两类互相分离的存在,一类是具体事物,如木、石、人等,另一类是"理念"或"型"即"某某自身",后者又由最高理念"善"统摄,当是能说明世界万物的普遍本性,具体事物"分有"理念或"型"。应老巴门尼德要开一张理念"清单"的质询,少年苏格拉底举出有理念的东西包括:相反的东西,如类似和不类似、一和多、静和动、前和后、上和下、左和右、大和小等各有其理念;正义、美、善等伦理方面的东西肯定有它们的理念;人、水、火等具体的东西也应有其多中之一的普遍本性,也各有其理念。但是,追问那些没有价值的丑恶的东西如毛发、污泥、秽物等是否各有其"理念"时,苏格拉底说如果要肯定有这些东西的"理念"实在太荒谬了,但如果要否定它们也有困难,因此他遇到这些问题时只能逃避了。[①] 如果要确认理念能说明世界上一切事物的普遍本性,就要承认有丑恶东西的理念,以至更普遍地承认有和善、美的理念相对立的丑、恶的理念,但这和前期柏拉图的善所统摄的理念世界以及他的善的目的论思想,在根本上是相反的。和具体事物分离的理念包含着自我矛盾,失落了它的普遍性意义。

第二,说具体事物分有理念也会陷入自相矛盾。事物分有理念只有两种可能,或是分有整个理念,或是分有理念的一部分。如果是前者,因为事物是多数的,便必须有许多个供分有的理念,这和肯定理念是单一

---

① 见柏拉图《巴门尼德篇》,130B—D,载于《柏拉图对话全集,附信札》。

的(即多个同类事物只能有一个同名的理念)是自相矛盾的；如果是后者，也会自相矛盾，如说分有"大"的理念的部分，因为部分小于整体，它分有的便是"小"而不是"大"了。说分有"相等"理念的部分、"小"的理念的部分，都会陷入这种理念的悖论。[1]

第三，如果理念是独立于事物的分离的存在，就不只是世界的二重化，而且会导致无穷的"实在世界的叠加"。有许多大的事物在一起，就认为它们有一个同一的"大"的理念；再将这个"大"的理念和其他大的事物放在一起，又看到它们有一个共同的"理念"，这就是第二个"大"的理念；这样的过程可以无穷叠加出无数个"大"的理念。这也就是后来亚里士多德所批评的所谓"第三者"的论证的困难。

第四，如果理念是和具体事物相分离的、自在的"型"，人就根本不能认识它，理念世界和现实世界便根本不能发生认识关系。既然是两个分离的世界，任何理念都不在我们生活的现实世界中间存在，我们就不能认知它。在理念世界中"理念"和"理念"彼此发生关系，在我们的世界中这个事物和那个事物相互发生关系，但是我们世界中的任何事物不能和理念世界中的任何"理念"发生关系。我们世界中的奴隶不是"主人"理念的奴隶，主人也不是"奴隶"理念的主人；"主人"理念只和"奴隶"理念发生关系。[2] 由此推出结果：现实世界中的知识以现实存在的具体事物为对象，认识的主体是人；理念世界中的知识以"理念"为对象，认识的主体是神。人不能认知理念包括美自身、善自身，神不能认知现实的具体事物。这样，理念论就不能成立，就没有存在的意义了。

柏拉图在《巴门尼德篇》中批评少年苏格拉底的"分离"说是主张理念和事物在空间上分离的独立存在，这也就是所谓理念的"外在"说。他意识到原来的理念论有产生这种分离而造成种种困难的危险，在这点上

---

[1] 见柏拉图《巴门尼德篇》，131A—E，载于《柏拉图对话全集，附信札》。
[2] 见同上书，133A—134A，载于《柏拉图对话全集，附信札》。

他想修正自己原来的学说了。① 他修正的趋向是理念的内在化,就是认为理念作为事物追求的目的,作为事物的普遍本性,应是在事物之内的"型"。这种趋向,也使他能将现实世界的运动、联系的辩证特征,引入他探究的哲学理念(范畴)和它们之间的关系中。

在对话的第二部分,老巴门尼德引导少年苏格拉底进行研究哲学的思想训练,实质上就是柏拉图要在以理念的内在说为背景对他的前期理念论作修正并展开研究"辩证法"中,探究哲学理念(也就是一些最抽象的哲学范畴)之间的关系。其基本趋向不再是孤立、静止、割裂地论述理念,而是开始确认哲学理念包括对立的理念之间的动态的相互渗透、相互结合的联系,要结成哲学理念之间的动态的逻辑联系网络,曲折地表现世界事物的普遍联系。这为他在《智者篇》中提出"通种说"作了准备。

老巴门尼德根据"一"和"存在"(是)结合或不结合的关系,也就是根据肯定或否定所存在(是)的东西是"一",提出八个推论,各有其多样的意义:(1) 如果所是的东西是"一",那么"一"不是其他的东西;(2) 如果所是的东西是"一",那么"一"是其他的东西;(3) 如果所是的东西是"一",那么它是其他的东西;(4) 如果所是的东西是"一",那么它不是其他的东西;(5) 如果"一"不是所是的东西,那么所是的东西是其他的东西;(6) 如果"一"不是所是的东西,那么所是的东西不是其他的东西;(7) 如果"一"不是所是的东西,那么它是其他的东西;(8) 如果"一"不是所是的东西,那么它不是其他的东西。② 以上八个矛盾命题,表现了哲学理念不同的结合关系,实质上揭示出普遍哲学理念之间的矛盾、相反、相同、交叉的逻辑关系,曲折地反射出现实事物的错综复杂的普遍关系。

在这种推论的意义分析中,柏拉图还相关地提出、分析了一系列对

---

① 王太庆先生提供了这种看法,参见汪子嵩等《希腊哲学史》第 2 卷,第 870 页,人民出版社,1993。

② 见柏拉图《巴门尼德篇》,142B—166E,载于《柏拉图对话全集,附信札》。这里的译法与理解,参考、吸取了赵敦华《西方哲学通史》第 1 卷(北京大学出版社,1996)第 130—131 页的有关内容。

立的哲学理念(普遍范畴):一与多,同与异,动与静,整体与部分,有限与无限,时间的过去、现在与将来,产生与消灭,等等。它们是既对立又相互联结的,它们与对立又联结的"存在与非存在"(是与非是)交织在一起,可构成普遍哲学理念(型相)的错综复杂、互为联结的逻辑关系网络。这种哲学范畴互相蕴涵的动态关系,实质上反射出现实世界事物的动态的普遍联系。陈康就认为:这些"相"或范畴的结合就是"相"的集体或"范畴集体",构成个别事物,这是柏拉图的一个新的"相论"。① 柏拉图探讨这些普遍哲学理念及其关系,对后来亚里士多德对存在进行分类,提出范畴表和范畴系统的学说,是有启发作用的。所不同的是,柏拉图还只是初步地、并不充分地探究这些哲学的普遍范畴,而且只是在他的"辩证法"中对哲学理念作纯概念的逻辑推演;亚里士多德则将对经验事实的概括和逻辑分析相结合,对哲学范畴作出了较全面、自觉、合理的构建。

在上述对立而又互相联结的范畴中,存在与非存在(是与非是)与所有其他对立范畴相关联而又有决定性意义,所以是最根本的范畴。柏拉图的前期理念论主张理念才是绝对的存在,流动变易的现象世界是非存在,因此存在和非存在是绝对对立、不相关联的,这和爱利亚学派的基本观点是一致的。但柏拉图要趋向理念的内在化,就不能否定多、运动和非存在,这样才能肯定理念内在化于其中的现象世界。所以他论证和主张存在与非存在也是互相渗透与联结的,存在既是存在的又是非存在的,非存在也是存在。这和高尔吉亚为反对爱利亚学派所作的存在同时又不存在的论辩,有异曲同工之妙,但柏拉图的论述并不导向怀疑论,而是为了论证理念及其内在的事物既是一又是多,既是静又是动,存在和非存在的普遍哲学理念有对立的同一性。

柏拉图主张非存在也是存在,在数学思想史中也有特殊的解释意义。毕达哥拉斯学派已经证明了一个关于"尺度"的基本命题,亦即一个

① 见柏拉图《巴曼尼得斯篇》,陈康译注,第309页,商务印书馆,1982。

正方形的对角线和其边长的单位是不可公度的,就是发现了一种作为"不可尺度的尺度"的"无理数"。这似乎是一种无理性的发现,但它却被整合入比例的世界。当时,柏拉图学园内部的数学家们对此大有争论。当代数学思想史家托特(Imre Toth)指出:在《巴门尼德篇》中,柏拉图既以优雅的风格又以细致的质疑来论述存在与非存在,承认非存在以这种或那种方式存在,"在比例的世界中,无理的比例的地位就是确实的非存在的地位",无理数就是一种"非存在"的存在;所以,通过解释发生在当时的几何学研究中的事件,柏拉图在《巴门尼德篇》中表演了"关于存在与非存在的美妙的形而上学之剧"。[①]

二　通种论

在《巴门尼德篇》中对前期理念论作自我批评和向内在的理念论转变的基础上,柏拉图在《智者篇》[②]中发展出一种"通种论",就是承认一些最普遍的哲学理念是互相结合、沟通与联系的,而不是互相分离、孤立与隔绝的。这种理念的"辩证法"是探究哲学范畴普遍联系的"辩证法",以很抽象的思辨折射出现象世界中具体事物普遍联系的辩证法。

《智者篇》首先讨论为智者下明确的定义。它通过持续划分、步步深究的"二分法",得出关于智者的七个定义:智者是猎取陆地生物的人,智者是贩卖德行知识的人,智者是零售知识的商人,智者是自己制造知识出卖又贩卖别人知识的商人,智者是在私人论辩中赚钱的人,高贵的智者是自称以辩驳来"净化"心灵的人,智者是制造幻象的魔法师和摹仿

---

① 见托特《解释:对欧几里得评释的经历》,载于《第欧根尼》(国际哲学与人文科学理事会季刊)中文版,总第 37 期,2003 年 6 月。

② 《智者篇》是柏拉图后期著作中的一篇重要对话,它的写作后于《巴门尼德篇》和《泰阿泰德篇》,其开头和《泰阿泰德篇》的结尾相衔接。古代的塞拉绪罗给《智者篇》加了两个副标题:"论存在","逻辑的"。对话中虽论及"二分法"这种并不严格、科学的下定义的方法,但主要内容是探究有关存在的一些哲学范畴的"通种论"。对话的主讲人是一位爱利亚来的客人,出自巴门尼德和芝诺的学派而又对爱利亚学派颇持异议,和他对话的是年轻的泰阿泰德。

者。① 柏拉图对当时的智者是大事抨击、贬斥的。但他提出的作为划分方法的"二分法",没有关涉事物本质的前后一致的划分标准,而有任意性,甚至定义对象也并不是完全确定的;再说,划分这种逻辑方法可以是寻求事物的定义的一种辅助手段,但不是揭示事物的本质属性的定义本身。所以,柏拉图还没有达到逻辑学中严格的关于定义的认识,后来亚里士多德建立逻辑学,才有严格、科学的定义论。但柏拉图说智者是制造幻象的魔法师和摹仿者时,涉及真实存在和幻象亦即存在和非存在的关系,由此引出讨论关于存在的普遍哲学理念的"通种论",这是《智者篇》中最重要而深有意义的主题。

柏拉图回顾、总结了先前希腊哲学家们对于"存在"的看法,将他们归结为两大倾向:一种倾向主张存在是有形体的、实物性的东西;另一种倾向主张存在是无形体的、理性的原理(包括灵魂与心智)。他用希腊神话故事来借喻,将这两种对立的倾向称为巨人和诸神的斗争,这大约是对自然唯物论和唯心论倾向之争的最早指谓。柏拉图则提出试图统一两者关于存在本性的看法:"任何一个有影响他物的力量的东西,或被他物影响的东西,无论作用的时间怎样短暂,作用与效果怎样微弱,都有真实的存在;我认为,关于存在的界定简单说来就是能力。"②柏拉图认为存在是主动和被动的作用能力,我们不应将它理解为一种古代的"唯能论",实质上,他是出于内在的理念论,修正了他前期的孤立、静止、割裂的理念论,要将运动、作用、联系与互为影响的现象世界的特性纳入他的理念世界。他意图在更新的理念论的基础上,消融赫拉克利特和巴门尼德的对立,填补"变动"和理智所把握的不动的"存在"之间的鸿沟,从而将现象世界和理念世界内在地沟通起来。这正是他提出"通种论"的出发点与实质。

"种"(genos)和"型相"(eidos)是同义词,但它更具有抽象意义,实为

① 见柏拉图《智者篇》,221C—237A,载于《柏拉图对话全集,附信札》。
② 同上书,274C—E,载于《柏拉图对话全集,附信札》。

一种最普遍的哲学理念，就是我们所说的哲学范畴。柏拉图反对两个各走极端的主张：任何一个"种"都不能和其他任何一个"种"结合，这实际上是他前期理念论的观点；任何"种"都能相互随意地结合，这实际上会导致否认理念间的差异和其自身同一的相对主义，如说"动"自身是静的，"静"自身是动的，那就没有动和静的确定含义，就无法讨论动和静了。他已经不自觉地涉及逻辑上的同一律以表现事物的确定性。他主张，在特定的意义上，有些"种"能结合与沟通，有些"种"不能结合与沟通，就像有些字母可以拼在一起，有些则不能，而结合能力最强的母音往往由它将别的字母拼在一起。① 普遍性程度最高的"种"如"存在"与"非存在"就是这种"母音"。柏拉图说："通种论"就是研究在什么意义上哪些"种"可以结合、相通，哪些"种"则不能，这是一门最伟大的学问，是"辩证法"的工作。他认为，在理解"种"与"种"的关系、理念与理念的关系上，要把握一个"辩证法"的道理："一"和"多"是相结合、可贯通的，彼此不同的"多"可被包含、统摄在"一"之中，"一"是由"多"结合成的统一体。② 这里蕴涵着他的新的深刻的主张：作为最普遍哲学理念的"种"和其他普遍性程度较低的理念的关系，是互相贯通的"一"与"多"的关系，"种"寓于其他理念之中。因而他探讨"种"的互相结合与沟通，也就必然是探讨全部理念的互相结合与沟通，是在着手建立一种全部理念结合与沟通的网络，并且折射出现象世界中具体事物的"一"与"多"的统一，它们的互相联系与作用。

《巴门尼德篇》中讨论过十几对相反的范畴，到《智者篇》中只留下三对"最普遍的种"，即"存在"和"非存在"、"动"和"静"、"同"和"异"。柏拉图探讨它们的"通种"关系，是从两个角度说明的：第一个角度是这三对范畴，每对范畴都既自身同一、有别于对立的范畴，又在某种特定意义上互相贯通、包含对方范畴的意义；第二个角度是这三对范畴之间也是互

---

① 见柏拉图《智者篇》，253A，载于《柏拉图对话全集，附信札》。
② 见同上书，253B—254B，载于《柏拉图对话全集，附信札》。

相贯通、分有的,其中"存在"和"非存在"是最根本的,它们所分有的"动"和"静"、"同"和"异",也使后两对范畴的对立双方互相沟通起来。这两个角度也是互相关联、同时存在的。

先从第一个角度看。"存在"既是存在又是非存在,而"非存在"既是非存在又是存在,"存在"和"非存在"在一定意义上是相通的。他说:"'非存在'必须在'动'以及其他任何种里存在着,因为'异'的本性在它们里面,使它们每一个异于'存在',因而[它们都成为]'非存在'"。但就"它们都分有存在而言,它们都是'存在',都存在着"。而另一方面,"'存在'自身可以说异于其他的种。由此推论,'存在'就是'非存在',就它相关许多其他的存在者而言"。这里,他所说的"非存在"不是绝对的不存在,不是"无",而是和"动"、"异"相关的其他存在者。他指出:"当我们说'非存在'时,并不是指和'存在'相反的东西,而只是指和'存在'不同的东西。"①巴门尼德所说的"非存在"是指人所感知的生灭变动的现象世界,他认为是不真实的,真实的只是理性所把握的无生灭变动的"存在",这也是柏拉图前期理念论大体遵循的思路;而这里,柏拉图已肯定非存在也是存在,是因分有了"动"和"异"的本性而成的、相对于此存在的其他存在者。他从"种"即哲学范畴的高度,论述"存在"与"非存在"因既分有"静"、"同"而自身分别同一、互相对立,又分有"动"、"异"而互相贯通、成为其相反者。他论述这些对立范畴的相通关系时虽很抽象,似乎只是概念的思辨,实质上却是肯定了生灭变动的现象世界是存在又是非存在,将现实世界普遍联系、差异变动的特性引入了理念世界。"动"和"静"、"同"和"异"的每一对立方面的范畴,就其自身有确定的同一性、有别于对方而言,它们是互相对立的;但就它们都被存在与非存在分有而言,它们又是可以互相贯通与结合的,造就存在与非存在的统一。

这样,从第二个角度看这三对范畴之间的互相贯通与结合,也就比较好理解了。这三对范畴各自有确定的意义,互相严格区别。但存在之

---

① 见柏拉图《智者篇》,256D—257B,载于《柏拉图对话全集·附信札》。

所以也是非存在,就因存在可分有另两对范畴的每一方,因而存在既有自身确定的同一性,同时在差异或变动中也是"非存在"这种"他者"。这三对范畴的相通,使柏拉图不仅肯定了千差万别、变动不居的现象世界是真实的,而且使他的内在于具体事物的理念世界也赋有了现象世界变易多样的特性,获得了生机,可在普遍联系中表现事物的变易生灭,甚至去设想宇宙凭借理念而创生,形成宇宙的自然秩序。这为他在《蒂迈欧篇》中建立宇宙创生论提供了理论根据。

《智者篇》最终得出结论,认为辩证法就是研究所有的"种"(范畴)如何适当地区别与结合这种"逻各斯",如果否定这种"逻各斯","也就是剥夺了哲学,这可是非常严重的事情",因为它关系到人是把握真知,还是导致虚假、错误的说法与思想。① 智者的虚假论辩,究其根源,就在于误将"非存在"当做"存在",否定"种"的适当区别与结合,这就涉及人的认识的真与假的问题。而这正是柏拉图后期著作中和《智者篇》相衔接的《泰阿泰德篇》所研讨的主题。

三 修正知识论

在和《巴门尼德篇》、《智者篇》差不多同时写成的后期对话《泰阿泰德篇》②中,柏拉图借苏格拉底和柏拉图学园中著名数学家泰阿泰德等人的对话,修正了他的知识论思想,这和他以内在的理念论和"通种论"修正他的前期理念论思想是一致的。柏拉图的前期理念论在知识问题上,将感觉与理智绝对对立。在《美诺篇》和《斐多篇》中,他以灵魂回忆说否

---

① 见柏拉图《智者篇》,260A,载于《柏拉图对话全集·附信札》。
② 泰阿泰德(约前414—前369),雅典人,是柏拉图学园中重要的数学家。他的贡献主要是为后来欧几里德的《几何原本》第 10 卷中的无理数及第 13 卷中的五种有规则的多面体作了理论说明,并发现了作图方法,所以他是柏拉图倡导的立体几何的重要奠基人。他于公元前 369 年在科林斯战役中负伤致死。主要对话人苏格拉底公元前 399 年已被处死,对话无疑不是历史上真实发生的,而是柏拉图为阐述新知识论而于泰阿泰德去世后不久创作的,也有悼念自己的朋友与学生之意。另一位次要的对话者居勒尼人塞奥多洛也是研究无理数的数学家。

认感觉是知识的源泉,认为灵魂回忆生前把握的"理念"才获得了先天的知识;在《国家篇》中,他用线段比喻,说明以流动变易的现象世界为对象的"意见"和以绝对同一的理念世界为对象的"知识",也是截然割裂、互不沟通的。在《泰阿泰德篇》中,他则肯定了内涵理念的具体事物与流变的现象世界,肯定了感知在形成知识中的作用,肯定了意见和知识是相通的,提出了他的著名的"蜡版说"和"鸟笼说"。

泰阿泰德提出:"只有当一个人知觉到他要知的东西,才是知道了它;所以我以为,知识不是别的,不过就是知觉。"① 对话中的苏格拉底虽然批判了这种知识就是知觉说,但没有简单地否定,而是将此说和以往主张世界万物运动变化的赫拉克利特的学说联系起来考察分析。他以肯定的口气说:除了巴门尼德以外,一系列哲学家如普罗泰戈拉、赫拉克利特、恩培多克勒以及诗人们如荷马等都是这样主张的,他们认为存在和变化都是由运动产生的,静止只会产生"无"和毁灭。这是可以由许多方面证明的:如热和火是产生并控制其他一切的,它们本身就是由运动和摩擦产生的;一切生物也是如此,人的身体和灵魂都要不断锻炼和学习才能保持健康和进步;从天上到地下,只有运动才能保持新鲜,停滞便要毁灭。② 在他看来,绝对静止不变的东西是没有生命力的,理念也应当内在于有生命力的、动变的事物之中。柏拉图在这里并不批判赫拉克利特的学说,只是批判将赫拉克利特的学说推到极端、曲解为相对主义的人(如克拉底鲁)。他借塞奥多洛之口说他们是一群疯子,不能安静地回答问题,无论如何也抓不住他们,因为他们不让任何东西确定下来。③

对话中的苏格拉底将知觉问题和赫拉克利特等以往希腊哲学家主张的存在是运动变化的学说联系起来,实际上就接受了恩培多克勒的关于感知的流射说,并受到原子论者的影像说的影响。他以视觉为例,说你所称为白的颜色并不是在你的眼睛以外独立存在的,也不存在于你的

---

① 柏拉图:《泰阿泰德篇》,151E,载于《柏拉图对话全集,附信札》。
② 见同上书,152C—153D,载于《柏拉图对话全集,附信札》。
③ 见同上书,179E—180B,载于《柏拉图对话全集,附信札》。

眼睛里面,任何一种颜色乃是我们的眼睛和一种相应的运动彼此遇合时才产生的,它既不是那个遇到运动的眼睛,也不是被遇到的那个运动,而是某种在这两者之间产生出来的东西,它是每一个人所私有的。正像呈现给狗的颜色和呈现给你的颜色是不一样的,呈现给你的和呈现给别人的颜色也是不一样的,甚至呈现给你的颜色前后也是不一样的,因为你自己也在变化之中。① 这种说法也有德谟克利特和后来洛克所说的关于感知对象的"第一性质"和"第二性质"的含义。在柏拉图看来,对运动变化的感知对象用共同的名字如"人"、"石"称呼,甚至称之为共名的理念或型相,在于表明它们都是知觉的集合体,而理念的实在内在于可感知的具体事物之中。因此,理念和人的感知认识也是相通的。他认为人的灵魂在集合并认识各种不同的知觉时,可抽象出某种"共同的东西",并运用一些普遍的理念来组织整理、比较分析这些知觉。他举的例子是认识到颜色和声音这两个"知觉"都是"存在",它们彼此相"异"又相"同"于自己,有"类似"和"不类似"的关系,它们合起来是"二",每一个是"一",等等。这里,由于柏拉图已有内在的理念说,因此,对"存在"、"同"、"异"等的初步认识,已经可以从颜色、声音等知觉中经过比较抽象出来,而这些范畴又对不同的知觉起有综合和分析作用。这种见解和亚里士多德在《后分析篇》中论知觉与经验的观点有相近之处。

柏拉图对"意见"(doxa)作为认识的一个阶段作了具体探究,肯定它在形成知识过程中的作用。他在《国家篇》中将意见和知识截然划分开来,认为意见的对象是对现象的认识,是低级的认识,可正确或不正确,同知识并无由此达彼的关联。在《泰阿泰德篇》中他则主张,意见是一种判断,有真假之分,有"真理性的意见",真意见可通达知识。他提出"蜡版说"来说明"意见"的形成,强调"记忆"这种认识因素的重要作用。他将心灵比喻为一块蜡版:"让我们想象心里有一块蜡,在这个人心中的和在那个人心中的蜡可能有大有小,有的纯粹些有的不纯粹些,在有些人

----
① 见柏拉图《泰阿泰德篇》,153D—154A,载于《柏拉图对话全集,附信札》。

那里硬一点,在另一些人那里软一点,有些人则软硬适宜。"①他说这是记忆女神谟涅谟西涅(Mnemosyne,希腊神话中九位缪斯女神之一,表明古希腊早就重视记忆在文化形成中的作用)给我们的礼物。人所感知到的东西被印在心灵的蜡版上,因而可记起它们;如果没印好或擦去,便忘掉而不知了。② 意见和由意见升华的知识都可能发生真假的情况。如果心灵的蜡版质地良好、光滑适度,印象就清楚,记忆起来不易搞错,就总有真意见并可通达真知识;如果只有"粗糙的心",心灵的蜡版过硬或过软,印象就不清楚,便很容易忘记或搞错。所以,应该承认假的判断和真的判断都是存在的。③ 这种蜡版说有点经验论的痕迹,但还不是洛克的心灵"白板"说,因为它不是纯粹经验论的认识论,而是认为心灵的质地和把握理念的能力都是天赋的。柏拉图原先将感觉和理智、意见和知识绝对割裂,认为人所感知的现象并无真理性可言;后期主张理念内在于具体事物,承认人对理念与事物的认识也是复杂的,看出人的认识有感觉与知觉、记忆、意见和知识的复杂的联系与过程,其中意见与知识都有发生错误的可能性。这表明他对人的认识的探究比较深入、切实了。

他又提出"鸟笼说",说明知识有形成与积累的过程,可独立于经验在思索中获得,有可传授性。他将心灵比喻为一个鸟笼,其中贮藏着许多鸟,有的是一小群一小群的,有的是单独的,它们在笼子里到处飞翔。他说,当人是孩子的时候,这个笼子是空的,后来他得到知识,将它们一点一点地关在笼子里,这就是发现或学到了知识,是获知。有两种"获知"的情况:一是在笼子里还没有知识之鸟的时候,为了要得到它而去猎取;二是在已经得到以后,为了在使用中传授知识或在思索中增获新知,而将鸟从笼子里再取出来。例如,算术是关于一切数(奇数和偶数)的学问,人可以将它传授给别人,他传递知识便是"教授";而一位算术学家心中是有丰富的数的知识的,他有时在他自己的头脑里计算数自身,有时

---

① 柏拉图:《泰阿泰德篇》,191C—D,载于《柏拉图对话全集,附信札》。
② 见同上书,190E—191E,载于《柏拉图对话全集,附信札》。
③ 见同上书,191E—195B,载于《柏拉图对话全集,附信札》。

则计算外面的特殊的数是多少,在计算中便会获得关于数的新知识。①有时如果将"鸟笼"中的知识之鸟取错了,便会产生假的意见与知识。柏拉图在"鸟笼说"中已认为,"鸟笼"中的知识有一个随着人从幼年至成年而从空无到不断积累、丰富的过程,人的心灵中并无先天、丰满的永恒知识,并不是通过"回忆"获得先天知识的,知识是后天取得的;知识既可以从外界通过知觉与意见而升华形成,也可以直接通过理智而在思索中形成。

意见如何升华为知识? 泰阿泰德提出,真意见加"逻各斯"就是知识。对话中的苏格拉底讨论他说的"逻各斯"有三种可能情况:一是指"说话"与语言,二是指列举事物的构成因素,三是指列举事物区别于他物的某些特性。三种情况都不能从意见达到知识。

柏拉图心目中的知识毕竟还是对事物的普遍本质(共同的本质属性)的把握,是苏格拉底说的普遍性定义,它内在于具体事物,但又没有完全解决世界两重化的"分离"问题。因此,他只是原则上肯定从真意见可达到真知识,但并没有解决如何从真意见升华为真知识的"逻各斯"问题。他无疑意识到其中"定义"的逻辑方法的重要性,但他本人还只是用划分来谋求定义,那是不科学、不成功的。亚里士多德建立逻辑学,才确立了科学的"定义"理论,使"定义"的逻辑方法成为建立知识体系的关键性枢纽。

第四节　社会伦理思想与政治哲学

柏拉图是一位经世致用型的哲学家。理念论不仅是一种思辨性很强的哲学,也是一种和他的社会理想直接关联、很有现实性的哲学。在《国家篇》中,他针对城邦奴隶制的深重危机,为了挽救危亡中的希腊城邦制度,以理念论为核心,将社会伦理思想与政治哲学融为一体,设计了

---

① 见柏拉图《泰阿泰德篇》,196D—199A,载于《柏拉图对话全集,附信札》。

一个以"正义"理念为哲学与政治伦理基础的理想城邦国家。理念论是他的理想国家的哲学奠基石。

他的政治哲学与理想城邦国家确立在深层的伦理与道德基础上,而他的社会伦理学说突破了他的老师只以个人美德论来倡导"道德振邦"的局限,他的一大进展或飞跃是系统地建立了一种城邦体制伦理并发展了相应的个体道德学说,这在西方伦理学说史上是开创性的。智慧、勇敢、自制、正义、善等希腊的传统美德概念已被改造,它们既是城邦伦理的理念或范型,也是培植个人道德人格的理念或范型,既是城邦体制改革的模型或动因,也是个人道德人格塑造的模型或动因,两者是相辅相成、相互吻合的。这种社会伦理学说深具历史性的政治伦理内涵。

柏拉图在西方开创了一种系统的以体制伦理为根据的政治哲学。它包含着丰富的学术内容,比如:社会分工与互助的国家起源说;奴隶制城邦的社会结构说;首倡男女平等权利说;从经济与政治角度论述奴隶制城邦的内在矛盾和城邦间的矛盾;在统治阶层范围抨击财产私有化,主张财产公有;强调政治是一门通贯全局的专门技艺,别具一格地提出"哲学王"思想;在政治方略方面强调以德治国;古希腊不同城邦国家的政治体制的比较研究;从哲学与政治高度看待教育与审美文化问题;等等。柏拉图后期在《政治家篇》、《法篇》等著作中,又根据他在西西里搞政治试验失败的教训,在政治思想上从注重"哲学王"的人治转变为注重法治,并阐发了他的法哲学和法律思想。柏拉图的《国家篇》等著作对亚里士多德的伦理学和政治学有直接的影响,它们作为开启西方政治学与法学思想的著作,在西方政治学说史与法学思想史上都有重要地位。

一 城邦国家的起源和社会结构

柏拉图认为,理想的城邦国家应当根据"正义"的伦理原则来建立。"正义"(dike)本是荷马时代以来希腊人生活中的传统美德,但主要是指个人行为包括政治行为是否正当。苏格拉底谈论正义,也是从个人道德行为的角度来谈,尚未专门、集中地探讨它的"普遍性定义",更没有涉及城邦体制伦理的"正义"范畴。柏拉图写《国家篇》的目的,是针对当时希腊城邦横行霸权统治与强权征伐而致衰落的危机,要力挽狂澜、救亡图存,立足于"正义"理念即绝对完善的政治伦理价值基础,设计一种理想城邦国家。因此,对智者派的那种集中概括当时希腊城邦的强权政治的"正义是强者的利益"的观点,作了犀利、深入的批判,指出这实际上只是导致"世界上有不讲正义的城邦,用很不正义的手段去征服别的城邦,居然把许多城邦都置于自己的奴役之下"①。他旗帜鲜明地反对智者派与当时许多希腊城邦统治者奉行的基本价值即强权者的私利,指出"一个真正的治国者追求的不是他自己的利益,而是老百姓的利益"②。这种奴隶制前提下的"民本"思想,是他设计理想城邦国家的一个基调。

柏拉图论述了城邦国家的起源,用考察历史与逻辑分析统一的方法,探究什么是国家的正义,即建立城邦国家的伦理基础。古希腊的思想家还不能分清"社会"和"国家"这两个概念。最早的希腊传统观念将社会的生成和国家的起源,都归之为神的意旨与伟力。赫西奥德甚至主张一种人类从黄金时代经白银时代至当时铜铁时代的历史退变论。前期智者派的普罗泰戈拉已有历史进步观点,提出一种素朴的社会进化论。柏拉图认为,城邦国家不只是人们为抵御野兽侵袭集结群居而产生的,而主要起源于互助的需要与自然的分工。这比智者派的素朴社会进化论要深刻并更符合历史实际。他说:"之所以要建立一个城邦,是因为我们每一个人不能单靠自己达到自足";"我们每个人为了各种需要,招来各种各样的人,由于需要许多东西,我们邀集许多人住在一起,作为伙伴和助手,这个公共住宅区,我们叫它城邦"。③ 这是西方国家学说中最早的"互助论"思想。他首先从经济生活角度,论述由于人的生存的基本需求(如粮食、住房、衣服等)而发生"互助",于是集合了农夫、瓦匠、

① 柏拉图:《国家篇》,351B,载于《柏拉图对话全集,附信札》。
② 同上书,347D—E,载于《柏拉图对话全集,附信札》。
③ 见同上书,369B—C,载于《柏拉图对话全集,附信札》。

纺织工、鞋匠等,形成一种保障城邦成员生存的经济基础。互助蕴涵着城邦国家建立的另一条原则,即必定要有社会分工。柏拉图认为,必须坚持一人一业,"每个人在恰当的时候干适合他性格的工作,放弃其他的事情,专搞一行,这样就会每种东西都生产得又多又好"①。这才能保证提高生产效率,满足人的多种需求。他认识到,经济活动的分工就意味着为他人提供自己的剩余产品,也就导致商品交换与流通的发生和发展,"须知这种交换产品正是我们合作建立城邦的本来目的呀",于是"就会有市场,有货币作为货物交换的媒介"。② 而商人阶层、城邦之间进出口贸易的发展,是促使城邦扩大、发展的重要动因。这种见解符合希腊古典文明中城邦奴隶制经济发展的实际,在当时是独具慧眼、难能可贵的。恩格斯高度评价说:"柏拉图把分工描述为城市的(在希腊人看来,城市等于国家)自然基础,这种在当时说来是天才的描述"③。当然,他的分工论也有两重性:其合理性在于他重视经济原因,从分工导致商品生产与市场发生来说明城邦的起源与发展;而其另一重含义,也是说明不同行业与阶层的人只能做符合其天然禀赋的工作,于是社会便有天然的等级构成,劳心者治人,劳力者治于人,也就是天然合理的。

柏拉图认为,城邦发展有一个从满足人生存的基本需要的贫乏的自然状态,逐渐进向经济、政治与文化发达的"繁华"状态的发展过程。"繁华的城邦"与真正的完备意义的国家产生的标志有三点:(1)物质产品已较为丰富,不仅有供应人生存的基本必需品,而且有较高档的生活消费品和奶妈、保姆、理发师、厨师等提供的高档服务。(2)城邦文化与文化人的产生,如"模仿形象与色彩的艺术家,一大群搞音乐的,诗人和一大群助手——朗诵者、演员、合唱队、舞蹈队",还有家庭

---

① 柏拉图:《国家篇》,370C,载于《柏拉图对话全集,附信札》。
② 见同上书,371B,载于《柏拉图对话全集,附信札》。
③ 《马克思恩格斯选集》第3卷,第269页,人民出版社,1972。

教师与医生。① （3）由于从事非生产人口增多，本来自给自足的城邦，为了"要有足够大的耕地和牧场"，势必城邦间要争夺土地，这就是"战争的起源"。② 他看出这种战争有深刻的经济根源。这样，一个新的重要职业集团"护卫者"（军人）就应运而生，以"抵抗和驱逐入侵之敌，保卫我们所列举的那些人民的生命和我们所有的一切财产"③。军队这种"护卫者"的出现，是城邦国家产生的重要标志。就希腊城邦的历史看，他说的这种"护卫者"出现在古朴时代末期至希腊古典文明初期（前8—前6世纪）。亚里士多德在《雅典政制》中说到那时雅典"最高和最早的官职是王者执政官、军事执政官和执政官"④。柏拉图很看重军事"护卫者"在国家机构中所起的重要作用。而就国家的完善与全部职能而言，柏拉图并不只限于军事防卫，更强调了国家统治者对内治理全局事务的职能。他所用的"护卫者"一词，也从狭义的军事防卫人员扩大到包括政治统治者和军事防卫人员两部分人。

柏拉图在后期对话《法篇》中，从更开阔的历史视野具体论述了希腊城邦国家的起源与生成，和以上的论述大体一致。他认为，在无限时间的历史中，发生过无数个国家的生灭与变化。人类历史经历了因大洪水泛滥而多次"生而复灭"、"灭而复生"的循环过程。他根据古代传说的史料（荷马史诗等），将希腊城邦国家形成的历史分为四个阶段：第一阶段，大洪水后文明荡然无存，只在高山顶处住着穷苦人，"人类新技术的发明仅仅是近一两千年间发生的事情，而在此之前有几万年的时间持续过着未开化的野蛮生活"⑤。没有立法，靠习惯与祖制，实行家族或部落最年长者的家长统治。第二阶段，农耕发展，在山麓与平原建立起比部落更大的城邦共同体，各部落推出代表制定法律，家长统治制演变为贵族统

---

① 见柏拉图《国家篇》，373B—D，载于《柏拉图对话全集·附信札》。
② 见同上书，373D—E，载于《柏拉图对话全集·附信札》。
③ 同上书，374A，载于《柏拉图对话全集·附信札》。
④ 亚里士多德：《雅典政制》，日知、力野译，第5页，商务印书馆，1959。
⑤ 柏拉图：《法篇》，677A—D，载于《柏拉图对话全集·附信札》。

治制①,严格意义的国家出现。第三阶段,"特洛伊建设的时代",在平原与海滨建立了许多个本土城邦和殖民城邦,形成了"国家体制和一切类型的国家及其变相形态"②,城邦国家体制呈现多样化格局。第四阶段,希腊本土雅典、斯巴达等城邦国家的完善与演变(他对斯巴达的国家体制与法律是持批判态度的)。柏拉图将人类历史看做无尽的变化过程,并从经济与政治结合的角度考察城邦国家的产生与演变,在当时是非常深刻的见识。

柏拉图认为,历史地形成的城邦国家的社会结构,由三个等级的社会集团成员构成:第一等级是统治者或称治国者;第二等级是军人护卫者和"执行统治者法令"的比较年轻的"辅助者或助手"③;第三等级是被统治者,包括按照经济分工从事农工商佣的劳动者、商人和其他服务者。柏拉图和当时希腊的城邦奴隶主一样,并不把处于社会最底层的大量奴隶(如雅典就有约 20 万)看做城邦的社会成员。为了使人们相信这种基于人的自然禀赋的社会构成的合理性,他将腓尼基人祖先从大地深处孕生的神话和赫西奥德关于人类历史区分为金、银、铜铁时代的传说糅合起来并加以改造,编出一个"高贵的假话"④,实际上是他用来借喻的"立国神话"。它的大体意思是:社会成员本来都是在大地"母亲"深处孕育的,本是一土所生,彼此都是兄弟。"但是老天在铸造他们的时候,在有些人身上加入了黄金,这些人因而是最可宝贵的,是统治者。在辅助者身上加入了白银。在农民以及其他技工身上加入了铁和铜。但是又由于同属一类,虽则父子天赋相承,有时不免金父生银子,银父生金子,错综变化,不一而足"。所以统治者要"极端注意在后代灵魂深处所混合的究竟是哪一种金属。如果他们的孩子心灵里混入了一些废铜烂铁,决不能稍存姑息,应当把他们放到恰如其分的位置上去,安置于农民、工人之间;如果农民、工人的后辈中间发现其天赋有金有银者,就要重视他,把

---

① 见柏拉图《法篇》,681A—B,载于《柏拉图对话全集,附信札》。
② 同上书,681D,载于《柏拉图对话全集,附信札》。
③④ 柏拉图:《国家篇》,414B,载于《柏拉图对话全集,附信札》。

他提升到护卫者或辅助者中间去。须知,神谕曾经说过'铜铁当道,国破家亡'"。① 柏拉图用这个"高贵的假话"来说明城邦国家的等级社会构成基于人的禀赋与社会分工原则。他信奉理性一神,这个神话在他的国家学说中并不占重要地位。他论述的经济与社会分工,在他设计的国家起源与社会构成说中才是重要原则。以往有些著作特别是苏联的著作,就根据这个柏拉图明言是虚构的神话,批判柏拉图大肆宣扬"反动的贵族血统论",其实并不合乎原意。柏拉图说在社会成员身上加入金、银、铜、铁,并不是注入先天或宿命的"血统",他所说的金、银、铜、铁是比喻人的禀赋,指智慧、品德与才能,是"灵魂深处"的东西。他并不宣扬等级世袭的贵族血统论,相反,倒是认为有时金父、银父会有废铜烂铁的后辈,农民、工人的后辈中也有禀赋杰出者,他坚决主张应将他们作等级变换。这也体现了他主张实行"贤人政制",而对贵族寡头政制与僭主政制是严厉批判的。

二　理想城邦国家社会体制的伦理基础与治国原则

《国家篇》中的苏格拉底说正义有大、小两种,大正义是整个城邦的正义,小正义是个人的正义。柏拉图提出了一种崭新的见识:大正义其实就是城邦国家体制赖以建立的伦理根据或原则,小正义是个人的心灵美德与道德行为,两者又是相通、相关的。前者属于城邦国家的体制伦理,后者是个人道德的范畴。这样,他就将他的早期著作中苏格拉底本人理解的作为个人道德范畴的"正义",扩大、深化为一种外延更为开阔、内涵更为丰富的体制伦理范畴。由此,他论述了理想城邦国家社会体制的伦理基础。他强调,根据国家正义设计的理想国家的目标,不是为了某个阶级单独的幸福,而是为了全体公民(奴隶主与自由民)的最大幸福,是为了"铸造一个整体的幸福国家"。② 它应是一个善的国家,它的社

---

① 见柏拉图《国家篇》,415A—C,载于《柏拉图对话全集,附信札》。
② 见同上书,420B—C,载于《柏拉图对话全集,附信札》。

会体制必定建立在智慧、勇敢、自制与正义的伦理基础上,这种伦理基础和它的社会构成也是相应一致的。

他认为:理想国家必定是智慧的,具有智慧这种建构城邦体制的伦理美德。智慧即知识,国家的智慧指治国的知识,就是对整个国家大事以及国家的对内对外关系善于谋划、治理的知识,这种治政的知识只是人数最少的统治者即"护国者"才具有的。理想国家必定是勇敢的,勇敢这种德性,主要体现在军人护卫者或辅助者身上。它是一种理智的信念,要靠教育来培养,所以他很重视对军人护卫者的教育,说要使勇敢的美德在他们中牢牢生根,就像"羊毛接受染色",不致被"有最强褪色能力的碱水所洗褪"。① 理想国家必定是自制的。作为城邦国家体制的伦理本性的自制,并不是只关涉农工商等级,只是指要他们节制自己的欲望,而是属于城邦国家全体的,指城邦国家要"成为自己的主人",统治者要以清明的理智与对国家事务的正确认识,良好地控制被统治者,使全体社会成员都能以理智节制欲望、约束自己,造就一种"好秩序"。② 自制"贯穿全体公民,把最强的、最弱的和中间的⋯⋯都结合起来,造成和谐";"就是天性优秀和天性低劣的部分在谁应当统治、谁应当被统治——不管是在国家还是个人身上——这个问题上所表现出来的一致性和协调"。③ 城邦国家的自制有双重含义:一是指城邦国家的各种等级集团和各种制度都表现出自知之明,有和谐一致性;二是指全体成员都能以理智约束欲望,形成统治者控制被统治者的协调一致。

理想城邦国家体制的最根本的伦理基础是"正义"。《国家篇》一直在寻求什么是正义,对话中的苏格拉底说它早已在我们眼前晃动,就在手头了。该篇在讨论城邦国家起源时,就已确定严格的社会分工原则:"每个人必须在国家里执行一种最适合他天性的职务"④。在考察了智

---

① 见柏拉图《国家篇》,430A—B,载于《柏拉图对话全集,附信札》。
② 见同上书,430E,载于《柏拉图对话全集,附信札》。
③ 见同上书,432A—B,载于《柏拉图对话全集,附信札》。
④ 同上书,433A,载于《柏拉图对话全集,附信札》。

慧、勇敢与自制等城邦德性后，就可以明白，正义就是在国家中，不论统治者还是被统治者，"每个人都作为一个人干他自己分内的事而不干涉别人分内的事"①。"当生意人、辅助者和护国者这三种在国家里各做各的事而不互相干扰时，便有了正义，从而也就使国家成为正义的国家了"②，只有这样才能建立与维护国家的正常秩序。如果手艺人、生意人，或因有财富，或能控制选举，或受人蛊惑、怂恿，"企图爬上军人等级，或者一个军人企图爬上立法者和护卫者等级"，这几种人交换地位和互相干扰事务，就"意味着国家的毁灭"，就是不正义。③ 在柏拉图看来，在城邦国家的伦理基础中，正义是最根本、最重要的，因为它统摄和综合了智慧、勇敢与自制三种美德，保障着国家体制与秩序的稳定，所以说它"最能使我们国家善"。④ 柏拉图的国家正义观，出于他的社会分工原则，归根到底是论证了城邦奴隶制国家的等级社会秩序的天然合理性。

柏拉图又论述了与国家正义相关的个人灵魂的正义。个人的正义和国家的正义都符合正义的"型"（即理念），是一致的。个人灵魂的正义，能保障个人的行为符合道德规范，自觉参与实现城邦的正义。他认为个人的灵魂中有理智、激情和非理智的欲望三部分。理智是控制欲望的主导力量，激情则接近理智，当欲望不服从理智时，它往往会表示愤怒而站在理智一边。理智作为智慧起领导作用，激情服从它而成为它的助手；欲望占个人灵魂的最大部分，贪得无厌，必须受理智和激情控制。个人灵魂的这三部分各起合适的作用，和谐相处，就有了能主宰自己的自制的人，就是个人灵魂的正义与心灵健康；这种正义的个人就不会背叛祖国、鲸吞盗用他人的财富、出卖朋友，也绝不会染上通奸、不尊敬父母、不履行宗教义务的罪恶，⑤就会以个人的正义行为和适合自己本分的工

① 柏拉图：《国家篇》，433D，载于《柏拉图对话全集，附信札》。
② 同上书，434C，载于《柏拉图对话全集，附信札》。
③ 见同上书，434B—C，载于《柏拉图对话全集，附信札》。
④ 见同上书，433C，载于《柏拉图对话全集，附信札》。
⑤ 见同上书，442E—443A，载于《柏拉图对话全集，附信札》。

作,参与实现城邦国家的正义。反之,个人灵魂的三部分争斗不和,欲望部分膨胀坐大,反对理智与激情,就是个人灵魂的"不正义",就会出现种种邪恶行为,就会破坏城邦国家的正义。

柏拉图的国家正义主要从他的社会分工原则得出。过去有些著述往往把它说成是个人灵魂的正义的"放大",并不确切。城邦国家的智慧、勇敢与自制和个人灵魂中的理智、激情与欲望并不是完全对应的,自制和欲望就不可对应。农工商的第三等级也并不代表社会的"欲望"部分,他们的灵魂和全体社会成员的灵魂一样,也都有理智(智慧)和激情,他们少的只是治国的智慧与军人卫国的勇敢。社会全体人员的灵魂都有三部分,灵魂内部都应和谐。国家正义和个人灵魂正义的一致性在于,两者都体现"正义"理念的本性,即各部分按照合理分工协调相处;个人灵魂与行为的正义,是实现城邦正义的根本保证与重要条件。所以,柏拉图十分重视"德治"与道德教育问题。柏拉图认为灵魂由理智、激情与欲望三部分构成,并且对它们各自的本性、功能与相互关系最早作了细致分析,这在心理学史上也有重要意义。

确立了理想城邦国家的伦理基础后,柏拉图论述了三项治国原则,可以说是三方面有革新社会体制含义的施政纲领。

第一,重"德治"的治国原则。他认为当政治国的头等重要大事就是"教育和培养"①,是通过教育培养人的美德。他没有否定"法治",但明显有重德治轻法治的思想倾向。他认为良好的道德教育比"法"更重要,更根本。人们自幼通过文化教育养成善良的美德,就能养成遵守法律的精神,造就良好的社会政治秩序,"在政治秩序不良的国家里法律和宪法是无济于事的,而在秩序良好的国家里法律和宪法不难设计出来,有的则可以从前人的法律条例中很方便地引申出来"②。如果没有德治,写在纸上的法律条款也得不到遵守,不会持久。柏拉图的这种见解有合理之

---

① 柏拉图:《国家篇》,423E,载于《柏拉图对话全集,附信札》。
② 同上书,427A,载于《柏拉图对话全集,附信札》。

处。法律的制定要有一定的伦理根据，法律又要靠良好的社会道德秩序和有道德素质的人来实施。所以，柏拉图很重视文化教育中的道德精神的熏陶，他借格老孔之口说：看来是游戏的对孩子的音乐（通俗文化）教育，如若有不良道德的"翻新"，"它一点点地渗透，悄悄地流入人的性格和习惯，再以渐大的力量由此肆无忌惮地流向法律和政治制度，苏格拉底呀，它终于破坏了公私方面的一切"，让国家在不知不觉中败坏了。[①]他看出德治与道德教育事关城邦国家体制的生死存亡，这种见识是相当敏锐、深刻的。但他重德治轻法治，只将法治放在德治的从属地位，也是有偏颇的，必然会走向"人治"。柏拉图的三次西西里之行，只着意对候选的"哲学王"劝说实行"德治"，而不触动社会体制与法律的革新，所以不可能实现社会变革。这种政治失败的教训，使他在后期重视派学园成员到各城邦去帮助制定或修订法律，在晚年写《法篇》时思想更有较大的改变。

第二，统治集团的"财产公有制"。柏拉图在经济体制方面，主张在统治集团（包括第一等级的统治者、第二等级的军人护卫者与年轻的"辅助者"和"助手"）中，实行财产公有制，这在当时是惊世骇俗之论。他规定统治集团财产公有的生活方式："第一，除了绝对的必需品之外，他们任何人不得有任何私产。第二，任何人不应该有不是大家所公有的房屋或仓库"，生活所需的由国家供给。[②] 他的用意是要保证统治集团的灵魂不受玷污，不腐败，不两极分化，不被推翻。柏拉图说，他们的心灵深处已有"金银"这纯洁无瑕的至宝，不应再需要世间的金银这罪恶之源而受玷污。他们应该同任何金银的饰品、用具绝缘，这样才能"拯救他们自己，拯救他们的国家"。要是他们谋获私有的土地、房屋或金钱，就应去搞农业、做买卖，就不配搞政治、做护卫者了。不然，"他们就从人民的盟友蜕变为人民的敌人和暴君了；他们恨人民，人民恨他们，他们就会算计

---

① 见柏拉图《国家篇》，424D—E，载于《柏拉图对话全集，附信札》。

② 见同上书，416D，载于《柏拉图对话全集，附信札》。

人民,人民就要谋图打倒他们","结果就会使他们和国家一起走上灭亡之路,同归于尽"。① 国外有的学者认为,柏拉图主张的"财产公有制",是最早的一种"共产主义"思想。康斯坦丁·里特尔还认为在《国家篇》中已"'原则上废除了'奴隶制"。② 实际上,这是一种误解,因为这种"财产公有制"只局限于护卫者的统治集团范围,大量的在第三等级从事农工商业的自由民,是被允许保留私有财产包括奴隶的。城邦奴隶制无疑依然是柏拉图的理想国家的基本经济制度。

柏拉图破天荒地提出统治集团财产公有,实质上是想以这种举措来解救当时希腊城邦奴隶制的深重危机。由于贫富两极分化,当时希腊城邦已陷入严重的内外矛盾,趋于混乱与衰落。柏拉图在《国家篇》中尖锐地指出,当时"无论什么样的国家,都分成相互敌对的两个部分,一为穷人的,一为富人的,而且这两个部分各自内部还分成许多个更小的对立部分";他设想,如果从统治集团自身的财产公有做起,限制这种贫富两极分化与对立,适当地平衡财富、权力与人口(包括奴隶),国家只要"执行这一既定方针,就会是最强大的",就会保持"是一个"的整体城邦的协调一致与统一性。③ 他的用心可谓良苦,但他开出的药方并不是切实可行的。亚里士多德就批评他主张的统治集团财产公有,实际上不可能产生所期望的城邦协调一致,因为城邦成员皆有自利的本性。不过,柏拉图主张统治集团成员财产公有,强调他们应清廉自奉,如果搞腐败,就会蜕变成人民的敌人,人民可以打倒他们,这在当时是振聋发聩的,可以说是西方最早的一份反腐败、倡廉洁的宣言书,至今读来仍有借鉴意义。

第三,男女平等和妇女、子女"共有"。在古希腊城邦中妇女地位很低下,没有受文化教育和参加公民大会的权利,更没有担任公职的权利,终生束缚于操持家务与抚育子女之中。柏拉图是西方第一位提出并论证男女平等的思想家。他主张男女应享有同等受教育的权利,并且都可

---

① 见柏拉图《国家篇》,417A—B,载于《柏拉图对话全集,附信札》。
② 转引自萨拜因《政治学说史》上册,盛葵阳、崔妙因译,第84页,商务印书馆,1986。
③ 见柏拉图《国家篇》,423A—B,载于《柏拉图对话全集,附信札》。

以担任与其禀赋相称的职务,甚至可以进入护卫者的统治集团,参加战争,治理国家事务,担任公职,因为"各种的天赋才能同样分布于男女两性,根据自然,各种职务不论男的女的都可以担任"①。柏拉图强调实行男女平等的治国原则对国家有益,因为通过平等教育,男女护卫者都能被选拔出来,"一个国家里能够造就这些出类拔萃的女人和男人,还有什么事情比这个更好的吗?"②他之所以这样主张,可能也是看到在衰微的希腊城邦中,如果将占人口一半的妇女的生产力和才能解放出来,将会很有利于振兴希腊城邦的各项事业。

　　柏拉图主张实行妇女与子女"共有",也曾被说成是一种最早的"共产主义"。这也是误解。其实,他并不是主张在全城邦取消家庭,实行共妻共子,而主张只是"在护卫者之间妇女儿童的共有"③,就是说,在第一、第二等级的统治集团中,"这些女人应该归这些男人共有,任何人都不得与任何人组成一夫一妻的小家庭;同样的,儿童也都共有,父母不知道谁是自己的子女,子女也不知道谁是自己的父母"④。这种妇女的"共有"也不是什么"共妻",并不是倒退到原始社会中混乱的群婚制,不过是指由国家严格控制配偶、婚姻与人口生育,而且,柏拉图说到国家安排新郎、新娘的结婚仪式是很庄重的。但他反对稳固存在的家庭,因为在他看来家庭易滋生私有观念。国家负责儿童与少年的教育、军事训练,并使他们经历战争的磨炼。人们将所有他们婚配后第七至十个月在生活共同体中所生的孩子都看做自己的子女。柏拉图提出这种在统治集团内部建立妇女、子女共有的生活共同体,有两个目的:一是保证统治集团成员的"优生",使他们在体质与精神上永远成为公民中的优秀分子,一代胜于一代,确保统治的延续性。二是作为和统治集团财产公有制配套的制度,以求彻底根除使城邦溃烂、衰落的根源即统治集团成员的私有观念,

① 柏拉图:《国家篇》,455D,载于《柏拉图对话全集,附信札》。
② 同上书,456E,载于《柏拉图对话全集,附信札》。
③ 同上书,454A,载于《柏拉图对话全集,附信札》。
④ 同上书,457C—D,载于《柏拉图对话全集,附信札》。

使他们更具有"公有同一事物"①的观念,将所有统治集团中的人都看做自己的亲属,形成一种亲缘纽带关系。这样,可以"确保他们成为名副其实的护卫者,防止他们把国家弄得四分五裂";由此带动"全体公民对于养生送死尽量做到万家同欢、万家同悲",达到"化多为一"的善,杜绝内讧分裂、"化一为多"的恶,确保城邦国家的团结与统一。② 柏拉图主张取消家庭,显然违背自然、有悖情理,只是一种"空想",但也可见他在挽救城邦危机问题上的苦心孤诣。

三　"哲学王"和培养统治人才的教育

柏拉图设计的理想城邦国家如何才能实现呢? 他认为,关键在于要有"哲学王"来治理城邦:"除非哲学家成为我们这些国家的国王,或者我们目前称之为国王和统治者的那些人物,能严肃认真追求智慧,使政治权力和聪明才智合而为一",否则的话,"对国家甚至我想对全人类都将祸害无穷,永无宁日。我们前面描述的那种法律体制,都只能是海客谈瀛,永远只能是空中楼阁而已"。③ 他说的"哲学王"并非一定指哲学家做国王,因为希腊古典文明时代的城邦大多已不实行君主制或"王政",所以"哲学王"有宽泛的喻意,泛指政治权力与哲学智慧集于一身的统治者,或者是真正的哲学家成为统治者,或者是统治者掌握柏拉图的理念论哲学。这在希腊城邦史中几乎没有先例,只有哲学家恩培多克勒曾短暂统治过叙拉古,当时毕达哥拉斯学派的阿尔基塔统治南意大利的塔壬同,而他们也不是掌握理念论哲学的统治者。柏拉图在《国家篇》中,正是在论述"哲学王"和培养统治人才中,阐明了他的理念论和以灵魂转向说为根据的教育思想。这也表明,他的理念论哲学和建构理想城邦国家的政治、伦理思想是紧密交织在一起的:理想城邦国家的社会体制深层

---

① 柏拉图:《国家篇》,454A,载于《柏拉图对话全集,附信札》。
② 见同上书,464C—D,载于《柏拉图对话全集,附信札》。
③ 见同上书,473D—E,载于《柏拉图对话全集,附信札》。

地建立在理念论的哲学与伦理基础上；又要靠掌握理念论哲学的统治者（哲学王）才能建立与治理；也只有根据这种理念论哲学提供的灵魂转向的教育过程，才能造就理想城邦国家的统治者。

柏拉图指出：真正的哲学家必须具有卓越的禀赋，有"良好的记性，敏于理解，豁达大度，温文尔雅，爱好和亲近真理"，有"正义、勇敢和自制"等美德，这样才能掌握关于存在全体的真理，才能把握永恒不变的理念而不迷失方向，才能注视着绝对真实的理念原型，"制定出关于美、正义和善的法律，并守护着它们"，才能成为城邦的领袖。① 而当时的城邦没有良好的教育环境，人们只追求富裕、美貌、权力、上层关系等，不可能滋养而只能败坏本来有望造就的哲学家的天赋。而使哲学最蒙受严重毁谤的，又是那些往往和政客结合在一起的时髦的智者派冒牌"哲学家"。但他宣称，"哲学王"还是可能出现的，或者是某种必然性使"极少数未腐败的哲学家，出来主管城邦"，或者是当权者或其儿子"受到神的感化，爱上了真哲学"。② 而只要出现一个"哲学王"，就可以实现理想国家的全部制度。③

造就"哲学王"与统治人才的关键是教育。他论述的"太阳比喻"、"线段比喻"、"洞穴比喻"，旨在说明教育的目的是根据世界的结构与认识的进程，将灵魂从可见的现象世界往上提升，实现灵魂转向，从意见转向知识，以认识真实存在的理念世界，把握最高的善的理念。这是培养、造就"哲学王"与统治人才的必由之途。他还认为：没有受过教育的人和终生从事知识研究、不愿从事任何实际事务的学问家，都不能胜任治理国家的重任。对"哲学王"与统治人才应有特殊的要求，他们的灵魂转向应是双向的：他们既要实现灵魂上升的转向，直至把握最高的善，又要重新下降到"洞穴"里和"囚徒们"同甘共苦，帮助"囚徒们"也实现灵魂转向，培养、造就好公民，这样才能治理好城邦。"哲学王"不是普通哲学

① 见柏拉图《国家篇》，484B—D，487A，载于《柏拉图对话全集·附信札》。
② 见同上书，499B—C，载于《柏拉图对话全集·附信札》。
③ 见同上书，501E—502B，载于《柏拉图对话全集·附信札》。

家,而是国家培养、造就的"蜂王",是领袖,应当有能力参与哲学与政治两重生活。他已把握了正义、美、善的理念,理应到"洞穴"中去为公民指点迷津,这样才能使全体公民的灵魂都得到升华,培养出团结而不可分的公民集体;而不会像如今希腊的大多数城邦那样,统治者昏昏然,互相殴斗,或者为虚幻的统治权而自相残杀,从而毁了国家与统治者自身。

依据教育目的和人的认识序列,他具体设计了理想城邦国家的教育体制与教学课程,重点是为培养统治人才。在伊索克拉底办修辞学校和柏拉图办学园之前,古代希腊还没有专门设置的学校,但广义的教育是有的。大体来说,当时希腊城邦的教育有两类:一类是某些多立斯人城邦如斯巴达和克里特等,为了战争的需要,对青少年进行严格的军事训练与纪律教育,却不注重实施文化与科技的智力教育。另一类是伊奥尼亚人的教育制度,它除了体育训练外,更重视开发智力的文化教育。从小亚细亚伊奥尼亚殖民城邦流传过来的这种教育制度,后来就发展成为雅典的教育制度。柏拉图主要继承并主张改革现有的雅典式的教育制度。他主张,就像妇女与儿童"共有"一样,全部教育也必须"公有"。① 就是说,应由城邦国家的统治集团来办学,控制、管理教育,以求有目的、合规范地培养统治人才与全体公民。他是第一位明确主张国家办各级学校的西方思想家。他设计的音乐(文化)与体育教学课程,还只是关涉可见的生灭世界,是用以培养护卫者与公民的精神和谐、语言能力和一般品质的初等教育,他强调应重视这种教学中蕴涵的道德教化作用。而要培养统治人才,使他们的灵魂转向,从可见的动变生灭的世界提升入永恒的理念世界,获得真正的知识,就要有高等的教育。他依次设计了五门数理科学知识课程(算术、平面几何、立体几何、天文学、谐音学)的教学,认为其能使灵魂逐步提升,而学习最高级的辩证法课程,最终能达到把握哲理理念的境界。

他设计的教育的阶段与方式大体如下:第一阶段,把所有 10 岁以上

① 见柏拉图《国家篇》,543A,载于《柏拉图对话全集,附信札》。

的有公民身份的孩子送到乡下去,由城邦统治集团安排接受音乐与体育初等教育,尽可能学习初等数学,并用城邦确认的习惯(道德规范)与制定的法律来熏陶他们,改变父母的生活方式对他们的影响。一直学习到十七八岁左右。第二阶段,选择少数优秀青年,从 20 岁到 30 岁,学习算术、几何、天文学等数理科学知识的高级课程。第三阶段,从上述优秀青年中筛选更少数有望成为统治者苗子的人,从 30 岁到 35 岁,正确、完整地学习辩证法。第四阶段是公务实践,候选的统治者从 35 岁到 50 岁,要下放到城邦的具体岗位中,负责指挥战争或做其他适合年轻人的公务,让他们获得实际工作经验,培养治理城邦的能力。那些在知识学习方面以优异成绩通过考试,并在长期实际工作中通过严格考验的人,已是 50 岁以上的年长者,才可被遴选为统治者。柏拉图重申,女人可和男人一样,参加各阶段的学习与培训,可被遴选为统治者。柏拉图认为,对统治者必须实施知识学习与工作锻炼的双重培训,因为他深知这不是培养专做学问的哲学家,而是培养能运用哲学知识进行政治统治的"哲学王"。就是在统治者治政期间,柏拉图也对他们提出了治理政务与哲学研究相结合的高要求,称之为"最后的考验"。就是要求他们时时将灵魂转向上方,注视善的理念,并以善为原型,管理好国家、公民和他们自身。他们要终生"用大部分时间来研究哲学",又要"不辞辛苦管理繁冗的政治事务",应当是堪当"双肩挑"的学者型的统治者。① 柏拉图的教育体制是以造就"哲学王"和培养好公民为旨归的。

四 比较不同政制

柏拉图在《国家篇》第 8、9 卷中,以较多的篇幅②,比较研究了他的理想城邦国家的"贤人政制"和现实存在的希腊城邦国家的四种主要政制,剖析了这四种政制的演变关系。这是西方政治思想史上系统研究希腊

① 见柏拉图《国家篇》,540A—C,载于《柏拉图对话全集,附信札》。
② 见同上书,543A—592B,载于《柏拉图对话全集,附信札》。

城邦政治体制的最早文献,是很有历史价值的。

柏拉图具体论述了现存的希腊城邦中的四种主要政制,按照它们相对的优劣,依次排列为荣誉政制、寡头政制、民主政制与僭主政制。而最好的政制应是他理想的贤人政制,位于四种政制之前。

古代希腊城邦国家的根本制度都是城邦奴隶制,柏拉图设计的理想城邦国家也没有超越这个根本制度。政治体制是政治权力的分配方式,即政治权力在各阶层、各社会集团的分布与被掌管。柏拉图认为政治制度不是凭空而生的,它是"从城邦公民的习惯里产生出来的;习惯的倾向决定其他一切的方向"。而且,它同统治者及社会人群的"性格"紧密相关,"有多少种不同类型的政制就有多少种不同类型的人们的性格"。①这里所说的"习惯"是指伦理道德传统,"性格"则是指道德品格。柏拉图主张国家的政制以伦理为基础,体现国家的伦理特征,同时它和一个社会的个人道德品格,特别是统治者的道德品格,有着密切的因果关系。柏拉图认为有五种政制即政治统治形式,也就有五种类型的心灵。他将他设计的理想城邦国家的政制称为"贤人政制"(aristokaratia,英译aristocracy),认为它是五种政制中"最好的政制",说他已确证和贤人政制相应的人是"善的人和正义的人"。②

贤人政制早已是苏格拉底的政治理想,但他还没有具体展开设计这种理想的政制,所以他还只能将希望放在改良温和的民主制上。柏拉图继承了苏格拉底的"贤人政制"的基本主张,但是,他已不将希望寄托在改良民主政制上,因为当时希腊城邦的民主制已丧失社会基础,完全变质为政客的工具了,甚至处死了他的老师。他对希腊现存的各种政制包括民主制都予以批判,并且超越他的老师,独特地具体设计了理想城邦国家的贤人政制。综合他的国家学说,这种贤人政制可概括地表述为:以社会的自然分工为建国原则,以理念论哲学为根本指导,遴选出有哲

---

① 见柏拉图《国家篇》,544D—E,载于《柏拉图对话全集,附信札》。
② 见同上书,545E,载于《柏拉图对话全集,附信札》。

学与政治智慧的"哲学王",建立以正义、智慧、勇敢、自制为伦理基础和以善为最高目的的政治与社会体制,实施各种明智的对内、对外政策,谋求城邦国家的整体幸福;通过统治集团的财产公有和妇女、子女的"共有",保证统治集团成员不腐化变质;并且通过柏拉图设计的教育制度,保证这种政制能长治久安、代代相传。柏拉图承认,这种城邦建制还是一个在地球上找不到的"理想","或许天上建有它的一个原型",也可能将来存在。① 但他又说:"一个建立得这么好的国家动摇它、颠覆它确实不容易,但是,既然一切有产生的事物必有灭亡,这种社会组织结构当然也是不能永久的,也是一定要解体的。"②就是说,它会依次衰变为现存的希腊城邦国家中的四种政制。他是在对包括他设计的贤人政制在内的五种政制的比较研究中,得出它们之间逻辑上可能的演变关系的,而有些内容也有历史真实性。

　　他说政治制度是变动的,后一种政制是由于前一种政制的内在矛盾造成政治动荡和城邦内部斗争而产生的,这就有四种政制依次退化演变的过程。柏拉图论述城邦政制的演变,部分出于伦理上的推断性分析,部分出于他观察的历史事实,也深刻地论述到政制变动的经济与政治原因,含有深刻的见识。

　　他对现存的希腊城邦中的四种主要政制的比较分析如下:

　　第一,荣誉政制。它的典型代表是斯巴达政制。此政制中,"勇敢"这种伦理德性片面地起着"主导作用",因而它的特征是争强好胜、热爱荣誉、崇尚战争与征服,并且吝啬地爱好财富,还重视体育与军事训练,轻视音乐(文化)教育,实行强制性的监督。③ 柏拉图推断这种政制由"贤人政制"演变而产生,看来牵强附会,但他的论述也合理地涉及经济原因。他说,在贤人政制下,也可能在不吉利的时节生育了不优秀的子女,对他们又没有给好的教养,统治阶层丧失了分辨"金种、银种、铜种、铁

---

① 见柏拉图《国家篇》,592B,载于《柏拉图对话全集,附信札》。
② 同上书,545E,载于《柏拉图对话全集,附信札》。
③ 见同上书,548B—C,载于《柏拉图对话全集,附信札》。

种"的禀赋的能力,于是统治集团内部出现了两种相互冲突的势力集团:"铜铁集团趋向私利,兼并土地房屋,敛聚金银财宝,而金银集团则由于其自身的心灵拥有真正的财富而趋向美德和传统秩序";他们相互斗争,最终妥协,将原来"公有"的土地、房屋分为私有,将原先的自由民变成边民和奴隶,本来从事战争、保护自由民的护卫者,现在变成压迫他们的人了。① 他揭示这种政制产生的重要原因是统治集团的财产从公有到私有的转变。荣誉政制和贤人政制的根本不同,在于它"不让有智慧的人执掌国家的权力,而宁愿选择较为单纯而勇敢的那种人来统治国家"②。荣誉政制是一种介乎贤人政制和寡头政制之间、善恶混杂的制度。统治集团和公民的性格特征是非常好胜,对待奴隶的态度极为严厉,自信而缺乏文化,对长官恭顺服从,爱掌权,爱荣誉,靠战功与军人素质来达到目的。统治者愈益爱好财富,就愈益磨损了向善之心,由自制的人变成了傲慢的喜爱荣誉与财富的人。柏拉图的描述大体上是当时斯巴达社会体制的生动写照,但他对斯巴达的政制也是严加批判的,认为它必然不能持久而会衰变。

第二,寡头政制。私有财产破坏了荣誉政制而产生了寡头政制。统治集团成员获得大量的财富,越想发财,就越是瞧不起善德,因为道德和财富总是成反比的。爱荣誉的人变成了爱财富的人,成为城邦的少数统治者,形成了寡头政制。这种政制是"根据财产资格的制度,政治权力在富人手里,不在穷人手里"③。它实质上是富人政制,财产资格决定统治权。柏拉图指出:

> 这时他们便通过一项法律来确定寡头政制的标准,规定一个最低限度的财产数目;寡头制程度高的地方这个数目大些,寡头制程度低的地方规定的数目就小些。法律宣布,凡财产总数达不到规定

---

① 见柏拉图《国家篇》,545B—547C,载于《柏拉图对话全集,附信札》。
② 同上书,547E,载于《柏拉图对话全集,附信札》。
③ 同上书,550D,载于《柏拉图对话全集,附信札》。

标准的人,谁都不得当选。而这项法律的通过则是他们用武力来实现的。①

柏拉图批判这种政制有三大弊端:(1)财产标准不等于治国能力的标准,富人未必是富有智慧的治国者。就像是根据财产标准去选择可能不懂航海技艺的人当船长,富有航海技艺的穷人却不能当选为船长,这就有将国家的"航船"倾覆的危险。(2)这样的城邦必然是分裂的,一部分是富人的国家,一部分是穷人的国家,互相激烈斗争,连国家的防卫都成问题,因为统治者是少数,要打仗非武装人民群众不可,但他们害怕人民甚于害怕敌人,这样就连战争也无法进行。(3)最大的弊病是允许产业买卖,这就会在有产者(包括富有资产者和有小资产的自由民)中间也造成严重的两极分化:一极是在财富兼并中涌现出来的大量卖尽家产的穷光蛋,沦为游民甚至乞丐;另一极是徒有统治者之名的富人,却不起任何领导作用,而只是大量消耗生活资料,成为国家的祸害。柏拉图说的这种社会现象,在伯罗奔尼撒战争以后的希腊城邦中是普遍的现实,其动摇了城邦奴隶制的社会基础。和寡头政制相应的个人性格是从好胜型转变为贪财型,崇拜金钱。统治者既贪婪又吝啬地聚敛财富,将欲望与爱财奉为神圣原则,理性与激情都折节为奴;理性只用于计算如何更多地捞钱,激情用于赞美财富与富人。

第三,民主政制。民主政制从寡头政制的内在矛盾中产生,财富的占有与分配是其深层原因。寡头政制中的贫富两极分化愈演愈烈,富人统治者不择手段地聚敛财富,甚至以金钱为毒饵放高利贷,对穷人盘剥榨取。统治者又未能制定法律来制止这种财富兼并与分化,造成了愈来愈多的无产贫民。统治者养尊处优,人民处于水深火热之中。城邦严重分裂,便发生党争;贫民痛恨富人统治者无能,就起来革命。这往往引发内战,将拥护寡头制的敌党成员放逐或处死,建立起民主制度。在民主政制中,成年公民不论财产多寡、才能高低,都获有一定的政治权利,

① 柏拉图:《国家篇》,551B,载于《柏拉图对话全集·附信札》。

都有担任公职或成为统治者的机会,由抽签决定谁任公职,城邦中占绝大多数的平民主导统治权力的分配。柏拉图对民主政制并不全盘否定,而是有褒有贬。他肯定民主政制有两个特点:(1)容许广泛的自由,它会有各种各样的具体制度与可选择的管理模式;(2)宽容,把一切平等给予一切人。但他批评民主制用人不论禀赋差异,不符合甚至践踏了理想国家按照人的禀赋作等级分工的基本原则;还会流于"无政府状态的花哨的管理形式",没有品德与才智的人在从政时,只要笼络人心就能获得权力与荣誉。① 雅典民主制在后期蜕化变质为政客弄权的工具,就是这种情况。民主政制中的个人性格如同它的具体制度与生活模式一样,具有多样性与复杂性,交织着高贵美好的"必要的欲望"和贪利而危害心灵的"不必要的欲望"(下贱的、坏的欲望)之间的斗争。一些心灵中已丧失美德的年轻人,"在一个灿烂辉煌的花冠游行的队伍中走在最前头,率领着傲慢、放纵、奢侈、无耻行进",还夸赞自己拥有礼节、自由、慷慨、勇敢。② 这用在民主制蜕化变质时期有的年轻投机政客身上也还合适,但柏拉图将民主制中多数个人的性格都贬低为不受理性制约而放纵欲望,当然是出于他对民主制的偏见。

第四,僭主政制。古代希腊的僭主最初起过进步的历史作用,如梭伦之后的僭主庇西特拉图,曾推进雅典的民主制改革。柏拉图则将僭主一概看做专制的暴君与独裁者,将僭主政制列为最低劣、最可恶的政制。他说僭主政制从民主政制中产生,也不符合历史实际。"三十僭主"搞政变,暂时取代已陷入严重危机的雅典民主制,只是一个局部的特殊现象,而不是希腊城邦史的普遍现象。柏拉图说:民主制的最大优点是"自由",也是它的"善的依据"③;但过分追求自由的结果,却是破坏了民主社会的基础。"物极必反",极端的自由会变成极端的奴役。民主制社会里也存在着平民和富人寡头的斗争、争权夺利的党派斗争。僭主往往是以

---

① 见柏拉图《国家篇》,558B—C,载于《柏拉图对话全集,附信札》。
② 见同上书,560E,载于《柏拉图对话全集,附信札》。
③ 同上书,562B,载于《柏拉图对话全集,附信札》。

保护平民的"平民领袖"身份出现的,靠控制轻信的民众起家。但僭主在阴谋夺权中获胜后,就像尝过人肉的狼一样开始实施暴政,诬告别人,将有不同意见的人流放或判处死刑,掠夺财产,瓜分土地,并且害怕被仇人杀掉而建立卫队保护自己,由平民的"保护者"变成了十足的独裁者。人民将僭主抬举起来,本来是为了保护自己的自由,结果反而遭受暴君的奴役。柏拉图对僭主政制深恶痛绝,他用极端的言辞描绘僭主的个人性格也是最恶劣的:僭主的灵魂中充满了兽性和野性的欲望,它被激发起来,使僭主成为万恶的、带刺的"雄蜂",成为淫棍、醉汉和疯子,成为十足的暴君,"变得无法无天,无论杀人越货还是亵渎神圣,什么事都敢做了。主宰他的心灵的那个激情就像是一个僭主暴君,也是无法无天的"[①]。

柏拉图对现存的希腊政制,不同程度地都持批判态度。在他看来,已陷入严重危机的希腊城邦要救亡图存,就必须实行他的理想城邦国家的设计和相应的贤人政制。

五 后期社会政治思想的变化

柏拉图在《国家篇》中比较轻视法律,甚至认为制定繁琐的法律是无用的。[②] 他主要主张实行人治,认为统治者的个人品格决定国家的政治体制,期盼总有一天会降临一位智慧的"哲学王",他的理想的城邦国家蓝图便可付诸实现。至其晚年,随着他在西西里扶植"哲学王"的政治试验失败,加之希腊城邦陷入愈益深重的危机,他日益认识到乱世必用"重典",立法与法治对确立他的理想城邦政治体制具有比人治更为重要的价值,因而他从推崇"人治"逐渐转向推崇"法治"。但他没有放弃他毕生为之努力的理想国家的设计,没有放弃集政治权力和哲学智慧于一体的"贤人政制",也没有放弃注重"德治"的治国方略;他只是强调所有这些政治体制设计和以德治国的原则,都要寓于立法之中,要通过法律来稳

---

① 柏拉图:《国家篇》,575A,载于《柏拉图对话全集,附信札》。
② 见同上书,424E—425E,载于《柏拉图对话全集,附信札》。

定地予以保障,法治和德治是相辅相成的,应是并重的治国之术。他曾派学园的多名成员去希腊的一些城邦考察法律或参与制定法律。而他的社会政治思想的变化,则表现在他后期的政治哲学与法学著作之中。

他在后期著作《政治家篇》中仍然强调,拥有卓杰智慧与治理知识的真正的政治家能使国富民强,能按正义的原则治理国家,由他们统治便是好的政治制度。[①] 但他已开始强调法律和法治对确立优良的政治制度和稳定的政治秩序有着重要作用。他让对话中的爱利亚的客人和少年苏格拉底就法律的作用展开了长久讨论,从中指出法律和智慧是一致的,认为应该承认法律是经验的总结,也体现知识与真理;法治是治国术的组成部分,应由睿智的贤人实行。就像竞技要有规则,治国需要法律,虽然法律不能规定到每个细节,但它能规划与稳定国家体制和社会秩序的大局。能制定好法律的真正的政治家是少数,多数城邦可以摹仿他们制定的法律,也就是对真理的摹仿。[②] 实行法治的少数智慧人士的统治是贤人政制,违反法律的坏的少数人的统治便是寡头政制。柏拉图还以是否遵循法治区别了两个系列由优到劣的六种政制:守法的为君主制→贤人制→民主制,不守法的为民主制→寡头制→僭主制。实行法治已成为判断政制优劣的重要标准,守法的君主制是理想的个人"哲学王",在当时的希腊城邦难以出现;守法的贤人制是柏拉图的现实期盼;民主制如实行法治,也被排在仅次于贤人制的地位了。

柏拉图的晚年著作《法篇》[③]标志着他的政治思想完成了从人治向法治的转变。这是他生前写下的最后也是最长的一篇对话,篇幅约占柏拉图全部对话的1/5,由此也可见他晚年在研究法律与法治方面用了相当

---

① 见柏拉图《政治家篇》,292B—293E,载于《柏拉图对话全集,附信札》。
② 见同上书,293E—300E,载于《柏拉图对话全集,附信札》。
③《法篇》分为12卷。对话中没有苏格拉底,主角是来自雅典的无名客人,实为柏拉图的代言人;另两个是多立斯人,一是来自克里特的克利尼亚,一是斯巴达人麦吉卢。对话涉及比较雅典、克里特与斯巴达的法律。第欧根尼·拉尔修说过,《法篇》是柏拉图的学生奥布斯的菲力浦从蜡版上抄下来的,古代辞书《苏达》也记载说将《法篇》分为12卷的就是菲力浦(见格思里《希腊哲学史》第5卷,第321页,剑桥,剑桥大学出版社,1978)。

大的心力。据说这是他为学园成员赴各地城邦参与制定法律提供的范本。柏拉图在这篇对话中,综合、发展了他以往的社会伦理与政治哲学思想,重心转到"法"的主题,借讨论为想象中要建立的克里特殖民城邦立法,论述了立法原则、国家起源、各种政体比较、官吏任命,更非常具体地拟定了包括政治、经济、军事、外交、教育、文化、宗教、婚姻、遗产等的一整套完整的法律制度。这是西方第一部关于法学思想与法律制度的著作,在西方法学与法律思想史上有重要的地位,对后来的罗马法也有较多影响。伯奈特指出:随着近年纸草的发现,已经可以证实《法篇》的大部分内容是以当时希腊的法律条款为基础的,而罗马法也渊源于柏拉图制定的这些法律。① 这里不论述具体法律条文,只述评柏拉图强调法治的思想演变。

柏拉图认为法的本性有其伦理道德基础,立法的原则在于全部美德。他批评克里特与斯巴达只为战争、只依据"勇敢"德性来制定法律,认为常人看美德依次是健康、美、强壮、财富,而真正的神赋予的美德应依次是智慧、自制、正义、勇敢。人的美德要依靠神的美德,所以立法者立法时要依据神的全部美德,并且按照神的美德次序,将智慧与理性看做最主要的根据。② 由此可见,柏拉图晚年虽然高度重视立法,但这种立法依然以他早先论述的政治伦理为原则,而他的发展是将这种社会伦理在他过去轻视的"法"的领域充分展开,这里有他的思想的连续性和跃进。

他认为完善的国家应是具有智慧、自制等全部美德的统治者和依据美德建立的良好法律制度的和谐结合,而且法治应高于统治者权威。他说将最高权力和智慧、自制结合,才能产生最好的法律制度。③ 无论哪种政府,如果统治者只想满足私欲,将法律践踏在脚下,政府就毫无希望。④

---

① 见伯奈特《柏拉图主义》,第88页,贝克莱,加利福尼亚大学出版社,1928。
② 见柏拉图《法篇》,631B—D,载于《柏拉图对话全集,附信札》。
③ 见同上书,712A,载于《柏拉图对话全集,附信札》。
④ 见同上书,714A,载于《柏拉图对话全集,附信札》。

他批判智者关于法律是维护强者利益的论调,指出:如果统治者总以保护他们自己拥有的权力作为法律的最高原则,垄断政府的权力,拒绝别人参加,害怕别人起来反对他们,这样的政府是不正义、不合法的,只能说他们是结党营私。只有服从城邦法律的人才应获得统治席位,赢得荣誉。统治者应该是服从法律的仆人。他得出结论:如果在一个城邦中法律是无能的,屈从于统治者,这个城邦即将毁灭;相反,如果城邦的法律高于统治者,统治者服从法律,这个城邦便可得救,神将降福于它。[①] 柏拉图至此已完成了从片面主张人治到主张有道德基础的法治的转变。他已认识到统治者是否服从法律是决定国家成败的关键问题。法律的权威必须高于统治者,绝不能让统治者的权力高踞于法律之上。只要统治者能够守法,治理国家便可以走上正确的轨道,城邦国家就可以得救。

柏拉图又总结阿戈斯、美赛尼亚等城邦被毁坏的原因,认为从中可得出的最大教训是:不能给统治者过分大的权力,正如不能给身体过多的食物,船只不能过多航行,任何事物都必须适度,过度便是不正义的。过度的权力会产生愚蠢之事,会倾覆国家,使权力自身也完全丧失。斯巴达采取双王制彼此限制权力,并设立 28 个长老与民选长官来监督权力,还是有效的,不致权力过度产生暴政。[②] 他看到政治的核心问题是统治权力,统治者不能集中过大的权力,对统治者的权力必须加以限制和监督。近代资产阶级启蒙思想家如洛克、孟德斯鸠等提出分权制即三权分立、权力制衡学说,其最早的思想渊源可上溯到《法篇》。

柏拉图强调立法、司法和道德教育都是头等大事,应当并举,使其相辅相成。他没有放弃"以德治国"的原则,认为法律应该为道德服务,所以法律不能只靠强制,也要靠说服,只有同时使用两者才是好的法律。[③] 他将法律和道德融为一体,将道德教育作为立法的重要内容,强调自幼

---

① 见柏拉图《法篇》,714B—715D,载于《柏拉图对话全集·附信札》。
② 见同上书,691B—692B,载于《柏拉图对话全集·附信札》。
③ 见同上书,720A—E,载于《柏拉图对话全集·附信札》。

的道德教育能引导孩子的灵魂完善,成为好公民、好的统治者和被统治者。① 他将这种蕴涵道德的法律的作用比喻为神圣的"黄金绳索",认为其能将人紧紧地引向最正确的方向,使人战胜欲望、痛苦和恐惧,不做可耻之事,具有勇敢、自制等美德,达到灵魂的和谐即善与正义。他十分注意文艺作品的道德教化功能,具体规定所有戏剧的演出都得经过审查,主张法律应有强制性措施促使诗人用美的形式去表现人应有的美德。② 他制定的一系列关于艺术的法律,固然表明他的艺术观有保守倾向,但也说明他仍然坚持道德教化是立国的首要大事。

柏拉图在《法篇》中并没有放弃在《国家篇》中的理想城邦国家设计,而是承袭与发挥它,借为克里特殖民城邦立法,将他原有的理想城邦国家的社会体制与治国原则以法律形式具体化,使之有可操作性。如他对公民与培养统治人才的教育体制有更具体的立法规定。他仍坚持在统治阶层实行财产公有制与妇女、子女共有。他认为自私是一切罪恶的根源③,主张最好的法律应该是像古话所说的"朋友共有一切",妇女、孩子、财产全是公有的,个人私物全从生活中消失;不能立刻做到这点,退而求其次,可给公民分配土地和房屋,但要让他们知道所有的这一切是属于整个城邦的。④ 他认为,一个城邦要避免危机,就不能有贫富的过度分化,因为这两者都会产生罪恶;他主张立法确定贫富的限制,可以按财富多少分为四个等级,依次为最低财富的四倍、三倍和二倍,超过份额的部分交城邦,不然要处罚。⑤ 柏拉图说,让人们这样财产有限制、共同幸福地生活,好像是立法者在说的一个梦,虽然不可能立即实现,但它是面向未来的一个典范、公正的设计,应该允许立法者去完成它。⑥

柏拉图开启的体制伦理研究与伦理型的政治学说,对亚里士多德及

① 见柏拉图《法篇》,643D—E,载于《柏拉图对话全集·附信札》。
② 见同上书,654A—660A,载于《柏拉图对话全集·附信札》。
③ 见同上书,731D,载于《柏拉图对话全集·附信札》。
④ 见同上书,739C—740A,载于《柏拉图对话全集·附信札》。
⑤ 见同上书,744C—745A,载于《柏拉图对话全集·附信札》。
⑥ 见同上书,746A—C,载于《柏拉图对话全集·附信札》。

西方后世的政治学、伦理学有深远影响。直到当代,美国著名思想家罗尔斯在其轰动西方学术界的名著《正义论》中,也秉承这种伦理型政治学的传统,设计了他理想的以"正义"原则为根据的正义社会体制,以及以善为最高目的的正义社会的道德体系。当然,他的正义社会不同于柏拉图的理想国家,主要是承继与发展了康德的义务论的伦理道德观,来设计与调节当代西方国家的社会体制,他的正义论是一种新自由主义。

　　柏拉图主张在统治集团内部不许拥有私有财产,这并不是最早提出的空想共产主义;不过,他为了克服现实城邦中的矛盾与危机而设计理想国家这种方式以及某些内容,对后世的思想家形成空想社会主义或空想共产主义学说也有启迪与影响。如 16 世纪英国的托马斯·莫尔在其名著《乌托邦》中,抨击贫富两极分化的社会不平等,讥讽贵族富人像不劳而获的"雄蜂",并说到柏拉图的《国家篇》启发他提出废除私有财产的理想。文艺复兴时期意大利著名思想家康帕内拉在其《太阳城》中提出空想共产主义的理想,也是从《国家篇》中取得许多思想材料的,如主张公有财产,男女平等,妇女可"获得统治权"①;他也主张政府安排婚姻,取消家庭,孩子公养,最高统治者应是最明智的哲学家即柏拉图所说的"哲学王",等等。而不同的是,《太阳城》没有柏拉图的等级制度,全民在经济、政治上是平等的,全国废除私有制,实行按需分配。这种人道主义的理想,在某种意义上说也渊源于柏拉图政治伦理思想中的人性内容。

第五节　审美思想与艺术哲学

　　在希腊古典文明时代,各种形式的诗歌与戏剧(悲剧与喜剧)的创作达到鼎盛的高峰。柏拉图本人也是富有文学天赋的才子,他的早、中期对话篇就是焕发着文学才气的杰作。他继承、发展了苏格拉底的审美思想,并将它提升为他的理念论的有机组成部分;他从理念论的高度审视

---

① 康帕内拉:《太阳城》,陈大维等译,第 56 页,商务印书馆,1980。

美与艺术的本性,非常重视艺术创作与鉴赏的道德教化的社会功能,将其视为他设计的理想城邦国家的重要内容。从他的中期对话《会饮篇》、《斐德罗篇》、《国家篇》到晚期对话《法篇》,一直注重论述审美与艺术哲学问题。他是从理念论的推演和设计理想城邦国家的需要来展开论述艺术问题的,这和亚里士多德注重从总结希腊古典艺术创作实践来形成系统的"诗学"不同,而且有其保守性,但他的理论本身富有艺术感染力,对后世西方的文艺理论与美学思想有深远的影响。中国美学家朱光潜先生编译、出版过柏拉图的《文艺对话集》,向中国读者集中展现了柏拉图艺术思想的主要篇章。

柏拉图的审美与艺术哲学思想,主要表现在四个方面。

一 厄罗斯与"迷狂"

爱情是艺术的永恒主题,艺术的感染力又总是引发爱美的情感。柏拉图的审美思想首先表达在讨论如何理解爱神厄罗斯的对话《会饮篇》①中。在他的这篇文辞非常优美的中期对话中,修辞学家斐德罗和鲍萨尼阿、医生厄律克西马库、喜剧家阿里斯托芬会聚欢饮,依次对爱神厄罗斯作一番礼赞并发挥自己的种种理解,之后,对话中的苏格拉底转述了阿卡狄亚地区曼提尼亚城的女先知狄奥提玛(Diotima)曾对他所作的关于厄罗斯的谈话,将厄罗斯的本性提到理念论的审美思想高度来解释。实际上,这是柏拉图自己的审美思想。

他将厄罗斯描绘为一种处于知与无知之间的中间状态,神与人之间的一种"精灵"(daimon),实质上它是认知、情感、欲望、意志的主体,是融合知、情、意(欲望)的审美主体,也是艺术创造的主体。真善美是统一的,智慧是最美的。厄罗斯的本性应是热爱智慧的,是智慧的爱好者,也

---

① 西方学者一般认为《会饮篇》写于《美诺篇》和《斐多篇》之后,大约和《国家篇》同时,就内容和形式看,与《斐德罗篇》是姐妹篇。会饮是当时希腊社会普遍流行的一种习俗,以在宴会上歌颂诸神和饮酒来举行庆祝。对话中赞颂的爱神厄罗斯在赫西奥德的《神谱》中是混沌之子,后来逐渐演变为司性爱的美神阿佛洛狄忒同宙斯或战神阿瑞斯所生之子。

必然是美与善的爱好者,它以善为目的,统摄智慧、欲望、情感,追求不朽的幸福。就像人的身体在爱欲中生育繁殖,使人类绵延不绝,厄罗斯作为审美主体和艺术创造的主体,也在精神生育中达到不朽。它生育智慧和其他美德,一切诗人和各行技艺的发明人都是这类生育者,富有智慧与自制、正义美德的贤能的城邦统治者也是这类真善美的精神生育者,在精神熏陶中培育众多高尚的心灵。所以,荷马、赫西奥德和其他诗人留下的"孩子"(作品)有不朽的命名,莱喀古斯在斯巴达、梭伦在雅典所留下的法律则为希腊人造福。这里,柏拉图只从艺术创造自身的历史评价高度肯定荷马的作品,和他在《国家篇》中以理想城邦国家为准绳来贬斥荷马,并不相同。

　　柏拉图认为,厄罗斯作为审美主体和艺术创造的主体,在审美过程中追求的对象和所要达到的目的,是美的理念(型相)。这是一个从具体的美的事物逐步"向上引导"(epagoge)的过程:"从个别的美开始,好像阶梯一级一级逐步上升,直到最普遍的美。从一个美的形体到两个美的形体,再到每一个美的形体;从美的形体到美的制度,从制度到学问知识,最后一直到美自身——他认识到美是什么。"①这个对最普遍的"美"的审察,超出了狭义的艺术"美",是涵盖事物全体的、与真善统一的美。而美的理念即美自身是超越经验的,它不可能直接从经验中得来,所以柏拉图在论说最后达到美理念时,用了"突然跳跃"的字眼,说明必须经过一个"飞跃"才能达到把握美的理念。这也就是他此后在《斐德罗篇》中描述的,在审美过程中,灵魂马车上升飞驰到最高处时进入对美的"迷狂"境界。

　　在《斐德罗篇》②这部论述审美和修辞学的对话中,柏拉图发展了他

---

① 柏拉图:《会饮篇》,211C,载于《柏拉图对话全集,附信札》。
②《斐德罗篇》和《会饮篇》主题有相近之处。这篇对话写的是苏格拉底和斐德罗相遇,后者正带着一篇当时大演说家、修辞学家吕西阿斯写的关于爱情的演说词。对话先后讨论了三篇关于爱和美的演说词,第三篇才代表柏拉图的思想,说明爱美的真正本质是一种迷狂,灵魂要能按照理智克服欲望,认识真正的美自身,才是真正的爱美。这篇对话还就修辞学的方法论述了分析与综合这种"辩证法"。

的早期著作《伊安篇》中苏格拉底关于艺术创作与鉴赏的"灵感"说,将这种单纯激情的"灵感"提升到追求理念的高度,成为一种在审美过程中热爱智慧的哲学的迷狂。柏拉图说灵魂是自我运动的不朽的生命本源,他不再用爱神厄罗斯作为审美主体的象征,而是直接用灵魂来指谓审美主体。他形象、优美地将审美过程描绘为灵魂马车上飞天庭、进入把握美的理念世界的过程。他将灵魂比喻为两匹飞马和一个驭手的组合,说人类灵魂的驭手驾驭着两匹马,一匹驯良,一匹顽劣。真善美使驯良之马羽翼丰满,飞驰上天;顽劣之马蠢动不良情欲,使灵魂下坠。在审美的灵魂马车上飞的过程中,驯良之马长得俊美,爱好荣誉、谦虚和自制,驾驭它不需要鞭策,只要劝导就行;另外那匹顽马却是固执骄横,乱蹦乱跳不听使唤,充满追求野性欢乐的欲望,并将实现这种欲望当做美。直到驭手来到所爱的美少年面前,回想起美的本性,能够自制,才拼命约束劣马,让它丢掉野性俯首帖耳地听命。这时候灵魂才肃然起敬地去爱其所爱。① 柏拉图以此说明审美中有灵魂内部的冲突,理智必须战胜情欲,才能认识真正的美。他生动地描述把握了美的理念的人,在审美的最高境界进入一种灵感喷发、激情横溢的迷狂状态:当他看到表现美的面孔或形体时他便战栗了,将这种美的形式当做神来尊敬。美通过眼睛流射进入他身体中,灵魂的羽翼受到滋润,这种放射体灌注进来,灵魂沸腾发烧,使他产生一种迷狂状态,让他坐立不安,只有看到这种真正美的人,才享受到这种甜蜜和快乐。② 这是一种经由美的理念熏陶才能发生的神秘的审美体验。

二　艺术的本性是摹仿

柏拉图重视艺术(包括文学)对城邦成员的教化功能,认为它关涉城邦体制的存亡。他在《国家篇》中多处从哲学、政治与伦理的角度,论述

---

① 见柏拉图《斐德罗篇》,253C—254E,载于《柏拉图对话全集·附信札》。
② 见同上书,250D—252B,载于《柏拉图对话全集·附信札》。

了艺术的本质与社会功用。他虽然以他的理想国家的政治与道德衡量尺度,对古希腊的神话、音乐、绘画、史诗和悲剧、喜剧等辉煌成就,采取了贬低、排斥的偏颇态度,但他并不全盘否定诗歌等艺术,而是主张用他的理念论与伦理道德观来改造全部希腊艺术,使它们能适合理想城邦国家的社会体制,成为能实现理想国家的道德教化功能的文化事业。这是他在西方文化史上深有影响的文艺理论与美学思想的重要构成部分。

古代希腊将文学作品(包括史诗、悲剧、喜剧、颂诗、抒情诗、讽刺诗等)统称为"诗",因为它们都是以韵文形式创作的。从希腊文的词源意义来看,"诗"有"创制"的含义。柏拉图和亚里士多德理解与使用的广义的"诗"一词,都泛指全部艺术创作;狭义的"诗"则指文学创作,或通常说的诗歌。柏拉图认为,诗歌与绘画、雕塑等其他艺术都是一种摹仿,艺术的本性就是摹仿。"摹仿"一词的希腊文 mimesis 的原意比我们通常理解的要宽泛,有双重含义:一是按照事物原型制作仿本,即英译名 imitation;二是表现或表象,英译名为 representation。柏拉图所说的"摹仿",主要是取其第一重含义。后来亚里士多德在《诗学》中提出的摹仿说,则较开阔地使用它的双重含义,他认为艺术是表现人的活动的。柏拉图的理念论认为现象世界的实物"分有"与"摹仿"理念,强调理念才是真实的存在,决定了摹仿它的实物的本质。他说艺术的本性是摹仿,这个"摹仿"则有较大的贬义。在他看来,艺术是摹仿实际事物的影子,是对理念的双重隔层摹仿,它的真实性程度很低,是属于世界与认识结构序列中四个级别中的最低级部分。

柏拉图用"三种床"作比喻,来说明艺术摹仿的真实程度的高低。第一种是"床"的理念。它是神创造的,神是"万能的匠人",天地万物甚至诸神、天体与冥间的一切都是他制造的。柏拉图在后期对话《蒂迈欧篇》中就论述了创造者通过理念的中介而创生宇宙万物。第二种是工匠注视着"床"的理念,以它为原型,制造出我们使用的"床"的实物。尘世的实物都是此类东西,而且很容易有映制它们的影子或摹本。柏拉图俏皮地说,人世间也很容易有"万能的工匠",你如果拿一面镜子到处去照,便能很快"制作"出太阳、天空和大地的一切以及你自己,但那不过是影子,而不是真实存在的东西。这就有第三种"床",那就是画家画的"床",就像照镜子,是制作床的影子。画家既不能制造事物的本质即理念,也不能制造实物,而只能制作好像是实物的东西。

"床"的理念是真的实在;木匠制造的实物床摹仿床的理念,是它的比较暗淡的阴影;画家画的床更是摹仿实物床即床的理念的影像,它不过是理念的影像的影像,所以这种摹仿和真实存在的床的理念隔着两层。何况,对于实物床,不同的人从不同角度来看,样子会显得不同。画家画床甚至还不是完全摹仿实物床本身,而只是摹仿画家看到的床的样子。所以,画家的摹仿术和理念的真实存在距离很大,只是把握了事物的表象的一小部分。① 柏拉图用"三种床"为例,说明诗和其他一切艺术都只是摹仿实际事物的影像,离作为真实存在的理念即事物的本质,有着双重隔层的很大差距。

柏拉图从对理念的认知角度,将艺术置于较低的地位。他比较了不同技艺中人的认识程度,来论证艺术的摹仿并无真知。他说,一件人造事物如马的缰绳和笛子,与之有关的有三种人的技艺:使用者的技艺、制造者的技艺和摹仿者(如诗人、画家)的技艺。他认为,"一切器具、生物和行为的至善、美与正确性"都只与使用有关,在实际使用中才能把握人与自然所创造的一切的目的——真善美。所以事物的使用者最有经验与知识。如吹奏笛子的人知道笛子在演奏中的性能,告诉制造笛子的人应如何制造;制造者因此才能有正确的信念或意见;而摹仿者如诗人或其他艺术创作者,不论摹仿得优还是劣,既无知识,也无正确的意见,对自己摹仿的事物"没有什么值得一提的知识,摹仿只是一种游戏,是不能当真的"。②

柏拉图进而指出,诗人与其他一切艺术家既然只是摹仿事物的影

---

① 见柏拉图《国家篇》,596A—598B,载于《柏拉图对话全集,附信札》。
② 见同上书,601D—602B,载于《柏拉图对话全集,附信札》。

像,并未把握事物的本质即真实存在的理念,所以他们并不对所摹仿的
事物有真的认知,更没有把握事物的本质即关于理念的知识。一个画家
虽然对工匠技艺一窍不通,但可以将木匠的肖像画得很逼真,或许能骗
得小孩和笨人相信画家对木匠行当也很精通。说诗人等艺术家是"精通
一切技艺,懂得一切只有本行专家才专门懂得的其他事物",仿佛他们是
"魔术师般的摹仿者",那是骗人的。① 他对荷马以来的古今艺术家及其
作品进行了尖锐的抨击。人们说,荷马和悲剧诗人"知道一切技艺,知道
一切与善恶有关的人事与神事",因为优秀的诗人"要正确地描述事物,
他就必须用知识去创造"。② 在柏拉图看来,完全不是这回事。古今诗人
可以在作品中摹仿医生,可是有哪个诗人能帮人治病、传授医术呢? 荷
马虽然描述了许多治理城邦、指挥战争和人的教育的事宜,但是他曾经
为哪个城邦制定过优秀的法律,将城邦治理好,像斯巴达的莱喀古斯和
雅典的梭伦那样作出过杰出贡献呢? 他没有指挥或参谋军事、打赢过战
争,也没有像米利都的哲人泰勒斯那样有精巧的发明,没有像毕达哥拉
斯那样建立学派、以私学传授后人,甚至不像普罗泰戈拉和普罗狄科那
样的智者以私人教学使人们相信他们的教育能治国齐家,靠这种智慧也
能赢得人们的热爱。他讽刺说:如果荷马真能教育人和提高人的品德,
帮助自己的同时代人得到美德,人们就会盛情款待他,他也不至于颠沛
流离、卖唱为生了。③ 他抨击古今诗人"除了摹仿技巧而外一无所知",只
是善于运用韵律、音步和曲调,只知道通过词语摹仿,用音乐性成分造成
巨大的"诗的魅力";如果去掉诗的音乐色彩,就会像并非生得真美的年
轻面孔,"青春一过,容华尽失"。④ 艺术是以形象的方式表现自然与人
生,反映人的生活,艺术作品实际上渗透着有关人的活动的特殊的形象
性知识,而不必是某种专门技艺。柏拉图出于理念论的判断标准,将希

---

① 见柏拉图《国家篇》,598C—E,载于《柏拉图对话全集,附信札》。
② 见同上书,598E,载于《柏拉图对话全集,附信札》。
③ 见同上书,599C—600E,载于《柏拉图对话全集,附信札》。
④ 见同上书,601A—B,载于《柏拉图对话全集,附信札》。

腊传统与流行的艺术都贬低为并无真知,这无疑是一种偏见。生活于公元前 9 世纪黑暗时代的荷马,在那种部族制的粗陋的生活条件下,能创作出表现当时希腊人的神话、宏大战争与历史生活画面的史诗杰作,是非常难能可贵的。柏拉图对荷马的那些非难,并不在理。

柏拉图抨击希腊的传统与流行艺术,也由于它们吟咏和演绎的神话故事悖逆、亵渎了他主张的理性神(即最高的善)。在《国家篇》第 2、3 卷中,柏拉图十分重视并具体讨论了对军事"护卫者"的音乐教育,即全部人文文化教育(因为当时用做文化教育的神话故事、史诗、悲剧等,都有诗歌韵律,是可吟唱的,所以统称"音乐")。他对希腊传统和流行的文学艺术作品痛加抨击,非常偏激地认为它们只会败坏人的德性,因此,为了消除这种心灵污染,必须制定严格的法律,对它们进行审查、限制,甚至排拒它们。他特别指责文艺作品中描述的神话故事是最荒唐的。荷马史诗和赫西奥德的《神谱》都将伟大的神描写得丑恶不堪,诸神明争暗斗,彼此钩心斗角,耍弄阴谋诡计,甚至有儿子绑母亲、父亲摔儿子的情节。柏拉图在这里批判的不仅是荷马史诗等文艺作品,矛头也指向在这种神话基础上形成的希腊传统的人格化的多神教,包括崇奉奥林帕斯诸神的民众通俗宗教即埃琉西斯教和崇奉酒神狄奥尼索斯的奥菲斯教。

柏拉图论述文艺作品应写出"神的本质"①,简要阐明了他的理性一神思想。它的要义有四点:(1)神是实在的、善的,不会干坏事、作恶行,只是好的事物的原因。(2)神不是魔术师,不会在不同的时间随意变换形相;神是单一的,始终不失其本相,处于最好状态,就像最勇敢、最智慧的心灵不受外界干扰而改变自身,"神绝对不能有许多形相"②。(3)神明不说谎、不欺骗,神性和虚伪无缘,是真理的代表。(4)神与神性尽善尽美,永远停留在自己单一的既定形式之中。他在讨论对"护卫者"的文化教育中突出了他的理性一神思想,因为这和他的理念论哲学与道德教

---

① 柏拉图:《国家篇》,379A,载于《柏拉图对话全集,附信札》。
② 同上书,381B,载于《柏拉图对话全集,附信札》。

育是紧密相关的。

柏拉图说艺术的本性是摹仿,将艺术贬低为世界事物和人的认识的最低层次的东西,只和隔真理两层的影像相关。亚里士多德也认为艺术的本质是摹仿,但他对"摹仿"的意义作了和他的老师全然不同的哲学解释。他确认艺术是一种创制知识,是对现实生活的摹仿;并且他对丰富多彩的希腊艺术的辉煌成就,从艺术哲学的高度作了深刻的总结。亚里士多德的本体论、知识论不同于柏拉图哲学,他对艺术的"摹仿"本性也有迥然相异的哲学理解。但柏拉图最早提出摹仿说对他有某种启迪,他是接过他老师的摹仿说加以改造而形成自己的学说的。

三 艺术与灵魂——"哲学和诗的争吵"

柏拉图还论述了艺术与灵魂的能力即精神状态的关系。他认为,诗人与画家等艺术家在创作中只是摹仿灵魂中的感觉与情欲部分,和灵魂中的高级部分"理性"相去甚远,作品也只能打动人们灵魂的低下部分、无理性的无益部分,无助于人心向真理、向善。灵魂有三部分,也是三种能力与精神状态:理性、激情与欲望。诗人在作品中所渲染的爱与恨、乐与苦等情感,还不是接近、辅助理性的激情,而是属于欲望的情欲。人们在日常生活中充满理性与情欲的冲突,正是靠理性克制情欲,才能遵守法律与行为规范。诗人的创作却是激励、培育和加强心灵的低贱部分,毁坏理性部分,就像在一个城邦里把政治权力交给坏人,"在每个人的心灵里建立起一个恶的政治制度",会败坏人的心灵一样。① 他引实例批判荷马史诗宣扬神和英雄失掉自我克制的种种情欲,如让英雄称赞人生最大的福分是享受,写性欲炽烈的宙斯和浓装艳抹的赫拉露天交合,等等。② 有的悲剧则宣扬"不正直的人很快乐,正直的人很痛苦";"不正直

---

① 见柏拉图《国家篇》,605B,载于《柏拉图对话全集,附信札》。
② 见同上书,390B—C,载于《柏拉图对话全集,附信札》。

是有利可图的"，"正直是对人有利而对己有害的"。① 所以，柏拉图说这类诗歌的最大罪状，是有一种腐蚀最优秀人物的力量。他还认为，当时的希腊悲剧的艺术效果，只是满足与迎合人们心灵中渴望发泄情感的部分，以剧中人物的苦难激发观众的怜悯之情，久而久之，这种持续、膨胀的怜悯之情就成为一种哀怜癖，到自己有痛苦时就不容易用理性去克制。当时的希腊喜剧也只是引起观众的滑稽、粗俗的快乐之情，会不知不觉地使人在私人生活中也变成一个爱插科打诨的人。②

柏拉图将上述文化领域中表现出来的理性和情欲或情感的冲突，称为"哲学和诗的争吵"，说这是"古已有之的"。③ 爱智的哲学代表理性要统制情感。而在柏拉图看来，大量希腊传统与流行的艺术是只求膨胀情欲或情感而背离与败坏理性的，这和他设计的以理念论哲学为主导的理性王国是不相容的。所以，他说要将这种"诗"逐出他的理想城邦国家，拒绝让这类诗人进入"治理良好的城邦"。④ 然而，柏拉图贬低艺术的本性，只是相对于"理念"的标准而言；他只是批判希腊传统与流行的艺术，并不是要禁绝一切艺术，也不是要用哲学取代艺术，而是意图用他的哲学去支配与改造现有的希腊艺术，将它们纳入他的理想国家的文化体制。他也看到希腊史诗与悲剧的巨大魅力。他承认"荷马确是最高明的诗人和第一个悲剧家"⑤。他说："当我们听荷马或某一悲剧诗人摹仿某一英雄受苦，长时间地悲叹或吟唱，捶打自己的胸膛，你知道，这时即使是我们中最优秀的人物也会喜欢他，同情地、热切地听着，听入了迷。我们会称赞一个能用这种手段最有力地打动我们的情感的诗人是一个优秀的诗人的。"⑥他期望经过改造的希腊艺术能塑造有利于"培植良好品德的形象"，能提升人的灵魂追求理念的真实存在。他说："我们必须寻

① 见柏拉图《国家篇》，392B，载于《柏拉图对话全集，附信札》。
② 见同上书，605A—C，载于《柏拉图对话全集，附信札》。
③ 见同上书，607B，载于《柏拉图对话全集，附信札》。
④ 见同上书，605B，载于《柏拉图对话全集，附信札》。
⑤ 同上书，607A，载于《柏拉图对话全集，附信札》。
⑥ 同上书，605C—D，载于《柏拉图对话全集，附信札》。

找一些艺术巨匠,用其大才美德,开辟一条道路",使年轻人进入"健康之乡",使他们"如坐春风、如沐化雨",潜移默化地受熏陶,"和优美、理智合为一"。① 改造过的艺术能使人的灵魂升华,达到"内在的精神状态的美",达到根本不同于纵情与色欲的正确的爱,就是"对于美的有秩序的事物的一种自制的、和谐的爱",就是对美的理念的爱。② 柏拉图的这种艺术理想,和他先前的积极的审美思想,即他在《会饮篇》中主张的厄罗斯(爱)应在灵魂提升中追求美的理念,以及在《斐德罗篇》中描述的审美主体驾起"灵魂的马车"向理念世界飞升,并不悖逆,而是一以贯之的。柏拉图声称,这场哲学和诗的斗争,即运用他的哲学来改造现有希腊艺术的斗争,是"重大的","其重要程度远远超过了我们的想象",因为"它是决定一个人善恶的关键",也决定了城邦的正义与美德。③

四 净化与艺术的社会功用

柏拉图贬低、抨击的只是希腊传统与流行的艺术,其实他很重视艺术的社会功用与道德教化价值。他指出:现存的大量希腊传统与流行的艺术作品,描绘神明与英雄为非作歹,或者情欲冲动而不自制,或者说谎骗人,或者宣扬钱能通神、通君王,这些都不利于培植"护卫者"与公民的美德;有的作品则渲染恐怖、苦难的气氛,会使"护卫者"意志消沉,磨灭勇敢的美德。 总之,这类艺术作品没有良好的社会功用,只会败坏社会道德,如果任其潜移默化地起作用,就会有颠覆城邦的严重后果。所以,他的理想国家是绝不能容纳这类艺术的。他说:如果这类诗人到他的理想城邦来,法律没有他的地位,"我们将在他头上涂以香油,饰以羊毛冠带,送他到别的城邦去"④。但他也说,如果有些诗人能"说明诗歌不仅是令人愉快的,而且是对有秩序的管理和人们的全部生活有益的","证明

---

① 见柏拉图《国家篇》,401C—D,载于《柏拉图对话全集,附信札》。
② 见同上书,402D—403C,载于《柏拉图对话全集,附信札》。
③ 见同上书,608B,载于《柏拉图对话全集,附信札》。
④ 同上书,398A—B,载于《柏拉图对话全集,附信札》。

诗的善与真"，理想国家也可容纳。① 他说："实际上我们是只许可歌颂神明、赞美好人的颂诗进入我们的城邦的"②。他的意思实质上是说，只有改造现存的希腊艺术，才能改善艺术的社会功用，才能让它在理想国家的文化体制中有合法地位。

　　柏拉图谈论改善希腊艺术的社会功用时，说到好的艺术应"净化"城邦。③ 他认为，在理想国家中艺术的社会功用是净化，就是净化社会的道德风气，使国家体制与个人心灵都牢固地树立在美德的基础之上。"净化"的希腊文音译是"卡塔西斯"（katharsis）。"净化"本是奥菲斯教的术语，指采用清水净身、戒欲祛邪等教仪，使依附肉体的带着前世原罪的灵魂得到净化。"卡塔西斯"又是个医学术语，在希波克拉底学派的医学著作中这个词指"宣泄"，即借自然力或药力将有害之物排出体外。柏拉图最早用这个词来说明艺术的社会功用，含义只指"道德的净化"。后来亚里士多德赋予它以开阔的意义，使它成为他的美学思想中的一个重要范畴。

　　艺术的净化功用就是它的潜移默化的道德教化功能。柏拉图强调艺术教育至关重要，就是因为坏的艺术会污染城邦的精神状态，好的艺术则能净化城邦的社会风气与个人心灵。所以，他主张理想国家应对艺术严格监督，阻止艺术家们"不论在绘画或雕刻作品里，还是建筑或任何艺术作品里描绘邪恶、放荡、卑鄙、龌龊的坏精神"；理想国家应扶植、发扬能起净化功用的艺术作品，使人们从小就能"从中吸取营养，使自己的心灵成长得既美且善"④，使"护卫者"们"能认识自制、勇敢、大度、高尚等等美德以及与此相反的诸邪恶的本相"⑤，使艺术有助于理想城邦国家的长治久安。这就是柏拉图的艺术理想。为此，他在《法篇》中对艺术的教育、功能、监督、奖惩作出许多法律上的规定。然而，他将艺术的本性与

---

① 见柏拉图《国家篇》，607D—608A，载于《柏拉图对话全集，附信札》。

② 同上书，607E，载于《柏拉图对话全集，附信札》。

③ 见同上书，399E，载于《柏拉图对话全集，附信札》。

④ 同上书，402A，载于《柏拉图对话全集，附信札》。

⑤ 同上书，402C，载于《柏拉图对话全集，附信札》。

社会功用都纳入他的理念论哲学与理想国家来作过于褊狭的考察，强调对艺术实行严格的限制与监督，这是以强制的行政或法律手段来干预艺术自身的发展规律与审美原则，所以他的艺术理想就如他的理想国家一样，也是一种空想。

柏拉图出于他的哲学观和政治道德理想，以艺术的净化功用为理由，抹煞了绚丽多彩、内容丰富的希腊艺术的价值。不过，应当说，柏拉图最早用净化来说明艺术的社会功用，对他的学生亚里士多德形成自己美学中的重要的、引起西方学者自文艺复兴时期以来长期探讨的净化说是有启迪的，所以也不能无视他的论述的历史价值。

柏拉图的审美思想与艺术哲学，对后世西方的美学与文艺理论也有深远影响。他直接影响了新柏拉图主义奠基人普罗提诺在他的著作《九章集》中的美学思想。西欧文艺复兴运动中的人文主义文艺思潮和18—19世纪在欧洲文学艺术中兴起的浪漫主义运动，它们的一些杰出代表人物如米开朗琪罗、费奇诺、歌德、赫尔德、席勒、雪莱等，都在不同程度上受到了柏拉图和新柏拉图主义的影响。

第六节　宇宙创造论

自智者运动开启希腊古典哲学的人文转向后，哲学家们极少论述自然哲学问题，更无系统的宇宙论。柏拉图中期的对话也主要是用理念论阐发关于人和社会的见解。他在后期对理念论有所修正，并要将它用于解释全部宇宙、自然与人，这就需要重新构建宇宙论与自然哲学，才能完整地造就他的理念论哲学体系。这集中表现在他的后期长篇对话《蒂迈欧篇》①中。

---

① 现代学者大都同意《蒂迈欧篇》是柏拉图的后期著作，可能略早于《法篇》。从它已运用通种说来看，也应写于《巴门尼德篇》《智者篇》之后，而不是如欧文重新按照早先说法认为的写于《巴门尼德篇》之前。参加对话的有四人：苏格拉底作为主持人只作引言；克里底亚（柏拉图的舅父，雅典三十僭主之一）和叙拉古人赫谟克拉底都是配角；对话主角是意大利的洛克里人蒂迈欧，他独自论述了宇宙如何创造与自然哲学问题。不论蒂迈欧是否真有此人，现代绝大多数学者认为柏拉图是借蒂迈欧之口阐发了自己的哲学思想。

柏拉图借对话人蒂迈欧之口阐述了他的宇宙创造论,解释了宇宙、自然事物和人的生成、结构和作用等问题,形成了一个别致的神创宇宙的自然哲学体系。它的特点是:主张理性神创造宇宙,宇宙是一个完整、巨大的生命体,努斯(理性的宇宙灵魂)在创生宇宙中起有根本作用,表现了一种目的论的宇宙观与自然观;用他后期的内在理念论(包括通种论)解释自然和人世的一切事物的生成;在论述宇宙创造、自然事物生成和人的认知的生理基础等方面,大量吸取、综合了早期希腊自然哲学成果。

柏拉图重新研讨宇宙论与自然哲学,将其作为体系化哲学的重要构成部分,这对亚里士多德有直接影响。亚里士多德更注重另辟蹊径探究自然哲学,他的有关著作中指名引用柏拉图的对话以《蒂迈欧篇》的次数为最多。《蒂迈欧篇》对新柏拉图主义创立人普罗提诺的流溢说深有影响,他的所谓"太一·努斯·灵魂"的宇宙创生学说,明显是从《蒂迈欧篇》引申、发挥而成的。直到托马斯·阿奎那之前,基督教哲学的宇宙观都袭用《蒂迈欧篇》中的创造者创造宇宙的思想,《蒂迈欧篇》成为基督教哲学神学的重要经典。当代一些哲学家和科学家也对《蒂迈欧篇》中吸取毕达哥拉斯学派的思想而提出的宇宙几何结构理论重新发生兴趣,如一贯贬低柏拉图的波普也认为,这种宇宙几何结构理论是从哥白尼和开普勒经过牛顿到爱因斯坦的现代宇宙论的基础;海森堡则认为,现代物理学的倾向与其说是接近德谟克利特的,不如说更接近《蒂迈欧篇》。

《蒂迈欧篇》的内容复杂难懂,在古代就有人为它作注释,据说最早的注释本是克冉托尔(Crantor,前335—前275)写的,以后历代有注释本。近现代较著名的注释本有三种:一是阿切尔-辛特写的《柏拉图〈蒂迈欧篇〉》(译注本,1888),对《蒂迈欧篇》的宇宙论作了绝对唯心论的解释。二是泰勒的《柏拉图〈蒂迈欧篇〉注释》(1927),认为篇中的宇宙论是毕达哥拉斯学派中人蒂迈欧的思想,尽力发掘它和毕达哥拉斯学说的联系,特别重视其中有关数学和科学的思想。三是康福德的《柏拉图的宇宙论:〈蒂迈欧篇〉》(1937),认为创造者、原型、创造出的宇宙这三者不同,原型、创造出的宇宙是客观独立的存在。[1] 当代西方哲学史家从哲学或数理科学的角度研究《蒂迈欧篇》的专著也有一些,但如何联系柏拉图后期的内在理念论(包括通种说),来探究《蒂迈欧篇》中的宇宙论与自然哲学的要义,似乎是个弱点。本节力图在这方面作出解释。

一 作为理性神的创造者和作为原型的理念整体

柏拉图认为,宇宙生成前先有它的创造者和原型。这种创造者是至高的善,是宇宙生成变化的最高原则。他是善的,希望万物都像他自己一样只有善没有恶。他将混乱、无秩序的运动安排得有秩序,因为这样是最好的,这也就是宇宙的创造。他看到能造就秩序的理性比导致混乱无序的非理性好,而理性实为理念整体存在本身,它和灵魂是亲和统一的,所以将理性放入灵魂,将灵魂放入躯体,他将宇宙造成一个内在地赋有理性(理念整体)和灵魂的生命体。由此看来,创造者有一种善的意志和目的,他不是随心所欲地从无到有凭空创造,而是将本来混乱、无秩序的质料东西安排成有理性与灵魂、有生命与秩序的宇宙。而作为体现理性的理念整体存在的原型,是创造者创造宇宙的目的因。

柏拉图所说的创造者,音译"德谟革"(Demiurgos),实质上是融合最高的善和最高理性(努斯)为一体的理性神,他统摄理念原型的整体存在。这个创造者当然不是传统希腊神话中的拟人的神,因为柏拉图认为天上的诸神如有的话,也是德谟革创造的。德谟革比塞诺芬尼和恩培多克勒的多少尚有形象色彩的理性神更为抽象,具有最高理性存在这种哲学神学的本体论意义。柏拉图在《国家篇》中说神(理性神)是"床的理念"的制造者。柏拉图在后期对话《斐莱布篇》中则将生成万物的原因作为一类独立的存在,并且认为这就是努斯和智慧以及神圣的灵魂,是宇宙生成的原因,是安排宇宙天体——日、月、星辰的力量。[2] 而在《蒂迈欧

---

[1] 见汪子嵩等《希腊哲学史》第 2 卷,第 1018 页。
[2] 见柏拉图《斐莱布篇》,28C—30D,载于《柏拉图对话全集,附信札》。

篇》中,努斯(最高理性与智慧)表现为合目的创造宇宙的非人格"工匠"德谟革,这实质上也就是最高理性努斯,它将理念整体的原型赋予宇宙,使它成为有理性、有灵魂的生命体。

柏拉图主张宇宙是一个有理性、有灵魂、有动因与生成变化的生命体,德谟革据以创造的原型也必然是一个蕴涵运动变化的生命体,它可以内在于灵魂与自然事物,使宇宙灵魂、个人灵魂和世界万物都有生命力。天上的诸神和星体、空中飞行的生物、水中存在的生物和在陆地上行走的生物这四大类可见的生命物,都是蕴涵生命原则的原型的摹本。这个原型是唯一整体的理性的存在,类似巴门尼德所说的存在,但颇有不同:它并非静止不动的,而是有生命、可作为动因的;它并非浑然一体不可分的,而是有同异、有部分的,它的各构成部分的理念可被摹刻与内在于世界万物中,使它们成为有普遍性与多样性的事物。柏拉图所说的原型就是善统摄的理念整体的存在。康福德认为,这个宇宙的原型就是善包含的"理念集合"或"理念体系",它作为一个最高的"种",包括一切在下的"属"即各种理念,包括各伦理的、数理的理念以及火、水、土、气等自然事物内在的理念等。① 泰勒也认为,它是"理念的完全的体系",并最注重数理的理念。② 这种原型作为理念的整体,已有柏拉图后期内在理念论的特征,它自身内部包含着存在与非存在、动与静、同与异等普遍的哲理理念,使它们内在的事物也有运动变化与生命力,而它内部的理念之间有着"通种"的辩证关系,使宇宙事物结成有生命的整体。柏拉图在《智者篇》中就说过:完善的存在(指理念整体的原型)不能是不动、无生命、无灵魂与无智慧的。③ 阿切尔-辛特认为,《蒂迈欧篇》中的原型——最高、最普遍的理性,是有生命的、自己能运动发展

---

① 见康福德译注《柏拉图的宇宙论:〈蒂迈欧篇〉》,第40—41页,伦敦,劳特利奇与基根·保罗公司,1948。

② 见泰勒《柏拉图〈蒂迈欧篇〉注释》,第80—82页,牛津,克拉伦登出版社,1967。

③ 见柏拉图《智者篇》,248E—249A,载于《柏拉图对话全集,附信札》。

的,它多样化为有生命的宇宙万物及人的理智。[①]

二　宇宙灵魂和宇宙合理性、合目的的创生

柏拉图认为,德谟革创造出的只是一个宇宙,一个作为完整生命整体的、蕴涵理性的世界,它应该像它的原型(理念体系)一样是单一、齐整的,这才是最好、最完全的。[②] 这和德谟克利特主张按照自然的必然性原子的漩涡运动可以产生无数个大小不同的世界,是不同的。他继承了南意大利哲学传统的宇宙论,和毕达哥拉斯学派主张单一、有数学比例而和谐的宇宙体系相仿,但也有较大的差异,那就是强调这个所创生的单一宇宙不纯粹是可见的天体系统,而是一个宇宙灵魂起主导作用、由内在的理念造就世界万物本性的有机生命体。

这个宇宙由灵魂和躯体两部分组成。宇宙的躯体由自然物质元素构成。柏拉图接受早期希腊自然哲学家主张火、气、水、土四元素构成宇宙物体的思想,又从宏观上糅合和发挥毕达哥拉斯学派、恩培多克勒的有关观点,主张构成宇宙躯体的原始四元素按照一定的比例安排,即火：气＝气：水＝水：土,成为一个和谐的统一体,而这种和谐的统一体是由理性安排的。这个被创造的宇宙躯体有开始,无终结,是永恒的。宇宙躯体像圆球一样从中心到各边的长都相等,这和巴门尼德所说的"存在"相仿;而不同的是,宇宙躯体是运动的,它在同一地点作圆形旋转的运动,这是属于理性和智慧的最完美的运动,也是它的生命力所在。[③] 而全部宇宙的根本的生命力,来源于宇宙灵魂。柏拉图说,创造者将灵魂放在宇宙的中心,它贯穿、包围宇宙,使它成为一个作理性、完美的圆形旋转的球。宇宙的灵魂是先于躯体的,它在生成和尊荣上都先于躯体,所以能统治躯体。[④] 宇宙灵魂在宇宙中心,不

---

① 见阿切尔-辛特《柏拉图〈蒂迈欧篇〉》,"导言",第 22—39 页,纽约,阿诺出版社,1973。
② 见柏拉图《蒂迈欧篇》,31A—B,载于《柏拉图对话全集,附信札》。
③ 见同上书,33B—34A,载于《柏拉图对话全集,附信札》。
④ 见同上书,34B—C,载于《柏拉图对话全集,附信札》。

是指它在空间意义上处于天体系统的中心（柏拉图主张地心说的天体系统），而是指宇宙灵魂在宇宙中起统治、主导、本原性作用，在整个宇宙中无所不在地起这种作用，它在生成上先于躯体，它自身内部的和谐是使躯体的元素和谐有序并得以构成万物的原因，因而在价值上高于躯体。

这个理性神德谟革用以制导全部宇宙的宇宙灵魂为什么有如此的伟力呢？就因为它内在地含有宇宙万物的原型，即完全的理念体系，或者说无形体的宇宙灵魂的本质构成就是理念体系。从这里可看出，柏拉图将他后期的通种说的理念论用于宇宙创造论，强调互相贯通的、普遍性的哲理理念首先内在于宇宙灵魂。这宇宙灵魂也并不是有知、情、意的个人灵魂的简单放大，而是有理念创生宇宙万物的本原性意义，后者是前者派生的。这是一种客观唯心论的绝对精神。宇宙灵魂中含有最普遍的理念，柏拉图突出了存在、同与异三个主要范畴，说宇宙灵魂是由同和异结合而成的存在。因为它既同又异，使宇宙既成为有机同一的存在，又是变化、可分的存在；既有万物原型的同一性，又有万物作为理念原型摹本的多样性，因而存在中有一和多、同和异、动和静的统一。宇宙灵魂作为宇宙理性（绝对精神），必然也有自我意识，必然意识到它自己是一个整体，它以"同"理解它自身的统一性，以"异"理解自身的多样性。不但宇宙灵魂是由同、异的存在组成的，而且整个天体和自然万物的存在也是按着同、异组成和运动的。宇宙灵魂赋予人的个别灵魂以理性，使之赋有普遍理念原型的潜在能力，所以人的灵魂主体可以用自身精神存在的同和异，去认识、把握认识对象的同和异，做到"同类相知"和"异类相知"的结合。这里又可见柏拉图从宇宙创造论和后期通种说的角度，改造、综合了恩培多克勒的"同类相知"说和阿那克萨戈拉的"异类相知"说。

德谟革凭借宇宙灵魂创造宇宙，首先按照数的比例的和谐，由同、异的存在生成七个按同等速度或成比例的不同速度运动的天体，有按同等速度运动的太阳、金星、水星，也有按成比例的不同速度作不同运动的月亮、火星、木星、土星。① 它们在同一个轴上连续旋转,有两个不同方向的天体旋转圈,前一个在外,是按同等速度运动的"同"的旋转圈,后一个在内,是按成比例的不同速度运动的天体旋转圈。这个有限天体模型说,也是吸收、改造毕达哥拉斯学派的有限宇宙模型说而提出的。

在论述天体系统的生成中,柏拉图首次从哲学意义上提出了时间范畴,并且突出了时间在表现宇宙是永恒运动的生命体中的意义。时间是德谟革创造的宇宙永恒运动的尺度,它使天体按照数的比例不断运动,从而造就天体系统的秩序。时间赋有理性,优于本无理性的、充满基本质料的空间。时间本身表现永远不断的运动,具有永恒性;宇宙创造出来以后在时间中运动,也就具有永恒性。在天体系统产生以前,没有白天和黑夜、年和月,它们是和天体系统同时生成的,都是时间的表现。"过去"和"将来"只是时间变化的形式,严格地说,"现在"表现永恒存在的不朽。在时间变化的形式中有"非存在"和"存在"的统一,而"现在"表现的永恒存在是根本的。时间是用天体星球的运动计算的,而不同的天体有不同的运动速度。为了不致因天体运动的相对性而导致时间计算上的混乱,创造者按照照亮全部天体的太阳来统一计算时间,使整个天体成为有数的、和谐的、有秩序的系统。柏拉图强调时间和天体运动不可分,有其合理的意义;但他认为时间是宇宙灵魂的理性创造物,就有理性神学的意义了。他将太阳作为度量诸天体运动的统一参照坐标,并不是主张日心说,在他的天体系统结构中太阳、月亮等各天体仍是围绕地旋转的,并没有突破地心说的局限。

三 必然性和接受器

柏拉图认为,天上的诸星是德谟革凭借宇宙灵魂直接创造的生命体,因而赋有至高的神性,天上的诸神和它们同在,也就是说德谟革直接创造了诸神。这就是希腊神话中的诸神。他说,很难说明诸神是如何生

---

① 见柏拉图《蒂迈欧篇》,36B—D,载于《柏拉图对话全集,附信札》。

成的,只能相信古人的话,虽然他们提不出证据,这表现了他的理性一神说对希腊传统多神说的包容式的妥协。在罗马时代基督教尚未完全融合希腊哲学之前,希腊哲学中倾向理性一神的学说都有这种妥协性,而且有理性神倾向的哲学家们在社会现实生活中都是维护传统多神教的。不过,柏拉图已经将传统的多神降到被理性一神创造的位置,并且反对将他们完全拟人化,尤其反对将凡人的恶行、恶性加于诸神。宇宙生命体系统除天上的诸星即诸神外,还有另外三种:一是空中飞翔的生物,二是居住在水中的生物,三是陆地上行走的生物,他们都处在自然界。自然界及其中的一切生命物,不再由德谟革直接创造,德谟革将其交给天上的诸神,由他们交织理性与无理性的自然必然性去创造,这种间接的创造物就不是尽善尽美的了,自然界包括人就有着许多缺陷与病态。

柏拉图说的"必然性"(anankes,necessity)是相对神圣的理性与作为理念体系的原型而言的,它虽然也是神创的,但只是用于创生凡间事物的自然力,是制导摹仿理念的自然物质的力量。必然性并不等于统治自然界的物理规律,也不是德谟克利特说的原子漩涡运动的规律。如果它不和理念结合而使自然成为有理性的生命体,它就只是一种混乱的、无目的的力量,是和目的相反的自发性、机遇,相对目的而言,它恰好是偶然的。就如亚里士多德在《物理学》中所说的,天下雨是必然的,它既可以使谷物生长,也可以使谷物霉烂,究竟达到哪种目的却是偶然的。[①] 这种必然性的自然力,表现在神创造全部自然事物所必须有的基本质料与空间之中,就是在柏拉图所说的"接受器"(hypodoche,receptacle)之中。

柏拉图吸取恩培多克勒的元素论自然哲学,认为一切自然事物是由火、气、水、土四元素按比例组成的,但他提出的接受器是比火、气、水、土更为基本的本原。接受器既是空间,又是比已成形的四元素更为基本的混沌质料。柏拉图也称接受器为 chros,英文译为 place 或 space,就有"处所"与"空间"的含义。它是最早提出的哲学意义上的"空间"范畴。

[①] 见亚里士多德《物理学》,198b17—25,载于《亚里士多德全集》。

作为空间，接受器是永恒的，不会毁灭，它为所有生成物提供位置。但它不是原子论者说的虚空，柏拉图认为绝对的虚空不存在。空间总是伴随着基本的混沌质料的，柏拉图虽然没有用"质料"这个范畴，但充实空间的混沌东西实质上就是这种作为原始物质的基本质料。而就是在这接受器的空间中，基本的混沌质料以不同层次的理念为模型，生成四元素，进而生成全部自然界的事物，使自然事物也有合理性和合目的性。柏拉图以金子作比喻解释接受器的这种功能：金子是同一的母体，但它可以接受不同形状，塑造成各种形状的器物，它们表现为不同的性质和目的性功用。[①] 接受器作为基本质料，接受了火、气、水、土的理念模型，就成为火、气、水、土四元素；但他又吸取了原子论的几何形状决定原子组合物的性质的说法，来说明四元素是混沌物质接受不同的几何形状而生成的。

他这样描绘接受器最初的原始混沌状态：接受器充满不平衡的力量四向振荡，像筛子那样不断振动，将不同种的东西分离开，相同的结合在一起；在自然事物被安排有序以前，它们都处于无比例、无尺度的混沌状态，神开始以形式和数将它们区别开来，将它们组织得尽可能完善，于是就进入自然事物的生成过程。[②] 四元素是分别摹刻它们的理念而赋有自身本性的，自然事物的理念是数理性理念，所以这种摹刻理念表现为神赋予四元素最好的几何形式。火、气、水、土是立体的，有深度的，由面构成，而面由三角形组成。神选择两种最好的三角形，一种是将正方形从对角分为两个等腰三角形，另一种是将等边三角形分为两个不等腰三角形。由第一种等腰三角形可以组成正立方体，最稳定，构成土。由第二种不等腰三角形可以组成四面体、八面体、二十面体，其中四面体最小、最不稳定，构成火；二十面体最大、较稳定，构成水；中间的八面体构成气。[③] 这种立方体太小，肉眼看不到。它们的数目、运动以及性能，都由

① 见柏拉图《蒂迈欧篇》，50A—C，载于《柏拉图对话全集，附信札》。
② 见同上书，50D—53C，载于《柏拉图对话全集，附信札》。
③ 有关图形可参见范明生《柏拉图哲学述评》，第354—356页，上海人民出版社，1984。

神按照数的比例设计,在每个细节上都依必然性所能允许的严格完善状态来安排。① 柏拉图还用这两种三角形的不同形状以及它们组成的多面体的不同数目的变换,来说明四元素的相互转化。四面体的火的角和边是最尖锐的,可以切割其他元素。二十面体的水如果被气和火分为部分,就能变成一个四面体的火粒子和两个八面体的气粒子($20 = 4 + 2 \times 8$)。当小火被气、水、土所包围打成碎片时,两个火粒子成为一个气粒子($2 \times 4 = 8$)。气被打碎时,两个半气粒子成为一个水粒子($2.5 \times 8 = 20$)。正方体的土粒子(固体)最稳定,不会变成其他三角形组成的立方体所构成的火、气、水。柏拉图的以上论述,可以说是最早的基本粒子转化理论。他吸取、综合了毕达哥拉斯学派的几何学说以及德谟克利特的关于原子的几何形状决定元素粒子性质的论说。此外,立体几何是当时的前沿数学学科,柏拉图学园中的泰阿泰德在立体几何领域就卓有成就,他已证明正多面体不能多于五种。柏拉图也利用这一最新科学发现说明四元素的生成与转化,但将它纳入他的接受器摹刻数理理念而生成元素的理论框架中。

　　柏拉图认为,自然万物包括植物、动物和人的躯体都是由四元素组成的,因四元素转化而变化。这实质上是以他的后期理念论为自然哲学根据,吸取、综合了早期希腊自然哲学中几何数生成物体和物质粒子结构这两大学说。但他将这种物质生成与变化的机制,都只归结为"必然性"的制导作用,认为德谟革在创造自足的最完善的宇宙时,只是将这种必然性作为辅助的原因。他强调要区分两种原因:神圣的原因和必然的原因。离开了必然的东西,对所寻求的神圣的原因就不能理解、接受和参与,但归根结底,必然的东西是为了神圣的目的,理性神凭借宇宙灵魂与理念体系创造理性的宇宙生命体才是终极的目的因。

---

① 见柏拉图《蒂迈欧篇》,53C—56C,载于《柏拉图对话全集,附信札》。

四　人的构成和感知的生理机制

必然性辅助理性创生自然,包括了植物、动物和人。这些生命物都由躯体和灵魂构成,但植物与动物的灵魂无理性,是低下的。人的灵魂中则赋有创造者培植和给予的理性,分有宇宙灵魂中的理性;但人的灵魂中理性的纯洁度较差,因为其中除了理性还有感觉、欲望和情绪,这些都易因外界环境的影响而造成灵魂不受理性支配的混乱。所以人的灵魂中交织着理性和非理性的斗争,理性克服非理性便可以过好的生活,如果相反,理性被压抑,便不能正确地生活。柏拉图对人的灵魂中理性与激情、欲望之间关系的论述,和他在中期对话篇中的有关论述是一致的。

柏拉图对人的灵魂的生理机制作了详致的探讨。他论述道:人的情绪、欲望和感觉属于灵魂的可朽部分,有其生理基础。它有高贵的和低下的两部分,被用膈膜分开。低下的部分位于膈膜和肚脐之间,是管身体的营养的,它们离开理性较远。高贵的颈和膈膜之间靠近头的地方(即心和肺),它能听到理性的声音,当欲望不愿服从理性命令时可以限制它。心是血管的集结点、血液的源,它遍布所有肢体,建立起防卫。当精神被愤怒激动,因内外的欲望做出错误动作时,心可以将理性的信息传遍全身使它们服从。这种论述可以说是对情感心理的生理机制的最早探究。柏拉图又认为,精髓(包括脑)是生命的纽带,骨头和肌肉的本源,它将灵魂和身体紧紧缚在一起。他对构成人的身体的骨头和肌肉、肝和脾、五官和皮肤、呼吸和营养系统都作了细致描述,并且探讨了一些身心疾病产生的原因,其中有不少合理的科学成分。

柏拉图认为,人感知事物得到影像,属于认识的最低阶段。他在论述人的器官与组织的功能时,吸取、综合了恩培多克勒的流射说和原子论的影像说,来解释形成感觉的生理机制。在他看来,外界物体粒子在流射,作为主体的人也在运动,人的器官与组织的粒子和外界物体粒子在运动中互相接触,就会产生各种感觉;人的眼睛和耳朵大部分是由火和气组成的,它们能很快接受外部粒子作用,立即传播到其他部位,产生视觉和听觉。[①] 颜色是由从各种物体流出来的火粒子和视线相结合而成的,大粒子使视线收缩便成黑色,小粒子使视线膨胀便是白色,还有一些中间颜色和各种颜色的混合色,各有外界粒子和视线相作用的机理。[②] 声音是气粒子的振动,通过耳朵进入脑和血中,传递到灵魂。快的运动产生高音,慢的运动产生低音;有规律的运动产生和谐的声音,不规则的运动产生噪音;大范围的运动产生强音,小范围的运动产生弱音。[③] 舌头上有许多小的筋脉是味觉组织,由于它们的收缩和膨胀以及同外来粗糙或光滑的食物粒子的接触,便产生各种味道;如果食物粒子刺激甚至灼烧筋脉便是辣,如果进入口中的流体粒子和舌头的正常情况适合便是甜。[④] 火的粒子微小并有尖锐锋利的角,运动迅速,能很快渗入我们的身体产生热的感觉;身体外面的流体粒子进入体内压迫比它小的粒子,产生斗争,就是颤抖,使我们感到冷。[⑤] 柏拉图只是在解释自然的"必然性"生成人体的结构及其官能时,吸纳了早期希腊自然哲学中关于感知的生理机制学说,将它置于低下的地位,而这并不是他的知识论的主要内容。

五 不成文学说

柏拉图晚年及其去世后他的学生斯彪西波、塞诺克拉底主持时期的学园,被称为"老学园"。当时,柏拉图除了公开发表的对话篇之外,还有一些只在学园内对少数学生讲授的口头秘传学说,后来也被斯彪西波、塞诺克拉底分别发挥,这就是柏拉图和老学园的所谓"不成文学说"。现已无直接记载此学说内容的文献,但亚里士多德在批评理念论时,将此作为重点批判内容之一,从中可大略见此学说的基本观点。现代西方学

---

① 见柏拉图《蒂迈欧篇》,64A—C,载于《柏拉图对话全集,附信札》。
② 见同上书,67C—68C,载于《柏拉图对话全集,附信札》。
③ 见同上书,67A—C,载于《柏拉图对话全集,附信札》。
④ 见同上书,65B—66C,载于《柏拉图对话全集,附信札》。
⑤ 见同上书,61D—62C,载于《柏拉图对话全集,附信札》。

者对此多有研究,见解很不相同。最早重视亚里士多德这部分论述的是法国哲学史家罗斑的《亚里士多德论述的柏拉图关于"理念"和数的学说》(1908)。后来一些学者认为不成文学说比柏拉图写的对话更为重要,为了反对这种倾向,美国学者彻尼斯写了两本书:《亚里士多德对柏拉图和学园的批判》和《早期学园之谜》(1945),论证柏拉图并没有什么不成文学说,亚里士多德的有关观点都来自对话,认为"柏拉图并没有任何超出《蒂迈欧篇》的自然哲学"[1]。英国著名学者罗斯在《柏拉图的理念论》中反驳彻尼斯的观点,认为亚里士多德讲的不成文学说和柏拉图对话有所不同;美国著名学者芬德莱的《柏拉图:成文和不成文学说》也是反驳彻尼斯的,它有一个附录,收集、翻译了古代有关不成文学说的重要资料,包括亚里士多德著作摘录和古代注释家的有关解释,共50条。格思里在《希腊哲学史》第5卷中一再强调,不能因不成文学说贬低柏拉图对话的价值。[2]

其实,不成文学说的基本理路是探讨"理念数"和数理理念,从数理角度发挥柏拉图的后期理念论。这不是简单地接受或倒退到毕达哥拉斯的"数"本原论,也不是柏拉图的理念论有根本的转向(如有根本转向,在他的晚年对话篇中当有反映)。他在《蒂迈欧篇》中论述宇宙创生时,已强调"数"(包括理念数和表现为几何形状的几何数)在宇宙灵魂创生天体系统与创造自然事物中的至为重要的作用。联系此点来看,不成文学说是柏拉图晚年完成宇宙创造论后,对他的后期理念论在宇宙创生本原方面的一种发挥。亚里士多德在《物理学》第4卷第2章中最早提到不成文学说时,就是联系《蒂迈欧篇》来说的:柏拉图在《蒂迈欧篇》中谈到"接受器"时,将质料和空间看做同一的;在不成文学说中对"接受器"的提法虽有所不同(将质料称为"大与小"的"不定之二"),但还是持相似观点,将"接受器"看做空间即处所。[3] 从柏拉图的宇宙创造论的背景来

① 彻尼斯:《早期学园之谜》,第72页,贝克莱,加利福尼亚大学出版社,1945。
② 见格思里《希腊哲学史》第5卷,第421—422页,剑桥,剑桥大学出版社,1978。
③ 见亚里士多德《物理学》,209b11—17,载于《亚里士多德全集》。

思考,可以理解他晚年注重研究的数理理念和理念数问题。

亚里士多德对于不成文学说的核心内容的述评,是这样三段话:

> 他[柏拉图]还将数学对象置于感性事物和"型"之外,是两者之间的东西;它们和感性事物的区别在于它们是永恒不变动的,和"型"的区别则在于它们同一类的数目众多,而每一个"型"自身却是单一的。

> 既然"型"是其他事物的原因,他认为构成"型"的要素也就是一切存在的东西的要素。作为质料,"大和小"是本原,作为本质则是"一";正是"大和小"分有"一",便产生数。但是他说"一"是本体,不是表述其他东西的,认为数是其他事物的本体性原因,在这些点上他是同意毕达哥拉斯学派的;他的特有之处在于认为无限不是单一的,而是"不定之二"。此外,他认为数是在感性事物以外的,而他们[毕达哥拉斯学派]却认为事物本身就是数,并且不把数学对象摆在"型"和感性事物之间。他和毕达哥拉斯学派的不同在于他认为"一"和数是在事物之外的。他引进"型"是因为他研究逻各斯(定义)问题(在他以前没有人接触过辩证法)。他在"一"以外又设定"不定之二",是因为他相信一切数,除了最初的之外,都很容易地从作为易塑质料的"不定之二"产生。

> 显然他[柏拉图]只用了两种原因:事物是什么[本质]方面的原因和质料的原因("型"是事物的本质因,"一"又是"型"的本质因)。显然作为基质的质料,在感性事物中是表述"型"的,而在"型"中是表述"一"的,这就是"不定之二"即"大和小"。他还把这些要素当做善和恶的原因,在这方面他是追随以前的哲学家恩培多克勒和阿那克萨戈拉的。[1]

---

[1] 亚里士多德:《形而上学》,987b14—988a17,载于《亚里士多德全集》。

从以上述评,联系柏拉图的宇宙创造论,可以解释"不成文学说"的三点要义:

第一,这里的"型"指普遍的理念,它仍是一切事物的本质与原因;但柏拉图从创生宇宙有其数理本原的角度,将最高理念说成是"一"和"不定之二"这对理念数。这和他的对话中的理念论并不矛盾,而是在创生宇宙的意义上有新发挥。"型"是事物的本质因,"一"又是"型"的本质因,就是说"一"即善是统摄一切理念的最高理念,这里它表现为理念数,使全部理念统一于善的本质。"不定之二"(大与小)也是一个和"一"相对立的属于最高级的理念数,表现理念也有"多"的本性;它也是生成自然事物的质料的原因,无限(无定形)的原因,在宇宙创造论中表现为空间与基本质料一体的"接受器",通过数理理念(几何数)和"必然性"的力量生成自然事物。而质料性东西缺失理念、无定形、无秩序,所以亚里士多德说"不定之二"也是"恶"的原因。柏拉图因在宇宙创造论中突出了数理的中枢作用,就将宇宙的最高本原也用"一"和"不定之二"来表述为一对理念数,这和他的对话篇中的理念论并不相悖,而只是他的后期理念论在宇宙创生方面的一种发挥。

第二,柏拉图认为理念数派生数(数理理念或数学的数),后者是理念数借以生成自然万物的重要中介。他说"不定之二"(大和小)分有"一"便能产生一切数,这不仅指抽象的数,也指表现为几何形状的数。在《蒂迈欧篇》中,他就具体描述了四元素是如何由数的本性所规定的几何形式生成的,即由四元素按数的比例结合或分解,造成自然万物的生成和变化。所以,他强调数在生成自然万物中的中介性。亚里士多德说他将数学对象置于感性事物和"型"(这里指最普遍的哲理理念)之外,是两者之间的东西。

第三,柏拉图的数生自然万物说,和毕达哥拉斯学派的数为万物原理说,有同有异。柏拉图认为数是自然万物的本原性原因,表明他晚年的宇宙创造论颇受毕达哥拉斯学派的影响,赞同后者关于万物皆有数理本性的观点。但两者也有三点不同:(1) 毕达哥拉斯学派主张数学的数是万物的最高原理；柏拉图则另设一对理念数作为自然万物的最高本原，它们派生数学的数。（2）毕达哥拉斯学派说的数主要是指几何数；柏拉图说的数包含几何数，更是一种抽象的数理理念。（3）毕达哥拉斯学派认为事物本身就是数，就有着数的原理，数学对象并不处在某种普遍理念和感性事物之间；柏拉图说的数作为数理理念并不就是事物本身，而是在创生上先于感性事物，在感性事物之外，只是就既成事物的数理本性而言，这种数理理念也内在于事物。

黑格尔说："柏拉图是具有世界历史意义的人物之一，他的哲学是有世界历史地位的创作之一，它从产生起直到以后各个时代，对于文化和精神的发展，曾有过极为重要的影响。"[1]黑格尔的评价并不过分。柏拉图建立的理念论哲学体系，对后世西方的文明演进、哲学与文化的发展有深远的影响。

理念论是一种客观唯心论哲学，它将人的理性把握事物本质的能力，吹胀和夸大为一种客观、独立的精神实体，将理念世界和现实世界"分离"，使世界两重化，这成为后来西方历来的客观唯心论的基本思想取向。从西方文明演进中各时代的哲学所表现的基本文化精神来看，柏拉图理念论哲学的身影持久存在，起有复杂的历史作用。

柏拉图的理念论哲学体系，已开始反思希腊古典文明中的经济、政治现实，用理念论概括当时各门类的科学文化知识，形成一个博大的思想体系。这是对希腊古典文明的一种初步的文化总结，而这种总结的最终完成是由他的弟子亚里士多德实现的。亚里士多德的博大精深的哲学体系是希腊古典文明的最高精神文化成就和全面总结。应当说，他的学说注重从现实存在的事物出发，强调经验与理性结合，在许多重大原理方面对他老师的学说既有批判，有分道扬镳的理论创新，但又深受他老师的思想影响，是继承基础上的批判和创新。人们常强调亚里士多德

---

[1] 黑格尔：《哲学史讲演录》第2卷，第152页。

与柏拉图的对立与差异,但不应忽视,没有柏拉图,就没有亚里士多德。

在晚期希腊罗马哲学的奇异暮霞中,映现着柏拉图思想的云彩。其中的主流哲学斯多亚主义保留着柏拉图的理性主义哲学的成分,特别是中后期的斯多亚派哲学更大量地糅合柏拉图哲学思想,并且注重将柏拉图的伦理道德学说改造为适应维护罗马帝国统治的普遍道德规范。在公元3世纪罗马帝国陷入危机时代兴起的新柏拉图主义,是古希腊罗马的最后一个哲学体系,它的创立人普罗提诺汇集了当时的各种宗教神秘主义来重新解释柏拉图的哲学,标榜"回到柏拉图"。

早在公元1世纪希伯来文化的西渐中,亚历山大里亚的犹太哲学家斐洛就用他崇拜的柏拉图哲学来解释犹太教经典的一神论思想,黑格尔曾说,"在摩西身上他找到了柏拉图"[1]。这对后来基督教神学和柏拉图哲学结合有重要影响,因而恩格斯说斐洛"是基督教的真正父亲"[2]。基督教中希伯来文化与希腊文化很重要的结合点,就是柏拉图的理念论和理性神思想。

公元5世纪,北非迦太基的主教奥古斯丁将柏拉图哲学、新柏拉图主义和基督教教义紧密结合,建立起庞大的"基督教学说",他所完成的系统的基督教哲学神学体系,在公元13世纪之前支配了西欧中世纪文明的思想进程,至今仍被梵蒂冈教会奉为权威。奥古斯丁的基督教哲学的一个重要特征,就是将柏拉图的理念论、伦理道德学说和理性神思想,改造成为基督教神学的有机内容与理论支柱。他的著名的光照说,就是运用柏拉图的理念论来对认识论中的上帝存在进行论证。柏拉图的"洞穴比喻"说最高理念"善"的阳光普照大地,奥古斯丁说这个真理的"光源"就是作为最高理念"善"的上帝,《圣经》中已指明"道"是"照亮一切生在世上的人"的"真光"。[3] 他论述上帝创造自然世界秩序的"质型说",也是吸取了柏拉图的宇宙创生论和以数与理念为中介的世界等级秩序说。

---

[1] 黑格尔:《哲学史讲演录》第3卷,贺麟、王太庆译,第162—163页,商务印书馆,1959。
[2]《马克思恩格斯全集》第19卷,第328页,人民出版社,1963。
[3] 见《新约全书·约翰福音》,第1章,第9节。

他宣扬的"爱的伦理",则吸取了柏拉图的以善为最高目的的伦理道德观和灵魂不朽思想。奥古斯丁在413—417年罗马帝国危亡之际写下名著《上帝之城》,抨击已腐化败坏的罗马世俗政权,设计了体现基督教未来政治理想的"上帝之城"。他将国家与社会区分为"上帝之城"和"世俗之城",也就是根据不同的社会伦理原则建立起来的两种迥然有别的社会模式。世俗之城奉行只爱自己、藐视上帝、唯求满足物欲的伦理原则,必然走向败落,巴比伦王国和罗马帝国就是例证;上帝之城则恪守热爱上帝、藐视自己、追求崇高道德与精神生活的伦理原则,它能造就社会秩序的和谐完善,秉获上帝恩典而使人类得到拯救。他的"上帝之城"和柏拉图的理想城邦国家在内容上当然很不同,但两者设计的社会背景与伦理立国的原则则有相似之处。

在文艺复兴时期,柏拉图思想又回光返照出一种奇异的思想文化现象:以科学理性与人文精神来理解和修正柏拉图哲学,形成当时的一种"新柏拉图主义",以反抗与批判经院哲学中僵化、神化了的亚里士多德主义;而它强调人神之间可直接沟通,又影响了主张"因信称义"的新教的宗教改革运动。近代英国的剑桥柏拉图主义是一种清教哲学,它传播到北美大陆,对美国殖民时代的早期思想启蒙较有影响。柏拉图哲学对现代西方哲学的一些流派仍有多重影响,如美国哲学家怀特海的过程哲学,主张宇宙是创造进化的有机体,就吸收了柏拉图的理念论,将存在世界看做有层次、有等级的体系。

总之,柏拉图的理念论哲学体系,既包含着客观唯心论的偏见,又包含着许多理性主义的认识成果,它们对西方文明中的科学理性与人文精神传统有重要、深远的影响,至今仍值得我们有分析地研究、理解与借鉴。

第十二章　亚里士多德

　　亚里士多德是耸立于希腊古典文明终结时期的哲学巨人,是完成希腊古典哲学的大师。他以深睿、开阔的视野反思全部希腊古典文明的历史与现实,总结其全部精神文化,将它们系统化,形成分门别类的学科,使它们不再分散、零碎地融入包罗万象的哲学之中。他建立了广博的百科全书式的知识体系,是许多自然学科和人文社会学科如物理学、天象学、动物学、逻辑学、伦理学、政治学、美学等的奠立人。他批判地总结了全部早期希腊哲学和希腊古典哲学,对他的老师柏拉图的哲学既有承继,更有批判与革新,创立了一个从现实存在出发、结合经验与分析理性、深化与融会科学理性与人文精神的博大的哲学体系,达到了希腊古典哲学体系化的顶峰。亚里士多德的哲学与知识成就,在希腊古典文明和希腊化文明中起有承前启后的重要作用,对西方中世纪以来直至当代的西方哲学与文化都有着复杂而深远的影响。亚里士多德的哲学在中世纪鼎盛期被托马斯·阿奎那神学化,后被奉为经院哲学的主导内容,一直成为天主教的官方哲学;文艺复兴运动中的人文主义其实也吸取了他的以人为目的的人文精神;近代西方的经验论和唯理论传统以及德国古典哲学的综合,都分别从他注重结合经验观察和理性思辨的哲学中受到启迪;现当代的分析哲学则从亚里士多德的哲学中"寻根";而当今麦金太尔等人的社群主义德性论更在倡导复兴与发展亚里士多德的伦理传统。他和柏拉图是并立于西方哲学与文化传统中的伟人。

亚里士多德有宏富的著述,他的著作虽经历了坎坷的历史命运,仍有大量完整的作品留存至今。他的著作在风格上和柏拉图早中期辞藻华丽的对话篇很不相同,而是不断"解难"式的、严谨的哲理论述,充满了逻辑分析与论证,体现了他孜孜追求知识与真理的精神。他进入柏拉图学园时已是柏拉图高龄之时,因而更多地受到柏拉图晚年文风与哲学思想的影响。此外,现存的他的许多著作可能是他的学生整理的讲稿与笔记,使人在理解他的文本时也会遇到一些难点,所以对他的著作和思想往往有许多不同的看法与争论。这也涉及对他的著作与思想的研究方法。现代西方的哲学史界在研究亚里士多德哲学中主要有三种方法:一是用传统的古典文献解读方法,刻求原文原义,将它还原为一个只是静态结构的理论体系。二是发生学的方法,认为亚里士多德哲学和柏拉图哲学一样,有一个思想演进的过程,都体现在他们的不同时期的著作中。三是当代分析学派的分析方法,注重用逻辑分析和语义分析去解释亚里士多德哲学的含义,在某种意义上将他奉为分析哲学传统的鼻祖或主要思想来源。这三种研究方法各有长处以及不足与偏颇之处。我们要吸收三种方法的长处,使它们相互取长补短,以求客观、全面、科学地解读亚里士多德的原著,探究他的博大精深的哲学思想。

亚里士多德将他总结的全部知识分为三大类,各有不同的学科:一是理论知识,包括数学、自然哲学(第二哲学)和第一哲学(形而上学或神学);二是实践知识,研究人的生活行为实践,包括伦理学、政治学、家政(经济)学;三是创制知识,包括诗学(艺术哲学)和其他生产性的技艺。逻辑学不属于这三类知识,而是他较早建立的用以构建各学科知识体系的逻辑"工具"与科学方法。他构筑了一座宏伟的知识殿堂,而他的巨硕的哲学体系是这座知识殿堂的基础与栋梁,它所包含的各分支学科也是三类知识中的核心或主要内容。亚里士多德的思想是有演进过程的,他的某些著述的写作可考释、分辨出先后,如他的早期著作残篇是他还在柏拉图学园时期写的,他的逻辑学("工具论")著作和《物理学》的写作相对《形而上学》的核心篇章在先,而他的形而上学与伦理学著作中都有或先或后的情况;但他也有不少著作难以界定它们写作的时间顺序。所以,本章论述亚里士多德哲学,既注意把握他的思想进展脉络,又重在分析他的哲学体系的各分支的主要内容及其内在联系。除介绍亚里士多德的生平与著作(含早期著作残篇)外,主要从逻辑与哲学(前期形而上学思想)、自然哲学(主要是物理学与灵魂论)、形而上学、伦理学、政治哲学、诗学六个方面来论述他的哲学体系。

第一节 希腊文明转折点上的哲学大师

在亚里士多德生活的时期,希腊城邦奴隶制已经面临衰亡,希腊古典文明已落下终结的帷幕,而亚里士多德的学生马其顿王亚历山大不仅征服了希腊诸城邦,而且在扬起席卷亚、欧、非三洲的铁骑声中,将时代带入一个新的希腊化文明。亚里士多德就处在这个希腊文明的重大转折关头。他的生平活动始终和这个文明转折时期的历史事件、重要人物紧密相关,他的著作与哲学思想也体现了文明转折的时代性特点。而难能可贵的是,在这政治动荡的时代,亚里士多德始终坚持学术生涯,保持学者的独立人格,坚执哲学这门"自由的知识",从哲学高度来深刻地反思希腊古典文明的历史与现实,总结与升华其全部精神文化,并且仍为希腊民族的未来命运作出他的理论设计。

一 生平活动与治学生涯

20 世纪由于兴起用发生学方法研究亚里士多德的思想发展过程,西方学者开始重视研究他的生平事迹。杜林(I. Duhring)的《古代传记传统中的亚里士多德》(*Aristotle in the Ancient Biographical Tradition*,1957)将古代和中世纪所有有关亚里士多德的传记和记载加以汇总,进行了分析和评述,受到学术界的重视。后来克鲁斯特的 2 卷本《亚里士多德:生平和佚著新解》也作出了新的贡献。

　　亚里士多德出生在伯罗奔尼撒战争以后,身处希腊诸城邦衰落、被马其顿征服的时代,他的一生和马其顿王国密切相关。先简略介绍他幼年时已经崛起的马其顿王国。马其顿地处巴尔干半岛中部,在希腊各城邦以北。它的早期疆域大体上南以奥林帕斯山与帖撒利(希腊北部)为邻,东以斯特里蒙河与色雷斯相接,西、北方是伊利里亚和佩俄尼亚,领土之广几乎和全部希腊本土相当。马其顿文化发展较迟缓,接受了希腊的影响。公元前5世纪马其顿的政体是军事贵族支持的王制,伯罗奔尼撒战争时期马其顿开始壮大。公元前419—前399年阿凯劳斯王大力引进、保护希腊文化,雅典著名悲剧诗人欧里庇德斯曾在其宫廷做客,并写了一篇悲剧《阿凯劳斯》献给他。阿凯劳斯的孙子腓力二世(前359—前336年在位)进行了军事改革和币制改革,使马其顿王国迅速强盛,他创立了著名的"马其顿方阵",以排山倒海之势压向敌军;他的儿子亚历山大后来正是率领了这样一支所向无敌的军队征服了全部希腊,又远征欧、亚、非三洲,建立起庞大的马其顿帝国。

　　亚里士多德(Aristotle)出生于第99届奥林匹亚赛会的第1年即公元前384(或前383)年,卒于第114届赛会的第3年即前322年。他出身于希腊北部斯塔吉拉的一个世袭医生之家,父亲尼各马科是当时马其顿王阿明塔斯三世(前393—前370年在位)的御医和朋友,他跟随父亲在马其顿宫廷中生活,接受了良好的教育,和比他小两岁的腓力成为好友。他从小接受了严格的医学教育与训练,学习过解剖,药物、饮食和运动的治疗,计量血液,运用绷带和夹板固定断臂接骨的外科手术等,具有行医的能力,后来初到雅典时曾行过医。[①] 这种以希波克拉底医派为主的医学教育,培养了他的敏锐的考察、收集和分析的能力,注重从经验事实出发思考问题,对他后来的哲学思想深有影响。此外,他的故乡斯塔吉拉

---

① 见《不列颠百科全书》(第11版)第2卷,"亚里士多德"条目,纽约,不列颠百科全书出版公司,1910。

和马其顿宫廷所在地佩拉,都和德谟克利特的家乡阿布德拉相距仅百余公里,他必定也研修过德谟克利特的自然哲学,这对亚里士多德的思想也起过很大影响,使他后来致力于各门自然学科的研究。在他的著作中对德谟克利特的思想就颇有赞美之词,如说关于万物的生成问题,"一般说除德谟克利特外,没有一个人不是以肤浅的方式讨论这个问题的。德谟克利特不仅探讨了所有的问题,而且从一开始就按自己的方式作出了和他们的区别"①。

亚里士多德 17 岁时到雅典,进入柏拉图学园,追随柏拉图长达 20 年之久,直到公元前 347 年柏拉图去世才离开。当时学园已创立了 20 年,成为全希腊的一个重要的文化中心。公元前 367 年正是柏拉图以花甲之年第二次往访西西里之时,亚里士多德师从的是晚年柏拉图。在就学柏拉图学园时期,腓力已通过战争成为北部和中部希腊的霸主,威胁着希腊各城邦尤其是雅典,雅典内部出现了以伊索克拉底为代表的亲马其顿党和以德谟斯提尼为代表的反马其顿党。亲马其顿党人主要是富人、土地和船舶所有主等,寄希望于马其顿王将希腊从内部无政府状态和政治上的萎靡不振中拯救出来;反马其顿党人主要是代表雅典中下层平民利益的民主派,呼吁捍卫雅典的独立与自由。来自外邦的青年亚里士多德并未卷入激烈的党争,他初到雅典时曾在伊索克拉底的修辞学校学习过。他在柏拉图学园专心致志地倾心学习,获取了广博的知识,培植了深厚的学术素养。柏拉图的学园是一个自由思想的园地,学术讨论和争辩自由而热烈,对柏拉图的理念论特别是他的后期理念论有较多的讨论,所以,后来亚里士多德既受到柏拉图后期理念论(包括对前期理念论的自我批评、构建范畴的通种说)的影响,对理念论特别是晚年柏拉图和老学园关于"理念数"的不成文学说更有尖锐的批评。亚里士多德在学园时期写下不少著作,大多摹仿柏拉图的对话,文体优美,现存残篇的有《欧德谟斯篇》、《劝学篇》、《论哲学》等,表现了他从沉醉于柏拉图思想

---

① 亚里士多德:《论生灭》,315a29—b1,载于《亚里士多德全集》。

到批评与创新的早年思想历程。尽管亚里士多德逐渐形成批评理念论的独立见解，柏拉图和他的师生关系仍是良好的。亚里士多德有名言曰："吾爱吾师，吾尤爱真理。"柏拉图说，"亚里士多德就像小驹踢养育它的母马那样踢我"，但仍很赏识这个有才智的年轻学生，因为他"是柏拉图的最有天才的学生"。① 公元前 347 年柏拉图去世，其外甥斯彪西波继任学园领导，可能因观点的歧义，或也有其他原因（如以德谟斯提尼为首的反马其顿党在雅典掌权），亚里士多德和塞诺克拉底一起离开雅典，同时离开学园的还有欧德谟斯、欧多克索等卓越的学者。

　　亚里士多德开始了他长达 12 年的漫游时期，直到公元前 335 年重返雅典建立吕克昂学园。这个 37—49 岁的中年期，是他增加政治阅历、从事经验科学研究、深化哲学理论探讨的重要时期。亚里士多德和塞诺克拉底应阿塔纽斯（在小亚细亚北部列斯堡岛对岸的米西亚地区，今属土耳其）的实行温和宪政的僭主赫尔米亚的邀请，来到小亚细亚的阿索斯城，柏拉图的两个学生厄拉斯图和科里司库先已应邀去那里帮助赫尔米亚改革政制、制定法律。赫尔米亚热情地为他们建立了一所类似雅典学园的研究和讲学场所，他们形成一个学术圈子探讨哲学与科学，据说赫尔米亚自己也常来听课并和他们讨论哲学和数学问题。赫尔米亚还将自己的外甥女或养女皮提娅斯许配给亚里士多德为妻，可见两人关系亲密。公元前 344 年亚里士多德从阿索斯迁居到和阿索斯隔海相望的米提利尼。公元前 341 年赫尔米亚被波斯人俘虏杀害，后来亚里士多德为了纪念他，在德尔斐神庙中为他塑像并写了铭文，它保留在第欧根尼·拉尔修的亚里士多德传（第 7—8 节）中。公元前 343—前 342 年马其顿王腓力二世邀请亚里士多德担任 13 岁的王子亚历山大的教师，历时长达 8 年。亚里士多德倾心培育亚历山大的希腊文化素养，因而亚历山大 16 岁时由于腓力赴拜占庭就在国内摄政，很有政绩。亚里士多德在马其顿宫廷期间曾参与一些政治活动，如公元前 335（或前 334）年希

———————

① 见第欧根尼·拉尔修《著名哲学家的生平和学说》，第 5 卷，第 2—3、1 节。

腊诸城邦反抗马其顿的统治被镇压后,由于亚里士多德的斡旋,雅典才免遭毁灭,他返回雅典后,雅典人集会商议并同意为他树立纪念碑,建在卫城上;他的故乡斯塔吉拉等城邦遭毁坏后,他请求腓力重新修建。亚里士多德在这 12 年漫游时期,除深化探究哲学问题外,还做了大量的动物学研究,收集标本,做了许多观察记录,详细记载在他的《动物志》中;其中提到的有些动物就是生长在爱琴海东岸小亚细亚列斯堡岛附近海域以及爱琴海西北部马其顿宫廷所在地佩拉沿海一带的。这种对自然的观察与经验性研究,对他从现实存在出发探究自然哲学、建构哲学体系,无疑有重要影响。

公元前 336 年马其顿王腓力二世被暗杀,亚历山大继承王位后,迅速平定希腊等地的叛乱,又挥师东向远征。亚里士多德于公元前 335—前 334 年重返已处于马其顿统治下的雅典,创立吕克昂学园,在那里从事教学和研究工作达十二三年。这是他的学术鼎盛时期,留下了许多学术著作。吕克昂(Lyceum)在雅典城东北郊,和柏拉图学园所在地阿卡德摩相距不远。在亚历山大的资助下,亚里士多德在这里建造了规模较大的建筑群,其中有世界历史上第一所私人图书馆,藏书后流入亚历山大里亚的缪斯神宫,成为它的藏书的基础;还有大规模的博物馆,亚历山大东征时命令他的部属将在各地收集到的标本与资料送到这里供研究。优越的研究条件和亚里士多德日益高涨的声望,使吕克昂学园的学术地位实际上已经超过当时由塞诺克拉底执掌的柏拉图学园。吕克昂学园是教学与研究机构,集结了一批杰出的学者,如亚里士多德的学生和事业继承人塞奥弗拉斯特,他在形而上学、伦理学、自然哲学等方面继承和发展了亚里士多德的学说,在建立植物学方面也颇有建树;欧德谟斯是著名的科学史、数学、几何学和天文学方面的专家;曼浓是著名的医学专家。亚里士多德的教学活动通常是上午率领朋友和学生漫步,讨论一些艰深的学术问题,因而有他的奥秘学说(akroterion);下午则在柱廊对较多的初学者和旁听者作公开讲演,因而有他的公开的学说(exoterikos)。但难以确定现存的著作中哪些属于 exoterikos,哪些属于 akroterion。亚里士多德十分重视资料的收集和研究工作,如他派遣许多学生到许多希腊城邦去收集关于该地政治制度与历史变迁情况的信息以及其他古代文物与文献。吕克昂时期是亚里士多德的学术黄金时期,他潜心研究各种理论与现实的社会文化问题,写下许多思想成熟的创新著作。

亚历山大出发远征时将后方马其顿和希腊交给大将安提珀特镇守,当腓力二世被刺身亡、马其顿宫廷内部发生争斗时,正是安提珀特拥立亚历山大为王,因而深得信任。安提珀特和亚里士多德有很好的友情,亚里士多德在雅典时期也颇受安提珀特的资助与庇护。亚里士多德去世前还指定安提珀特为他的遗嘱执行人。公元前 323 年亚历山大大帝正在巴比伦准备作更大规模的远征时突然去世,消息传到雅典,以德谟斯提尼为首的反马其顿党人立即发起要和安提珀特作战以解放希腊的运动,并将矛头指向和马其顿王室关系密切的亚里士多德,借口他在铭辞中将"坏人"赫尔米亚和希腊英雄神并列,指控他犯有渎神罪。亚里士多德因此离开雅典到他母亲的故乡优卑亚岛的卡尔西斯居住,母亲留下的房产成为儿子的最后栖息所。第二年他便因病去世,享年 63 岁。

二 著作及其历史命运

亚里士多德是"百科全书式的哲学家",是古希腊"最博学的人",有数目惊人的著述,遍及当时自然与人文社会学科知识的所有领域,在希腊哲学家中无与伦比。第欧根尼·拉尔修记载的书目列举了 150 种书名,约 400 卷 445 270 行。现存 46 种,1830—1870 年由德国柏林研究院校印的《亚里士多德著作集》(又称"贝刻尔本")第 1、2 卷希腊文本是一般公认的标准本,它的页码和行次是一般学术著作通常引用的。其中和哲学相关、本章论述涉及的主要有如下 22 种。

逻辑("工具论")与修辞学方面的著作 7 种:《范畴篇》(*Categories*),《论题篇》(*Topics*),《辩谬篇》(*Sophistical Refutations*),《解释篇》(*De Interpretation*),《前分析篇》(*Prior Analytics*),《后分析篇》(*Posterior Analytics*),《修辞学》(*Rhetoric*)。

自然哲学方面的著作 8 种:《物理学》(*Physics*),《论天》(*On the Heavens*),《论生灭》(*On Generation and Corruption*),《动物志》(*History of Animals*),《动物的生成》(*Generation of Animals*),《论灵魂》(*On the Soul*),《论感觉及其对象》(*Sense and Sensibilia*),《论记忆》(*On Memory*)。

第一哲学方面的著作 1 种:《形而上学》(*Metaphysics*)。

伦理学方面的著作 3 种:《尼各马科伦理学》(*Nicomachean Ethics*),《大伦理学》(*Magna Moralia*),《欧德谟伦理学》(*Eudemia Ethics*)。

政治学方面的著作 2 种:《政治学》(*Politics*),《雅典政制》(*Constitution of Athens*)。

艺术哲学方面的著作 1 种:《诗学》(*Poetics*)。

此外还有从古代有关著作中辑录的亚里士多德著述的残篇。在巴恩斯主持的牛津英译《亚里士多德全集》的普林斯顿修订版中收有残篇。

亚里士多德的著作与思想经历了坎坷起伏的历史命运。

亚里士多德的继承人塞奥弗拉斯特于公元前 288 年逝世前,将亚里士多德和他自己的著作交给他的同事、吕克昂学园图书馆负责人奈琉斯带回他在小亚细亚的故乡斯凯帕西斯,藏在他的地窖中 100 多年,才被哲学家提奥斯的阿培利柯发现,带回雅典。公元前 86 年被罗马大将苏拉作为战利品带到罗马,交由吕克昂学园的第 11 任主持人安德罗尼柯和文法学家堤兰尼俄(Tyrannio)加以整理编纂并发表。在希腊化与罗马时期,亚里士多德著作的手抄本有流传和思想影响,如斯多亚学派接受了亚里士多德的逻辑理论与辩证法的影响。公元 2—3 世纪漫步学派的阿司珀修斯(Aspasius,约公元 100—150)等人对亚里士多德的一些著作进行诠释,阿佛罗狄西亚的亚历山大(鼎盛年在公元 2 世纪末 3 世纪初)是漫步学派末期的主要代表,现在还留存的他对《前分析篇》、《论题篇》、《形而上学》(仅第 1—5 卷)等的注释,受到后代学者的普遍重视。普罗提诺的学生波菲利说,普罗提诺的著作中充满了隐蔽的斯多亚学派和漫步学派的学说,他尤其重视亚里士多德的《形而上学》。[①] 波菲利本人写的《亚里士多德〈范畴篇〉导论》历来受学者们重视。罗马帝国被蛮族灭亡后,希腊罗马文化被破坏殆尽。小亚细亚的西利西亚人辛普里丘(鼎盛年约530年)是最后在雅典学习哲学的著名学者,他注释了亚里士多德的《论天》、《物理学》、《范畴篇》、《论灵魂》等著作,保存了许多材料与见解,颇有学术价值。529年东罗马帝国皇帝查士丁尼下令封闭所有非基督教学校,柏拉图的学园和亚里士多德的吕克昂学园都被封闭。亚里士多德的著作与思想也在西欧沦于湮没,但大多流向并被保存于拜占庭与阿拉伯世界。

　　在中世纪,最早将亚里士多德的逻辑著作从希腊文译为拉丁文的是波埃修(470—524),他翻译了亚里士多德的"工具论"著作以及波菲利的《亚里士多德〈范畴篇〉导论》,并且为后者写了注释,这些成为早期经院哲学家们获得亚里士多德思想的资料库。而阿拉伯世界的学者们将大量的亚里士多德著作翻译为阿拉伯文,从中吸取思想营养,融入伊斯兰阿拉伯哲学,并兴盛地发展了阿拉伯科学思想。如阿维森纳即伊本·西纳(980—1037)是阿拉伯哲学的集大成者,又是著名的医学家,被誉为"学者之王,医师之首",他对亚里士多德的著作作过全面注释,他的思想标志着阿拉伯世界的"东部亚里士多德主义"。阿威罗依即伊本·鲁西德(1126—1198)是出生于西班牙的阿拉伯哲学家、医生、法学家,他注释了几乎全部的亚里士多德著作,是"西部亚里士多德主义"的著名代表。12世纪,亚里士多德的著作通过两条通道传入欧洲:一条是诺曼人统治下的西西里岛,另一条是西班牙托莱多城的翻译中心。从12世纪中期到13世纪后期的100多年中,亚里士多德著作全部被译为拉丁文,这对西欧中世纪鼎盛期的学术文化复兴和思想变迁起有强烈的催化作用。奥古斯丁将基督教神学和柏拉图哲学结合,他的理论长期成为基督教哲

---

① 见波菲利《普罗提诺生平》,第14节,载于《普罗提诺的精华》,特恩布尔编,纽约,牛津大学出版社,1948。

学的正统,而亚里士多德哲学被罗马教庭斥为"异端",虽然亚里士多德的逻辑学著作早已被用做教材。托马斯·阿奎那创造了一个以亚里士多德哲学为理论基础的神学体系,逐渐取代奥古斯丁主义,至今仍是梵蒂冈天主教的官方哲学神学。

亚里士多德的著作和思想在西欧文艺复兴时期和近现代一直有着多重复杂的影响。黑格尔对亚里士多德给予了很高的评价,说他是"一个在历史上无与伦比的人",说"他许多世纪以来乃是一切哲学家的老师",但却从没有一个哲学家曾像他那样被传统"这样多地歪曲过"。[①] 他认为:"假使一个人真想从事哲学工作,那就没有什么比讲述亚里士多德这件事更值得去做的了。"[②]

最早的亚里士多德著作集的拉丁文译本(附有阿拉伯哲学家阿威罗依的注释)在 1489 年出版于威尼斯,之后又编辑出版了一些希腊文和拉丁文的亚里士多德著作。19 世纪,在对以前各种版本整理和修订的基础上,由柏林研究院出版了由贝刻尔和布兰迪斯(Brandis)主编的 5 卷本《亚里士多德著作集》(*Aristotle Opera*)。20 世纪上半叶出版了 23 卷本希腊文和英译文对照的"洛布古典丛书"本。现代学者常用的英文全译本是由史密斯(J. A. Smith)和罗斯主持出版的牛津版 12 卷本《亚里士多德著作集》(*Works of Aristotle*),由英国的多位著名学者参与翻译,历经近半个世纪(1908—1952)完成。1971 年巴恩斯主持修订牛津译文版,改名《亚里士多德全集》(*The Complete Works of Aristotle*),为 2 卷本,由普林斯顿大学出版社出版。

亚里士多德的学说于 17 世纪初叶最早传入中国。明朝官员兼学者、数学才智杰出的李之藻(1564—1630),热心研介西方科学,曾与西方传教士利玛窦合译数种西方科学著作,又与波兰传教士傅泛际合译亚里士多德著作《寰有诠》(即《论天》)。葡萄牙高因盘利大学耶稣会教士的

---

① 见黑格尔《哲学史讲演录》第 2 卷,第 269—270 页。
② 同上书第 2 卷,第 284 页。

逻辑学讲义《亚里士多德辩证法概论》(上、下编),是根据波菲利的《亚里士多德〈范畴篇〉导论》解释亚里士多德的逻辑学的,于1611年在德国印行。李之藻又与傅泛际合译此书上编,题为《名理探》,1631年刊行。此书用"五公"(又称"五称"、"五旌")和"十伦"的术语翻译、介绍了"五谓词"和"十范畴"学说,但当时能卒读者寥寥。那时中国的官员与士大夫中很少有人能理解与接受亚里士多德的学说,因而它就被长期湮没了。

直到20世纪30年代才有向达的《亚里士多德伦理学》节译本。50年代开始陆续出版了亚里士多德的某些著作中译本:方书春译的《范畴篇　解释篇》,李匡武译的《工具论》(节译),张竹明译的《物理学》,罗念生译的《诗学》和《修辞学》(节译),日知、力野译的《雅典政制》,吴寿彭译的《形而上学》、《政治学》、《动物志》和《动物四篇》(即《动物之构造》、《动物之运动》、《动物之行进》和《动物之生殖》)。吴寿彭的译文作了许多注释,颇有学术价值。从1990年开始由苗力田主编的中文译本《亚里士多德全集》10卷本陆续出版,这是我国第一部西方著名哲学家的全集的翻译,颇有助于促进我国的亚里士多德与希腊哲学研究。

三　早期著作残篇、亚里士多德和柏拉图的思想关系

亚里士多德的早期著作是指他在柏拉图学园时期写的一些对话和文章,只存残篇。这些著作在亚里士多德生前直至他去世后数百年间一直公开流行、广泛传播,西塞罗曾赞美它的文字优美,它和现存的论著文风不同。19世纪后半叶德国学者罗泽将这些残篇(3篇对话和一些文章残篇)收集起来加以发表,但断定它们是伪作。而一些学者认为它们表现了早年亚里士多德的真实思想。耶格尔在《亚里士多德:发展史纲要》一书中具体研究了《欧德谟斯篇》、《劝学篇》和《论哲学》这三篇早期著作,前两篇属于柏拉图主义时期的作品,在《论哲学》中亚里士多德则开始提出自己的哲学。从这三篇著作和《论理念》的残篇中,确实可见早年亚里士多德从基本服膺于柏拉图的理念论和灵魂不朽说到开始创新哲学的思想历程。

　　《欧德谟斯篇》(或名《论灵魂》)这篇对话是亚里士多德写来纪念他的朋友塞浦路斯岛的哲学家欧德谟斯的。①《欧德谟斯篇》的主题思想模仿柏拉图的《斐多篇》,主张灵魂不朽和回忆说,认为灵魂只有摆脱身体的束缚才能得到真正的幸福。"残篇第一"(R²32,R³37;辑自西塞罗的《论占卜》)转述亚里士多德说欧德谟斯旅行到帖撒利患重病生命垂危,梦见一个俊美青年告诉他病不久就会痊愈,五年后可以回家,他果然迅速痊愈,但是五年后战死在叙拉古。亚里士多德解释此梦为灵魂离开身体就是返回自己的家园。"残篇第二"(R²33,R³38;辑自4世纪的泰米斯提乌斯的《〈论灵魂〉注释》)记述了亚里士多德在《欧德谟斯篇》中和柏拉图在《斐多篇》中用同样的方式论证灵魂不灭:灵魂自身运动,学习就是回忆,灵魂和神相似。《斐多篇》中批评灵魂是身体和谐说。"残篇第七"(R²41,R³45;辑自公元6世纪基督教哲学家斐罗波努斯的《〈论灵魂〉注释》)记述亚里士多德在《欧德谟斯篇》中以同样的方式反驳灵魂是身体和谐说:和谐有和它相反的状态即不和谐,而灵魂没有和它相反的状态;身体和谐应该是健康、强壮和美,它不和谐是患病、衰弱和丑陋,灵魂均无这些情况。亚里士多德也认为理性是灵魂不灭的本性。"残篇第八"(R²42,R³46;辑自辛普里丘的《〈论灵魂〉注释》)记述:"亚里士多德在论灵魂的对话《欧德谟斯篇》中说灵魂是形式,而且赞扬那些将灵魂描述为不同形式的人——能认知次级真理的形式的并不是整个灵魂,而只是有限制的理性灵魂,因为理性大于灵魂,它是和真实的形式一致的。"这里说的"形式"还是指柏拉图的理念。

　　《劝学篇》是亚里士多德写给当时比较开明的塞浦路斯王塞米松的信,忠告他应该重视学习哲学。它的残篇主要是在3—4世纪时的新柏拉图学派哲学家扬布里柯的著作《哲学劝学篇》中保存下来的,这本通俗哲学读物所引用或转述的亚里士多德的思想明显具有"柏拉图主义"的

---

① 这个欧德谟斯是柏拉图的学生,后来追随狄翁参加叙拉古的政治斗争时在那里战死。后来亚里士多德的一位著名的学生和他同名,亚里士多德的《欧德谟伦理学》是以此人的名字命名的。

倾向。耶格尔认为,亚里士多德在《劝学篇》中发挥的正是柏拉图在《欧绪德谟篇》中的思想[1]:为驳斥智者的诡辩,正面诱导青年学习知识的益处,指出学习美德和智慧才能使人的思想与行为不犯错误。学习哲学非常必要、无可规避。因为哲学是论证之母,若说哲学不存在、不真实,就必须使用论证去摧毁哲学,而使用论证正是哲学的工作;若说哲学存在、是真的,则更要用哲学自身的论证去证明。[2] 灵魂美高于形体美,有些人认为物质享受如穿漂亮的衣服便是幸福,但这种人的灵魂如果没有接受好的教育,便是像戴了金鞍辔的劣马。幸福并不在于物质性的财富、强壮、美丽,而在于灵魂的智慧,而智慧来自学习和研究,哲学为此提供钥匙。[3] 正确的、有益的知识总是和那种确定的、有秩序的东西有关,处理原因更多于结果,在先总是在后的原因,如果前者变动了,由此而来的后者也变动——如果数变动了,线就变动;线变动了,面就变动;面变动了,体就变动。一切都由基本原理产生和构成。[4] 由此可见,亚里士多德也接受了柏拉图在《蒂迈欧篇》中的数的理念与几何形式创生自然万物的思想。但在这篇著作中,亚里士多德已开始表现出关注研究自然与现实及其研究方法的倾向,他满怀信心地宣称:"我们能够获得研究确实性与方法的知识,研究自然与其他实在的学科",并且强调研究产生知识的理性、思想("思想就是观照、思想的对象")是高尚的,"对人的实际生活有极大用处"。[5] 这表现了他萌生革新哲学的雄心。

《论哲学》是亚里士多德早期的一篇重要对话,标志着他和柏拉图学派分手的重要思想转折。从留存的残篇可看出对话有三部分:前两部分是对先前思想家们的学说作评述和对柏拉图的理念论进行批评,内容相似于《形而上学》中较早撰写的第 1 卷;第三部分论述他自己的哲学思

---

① 见耶格尔《亚里士多德:发展史纲要》,罗宾逊英译,第 62 页,牛津,克拉伦登出版社,1934。

② 见亚里士多德《劝学篇》,2R^{2}50,2R^{3}51,载于《亚里士多德著作集》第 12 卷,罗斯主编,伦敦,牛津大学出版社,1952(以下所引此书均为此版本)。

③ 见同上书,3R^{2}89,3R^{3}57,B2—5,载于《亚里士多德著作集》第 12 卷。

④ 见同上书,5R^{3}52,载于《亚里士多德著作集》第 12 卷。

⑤ 见亚里士多德《残篇》,F58R^{3}B23,F58R^{3}B46,载于《亚里士多德全集》。

想。这可能是他离开柏拉图学园以前或离开以后不久写的,虽然他还自称是"柏拉图主义者",但对柏拉图哲学已有公开批评的态度。耶格尔认为这篇对话表示亚里士多德要将他自己和柏拉图的不同意见公之于众,是他个人的哲学宣言。[①] 辑自普洛克罗著作的"残篇第十"($R^2$10,$R^3$8)说:亚里士多德坚决拒绝柏拉图的思想莫过于他的理念论了。"残篇第十一"($R^2$11,$R^3$9)中的一则说亚里士多德反对那种认为有不同于数学的数的"理念数"的学说,并引了亚里士多德在《论哲学》第2卷中的原话:"如果'理念'是一种不同的数,不是数学的数,我们便不能理解它,因为无论如何我们极大多数人是无法理解任何别的数的。"亚里士多德在批判晚年柏拉图和老学园的"理念数"中脱离了柏拉图主义。亚里士多德较多地论述了他的"神学"思想,认为神(实为理性神)是宇宙的设计师,自身永恒不朽,是造就天体系统和谐有序运动的神圣工匠。这已有后来他说的最高的善即"不动的动者"的思想雏形。

亚里士多德的已佚失著作《论理念》,写作略后于《论哲学》,更是展开了对理念论的批判。阿佛罗狄西亚的亚历山大在评注《形而上学》中,为我们保存了《论理念》的较长的残篇,从中可见亚里士多德紧密联系科学问题,娴熟运用逻辑推理手段,批判当时的柏拉图学派从科学与技艺、"多"与"一"的表述、思想对象、相关词项、"第三人"、"一与不定之二"作为第一原理等方面,竭力捍卫"理念"的存在。柏拉图学派利用科学知识来论证理念的存在,说既然每种科学与技艺的构建都涉及同可感知个体相分离的永恒的"型",因此它们不同于特殊事物的某些共同特性,它们就是"理念",是科学、技艺的本原。亚里士多德指出,科学与技艺诚然研究有共同性的对象即普遍性原理,但它们不是同可感知的特殊个体绝对分离而独立存在的。他又驳斥说:如果根据"多"与"一"的表述(谓述),论证多中之一为"理念",就会导致否定性的表述也是"理念";如果思想的对象就是"理念",可思想的"不是"的东西也有"理念";如果相关词项

---

① 见耶格尔《亚里士多德:发展史纲要》,罗宾逊英译,第127页,牛津,克拉伦登出版社,1934。

表述关系的相似性、关系也有"理念",那么"理念"就不成其为本体或本原了;主张有所谓"第三人"(即居于具体人和作为"理念"的"人"之间的第三"人"),这同智者派关于"第三人"的论证就同流合污了;如果"理念数"高于"一与不定之二",后者作为第一原理也就自我破坏、不能成立了。①

亚里士多德的哲学有深厚的思想渊源,批判地总结了先前的全部希腊哲学,从中吸取了丰富的成果。它又是直接从柏拉图的思想中脱颖而出的,和柏拉图哲学有复杂的思想关系,这也是历来甚有歧义的问题。一种见解认为柏拉图和亚里士多德的哲学实质上是相同的。如黑格尔认为:将柏拉图哲学判为唯心论,将亚里士多德哲学定为经验论,"事实丝毫不是这样。实际上,亚里士多德在思辨的深度上超过了柏拉图,因为亚里士多德是熟识最深刻的思辨、唯心论的,而他的思辨的唯心论又是建立在广博的经验的材料上的"②。黑格尔深刻透察两者有深邃的共同点,但抹煞了亚里士多德突破柏拉图思想的革新意义。深受黑格尔影响的策勒也说:"亚里士多德一贯设定苏格拉底-柏拉图的'理念的哲学'特征的总的观点,他的任务只是在这个总的路线上建立更完全的知识系统";他经常同柏拉图的观点进行争辩,可是实际上他对柏拉图是同意大于分歧。"只有将他的整个体系看做是柏拉图体系的发展和进步","才能理解亚里士多德"。③ 另一种见解认为亚里士多德哲学正是反对柏拉图的革新式哲学,和后者有根本性分野。耶格尔指出亚里士多德思想的发展变化就是以他和柏拉图思想的接近、疏远以至反对的情况来分辨的,在批判中完成从柏拉图的思辨形而上学向经验科学的转变,他认为"亚里士多德所作的正是一个革命的变革,这样科学思想才能一步一步

---

① 以上《论理念》的内容见亚里士多德《残篇》,F186R³,载于《亚里士多德全集》。
② 黑格尔:《哲学史讲演录》第2卷,第270页。
③ 见策勒《亚里士多德和早期漫步学派》第1卷,科斯特洛和缪尔海特英译,第162页,伦敦,朗格曼斯·格林出版公司,1897。

地达到现在的程度"。[①]

其实,这两种见解各有道理和偏颇。亚里士多德和柏拉图之间的思想关系错综复杂,既有重大差异,又难分难解,要全面地分析。一方面,亚里士多德批判柏拉图的理念论,创立了从现实存在出发、重视科学和经验事实、总结人文社会知识的新哲学体系,是希腊古典文明的创造性精神成就,独有自己的哲学方向,很大地超越了柏拉图。另一方面,也应看到两点:(1)柏拉图的后期理念论特别是建构普遍哲学理念(范畴)的辩证法,对他建立自己的哲学范畴体系有深刻影响;(2)亚里士多德强调逻辑理性是建立知识体系的基础,于是逐渐认为"形式"在"本体"的构成中是最根本的,直至将最高的"形式"归结为"善"——一种宇宙的最高目的因,作为"不动的动者"的理性神,可见他又潜在地深受柏拉图哲学的影响,对柏拉图哲学有所复归,有异曲同工之处。这种两重性,在本章论述他的哲学思想中可以具体见到。

四　现代研究

现代学者对亚里士多德的哲学做了大量研究,其中有三种不同的取向。

第一种是将亚里士多德的思想作为一个完整、严密、一贯的体系来研究。如策勒认为,虽然亚里士多德的有些著作是在小亚细亚和马其顿等地写成的,但他的大量著作在吕克昂学园写成,必然在当时统一修订构造过,"在这样一个综合集成中,很难发现在他的教导或术语中有明显的改变,一切都是成熟的、有准备的,一切都是严格一致的,所有重要著作都严密地组合在一起,不仅有明显的交叉引证,而且有完整性的特征"[②]。这种研究取向有其合理性。亚里士多德的哲学从现实存在出发,

---

① 见耶格尔《亚里士多德:发展史纲要》,罗宾逊英译,第324—336页,牛津,克拉伦登出版社,1934。

② 策勒:《亚里士多德和早期漫步学派》第1卷,科斯特洛和缪尔海特英译,第155—156页,伦敦,朗格曼斯·格林出版公司,1897。

重视经验概括与理性思辨结合,将当时各领域的知识系统化,缔造了一座雄伟的知识大厦;他的哲学体系和柏拉图从理念出发的思辨唯心论有重大区别。柏拉图集纳既有的知识成果,也构建了一个知识体系,但他将同现实事物分离的"理念"作为全部知识体系的基础、原理和终极目的,并且缺乏系统的逻辑理论作为构建手段,于是他往往凭借文学天赋和诗意的想象来提供虚构的原因与联系。亚里士多德建立了逻辑学,娴熟地运用逻辑与哲学范畴,梳理各个领域的知识,力求将经验材料的归纳和理性的推理、证明有机地结合起来,切实作出知识分类,明确理论知识、实践知识和创制知识中诸学科的性质、地位与功能,从而构画了一个严整的、内在有机统一的知识体系。他从前期形成逻辑与哲学范畴和辩证法,在探究自然哲学中形成"四因"说,进而提出形而上学的本体论范畴系统,这些又都作为基本范畴与方法,贯穿在他对先前希腊哲学的批判总结、对自然科学的探究与对伦理学、政治哲学和美学的研究中。他以一个巨硕的哲学体系总结、反思了希腊古典文明的成果。但传统的体系式研究也有偏颇,就是往往将亚里士多德的哲学当做一个他早胸有成竹、一下子定型、静态不变的模架,这也不符合亚里士多德的思想实际。于是对此弱点就有诘难,在当代西方学者的研究中有一种观点否认亚里士多德是知识系统的缔建者,认为他的哲学与其他学科研究本质上是"解难式的"(aprometic),就是说,他在论著中总是提出许多问题或"解难式"(aporiai),随处加以解答;他的思想、概念、方法和论证方式也常常修正、改变,因此他的学问是片段的组合,不是系统的理论。① 其实所谓"解难式的"研究,正表明亚里士多德常常围绕一个主题,反复比较地探讨各种问题与意见,从中形成自己的见解,因而他本人的思想也在变化、演进。这正表现了他的严肃的探索真理的态度、严密的思维方式以及他的知识系统的开放性,因而他的哲学体系是一个动态的、开放式的知识系统。

---

① 见巴恩斯《亚里士多德》,李日章译,第4—5页,台北,联经出版事业公司,1983。

第二种是发生学的研究取向,将亚里士多德哲学看做一个逐渐摆脱、冲决柏拉图思想的过程。德国学者耶格尔是主要代表,他的《亚里士多德〈形而上学〉的发生学研究》和《亚里士多德:发展史纲要》(1923),就以发生法对亚里士多德的著作与思想演变作了详细的考释、研究。这也是受当时盛行的达尔文的进化论学说的影响。它一反静态的体系式研究,将亚里士多德研究推进到一个新的阶段,得到当时许多著名学者的认同,中国学者陈康就在一定程度上运用这种方法取得了不少杰出成果。它的合理之处是动态地研究了早期亚里士多德确实有的从脱离柏拉图思想到创新自己哲学的过程,研究他的思想逐步走向成熟,而现存的有些著作的一些篇章写于不同时期,从发生学角度就可合理解释其差异。但它也有两个弱点:(1)亚里士多德的一些著作特别是成熟时期的著作的写作时间难以确定;(2)只以和柏拉图思想接近、疏远与反对为标准来论述全部亚里士多德思想的演进,不符合实际,难以令人信服。亚里士多德在成熟时期构建范畴系统与本体论也吸收了柏拉图后期建立哲学范畴(普遍哲学理念)的辩证法思想,他的伦理学与政治哲学也有继承、发展柏拉图思想之处,而他的形而上学完成、他的"神学",同柏拉图的后期理念论、宇宙创造说和理性神学,更有异曲同工的相通之处。陈康虽然也用耶格尔的发生法对亚里士多德的形而上学思想作了历史的分析,却最终得出自己的结论:"在亚里士多德寻求智慧的过程中,柏拉图的影响之广是惊人的。在我们的这项研究中,亚里士多德的每一个主要方面都以柏拉图哲学为背景。"[①]

第三种是分析学派的取向,是以现代分析哲学的逻辑分析与语言分析方法研究亚里士多德的哲学,特别是在有机联系地研究他的逻辑学与形而上学方面取得较多成就。这派是在反对耶格尔的发生学方法中崛起的,在英美和北欧影响颇广。主要代表是著名分析哲学家欧文,1957

---

① 陈康:《智慧:亚里士多德寻求的学问》,第 387 页,希尔特汉姆,乔治·奥尔姆斯出版社,1976。

年他在国际第一届亚里士多德学术研讨会上发表的论文《亚里士多德某
些早期著作中的逻辑与形而上学》中,批评了耶格尔的许多自相矛盾的
观点,系统地建立了亚里士多德研究领域中的逻辑分析方法,会后出版
的会议文集《公元前 4 世纪中期的柏拉图和亚里士多德》标志着分析学
派的形成。欧文颇有影响的代表作是论文集《逻辑、科学和辩证法》。其
他主要代表人物还有分析哲学家伊尔文(T. H. Irwin),他的著作《亚里
士多德的第一原理》(1988)一书在当今颇受重视。英国修订出版《亚里
士多德全集》的巴恩斯也属于此派,他和索费尔德(M. Schofield)、索拉比
(R. Sorabji)共同编成 4 卷本《亚里士多德研究论文集》——第 1 卷:科
学,第 2 卷:伦理学和政治学,第 3 卷:形而上学,第 4 卷:心理学和美学,
这也是分析学派的研究结晶。一些著名的分析哲学家如安丝孔姆
(G. E. M. Anscombe)、斯特劳森(P. F. Strawson)也参与了这种为分析
哲学"寻根"的研究。亚里士多德创建了逻辑学,并将逻辑与语言分析贯
穿于他的哲学研究中,他是西方分析理性的奠立人;分析学派的研究取
得了不少有价值的成果。但亚里士多德有机地结合与深化科学理性与
人文精神,分析学派却往往脱离社会与人文背景孤立地作逻辑与语言分
析,他们的研究也有其局限性。

　　总之,我们应该吸取、综合上述三种研究取向的长处,将亚里士多德
哲学看做一个有思想演进、不断在"解难"中探求真理的动态的思想体
系,它富有强烈的分析理性,又有机结合科学理性与人文精神,在希腊文
明的转折点上反思、总结以往希腊的全部哲学与文化,承前启后,深远地
影响了西方的哲学与文明传统。

第二节　逻辑和哲学

　　创建系统的逻辑理论,是亚里士多德建立自己的哲学与科学体系的
首要环节,也是他对人类文明的重要贡献。他的逻辑学说在西方 2000
多年的思想长河中流传不衰,虽然时有修正与增补,但其基本理论颠扑

不破,总不丧失其正确性、有效性,至今仍构成形式逻辑的主干内容,并且成为向现代逻辑发展的"起跳板"。亚里士多德的逻辑学是关于规范正确的思维形式和构建知识体系的正确方法的学问,形成于亚里士多德哲学思想走向成熟之际。它是希腊古典时期哲学自觉反思人的理性思维而结出的硕果,标志着希腊科学理性精神的升华。亚里士多德本人没用"逻辑学"这个词,而是用"分析学"指谓他建立的这门思维科学。[①] 他的逻辑学和他的前期形而上学(第一哲学)水乳交融、互相渗透,有紧密的内在联系。用发生学的方法考察,可见亚里士多德建立逻辑学说和哲学思想有一个互动的演进过程:他创建逻辑学说有深刻的哲学基础,有丰富的逻辑哲学的内涵;他的逻辑思想也渗透在他的形而上学思想中,使他的第一哲学充满了逻辑与语言分析,奠立了西方哲学的分析理性传统。

亚里士多德为建立自己的哲学体系写过许多逻辑著述,第欧根尼·拉尔修和其他人所保存的他的著作目录中,同逻辑学相关的著述达39种之多。[②] 亚里士多德的逻辑与前期哲学思想主要表现在"工具论"六篇、《形而上学》早期诸卷和《修辞学》等著作中,它们大都是他在吕克

---

① 他批评一些人未曾研究逻辑公理就企图讨论真理及相关词项,表明他们"缺乏分析学的学养"(亚里士多德:《形而上学》,1005b2,载于《亚里士多德全集》),可见他本人是用"分析学"这个名词称呼逻辑学的。公元前3世纪斯多亚学派创始人芝诺已说"逻辑"包括辩证术和修辞学;公元前1世纪罗马的西塞罗最早用"逻辑"一词表述推理学说;公元2世纪逍遥学派注释家阿佛罗狄西亚的亚历山大在注释《论题篇》(74·29)中,最早在学科意义上使用"逻辑"一词,指出"逻辑学在哲学中占有一种工具的地位"(格思里:《希腊哲学史》第6卷,第135—136页,剑桥,剑桥大学出版社,1981)。中世纪学者有时用"逻辑"有时用"辩证术"表述作为"七艺"(教会学院的必修课)之一的这门学科。到欧洲近代,才通用"逻辑"一词表述这门思维学科,如17世纪法国波尔-罗亚尔修道院修士A.阿尔诺和尼柯尔合著的广有影响的教科书《逻辑或思维的艺术》(又称《波尔-罗亚尔逻辑》)。中国近代学者严复在译著《穆勒名学》中首先使用了"逻辑"这个译词。

② 见《亚里士多德全集》第2卷,巴恩斯主编,附录"亚里士多德著作目录",普林斯顿,普林斯顿大学出版社,1984。其中许多篇目属于逻辑的专题性研究,涉及定义、种与属、特性、对立、关系、命题、划分、论题、诡辩术、演绎推理、论证、科学方法、修辞术等等。这些著述,在吕克昂学园中,或是用于他在上午同弟子们漫步时作内部的深入研讨,或是用于他在下午、傍晚作公开讲演。可惜这些作品大多已经佚失。

昂讲学时期的研究成果。现存的"工具论"六篇,相传由公元 1 世纪的安德罗尼柯编纂集成,当初编定时依次为《范畴篇》、《解释篇》、《前分析篇》、《后分析篇》、《论题篇》及其附录《辩谬篇》。现代学者经考证认为,这些著作虽然都是吕克昂时期的作品,但是明显并非按照一个事先已统一拟定的计划同时写成的。[①] 如《论题篇》与《辩谬篇》应是紧接《范畴篇》的写于较早时期的作品,是亚里士多德建立逻辑学说和前期哲学的一个重要环节。现代西方学者研究《形而上学》早期诸卷的很多,但很少联及逻辑;而他们研究"工具论",又专重于论述亚里士多德的逻辑思想,尤其是三段论学说。20 世纪 50 年代后分析学派崛起,将亚里士多德的逻辑和哲学紧密关联作深入研究,出了不少有价值的成果,如欧文的论文集《逻辑、科学和辩证法》,巴恩斯等主编的《亚里士多德研究论文集》第 1 卷,利尔(J. Lear)的《亚里士多德和逻辑理论》,莱思齐(W. Leszl)的《亚里士多德的逻辑学和形而上学》,还有威尔的《逻辑在亚里士多德思想中的地位》等一些较有研究深度的论文。

我们将着重论述亚里士多德的逻辑学说和前期哲学的思想关系,对逻辑的技术性内容则从略。从论述中可看出:(1)亚里士多德奠立了形式逻辑的基础,但他的逻辑理论的本来面貌不同于后来迭经演变的逻辑学(中世纪传统逻辑、近代逻辑等),而是为适应他建立自己的新哲学的需要,以这种新哲学为基础而建立的。(2)他建立多层面的逻辑理论和他的哲学创新表现为一个互动互渗的演进发展的过程,有紧密的内在思想联系。(3)他的逻辑理论有其哲学根据和哲学分析,蕴涵着丰富的逻

---

① 索罗门斯在《亚里士多德逻辑和修辞学的发展》(1929,德文)中,将他的老师耶格尔的发生学方法用于研究这些逻辑著作,主张从其思想发展的角度来考察其写作年代的先后顺序;罗斯则认为这样考察会有任意性,他主张从语文学(术语的使用状况)来考察它们写作的先后顺序。现代逻辑学家如鲍亨斯基、卢卡西维茨还主张根据取得的逻辑成就和逻辑思想水平的高低,来划分它们写作时期的先后,但是他们提出的有些标准,如形式化程度、模态逻辑思想的出现等,未必切合实际。(参见王路《亚里士多德的逻辑学说》,第 6—8 页,中国社会科学出版社,1991)我们认为,综合一些考证和现已一般公认的见解,可以确认这些论著写成的大体先后顺序,运用历史与逻辑统一的方法,可从中既考察亚里士多德的哲学与逻辑思想的进展,又根据各篇的中心内容研究他的多层面的逻辑理论。

辑哲学思想,同他的形而上学、知识论思想紧密关联,表现了他的前期哲学思想的特点。

一 范畴论:新哲学纲领和创立逻辑学的哲学根据

逻辑学这门思维科学的诞生,并不是无源之水,只靠亚里士多德睿智迸发、一蹴而就的。它在希腊古典文明科学文化全盛之时已有长期的科学知识与逻辑思想的积累,是适应科学与哲学进向系统化发展的需要才产生的,特别和亚里士多德在批判地总结先前希腊哲学中开创自己的新哲学密切相关。在"工具论"的开首之作《范畴篇》中,亚里士多德提出了奠立分析理性的新哲学纲领,也提供了创立逻辑学的哲学根据。

《范畴篇》论述关于"存在"(总括"是"、"在"、"真"三重含义)的一些主要范畴,也是关于词项的分类研究,它既是哲学范畴的研究,也是逻辑上的语词意义分析。前九章论述本体"主范畴"与九个"次范畴"(数量、关系、性质、处所、时间、状况、属有、动作、承受),后六章论述五个"后范畴"(对立、在先、同时、运动、所有)。有的学者觉得《范畴篇》是当初被安德罗尼柯误编在"工具论"中的,因为它的内容"是形而上学的,而不是逻辑的"。[①] 确实,它在词项意义剖析中论述关于存在的一系列哲学范畴,同《形而上学》中早先写作的几卷相应,表现了他的前期哲学思想。但是,他并没有将存在和思维的规定性截然割裂与对立,存在("是")的规定性中包含着思维的规定性,他的存在论、本体论则是他的逻辑思想产生和进展的哲学根据,逻辑哲学是"工具论"中的应有之义,把握哲学范畴是理解他建立的逻辑理论的首要环节;逻辑分析则是他形成自己的形而上学思想的重要工具与内在动因。《范畴篇》论述的范畴,既是对存在高度概括的分类与意义分析,也澄析了正确思维必须掌握的普遍性语词的含义。他的新哲学富有逻辑分析特色,他的逻辑学说渗透着新的哲学

---

① 见威廉·涅尔、玛莎·涅尔《逻辑学的发展》,张家龙、洪汉鼎译,第33—34页,商务印书馆,1985。

意义。

"范畴"一词在希腊文中兼有"指谓"、"表述"和"分类"的意思。亚里士多德认为语言表述事物,名实相应。哲学范畴既是最具普遍性的语词,也是作为哲学研究对象的存在本身的分类和意义概括。亚里士多德师从柏拉图凡 20 年,柏拉图后期通种说中已有探讨的范畴建构对他有启发,但他主要依凭理性分析和经验事实来建立自己的范畴系列。《范畴篇》凝练地论述了西方哲学史上第一个关于存在的哲学范畴表。它通过分析名实关系、主谓词及其对象的关系,确立范畴分类的标准;论述了本体的中心主范畴以及属性方面的次范畴和后范畴。他通过普遍性词项的意义分析,落实对存在事物的意义分析,开始形成自己的本体论思想;也为他建立逻辑学说提供了哲学根据。陈康先生精辟地指出,他的逻辑"是一种本体论的逻辑"①。

亚里士多德提出范畴分类的两条原则。第一条就是逻辑上的原则:是否表述一个主体(主词的对象)。他建立的是主谓逻辑。一个词项能否与如何作为谓词来表述主词,其间的逻辑关系体现了此词项的意义以及它所表述的对象是何种存在。第二条是存在论的原则:是否"存在于主体之中"。其确切含义不是指部分存在于整体中那样,而是指"离开了主体它便不能存在"。② 陈康先生指其含义实为是否"附存于一个基体上",很是精当。③ 这两条原则实质上是对十范畴作了双重区分。第一重是本体论意义的区分:根据是独立主体还是依存于一个主体,对本体范畴和其他九个属性范畴作了二分。第二重是依据个别和一般的关系作逻辑上的区分,就本体或其他范畴而言,个体词项不能用做谓词表述一般事物或其他个体事物,一般则可表述个别。

亚里士多德的范畴分类原则突出了本体是存在的中心,是其他范畴事物依存的基体,而本体最终表现为现实存在的个体事物。这是他的前

---

① 汪子嵩、王太庆编:《陈康:论希腊哲学》,第 284 页,商务印书馆,1990。
② 见亚里士多德《范畴篇》,1a23—24,载于《亚里士多德全集》。
③ 见汪子嵩、王太庆编《陈康:论希腊哲学》,第 250 页。

期形而上学的基本特色。他说："本体，就最严格、最首要和极大多数情况的意义而言，是不表述一个主体，也不依存一个主体，如个别的人、个别的马"①，这是指第一本体，它是其他一切事物的主体。第二本体实为第一本体的属或种，是一类个体事物的共同性质，它不能表述属性范畴，却可表述第一本体。这里的存在论意义和逻辑意义也是明确的。据此，亚里士多德进而揭明了本体的基本特性：本体最终都表示某一"这个"(tode ti)，它"不可分割，数目单一"，这种个体性是"无可争辩的真理"。②第二本体则是概括了一类个体的共性，作为"这个"的本体整合、固定了诸多依存于它的本质属性，成为统一体。陈康指出，亚里士多德在《范畴篇》中"着重的是个体性……将个体性作为衡量本体性的尺度，用来决定本体范畴的等级"，将个别物体或个别本质看做万有的中心，因而是提出了"一种个体主义学说"。③ 亚里士多德论述第一本体和第二本体的关系，也是从哲学与逻辑的两重意义阐发的：(1)个体性是判断本体性程度的标准。第一本体是支撑、维系其他一切包括第二本体和属性的基本载体："如果不存在可用'动物'表述的个体的人，那么就不存在可用'动物'表述的一般的人"④。从逻辑关系的意义说，离个体事物越近的属，本体性越强，离个体事物越远、越抽象的种，本体性越弱。(2)从认识的序列而言，本体先于认识，对第一本体的感知先于对第二本体的知识。在《后分析篇》中，他坚持知识起源于感知与经验。但他的前期本体论和知识论似乎有个矛盾：他突出可感觉的第一本体，而在《后分析篇》中又主张"知识是对普遍的认识"⑤，在《形而上学》中则说："个别的可感觉本体是既没有定义，也没有证明的"⑥。如格思里所指出的："似乎要说明实在是个体，同时却不能有关于个体的知识"，而逻辑学是研究推理的思想，以

---

① 亚里士多德：《范畴篇》，2a13—15，载于《亚里士多德全集》。
② 见同上书，3b10，载于《亚里士多德全集》。
③ 见汪子嵩、王太庆编《陈康：论希腊哲学》，第288页，商务印书馆，1990。
④ 亚里士多德：《范畴篇》，2a35，载于《亚里士多德全集》。
⑤ 亚里士多德：《后分析篇》，87b38，载于《亚里士多德全集》。
⑥ 亚里士多德：《形而上学》，1039b27—29，载于《亚里士多德全集》。

普遍性的属、种而非个体为基本要素。① 其实,这个矛盾在他的前期哲学
思想中并不成立,因为他主张第二本体寓于第一本体,普遍性的知识中
包含着对个体事物的本性的认知。但他后来愈益专注于对普遍性知识
的逻辑分析,这就导致他后来愈益强调"形式"作为属、种是本体的首要
构成要素。

　　亚里士多德论述次范畴和后范畴,是在确立本体为存在中心的基点
上,进而探讨本体的属性、事物之间的普遍联系与运动变化,这是他的前
期存在论思想的重要内容,也是他形成与发展逻辑理论的重要环节。如
他分析"数量"范畴的哲学意义:他将连续与间断的数量规定,理解为事
物本体在空间与时间中的存在方式的尺度,初步表述了他的时空观;数
量是存在事物的一个基本属性,也是他建立逻辑学说的一个基本规定,
因为他对词项、命题、推理等思维形式的逻辑分析,都涉及思维形式的量
化和数量规定。"关系"范畴是事物在普遍联系中所表现的相互关联的
属性,亚里士多德肯定事物之间关系的普遍性与多样性,这自然会促使
他在研究人的思维时,致力于探究词项之间、命题之间和推理之间的逻
辑关系的普遍性与多样性;而他说的关系终究只是本体的一种属性,关
系是作为表述本体的属性谓词出现在逻辑学中的,这决定了他建立的逻
辑学是主谓逻辑而不是关系逻辑。② 再如,亚里士多德在论后范畴中,讨
论"对立"范畴最为详致。早期希腊自然哲学都直观到自然事物向对立
方面变化的现象,认为对立是本原。亚里士多德也主张事物的变化是变
成相反的东西,但他认为任何事物自身当其存在时有质的确定性,对立
双方自身在质上同一,不能相互包含或渗透,因此,必须有第三者即变化
的基体作为变化的基础,这就是本体,所以变化的本原有三个,即本体和

---

① 见格思里《希腊哲学史》第 6 卷,第 144、146 页,剑桥,剑桥大学出版社,1981。

② 现代意义的关系逻辑,是 19 世纪英国学者摩根在其所著《论三段论式 IV 和关系逻辑》中创
　立的,尔后,皮尔士和罗素予以重大发展。但"工具论"中也已有某些关系逻辑的思想萌芽,
　考察了二元以上的谓词关系。对这方面内容以往研究较少,国内张家龙著文研究,指出它对
　哲学与逻辑的研究具有重要意义(见张家龙《亚里士多德关系理论探究》,《哲学研究》,1996
　年第 1 期)。

对立双方。① 就事物的运动变化而言,本体也是存在的中心,除本体自身的生灭外,本体运动变化中表现出的对立事物的更迭与连接,也表现为确定的逻辑关系,具有特定的哲学与逻辑意义。他的逻辑理论中也大量使用了"对立"范畴。《范畴篇》分析了四种意义的对立。(1)相互关联的两个事物的对立(相关的对立),如两倍与一半,知识与知识对象,它们也是属于关系范畴的对立;(2)两个相反者的对立(相反的对立),如白与黑、好与坏,是本体的相反属性;(3)具有和缺乏的对立,如盲与视力,是指相同事物拥有或失去该事物在本性上应当有的属性或能力;(4)肯定命题和否定命题的对立(肯定和否定的对立),是人认识事物的逻辑意义的对立。亚里士多德在论述这些对立时,也作了许多逻辑意义上的分析。

亚里士多德认为"存在"的公理和逻辑的公理是一致的。形式逻辑有三条公理:其一是同一律,即 A 是 A;其二是不矛盾律,即 A 不能是 A 又是非 A;其三是排中律,即 A 不能既不是 A 又不是非 A。这三条公理是一切逻辑推理和证明的前提,其中同一律又是最基本的前提。它们自身不能再有逻辑证明,而是自明的。人的正确思维必须遵守这三条逻辑公理,至今不能推翻。"工具论"的全部逻辑理论,实质上是以这三条逻辑公理作为初始前提,从而建构成公理化的推理系统的。但在他的"工具论"六篇著作中,并没有对它们专门论述,而在《形而上学》第 4 卷中专门将它们当做"作为存在的存在"的学问的公理来讨论。他认为,第一哲学是一门研究"作为存在的存在全体"的普遍学科,存在的公理即逻辑公理的本原也属于这门学问,是哲学家的分内之事,因为这类公理"显然存在于一切作为'存在'的东西之中"。② 在他看来,这类公理是人们在探求真理中的思想的基本规定,逻辑公理本源于"存在"的某种自明的普遍本性。他明确指出:"存在"的最确实的一种普遍本性就是,"同一东西不能

① 见亚里士多德《物理学》,190a15—35,190b30—35,载于《亚里士多德全集》。
② 见亚里士多德《形而上学》,1005a18—30,载于《亚里士多德全集》。

在同一方面既属于又不属于同一事物(所有可能的其他限制都应加上，以防止逻辑上的困难)"①，这就是同一律。与此相应，逻辑公理的基本意义是:"很明显同一个人不可能相信同一东西同时既是又不是。"②上述存在与逻辑的最根本的公理，"它本性上就是一切其他公理的本原"③。他表述这一公理，并不是否定"存在"的多种意义和运动变化，所以他强调指出这是限制于"同一东西"，"在同一方面"、"同一时间"(这种限制要尽所有可能，如"同一条件"、"同一地点"，以防止出现逻辑错误)，有是或不是的确定意义，从而使这个东西有质的确定性。这并不有悖于辩证法思想，并不等同于黑格尔批判的近代意义上的形而上学。亚里士多德当时强调存在和思想的确定性公理，批判主张既存在(是)又不存在(是)的观点，主要是针对两种相对主义:一是克拉底鲁曲解赫拉克利特哲学的相对主义，二是智者派的感觉相对主义。他建立的逻辑公理同他主张存在因有对立而运动变化的思想并不相悖，前者恰恰是人正确地思想以获得对于变化事物的真实意见和知识的逻辑前提与基本保证。他没有将所谓主观逻辑和客观逻辑混为一谈，而是力图阐明两者内在一致的联系。

亚里士多德在《范畴篇》中运用意义分析方法来建构范畴系列，从中也可看出:逻辑分析是他形成与演进形而上学思想的重要工具与内在动因之一，他的存在论、本体论则是他的逻辑思想产生与进展的哲学根据。亚里士多德对柏拉图主义有根本的革新，创立了崭新的范畴系列，这得力于他面对现实存在，采用了崭新的意义分析方法。苏格拉底和柏拉图也曾运用分析语词意义的方法，但有自发性，局限于对语词或范畴作单一意义的抽象分析。亚里士多德在《形而上学》第1卷中批评柏拉图学说时指出了这种缺陷:"忽略了智慧在于寻求日常所见事物的原因"，"不对多种意义进行区别，就不可能找到存在的元素"，不对"存在"的多义性

---

① 亚里士多德:《形而上学》，1005b20，载于《亚里士多德全集》。
② 同上书，1005b30，载于《亚里士多德全集》。
③ 同上书，1005b34，载于《亚里士多德全集》。

作具体分析,就不能正确地建立与理解哲学范畴。① 《范畴篇》就是对存在的主范畴、次范畴与后范畴作出细致的多义性分析,从而构成一个层次与脉络分明、有多重内涵的意义网络;并可据以构建各种逻辑范畴,澄析各类词项与命题之间的逻辑关系。

亚里士多德建构存在与逻辑的范畴,主要运用了三种多义性分析方法。第一种方法是区别中心意义(focal meaning)和从属意义。中心意义表示事物的本性或基质,是一类事物必然具有的普遍本性,或者是其首要、根本的意义,是范畴的多样意义的核心内容;从属意义则是事物的本性派生的特性或偶性,或类比性的意义。第二种方法是区别同名异义(homonymy)和同名同义(synonymy)。这并不是辨析同义词和异义词,而是着眼于剖示存在诸范畴有不同的意义系列,同一范畴系列有同名同义性,分属不同范畴系列的事物即使同名也有异义性。这使分属于不同范畴的存在事物,在意义、辖域上都得到明确的定位,不致发生存在论意义和逻辑意义上的混乱与错误;同时使属于同一范畴系列的事物,能被厘清其普遍的本质意义和种、属、个体的逻辑序列。这种方法对亚里士多德在《论题篇》中根据哲学范畴与逻辑范畴的意义分析建立一种独特的语义分析逻辑,在《解释篇》和《前分析篇》中基于语义分析建立形式化的命题和推理学说,都是相当重要的。第三种方法是区别自然意义和逻辑意义。自然意义是指存在事物自身固有或偶生的意义,逻辑意义是指范畴、种、属等用以表达词项、构成命题、推理、证明与反驳等逻辑思维活动所具有的意义。亚里士多德在《范畴篇》和《形而上学》第 5 卷的哲学名词释义中,常揭明各种范畴的自然意义和逻辑意义,两者是有内在关联的。这表明他构建的一些范畴往往兼有存在论、本体论范畴和逻辑范畴的双重意义。意义分析也是现代西方分析哲学的一个核心问题。亚里士多德在建构范畴中已展示了多种周密的意义分析方法,标示着希腊分析理性的成熟。尽管当

---

① 见亚里士多德《形而上学》,992a25,992b20,载于《亚里士多德全集》。

代一些分析哲学家对亚里士多德的本体论和本质主义持同情或批判态度的皆有,但亚里士多德的意义分析方法已引起不少分析哲学家的重视。

亚里士多德的范畴论是新的哲学纲领,它高度概括与把握了存在的中心基体和诸方面属性,在哲学思想史上是一大变革,本体中心、属性依存的范畴论模式为以后许多哲学学说所沿用,对后世西方哲学深有影响。他的本体论的逻辑思想后来在他建构的逻辑学说中进一步展开,得以建立既有语义分析又有形式化结构的逻辑理论。

二 辩证法:语义分析的逻辑

《论题篇》标志着亚里士多德开始系统形成自己的逻辑理论。《辩谬篇》和《论题篇》一脉相承,紧相衔接,驳斥智者和其他的种种错误论辩或诡辩,并深入剖示其逻辑错误的根由。这两部著作主要从正确使用范畴与谓词的意义的角度,研讨论证和反驳论题的辩证推理,尚未建立有变元、形式化的三段论系统,因此它们当写在《解释篇》和两部《分析篇》之前。过去的一些逻辑史学家往往注重研究亚里士多德的三段论学说,认为这才是他的成熟的逻辑学说;当代西方一些学者认识到《论题篇》和《辩谬篇》是亚里士多德的哲学与逻辑思想演进的重要环节,因而展开了多方面的重新探讨。从这两部著作可见,亚里士多德建立逻辑理论,不是一开始就构建形式化的逻辑系统,而是首先着眼于人们探求意见、进向知识的思想活动,从语义分析层面研究正确和错误的论辩与推理,引申、发挥了他前期的范畴学说,建立了"四谓词"与"辩证法"学说,实为一种古代语义分析的逻辑理论,这种逻辑也就是他的"辩证法",是哲学和科学研究的重要方法。

《论题篇》开宗明义地指出:辩证法(dialektike)的"本性就是考察,内含有通向一切探索方法的本原之路",其功用则包括智力训练、交往会谈、洞察哲学知识(philosophian epistemes)以及探索每门学科的基本原理。①《论题篇》八卷围绕论题研讨辩证命题、辩证推理和辩证论证,实质上是根据"四谓词"的逻辑分析并结合哲学范畴的意义分析,探讨对哲学、伦理、逻辑以及其他学科的论题进行正确立论和驳论的逻辑方法,建立一种语义分析的逻辑。

建立"四谓词"学说,是亚里士多德开创逻辑理论的首要环节,也有哲学意义。一切论证的始点是命题,推理由命题构成,谓词在陈述命题的意义中起有关键作用。亚里士多德依据对谓词意义的逻辑分析,将所有的谓词划分为四类,那就是"特性(idion, property)、定义(horon, definition)、种(genos, genus)和偶性(sumbebekos, accident)"②。谓词表述主词,也总是表述所是的东西。他紧接着指出,必须区分范畴的种类,即《范畴篇》所论的十范畴,但是有一个重要变动,即用"本质"取代"本体"。③ 作为"是什么"的"本质"有比"本体"更宽泛的逻辑意义:"揭示事物是什么(本质)的人,有时表示本体,有时表示性质,有时则表示其他某一范畴"④。而且,"本质"范畴对于四谓词的划分有重要的规定作用。十范畴是对语词及其表达的所是的东西的分类,四谓词是对谓词表述主词(及其表示的东西)意义的逻辑关系的分类,两者并不相悖,而是经纬交织、相互配合的,因为"事物的偶性、种、特性和定义,总是这些范畴之一"⑤。就是说,四谓词总是表述属于十范畴的所是,四谓词和十范畴在意义分析中不可割裂,逻辑分类的四谓词,其具体意义总是表达属于某个范畴的所是的意义。

亚里士多德划分"四谓词",实质上根据两个标准,即哲学标准和逻

---

① 见亚里士多德《论题篇》,101a20—101b4,载于《亚里士多德全集》。

② 同上书,101b24—27,载于《亚里士多德全集》。

③ 这里的"本质"范畴,希腊原文为 ti esti,牛津版 12 卷英译本和"洛布古典丛书"本中都英译为 essence,而在巴恩斯的 2 卷本中改译为 What it is(是什么,所是的东西)。它仍有本体的含义,因为本体是"存在"的本质意义所在;但另一方面 ti esti 又指各种"存在"是什么,除本体外,属于其他范畴的"存在"(如数量、关系、性质等)自身也有"是什么"的本质意义,所以"本质"又有拓展的逻辑意义。

④ 亚里士多德:《论题篇》,103b27,载于《亚里士多德全集》。

⑤ 同上书,103b24,载于《亚里士多德全集》。

辑标准。就哲学标准言,"本质"范畴对四谓词的划分尤为重要。本质实
为所是的东西的内在本性的规定,它使此"存在"成其所是,表明它是什
么,在存在的范畴系列中处于什么地位、赋有什么意义。在事物固有的
属性中,作为它的本质部分就是"定义"。"种"(及属差)是表示本质的。
"特性"是一事物固有并借以同其他事物相区别的属性,它不是本质,同
表示本质的定义和种有区别;而究其本原的意义,特性毕竟由事物的本
质派生或同它相关,这才能成为事物固有的属性,成为同他事物相区别
的重要规定。偶性则是事物的非本质、非固有的属性,它同事物成其所
是并无必然联系,是事物偶生的、可有可无的外在规定。就逻辑标准言,
谓词对主词的逻辑关系,也就是主词和谓词所表达的范畴间或概念间的
逻辑关系(同一、包含、并列、分离等),决定了主词和谓词可否相互表述、
相互换位。这种逻辑关系是否正确表达,也决定了命题的真假和能否成
立。定义和特性这两种谓词同主词处于同一关系,必可相互表述和换
位;种和偶性这两种谓词的表述范畴大于主词的表述范畴,在命题中它
们和主词不能作逆向表述和换位。主词和谓词的逻辑关系混乱不当的
命题,表明对谓词的判定有误,是假命题。

　　《论题篇》中辩证法的具体内容实为一种语义分析的逻辑,即主要根
据四谓词说和哲学范畴论,通过对命题和推理的意义分析,研究推理和
论证(立论与驳论)的正确性。它运用四谓词说研究命题中主项和谓项
的逻辑关系,从而判断推理和论证是否有正确的逻辑程序。它运用哲学
范畴(十范畴和后范畴等)研究命题和推理内涵的意义,从而判断论题内
容的论证是否合乎事实和逻辑。其中也有语言学的分析,但所占的比重
较少。结合运用四谓词和哲学范畴作多义性分析,探究论题的确立与论
证的具体规则,贯穿在《论题篇》的各卷之中。第 1 卷总论四谓词和辩证
法;第 2 卷从偶性方面考察论题的论证比较简略,并补充论述多义性分
析方法;第 3 卷考察论题的选择;第 4 卷从种的方面考察论题的论证;第
5 卷从特性方面考察论题的论证;第 6、7 卷从定义方面考察论题的论证,
可见定义在亚里士多德的逻辑和哲学研究中居重要地位;第 8 卷研讨论

证中问题的提出和排列,涉及立论与驳论的逻辑方法和技巧。《论题篇》
的篇幅大、内容多,使用许多论辩实例作意义分析,这也表明亚里士多德
是在总结论辩的实际经验中提炼其逻辑理论的。究其理论脉络,是以四
谓词为纲,交织哲学范畴的意义分析,研究论题的真和假以及论证的正
确性,从中确立论证的具体规则。《辩谬篇》则是根据这种语义分析的逻
辑规则,剖析以某些智者为代表的虚假推理及其错误根源。两部著作的
语义分析逻辑的内容甚为丰富,这里只就它是亚里士多德的"辩证法"再
作评析。

    近代以来,西方一些哲学史学家、逻辑学家不看重《论题篇》,片面理
解亚里士多德的辩证法,认为《论题篇》不过是一部琐碎地讨论论辩技巧
的手册,亚里士多德的辩证法只是一种立论、驳论的论辩术。① 然而,近
30年来,一些西方学者深入研究《论题篇》,研讨亚里士多德的"辩证法"
的兴趣明显增加。1968年出版的第三届亚里士多德学术研讨会论文集
中,有16篇论文讨论他的辩证法,一些学者对格罗特以来的传统见解提
出了挑战。欧文在其论文《"理念"研究中的辩证法和论辩术》中认为:亚
里士多德在《论题篇》之外的其他著作中,大量运用他的辩证法审察柏拉
图和其他哲学家的思想,他形成自己的思想很是得益于对其他哲人的辩
证考察;如果将他的辩证法看做只是一种论辩技巧,这就抹煞了亚里士
多德思想的内在一致性。他主张辩证法是通达各门学科的第一原理的

---

① 早在19世纪后半叶,格罗特就认为:亚里士多德的"辩证法的本质特征",是"两个心智的冲
突,每一方利用对方的错误概念、弱点与盲目性";他的辩证法"不过是论辩术,是语词抗争的
游戏"。(见格罗特《亚里士多德》,第93—106页,伦敦,约翰·莫莱出版社,1872)罗斯认为,
《论题篇》所研究的主要对象是"辩证的推理,其前提不必是真实可靠的",而只是或然的,有
别于科学的推理,这种辩证法只用于智力训练与论辩,无助于科学研究,没有很高的价值。
(见罗斯《亚里士多德》,第57页,伦敦,梅苏恩出版公司,1960)格思里也认为:《论题篇》是一
部辩证的即关于论辩取胜技巧的手册;柏拉图的辩证法是哲学研究的最高阶段,依据真理的
论证引人理解实在的本质,最终把握善的"理念",而亚里士多德的辩证法则处于低下的地
位,近乎"谈话技巧"的原始意义,是非哲学性的问答方法,只适合跟从流行意见而不关注前
提的真理性,因而不能用以证明任何事物的现实本性。(见格思里《希腊哲学史》第6卷,第
138、151页,剑桥,剑桥大学出版社,1981)

探索方法,而且他的范畴论本身也是通过辩证法建立的。① 欧文还具体论述了《论题篇》如何用辩证法考察柏拉图的理念论。② 威尔认为:《论题篇》和两部《分析篇》在逻辑与方法论研究方面并无高低之分,都是运用三段论推理,并没有使用两种本质不同的推理方法,都有普遍的适用性与真实性,前者是依据公共意见对真理的探索,后者是在一种逻辑严密的程序中展示所发现的真理,因此《论题篇》中的辩证法和《前分析篇》中的三段论学说,是亚里士多德逻辑理论的不同层面,前者的价值并不低于后者。③ 这些见解值得重视,应当深入理解亚里士多德的"辩证法"的哲学与逻辑意义。

在古希腊哲学思想发展中,"辩证法"的意义屡有嬗变,亚里士多德理解的"辩证法"则有较大意义的更新。许多早期希腊自然哲学家确认万物的流动变易、对立和矛盾,包含着今人所说的素朴的客观辩证法思想,然而他们自己没有用"辩证法"范畴作这样的概括。希腊文"辩证法"的词源意义是"通过说话、谈话",善于提出和回答问题的人可称为辩证法家。苏格拉底的辩证法是通过问答讨论,在揭露对方的矛盾和不断修正错误中,寻求普遍性定义和探求真理的哲学方法。这种积极的辩证法有别于芝诺的实质上已触及运动的本质和目的却是为驳斥变化与运动的否定辩证法,也有别于智者派以矛盾的论证走向相对主义的消极辩证法。柏拉图在《国家篇》中提出的辩证法,则是指学习知识的最高等级,表明学习者实现灵魂的转向,不依靠感觉的帮助,而凭借所把握的"理念"认识事物的本质,对事物的实在作出理性说明,最终把握善自身;他在《巴门尼德篇》等后期著作中,论述哲学范畴的结合和分离,提出通种论,这种"辩证法"是指通过分析普遍哲学范畴的联系以求建立哲学范

---

① 见亚里士多德《前分析篇》,43a37—39,载于《亚里士多德全集》。
② 见欧文《"理念"研究中的辩证法和论辩术》,载于欧文《逻辑、科学和辩证法》,依泰卡,康奈尔大学出版社,1986。
③ 见威尔《逻辑在亚里士多德思想中的地位》,载于巴恩斯等编《亚里士多德研究论文集》第1卷,伦敦,达克沃斯出版公司,1975。

畴系统的方法。苏格拉底的辩证法和柏拉图中后期的辩证法的意义虽然颇为相异,但也有共同的特点:都反对智者派缺乏逻辑规范的论辩术,旨在增进辩证法的逻辑含义;都注重对概念、范畴的意义分析;都使用揭露和克服思想中的矛盾的逻辑论证的方法,辩证法中的逻辑分析内容渐趋浓重。亚里士多德的辩证法,既继承了以上特点,又有很大的意义更新和发展,那就是形成了一种较系统的语义分析逻辑。

亚里士多德的辩证法的基本特点如下:

第一,它本质上是一种探求真理与知识的哲学方法和逻辑方法。它使人们能就任何问题,从普遍接受的意见出发进行推理,并在论证中遵守逻辑的基本规则。亚里士多德研究辩证的推理与论证,不是教人在意见争执中强辩取胜,而是依循认知的阶梯,教人从普遍接受的意见出发,考察论题,作辩证的论证,审查真假,以求通达真理与知识。

第二,它实质上是一种有一定规则的语义分析的逻辑理论。它运用哲学与逻辑范畴,对词项作语义学角度的意义分析,从而规范正确的推理与论证。这和《解释篇》、《前分析篇》从形式化和量化角度研究命题和三段论的形式结构是不相同的;然而这两个层面的逻辑理论并不截然割裂、对立,而是相辅相成的。用现代的逻辑术语说,他的辩证法可谓西方思想史上最早从一种古代语义学层面研究推理方法的理论,而三段论学说则是最早从一种古代句法学层面研究命题和推理的形式结构。这两个层面的逻辑理论是相互依存、相互渗透的。

第三,四谓词和哲学范畴的分析,是辩证法即辩证的推理和论证的根据。

第四,辩证法主要旨在研讨哲学、各门学科和逻辑的论题。这类论题是有普遍性意义的辩证命题。《论题篇》中选择与考察的命题和问题分为三种,"有些命题是伦理的,有些是自然哲学的,有些则是逻辑的"①。他还指出:"就哲学的目的而言,研究这些命题必须根据其真理性;而对

---

① 亚里士多德:《论题篇》,105b19—20,载于《亚里士多德全集》。

辩证法来说,只须着眼于意见,而要从意见上升到哲学论题的真理,就要将有关命题放在最普遍的形式中考察"①。这表明亚里士多德认为意见和真理、知识是可以沟通的,辩证法是先着眼于探讨真实意见而后求得哲学真理的重要方法,而不是像柏拉图那样强调意见与知识的对立和割裂。

第五,多义性分析是辩证法的主要手段。辩证法实际上包括了三方面的多义性分析:(1)从哲学范畴方面作多义性分析,如从相反的对立、缺失和具有的对立、相同、相似、差异等方面考察多层意义。(2)从谓项的种、属、属差、特性、定义、偶性等方面,考察谓词的多义性以及相应的主谓项的逻辑关系。(3)从语词本身考察多义性,如同义词、反义词、多义词,以及语词的词尾变化造成的意义的同异。

总之,亚里士多德的辩证法并不是完全拒斥柏拉图后期辩证法中对哲学范畴作意义分析,也不是简单地回复到苏格拉底的对话的辩证法,即在论辩中揭露思想矛盾以求普遍性定义。他的辩证法综合、吸取了苏格拉底辩证法中的逻辑分析思想和柏拉图后期辩证法中的范畴意义分析这两种合理的内容,更有重大的更新,那就是以他本人的范畴论的意义分析为基础,结合四谓词的逻辑分析,使辩证法成为一种同逻辑相统一的、探求哲学和各门学科知识的普遍方法论,它的主要内容就是一种语义分析的逻辑。

三　逻辑理论的哲学目的:科学方法论

亚里士多德在《解释篇》和《前分析篇》中,主要从形式结构层面研究命题与推理,通过主项和谓项的量化、引入变元,来探讨演绎推理中前提和结构具有逻辑的必然联系,从而创建了比较严密的三段论系统(包括非模态的三段论和模态三段论)。三段论学说也有意义分析的哲学根据,和亚里士多德的辩证法与语义分析的逻辑并不对立,而是互相衔接

---

① 亚里士多德:《论题篇》,105b29—32,载于《亚里士多德全集》。

的两个层面,具有推理的内容和形式结构的一致性关系,并且表现了从"意见"通达知识的认识序列。亚里士多德说:"修辞学是分析学科和伦理方面的政治学的结合"①。确立修辞的论证("恩梯墨玛"[enthymema],专指用于演说的、有或然性论题的修辞三段论)是他的修辞学的思想精髓和革新传统修辞学的意义所在,表现了他的三段论学说应用于日常社会生活这一重要方面,也交融着逻辑与哲学意义,包括其中的运用哲学范畴的意义分析,词项与模态的独特意义,伦理证明,法律逻辑思想萌芽,等等。修辞的论证是古代最早的应用逻辑思想,也是亚里士多德三段论学说的构成部分。

"工具论"的末篇《后分析篇》,紧密交融逻辑与科学方法论,表明亚里士多德的逻辑学说的终极目标是通达一种科学知识论,这也正是他的前期哲学的重要内容。如罗斯所述:《后分析篇》是研究"科学的方法",构建一种"科学的逻辑",从"研究一切推理的共同形式,进向研究科学的推理,它具有不同于辩证的推理或日常推理的特点"。②《后分析篇》共2卷,论述了和辩证法即语义分析逻辑紧密结合的证明的三段论,是科学知识的逻辑基础、本质特点与建构方法,并且最后综合地从认识论角度探讨了科学知识包括公理与定义的本原。它是西方第一部系统的科学方法论著作。亚里士多德作为百科全书式的学者,建树了诸多学科的知识体系,无疑得力于他自己的逻辑学与科学方法论;这对希腊化时代和以后西方的科学知识系统化和学科发展,都有直接和深远的影响。这部著作所论述的一些重要理论问题,至今仍为当代逻辑哲学与科学哲学所重视和探讨,有借鉴和启迪的意义。

《后分析篇》第1卷从哲学的高度,探究"证明"和科学知识的本性与特点,展示证明作为一种科学方法的重要作用。证明的三段论以真实的初始原理为前提,用于科学知识的建构与研习,可称为科学的三段论。

① 亚里士多德:《修辞学》,1359b7,载于《亚里士多德全集》。
② 见罗斯《亚里士多德》,第41页,伦敦,梅苏恩出版公司,1960。

一切科学知识都是证明的知识。证明既是最有科学价值的三段论推理的特殊形态，又是建构与教学科学知识的主要方法，是修筑科学殿堂的坚实工具，是科学知识体系的逻辑基础。作为证明前提的真实的初始原理是不可证明的，而且科学知识的形成还有其非证明的、来自经验归纳的本原与方法。然而一切初始原理都得通过证明的推理，才能产生系统的知识，证明是造就科学知识的一种智慧、原动力，是其"内在的逻各斯"[①]。亚里士多德强调，人们总是"通过证明获得知识的"[②]。他说的"证明"（apodeixis，英译 demonstration）一词，有特殊的含义，不同于我们现在宽泛所指的任何用论据论证论点的方法，而是严格地指运用三段论推理获得科学知识的方法，"是指产生科学知识的三段论"[③]。

科学知识是探求事物原因与必然性的普遍知识。三段论的格式都是相同的，证明三段论的特点在于其前提，从语义内容看有四点特殊要求：（1）作为证明知识出发点的前提必须是真实的，是关于存在的知识而有可知性，这样才能形成科学知识；而作为辩证三段论或修辞三段论前提的意见，有可能是虚假的。（2）具有首要的、直接的、自身不可证明的初始前提，它们是证明的本原，自身不需要通过证明而是明显真实的；如果它们自身还需要证明，推得的全部知识就丧失了可靠的依据。证明的科学知识的初始原理大体有两类：第一类是公理，包括适用于全部科学知识的逻辑公理和数学与其他特殊科学所特有的公理；第二类是判定一类事物的本质意义的定义或假设。（3）这类前提本性上（指事物的普遍本质）先于结果，比结果更易理解。（4）这类前提必须是结果的原因，因为原因是事物的普遍本质；只有通过这类前提，掌握了事物的原因或普遍本质，才能有关于事物的知识。

通过证明的三段论而推出的新知识，即获得的证明的知识，是有必然性的科学知识。证明知识的必然性表现为四种意义：（1）证明知识出

[①] 亚里士多德：《后分析篇》，76b25，载于《亚里士多德全集》。
[②] 同上书，71b18，载于《亚里士多德全集》。
[③] 同上书，71b19，载于《亚里士多德全集》。

自必然的本原,即作为证明的初始前提的公理或定义、假设,它们具有必然的意义。(2)证明知识揭示知识对象的普遍的本质属性或特性,普遍词项表述的主体是必然的。(3)证明三段论不仅前提具有必然性,前提与结论之间也有逻辑的必然联系。(4)从证明三段论的必然的前提推出永恒的结论,应能解释事物的原因,通过前提与结论的逻辑必然性的联系,揭示事物的因果必然性的联系。同其他三段论不同,证明三段论的前提的中词,必须是事物的原因,是必然的,同结论的端词有因果必然联系。亚里士多德论述科学知识的证明特性,可以说是西方古代最早的一种科学划界论,确立了区分科学知识与非科学知识的标准。这是一种本质主义的划界标准,它有双重意义:(1)在本体论意义上,科学知识应揭示普遍事物自身的本质属性或同本质相关的特性,揭示它的因果必然联系;(2)在逻辑学意义上,科学知识是一种证明的知识,证明的前提与结论,既表述事物自身的普遍本质与因果必然性,也具有符合三段论推理的逻辑必然性。这种划界标准适用于全部科学知识。

亚里士多德进而从逻辑与哲学角度论述了各门科学知识体系的构成与辖域。一切证明的科学知识体系包含三个要素:(1)一门科学提出要研究的主体的某一方面、领域,也就是一门科学要研究其本质属性的那个"种"。每门科学都有其特定的所要研究的主体,即作为一个研究领域的"种"。如数学以数理为种,天文学以天象为种,生物学以生物为种,伦理学以行为规范为种,等等。这就决定了它有特定的证明本原,它揭示特定知识对象的属性,它的证明知识也就是特定的命题系列,这类证明的"端词与中词必定属于同一个种"①。在亚里士多德看来,用跨越学科领域的"种"来证明,一般是不成立的,不能产生正确的科学知识,一门学科的命题不能由另一门学科的命题来证明;但他也指出,某些学科之间存在着可以相互沟通的联系,一门学科的命题可从属于另一门学科的命题,如"光学的命题从属于几何学,和声学的命题从属于算术",在这些

---

① 亚里士多德:《后分析篇》,75b10,载于《亚里士多德全集》。

学科之间,"证明是可以转换的",因为它们的作为研究领域的"种",有某种"同一性"。① （2）作为证明出发点的共同公理。包括:各门学科共有的逻辑公理;每门学科特有的公理;各门学科的定义;科学的假设,可证明而未证明的命题,从假设的断定中可推得真实知识的结论。（3）它肯定知识对象的各种属性的意义。也就是每门学科都依据证明的本原,通过一系列的证明三段论,得出一系列的结论,揭示知识对象所必然具有的属性,在解决自身的特定问题中从证明的本原推得相应的有限系列的科学定理。亚里士多德主要从静态的逻辑分析与哲学范畴分析角度,考察了科学的"域"及其构成的证明与知识系列,他当时还不可能从科学史的角度动态地考察科学进步的合理性。但他最早提出关于科学的"域"及其构成的思想,具有宝贵的价值,这促进了当时及以后的各门学科分门别类,各自走向知识的系统化。而关于科学的"域"及其构成要素问题,至今仍是当代科学哲学研究的重要主题。②

亚里士多德在《后分析篇》第 1 卷后半部分和第 2 卷的多数篇章中,论述了建构科学知识的方法。它们不仅是逻辑的方法,也是从哲学高度探究建树系统知识的科学认知的方法。他论述了三种互相关联的方法:(1)证明的方法,即运用证明的三段论,从真实的初始原理或首要的直接前提,推获结论知识。从证明三段论的普遍性前提,能推得普遍与特殊结合的新知识。这种推理不仅运用逻辑的演绎方法,也内在地伴随着对知识对象主体及其属性的认知过程,实质上证明方法运用的每个步骤都

---

① 见亚里士多德《后分析篇》,75b8—17,载于《亚里士多德全集》。
② 如当代美国新历史主义科学哲学学派创立者夏佩尔就建立了关于科学理论的"域"(或称"科学场")的学说,认为每门科学的"域"由"待研究的信息群"和"背景信息群"构成;科学的"域"在求知过程中历史地形成,不断分化、整合、深化、演进,每门科学的"域"都有动态可变的规则系统,包括以理由为基础的科学合理公设、科学推理可推广公设、科学推理原则可能系统化公设。[见姚介厚《当代美国哲学》,第 126—131 页,三联书店(香港)有限公司,1996]这种科学理论"域"的学说,在当代科学哲学研究中颇有影响。无疑这种学说已大大超越了亚里士多德关于科学辖域的思想;可是亚里士多德在 2 000 多年前即开始探究科学理论的"域"的问题,提出独特的见解,这适应了当时科学知识分化与系统化的需要,有助于科学理论之建构,应该说是难得的创见。

伴随着人的认知活动,体现了人对存在的事实、根据和本质不断深化的认识。它和辩证的论证不是截然分割的,辩证的论证以普遍接受的意见为前提,真实的意见因尚未把握必然的本质,认识上尚有不确定性。同一事物可以"既是意见对象又是知识对象"①,真实意见和知识的区别,实为人的认识深浅的不同。随着认识的深化,前提具有了必然性,辩证的三段论可转化为证明的三段论,真实的意见可升华为知识。(2)定义。四谓词说中定义是最重要的一种谓词,而下定义又是一种获得证明知识的至为重要的科学方法。定义规定了一门学科研究的基本对象,阐示其普遍本质。科学的"研究对象是中词",定义就揭示了一门学科的首要的、基本的中词。知道了科学研究对象"是什么"即其本质,就是知道了它的"为什么"即原因。② 建构一门科学知识,首先要形成正确的定义;定义如若错误,不仅一门学科的"域"会错乱,而且全部证明知识系列都会偏错。亚里士多德根据定义对象和认识层次的情况,具体阐述了三种定义的方法:名词解释性定义、因果性定义、本质定义。(3)归纳。亚里士多德重视演绎,但不轻视归纳,强调归纳是一种从感知到特殊的经验再上升到普遍的推理和方法。"证明从普遍出发,归纳从特殊开始,但除非通过归纳,否则要认识普遍是不可能的",甚至一些看来似乎同实在分离的抽象的概念、范畴,"也只有通过归纳才能把握"。③ 演绎证明依据的各种普遍性程度不同的前提,都要靠归纳方法来获得;因此,从科学认知进程而言,归纳先于演绎,是演绎证明的先决条件,而且在建构系统科学知识的过程中,归纳和演绎证明是相互交织、相辅相成的。自从近代提出"休谟问题"以来,归纳的本质及其认识作用问题,至今仍为当代西方哲学尤其是分析哲学所注重研究。亚里士多德早就提出归纳问题,有其独特的见识与理论价值。在他看来,因果必然性是事物固有的,归纳推理自身也有逻辑必然性;归纳依靠"努斯"这种理性的领悟能力,能获得关

① 亚里士多德:《后分析篇》,89a11,载于《亚里士多德全集》。
② 见同上书,90a24—33,载于《亚里士多德全集》。
③ 见同上书,81a38—81b9,载于《亚里士多德全集》。

于事物的普遍本质或因果关系的知识,它同演绎证明可以交融、结合,用以建构具有必然性的科学知识。

《后分析篇》最后一章集中论述科学知识的本原问题,亚里士多德极为凝练、精粹地解答了这个根本问题,表现了他的认识论思想的特点。他强调科学知识起源于感知与经验,同时肯定作为理性直观能力的"努斯"和分析理性,在建立科学基本前提中,在科学知识的获得与建构中,起有十分重要的作用。他认为:科学知识起源于感知和经验,人和动物都具有一种"感官知觉的天生的辨别能力",而人区别于动物的地方在于,人能在不断保存感觉印象、重复记忆的进程中产生经验,于是从感官知觉的固定中获得一种"逻各斯",即普遍性的意见或知识。① 经验是科学、技艺的温床。他又认为:科学知识的基本前提(公理、定义),主要依凭人的心智固有的一种"努斯"得以精确地直观与把握,"把握基本前提的必定是努斯"。② 他说的"努斯"并非早先希腊哲学泛指的心灵或独立的精神本体,而是指人的灵魂独有的一种心智能力,是人凭借理性在知觉与经验到的特殊事物中直观地把握普遍性定义、公理等科学知识基本前提的能力,可译为"理性的直观"。它把握了逻辑证明不能把握的两方面的终极对象,即最普遍的基本前提和个别的可变事物;它确立了科学的基本前提,在实际推理中,在建构科学知识中,使基本前提、证明知识和具体事物相联结,达成个别、特殊和普遍的最高统一。分析理性的逻辑运作则根据不证自明的公理、定义等基本前提,结合经验中已有判断的普遍知识作为小前提,进行逻辑推理,获得普遍、必然的本质与原因,推出新的普遍性知识。总之,建构科学的证明知识,是交织着从特殊到普遍的归纳和从普遍到特殊的演绎的复杂的过程,是努斯、经验和分析理性相互渗透、有机融合的过程。所以,应当说,在亚里士多德看来,经验、努斯、分析理性是科学知识的三重不可分割的本原。

---

① 见亚里士多德《后分析篇》,99b35—100a5,载于《亚里士多德全集》。
② 见同上书,100b9—13,载于《亚里士多德全集》。

亚里士多德在《尼各马科伦理学》中指出:人的理性认知能力有四种,即科学认知(episteme)、实践智慧(phronesis)、哲学智慧(sophia)和努斯(nous)。[①] 实践智慧是认识人的行为活动、经验与理智交融的一种知觉判断能力。哲学智慧则能获得"最为精致完美的知识形式",因为它"不仅知道从首要原理推出的知识,而且也拥有关于首要原理的真理。所以哲学智慧必定是努斯与科学知识能力的结合"。[②] 亚里士多德建立的逻辑学说既相似于又超越于科学知识,蕴涵着哲学智慧。它具有和科学知识相似的特征:它也需要有逻辑公理和逻辑范畴的定义作为初始原理,遵循自身的逻辑法则,构建出一种研究各种推理的证明知识;它研究"证明",自身也是一种特殊的证明知识。用现代术语来说,它是一个公理化体系。而逻辑知识的本原需要哲学智慧来把握:不可证明的逻辑公理、逻辑范畴也是存在的公理与哲学范畴,无疑也要靠努斯和哲学智慧来洞察和理解,就是根据他的哲学范畴论,建立逻辑公理,作出有哲学意义的逻辑基本范畴的定义,并通过意义分析构建命题与推理系统。他的全部逻辑学说,是运用哲学智慧,结合努斯与分析理性,以分析理性自身为对象而构建的一种关于思维科学的证明知识,它浸润着浓烈的哲学智慧,也深刻地蕴涵着他的逻辑哲学思想。

第三节 自然哲学

"自然"的希腊文 physis 本意是"事物的自在生成"。亚里士多德在《物理学》中从他的哲学角度赋予自然以新含义:"自然是事物自身本来具有的而非因偶性而有的运动和静止的原理或根源。"[③]亚里士多德毕生对自然做了大量的研究,"洛布古典丛书"中的亚里士多德著作共 23 卷,其中 11 卷讨论自然哲学。广义地说,他建立的各门自然学科知识都包

---

① 见亚里士多德《尼各马科伦理学》,1141a,载于《亚里士多德全集》。
② 见同上书,1141a1—5,1141a16—30,载于《亚里士多德全集》。
③ 亚里士多德:《物理学》,192b23,载于《亚里士多德全集》。

括在他的自然哲学中,这和早期希腊自然哲学相仿。但他最早将第一哲学和作为第二哲学的自然哲学区分开来,而后者研究自然的普遍原理和方法,这种狭义的自然哲学和具体的自然学科知识就有区别,是形而上学和自然学科知识的中介环节。本节就论述这种作为第二哲学的狭义的自然哲学。

他的第一哲学和第二哲学有着互渗互动的关系,他以第一哲学的观点为指导研究自然哲学,而他的形而上学也很大程度上得力于他的自然哲学,"四因"说就是最先在《物理学》中形成的。他认为,自然哲学的根本任务,是认识自然本体的原理、原因和元素,它的研究对象与范围相当开阔,包括宇宙秩序、天体运动、元素转化、物体运动、时间空间、一切生物(包括人)的自然本性和灵魂等。《物理学》是他研究自然普遍原理的主要著作,他继《物理学》之后写就的《论天》及《论生灭》对天体运动与自然事物的变化也有深刻探究,在《动物的生成》等动物学著作中也有自然哲学论述。他认为一切生物包括人的"形式"是灵魂,人的心理现象也属于自然哲学的研究对象,《论灵魂》就最早研究了人的认知能力与心理活动,后来的心理学(psychology)就源自这种灵魂(psyche)学说。

现代有关的研究论著有:巴恩斯、索费尔德和索拉比共同主编的《亚里士多德研究论文集》第1卷;鸠德逊(Lindsay Judson)主编的《亚里士多德的物理学——论文集》,收集了20世纪80年代10名学者的论文;努斯鲍姆(M. C. Nussbaum)和罗蒂(A. O. Rorty)主编的《亚里士多德〈论灵魂〉论文集》,收集了20世纪80年代以来22位学者的重要论文;格朗吉尔(Herbert Granger)所著《亚里士多德关于灵魂的观念》;科亨(Sheldon M. Cohen)所著《亚里士多德论自然及不完善的本体》(*Aristotle on Nature and Incomplete Substance*)(剑桥大学出版社,1996)。

一　四因说

亚里士多德关于自然哲学的主要著作是《物理学》,它不是如今所说的作为自然科学中的一个学科的物理学的含义,而是研究关于自然的普遍原理。杨适主张将它译为《自然学》。① 它和早期希腊自然哲学探究自然的本原或原理有相承之处。但早期自然哲学家将自然的本原归结为某种物质元素,或用抽象的"数"与"存在"来解释自然的原理,而亚里士多德从自然的存在本身出发,认为自然是在运动中生成变化的,将"本原"含义深化,提升到探究自然生灭变动的"原因"的高度。《物理学》开宗明义地指出:"任何一门涉及原理、原因和元素的学科,只有认识了这些原理、原因和元素,才算认识或领会了这门学科。因为我们只有在认识了对象的第一因、第一原理以及构成该事物的元素之后,才可以说认识了该事物。显然关于自然的研究也一样,首要的是确定相关的原理。"②《物理学》研究自然的原理,也就是探究自然生成变化的普遍性的原因。亚里士多德综述本原或原理有"开端"、"出发点"、"产生之始"、"运动之起点"、"秩序之首"、"认识之起点"等六个意思,他认为自然的原因也不是单一的,不是简单的因果关系,而是多种而有限的,有其特定的含义。他在写得较早的《形而上学》第 5 卷中解释"原因"有四种意义:(1)"那个作为内在的东西,一个事物由它变为存在";(2)"形式或模型,亦即本质的定义";(3)"变化或静止从它首先开端的东西","变化产生者是变化的原因";(4)"目的,亦即一个事物是为了它的缘故而发生的那个东西"。③ 正是在这四重意义上,他将自然生成变化的普遍原理归结为"四因":质料因、形式因、动力因、目的因。这也是他在批判地总结先前的希腊哲学中提出的,认为以往各派哲学只是偏执于其中的一个原因。他在《物理学》中首先提出这个自然哲学的核心原理,后来这也是他在《形而上学》中发展本体论思想的重要内容。

质料因"是指一切自然事物所依托的原初的基础,万物不是偶然地

---

① 见杨适《古希腊哲学探本》,第 461 页,商务印书馆,2003。
② 亚里士多德:《物理学》,184a10—21,载于《亚里士多德全集》。
③ 见亚里士多德《形而上学》,1013a24—35,载于《亚里士多德全集》。

而是绝对地由之产生并且继续存在下去的"①。亚里士多德认为质料是
自然事物生成的必不可少的基质、基本材料,如铜是铜像的质料,白银是
银酒杯的质料,砖石是房屋的质料。亚里士多德用质料这普遍的基质来
说明自然事物有其物质性基础,比早期哲学家用水、火、气、土、种子、原
子来解释自然的物质本原,更有普遍性与深刻的哲学含义,实质上它可
应用于说明宇宙万事万物包括社会与人世事物,都有作为事物生成基质
的质料因。但他说的质料不是能动的,没有内在的动力,在自然事物中
是被动消极的、缺乏内在活力的物质,只是有待被纳入"形式"才能被制
作成物品的材料。他批评早期哲学家主张水、火、气、原子是自然的本
原,只是偏执于自然的质料因。但伊奥尼亚哲学家说的水、火、气和德谟
克利特说的原子都是能动的,有运动的内在源泉;亚里士多德说的质料
要靠外在的动力才能生成变化,这点更接近于在巴门尼德"存在"论影响
下的恩培多克勒的四元素说和阿那克萨戈拉的种子说,同近代机械论的
物质观有相近之处。

　　形式因是使质料成为事物之所是的本质原因。他通常用柏拉图也
用的"型相"表述"形式",有时他根据具体情况换用"形状"(morphe),或
用"范型"(paradeigma,archetype)。但总体来说,他说的形式因就是指
他在《论题篇》中说十范畴时所说的"本质",比本体有更开阔的含义。
"形式"表现为"形状"是对特定事物的本性而言,如铜像、房屋的建构形
状是它们的形式。对他在《范畴篇》中说的第一本体(个体事物)而言,形
式就是使个体事物成为"这个"的特殊本性。但知识所探究的主要是第
二本体(种与属)的普遍本质,而且属于"存在"的次范畴与后范畴的东西
也都有其普遍本质,所以形式因对全部存在事物都有普遍意义。事物的
普遍本质表现在他很注重研究的"定义"之中,所以他在《形而上学》中又
说:"定义就是形式"②,"公式就是形式"③,或者说:"阐明属差的公式就

①　亚里士多德:《物理学》,192a32—34,载于《亚里士多德全集》。
②　亚里士多德:《形而上学》,1042a28,载于《亚里士多德全集》。
③　同上书,1043a20,载于《亚里士多德全集》。

是对形式和现实的说明"①。柏拉图也用普遍性定义来说明理念。就表达普遍本质而言,"形式"和"理念"有相仿、相通之处。但柏拉图认为理念在具体事物之外,具体事物摹仿或分有它而存在,他在后期主张的内在理念论虽力图沟通具体事物与理念,但理念还是不同于具体事物的一种客观精神实体,所以亚里士多德一直批评理念论将世界二重化。亚里士多德则认为形式与事物不可分,形式就在事物之中,同质料相结合而存在。在具体事物中,形式与质料不可分,但形式是第一位的,形式是本体的本质成因,形式是现实,是质料追求的目的。他十分重视作为事物的普遍本质的形式因。后来他过分强调作为知识前提的定义,在探讨事物的本体构成时也就突出形式的首要作用,甚至认为本体的终极构成中有脱离质料与具体事物的纯形式,而"善"就是终极的最高形式与"不动的动者",一种理性神,这种形式也就向理念复归了。

动力因是促使事物运动变化或静止固定的原因。他在《物理学》中解释它"是变化和静止的最初根源,例如出主意的人是某种事业的原因,父亲是孩子的原因,一般说,制动者是被动者的原因,变化者是被变者的原因"②。亚里士多德认为自然是自身具有运动根源的本体,具体事物也有相对静止的状态,就自然的全体(不包括"不动的动者")而言,动力因在自然自身之内,不像阿那克萨戈拉那样在种子之外设立一个精神性的本原"努斯",如他说"对立"是运动的本原;但相对于无活力的质料而言,动力因是外在的,这和恩培多克勒在无活力的四元素外设立"爱"与"恨"作为结合力和分离力有相仿之处。

目的因(telos)是自然事物运动变化"为了什么"的东西。亚里士多德说:"如果一个事物经过了连续变化而有一个终点的话,这个终点就是目的或'为了什么的东西'。"③目的因也称"终极因"(the final cause)。人的活动当然有目的,如散步、用药都是为了健康,技艺制品显然受目

---

① 亚里士多德:《形而上学》,1069b33,载于《亚里士多德全集》。
② 亚里士多德:《物理学》,194b30—32,载于《亚里士多德全集》。
③ 同上书,194b28—30,载于《亚里士多德全集》。

的支配。但他认为凡是"由于自然"而生长的东西像技艺制品一样包含着目的，人以外的一切自然事物的生成变化都有目的，"连植物也是由于某种目的而生长的，如叶子长出来是为了保护果实"。① 在动物中可以看得更清楚：不同动物的构成元素或质料，不同器官的组合及其功能的发挥，都向着目的，或为能在水中游，或为能在天上飞，或为弱者保护自己，多繁殖后代。既然在自然物的生成中，目的一开始就支配元素、质料、成分的组合方式和发展趋势，自然就是一个最聪慧的工匠。他指出："理智的行为总是为了某种目的，因此事物的自然（本性）也是为了某种目的"，"技艺也模仿着自然。因此，如果技艺产品是为了一个目的，那么，显然自然的产物也是这样"。② 应指出，亚里士多德说的自然事物的目的，不是人为的目的，而是自然自身的内在目的。凡运动的东西都是不完善的，凡不完善的东西总要朝着完善的方向运进；原因总是有限的系列，目的因就是系列的终点，"事物的终极因就是目的。作为终极因，它不为别的，而是所有其他的事物都为了它"。③ 不动的动者是至善的最后终极因，是完全的现实，是神性的本体，但它在自然哲学范围之外，属于第一哲学（神学）。

亚里士多德在四因中最突出形式因，强调形式高于、先于质料，形式因可兼为动力因和目的因，认为这三个原因通常可以合一。形式本身是事物运动变化追求的目的，形式作为事物的本质在追求目的中就给予质料以动因。所以他说："形式因、动力因和目的因三者常常可以合并。因为'是什么'与'为了什么'是同一的，而运动的原初根源就是同属形式因、目的因的那个属。"④这样，四因可归结为二因，任何事物追溯到底只有三个原理（形式、缺失和质料）与四个原因。这里的"缺失"是指形式的缺失，"缺失"和"具有"是一种对立，从质料缺失形式到具有形式是生成、

① 见亚里士多德《物理学》，199a21—30，载于《亚里士多德全集》。
② 见同上书，199a8—18，载于《亚里士多德全集》。
③ 见亚里士多德《形而上学》，994b9—13，载于《亚里士多德全集》。
④ 亚里士多德：《物理学》，198a26—30，载于《亚里士多德全集》。

变化,这种基本的对立也是运动的根源。将四因归结为二因,这对亚里士多德的第一哲学研究本体的构成有着重要意义。但他的四因仍各有特定意义,他在自然哲学和其他领域的探究中仍是用"四因"说来考察各类事物的原因与本性的。

"四因"说虽先在亚里士多德的自然哲学中提出,运用于解释从天体到生命物的一切自然事物,但它在他的哲学中有普遍的运用意义。他在《形而上学》中用"四因"说来总结先前的希腊各派哲学,"四因"说是他发展本体论的重要内容。在人的研究中,他将灵魂看做形式,身体看做质料。在实践哲学的伦理学与政治哲学中,也各有"四因"说的运用。

二 四元素与自然的运动变化

亚里士多德从他的本体论与四因说角度,将元素(stoicheion,拉丁文为 elementa)理解为"原初本体",是潜在的、不具形式的"单纯质料"或"原初质料"。他在《论天》中定义元素:"我们所说的'元素',指的是别的物全可以分解为它,而它又潜在地或现实地存在于其中的那个东西。"[①]可见他也接受了公元前 5 世纪末叶的自然哲学关于元素是物质结构的最小单元的观念,并且和恩培多克勒、柏拉图一样,主张构成自然万物的元素只有四种:水、火、气、土。但他和两人都有不同:恩培多克勒将四元素视为宇宙万物之"根",亚里士多德则认为元素只是大地的自然物质的原初质料,天体则是由另一种完善的、有神性的"以太"构成的。柏拉图在《蒂迈欧篇》中描述四元素是在创生自然时凭借数的理念与多面体生成的,亚里士多德则认为元素是自然生成的,并且继承、发展了伊奥尼亚哲学传统,解释四元素由内在的冷热、干湿两种基本的对立性质决定了它们的生成与转化。他用他的本体与性质的关系,说明这两种基本对立的组合是四元素的基本性质,分别决定了四元素的本性:火的本性是热与干,气的本性是热与湿,水的本性是冷与湿,土的本性是冷与干。这些

---

① 亚里士多德:《论天》,302a15—17,载于《亚里士多德全集》。

本质属性又决定了四元素有轻重、稀浓的不同和物态差异的特性。而两种基本对立性质的组合的变化,造成四元素的相互转化。这是亚里士多德用他的本体与属性范畴对四元素的重新解释,赋予了它新的哲学含义。但四元素这"原初本体"对于自然物体而言,还只是"原初质料",要纳入形式,有动因与目的,才能组合为自然事物。

亚里士多德认为"自然是运动和变化的本原"①,所以他的《物理学》的主体部分是研究自然的运动。他说的运动不只是如今物理学所指的机械的位移运动,而有更开阔的事物变动与变化的含义。如他在《范畴篇》中讨论"运动"这后范畴时就已指出的,他说的运动包括四类:事物(本体)的生灭,位置的移动,数量的增减,性质的变化。他在《物理学》中也说:"能质变的事物,作为能质变者,它的实现就是性质变化。能增加的事物及其反面即能减少的事物(增减没有共通的名称),作为能增减者的实现就是数量变化。能生灭的事物,作为能生灭者的实现就是产生与消灭。能位移的事物,作为能位移者的实现就是位移。这就是运动。"②在他看来,从总体上说,这多形式的运动变化是自然的本性,是自然的存在方式,而自然本身就是运动变化的根本原因。这种思想承继、发展了早期希腊哲学的素朴辩证法思想。另一方面,他用"四因"说明运动与变化的原因:自然物的质料是消极、无活力的,而有接受作用的"潜能",要有能赋予动因与目的的形式,才能在运动变化中使自然物成为现实。"推动者总是形式。"③他在《物理学》中论运动时已初步涉及潜能和现实这对范畴,把运动或变化看做潜能的实现过程:运动是推动者和能运动者"双方共同的实现过程。能运动者之所以是能运动的,是因为它有这个潜能,而推动者之所以是推动的,是因为它正在实现着。推动者的实现活动体现在能运动者的实现活动中。因此两者的实现活动是同一

---

① 亚里士多德:《物理学》,200b12—15,载于《亚里士多德全集》。

② 同上书,201a12—16,载于《亚里士多德全集》。

③ 同上书,202a10,载于《亚里士多德全集》。

的"①。海德格尔高度评价亚里士多德的运动学说:"对运动(Bewegung)之本质的规定成了《物理学》问题的一个核心项目",虽然先前的希腊思想家早已论证过运动,只有在亚里士多德阶段,"运动存在(Bewegtsein即'运动之是'——引者)是作为存在的基本方式而特地被探究和被把握的。而这就意味着:倘若没有对运动之本质的洞察,则对存在之本质的规定就是不可能的"。②

亚里士多德认为自然的运动是连续、无限的。事物也具有有限性与间断可分的意义,但不应由此否定自然的连续性和作为自然属性的无限性。"'连续'是顺接的一种。当事物赖以相互接触的外限变为同一个,或者说(正如这个词本身所表明的)互相包容在一起时,我就说这些事物是连续的";"连续的事物是一些靠相互接触而自然地形成一体的事物。并且总是互相包容以某种方式变为一体,其总体也以这同一方式变为一体"。③ 连续就是顺联、顺接、接触、共处、互相包容为一体,它又蕴涵着分离、居间的意思。所以运动的本性就是连续性,没有连续性就无所谓运动。间断只是对连续性的一种结构性分析。芝诺的"二分法"和"飞矢不动"的论题的错误,就在于把运动和时间、空间看做是无限可分的静止的点的总和,以这种静态的间断、分离否定了运动的连续本性。亚里士多德关于运动在本性上是连续的主张是深刻的辩证法思想,后来黑格尔也说:"运动的意思是说:在这个地点而同时又不在这个地点;这就是空间和时间的连续性,——并且这才是使得运动可能的条件"④。

因为自然运动的连续性和间断性是统一的,所以亚里士多德又主张运动是无限的,或者说是无限可分的。他说的无限,已不是早期希腊哲学家说的"无定形"的意思,也不是指自然的元素(本原)和宇宙在数量与空间上是无限的。他主张宇宙与现实的天体系统是有限的,构成自然的

---

① 亚里士多德:《物理学》,202a14—21,载于《亚里士多德全集》。
② 见海德格尔《路标》,转引自汪子嵩等《希腊哲学史》第3卷,第485页,人民出版社,2003。
③ 见亚里士多德《物理学》,227a10—17,载于《亚里士多德全集》。
④ 黑格尔:《哲学史讲演录》第1卷,贺麟、王太庆译,第289页,商务印书馆,1959。

元素也是有限的,所以他强调无限不是本体,因为不可能有独立存在的无限本身;能独立存在的只有本体,然而本体是不可分的,不可分就没有无限了;所以只能说"无限是作为属性属于本体的",这是一种本体的数和量度的属性。① 这种作为自然本体的属性的无限性或无限可分性表现在多方面,主要是:时间是无限的;空间量度是无限可分的;产生和消灭是无穷无尽的,此生彼死连绵不断;任何有限物都以他物为限依此类推不可穷尽;数、量潜在地没有极限。②

亚里士多德认为,自然的运动总是在时间与空间中存在,若没有空间和时间,"运动就不可能显现出来"③。他已深刻地论述了时间与空间和运动密不可分,时间与空间就是自然运动存在的方式。

亚里士多德借助于常识来论证空间的存在。任何东西都有一个处所,希腊人一般认为存在的东西总是同处所(topos,place)结合在一起的。他举例证明空间是有的:将一个容器中的水倒出,气就进去;将口朝下压入一池水中,水无法进去。这说明有一个不同于气和水的空间。④空间的存在毫无疑义,但它究竟是什么?柏拉图在《蒂迈欧篇》中说的"接受器"是空间与自然的基本质料合一的东西,空间也就是基本质料,他否认有虚空。亚里士多德也否认原子论者说的"虚空",说"虚空是里面什么也没有的空间","虚空是里面没有任何'这个'即有形本体的地方",这种虚空式的空间并不存在。⑤ 物体内部的虚空也不存在,因为间隙是分离的,非连续的,静止的,"如有空隙,就不可能有任何运动"。⑥ 潜能意义上的虚空也不存在,因为不论是小的可能变大、大的可以变小,冷变热、热变冷,都不是因为有潜在的虚空,而是物体的质料有此潜能。⑦

---

① 见亚里士多德《物理学》,204a8—34,载于《亚里士多德全集》。
② 见同上书,203b16—30,载于《亚里士多德全集》。
③ 同上书,200b21,载于《亚里士多德全集》。
④ 见同上书,208b3—8,209b25—27,载于《亚里士多德全集》。
⑤ 见同上书,213b30—214a15,载于《亚里士多德全集》。
⑥ 见同上书,214b29—34,载于《亚里士多德全集》。
⑦ 见同上书,217a31—b11,载于《亚里士多德全集》。

但亚里士多德和柏拉图不同,他否认空间是质料(更不是形式)。"因为物体的形式或质料是不能脱离物体的,然而空间是可以分离的"①。"既然空间可以同包容物分离,它就不是形式;就它既可以包容此物,又可以包容他物而言,显然它也就不是某物的质料。"②亚里士多德最后得出空间是什么的结论:空间必定是"包容物体的限面。而我们所说的被包容的物体是指一个能作位移运动的物体"③。这种"限面"是和自然物体的运动同在的,是它存在的必定方式,也是一种广延上的数量规定。他虽然从位移运动(各种运动中最基本的一种)来说明空间,开始带有机械性,但它还不是一种牛顿式的"绝对空间",它还是和自然物体、运动统一的。

至于时间的本性是什么,亚里士多德说前人没留下什么有价值的见解。毕达哥拉斯学派认为时间是天体运动本身,柏拉图认为时间是无所不包的天体的运动。亚里士多德驳斥这种将时间等同于天体或天体旋转运动的观点,指出旋转的天体沿着同一轨道周而复始地旋转,永不停止,如果时间就是天体的运动,那么旋转的部分也就是时间的部分;周而复始的旋转就是无数的"同时"了,每年的春天也就是同一个春天了。而且,天体运动是多重的,许多天球在不同轨道上旋转,就应有好多种时间了。④ 他对时间的哲学解释确实有开创性,很深刻。在他看来,时间不是某种特殊的运动,但和自然的运动不可分。他说:"时间就是前后运动的计数","因此时间不是运动,但是依靠时间运动才成为可以计数的东西"。⑤ 一言以蔽之,"时间是运动的尺度"⑥。时间实质上是运动的存在方式,和运动的连续性紧密相关。时间是连续的,一维的,所以表现为不间断的、连续的"即刻"(现在)。每一个"现在"连续地、不断地变为"过

---

① 亚里士多德:《物理学》,209b24—25,载于《亚里士多德全集》。
② 同上书,209b30—31,载于《亚里士多德全集》。
③ 同上书,212a3—6,载于《亚里士多德全集》。
④ 见同上书,218a31—b9,载于《亚里士多德全集》。
⑤ 见同上书,219b1—4,载于《亚里士多德全集》。
⑥ 同上书,221b8,载于《亚里士多德全集》。

去",同时"将来"不断地、连续地变为"现在"。"现在"的本性是同一的，都是"当下"，"即刻"，但是作为不间断的连续的"现在"又不是同一的。[1]他又给运动下了一个更完善的解释性的定义："由此可见，时间是关于先后运动的计数，而且是连续的，因为运动是连续的。"[2]人们可以用时间来计量运动，也可以用运动来计量时间，因为两者不可分，而且都是连续的，可以度量的。时间是运动的尺度，同时又是静止的尺度，因为静止实际上是能运动的事物相对不在运动的状态，因而也在总体的时间之内。亚里士多德的时间观是他的运动观的有机组成部分，有比较正确的哲理性和科学性，因而他能将运动和空间、时间紧密联系起来探究，建立有深刻内涵的自然哲学与物理学的运动学说。

　　亚里士多德讨论了运动的分类，首先认为同一本体的运动有三类："既然范畴分为本体、性质、数量、处所、时间、关系、动作和承受，那么运动必然有三类：性质方面的运动、数量方面的运动和空间方面的运动。"[3]这就是性质的变化、数量的增减和位置的移动。在他看来，本体的其他属性范畴都只涉及偶性的变动或是运动所致的作用，不是由"是"到"非是"的真正意义上的运动即变化。所以他说："既然本体、关系、动作和承受都不能有运动，那么剩下来就只有质、量和空间方面的运动了。因为这三者都各自包含一对对立。"[4]亚里士多德认为对立是运动的本原。性质、数量与空间处所的变化，都表现为对立双方的转移，如由甲地到乙地，脸由黑变白，身体由轻变重。没有对立双方，就无所谓运动变化。但亚里士多德说的这种运动变化，不是对立的一方自身转化为另一方，不是早期希腊自然哲学中对立的本原自身转化为另一种对立的本原，更不是赫拉克利特说的"存在"和"非存在"的对立统一。他认为，在这三种运动变化中，同一的本体作为"载体"没有变化，变化的只是本体的属性从

---

[1] 见亚里士多德《物理学》，219b10—15，载于《亚里士多德全集》。

[2] 同上书，220a25，载于《亚里士多德全集》。

[3] 同上书，225b7—9，载于《亚里士多德全集》。

[4] 同上书，226a25—33，载于《亚里士多德全集》。

对立的一方置换为对立的另一方,而且这也不是对立属性的一方自身转化为另一方。在他看来,如果作为"载体"的本体也变化、消失了,就丧失了同一本体运动变化的基础。所以这是对立的转换或转移论,而不是素朴辩证法的对立转化说,带有机械性。

产生与消灭则是涉及自然物本体变化的重要问题。亚里士多德反思了先前哲学的有关论述。早先的希腊自然哲学家将产生与消灭理解为一元的本原的生成与转化,如赫拉克利特以火为本原:"火死则气生,气死则水生","土死生水,水死生气,气死生火,反过来也一样"。① 他认为这是不可能的,因为他的四元素论主张两种基本对立性质(冷与热,干与湿)的不同组合决定并存的水、火、气、土四种元素。四种元素之间不存在谁为本原和元素的生灭、转化问题,两种基本对立性质(冷与热,干与湿)的不同组合,使它们作为基本质料有不同的形式。而关于四元素所构成的复合物体,即自然物本体的生灭问题,他在《论生灭》中又批评先前哲学家中凡是主张万物来自多本原者,其实都是将生灭和可感知的性质变化混同了,如恩培多克勒、阿那克萨戈拉和留基伯,把生灭看做是元素、种子或原子的聚散;对生灭真正有所研究的是德谟克利特,他认为生灭是不同形状的原子的结合与分解,而性质的变更则是由于不同原子的排列与位置,从而区分了生灭与性质变化(因为原子本身是无生灭的)。② 但是德谟克利特也没有领悟到两者的根本区别,他以为自然物的生灭就是原子的结合与分离。③

亚里士多德认为,由永恒不灭的以太元素构成的天体不存在生灭问题,但他肯定大地上具体的自然物有生灭,有作为第一本体的"这个"的生灭,有这种"绝对意义上"的生灭,四元素按对称与不对称的比例构成物体的潜在的"这个",潜在的"这个"有能力和可能变为现实的"这个",所以生成不是无中生有,消灭也不是有化为无,而是从潜在的"是"变为

① 见第尔斯、克兰茨编《苏格拉底以前哲学家残篇》,DK22B76。
② 见亚里士多德《论生灭》,315b7—10,载于《亚里士多德全集》。
③ 见同上书,317a12—26,载于《亚里士多德全集》。

现实的"是"。而要成为现实的"这个",则必须借助于动力因、形式因和目的因。① 自然物的生灭,归根究底是四元素作为质料,对形式的具有或缺失,质料是永存的,形式的"具有"和"缺失"这种"对立",是自然物从潜能变为现实的关键,是它们生灭的根本动因与目的。

亚里士多德的自然哲学研究了自然物体的运动与静止、时间与空间等等基本原理,可以说是最早确立了物理学的一些基本范畴,这在物理学思想的萌生与发展上有重要意义。当然,由于当时的科学思想条件所限,如当时尚不可能有地球引力观念,他主张的仍是地心说等,他的物理思想中也就会有难以避免的谬误之处。如他在《论天》中讨论了轻重问题,认为轻重的实质是元素或物体向大地自然的中心或外向边缘运动,"所谓绝对的轻,指的是向上朝着边缘运动;绝对的重,就是向下朝中心运动"②。由此他得出了错误的论断,主张重物向下,越重,它的运动的速度越快;轻物向上,越轻,它的自然归宿就越是向上,它的落地速度越慢。这个谬误到伽利略在比萨斜塔上做物体下落运动实验时才予以纠正。

亚里士多德认为,宇宙的一切运动包括天体的永恒运动和大地上的自然物的非永恒、有始终的运动,都有其最终的动因,就是说有一个不动的推动者。在《物理学》中,他以第7、8卷两卷的篇幅来论述这个自然哲学的最终结论。"凡运动着的事物都必须被某物所推动。"③他主张自然物的质料无活力,靠接受外在的形式趋向一定的目的,从潜能到现实,才能生成自然物;而形式的"具有"和"缺失"是自然物生成与消灭的原因,这种动力因与目的因对自然的基质都是外在的。他说的位移运动、数量增减是外部力量致动导致的;而自然物的性质变化,不在于本体作为"载体"自身有变动,而是对立的性质发生了置换,这种置换的动因当然也是外在于本体自身的。从现象来看,自然中有自身运动的东西,如动物自身能作自然的运动,但实质上动物身体的运动是被动物的灵魂驱动的,

---

① 见亚里士多德《论生灭》,319a12—15,第2卷第9—10章,载于《亚里士多德全集》。
② 亚里士多德:《论天》,308a28—30,载于《亚里士多德全集》。
③ 亚里士多德:《物理学》,241b24,载于《亚里士多德全集》。

而动物灵魂的生成又更有外在的动因。至于那些反自然的运动(如土向上,火向下)、强制性的运动(如人将一重物向上提),更明显地要有外部的动力。"既然如此,显然所有运动着的事物都是由某个推动者所推动的。"①他说:"由于运动必然包括:运动者(被推动者)、推动者和使之运动的东西",因而在整个自然运动的系列中,必然合理地有一个"自身不动的推动者",即"第一推动者"(First Mover/Primary Agent)。② 他又认为天体的周而复始的旋转运动是大地上一年四季生生灭灭的动因。天球是不朽的质料——以太构成的,处于永恒的圆周运动中,如同动物一样,必定有一个"努斯"在推动,这纯粹的努斯就是不含质料的、永远现实的、永恒的第一推动者。他肯定阿那克萨戈拉"把'努斯'看做是运动的根源,而且是不受影响的,纯粹的。他这样说是说对了"③。

康福德将他主张的不动的"第一推动者"所致动的天体与大地自然的运动系列概括为:(1)永恒不动的第一推动者(A)引发太空最外层的单一的旋转运动,(2)由永恒的、单一的旋转运动(B)推动非单一的、有规则的天体运动,(3)由非单一的、有规则的运动(C)推动更复杂的天象的运动,(4)由上述 A、B、C 推动大地上更为复杂的运动。④ 亚里士多德在自然哲学中还只是从自然的运动原因的角度推出不动的"第一推动者"的最终结论,后来他在《形而上学》第 12 卷中则从第一哲学的本体论高度,论述了这个不动的动者是最高的、永恒不动的本体,是最高的善与理性神。他的宇宙的不动的"第一推动者"的思想,对后来近代自然神学的宇宙设计论和牛顿的自然哲学中提出上帝的"第一推动力"是有影响的。

三　天体、动物与人

亚里士多德根据他的自然原理开阔地探究了各类自然本体,包括天

---

① 亚里士多德:《物理学》,256a1—5,载于《亚里士多德全集》。
② 见同上书,256b13—25,载于《亚里士多德全集》。
③ 同上书,256b25—29,载于《亚里士多德全集》。
④ 见汪子嵩等《希腊哲学史》第 3 卷,第 541 页,并参见陈村富的详细解释,人民出版社,2003。

体、天象(天文气象)、各种物理现象、动物与植物、人的生理等,综合、深化了先前希腊自然哲学中的科学思想。这里只概要述评他对天体、动物和人的生理的探究,有其宇宙论和科学方法论的意义。

《论天》是亚里士多德关于天体运动的专著,《天象学》、《形而上学》中也有所涉及关于天体的论述。在亚里士多德时代,人们普遍认为大地是世界的中心,月亮离地球最近,风、雨、云、雾等都在月球之下。《论天》中指出"天"有三重意义:"其一是指宇宙最外层的本体(ousian)或者说是位于宇宙最外层的自然物体(soma physikon),即通常习惯上所说的'天'的最远的、最外层的世界,那里是神的住所。其二是指位于宇宙第二地带的月亮、太阳和星辰。其三是指最外层空间覆盖下的所有物体,也就是通常所说的整个世界",而这"最外层空间覆盖下的整个世界必定是由全部可感知的自然物体所构成的"。① 圆球与圆周运动是完善的象征,他认为所有的天体是圆球,在永恒地作环绕以地为中心的圆周旋转运动,所以天体不是像早先的恩培多克勒等人所说的由水、火、气、土四元素或其中的一种元素构成,因为四元素只构成大地自然物,按其本性仅仅作向上或向下运动,而天体作圆周运动,必定有另一种作为圆周运动本原(根源)的质料,那就是第五元素"以太"(aither)。他设想"以太"的特性是无轻重、无生成与消灭、无数量变化、无性质变化,不是无限的,所以它能使天球在有限的宇宙中作永恒的、神圣的、完善的圆周运动,它是"神的居所"的"基质"。他的结论是:"从上所述,显然,如果我们的论证是可靠的,那么所有物体中的第一本体就是永恒的,无生灭,无变化的。对此,从人们的经历中也可得到证明。不论是希腊人还是野蛮人,所有人都有神的信念,都认为天的最高处是神的居所";这个第一本体"不同于水火气土",是"宇宙的最上层"的"以太",它是能作"永远如此运动"的。②

亚里士多德认为只有一个"天",而且是有限的"天",这是毕达哥拉

① 见亚里士多德《论天》,378b11—25,载于《亚里士多德全集》。
② 见同上书,270b1—23,载于《亚里士多德全集》。

斯式的有限的宇宙模型,但后者主张宇宙有"中心火",而亚里士多德主张各种天球围绕大地中心在不同的轨道上作圆周运动。他的天球模型说接受、发展了柏拉图学园中著名的数学家与天文学家欧多克索的天球模型说。其实,柏拉图在宇宙创造论中最早提出天球层模型的假说,认为天体分布在若干以地球为中心的同心球壳的轨道上,作匀速圆周运动,并以此解释他观察到的一些行星不规则运动的现象。他的学园成员欧多克索建立了观象台,发展了天球运行轨道层模型说,在《现象》一书中构建了27个同心天球运行轨道层,它们分别绕轴心作方向不同的匀速转动。罗斯在注释中介绍说:科学的天文学可以说是从欧多克索才真正开始的,他第一个超出了对宇宙结构仅仅作些哲学推理的界限,而是企图对行星运动作出系统的解释;他还引用希思在《希腊数学史》中所说的,欧多克索的整个天体系统纯粹是几何学的假设,是以理论上计算的结构去表现所看到的行星轨道,使它们成为可以计算的东西。[①] 卡利普斯据说是欧多克索的朋友波勒玛库斯的学生,曾在雅典和亚里士多德一起研究天体学说。他在天体圆形运动轨道方面和亚里士多德一起对欧多克索的学说有所修正,进而提出34个天球运行轨道层。亚里士多德本人在《形而上学》第12卷第8章中,又吸收和修正了当时算最前沿的欧多克索和卡利普斯的天体运行学说,提出有56个天球运行轨道层的有限宇宙模型。[②] 他还用运动学理论论证地球是球形的,周长为40万斯塔季亚(74 000 公里,地球实际周长约为 40 010 公里)。这种天体学说虽然夹杂神学意义,但它是天文学思想系统化的成就,不只靠观察,而且同数学的逻辑证明相结合,实际上已为后来托勒密的天体系统提供了雏形。虽然这一地心说的天体系统流行长达约 1400 年后被哥白尼所否定,但在当时提出这种假说是一种巨大的进步,因为它已不是直观的猜测,而是在细微的天文观测的基础上,运用物理学、几何学观点进行严密

---

① 见罗斯《亚里士多德〈形而上学〉》第 2 卷,第 385—386 页,牛津,克拉伦登出版社,1975。
② 见亚里士多德《形而上学》,1073b18—1074a15,载于《亚里士多德全集》。

的逻辑论证,才构建出这样和谐、完美的天球体系。

亚里士多德被称为"动物学之父",他最早对动物的知识作了系统的整理与研究,形成一种动物学的知识系统。他把可感的、有生灭的生物本体分为两类:一类是仅有营养的、生殖的灵魂而无位移运动能力的本体,指有自然生长能力的植物,是植物学研究的对象。他没有留下可确信的植物学著作,只有一篇疑伪的《植物学》,他的学生塞奥弗拉斯特则有详致的研究。另一类是不仅有营养的、生殖的灵魂,而且还有感觉的灵魂并具有位移运动能力的本体,是有生命能力的本体,这就是动物学的研究对象。他的动物学著作主要有两类:一是他和他的弟子所收集的动物标本的解剖和观察记录,这就是《动物志》,是有关动物的解剖结构、生活习性、运动方式和生殖活动等的纪实。他对 540 种动物进行了分类,对 50 种动物作了解剖。二是关于《动物志》中所记载的那些动物的结构、运动、功能和生殖的原因及本原的研究,共 4 篇,即《动物之构造》、《动物之运动》、《动物之行进》和《动物之生殖》,吴寿彭译出并将它们合为《动物四篇》一书。他的动物学著作主要关注两个方面的问题:其一是动物的构成,即动物机体的组织;其二是动物机能,包括"繁殖,生殖,交配,醒,睡,行进,及其他类似的生命活动"[1]。

亚里士多德的动物学思想的一个基本观点是:动物皆有合目的性的结构和机能。他认为动物的构成有三个层级:第一层级是四元素,即土、气、水、火,它们有冷、热、干、湿等基本性质,至于动物体其他的性能,如重与轻、稠与稀、粗糙与光滑,以及其他所能有的诸禀赋的差异,皆从属于这些基本性质。第二层级是动物们的"同质(匀和)诸部分",同质诸部分如骨骼、肌肉以及相似的组织都是由相同的基本质料形成的。第三层级是由同质诸部分所构成的异质(不匀和)诸部分,如脸、面、手和其他。[2] 各种动物既"由同质部分组成,又由异质部分组成"[3],其中动物的感觉部

---

① 亚里士多德:《动物志》,645b35,载于《亚里士多德全集》。
② 见同上书,646a13—24,载于《亚里士多德全集》。
③ 同上书,647b11,载于《亚里士多德全集》。

分(感觉器官)都是同质的,行动部分(工具器官)都是异质的,动物身体的各种功用和一切活动就由这些部分来实行。动物的"三级构成"是合目的的:四元素这"基本物质"是为了"同质部分"而在构成动物中先行存在的,"同质部分"则是为了那"异质部分"而在构成动物中存在的,"异质部分"又是为了那动物的本性、本体而存在的。也就是说动物本体的每一级构成都是合目的的,各种动物的存在都是各自有目的的。他将整个动物世界看成是一个合目的的世界,合目的性原理作为研究动物现象的根本的指导原则,认为"自然绝不创造任何无谓的事物,于各类属动物的基本构造而论,它常竟可能为之造作最优良(至善)的体制"①。自然就像是一个最聪慧的工匠,能使每一类动物的结构都合乎它的本性和目的,这是一种自然的内在目的论。他认为任何动物的构成与机能都有自然的目的,如:鱼类身上无肢体,"这相符于它们原为一游泳动物的本性;自然永不作任何无谓的事情,也不构制任何无用的事物"②,因为鱼要在水中游而不在陆上走,所以"自然"以鱼鳍代肢以实现鱼的本性③;蛇类也无肢体,蛇的身体很长,如果给蛇以四脚,蛇也不可能行走,所以自然"为每一个体尽可能求其尽善,保存每一动物的各自的本质和它所本有的习性"④;人是诸动物中最明智的,所以"自然"给人以手。⑤ 亚里士多德的目的论思想的形成同他的动物学研究密切相关,后来在社会领域的研究中又得到了进一步的发挥。

亚里士多德认为,动物有灵魂,即生命的动因,它可分为三个部分,各有不同的功能。(1)动物和植物一样有营养的灵魂,它有吸收营养、自己生长、生殖与繁衍后代、延续种族的功能,这在非生物中是不存在的。(2)感觉的灵魂,具有不同种类与程度的感觉的功能。感觉是动物的标

---

① 亚里士多德:《动物志》,704b10—16,载于《亚里士多德全集》。
② 同上书,695b16,载于《亚里士多德全集》。
③ 见同上书,695b17—21,载于《亚里士多德全集》。
④ 同上书,708a10,载于《亚里士多德全集》。
⑤ 见同上书,687a17,载于《亚里士多德全集》。

志之一,"不可能有无感觉的动物"①,"所谓'动物'必是具有感觉的本
体"②。但不同的动物其感觉的种类和强度并不相同,如胎生的有脚动物
视、听、嗅、味、触五种感觉齐全③;有的动物只有其中的几种感觉,如介壳
类的某些动物;有的动物犹如植物近乎没有感觉,如海鞘等"只有微弱的
感觉"④。触觉是任何动物都具有的,人的触觉优于其他动物。但很多动
物的听觉、视觉、味觉和嗅觉比人还强。⑤ 有些动物甚至还有记忆等认知
(gnosis)能力,可以对它们进行训教。⑥ 但动物不拥有理性,永远不会思
想;只有人才会思考,因为只有人才有理性灵魂。(3)位移的灵魂,它使
动物有位移的能力和功能,并能够通过感觉作出各种趋利避害、求生存
乃至求快乐的行动。⑦

　　亚里士多德根据动物的某种共性,运用"本体差异"方法,作动物的
分类,把这些无数的动物个体分为不同的门纲、科目及种属。如可以把
所有的动物分为有血动物和无血动物两类,无血动物又分为软体类、软
甲类、介壳类和节肢类(虫)等,有血动物又分为鱼类、鸟类、多脚动物、四
脚动物、两脚动物及人类等。在《范畴篇》中,亚里士多德将这些动物的
纲、目即种、属称为第二本体⑧,认为这些纲、目就是表现作为第一本体
的个体动物的普遍本性与特性的种、属。在他的动物分类中,已大略
可见从低级动物到高级动物连续渐进的进化序列。他说,整个自然都
有这种从无生命物到有生命物的级进序列,只是其中的一些中间环节
还难以确定:"自然的发展由无生命界进达于有生命的动物界是积微
而渐进的,在这级进过程中,事物各级间的界限既难划定,每一间体动

---

① 亚里士多德:《动物志》,647a23,载于《亚里士多德全集》。
② 同上书,653b22,载于《亚里士多德全集》。
③ 见同上书,532b30,载于《亚里士多德全集》。
④ 同上书,588b20,载于《亚里士多德全集》。
⑤ 见同上书,494b17,载于《亚里士多德全集》。
⑥ 见同上书,588a24,488b25,载于《亚里士多德全集》。
⑦ 见同上书,641b6—9,700b25—30,载于《亚里士多德全集》。
⑧ 见亚里士多德《范畴篇》,2a18,载于《亚里士多德全集》。

物于相邻近的两级动物也不知所属。这样,从无生物进入于生物的第一级便是植物,而在植物界中各个种属所具有的生命活力(灵魂)显然是有高低(多少)的;而从整个植物界看来,与动物相比时,固然还缺少些活力,但与各种无生物相比这又显得是赋有生命的了。"①

亚里士多德建立了最早的动物学理论,其中有些观点并不正确,如自然发生说、动物构成与机能的目的论,以及对一些动物现象解释的错误;但是他提出关于生物序列连续渐进的"生物阶梯"说,已有进化论思想的雏形,他还用环境的作用解释动物器官的变异,提出某种获得性遗传的见解,这类研究成果难能可贵。动物学知识系统化的成就,一方面得益于他在游历考察中向渔夫及猎人广求教益,积累了大量经验事实资料,传说亚历山大大帝赠他 800 塔兰同以资征集;另一方面也得益于他娴熟地运用分析、综合、归纳、演绎等逻辑方法,发挥逻辑论证的作用,将经验资料上升为系统的理论知识。他在《动物志》中说:必须首先掌握各动物的种及其特殊性,研讨它们的差异和共性,进而讨论其原因,运用这种细致研究自然的方法,"我们研究的主题和证明的前提都会变得相当明晰"②。亚里士多德在各学科领域的科学思想成就,也莫不是集前人和今人知识之大成,反复比较分析,自觉运用缜密的理性思维、有效的逻辑证明,造就新的系统化的科学知识。

亚里士多德认为,人是动物的延续,但"于人而论,超乎一切动物"③。关于人的身体结构与机能,亚里士多德指出人体的构造与其他动物的构造有很多相似或可比拟的地方,而且其构造都适合各自的本性与目的,所以他经常把"人体解剖"当成"动物解剖"的"钥匙",通过考察人的身体构造进而考察其他动物体的构造,并作比较研究。但人的本性又不同于其他动物的本性,因此人体也有很多不同于其他动物体的独特构造。亚

---

① 亚里士多德:《动物志》,588b4—11,载于《亚里士多德全集》。
② 同上书,491a5—14,载于《亚里士多德全集》。
③ 同上书,694a26—27,载于《亚里士多德全集》。

里士多德特别指出:只有人能作真正的直立行走①,而且人的直立行走又进一步为人的双手(前肢)的解放和人的感觉能力的发达提供了必要的前提。鸟将前肢改成了适合于自己飞行的翅膀,四脚和多脚动物有时也把前肢当手用,但主要还是用于行走或爬行;而人手是"优先于诸工具的工具"②。其他动物在寻求食物、进行防卫等方面有比人更多、更好的天然构造,生存力似乎比人强,但自然赐给人以理性和双手才是更有威力的,人手直接作武器虽不如某些动物的蹄、爪等,但人手能制造出各种各样威力远胜于其他动物的蹄、爪的武器,如刀、剑等。人的另一本性在于他是有目的、有理性的群居动物。群居动物虽多,但有共同目的的不多,只有"人、蜜蜂、胡蜂、蚁与玄鹤";这些有共同目的的群居动物也可以称为"社会性动物"。③ 但人的社会生活与蚂蚁、蜜蜂等动物的群体生活又不同,人通过理性有目的地选择自己的生活,而动物无理性,是自发、本能的群居。进而说,人是有语言和理性能力的动物,"自然赋予人类以发音的最高功能,让他独能运用言语"④,"言语为人所独擅"⑤。自然构制了人的喉、舌、齿、唇等器官,使得人成为唯一会说话的动物。而和语言紧密相关的是理性。亚里士多德指出:"除了人有理性,别的动物全都没有理性。"⑥在动物中只有人拥有理性灵魂,人是独一无二的有理性的动物,理性和神性最亲似,所以,"在一切生物之中,就我们所知所识的而言,唯独人为赋有神性,或至少可说,人比之于其他动物较为富于神性"⑦。亚里士多德在动物学研究中强调人是有理性的、社会的动物,这和他在政治学中研究人是过城邦生活的社会动物是一致的,都是他对人的本性的理解。

---

① 见亚里士多德《动物志》,494b1,656a14,载于《亚里士多德全集》。
② 同上书,687a21,载于《亚里士多德全集》。
③ 见同上书,488a10,载于《亚里士多德全集》。
④ 同上书,786b19,载于《亚里士多德全集》。
⑤ 同上书,536b2,载于《亚里士多德全集》。
⑥ 同上书,641b8,载于《亚里士多德全集》。
⑦ 同上书,656a7—10,载于《亚里士多德全集》。

四　论灵魂

灵魂的希腊文 psyche 的最早含意指"生命物的内在的活力、气息、呼吸",后来哲学家将它解释为生命的本原或原则,有各式各样的灵魂观。亚里士多德将灵魂解释为一种生命体的动因与形式,一种生命物特有的本体,认为"就知识的准确性,或就知识对象的尊贵和奇妙而言","我们都理当把灵魂的研究列为第一位"。[1] 他重视对灵魂的研究,写了《论灵魂》这部重要著作,另有《论感觉及其对象》、《论记忆》等一些短篇论著。但他说的灵魂范围较广,不仅指人的灵魂,一切植物与动物都有这种作为生命动因与形式的灵魂。他所论述的灵魂的含义也较宽泛,包括灵魂的本质,生物营养、繁殖和运动的功能,动物与人的心理现象和生理机制,人的感性认知和理性认知的机能,人类的灵性的培育和训练,等等。因此,他将灵魂学说作为他的自然哲学的内容,但实质上也关涉人的认知能力及其生理基础的研究,认知心理的研究;但亚里士多德在知识论意义上对人的理性认识的研究以及思维科学的建立,则主要见诸"工具论"、形而上学和伦理学著作。关于植物、动物和人的三种灵魂及其功能的区别,前已有简述,这里主要述评他关于灵魂的本质、灵魂的认知能力及其生理基础的论述。

关于灵魂的本质,涉及身心关系这个古今不衰的重要问题。亚里士多德在《论灵魂》中批判地总结了先前哲学家的灵魂观,将它们归结为三种观点来论评:第一种观点主张灵魂是独立的精神实体,如毕达哥拉斯学派和柏拉图的灵魂不朽与轮回说。他认为动物和人的营养的灵魂、繁殖的灵魂、运动的灵魂,甚至感觉的灵魂和理性的灵魂,是全部或部分同身体不可分的。身体死亡了,这些功能也就消失了。一切生命都是灵魂和身体的完满结合。他将灵魂和身体的关系比做视力之于眼睛、锋利之于斧头,正如锋利不能离开斧头,灵魂也不能脱离身体而存在。这和中

---

[1] 见亚里士多德《论灵魂》,402a1—20,载于《亚里士多德全集》。

国古代无神论者范缜的神灭论的论证相似。他说："灵魂既不是身体,也不脱离身体而存在。它不是身体,但属于身体,并存在于适合于它的身体之中。"①他明确否定灵魂不朽和轮回转世观念。第二种观点主张灵魂是元素构成的和谐,是物质性的实体。早期伊奥尼亚哲学中主张"万物有灵魂"的物活论、灵魂的物质本原说和后来毕达哥拉斯学派的某些成员都有这种倾向。他认为这种观点将灵魂和灵魂的认识对象等同了。灵魂有精神与心理功能,是无形体的,没有在空间的广延运动,用元素的按比例的和谐结合可解释身体的健康,但不能说明灵魂的本性。第三种观点是将灵魂和身体分离开、互不相关的二元论观点。恩培多克勒有这种倾向。亚里士多德认为,如若灵魂和身体是两个不相关的实体,就很难解释两者在本性上的适合,正如木匠不能以笛子为工具,灵魂也不能以任何一种形为工具。两者有内在的、必然的联系,不是两个实体的外在关系。②

　　亚里士多德认为,在自然万物中只有生命物有灵魂,灵魂的本性是"潜在地具有生命的自然形体的形式"③。它和生命的载体即身体是密切、内在地关联的,灵魂依托于身体,在身体内部推动生命活动,是身体生灭和运动的原因。换言之,灵魂寓于动物和人的身体之中,是支配身体活动的"第一原理","在某种意义上说,灵魂就是动物生命的本原"。④他认为灵魂是一个统一的本体,它可以划分为各个部分,由低到高包括营养的灵魂、繁殖的灵魂、运动的灵魂、感性的灵魂、被动心智的灵魂、主动心智的灵魂等,但它们是有内在联系的统一整体。所以,动物和人的营养、繁殖和运动的功能,动物和人的心理现象,人的感知认识和理性认识功能,人的灵性和素质,都属于灵魂的范畴。对人的生理机制、认知能力、心理活动也就应当紧密联系地进行研究,这也正是他的灵魂学说的

① 亚里士多德:《论灵魂》,414a19,载于《亚里士多德全集》。
② 见同上书,407b13—26,载于《亚里士多德全集》。
③ 同上书,412a20,载于《亚里士多德全集》。
④ 见同上书,402a5,载于《亚里士多德全集》。

一个特征。

而就全部宇宙与自然而言,灵魂是自然运动的终极原因。一切自然物的运动都要有外在的推动力,亚里士多德最终将它归结为宇宙和世界中有"努斯"这个宇宙灵魂在推动;"努斯"充满宇宙,是终极动因,人的灵魂只很有限地分有了这种神圣的"努斯"。在《形而上学》第12卷中,他认为那个永恒不动的最高本体就是"努斯"。这种宇宙灵魂说并不同宇宙创生论关联,宇宙灵魂是既成既定的,柏拉图的世界灵魂则是宇宙创生的一个至要环节,两者殊途同归,对后来晚期希腊的柏拉图主义和斯多亚学派很有影响,成为它们的学说的主要内容。

亚里士多德研究感性认识,认为它首先是产生感觉,感觉对象则有本质上可感的东西和偶性上可感的东西,对前者的感觉则有认识价值。他提出著名的"蜡块"说,将感觉的灵魂与感官比做一块原本是空白的蜡块,感觉对象通过媒介传导,作用于感官,使感官接受它的"可感形式",而不是质料,犹如"蜡块接受指环图章的印纹而排除其质料"。[1] 感觉包括三个要素:对象、媒介和感觉器官。[2] 在外部对象通过媒介作用刻印迹于感官这"蜡块"之前,没有任何关于此对象的感觉。亚里士多德从感觉的生理机制探究了五种感觉,即视觉、听觉、嗅觉、味觉和触觉,剖示了它们各有不同的感觉对象、传播介质和感觉器官的不同结构与机能。视觉是认知的主要功能,它是对象以光为介质传导到视觉器官,使内在于眼睛的感觉灵魂受到作用,从而看见感觉对象;眼睛里面的部分是透明的水,能够接受光线。[3] 听觉的对象是声音,是以空气或水为介质传导到耳室所作出的回响,耳朵的涡旋式的结构和耳膜的振动使人感觉到声音的大小和不同类的声音,耳聋则是由于耳膜坏了。味觉是有味的物体作用于舌头,通过舌头的传输渠道,使人的身心体会到酸甜苦辣的味道并引发心理现象。触觉是物体的形状和性质作用于人体的任何部位,通过人

---

[1] 见亚里士多德《论灵魂》,424a19—21,载于《亚里士多德全集》。
[2] 见同上书,418a6—10,载于《亚里士多德全集》。
[3] 见同上书,438b10—20,载于《亚里士多德全集》。

体内的传导介质,使人的心脏对刺激作出反应,或是疼痛,或是舒适。触觉最重要,是其他感觉的基础,如果没有其他感觉,触觉可以继续存在,但是如果没有触觉,其他感觉就不可能存在。① 嗅觉是对象的气味以空气为介质,刺激嗅觉器官引起的。

亚里士多德论述感觉产生的"蜡块"说,有唯物主义经验论的倾向。他指出,"感觉对象的现实和感觉的现实是同一的,虽然它们的本质不是同一的"②。他说的感觉到的是脱离质料的"可感形式",它不是定义所揭示的作为事物本质的"形式",而是寓有某种普遍性的可感性质,如"凹面"是扁鼻的本质形式,"扁鼻状"则是扁鼻的有普遍性的可感形式。这种"蜡块"说和他在《后分析篇》中论述科学知识起源于感知与经验是一致的,在那里他也说:"虽然我们感知的是个体,但感觉到的却是普遍的,比如,感觉到人,而不是卡里阿斯这一个人。"③各种感觉、可感形式又可统一成对可感对象整体的寓有普遍性的统觉(aisthesis,可理解为如今说的知觉)。他在《论梦》中说:"这是感觉的统一的活动以及感官的统一主宰。"④他认为感官的统一主宰是心脏。

知觉通过记忆与回忆形成经验,进而上升到思维、理智认识。他在《论记忆》中指出:对现在只能感觉,记忆属于过去,记忆不是感觉或判断,而是时间流逝后感觉与判断的状态或影响。⑤ 因此只有意识到时间的那些动物才有记忆,它是保留感觉所留下的精神影像的能力,只在偶性意义上属于思维能力,本质上仍属于感觉能力,因此除人类之外,其他某些动物也拥有记忆能力。⑥ 回忆则不同于记忆,它已是人特有的能力,因为回忆已含有某种推断,在"推断以前曾见过或听过或经历过某类事

---

① 见亚里士多德《论灵魂》,415a5,载于《亚里士多德全集》。
② 同上书,425b27,载于《亚里士多德全集》。
③ 亚里士多德:《后分析篇》,100a16,载于《亚里士多德全集》。
④ 亚里士多德:《论梦》,445a20,载于《亚里士多德全集》。
⑤ 见亚里士多德《论记忆》,449b10—15,载于《亚里士多德全集》。
⑥ 见同上书,450a10—20,载于《亚里士多德全集》。

情",它本性上属于有思维能力的动物,已有经验的意义。① 在《后分析篇》中他认为:人能在不断保存感觉印象的进程中,在对同一事物不断重复的记忆与回忆中,产生经验,于是从感官知觉的固定中获得一种"逻各斯",即普遍性的东西,其他动物则没有这种从记忆中产生经验的能力,这就在人和其他动物之间出现了关键性的分化与差别。② 经验不只是感觉与记忆的积储,而已有回忆与思维的作用,从中可产生普遍性的意见与知识,是科学、技艺的温床。人与其他动物的区别不在于有无感觉和记忆,而在于能否从不断重复的记忆中产生经验。所以《形而上学》开篇就指出:"那些靠表象和记忆生活的动物,很少分有经验,唯有人才凭技艺和推理生活,人们从记忆得到经验,同一事物的众多记忆导致单一的经验。看来经验大致类似于知识和技艺,人们通过经验得到了知识和技艺。"③"经验在灵魂中作为整体固定下来就是普遍的,它是与多有别的一,是相同地呈现在那些记忆中的一。"④人所拥有的经验不是天生的确定形式,而是从感官知觉中产生的。他形象地比喻说:好像在战斗中溃退的队伍,只要有一个人站住,接着就不断有人站住,直到恢复阵形;从感官知觉到经验发生也有相似的历程,只要一个特殊的知觉对象"站住"了,就是在灵魂的知觉活动中有了"最初的普遍",接着其他的特殊知觉对象不断在"最初的普遍"中站住。在这过程中,便会产生"动物"那样的普遍概念;在这永不停止的经验过程中,又会产生属、种以至最普遍的范畴。⑤ 他认为,在感觉与思维中灵魂都"判断着并认识着所是的东西"⑥,判断能力是"思想和感觉"两者都有的功能⑦。这就是说,在知觉活动中有判断,或可称为知觉判断,判断中涉及普遍,因而人在不断重复的知觉

---

① 见亚里士多德《论记忆》,453a10—15,载于《亚里士多德全集》。
② 见亚里士多德《后分析篇》,99b35—100a5,载于《亚里士多德全集》。
③ 亚里士多德:《形而上学》,980b26—981a2,载于《亚里士多德全集》。
④ 亚里士多德:《后分析篇》,100a6—8,载于《亚里士多德全集》。
⑤ 见同上书,100a10—100b3,载于《亚里士多德全集》。
⑥ 亚里士多德:《论灵魂》,427a20,载于《亚里士多德全集》。
⑦ 见同上书,432a15,载于《亚里士多德全集》。

判断过程中产生的经验能形成普遍概念,并从知觉判断升华为思想的判断,从而形成命题,进向逻辑的推理。经验源于又高于感官知觉,因为经验中已有知觉判断,并在思维中把握普遍,是知识与技艺的直接来源;但是个人拥有经验,未必就把握了事物的普遍本质与必然原因,因此经验又逊于知识与技艺,因为知识、技艺把握了事物的本质与原因,而经验中的"普遍"认识还未经定义与证明,只知其然,不知其所以然。

在亚里士多德看来,理性认识是理性灵魂的特有功能,理性灵魂就是心智即"努斯"。他说:"所谓'心智'(nous,mind),我指的是灵魂中从事思维活动,而且作出判断的那一部分。"①"努斯"一词在荷马史诗及其他早期希腊文献中常出现,其原意是"心灵",泛指感觉、思想、意志等精神活动及其精神主体。阿那克萨戈拉最早将努斯用做哲学范畴,视为理性的精神实体,是在本体论意义上和种子相对的一种万物的本原。它无限、最精、最纯,具有关于一切事物的所有知识,能支配一切有灵魂的东西,支配宇宙的漩涡运动,使宇宙万物有合理的秩序。他的"努斯"已非泛指心灵活动,而有"心智"的含义,专指理智、理性与高级精神活动。亚里士多德说的"努斯",已很不同于早期希腊文献和阿那克萨戈拉所述的"努斯"的含义,而是指人的理性灵魂本体,是人独有的一种理性认知能力。就它寓于身体而言,它不是独立的精神本体;就它分有世界理性的本性而言,它不依存于身体和思维对象,是永恒、纯粹、永远现实的。因而,他指出"心智"有两种状态:一是"被动的心智",指心智尚未实现思想的潜在状态,就是心智寓于人体中,受人的身体和欲望影响,也受认识对象制约,是指人的理性认识即思维的机能,它有赖于身体。他说:"作为被动的心智是要死灭的,而灵魂失去了被动心智,心智也就不再能思想任何对象了。"②二是"主动的心智",它是分有"世界理性"的一种积极的理性,是在实现思想中的心智的现实状态,它可以摆脱身体和认识对象

① 亚里士多德:《论灵魂》,420a23,载于《亚里士多德全集》。
② 同上书,430a24—25,载于《亚里士多德全集》。

的限制而独立运作。作为个体的思维功能的"被动的心智"会因身体的灭亡而灭亡,而作为体现"努斯"本性的"主动的心智"仍继续存在,它与世界理性、世界灵魂相通。亚里士多德最终将"努斯"神秘化,成为一种独立的精神本体,对柏拉图的"世界灵魂"说也有复归。

联系《后分析篇》和《尼各马科伦理学》第 6 卷来看,亚里士多德认为"努斯"在不同的知识领域有不同的功能和实现形式,有多重认知意义。

在科学与哲学知识领域中,"努斯"表现为理性的直观和分析理性(科学理性)。[①] "努斯"表现为"理性的直观",就是人凭借理性在知觉与经验到的特殊事物中直观地把握普遍性定义、公理等科学知识的基本前提的能力;努斯直观到的科学知识的基本前提,"始终是真实的","把握基本前提的必定是努斯"。[②] 努斯从两方面关注、直观终极原理,初始前提和个别的可变事物都是努斯的对象,两者均非理智论证的对象。就是说,努斯既能从个体事物中直观地获得证明知识的初始基本前提(公理、定义),又能在实际推理中把握终极、可变的事实。既然普遍获自特殊,这些可变的个体事实就是努斯活动的出发点;对可变的特殊事实,人们必定有"一种直观"即洞察力,从个别、特殊洞悉普遍的基本前提的能力,这就是努斯的理性直观能力。[③] 努斯表现为分析理性,就是通过逻辑思维建构科学知识的能力,这是亚里士多德在"工具论"中展开研究的。单靠经验和努斯还不足以形成科学知识,还需要科学理性即分析理性的逻辑运作。就是根据不证自明的公理、定义等基本前提,结合经验中已有判断的普遍知识作为小前提,进行逻辑推理,获得普遍、必然的本质与原因,推出新的普遍性知识。这种知识又可回到经验中验证,在经验中丰

① 在翻译亚里士多德著作中,穆尔将努斯英译为 intuition(直观)(见亚里士多德《后分析篇》,100b8,穆尔译,载于麦肯编《亚里士多德基本著作》,纽约,兰登书屋,1941),罗斯则英译为 intuitive reason(直观理性)(见亚里士多德《尼各马科伦理学》,1143a35,罗斯译,载于麦肯编《亚里士多德基本著作》,纽约,兰登书屋,1941),巴恩斯则英译为 comprehension(领悟)(见亚里士多德《后分析篇》,100b8,载于《亚里士多德全集》)。
② 见亚里士多德《后分析篇》,100b9—13,载于《亚里士多德全集》。
③ 见亚里士多德《尼各马科伦理学》,1143a35—b6,载于《亚里士多德全集》。

富对努斯所关注、直观的个体事物这一终极对象的认识。科学的证明知识建构,是交织着从特殊到普遍的归纳和从普遍到特殊的演绎的复杂的过程,是努斯、经验和分析理性相互渗透、有机融合的过程。所以,在亚里士多德看来,经验、理性直观与分析理性是科学知识的三重不可分割的本原。"努斯"把握了证明的基本前提即公理、定义,并发挥分析理性能力,通过逻辑手段建构科学知识,它规定了一种科学知识的辖域。亚里士多德从人的认识可变、可演进的角度,指出这些"科学的出发点或本原是可以改变的,不是证明的"①。人类科学史的实际情况确实如此,一门科学的公理和基本范畴定义的变化,会引起这门科学的知识体系的变化,即范式的改变引起科学革命,如相对论对牛顿经典物理学的变革。他的这一见识很深刻。努斯表现为哲学智慧,则能获得"最为精致完美的知识形式",因为有哲学智慧的人"不仅知道从首要原理推出的知识,而且也拥有关于首要原理的真理。所以哲学智慧必定是努斯与科学知识能力的结合",这才使科学知识臻于完善。② 这里,亚里士多德强调哲学智慧不仅能在终极意义上洞悉定义、公理等首要原理的真理性,而且它本身是直观理性与分析理性的最高结合,能有效地促成科学知识的建构。这一见解至今仍很有价值。当代西方科学哲学研究科学范式的变革,摒弃了逻辑经验主义"拒斥一切形而上学"的口号,肯定形而上学作为科学的重要背景理论之一在科学知识增长和范式变革中起有重要作用。

努斯在实践知识与创制知识领域表现为"实践智慧",它不同于建构科学知识的直观理性与分析理性,它的对象不直接是普遍的类,而是同人的活动相关的特殊事实、个别事物,如个体人的行为、政治活动,菲狄亚斯的雕塑那样的艺术作品。它们不是科学理性和努斯的对象,而是一种特殊的"知觉"的对象,这种"知觉"不是相应于某一感官的狭隘的知

---

① 亚里士多德:《尼各马科伦理学》,1140a30—35,载于《亚里士多德全集》。
② 见同上书,1141a16—20,载于《亚里士多德全集》。

觉,而是人们察觉一个三角形时那样的知觉。① 实质上,这是经验与理智交融的一种知觉判断,特殊中潜寓某种普遍。在这种"知觉"的基础上,也可运用逻辑分析来建构有普遍性的实践知识与创制性知识。

　　总之,亚里士多德的灵魂学说包括心智(努斯)学说,从认知发生的角度主张感知经验和科学理性相统一,阐释了知识起源与进展的过程,有发生认识论意义。他描述了人类全部知识发生的三个阶段:(1)人的认识最初起源于感官知觉以及固定知觉的记忆与回忆;(2)在不断重复的回忆中,进而产生固定的"普遍"经验,经验中已运用归纳,渗透了理性思维的作用,已发生真实的知识、正确或不正确的意见;(3)在更高层级上,通过努斯把握更具有普遍性的公理、定义等基本前提,使人类得以运用分析理性探求事物的本质与原因,获得证明的科学知识或哲学知识;或者运用实践智慧通过经验与理智交融的特殊知觉判断,来获得实践知识与创制性知识。知识发生的每一环节,都是认识主体与客体相互作用,表现了人对事物从外在现象到内在本质逐步深化的认识。亚里士多德认为,人的这一认识进程不是被动的映象和自发的进化,他肯定人所以超越其他动物,正在于人有把握"普遍"、本质与原因这种理性的能动性。在古希腊,他第一个比较系统、科学地论述了知识发生过程,揭示了感官知觉、经验、分析理性与理性直观的循序渐进又互为渗透的统一,这是可贵的。对他的论述,如果只撷取或突出某个环节就会作出片面的曲解:只强调他主张全部知识起源于感官知觉,并认为他仿佛主张从不断重复的记忆中会自然产生知识,就会将他看做只是一位素朴、自发的经验论者;将他说的努斯夸大为科学知识的唯一本原,而忽视努斯的能动作用也有赖于经验的基础,就会把他片面地曲解为古代的唯理论者。当然,他将"努斯"吹胀、夸大为"世界理性"这永恒的精神本体,这和他最终仍受柏拉图的思想影响以及他的本体论有其局限性,是密切相关的。

---

① 见亚里士多德《尼各马科伦理学》,1141a23—30,载于《亚里士多德全集》。

第四节　形而上学

在西方哲学中,"形而上学"指最基本的哲学原理,本来并无贬义。在近现代西方哲学中,黑格尔将形而上学说成是抽象的、片面的、静止不变的思想方法,和他的辩证法根本对立;实证论者和逻辑经验主义者拒斥形而上学,则是反对研究传统哲学的基本问题,认为它们是不能由经验证实真或假的无意义的问题。实质上,他们所说的"形而上学"都另有含意。亚里士多德本人没有用"形而上学"指谓他的哲学思想。安德罗尼柯在编纂他的遗稿时,将亚里士多德论述最普遍、最根本的哲学原理的文稿编为一本,列在论述自然哲学原理的《物理学》之后,题名为"形而上学(物理学之后)"。中国的早期译者根据《易经·系辞》中的"形而上者谓之道",将它译为"形而上学",意义恰当。亚里士多德的形而上学思想就是指他的理论知识中的第一哲学,是研究"作为存在之存在全体"的基本哲学原理,主要是一种本体论思想,同时也探讨宇宙的终极原因——"不动的动者",是一种理性神学。亚里士多德的《形而上学》中的第一哲学,是他在建立百科全书式的知识体系的基础上概括得出的普遍哲学原理,也是批判地总结先前的希腊哲学特别是柏拉图的理念论而确立的创新哲学,但它最终与理念论有殊途同归之处;它从现实的存在出发,从经验事实中高度抽象普遍原理,渗透分析理性精神,建立哲学范畴系统,对他在"工具论"中已崭露的新哲学纲领有系统的展开与发挥,可以说是他的哲学体系的核心部分。他的形而上学对后世西方哲学传统的演进有深远影响。

现存的《形而上学》一书共有 14 卷,它不是一部完整预设的、有计划写成的系统著作,而是由后人将一些内容相近的不同文稿集中在一起编纂而成的,有些部分如第 11 卷是同书第 3、4、6 卷的简述和《物理学》第 2、3、5 卷的简述,可能是他的学生的笔记或摘要,或是亚里士多德自己写的提纲。各卷不是一次性连续完成的,完成时间参差不齐:第 5 卷解释

30个哲学范畴可能写得最早,第1、2卷批判先前哲学和哲学总论也可能写得较早。对《形而上学》一书的内容,学者们有不同的划分。本书作者认为,按照它的思想内容,可分以下五个部分:(1)第1、13、14卷,批判地总结先前的希腊哲学,批判柏拉图学派的理念论。(2)第1、3、4、6卷,第一哲学的总论,包括哲学的性质、特征和它要解决的问题。(3)第5、10卷,对一些哲学范畴的解释与探讨。(4)第7、8、9卷,本体论思想,是此书的核心内容,堪称核心卷。(5)第12卷,神学。本节也就这五个方面,简要述评亚里士多德的形而上学思想。

国内外研究亚里士多德的形而上学的著作不少,现当代较有影响的有:罗斯的《亚里士多德〈形而上学〉》校释本,欧文斯的《亚里士多德〈形而上学〉中的"Being"学说》,陈康的《智慧:亚里士多德寻求的学问》,汪子嵩的《亚里士多德关于本体的学说》。

一　对柏拉图学派的理念论的批判

亚里士多德说哲学是寻求事物的原因的知识,他根据《物理学》中提出的四因说,对先前的哲学分别作了考评与总结,在历史研究中验证他革新哲学的必要性,这可以说是最早的一个哲学史研究,也表明他的哲学是在批判地总结希腊既有哲学的基础上得以升华的。他指出:先前的希腊哲学家都在寻求世界的本原和原因,但他们都未达到第一哲学的高度,即研究全部存在的全部本质性原因。他们常以偏概全,将部分原因、次要原因说成是全部原因、首要原因。如泰勒斯所说的水,阿那克西美尼所说的气,赫拉克利特所说的火,恩培多克勒加上土成为四元素,都是只用质料因说明本原;恩培多克勒的爱和争、阿那克萨戈拉的努斯,则还从元素外部寻求动力因;毕达哥拉斯学派将万物的原理归结为数,是将次要的数量属性夸大为本体;爱利亚学派说的"存在"和"一",是脱离现实的抽象、空泛的规定;柏拉图及其老学园派则在可感的现实世界之外设立本质原因,也是错误的。对柏拉图及其学派的理念论的批判,是他评述的重点,从他还在学园派内部到脱离学园派之后一直在作此批判,在《形而上学》中约有三卷之多①,而他的第一哲学也正是通过批判柏拉图哲学才得以产生的。他认为理念论的致命错误是设立的理念和可感的现实事物分离,将世界二重化。他的批判主要有以下几点:

第一,柏拉图在寻求具体事物的原因时,设定有另一类与事物同名却与事物分离、在事物之外的理念和型相,其实,它不过是与个体对象同名的类,理念其实是空洞的名称,并不是真实的存在。柏拉图常说人有"人之理念",大有"大之理念",在某物之外设立"某物自身"就算它的理念,有多少类事物或性质就设立多少个理念,这就将世界上的事物凭空翻了一番。"这样做,就好像一个人要想清点东西,却认为东西少了数不清,企图把东西的数目扩大了再来数一样。因为理念实际上和事物一样多,或者并不比事物少。"②理念源自苏格拉底的普遍性定义,目的本是寻求事物的普遍本质与共同原因;柏拉图和他的老师不同,将普遍性定义和具体事物分离,这就人为地在理论上造成世界二重化的局面。亚里士多德也研究普遍性的定义,探究事物的普遍本质与原因,他论述了作为本体构成的"形式",在揭示事物的普遍本质与原因上和理念有相仿之处,但他主张它就寓于事物本身之中。

第二,如果凡有共性就设理念,就会得出荒谬的结果来,用来证明"理念"的论证不可信。如若凡同名、有共性就可设立理念,就会发生无限地推出"第三者"的错误:由于个别事物和其理念有共同名称,必有相似的共性,就可再设一个作为"第三者"的理念,如此推设,可无限倒退,永无止境。就人和"人理念"而言,可推设出无数的"第三人"。还有,如果按照多中之一的论证,一切知识对象全都有"理念",则否定性的东西

① 亚里士多德在《形而上学》第 1 卷中将讨论圈子说为"我们(柏拉图学派)",在第 13 卷中改为批评对象"他们(柏拉图学派)",耶格尔认为这是亚里士多德从自认为柏拉图学派中人转变为学派以外的人的根据。在第 1 卷中对柏拉图学派的理念数的批判论证在第 13、14 卷中变得更加深入、复杂。

② 亚里士多德:《形而上学》,990b2—5,载于《亚里士多德全集》。

也可以有"理念",消失的东西可以作为知识对象被思想,它们也可以有"理念";还有将关系也说成是有"理念"的,可是关系本身并不是一个"种"。① 柏拉图在《巴门尼德篇》中对他的前期理念论作自我批评时,就说到使他感到困惑的是那种无价值、丑恶的东西如头发、污泥、秽物是不是有它们各自的"理念"。他认为要肯定它们有"理念"是荒谬的,因为"理念"是事物的目的,都是"善"的,这些丑恶的东西怎么能是善呢? 但要否定它们有"理念"也难,因同一类事物(知识对象)都应有一个同名的"理念"。② 亚里士多德则又加了另外两个问题:(1)他认为可消失的东西也属于思想对象,那便应该承认有消失的"理念"。但柏拉图认为具体事物可消失,而"理念"永恒不灭,这种根本区别正是建立理念论的前提;如果承认有消失的理念,岂不是从根本上破坏了柏拉图的理念论。(2)柏拉图认为正如人有"人之理念",大、小、倍、半、先、后等关系也可各有理念。亚里士多德在划分范畴时就认为关系不是本体,只是依存于本体的属性;而柏拉图的理念应是一种本体,将关系也说成是理念本体,就会混乱不清、不合理,如说"苏格拉底先于柏拉图"时,单说苏格拉底分有"'先'之理念",而不说明他是先于谁,显然是荒唐的。

第三,说不清分离的理念和具体的个别事物的关系。说理念是原型,个别事物模仿或分有它才成其所是,是无根据、说不通的。亚里士多德说:"把理念说成原型,其他东西分有理念,那只不过是说空话,打诗意的比喻而已。"③如同画家临摹画,摹仿者应是主动的,被摹仿者应是消极、被动的,消极、被动的理念如何能给主动摹仿的个别事物以摹仿的动因呢? 如不能给动因,又怎能说个别事物摹仿理念才成其所是呢! 他进而批判说:具体事物的"是"和产生并不需要摹仿别的东西,不论有没有一个永恒的苏格拉底之理念,这个苏格拉底总是苏格拉底。任何一个事物有多少个本体与属性的"理念",就会有多少个模型,如苏格拉底既

① 见亚里士多德《形而上学》,990b8—17,载于《亚里士多德全集》。
② 见柏拉图《巴门尼德篇》,130B—D,载于《柏拉图对话全集,附信札》。
③ 亚里士多德:《形而上学》,991a20—22,载于《亚里士多德全集》。

是"人",又是"两足的""动物",这几个都是他的"理念"(形式),他摹仿哪一个呢?"理念"不仅是感性事物的模型,还会推出它也是理念自身的模型,如苏格拉底的"属"(eidos)是人自身,他的"种"是动物;动物是人自身的模型,而人自身又是苏格拉底的模型,所以同一个东西——"人自身"便既是模型又是摹仿者了。[1] 柏拉图后期提出修正式的内在理念论,力图克服这种摹仿说、分有说的困难,但因理念设立的前提就是和具体事物分离,所以还是没有从根本上解决和具体事物的关系问题,只不过是将具体事物运动变化、普遍联系的特性,吸收、转移到普遍理念(哲学范畴)的特性与关系中。

第四,理念对永恒运动变化的宇宙万物和人的认识是无用的。"理念"对于可感觉到的永恒的天体(日、月、星辰)和有生灭的具体事物均无用处,因为在这些事物之外的、自身同一不动变的理念,不能提供动力,不是宇宙万物运动变化的原因,因而它对于我们认识宇宙万物之所是及其运动变化没有帮助。这是因为"理念"并不在事物之中,它不是事物的本体。[2] 要是"理念"能使事物运动变化,它就得像木匠能造房子或是火使事物发热一样,木匠和火自身都是运动的,能致动的;而"理念"却是静止不动的,它如何能成为动因? 就认识问题而言,理念世界和现实世界也是截然割裂的,以致人对两者均不可知。柏拉图自己在《巴门尼德篇》中也提出过这种困难:如果"理念"和具体事物分离为两个不同的世界,则具体世界中的认识主体即人,不能认识理念世界中的"理念";而理念世界中的认识主体即神,也不能认识具体世界中的一切事物。而且,具体世界中的主人不是理念世界中的"奴隶理念"的主人,具体世界中的奴隶也不是"主人理念"的奴隶。所以,无论"主人理念"或"奴隶理念",都不能说明具体世界中的主人或奴隶之所以"是"主人或奴隶,即不能说明他们的本质。[3]

---

① 见亚里士多德《形而上学》,991a19—b1,载于《亚里士多德全集》。
② 见同上书,991a8—14,载于《亚里士多德全集》。
③ 见汪子嵩等《希腊哲学史》第2卷,第866—867页,人民出版社,1993。

第五,对理念数的批判。如前文所述,这主要是批判晚年柏拉图和老学园派的"不成文学说",在《形而上学》第 1 卷中有,在第 13、14 卷中更是主要内容,可见这是亚里士多德和老学园派争论的一个焦点问题。我们已知,理念数和数的理念实质上是后期柏拉图为克服两个世界分离的困难,在宇宙创生论中提出的联结自然事物和包含理念原型的世界灵魂的重要环节,后来老学园派就将理念数("一"、"不定之二"即大与小)奉为理念生成世界万物的至高原理。后期柏拉图的理念数论认为,"一"与"不定之二"是一切数的本原,任何数都是由"大和小"构成的,而数(几何数)的理念是世界灵魂使自然的基本质料(接受器)摹仿它而创生万物。亚里士多德则将"不定之二"即大与小解释为数的质料因,而数只是现实事物本体的数量属性[①],带有质料的东西就是具体事物,亚里士多德认为具体事物比"理念数"和数的理念更为重要。他认为数只是可感事物的数量属性,不能和可感事物的本体分离而存在。他说:在思想中抽象出的数学对象"既不是动力因,也不是质料,又不是事物的定义和形式,当然更不是目的因"[②],就是说不能成为可感事物生成的本质原因。

柏拉图的《巴门尼德篇》已有他对自己的前期理念论的自我批评,目的是为修补理念论;亚里士多德实际上也吸纳了其中的有些自我批评的内容,但并不是重复,而是予以提升,用来直攻理念论的要害——分离说,对理念论作了根本性的否定。他总结说:"总之,虽然智慧是要寻求日常所见事物的原因,但是我们(指学园成员)将它忽略了,因为我们没有说出发生变化的原因。我们提出了本体('理念'),但所说的只是与日常事物不同的另一类本体。为什么那些本体会成为这些事物的本体?我们只说了一些空洞的话,所谓分有,正如前面所说是毫无价值的。"[③]柏拉图认为对具体事物的感觉经验是虚幻的,根本不可靠;亚里士多德则认为一切知识都起源于对现实存在事物的感觉经验。他透察出柏拉图

---

① 见亚里士多德《形而上学》,987b33—988a1,载于《亚里士多德全集》。

② 同上书,1092b25,载于《亚里士多德全集》。

③ 同上书,992a24—29,载于《亚里士多德全集》。

的理念论的认识根源是他的先验论(不仅是灵魂回忆说,理念的设立就是先在于经验的)。他最后提出问题:如果在哲学这门最伟大的学问中,我们有天生的先在的知识,可是我们自己却没有觉察到,这不是怪事吗?正是认识上的先验论导致了本体论上的本末倒置。从现实的存在事物出发,从经验事实出发,并融合严密的分析理性,是亚里士多德建立自己的第一哲学的基本特征。

二　第一哲学的对象

哲学的本义是爱智慧,是寻求智慧的学问。早先的哲学几乎涵括了全部知识。亚里士多德说:"求知是人的本性"[①]。从哲学家的历史看,"人们是由于惊奇,才现在开始也从最初开始了哲学思考"[②],如对日月星辰的变化以及万物的生成产生疑问。哲学为了知识而去追求知识,并不是为其他某种实用的目的;在各种知识中唯有这种知识才是自由的,只有它才是为它自身的。[③] 人们有了闲暇才会去研究哲学。他将人的求知亦即认识过程分为感觉、记忆、经验、技艺和知识、智慧等五个阶段,认为哲学是求知的最高阶段与形式,不同于一些特殊的技艺与知识,是达到智慧的学问。研究最初的原因和本原的才可称为智慧。但他认为哲学作为最高的知识,也只有循着人的求知与认识进程才能获得,应是从对现实存在事物的经验出发,融会理智与作为哲学睿智的"努斯",才能正确地形成。这与爱利亚学派和柏拉图先验地从理性与理念出发来建立哲学,是很不同的认识纲领。哲学以存在为研究对象,是求"真"的学问。他说:"将哲学称为求真的知识是正确的。思辨的知识以求真为目的,实践的知识以行动为目的";哲学研究的"'永恒的存在'(是,aei onton,英译 eternal being)的本原必然是永远最真的,因为它们并不只是有时是真

---

① 亚里士多德:《形而上学》,980a21,载于《亚里士多德全集》。
② 同上书,982b12—15,载于《亚里士多德全集》。
③ 见同上书,982b12—28,载于《亚里士多德全集》。

的,也没有任何别的东西是它们是什么的原因,它们是其他东西所以'是'的原因。因此,每个东西的'是'(einai),也就是它的'真'(aletheias)"。① 这里说的"存在"(being)如前文已解释的,兼有"是、在、真"三重含义。亚里士多德在这里说的哲学是广义的哲学,自然哲学、实践哲学等都包括在内。

亚里士多德指出,在广义的哲学知识中有一门最高的第一哲学(形而上学),它是研究"作为存在的存在"全体的学问:"有一门学问研究'作为存在的存在',研究那些由它自身依存于它的东西。各种特殊的学问却不是这样,因为别的学问没有一种是普遍地研究'作为存在的存在'的,它们是截取'存在'的某个部分,研究这个部分的属性,例如数学就是这样做的。既然我们在寻求本原和最根本的原因,就一定有一个由它自身是这样的东西。"②其他学问都只切取"存在"的某一部分为它的研究对象,只有第一哲学是以整个"存在"全体作为研究对象;其他学问只探求部分存在的特殊原因,第一哲学则探求存在全体的最初始、最普遍的原因和意义。这样,亚里士多德将第一哲学和第二哲学、实践哲学以及其他各门学科知识区分了开来。亚里士多德在前期著作《范畴篇》中论述的本体中心的主范畴、属性的次范畴和后范畴,就是第一哲学的内容;前已有所述,《形而上学》第4卷讨论逻辑公理(同一律、不矛盾律、排中律)也是存在的公理,也是属于第一哲学所研究的。而在《形而上学》全书中,他对"存在"全体的普遍意义和多义性作了更展开、更深入的探讨,对"存在"的诸哲学范畴作出了丰富、系统的建构,第一哲学成为他的哲学体系的充实的核心。

存在有多重普遍意义,《形而上学》对多种哲学范畴作了深入的探讨,如在第5卷中对30个哲学范畴的意义作出了阐释。在哲学范畴的建构上,他从柏拉图后期理念论对普遍哲学理念的探讨中获得启迪,但

---

① 见亚里士多德《形而上学》,993b19—31,载于《亚里士多德全集》。
② 同上书,1003a21—33,载于《亚里士多德全集》。

有根本的革新,那就是从现实的存在事物出发,通过经验概括和运用严密的分析理性,把握它们的多重意义,包括中心意义与从属意义、同名同义与同名异义、自然意义与逻辑意义。他强调,就存在全体而言,本体是存在的中心,是存在的中心意义所在,本体论是第一哲学的中心内容。他说:"'存在'有多种意义,它们都指向一个中心,并不是同名异义";存在的多种意义"都和一个本原有关,有些被称为'存在的东西',因为它们是本体,有些是本体的属性,有些是达到本体的过程,有些是本体的消灭、缺失,或是本体的创造和生成,或是和本体有关的,或者是这些方面的或本体自身的否定";所以第一哲学要研究"首要"的东西,"这就是本体,哲学家便必须掌握本体的本原和原因"。① 亚里士多德的第一哲学的要义是本体论,他的哲学范畴系统是在他的本体论中展开的,他对柏拉图思想的革新与复归是和他的本体论思想的演变紧密相关的,他的"神学"也是他的本体论思想的延伸。

《形而上学》第 12 卷讨论终极的目的因即最高的"努斯"(世界理性)和"善",也就是"神",这和他在《物理学》中说的"不动的动者"是相应的,而且将它深化为一种理性神学。亚里士多德说这种神学也是第一哲学。那么,他的本体论和神学都作为第一哲学,都应是研究"存在作为存在"全体的普遍性学问,这两部分显得似乎矛盾的内容究竟处于什么关系? 对这个问题,现代学者颇有争议。欧文斯在《亚里士多德〈形而上学〉中的"Being"学说》中认为,亚里士多德注释家和中世纪经院哲学家一直没有意识到这种矛盾,没有人怀疑过亚里士多德认为第一哲学和神学是同一回事;到 19 世纪末,那托普第一个明白地指出:在亚里士多德的《形而上学》中有这种"不能容许的矛盾"。策勒也认为这个矛盾深深地根植于亚里士多德的整个体系中。耶格尔通过发生学的研究则认为,这两个矛盾的观念是在亚里士多德自己的思想发展过程中先后出现的,神学相应于他较早时在《物理学》中研究自然这类

---

① 见亚里士多德《形而上学》,1003a33—b19,载于《亚里士多德全集》。

特殊的"存在"，最终得出超越的不动的本体，以"第一动者"代替柏拉图的"理念"，属于亚里士多德尚未摆脱柏拉图影响的早期思想阶段；他将形而上学规定为"作为存在的存在"，开展本体论研究，才属于亚里士多德自己的成熟思想。欧文斯则认为，在亚里士多德的《形而上学》中只有神学，根本没有本体论思想，因为"存在"的各种意义（范畴）可以归到一个中心即本体，各种类型的本体又可以集中到一个核心即第一本体（最高的纯形式），它是独立分离的本体即最高理性，即神。[①]因此，他认为亚里士多德的哲学比人类思想史上的任何人更接近柏拉图的哲学。许多学者不同意这种观点。意大利学者莱思齐在《亚里士多德的本体论概念》中提出和欧文斯针锋相对的观点，认为在亚里士多德的哲学中，除了神学以外还有一门独立的本体论，神学讨论有关实在（reality）的原理和终极因，本体论考察"存在"的各种范畴，是我们理解经验实在以及整个世界所必需的概念分析的方法，是其他科学研究的基础，两者是两门不同层次、没有从属关系的学问。[②] 陈康在最后一部系统研究《形而上学》的著作《智慧：亚里士多德寻求的学问》中也用发生学方法研究了这个问题，认为亚里士多德的第一哲学是从早期神学（《论哲学》和《形而上学》第 1 卷的原因论）开始的，然后发展到第 11 卷中提出"作为是的是"的学问，建立了本体论，但在第 12 卷和第 13 卷第 10 章中发现了本体论和神学的矛盾，即"作为是的是"是普遍的，而神学的对象却是一种特殊的"是"，因此需要修正本体论以调和两者的冲突。但这种调和、统一并不成功，仍有两门独立的智慧的学问即神学和本体论。[③]

[①] 见欧文斯《亚里士多德〈形而上学〉中的"Being"学说》，第 298 页，多伦多，多伦多大学出版社，1957。

[②] 见莱思齐《亚里士多德的本体论概念》，第 535—538、23、32—34、60—61、544—546 页，帕多瓦，安特诺列出版社，1975。

[③] 见陈康《智慧：亚里士多德寻求的学问》，第 384—386 页，希尔特汉姆，乔治·奥尔姆斯出版社，1976。以上介绍的争议情况，参见汪子嵩等《希腊哲学史》第 3 卷，第 678—689 页，人民出版社，2003。

陈康的观点有合理之处,因为关于"不动的动者"的理性神学思想是亚里士多德探讨自然的终极动因时就有的,这和他建立作为科学基础的本体论是有矛盾的;但就他的第一哲学而言,不仅是调和两者——最高的"努斯"、"善"即理性神——也是他在探讨本体的构成时,逐渐贬低作为第一本体的个体事物,夸大形式、定义性知识与理性的作用,而导致的必然结论,就和柏拉图的最高理念"善"即理性神殊途同归。所以,他的本体论和理性神学都属于第一哲学,仍有逻辑的连贯一致性。

三　本体的构成:形式和质料

《形而上学》第7、8、9卷是此书的核心卷,因为它们论述的是关于本体、形式和质料、潜能和现实的学说,是深入研讨本体构成和运动变化的普遍原理,这是亚里士多德的形而上学思想的核心。亚里士多德在《范畴篇》中就将本体确定为十范畴中的第一个首要的范畴,说它是其他一切属性(即其他九个范畴)的载体(hypokeimenon)。[①] 亚里士多德从《形而上学》第7卷第1章开始,便将关于"存在"的研究归结为它的首要意义——本体的研究。他说:我们说过"存在"有多种含义,它或者表示性质、数量,或其他任何范畴,但"是什么"是首要的,因为它表示本体。[②]《范畴篇》中区分了第一本体(具体的个别事物)和第二本体(普遍的种与属),并认为前者是更基本的,但他没有更深层次地探究本体的构成与成因;他在《形而上学》第7、8卷中则进而将"四因"说归结为两种原因即形式因与质料因,用形式与质料深层次地说明本体的内在构成与成因,他的"本体"观逐渐有所变化,从强调质料是基质、本体是质料和形式的复合体,到突出形式是第一本体,《范畴篇》中的第一本体和第二本体的含义发生了变化,主次关系也有颠倒。

亚里士多德认为事物由形式和质料组合而成。质料是一种潜在的

---

① 见亚里士多德《范畴篇》,2b37—38,载于《亚里士多德全集》。
② 见亚里士多德《形而上学》,1028a10—15,载于《亚里士多德全集》。

基质,它不是特殊的物质,没有任何确定的质或任何别的规定性,没有任何肯定的规定性和否定的规定性,只是潜能的"存在",不是现实的"存在"。因此,他认为,说只有质料才是本体是不可能的,而事物的本质就是它的定义即"种和属差"。除了"种的属"以外,没有别的东西是本质,只有属才是本质。[①] 它是知识的对象与来源。他强调,构成本体的形式,就是事物的本质的公式,就是这个事物的定义,是有普遍性而能够在公式上分离自存的。因此,关键问题就是在形式、质料和由这两者组合而成的事物本体(复合体)这三者中,究竟哪一个是在先的、起根本作用的,才是真正意义上的"第一本体"。正是在这个关键问题上,亚里士多德出于一种对事物的普遍本质与定义性知识的愈益热切追求,在认识上愈益强调理智的逻辑分析与"努斯"的作用,在本体论上也就逐渐突出作为普遍本质、种和属差的定义的形式是在先的、决定性的"第一本体",《范畴篇》中的第二本体变成了第一本体,而原先的第一本体(现实的个体事物)被看做不能被定义的,要靠有普遍性规定的形式才有其本性。

从《范畴篇》之后,经由《物理学》的四因说,到《形而上学》中较早写的第5、12卷,最后到此书的第7、8卷,我们可看出,亚里士多德对上述关键问题的看法,有一个逐渐演变的过程,并且有其本质主义的知识论根源。亚里士多德的前期学说中就潜伏着一个思想矛盾,他在《范畴篇》中突出了可感觉的第一本体,在《后分析篇》中又主张"知识是对普遍的认识"[②],在《形而上学》中则说:"个别的可感觉本体是既没有定义,也没有证明的"[③]。如格思里所指出的:"似乎要说明实在是个体,同时却不能有关于个体的知识。"[④]《范畴篇》只是就个体事物同其属、种的关系,区分了第一本体和第二本体。他后来转向探讨本体自身的构成及其变化的原因,提出质料与形式组成本体,本体的变化是从潜能到现实;最后他主

---

① 见亚里士多德《形而上学》,1030a11—13,载于《亚里士多德全集》。
② 亚里士多德:《后分析篇》,87b38,载于《亚里士多德全集》。
③ 亚里士多德:《形而上学》,1039b27—29,载于《亚里士多德全集》。
④ 格思里:《希腊哲学史》第6卷,剑桥,剑桥大学出版社,1981。

张在复合本体中形式是在先的、更为现实的本质规定。形式和属在希腊文中都用同一个词 eidos，但形式不仅有种的含义，而且指形状、型以及作为本质的普遍性规定。亚里士多德认为，本体独立自在，不依存主体，是"这个"，是变中之不变，这种见解一直没有变化，但有关的具体含义逐步有变化。在《范畴篇》之后，亚里士多德的本体观大体经历了三个阶段的变化：

第一阶段，稍后于《范畴篇》的其他前期著作，仍突出本体是个体事物，指出它由质料与形式组合，质料是事物的基质，并已显示出形式与质料可分离的思想。在《物理学》中，亚里士多德指出：本体是"变化的基础"，是"主体"。[①] 质料与形式结合成"个体"，由于质料"具有"或"缺失"形式，本体发生变化。[②] 这里突出了"质料"，并且在某种意义上质料"是每一事物的原始基础，事物绝对地由它产生，并且继续存在下去"[③]。对形式的本性则未展开探讨。《形而上学》第 5 卷阐释哲学名词，也属较早的著作，第 11 章讨论"本体"，列述四种：(1)土、火、水之类的单纯元素以及由它们所构成的物体和事物，如动物与日月星辰等"神圣的存在"及其构成部分，因为它们都不表述主体而由其他事物表述它们，所以被称为本体。这里显然皆指个体事物而非属或种。(2)存在于不表述一个主体的东西中而是事物所以是的原因，如灵魂作为生命之动因，是动物所以是动物的原因。可见这里他将个体事物所以是的原因也看做是本体。(3)存在于事物中的部分，并限定、标明这些事物是作为个体的，当这些部分毁灭时，事物整体也就毁灭，如有些人认为物体中的面、面中的线、线中的点就是这类本体。这里是从个体事物结构的角度，探讨其本体性的构成部分。他说及"一些人认为一般的数也有这种本性"，显然是指毕达哥拉斯学派的观点，而不是他所赞同的看法，因为在他看来，数量只是表述并依存于本体的一种属性，并不是本体。在《形而上学》第 13、14 卷

[①] 见亚里士多德《物理学》，190a35，载于《亚里士多德全集》。

[②] 见同上书，192a10—15，载于《亚里士多德全集》。

[③] 同上书，192a6—35，载于《亚里士多德全集》。

中,他坚决反驳柏拉图学园中斯彪西波和塞诺克拉底等人将数及数规定的点、线、面说成是本体的看法。(4)本质,其公式是定义,也被称为每个事物的本体。① 概括上述四种情况,亚里士多德得出本体的两种意义:(1)不表述任何其他事物的"终极的基质"(ultimate substratum);(2)是"这个"和分离的(指变中之不变)东西,每个事物的形状或形式具有这种本性。从这里可见,亚里士多德在探讨个体事物的内部组成中,已开始提出"形式"既有"这个"的个体性,又有"可分离"的普遍性。

第二阶段,在《形而上学》第 12 卷前五章中,仍主张可感觉的个体事物是本体,但已剖明它是质料与形式的复合体,质料是变化的基质,形式及其缺失(即否定性形式)是变化的原因及其实现。质料、形式及其组合成的具体事物皆是本体。亚里士多德一直主张对立的东西各有自我同一的质的规定,不能转变为同其对立的东西。而可感觉本体的变化总是变为其相反者,质料是对立的"居间者"、"第三者",它有容许双向变化的能力,自身是变中不变的基质。事物本体变化的原因和原则有三个:"两个是一对'对立',其中一个是公式和形式,另一个是缺失,第三个则是质料。"②缺失仅指本性的缺失,是否定性的形式。所以事物的变化实为以质料为基质,因形式的具有或缺失造成潜能变为现实,这是质料"变成形式"即实现形式的变化。③ 他指出:所述的这些变化的原因,都是具体的、个别的,"万物的最初因是现实的'这个'和潜在的另一个东西。因此我们说过的普遍原因(指'理念')不存在。因为个体才是个别东西的来源。一般地说,人是人的本原,但没有普遍的人",只有"你的父亲是你的本原"。④ 因此,亚里士多德说:"有三种本体:质料,它是被感知的'这个'……其次是本性,它也是'这个',是事物运动趋向的状态;再次是由

---

① 见亚里士多德《形而上学》,1017b10—25,载于《亚里士多德全集》。
② 同上书,1069b32,载于《亚里士多德全集》。
③ 见同上书,1070a1—3,载于《亚里士多德全集》。
④ 见同上书,1071a18—22,载于《亚里士多德全集》。

上述两者组合成的特殊本体,如苏格拉底和卡里阿斯。"①上述质料、本性(即形式)和作为两者的组合物的个体事物,都是"这个",都有个体性,在逻辑上都是不表述主体而自身就是主体。这里只是从具体事物的构合层次及动变因素的角度,分析了个体事物由质料与形式组合而成。形式作为本性,它同质料和个体事物的关系,不是一般与个别、第二本体与第一本体的关系,而是个体事物的内在构成的关系。在事物的变化中,质料是潜在的基质,形式是有规定的本性,是作为变化目标的现实,可见亚里士多德在这里已暗示,在事物的构成与变化中,形式比质料更重要。但是形式和质料同个体事物并不是分离的。"某种意义上'这个'不能离开构合的本体而存在",如房屋的形式不能离开具体房屋而存在。② 这类形式中只有作为"技艺"的形式可离开构成的本体而存在,如建筑技艺中房屋的形式是建筑师的样图或心中设计的图形。但这是另一种认识意义上的形式与质料的分离,而事物本体构成与变化意义上的分离则不可能;而且这类技艺的形式只发生于自然的对象,也只是就此而言,他认为"柏拉图说有多少种自然事物,就有多少种理念,并不为错(要是它们都有形式的话)"。这里说的"自然对象"是指可由技艺加诸形式的某些自然事物,并不是火、肉、骨等质料。③ 显然,亚里士多德只是就技术原因生成事物的情况,在某种相对的意义上肯定形式与具体事物分离,但就事物自身的构成与动变而言,他并没有接受柏拉图的理念论,并不认为一般的"形式"能同个体事物相分离而存在。

　　第三阶段,在《形而上学》的后期篇章第 7、8 卷中,虽然仍肯定具体事物是形式和质料的复合体,但已明确主张:就本体性而言,形式先于质料,形式就是本质,是"种的属"的定义。质料、形状及其构成的东西都是基质的本性,形式先于质料和两者所构成的具体事物,比它们更为现

① 亚里士多德:《形而上学》,1070a10—15,载于《亚里士多德全集》。
② 见同上书,1070a13—15,载于《亚里士多德全集》。
③ 见同上书,1070a15—20,载于《亚里士多德全集》。

实。① 质料已不是主要的本体,因为虽然质料也是不表述其他的东西而由其他的东西表述它,但纯粹质料自身是没有一切属性和规定性的,不能成为某个特殊事物。而变中之不变的(形式的)"可分离性和个体性是本体的主要特征"。所以"形式及形式与质料的复合体比质料更是本体"②。寓于具体事物中的形式即本质,则是此事物的本体。它在逻辑上表示为"种的属"的定义,它是通过划分,不断分解属差,最后的种加属差就是个体事物的形式与本体。③ 可感觉的个体事物无定义,"种的属"才有精确的公式,才有定义,才是本质。④ 这里,亚里士多德已将本质取代个体性作为本体性的尺度,主张形式即本质、定义,突出了形式是先在的、更现实的本体。这样,《范畴篇》中第一本体和第二本体的主次关系已经逆转,作为本质的形式取代个体事物成为首要的本体。在强调普遍性的形式是首要本体的同时,亚里士多德将个体事物的具体质料也拔高到无规定的"普遍质料"、"纯粹质料",强调本体是普遍性的形式和普遍质料组成的复合体。陈康将它叫做普遍的复合体(universal concrete),并指出:这个普遍的复合体却使亚里士多德自己又陷入了他所批评的柏拉图的"二重化"的毛病。他批评说,柏拉图是将不易计数的东西扩大了一倍,而亚里士多德自己也添加了一倍。因此陈康说它是典型的"实在二重化"。⑤

对亚里士多德的本体论思想的这种演变,应有全面的评价。一方面,应肯定他的本体论思想的变化,表明他对事物本体的构成与变化作了不断深入的分析和研究,从而提出质料、形式及其缺失、质料与形式的组合体、潜能与现实等本体性范畴,以求剖析本体的深层结构。这无疑

---

① 见亚里士多德《形而上学》,1028b33—1029a7,载于《亚里士多德全集》。

② 同上书,1029a28—30,载于《亚里士多德全集》。

③ 见同上书,1037b28—1038a28,载于《亚里士多德全集》。

④ 见同上书,1030a3—17,载于《亚里士多德全集》。

⑤ 见陈康《亚里士多德哲学中一个为人忽视了的重要概念》和《普遍的复合体——一种典型亚里士多德的实在二重化》,载于陈康《陈康:论希腊哲学》,汪子嵩、王太庆编,第326—345页,商务印书馆,1990。

有利于指导科学知识的研究,有利于深化探究自然与社会人文的各类知识。特别是本质主义思想的形成与强化,为他建构各种知识系统提供了深层次的哲学根据和科学的方法论。另一方面,他的本体论思想的演变以及向柏拉图理念论的靠拢与复归,有其双重根源。一是有其目的论根源,要寻求终极的"不动的动者"、纯粹的最高形式"善"即理性神,这就和柏拉图的"善"即理性神殊途同归。只不过后者是宇宙的创生者,相似于基督教中创世的上帝;前者只是宇宙的设计者,给出"第一推动力"后就无为而治,相似于近代自然神学中比较超脱的上帝。二是有其知识论根源。他在《论题篇》中最早提出本质范畴,定义就是本质的规定,是形成普遍性知识的根本前提,而这种对普遍性本质的"求知",正是他的哲学的"灵魂";在《形而上学》第 7、8 卷中他更将"形式"规定为就是普遍性的本质、定义,是把握事物本质的知识的根本含义所在,所以他愈益强调这种普遍性"形式"才是首要的本体,和"理念"也殊途同归,但亚里士多德终究没有否定这种普遍性知识来源于经验,是分析现实存在的多义性而得出的,所以也不可将他的"形式"等同于"理念"。

四　潜能与现实:本体的实现

亚里士多德并不将质料和形式的统一看做静态的合成,而是将它归结为潜能向现实转化的动态过程。《形而上学》第 9 卷讨论潜能和现实,这是亚里士多德本体论思想的一个重要方面。他在《物理学》中已用从潜能到现实的转化说明自然本体的运动变化,而在《形而上学》中,他已在强调形式先于、高于质料而是首要本体的前提下,来说明一切本体的实现是潜能转化为现实的目的性过程,这也是一切事物本体生成、变化的过程。他强调现实先于、高于潜能,这和他最后认为世界万物的生成变化最终归因于"不动的动者"亦即最先的"现实"、最高的"形式"这种目的论,就有由此达彼的桥梁。

"潜能"的希腊文 dynamis 有三种含义:一是"能"或能力;二是可能,与事物的可能状态和事物的模态相关;三是相对于现实的潜在能态。英文 potency 既是能力又是潜能,用来翻译亚里士多德的和"现实"相对的 dynamis 是很恰当的。相对于现实的"潜能"自然也蕴涵着可能或不可能的意思。和"潜能"相对的"现实"(energeia)则表征着一种本体生成的运动,是作为"潜能"的质料"具有"形式的运动,通达本体的"实现"(entelecheia,即"隐得来希"这个术语),这是一种达到目的的实现。

亚里士多德说:"现实"就是以和我们所说的"潜能"不同的方式出现或存在的。例如,赫耳墨斯的雕像是潜能地在木头中的,半条线是潜能地在整条线中的,因为它们是可以从其中分离出来的。我们可以将一个并不是正在研究的人称为学者,只要他有研究的能力。每个和这种潜能相对应的就是现实。例如正在建筑的相对于能够建筑的,醒着的相对于睡着的,正在看的相对于能看的现在却是闭着眼的,已经从质料中制造出来的相对于质料,已经制造成的相对于尚未制造成的。所有这些相对的,一方是现实,另一方是潜能。① 亚里士多德用归纳实例说明现实和潜能的相互关系,现实是已经动作或已经完成,或正在动作的,而潜能是能够动作却尚未动作的。总而言之,现实是相对于潜能的运动,是通达本体"实现"的运动,也就是质料"具有"形式的本体实现,而质料缺失和具有形式,就是事物本体生灭的运动变化。

他认为,有些东西只能是潜能,不能成为现实。如"无限"之为潜能,只能在认识上有潜在的可能状态,事实上只有永远不停地划分下去,才能使潜能的"无限"成为现实,可是这样的无限划分是不能实现的。② 虚空之为潜能也是这样,因为事实上不可能将一切具体的内容都抽象掉,得出一个现实的一无所有的虚空。这种不可能成为现实的潜能,实际上是一种认识、设想上的可能性,还不是相对于现实的、有事实上的可能性的潜能。但他认为,由于事物运动的条件和因素是复杂的,本体从潜能到现实有可能实现和可能不实现这两种可能性,正因此,潜能不等于

---

① 见亚里士多德《形而上学》,1048a25—b9,载于《亚里士多德全集》。
② 见同上书,1048b9—17,载于《亚里士多德全集》。

现实。

亚里士多德主张形式先于质料，他也主张现实先于潜能，这表现在三方面。(1)定义上在先，就是逻辑上在先。潜能的本来意义就是能够成为现实的，例如能建筑的是可以建成的，能看的是可以看到的，能被看的是可以被看到的。这道理可以应用于所有其他情况，现实的知识和定义必然先于潜能的知识和定义。① (2)时间上在先。当现实的东西和潜能的东西只是在属上相同而不是同一个个体时，总是现实的先于潜能的，如谷种先于谷物；如果是另一种情况，现实的和潜能的是同一个个体时，看来潜能的先于现实的，如精子是潜能的人，它在时间上先于现实的人。但是，精子这个潜能的人是由另一个现实的人生成的，所以潜能的东西总是由另一个现实的东西生成的。这样推下去，总有一个最初的现实是第一动者。② 这就是第一动者有绝对先在的现实性。(3)本体上在先。他说：凡是在变化中在后的东西，在形式上和本体上却是在先的。如成人先于儿童，人先于精子，因为一个已经具有形式，另一个却还没有。凡是生成的事物都趋向目的，现实就是目的，而潜能则是要达到这个目的。动物并不是为了有视觉而看的，而是为了要看而有视觉的。同样地，人有建筑能力是为了建筑，有思辨能力是为了思辨。质料是潜能，当它实现时已经进入形式，形式在本体上在先，是质料的动因与目的。因为活动有目的性，而现实就是活动，所以现实(energeia)这个词就是由活动(ergon)来的，由此引申到实现(entelecheia)，就是达到了目的。③ 因此，现实在本体性上先于潜能。而且，永恒的东西在本体上先于可生灭的东西。任何永恒的东西都不是潜能的，所有不消灭的永恒的东西都是现实的。④ 潜能的东西可以成为现实，也可以不成为现实；永恒的东西却总是不消灭的，总是现实的，所以在本体性上先于潜能。太阳、星辰等天

---

① 见亚里士多德《形而上学》，1049b12—17，载于《亚里士多德全集》。
② 见同上书，1049b17—27，载于《亚里士多德全集》。
③ 见同上书，1050a4—23，载于《亚里士多德全集》。
④ 见同上书，1050b6—18，载于《亚里士多德全集》。

体运动就是永恒的现实性,它们的质料只能影响它们的运动方向,不能停止运动。而可消灭事物的运动的质料是潜能的,它们可以运动也可以不运动。而"善"这最高的形式,形式的形式,给宇宙万物以秩序的理性神,也就是永恒的最高现实。

五　理性神:不动的动者、努斯与善

《形而上学》第 12 卷的后五章阐述亚里士多德的神学思想。他说的神不是希腊传统宗教中拟人的多神,而是非人格化的理性一神。从爱利亚学派到苏格拉底、柏拉图,希腊哲学一直在批判传统的人格化多神,在孕育、演进理性神思想。但爱利亚学派的理性一神还只是抽象、空洞的"一",柏拉图将最高的理念善比做太阳那样给万物生命力和秩序的理性神,对拟人的传统多神教从神的道德人格上有所批判,但从他的《法篇》等著作中可看出,他对拟人的传统多神教并未予以彻底推翻,而是妥协的,在他设计的理想国家中仍承认传统多神教的权威。亚里士多德则有比较彻底的理性一神思想,在他的哲学著作中见不到对传统多神教崇奉、妥协的内容,虽然他也说到日月星辰是有神性的,但它们已不是传统宗教中拟人的多神,而是指它们直接赋有"不动的动者"、最高的努斯给予的神性而永恒运动。他的理性一神是从他的自然哲学和本体论思想中推演出来的,也更有"逻辑论证"力。他在《物理学》中追溯世界事物运动的终极动力,得出有"不动的动者"的第一推动力。他在《形而上学》中则从本体构成、现实和潜能的关系说明第一动者,在此书第 12 卷中更将它全面地升华为最高的世界理性——努斯和善。"不动的动者"就是努斯和善,三者都是理性神的神性本质。

努斯是永恒的本体——第一动者。他认为,世界万物皆运动、皆生灭,必有不动变的永恒本体给予世界永恒运动的第一动力,这第一动者就是世界理性——努斯。努斯这不动的第一推动者是永恒的独立分离的本体,是世界之第一本体;它就是无质料的纯形式,是无潜能的纯粹现实。这种本体的本质就是现实性,它必须是没有质料的、无潜能的,才必然是永恒的,也必然是现实的。[①] 努斯是永恒的,它没有生成和消灭,是永恒的运动。它是万物运动的终极原因,是"不动的动者"(the unmoved mover),它永远是主动地推动万物运动的动者,自身不被别的东西推动,实为"永不被动的推动者"。

努斯是最高的世界理性,这样的理性只能以自身为对象,因为它所想的乃是纯粹的形式和本质,是完全的现实性,这些都是出于理性与思想而是善的。真正美好的善的东西是理性的第一对象,是努斯这纯思想的出发点,也可以说是思想的思想。努斯以最完善的东西为对象,参与了思想对象而思想它自身,当它和思想对象接触并且想到思想对象时,它也就成为思想对象,所以理性和思想对象是同一的,因为能够接受思想对象即事物的本质的,只有理性。当它具有对象时就是理性的实现,这种纯思活动是最幸福、最美好的,是神性的。生命属于神,思想的现实活动就是生命,神就是思想的现实性。神的自我的现实性就是最美好的永恒的生命,所以神是有生命的、永恒的、至善的。[②] 黑格尔在《哲学史讲演录》中特别注重这种理性包含着思维和思维对象同一的原理,认为这是"亚里士多德哲学中的主要环节"[③]。实质上,这里说的作为世界理性的努斯是以思想为思想对象的纯思,它是世界万物的本质、形式与现实的终极本原,赋予世界万物以合理的秩序。这种理性神将人的理性外在化,分离为独立、神圣的最高精神本体,是和柏拉图的最高理念殊途同归了。这是由于亚里士多德在探究世界万物本体的终极纯形式中,突出、吹胀了理性与思想的力量,以致将终极的形式与现实说成就是最高的世界理性即努斯自身。

努斯既以理性自身为对象,也以自身为目的。理性最好、最尊贵,没有比它更高、更好的东西了,它是至善,是思想和愿望的对象,也就是万物追求的最后目的。努斯既是动因,又是目的因。目的因造成运动,因

---

① 见亚里士多德《形而上学》,1071b12—22,载于《亚里士多德全集》。
② 见同上书,1072b13—30,载于《亚里士多德全集》。
③ 黑格尔:《哲学史讲演录》第 2 卷,第 299 页。

为它是被爱好、被追求的,其他运动都被它所动。世界的运动也就是必然的,是和冲动或强制相反的,是有目的地合乎真、善、美的。① 整个世界都是以善为最高目的而构成与运动的。这就是亚里士多德的内在目的论的最终结论。

理性神通过围绕地球运转的日月星辰诸星体的圆形运动,推动了大地自然的万物不断运动变化,生生不息。它是大地自然万物的终极动因和目的因,造成了从无生命物到植物、动物和人的万物运生的序列。而人的理性灵魂所有的理性能力——努斯,是分有了作为世界灵魂的努斯,人的理性通过深睿的思想认识到存在的最高形式、最高现实、终极动因、终极目的是理性神努斯,这也是理性神努斯通过人的思想、以理性自身为对象的一种自我认识。这和后来黑格尔说的绝对理念的自我意识也有某种相似之处。当然,亚里士多德还不可能描述努斯这种世界理性演化的辩证法进程。

如何看待亚里士多德的这种理性神学? 欧文斯将亚里士多德的全部形而上学归结为这种神学,认为这种神学是他的存在论的核心,主导了他的全部第一哲学。这种看法将亚里士多德的第一哲学包括本体论全都神学化,完全否定了其中的分析理性精神和科学内涵,所以并不可取。耶格尔和有些西方学者认为《形而上学》第 12 卷写得比较早,是个简短的提要性著作,和他的早期著作《论哲学》已有的理性一神思想比较接近,并明显带有柏拉图后期著作《蒂迈欧篇》和《法篇》中神学的痕迹,只是表现了他早期尚未完全摆脱柏拉图的思想影响,所以他的第一哲学就是本体论,不包括他的神学。这种看法也难以自圆其说,因为关于"不动的动者",在《物理学》中就有两卷展开论述;在《形而上学》的核心卷(第 7、8、9 卷)中更将最高的纯形式和终极动因追溯到这理性神,而亚里士多德在许多著作中体现的目的论思想,也必然导致理性神这终极目的因。所以,尽管后人说亚里士多德的本体论和神学是矛盾的,但十分注

---

① 见亚里士多德《形而上学》,1072b1—13,载于《亚里士多德全集》。

重运用分析理性的亚里士多德自己并不认为其中有逻辑上的矛盾；而从现在看来，他的理性神学是他的第一哲学的有机构成部分，在他的本体论思想演进中，有通达理性神学的知识论根源、目的论根源，也是他的本体论的必然结论与归宿。

而且，他的第一哲学与理性神学和柏拉图的理念论与理性神学虽有殊途同归之处，毕竟也大有不同。他的第一哲学富有成熟的分析理性和科学内涵，是对希腊古典文明的全部知识的最高概括；他的理性神也是比较超脱的"第一推动者"，并不直接干预自然、人世，只以自然的内在目的方式规范世界事物，这种思辨理性之神对科学理性是兼容的。所以，作为中世纪前期基督教的哲学神学思想的奥古斯丁学说，接受柏拉图哲学作为它的理论基础，却极力排斥亚里士多德的哲学，将它列为异端。到中世纪鼎盛期，科学知识和亚里士多德哲学从阿拉伯世界返输入西欧，西欧的科学理性与人文精神复苏，冲击正统的奥古斯丁的基督教哲学。托马斯·阿奎那发现亚里士多德哲学及其理性神学可以作宗教的解释，并和当时日益兴盛的科学与人文社会知识兼容，能更好地为基督教教义服务，于是将亚里士多德哲学及其理性神学进行利用、改造，成为亚里士多德主义的经院哲学，取代了崇奉柏拉图传统的奥古斯丁学说，成为基督教的官方哲学，一直至今。

第五节　伦理学

亚里士多德将知识分为理论知识、实践知识与创制知识，相应地有第一哲学与第二哲学，伦理学、政治学与家政（经济）学，诗学（艺术哲学）。他在《形而上学》第2卷中说："将哲学称为追求真的知识是正确的，因为理论知识以求真为目的，实践知识以行动为目的，尽管实践的人也要思考事物是什么，但他们不从永恒方面去研究，只考虑与当前有关的事情。"①第一

---

① 亚里士多德：《形而上学》，993b19—23，载于《亚里士多德全集》。

哲学与第二哲学以永恒的存在与自然运动的真为对象，而实践哲学以具体的、时间性的人为对象，运用"实践智慧"研究人在城邦社会中的行为，融合着理性和情感（意志与欲望）的行为。他最早界定了实践知识和理论知识的区别，后来康德遂有纯粹理性和实践理性的区分。他在《尼各马科伦理学》的最后一章中说，伦理学和政治学结合的实践哲学也就是"人的本性的哲学"①。这种以人为目的的人的哲学，是希腊古典文明时代人文精神的最高表现。而在亚里士多德看来，在实践知识中伦理学又是起点和基础，因为个人不是孤立、分离的人，而是城邦之民，个人的行为与德性在城邦中实现，他的伦理学是以城邦社群为本位的，城邦的德性才能使它的公民普遍得到幸福；伦理学不仅研究个人的德性培植，更体现了城邦政制的目的，为城邦政制提供伦理价值的基础。所以他在《大伦理学》开卷时说：关于道德的讨论不仅是政治学的部分，而且还是政治学的起点。从总体上说，它应该被公正地称为政治学。② 他的政治学正是奠立在他的伦理学的基础上的。

亚里士多德的伦理学综合、升华了先前希腊的伦理思想，形成了一个比较完整的学科知识系统，在西方伦理学史上有奠基性的重要意义。他的伦理学继承、发展了苏格拉底和柏拉图的理性主义伦理思想传统，但融渗入较浓重的从城邦和个人的现实生活出发进行研究的经验与理性结合的特色，更有科学性与现实性。苏格拉底的伦理思想还只局限在对一些美德概念作普遍性定义，只在原则上提出道德振邦与贤人政制，并且只将美德归结为知识，否定道德的情感内涵。亚里士多德对苏格拉底的伦理思想就有两点中肯的批评：(1)他在《大伦理学》中说："苏格拉底把美德当成知识，这是不正确的"，会导致"德性是无用的"这一结论，因为在其他知识方面，"一个人知道了知识的本性，就会推出他是有知识的"，如通晓医药本性就能成为医生，但在伦理德性方面不是这样，"如果

———————
① 亚里士多德：《尼各马科伦理学》，1181b15，载于《亚里士多德全集》。
② 见亚里士多德《大伦理学》，1181b25—29，载于《亚里士多德全集》。

某人知晓了正义的本性,并不立即就是正义的,在其他德性方面也是这样"。① 他认为伦理学要研究复杂的人的行为,德性应在行为实践中培植。只将德性和知识等同,就会成为只"思"、只"知"而不实行、不养成的无用的东西。伦理学应是实践理性与经验结合的研究。(2)他批评苏格拉底将伦理德性说成只"涉及理性","都在灵魂的理性部分","这就摒弃了灵魂的非理性部分,因而也就摒弃了激情和性格。因此,像这样对待德性是不正确的"。② 他主张应结合理性与情感心理来研究人的伦理德性,这样才是全面、确切的。柏拉图虽也已批评了苏格拉底的美德论的第二个缺陷,但没有在学理上多作建设性的弥补,他的伦理思想更多地交融在他设计理想城邦国家的政治伦理之中,而对伦理学的学科知识尚缺乏系统建树。亚里士多德则从确立伦理学的基本宗旨与原则、具体剖析城邦与个人的各种德性以及指导、支配和认识人的伦理行为的实践智慧(实践理性)等方面,构成了自成一体的伦理学知识系统,既有体制伦理内容,也有道德人格培植,因而成为他的政治学的起点与基础,乃至和他的家政(经济)学也相关,孕育了最早的经济伦理思想。

亚里士多德生前撰写过相当多的伦理学对话和其他著作,但是他名下流传至今的伦理学著作只有三部:《尼各马科伦理学》、《欧德谟伦理学》和《大伦理学》。《大伦理学》是由亚里士多德后学编写的前两部伦理学的提要。《欧德谟伦理学》的形成当在《尼各马科伦理学》之前,它的初步讲义极有可能是亚里士多德在小亚细亚的阿索斯和米提利尼与朋友们交谈时酝酿,并在稍后的时期完成的,其书题名可能是因为它曾经过亚里士多德的一个学生和朋友——来自罗得岛的欧德谟斯③的编辑。耶格尔将此书和早期著作《劝学篇》进行比较,认为是亚里士多德在革新柏拉图思想的初期写的,早于《尼各马科伦理学》。④《尼各马科伦理学》是

---

① 见亚里士多德《大伦理学》,1183b9—17,载于《亚里士多德全集》。
② 见同上书,1216b21—24,载于《亚里士多德全集》。
③ 亚里士多德最后离开雅典迁居卡尔西斯之后,欧德谟斯继续留任于吕克昂学园,主讲数学。
④ 参见耶格尔《亚里士多德:发展史纲要》,罗宾逊英译,第9章,牛津,克拉伦登出版社,1934。

亚里士多德伦理思想成熟时期写的最重要的著作。尼各马科既是亚里士多德的父亲的名字，又是他晚年和赫尔庇利斯同居时生的儿子的名字。对此书题名的缘由，现代学者有各种说法。说是为他晚年的幼子所写或他的儿子所编，似乎都不可能；现在一般认为这部著作是亚里士多德自己写的，可能是献给他的父亲的。《尼各马科伦理学》是亚里士多德的最重要的伦理学著作，它系统地阐述了亚里士多德的伦理思想，大体有三部分内容：(1)伦理学总论，包括讨论伦理的宗旨与目的("善"与幸福)、伦理德性的本质、中道、选择和意志等伦理原则；批判当时流行的一些伦理学说，提出思辨生活是最高的幸福。(2)具体讨论各种城邦与个人的德性，德性论是他的伦理学的主干内容。(3)支配与认识人的行为实践的理性是实践智慧，他对这种实践理性作了开创性的研究。

20世纪30年代上海商务印书馆曾出版向达先生译的《亚里士多德伦理学》；苗力田先生主持翻译的《亚里士多德全集》第8卷有《尼各马科伦理学》(中国人民大学出版社,1994)；现今又新有廖申白译注的《尼各马可伦理学》，根据国内外的研究，有较深入的注释。当今国内外学者普遍关注对亚里士多德伦理学的研究。麦金太尔的社群主义倡导继承、发扬亚里士多德的道德传统，也促进了西方复兴、研究亚里士多德的伦理思想。国外较有影响的专著有普拉斯(A. W. Price)的《柏拉图和亚里士多德著述中的爱和友爱》，国内的专著有廖申白的《亚里士多德友爱论研究》。两书都是涉及亚里士多德的德性论整体的研究。

一 伦理学的对象、宗旨与原则

希腊文"伦理"(ethike)一词源自"习惯"(ethos)。亚里士多德在《尼各马科伦理学》中说："'伦理'这个名称是由'习惯'这个词略加改动而产生的"，"我们的伦理德性既不是出于自然本性的，也不是违反自然本性的，而是我们自然地接受了它们，又通过习惯使它们完善的"。① "习惯"

---

① 见亚里士多德《尼各马科伦理学》,1103a14—26,载于《亚里士多德全集》。

就是人的规范性行为,亚里士多德将伦理学看做研究人的行为规范与道德的学问,它是一种研究伦理德性的实践哲学。亚里士多德认为,"理智德性"是由于教导而生成和培养起来的,"伦理德性"则由风俗习惯沿袭而成,它既不是完全由教育产生,也不是完全由自然产生(即天赋的),而是自然地从环境接受过来,又通过教育与习惯熏陶使它完善的,此中交融着知识与行为、理智与情感、经验与实践理性。因此,伦理学研究的对象与方法和理论知识的学问不同,而和也是研究人的社会活动的政治学乃至立法学、家政学等紧密相关,是实践哲学之首要原理。

伦理学的宗旨与目的是人的生活的至善与幸福。亚里士多德的本体论已将善(使万物归整有序的努斯)看做宇宙的根本的原理或原则,他认为人的活动、人的灵魂的理性和宇宙最高本体的"善"以及作为世界理性的努斯,是相通一致的。人在自己的生活世界就能够确证最高本体的"善",人的活动也都追求着对于人而言是可以获得的善。活动是人存在的方式,人只有在他的实现活动中才能展现其存在。活动都是具体的,所以对人而言,目的或者善都是具体的。善也就表现为善的事物。① 这种人可获得的善,就已不是柏拉图的人不可具体获得的理念善。在人的目的系列中存在着因自身的原因而被当做目的,人们追求它不再为着获得别的任何目的,并且他们所做的一切都是为着它的,一种至善或最高的善。② 亚里士多德将人趋目的地达到最终完善状态称为人的"实现(隐得来希)",就是实现对于人而言的善。用中国古语说,这就是生生之德。人是目的。而人的目的,即人的可实践的至善,就是幸福。幸福和至善是同一的,因为我们选择幸福就是为了它自身而获至善,并不是为了其他目的。虽然我们选择荣誉、快乐、理性也是为了它们自身,可是选择它们最终还是为了幸福,因为通过它们可以达到幸福;却没有人是为了它们而去选择幸福的。③ 他指出幸福是一切行为的最后目的,它是以它自

---

① 见亚里士多德《尼各马科伦理学》,1097a16—20,载于《亚里士多德全集》。
② 见同上书,1094a19—22,载于《亚里士多德全集》。
③ 同上书,1097b1—7,载于《亚里士多德全集》。

身而不以任何别的东西为目的的,所以是至善。所以,亚里士多德的伦理学是一种幸福与至善论。

究竟什么是幸福?由于人们的生活方式不同,对此的看法也甚有分歧。有三种看法,它们判断什么是幸福归结为三种不同的生活:享乐的生活、政治的生活和沉思的生活。享乐的生活只追求身体的快乐,是动物式的;政治的生活追求荣誉与权力,也很肤浅。它们都不是伦理目的或可实践的至善。亚里士多德说的幸福并不排斥快乐,认为合乎德性的生活是精神上的真快乐,而身体的快乐和荣誉只是身体善、外在善,是幸福的次要条件。人所特有的活动中最好的活动是理性的活动,宇宙的最高实在即理性神努斯既然把理性活动专门赋予了人,人过"沉思的生活"这种理性活动的善,就是幸福。所以亚里士多德将人的可获得的善与幸福用这样一段话来阐明:

> 如果人的活动是灵魂的遵循或包含着理性的实现活动;如果一个人的活动同一个好人的活动在根源上同类,且后者的德性上的优越总是被加在他那种活动前面;如果我们说人的活动是灵魂的一种合乎理性的实现活动与实践,且一个好人的活动就是良好地、高尚地完善这种活动;如果一种活动在以合乎它特有的德性的方式完成时就是完成得良好的;那么,人的善就是灵魂的合德性的实现活动,如果有不止一种的德性,就是合乎那种最好、最完善的德性的实现活动。①

幸福不在于一时一事的合乎德性,而在于一生中的合德性的活动,一个人只有在一生中都努力合德性地活动着,才是幸福的。幸福的根本在于灵魂合乎德性活动这种"内在善"。亚里士多德将善的东西分为三种,即外在的善、身体的善和灵魂的善。他说,最主要的应该是灵魂的善,这是从古至今的哲学家都同意的。所以行动的目的应该是求得灵魂的善而

---

① 见亚里士多德《尼各马科伦理学》,1098a7—18,载于《亚里士多德全集》。

不是外在的善。这个观点和将幸福规定为好的生活和好的行为,是一致的。① 但他认为幸福也需要"外在善"、"身体善",许多活动要以朋友、财富和政治权力作为达到目的的手段;有些事情如果缺少好的出身和英俊的面貌也会有损尊荣,幸福需要以这些外在的因素作为补充。② 幸福也需要外在的善,这是因为人们都认为幸福是自足完善的,而自足完善就意味着所有善的事物一应俱备;而在所有的外在善中,朋友就是最大的善。③ 幸福也在于人们同朋友一道持续地进行合德性的活动。总之,通俗地理解,他说的幸福和常识意见所说的幸福就是做好人、过好生活是一致的。亚里士多德的伦理学以至善与幸福为宗旨,这既和他的第一哲学有机关联,又关注现实的人,注重现实的城邦社会和人生,突出了人是目的,融合理性与经验,是洋溢着理性主义人文精神的人的哲学。

既然至善和幸福在于人合乎德性的行为,主要又在于人的灵魂合乎德性活动这种"内在善",这就是合乎伦理德性,那么,合乎道德的伦理德性的本质又何在呢? 希腊文的德性 arete 的本义泛指"优点"、"长处"、"优良品质"。"德性(品质)"应是伦理德性的"种"。亚里士多德为伦理德性下了定义:"选择行为中道的品质"。"选择行为合乎中道"是这个定义中的"属差"。伦理总表现为行为选择,伦理德性必须是行为选择合乎"中道"原则。"中道"是亚里士多德伦理学及与之相关的政治学的一个基本原则。亚里士多德指出,伦理德性总是被过度或不足所破坏,如勇敢、节制就是这样。一个人如果对什么都害怕、回避就是懦夫,反之,天不怕地不怕敢冒一切危险便是莽汉;如果沉湎于享乐不能自拔是放纵,而要是摒弃一切享乐便成为麻木无情的人。所以勇敢和节制都会被过度和不足所破坏,只有中道才能保持、维系它们。④ 他说,就伦理德性的

① 见亚里士多德《尼各马科伦理学》,1098b13—30,载于《亚里士多德全集》。
② 见同上书,1099a31—b8,载于《亚里士多德全集》。
③ 见同上书,1169b9—10,载于《亚里士多德全集》。
④ 见同上书,1104a10—25,载于《亚里士多德全集》。

本质或定义说,它就是中道,要在过度和不足之间找出一个适度来。① 就其要避免过度和不足这点说,"中道"和中国古代儒家说的"中庸"有相似之处,但"中庸"还包含"致中和"等其他含义,是天地万物之至高原理,两者又有区别。人的行为实践总是同欲望、快乐和痛苦的情感相关,实践事务既可变动,又是连续的,因而都含有变量,都有程度上的差别,都有过多、过少与适度。② 伦理德性是使得一个人能在实践事务上命中对他而言的适度,从而使得他好,并且使得他的活动完成得好的品质。③ 亚里士多德列举了许多具体实例,说明人的行为"过度"与"不足"是各走极端的"相反的对立",是不好的品质,"中道"的行为才是伦理德性。如无耻和怯弱是"过度"与"不足","中道"是谦谨;相似的,在挥霍和吝啬之间是慷慨,虚夸和谦卑之间是真诚,鲁莽和怯懦之间是勇敢,放荡和冷漠之间是节制,等等。实践事务都同情感与欲望相关,适度就是正确行为,是合乎伦理德性的善的特点,过度和不及就是错误行为,是悖逆伦理德性的恶的特点。④ 但亚里士多德补充说,有些行为本身就是恶,就不存在适度,例如,不能说在谋杀行为中存在什么适度,它是和善绝对对立的恶。⑤ 亚里士多德指出:在伦理行为中选好中道是不容易的,要努力避开那个最与适度品质对立的极端。就像《奥德修记》中奥德修向他的舵手转达的仙女客耳刻的警告:"牢牢把住你的船,远离那巨涛与浪雾。"⑥

　　亚里士多德在其伦理学中还提出行为的自愿选择和责任的原则。一个人是不是选择合乎中道的行为,即是为善还是为恶,是由他自愿决定的。自愿和非自愿选择也就是后来伦理学中较多讨论的选择"意志"和恶的缘由问题。他认为伦理学中的选择有其特定含义。选择并不等同于欲望、感情及意见。一切非理性的生物都不会选择,但它们也有欲

---

① 见亚里士多德《尼各马科伦理学》,1106b16—1107a9,载于《亚里士多德全集》。
② 见同上书,1106a24—25,载于《亚里士多德全集》。
③ 见同上书,1106b14—15,载于《亚里士多德全集》。
④ 见同上书,1106b32—35,载于《亚里士多德全集》。
⑤ 见同上书,1107a20—21,载于《亚里士多德全集》。
⑥ 同上书,1109a30—32,载于《亚里士多德全集》。

望和感情；不能自制的人按欲望而不是按选择行事，而自制的人反之，他们是按选择而不是按欲望行动的。① 选择也不是意见，意见是对事物包括永恒的和不可能的东西作出判断，只有对和错的区别；而选择却是要区别好(善)和坏(恶)，是要使自己成为什么样的人。善于选择的人和善于提出意见的人是不同的。② 亚里士多德认为，选择就是在行动之前所作的审慎的考虑，其中包括推理和思索，在与其他事情比较之后，优先选取它。③ 由此可见，德性作为对中道的选择行为，和推理、思想等活动相关，是理智性的，不是情感性的。人对行为的选择，从根本上说都是自愿的。被强制的行为有外来原因，有非自愿的成分，但是他终究选择了这一种而不是那一种行为，这又是自愿的。因无知而做了不当的行为，他没有悔恨便不能说是非自愿的。④ 由于认识、推断所犯的错误与由于感情和欲望所犯的错误都是人的行为，都应该避免，但不能说是非自愿的。⑤ 人的行为的起点和动因都在于他自己，所以人的行为是自愿选择的行为。苏格拉底认为德性就是知识，人性本善，知道是恶的便不会去做它，所以他认为无人自愿为恶。亚里士多德却认为，决定人的行为的，除了知识以外，还有情感和意欲，性善、性恶皆非人的自然本性，是和后天的环境与教养相关的，所以他认为作恶也是自愿的。⑥ 亚里士多德认为，既然人对行为的选择都是自愿的，人总是自己的主宰，人应该对自己选择的行为负有责任，行善和行恶一样都是自愿的，都应对自己的品质负责，应受到道德上的表彰或责备，受到城邦的奖励或法律的惩罚。

　　亚里士多德还讨论了快乐和善、幸福的关系问题。认为善与幸福就是快乐，是当时流行的看法。居勒尼学派的阿里斯提波早就主张善就是快乐，而时兴的说法为快乐即幸福，当时较有影响的则是著名的天文学

---

① 见亚里士多德《尼各马科伦理学》，1111b11—18，载于《亚里士多德全集》。
② 见同上书，1111b31—1112a13，载于《亚里士多德全集》。
③ 见同上书，1112a15—17，载于《亚里士多德全集》。
④ 见同上书，1111b2—7，1111b18—23，载于《亚里士多德全集》。
⑤ 见同上书，1111a26—b3，载于《亚里士多德全集》。
⑥ 见同上书，1113b17，载于《亚里士多德全集》。

家、数学家欧多克索主张的"快乐是善"的学说。他认为一切理性的和非理性的生物都追求善(好),所有的生物都要避免痛苦,所以快乐是善,因为被选择的东西总是好的,快乐是被大多数生物选择的,所以是最大的善。亚里士多德认为,有的快乐可以是实现善与幸福的一种情感性的感受,两者可以有关联,但不能径直将善与幸福归结为一切快乐。柏拉图在后期对话《斐莱布篇》中证明善不是快乐,但并不绝对否定快乐,主张快乐只有和智慧结合在一起才是更好的,更为人所选取,因此快乐还不是善。① 亚里士多德更现实地发展了这种主张,认为不能说快乐就是善,因为并不是全部快乐都是可以选取的,只有一些快乐自身是可以选取的,它们才是善。② 他论述道:真正的善的快乐是人的现实活动的完美实现,而合乎德性的实现就是幸福。在活动中,只要主体和对象双方都是良好的,并且双方发生良好的作用时,其结果——实现就是完美的,就会引起快乐。快乐并不像伦理德性那样是内在的品质,而是伴随着美好活动实现而获得的情感后果。不同的现实活动伴随着不同的快乐,生活本身就是现实活动,人们正是因为生活引起的快乐而热爱生活。事实上每一种快乐都是和由它完成的活动紧密相连的,各种活动都由它自己固有的快乐所加强:只有喜欢几何学的人才能成为几何学家,能够更好地掌握几何命题;那些爱好音乐或建筑的人也是这样,由于爱好它们才能在这方面取得成绩。③ 他进而论析道:既然活动有好、坏、不好不坏的不同,有的值得选取,有的要加以避免,有的是中性、无所谓的;快乐也是这样,有价值的活动所固有的快乐是好的,邪恶活动的快乐是坏的。快乐有善、恶之分,不是用快乐来界定善或恶,而是善与恶派生出不同本性的快乐情感。人使现实活动完美实现的快乐,是人应追求的严格意义上的真正快乐,是伴随着善与幸福的快乐。

---

① 见柏拉图《斐莱布篇》,60B—E,载于《柏拉图对话全集,附信札》。
② 见亚里士多德《尼各马科伦理学》,1174a8—12,载于《亚里士多德全集》。
③ 见同上书,1175a29—b1,载于《亚里士多德全集》。

二　德性论

具体讨论城邦和个人的伦理德性,是亚里士多德伦理学的主要内容。《尼各马科伦理学》从第 3 卷到第 9 卷主要就是展开论述人的各种道德行为和伦理德性的,相当具体、细致。其中最重要的是和希腊传统德性相关的、比苏格拉底与柏拉图的研究更有进展的四种德性:勇敢、自制、正义、友爱。它们不仅是个人的德性,更是属于城邦社会的德性,因为个人行为只有在城邦社会群体中才能得到实现,而这些伦理德性又为城邦的政治体制提供伦理原则,为城邦的社会生活建树道德秩序。苏格拉底与柏拉图研讨美德,虽也结合事例,但主要是从概念出发作分析;亚里士多德论德性却不同,他融合经验与实践理性,总是对许多日常生活中的伦理行为加以分析比较,从中概括得出有普遍性的观点,既解释了伦理现象,也形成了伦理德性的理论。因此,他的德性论立足于现实的城邦社会生活,更切近生活经验实际,易为普通人所理解和接受。

（一）勇敢

勇敢在古代希腊是广泛受到尊重的美德。柏拉图的《拉凯斯篇》和《国家篇》都深入讨论了勇敢德性,认为勇敢是关于恐惧和信心的原因即未来之恶与未来之善的知识,城邦的勇敢德性体现在护国者特别是军人护卫者之中。亚里士多德主张,无论对于城邦或个人,勇敢应以高尚为目的,是恐惧和鲁莽的中道,是恐惧与信心方面的适度品质。在恐惧或可怕的事物上,勇敢的人是表现出了适度的无恐惧的人。勇敢并不意味着对任何事情都无恐惧感,因为对有些事情和感情,例如耻辱事和耻辱感,如不感到畏惧,此人就是卑贱的而不是勇敢的。往往对于人最可怕的事物即死亡而言,勇敢就是为着一个高尚目的而死时,表现出适度的无恐惧和适度的信心的品质。[①] 勇敢的人对该惧怕的事物也感到恐惧,但他的恐惧是适度的,能凭借理性的力量而经受得住,为着高尚的目的,

---

① 见亚里士多德《尼各马科伦理学》,1115a6—b5,载于《亚里士多德全集》。

按照逻各斯(理性)的要求,以境况所允许的最好的方式去感觉和行动,就像一个将军面对险境时最好地运用他的军队。

亚里士多德概述日常生活中有五种"勇敢",它们或者不是真勇敢,或者只是相似于真正的勇敢:第一种是经验的勇敢,即雇佣军人的勇敢。它出于技艺而不是出于德性,技艺性知识不等于勇敢,当敌方力量压来、危险发生之时,外邦人雇佣兵往往首先逃跑,而具有公民的勇敢德性的公民战士,能一直坚持战斗到死。[①] 第二种是激怒的勇敢,是一种动物性本能的勇敢,就像兽类由于痛苦的驱动而行动勇敢。但是,如果把勇敢的自然本能方面和高尚的目的结合起来,激怒的勇敢可以转变为真正的勇敢。"由怒气激发起来的勇敢似乎是最为自然的勇敢,如果再加上选择或目的就是真正的勇敢了"。第三种是乐观的勇敢,是出于某种气质而对任何事情都抱有信心,并且经常在这点上过度。但有信心而不适度、无高尚目的并不达到勇敢。第四种是无知的勇敢,是最低等的奴隶式的勇敢,这种人的勇敢出于对危险的无知,一旦了解了真实的情况,他们马上就会逃跑。[②] 第五种是公民的勇敢,同真正的勇敢最接近,但也有区别。公民的勇敢是为着避免受法律惩罚和舆论谴责,或为了获得荣誉,也是出于德性,是真正的勇敢的起点;而真正的勇敢是为着高尚的目的,面对重大危险而拒绝做任何耻辱的事情。

(二)自制

柏拉图在《卡尔米德篇》中专门讨论了自制(sophrosyne),它包含了"认识你自己"的自我明智的含义,有"明智"、"适度"、"审慎"、"节制"等意思,不只是对欲望的节制。亚里士多德也把自制这种品质看做是健全的灵魂自身和谐有序的控制。自制中的节制是和快乐、欲望相关的。节制与放纵同身体的快乐相关,且只同触觉快乐相关,而触觉的快乐也有高雅与低等之分,与节制和放纵相关的只是那些低等的、触觉的、人与动

①见亚里士多德《尼各马科伦理学》,1116b8—17,载于《亚里士多德全集》。
②见同上书,1116b2—1117a28,载于《亚里士多德全集》。

物共有的快乐。① 快乐有身体的和灵魂的,灵魂的快乐包括学习的快乐、回忆的快乐、荣誉的快乐等,这些快乐影响的不是身体而是灵魂,不属于节制与放纵的问题。亚里士多德说,在对待身体的快乐上,节制的人不以不适当的事物为快乐,不追求过度的快乐,而是适度地期望获得那些适当而愉悦的事物;放纵的人则做得相反。节制的人有正常的欲望,放纵的人或者具有反常的欲望。②

　　自制德性的全体有更开阔的明智含义,是和人的自我知识相关联的。亚里士多德认为:有人认为不自制的行为只是违反了意见,而不是违反知识,这是不对的,只有确实的知识才能使人自制。但是"知"有两种意义,有了知识可是不去实际使用它,和有知识并且实际使用它,这两者是不同的,所以自制有赖于使用知识的行为实践。知识总是普遍的,而个人的行为总是特殊的,自制还应能把握普遍知识合适地付诸特殊的活动。一种行为(如施恩于人)从其普遍意义上来说本来是正确的,但如在特殊的环境中对于特殊的人(如对犯了不可饶恕的罪恶的人),则施恩便是不对的,应该制止。亚里士多德认为,一个人所以会做出不自制的行为,主要是由于欲望驱使他去做和逻各斯(理性)相反的事情;因为不自制的情感引起的不是真正的知识,而只是一种对眼下特殊对象知觉的判断。③ 不自制的人完全在情感的控制下,即使他原来有知识,或已经忘记了,或只是在嘴上作空谈;不自制的人没有真正的知识,无论是理论知识或实践知识。有实践智慧的人则不仅是有知,而且又能付诸行为实践,必定是自制的人。亚里士多德将不自制的人比做一个制定有正确的法律规则却不能付诸实施的城邦,将坏人比做制定有坏的法律并加以实施的城邦。

　　(三)正义

　　希腊文 dikaiosyne、dike 有"公正"、"正义"的含义,在古代希腊历来

---

① 见亚里士多德《尼各马科伦理学》,1118a2—b17,载于《亚里士多德全集》。
② 见同上书,1118b8—16,载于《亚里士多德全集》。
③ 见同上书,1147b6—17,载于《亚里士多德全集》。

被看做最重要的、最高的伦理价值,接近于善,是善在伦理、政治中的直接表现,至今一直是这样。当代美国著名伦理学家罗尔斯在他的名著《正义论》中开宗明义地指出:"正义是社会制度的首要价值,正象真理是思想体系的首要价值一样。"①正义既是城邦社会体制的基本价值范畴,是社会政治方面最高的价值范畴,也是统摄个人德性的最高伦理范畴。柏拉图在《国家篇》中主张按照正义理念的范型建立理想国家,认为城邦正义就是按照社会分工原则,治理者、军人护卫者与辅助者、从事农工商的自由民三大社会集团各自做好自己分内的事,不去干涉别人的事;个人正义则是灵魂的理性、激情、欲望三个部分各守本分,各自发挥合适的功能,和谐一致,这就有自制的人,能主宰自己,使个人的行为合乎德性。亚里士多德也主张正义既是城邦的首要德性,也是个人的德性总体,两者是互相关联的。他说,正义不是德性的一个部分,而是整个德性,不正义也不是邪恶的一个部分,而是整个邪恶。② 在各种品德中,正义不但是最主要的,而且它统摄、包括其他各种德性,如勇敢、自制、友爱等等都隶属于正义。正义的主要含义就是以德待人,要以维护他人的和整个城邦社会的幸福作为主要的目标。

　　亚里士多德认为,正义有两个基本的含义:一是守法,所守的"法"泛指不成文法和成文法;二是公平,所说的"公平"(isos)英译为 fair,"洛布古典丛书"本加注说就是 equal 和 equitable,希腊文 isonomia 有平等(equality)的意思,但亚里士多德说的此概念尚无近现代的"平等"意义,而是一个人所获得的东西应相等、相称于他应得的东西,没有人与人皆平等的意思,所以译为"公平"较为确切。守法是就一个人的行为同其他人的关系的总体意义来说的,公平是就同获得利益有关的具体事情来说的。所以,正义就有总体的和具体的两种。守法是总体的正义,公平是获得或分享利益方面的具体的正义。③ 由此可见,本来意义上的正义就

① 罗尔斯:《正义论》,何怀宏、何包钢、廖申白译,第 1 页,中国社会科学出版社,1988。
② 见亚里士多德《尼各马科伦理学》,1129b26—1130a11,载于《亚里士多德全集》。
③ 见同上书,1129a1—b10,载于《亚里士多德全集》。

是政治上的正义。

　　守法是总体的正义。法立足于并体现伦理原则和美德。亚里士多德说,法律应是正义的,制定法律的人是以合乎美德的立法,最好地表现全体的共同利益或统治者的利益,维护城邦社会的共同幸福的。法律规定了各种行为的共同准则,要求人们的行为合乎德性,如要求勇敢便不许逃离岗位和抛弃武器,要求节制便不许通奸和粗暴,要求温和便不许殴打和谩骂,其他品德也是如此。凡是鼓励美德、禁止恶行的便是正确的法律,任意制定、悖逆德性的法律便是坏的。[1] 亚里士多德强调法律和伦理有紧密的内在联系,好的法律应是合乎伦理德性原则的。他不是主张无条件地遵守一切立法者规定的法律,而只是主张遵守鼓励美德、禁止恶行的正确的法律,不应遵守自身就不正义的坏的法律。法律应出于良好的意愿,合乎伦理德性,能促进城邦政治共同体的共同利益;守法便是关乎城邦总体的正义,也能实现个人的各种德性。守法意义上的正义,不像勇敢、节制等只是个人伦理德性的一个部分,而又关乎个人德性的总体;同理,和这种正义相反的不守法的不正义也不是恶的一部分,而是恶的总体。[2] 守法的正义是城邦成员之间交往上的总体德性,总涉及同他人的关系,是促进他人的善的。一个人对他人的行为中最重要的,是他在政治生活中的行为。正如七贤之一彼亚斯所说,担任公职最能检验一个人的品质。总之,守法的正义是公民的正义,是一个公民对所有其他公民的总体的德性、总体的善。守法是好公民的德性,但是仅仅守法还不足以使他成为一个正义的人,他还需要在获得和分享利益方面做到公平的正义。就城邦的正义而言,也不仅是要制定合乎德性的法律,而且在权益的分配上也要合乎公平的正义。

　　公平的正义就是每一个人分享或获得的利益应当等于他的应得。在权益分配上都有多和少的极端,在这两个极端之间有个合适的中点,

① 见亚里士多德《尼各马科伦理学》,1129b11—26,载于《亚里士多德全集》。
② 见同上书,1130a10—11,载于《亚里士多德全集》。

这适度的中道就是公平。① 一个人如果在同另一个人或更多的人相关的利益上取得超过自己应得的利益,或是在损失的方面承担少于自己应当承担的份额,就损害了那个人或那些人的应得的利益,就被称为"不公平的人"。② 亚里士多德论述了三种公平的正义:

(1)分配的正义

在荣誉、钱物或其他可析分的共同资源方面同他人分享的正义是分配的正义。亚里士多德认为,分配正义表达在(A＋Pa)∶(B＋Pb)＝A∶B这个公式中,A、B表示两个人,Pa、Pb表示两个人从共享的福利资源中分配的部分。他把这个公式称为"比例的公平",是一种几何比例的公平公式,它是多得和少得之间的适度。③ 这里也涉及经济利益的分配正义,亚里士多德可以说是最早研究了经济伦理学中的分配正义问题。

(2)回报的正义亦即互惠的正义

回报的正义是自愿的私人交往和公民交往中受惠一方履行回报责任的正义。在存在一方施予恩惠的私人交往中,受惠的一方也有回报的责任。所以,人应当奉养父母,因为被生养者欠生养者的恩。④ 城邦中的人有分工,只有通过经济交换活动,人们相互间才有互惠的交往。⑤ 这种互惠是由交易关系构成的,在生产同种产品的制鞋匠、建筑师和农民间没有交换关系,而不同的产品如制鞋匠制造的鞋子、建筑师建筑的房子和农民生产的农产品间才有交换。要交换便必须使这些东西表现出相等的价值。亚里士多德指出:人们正是因此以货币作为交换的等价物,使多少双鞋子可以和多少房屋或多少农产品相等。一切事物都可以用同一个东西来衡量,这东西就是货币。⑥ 对此,马克思高度评价说:亚里士多德"最早分析了许多思维形式、社会形式和自然形式,也最早分析了

---

① 见亚里士多德《尼各马科伦理学》,1131a10—15,载于《亚里士多德全集》。
② 见同上书,1129b1—b11,载于《亚里士多德全集》。
③ 见同上书,1131a10—b24,载于《亚里士多德全集》。
④ 见同上书,1165a23—24,载于《亚里士多德全集》。
⑤ 见同上书,1132b35—1133a1,载于《亚里士多德全集》。
⑥ 见同上书,1133a20—26,载于《亚里士多德全集》。

价值形式"①;"亚里士多德在商品的价值表现中发现了等同关系,正是在这里闪耀出他的天才的光辉"②。

(3) 矫正的正义亦即补偿的正义

矫正的正义是在私人的和公民间的不自愿的交往中对已发生的对于一方的损害进行补偿的正义,就是一方应将损害对方的部分补偿给对方。亚里士多德称这种正义的尺度是"算术的比例",意思是不论各方交换前的利益的实际比例是多少,要确定的是损失的一方损失了多少,就应补偿多少。③ 法律只考虑行为造成的伤害,它把双方的利益看做是平等的。④ 在经济利益分配上是否应有补偿原则,也是当代经济伦理学研讨的重要问题。罗尔斯的《正义论》中提出的一条很重要的差别原则,就是主张在经济利益的分配中,国家应有调节,对处于不利地位的弱势群体给予补偿。⑤ 诺齐克的极端自由主义理论则强调获得的正义和转让的正义,反对国家有再分配的职能和实施对任何群体的补偿,他说的矫正原则只是对违背上述两原则的所谓不正义的占有应纠正。⑥

(四) 友爱

希腊文 philia,philo,philos 有"友谊"、"亲爱"、"倾慕"、"热爱"等意思,英文常译为 friend 或 friendship,中文译为"友爱"较妥切。在古代希腊人的观念中,友爱是爱(eros)的一个亚种,是两个人之间因任何一种可爱的东西而引起的相互吸引与爱恋。古代希腊的四大美德中虽然不包括友爱,但希腊人很重视友爱这种品德,在柏拉图前期对话《吕西斯篇》中苏格拉底就专门讨论了友爱的定义问题。《尼各马科伦理学》中的第8、9两卷都讨论友爱。友爱与正义是亚里士多德在这部伦理学中

① 《马克思恩格斯全集》第23卷,第73—74页,人民出版社,1972。
② 同上书第23卷,第75页。
③ 见亚里士多德《尼各马科伦理学》,1131b30—1132a2,载于《亚里士多德全集》。
④ 见同上书,1132a30—b10,载于《亚里士多德全集》。
⑤ 转引自姚介厚《当代美国哲学》,第211—213页,三联书店(香港)有限公司,1996。
⑥ 转引自同上书,第225—230页。

讨论得最为详细的两种伦理德性,认为两者是城邦社会最重要的伦理基础。在他看来,友爱与正义不可分,不论对私人生活还是城邦生活都是最必需的,都是把城邦社群(koinomia,英译 community)与共同生活联系起来的基本纽带。他说:友爱将城邦联结在一起,所以立法者重视友爱更甚于正义,因为友爱可以加强团结,消除仇恨和斗争。① 他认为友爱和正义一样是建立和完善城邦所必需的社群的德性,它不只是个人的关系,而且涉及各种社会关系,如家庭中的亲子关系、夫妇关系以及主人和奴隶的关系,政治上的统治者和被统治者的关系等,相当于中国古代所说的伦常关系。亚里士多德的友爱观接近于仁爱观,和孔子所说的"仁者爱人"的基本精神有一致之处。

亚里士多德认为,友爱只能发生在人和人的相互关系中,他们有爱也有回报,这种关系是相互的;对于没有生命的事物的爱不能称做友爱,因为它是没有回报的。② 赫拉克利特认为万物都由斗争产生,只有不同的人才能成为朋友;恩培多克勒主张"同类相聚",认为只有志同道合者才能结为朋友。亚里士多德认为这些都是将自然哲学原理强行扩展为人的伦理道德。他认为,使得人与人之间相互吸引的东西,也就是友爱的目的因。人有三种可爱并产生吸引的因素:善、快乐和对他人的用处。这三种因素中,"用处"是为获得前两种因素的手段,善和快乐才是人们在相互的友爱中真正希望得到的东西。③ 而在前两种因素中,善是更好、更可爱的东西,人运用理性所获得的善,即智慧、明智和伦理德性,才是人的实践的生命活动所产生的更好的东西。他认为,与两性间的动物性的爱恋相比,爱智慧要高尚得多、优越得多。

根据上述三种引起友爱的因素,亚里士多德指出有三种不同性质的友爱,即善的友爱、快乐的友爱和实用的友爱。这三者之中只有善的友爱是合乎德性的友爱,其他两种友爱都是因偶然因素而发生的。以善为

---

① 见亚里士多德《尼各马科伦理学》,1155a22—26,载于《亚里士多德全集》。
② 见同上书,1155b26—28,载于《亚里士多德全集》。
③ 见同上书,1155b19—22,载于《亚里士多德全集》。

目的的友爱出于为了朋友自身,不是出于偶性。只要善不变其为善,这种友爱就能永远维持。这种善是无条件的、绝对的,它可以使朋友彼此得益有用,也可以彼此得到快乐,所以这种友爱是最大的、最好的、最持久的。① 善的友爱是很少的,因为它只能产生于两个有德性的人之间,而且需要两个人通过长时间的共同生活、相互了解并形成共同的道德。快乐的友爱离善的友爱要更近一些。在快乐的友爱中双方相似的东西更多一些,他们都从共同相处中得到快乐。快乐的朋友都不大相互计较,讲究实用的朋友中间却充满着斤斤计较,往往会相互抱怨和指责,因为他们每个人都想自己得到最大的一份利益,总是觉得自己得到的还不够多,而在快乐的朋友之间这种抱怨就不会发生。② 善的友爱只能存在于两个好人之间;快乐的友爱和实用的友爱则可能存在于一个好人同一个坏人、一个好人同一个不好不坏的人、两个坏人、两个不好不坏的人以及一个坏人同一个不好不坏的人之间。两个人在德性上相距甚远便不适合为友。亚里士多德建议说,你的地位高的上司如果不是在德性上更高,便不适合同他做德性上的朋友。因为这样一个人如果德性上比你低,他就只会以他的更高的权力来同你交往,就会处处显示他的尊贵,并希望得到你的奉承。③

亚里士多德认为,友爱双方的给予和回报应该是平等的,但因为各人的价值有高低的不同,所以往往出现不平等的情况。从法律和契约上说,双方的交换应该尽量求其平等;但从伦理道德上说,应该是要求各尽所能,尽自己的力量为对方多做点好事,而不是要求让自己多得利益,这才是高尚的。亚里士多德提出:在穷人和富人的交往中,如果富人给予了钱财,他可以得到荣誉的回报。将这原则推广到城邦事务上,如果一个人从公共事务中得到钱财,便不应再得到荣誉;如果得到了荣誉,便不应再贪求钱财。

---

① 见亚里士多德《尼各马科伦理学》,1156b7—24,载于《亚里士多德全集》。
② 见同上书,1158a16—20,1162b15—18,载于《亚里士多德全集》。
③ 见同上书,1165b12—21,载于《亚里士多德全集》。

亚里士多德认为,有三种最基本的共同生活形式:家庭关系、伙伴关系、公民关系(包括主客关系)。前两种属于私人的共同生活;后一种是政治的共同生活,以法律和契约为基础。公民关系是"有平等的机会去治理或受治理的人们"之间的关系,所以性质是平等的。家庭生活中的主要关系是不平等的,因为例如男人对于妇女、父母对于子女都有一种优势的地位。兄弟和伙伴的关系都是私人间的平等的交往关系。基本的共同生活形式决定了友爱有三种主要的形式:家庭友爱,兄弟和伙伴间的友爱,公民之间(包括本城邦公民主人与客居异邦人之间)的友爱。一种友爱越深,对这种友爱的伤害也就越严重,越不正义。家庭中的友爱由于发生于最自然的关系而最深,包含着最大的恩惠关系,它一旦被伤害显然就最为严重、最不正义。

家庭友爱包含三种主要的关系:丈夫与妻子、父母与子女、主人与奴隶。家庭缘起于男人与妇女基于自然差别与分工的结合,为繁衍后代,也为满足生活需要,家庭总是先于城邦而存在而且更为必需。男人与女人各自需要不同的德性:男人要有做家长的德性;妇女要有同她的自然作用相适合的德性,例如娴静。他们也有共同需要的德性,如节制、勇敢和正义,但需要的程度和方式不同。这些不同或不同程度的德性,恰可成为夫妻相互吸引的原因。亚里士多德把丈夫与妻子的有德性的关系比做"以德治家"的"贤人制",即丈夫和妻子作为父母和主人,依据自身的德性对子女与奴隶的治理。夫妻任何一方越俎代庖的治理,都会使家庭的"贤人制"蜕变为家庭的"寡头制",丈夫只依赖其权威治家,妻子只依仗其财产继承权来管家,就是这种情况。父母同子女的关系是家庭生命的延续,父母与子女的友爱本于人类的动物性,是最为自然的一种友爱。父母对于子女始终存在着"单方面的优势的恩惠",是人生中最大的恩惠,因为父母生养、哺育、教育了子女。父母爱子女,是因为子女是他们的生命的延续;子女爱父母,是因为父母是他们的生命存在的"来源"。凡创造者都会爱他的作品,因为他爱存在。亚里士多德指出,在把孩子看做自己的"作品"和"结果"这一点上,母亲还要胜过父亲:她们由于付出了"生育的辛苦",更加认为孩子"是她们的结果"。① 他把父亲同子女的友爱关系看做是"君主制"的:父亲要有完善的德性,像君主关心其臣民、牧人关心其羊群那样,关怀和提高子女的善;子女对父亲的关系类似于人对于神、臣民对于君主的关系。如果父亲像对待奴隶那样对待儿子,这种"君主制"就失去了任何德性而蜕变为"僭主制"。而主奴的关系就只是"僭主制"式的,因这种关系完全是为着主人的利益,奴隶仅仅是主人的工具;奴隶是有灵魂的工具,工具是没有灵魂的奴隶。作为奴隶,主人对他是没有友爱的;但奴隶作为人,对于一切都服从法律、遵守契约的人,他们之间有正义,作为人当然也有友爱。亚里士多德也认为,主人有责任培养奴隶的品德和思考的能力,并且在他们具备条件时可以使他们自由,他的"遗嘱"就有解放他的奴隶的内容。当然,这只是很特殊的少数情况。

兄弟、伙伴之间的友爱是类似共和制的友爱,他们是平等的,都力求成为平等和高尚的人。兄弟姊妹相互的爱是亲属关系的友爱,自然地出于双亲,血缘相通,骨肉相连,他们是同一而互相分离的个体,生下来就相互关心,并且一起长大,受同样的教育,性格也就相近,他们间的友爱经得起长时间的考验,最为可靠。②

公民的友爱是公民之间以私人形式进行的正常交往,是一种自愿的交换关系。作为公民当事双方的一种友爱,它本质上是基于法律与契约的实用的友爱。像兄弟或伙伴关系一样,它的首要的性质是平等,是"共和制"式的友爱。法律对公民间自愿达成的契约和交易不加干预,因为在这种契约与交易中,没有哪一方会弄错自己的目的,这种交换必须令每一方都受益。意愿的平等性在这里的含义就是,每个参与交换的人都要在他确定的、对方也充分明了的那个交换目的上受益。自愿的交往与交换是公民的基本生活,公民的友爱要求人们相互回报他们各自从对方

---

① 见亚里士多德《尼各马科伦理学》,1168a6—8,1168a25—27,载于《亚里士多德全集》。
② 见同上书,1161b11—1162a15,载于《亚里士多德全集》。

那里接受的好处,也就是前面谈到的回报的正义。城邦就是由成比例的回报联系起来的。亚里士多德说,所以人们要崇拜美惠女神,因为每个人都有责任以善回报善。回报是公民生活中的最基本的德性。他说,如果能够,对所接受的东西应当给予回报,因为"我们不能违反一个人的意愿地与他交朋友"。① 亚里士多德提出了一个很重要的公民友爱的伦理原则:要像对自己好一样地对别人好,爱人如爱己。这和孔子说的"己所不欲,勿施于人"异曲同工,都被视为伦理学上的"黄金规则"。当然,在中国和西方的不同文化传统中,它们也有含义与表达形式的差异。

三 实践智慧和作为最高幸福的思辨生活

人的知识与活动都是由灵魂的功能支配的。亚里士多德在《尼各马科伦理学》第 6 卷中分析了灵魂的各种理性能力,指出灵魂通过肯定和否定而获得真理的方式有五种:(1)技艺(techne,英译 art),(2)理智知识(episteme,英译 knowledge,或译 scientific knowledge,指理论的、思辨的或科学的知识),(3)实践智慧(phronesis,罗斯等英译为 practical wisdom,"洛布古典丛书"本译为 prudence,苗力田译为"明智"),(4)智慧(sophia),(5)理性(nous,努斯;罗斯译为 intuitive reason,直观理性;也有径直译为 intuition 的;"洛布古典丛书"本译为 intelligence;苗力田译为"理智")。② 如前所述,努斯是洞察存在全体包括哲学原理、公理与定义和个别事物的最高理性,智慧也是相似地贯穿人的认知与活动的全局。这里说的狭义的技艺(广义的技艺即知识),是运用推理理性、以生成事物为对象所获得的创制知识。证明的科学知识则要凭借有逻辑思维的理智和把握证明初始前提的努斯(直观理性)来获得。而人的伦理德性和人的实践行为,则主要靠灵魂中的实践智慧来主导,但实践智慧作为人的理性的构成部分,也受最高理性努斯的指导,两者协同起作用。

---

① 见亚里士多德《尼各马科伦理学》,1162b25—1163a1,1163a8,载于《亚里士多德全集》。
② 见汪子嵩等《希腊哲学史》第 3 卷,第 996 页,人民出版社,2003。

实践智慧的希腊文是 phronesis,它的广义的解释指目的、意向、思想、感觉、判断等,狭义的解释指实践智慧(practical wisdom)和治理实际事务中的深思熟虑。它就是后来康德说的实践理性。它的本性、对象和功能明显不同于形成证明科学知识的理智。亚里士多德认为,灵魂中有三种东西关涉实践的真:感觉、欲望和努斯。感觉是被动的东西,它不引起实践,所以不是灵魂把握实践的真的能力。欲望引起实践。人由于有欲望,所以有目的、有选择。所以欲望同实践的真实是有关的。欲望→目的→选择→实践,构成一个实践活动的链条。但欲望不是实践的唯一原因。努斯及其发动的理性的活动是实践的更重要的原因。作为理性的努斯在目的与选择两个环节上渗入实践的因果链条,就表现为一种实践理性即实践智慧。选择是从一种由理性驯化了的欲望,即追求理性所肯定为目的的事物这种欲望开始的。它是经过思虑的欲望,又是对手段的正确考虑。实践和活动要进行得好(这是形成伦理德性的条件),就要选择得好。要选择得好,理性就要真,欲望就要正确。[①] 实践智慧是理性和欲望的和谐结合。它是伦理德性的成因,指导善的实践行为,并且也能通过努斯蕴涵的理智德性,形成普遍的伦理知识。透过实践理性,努斯与智慧的光也照亮了伦理德性,提升了实践的水准。理智德性使伦理德性的领域拓宽,层次加深,目光放远,使它们不再局限于个别而成为普遍。

实践智慧有四个特征:(1)有实践智慧的人善于考虑对自己是好的、有益的事情,主要是能深思熟虑对整个生活有益的事情。(2)实践智慧和思辨知识不同,并不去考虑那些不变的、必然的而可证明的东西,只思索那些在生活中经常变动的事情,考虑如何处置它们才能对自己有益。(3)实践智慧本质上是人追求对他自身好(善、有益)的事情的一种品质和行为能力。它就是能正确处理对人自身有益处的事情的能力和品质。

[①] 见亚里士多德《尼各马科伦理学》,1139a17—26,载于《亚里士多德全集》。

像伯里克利这样的人就是有实践智慧的人,他们善于处理家务、治理城邦。[①] (4)实践智慧不只是关于普遍的,它必须能认识特殊的,因为实践总是和特殊事情相关的,是有关行动的。这种特殊事情的知识和行为的普遍知识相结合,经验和理性结合,需要融入直观理性的能力,就是既能把握普遍原理又能洞察个别行为事实的最高理性努斯,才能实现实践智慧的最大功能,就是能深思熟虑对人有益的事情。[②]

实践智慧在实际生活中的作用在于:它是好的生活谋划、探索和算计。它能"明察"生活事务,作出明智的判断。它能对最后要决断的特殊事情作出体察,一种正确的、同情的判断,能体谅、同情地了解他人。对他人的判断应该是同情的、宽容的,因为人和人之间是平等的。实践的对象总是特殊、个别的具体事务,亚里士多德称之为最后的特殊,对它的思虑必须融入直观理性(努斯)。努斯能把握两个方向的顶级:一是逻辑证明知识的最普遍的初始前提、第一原理,二是实践智慧所处理的最后的特殊、个别的行为事实。实践智慧能使人在实践中成为正义、高尚和善良的人,给人带来幸福。

政治智慧也是一种实践智慧,而且是最高的实践智慧。伦理的实践智慧和政治智慧的品质是相同的,前者是后者的出发点与基础。和城邦有关的实践智慧中起统治作用的部分是立法,它的特殊应用才被称为政治,这是由行动和计议来完成的。伦理价值和城邦政治价值密切相关,因为亚里士多德主张实践智慧深思熟虑对人有益的事情,就是以对城邦有益为前提的。他认为离开了家庭和城邦便没有个人自己的益处,主张城邦的社群价值优先于个体价值。这也是他的伦理学和政治学的一个理论上的联结点。

理智德性和伦理德性并不截然割裂,而是有所交融的。努斯统辖理智与实践理性,高于实践智慧,这也表现在它使少数哲人拥有最高的理

[①] 见亚里士多德《尼各马科伦理学》,1140b5—13,载于《亚里士多德全集》。
[②] 见同上书,1141b14—23,载于《亚里士多德全集》。

智德性,能思索存在全体,过思辨(theoretikos,英译 contemplation,或中译为"沉思")生活。伦理行为的目的是幸福,而这思辨生活是最高的幸福,最符合最高的善和人的最高目的。亚里士多德说:努斯使人有最高的德性和幸福。

> 如果幸福在于合德性的活动,我们就可以说它合于最好的德性,即我们的最好部分的德性。我们身上的这个天然的主宰者,这个能思想高尚[高贵]的、神性的事物的部分,不论它是努斯还是别的什么,也不论它自身也是神性的还是在我们身上是最具神性的东西,正是它的合于它自身的德性的实现活动构成了完善的幸福。而这种实现活动,如已说过的,也就是沉思。①

这个人的灵魂的最好部分就是最高理性努斯,它的实现活动就是少数哲人的思辨(沉思)生活,构成了完善的最高幸福。

思辨活动是最高超的,思辨生活是最完善的幸福。那是因为主导思辨活动的努斯及其所认知世界至理是最高级的知识,这种思辨活动最有纯净性和持久性,有最高级的精神快乐;爱好智慧的哲学家自身就能进行思辨,只需要思想,不需要外在的东西,思辨活动应该说是最自足的;幸福在于闲暇,政治、军事等实践活动都不是闲暇的,哲学的思辨活动则是闲暇的,是最自由的生活。人应当努力追求不朽,同努斯相适合的思辨生活就是追求不变、不朽的存在至理与神性。思辨生活是人的生活,也是神的生活和人的神性的生活,因为它是努斯的活动即思想(noesis);努斯更是人的本质,又体现了理性神的神性,努斯是人灵魂中的"神性"。人的伦理或政治的实践生活和这种思辨生活相比,是次一等的、逊色的。合乎伦理德性的活动只是次一等的幸福,因为它们在许多方面都和身体、情感有关,实践智慧也就表现为人的混合品性,混合品性不如体现人的纯净本性的努斯。

---

① 亚里士多德:《尼各马可伦理学》,廖申白译注,第 305 页,商务印书馆,2003。

　　亚里士多德作出最终结论:最高的幸福只能是神的活动即思辨活动,所以人的与此相似的活动是最幸福的。① 亚里士多德继承和深化了苏格拉底和柏拉图的理性神思想,他的理性神努斯已无任何人格化痕迹,只有理性的思辨活动,而且和人的理性的思辨活动相吻合。他说:按照努斯进行现实活动,并使它处于最佳状态的人,是神最宠爱的;如果神如人们所设想的那样关心人间事务,那么神最喜欢和自己最相似的东西即作为人的理性的努斯。神奖赏最热爱、最尊敬努斯的人,这样过思辨生活的智慧之人就是最幸福的。② 从本体论、自然哲学和实践哲学三个视角,以高度的抽象思辨来论述世界的永恒本体(最高形式)、自然的终极动因与目的、使人实现最高幸福的最高理性,这三者是同一的理性神。这是希腊古典哲学中最具有丰富哲学含义的理性神思想。

　　在西方伦理思想史中,亚里士多德是最初将伦理学创建为一门独立的学科的,这为他建立自己的政治哲学提供了伦理根据与基础,对后世的伦理学与政治学的发展更有深远的影响。在当代西方,仍有倡导复兴亚里士多德伦理道德传统的学说。

　　个体主义、自由主义和功利主义是近现代西方的主流伦理价值。19世纪末至20世纪产生了各种各样的情感主义、非理性主义和道德相对主义的伦理学说,如唯意志论、直觉主义、分析哲学的情感主义伦理学、存在主义、弗洛伊德主义等。它们一般都否认理性在道德中的主导作用,否认道德的普遍律令和行为评价的客观标准,推崇直觉、无意识、生命本能和个人心理体验等非理性的心理活动,将它们看成是判断和理解伦理现象的根据。个体主义、非理性主义的伦理学在现当代西方社会生活中,造成道德相对主义和怀疑主义泛滥的危机。分析哲学思潮中的情感主义伦理学,则割裂了理性与情感、事实与价值,认为伦理判断是不可证实的、无意义的命题,只是表达个人情绪和偏好的价值判断,并无普遍

---

① 见亚里士多德《尼各马科伦理学》,1178b7—24,载于《亚里士多德全集》。
② 见同上书,1179a23—32,载于《亚里士多德全集》。

性与确定性；价值取决于情感，因而是相对的。后来分析哲学思潮中产生了形式主义的"元伦理学"（meta-ethics），它脱离实际的社会生活和人的行为规范，只从日常语言哲学角度对道德概念、道德判断的意义进行分析和推论。正是由于它否认伦理学的实践性，它就脱离了实际，不能规范人们的道德行为，只沦为对伦理概念和判断进行纯粹形式上的分析的一种技术手段。正是由于自由个体主义、非理性主义和情感主义伦理思想的泛滥，加上其他种种社会因素的作用，西方社会于20世纪末叶产生了道德危机。一些有识之士倡导复兴与发展亚里士多德的伦理学说，来克服理论与实践上的道德危机。

当代美国著名伦理学家麦金太尔在他的著作《德性之后》（或可译为"追求德性"）的结论中说："自从亚里士多德目的论的信仰受到怀疑后，道德哲学家们试图对道德的地位和性质给予某种替代的合理的世俗性论述。这种尝试虽然多种多样，也给人留下多种印象，但它们实际上都失败了。"[1]他主张："亚里士多德传统可以重新表述，以使我们的道德、社会态度和责任恢复它们的可理解性和合理性。"[2]麦金太尔建立德性论，并和泰勒等人开启了社群主义（communitarianism）伦理思潮。他认为，西方近代启蒙运动自有奠立现代性的进步历史意义，但是也有失败之处：它摧毁了中世纪基督教的传统道德，却将古希腊亚里士多德传统中内蕴的精华一起废弃了。当代西方道德危机的理论根源在于两种主流伦理学：一是坚持事实与价值、理性与情感、道德与传统分离的情感主义，二是抹煞个人与社群的统一性的自由个体主义。它们造成道德相对主义和怀疑主义盛行。麦金太尔推崇亚里士多德的伦理学有深久的生命力，它的精髓可以被不同时代的多种文化所融化和吸收。它强调道德根植于社会生活实践，因而和现代性并不对立。麦金太尔并不鼓吹道德复古，主张传统是进化的，是继承与更新的统一。他认为克服当代道德

---

① 麦金太尔：《德性之后》，龚群、戴扬毅译，第322页，中国社会科学出版社，1995。
② 同上书，第326页。

危机的出路在于:汲取亚里士多德道德传统的精华,根据当代社会实践的合理性,重建以人为目的、以理性为指导、以社群价值优先、融会传统与现实的道德哲学。他倡导以社群主义重建当代德性论,主张德性是人类实践中培植的内在善,它为社会共同体提供道德基础;个人实现德性和社会生活趋善是动态的统一体;个人实践和德性修养融会在社会传统的演进之中。由此,社群主义者们提出个体价值和社群价值相统一,以社群价值优先的共同善为原则、以"公共利益"为轴心价值的正义社会体制的设想。这种社群主义思潮对当今西方政治上的"第三条道路"学说也较有影响。

第六节 政治哲学

亚里士多德将伦理学建树成一门学科知识,在此基础上,他在古代希腊也开创了政治学,使之成为较系统的学科知识。早期希腊哲学家和智者运动已随着希腊城邦社会的演进积累了各种分散的政治思想,苏格拉底和柏拉图更是因希腊城邦奴隶制趋于衰落,从哲学与伦理的高度提出救亡图存的城邦政治理论。亚里士多德处于希腊城邦奴隶制濒于危亡,各种社会矛盾充分暴露之际,这使他能在希腊文明转折的关头,深刻反思希腊城邦制的全部历史与现实,设计未来,批判地吸取与综合先前的政治思想,从他自己的第一哲学与伦理学的高度,建树一种深蕴哲学含义的政治学,它也是一种政治哲学。和柏拉图一样,他在政治理论上关注的中心问题,也是希腊城邦国家的起源与本性、政制危机和挽救危机的出路;两人也都强调伦理是政治的基础,主张从政治伦理上改革政制,力图重振希腊城邦制。但两人的学说也各有不同:(1)亚里士多德和柏拉图的政治学说的伦理根据不同。柏拉图的伦理思想本身和政治思想交融在一起,直接表现为政治伦理,主要是对和政治相关的正义、自制、勇敢等城邦与个人德性的探讨,他的突出贡献是首创了城邦体制伦理,但他的伦理理论自身缺乏系统性与深度;亚里士多德则建立了较系统的伦理学,有较完整的伦理学说,如幸福与善的伦理目的、"中道"等伦理原则、德性论、实践智慧论等,这些都作为独特的伦理根据渗透在他的政治哲学中。(2)两人的政治学说的哲学视角不同。柏拉图从理念论出发,从"正义"理念的范型来衡量现实的希腊城邦政制,来设计理想的城邦国家;亚里士多德则从他的"存在论"出发,结合经验与理性,比较客观、现实地总结了各种希腊城邦制度的优劣与得失,力图比较切实地解决当时严重的社会矛盾,以避免覆亡城邦奴隶制的"革命",他设计的理想城邦国家也比柏拉图的"理想国"似乎要实际些,虽然当时希腊城邦奴隶制行将在他的学生亚历山大统率大军的铁蹄声中不可避免地敲响丧钟。

在古代目录中,亚里士多德有关政治的著作有多种,但大多已佚失,现在留存的主要著作是《政治学》①,共 8 卷。从行文看,它可能不是亚里士多德写定的一部完整的著作,而是后人将他留下的有关政治问题的著述编纂而成的,但这部书仍比较完整系统地阐述了亚里士多德的政治学说。它大体可被归纳为三方面内容:(1)总论城邦国家和公民,包括城邦国家的起源,国家、人与公民的本质。(2)政制研究,包括政制的伦理本质、对各种政制的历史与现实的探究、政制危机及其防止等。(3)针对城邦制危机,提出依据伦理原则、克服现实矛盾的理想城邦国家的设计。书中还有和政治治理相关的"家政学"(经济学)的内容。此书涉及城邦治理的具体内容颇多,这里主要述评其中的政治哲学思想。亚里士多德很注重对希腊各种城邦政制的历史与现实作调查研究,他曾让吕克昂学园的弟子分赴希腊各城邦调查它们的政制历史,考察它们的利弊得失,据说共有 158 种,可惜至今仅发现其中的一种——《雅典政制》,是 1880—1890 年在埃及发现后辨认出的纸草抄本。此书对雅典城邦的历

---

① 亚里士多德的这部著作和柏拉图的《国家篇》同名,希腊文也是 politike,原意为"关于城邦的学问"。因亚里士多德在书中系统建立了政治学说,此书被译为《政治学》,英文中政治学也是源于 politike 的 politics。杨适主张将亚里士多德的这部著作译为"论城邦",认为它所论的是城邦学(见杨适《古希腊哲学探本》,第 519—520 页,商务印书馆,2003)。

史发展和政治制度的变迁有详细论述,是研究雅典城邦历史的宝贵文献。此书的政治观和《政治学》的基本观点是一致的。

一　城邦国家的起源和本性

亚里士多德和柏拉图一样,将城邦和国家视为一体,他论城邦起源,也就是论国家起源。每个城邦都是某种共同体(koinonia,commune,即社群),是为了某种共同的目的而建立的。他认为,城邦国家从自然本性而言,根源于人的本性。他说:"很明显,国家是自然的产物,人在本性上是政治动物。那出于本性而不是仅出于偶性而无国家者,或是一个鄙夫,或是一个超人;他就像荷马所谴责的,是无族、无法、无家之人。"[1]"人在本性上是政治动物"这句名言,可以说是亚里士多德所作出的人的本质定义。对此,马克思肯定地评价说,"人即使不象亚里士多德所说的那样,天生是政治动物,无论如何也天生是社会动物"[2]。马克思又加了一个注说:"确切地说,亚里士多德所下的定义是:人天生是城市的市民[3]。这个定义标志着古典古代的特征,正如富兰克林所说的人天生是制造工具的动物这一定义标志着美国社会的特征一样。"[4]如前所述,亚里士多德在动物学理论中就指出:人是动物的延续,人超乎其他动物的一个本性在于他是有目的、有理性的群居动物,是属于"社会性动物";人有语言、有理性、有目的,他们的群居不同于某些动物自发、本能、无理性的群居,而是从本性上凭借语言、通过交往、为着共同目标而结成城邦共同体。城邦就是人的本性在群居活动中的实现,而现实先于、高于潜能。所以,亚里士多德认为,城邦先于家庭和个人,犹如整体必然先于部分;如果整个身体毁坏了,手和脚就不再成其为手和脚。个人如无城邦,就

---

[1] 亚里士多德:《政治学》,1253a3—5,载于《亚里士多德全集》。

[2]《马克思恩格斯全集》第23卷,第363页,人民出版社,1972。

[3] 这里所说的"城市的市民",就希腊古典时代而言,应理解为"城邦之民",可能是翻译上有问题。严格意义的城市和市民,在西欧是中世纪盛期才产生的。

[4]《马克思恩格斯全集》第23卷,第363页注(13),人民出版社,1972。

不是自足的,就不能在社会中生存,不能在合群的共同体中实现自己的本性。这也就是亚里士多德强调城邦社群价值本位的理论根据。

人类不是一产生就结成城邦国家的。亚里士多德认为,从历史上看,城邦国家也有一个逐渐起源的自然过程,是从家庭逐渐集合、扩大为村落,再扩大到城邦国家这样一个演化过程。他描述道:最初是种族延续的需要,男女两性结合,组成家庭,家庭是满足人类日常生活需要而自然形成的共同体。[①] 家庭是发生城邦的基因,后来也是组成城邦的细胞与基本单位。为了适应更大的生活需求,若干家庭组合而成为村落(kome)。亚里士多德没有具体分析这些生活需要,罗斯推测:"他考虑的是村社可以进行更大的劳动分工,因此能够满足更大变化的需要,并且更能免遭人和野兽的侵袭。"[②]村落是由家庭的子子孙孙繁衍而成的,是同胞后裔的群体,它由王(希腊文为 basileus,词源上有"家长"的意思)统治,实为由家族的族长治理,当时有些未开化部族仍然如此。[③] 亚里士多德是以"今"鉴"古",从当时看到的一些落后部族推论由家庭向氏族部落的转变,俨然像是 19 世纪摩尔根式的研究。"当多个村落为了满足生活需要,并且为了生活得美好,结合成一个完全的共同体,大到足以自足或近于自足时,城邦就产生了"。城邦是人和家庭的本性的实现,"终极因和目的是至善,自足便是目的和至善"。[④] 由上可见,亚里士多德认为城邦有一个自然产生的历史过程,他的描述大体上符合远古希腊社会从家族部落向城邦发展的进程。

值得注意的是,亚里士多德在伦理学和政治学中都重视家庭的地位与作用。他详致论述了家庭友爱的伦理,从伦理上具体分析了夫妻关系、父母与子女的关系和主奴关系,家庭伦理在他的社会伦理中占有重要地位。在论城邦起源中,他又突出了家庭是城邦的起点与基本

---

① 见亚里士多德《政治学》,1252a26—b13,载于《亚里士多德全集》。
② 罗斯:《亚里士多德》,王路译,第 262 页,商务印书馆,1997。
③ 见亚里士多德《政治学》,1252b16—22,载于《亚里士多德全集》。
④ 见同上书,1252b28—35,载于《亚里士多德全集》。

细胞的作用。这和柏拉图将家庭视为财产"私有制"和私有观念的根源,在他设计的"理想国"中废除家庭,是完全不同的。亚里士多德认为"家"是"国"之本,似乎和中国的传统政治伦理有所相似,但也很有不同,因为他强调了城邦在本质上先于个人和家庭,城邦的社群价值也是优先,并不是家族血缘关系支配了他的伦理与政治价值。在希腊城邦奴隶制中,家庭作为基本经济单位是靠主奴关系来维系的,主人役使奴隶从事生产和家务劳动,这是支撑家庭经济的基本要素。有人认为,主人管理奴隶是一门学问,就如政治家或王统治人民一样理所当然;智者曾争论自然和人为约定的问题,有些人认为:"主人对奴隶的统治背离了自然,主奴差别是由法规所定的,而不是出于自然,合乎本性,由于它是强制的,所以不公正。"[1]亚里士多德则主张奴隶是家庭固有的"财产",奴隶制是天然合理的。他说,在家庭的所有物中,"奴隶就是有生命的所有物","是使用工具的工具",要是所有无生命的工具都能自动工作,织梭能自动织布,主人也就不需要奴隶了。[2] 主人就只是奴隶的主人,奴隶是全部属于主人的奴隶。亚里士多德给奴隶下定义:"那种在本性上不属于自己而属于他人的人,就是天生的奴隶,可以说他是他人的人",他"是一件所有物",而"所有物就是一种能和所有者分离的工具"。[3] 使用奴隶和使用家畜无大区别,两者都是用体力提供生活必需品。他认为,奴隶是"能够感知到别人的逻各斯(语言、理智)而自己没有理性的人",自然赋予奴隶粗壮的身体适于劳役,赋予自由人挺拔的身体和高贵的灵魂适于从事政治活动。有些人生来就是治于人的被统治者,有些人则是注定治人的统治者,就像灵魂统治身体,所以,对天生的奴隶,"被奴役不仅有益,而且是公正的"。[4]

在城邦战争和内争中,经常有自由民和出身高贵的奴隶主被俘和卖

---

① 亚里士多德:《政治学》,1253b20—23,载于《亚里士多德全集》。

② 见同上书,1253b23—1254a2,载于《亚里士多德全集》。

③ 见同上书,1254a9—17,载于《亚里士多德全集》。

④ 见同上书,1254b20—1255a3,载于《亚里士多德全集》。

为奴隶,这就有世袭性的"自然的"奴隶和人为的"非自然的"奴隶之区别。亚里士多德说,对此贤哲们也有争论,一些人谴责后者是非法的,说力弱的人被强迫从属于强人是强权观念,是可憎的,这种争论的焦点实际上就是关于正义应该是善良意志还是强权统治的问题。为了维护城邦制的需要,亚里士多德反对将自由民掠卖为奴隶,认为各随本性的自然的主奴关系是有益的、合乎正义的,主奴双方各尽自己的职责,就有家庭友爱和共同利益;如果是滥用强权与法规造成强迫的奴役,就会得到相反的结果。① 德性应是家庭的伦理基础,家庭管理更重视人的德性。那么,奴隶是否有节制、勇敢、正义等德性呢? 奴隶既然也是人,也懂得理智,说他们没有这些德性是荒谬的。亚里士多德作出解释说:灵魂中有理性统治部分的德性和非理性服从部分的德性,这一原理普遍适用于一切统治者和被统治者。灵魂的各部分都存在于所有的人中,但所存在的程度和方式有所不同。奴隶根本没有审慎思考的能力,妇女有而无权威性,儿童即使有也不成熟;不同人对伦理德性分有的程度与方式也是这样。奴隶应有的德性"显然只局限于不要使他由于懦弱或失控而无法实现其职能",因此,"主人应当成为奴隶的这种德性的根源",对奴隶作德性教化,而且"奴隶比儿童更需要教导"。② 总之,亚里士多德认为,在城邦国家的起源中,作为基本单位的家庭就固有主奴关系,奴隶制是天然合理的,符合人的不同自然本性,他从哲理上为奴隶制作了辩护。他承认奴隶也是人,但他说的城邦国家作为政治共同体是人的自然本性的实现,显然只是指自由民与奴隶主的本性实现,不包括奴隶;而只就城邦国家固有的奴隶制而言,它是主人与奴隶的自然本性的分别实现。

　　小型、分散的希腊城邦奴隶制以家庭经济为基础。亚里士多德从家政学的角度,论述城邦国家在经济上也有一个自然的进化过程。他说,财富的获得即致富术有两种,一种是由自然赋予财富,另一种是凭经验

---

① 见亚里士多德《政治学》,1255b7—15,载于《亚里士多德全集》。
② 见同上书,1260a35—b7,载于《亚里士多德全集》。

和技巧来获得财富。最初的人们和其他动物相似,靠自然界既有的物品为生,靠采集、渔猎、游牧维持生计;进而有专门获取自然物品的技术,发展了农耕术和畜牧术,使对于家庭和城邦共同体所必需的有用物品能被储存,这是财富的真正要素,它是由家庭或城邦中所使用的工具的数量决定的。亚里士多德看到生产工具在发展生产、积累财富中的决定性作用。他进而说:当人们拥有的物品多了,生活充裕后,共同体扩大,拥有繁衍出的各分支的家庭,它们分有不同的物品,就要通过交换来得到所需的东西,就发生了"以物易物的交换",它至今在野蛮民族中仍存在。他认为,这种物物交换"不违背自然,它对于满足人们的自然需要乃是必需的。其他形式的交换都是从这种交换中演化出来的"①。这种交换逐渐扩大,特别是到一个城邦的居民对另一个城邦的居民在物品上的依赖性愈大时,就必然开始用铁、银等金属作为计算价码的钱币,商品贸易作为致富术就发展起来了。亚里士多德和柏拉图都描述了城邦起源有从只依赖自然物品的"自然经济"到发展出简单商品经济的过程,柏拉图的卓见是强调了社会分工在其中的重要作用,亚里士多德则最早察识了商品价值与货币的作用和形态。他最早提出商品有交换价值、使用价值以及货币起源的问题。马克思在研究商品的两重性及价值形态的演进中,特别注意到亚里士多德的见解,说他看到了从偶然价值形态→扩大的价值形态→一般价值形态→货币价值的发展过程。② 亚里士多德不反对商业贸易的致富术,但反对以钱谋钱的敛财术,批评这是热衷于无限敛财,错误地以此为人生的最高目的。他特别指责当时盛行的高利贷"最为可恶","最违背自然",因为它是用金钱来牟取暴利即"以钱生钱"的利息,而不是通过金钱的自然目的即用于交换来获利。③ 但他认为,在生产与商业贸易中用智慧与知识来致富是正当的,有普遍适用性。他讲了两个故事:一个是关于泰勒斯的传说,说人们因为他贫穷而说哲学毫无用处,

---

① 亚里士多德:《政治学》,1257a28—31,载于《亚里士多德全集》。
② 见《马克思恩格斯全集》第23卷,第61—86,98—99页注(33),人民出版社,1972。
③ 见亚里士多德《政治学》,1258b1—7,载于《亚里士多德全集》。

可是泰勒斯运用天象知识预测来年橄榄将大获丰收，就只用很少的押金将开俄斯和米利都的所有榨油坊全部租用，来年的收获季节人们需要很多榨油坊，他用自定价钱租出，因此赚了一大笔钱。泰勒斯以此证明哲学家并不是不能致富，不过他们的理想并不在金钱。另一个故事是讲有一位西西里人用钱购进铁矿所有的铁，获得了百分之二百的利润。亚里士多德认为他们两人创造了垄断的方法，政治家也应当熟悉这些知识，致全力于理财。①

　　城邦的主体是公民。古希腊城邦只有本邦自由民（包括奴隶主）才算公民，奴隶只是有生命的"工具"，当然不是公民。没有公民，就没有作为政治共同体的城邦。亚里士多德指出，关于公民的问题有很多争论，不同的政制也有不同的规定。他认为，不能将住在同一个地方的人都说成是公民，因为奴隶和外邦侨民住在同一个地方却不是公民；也不能说拥有诉讼权的人都是公民，因为有些侨民因契约关系也有诉讼权；未成年的儿童和已从公共生活中隐退的老人也不是完全意义上的公民。他为公民下了如下定义：完全意义的公民只能是有权参加审判和行政统治活动的人。② 当时的公众审判法庭和公民大会是城邦的最高权力机关，是城邦政治活动的主要所在。公民就是有权参与城邦政治活动、具有政治权利的人。所以他也说：凡有权参与城邦议事和审判事务的人，就是该城邦的公民。他并且由此推出城邦的政治构成性定义是：凡具有维持自给生活的足够人数的公民集团，就是城邦。③ 后来西方国家普遍接受他的公民定义，凡一个国家的公民必然有权参与国家的政治活动。由于古希腊城邦有各种不同的政制，公民的地位也会有不同。亚里士多德承认他的定义最适合于民主政制的公民。他不像柏拉图将城邦的社会构成分为三大等级集团，而认为公民就自然本性而言应是平等的，城邦友爱这根聚合公民的纽带，就是以公民平等为前提的，公民只要有智慧，都

① 见亚里士多德《政治学》，1259a6—35，载于《亚里士多德全集》。
② 见同上书，1275a4—23，载于《亚里士多德全集》。
③ 见同上书，1275b19—21，载于《亚里士多德全集》。

可能参与行政统治。

总之,城邦的本性就是以家庭为基本经济单元、由公民为主体组成的政治共同体。它是奠立在伦理基础上的。如亚里士多德在《政治学》开篇就指出的,所有的共同体都是为着某种善而建立的,旨在追求某种善,而城邦是"最崇高、最有权威"的共同体,是"包含了一切其他共同体的共同体,所追求的一定是至善"。① 至善即幸福是伦理的最高目的,也应是城邦的最高目的。城邦治理应以谋求幸福为首要政务,这就需要有实践智慧的统治者、有合乎伦理德性的政治制度和有良好德性的公民主体。

二 城邦国家政制

亚里士多德指出:人自然地是城邦生活(政治)的动物,人为了互相帮助需要共同生活,共同的利益将他们集合为共同体,为了享有美好的生活。所以无论对共同体还是对个人来说,最大的目的就是求得美好的生活。② 而在政治上,城邦乃是自由人组成的共同体,政治权力、统治和被统治的政治关系,主要同自由民相关。城邦能否实现其善与幸福的目的,关键在于同自由民相关的政治制度。这政制也就是如今说的政体,是一种关于政治权力分配的制度。城邦政制和公民德性是互为关联的。好的政制的实现需要公民有好的德性,而公民的德性如何又必然和他所属的政制相关。城邦由不同的成员组成,公民的德性也是多样的,不能要求城邦所有公民都具有唯一的、完全善良的德性,但公民的德性实现应有一个共同的目标,那就是整个城邦共同体的安全与幸福。特别是作为统治者的政治家,应该是具有实践智慧的善良之人,这样才能建树合乎善的政制。总之,政制和能否实现城邦的伦理目的,和公民特别是统治者的德性直接相关,这关系到城邦治理的全局。所以,城邦政制是亚

---

① 见亚里士多德《政治学》,1252a1—6,载于《亚里士多德全集》。
② 见同上书,1278b18—23,载于《亚里士多德全集》。

里士多德政治哲学的重头内容,在古希腊思想家中他作了最详致、深入的总结与研究。

亚里士多德研究城邦政制不是纯粹从伦理理念出发,而是立足于对希腊城邦多种多样的政制的历史与现实做大量的调查研究,结合经验与实践理性的分析,从丰富的经验事实中概括得出深入、细致的结论。他曾派弟子们赴各地收集 158 种城邦政制的历史与现实的材料,这为他切实的研究提供了扎实的事实根据。在他的《政治学》中,阐发论点和引述城邦政制的实例有机结合,随处可见;并且,他对一些有代表性的城邦政制,如雅典、斯巴达、克里特和迦太基的政制沿革、优点与弊端,都有专门的详细考察与分析。他自己的城邦政制理论有双重根据:一是运用他的伦理学研究城邦政制,有他的不同于柏拉图的政治体制伦理;二是希腊城邦政制的事实,包括其历史的经验教训、现实的矛盾与危机。

亚里士多德认为,城邦的政治统治本质上是自由民对自由民的统治。奴隶只是"工具",不是政治共同体的成员。城邦的最高的善就是正义,也就是全邦的公共利益。[①] 不能要求自由民在一切方面都完全平等,实际上这也不可能;但是,公民在实现城邦的共同目的和享有政治权利上应是平等的。所有的公民应有"平等"的德性:既知道怎样作为统治者统治自由民,又知道怎样作为自由民受人统治,这样才是一个好的公民。[②] 正义、自制和勇敢等德性是统治者和被统治者都应具备的。这和柏拉图在《国家篇》中以分配不同德性的方法来划分社会等级是很不同的:柏拉图将智慧分给治理者,将勇敢分给军人护卫者,被统治者最要紧的德性是节制欲望;亚里士多德则主张公民"平等"地都分有这些德性,政治地位也应是平等的。他主张:正义就是平等,立法应该考虑整个城邦的利益和公民的共同的善。公民是既参与统治又被统治的,不同政体中的公民是不同的,在最好的城邦中的公民应该是在德性上既能统治又

---

① 见亚里士多德《政治学》,1282b14—17,载于《亚里士多德全集》。
② 见同上书,1277b7—16,载于《亚里士多德全集》。

799

能被统治的。① 他认为,在政治上不能以某种技艺等方面的优势要求分配权力上的不平等,政治权力的分配必须以对城邦各要素的贡献大小为依据。只有财富、良好的出身和自由民的身份这三者才能作为竞争官职的依据。而就城邦的善与幸福的最高目的来论政制,凡是为着城邦公共利益的政制,都是按照严格的正义原则的正常政制;而仅仅为统治者私人利益的政制都是错误的,或是正常政体的蜕变,它们都是专制的。正常政制和蜕变政制区分的原则,就是统治者是为城邦公共利益,还是只图谋私利。前者"具有"正常政制的"形式",后者是这种形式的"缺失",从正常政制蜕变为专制政权。

　　根据统治者的多寡和执政目的这个原则,亚里士多德将各种正常政制和对应的蜕变政制进行了分类。掌握最高统治权的或是一个人,或是少数人,或是多数人。这三种统治者实行的政治制度以公民的共同利益为目的,都属于正常的政制,依次有:(1)君王制(basiteia),由一人统治;(2)贤人制(aristokaratia),由少数优秀的人统治;(3)共和制(politeia),由多数人统治(很多品德高尚的人难以找到,实际上往往由有战争才智的将领统治)。相应地,由上述三种政制蜕变的政制也有三种,依次是:(1)僭主制(tyrannis),由一人统治,是君王制的蜕变体;(2)寡头制(olygarchia),是贤人制的蜕变体,为少数富人谋利;(3)民主制(demokratia),是共和制的蜕变体,为多数穷人谋利。② 这和柏拉图对政制及其蜕变的分类有相似处,都从统治者的伦理品性和相关的经济、政治利益作政制分类,并分析政制蜕变的深层原因。亚里士多德则更鲜明地提出,以公民的共同利益还是以统治者的私利为目的是判断政制本质的根本标准,也是政制是否蜕变的分水岭。不同政制的统治者实际上都依据不同的正义观执政,民主派认为自由、平等是正义,寡头派认为[财富的]不平等是正义。所以自由和财富分别是这两种政制赖以生存的基

---

① 见亚里士多德《政治学》,1283b30—1284a3,载于《亚里士多德全集》。
② 见同上书,1279a26—b10,载于《亚里士多德全集》。

础。① 他说的共和制实际上是民主制的正常形式,所以广义的民主制在正常政制中名列最次,在蜕变政制中则是最好的。

亚里士多德对政制的历史演变作了概述:古代城邦一般通行君王制,因为当时城邦人口少,难得德性超群的人;而且为王者都对人民有过功绩,得到群众爱戴。后来有才德的人增多了,要求参加统治,便产生了共和政体。可是他们又渐渐腐败了,侵占公共财物大饱私囊,自然蜕变为寡头政体。从寡头中产生僭主,又从僭主制变为民主制。发生政制蜕变的原因是因为统治者贪婪成性,城邦统治的目的蜕变,最终统治集团的人数日益减少,群众的力量加强了,他们成为统治者并建立了民主政制。亚里士多德和柏拉图一样,都将贤人政制视为最理想的政制,这在历史上尚未出现。而君王制在希腊本土和殖民城邦中已是历史陈迹(保持君王制的马其顿算是边陲外的蛮邦),不复是现实的。他从政制的历史经验中引出两点看法:(1)多数人统治要比一个人或少数人统治好。在彼此平等的人组成的城邦中,如果由一个人凌驾于全体公民之上,显然是违背自然的;天生平等的人按其本性必然有同等的权利和价值,每个人都既能统治又能被统治才是正义,所以必须轮流统治和被统治。再说,多数人中的每一个人的德性和能力可能不如优秀的人,但集中了众人的才能和智慧便优于一个人或少数人。他比较倾向于共和(民主)制。他在《雅典政制》中对梭伦改革所产生、发展的民主制就多有好评。(2)法治比人治好。所有的人都是平等的,凭个人意志来统治是不正义的。寻求正义就是寻求中道,而法律就是中道。根据法律治理就是由理性统治,而仅凭个人统治便难免依从"兽性"即个人的欲望和好恶,只有法律才是摒弃了欲望的理性,也才能达到中道。即使在某个人统治的情况下,他也应该是法律的捍卫者和监护人。

亚里士多德对当时希腊城邦的现实政制作了详致的研究,特别注重研究民主制和寡头制,因为两者是当时城邦中存在的主要政制,是城邦

---

① 见亚里士多德《政治学》,1279b35—1280a6,载于《亚里士多德全集》。

党争的两种主要敌对政制,这种政制的对立集中表现了当时希腊城邦社会的尖锐矛盾与危机。他说,流行的看法认为,实际上希腊城邦有两种制度即民主制和寡头制,寡头制是专制和极权的制度,民主制则较为宽松和缓。① 其他政制都是这两种政制的变种。柏拉图认为民主制是多数人当权的政体,寡头制则是少数人当权。亚里士多德认为这样简单地以统治人数多少划分不准确,准确的说法应该是:民主制是指贫穷而又占多数的自由民执掌政权,寡头制是指出身高贵门第又占少数的富人掌握政权。② 一般情况下,城邦中总是富人占少数而穷人占多数,富人和穷人成为城邦的两个对立的部分。这两个部分谁占上风就决定是什么政制,所以人们认为只有两种政制,即民主制和寡头制。③ 亚里士多德认为实际存在的民主制有不同的情况,他具体分析了它的各种形式,指出最好的民主政制最符合平等和自由民主原则,一切人以同等身份分有政治权力,法律具有权威;最坏的民主政制是那些蛊惑人心的平民领袖(demagogos)造成无理智的群众代替了法律的权威。平民领袖蛊惑者从平民手中窃取大权,他们可以左右平民的意见,平民也听任他们摆布,这就必然趋向专制,这种民主制就像是王制蜕变成的僭主制或暴君制。④ 这也就是苏格拉底批判的雅典民主制的蜕变形式。亚里士多德分析道,寡头政制根据官职的财产要求和是否世袭也有不同的形式:第一种是各种官职都有极高的财产要求,普通自由民均被排斥在外。第二种是各种官职仍有极高的财产要求,出现空缺时只能从合格的公民中选举产生。第三种实行父传子的世袭。第四种也实行世袭,而且统治者凌驾于法律权威之上。它像民主制的最后一种那样是最坏的,犹如僭主制或暴君制,可称为"权阀政治"(dynasteia)。⑤ 亚里士多德在分析这两种政制的

① 见亚里士多德《政治学》,1290a28—29,载于《亚里士多德全集》。
② 见同上书,1290b18—20,载于《亚里士多德全集》。
③ 见同上书,1290b38—1291b13,载于《亚里士多德全集》。
④ 见同上书,1291b30—1292a32,载于《亚里士多德全集》。
⑤ 见同上书,1292a39—b10,载于《亚里士多德全集》。

多种形式的对立与演变中,看出其中深蕴的经济矛盾与危机。当时希腊城邦中富者越富、穷者越穷的两极分化愈益严重,表现在两种政制、两种党派的对立与斗争之中。

亚里士多德提出,为避免极端政制,克服穷富对立的危机,现实可行的出路是由中产者执政。德性在于实行中道,这个原则也适用于城邦政制。城邦的公民总有三部分:最富的,最穷的,以及处于两者之间的中产者。中产者最能服从理性(logos)与法律,最符合城邦的自然本性,最有结成共同体的城邦正义与友爱的德性,最安分守己,他们不想算计别人,也不会自相残杀,这样的城邦是最平安稳定的。① 所以亚里士多德认为,最好的政治共同体应由中产者掌权。凡中产者强大到超过富人和穷人,就可以防止政权向极端方向转变,防止变为极端的寡头制和极端的民主制,这两者都可能变成最坏的僭主制或暴君制。② 这种合乎中道的中产者执政形式可以排除党派之争,凡是中产者庞大的地方都较少党争。民主政制比寡头政制更加稳定持久,就是因为在民主政制中中产者的人数和地位都超过了寡头制;如果民主政制中的中产者人数较少,穷人占绝对优势,就会发生内战,城邦政制也就会解体。一个历史事实可佐证,很多优秀的立法家都出身于中产家庭,如梭伦和莱喀古斯。③ 亚里士多德认为,各种政制具体形式的优劣,都可以根据这个中产者执政的中道原则来确定:凡越是接近中道的政制便越好,离它越远的政制便越坏。④

公元前 4 世纪,希腊城邦奴隶制的危机愈益严重,在土地兼并与政治动乱、战乱频繁中,作为城邦经济基础的小农与手工业者严重破产,社会矛盾日趋尖锐,许多城邦爆发贫民起义,城邦内部政变、叛乱迭起,城邦间混战愈演愈烈。关注城邦制命运的亚里士多德细致研究了历史与现实中的城邦动乱、变革(metabole,英译 revolution,这里此词有贬义)

① 见亚里士多德《政治学》,1295a36—b33,载于《亚里士多德全集》。
② 见同上书,1295b35—1296a3,载于《亚里士多德全集》。
③ 见同上书,1296a7—20,载于《亚里士多德全集》。
④ 见同上书,1296b8—9,载于《亚里士多德全集》。

的各种具体情况,概括得出它们发生的种种原因,并提出防止和克服动乱、政变的对策。后世学者称他诊断城邦"政治病案"而形成一种城邦"政治病理学",并开出对症治疗的政治处方。他指出,这种动乱主要在民主派和寡头派势力之间或内部发生,而民主政制比寡头政制要平稳安全些,因寡头派既有和民主派的斗争,更有内部的内讧,民主派内部较少内讧,接近由中产者组成的共和政体。① 他对民主政制和寡头政制的变乱原因分别作了具体研究,认为在民主制中政变的原因主要是由于平民领袖的放纵,以蛊惑民众的方式摒弃法律的权威;寡头制中造成政变的原因主要是当政者虐待平民群众和执政的寡头集团内部的自相倾轧。他透察了种种动乱的原因,有两点颇为深刻:(1)看出财富分配失衡、贫富冲突是引发政治变乱的最根本的原因。民主派平民势力认为,既然大家都平等地生为自由人,因而要求在各方面平等地分享一切权利,包括财富的数量平等;寡头政治势力认为,既然他们自己在财富方面超越别人,就有在一切方面超越别人的不平等权利。这两派人以正义是"平等"或"不平等"为理由,各自争夺他们所希望的权益,这是产生政治变革与动乱的根本原因。② 亚里士多德认为,平等有两种,即数量上的平等和价值上(才德方面)的平等,后者表现为比例上的平等,如 4∶2＝2∶1。他主张按照价值的比例分配并照顾数量上的平等,才符合正义原则。敌对的富人和平民势力相当,如没有中产者为之缓冲,就会发生内乱。(2)揭露当权者的暴虐和贪婪是引起变革与动乱的重要原因。执政者行为横暴、贪财肥私、搜刮民脂、侵吞公产、拥有特权,必然引起民众的反抗和内乱。亚里士多德提出一系列防止动乱的对策和颇有深谋远虑的见地,现在看来仍很有借鉴意义。诸如:财富分配上实行中道,应有平民与富人的平衡,适当调整财产资格的定额,使财富分配较为均匀;一个城邦应该健全法律,以法律规定任何人都不能凭借财富等获得特殊的权力,成为

① 见亚里士多德《政治学》,1301b40—1302a15,载于《亚里士多德全集》。
② 见同上书,1301a26—39,载于《亚里士多德全集》。

城邦的隐患;凡是掌握最高权力的人应有高度的才智和优良的德性,官员和群众要保持良好的关系,定期任职,对行政官员的私人生活要有监督管理;贪污腐败是民众最厌恶的,最重要的是在各经济领域内制定法律,使执政官员不能假公济私、以权谋私、营私舞弊。①

三 理想城邦国家

亚里士多德在《政治学》第7、8两卷中提出他的理想城邦国家的设计,意图挽救希腊城邦奴隶制危机。从总体看,它和柏拉图在《国家篇》中所作的理想国的设计有相似和相异之处。有两个相似点:(1)都将理想城邦国家的社会体制确立在伦理原则和德性的基础之上,都要建立一种理想的贤人政制,都重视伦理教育的作用。(2)都以改良方式仍然维系一种小型、分散的城邦奴隶制国家。由于社会生产力的发展和城邦奴隶制内在矛盾的激化,希腊社会必然要进向一种帝国型大规模的集权奴隶制,如希腊化时代所实现的。他们设计的两种理想城邦国家都不符合历史前进方向,都不可能成为现实。两种设计也有两个相异点:(1)柏拉图从理念论出发,按照他设定的善和正义的理念范型设计理想国,将城邦德性分配给不同等级的社会集团,构成一个严格的等级社会,由"哲学王"实行人治;亚里士多德则比较现实,从城邦社会实际出发,将城邦的伦理目的善看做就是幸福,为的是城邦能过安宁幸福的生活,自由民皆应平等地分有诸德性,没有严格的等级划分,由贤人实行法治。(2)柏拉图为了稳定社会,防止统治集团两极分化与腐败,提出在统治集团内财产、妇女与子女"共有"以及废除家庭的对策;亚里士多德批评这是不现实、不可行的,他主张采取"中道"原则和改良措施,平衡"共有"和"私有",调节各社会阶层的权益分配,来缓和社会矛盾,而家庭仍是他设计的理想城邦国家的基本单元。他在《政治学》第2卷中批判柏拉图的"共有"制抹煞了城邦构成的多样性,所要求的"善"只是整齐划一、完全一

---

① 见亚里士多德《政治学》,1307b30—1310a2,载于《亚里士多德全集》。

律,这不可能实现,如强力推行,只会造成财产争端、破坏友爱、家庭乱伦等种种恶果,导致城邦毁灭。① 他认为,人拥有事物便感到快乐,私有是人的天性,私有不等于自私,过度的自爱像守财奴爱金钱那样,才是自私。② 他主张改进现行制度,兼收"共有"和"私有"的益处。

亚里士多德在设计中首先强调,建立理想城邦国家有其伦理目的,就是要实现善即幸福,使城邦众民过美好的幸福生活。这既要有"外在善"的条件,更要由灵魂的"内在善"来保证。幸福的城邦应有最好、最优秀的实践,无论是城邦或是个人如果没有德性和实践智慧,便不可能有好的制度与行为,城邦和个人的德性在形式与本性上都是相同的。③ 最好的政制应使人人都能改善德性、发挥最好的作用得以过幸福的生活。许多城邦如斯巴达、克里特等的政制与法律以对邻邦的统治为目的,谋求自己的强权霸业,或对内实行专制统治,都违背了城邦的自然本性和目的。他对之进行了尖锐的批评:一个良好的城邦不能建立在战争和征服的基础上,"战争只是手段,不是目的",言下之意,必需的正义战争也是为了保障民众的幸福生活;以专制统治对待人民,也是不正义的。为实现理想城邦国家的高尚目的,就要实行贤人政制,由富有实践智慧的政治家来治理。柏拉图在《国家篇》中主张哲学家为王,亚里士多德认为这并不妥当,因为哲学家追求的是灵魂的善与思辨生活的最高幸福,权力是外在的善,不是哲学家追求的对象;而且政制与治理主要是行为实践,对政治家来说最重要的是要有出色的实践智慧,这样才能培育城邦和公民的德性,在英明的治理中达成城邦的善与幸福。

亚里士多德设计的理想城邦国家,是改良与维护既有的城邦奴隶制国家。他主张城邦人口多少应保持一定的尺度,过多或过少都会丧失城邦的自然本性,人口过多的城邦很难有良好的法制和维持一定的秩序,过小的城邦不能维持自给自足的生活。城邦人口适度,统治者才能很好

---

① 见亚里士多德《政治学》,1261a10—b15,载于《亚里士多德全集》。
② 见同上书,1263a41—b15,载于《亚里士多德全集》。
③ 见同上书,1323b24—36,载于《亚里士多德全集》。

地治理,才能了解各人的情况以判断事务或对诉讼进行裁决,而公民们互相了解才能很好地选任官员。显然,这符合希腊城邦规模的实际,是小国寡民式的城邦。① 他说,域内土地应能自给自足,能生产一切生活必需品,能让居民过闲暇、宽裕和节制的生活。② 关于构成城邦的希腊民众的质量,他以希腊民族的品质自豪,认为居住在寒冷地带的欧罗巴人(当时还是未开化的蛮族)有旺盛的生命力,但是缺乏思想、技艺和政治组织;亚细亚人虽聪明和精于技艺,但是精神怠惰,所以总是处在被统治和被奴役的地位。希腊地处这两者的中间,希腊民族兼有两者的特性,既保持了自由又创造出优良的政体;如果它成为一个统一的政体,便可以统治一切了。③ 这里他只是强调希腊民族的高素质有利于建立理想城邦,并不是有超前的"世界主义"见识,要不然他该提出一个大规模集权的理想城邦了。他设计的城邦国家的构成主要是两部分:一是政治与军事人员。从政需要有实践智慧,从军需要有强壮的体力,所以应由不同的人担任。二是农民、工匠、商人和其他雇工。两部分人都是自由民和公民,前者是统治者,后者是被统治者,而根据德性的有无与高低,两部分人中的地位是可变换的,因为他主张公民都应既可做统治者,又可做被统治者。做农务与工匠的奴隶当然不是城邦的构成部分。他主张土地分为两部分,一部分公有,另一部分私有。公有部分中的一部分用于祭神的开支,另一部分用于公餐的费用。个人私有的土地应分为两部分,一部分靠近边疆,一部分靠近城市,因为公民在边疆有土地,遇到敌情时就不会漠然处之,而能团结一致。④ 土地与财产的拥有要根据"中道"原则,扩大中产者,避免赤贫和豪富的分化与对立。

亚里士多德很重视理想城邦国家的教育,在《政治学》中用第 7 卷的最后五章和整个第 8 卷论述教育。他强调,要建立最好的幸福城邦,教

① 见亚里士多德《政治学》,1326b8—26,载于《亚里士多德全集》。
② 见同上书,1326b27—33,载于《亚里士多德全集》。
③ 见同上书,1327b23—38,载于《亚里士多德全集》。
④ 见同上书,1330a9—32,载于《亚里士多德全集》。

育是十分重要的。建设好城邦不仅要有正确的目的,而且要有达到这个目的的方式,其中最关键的就是教育。所有的公民都参与城邦政治,要想成为善的城邦,必须所有的公民都是善的,因为整体的善必须体现为个人的善。① 所以必须从对每个人的教育做起。他认为,人的德性来自三个方面:自然本性(即天赋)、习惯和理性。习惯可以改变人的天性,使它向善或是从恶;理性则是人所独有的。本性、习惯和理性应该和谐协调,可是它们时常并不一致;要培植三者融合为一体的德性,就有赖于教育。② 统治者和被统治的公民应有同样的优秀的德性,这样,公民首先做好被统治者,而后才可能作为"贤人"被提升为统治者(可见他的贤人政制还是比较接近共和民主政体的)。③ 他尖锐地批评了当时希腊城邦的立法者们所建立的政制:"既看不出以最佳目的作为建制安邦之根本,其法律和教育体制也没有以全部德性为宗旨,而是俗不可耐地极力奉行实用的、种种有利可图的政策。"④他抨击斯巴达的立法者以强权和战争作为政制的显著目的,斯巴达的帝国统治已经一去不复返,表明其城邦目的在理论和事实上都是错误的,以对邻人的强权统治为己任的城邦并不幸福,无足称道,而追求强权的无德性的公民,难免也会攫取本邦的霸权。⑤ 所以,统治者、立法者的首要任务是培植公民灵魂中的优良德性。他主张:既然城邦的目的对全体成员是唯一的、共同的,对所有公民显然应实施同一种教育,教育应是全城邦共同的责任,应是城邦公办教育,并应立法规定,不应像当时只兴私学,各人只关心各自的子女,各按自己认可的准则施教。

亚里士多德本是医生,认为教育要从优生优育抓起。他对合适的婚配年龄、幼婴养育、儿童身心健康等都有具体论述。例如,他指出:早婚

---

① 见亚里士多德《政治学》,1332a28—38,载于《亚里士多德全集》。
② 见同上书,1332a39—b11,载于《亚里士多德全集》。
③ 见同上书,1333a12—16,载于《亚里士多德全集》。
④ 同上书,1333b5—10,载于《亚里士多德全集》。
⑤ 见同上书,1333b10—34,载于《亚里士多德全集》。

对生育儿女不利,女子在 18 岁左右,男子在 37 岁左右,双方体力正当健壮,是较好的婚配时期。已婚夫妇应向医生和自然哲学家学习有关生育方面的知识。孕妇应适当运动,保持轻松的心情,因为母亲的性情可以影响胎儿。[1] 乳类是最适于幼婴的营养,应从幼婴开始训练他们抵御寒冷的能力,5 岁前的孩童不能强制他们学习和劳动,要让他们进行适当的游戏。他强调对青少年的教育至关重要,关涉他们未来的生活道路。他认为,青少年教育可分为两个阶段进行,一是从 7 岁至青春期,二是从青春期至 21 岁。在教育内容上当时很有争论,对教育应偏重于理智与实用的知识,还是偏重于灵魂的伦理德性,莫衷一是。亚里士多德主张德智并重,互为贯通,因为人的理性是实践理性与思辨理性的统一,因此,要让青少年既学得实用知识与理智知识,也要培植伦理德性的修养,并使两者贯通、结合起来。教育科目就可分为这两大类。亚里士多德具体论述了如何改进现有的四门基础教育课程,即读写、体育、音乐和绘画,强调它们不应只是教给青少年基础文化知识,训练他们健壮的体魄,而且应从中培养他们的善良德性和高尚情操。就学史诗这传统教材来说,如荷马史诗中奥德修所说,吟诗是最高尚的消遣。应该禁止年轻人看秽亵的图画和戏剧表演,防止他们摹仿。体育训练应培育勇敢的德性,而不是残忍的性格。学习绘画不是为了辨认物品不致在买卖中出错或受骗,而是为了增强对形体的审美能力,要有选择地让青少年看画家和雕塑家表达道德情操的作品。音乐贯通教育、娱乐和消遣,不仅包含愉悦,也包含高尚,对人的性情和灵魂有重要的熏陶作用,有艺术的净化灵魂的作用。对音乐这种当时盛行的艺术形式所具有的审美移情和道德净化的功用,以及如何改善音乐教育,亚里士多德有详细的论述,这成为他的美学思想的组成部分,下一节论他的诗学时,还要进行述评。柏拉图在《国家篇》中列述了体育和音乐(指基本文化知识课)基础课程后,又列述了算术、平面几何、立体几何、天文学和最后学习的辩证法等高级课

---

[1] 见亚里士多德《政治学》,1335a12—b19,载于《亚里士多德全集》。

程,而亚里士多德在论述音乐课程后却就戛然而止了。他建树了多门学科知识,包括他颇重视的逻辑学、修辞学以及伦理学、政治学、自然哲学和第一哲学,这些自然也应当是他可设计的高级课程。他没有接着论高等教育,究竟是亚里士多德自己没有写完《政治学》,还是后面的稿子已经佚失了,尚未可知。

第七节　诗　学

亚里士多德在西方文化史上首次构建了系统的美学理论,即他的诗学,一种艺术哲学。他从哲学高度提炼魅力永恒的希腊艺术精神,铸成了西方美学的开山杰作。

早期希腊以来,毕达哥拉斯、赫拉克利特、德谟克利特、苏格拉底等哲人,都只从自己的自然哲学或道德原则出发,零散地论述美学思想。柏拉图的对话篇中较多地讨论了美的本质、诗人的灵感、审美主体"厄罗斯"以及文艺的社会功用问题,但它们是"理念"论原则的推演,附属于他的政治哲学,并且表现了他对荷马以来众多诗人及其优秀作品的敌视、排斥态度。他的对话篇才华横溢,别具艺术风格,在西方文学史上颇有地位与影响,但是并未构成一种总结艺术创作经验、自成严谨体系的美学理论。亚里士多德的哲学研究作为存在全体的存在,美学是他的博大精深的哲学体系的有机组成部分。他和先哲们迥然不同,采取现实主义观点,探索希腊艺术的历史演变,剖析宏美的希腊艺术杰作,从中提炼美学范畴,总结艺术发展规律和创作原则,高度肯定艺术的社会功用,焕发出深刻的艺术哲学思想。他的诗学,堪称为希腊古典文明中辉煌艺术成就的哲学概括。结合他的知识论和伦理思想来探讨他的诗学,可以深化对他的美学理论包括一些有争论的问题的理解。

一　关于美的论述和诗学的含义

美的本质是什么? 亚里士多德在其他一些著作中早有零散的思考,

大体可归结为以下三点：（1）美是引起快感、愉悦的东西，但美感不是满足身体欲望的快感。他在《问题集》中指出：美的东西应当是激起快乐的，但事实上并非一切美都是满足身体欲望的快乐，因为"就其自身来说是美的东西并不如此"。①　就是说，美能引起快乐，但有超越满足身体欲望的高层次意义。（2）美和善相关联，又不等同。在《修辞学》中，他认为："美是善并因善而令人愉悦的东西"，因而各种德性是美的。②　其含义是：在生活中，美符合善，体现德性。在《形而上学》中，他又指出："善和美是不同的，因为前者总蕴涵着以行为为其所寓的主体，后者则处在不动的事物中。"③这种不同有双重含义：善而令人愉悦的行为有利益相关性，美则有非利益相关性，有超越日常行为的某种确定的、普遍的意义；善寓于多变的特殊行为中，美则有相对确定不变的形式。（3）美有特定的形式规定。在《形而上学》中，他指出："美的主要形式是秩序、对称和确定性"，甚至数学研究也涉及形式美，"那些说数学并不涉及美或善的人是错误的"。④　他认为任何美的事物都应排列有序、量度合适，有部分构成整体的和谐形式结构。

上述关于美的零散论述，亚里士多德只是在讨论其他内容时顺带论及的，但也体现在《诗学》中。他并不热衷于对美的抽象思辨，像柏拉图的《大希庇亚篇》中苏格拉底对美是什么所作的玄理论辩那样。希腊爱琴文明和古典文明中绚丽多彩的艺术作品耀射着迷人的光彩，特别是荷马史诗之后，希腊古典艺术绽开多样的奇葩，希腊悲剧作为古典文明中的最高艺术形式，更以震慑人心的感染力表现了希腊人追求真、善、美的艺术精神。希腊古典文明中丰盈壮美的艺术成果，吸引着亚里士多德去总结希腊艺术的历史与现实，思索艺术的本性，探究艺术美的意义与价值，创建系统的美学理论即诗学。

---

① 见亚里士多德《问题集》，896b10—25，载于《亚里士多德全集》。
② 见亚里士多德《修辞学》，1366a36，载于《亚里士多德全集》。
③ 亚里士多德：《形而上学》，1018a33，载于《亚里士多德全集》。
④ 见同上书，1078a34—b6，载于《亚里士多德全集》。

《诗学》一书原名的意思是"论诗的技艺"(*Poietike Techne*)。从希腊文的词源意义来说,"诗"有"创制"的含义。创制的技艺本来也包括制作实用物品。而"诗"的创制,则指一切艺术创作。诗人创造艺术形象,不同于制作实用事物,它只存在于艺术作品之中。诗即艺术创造。艺术属于创制知识,它不同于理论知识、实践知识,是以塑造形象的方式再现特殊事物,从中显示普遍的活动、情感和意义。而诗学就是研究艺术即创制知识的学问。对"诗"也可狭义地理解:从荷马时代至希腊古典文明时期,文学作品包括颂诗、讽刺诗、史诗、悲剧、喜剧等,都以韵文形式创作。《诗学》着重研究文学创作,特别是处于希腊古典文学巅峰的悲剧。简言之,亚里士多德的诗学是研究艺术的美学,和他的第一哲学、知识论及伦理思想有内在联系,是他的哲学体系的一个不可或缺的组成部分。

《诗学》成书在亚里士多德游历外邦回到雅典之后,是他成熟时期的美学思想结晶。现存的文本是他在吕克昂学园的讲义或其门生的笔记,论证严密、风格简洁,但可能未经整理加工,有的论述较晦涩,引起不同的解释。据第欧根尼·拉尔修记载,《诗学》共有2卷。可惜第2卷已失传,第1卷中说到后面还要展开讨论喜剧,可能就在第2卷。《诗学》和亚里士多德的其他著作遭到同样的命运,曾在地窖沉埋百余年,后经安德罗尼柯整理、校订后得以流传。6世纪译成叙利亚文,10世纪译成阿拉伯文,现存最早的抄本是拜占庭人在11世纪所抄的。至文艺复兴时期,从15世纪末叶起,《诗学》对西欧文学与美学思想的影响愈益强烈,西欧古典主义美学与文学尤其将它奉为圭臬。西方近代与现代的多种美学理论建构,也往往不能越过对它的研究,均以不同的态度与方式从中汲取思想养料。

现代西方研究《诗学》的著作不少,较有影响的是:布乞尔(S. H. Butcher)的《亚里士多德的诗学与艺术理论》、豪斯(E. House)的《亚里士多德的诗学》、厄尔斯(G. F. Else)的《亚里士多德的诗学:论证》等。《诗学》有数种中文译本:傅东华译本;天蓝译本;罗念生译本(人民文学出版社,1962年本及1982年修订本);苗力田主持翻译的《亚里士多德全集》第 9 卷中书名为《论诗》的译本(中国人民大学出版社,1994);最新的陈中梅的译注本,有较详细的注释和解释有关术语及古希腊美学思想问题等的附录。

现存《诗学》共 26 章,内容大体分三部分:(1)第 1—5 章,论述艺术的本性是摹仿,据以区别各种艺术形式,追溯艺术的起源和历史发展。(2)第 6—24 章及第 26 章,论述悲剧的特征及构成要素,比较史诗和悲剧。(3)第 25 章,分析批评者对诗人的一些指斥,提出反驳的原则与方法。《诗学》主要论述了三个艺术哲学问题:艺术的本性,悲剧的意义,艺术的功用。它的美学思想可归结为三个要点:摹仿说,悲剧论,净化说。

二 摹仿说

在《诗学》中,亚里士多德开宗明义地指出,在研究诗的种类、功能、成分、结构之前,首先要阐明关于诗的本性的首要原理,即艺术的本性是摹仿。他认为:史诗、悲剧、喜剧、酒神颂以及其他各种艺术,"都是摹仿"①,"摹仿处于活动中的人"②,"摹仿出人的性格、情感和活动"③。"摹仿"的希腊文 mimēsis 的含义,并不等同于我们通常理解的临摹、仿效。它本有两重含义:一是指表现或表象(representation);二是通常英译的 imitation,有外部现象摹本的意思。亚里士多德哲学中说的摹仿,有技艺摹仿自然的宽泛含义,而在《诗学》中,它是一个特定的美学范畴,指在"诗"这种创制技艺(艺术创作)中,表现人和人的生活。④

说艺术是摹仿,在古代希腊能自然地易于理解和接受。英国美学史家鲍桑葵说:希腊艺术可以称为"摹仿性"艺术,因为希腊艺术并无抽象的理想性,而是以和谐、庄严、恬静的特征,艺术地再现生活,它包含着

---

① 亚里士多德:《诗学》,1447a14—15,载于《亚里士多德全集》。
② 同上书,1448a10,载于《亚里士多德全集》。
③ 同上书,1447a26,载于《亚里士多德全集》。
④ 参见亚里士多德《诗学》,陈中梅译注,第 206—217 页,商务印书馆,1996。该书附录(四)对"摹仿"一词的希腊文词源意义和希波克拉底、柏拉图、亚里士多德等哲人使用"摹仿"一词的不同含义,作了详细阐释。

"审美真理",铺平了通向"美学理论"的道路,"希腊的才华所描绘出的无限的全景就在模(摹)仿性艺术,即再现性艺术的名目下,进入哲学家的视野"。①

　　早先希腊的哲人们虽然已有论及艺术中的"摹仿",但赋予其不同的哲学意义和解释。毕达哥拉斯认为美是对数的摹仿;赫拉克利特主张艺术摹仿自然的和谐即对立的统一;苏格拉底说绘画、雕像之类的艺术不但摹仿美的形象,而且可以借形象摹仿人的情感、性格。柏拉图在《国家篇》第10卷中详细论述了诗是摹仿。"摹仿"已是同"分有"并提的哲学范畴。在他看来,现实事物摹仿"理念"(型相),而艺术作品又只是摹仿现实事物的影像,是用语言、韵律、曲调、色彩等摹仿事物的表面现象,不过是制造影像,它同"理念"的真实存在、永恒真理有双重的隔膜。比如,木匠摹仿床的"型"制作木床,画家画的床又只是摹仿木床的影像,不是真实的存在。从认知角度说,诗人、画家摹仿而生成的印象,只触及灵魂中的感觉和欲望这个低下部分,同把握"理念"的理性相距甚远。柏拉图认为,艺术远离理念与理性,不仅无补于城邦治理和公民道德,而且会悖逆真与善,造成理性和情欲的冲突,败坏风习。因此,在他设计的理想城邦中,荷马那样的杰出诗人一概被放逐。

　　亚里士多德的本体论、知识论不同于柏拉图哲学,他对艺术的"摹仿"本性也有迥然相异的哲学理解。在他看来,现实事物包括人的活动就是真实存在,具有多样的意义;诗摹仿人的活动,也就是在作品中创制出艺术真实的存在;"摹仿"不只是映现外在形象,更表现人的本性与活动,显示人的这种"存在"的意义。而且,"摹仿"是求知活动,以形象的方式获求真理,形成关于人自身的创制知识;艺术的"摹仿"并非只受感觉与欲望驱使,它凭借"实践智慧"洞察人生,把握生活的真谛。因此,摹仿的艺术是高尚的知识活动。他展开论述了摹仿说,可以概括为以下三方面。

---

① 见鲍桑葵《美学史》,张今译,第18—23页,商务印书馆,1985。

（一）一切艺术产生于摹仿

希腊艺术摹仿希腊人的生活,摹仿的艺术本身又是希腊人生活的重要内容。希腊的大量艺术作品表现了希腊神话传说。在哲学尚未提出理性神之前,古希腊的神人同形同性。在希腊人的心目中,奥林帕斯诸神生活在尘世间,同人一样喜怒哀乐、妒忌争斗,同英雄、凡人交往;神实为人的升华,体现了希腊人的理想、智慧和创造力。神正是对希腊人自身的摹仿。早期希腊爱利亚学派的哲人塞诺芬尼早指出,神是人按照自己的形象创造出来的。希罗多德指出:希腊神的名字从埃及传入,赫西奥德和荷马的作品才把诸神的家世、名字、尊荣、技艺、外形教给希腊人。[1] 可见,出现在远古口头文学创作中的希腊诸神与英雄,就是摹仿希腊人活动的艺术形象。至希腊古典文明时期,更多的艺术作品包括悲剧,已直接表现尘世的社会生活。

亚里士多德用摹仿概括一切艺术的共同本性,有其深刻的含义:艺术本源于摹仿;艺术以感性形象摹仿人的交往活动和精神生活;艺术形象同人的生活世界的事物原型有相似性,并不是另寓他意的象征性表现。他的论证很实在:他对希腊艺术作品作了切实分析,指出正是摹仿的手段、对象和方式的不同,产生并区分了不同种类的艺术。

摹仿手段指表现艺术形象的媒介,主要是声音和形体动作、颜色和构形、语言和韵律等。亚里士多德大体就三种手段说明了三大类艺术的发生。(1)音乐和舞蹈。音乐使用音调和节奏,舞蹈使用形体动作,都摹仿人的情感或活动。它们是远古希腊人在劳作、祭神中最早产生的摹仿艺术。亚里士多德尤其肯定并重视用音乐的手段摹仿人的性情,他在《政治学》中也指出:节奏和曲调摹仿愤怒和温和、勇敢和节制以及所有其他正反的情绪和品性,音乐的旋律和节奏同人心息息相通,会产生比普通快感更为崇高的体验。[2] (2)绘画和雕塑,即现代所说的造型艺术。

---

[1] 见希罗多德《历史》上册,王以铸译,第133—135页,商务印书馆,1985.
[2] 见亚里士多德《政治学》,1340a1—b17,载于《亚里士多德全集》。

它们使用颜色与构形摹仿。西欧原始人早有洞穴壁画的可观成就。公元前19世纪希腊半岛居民制作的陶瓶上,已有花卉、动物、车马、人物的图画。至希腊古典时期,神像画和人的肖像画达到较高水平,雕塑艺术成就相当高超。米农的"掷铁饼者"栩栩如生,菲狄亚斯的帕提侬神庙塑像庄严静穆、飘逸凝重。主要刻画神、人的雕塑是当时造型艺术的主体,表现出永恒的艺术魅力。亚里士多德在《政治学》中也认为:颜色和构形可通过对人物的视觉印象,表征其性情与品德。[①] (3)狭义的"诗",即史诗、颂歌、抒情诗、讽刺诗和悲剧、喜剧等文学形式。它们都使用有韵律的语言摹仿人的活动、情感、性格。古代希腊的文学创作传统悠久辉煌。早在公元前9世纪,荷马的伟大史诗《伊利昂记》、《奥德修记》,壮阔地描述了公元前12世纪氏族社会解体、早期奴隶制形成时期,希腊人远征小亚细亚的特洛伊城的故事,歌颂了战争中的英雄人物。荷马史诗为后来希腊的各种艺术提供了丰富的创作题材。公元前8—前7世纪女诗人萨福抒写的情诗、婚歌清丽婉约,吟唱在爱琴海域,卓有声誉。希腊古典时期最杰出的文学形式——悲剧与喜剧,主要使用语言对白手段,结合音乐、舞蹈,最能综合、深入地摹仿人的活动,亚里士多德说它们在各方面都是一种高级的、具有较高价值的艺术形式。[②] 他在《诗学》中最重视研究的史诗和悲剧,分别是早期和古典时期的希腊文学的最高成就。在狭义的"诗"中,语言与韵律的手段必须创制艺术形象,摹仿人的情感和行为,才能成为诗的艺术。他指出:有人用韵文写医学、物理学著作,恩培多克勒用韵文写自然哲学,他们都算不上是诗人。[③]

摹仿对象不同,则使每种艺术内部产生不同的类型。摹仿对象是处于活动中的人,他们有品性差别,或高尚,或一般,或鄙劣,就是说,或优于常人,或近于常人,或劣于常人。这样,摹仿内容不同,使各种艺术内部发生类型的差异。如绘画,公元前5世纪著名壁画家波吕格诺托斯

---

① 见亚里士多德《政治学》,1340a33—39,载于《亚里士多德全集》。
② 见亚里士多德《诗学》,1449a5,载于《亚里士多德全集》。
③ 见同上书,1447b18—21,载于《亚里士多德全集》。

(Polygnotus)善画"优于常人"的神话传说中的英雄;泡宋用近似漫画的形式描绘鄙劣人物;狄奥尼索斯善画逼真的肖像,有"人的画家"之称。再如戏剧,"戏剧"的希腊文 drama,有"动作"的词源意义,故戏剧的本义指"动作摹仿"。悲剧指严肃戏剧,主要摹仿高尚人的高尚行为,喜剧则主要摹仿鄙劣人物的活动,这就是两种戏剧形式的差别。亚里士多德指出:这里说的"鄙劣",并非一定指"恶",而是指"滑稽",属于"丑",是不引起痛苦与灾难的"丑"。[1] 艺术中的"丑",也能给人艺术美的愉悦。

用同种手段摹仿同种对象,因摹仿方式不同,也会产生艺术形式的差异。如在"诗"中,荷马史诗用语言叙述方式,悲剧和喜剧则用演员动作、韵文对白方式来摹仿。

亚里士多德论述摹仿的手段、对象和方式,不是为了对艺术作技术性分类,实质上他阐述了:艺术本源于摹仿;艺术是对人的外在活动和内在品性的摹仿,人是艺术的主体和主题;艺术以创制性的形象真实反映人的生活,艺术美源于生活,又高于生活。这种论述,同柏拉图主张艺术只是对"理念"的双重隔层摹仿显然对立。西方学者中有一种观点认为,亚里士多德所说的摹仿手段都是符号,同它们指谓的事物并无本质的相似和自然的联系,艺术最终产生于心灵中非现实的想象,因此艺术不是生活原型的再现,而是摹仿者心绪的象征表现。布乞尔批评这种象征主义解释不符合亚里士多德的原意。他的《解释篇》说过口语是心绪的符号,文字是口语的符号。[2] 但亚里士多德也认为,人的心灵中的印象并不是符号,而是外部事物的摹本,同事物相似。在感知活动中,对象在心灵中刻下印象,逼真地留在记忆中[3],艺术作品中的形象,是实在事物的特殊映现。[4] 鲍桑葵也通过具体分析指出,柏拉图的审美思想有象征主义色彩,亚里士多德并没有抛弃摹仿说而采纳象征说,在他那里,艺术以实

① 见亚里士多德《诗学》,1449a32—34,载于《亚里士多德全集》。
② 见亚里士多德《解释篇》,16a3,载于《亚里士多德全集》。
③ 见亚里士多德《论记忆》,450a27—451a17,载于《亚里士多德全集》。
④ 见布乞尔《亚里士多德的诗学与艺术理论》,第124—125页,纽约,多佛尔出版社,1951。

在事物为标准,在艺术处理中又有理想化。这同艺术的实际过程是十分符合的。[①]

（二）摹仿是人的本性,艺术在实现人的本性中进化和完善

亚里士多德认为,诗发源于人的双重本性:人天生有摹仿的禀赋,人固有对美的事物的天生的美感能力。

在他看来,人从孩提时候起就有摹仿本能。人是最富有摹仿能力的动物,人类通过摹仿获得最初的经验和知识。摹仿实质上是一种求知能力,正是由于这一点,人和其他动物区别开来。[②] 从《后分析篇》第2卷最后一章可知,他认为,人在感官知觉和记忆的不断重复中产生了经验,经验中既发生了对事物的普遍特性的思想性判断,又保留着对特殊事物的形象性的知觉判断。在经验的温床里,可以生长出不同知识形式的株苗:凭借理性和努斯,把握关于存在事物的普遍本质和原因的理论知识(包括证明的科学知识);凭借实践智慧,把握关于人的特殊行为的实践知识;凭借实践智慧,把握显示必然性的特殊形象,形成创制知识,即诗或艺术。摹仿实际上是人的求知本性的一种表现形式,摹仿产生的艺术是以形象的方式认识实在、通达真理的特殊求知活动。艺术的摹仿不是依样画葫芦、猴子学人,不是消极直观地映现;艺术中的真理是一种能动的"解蔽"即呈现真理,是洞察人和生活的本质。

美令人愉悦,引起快感。亚里士多德认为,这并不只是由于对称、秩序、确定性的形式美引生快感,更重要的是由于求知是最快乐的事,所以人类在摹仿中感到愉悦。他说:求知不仅对哲学家是最快乐的事,而且对一般人也是最快乐的事,正因此,诗能产生美的愉悦。例如,人们观赏绘画感到愉悦,因为观赏中在求知,认识到"这就是那个事物";尸体和令人嫌恶的动物平时看到觉得痛苦,而在绘画中对它们作惟妙惟肖的摹仿,人们却乐于观赏,也是由于求知中发生愉悦。[③]

---

① 见鲍桑葵《美学史》,张今译,第82页,商务印书馆,1985。
② 见亚里士多德《诗学》,1498b5—8,载于《亚里士多德全集》。
③ 见同上书,1448b1—17,载于《亚里士多德全集》。

人还有另一种天生的美感本性。它不是生理欲望的满足,不是实用的、功利性的,而是指在感受对称、秩序、确定性中产生独特的愉悦。亚里士多德说道:绘画中色彩优美的处理技巧给人快感,音调感和节奏感也是人惬意表达情感的天性。①《问题集》第 19 卷专门探讨音乐中的不同旋律、节奏、音程、声乐和器乐为何能造成不同的艺术效果。他指出:音乐中旋律和节奏的运动,同人们的行为相关,最易表达人的情感和品性②;悲剧的歌唱中穿插朗诵会产生悲剧效果,因为对比表现情感能造成极致的不幸或悲痛,单调则难以使人悲痛欲绝。③ 总之,各种摹仿手段、方式造成不同的艺术效果,也出于人的美感天性,在于审美主体的情感共鸣。

各种艺术形式都出自实现上述人的双重本性。亚里士多德指出:根据诗人的不同天赋禀性,诗可分为两大类,较为严肃的人摹仿高尚的人的行为,较为平庸的人摹仿非高尚的人的行为。④ 前者如颂诗、史诗、悲剧,后者如讽刺诗、喜剧。他认为,前一类艺术无疑体现善,有较高价值;但他对后一类艺术也无贬低之意。戏剧是当时已臻成熟、成果显著的文学形式。亚里士多德探究了希腊悲剧、喜剧的由来和发展,表明艺术形式的演变与成熟是人的摹仿与美感天性不断进化、提升的结果。这符合古希腊戏剧史的实际。

悲剧、喜剧最早都发轫于民间的即兴创作。悲剧最初起源于酒神颂引子,随着不断增生新成分,悲剧不断提高,直到发展出它自身的本质形式。亚里士多德认为当时的悲剧艺术形式已臻完善,不再发展了。悲剧并非指剧情必定悲惨之作,而是指摹仿严肃、完整、宏大行为的严肃剧。"悲剧"的希腊文 tragodia,原意是"山羊之歌",因为悲剧由萨提尔剧演变而来,后者是在酒神崇拜中由扮成山羊模样的演员演出的剧目。公元前

---

① 见亚里士多德《诗学》,1448b18—21,载于《亚里士多德全集》。
② 见亚里士多德《问题集》,919b26—37,载于《亚里士多德全集》。
③ 见同上书,918a12—13,载于《亚里士多德全集》。
④ 见亚里士多德《诗学》,1448b24—26,载于《亚里士多德全集》。

6世纪末列斯堡岛人阿里翁表演酒神颂时,即兴编诗回答歌队长的问题,宣述酒神故事。之后,才捐弃简短的情节、荒唐的台词,形成有庄严格调的悲剧。题材内容不再限于酒神故事,大多取材于荷马史诗、神话与英雄传说。从希波战争至伯罗奔尼撒战争前后,希腊悲剧尤其兴盛,得到重大发展,以不同方式深入表现希腊人的现实生活,开阔地涉及命运、宗教、战争、民主制、社会关系、妇女地位、家庭伦理等内容。演剧成为希腊社会生活的重要组成部分。希波战争期间,佛律尼科斯的悲剧《米利都的陷落》在雅典演出时,全场恸哭。希腊古典时期悲剧名家迭出,三大悲剧家将希腊悲剧推进至辉煌的峰巅,就是亚里士多德所说的悲剧已发展出"本质形式"。埃斯库罗斯写有70部剧作,悲剧传存7部,《被缚的普罗米修斯》、《阿伽门农》等代表作主要表达命运不可抗拒,人应对自己的选择行为负责。索福克勒斯是民主派政治家伯里克利的好友,在60年艺术生涯中创作了130部剧作,悲剧传存7部,《安提戈涅》、《俄狄浦斯王》等名作题材取自英雄传说,崇扬英雄主义,主张人不应屈从命运,应以自己的才智和力量克服苦难、与命运抗争,表现了人的自我觉醒。欧里庇德斯曾师从于雅典启蒙哲学家阿那克萨戈拉,也是苏格拉底的好友,写有剧本92部,悲剧传存18部,《美狄亚》、《特洛伊妇女》等皆是不朽名篇。他结束了"英雄悲剧",以强烈的批判精神直面社会现实:抨击不义战争,反对将民主制蜕变为政客的工具,反对男女不平等,支持妇女抗争,暴露贫富悬殊,同情穷人奴隶,鞭挞富人贪暴;怀疑宗教,攻击迷信,主张人自己支配命运;等等。他的艺术体现了冷静、理智的苏格拉底精神。尼采在《悲剧的诞生》中出于他的非理性主义,抨击希腊悲剧艺术毁灭于苏格拉底精神,贬斥欧里庇德斯悲剧采取"非酒神倾向",秉持"知识即美德"教规,将艺术的"富丽堂皇的庙宇化为一片瓦砾"。[①] 这种论评并不符合希腊艺术发展的史实。希腊悲剧发展到欧里庇德斯,从神话英雄到尘世现实,从相信命运支配到认识到人自己的力量,在亚里士多德

---

① 见尼采《悲剧的诞生》,周国平译,第50—52页,生活·读书·新知三联书店,1986。

看来,这正是人的摹仿天性即认识社会现实和人自身的逐步实现、不断提升。他对三大悲剧家给予了高度评价。

亚里士多德又认为,在悲剧发展中不断实现了人的美感天性,摹仿手段与方式即艺术美的形式不断改进,人的审美能力得到提高。如从酒神颂的萨提尔剧单人即兴编诗答话,到悲剧根据诗人创作,由演员、歌队表演剧情完整的故事,演员人数增加,合唱缩短,对话成为表演的主要手段,并引进舞台布景,悲剧规模变得宏大,成为庄重的综合性艺术。萨提尔剧重于歌舞,诗的韵律采用四双音步长短格;悲剧则以对话为主体,创造了适合对话韵律的短长格。再如,他认为,史诗和悲剧都用韵律语言摹仿严肃行为,亲缘性最近,后者也由前者演变而来,在艺术形式上后者又是对前者的超越、创新。史诗采用诗人叙述方式,只用六音步长短短格韵律;悲剧用演员、歌队的对话和动作表演故事,采用短长格韵律表现对话,歌队的"合唱琴歌"有多种曲调,各有不同的行数、音步和节奏。亚里士多德认为,悲剧具有比史诗更多的艺术成分,如音乐、扮相等,能使人体味"强烈生动的快感",能以紧凑集中的情节、节省的时间达到摹仿的目的,取得更好的效果。他说,史诗的成分悲剧皆有,而悲剧的成分不尽出现于史诗中。"悲剧优于史诗,因为悲剧比史诗能更好地达到目的。"①

亚里士多德认为,喜剧也有其由来和发展,体现了人的摹仿和美感天性、审美能力的不断进化。喜剧的希腊文 komodia 原意是"狂欢歌舞剧",古希腊喜剧起源于收获葡萄时节祭祀酒神的狂欢歌舞。公元前6世纪初,它在希腊本土的麦加拉已演变为表现神话故事和日常生活的滑稽剧,即兴编戏谑诗句回答问题,所以麦加拉人自称首创喜剧,麦加拉人苏萨里翁将滑稽剧介绍到雅典,并使它具有诗的形式和戏剧的歌队。可见,原始喜剧早于公元前6世纪末叶形成的悲剧,但由于喜剧起初不受重视,执政官分配歌队给喜剧诗人参赛是较晚时的事,那时喜剧已有确

---

① 亚里士多德:《诗学》,1462a15—b15,载于《亚里士多德全集》。

定的形式,雅典于公元前487年才在酒神节正式上演喜剧,比上演悲剧晚。《诗学》又指出,喜剧的另一渊源是讽刺诗,荷马之前就有,荷马的滑稽史诗《马耳癸忒斯》(*Margites*)已引入讽刺格,最先勾勒出喜剧诗句韵律的框式;讽刺诗同喜剧的关系,有如荷马史诗同悲剧的关系。[①] 至希腊古典时期,喜剧兴盛,表现了比悲剧更为自由的创作手法,有种种政治讽刺剧、社会讽刺剧,雅典涌现了三大喜剧家,除了克剌提诺斯(约前484—前419)、欧波利斯(约前447—前411)之外,阿里斯托芬最负盛名,写有喜剧44部,传存11部。他的作品开阔展示了希腊古典时代政治、经济、文化领域的生动画面,针砭社会时弊,剖示时代危机,提出革新城邦的理想。喜剧的艺术表现手法也多有创新,如采用"对驳场"表现主题思想,更多使用民间俗语,歌队作用减少,庄穆与诙谐、抒情与俚俗交织的风格,等等。亚里士多德考究悲剧、喜剧的由来和演变,阐明艺术从简单到复杂、从单一到多样的进化,是人的摹仿和审美能力逐步提高、人的求知和美感天性不断实现与升华的过程。这种艺术进化观,颇有合理性。

(三)摹仿应表现必然性、或然性和类型

亚里士多德认为:诗人的职能不是记录已经发生的事,而是描述出于必然性、或然性而可能发生的事,表现某种"类型"的人和事。[②] 历史作品和诗的区别不只在于是否用韵文写作,希罗多德的《历史》若改写为韵文,依然是历史著作。他分析了诗区别于历史的特点:历史叙述已经发生的事实,诗则描述出于必然、或然,在过去、现在、将来可能发生的事,它未必已是现实的存在,但相似于现实,相当逼真;历史记录个别性事实,诗则在可能的事件中显示"普遍性事物的本性",因而比历史"更富有哲理,更为严肃";历史只记述个体人的活动,诗则要在特殊中见普遍,描写某种"类型"的人和事;历史编述众多事件,往往只见偶然联系,诗

[①] 见亚里士多德《诗学》,1448b30—37,载于《亚里士多德全集》。罗念生先生认为,现仅存片断的《马耳癸忒斯》并非荷马所作,大约是公元前6世纪的戏拟诗[见亚里斯多德(即亚里士多德)《诗学》,罗念生译,第8页注,中国戏剧出版社,1986]。

[②] 见同上书,1451a36—b7,载于《亚里士多德全集》。

即使写历史故事,也要择取精要情节,作艺术加工,揭示事件的因果联系,将它们结成能产生特殊快感的有机整体。①

亚里士多德的以上论述,表明摹仿说有深刻的哲学意义。他在《解释篇》《前分析篇》中论述的"模态",可理解为命题模态中见事物模态。他认为:或然性同实然性、必然性并不处于矛盾的对立关系;处于潜能状态的可能的事物,可蕴涵必然性而变为现实,而实然的必定是可能的,从现实事物可洞察其或然性、必然性;特殊事物中则寓有普遍的本质与原因。由此推论,摹仿不是记录经验的个别事实,所谓依据必然性、或然性描述可能发生的人与事,是要在特殊的生活原型中把握普遍本性,揭示因果联系,经过艺术加工,创造生动的典型形象,体现诗的真理。他强调诗表现"类型",这是最早的关于艺术创造典型的思想。他在论及悲剧中说道:人物性格的刻画要逼真、内在一致,是某种类型的人物在说话、做事,表现性格的情节是必然发生的某种类型的事件,这样,悲剧摹仿的人物就像优秀的绘画,非但逼真,而且比原型美。②

亚里士多德的摹仿说,内涵丰富,寓有深刻的哲理,是他的诗学的基本原理。他从这一基本原理出发,进而研讨以悲剧为代表的艺术创作原则。

三　论悲剧

希腊古典时期悲剧臻于完美圆熟,积累了丰富的创作经验。亚里士多德在《诗学》中着重论悲剧,剖析其艺术特征、构成要素,展示它的审美意义与价值。这并非单纯讨论创作技巧,而是在论悲剧中展开论述他的美学思想。

（一）悲剧的意义、成分和价值

亚里士多德给悲剧下了一个定义:悲剧是对一种严肃、完整、有一定

---

① 见亚里士多德《诗学》,1459a16—30,载于《亚里士多德全集》。
② 见同上书,1454a24—37,载于《亚里士多德全集》。

长度的行动的摹仿;它在剧的各部分分别使用各种令人愉悦的优美语言;它不以叙述方式而以人物的动作表现摹仿对象;它通过事变引起怜悯与恐惧,来达到这种情感净化的目的。①

根据上述定义,他理解的悲剧有多重意义,有以下五点区别于其他艺术形式的特征:(1)悲剧是严肃剧,摹仿严肃的行动、高尚的人的行为。这点有别于喜剧,类似于史诗。(2)悲剧通过剧中人物的动作摹仿对象,具有完整、统一、有确定量度的情节结构。这点不同于情节多元、篇幅很长的史诗。(3)悲剧使用各种优美的语言形式,包括有韵律、节奏的对话和歌曲,伴随人物动作,以综合的表现手段,造成特殊的艺术效果。这就使悲剧进而区别于其他艺术形式。(4)悲剧不是颂诗,不是平直赞颂高尚人物和善的行为,它表现好人经历坎坷的命运、痛苦的磨难,这类突发事变能引发怜悯和恐惧,令人体味悲壮与崇高。(5)悲剧的目的是净化情感,陶冶人的品性。

亚里士多德概括出悲剧的六个成分,其中三个属于摹仿对象的成分:(1)情节是对行动的摹仿,这是悲剧的基础和灵魂,最为重要。情节就是刻画人物的活动,人物的性格是在情节中显示的。(2)性格是人物品质的决定性因素,通过人物活动来表现,它决定了人物行动的性质,导致行动的成功或失败。如果只为刻意表现性格而写出一大串优美动听、很有思想的描述性格的台词,并不会产生悲剧应有的效果。性格在行为选择中显示,特别是在取舍两难的境遇中作出选择方能鲜明地显示性格本色,没有选择就没有性格。(3)思想成分是导致行动、决定行动性质的一个原因,表现在叙述特殊观点、阐释普遍真理的对话中。思想又是人物在特定场合讲适宜的话的能力,是针对特殊事物和通过优美台词论述事物真假、表述普遍真理的能力。可见,亚里士多德重视悲剧所寓的"思想",他指出人的行动受思想支配,思想又是论证、表达真理的能力,它能

---

① 见亚里士多德《诗学》,1449b22—28,载于《亚里士多德全集》。

深层次地显示人物性格,表达有普遍意义的哲理,并达到引发情感的效果。①

　　悲剧中属于摹仿手段的成分有两个:(1)台词即语言对白是动作摹仿的主要部分,表达情感和思想。他认为,剧作家应当娴熟表演台词的朗诵艺术,懂得命令、乞求、陈述、恐吓、发问、回答等的各种音调;他强调台词的美在于清晰明畅又不流于平淡无奇,过于华丽的辞藻会使性格与思想模糊不清。善于使用"隐喻"是直观、洞察事物间的相似性,是"匠心独运"的才智。在《修辞学》第 3 卷中,他指出正是诗人们包括悲剧作家首先推进了语言运用的艺术。② (2)歌曲是希腊悲剧独特的艺术表现手段,它"最能使悲剧生辉","歌队应被当做演员看待,它应当是整体的一部分"。亚里士多德赞赏索福克勒斯的悲剧中的合唱歌曲同剧中情节有机关联、融为一体,不赞同欧里庇德斯的悲剧降低歌队的作用,更反对塞入同情节并无关联的歌曲。③ 希腊悲剧演出的程序一般为:开场白扼要介绍剧情后,有歌队进场唱歌,之后通常有三至七场戏,交织合唱歌,剧情紧张时加入抒情歌或哀歌,最后是宁静地退场。旋律多样、融入剧情的歌曲,是希腊悲剧的特有魅力。它有多重表现功能:歌队不戴面具,服装轻盈飘逸,实为生动活泼的剧景装饰;歌队可向观众解释情节,发表感想,安慰剧中人物,代表诗人陈述见解或哲理;歌队可预先制造气氛,表示悲哀或可怕事件将发生;歌队又是更换场次的戏"幕",唱一曲歌表明剧中时间和地点的变化。

　　最后一个属于摹仿方式的成分是扮相,即面具和服饰,这是必要而最次要的成分。扮相是吸引人的,但同诗的关系最浅,不出自诗人的艺术,而出自面具、服装制作者的技术。恐惧与怜悯之情主要靠情节引发,才能显示出诗人的才华;若是靠扮相来产生这种情感效果,只表明缺乏艺术手腕。极为凶恶的扮相只能造成怪诞的恐惧,并非悲剧意义的恐

---

① 见亚里士多德《诗学》,1450a1—b10,载于《亚里士多德全集》。
② 见亚里士多德《修辞学》,1404a20—25,载于《亚里士多德全集》。
③ 见亚里士多德《诗学》,1450b19,1456a27—30,载于《亚里士多德全集》。

惧,并不产生艺术的快感。①

亚里士多德认为,悲剧是具有上述六种成分的综合性摹仿,是有高级价值的艺术形式。悲剧严肃、集中、详明地表现现实生活,刻画人物的性格、品德,体现诗人对社会和人生的深刻见识,很有认知价值。悲剧在形象中寓思想,揭示不同类型的事件和人物的本质,表达普遍性哲理,有宣述、传达思想的价值。悲剧综合六种成分,塑造富有魅力的艺术形象,使人体验悲壮与崇高,有特殊的审美价值。悲剧更有净化情感、陶冶品性、教化风习的功用价值。

(二)情节的悲剧效果及其审美意义

情节是悲剧的主干。悲剧摹仿人的严肃、重大的活动,表现幸福与不幸的生活,通过描写事变激发恐惧与怜悯的情感,达到净化灵魂的目的。"诗人与其说是韵文的创制者,不如说是情节的创制者。"②情节是关于人的活动的事件的合理安排,表现人物性格,体现悲剧的目的。亚里士多德在《诗学》中以相当多的篇幅论情节,并不是简单谈论编故事的技巧,而是运用摹仿说具体探讨悲剧如何艺术地再现生活的本质。

他认为:情节应当摹仿人自身的活动,对现实生活作出有所择取、提炼、加工的创制,根据必然性、或然性,描写某种类型的可能发生的、体现普遍性意义的事件。为此,诗人要发挥想象力,虚构情节。即使题材取自现成的神话与英雄传说,也需要虚构新的内容,才能创作成悲剧。悲剧要表现幸福与灾难、成功与失败、善与恶等冲突,惊奇是悲剧追求的效果。但悲剧的情节表现的惊异事件应当合情合理,"把谎话说圆",这是荷马给诗人们的教益。③ 如果刻意只求惊奇,纳入令人费解、不近情理甚至荒诞不经的事件,那就是"犯了艺术上的错误"。④ 亚里士多德论悲剧的情节,不谈神力和命运。在他看来,悲剧人物的跌宕经历,事之成败,

---

① 见亚里士多德《诗学》,1453b1—14,载于《亚里士多德全集》。
② 同上书,1451b27,载于《亚里士多德全集》。
③ 见同上书,1460a13—14,载于《亚里士多德全集》。
④ 见同上书,1460a28—35,载于《亚里士多德全集》。

都是人自身活动造成的,错咎与责任也由人自己承担。情节表现人的生活实际中的必然性、或然性,这并非宣扬外在神力支配人的命运,若用神力来制造、解决戏剧冲突,那是拙劣的。公元前 6 世纪至前 5 世纪上半叶,希腊氏族制度解体、进入城邦制度之时,认为神主掌一切的命运观较多地表现在悲剧中,埃斯库罗斯的作品大多是命运悲剧。至希腊古典时期,城邦民主生活活跃,智者派将社会演变看做人自身活动的进化,哲学从"天上"走向"人间",苏格拉底强调人要"认识你自己",悲剧也表现人以自身的力量对命运、苦难、不正义的抗争,这鲜明地体现在索福克勒斯、欧里庇德斯的悲剧中。悲剧应摹仿有本质意义的人的行动。欧里庇德斯的《特洛伊妇女》,不写希腊人攻打特洛伊城的全部行动,而只表现攻陷特洛伊城后被掠本地妇女的悲惨遭遇,表达了谴责侵略、维护正义的思想,这实际上是在影射、谴责伯罗奔尼撒战争期间雅典军队侵占弥罗斯岛、俘辱该岛妇女的酷虐行径。亚里士多德主张悲剧情节围绕人自身的活动,是对希腊古典时期悲剧内容重大进展的极好概括。这和他本人关于"人是目的"的实践哲学观也是一致的。罗念生先生正确指出:有些学者认为古希腊悲剧大多是命运悲剧,甚至责备亚里士多德的《诗学》不谈命运问题是个缺点,这种看法不正确、不公平。

悲剧情节摹仿人的完整行动,事件按照必然性或常规自然地联结,成为有机统一的整体。"事件要有严密布局,挪动或删削任何一部分,整体就会崩散脱节。"[1]悲剧应有确定的长度,过于微小或庞大的东西都不能产生美感。悲剧的长度一般以"太阳运转一周为限度"[2]。这同悲剧竞赛、观众看戏的时间也有关。所谓"太阳运转一周"指一个白天,约十至十二小时。雅典戏剧节历时三天,三位悲剧诗人参赛,每人上演三出悲剧和一出"羊人剧"(笑剧),下午可能还演一出喜剧,宗教仪式也占时间,三出悲剧加一出"羊人剧",共约五六千诗行,每出悲剧平均约一千四百

① 亚里士多德:《诗学》,1451b12,载于《亚里士多德全集》。
② 同上书,1449b12,载于《亚里士多德全集》。

827

诗行。欧洲文艺复兴时期以来，一些学者认为《诗学》制定了希腊戏剧遵守的"三整一律"（或称"三一律"），即地点、时间、情节的整一律。除情节统一外，剧中事件发生在同一地点（不换景），剧中情节的时间集中在"太阳运转一周"即一昼夜或约十二小时。这种见解并不确切，不符合《诗学》有关论述的原意，也不符合希腊悲剧、喜剧场景和时间变化的实际。"三整一律"在 17 世纪欧洲古典主义文艺思潮中被法国的高乃依、拉辛等人奉为金科玉律，变成一条过分刻板的原则，反而束缚了创作，因此后来受到启蒙思想家和浪漫主义作家的批评。其实，这种戏剧创作原则同亚里士多德的《诗学》无关。

"突转"（peripetia）和"发现"（anagnorisis）应当是情节进展的自然结果。"突转"指剧情按照行动的必然性、或然性向相反方面变化，从顺境转向逆境或从逆境转向顺境。"发现"指处于顺境或逆境的人物发现他们和对方有亲属或仇敌等特殊关系。两者都使戏剧冲突进向高潮，往往和苦难即毁灭性的或痛苦的行动交织在一起，达到引发恐惧与怜悯之情的悲剧效果。亚里士多德主张，悲剧中这两种情节的突然转变，不应是人为地外在强加的，而应是摹仿的事件自然地发生的，既可信，又强烈震撼观众的心灵。他赞赏索福克勒斯的《俄狄浦斯王》，将其作为处理"突转"的范例。忒拜王之子俄狄浦斯出生时，因神预言他会杀父娶母而被弃于荒山，被科林斯国王收养为嗣子。他长大后得知了上述预言，怕在科林斯应验杀父娶母，逃往忒拜，途中因一时动怒杀了他并不认识的生父，后又娶了并不认识的生母。科林斯国王死后，报信人来迎他回科林斯为王，为解除他害怕娶科林斯王后之恐惧，告诉了他出生时在忒拜遭遗弃的身世，这反而使他突然得知自己已杀死了生父、娶了生母，骤然堕入极度恐惧与痛苦的深渊。亚里士多德认为，情节结构安排双重结局，即以善人善报、恶人恶报的大团圆收场，只是投合观众的软弱心肠，并无悲剧效果，倒像是喜剧特色。在他看来，优秀的悲剧往往有单重悲壮的结局，从中展示严肃、深沉的意义。而有人指责欧里庇德斯的许多剧作以悲惨的结局收场，那是错误的。欧里庇德斯的正确的艺术处理，"将悲剧精神表现得淋漓尽致",他是一位"最能展示悲剧效果的诗人"。①

　　悲剧情节特有引发恐惧与怜悯的情感效果。恐惧由剧中人物遭遇的苦难逆境引起,怜悯是对剧中人物遭受不应当遭受的厄运的一种同情。这两种情感应出自悲剧中"突转"和"发现"的情节进展,人们能从中获得悲剧所特生的快感——一种有特殊审美意义的悲剧效果。如任何人只要听到《俄狄浦斯王》的故事,就会心灵震颤。对戏剧冲突作出高超的处理,才能引发恐惧与怜悯,使人们体味深刻的意义。亚里士多德赞赏欧里庇德斯的名剧《美狄亚》是一典范。美狄亚曾拯救过丈夫伊阿宋的命,后来丈夫贪图金钱、权力,要和科林斯公主成亲,美狄亚备受屈辱,将被驱逐出境。她痛责丈夫背信弃义、另结新欢,怀着复仇的心理,在丈夫再结新婚之际,烧死科林斯公主与国王,并杀死自己的两个孩子,以免他们被王室所杀,并使丈夫痛心疾首。这不是她的疯狂行为,实质上是对妇女屈辱的社会地位的激烈控诉,使人们在恐惧与怜悯中同情受迫害妇女的反抗。恐惧与怜悯互相联结,它们表明剧中人物的命运同现实生活有相通处、相似性,优秀诗人应能通过真实的摹仿激发这种情感。在《修辞学》中,亚里士多德定义恐惧是一种"对降临的灾祸因意想到它会导致毁灭或苦难而引起的痛苦不安的情绪",人们听到比自己更好或与自己相似的人"受到祸害,推人及己,想到自己也可能受害,就会有恐惧心态"。② 他又定义怜悯:"因见知不应受害者身上落有毁灭性或痛苦的灾祸,觉得自己或亲友也有可能遭受相似的灾祸,就会引起怜悯这种痛苦的情感。"③由上可知,无恐惧即无怜悯,两者同根并生,都是因想到剧中的厄运、灾祸,可能相似地发生在自己的周围、常人的实际生活中,才引发的。亚里士多德强调悲剧创作要情节逼真、情感逼真,要求诗人创作时自己仿佛身临剧中人物的情感,真切地进入角色的情感,认为这不

① 见亚里士多德《诗学》,1453a23—26,载于《亚里士多德全集》。
② 见亚里士多德《修辞学》,1382a22—24,载于《亚里士多德全集》。
③ 同上书,1385b13—20,载于《亚里士多德全集》。

是迷狂,而是一种天才的"灵敏"。①

（三）悲剧人物的性格

亚里士多德认为,悲剧人物的品质由他们的性格决定,性格在于对行动的选择。悲剧要写同常人有相似性的好人遭受不应有的厄运,它所表现的人物也就有特定的性格。他心目中的悲剧人物有其社会道德标准,而刻画他们的性格又有出于摹仿说的审美标准。他提出,悲剧人物的性格应当善良,适合人物的身份,虽优于常人而和普通人有相似性,有表现某种类型人物的内在一致性。他认为,悲剧主人公并非大善大德、十分公正,而是介于完人和普通人之间的人,这种主角所以陷入厄运,不是由于他们为非作歹,而是由于他有"错误"(hamartia),所以从顺境转入逆境,"其原因不在于人物心坏行恶,而在于他犯有大错误"。② 希腊文hamartia 的含义较多,包括"不中鹄的"、"大小错误"、"道德缺点"、"过失"、"罪恶"等,可原则上理解为悲剧性人物性格的缺陷和错误行动。它可以在道德、认知、政治、心理等方面有多种表现。悲剧人物既非完人亦非歹徒,同普通人相当接近、相似,他们有缺陷、错误。如俄狄浦斯出身显贵,是关心城邦、公民的好人,但也有粗暴、猜疑、见事不明、盲信预言的缺点。悲剧性主角有善良的品质,悲剧要摹仿、崇扬,令人体验崇高;他们因有和普通人相似的缺陷、错误而落入悲惨的结局,才最惊心动魄,使人推人及己,发生恐惧与怜悯,体味悲壮和借鉴性意义。

我们现在理解古希腊悲剧的戏剧冲突、人物遭际厄运实有深刻的社会原因,往往是社会势力冲突的表现,但我们不能苛求亚里士多德作出社会根源分析。布乞尔认为,亚里士多德的性格解释原则没有揭示关涉戏剧本质的势力冲突,此说自然有理。然而,历史地看,亚里士多德从人物性格的解释中发掘启迪性的哲理意义,这在当时仍是一种独具慧眼的深刻见识。

_____

① 见亚里士多德《诗学》,1455a22—33,载于《亚里士多德全集》。
② 见同上书,1453a5—23,载于《亚里士多德全集》。

四　净化与艺术的社会功用

艺术的功用即艺术对社会、人生的作用与价值,是美学理论的重要方面。亚里士多德和柏拉图的有关主张是明显有分歧的。

柏拉图对多数艺术特别是民间流行的艺术采取贬斥态度,认为它们败坏道德,损害城邦治理和公民教育,主张对艺术采取严格的限制措施。在《国家篇》第 2、3、10 卷中,他历数诗人的罪状,认为荷马史诗和许多悲剧、喜剧宣扬诸神及英雄之间的争斗、谋杀,或摹仿坏人、懦夫、卑贱者,它们表达的情感、产生的快感,出自灵魂中的非理性的情欲,逢迎人性中的卑劣部分,对公众心灵来说是一种毒素。他宣称,除了颂神和赞美善人的诗外,其他艺术都得逐出理想城邦。柏拉图出于他的哲学观和政治道德理想,抹煞了绚丽多彩、内容丰富的希腊艺术的价值。

亚里士多德从他的哲学观、伦理观和摹仿说出发,认为各种艺术形式从不同角度表现人和现实生活。艺术是求知活动,它表达的情感属于人皆应有的人性,受理性指导;包括史诗、抒情诗、悲剧、喜剧在内的雅俗艺术,对社会与人生皆有不同的价值。他的《诗学》,可以说是回应柏拉图的挑战,为卫护全部"诗"的形式,维护希腊艺术的辉煌成就,写出了一部深刻有力的"辩护词"。他提出"净化"说解释悲剧的目的,可以说是以悲剧这一高级艺术为范式,肯定了一切优美的希腊艺术,在领悟人生哲理、陶冶道德情操、谐和审美情趣等方面,皆有积极、良益的作用。

(一)"净化"的意义

"净化"的希腊文音译"卡塔西斯"(katharsis)。《诗学》中给悲剧下定义时只简略提及:悲剧通过"引起怜悯与恐惧来使这种情感达到卡塔西斯的目的"[1]。《政治学》第 8 卷第 7 章中提到卡塔西斯是音乐的目的时说:"我们此处对卡塔西斯不作解释,以后在讨论诗学时再详细说

---

[1] 亚里士多德:《诗学》,1449b27,载于《亚里士多德全集》。

明。"①但现存《诗学》对它并未再作词义解释。"净化"本是古希腊奥菲斯教的术语,指依附肉体的灵魂带着前世的原罪来到现世,采用清水净身、戒欲祛邪等教仪,使灵魂得到净化。恩培多克勒秉承此义写过宗教哲理诗《净化篇》。卡塔西斯又是个医学术语,在希波克拉底学派的医学著作中,这个词指"宣泄",即借自然力或药力将有害之物排出体外。亚里士多德并不崇奉奥菲斯教,也不是在论医药,他在《诗学》中借用"卡塔西斯"一词,无疑是有所转义地论述悲剧的艺术功用,使它成为他的美学思想中的一个重要范畴。

自从文艺复兴时期以来,对亚里士多德说的净化,西方学者写了许多论著,罗斯形容说:"已有整套文库论述这个著名学说"。学者们各抒己见,争论不休,莫衷一是。历来对卡塔西斯的不同解释,大体可归结为两派,每派内部也还有不同解释。第一派主张悲剧的功用是道德净化。德国美学家莱辛认为,净化是使激越的怜悯与恐惧转化为品德,悲剧起有道德的矫正、治疗作用。第二派主张悲剧的功用是宣泄情感,达到心绪平和、心理健康。歌德解释道,亚里士多德论悲剧并无道德目的,旨在通过宣泄怜悯与恐惧,达到情感平衡。英国诗人弥尔顿也认为悲剧能宣泄怜悯与恐惧的病态情感,达到心理治疗的目的。

以上两派的主张,各自包含合理的因素,但都很难说全面、确切地符合亚里士多德的原意。我们认为,净化作为悲剧的目的,体现艺术的一般功用价值。净化可理解为灵魂整体的净化,灵魂的陶冶和改善。灵魂是知、情、意的统一,情感和知识、道德相联系。艺术作为创制知识,体现实践智慧,以融注情感的形象创造,发挥认知、道德、美感三重互相融通的功用价值。

(二)净化与艺术的认知功用

亚里士多德在论述摹仿是人的天性中,肯定了艺术是求知活动。情感的净化以"知"为前提,蕴涵智慧的意义。艺术是特殊的求知活动,使

---

① 亚里士多德:《政治学》,1341b39,载于《亚里士多德全集》。

人们在解悟艺术的真理时得到特殊的快感。悲剧也不例外。悲剧通过摹仿人的活动引发并净化情感,这不是简单的道德感化或情感清洗,实质上内蕴认知活动,情感净化的先决条件是澄明见识、了悟真谛。悲剧的情节、性格描述某种类型的事件、人物,表达有普遍意义的哲理。悲剧渲染怜悯与恐惧,首先要靠在情节、性格中寄寓严酷的事理,剧中人物的情感伴随自己的认知(发现)而趋于极致。俄狄浦斯最后刺瞎自己的双眼,告示人们若不认识"想认识的人",就会在"黑暗无光"中遭受灾难,无意作成罪孽;美狄亚怀着复仇心理,极为痛苦地杀死自己的孩子,控诉妇女屈辱地位的不合理;特洛伊妇女在凄酷的境遇中痛斥不义战争。这些情节所以震慑人心,首先因为剧情中的事理、主人公的省悟在启迪良知。悲剧的效果不是造成吓人的恐怖感、朦胧的同情感,而是产生实为认知性的恐惧与怜悯。观众看到优于常人又相似于常人的主人公遭受不应有的厄运,体察作者寓意,解悟必然事理,推人及己,想到这是人皆可能遭遇的事件,也有可能落在自己身上,这才发生怜悯与恐惧。这类情感净化的首要意义,就是观众意识到自己要摒除愚昧,开化心智,领悟人生真谛,这样才能在城邦和个人的实际生活中避免悲剧重演。恐惧与怜悯情感的净化,内蕴良知顿悟,交织着理智灵魂的改善,认知因素正是情感净化的清洗剂。

(三)净化与艺术的伦理道德功用

艺术摹仿人与人的活动,表现人际关系和行为选择,因此艺术同伦理道德相关。作为陶冶灵魂的情感净化,自然也指澄明伦理、熏育道德。悲剧摹仿严肃、重大的活动以及高尚与鄙劣人物的举止,寄寓其中的普遍性哲理主要涉及伦理关系和道德品性。在亚里士多德看来,规范行为的城邦伦理,以人为目的,是城邦体制的基石,道德则是公民个人的人格完善。希腊悲剧广泛涉及亲朋之间、敌友之间、男女之间、公民与城邦之间、奴隶及自由民与统治者之间以及城邦之间的伦理关系,同时表现高尚人物的高贵品德和道德缺陷,卑劣人物的恶劣品性。正是上述错综复杂的伦理与道德问题,铸成悲剧中震颤人心的苦难,引发认知性的恐惧与怜悯。因此,这种情感的净化也是一种伦理道德意识的净化。

亚里士多德认为,美与善虽有不同,但又相通。从《诗学》的总体内容看,情感的净化也应指伦理道德意识的矫正或升华,旨在扬善避恶。悲剧作为严肃艺术,着眼摹仿高尚人物的高贵品德,让观众体验崇高。悲剧人物遭受厄运的原因是有性格缺陷和错误行动,这主要是在人生际遇中未能妥善处理伦理关系,在实践智慧和品德方面有所欠缺。由于他们往往是城邦的权势人物,他们的错误往往也表现了城邦的伦理问题。因此,悲剧引发恐惧与怜悯,有伦理道德的规箴、感染作用,令观众在省悟厄运的缘由中,改善自己的伦理意识、道德情感。将伦理道德和情感完全割裂,将情感净化理解为同道德毫不相干的心理变化,这未必符合亚里士多德的本意。

亚里士多德在《尼各马科伦理学》第 2 卷第 6 章中认为:品德和情感及行动相关,皆须求"中庸"即适度。情感体现品德,恐惧、怜悯、自信、欲望、愤怒、快感、痛苦等等情感,太强太弱都不好,"只有在适当的时候,对适当的事物、适当的人,以适当的动机、适当的方式发生上述情感,才是适中的、最好的情感,而这就是品德的特征"①。他还指出:品德的中庸、适度,是由实践智慧把握理性原则所决定的。② 根据以上论述,我们可以理解净化的一种意义指道德情感求得适度的平衡。悲剧引发恐惧与怜悯,是适度的,不是病态的,并非陷入极端的恐怖感和不能自拔的哀怜癖,而是要观众在省悟事理、净化情感中,生出中和的道德意识、道德情感。

(四)净化与艺术的审美移情功用

亚里士多德认为艺术能引起快感。除了从摹仿中获得求知的快感外,也有审美情趣的快感。人固有的音调感、节奏感之类,就是人的一种审美天性。完美的创作技巧,如色彩处理、旋律设计、情节布局、人物刻

---

① 亚里士多德:《尼各马科伦理学》,1106b8—23,载于《亚里士多德全集》。
② 见同上书,1107a1—3,载于《亚里士多德全集》。

画等,都能给人美的感受。这些艺术的形式美,无疑令人愉悦。在他看来,艺术产生快感,更重要的是一种审美情感的转移。净化情感也指审美移情作用,有益于培育、提升审美情操和心理健康。

《诗学》中指出:"不应当要求悲剧给我们一切种类的快感,只应当要求它给我们它特别能给的快感。既然这种快感是诗人通过摹仿来引起我们的怜悯与恐惧之情而产生的,显然就该通过情节来产生这种效果。"[1]悲剧的精心布局,渲染了主人公的真切悲苦之情,观众被感染出怜悯与恐惧,同时又交织着一种审美移情的快感。艺术的这种审美心理效果,柏拉图也已看出。在《国家篇》第 10 卷中,他借苏格拉底之口说:"听到荷马或其他悲剧诗人摹仿一个英雄遇到灾祸,说出一大段伤心话,捶着胸膛痛哭,我们中间最好的人也会发生快感,忘乎所以地表示同情,并且赞赏诗人有本领,能这样感动我们。"[2]但是,柏拉图无视史诗、悲剧的认知和道德功用,抨击这种艺术的快感是迎合人心自然倾向的"感伤癖",缺乏理性支配,是拿旁人的痛苦取乐,"拿旁人的灾祸来滋养自己的哀怜癖",待到人们亲临灾祸,反而不易控制这种"哀怜癖"。[3] 亚里士多德则认为,在史诗、悲剧引发的净化作用中,认知功用、道德功用和审美移情的快感融合在一起,可以受理性与实践智慧规约,这种审美的快感也属于情感净化,有陶冶情操的积极作用。他要求诗人以灵敏的天才进入并真切表达剧中人物的情感,就是为了在审美移情中激发观众同样的情感。

《政治学》在论述教育课程时,认为音乐使人感受真实的愉悦,能培育高尚的情操与艺术鉴赏力。亚里士多德指出,音乐具有三种相通的作用,即"教育、娱乐和理智的鉴赏","理智的鉴赏,人们公认它包含一种不仅高尚而且愉悦的因素,幸福即由这两者构成"。[4] 他又认为:音乐的目

---

① 亚里士多德:《诗学》,1453b11—14,载于《亚里士多德全集》。
② 柏拉图:《国家篇》,605C—D,载于《柏拉图对话全集·附信札》。
③ 见同上书,606A—B,载于《柏拉图对话全集·附信札》。
④ 见亚里士多德《政治学》,1339b11—18,载于《亚里士多德全集》。

的有三种：教育、净化和理智的鉴赏。为了教育，应更多采取道德情操型旋律，而在赏听他人演奏时，行为型和激情型的旋律也需要，也能使人们在理智的鉴赏中净化情感。在艺术鉴赏中的净化，是一种谐和情感的心理治疗。亚里士多德举例说："一些人沉溺于宗教狂热，当他们听到神圣庄严的旋律，灵魂感发神秘的激动，我们看到圣乐的一种使灵魂恢复正常的效果，仿佛他们的灵魂得到治愈和净洗。那些受怜悯、恐惧及各种情性影响的人，必定有相似的经验，而其他每个易受这些情感影响的人，都会以一种被净洗的样式，使他们的灵魂得到澄明和愉悦。这种净化的旋律同样给人类一种清纯的快乐。"①这里所说的情感净化，在理智的鉴赏中实现，实际上就是通过音乐的审美移情作用，中和那些极端激烈的情感，有益于培育中和、适度的健康心理。

主张净化即宣泄情感的解释，如果就艺术有审美移情的心理治疗作用而言，有合理因素。但是这派的解释有简单化倾向，将生理的宣泄套用为心理宣泄，没有具体分析多种多样的审美移情作用及其同艺术的认知、道德功用相融贯，没有论及它只有在理智的鉴赏中实现才能陶冶审美情操。他们所谓的宣泄是指重复人们潜有的怜悯与恐惧等病态情感，满足强化而发泄它们的欲望，达到"以毒攻毒"、泄尽它们的目的，这种像是弗洛伊德式的解释未免牵强附会。亚里士多德并不认为作为悲剧效果的怜悯与恐惧是病态的，而认为它们是正常合理的。净化作为一种艺术鉴赏中的审美移情，在各种艺术中有普遍的陶冶审美情操的功用。这样理解，符合亚里士多德的诗学理论。

亚里士多德的诗学，以哲学的睿智，审察、提炼古希腊艺术创作的精髓，建树了西方第一个比较系统、合理的美学理论。它较为切实、深刻地论述了艺术的本质，以悲剧为代表的艺术的创作原则，以及艺术认知社会人生、教化伦理道德、陶冶审美情操的功用，真切体现了希腊艺术追求真善美的精神，对后世西方的美学思想、艺术理论有深远的影响。它的

---

① 亚里士多德：《政治学》，1341b35—1342b17，载于《亚里士多德全集》。

许多合理见解,至今值得借鉴。

亚里士多德的博大精深的哲学体系,是希腊科学理性与人文精神的升华,是希腊古典文明的总结,也是希腊古典哲学的终结。

亚里士多德逝世后,西欧古典文明发生了重大转折,历史进入希腊化文明和罗马文明相继主导的时代,但亚里士多德的哲学仍通过他建立的漫步学派持续传承。他的弟子塞奥弗拉斯特在吕克昂学园主持教学与研究 30 余年,秉承师说,在形而上学、自然哲学特别是植物学等方面自有建树。其他著名的弟子有欧德谟、阿里司托森和狄凯亚尔库等人。公元前 287 年塞奥弗拉斯特去世前,将学园的领导权交给斯特拉托(Strato of Lampsacus,前 287—前 269 年主持学园),之后吕科(Lyco of Troas,前 269—前 224 年主持学园)、阿里斯托(Aristo of Ceos)、克里托劳斯(Critolaus of Phaselis,前 2 世纪)、狄奥多罗斯(Diodorus of Tyre)、厄律尼乌斯(Erymueus,约前 120—约前 110 年主持学园)等相继代代传承。策勒在《亚里士多德和早期漫步学派》一书中整理了这些哲学家的著作和残篇,对亚里士多德的思想传承有专门研究。而在希腊化和罗马时代,漫步学派将亚里士多德思想和柏拉图学园的思想、斯多亚学派的学说融合起来,互相吸收。3 世纪后对亚里士多德著作的注释多由新柏拉图学派的成员所作。亚里士多德对希腊化与罗马时代的主流哲学斯多亚主义和新柏拉图主义都有深层的影响。亚里士多德奠立了分析理性,使科学知识走向系统化,当时创建的逻辑学已提供了坚实的科学思维和科学方法的工具,它在希腊化时代斯多亚学派的逻辑学中得到充实与发展,这些都为希腊化时代系统建树学科理论知识和科学的重大创新,提供了知识内容与理性能力的基础。没有逻辑学的建立就没有法学,亚里士多德的逻辑学对罗马法的发展也甚有影响。

在中世纪早期,希腊罗马的古典文化被破坏殆尽,亚里士多德的哲学在东罗马(拜占庭)帝国并经由叙利亚和阿拉伯得以保存和延续。亚里士多德哲学对伊斯兰阿拉伯哲学的发展有深刻影响。阿维森纳即伊本·西纳是阿拉伯哲学的集大成者,有"亚里士多德第二"之称。出生于西班牙的阿拉伯哲学家阿威罗依即伊本·鲁西德大力阐发亚里士多德思想的原貌,在中世纪的西欧阿威罗依主义是亚里士多德主义的代名词。12世纪亚里士多德哲学传回西欧,对中世纪学术文化的复兴有重大影响,阿威罗依主义在大学中作为异端势力卓然挺立。托马斯·阿奎那建立了一个以亚里士多德哲学为理论基础的神学体系,对经院哲学和基督教世界有复杂的影响。亚里士多德的哲学对近代西欧哲学各学派,在本体论、知识论、科学方法论、伦理学、政治哲学、艺术哲学等方面,都起着深远、复杂的思想作用。直至现当代,我们在许多学说中都可发现亚里士多德哲学的身影,包括社群主义在高扬亚里士多德的德性论,分析哲学在亚里士多德的分析理性中"寻根"。

亚里士多德的哲学对西欧文明、西方哲学与文化传统,确实有着非常深刻的影响。我们要深化研究与理解西方文明与文化传统,就应深化研究与理解亚里士多德的哲学。而这正是我们研究西方哲学史很需要着力加强的一个重要环节。

下　篇
晚期希腊与罗马哲学

引　言　晚期希腊与罗马哲学的时代特征和历史意义

晚期希腊与罗马哲学是希腊化文明和罗马文明时代的哲学。它从公元前322年亚里士多德逝世起,至公元529年东罗马帝国皇帝查士丁尼下令关闭雅典的所有学园,历经两大文明历史阶段,长达800余年。希腊化时代的哲学是希腊哲学有所延续的重大转型。罗马帝国在征服希腊化世界之前虽早受希腊文化影响,但还没有自身独特的哲学理论;而在1世纪左右罗马文明从共和制向帝制转变时期,希腊哲学(包括传统哲学和希腊化哲学)大举进入罗马帝国,在罗马文明从鼎盛至衰落中造就了和希腊化哲学既一脉相承又有自身文明特色的罗马哲学。所以,晚期希腊与罗马的主要哲学流派延伸两个时代,既有理论承续性,也有历史差异性。

马克思说,"希腊哲学在亚里士多德那里达到极盛之后,接着就衰落了";他又将这种衰落比喻为"太阳落山"。[①] 晚期希腊与罗马哲学像日落时分奇异的晚霞,其实也是颇为壮观的,它映现了希腊化与罗马时代的文化精神,也有其特异的内容和重要的历史地位。无疑,它不如希腊古典哲学那样斑斓辉煌,甚至有错杂折中、扑朔迷离的神秘气氛。但它也

---

① 见《马克思恩格斯全集》第40卷,第194页,人民出版社,1982。

是"文明的活的灵魂",以多样的新理论形态体现时代精神,在漫长而壮阔的文明疆域支撑社会体制、维系精神文化,而且对后续的哲学与文明起着承前启后的关键性历史作用。不应简单地将它视为只是希腊哲学达到顶峰之后的一个尾声,甚至视为西方哲学史演进中颓衰没落的匆匆过客而轻视它。晚期希腊与罗马哲学有其独特的时代特征、丰富内涵和历史价值。

一　文明转型的社会文化背景

晚期希腊与罗马哲学是在重大的文明转型的社会文化背景中生成的,只是和希腊古典哲学的鼎盛相比,它显得衰落。它在新的历史条件下发生嬗变,自有其反映那个文明时代的特征、体现其基本文化精神的独特内容。

公元前 323 年,亚历山大大帝在东征中病逝,他的将领们瓜分帝国,建立了塞琉古、托勒密、马其顿三大王国,在远超过原来希腊城邦制社会的辽阔疆域生长绵延了近 300 年的希腊化文明。而罗马历经 700 多年从弱小到强盛的壮大过程,至公元前 30 年最终消灭残存的托勒密王国,并吞希腊化世界,征服西欧诸地,建立了古代世界最为庞大的帝国,发展出一种涵盖疆域最为广阔、延伸近 500 年的罗马文明。和已经衰落、危机深重的希腊城邦奴隶制社会相比,这种文明转型是巨大的历史进步,两者都经历了生产力的巨大发展和商品经济的高度繁荣。希腊化文明颠覆了希腊古典文明中小型、分散的城邦奴隶制经济,采纳东方的君主集权政体,建立了君主专制的三大帝国,分设行省治理,实行容许、扶持东西方多样文化并存与融合的文化政策。罗马文明的政治结构则更是庞大的统一帝国,进入帝制时期后建立了高度中央集权的君主制统治,也设立行省制,给予各行省以自主发展的自治权,逐步扩大罗马公民权,在帝制鼎盛的黄金时期、白银时期也实行繁荣东西方多样文化的政策。所以,晚期希腊罗马哲学的嬗变,并不是因文明的倒退和直线衰落而造成哲学的没落,而是进展中的文明转型导致哲学的转型,使哲学的主题、内涵与形式都发生了变化。

在剧烈的文明转型中,希腊人传承了、罗马人因袭了400多年的城邦体制——他们安身立命的根基震毁了。城邦社群价值原是先前希腊人、罗马人的基本价值与思想情感纽带,希腊古典文化与哲学的繁荣都是在独立、自足、自主的城邦共同体中得到比较自由的发展的,这个曾繁花似锦的精神家园现已失落了。希腊人、罗马人突然进入了一个陌生、广阔的新世界,东西方多民族、多文化的世界格局打破了城邦的狭隘局限,空前扩大了人们的活动范围和文化眼界,从某种意义上说,个人有了新的活动与思想的自由度。另一方面,城邦公民变异为已无城邦家园的纯粹个人,或可称为庞大帝国中渺小的"世界公民",面对外在严酷的政治统治,处在一个风浪迭起、险象环生的大千世界。这种社会背景对哲学的嬗变,就有双重的历史效应。从宏观的帝国集权社会政治层面而言,立足城邦共同体眼界的希腊古典哲学已不适应,而需要以顺应自然理性、宇宙理性的天命观解释新世界,论证帝国型君主集权政治统治的合理性,以新的社会伦理维系庞大帝国的社会体系与社会秩序,以"世界主义"的历史眼光观察社会历史的沧桑巨变。从个体层面而言,个人不再从属于城邦,不再作为城邦共同体成员来"认识你自己",而作为纯粹个人来自我认识,有各种哲学的自我意识的自由度;面对严整规约又急剧变动的帝国世界的统治,哲学就更关注个人的精神世界和伦理生活。所以,黑格尔说:这个时代中"柏拉图和亚里士多德的思辨的卓越性已经没有了",而"具有自我意识的主观性这一重要意义"。①

在转型的文明时代中,希腊古典文明中的科学理性精神继续得到传承与弘扬,推进了科学知识的系统化与创新,但它和晚期希腊罗马哲学的主体与主题已游离。希腊化文明中科学成就最为辉煌,科学史家誉之为西方近代之前科学发展达到的一个巅峰。史家称希腊化文明是"第一个伟大的科学时代",说若无希腊化世界科学家的发现,"现代的许多成

---

① 见黑格尔《哲学史讲演录》第3卷,贺麟、王太庆译,第3—4页,商务印书馆,1959。

就也将是不可能的"。① 大规模奴隶制经济的发展需要科学技术,也能提供较雄厚的物质与财力支持,科学由原来从属于哲学家的私人研究,变为国家着力扶助的独立事业。在亚历山大里亚的"缪斯神宫"这所皇家学院里,有优越的科研条件,延请了希腊化世界各地的众多杰出的专业科学家从事研究;在世界性的文化交往活动中,东西方科学知识大幅度融会,并有综合创新。希腊古典时代已有近300年的科学知识的丰富积累,科学知识已开始走向系统化,亚里士多德创建的逻辑学提供了坚实的科学思维工具和科学方法,这些都为系统建树学科理论提供了知识内容与理性能力的基础。雅典的柏拉图学园和吕克昂学园也还一度是培育科学英才的基地。在希腊化文明时代,科学英才迭出,系统、创新的学科知识蔚为可观:欧几里德的杰作《几何原本》具有突出的数学成就,中国明代科学家徐光启和传教士利玛窦于1607年合译了此书的前6卷,被国人誉为"字字精金美玉,为千古不朽之作";阿里斯塔库早在哥白尼之前1800多年提出地球绕太阳转动的天才假说;希帕库的数理天文学创立了本轮-均轮天球体系,构造了较为精致的宇宙模型;"力学之父"阿基米德取得数学、物理学和技术发明等多方面的重大创新成果。罗马文明中则有较强的实用科学理性精神,综合、发展了希腊科学,在天文学、医学、汇集全部自然知识和工程技术等方面也有较大成就。托勒密是古希腊以来天文学的集大成者,写了13卷的《天文学大成》,他的天文体系接受希腊传统的地心说,运用球面几何学和球面三角学,提出了精致的本轮-均轮天球体系假说,在西方盛行1000多年,在天文学史上有很高的历史地位。伽仑是希腊罗马古典医学集大成者,在小亚细亚的帕加马主持临床与研究结合的医学院,创立了自具特色的医学理论体系。博物学家老普林尼综合古希腊以来的全部自然知识,著有37卷本巨著《自然史》。罗马人擅长于在应用技术中将科学知识变为现实的生产力,罗马的手工业技术如冶金、建筑工程、制革、纺织以及农业技术等相当发达,

---

① 见伯恩斯、拉尔夫《世界文明史》第1卷,罗经国等译,第278页,商务印书馆,1987。

有许多运用物理和生物知识的农业、工程机械方面的发明创造。总之，希腊化与罗马时代并未失落，而是仍在发扬科学理性精神，在伊壁鸠鲁、卢克莱修的原子论和斯多亚学派的准则学、逻辑学中也有哲学表现，但它已不是哲学的主旋律，而主要贯穿在游离于哲学之外的科学事业之中。当然，当时的哲学对科学家也存在有限的理论影响，如托勒密、伽仑、老普林尼都受斯多亚派哲学影响，或有泛神论倾向。

希腊化与罗马时代的文学艺术和人文社会知识也有繁盛的发展，体现了那个时代的基本文化精神，和当时的主流哲学也有比较密切的互动、互渗关系。注重表现个人命运、社会生活现实的人文社会知识，对当时注重社会伦理和个人精神生活的哲学有着文化温床的效应，而哲学对当时的社会文化也起着深刻的思想影响的作用。如斯多亚学派的天命观和伦理道德思想，都强烈地表现在米南特的新喜剧、维吉尔的史诗中，表现在希腊化末期历史学家波里比阿的历史循环论和罗马史学家李维、塔西陀、普卢塔克的著述中；斯多亚学派的自然法思想则对罗马法的理论建构具有重要影响。

希腊化世界和罗马帝国本身就包纳了广阔的近东与中东地区，官方支持的东西方文化的大规模交流是希腊化文明和罗马文明的重要特色。亚历山大里亚成为东西方文化交会、融合的中心。塞琉古首府安条克和小亚细亚的帕加马也是东西方文化荟萃与研究的重镇。罗马大将安东尼献给他的情妇托勒密王朝末代女王克娄巴特拉的帕加马图书馆，就有20万卷书。东西方文明的交流是双向的。希腊罗马文化远播小亚细亚、中亚和北非，希腊罗马哲学对近东、中东的文化也影响深刻，为后来阿拉伯世界保存、研究希腊哲学文献，特别是吸收亚里士多德哲学打下了基础，使希腊罗马哲学与文化在中世纪鼎盛期得以重返西欧。另一方面，晚期希腊与罗马哲学也深受东方文化的影响，有东西方文化交融的特色，甚至有些流派与学说就源自或就在东方。在东西方学者的大规模文化交往中，融会东西方文化的系统化知识与学术创新，对于晚期希腊与罗马哲学建立多种有别于希腊古典哲学的学说有重要影响；东方多样化的宗教与宗教哲学对晚期希腊与罗马哲学的变迁更有弥渗性的重大影响。而其中最重要的是希伯来文化和希腊罗马哲学的会合,东方特有的一神教——犹太教和基督教先后在长达约 500 年间,融合了希腊罗马哲学。犹太学者斐洛用希腊哲学以"喻意解经法"诠释《旧约全书》,创建了一种犹太哲学-神学,深刻影响了罗马时代的新柏拉图主义和基督教神学。而早期基督教神学本来就是"两希"(希伯来、希腊)文化融会生成的,综合了东方神学(特别是犹太神学)和希腊哲学(特别是柏拉图、斯多亚学派的哲学),它在罗马文明后期,既和希腊、罗马哲学冲突,又大量吸收后者的思想,逐渐建立起比较系统的、有较深厚的哲学理论根基的神学体系,最终使希腊罗马哲学在最后一个学派——新柏拉图主义中达到终结,融合入基督教哲学,而希腊化文明与罗马文明也演进为中世纪西欧文明和东部的拜占庭文明。

二　晚期希腊与罗马哲学的基本特征

晚期希腊与罗马哲学有伊壁鸠鲁学派、斯多亚学派、怀疑论学派以及学园派、漫步学派、新毕达哥拉斯主义等多种样式,最终汇流于新柏拉图主义,而它们有一个基本趋向是相似的,那就是哲学的重心聚焦于社会与个人的生活实践,包括社会伦理与政治,个人的精神生活与人生价值,宗教生活及其哲学意义。策勒称它们至少有"一致的两个基本点:理论服从于实践和它们的实践哲学的特殊性"[1]。这里的"实践"指生活行为实践,而这些流派的实践哲学互有歧义,且有不同于希腊古典时代实践哲学的特殊性。这种哲学重心的转移与聚焦,根源于文明转型的社会文化背景:一方面是由于社会的急剧变迁需要突破"城邦"眼界的新的社会伦理、政治伦理与"世界"眼光的历史见识,并突出了个人自我意识的精神生活;另一方面是自然科学已呈学科知识形态从原来包罗万象的哲

① 策勒:《斯多亚学派、伊壁鸠鲁学派和怀疑论学派》,莱希尔英译,第 20—21 页,伦敦,朗格曼斯·格林出版公司,1870。

学中分化出来,希腊传统哲学中的科学理性精神在大力推进科学事业,但它已游离于哲学的主旋律之外,而伊壁鸠鲁学派、早期斯多亚学派中保留的科学理性,也只是一种通达伦理目的的"工具理性"。

具体来说,这个时代的哲学有四个特征:

第一,伦理学突出为哲学的目的性中心主题。斯多亚学派可谓是最体现这个时代精神的主流哲学,它的顺应自然的天命观与准则学在希腊化与罗马阶段虽有演变,但都是为建树或挽救帝国集权型奴隶制社会体制和社会道德秩序提供社会伦理规范的。伊壁鸠鲁学派的原子论不同于德谟克利特的原子论科学假说,也在于它以建立幸福论的伦理学为旨归。新柏拉图主义的颇有神秘气息的本体论和"辩证法"最终是要宣扬"政治德性"、"公民德性"与"沉思德性",是要挽救罗马精神和罗马帝国这个"世界共同体"的。伦理学又密切关涉已无城邦家园的个人在严酷的现实世界中的精神生活与道德实践。伊壁鸠鲁的个体伦理还洋溢着一种乐观精神,肯定人的主体性,强调符合个人的自然本性和获得个人心灵自由。早期斯多亚学派的德性论还糅合着自然理性与禁欲成分,主张使灵魂进入和谐的健康状态;后期的斯多亚学派则宣扬极端的禁欲主义道德和宿命论,要个人的灵魂处于无休止的赎罪中,以修身养性,获得精神安慰。怀疑论学派否定希腊传统哲学原则和一切"独断论",也是要缩回到个人内心宁静的境界。正如黑格尔所说:"在光辉的希腊世界里,主体和它的国家、它的世界有较多的联系,比较更现实地存在在世界里",而在罗马世界,"在现实世界的悲苦中,人退回到了自身,并在那里去寻求现实世界中已经再也找不到的谐和"。①

第二,世界主义的视角。历史的巨变,使希腊人与罗马人不再局限于从城邦共同体成员的视角来观察自然、社会与人生,而从帝国世界共同体的视角来形成不同的世界观,对个人和世界的关系就有不同的态度,对世界共同体和个人在其中的地位就有不同的哲学理解,也形成各

---

① 见黑格尔《哲学史讲演录》第 3 卷,贺麟、王太庆译,第 5 页,商务印书馆,1959。

学派不同的理想"哲人"的态度。伊壁鸠鲁学派肯定新世界共同体是符合自然本性而生成的,就如原子运动生成大千世界,自由原子式的个人和世界共同体基于一种"契约"关系;个人遵循自然法则,达到精神宁和的快乐,就能获得幸福。在斯多亚学派看来,取代城邦的帝国世界共同体是自然理性和宇宙理性支配的天道轮回、历史循环的合目的的结果,个人只有顺应、服从这种自然命运和世界秩序,才能立足生存,修身养性,磨砺灵魂,成为明智的"哲人"。怀疑论学派将这变幻莫测的大世界视同白浪滔天的大海,认为它连同整个自然与宇宙的本性不可知,真正确定的知识也就不可能,个人最好的态度就是学滚滚大海中沉睡船上的猪,在内心世界中求得宁和平静。世界主义的历史与政治观在希腊化与罗马时代的哲学中更有明显的表现。伊壁鸠鲁理想的世界共同体是社会合作、安定友爱的世界大"城邦"。斯多亚学派早就提出"世界主义"的社会伦理与国家学说,主张"世界公民"在"世界城邦"中遵照同一的政制与秩序共同生活,服从根据理性的自然律颁布的公共法,负有忠于帝国的道德责任。这种世界主义,体现了帝国世界的统治要求,在长达800年的希腊化文明和罗马文明中,都是占主导地位的政治伦理精神。而它的自然法思想也是罗马法包括万民法的理论依据。

第三,哲学形态多样化、对立而又互渗混杂的格局。希腊古典哲学虽有智者运动的前奏和三个小苏格拉底学派的支流,但主导的哲学思潮是苏格拉底、柏拉图、亚里士多德的理性主义传统的持续进展。进入希腊化时代后,柏拉图的老学园与吕克昂学园虽一度坚持继续阐发柏拉图、亚里士多德的正统思想,但较快被怀疑论哲学侵蚀,尔后又变质为一种折中主义。延伸于两个文明时代的是三个互相平行而又有很大思想区别的哲学流派。伊壁鸠鲁学派和斯多亚学派对希腊古典哲学与早期希腊的自然哲学虽有局部吸收,内容与样态却是更新的,斯多亚学派的哲学内容随着历史的进程自身也在演变。罗马在被希腊文化征服中大量吸纳希腊传统哲学,主要是在斯多亚主义和后来的新柏拉图主义框架中修正的;而柏拉图与亚里士多德的哲学和犹太教哲学的交融,则成为新柏拉图主义和基督教哲学神学的思想前驱。怀疑论哲学独树一帜,将希腊传统哲学的几乎所有原则和同时代肯定世界存在原理的伊壁鸠鲁学派、斯多亚学派,都贬为独断论哲学而进行批驳,想要推翻希腊哲学传统的理性根基。它的批驳、论证中也包含着有理论价值的内容,客观上为已动摇了理性基础的哲学与宗教的合流准备了条件。晚期希腊与罗马哲学在理论形态上呈现出纷繁复杂的局面,我们在考察各流派时应作具体、细致的分析。

第四,宗教对哲学的弥渗和哲学的宗教化。自爱利亚学派以来,以往的希腊理性主义哲学一直批判希腊传统的拟人化多神教,发展着理性一神的思想,表现出哲学对传统宗教在学理上的改造,而它在现实生活中并未排除传统的多神教,柏拉图的灵魂不朽说甚至依然受奥菲斯教的影响。进入希腊化时代直至罗马时代后,随着东西方文化大规模双向交流,东方各民族中形形色色的宗教乃至占星术、巫术,也被希腊人、罗马人接受与崇奉。亚历山大大帝就率先自称是埃及天神"阿蒙"之子,以确立其君主的绝对权威。托勒密王朝则将埃及神灵和希腊神灵融合为一种新宗教崇拜。埃及母神埃西斯崇拜,密特拉教,巴比伦的星辰崇拜,迦勒底人的占星术、巫术与神秘祭仪等,在希腊化与罗马世界都狂热风靡,和希腊罗马的传统多神教汇流,并得到王权统治者的支持。至今留存的罗马万神庙既象征对多民族文化的宽容,也表征东方多神教进入帝国中心而获确认。伊壁鸠鲁学派超脱宗教迷雾,独树无神论一帜,实属难得。东方宗教、迷信的狂雾弥渗于其他诸多哲学流派中。占星术最初是一个名叫贝鲁索的迦勒底人在亚历山大时代教给希腊人的,斯多亚派创立人芝诺很快就接受了,后继者如波西多纽等人都为之推波助澜,将星象征兆的命运看做不可违的"天命"。怀疑论派将泰勒斯以来希腊全部有科学理性精神的哲学都作为独断论加以否定,为宗教深入哲学留出了地盘。新毕达哥拉斯学派将奥菲斯教教义、柏拉图和斯多亚派的世界灵魂说糅合起来,宣扬神秘的精灵崇拜和禁欲主义。后期学园派将柏拉图后期的宇宙创造论和晚期斯多亚派、新毕达哥拉斯派的宗教神秘主义结合在一起。理性主义的逐渐沦丧和哲学宗教化，可以说是这个时代的突出表现。

然而，东西方的传统多神教并不能征服有思想深度、宗教态度又有内在矛盾的晚期希腊与罗马哲学。斯多亚派哲学就其本义而言，继承了希腊哲学的理性一神思想，主张自然、理性即上帝。而罗马的斯多亚派哲学则将罗马多神教巧妙地融合进来，包容在它的哲学外衣之内，说最高的上帝支配理性和自然，他就是罗马多神教中至高无上的神中之王朱庇特，而其他众神也秉承上帝的理性，是安排宇宙秩序和人世命运的支配者。新柏拉图主义深受斐洛的犹太-希腊哲学的影响，"太一"说也包含着神秘主义一神论的成分，但它又维护被定为"国教"的罗马多神教。所以，罗马斯多亚派、新柏拉图主义哲学家大都是罗马多神教的坚定捍卫者，对基督教这种异教、外来的一神教都采取排斥态度，马可·奥勒留皇帝等甚至参与迫害。基督教教徒回驳斯多亚派哲学时说：你们本来实质上和我们一样也是信仰一神的，为什么对基督教要横加排斥！而最终既驱除东西方一切多神教与偶像崇拜，又使罗马斯多亚派、新柏拉图主义哲学融合在神学中的，也正是基督教这一高度伦理化的一神教，因为这两种哲学内涵的一神思想以及宣扬爱的伦理、人世苦难与赎罪的思想，是和基督教教义合拍的。尽管罗马帝国后期基督教教父们对是否容纳希腊罗马哲学有过激烈争论，甚至卷入政治斗争，但希腊罗马哲学中内涵的一神思想与伦理精神最终还是寄托于现实的基督教，成为基督教神学的哲学理论支柱。这种哲学的宗教化，其实是哲学和宗教的双向融合。

三 演进线索、历史价值和研究资料

晚期希腊与罗马哲学随历史变迁的演进大体可分为三个阶段，而伊壁鸠鲁学派、斯多亚学派和怀疑论学派这三种主要学说则平行延伸入希腊化文明和罗马文明两个时代，而且两个时代的哲学是有演变的。

第一阶段：希腊化时代由盛而衰时期，约公元前 4 世纪末叶至公元 1

世纪中叶。一进入希腊化的新世界,伊壁鸠鲁学派、斯多亚学派和怀疑论学派几乎同时问世。前两者分别吸取前苏格拉底哲学中的原子论和赫拉克利特等人的学说来建立自然观与方法论,旨在论证各自的社会伦理、个体道德与政治历史观。伊壁鸠鲁学派积极面向新世界,富有启蒙朝气。昔尼克学派的犬儒学说当时还在流行,对斯多亚学派沾染禁欲色彩较有影响。早期斯多亚哲学的物理学与准则学(包括发展逻辑学)对希腊的古典科学精神仍有继承,但又走向目的论的天命观,论证了新世界秩序的合理性。它表现了希腊化文明的主导性文化精神,在后来的罗马文明中也仍受统治集团青睐。皮罗及其追随者的怀疑论打着反"独断论"的旗号也同时出现,最初盛行的是皮罗的感觉怀疑论;侵入中期学园后,逐渐向思辨怀疑论演变;怀疑论被逐出学园后,新学园又成为糅合多种哲学的折中主义。

　　第二阶段:罗马帝国盛期,约 1 世纪中叶至 3 世纪中叶。伊壁鸠鲁学派仍得传承,卢克莱修大力播扬。怀疑论特别是思辨怀疑论继续蔓延,在塞克斯都·恩披里柯那里集大成,全面批判"独断论"。罗马斯多亚主义已是罗马帝国正统的官方哲学,它的显著特征是高度伦理化,不再重视研究物理学(自然哲学)和逻辑学、知识论,而成为一种适应罗马帝国统治需要的社会伦理学和道德哲学。斯多亚主义进入罗马帝国后,持续长存 600 多年,致力于建构与维护罗马社会的伦理道德秩序,和罗马法造就的法律秩序相辅相成,对罗马帝国的长久统治起有双重保证作用,因而成为罗马文明的理论核心内容。新毕达哥拉斯主义将宗教神秘思想整合入思辨的体系。亚历山大里亚的斐洛则会通犹太神学和希腊哲学特别是柏拉图哲学,建立起一种犹太-希腊哲学,成为后来的新柏拉图主义和教父哲学的思想先驱。基督教已逐渐在罗马世界传播,但备受迫害,尚未取得合法地位。教父哲学已兴起,谋求论证基督教的合法地位,并开始融合基督教神学和希腊哲学,亚历山大里亚的教理问答学校就是一个中心,克莱门特和奥立金是其代表;北非的德尔图良断然要将希腊哲学逐出基督教神学。教父哲学实际上还在罗马哲学的边缘外,进入中世纪后建立基督教哲学才显见其重要作用。

第三阶段:罗马帝国衰落、沦亡时期,约 3 世纪中叶至 6 世纪中叶。希腊哲学的最后流派新柏拉图主义,可以说是斯多亚派、怀疑论派、学园派以至新毕达哥拉斯派哲学的综合,表明斯多亚主义已无力疗救罗马社会的腐败,而怀疑论哲学已将希腊哲学传统中的理性主义摧毁殆尽,于是哲学归依神秘主义的宗教。如策勒所述,"在希腊哲学施行了这种自我阉割之后,它精疲力竭地倒入宗教的怀抱"①。新柏拉图主义及其有所吸纳的斯多亚主义,对在罗马崛起的基督教这一外来的一神教曾一度抵制,发生过冲突,最终却和被尊为"国教"的基督教神学融合,就此意义而言,这两种哲学对中世纪和后世的基督教文明的影响不可低估。奥古斯丁在罗马帝国衰亡之际集教父哲学之大成,建立了基于新柏拉图主义的基督教哲学,也在开创中世纪哲学中起着关键作用。529 年查士丁尼为独尊基督教神学,下令关闭雅典的所有学园,希腊罗马哲学遂告终结。

本篇主要论述伊壁鸠鲁学派、斯多亚学派、怀疑论学派和新柏拉图主义四大流派,前三个流派贯穿在希腊化文明与罗马文明两个历史阶段中。在论述四个主要流派中,连带论述其他一些哲学思想。教父哲学和奥古斯丁哲学由"中世纪哲学"卷再行论述。

晚期希腊与罗马哲学在西方文明史和哲学史进程中是很有历史价值的。它是约 800 年希腊化文明和罗马文明的理论缩影,集中反映了那个漫长时代的文化精神,把握它才能深刻地理解那个时代的社会与文化。它是希腊古典时代哲学的延伸与转型,通过这种长期曲折的思想转型,希腊罗马哲学才和基督教融会,进入中世纪的文明与哲学,因此它是希腊哲学和中世纪哲学之间漫长的思想中介环节。神秘宗教的侵蚀、怀疑论的抨击,都没有完全摧毁、磨灭希腊哲学的科学理性与人文精神,它或隐或显地存在于晚期希腊与罗马哲学中,潜伏在中世纪哲学中,在中世纪鼎盛期的经院哲学和文艺复兴时期的哲学中,又重新展现出来。

---

① 策勒尔(即策勒):《古希腊哲学史纲》,第 337 页,翁绍军译,山东人民出版社,1992。

　　现存的晚期希腊与罗马哲学家的原始资料参差不齐。总体来说,希腊化时代哲学家的希腊文原著大都只留存残篇,保存在当时的传记作家和编纂者的著作中。罗马时代哲学家的拉丁文著作大多流传下来,斐洛用希腊文写的许多著作约有 3/4 留存下来。现代学者编辑的资料集较常被使用的有如下几种:阿尼姆(H. von Arnim)编《早期斯多亚学派残篇》,乌塞纳(H. Usener)编《伊壁鸠鲁》,A. A. 朗(A. A. Long)、塞德莱(D. Sedley)编《希腊化时代的哲学家》,克拉克(Gordon H. Clark)编《希腊化时代哲学文选》,桑特尔斯(Joson L. Saunders)编《亚里士多德之后的希腊与罗马哲学》。

　　现代西方学者对晚期希腊与罗马哲学的研究虽不如研究希腊古典哲学那样宏富众多,但也不算少。对流派与哲学家专人研究的比较多,在后文各章中再列述。断代或综合研究中较有影响的著作有:策勒著《斯多亚学派、伊壁鸠鲁学派和怀疑论学派》,A. A. 朗著《希腊化时代的哲学:斯多亚学派、伊壁鸠鲁学派和怀疑论学派》,希克斯(R. D. Hicks)著《斯多亚学派和伊壁鸠鲁学派》,阿姆斯特朗(A. H. Armstrong)主编《剑桥晚期希腊和早期中世纪哲学史》。此外,塔恩(W. Tarn)著《希腊化文明》也是关涉希腊化哲学的较有影响的背景研究成果。

　　国内研究晚期希腊与罗马哲学还比较薄弱。范明生著《晚期希腊哲学和基督教神学》、赵敦华主编《西方哲学通史》第 1 卷和杨适著《古希腊哲学探本》对这一时期的哲学的探究,都有进展和深化。

第十三章　伊壁鸠鲁学派

　　伊壁鸠鲁在进入希腊化文明开初就创立的新哲学,富有科学与伦理启蒙精神。马克思在他的博士论文《德谟克利特的自然哲学和伊壁鸠鲁的自然哲学的差别》中,高度评价伊壁鸠鲁是"最伟大的希腊启蒙思想家";他在《关于伊壁鸠鲁哲学的笔记》中说,在希腊化时代这个"哲学的狂欢节"中,犬儒学派装出"狗相",亚历山大里亚的宗教哲学家穿上"祭司的法衣",而伊壁鸠鲁学派则"披上芬芳的春装"。[1] 文化史家塔恩说:伊壁鸠鲁和斯多亚派芝诺的新哲学,"都是亚历山大缔造的新世界的产物"[2]。伊壁鸠鲁学派的启蒙精神表现在它弘扬早期希腊原子论的科学理性,并在新的历史与理论背景下作出创新的发展,以一种新的认识准则和科学的自然观来论证表征自我意识觉醒的个体伦理,并萌发了社会进化与契约论思想,启发人们以科学、乐观的态度来树立一种追求精神快乐与幸福的人生观,来缔造保障个体自由的和平、友爱、公正的理想的新世界。

　　在文明转型的思想纷乱中,亚历山大里亚汇集的各种宗教思想和迷

---

[1] 见《马克思恩格斯全集》第 40 卷,第 242、135—136 页,人民出版社,1982。

[2] 塔恩:《希腊化文明》,第 327 页,伦敦,梅苏恩出版公司,1966。

信之雾渐而浓重;犬儒学派的末流以狂放的态度自暴自弃、消极遁世;早期斯多亚学派虽还留存些许科学精神,但更渲染"天命"观以顺应新的帝国世界统治;怀疑论学派则在否定世界本性可知中躲回个人狭隘的心灵中。在新世界的思想万花筒中,伊壁鸠鲁学派独树清新启蒙之新帜,富有青春朝气与生命活力,持续传承,延伸入罗马时代,一直到 4 世纪。它在希腊化与罗马时代虽然不可能成为被统治者奉为正统的哲学,但在知识界与民间广为流传,是一个显要而有深远影响的学派,对西方近代原子论哲学与科学思想的复兴也是一个重要的中介环节。

第一节 伊壁鸠鲁其人及其学派

在从希腊古典时代没落转入希腊化文明的动荡岁月中,伊壁鸠鲁的活动与著述似乎和周围正在发生的世界大事不相关联,而是在"世外桃源"中建立了一个社团式的学派。但这并不是消极遁世、规避现实,而是敏感于新世界的来临,寻求一种有科学准则、发扬主体精神的新人生态度,并开始探索个人主体和新世界秩序的关系。

一 "花园"哲人和花园学派

伊壁鸠鲁(Epicurus)的父亲奈奥克勒原是雅典公民,生活于城东北的加葛特区,雅典征服小亚细亚的萨摩斯岛邦(苏格拉底曾参与此战役)后,公元前 352 或前 351 年他追随许多殖民者移居萨摩斯,意图去谋获好生活,但只是以一个学校校长终老异乡。[①] 他的母亲克勒斯特拉特据说是一个走家串户行净化仪式的巫医,大约能使儿子看透巫术迷信的真相。公元前 341 年伊壁鸠鲁出生在萨摩斯,在那里一直生活到 18 岁。他从父亲那里受到初等教育,受知识环境的熏陶,从小就显示出独立思考、追求真理的聪明才智。他 14 岁时听老师讲解赫西奥德的《神谱》所

---

① 见第欧根尼·拉尔修《著名哲学家的生平和学说》,第 10 卷,第 1、14 节。

述"最初创生万物的乃是混沌"时,反问:"如果最初是混沌创造万物,那么混沌是从哪里来的?"老师难解,说那是哲学家才能明白的事。他就说:"那好,要是有人懂得真理,我就要去找他们。"从此他开始了学习与研究哲学的生涯。[①]

他随柏拉图的一位学生庞费鲁斯学习了四年,但这只是他早期的学习,对他并无深刻影响,因为他后来自己的哲学和柏拉图哲学是相左的。公元前 323 年他 18 岁时回雅典履行其服兵役两年的公民义务,后于公元前 321 年回家,并随同全家移居科罗封,因当时马其顿的长官下令在萨摩斯的雅典移民迁居萨摩斯西北的科罗封。他在科罗封和提奥斯研习哲学十年,这对他的哲学思想的成熟很重要。他曾师从于在提奥斯执教的德谟克利特学派的传人瑙西芬尼,深受原子论学说熏陶,在独立思考中坚定地树立了原子论哲学的信念;而瑙西芬尼则又倾向于皮罗的怀疑论,所以后来伊壁鸠鲁又轻蔑地称瑙西芬尼是软体动物"海蜇"。[②] 在此期间他还深入钻研了早期希腊哲学的其他学说,据说,他"最喜欢的古代哲学家是阿那克萨戈拉","他也比较欣赏苏格拉底的老师阿凯劳斯"。[③]

伊壁鸠鲁 30 岁时(公元前 311 年)去列斯堡岛上离古特洛伊不远的港口城市米提林,开始结集自己的哲学研究圈子。一年多后,他转移到小亚细亚西北的城邦、阿那克萨戈拉晚年终老的兰萨库斯,公元前 310—前 306 年的五年间,他成功地开始建立自己的新哲学学派。他以自己的面向新世界、富有启蒙意义的学说,吸引了不少热情倾慕的追随者。其中包括和他结成终生诚挚友谊、后来成为伊壁鸠鲁学派重要著作家的梅特罗多洛(Metrodorus),还有科洛底、伊多梅纽、里奥多及其妻子苔米丝达、波吕埃努等人。伊壁鸠鲁此时必定已形成一种以科学启蒙准则为根

---

① 见塞克斯都·恩披里柯《反物理学家》,第 2 卷,第 18—19 节,载于《塞克斯都·恩披里柯文集》第 3 卷。
② 见第欧根尼·拉尔修《著名哲学家的生平和学说》,第 10 卷,第 7—8 节。
③ 见同上书,第 10 卷,第 13 节。

据的新伦理思想,并在实践这种伦理中强化了他的学派成员之间的友谊的凝聚力。他说:"在智慧所能提供给人生的一切幸福中,以获得友谊为最重要。"[1]在结社与宣扬新学说成功的鼓舞下,并且获得同道者的经济支持,他和同伴们西进希腊本土的哲学中心雅典,来发展、壮大他的新学派。早在150余年前希波战争期间,阿那克萨戈拉从小亚细亚来到雅典,开启了希腊本土的哲学与科学启蒙;而在希腊化时代开初,伊壁鸠鲁也从小亚细亚西行,将新学派的根据地设立在雅典,则是要开创一种有科学精神的伦理启蒙。

公元前306年,35岁的伊壁鸠鲁在雅典城和皮拉埃乌斯之间的麦里塔区购置了房屋及其附近一所著名的花园,作为他的学校,也是学派同人生活、教学与研究的基地。他的学派也就被称为"花园学派"。"花园"哲人在这远避尘嚣的境地一直和他的社团生活了37年,终老于此。其间,他只是偶尔航海去兰萨库斯访友。而从兰萨库斯第一个来追随他的,就是后来成为他的学派继承主持人的米提林人赫尔玛库(Hermachus)。

伊壁鸠鲁的"花园"不同于柏拉图的学园和亚里士多德的吕克昂学园,不像后者那样是严格的教学与研究机构,它既是作为教学与研究基地的私人学校,又是一种根据共同伦理原则友爱地生活在一起的社团,平等地对外开放。进入这"花园"乐土的成员,不仅有他的三个兄弟、一直追随他的同事与亲信弟子以及他们的家人,也有妇女,甚至原是妓女和奴隶的成员。这所花园学校,是古希腊有史以来第一所也向妇女开放的哲学学校。但它也不是像毕达哥拉斯盟会那样的团体,因为它是非宗教性的,并不靠共同的宗教信念,而实质上是靠无神论哲学与伦理信念的纽带将社团紧密联结在一起;而且,"伊壁鸠鲁并不像毕达哥拉斯的教义那样赞成朋友之间财产共有,在他看来,这种做法意味着互不信任,而

---

[1] 伊壁鸠鲁:《主要原理》,第27条,转引自第欧根尼·拉尔修《著名哲学家的生平和学说》,第10卷,第148节。

没有信任就没有友谊"[1]。"花园"内虽不像柏拉图和亚里士多德的学园有规范的课程教学,但也是一个别致的进行教学、研讨和伦理实践的学园。对普通的成员,如后来塞涅卡所引"花园"箴言"总要像在伊壁鸠鲁关照下那样生活"[2],就是要求他们培植起一种以伊壁鸠鲁伦理原则为指导的生活方式,在生活实践中体现这种伦理价值。"花园"内的成员都得阅读与讨论伊壁鸠鲁的著作如《主要原理》等。他们还致力于将伊壁鸠鲁的著作复制并散发到雅典以外的广阔地区,以"传播福音"的方式扩大其影响。伊壁鸠鲁和一些主要弟子也有高深的研讨活动,如他在《论自然》和有关残篇中就提到他和幼年时就相识的密友梅特罗多洛研讨语言与知识论问题。梅特罗多洛和赫尔玛库也写了不少著作,都是"花园"内的研究成果,第欧根尼·拉尔修记载了它们的题目。[3]

"花园"不是自我封闭、脱离社会现实的,"花园"内的成员也经常参与外界的节日庆祝和其他公共活动。伊壁鸠鲁提出自己的新学说,就是要为希腊化开初的社会现实与新世界秩序提供一种新的伦理准则,他不是"遁世"者,而是"入世"者。他虽然没有参与政治事务,但关心现实的人和社会,"他对所有的人都满怀仁爱","他对祖国的热爱更是无以言表",即使希腊本土"处于危难之中",他仍坚守不离。[4] 他和远离雅典的追随者们保持着密切的学术联系,犹如柏拉图,"通信"是他传扬自己学术的一个方式。如他的《致匹索克勒的信》开首写道:"在你让克莱翁捎给我的信中,我看到,你仍然因为我对你的喜爱流露出感激之情",匹索克勒要求他"简洁清楚地论述有关天体现象的问题",他欣然同意,就"通过写这封信来回答你的所有问题。除你之外,还有很多人将会从我在此信的论述中受益,尤其对那些新近才对物理学说有所熟悉、不满足于普

---

① 第欧根尼·拉尔修:《著名哲学家的生平和学说》,第 10 卷,第 11 节。
② 塞涅卡:《道德书信集》,第 25 封,第 5 节,转引自朗《希腊化时代的哲学:斯多亚学派、伊壁鸠鲁学派和怀疑论学派》,第 15 页,伦敦,达克沃斯出版公司,1974(以下所引此书均为此版本)。
③ 见第欧根尼·拉尔修《著名哲学家的生平和学说》,第 10 卷,第 24—25 节。
④ 见同上书,第 10 卷,第 10 节。

通教育而有深层次追求的人来说,更是如此"。① 他必定和当时希腊的一些哲学学派有论争,现存的他的书目中就有《反麦加拉派》,梅特罗多洛和赫尔玛库的书目中也有《反智者》、《反柏拉图》、《反亚里士多德》等。当时有人说他用近乎谩骂的口吻攻击柏拉图学派、亚里士多德学派、犬儒学派、怀疑论学派,这无疑是对他的刻意丑化,因为其实"他对所有的人都怀有无以复加的善意"②,但也可见当时的学派之争是颇为激烈的。

伊壁鸠鲁主张的"快乐"的伦理原则基于一种对世界的科学态度,以求不受迷信与无知的困扰而获得宁静的心境。这不是回复居勒尼学派的感性快乐原则,更不是宣扬放纵欲望。但在激烈的争论中,他的伦理原则也招致曲解,甚至招致对他和"花园"的生活的有意中伤与诬蔑:说他"放纵过度"到"一天呕吐两次",饮食奢侈;说他与梅特罗多洛和"妓女同居"等。第欧根尼·拉尔修公正地评述:"讲这些话的人真是疯了",并指出"花园"里的生活"非常简朴",饮料主要是水,有淡葡萄酒就很满足,而伊壁鸠鲁在信中称他满足于面包和水,若有"一小块奶酪"对他就"已相当奢侈了";他给朋友写信请他们捐助粮食、干酪和很有限的金钱,只是作为"神圣团体"的生活必需之用;还称颂"他的朋友之多不计其数,了解他的人都为他的学说倾倒","他对父母孝敬,对他的仆人宽厚有礼,他们都成了学派团体的成员这个事实就可以证明他的心地,其中的一个成员就是他的奴隶米斯。一般说来,他的仁爱及于全人类"。③

伊壁鸠鲁于公元前 270 年因病去世。临终前 14 天他备受疾病折磨,仍开朗地给伊多梅纽写信说:"在我生活的最后时刻,这个可祝福的日子,我给你写这封信。我的痛性尿淋沥症和胃病一直持续着,没有什么痛苦能比之更剧烈了。但是我心中追忆着我们谈话的快乐,却位于这些痛苦之上"。他写了遗嘱,仔细交代后事,确定赫尔玛库为继承他的学

---

① 见伊壁鸠鲁《致匹索克勒的信》,转引自第欧根尼·拉尔修《著名哲学家的生平和学说》,第 10 卷,第 85 节。

② 第欧根尼·拉尔修:《著名哲学家的生平和学说》,第 10 卷,第 7—10 节。

③ 见同上书,第 10 卷,第 7—12 节。

园领袖,谆谆嘱咐弟子们要维护好"花园里的共同生活",特别要照顾好先于他去世的梅特罗多洛等同伴的子女,让他的一些奴隶获得自由。他"躺在温水浴盆里,要了一杯酒一饮而尽;然后,在嘱咐弟子们不要忘记他的学说后",就平静地离开人世。[1] 他的学说本来就强调不必畏惧死亡,他至死仍实践他的哲学,达到了一种宁静、超脱的境界。他的家乡为他塑立铜像以示尊敬。

二 伊壁鸠鲁学派的传承与影响

伊壁鸠鲁学派和斯多亚学派都是在希腊化文明开初时期应运而生的新哲学,都想突破希腊古典文明时代学园派的理性主义传统与以城邦为本位的研究社会和人的哲学,都力图在吸取与改造早期希腊哲学的基础上建立新的世界观和个人本位的伦理观。塔恩指出:"伊壁鸠鲁和芝诺的这两种新哲学,都是亚历山大缔造的新世界的产物,首先感觉到的是,一个人不再仅仅是他的城邦的一部分,他是一个个体的人,这样的一个人需要新的指导。"[2]斯多亚学派强调个人顺应大世界的"天道"新秩序,受到希腊化-罗马统治集团和上层知识圈的欢迎;伊壁鸠鲁学派主张以科学的准则和原子论物理学理解大世界,并在此基础上确立了一种个人心灵自由并和谐结成社会的新伦理,受到普通知识圈和平民的欢迎,所以这种新哲学一经产生就广为传播,伊壁鸠鲁学派一直持续传承到罗马帝国时期,有深远的影响。

威特(N. W. de Witt)说:伊壁鸠鲁主义可以恰当地被称做"希腊人所产生的唯一的福音哲学"[3]。这不是宗教的福音,而是以科学态度树立新人生观的"福音"。这个学派建立伊始,就通过伊壁鸠鲁在雅典和小亚细亚米提林、兰萨库斯等地的门生,将他的人生福音传播到整个希腊化

---

[1] 见第欧根尼·拉尔修《著名哲学家的生平和学说》,第 10 卷,第 16—22 节。
[2] 塔恩:《希腊化文明》,第 327 页,伦敦,梅苏恩出版公司,1966。
[3] 威特:《伊壁鸠鲁和他的哲学》,第 329 页,明尼阿波利斯,明尼苏达大学出版社,1954。

世界。塞琉古王国的安条克和托勒密王国的亚历山大里亚是此学派早期东传的两个中心，后来又广泛地向西传入意大利和高卢。西塞罗虽不赞同伊壁鸠鲁主义，但他在公元前 1 世纪中叶写道："（罗马的）伊壁鸠鲁派以他们的著作已占领了全意大利"[1]。一代雄才凯撒也是此派哲学的同情者。在罗马共和制末期和帝国制前期，伊壁鸠鲁派哲学的传扬又达到一个兴盛期，和斯多亚派及当时西渐的基督教有激烈的角逐。甚至斯多亚派著名哲学家塞涅卡也以赞同的口吻引用伊壁鸠鲁的一些道德格言。希腊哲学史学家策勒列举了罗马帝国时期一长串伊壁鸠鲁派学者的名单，并指出伊壁鸠鲁主义比大多数其他学派延存的时间更长，直至基督后的第四个世纪。[2] 最终随着基督教在罗马世界的胜利，这个学派才被湮没。1884 年在今土耳其内地一个古代名为奥伊诺安达的地方，发现了一位名叫第欧根尼的老人在 2 世纪时镌刻在一堵巨石墙上的长篇哲学铭文，其中也含有伊壁鸠鲁的一些残篇。这是他向他的同胞们宣扬伊壁鸠鲁学说幸福宗旨的一个纲要。[3] 这篇铭文不仅有研究伊壁鸠鲁学派的史料价值，也生动地证实了花园学派奠立 500 年后仍有生命力。

伊壁鸠鲁学派自身的传承与演变和斯多亚学派相仿，大体经历了早、中、晚三个时期，基本上保持了伊壁鸠鲁的学说内容，也有丰富、发展与嬗变。(1)早期为公元前 4 世纪末至前 3 世纪末学派创立与广为传播时期。伊壁鸠鲁奠立了学说的基本内容，其他代表人物有：先于伊壁鸠鲁七年去世的他的密友萨摩斯人梅特罗多洛（约前 330—前 277），他竭诚拥护与阐发伊壁鸠鲁学说，西塞罗称他几乎是"第二个伊壁鸠鲁"[4]。

---

[1] 西塞罗：《图斯库兰论辩》，第 5 卷，第 6—7 节，转引自朗《希腊化时代的哲学：斯多亚学派、伊壁鸠鲁学派和怀疑论学派》，第 17 页。

[2] 见策勒《斯多亚学派、伊壁鸠鲁学派和怀疑论学派》，莱希尔英译，第 388—393 页，伦敦，朗格曼斯·格林出版公司，1870。

[3] 见切尔顿《奥伊诺安达的第欧根尼》，转引自朗《希腊化时代的哲学：斯多亚学派、伊壁鸠鲁学派和怀疑论学派》，第 17、253 页。

[4] 西塞罗：《论目的》，第 2 卷，第 92 节，转引自范明生《晚期希腊哲学和基督教神学——东西方文化的汇合》，第 148 页，上海人民出版社，1993。

他生前著有《论感觉》、《驳辩证术者》、《通向智慧之路》等十种著作,均已佚失,只剩少数残篇。他尤其致力于批驳智者派和柏拉图的理念论。伊壁鸠鲁的佚著《梅特罗多洛》就是题赠给他的,并在自己的著作中经常提及他,说他虽然不是创造性的思想家,但在别人的帮助下能率先达到真理,并在遗嘱中要学派的门生将他和梅特罗多洛同时纪念。"花园"的首任继承领袖赫尔玛库也有多种著作;他的继承者数学家波吕埃努和科洛底也颇负盛名,约 400 年后罗马时期的普卢塔克写了《驳科洛底》,还以科洛底为靶子攻击伊壁鸠鲁学派。(2)中期为公元前 2 世纪至公元 1 世纪希腊化时代转入罗马时代时期。主要代表人物有:"花园学派的巨匠"、雅典的阿波罗多洛,著作宏富,有 400 多种,可惜均未留存。叙利亚的菲罗德谟(约前110—前40/35)于公元前 75 年到罗马,在政界、学术界和艺术领域都十分活跃,致力于引进希腊文化,写了《希腊思想家学说纲要》,弘扬伊壁鸠鲁学说。最重要的代表是罗马的卢克莱修(约生活于公元前 1 世纪),撰写了哲理长诗《物性论》,为后世流存了伊壁鸠鲁学派的思想资料,而且依据科学思想的进展有他自己的发展。(3)晚期为 1 至 4 世纪罗马帝国由盛而衰时期。伊壁鸠鲁学说仍盛行一时,后随罗马贵族的腐败,它也被曲解、篡改为一种宣扬无节制追求享乐的论说。

自文艺复兴文明时代开始,伊壁鸠鲁的原子论和伦理学说又在西欧复苏和传播。意大利人文主义哲学代表瓦拉和法国早期启蒙思想家蒙田都深受其影响。而近代启蒙运动中伽桑第更是接受和发展了伊壁鸠鲁的学说,来阐发一种近代的科学唯物主义。

三 著作和研究资料

伊壁鸠鲁是多产著述家。第欧根尼·拉尔修说他的著作总共约 300 部,在数量上"远超过以往的任何哲学家",并且记载了其中的 41 种重要著述的题目。从中可见,表现他的基本哲学思想的应是《论自然》(37卷)、《论准则》、《论原子与虚空》、《论影像》,以及一些伦理、政治著述如《论目的》、《论选择与规避》、《论人类生活》、《论正义及其他》、《论王权》

等。还有一些论争性的著述和书信,如《反物理学家》、《反麦加拉派》、《反塞奥弗拉斯特》、《书信集》。这些著述大都没有保存下来。他的书信和纲要文献常较详致地概述他的学说的要义。拉尔修全文引录了他的三封书信和《主要原理》,认为它们提供了伊壁鸠鲁思想体系的概要,可使人全面地研究他、评价他。[①] 这些是现存的研究伊壁鸠鲁学说的主要原著史料。三封书信分别为:《致希罗多德的信》(*Letter to Herodotus*)篇幅最长,提供了原子论自然哲学主要原理的浓缩提要;《致匹索克勒的信》(*Letter to Pythocles*)的主题是天象学;《致美诺寇的信》(*Letter to Menoeceus*)则清晰、凝练地阐述了他的伦理、道德学说。《主要原理》(*Principal Doctrines*)汇集了伊壁鸠鲁的 40 条基本观点,这篇著作在古代很著名,可能是弟子从伊壁鸠鲁卷帙浩繁的著作中摘引汇编而成的,古代人普遍认为它是伊壁鸠鲁本人的著述。此外,还有一份在 1888 年发现的 14 世纪的梵蒂冈手稿本中的一些伊壁鸠鲁的语录,其中多条和《主要原理》相同或相仿。从上述原著史料大体可见他的哲学体系的三部分框架:准则学、物理学(自然哲学)和伦理学。

研究原著留存不多的伊壁鸠鲁,也得靠掌握第二手资料。这个学派后继者的文献中,最重要的是罗马诗人卢克莱修的《物性论》,它完整地留存了下来。此书已有中文译本(方书春译,商务印书馆 1981、1999 年版),作者是忠诚热情的伊壁鸠鲁主义信徒,认为伊壁鸠鲁的教导是人类得救的唯一思想源泉。这部文体优美的 6 卷本哲理长诗,详致阐发了伊壁鸠鲁关于物体构成、原子运动、身心结构、感觉本性、自然现象、社会进化的论说。有人猜测它可能是伊壁鸠鲁本人留传下来的一份大的纲要的发挥,它对我们理解与研究伊壁鸠鲁的学说可起重要的佐证作用。卢克莱修对伊壁鸠鲁的学说固然没有重大的创新,但《物性论》写在花园学派建立 200 余年之后,希腊化文明中科学思想有重大发展,希腊化文明被罗马文明取代,社会也有诸多变迁,所以此书也有卢克莱修自己新的

[①] 见第欧根尼·拉尔修《著名哲学家的生平和学说》,第 10 卷,第 26—30 节。

思想贡献，并不只是将伊壁鸠鲁的论述改变为诗的形式。此外，18世纪末在意大利赫尔库兰出土了大量几乎炭化的纸草卷，它们最初可能是罗马某富人的图书馆内的藏品。较大部分纸草卷是中期伊壁鸠鲁学派代表人物、和西塞罗同时代的菲罗德谟的不完整的著作，以及伊壁鸠鲁《论自然》的一些残篇。其中较重要的是论文《修辞学》、《论符号》①和《论虔敬》的部分残篇，前两篇涉及伊壁鸠鲁学派的论辩修辞观和逻辑观，后一篇涉及此学派对宗教信念的态度。这些资料以残篇形式最初在意大利发表。在卢克莱修之后，主要在第欧根尼·拉尔修、西塞罗、塞涅卡、普卢塔克和塞克斯都·恩披里柯的著述中存有不少第二手史料。西塞罗和普卢塔克当然反对伊壁鸠鲁学派，但在论战中保存了一些有关伊壁鸠鲁学派的资料。塞涅卡虽是罗马斯多亚学派的代表之一，但较能兼容并蓄，他的《道德书信集》向人推荐了不少伊壁鸠鲁的格言。罗马怀疑论学派的塞克斯都·恩披里柯自然将伊壁鸠鲁视为独断论，但在评论中也提供了供我们理解伊壁鸠鲁的经验主义知识论的资料。前面提到的奥伊诺安达石墙上的碑文，也有史料价值。19世纪后期，德国学者乌塞纳将许多散见于希腊与罗马著作家引文中的残篇，汇编成一本《伊壁鸠鲁》出版。

青年马克思为撰写博士论文准备的《关于伊壁鸠鲁哲学的笔记》中，辑入许多上述第二手史料并有评述。而他的博士论文《德谟克利特的自然哲学和伊壁鸠鲁的自然哲学的差别》，对两种原子论的联系与差别的实质，对伊壁鸠鲁哲学的本质精神，都有深刻论述。这两篇著述都已有中译本，是研究伊壁鸠鲁哲学的重要文献与资料。②

现代西方学者研究伊壁鸠鲁学派的重要专著有：贝利的《希腊原子论学派和伊壁鸠鲁》，威特的《伊壁鸠鲁和他的哲学》，法灵顿的《伊壁鸠鲁的信念》（A. A. 朗认为它给人以启发，但可信度不高），里斯特

---

① 对《论符号》的残篇，拉西在《菲罗德谟：论推理方法》这篇专题论文中有整理、英译和讨论。此文1941年发表于美国语言学协会的《语言学专题论文》第5期。

② 这两篇著述都收于《马克思恩格斯全集》第40卷，人民出版社，1982。

(J. M. Rist)的《伊壁鸠鲁导论》。

第二节　准则学

伊壁鸠鲁在《致美诺寇的信》中开首说："老年人和年轻人都应该研究哲学"，终生不应放弃研究哲学，为的是"灵魂健全"和"幸福"。[1] 伊壁鸠鲁的哲学体系有三个部分：准则学、自然哲学（物理学）和伦理学。他的准则学确立认识自然、人与社会生活的基本原则，而研究准则学与自然哲学又都是为了他的哲学的伦理宗旨，就是以科学的认识准则和对世界的科学认知作为根据，树立以快乐（主要是心灵宁静的精神快乐）为幸福准则的社会人生观。他的准则学实质上是研究认识论（或知识论）和方法论的基本原理，涉及真理标准，为他的自然哲学和伦理学奠立了一种把握现实存在事物的经验论基础。先以认识论、方法论为起点与支持点来建立哲学，这也是晚期希腊、罗马的斯多亚派和怀疑论派哲学的共同特征。

马克思说：伊壁鸠鲁体系"与以前的哲学有着本质联系"；同时他又指出，伊壁鸠鲁派、斯多亚派、怀疑论派不是旧有哲学的折中混合物，他批评了"伊壁鸠鲁哲学似乎是德谟克利特的物理学和昔勒尼派的道德思想的混合物"这种偏见，强调上述三派哲学是"柏拉图和亚里士多德哲学体系之后"出现的"新哲学体系"，它们回溯到早先的哲学，如在物理学方面转向早期自然哲学家，在伦理学方面转向苏格拉底学派，其实有颇值得注意研究的新内容。[2] 就准则学而言，塞克斯都·恩披里柯说，"伊壁鸠鲁派由逻辑学家发展而来：他们首先研究准则学"[3]。伊壁鸠鲁建立准

[1] 见第欧根尼·拉尔修《著名哲学家的生平和学说》，第 10 卷，第 121 节。
[2] 见《马克思恩格斯全集》第 40 卷，第 56、193—195 页，人民出版社，1982。马克思当时打算写一部伊壁鸠鲁派、斯多亚派、怀疑论派以及它们与早期、晚期希腊哲学的关系的著作，后未能实现。但可见他重视这一时期哲学的新特征。
[3] 塞克斯都·恩披里柯：《反数理学家》，第 7 卷，转引自《马克思恩格斯全集》第 40 卷，第 58 页，人民出版社，1982。

则学,虽不明言,其实对亚里士多德的逻辑学和科学方法论有所吸取,但不是凭借演绎三段论去建立证明的科学知识体系,而是在经验论框架内运用归纳与演绎、逻辑与语言分析的逻辑方法。伊壁鸠鲁很尊敬德谟克利特,因为后者早就宣示了原子论和真理学说;但并不如莱布尼茨所说,伊壁鸠鲁学说只是从德谟克利特那里"抄袭来的",而是有许多区别。如马克思所论析的,在"关于人类知识的真理性和可靠性的判断"上,德谟克利特有"怀疑论的、不确定的和内在矛盾着的观点",伊壁鸠鲁则"取独断的态度,而不取怀疑的态度"。① 毕竟是在希腊古典哲学的鼎盛之后,伊壁鸠鲁的准则学不是简单地回复到早期希腊哲学较简单、朴素的感知认识论,它反对学园派纯抽象的理性思辨,但仍吸取、发扬了希腊古典哲学中的科学理性精神。

伊壁鸠鲁提出真理的准则有三个:感觉、先存观念(preconception)和情感。它们不仅是认知自然的真理标准,也是人和社会的伦理生活的真理标准。这种准则学是一种融合理性的经验主义认识论与方法论,既反对柏拉图学园派贬低感知、否定感性存在的思辨哲学,也反对否定感知和一切知识可靠性的怀疑论,又反对斯多亚派宣扬"世界理性"的神秘思想。伊壁鸠鲁尊重现实存在事物的经验论的准则学,使他的哲学独树一帜,如沐春风。

一　感觉是认识真实存在的终极准则

伊壁鸠鲁肯定世界事物是客观存在的,而要认识真实存在的根本依据是人的感官接触客观事物而获得的感觉,感觉是判断真理与错误的根本标准。他在《主要原理》中强调:"我们必须把所有的真实存在和所有我们的观念所依赖的感官证据认做终极。要不然,一切事物都会充满不确实性和混乱";"如果你排斥所有的感觉,你就没有标准可依据,这样就无法判定那些甚至你认为是错的判断";如果"拒绝任何一种感觉","你

---

① 见《马克思恩格斯全集》第 40 卷,第 197—200 页,人民出版社,1982。

会反对一切真理的标准","你就难以逃脱错误,你就会一片模糊"。① 在他看来,感觉必定不是自生的,而是由某些外在事物进入我们之中产生的,如感觉到物体的形状,也包括人的内部器官所生的内在感觉如饥饿等。感觉是认识事物的基本渠道与真理标准。所以,"我们必须绝对遵从感觉","因为物体的存在是感觉自身通过一切经验而证实的。如果理性试图从已知推出未知,它必须依靠感觉"。② "因为感觉的真实性保证了我们理性的真实性","一切观念都是在理性的有限帮助下,通过直接接触、类推、比拟、组合等途径从感觉中得出来的"。③

由上可知,伊壁鸠鲁主张感觉是认识真实存在的终极准则,其要义有三点:(1)确认可感物体的客观存在及感觉为认识的基本来源,两者是同等的终极准则。感觉来源于物体作用于感官,就是他用原子论解释的"射流"所生的影像,而知识来源于凭借感觉认知客观事物。(2)感觉是真理的主要标准,判断真观念与假观念都要依靠感觉。(3)他并不否认理性在认识事物中的重要作用,但认为理性认识来源于感觉,其真假值的判断也要靠感觉来证实。伊壁鸠鲁实质上是在学园派沉溺于抽象理性思辨、怀疑论开始发难的背景中,提出一种唯物主义的存在论及感觉经验主义的认识论与方法论,唤起人们重新面对感性、现实的客观存在,树立对自然与人生的科学认知的态度,这是他确立新伦理学说的理论支柱。

显然,这是对希腊古典哲学中占主流的理性主义传统的一种纠偏。伊壁鸠鲁并不否认理性在认知中的重要作用,但他强调可感存在物体与感觉是终极准则,无疑是针对学园派将理性夸大为认知的唯一终极准则、夸大为抽象的普遍实在本体这种盛行的倾向的。柏拉图学派贬低感性存在,将

---

① 见伊壁鸠鲁《主要原理》,第 22、23、24 条,转引自第欧根尼·拉尔修《著名哲学家的生平和学说》,第 10 卷,第 146—148 节。
② 见伊壁鸠鲁《致希罗多德的信》,转引自第欧根尼·拉尔修《著名哲学家的生平和学说》,第 10 卷,第 38—40 节。
③ 见第欧根尼·拉尔修《著名哲学家的生平和学说》,第 10 卷,第 31—32 节。

抽象、绝对的理念甚至理念数奉为世界的真实存在与终极本质,这无疑和伊壁鸠鲁的"终极准则"是相对立的,所以赫尔玛库专门写了《反柏拉图》这一著作。亚里士多德学派后来强调抽象的"形式"是主要本体,这也是伊壁鸠鲁学派所不赞同的。但亚里士多德学说毕竟包含更多的科学理性内容,伊壁鸠鲁学派虽不明言,但其感觉经验主义的认识准则和亚里士多德的认识起源于感觉经验的学说仍有相通之处,对亚里士多德的"存在"范畴论与逻辑分析思想也有吸收。对此,后文还要论及。

伊壁鸠鲁也承认能生成感觉的原子射流影像的清晰程度不等,但主张清晰的感觉是认知真实存在事物的可靠准则。这和智者派强调感觉的主观性、相对性与不确定性是完全不同的。智者派所谓的"人是万物的尺度",实质上是主张人的主观感觉是万物的尺度,抹煞了存在事物的客观性与质的确定性,陷入了相对主义。所以伊壁鸠鲁学派对智者派持否定态度,予以尖锐的批判。伊壁鸠鲁学派强调感觉是人获得真理的可靠保证,这和当时皮罗等人否定感知确定性的感觉论怀疑主义也是针锋相对的。他们看出日常生活中错觉常有发生,如卢克莱修在《物性论》第4卷中列举了许多错觉的事例:黄疸病患者看见一切都是黄色的;从远处看一座方塔常常显得是圆的;在运动着的船里静物好像也在动,而真正在运动着的星辰在我们看来却好像都静止地镶嵌在天穹上面。伊壁鸠鲁认为错觉发生的原因,一方面是由于条件所限,不能得到真正的、清晰的感觉,甚至发生梦中或心灵的幻觉;另一方面,更重要的是错误的判断或观念导致了虚假的伪感觉。他说,"虚假和错误总是因为把观念加到尚待证实或并无矛盾的事物上,而这个事物后来却没有得到证实或者被证明是矛盾的"。在他看来,清晰的、真正的感觉总是和真正的实在事物相联系的,如无在先已发生的真实感觉,也就不会有和事物表象相似的错觉,而要证实错误,也要靠真正的感觉提供"不矛盾"的"清晰证据"。[①]

---

① 见伊壁鸠鲁《致希罗多德的信》,转引自第欧根尼·拉尔修《著名哲学家的生平和学说》,第10卷,第50—52节。

卢克莱修也强调"是感觉最先创造出了真理的概念",感觉是绝对可靠的,有过失不在于真正的感觉,而是因为从感觉衍生出来的"推理"也"会出错误";我们要"敢于信任我们的感官",否则"不仅一切的推理都会被推倒,而且即连我们的生命也会立刻崩溃",如已临悬崖而不信任感觉的确定性,就会再向前走而粉身碎骨。[①] 这里用的是和亚里士多德在《形而上学》中批判智者派感觉相对主义同样的例子。总之,伊壁鸠鲁学派所界定的、作为认知的终极准则的感觉,有严格的含义,不像我们如今理解的感觉那样宽泛,并不包括错觉和幻觉在内,它总是指真实的、清晰的感觉,是反映真实存在的"影像"或"印象",能提供不矛盾的清晰证据,因而能成为可靠推理的依据。这种反对智者派感觉相对主义和感觉怀疑论的"准则"说,吸收了亚里士多德的关于感觉的确定性和"不矛盾"这条存在与逻辑公理的思想。我们不必苛求地说伊壁鸠鲁学派将感觉简单化或绝对化了,或说他们并未击中怀疑论的要害,因为将哲学的出发点与基础转移到现实存在与真实的感觉上,正是伊壁鸠鲁学派在新时代的创新贡献。

伊壁鸠鲁和德谟克利特虽都主张感觉是认识的出发点,但两种"感觉"论有明显差异。马克思对此有比较研究。德谟克利特由于论述感觉到的现象有不确定性以及"第二性质"和主观感官紧密关联,因此认为在感觉中"真理对我们是隐蔽的","真理隐藏在无底的深渊里",因而易使人将他视为怀疑论者;而伊壁鸠鲁却认为"一切感官都是真实东西的报道者","没有什么东西能够驳倒感性知觉"。马克思说:"当德谟克利特把感性世界变成主观假象时,伊壁鸠鲁却把它变成客观现象",他"并不认为感性的质仅仅存在于意见中"。[②] 其实,还有一点区别,德谟克利特的局部探究虽已涉及概念的定义问题,毕竟尚未系统探究理性思维的逻辑问题,他的感觉论不关涉理性思维的逻辑;而伊壁鸠鲁处于逻辑学已

---

① 见卢克莱修《物性论》,方书春译,第 209—217 页,商务印书馆,1981。
② 见《马克思恩格斯全集》第 40 卷,第 199—200 页,人民出版社,1982。

建立、对理性思维已多有探究之时,他强调感觉是和理性思维的逻辑互为印证的,因而能确保感觉的真理性。

二 先存观念是经验与理性的准则

"先存观念"的希腊文 prolepsis 是指以观念形态积累和储存的先前的感觉、感知,但它已有普遍性的思想形式,已有交融经验与理性的意义,而在运用作为认识准则的"先存观念"中,已有理性的方法论的含义。将它译为"预知"、"预见"并不确切,译为"概念"也不能表达其丰富、完整的含义。杨适将它译做"先前储存的观念"①比较确切,我们将它简化为"先存观念"。第欧根尼·拉尔修记述道:

> 他们(伊壁鸠鲁派)用 prolepsis 来指储存在人心中的一种对观念的把握、一种正确的意见或一般观念,即对某个外物显现的记忆,例如,这样的一个事物是一个人。一说到"人",我们立即会按照这个先存观念想到其形象,有如感觉原来给我们报道过的那样。每个这样的词的基本含义,都是直接的、清晰的。如果我们不知道研究的对象,我们就不能着手研究。例如,当我们说"站在前面的是一匹马或一头牛",我们必定靠着先存的观念已经知道了一匹马或一头牛的样子。若非我们事先已经靠一个先存观念知道了它们的样子,我们就不能命名事物。因此先存观念是清晰的依据。②

由此可知,先存观念是在记忆清晰的感觉中形成的、以语词命名的一般观念,它可以是已洞悉事物的本质"概念",也可以是未达到概念与本质深度的经验性的意见,但它已有普遍性的思想形式。它的清晰性是判断真理的第二位准则,它又是表述感觉、获得关于事物的知识的先决条件。

---

① 见杨适《古希腊哲学探本》,第 580 页,商务印书馆,2003。策勒将此范畴译为"观念"(参见策勒《斯多亚学派、伊壁鸠鲁学派和怀疑论学派》,莱希尔英译,第 403—404 页,伦敦,朗格曼斯·格林出版公司,1870),贝利将它译为"预见"(参见贝利《希腊原子论学派和伊壁鸠鲁》,第 246—247 页,牛津,克拉伦登出版社,1928)。A. A. 朗将它译为 preconception 比较合适。
② 第欧根尼·拉尔修:《著名哲学家的生平和学说》,第 10 卷,第 32—33 节。

这种先存观念不是人先天固有的"天赋观念",而是在重复记忆、保存感知中用语词固定下来的普遍的感性知觉形象,可用以作知觉判断;而后又可深化为普遍性的概念、判断与推理,可从意见进展为知识。这和亚里士多德所说的经验起源于感觉,经验又是知识与技艺的温床相似。亚里士多德在《形而上学》开篇说:"人们从记忆得到经验,同一事物的众多记忆导致单一的经验。看来经验大致类似于知识和技艺,人们通过经验得到了知识和技艺。"①他在《后分析篇》中更具体地描述了从感觉的重复记忆中产生知觉判断与经验,在不断的经验过程中,依靠归纳,又会产生"动物"那样的普遍概念,属、种以至最普遍的范畴。② 在论述从感知到经验与理性的认识过程和肯定先存观念是真理准则方面,伊壁鸠鲁比德谟克利特也有较多进展,这和亚里士多德的经验论的影响是相关的。

伊壁鸠鲁认为,一切观念都是在感知印象中通过直接接触事实或类推、比拟、组合等途径,引起心灵运动,凭借"概括"产生的,即使是疯子和梦中的幻觉这种观念也是这种心灵运动的结果。所以"概括"而得的观念或意见"有真实的和错误的两类",能被感觉证实并根据"不矛盾"原则未被否证的观念,就是真实的观念即"先存观念";而未能被感觉证实并根据"不矛盾"原则被否证的观念,就是错误、虚假的观念,如"众人关于神的论断并不是先存观念,而是谬见"。③ 所以,先存观念一旦建立后能用作为真理的次级标准,就因为它本身立足于真实感觉的经验事实,它和经验事实及其他真实观念在逻辑上是"不矛盾"的,所以它能成为推理的根据。一切观念都通过语词(包括口头语言和文字)来表达,语词的意义总是依据心灵所获得的印象而被赋予的,而这种印象的真实与否,决定了语词所表述的观念真实与否。关于语言的命名,伊壁鸠鲁反对"约定"论,说"事物的名字不是源自约定"。他主张语言是自然生成的,一方

---

① 亚里士多德:《形而上学》,980b26—981a2,载于《亚里士多德全集》。
② 见亚里士多德《后分析篇》,92a25—30, 100a10b4,载于《亚里士多德全集》。
③ 见第欧根尼·拉尔修《著名哲学家的生平和学说》,第 10 卷,第 32—33、124 节。

面是指各部族、各地区因有特殊情感、特殊表象而自然地形成特殊声音的语言;另一方面是指语言的意义基于心灵印象或经验事实而自然地被赋予,而依据是否符合经验事实和"不矛盾"原则,语言的意义也就有不同的真假值。即使是对于一些看不见的存在事物(如原子)确立通用的名字(抽象的"通名"),也是根据感觉的经验事实,并根据一般原因可推理它们指称的对象确实存在,从而"使得它们的意义明确了"。①

在伊壁鸠鲁的准则学中,先存观念作为真理准则,在建构知识中如何发挥作用? 在先存观念生成科学知识中,理性的逻辑方法是否仍有重要作用? 对此,历来的学者有不同见解。西塞罗认为,伊壁鸠鲁摒弃定义,不指明划分,不能论述一个论证如何建构,不指出如何解决诡辩问题和澄清似是而非的模糊问题。古代著作家们的一些论述给人的印象是,伊壁鸠鲁似乎完全不论逻辑与科学方法论问题。贝利的《希腊原子论学派和伊壁鸠鲁》一书在英语世界很有影响,他和一些学者认为伊壁鸠鲁主张人有一种特殊的心灵能力即"理智的领悟"(apprehension by intellect),它是一种直达心灵的感觉,而科学的概念群逐步建立于在先概念的并置中,其中每个概念依次被用作为"清晰的概念",都是这种心灵直接的理智领悟。A. A. 朗指出西塞罗曲解伊壁鸠鲁无视逻辑方法是偏见,也批评贝利将伊壁鸠鲁的先存观念准则误解为一种直觉主义是不正确的,似乎伊壁鸠鲁主张科学知识的每步建构都有赖于"理智的领悟"这种特殊的心灵感觉,完全否定了理性的逻辑方法在建构科学知识中的作用。他论述道,伊壁鸠鲁实际上主张有两条真实自明的公理:一是清晰的感觉-印象提供关于外在现象和对象特性的精确信息;二是关于不自明的对象的判断,如果它们和清晰的感觉-印象是连贯一致、不矛盾的,就是真的。依据这两条公理,他在建立与运用先存观念中,大量使用归纳与推论的逻辑方法,构建自然和其他知识。如他论证不可见的虚空

① 见伊壁鸠鲁《致希罗多德的信》,转引自第欧根尼·拉尔修《著名哲学家的生平和学说》,第10卷,第75—76节。

存在；如果虚空不存在，一切事物就集挤在一起，运动就不可能；而运动存在的判断同虚空存在这不自明的判断不矛盾，所以虚空存在。伊壁鸠鲁学派根据不矛盾公理，通过运用归纳法，来论述以经验事实为根据的普遍性陈述。菲罗德谟在《论符号》中就记述了这种推论的实例：从命题"我们经验中的人是有死的"，推论出"凡人皆是有死的"。这一普遍性的陈述根据经验中无例外、与人的经验不矛盾而得出。伊壁鸠鲁学派肯定自然事物无论自明或非自明的，都有齐一性。但他们认为科学不能仅凭借逻辑上必然为真的命题来构建知识，而应凭借经验的概括来形成作为推理前提的普遍性陈述；而斯多亚学派主张一切推理必须在演绎论证为真中建立。伊壁鸠鲁学派则认为仅凭演绎推理不足以建立科学的陈述，他们在自然哲学和其他学说中还大量运用了类比推理。在菲罗德谟的《论符号》中就有"类比推理"的主题，卢克莱修的《物性论》在阐发原子论时就有不少运用类比推理的实例。A. A. 朗认为，伊壁鸠鲁的方法论从严格的逻辑标准看或许有不精确之处，但他确实是懂得亚里士多德的两个《分析篇》的，只是他反对将演绎推理变成毫无经验事实根据的语词游戏。古代著作家和现代的一些著作认为伊壁鸠鲁学派无视、蔑视逻辑与科学方法论，这是不正确的。伊壁鸠鲁的《论自然》第 28 卷的残篇就有关于归纳、意义、普遍和特殊的区别、个体名称问题、麦加拉学派研讨过的语言难题等主题，只是残篇原件太破损，难以看清其具体的探讨。①

　　A. A. 朗的见解是有根据的，合理的。在伊壁鸠鲁生活的时代，亚里士多德已创立了逻辑学，欧几里德甚至已在此条件下建立了《几何原本》的公理系统，伊壁鸠鲁必定也经受过当时已熟知的逻辑理论的熏陶。他在论述先存观念准则并运用它探究原子论自然哲学、伦理学等知识时，已自觉地运用了归纳和各种推理的逻辑方法，来作出详致的论证，这和德谟克利特还是不自觉地运用理性思维的逻辑方法来作论断、提出假

---

① 上述内容均见朗《希腊化时代的哲学：斯多亚学派、伊壁鸠鲁学派和怀疑论学派》，第 25—30 页，伦敦，达克沃斯出版公司，1974。

设,是有所不同的。伊壁鸠鲁强调感觉与经验是首要准则,有浓重的经验论色彩,但他不是唯感觉主义与简单的爬行式经验主义,而肯定理性思维和逻辑方法在形成知识、提出科学假说中的重要作用。伊壁鸠鲁学派也有自具特色的逻辑理论著述,只是详细内容失传了。他们否定一切离开经验的演绎论证,这也有偏颇之处。

三　情感是判断一切善的准则

伊壁鸠鲁提出"情感是判断一切善的准则"。[1] 他将情感也立为认识真理的一条重要准则,判断人生的根本准则,这显然和他强调研究伦理是哲学的最高宗旨有关。伊壁鸠鲁学派认为:"有两种情感状态,快乐和痛苦,这是每个动物都有的,前者符合它们的本性,后者与它们的本性违背,它们选取什么和避开什么就是由此决定的。"[2]快乐符合人性,痛苦悖逆人性。伊壁鸠鲁的伦理学是要确立幸福生活的基本原则,将身体健康和灵魂宁静看做幸福生活的标准。而它体现在人的情感上,"快乐是幸福生活的始点和终点","它是最高的和天生的善"。[3] 这种快乐不是放荡的肉体之乐,而是基于科学认知和德行的明智生活所带来的身体健康和灵魂宁静,是一种真实感觉和理智认识所生成的导致幸福的情感。所以,说快乐是最高的善,是判断一切善的准则,这同说幸福是最高的善,是判断一切善的准则,是等价一致的,因为快乐就是幸福的体现。快乐和痛苦这两种基本情感,相反相成。一般地说,快乐是善,破坏身体健康和扰乱灵魂宁静的痛苦是恶,避免痛苦能带来快乐,就是避恶趋善。但有时寻求所有的快乐会导致更大的痛苦,就得放弃许多快乐;而有时忍受暂时的痛苦会带来更大的快乐,这种暂时的痛苦就优于暂时的快乐。

---

[1] 见伊壁鸠鲁《致美诺寇的信》,转引自第欧根尼·拉尔修《著名哲学家的生平和学说》,第 10 卷,第 128 节。

[2] 第欧根尼·拉尔修:《著名哲学家的生平和学说》,第 10 卷,第 34 节。

[3] 见伊壁鸠鲁《致美诺寇的信》,转引自第欧根尼·拉尔修《著名哲学家的生平和学说》,第 10 卷,第 128 节。

所以并非一切快乐都"值得抉择",也并非所有的痛苦都要避免。所以,不能简单地将快乐和痛苦径直等同于善与恶,而要从幸福生活的基本价值来理解情感是判断一切善的准则。

伊壁鸠鲁提出的人的伦理生活的情感准则,和人的认知中的感觉准则、先存观念准则,是内在关联、相互交融的。从一方面看,感觉和先存观念准则可运用于对自然、社会、人生各领域的认知,达到对世界乃至"神"的正确认识与科学态度,使人在作为哲学宗旨的伦理生活中,得以用情感准则来判断明智的快乐和真实的幸福。情感准则是感觉准则、先存观念准则的目的,又有赖于后两者才能成立。另一方面,快乐在于明智,痛苦的根源在于无知,所以人的认知本身就生发、渗透着情感,是交织情感的活动。三条准则的密切联系,表征着知识论、情感心理学和伦理学的统一,这是伊壁鸠鲁学说的一大特色。

伊壁鸠鲁将"情感"确立为判断真理和幸福生活的准则,以此紧密结合认知与伦理,这在希腊哲学史上是一种创举,和以往的一些学说有所区别。智者派普罗泰戈拉宣扬情感主义道德论,立足于相对主义感觉论,他的道德情感闪忽不定,排斥认知的确定性。苏格拉底说美德在于知识,否定了情感在知识领域与道德生活中的作用。居勒尼学派的感觉论和快乐原则是纯粹情感意义的内在体验,和理智的认知脱离,所以不免有享乐主义的末流之嫌。柏拉图和亚里士多德的伦理学说虽已重视情感在道德生活中的作用,但没有将它提高到伦理原则的高度,柏拉图仍是主要阐发一种以理性知识为根据的伦理学说,亚里士多德的"实践智慧"中的情感成分是有限的。伊壁鸠鲁统一地并提感觉、先存观念和情感三大准则,在当时是一种进展,对后世哲学也有启发性影响。

第三节　更新原子论的自然哲学

伊壁鸠鲁的自然哲学无疑承袭、吸取了一个多世纪之前早期希腊自然哲学的最高成就,即德谟克利特的原子论,伊壁鸠鲁和德谟克利特在用原子论的基本观点科学地解释世界的本原与生成、各种天象与自然现象、身体与灵魂、影像论和感知认识、批判宗教迷信等方面,都一脉相承,有较多的相似性。但这两种原子论的自然哲学毕竟相距 100 多年,其间希腊古典哲学与科学思想有很大的进展,两者所处的历史文化背景和建构自然哲学的目的也颇有差异。从总体看,伊壁鸠鲁的自然哲学对德谟克利特的原子论的更新或谓有创新的思路,表现在三方面:(1)伊壁鸠鲁根据认识真理的三个准则来建构原子论,对其形而上学的根据和基本原理的论述有比较充分的经验事实的证实和逻辑分析的论证;而德谟克利特提出原子论的科学假设,主要是出于总结、综合与升华早期希腊哲学的本原说而作的径直的科学论断。(2)伊壁鸠鲁对原子论的一些具体内容特别是原子本性,因吸取了希腊古典时代进展的哲学与科学思想,特别是亚里士多德的思想,有许多新的解释与论述。(3)伊壁鸠鲁的原子论不是纯粹科学意义的自然哲学,而有鲜明的伦理学目的,他在自然哲学的阐发中渗透着浓烈的伦理学意义,并不热衷于作展开、纵深的自然科学研究;而德谟克利特本人是杰出的自然科学家,他的原子论融入他研究数学与其他科学思想的成果,又根据原子论而在宇宙演化、天体学说和其他科学思想方面有更多的成就,他也说到原子论、无神论的科学态度能使灵魂保持平静,但原子论和他的伦理思想不像伊壁鸠鲁的学说那样有直接的紧密联系。

一　无限宇宙和物体的构成:原子和虚空

伊壁鸠鲁和德谟克利特建立原子论自然哲学的根据,有同也有异。相同的是他们都根据自巴门尼德以来自然哲学都承认的一条原理:就宇宙全体而言,无中不能生有,有也不能毁灭而变为无,宇宙存在的总体是同样不变的。[①] 而具体事物有生灭,都被两人归结为原子在虚空中运动而造成原子的结合与分离。两者的相异之处则在于,德谟克利特凭借理

[①] 见伊壁鸠鲁《致希罗多德的信》,转引自第欧根尼·拉尔修《著名哲学家的生平和学说》,第 10 卷,第 38—39 节。

性直观提出原子论假说,伊壁鸠鲁则依据他的准则学论证宇宙与物体、原子与虚空的存在。在《致希罗多德的信》的开首,伊壁鸠鲁指出:"要献身于物理学并从而享受生活安宁",首先要恪守一些基本原则,就是"必须懂得术语所指的含义"亦即先存观念的含义,"必须绝对遵从感觉","也遵从当下的情感"。① 依据这些准则,伊壁鸠鲁不像德谟克利特那样径直论断宇宙的本原是作为存在的原子和作为非存在的虚空,而是首先从感觉到的经验事实出发论述:"宇宙由物体与虚空组成。因为物体的存在是感觉自身通过一切经验而证实的。而对于不能感知的东西,如我已说过的,理性应以感觉到的东西为根据来作出判断。如果没有虚空(我们也称为'位置'、'触摸不到形体者')物体就无存在和运动的场所,而物体的存在与运动是明白的事实"。总之,感觉经验及其形成的人的先存观念使伊壁鸠鲁作出论断:宇宙的"真实存在"就是"物体和虚空"。② 他从可感觉的物体及其运动出发,作逻辑分析的论证,得出不可感知的原子和虚空是宇宙的终极存在,并推断宇宙的无限性。

伊壁鸠鲁从物体的存在和运动推出虚空是一种无形的存在(不是非存在),是物体运动的场所,实质上就是物体置位的空间。他也从分析物体中得出原子是宇宙的本原:物体有复合物和构成复合物的基本要素,而那基本要素就是原子,它"是不可分的,不变的。这是必然如此的,否则万物就会在分解中消解为无。复合物在分解后总有基本要素保存着,不能以任何方式摧毁其坚实性。因此,本原是不可分的有形体的存在物,这是必然的"③。他正是根据"无中不能生有,有不能分解、毁灭为无"的原理和基本要素构成复合物的经验事实,得出不可分的、内部充实而无虚空的原子是宇宙本原的结论,而虚空是供原子与物体运动的空间存在。卢克莱修用潮湿的衣服会干、人可以嗅到物体发出的见不到的气

---

① 见伊壁鸠鲁《致希罗多德的信》,转引自第欧根尼·拉尔修《著名哲学家的生平和学说》,第10卷,第36—38节。

② 见同上书,转引自第欧根尼·拉尔修《著名哲学家的生平和学说》,第10卷,第39—41节。

③ 同上书,转引自第欧根尼·拉尔修《著名哲学家的生平和学说》,第10卷,第40—41节。

味、从黑屋中射入的一束阳光中可见无数微小尘粒在不停运动等经验事实作类推,论证原子有其真实的存在。

伊壁鸠鲁又论证宇宙和原子、虚空必然是无限的。有限事物必有边界,边界必须通过和边界外的他物比较才得知,宇宙却无法与宇宙外的他物比较而有边界,所以宇宙是无限的。宇宙无限也必定由于原子数量无限和虚空范围无限,要是虚空无限而物体数量有限,物体就会运行、穿越于无限虚空中最终消散了,要是虚空有限而物体无限,无限物体就会存置不下了。这两种情况和人经验到的事实都是矛盾的,所以原子和虚空必然是无限的。他主张宇宙和原子、虚空的无限性,这和德谟克利特的观点是一致的;但他依凭经验事实作逻辑分析论证,这种思想特征是受亚里士多德学派的影响。

伊壁鸠鲁没有像德谟克利特那样断定原子都是同质的。他虽然也认为原子的形状是造成复合物体的质的差别的重要原因之一,但认为少数有限的原子形状差别不足以说明原子组合成有质的区别的众多事物,所以"原子的形状有数不清的差别","每一种具有同一形状的原子在数量上是绝对无限的,而原子形状的差别不是绝对无限的,只是数不清而已"。① 原子的几何形状只是规定所组成复合物体的原因之一,而且这种几何形状本身是多样的;不可分的原子还有体积、重量和多样运动方式的"性质",由此更造成所组成物体的多样性。此外,从物体复合的层次而言,原子的形状及其他性质并不直接等同于复合物体的性质,原子在不同方式的运动中组合成已具有物体性质的最小单元,他称之为"种子",多样的"种子"又复合成无数多样的事物。卢克莱修就写到"水的种子"、"火的种子",说这些种子已有所复合成的水、火的特性了。伊壁鸠鲁所以欣赏阿那克萨戈拉,大约也是因为他吸纳后者的"种子",作为类似"分子"的物质结构的中间层次,以此解释存在事物的质的多样性。德

---

① 见伊壁鸠鲁《致希罗多德的信》,转引自第欧根尼·拉尔修《著名哲学家的生平和学说》,第10卷,第43节。

谟克利特受毕达哥拉斯学派影响,仅用原子的有限种类的形状、排列和次序这种几何的差异,径直说明无数事物的质的差异,毕竟有其局限性。伊壁鸠鲁的进展是赋予原子更丰富的性质规定,多样的形状、体积、重量和运动方式都是原子自身的不同性质,这样原子组合成的"种子"就可有质的多样性,而由"种子"结合成的事物就更为丰富多彩了。伊壁鸠鲁用原子与"种子"的性质的多样性说明无限宇宙、无数事物的多样性,否定从恩培多克勒到柏拉图、亚里士多德直至新柏拉图主义都主张的"四元素"论。所以,他强调,在"研究自然的过程中",要"用与事实相符的多个原因来解释","因为它们的发生可能是由于多个原因造成的"。[1] 这和亚里士多德强调要研究存在的多义性是相仿的。

伊壁鸠鲁和德谟克利特一样认为人类所处的地球只是宇宙中有限的一个世界,无限的宇宙有无数个世界,原子在虚空中的漩涡运动生成世界,无数的世界有生成、毁灭的演化。而且,"一个世界可以从另一个世界产生",或者从并非空无的世界的间隙中产生,"一些合适的种子从一个世界、世界的间隙或多个世界中跑了出来",逐渐聚集,相互叠加,变换位置,形成漩涡,并发生互相碰撞(这是事物生成的重要运动方式),这样就"产生了一个新的世界"。[2] 伊壁鸠鲁坚持伊奥尼亚传统的无限生灭演化的宇宙论,反对由神主宰的有限宇宙论。

二　原子的特性和原子的运动方式

伊壁鸠鲁考察世界的存在事物,明确地将物体和依附于物体的属性区别开来。他认为:一切物体自身(包括构成复合物体的最单纯的要素——原子)是不依赖于人的感知的独立存在;而人们所感知到的"形状、颜色、形体、重量"等属性不是独立的存在,也不是物体的部分,而是

---

[1] 见伊壁鸠鲁《致匹索克勒的信》,转引自第欧根尼·拉尔修《著名哲学家的生平和学说》,第 10 卷,第 87 节。

[2] 见同上书,转引自第欧根尼·拉尔修《著名哲学家的生平和学说》,第 10 卷,第 89 节。

依附于物体(包括不可见的原子)的"性质",人们感知到的物体就表现为这些"性质的集合",而其实物体自身才是维系这些性质的独立存在。对于"性质"或"属性",他又作出区别:一种是物体的"永恒性质",是此物体固有并区别于他物的"特性";另一种则是并非一物体固有的、永恒伴随此物体的"偶性",包括人的某种特殊认识所感知到的东西,它是偶然才产生的,并非一类物体全部普遍固有的。卢克莱修举例说:特性如"重量之于石头,热之于火,流动性之于水",而"奴役、贫穷、富裕、自由、战争、和谐"对人而言,乃至"时间"对存在物而言,皆是偶性。① 伊壁鸠鲁区别物体和性质、特性和偶性,显然也是接受了亚里士多德的思想影响,后者在范畴论中区别本体与属性(包括性质),在"四谓词说"中区别特性与偶性。伊壁鸠鲁实际上以本体和属性的存在模型解释原子,认为形状、体积、重量、永恒运动都是原子固有的本质特性,因而他具体论述原子特性和运动方式时,也有不同于德谟克利特的原子论的新解释。

　　如前已有所述,伊壁鸠鲁认为原子有数不清的形状,这形状自身就是质的规定性,体现了原子在"性质"上的差异,而每种形状的原子又是无限的,这是万物极为丰富多样的原因之一。他的说明较接近于亚里士多德的本体论解释。而德谟克利特只是列举一些原子的几何形状,纯粹用原子的形状与排列、次序这种数学意义上的几何形式的差异,来解释万物的质的差异与多样性,这是吸收了毕达哥拉斯的几何数与几何形式为万物原理的思想,后来也被柏拉图的宇宙创生论所吸取。伊壁鸠鲁还认为,原子本身虽没有颜色等性质,但不同形状、排列的原子在运动中生成的复合物具有颜色、滋味、冷热等性质,复合物的射流和感官接触能生成视觉、味觉等。他说:原子除形状、重量、体积以及伴随形状的属性外,不具有可感事物具有的性质;"颜色随原子的排列的不同而变化"。② 卢克莱修也说,原子"没有任何颜色,而却具备着不同的形式,从这些形式它们就产生各种颜

---

① 见卢克莱修《物性论》,方书春译,第 24—25 页,商务印书馆,1981。
② 见伊壁鸠鲁《致希罗多德的信》,转引自第欧根尼·拉尔修《著名哲学家的生平和学说》,第 10 卷,第 44、54 节。

色",并随运动的变化可产生颜色的变化,如大海平静时黑沉沉,而狂风挑起则白浪滔滔。[1] 在近代洛克研讨的所谓事物的"第一性质"和"第二性质"问题上,伊壁鸠鲁学派主张原子固有形状、排列及运动等第一性质,它们又造成原子复合成的物体自身具有的颜色等第二性质。德谟克利特也主张颜色、滋味、冷热等第二性质是由原子的形状、排列、次序等"第一性质"引起的,但他否认第二性质是复合物自身固有的,而是原子射流和人的感官作用的产物,有主体感官作用的因素,因而有相对性。

德谟克利特所说的原子不可分割,它并不是数学上的抽象的"点",但他没有明确地肯定它有体积并将这种体积规定为原子的特性。伊壁鸠鲁则明确地既认为体积是原子的特性,同时也认为原子作为物体的最小要素是不可分割的、不变的。他"从可感物中类推出原子是有体积的",只是比可感物远为细小,而且有三维度的原子内含的体积是不动变、不可分割的。[2] 这就涉及一个问题,伊壁鸠鲁是否主张有体积的原子由"部分"构成,并且可被无限分割?贝利在翻译卢克莱修的《物性论》时作注解说,卢克莱修遵循伊壁鸠鲁的教导,从可感物类推出"原子乃是由一些微小部分构成的,这些部分只能作为原子的部分而存在,而不能从原子分开","离开了它们所组成的原子,就不能独立存在。所以原子是有广延的,但却没有可分开的部分:换言之,原子是完全坚实的"。[3] 贝利认为,伊壁鸠鲁说的原子有构成部分,但绝无分割可能。A. A. 朗认为,伊壁鸠鲁和德谟克利特说的原子有重要区别:后者说的原子无构成的部分,因而不可分;而前者说的不可分割的原子则有"部分",虽然在理论上和物理上都不可无限分割,但可用不同体积与部分的构成(包括"部分"的排列、次序)来解释特殊原子在形状、大小、重量方面的差异,并且克服

---

[1] 见卢克莱修《物性论》,方书春译,第 104—106 页,商务印书馆,1981。

[2] 见伊壁鸠鲁《致希罗多德的信》,转引自第欧根尼·拉尔修《著名哲学家的生平和学说》,第 10 卷,第 58—59 节。

[3] 见卢克莱修《物性论》,方书春译,第 33 页注[1],商务印书馆,1981。

了爱利亚学派的芝诺关于事物无限分割会造成的"悖论"。[①] 现代物理学已证明原子可再分割为基本粒子,但是否可无限分割的问题尚未完全解决,如"夸克禁闭"的问题还在探讨。伊壁鸠鲁提出原子作为物体的最小要素不可分但有其部分,虽还只是根据可感物类推的结论,却不失为有启发性科学价值的深刻见识。

德谟克利特说到原子有轻重之分,但他没有将重量看做原子的固有特性和运动的原因,只看做不同大小的原子在漩涡运动中的结果:极细小的原子因漩涡运动而飞扬外沿上方,较大的原子在漩涡运动中沉落中央。伊壁鸠鲁则认为,重量是原子的固有特性,并且是原子在虚空中作下落直线运动的原因,虽然他还不可能懂得地球引力是这种运动的根本原因。他认为,在无限的宇宙中无所谓上下、中外之分,但相对于某一固定参照物,仍有相对的上下之分。亚里士多德已指出重量是"自然运动的能力"[②],这对伊壁鸠鲁修正德谟克利特的观点会有影响。但亚里士多德主张重与轻的物体作下落运动时速度有快慢之分,这后来被伽利略的实验所否定。伊壁鸠鲁则已论断:原子在虚空中,若无遇到阻碍,以同等速度运动,因为虚空为最重的原子和最轻的原子准备了同样的道路。[③]这是超越亚里士多德的深刻见识。

原子永恒运动,运动是原子的本性。关于原子运动的方式,德谟克利特只说到两种,即原子直线运动(如原子的射流)和原子的碰撞振动。伊壁鸠鲁则论述原子运动有三种方式:第一种是因原子有重量而在虚空中作垂直下落的直线运动,第二种是原子脱离直线而作偏斜运动,第三种是原子的碰撞振动。后两种运动是互为因果、互相交杂的。伊壁鸠鲁

① 见朗《希腊化时代的哲学:斯多亚学派、伊壁鸠鲁学派和怀疑论学派》,第34—35页,伦敦,达克沃斯出版公司,1974.
② 亚里士多德:《论天》,307b32,载于《亚里士多德全集》。
③ 见伊壁鸠鲁《致希罗多德的信》,转引自第欧根尼·拉尔修《著名哲学家的生平和学说》,第10卷,第43、46节。

说,原子"由于碰撞产生向上或偏斜的运动"①。卢克莱修则说得更具体:原子在虚空中垂直下落,"在极不确定的时刻和极不确定的地点,它们会从它们的轨道稍稍偏斜",若无这种偏斜,原子就会像雨点那样下落无底的虚空,原子间就无冲撞,"这样自然就永远不会创造出什么东西",因为如果只有原子直线下落,就无原子撞击这种"足以引起那些产生事物的运动"。② 综合两人所说,原子碰撞振动会使其他原子的直线下落运动发生偏斜,而偏斜运动又会使原子间冲撞,原子的撞击则是原子结合生成事物的原因,也当是事物分解为自由原子的原因。伊壁鸠鲁认为,原子射流撞击感官,也是形成感觉、印象的原因。伊壁鸠鲁论原子有偏斜运动,这是他和德谟克利特的原子论的一个重要差别。马克思指出:伊壁鸠鲁的原子偏斜说"改变了原子王国的整个内部结构"③;"原子偏离直线并不是特殊的、偶然出现在伊壁鸠鲁物理学中的规定。相反,偏斜所表现的规律贯穿于整个伊壁鸠鲁哲学"④;而承认偶然"是伊壁鸠鲁占支配地位的范畴"。因为原子有偏斜运动,才有使万物生灭的原子撞击,才有原子射流撞击感官生成人的全部认识和情感的基础即感觉。另一方面,德谟克利特将原子运动看做只是由必然性支配的,因而甚至将事物的因果必然性强调到近乎宿命论的程度。伊壁鸠鲁则认为事物的原因是多样的,原子偏斜表明,事物生灭变动除必然性外,偶然性也起着重要作用,必然原因之外还有偶因,事物的性质也包括偶性,这才有丰富多彩的大千世界。他正是用强调自然事物中有自在的偶然性和多样原因,来反对用单一的必然原因与机械的必然性解释世界,更反对宗教神学用宿命论来束缚人的心灵,也反对斯多亚学派的"天命观"。还有,原子偏斜运动和人的自由意志的关系,是一个复杂的问题。伊壁鸠鲁没有留存用原

---

① 伊壁鸠鲁:《致希罗多德的信》,转引自第欧根尼·拉尔修《著名哲学家的生平和学说》,第10卷,第61节。

② 见卢克莱修《物性论》,方书春译,第74—75页,商务印书馆,1981。

③《马克思恩格斯全集》第40卷,第217页,人民出版社,1982。

④ 同上书第40卷,第214页。

子偏斜运动解释自由意志的文字。卢克莱修说到两者的关联:若无原子偏斜运动,就不能"割断命运的约束",大地上的生命物"将从何处得到这自由的意志";接着他描述这自由意志是一种心灵的偏离运动,以一种冲动力激发全部身心活动。① 福莱(David Furley)在《原子论的两个研究》中认为,卢克莱修并不是用原子偏离说明自由意志与自愿行为的特征,而是用心灵的偏离说明摆脱环境决定的控制。A. A. 朗则认为,卢克莱修是用灵魂原子的偏斜运动说明自由意志的发生。② 不论如何理解,伊壁鸠鲁学派在希腊哲学史上首次提出和必然命运相对的"自由意志"问题,颇有意义。这在他的伦理学中体现为一种不畏天命的自由精神,主张人的行为有个人选择的自主性,这在当时和斯多亚派的"天命观"相对立;在文艺复兴时期,人文主义哲学家因袭伊壁鸠鲁学派的"自由意志"说,反对基督教经院神学的思想束缚。

三 灵魂和影像及心理

伊壁鸠鲁依据原子论阐发灵魂学说,一是为了反对灵魂不灭与轮回转世说,强调"死不足畏",应保持灵魂的健全和心灵宁静;二是为了阐明人的认知和他提出的认识真理的三准则有其本体论根据。

希腊传统宗教与奥菲斯教在希腊一直盛行,灵魂不灭与轮回转世的观念一直笼罩着人们的心灵,在毕达哥拉斯派、恩培多克勒和柏拉图的哲学中更有哲理的渲染,进入希腊化时代后因社会生活的剧烈变迁和东方一些神秘宗教乃至巫术迷信的流行,更加剧了人们对死亡和死后灵魂下地狱、遭惩罚的恐惧。伊壁鸠鲁则果敢地宣称:"死亡与我们无关。因为当身体分解为其构成要素时,它就没有感觉。而对其没有感觉的东西与我

---

① 见卢克莱修《物性论》,方书春译,第 76—78 页,商务印书馆,1981。
② 见朗《希腊化时代的哲学:斯多亚学派、伊壁鸠鲁学派和怀疑论学派》,第 59—61 页,伦敦,达克沃斯出版公司,1974。

们无关。"①他的理由就是,灵魂依存于身体,两者都由特殊原子构成,身体死亡,灵魂就不复存在。生与死就是人生的极限,所以死亡与现实的人无关。

伊壁鸠鲁主张:身体和灵魂都是由物质性的原子构成的,灵魂就是身体的特殊部分,存在于整个身体构架中,它弥渗于全身,因而不会因身体某部分丧失而失去感觉能力,但要是整个身体解体,灵魂也就丧失。灵魂"由精致的原子组成",这些原子极为精微,是火、气、嘘气(希腊人常将灵魂与呼吸联系)和更精微的第四种无名元素的原子。灵魂原子通过其运动,使身体所具有的感觉的"潜能现实化"。他又说,灵魂由最光滑、最滚圆的原子组成,一部分是非理性的,散布于全身,具有感觉与喜怒哀乐的情感功能;理性的部分则留居于胸膛里。② 卢克莱修也强调灵魂是身体的一个部分,是特殊原子的有形存在,而不是后期毕达哥拉斯派所说的无形的"和谐";灵魂原子极为微小,能矫捷速动,由火、气、似风的嘘气和第四种更易动、更细致的无名原子构成。③ 这种无名原子是能激发感觉与心智活动的原子。伊壁鸠鲁主张灵魂依存身体,它本身是特殊原子构成的有形存在,生命体必定是灵魂和身体的有机结合。这种观点发展了德谟克利特的素朴唯物论的灵魂观,和柏拉图主张灵魂独存、不朽,和阿那克萨戈拉等二元论者主张灵魂(或努斯)和身体分离存在,都是相对立的。他的灵魂观和亚里士多德有所接近,两人的相似处是都主张灵魂和身体是相互关联、相互依存的。亚里士多德也认为灵魂的大部分功能,除了理智之外,都必然地和身体相关联。当然,两人也有很大差异,亚里士多德心目中的灵魂不是物质性的存在,而是生命的"形式",他用形式和质料、潜能和现实范畴论述灵魂问题,伊壁鸠鲁并未完全接受这

① 伊壁鸠鲁:《主要原理》,第 2 条,转引自第欧根尼·拉尔修《著名哲学家的生平和学说》,第 10卷,第 139 节。
② 见伊壁鸠鲁《致希罗多德的信》,转引自第欧根尼·拉尔修《著名哲学家的生平和学说》,第 10卷,第 62—66 节。
③ 见卢克莱修《物性论》,方书春译,第 135—144 页,商务印书馆,1981。

种灵魂论,而在个别地方也袭用了"潜能和现实"的范畴来表述,如说到身体本身具有感觉的"潜能",而灵魂原子的运动在感官接受外界物体的原子射流中,使这种潜能成为现实。

伊壁鸠鲁综合、发挥恩培多克勒的射流说和德谟克利特的影像说,主张产生感觉的原因是外界物体表面发射的原子射流作用于人的感官,生成真实反映外界物体的影像。他说:外界物体的表面不断流溢出原子,通过虚空以只有理性才能察知的瞬间的极快速度运动,这种连续的射流因原子自身的振动撞击感官并进入人的心灵,就造成连续的影像,将物体的"颜色和形状等本性打印"出来,它不断重复又能产生印象,这种表象"和真实存在的事物相似",所以凭借感觉以及和其他感觉"不矛盾",就能证实真实存在的事物,"真理便从这种运动中产生"。他还具体解释听觉是原子射流撞击听觉器官传达物体自身就有的声音,而不是空气发出的声音;原子射流刺激嗅觉器官才会嗅到物体自身有的气味。[①]伊壁鸠鲁的影像说对前人有更新与发展。(1)恩培多克勒说外界物体和感官都发出元素粒子射流,在外部空间相互接触、作用,再以空气为媒介而生成感觉。这种射流说并未深入到原子层次,也不直接说射流在感官中生成影像。这和伊壁鸠鲁的影像说强调原子射流在感官与心灵中直接生成感觉相比,还较为粗糙,后者更有精细的反映论特色。(2)伊壁鸠鲁的影像说强调原子射流接触、撞击感官生成各种感觉,所以在各种感觉中突出了"触觉"的基本作用,包括原子通过自身振动触击感官。因此,由原子、种子双阶复合的物体发出的射流在触击感官中形成的影像,可反映物体具有的颜色、滋味、气味、声音等"第二性质",而且可推知这些"第二性质"不是主观性的,而有更深层次的原因,即不同形状、体积和重量的原子对感官的触击。如卢克莱修说:蜜汁、奶液在口里引起愉快的味觉,因为它们由圆滑的原子构成,而苦艾令人作呕,龙胆草辛辣,有恶劣的味道,是因为构成它们

[①] 见伊壁鸠鲁《致希罗多德的信》,转引自第欧根尼·拉尔修《著名哲学家的生平和学说》,第10卷,第46—53节。

的原子弯曲带钩；令人悦目的花色和香味、刺激人的酸性酒石所造成的愉快和痛苦感受，归根到底由原子的形状决定，原子冲撞的"触觉的确是身体唯一的感觉"。[①] 而德谟克利特的影像说强调"第二性质"是原子射流和感官相互作用生成的，虽然实质上它也和原子的形状相关，但他比较看重对"第二性质"的感觉的主观因素和相对性，并不认为它们是外界物体固有的性质。(3)伊壁鸠鲁用鲜明反映论的影像说论证了感觉是认识真理的准则，非常信赖感觉，强调它是认识的出发点和检验真理的首要标准；德谟克利特则强调感觉到的事物现象有相对性和不确定性，要用理性来矫正，这种强调感觉相对性的成分，后来通过他的传人通向怀疑论，伊壁鸠鲁及其传人则一直是怀疑论的反对者。

伊壁鸠鲁认为，影像生成的感觉导致思想和情感等心理活动，全部心理活动都有其生理基础。理智活动的部位在胸腔，胸中的心智部位有更为精细的灵魂原子，在储存感觉印象中生成可记忆的表象，在理性作用中形成可储存的"先存观念"；而感觉和理性活动也会引发贯穿全身的快乐与痛苦等情感，非理性的心理活动是遍布全身的灵魂原子活动生成的。卢克莱修在《物性论》第3、4卷中都具体论述到人的心理活动有灵魂原子活动的生理基础：构成灵魂原子的"热"会使人愤怒，而灵魂原子的"气"会使人镇静安详。感觉到的影像激动心灵原子是思想的原因；各种物体的原子射流造成它们的各种"肖像"会进入人的身体，"搅动心灵的精细的本性"，这些"肖像"会错杂结合，使人在想象中会有"人面马身的怪兽的肖像"，或使人产生梦中的各种"肖像"。人的心灵中不断涌进大量的各种"肖像"，所以人能立即想象得到要想的东西。人的情欲也有外部维纳斯或美男子的"肖像"诱因和身体内部的生理要求。[②] 伊壁鸠鲁及其学派主张思想和情感等心理活动有身体中灵魂原子活动的生理基础，但并不是简单、庸俗地将这些心理活动归结为生理的物质，而是看做

[①] 见卢克莱修《物性论》，方书春译，第84—85页，商务印书馆，1981。
[②] 见同上书，第145、229—234、247—248页。

更高层次的研究对象。伊壁鸠鲁对人的理性思维的详致论述已不可见，但他在《论自然》残篇和论先存观念中已论及归纳、类推的逻辑方法，并批评仅用演绎方法不当，伊壁鸠鲁学派对理性思维必也有专门研究，而情感心理是伊壁鸠鲁的伦理学研究的主要对象。这些也是他们对德谟克利特的影像论的超越。

四　天象和神

在宗教与迷信盛行的当时，除了对死亡与死后灵魂命运的恐惧外，另一个最使人们焦虑、畏惧的心理是相信神在冥冥中控制和支配着全部自然与人生，天上的星体、地上的各种自然现象，都被说成是神主宰的，并且通过这些天象也操纵着人的各种事务与命运，所以当时占星术与巫术在东西方都很流行。伊壁鸠鲁研究自然哲学的一个重要目的是用原子论阐释天象，即宇宙、天体和各种自然现象，来消除传统宗教与迷信中神对人们的压抑，使灵魂摆脱对"神"的畏惧，获得安宁。他指出："幸福依赖于关于天象的知识"，"必须坚持主张天体运行、日食与月食、太阳的升落以及诸如此类的天体运动，无论是现在与将来，都有其自身的原因，不受其他任何东西主宰与安排"。[①] 他在《致匹索克勒的信》中专门用他的原子论具体解释了无限宇宙中无数世界的生灭，太阳、月亮和各种星体的运行轨道和各种天体现象，流星与彗星等怪异天体，云、雨、暴旋风、地震等气象，都有它们的原子运动的物质性成因。他指出，懂得这些多样的自然原因，就能将神秘主义排除出思想之外，达到心灵的宁静。马克思指出："在天体现象学说里表现了伊壁鸠鲁自然哲学的灵魂"；伊壁鸠鲁不仅与占星术斗争，也与主张理性与神支配天体永恒规律的希腊哲学家斗争。[②] 柏拉图在《蒂迈欧篇》中论述天体是世界灵魂所在，摹仿创

---

① 见伊壁鸠鲁《致希罗多德的信》，转引自第欧根尼·拉尔修《著名哲学家的生平和学说》，第10卷，第76—78节。

② 见《马克思恩格斯全集》第40卷，第237—239页，人民出版社，1982。

造者(神)的不变的运行。亚里士多德也主张天体是理智的、神圣的存在,其动因有赖于作为至善的理性神。伊壁鸠鲁的天象论无疑对当时主流哲学中理性神创造宇宙、支配天体的精致学说也是一种冲决。他将天体说成是原子的偶然复合、偶然运动,斯多亚派的宇宙观和天命观便也被驳倒了。

伊壁鸠鲁表面上不否定"神",但他采取将"神"拔高为一种至为快乐与幸福的神圣的理想化形象,而将"神"虚无化,也就否定了传统宗教中的神和理性神。他将神说成是"一个幸福和永恒的存在,自身没有不幸,也不使他物不幸;因而他不受愤怒或偏爱之情的束缚,因为这类情感只存在于弱者之中"①。这样的神,享有完全的幸福与快乐,并不干预全部自然与人生的事务,人对这种神当然不必畏惧。他的神作为自足的永恒存在,实质上不过是他的伦理宗旨即幸福与快乐、灵魂安宁的象征,是一种无形的道德原则的化身。他并不是像后来的康德那样将神局限在道德领域,要建立一种道德宗教,因为神也不干涉人的道德生活事务;他是将神改造为他的道德原则,神不仅不足畏,而且人可分有神性,像神那样生活。他说:只要奉行他的原则,"你就永远不会被醒时或梦中的妄念所扰,你就会在人们中像一尊神似地生活,因为生活在不朽的幸福之中的人,已经完全不像有死的生物了"②。他论说的"神"和希腊传统宗教中的拟人化的神灵无疑是对立的,是对后者的否定;亚里士多德的理性一神在非人格化和不干预自然运行上同伊壁鸠鲁的"神"有某种相似之处,但伊壁鸠鲁根本否认神创造、启动和干预宇宙与自然,所以他论说的神也是对柏拉图和亚里士多德的理性神的否定。实质上,伊壁鸠鲁是用将神说成是道德象征、完全不干预自然与人事的巧妙方式,主张与宣扬一种无神论。

---

① 伊壁鸠鲁:《主要原理》,第1条,转引自第欧根尼·拉尔修《著名哲学家的生平和学说》,第10卷,第139节。

② 伊壁鸠鲁:《致美诺寇的信》,转引自第欧根尼·拉尔修《著名哲学家的生平和学说》,第10卷,第134节。

塞涅卡评述伊壁鸠鲁"解除神的武装","使他丧失一切威力","把他逐出世界之外","这个神被隔绝在某堵不可逾越的高墙之外,与凡人断绝往来";"神孤零零地在我们的天空与别的天空之间那个没有生物、没有人、没有一切的空间之中"。① 塞涅卡是在抨击伊壁鸠鲁论神实质上是以隔离方式剥夺了神的一切权威与本性,是变相的无神论,而不是转达伊壁鸠鲁主张神以人格化形象生活在另一个空间或所谓世界间隙的"世外桃源"中;塞涅卡的话恰恰道出了伊壁鸠鲁的无神论的实质,不可误解为伊壁鸠鲁认为有拟人的神生活在另一个与尘世无涉的世界中,因为他认为宇宙中任何一个世界都有自然成因,都不涉及神。卢克莱修直截了当地指出,在世界的任何地区,没有神的住处。②

伊壁鸠鲁和德谟克利特相似,揭示了早先的人们和传统宗教所以会产生"神"的观念,根源于特异的"影像"。他指出:神其实"是在相似影像之流的统一中产生出来的。这个影像之流以人的面目在同一点聚集从而形成了神的观念"③;而众人所想象的诸神的拟人模样,不是真实的先存观念,而是虚妄之见。④ 但这种虚妄的神的观念的产生,也是由于自然现象作用于人的心灵产生了特异影像,甚或也导致人在睡梦中产生怪异的、似人的影像;由于对自然和怪异影像的无知与恐惧,便形成关于主宰万物、令人畏惧的神的观念,崇拜神的宗教也源于此。卢克莱修论述道:人们不理解天象循环和天空中的特异现象,便将它们归因于天上神灵的操纵,并在醒时和睡梦中凭想象拼合成许多奇异而硕大的影像,即拟人的神的形象,认为他们具有无比的威力,有永恒的生命而不朽。早先"神"的观念和宗教及其对神的崇拜,就是这样在各民族中起源和传

---

① 见塞涅卡《论善行》,转引自《马克思恩格斯全集》第40卷,第153页,人民出版社,1982。
② 见卢克莱修《物性论》,方书春译,第270页,商务印书馆,1981。
③ 伊壁鸠鲁《主要原理》,第1条,转引自第欧根尼·拉尔修《著名哲学家的生平和学说》,第10卷,第139节。
④ 见伊壁鸠鲁《致美诺寇的信》,转引自第欧根尼·拉尔修《著名哲学家的生平和学说》,第10卷,第134节。

播的。①

在希腊化早春时分，伊壁鸠鲁冲破笼罩大地的宗教迷信的沉雾，以清新的旋律，奏出一曲响彻云霄、萦绕久远的无神论凯歌。他无愧于卢克莱修对他的称颂："当人类在大地上到处悲惨地呻吟，人所共见地在宗教的重压底下"，"是一个希腊人首先敢于抬起凡人的眼睛抗拒那个恐怖"；"宗教现在就被打倒，而他的胜利就把我们凌霄举起"。② 马克思、恩格斯高度评价伊壁鸠鲁，"他是古代真正激进的启蒙者，他公开地攻击古代的宗教，如果说罗马人有过无神论，那末这种无神论就是由伊壁鸠鲁奠定的。因此卢克莱修歌颂伊壁鸠鲁是最先打倒众神和脚踹宗教的英雄；因此从普卢塔克直到路德，所有的圣师都把伊壁鸠鲁称为头号无神论哲学家"③。

第四节 以幸福与快乐为宗旨的伦理学

以原子论的自然哲学科学地理解整个宇宙的本性，消除对死亡、天象和各种神灵的恐惧，获得灵魂的宁静，这是伊壁鸠鲁建立伦理学的前提。他的新伦理学交融经验与理性，以幸福与快乐为其基本宗旨，确立一种个体本位的价值观，确认人的自然权利，并据以提出一种以契约的正义与友爱、合作为世界共同体伦理基础的社会伦理观。这种崭新的伦理学，是对城邦本位的希腊传统伦理学的挑战，是对苏格拉底以来理性主义伦理观的变革，意图为希腊化的新世界提供新的伦理规范，具有创新的启蒙意义，对后世西方近代的启蒙思想也有深远影响。

一 幸福与快乐

德谟克利特的伦理格言较晚被发现，有所争议。他没有建立系统的

---

① 见卢克莱修《物性论》，方书春译，第 333—335 页，商务印书馆，1981。
② 见同上书，第 3—4 页。
③《马克思恩格斯全集》第 3 卷，第 147 页，人民出版社，1960。

伦理理论,对"幸福"概念,只是简略地提到它是"灵魂平静"的"一种状态","不为任何恐惧、迷信或其他感情所扰"。[1] 伊壁鸠鲁则系统论述了自有特色的、与快乐的基本价值密切结合的幸福论伦理学。将他的伦理学归结为快乐主义并不全面、合适,他的快乐作为一种基本伦理价值,体现了人生追求的目的即幸福。"善"是希腊古典伦理学的最高范畴,而将现实人生的幸福视为善并确立为伦理学的最高目的,始于亚里士多德的伦理学。伊壁鸠鲁无疑受其影响,关注人的现实生活,强调幸福为伦理的最高目的;但亚里士多德将幸福归结为理智把握的德性,伊壁鸠鲁则认为德性只是达到幸福与快乐的手段,他更贴近现实人生,明快地将幸福理解为一种生活方式。他宣称,他的伦理学说就是"幸福生活的基本原则",他将"身体的和灵魂的宁静看做是生活幸福的极致";而"快乐是幸福生活的起点和终点"。[2] 和幸福联结的快乐才是真快乐,快乐也只是因和幸福紧密关联,交融感觉、理性与情感的身心状态,才体现为幸福的生活方式,成为伊壁鸠鲁伦理学的主要范畴和中心内容。

快乐和痛苦是个体的人的两种矛盾的基本情感。伊壁鸠鲁认为伦理生活是情感性的,而情感准则和感觉、先存观念准则又内在地相联系。他以情感作为判别一切善的标准,认为快乐"是最高的、天生的善",是人生和一切行为的目的,也是个人天生的本性,甚至"一切生命物一出生,出于并非理性的自然原因,就喜爱快乐、抵御痛苦"。[3] 追求快乐、避免痛苦是人的天性。他将快乐和痛苦互为关联地加以说明:快乐就是身体健康、灵魂宁静的自然状态,就是免除痛苦,"快乐的量的极限在于痛苦的消除",有快乐,身体和心灵就"都没有痛苦",这就是作为人的天性的善;而痛苦就是失落快乐,是骚乱、破坏身体与灵魂的自然状态,是恶。[4] 所

---

① 见第欧根尼·拉尔修《著名哲学家的生平和学说》,第 9 卷,第 45 节。

② 见伊壁鸠鲁《致美诺寇的信》,转引自第欧根尼·拉尔修《著名哲学家的生平和学说》,第 10 卷,第 122、128 节。

③ 见同上书,转引自第欧根尼·拉尔修《著名哲学家的生平和学说》,第 10 卷,第 128、137 节。

④ 见伊壁鸠鲁《主要原理》,第 3 条,转引自第欧根尼·拉尔修《著名哲学家的生平和学说》,第 10 卷,第 139 节。

以,对死亡、天象与神灵的恐惧是骚扰灵魂的大痛苦,了解、研究自然哲学才能享受纯净的快乐,免除恶。快乐和痛苦之间没有中间状态。但快乐和痛苦是会互相转化的,他并不将表面、暂时的快乐与痛苦等同于值得选择的善和必须避免的恶,而指出:要是有些快乐会带来更大的痛苦(如暴食致病),就得放弃,以求真正的快乐;而如若忍受一时的痛苦会带来更大的快乐,这种忍受痛苦就优于一时的快乐。他并不是无理性地指导,不予判别和选择地将一切快乐奉为生活的目的,而是将符合人的身心健全和长远利益的快乐,能实现人的幸福生活的快乐,看做最高的善。

　　伊壁鸠鲁的快乐论和先前的希腊哲学家论快乐有很大区别。智者派普罗泰戈拉也说快乐和善同一[1],他的快乐情感道德论派生自一种相对主义的感觉论;伊壁鸠鲁的快乐情感则生发于作为事物真理标准的、确实的感觉和作为理性准则的先存观念。柏拉图在后期著作《斐莱布篇》中将身体的快乐视为生命体的和谐,破坏此和谐便是痛苦,而灵魂中的快乐只是一种欲望,是只和感觉与记忆相关联的心理过程,他强调服从理性支配的快乐欲望才是真快乐。[2] 伊壁鸠鲁的快乐情感虽也与自然而正当的欲望相关联,但它自身就贯通着真正的感觉和理性。亚里士多德只说某些好的快乐有助于幸福,坏的快乐则不然,主张善在于德性;伊壁鸠鲁则主张善与幸福就在于真实的快乐,德性则是实现灵魂快乐的途径。两人的论述有区别,但也有相似、接近之处。亚里士多德在《尼各马科伦理学》中说,与他同时代的欧多克索从一切有理性和无理性的动物追求快乐这公认的经验事实,推断出快乐是善[3];而伊壁鸠鲁则将这种天生、本能的快乐,升华为伦理上"应然"的基本原则。

　　将伊壁鸠鲁的快乐论混同于享乐主义和居勒尼派的感觉论的快乐主义,则大谬不然。伊壁鸠鲁指出:他所说的快乐,并不是指有人蓄意曲解或误解的那种"放荡的快乐和肉体之乐",而是指"身体无痛苦和灵魂

---

① 见柏拉图《普罗泰戈拉篇》,351B—E,载于《柏拉图对话全集,附信札》。

② 见柏拉图《斐莱布篇》,31B—32B,33B—C,载于《柏拉图对话全集,附信札》。

③ 见亚里士多德《尼各马科伦理学》,1172b9,载于《亚里士多德全集》。

不受干扰","构成快乐生活的不是无休止的狂欢、美色、鱼肉以及其他餐桌上的佳肴,而是清晰地推理、寻求选择和避免的原因,排除那些使灵魂不得安宁的观念";只要符合自然的需要,"素淡饮食可以与美味佳肴产生同样的快乐"。[1] 他们在"花园"内就以简陋的饮食、灵魂的纯净获得真实的快乐。伊壁鸠鲁区别了两种快乐:一是运动的快乐,即身体感受到的快乐;二是静止的快乐,即心灵宁静这种精神的快乐。精神快乐比身体快乐高贵得多,心灵痛苦也甚于身体痛苦。居勒尼派奉行的快乐主义,只强调感官感受的运动的快乐,无视或轻视心灵安宁这种精神上的静止的快乐,认为身体痛苦比心灵焦虑更严酷。[2] 这种学说在行为实践上不免通向享乐主义。亚里士多德在《尼各马科伦理学》中已区别了上述运动的快乐和静止的快乐,认为快乐的"实现活动不仅运动,也可以不运动。快乐更多地是在静止中,而不是在运动中"[3]。亚里士多德对静止的快乐未具体论述,因为他将这种快乐看做是理智德性包括沉思德性带来的情感效应;伊壁鸠鲁则展开论述这种快乐,并认为它自身就包含着审慎的理智与思虑。

伊壁鸠鲁论述实现快乐而达到幸福要靠理性的指导,有审慎的思虑和正确的行为选择,应有三个互相关联的实现途径。(1)通过对自然哲学的研究与了解,"解除心灵对天象、死亡和痛苦的恐惧",并符合自然地节制欲望,就能充满快乐,免除恶。[4] 他谴责恐惧死亡危及生命安全:"人类的不明智,不,人类的疯狂,达到如此地步,以致某些人由于怕死而自己逼着自己去死"[5]。他的哲学给人以明智的快乐,充溢着对生命的热爱。(2)区别对待欲望。快乐和满足欲望相关,但并非满足一切欲望都

---

[1] 见伊壁鸠鲁《致美诺寇的信》,转引自第欧根尼·拉尔修《著名哲学家的生平和学说》,第10卷,第130—132节。
[2] 见第欧根尼·拉尔修《著名哲学家的生平和学说》,第10卷,第135—137节。
[3] 亚里士多德:《尼各马科伦理学》,1154b25,载于《亚里士多德全集》。
[4] 见伊壁鸠鲁《主要原理》,第10条,转引自第欧根尼·拉尔修《著名哲学家的生平和学说》,第10卷,第141节。
[5] 转引自《马克思恩格斯全集》第40卷,第150页,人民出版社,1982。

是真正的快乐。伊壁鸠鲁认为应区别对待三种欲望：一是自然的而又必要的欲望，如口渴时要喝水，满足它可解除痛苦，获得身体安适的快乐；二是自然的但不是必要的欲望，如要求奢侈过分的食物，满足它似乎能使快乐多样化，但不能消除甚至会产生痛苦，就不应去追求满足它；三是既非自然的又非必要的欲望，如追求荣誉、为自己塑立铜像，这是人的虚荣观念所致，不满足它不会产生痛苦，满足它也不能带来真快乐。（3）本着适合自然的目的，作正确的行为选择，这就是践履德性。他对亚里士多德的德性论有所吸取与修正。他说"最大的善是明智"，其他德性都是从此派生出来的；在明智的生活中"德行和愉快的生活已结成一体"。①他将审慎的思虑看做"生活的艺术"，用之于行为是通达快乐的最可靠的指导。选择与践履德性，就是通过审慎的思虑与取舍的量度，作符合自然目的的正确行为选择，言行一致，过明智、美好、公正的生活。但他认为，选择德性是为了实现快乐，而不是为了德性本身，犹如吃药是为了健康，德性是快乐的必要条件。亚里士多德将德性本身尊为体现善与幸福的生活目的。伊壁鸠鲁则主张快乐包含着树立德性，塞涅卡认为，就此意义而言，"伊壁鸠鲁的学说是完美而正确的"②。伊壁鸠鲁强调实现快乐要凭借自然哲学的科学态度和明智选择的德行，可见他的伦理学仍继承与发扬了希腊古典哲学中交融科学理性与人文精神的传统。

二 作为理想个体人格的哲人

从苏格拉底、柏拉图到亚里士多德的希腊古典伦理学，均持城邦本位的伦理价值观，着力培植、树立"贤人"的理想人格，寄希望于统治集团中的"贤人"实施他们设计的城邦体制伦理，实现挽救城邦危机的政治理想。进入希腊化时代后，人们虽也居住在城邦，但它已非政治实体，城

---

① 见伊壁鸠鲁《致美诺寇的信》，转引自第欧根尼·拉尔修《著名哲学家的生平和学说》，第10卷，第132节。
②《马克思恩格斯全集》第40卷，第150页，人民出版社，1982。

邦中的行政机构只是集权帝国的下属。城邦本位价值和"贤人"理想人格都因不适合时宜而消退，现实的政治存在是无数的个人面对大帝国与希腊化的大世界。如何对待两者的关系，个人如何在这种时势、境遇中安身立命，如何树立所谓理想人格的"哲人"，是当时各派哲学都着意研讨的重要问题。伊壁鸠鲁提出以幸福与快乐为宗旨的伦理学，实际上是主张个体本位的价值观，首先倡导原子式的个体在身心健全、灵魂宁静中获得个体心灵的自由，树立一种理想个体人格的"哲人"；以此为基点，提出世界共同体的政治理想。伊壁鸠鲁的个体本位的伦理，不同于近代以来作为西方主流伦理价值的个体主义。

伊壁鸠鲁说的"哲人"，就是能实现他的伦理原则的理想的、个体自由的人格，是普通平凡的个人都可以追求实现的。研习他的哲学是通达个体自由的必经之途。他说："为了获得真正的自由，你必须为哲学服务。一个献身于哲学的人，不须长久等待，他立即就会变得自由。因为为哲学服务本身就是自由。"①懂得他的哲学，就能身心健全，灵魂安宁纯净，获得心灵自由，并在处世中有正确的选择与规避，保障个人的安全。他描述的"哲人"，不是"超人"、"圣人"，而是有明智行为的凡人：他能靠理性的力量排除仇恨、嫉妒与傲慢，不做有害他人的事；他能够认识到自己的个性，且能够深思熟虑；他热爱城邦本土，严格恪守法律，也会去法庭打官司；他依靠自己的智慧获取财富，不采用不正当手段谋财；他有意志坚忍、宽容大度等优良品质，必要时全力以赴同命运抗争，不像昔尼克派以乞讨为生，也不像斯多亚派说的若双目失明就自杀，而是不退出生活舞台；他尊重友谊，不惩罚奴隶而称其为朋友；他是清醒的"独断论"者，不是优柔寡断的怀疑论者。②

伊壁鸠鲁的"哲人"人格表现了他倡导个体本位的价值观，这相对于希腊传统的城邦本位价值观是一种突破；但它和西方近代建立的自由个

---

① 转引自《马克思恩格斯全集》第40卷，第153页，人民出版社，1982。
② 见第欧根尼·拉尔修《著名哲学家的生平和学说》，第10卷，第117—123节。

体主义伦理价值观仍有根本的区别。这种价值观并非以自我为中心,宣扬个体自由至上,斤斤计较个人利益,更不是只讲个人私利的个人主义。它只是开始将伦理价值研究的重点从城邦转移到个体的人,注重研究人的自然本性与自然权利,如个体的身体健康和生命权,灵魂宁静、不受侵扰的心灵自由权,培植个性和个人行为选择自主权,在人际关系中的人身安全权等。它并不是以个人利益为基点建立个人和他人的关系,相反,是主张在社群关系中保障个人安全。他说:"在从我们的同胞们那里获得较好的安全之时,那么,在有足够能力提供支持和物质繁荣富裕的基础上,就会以最真实的方式,产生从众人中抽回的一种宁静的私人生活的安全。"①由此可见,他说的个人安全也是建立在社会群体安全和经济保障的基础之上的。他讲友爱、宽容,不做有害他人之事,主张根据自然的正义防止人们彼此伤害,都表明他的个体本位价值观仍有群体意识和利他主义色彩。

认为伊壁鸠鲁将人看做孤立的、自足的、自我中心的个人,对整个社会和人类采取否定的态度,他的"哲人"和社会群体隔离,体现了他是在消极地逃避现实世界,这种看法也并不符合他的思想实际。他的思想不是"出世"的,而是"入世"的。从他描述"哲人"形象可见,哲人并不是离群索居的隐士,而是仍积极参与公共活动的世俗之人。塞涅卡确实地记述道,伊壁鸠鲁派和斯多亚派指出达到心灵宁静的不同途径:"伊壁鸠鲁说:'哲人不关心国家大事,除非发生什么特殊情况'","芝诺说:'哲人要关心国家大事,除非有什么情况阻碍他。'一个由于内在的动机而力求达到宁静,另一个则由于[外在的]原因"。② 伊壁鸠鲁和芝诺生活于同时代,都面对一个文明转型的动荡世界。伊壁鸠鲁没有参与当时跌宕起落的政治事件,出于维护个体安全的"内在动机"而规避血雨腥风的动乱,

---

① 伊壁鸠鲁:《主要原理》,第14条,转引自第欧根尼·拉尔修《著名哲学家的生平和学说》,第10卷,第143节。

② 见塞涅卡《论哲人的宁静》,转引自《马克思恩格斯全集》第40卷,第154页,人民出版社,1982。

所以对这类"国家大事"不予关心,除非它们危及个人安全。但他对天下大事并非漠不关心,不是像怀疑论派皮罗式的"不动心"。面对希腊化的新世界,他从个体本位的伦理价值出发,思索为建立世界共同体新秩序提供伦理基础,他的论正义和友爱的政治伦理,就是从他的哲学的"内在动机"出发,构建一种美好的"乌托邦"。而斯多亚派则适应希腊化王权帝国的外在现实,用顺应自然的天命观来解释它、维护它。

三 正义、友爱和社会契约

伊壁鸠鲁肯定人的主体性,以积极入世的态度,根据他的谋求幸福的个体伦理,又建立了一种立足于他的正义观和友爱观的社会伦理,提出了一种最早萌发社会契约思想的社会观与社会理想。

柏拉图主张正义理念就是城邦社会等级集团各安其分内职责,并据此建立他的理想国。和这种绝对、集权的正义观完全不同,伊壁鸠鲁强调正义是自然地形成的个体的安全与幸福,这是他立论自然正义的基点。他说:"自然的正义是一种彼此有利的协定,它制止一个人侵害他人,又保护他不受他人侵害。"[1]正义的确立是为了保障个体安全而自然地在约定中产生的。他认为正义是对一切人相同、对社会关系有用的社会德性,是形成社会、建立国家的基础与基本伦理原则。正义不是抽象不变的绝对理念,它是人们为避免彼此伤害、保障安全互利而约定的一种社会契约。他指出:"从来没有一种绝对的正义,只有一种人们在相互交往中形成的防止相互伤害的协定,无论何时何地,只要人们有防止相互伤害的协定,就有了正义。"对于不能或不愿订立这种契约的生命体或群体而言,就无所谓正义问题:"不能互相订立契约以防止彼此伤害的动物,无所谓正义、不正义。既不能也不愿订立互利契约的部落也是如此。"已订立的这种契约具有社会约束力,普遍适用,又是可变的。"一个

---

[1] 伊壁鸠鲁:《主要原理》,第31条,转引自第欧根尼·拉尔修《著名哲学家的生平和学说》,第10卷,第150节。

偷偷地违背社会契约的任何条款的人,要确信他不会被发现是不可能的,即使他已经逃脱了千百次";"一般说来,正义对所有的人都是同样的,就在于它是在人们交往中互利的协定。而在特定场合和条件下,它却随环境的变化而变化"。① 伊壁鸠鲁的这种正义即社会契约论,实质上就是主张社会共同体应建立在保障个体安全与个体间互利的基础上,而社会契约又是个体在结成社会中自然、历史地形成的。他虽然没有像近代西方的霍布斯、洛克、卢梭那样具体论述原初的人们从自然状态通过缔结契约过渡到文明社会,但从他说到原始部落不能、不愿订立契约,可以看出他也将社会契约理解为人类文明进化的产物。

伊壁鸠鲁认为,法律是体现契约性正义的制度,也是约定的,且是可变的,当它不再为国人带来好处时,就不再是正义的法律,而应另立新法。是否有利于人们交往,结成社会共同体,这是判别正义和法律合适与否的标准。他说:"一件事情一旦被约定的法律宣布为正义的,并被证明有利于人们的交往","它就是正义的事情";要是法律肯定一件事情,它却不利于人们的交往,它就"不是正义的"。法律只在一定的时段同约定中形成的"正义"先存观念相适应。在环境未变化时,如果法律在实际执行中同"正义"先存观念不符,此法律就是不正义的。社会情势会变化,人们的"正义"先存观念也会变化,法律也要变化。原来有利于"公民间相互交往"的正义的法律,因环境变迁,不再有利于这种交往,也就不再符合有所变动的"正义"观念,就应修订。② 他否认有绝对的正义理念和亘古不变的法律,也没有自然法思想。

伊壁鸠鲁的理想社会,是建立在友爱与社会合作基础上的安定和平的世界共同体。亚里士多德强调友爱德性是建立稳固的城邦社会的伦理基础。伊壁鸠鲁则认为友爱德性是实现幸福与快乐的重要途径,也是

① 见伊壁鸠鲁《主要原理》,第 33、32、35、36 条,转引自第欧根尼·拉尔修《著名哲学家的生平和学说》,第 10 卷,第 150—152 节。
② 见同上书,第 37、38 条,转引自第欧根尼·拉尔修《著名哲学家的生平和学说》,第 10 卷,第 151—153 节。

建立互利合作的世界大家庭的伦理基础。他说:"在智慧所提供的保证终生幸福的各种手段中,最为重要的是获得友谊","在我们有限制的生活条件中,没有什么像友谊那样能增进我们的安全"。① 友爱就是要爱他人如同爱自己,它是理性指导的美好情感,能确保生活中稳定持久的幸福与快乐。他指出,友爱是不朽的善,并用诗意的语言叙述:友爱飞旋出世界的圆舞,向我们宣告,我们应为获享幸福而激励我们自己。伊壁鸠鲁承认世上所有个人都平等地具有获得幸福与快乐的自然权利,都有追求心灵自由的本性,因而各民族也是平等的,他们可以实现互利交往的普遍正义,凭借友爱的纽带结成世界大家庭。奥伊诺安达的第欧根尼记述了伊壁鸠鲁学派的世界共同体理想:"地球上每个不同民族有不同的出生地,但是在大地上的这整个世界对每个人来说乃是一个出生地,世界一家。"②从希腊化时代各派哲学到康德,再到现当代思想家,有各种类型的"世界主义"。伊壁鸠鲁学派在希腊化开初之时,首次以素朴的语言,论述了正义、平等、友爱、合作的大同世界的理想,虽是乌托邦,却表达了那个时代广大平民的美好愿望。

伊壁鸠鲁的社会契约思想,认为社会与国家不是出于神意与天命,而是以自然个人为基础,在以契约保障安全、协调人们的利益关系中自然形成的。这在当时是杰出的启蒙思想,是对希腊历史急剧演变的反思,也是对希腊化世界寄寓了一种纯朴的理想。马克思、恩格斯指出,"国家起源于人们相互间的契约,起源于社会契约,这一观点就是伊壁鸠鲁最先提出来的"③。这对西方近代启蒙思想中的社会契约论有一定的影响。

---

① 见伊壁鸠鲁《主要原理》,第 27、28 条,转引自第欧根尼•拉尔修《著名哲学家的生平和学说》,第 10 卷,第 148 节。

② "奥伊诺安达的第欧根尼残篇",25.2.3—11,转引自朗、塞德莱编《希腊化时代的哲学家》,第 133 页,剑桥,剑桥大学出版社,1987。

③《马克思恩格斯全集》第 3 卷,第 147 页,人民出版社,1960。

第五节　卢克莱修的《物性论》

伊壁鸠鲁学说通过传人梅特罗多洛、阿波罗多洛、菲罗德谟等人,持续延伸入罗马时代,一直到 4 世纪。罗马共和时代末期的卢克莱修用拉丁文所写的哲学诗篇 6 卷本《物性论》,是唯一完整保留下来的伊壁鸠鲁学派的著作。他继承、发展了希腊素朴唯物主义的科学思想,详致阐发了伊壁鸠鲁的原子论自然哲学及其伦理宗旨,犀利地批判宗教,宣传无神论,并论述社会进化、社会契约思想,对在罗马文明中传扬伊壁鸠鲁主义起着重要作用。

卢克莱修(Lucretius)的准确生卒年月不详,他大约生活于公元前94—前 44 年,比耶稣约早半个世纪。对他的生平活动也无记载。当时罗马征服迦太基的布匿战争已结束,罗马已成为整个地中海的主人。而罗马国内处于社会矛盾尖锐、从共和制向帝制过渡、内战频仍的动荡时期,斯巴达克奴隶大起义,凯撒、庞培、克拉苏"前三头"的结盟与火并,屋大维、安东尼、雷比达"后三头"的结盟与火并,都发生在这一时期。战争和盛行宗教迷信造成的恐惧,使罗马民众甚至上层贵族处于绝望之中。而当时希腊哲学与文化已传入罗马,伊壁鸠鲁的学说在罗马也有所影响,卢克莱修撰写《物性论》,就是要将它献给罗马政治家、已信奉伊壁鸠鲁主义并赞护文化艺术的明米佑。他期望通过传扬给人们带来光明与希望的伊壁鸠鲁学说,"让全世界各地一切战争的野蛮行为都停息下来","来为罗马的人争取和平"。①

用诗体表达哲理,原来就是从爱利亚学派到恩培多克勒的南意大利哲学的传统风格。卢克莱修倾毕生心血,用六音步、无脚韵文体写了优美的哲学长诗《物性论》(*De rerum natura*,拉丁文原义也可译为"论自然"),共 6 卷,7 000 余行,写到描述公元前 430 年雅典大瘟疫的凄惨境

---

① 见卢克莱修《物性论》,方书春译,第 2—3 页,商务印书馆,1981(以下所引此书均为此版本)。

况时戛然而止,未最终完成,表明他去世前仍在致力于这一崇高的学术事业。这部长诗是在他去世后不久发表的。它主要阐发了伊壁鸠鲁的自然哲学及其伦理宗旨,就当时的历史背景来看,也通过反宗教、反神灵主宰世界的谎言,深寓反暴力战争、反蒙昧主义与求和平、求文明进步、求幸福的政治含义。在这一意义上,尼古拉斯(James H. Nicolas)甚至将卢克莱修的这部长诗理解为"伊壁鸠鲁学派的政治哲学"①。马克思赞扬卢克莱修是"朝气蓬勃的、大胆的、富有诗意的世界主宰者",说他唱出了"勇敢的、雷鸣般的诗歌","是一位真正的罗马史诗诗人"。②

卢克莱修对伊壁鸠鲁极为崇敬,在《物性论》的每卷的序诗中都表达了对他的敬仰之情,赞颂他在"黑暗中高高举起如此明亮的火炬","最先照亮了生命的幸福目标";"他这个天才智慧高高地超出全人类的人","由于他那些在古代已极著名的神圣的发现,他的荣名今天仍然备受崇敬"。③ 比较卢克莱修的《物性论》和留存的伊壁鸠鲁的三封信及《主要原理》,可以看出卢克莱修忠实地阐发了伊壁鸠鲁的自然哲学,虽然他未专论伊壁鸠鲁的准则学和伦理学,但也将它们体现在论证这种自然哲学的方法与伦理宗旨之中,所以在伊壁鸠鲁学派的原著大多未能保存的情况下,卢克莱修的《物性论》成为后世了解与研究伊壁鸠鲁派学说的珍贵文献。卢克莱修阐发伊壁鸠鲁的自然哲学要义的内容这里不再重复。卢克莱修距伊壁鸠鲁约 300 余年,其间历经整个希腊化文明的历史过程,历史的变迁和新的科学认识自然会体现在卢克莱修的著作中。这里仅简要评述卢克莱修的《物性论》阐发伊壁鸠鲁的学说在四方面有新充实的内容。

---

① 尼古拉斯:《伊壁鸠鲁学派的政治哲学——卢克莱修的〈物性论〉》,第 13 页,依泰卡,康奈尔大学出版社,1976。
② 见《马克思恩格斯全集》第 40 卷,第 111、123 页,人民出版社,1982。
③ 见卢克莱修《物性论》,第 130、185、351 页。

一　对先前希腊自然哲学的批评和综合性吸取

伊壁鸠鲁只是宣述自己的学理,无视或不论评先前的自然哲学,甚至不谈他的学说和德谟克利特的原子论的关系。卢克莱修着眼于弘扬伊壁鸠鲁的学说,不仅点出它和德谟克利特学说的渊源关系,而且对先前希腊的自然哲学有论评与吸取,从而丰富、突出了伊壁鸠鲁的学说。马克思对此予以肯定,"值得称许的是用伊壁鸠鲁的观点对从前的自然哲学家所作的中肯批评。它之所以值得研究,是因为它巧妙地将伊壁鸠鲁学说的特点提到最重要的地位"①。卢克莱修并未使用"原子"这个词,而是使用"种子"、"始基"(本原)、"基本物质"、"原始物体"、"原初物体"等范畴,其含义和德谟克利特、伊壁鸠鲁使用的"原子"一致,但也使他便于论评与吸取先前的自然哲学。

他对斯多亚学派极为推崇并从中吸取思想养料的赫拉克利特学说提出尖锐的批评,认为赫拉克利特主张火为宇宙本原,"远远地离开了真正的推理",因为"单一而纯粹的火"不能解释事物的多样性;而否认虚空,不承认无中不能生有,只讲变灭,就否定了物体的稳定性,也否定了感觉的可靠性。② 他对恩培多克勒这位西西里的传奇哲学家比较称许,说"他神圣的心胸唱出了崇高的音乐诉说着那些光辉的发现,使得他几乎不象是一个凡人"。但也批评他的四元素说否认虚空、不能说明运动,对物体的可分性没有规定极限就会使有归于无,用互相敌对、毒害的元素不能说明元素结合、生成万物及其秩序。③ 他对阿那克萨戈拉的种子说也提出了类似的批评,并且指出:说有无限多样的事物就有相应多样的种子,不能说明事物的变化;说一切都混合着一切种子,事物的质的规定性由占优势成分的种子决定,这既不合真正的推理,也和经验观察的

---

① 《马克思恩格斯全集》第 40 卷,第 112 页,人民出版社,1982。
② 见卢克莱修《物性论》,第 34—38 页。
③ 见同上书,第 38—44 页。

事实不符,如磨碎谷粒并不见有微小血滴(血种子的显现)。他论述无限的宇宙有无限的原子在运动中结合与分离,无数个世界在经历生成与灭亡,人类生活的世界也是自然形成的,不是神为了人类而创造的;由此,他批判柏拉图的宇宙创造论,认为毫无理由相信是在神心中有"用来创造世界的模型,以及人的样子的原型概念",然后才有神创的世界;自然原本蛮荒的"巨大的缺点"也表明这世界并非神为人创造,而是人类"为了生活而去呻吟流汗",以劳动开发了这原本荒芜的世界。①

卢克莱修在用伊壁鸠鲁的原子论阐释自然事物的性质时,实际上也吸纳了早期希腊自然哲学的一些内容。他解释物质的多样性,认为各种物体都"由互相混合的种子而存在",他也将种子解释为由不同形状的原子结合生成的、具有物体性质的最小单元,实际上这是吸取了阿那克萨戈拉的种子说,但他强调种子不是混乱的结合,而是按一定规律发生的。② 他论述物质的粒子结构,采纳了恩培多克勒的粒子孔道结构的说法,只是用原子取代"元素"粒子,指出"既然种子(即原子——引者)是彼此不同,所以必定也有不同的间隔和孔道,联结和重量,撞击、冲突和运动",从而将全部自然事物区别开来。他用粒子从物体表面的流溢和感官的孔道结构来说明各种感觉的发生,说明磁石吸铁等自然现象;他还采纳了恩培多克勒关于生物适者生存的素朴进化思想,说大地曾产生过许多怪异的动物,因不适合生存,"自然禁止它们的增长",于是被淘汰,而适合者保存下来或得到人类的保护。③ 他解释无数原子在混沌中生成世界,更是综合采用早期希腊自然哲学的宇宙论,以土、火、水、气与以太粒子的各自运动说明天、地、星体、海洋与陆地的形成,只是用原子的"新的风暴"取代"漩涡运动"。

---

① 见卢克莱修《物性论》,第 271—273 页。
② 见同上书,第 100—102 页。
③ 见同上书,第 103、315、409—414 页。

二 新科学思想

卢克莱修对希腊化时期的科学思想有所吸取,根据经验观察和真实推理,在更细致阐释原子论的自然哲学中,有合理、超前的科学假设或猜测。

在希腊古典时代近300年科学知识丰富积累的基础上,希腊化文明在约300年间科学思想有重大进展。科学知识系统化,并且有许多重大的科学创新与发现,形成较为深刻、精致的学科理论建构;科学理性与科学创新精神在希腊化文明中放射出夺目的异彩。当时,自然科学的一些基本学科如天文学、数学、地理、物理学、生理学与医学已呈现相对独立于哲学的趋向,专业科学家已不再是哲学家,他们的科学成就彪炳于科学史册。欧几里德的杰作《几何原本》集希腊古典数学之大成,建构了宏大严整的几何定理公理化系统。数学和天文学紧密结合的数理天文学正在萌发。约公元前310年生于小亚细亚萨摩斯岛的阿里斯塔库,早在哥白尼之前1 800多年提出地球绕太阳转动的天才假说,并用几何学方法测算出地球和太阳、地球和月亮的相对距离。希帕库在天文学中融入球面三角学的新数学方法,计算行星在天穹球面的运动,创立了本轮-均轮天球体系的宇宙模型,成为后来托勒密建立天球体系学说的基础。希腊化时代最伟大的数学家和物理学家阿基米德被誉为"古代的牛顿",他开始用精确的数学方法研究力学定理,发现杠杆的平衡原理,留下"给我支点,我可以撬动地球"的名言,他是力学包括流体静力学的奠立者。生理学、医学突破了以往人体解剖的禁区(托勒密王朝提供已判死刑的犯人供人体解剖),赫罗菲拉解剖了人的眼、脑、神经及多种内脏器官,他认为思维器官是大脑,而不是亚里士多德主张的心脏;医生埃拉西斯特拉塔强调以自然原因解释生理现象,精细地解剖了人体的多种器官,已放弃希波克拉底的体液说,形成人体系统新陈代谢的思想。

从以上希腊化时期科学思想深化发展的背景来看,卢克莱修的《物性论》并没有直接了解、概括、升华上述科学创新成果,使伊壁鸠鲁学派的自然哲学处于当时的科学前沿地位。这一方面是因为当时自然科学的发展已游离于哲学,自然科学的重心在小亚细亚和亚历山大里亚;另一方面是因为伊壁鸠鲁学派的自然哲学服务于伦理宗旨,不注重研究当时科学思想的前沿问题,只要原子论的自然哲学能清除宗教迷雾、净化灵魂,使人获得快乐与幸福,就达到了其哲学的目的。但希腊化时期科学思想的重大进展,必定也已传进罗马,在社会上有所表现,间接地影响了卢克莱修的《物性论》,他对此有所吸取,同时他更为细致、严谨地运用经验观察与推理论证的方法,深化、发展了原子论的自然哲学,甚至提出一些颇有价值的科学立论。

卢克莱修论述原子运动造成万物的生灭变动,纳入力学意义的解释。他指出:"当物质的〔距离、路线、联系、重量、撞击、〕冲突、运动、次序、结构、形状等等方面有所改变的时候,事物本身也必定同样起变化。"[1]事物的性质和变化不只是原子的形状、次序与排列所致,而且和力学意义的运动方式、状态相关,这种解释超越了德谟克利特和伊壁鸠鲁。

卢克莱修认为,宇宙包括原子与虚空都是无限的,无所谓中心与外沿之分,只是相对于某个参照物体而言有此区分。原子由于重量的本性作向下运动,因原子碰撞而向上运动是出于偶然。他据此批判斯多亚派的"向心"说的"错误理论",即世界由向心力维系,任何事物的运动都朝向大地中心,向心力也使诸星体围绕地球中心作圆周运动。卢克莱修和斯多亚派都运用"重力"概念,却作出了不同的宇宙论解释。卢克莱修主张宇宙无限性,批评斯多亚派利用"向心力"论证有限宇宙的地心说,这是对的。斯多亚派用"向心力"(类似如今说的引力)来说明天体的圆形运行轨道,并说从地球的一面看另一面,"一切生物都是头脚倒置地行走着",这一面是白天,另一面是黑夜,但卢克莱修将这些合理的见解都斥为空洞的幻想、歪曲的推理。[2] 他还认为太阳与月亮就像人肉眼看上去

---

① 卢克莱修:《物性论》,第120页。
② 见同上书,第57—59页。

的那样大小,是很小的天体。这些都表明他不知道当时天文学的研究成果,表现了他的经验论的局限性,甚至有倒退回早期伊奥尼亚自然哲学思想之处。

卢克莱修描述原子运动有因重量下落、偏斜和互相碰撞振动这三种形式。他根据光线中可见许多尘埃微粒"不停地互相撞击",类推出物体内部的原子及其构成的物体最小微粒(似分子)也在不停地作互相撞击的运动,所以此物体看来"完全静止",而其实内部的原子与物体最小微粒在永恒运动,且是互相冲撞的骚动。这可谓对物质内部有基本粒子运动和分子"布朗运动"的最早科学猜测。他还猜测,原子在虚空中运动,比光线放射"必定是有更大的速度",并且在同样的时间里"所冲过的地区一定来得更广大"。[①] 现代量子物理学证明,原子与基本粒子的运动速度是极为快速的。

卢克莱修认为,物质及其运动都是无限的,但其总量是无增减、守恒不变的。他说:

> 物质的总库也不曾是比现在更拥挤,也不曾是比现在更空疏:因为既没有什么给它以增添,也没有什么东西从它取走,因此,正如它们今天的运动一样,原初物体在太古也有这样的运动,并且此后也将永远有这样的运动。而往昔惯于被产生出来的东西,此后也将按同样的规律被产生出来,〔而存在〕而长大而壮健有力,按照自然的法则对于每一物所规定的。没有什么力量能改变万物的总量,因为在宇宙外面没有什么东西存在,可以让任何种物质离开世界而跑往那里,或让一种新鲜的补充能从它那里涌出来,而冲进这个已建好了的世界,改变物的整个本性,更改它们的运动。[②]

他推论物质及其运动总量守恒,根据是无中不能生有、有不能变为无这条原理;而这"有"(存在,即运动着的原子与虚空)又是无限的,无限的宇

---

① 见卢克莱修《物性论》,第 67—71 页。
② 同上书,第 79 页。

宙没有界外,不可能有界外的东西使无限宇宙的物质及其运动增加或消失,无限宇宙中具体物质的生灭只是物种或物质形态的变化和运动量的转移,物质及其运动的总量却是守恒不变的。虽然这只是从哲学原理推论出的科学假说,尚无科学实验的证明,但它和近代物理学以实验证实的物质和能量守恒定律一致,确属难能可贵。

他认为原子自身没有颜色,只有不同的形状和原子间不同方式的组合,而"颜色是由光的撞击而产生,没有这种撞击这些颜色就不能生成";事物在光线的不同照耀下会变化,"孔雀的彩尾浴在大量的光线里面,转来转去时同样也引起颜色的变化"。[1] 这种猜测和现代物理学用物体对光谱的吸收与反射解释颜色,也较接近。他指出,颜色、声音、气味、冷热的感觉都不是原子自身具有的,而是不同形式与运动方式、状态不同的原子撞击感官而生成的。这样解释事物的第二性质,比伊壁鸠鲁认为第二性质是物体微粒自身固有的要合理,也避免了德谟克利特较多强调的对第二性质的感觉的相对性,不致通向怀疑论。

卢克莱修不同意德谟克利特所说的灵魂原子和身体原子一对一地彼此叠置,认为更小、较少的灵魂原子稀疏地散布全身,激起产生感觉的运动;还认为灵魂原子受骚扰也会引致疾病,严重的如癫痫。这种对神经元和神经疾病的粗朴解释,吸取了当时人体生理解剖和医学思想的成果。他还用光学上的镜像反射来说明影像(肖像)如何产生各种感觉和意愿、情欲等心理活动,较早从物理与生理角度研究了心理现象。[2] 而卢克莱修解释父母因爱情结合所生的子女,其特征或像父亲,或像母亲,或综合父母双方特征时,已萌生遗传学思想:这取决于发育成子女的混精种子中占优势的是父亲的种子或母亲的种子,或两者相等的和谐。他还指出,子女像祖父母的隔代遗传是因为父母保留着许多隐藏的祖先的原初物体。[3]

---

[1] 见卢克莱修《物性论》,第 105—108 页。

[2] 见同上书,第 149、155、205、238、248 页。

[3] 见同上书,第 257—258 页。

卢克莱修运用原子论对自然现象作了细致的观察、分析,常常提出多种可能原因的解释,不是只武断一种原因,这也是以一种科学的态度,在未完全证实前,先提出多种可能的假设。例如,他指出星辰的运动或者由于其内部的火,或者由于外部气流推动;雷电发生可能由于云彼此相撞击驱逐出火种子,或因禁闭于云中的风旋转、打击使云燃烧;而雷电能熔化铜之类的物体,是因为雷电的火以高速度击中金属原子的连接锁链使它们松开成液体,所以雷电根本不是神震怒的标志。他分析地震也有多种可能的自然成因:大地构造下部巨洞的陷崩,地下飓风的狂烈冲击,地洞中被禁闭的空气猛然上冲爆发而撕裂大地。总之,他认为解释自然"单单提出一个原因是不够的,我们必须举出许多的原因。其中之一将会是正确的"。①

三　犀利、深刻地批判宗教,宣扬科学无神论思想

卢克莱修写《物性论》的目的就是要批判宗教及相关的迷信,希冀将人们从宗教"暴主"的重压下解放出来,以求心灵安宁与人类的和平、幸福。他的批判比伊壁鸠鲁更鲜明、更深入。

他指责"恶臭的宗教"不仅将人们的"灵魂污染",而且"更常地孵育了人们的罪恶的亵渎的行为",招致战争、残杀、恐怖等种种野蛮罪行,使人类在大地上到处悲惨地呻吟,并且用特洛伊战争中阿伽门农的女儿在新婚时被杀用以献祭来佐证古代宗教之残忍。② 他表面上也和伊壁鸠鲁一样,认为神不能为心灵的智力所见,过着与世无争的宁静生活,不干预自然与人世。实际上,他更鲜明地指出:神根本不居存于世界上的任何地方,传统宗教中的神怪只是人们心灵中受袭的"影像"拼合成的类似人面马身的"肖像";真正的人间之"神"是富有智慧、教导真理的哲人,所以他称颂表征"真理之庄严"的伊壁鸠鲁,说"他就是一个神",认为他比古

---

① 见卢克莱修《物性论》,第 295、357—373、383—387、393 页。
② 见同上书,第 3、6—7、99、124 页。

代传说中诸神的功绩更伟大。① 卢克莱修以大量的论述阐释宇宙和世界的生成与毁灭都因原子运动的自然规律,不是神灵的设计与创造,不由神灵主宰与支配,并用原子论的科学思想解释种种所谓"奇迹",指出它们不过是异常的自然现象。他停笔前还在探究雅典大瘟疫,指出这种灾祸是一些致病和致死的坏种子从空中落下、毒化大地造成的。他说一些"可怜的人"不能理解自然事物自身的发生与存在,就将它们归因于神的"全能",就"被抛回古老的宗教里面,而再次接受那些严酷的主宰"。② 卢克莱修批驳了神创论和神主宰世界说,这不仅是针对传统宗教,也是批判当时的主流哲学斯多亚派的天命观。

卢克莱修揭示了宗教产生的认识与心理根源:(1)因对自然伟力的无知而恐惧。人类常常带着惊惶的心情看待发生于天地之间的暴风等现象,不能理解其自然的成因,就引起对神灵的恐惧,使人们的心灵自觉卑下。对于原因的无知迫使人们把一切事物归于神灵的操纵,并承认他们的至高无上的统治。(2)对死亡后命运的恐惧。人们不理解死亡是自然现象,死后人的灵魂不复存在。有人就编造出死后入地狱受笞刑、烙铁片、火炬烧身等种种可怖景象,其实这些刑罚"全都是这个人世间所有的",正是"这个人世间一种无稽的对神的恐惧威吓着人们",害怕"神"这个"挂在空中的巨石"会落下"恶运"。他指出某些坏人是恐惧"对恶行的公正的报应和赎罪",他们的"生命实在才是地面上的地狱"。③ 可见,卢克莱修剖示神灵崇拜与宗教心理的根源是颇为深刻的。

卢克莱修更深入地揭露了宗教产生与传播的社会根由和社会后果。他指出:对死亡的恐惧总是伴随着不幸的人们,他们生活困苦、颠沛流亡,"带着丑恶的罪名受着各种悲苦",他们"在悲惨的境况中更悲切地求助于宗教";而有些人利用对死亡的恐惧和宗教,追求荣誉与贪婪,干违法勾当,爬上"权力的峰顶","用同胞的血来为自己积累好运"、"增殖自

---

① 见卢克莱修《物性论》,第 262—263 页。
② 见同上书,第 354 页。
③ 见同上书,第 181—184 页。

己的财富",他们"是死尸的堆集者","用残酷的大笑对待一个亲弟兄的凄惨的葬仪"。[1] 他又指出:宗教的传播与流行是在人类文明形成、社会进化后,是在财产、黄金和帝王出现后,黄金与权位助长野心,在追求统治权中杀帝王或破坏公共约定使社会陷入彻底的混乱,也使一些人恐惧掩藏着的罪行,他们拜神是想要免除惩罚。也正是在这种社会背景中,宗教盛行,"神灵的神威遍布在许多伟大的民族中间,使城市充满了许多神坛"。而宗教信仰的盛行又带来许多不幸的后果,为人们"造成多少的呻吟"、"多少的创伤",为"子孙造成多少眼泪"。[2] 卢克莱修对宗教的社会批判是超越前人的。

四　文明起源和社会进化思想

卢克莱修认为,人类生活于其中的世界像其他无数个世界一样不受什么神灵主宰,自然地经历从生成到毁灭的过程,大地上的各类物种也都是自然地生成、进化的。大地的生命物最初是从泥土、雨水和太阳的热中生成的。先是生长出许多植物;后从湿、热的大地"子宫"里生成、养育出各种动物,适者生存,怪异的动物被淘汰。多种适宜的条件使许多生物得以借生育代代传承,根据自然规律保持各自具有的特征。大地也生育了人类,所以人们称大地为"母亲"。人类原初处于野蛮时期,栖身于树林山洞,以采集果实、追猎野兽为生,也常被野兽吞食或因饥饿等恶劣条件死于非命,没有生命安全保障。男女混交结合,没有家庭。这种"野蛮"状态,比后来霍布斯、卢梭设想的早期人类所处的"自然状态"还要原始而真实。

卢克莱修认为,人类进入文明状态的标志是由"一个女人和一个男人结合"的对偶婚而形成家庭,语言的产生,火的获得与利用。有了茅舍、皮毛等基本生活条件才有家庭,它使人类规范地生育与延续后代,并在以家

[1] 见卢克莱修《物性论》,第 132—133 页。
[2] 见同上书,第 330—333、335 页。

庭为单位的群体生活中形成"愿意不再损害别人也不受人损害"、强者和弱者互助的信约。语言标志事物,表达与交流人们的感觉、概念与情感,它不是某个人创造或人们约定的,而是在表达事物与事实中自然地形成的。闪电最先为人类带来火,智慧的人用火改变了原始的生活方式,不仅有熟食等良好的生活条件,更用火熔化金属、炼制工具,耕作土地,发展出纺织等各种技艺,使人类生活得到很大改善,从野蛮进入文明状态。① 普罗泰戈拉靠神话与传达神意来喻说远古蛮荒人向文明的进化,卢克莱修的论述则更切近历史的真实,并有社会契约的思想萌芽。并且,卢克莱修已认识到,生产工具的改进是社会进化的重要标志。人类最初的工具只有石头与树木,后来用铜制的工具从事土地耕作并有铜的武器,当时铜"最有价值","金因为毫无用处而受轻视"。② 之后铁器取代了铜器,大大增强了人的能力,纺织等各种技艺都是铁发现后发达起来的。

他又指出:人们因生活改善与安全庇护需要建立城堡,早先首领或王者根据人的体力与能力把牲畜和田地分给各人,后来私人财产出现,黄金的价值被发现,一切都"听从富人的指挥",人们对财富和权位的占有欲导致激烈的争斗和杀伐,"帝王头上那种如此庄严的王冠,不久就染上血污而躺在庶民脚底",在追求统治权中"一切就陷入彻底的混乱"。于是为恢复公共生活的平静,制定了大家同意遵守的法典与法规,宗教与神威也因此在人们战栗的畏惧中树立与盛行。人们早先纯朴的生活与价值观念改变了,草床与兽皮受到鄙视,人们开始追求紫袍和黄金,安宁的生活被溅满血的战争取代,人的生命充满忧苦焦虑,占有的欲望"一步一步地把人类一直带到了大海深渊,并且从深深的水底把巨大的战争的浪潮激扬起来"。文明的进化和战争的灾难似乎是同时并进的:城邦在发展,盟约在制定,诗歌、绘画、雕塑等艺术在创作与繁荣,理性会将一切美好的东西"引进到人类面前",使它们"升

---

① 见卢克莱修《物性论》,第 325—326、339、344—345 页。
② 见同上书,第 340 页。

举到光辉的境界"。① 卢克莱修深刻地揭露了人类社会进化中因对财富与权力的占有欲而迭有战争的苦难,但他对人类文明的前景仍表现了乐观的态度。

卢克莱修认为,人类生存的这个世界还年轻,文明进步才获得开端,技艺仍在改进与发展,许多新的设计正在增进,艺术在创造,伊壁鸠鲁哲学揭示了万物本性,人们才开始真实地认识世界,而他自己才是第一个用罗马"祖国的语言"说出这种真理的人。② 他展望世界和人类文明有长远的发展前景。当时,罗马帝国通过一系列征战,已征服迦太基,大体并吞了希腊化世界,实力已很强盛,并且将从共和制转向帝制,进入又一个兴盛时期。所以马克思说:"他歌颂罗马精神的实体"③。

卢克莱修的成就是继承、发展了伊壁鸠鲁的学说,特别是发扬了它的科学无神论思想,使将宗教连根拔去的伊壁鸠鲁派哲学得以在罗马时代约 4 个世纪中仍颇有影响,甚至成为传入罗马帝国的基督教的主要对手。《圣经》记述保罗到雅典传教时,就有许多伊壁鸠鲁派的学士们"与他争论"④。在晚期希腊与罗马哲学中,只有伊壁鸠鲁学派以原子论与无神论真正公然地进攻世界的宗教,对后来近代西方的科学启蒙与无神论思想的生发有深远影响。

---

① 见卢克莱修《物性论》,第 330—333、348—350 页。
② 见同上书,第 281 页。
③《马克思恩格斯全集》第 40 卷,第 123 页,人民出版社,1982。
④《新约全书·使徒行传》,第 17 章,第 18 节。

第十四章　斯多亚学派

　　斯多亚学派哲学是晚期希腊与罗马哲学中最重要的一个哲学流派。它在希腊化文明开初之时几乎和伊壁鸠鲁学派同时产生,广泛流行,持续传播,直至 4 世纪,存在长达 600 余年。它在希腊化和罗马文明中都是官方支持的主导思想,比较典型地体现了帝国型集权奴隶制时代的基本文化精神。这一学派的代表人物历来和上层统治集团关系密切,他们的学说为取代城邦制的希腊化世界和罗马世界的帝国统治提供理论支柱,对两个阶段性文明的社会秩序和各种文化都起有支配性的重要影响。

　　斯多亚学派的早期阶段为公元前 3 世纪,以雅典为中心奠立基本学说;公元前 2—前 1 世纪为中期阶段,正处在希腊化末期和罗马文明交接处,学说有所修变并带有浓重的折中色彩,进入罗马帝国后在上层统治集团和知识界影响广泛;罗马帝制时期的晚期斯多亚派学说更变成完全伦理化的宫廷哲学。这个学派的创始人都来自东方小亚细亚地区,所建立的学说有东西方文化交融的特色。这种哲学由逻辑学、自然哲学和伦理学三部分构成,也以伦理学为目的与主旨。它从早期希腊哲学主要是赫拉克利特的火为本原说和宇宙演化观中吸取了某些思想,又吸取、改造小苏格拉底学派中昔尼克学派(犬儒派)的思想,而更重在回溯、发挥苏格拉底哲学,并有所修变地吸纳柏拉图和亚里士多德的某些思想,同时为适应希腊化文明和罗马文明的需要,建立了一种自有特色的新哲学体系。它的总体特征是:对希腊理性主义与人文精神传统有所承袭和嬗变,强调自然、理性(逻各斯)和神的同一性,又宣扬一种人顺应自然的天命论;倡导理性神,又在现实生活中服从东西方流行的多神宗教;适应希腊化与罗马帝国大世界集权统治的需要,既肯定个人自我保存、自然人性、培植德性,更重在建树大世界的社会伦理秩序,形成自然主义伦理和世界主义政治的学说。

斯多亚学派在当时是一种所谓的"独断论"哲学。它的基本思路和以强调感觉为首要准则、以快乐与幸福为伦理宗旨的伊壁鸠鲁学说这种"独断论"哲学是对立的,它对否认一切感觉与理智的真理、在悬置一切判断中求得心灵宁静的怀疑论哲学也采取尖锐的批判态度。客观、历史地说,未经修正的柏拉图与亚里士多德哲学,特别是他们的伦理学与政治哲学,以城邦为本位,已不适应"个人-帝国大世界"二元格局的现实形势;而柏拉图、亚里士多德后的学园派和漫步学派恪守旧说,并无创新,甚至被怀疑论侵蚀或有浓重的折中主义色彩;伊壁鸠鲁哲学毕竟难以被统治集团奉为社会主导思想。在这种情势下,斯多亚派哲学不失为最能体现希腊化和罗马文明之时代精神的主流哲学,因而它能盛行 600 余年,几乎渗透到社会秩序、意识形态和科学文化的方方面面。斯多亚派哲学是晚期希腊与罗马哲学演进的相当重要的环节,它对新柏拉图主义的产生以及基督教哲学与神学的建立都有直接影响,对后世西方哲学特别是伦理学有深远影响。所以,对斯多亚学派在西方哲学史上的地位应予以重视,应深入探究它的学说。

第一节　斯多亚学派的产生、演变与源流

斯多亚学派在希腊化文明开初之时如何应运而生,逐渐形成完整的思想体系;它在纵贯两个文明时代中如何延伸,它的学说又如何演变;如

何看待这种哲学和早先及当时一些哲学的关系，这些都是我们首先要从总体上大体把握的。

一 斯多亚学派的创立

斯多亚学派创始人芝诺（Zeno，约前 333—约前 262）原是小亚细亚塞浦路斯岛西第乌姆的闪族人，是一位商人的儿子。父亲经常去雅典，给年少的芝诺带来许多关于苏格拉底的书，使芝诺自幼受苏格拉底思想的熏陶。他子承父业经商，22 岁时带一批紫袍从腓尼基航海去皮拉埃乌斯，途中遇海难，便登岸去了雅典，在一家书店呆下来。他研读古典作品，读了色诺芬的《回忆录》后异常兴奋，向人询问何处可找到像苏格拉底那样的人，正好著名的犬儒派人物克拉底路过书店，书商就指着他说："跟着那个人去吧！"从此他就成了克拉底的学生。在师从克拉底时期，年轻的芝诺写过一篇题为《国家篇》的著作，已引人注目，它接受了昔尼克学派的一些影响。但早就深为羡敬苏格拉底的芝诺，对昔尼克派犬儒式恬不知耻的生活方式终究难以完全接受，他又转向研修麦加拉学派的哲学与逻辑，他对此派的著名逻辑学家第奥多罗、菲罗以及哲学家斯提尔波很尊崇，经常和他们一起研讨辩证法问题，克拉底想强行将芝诺拽回去也已无效。麦加拉学派的哲学与逻辑学对早期斯多亚派学说很有影响。后来芝诺又转向研究柏拉图的学说，和老学园第三任主持人波勒谟（Polemo）过从甚密，从中获益良多。[①] 没有留存文献记述他和吕克昂学园漫步学派人物的交往，但从他的思想也深受亚里士多德哲学与逻辑学的影响来看，他对亚里士多德和漫步学派人物如塞奥弗拉斯特等的著述也必定有研修，其中包括亚里士多德有所总结的早期希腊自然哲学，特别是赫拉克利特的学说。

经过在雅典约 10 年的多方学习，芝诺在 30 余岁时，即约公元前

[①] 见第欧根尼·拉尔修《著名哲学家的生平和学说》，第 7 卷，第 1—35 节有关记述。

301—前300年之际,建立了自己的学派。他常在有彩绘的柱廊里踱步讲论,并在此举办了著名的学校,希腊文的"柱廊"为"斯多亚"(stoa),因此这一学派就一直被称为"斯多亚学派",其创立只比伊壁鸠鲁学派迟约4—5年。"柱廊"因有希腊古典文明时代著名画家波吕格诺托斯的彩色绘画而闻名,它位于古代雅典市中心的大市场一边,离卫城不远,可见不少公共建筑,这和伊壁鸠鲁学派坐落于僻静的"花园"不同。芝诺奠立了斯多亚派学说的基本内容,聚门生、播学理,声誉日隆,在上层统治集团中也颇受尊重。马其顿国王安提戈诺对他青睐有加,来雅典时听他的课,他成为安提戈诺的顾问与朋友,并获得后者的财力支持;他年高时还应邀派培尔赛乌等门生代表他去马其顿宫廷讲学。他以72岁高龄于公元前261或前262年去世。雅典人专门通过法令,立碑赞扬他是言行一致、务求"恢复德性与节制"的"善人",并赠予金冠,为其树立青铜雕像。后人说他"建立起一个伟大的新学派"。[①] 第欧根尼·拉尔修记述了他留下的19种著述的题目,如《论遵照自然的生活》、《论整个世界》、《共相》、《论符号》、《修辞学手册》、《论责任》、《论法律》、《伦理学》、《论荷马问题》(5卷)等,可惜均未留传下来。

芝诺奠定了构成斯多亚派哲学的三部分的基本学理,但还是比较粗糙的,较早的著作仍包含昔尼克学派的粗鄙地顺应"自然"的生活方式论和鄙弃社会文明的观点,往往被别的学派所抨击。如他在《国家篇》中主张:只有良善之人才是真正的公民、朋友,无智慧的父母和儿女之间是敌人,无美德的亲友皆是陌异之人;禁止在城市中修建庙宇、法庭和体育场,无需货币,男人与女人应穿同样的衣服;等等。后继的斯多亚学派成员也不满于这些偏激的言论,如掌管帕加马图书馆的阿塞诺多鲁就将这些段落删掉了。[②] 芝诺有许多杰出的门生,如注重伦理学的开俄斯人阿里斯通(Ariston)、注重知识与行为研究的迦太基人赫里鲁斯(Herillus)

---

① 见第欧根尼·拉尔修《著名哲学家的生平和学说》,第7卷,第6—13、29节。
② 见同上书,第7卷,第32—35节。

等,而真正对确立、发展早期斯多亚派哲学起重要作用的是都来自小亚细亚的克莱安塞和克律西普。

第二代传人克莱安塞(Cleanthenes,前331—前232)来自小亚细亚的阿索斯,是芝诺的亲授弟子。他以勤勉闻名,以挑水和论辩锻炼顽强的毅力,刻苦学习与实践芝诺的教导,阐发芝诺的学说,得以继芝诺成为学派的领袖。他以热烈的情感颂扬神,使芝诺的自然哲学与伦理学神学化。他因患病禁食而死。他写有关于逻辑学、自然哲学和伦理学方面的49种著述,在当时传承了芝诺学说并强化了其神学色彩,但也未保存下来,保留最完整的残篇是他写的《宙斯颂》。

第三代领袖克律西普(Chrysippus,前280—前206)将芝诺学说系统地发展,作全面的阐发与精确的逻辑论证,著作多达705种,对斯多亚派哲学形成完整的理论体系和广为传播贡献甚大,被看做该学派的第二创始人。他来自小亚细亚的梭里或塔索斯,是克莱安塞的学生,对哲学的各分支领域都有深入研究,探究辩证法尤为出众。他提纯、澄析与发展了芝诺的学说,将早期斯多亚派的哲学系统化,成就了一个完整的哲学体系。他特别在发展斯多亚派逻辑学方面有许多创新。第欧根尼·拉尔修记述了他留下的大量著作的题目,其中关于逻辑学的著作就有31部,包括词项和概念、各种命题与句式、三段论式、假言推理等命题逻辑和悖论等多种逻辑主题,从中可见他对亚里士多德和麦加拉学派的逻辑学说是很熟悉的。他写的伦理学著作和逻辑学紧密结合,也相当多。他还去老学园研究哲学,吸取阿尔凯西劳等学园派成员的一些研究方法。漫步学派的名人、塞奥弗拉斯特的学生德米特里乌说:"克律西普第一个敢于在吕克昂学园的露天广场开设讲座",可见当时雅典各哲学学派很有论争与交流的风气。伊壁鸠鲁为表明自己思想的原创性,著述不借助引文;克律西普学识广博,著作中大量引经据典。① 他的著作残篇大多保存于斯多亚派论争对手为论辩目的的引文中,虽不长,仍可见这位哲学

---

① 见第欧根尼·拉尔修《著名哲学家的生平和学说》,第7卷,第179—181、183、189—202节。

家的思辨深度。总之,没有克律西普,就没有斯多亚派哲学。后来的斯多亚派学者将他奉为早期斯多亚派哲学的正统代表。

二　斯多亚学派的历史演变

自公元前 3 世纪下半叶后,斯多亚派哲学在与伊壁鸠鲁学派以及以阿尔凯西劳和卡尼阿德为代表的已染有怀疑论色彩的中期学园派的激烈论争中稳固自身。学园派、伊壁鸠鲁学派对芝诺和克律西普的知识论、天命观以及一些不切合希腊化社会现实生活的伦理观点(有些属昔尼克派或闪族思想的影响)有所批判。而因斯多亚派哲学既在某种程度上综合吸取了希腊早期与古典时代的传统哲学思想,又创新出最适合希腊化世界生活现实和王朝统治、确立社会秩序需要的理论,所以统治集团对它最为扶持,它的势力与影响在东西方都很大。在各派论争中为克服自身的弱点、免受抨击,也为更好地适应变化着的希腊化世界,斯多亚派逐渐修正自身的哲学。如此派的第五代传人塔索斯人安提珀特(Antipater)已因卡尼阿德的批评,开始修正斯多亚派的伦理学,接受了卡尼阿德的"自然利益"观,强调运用正确理性选择自然利益的道德价值。至公元前 2 世纪下半叶,罗马帝国已控制了希腊化世界的大部分,处在希腊化文明转型为罗马文明之时,罗马大量引进希腊文化,斯多亚派哲学随着进入罗马新世界也有明显的修正与演变,形成中期斯多亚派哲学。

中期斯多亚学派更多地接受柏拉图与亚里士多德哲学的影响,注重调谐罗马世界的各种伦理关系,对早期斯多亚派的逻辑学和自然哲学也有修正。它的代表有两人,即帕奈提乌和波西多纽。罗得岛人帕奈提乌是安提珀特的继承人,他发展了斯多亚派哲学的生活实践方面,西塞罗的《论责任》就根据他的论述所写,提供了一种作为普通人行为准则的所谓"第二种最好的"伦理体系。他和罗马高层统治者西庇阿兄弟很熟,他的学说对晚期罗马共和国的社会政治与文化颇有影响。这时,斯多亚派哲学在地中海世界已有一些中心。波西多纽原是叙利亚的一个古都阿帕密（Apamea）人，去雅典师从帕奈提乌后，在罗得岛建立了一所学校。西塞罗于公元前79—前77年访问罗得岛时曾听过他的课，对他一直十分钦敬；西塞罗在将许多希腊哲学与文化引进罗马帝国时，哲学上的一个主要内容与倾向是斯多亚派哲学。波西多纽是博学之士，也从事历史与地理研究工作。他摒弃克律西普的关于认知与心理的理论，采用了柏拉图将灵魂分为三部分的论说；他也修正了斯多亚派的伦理学，使其适合罗马帝国的生活现实；在哲学与科学的一般学说上，他和早期斯多亚派也不同，更为密切地和亚里士多德的论说相关联。波西多纽是最后一个尚存早期斯多亚学派思想气息的哲学家，克律西普的权威思想对中期斯多亚学派仍有较强的影响。帕奈提乌和波西多纽也无完整的著作留存，只能根据后来著作家的引文和概述来了解与研究他们。

总之，公元前2世纪中叶至前1世纪处在希腊化文明晚期和罗马共和制后期，中期斯多亚派将他们的哲学传入罗马，受到罗马统治阶层的欢迎。这种哲学有进一步嬗变的特征：它糅合了早期斯多亚派哲学和柏拉图与亚里士多德的思想、学园派中的怀疑论、毕达哥拉斯派哲学，折中色彩浓重；它迎合了希腊化世界和罗马的各种流行宗教，神学内容更为斑驳错杂；它强化、修正了伦理学以适应罗马帝国世界的现实，介入罗马的政治活动，渲染符合贵族生活方式的德性观。作为体现时代基本文化精神的哲学与伦理，斯多亚学派也就成为沟通、连接希腊化文明和罗马文明的一个重要环节。

罗马帝国由共和制转变为帝制，在公元1、2世纪进入"黄金时期"与"白银时期"的全盛，晚期斯多亚派（也称罗马斯多亚派）哲学也在罗马帝国世界最为盛行，实际上成为"官方哲学"。首任元首（实即皇帝）奥古斯都的两位教师都是斯多亚派哲学家，斯多亚派哲学成为奥古斯都重建社会伦理秩序、整顿社会道德风气的理论指导。斯多亚派哲学活跃于宫廷，流行于贵族，深入民众各阶层，传播范围甚广，在罗马文明中占有重要的理论地位。罗马斯多亚派哲学在一定程度上保留了希腊哲学的理性主义，但它不像希腊哲学注重思辨，而是注重于社会实际的运用。它不再重视研究传统斯多亚哲学的逻辑学、知识论、自然哲学,而是突出地专注于研究适合罗马世界的伦理学,探究社会伦理与道德规范,在伦理学中集中体现罗马文明的基本文化精神。在论及天命与灵魂的哲学原理上,它已和克律西普的权威思想完全脱离,柏拉图化的倾向愈益强烈。伦理学与神学更加密切结合,将罗马多神教巧妙地融合进来,包容在它的哲学外衣之内,和罗马传统的宗教信仰、生活方式相协调。晚期斯多亚派哲学为罗马帝国的法制、政制提供了社会伦理根据,为社会秩序提供了精神支柱,它的道德学说对于调和社会矛盾、维系帝国社会基础起有重要作用,它对罗马帝国各种文化形式包括罗马法的发展也有深刻的思想影响。

　　罗马斯多亚派哲学的主要代表人物有三个:暴君尼禄的老师和大臣、后被赐死的塞涅卡;被释放的奴隶,又被放逐希腊西北山区、终生办校讲学的爱比克泰德;"御座上的哲学家"、罗马皇帝马可·奥勒留。他们用拉丁文写的著作大多被完整地保存下来。西塞罗在先已着手将斯多亚主义改造成为罗马帝国政治法律统治之伦理基础;塞涅卡和爱比克泰德将斯多亚主义进一步演变为罗马帝制鼎盛时代调和社会矛盾、维护社会体制和道德秩序的伦理根据;公元 2 世纪末叶,罗马帝国已兵荒马乱、动荡不安,呈衰败之势,马可·奥勒留的斯多亚主义已散发出宿命论的悲凉气息,表明它已无力发展自身以疗救江河日下的罗马帝国。晚期斯多亚派哲学的主流地位在 3 世纪后逐渐被兴起的新柏拉图主义所取代,而其"柏拉图化"的精神实质也被包容在这希腊与罗马的最后一个哲学体系之中,后融入基督教哲学的精神之中。

三　斯多亚派哲学的范围与源流

　　斯多亚派的哲学体系由三个部分构成。克律西普等学派中人将它比喻为"一只动物,逻辑学对应骨骼和肌肉,伦理学对应血肉部分,物理学(即自然哲学)对应灵魂";他们又将它比喻为一个"鸡蛋":"外壳是逻辑学,其次是蛋白,而处于中心的蛋黄是物理学";他们还将它比喻为一片"肥沃的土地":"逻辑学是环绕周围的篱笆,伦理学是庄稼,物理学是土壤或树木"。① 三部分内在地联为一体,伦理学为中心与目的。这和伊壁鸠鲁哲学体系中的准则学、自然哲学与伦理学三部分有某种相似性,但内涵很不相同。斯多亚派在古代最早使用"逻辑"(Logike)一词,其逻辑学突出理性的主导作用来研究认识真理的准则,包含认识论和关于存在的范畴学说,是认知世界与人生的基本准则;又包含另两个分支,就是互相关联的修辞学和辩证法。修辞学研究词项、句式、文体等,和逻辑相关,研究公众演说、法庭辩论和颂文等,都涉及应用逻辑;他们的"辩证法"和亚里士多德的"辩证法"含义相近,是研究语义分析和正确思维形式结构的"逻辑"。斯多亚派的物理学则贯穿着自然、理性和神统一的天命论。它注重思辨而非经验观察,包括对全部自然事物(无生命物、生命物)、灵魂和神的研究。伦理学最重要,因哲学就是智慧的实践,它突出了希腊化与罗马帝国世界的社会伦理建构和相应的德性论。这些和伊壁鸠鲁哲学体系是相异、相对立的,所以两个学派一直有激烈的争论。斯多亚派哲学的三部分内在地联结为一体,逻辑学和物理学蕴有基本的伦理含义,服从于伦理学,而伦理学也靠前两者支撑与论证。

斯多亚派哲学是比较适应希腊化和罗马文明时代社会生活现实的新学说,但它不是无源之水突然迸创出来的,也不是简单回复到先前某种希腊哲学,它和东西方文化密切交融相关,更是综合、吸取早期希腊哲学和希腊古典哲学的多种成分,形成了一种独特的、切合现实需要的思想体系。它是希腊古典哲学经由新柏拉图主义到中世纪基督教哲学的重要中介环节。

早期斯多亚派无疑受昔尼克派的直接思想影响,宣扬禁欲主义和鄙弃文明的生活方式。昔尼克派的第欧根尼认为,一个人无需财产、金钱、社会地位等任何东西,只要依据自然生活,在身心上严格禁欲自律,甚至过原始人和动物的生活,就能实现自身存在的合理性和自由。他虽最早

---

① 见第欧根尼·拉尔修《著名哲学家的生平和学说》,第7卷,第40节。

提出世界即国家的"世界主义"，但粗鄙地倡导这世界共同体应共妻、共子女，并说像一些"异国习俗"，"吃人肉也没有什么不敬"。[①] 芝诺的《国家篇》就有较浓重的昔尼克派思想因素，主张在大世界共同体中共妻，废除货币、庙宇、婚姻等。克律西普在他的《国家篇》中也主张，允许母亲和儿女间通婚、性交，允许吃死人的尸体，说看看野兽和低等动物的行为，就可知道这没有什么不自然。[②] 这些普通人难以接受的观点，后来被斯多亚派学者所拒绝，渐而消退了。而昔尼克派的顺应自然、禁欲思想与世界主义，在斯多亚派哲学中一直有深深的思想烙印。

　　早期斯多亚派哲学的自然观吸取了早期希腊自然哲学中的元素论思想，而又突出地接受了赫拉克利特主张火为本原和火的燃烧造成自然物质循环演变的思想，从而论证了有素朴唯物论色彩的泛神论和天道循环的学说。早期斯多亚派哲学的一元论主张宇宙是"一"、"存在的统一"，显然又可见秉承爱利亚哲学传统的麦加拉学派的思想；而斯多亚派的逻辑学包括其创新的命题逻辑和对悖论的研究，很大程度上是从麦加拉学派的逻辑学发展而来的。

　　苏格拉底是斯多亚派的楷模哲人，斯多亚派有"回到苏格拉底"的强烈倾向，他们对苏格拉底多有溢美之词。苏格拉底的理神论思想和理性主义的道德学说，对斯多亚派哲学有最深重的影响。斯多亚派哲学主张神与理性、自然统一，从本体论和伦理学角度论述了最高范畴"善"，也强调美德在于知识，善人即有智慧之人，其德性论的基调是苏格拉底式的。当然，他们的德性论已不是城邦本位的，而被改造为一种适合希腊化与罗马帝国现实的"世界公民"的道德规范学说。从继承、发挥苏格拉底学说出发，中、晚期的斯多亚派更专注于伦理学并使之柏拉图化，这也是顺理成章的。

　　早期斯多亚派和学园派、漫步学派多有交锋和交流，他们对柏拉图

---

① 见第欧根尼·拉尔修《著名哲学家的生平和学说》，第 6 卷，第 72—73 节。
② 见同上书，第 6 卷，第 188—189 节；朗、塞德莱编《希腊化时代的哲学家》，第 430—431 页，剑桥，剑桥大学出版社，1987。

和亚里士多德的学说无疑是熟悉的。这两位希腊古典文明中最杰出的哲学大师的博大精深的学说,对斯多亚派哲学的影响是深沉的,多有显现、贯穿始终。如柏拉图后期宇宙创造论中的"创造者"、"世界灵魂"等思想,都被斯多亚派的神创宇宙说所吸收;他们要将苏格拉底的伦理思想扩大化,用以建立帝国大世界社会体制的伦理基础,后来就更倚重柏拉图的社会伦理包括体制伦理思想。亚里士多德的学说对伊壁鸠鲁哲学有所影响,而在早期斯多亚派哲学中更多见其思想的影子,如逻辑学中关于存在的"范畴"说和"辩证法",对词项、命题、三段论式、辩谬和修辞学的应用逻辑的论述,自然哲学中的物种阶梯说,以及德性论中强调实践智慧的内容等。罗马时代的斯特拉波(Strabo)说,亚里士多德的弟子塞奥弗拉斯特去世后,他委托的奈莱乌(Neleus)将亚里士多德的手稿藏在小亚细亚帕加马附近的城镇斯开普雪,奈莱乌去世后,为安全起见又将这些著作藏在一个地窖里,直到公元前 1 世纪初叶才被发现与编纂。仅根据这个故事推断亚里士多德的著作与思想约两个世纪被埋没、不为人知,这是不确切的。在塞奥弗拉斯特生前和去世后,希腊未必只有一个被藏的、完整的亚里士多德的稿本,吕克昂学园在公元前 3 世纪中叶才趋衰微,漫步学派仍在讲述亚里士多德的思想,仅从伊壁鸠鲁和早期斯多亚派的著作残篇,就可见亚里士多德哲学对希腊化时代的哲学有承前启后的深刻影响,哲学思想史演进链条的这个重要环节并未断落。自策勒以来,一些西方学者重视研究亚里士多德和希腊化时代哲学包括早、中期斯多亚派哲学的思想关系,这是很有学术价值的问题。[①]

由上可知,斯多亚派哲学作为迎合希腊化与罗马帝国大世界的新学说,综合了先前哲学的许多思想成分,并没有脱离希腊哲学思想演进的内在逻辑。只有将它放在和先前及同时代的各种哲学的相承、相逆的思想关系中考察,才能深入地理解这种在希腊化与罗马时代具有最长久的

---

① 见朗《希腊化时代的哲学:斯多亚学派、伊壁鸠鲁学派和怀疑论学派》,第 9—10、112 页,伦敦,达克沃斯出版公司,1974。

生命力和持续影响的哲学。

四　史料和研究成果

罗马帝国的西塞罗和罗马斯多亚派代表塞涅卡、爱比克泰德、马可·奥勒留用拉丁文写的著作大多被完整地保存下来,后文论述这些专人思想时再分别介绍。其中某些著作已译成中文出版。早、中期斯多亚派哲学家用希腊文写的大量著作因战乱沧桑,已丧失殆尽,只能从少数残篇和第二手史料了解与研究,这是难处所在。20 世纪初叶德国学者阿尼姆汇编的 4 卷德文本《早期斯多亚学派残篇》,包含了从芝诺到安提珀特的丰富资料。英文的有关资料书则有 A. A. 朗、塞德莱编《希腊化时代的哲学家》,桑特尔斯编《亚里士多德之后的希腊与罗马哲学》,英沃特(B. Inwood)、吉尔生(L. P. Gerson)编《希腊化时代的哲学:导读资料》,这三部书中收集了较多的关于早期斯多亚派哲学的资料。关于中期斯多亚派哲学家,则有一些西方学者汇编的专人残篇资料。

早、中期斯多亚派哲学的资料来源,大体有四种:

第一种是草纸中发现的原著残篇。如赫尔库莱奈姆(Herculaneum)草纸有少数克律西普的著述残篇,受损,已被复原。还有和爱比克泰德同时代的亚历山大里亚的斯多亚派学者希罗克勒(Hierocles)保存下来的早期斯多亚派哲学原著《伦理学基础》(*Foundation of Ethics*)的一些有价值的残篇。

第二种是古代著作家以引文形式保存的早、中期斯多亚派哲学家的原著残篇。如较重要的克莱安塞用六音步韵文写的《宙斯颂》。较多被引用的克律西普的原著残篇出自普卢塔克的《论斯多亚学派的矛盾》(*De Stoicorum repugnantiis*),伽仑在讨论灵魂的功能的著作中也引用了克律西普和波西多纽的原文。西塞罗、第欧根尼·拉尔修、斯托拜乌等一些著作家都以编纂形式(不专指个人学说)保存了关于早、中期斯多亚派哲学论述的材料。2 世纪,亚里士多德的注释者阿佛罗狄西亚的亚历山大在《论命运》中收集了较多的资料,也不指明属于哪位哲学家。

第三种是第二手的报道。如盖里乌斯(Aulus Gellius)记述道:"芝诺主张快乐是不动心,就是说,某种既非好又非坏的东西,他以希腊词adiaphoron表述这一观点。"上述古代著作家也有此类报道,另外,塞克斯都·恩披里柯、亚历山大里亚的克莱门特、辛普里丘的著作中也有不少此类报道。

第四种是不点人名也不点明"斯多亚派"而实质上是记述斯多亚派哲学学说的,如西塞罗的《论目的》对斯多亚派伦理学的主要原理有重要的概述,从上下文中有时可推断有关思想属于克律西普。亚历山大里亚的斐洛的著作也是研究斯多亚派哲学的重要资料来源,他力图调谐犹太教教义和他吸取的柏拉图、亚里士多德、斯多亚派的哲学思想,斯多亚派中对他影响最深的或许是小亚细亚的波西多纽。早在公元前1世纪,概述斯多亚派哲学的读物流行,奥古斯都的老师爱利乌斯·第迪摩斯(Arius Didymus)就是此种书的作者,第欧根尼·拉尔修概述的早、中期斯多亚派的哲学要义,很可能就是根据他写的书和此类其他书写的。

关于西方学者研究斯多亚学派的成果,除了前面提到过的策勒、A. A. 朗等人所写的希腊化、罗马时代哲学的断代史著作外,专门研究斯多亚学派的较有影响的专著有:里斯特著《斯多亚学派的哲学》,希克斯著《斯多亚学派和伊壁鸠鲁学派》,克里斯坦森(J. Christensen)著《论斯多亚学派哲学的统一性》,麦特(Benson Mate)著《斯多亚学派的逻辑学》,萨姆伯斯基著《斯多亚学派的物理学》,阿诺德(E. V. Arnold)著《罗马斯多亚主义》。A. A. 朗编的文集《斯多亚主义的问题》(伦敦,1971)收入了一些关于探究成果的论文。中国学者对罗马斯多亚学派的专人研究也有成果,如杨适著《爱比克泰德》,张静蓉著《超凡脱俗的个体自觉:塞涅卡伦理思想研究》。

第二节　早期斯多亚学派的逻辑学

早期斯多亚学派从芝诺创立到安提珀特,历经约150年,形成了包括逻辑学、物理学和伦理学三个部分的较完整的思想体系。它处于希腊化文明兴盛时代,有自身不同于其他哲学的特色,也不同于中期斯多亚派开始柏拉图化、开始进入并适应罗马社会的特点,更不同于罗马斯多亚派完全伦理化并迎合罗马帝制由盛趋衰时期稳固社会秩序的需要。早期斯多亚派的学说是一种复杂的思想综合体,主张逻辑学与物理学探讨的科学知识是必不可少的基础与条件,服从于树立伦理学的中心与目的。其中,理性主义精神与逻辑思想得到发展,并有素朴唯物主义认识论与泛神论自然观思想,强调个人有适度的自由并应顺应"自然",从而发展出一种理智色彩浓重的德性论,并有自然法思想萌芽,提出"世界城邦"的政治理想。同时,这种学说又宣扬天命观、理性神和传统多神教的调和以及调和理性与情感的道德。在当时诸派哲学中,它最能体现希腊化文明的基本文化精神。早期斯多亚学派的著作大都已佚失,所留存的后人的各种残篇往往记述整个学派的思想,而不指名专门记述个人的思想,但芝诺和克律西普显然是这些思想的主要代表。

早期斯多亚学派在西方哲学史上最早使用"逻辑学"一词,但它不只是指如今理解的研究思维形式结构的学科,而有更开阔的含义。他们很看重赫拉克利特哲学,接过其"逻各斯"(logos)范畴(既指万物及其变化的本性与规律,也指语言与思想),将它演变为标示一个哲学的重要组成部分的"逻辑学"(logic)。"逻辑"意味着一切生成与变化的存在事物的本性、原因和思想、话语的相应一致,语言与思想是自然的,必定和自然现象一致,和人顺应自然的伦理秩序、道德行为一致。所以,同物理学、伦理学内在关联的逻辑学有存在论的哲学根据,它本身兼有认识论、语言哲学与研究思维形式的狭义逻辑学的意义。这和亚里士多德主张逻辑学和形而上学有内在联系,是比较切近的。对早期斯多亚学派的"逻辑学"思想要有全面的了解和研究。A. A. 朗指出:斯多亚派哲学有本质上的统一性,不能只局限于一个层面。① 逻辑学史家麦特和威廉·涅尔、玛莎·涅尔都明畅地论述了斯多亚派逻辑学的形式方面,但他们对斯多亚派所建构的"逻辑学"主题及其在完整的哲学体系中的地位,没有提供一种全面的说明。② 大约从克律西普以来,学派中人将"逻辑学部分划分为修辞学和辩证法两门学科"③,两者都有其特殊含义。

斯多亚派说的"辩证法"是"通过问答来正确讨论主题的知识","是一门关于真、假和非真非假的知识"。它是一种认知的准则,发现真理的方法。辩证法家是一位"哲人"。这种辩证法在某种意义上回复了苏格拉底的辩证法,但又开阔了其存在论与认识论含义。它和柏拉图的作为知识最高等级后又成为研究普遍哲学范畴并揭示"实在"(理念)本性的辩证法并不相同,而就辩证法也涉及存在的本性而言,两者有表面相似之处;但早期斯多亚派反对柏拉图的先验的理念论,A. A. 朗说他们在研究事物本性这个根本点上一样④,这并不妥切。斯多亚派的"辩证法"比较接近于亚里士多德在《论题篇》中的主张:辩证法的"本性就是考察,内含有通向一切探索方法的本原之路"⑤,它是一种语义分析的逻辑;斯多亚派的"辩证法"包容了较系统的知识论内容,并将语言哲学思想和狭义逻辑学的语义分析、形式结构分析有机结合,更发展出命题逻辑,这又是超越亚里士多德的。他们将修辞学"理解为对普通话语所表达的事物进行良好陈述的知识",认为"一切事物通过借助语言的研究而被直觉到,有自然科学和伦理学领域的事物……关于这两类事物的归于德性名下的语言学的研究,一者思索每一事物是什么,另一者思索它被言说什

---

① 见朗《希腊化时代的哲学:斯多亚学派、伊壁鸠鲁学派和怀疑论学派》,第 121 页,伦敦,达克沃斯出版公司,1974。
② 见麦特《斯多亚学派的逻辑学》,贝克莱和洛杉矶,加利福尼亚大学出版社,1953;威廉·涅尔、玛莎·涅尔《逻辑学的发展》,张家龙、洪汉鼎译,第 3 章,商务印书馆,1985。
③ 第欧根尼·拉尔修:《著名哲学家的生平和学说》,第 7 卷,第 41 节。
④ 见朗《希腊化时代的哲学:斯多亚学派、伊壁鸠鲁学派和怀疑论学派》,第 122 页,伦敦,达克沃斯出版公司,1974。
⑤ 亚里士多德:《论题篇》,101a20—b4,载于《亚里士多德全集》。

么"。① 他们的修辞学也是"如何良好言说的知识"②。语言、存在事物及其一致关系都是斯多亚派的"辩证法"的主题。斯多亚派的修辞学是广义的逻辑学的分支，不是单纯的语言理论，而是包含着语言哲学与逻辑思想。

对早期斯多亚派的逻辑学，可以分别从以下三方面论述。

一　知识论

克律西普认为辩证法的两大论题是"被指称的事物和用来指称的东西(符号)"③。他们并不将"被指称的事物"限于孤立语词与陈述的意义，他们的辩证法"把表象和感觉学说放在前面，因为检验事物的真理的标准总的来说是表象(presentations)"，"先有表象，然后，能够表达自身的思想赋予主体从表象中接受的内容以命题的形式"。④ 斯多亚派研究人的认知活动，前提是肯定自然事物虽赋有世界理性，但认识中的外在物体独立存在，人的认识是从感觉印象到理智观念的进程，在表象清晰性的基础上，运用逻辑方法可构建有确定性的、可信的知识体系。这含有某种唯物论思想，和柏拉图吹胀理念、贬低感知的知识论是不同的。

早期斯多亚派认为语言和思想并不赋有先天的内容。在任何个体身上，言说与思想的能力都要经历一个发展的过程。心灵起初像一张空白的纸，后被打上印迹。外部对象作用于感官，首先的印迹是感觉、知觉，在心灵中产生一种认知的印象，使人感知到某种现实的事物。这种在灵魂中往往重复、深刻的印象，"来源于实在对象、与该对象相一致且已经以印章的方式被铸印、打印或模压在灵魂上的东西"，就是表象，表象必伴随有主体的"认同"即承认表象和对象吻合一致；若不一致，则是

---

① 见第欧根尼·拉尔修《著名哲学家的生平和学说》，第 7 卷，第 41、83 节。
② 阿尼姆编：《早期斯多亚学派残篇》，Ⅰ 491，莱比锡，泰布纳尔出版社，1903—1924(以下所引此书均为此版本)。
③ 第欧根尼·拉尔修：《著名哲学家的生平和学说》，第 7 卷，第 62 节。
④ 见同上书，第 7 卷，第 49 节。

来源于非实在东西或不清晰的印象,不能"认同"于实在对象,就不是表象,只是现象。表象有两种,一是感官传输的形体事物的印象,二是心灵自身借助理性获得的关于无形体事物的表象。① 感觉与表象的清晰性是真理的标准。表象是斯多亚派认识论的重要范畴,是连接感知和理智的环节。对同一事物或同类事物的表象在心灵中重复产生,就会产生有普遍性的"先存观念"。至此的论述,斯多亚派和伊壁鸠鲁派论认识的准则有相似之处,他们都反对柏拉图的先验认识论。

早期斯多亚派论述"先存观念"的形成和人的理性能力,表现了他们的思想特色。他们指出,获得一般概念,不只是感觉、印象的重复,而是可通过多种方式:通过反复直接接触对象,把握相似性,产生对可感事物的概念;通过类比,借助"扩展"或"缩减"方法而构想出某些概念,如"巨人"、"地球"、"侏儒"等;通过"转换"获得概念,如"胸前长眼的动物";通过"复合"获得概念,如"半人马兽";通过"对立"获得概念,如死亡就是和生命对立的概念;通过"缺失"(亚里士多德曾论述"具有"和"缺失"的对立,他们也接受了这对范畴)获得概念,如"没有手的人";还有一些是深入不可感知领域,凭借抽象获得的概念,如"空间"、"词项的意义"、"正义"和"善"等。② 由此可见,早期斯多亚派重视探究人的理性思维,对从感知到"先存观念"过渡的方式,作了比伊壁鸠鲁学派更具体、丰富的论述。早期斯多亚派认为,人获得的概念的内容,归根究底,来自感觉与表象,但人形成一般概念的能力是天生固有的,这种能力的实现则要靠经验,包括对外部世界的经验和自我意识、意识自身心灵状态的内省经验。这种理智的发展又表现为一种语言的维度,人的语言能力的自然发展也是生来具有的。这种观点和当代美国哲学家乔姆斯基的生成语法论、心智哲学有所相似。乔姆斯基否定人心固有天赋观念,但认为思想与语言是人的天赋能力,语法规则是人类天赋独有的内在心智特性:"赋有一种

① 见第欧根尼·拉尔修《著名哲学家的生平和学说》,第 7 卷,第 49—51 节。
② 见同上书,第 7 卷,第 52—53 节。

语言知识的人内在化了一种规则体系,它以一种特殊方式叙述出声音与意义"。[1] 但两者也有不同。乔姆斯基认为人天赋的语言和心智能力、心智中的普遍语法不是抽象的精神实体,它本质上来自人脑的一种遗传程序,具有生物学的必然性。[2] 早期斯多亚派则主张整个世界有内在的"逻各斯"即"理性",它表现为一切生命物自身的"支配原则"(hegemonikon),在人身上就表现为富有心理含义的"理性"能力,而思想与语言就是统一的心智过程的两个内在联结的方面,他们称之为"清晰表述的思想"。它以表象为基础,两者以逻辑的联结统一于心智过程。他们强调对经验的理性的解释必然需要语言,"斯多亚派说人不同于非理性的动物就在于有内在的言语而非发声的言语,因乌鸦、鹦鹉和其他有的鸟都发出清晰的声音。人不同于其他动物也不在于有简单的印象——因为其他动物也有这些印象——而是在于由推断与联结创生的表象。这就是说人具有一种'联结'观念,由于它,人把握了符号表示的概念。符号自身就具有如下形式:'如果这样,那么就'。所以符号产生自人的本性和构成"[3]。表象和"清晰表述的思想"的关系处于逻辑联结的语境中;语言就是自然的部分,并给人提供表述他和世界之关系的中介。早期斯多亚派将语言符号和理性、人的本性紧密联系在一起研究。

　　早期斯多亚派认为,认知是一种领悟(katalepsis),是一种包含对某种表象的"认同"的心智活动。通过经验获得而储存的概念不限于被动地接受表象,而是以判断的形式认同表象并作逻辑建构活动,人的理性支配原则起有积极的能动作用,使认知表象"显示它自身及其原因",领悟存在的、真实的对象,认知表象的特征也就是"它能被领悟",能"领悟对象"。[4] 任何一种判断的陈述都需要在先获得、储存的确定概念,而认

---

[1] 见乔姆斯基《语言与心智》,第 23 页,纽约,哈柯特-布莱斯-世界出版公司,1968。

[2] 见《乔姆斯基语言哲学文选》,徐烈炯、尹大贻、程雨民译,第 181 页,商务印书馆,1992。

[3] 塞克斯都·恩披里柯:《反数理学家》,第 8 卷,第 275 节,载于《塞克斯都·恩披里柯文集》第 2 卷。

[4] 见阿尼姆编《早期斯多亚学派残篇》,Ⅱ 54;塞克斯都·恩披里柯《反数理学家》,第 8 卷,第 85 节,载于《塞克斯都·恩披里柯文集》第 2 卷。

同的认知表象又保证了有和它相应的现实对象。因此,这种一般概念也是一种真理的标准。这种和对象符合、表象和理性紧密结合的心智活动就是知识确实性的根据。怀疑论者攻击这种知识论,说并没有什么可保证其自身可靠性的认知表象。斯多亚派回答说,必定有这种当下可信赖的认知表象,这样才能有坚实的知识基础。他们还以一种奇怪的方式区别了知识和信念。信念本是对某事物或真或假的一种心理态度,在逻辑上也在"命题态度"中得到表现。斯多亚派将信念视为和知识对立的东西,不同于我们如今说的信念。信念是知识的缺失或无知,认同某事物即"真",被称为"弱"信念,领悟对象、认同表象就是从"信念"转化为知识。知识也就被描述为"接受不能被论辩动摇的表象这种心智状态"。① 他们认为知识是不可被驳斥的,具有知识的人能通过有逻辑必然性的命题证明他所知的东西。他们区别了"真"和"真理":前者是单纯、齐一地认同某对象,可用于任何陈述的命题;"真理"则涉及众多复合事物(命题)的全体,哲人才持有"真理","真理"和关涉"本体"(形体)的原因、本性、必然性、逻各斯用在一起。② 在斯多亚派看来,哲人绝不犯错误,总是以完全的可靠性领悟事物,他的知识在逻辑上也就等同于"真理",因为他的知识确立在支配宇宙事件的因果关系这种基础之上。

早期斯多亚派最早使用"体系"(systema)一词,其词源意思是"组合"、"联结"。他们认为知识是一种体系,是认同表象、包含内在逻辑关系的体系,是复合众多真命题的体系。哲学关涉宇宙存在和"本体"(形体)全体,是最根本的知识的体系。早期斯多亚派的知识论有经验论和逻辑建构结合的特色,确认事物可知性和知识确定性,不同于柏拉图的先验知识论,更和怀疑论相对立,在论述从感知转化为理智和建构理性思维的逻辑方面又胜过伊壁鸠鲁学派,他们的知识论和亚里士多德的知识论有所接近。

---

① 见第欧根尼·拉尔修《著名哲学家的生平和学说》,第 7 卷,第 47 节。
② 见阿尼姆编《早期斯多亚学派残篇》,Ⅱ913。

二　语言理论与语言哲学思想

早期斯多亚派论述了许多语言理论问题，包括语法与文体等等。自智者派的普罗泰戈拉、普罗狄科之后，他们对希腊语言理论作了最详致、具体的研究，使其系统化。特别是在语法论上，他们区别和论述了名词（包括区别通名与专名）、动词、连接词、前置词、冠词、形容词、副词等，并分析了动词使用中的不同时态。他们认为时间是连续的，"只有现在是现实的"，现在构成了过去与将来。这和他们及麦加拉学派对事物与逻辑的"模态"的理解相关。克律西普等人的语言理论著述大都佚失，但曾很有影响。现存的古代重要语言学家狄奥尼修·塞拉克斯（Dionysius Thrax）的一部书，以及罗马帝国的瓦罗（Varro）等一些人的著述，都颇受斯多亚派语言理论的影响。斯多亚派论述语言问题和他们的哲学、狭义的逻辑（形式逻辑）思想密切相关，包含了不少语言哲学思想。对照现代分析哲学中的语言哲学思想，斯多亚派的有关论述与其有相似之处。

赫拉克利特主张同样的逻各斯决定了思想的类型和实在的结构，这对斯多亚派哲学有重要影响。智者派时期就语言是自然的还是约定的有长期的论争，苏格拉底对此作过总结。之后，柏拉图和亚里士多德也论述过修辞问题，但主要从属于他们的哲学与逻辑思想。斯多亚派则重新展开了对语言的哲学思索。什么是语言？语言能被用于表述，又意味着什么？他们关注思考这些根本问题，提出两个重要见解。

在对语言的解释中，他们区别了语言的语形和语义方面。语言首先表现为语音（当代解构论哲学家德里达批评西方语音中心的传统）。斯多亚派学者巴比伦的第欧根尼说："辩证法研究开始于声音的主题"。声音是一种听到的"空气的振动"，而和动物发出声音不同，人的语音是一种"清晰表达的思想的成品"。[1] 他们的语言理论的根本点是区别语言的"有形方面"和"无形方面"。有形方面即语音、文字、词项、句子等物质性

---

[1] 见第欧根尼·拉尔修《著名哲学家的生平和学说》，第 7 卷，第 55 节。

载体表现的语法内容，接近于如今的语形学或句法学；无形方面指语言表达的意义、思想内容，就是如今的语义学。斯多亚派的语义理论的基本概念叫"莱克顿"（lekton），其希腊文原意指"所说的意思"、"能被言说的意思"、"意义"、"陈述的事实"、"陈述"等，它实为语句中指谓的意义，但无主词的"莱克顿"无真、假，有主词的"莱克顿"才有真、假，和逻辑中命题的真、假就密切相关了。斯多亚派认为，语言的语形和语义方面紧密关联，语法形式、句法也是有意义的叙述的必要构成部分，他们将语法形式和语义内容看做一个统一体，是有同一性的。他们的形式逻辑作为命题（陈述）关系的体系，也要有意义分析为前提，也将"莱克顿"作为应有之义的主题。麦特在《斯多亚学派的逻辑学》中最先指出，斯多亚派在实际运用语义理论中已开始区别语言的"意义"和"指称"。现代分析哲学的先驱弗雷格用"晨星"和"暮星"（是同一颗星）这两个专名有相同指称、不同意义，来解释语言的指称和意义之区分。斯多亚派也相似地指出，"善的行为"和"有益的行为"都指有德性的行为，但有不同含义，就是说有相同指称、不同意义。当然，他们还没有使用现代分析哲学的"指称"与"意义"范畴，但他们在研究与使用语义学内容方面确实很细致，超越了前人。

　　和语义探究相关，另一个重要问题是语词和事物（自然对象）的关系。词和物，至今仍是分析哲学和欧洲大陆语言哲学探讨的重要主题（如蒯因、福柯都写过相关的著作）。而就早期斯多亚派而言，仿佛又回到智者派时期激烈争论的老问题，即"语言是约定的，还是自然的？"但早期斯多亚派在探究这个语言的本性问题时，不是简单地回到《克拉底鲁篇》中苏格拉底所批评的"自然"论，而是从他们的自然与理性同一的本体论，论述了语言意义体现了人的思想（理性）和自然的理性同一的观点，也有语义的逻辑结构和实在的结构同构的意思。亚里士多德认为一切语词是约定的符号，斯多亚派则认为"原初的声音摹仿事物"[①]。而且

---

① 阿尼姆编：《早期斯多亚学派残篇》，Ⅱ146。

众多语词和它们指谓的意义内容相互之间有自然的关系，这些语词形成的方式和概念形成的方式也有某种相应的关系，这些意义与逻辑的结构关系和自然存在事物的结构关系也是相应一致的。逻各斯统一支配自然存在和人的理性，人的理性本身就是自然理性的一部分，所以语言的意义、逻辑关系和自然存在的结构有同一性。这种见解是出于早期斯多亚派主张自然、世界理性和人的理性（思想）有同一性的观点，但就主张逻辑与实在同构而言，它可谓前期维特根斯坦的逻辑实在论之先声。

在辩护语言和事物的自然关系方面，芝诺和克莱安塞较为机械、僵执。芝诺说一把铁铲应称之为一把铁铲，就在于它是自然地适合铁铲的贴切语词。[①] 克律西普则和苏格拉底、柏拉图一样，认识到语言的意义是随着时间的过程而变迁的，语词和其意义之间不是一对一的对应关系。他指出："每一个语词是自然地多义的，因为同一个语词可以在两个或更多个意义上使用。"[②]他还注意到用词的"异常"，就是两个不同的语词可在同样的意义上使用，而相似的语词可在不同的意义上使用。[③] 而根据一则纸草残篇，克律西普还作出一种区别：某人的思想即他说的意思和听者接受他说的意思所作的陈述，也会不同。《克拉底鲁篇》中的苏格拉底已根据词源学的考察，强调语词的意义随时间的变迁而多样，已有当代分析哲学家克里普克、普特南的因果历史命名说思想的萌发；看来苏格拉底的这种思想对克律西普颇有影响，从他的著作目录看，他对语言的多义性与歧义问题有深入研究。

三　逻辑思想和创立命题逻辑

早期斯多亚派说的逻辑学固然有开阔的含义，但他们对狭义的形式逻辑也有很多研究，有创新的逻辑思想。特别是克律西普，第欧根尼·

---

① 见阿尼姆编《早期斯多亚学派残篇》，Ⅰ 77。
② 同上书，Ⅱ 152。
③ 见同上书，Ⅱ 151。

拉尔修记述了他写的大量这方面的著作的题目,说他的逻辑著作有 31 部,并概述了斯多亚派的逻辑思想。[①] 他们研讨了逻辑的四方面主要课题:不同种类的命题,真理、可能性与必然性(和模态问题相关),命题推演的规则,论证的方法。他们的论述比较系统,用词的精确性和形式的连贯一致性,是他们的逻辑思想的特征。麦特在《斯多亚学派的逻辑学》中注重从现代逻辑角度研究它,其实古代的斯多亚派的逻辑思想自有其特点。

早期斯多亚派的逻辑思想结合语义分析和形式化,其出发点是"莱克顿"即"意义的陈述","莱克顿"的完全形式包含了主词与谓词。他们论述了词项、通名与专名、种与属及划分、定义等问题,并将完全形式的"莱克顿"表达式归纳为疑问式、询问式、命令式、祈使式、誓言式、恳请式、假拟式、呼唤式和断言式等九种,实质上已涉及现代逻辑中的命题态度问题。其中最重要的表达式是断言式即"阿克西奥麦"(axioma),它大体就是有真、假值的命题,但也稍有不同,"阿克西奥麦"有"时态",其真、假值乃至存在与否,随时间而变易。但我们基本上可将斯多亚派的这个基本表达式理解为命题。[②] 一个命题是必定非真即假的完全的表达式,如说"现在是白天"这个简单命题,如有现在确实是白天的事实,则为真,否则为假。[③]

他们将命题划分为简单命题和复合命题两大类,对两者又进行了细致区分。简单命题由一个无歧义的命题构成,它又包括六种:肯定命题、否定命题、否决命题(如"没有人在行走")、反义命题(如"这个人不仁慈")、确定命题(如"这个人在行走")和不确定命题(如"某人在行走")。复合命题由一个无歧义的命题(对一个命题的否定)或多个无歧义的命题组成。他们将复合命题也细致区分出七种:假设命题,是用条件连接

---

① 见第欧根尼·拉尔修《著名哲学家的生平和学说》,第 7 卷,第 189—199、65—82 节。
② 见威廉·涅尔、玛莎·涅尔《逻辑学的发展》,张家龙、洪汉鼎译,第 199—203 页,商务印书馆,1985。
③ 见第欧根尼·拉尔修《著名哲学家的生平和学说》,第 7 卷,第 65 节。

词形成的命题,如"如果现在是白天,则现在是明亮的";推断命题,是用连接词"既然"形成的、由起始命题和结论组成的命题,如"既然现在是白天,则现在是明亮的",它肯定一个事实;合取命题,是用联合性连接词组成的命题,如"现在是白天并且现在是明亮的";选言(析取)命题,是用选择性连接词组成的命题,如"或者现在是白天,或者现在是明亮的";因果命题,是用因果性连接词"因为、所以"组成的命题,如"因为现在是白天,所以现在是明亮的";比较命题,是由"与其……不如"等比较连接词组成的命题,如"现在与其说是夜晚,不如说是白天";否定命题,是对一个肯定命题的否定,如对"现在是白天"的否定,等值于"现在不是白天"。简单命题和复合命题已经类似于现代逻辑中的"原子命题"和"分子命题";复合命题中已有了现代逻辑中的肯定、否定、合取、析取、蕴涵的逻辑常项。并且斯多亚派已预见了复合命题和简单命题有"真值函项"的关系,如合取命题的真值取决于其中的两个子命题皆真;析取命题只要其中一个子命题真就可为真,两个子命题皆假方为假。但他们说的假设命题的真值取决于前件和后件不矛盾,如"如果现在是白天,则现在是黑暗的"就是假的,这和现代逻辑中的实质式规定只要后件为真,无论前件真与假,蕴涵式都为真,仍然不同,麦加拉派的菲罗论假言命题倒已有实质蕴涵的真值函项的看法。[①]

早期斯多亚派对命题与事物的模态进行了研究,他们参与了麦加拉派有关的热烈争论。麦加拉派的第奥多罗只用"现在"和"将来"这两种时态的真假值以及相关的所谓"主论证"来规定可能、不能、必然、不必然等模态;他的弟子菲罗则已主张根据事物与命题的内在性质来规定模态。斯多亚派受菲罗影响,但根据他们对事物与命题真、假的论述,有更精确的发展。他们规定:

> 可能的东西是那种容许为真的东西,倘若外来的情况不阻止它是真的,例如"狄奥克纳活着"。不可能的东西就是那种不容许是真

---

① 见第欧根尼·拉尔修《著名哲学家的生平和学说》,第 7 卷,第 69—73 节。

的东西,例如"地球在飞"。必然的东西就是那种是真的而且不容许是假的东西,或者容许是假的,但被外来情况阻止而不能是假的东西,例如"美德是有益的"。不必然的东西就是那种是真的,但如果外来情况不阻止也可能是假的东西,例如"狄翁正在散步"。①

各学派对模态的理解都有其哲学根据。麦加拉派的第奥多罗严格秉承爱利亚派哲学传统,否认事物的动变,实际上根据只有"现在"规定可能、必然等模态;亚里士多德批判他将可能等同于现实,取消了运动与生成,认为应根据潜能向现实的转化来规定可能等模态。早期斯多亚派在批评第奥多罗的这种模态观上和亚里士多德有一致之处;但他们的哲学根据在于他们的认识论对事物与命题的真、假的理解以及他们认为自然存在中有严格的因果关系,他们的模态观也有其合理性。

早期斯多亚派对亚里士多德的三段论学说作过不少研究,克律西普的著作目录中就有不少有关的篇名。上述三派当时对于条件句(假言命题与假言推理)有很热烈的争论,古代有人写打油诗说:"甚至屋顶上的乌鸦也在叫嚷条件句的性质。"②亚里士多德不否认条件句存在,但根据他的主谓逻辑,用他的三段论原则来说明假言命题,将假言推理形式还原为直言三段论形式,去掉假言连接词"如果",也不会失去所还原的直言三段论形式上的正确性。早期斯多亚派则正是在探究条件句中有重要的逻辑创新,发展出和亚里士多德的主谓逻辑不同的命题逻辑。这种逻辑的变项单元不是主词与谓词,而是整个命题。亚里士多德用字母来代表变项,斯多亚派则用序数"第一"、"第二"来代表。他们将假言推理的类型形式化,克律西普将它们归结为五种基本推理类型,没有说明其"逻辑必然性"的由来(不像亚里士多德以"同一律"等存在与逻辑的公理来说明),只说这些类型是"自明的"、"不可证明的"。为阅读方便,现将

① 第欧根尼·拉尔修:《著名哲学家的生平和学说》,第 7 卷,第 75 节。
② 塞克斯都·恩披里柯:《反数理学家》,第 1 卷,第 309 节,载于《塞克斯都·恩披里柯文集》第 4 卷。

克律西普的五种推理图式中代表变项的"序数"改为英文字母,记述如下:

(1) 如果 p,则 q;p,所以 q。

(2) 如果 p,则 q;并非 q,所以并非 p。

(3) 并非既是 p 又是 q;p,所以并非 q。

(4) 或者 p 或者 q;p,所以并非 q。

(5) 或者 p 或者 q;并非 q,所以 p。

其中第 4 式的前件中的 p 与 q 互相排斥,两个命题间不是"析取"关系,而是互相排斥的选言关系。据麦特等逻辑史学家研究,从克律西普的逻辑著作的题目可见,他根据这五种推理类型,证明了许多用于分析复杂论证的逻辑定理。[①] 斯多亚派的命题逻辑思想是突破亚里士多德的主谓逻辑的理论创新,在逻辑史上有重要的地位,颇受现代逻辑的重视。它和现代逻辑相通,现代逻辑中的命题演算比谓词演算更为基本。

上述命题逻辑、推理图式和克律西普据以证明的逻辑定理,也是他们运用的主要论证方法。他们认为,一切事物包括物理学和伦理学领域的事物,都靠逻辑研究确立的论证方法来辨明。而他们的逻辑也有本体论的哲学根据。他们认为,支配世界的是统一的逻各斯,这种普遍的逻各斯同时相应地决定了自然存在的因果联结和前提与结论之间的逻辑联结,逻辑本身是自然的构成部分,逻辑推理图式的"自明性"、不可证明性,就在于它们是"自然的"。自然存在的因果联结关系是必然的,命题间的逻辑联结关系同样是必然的,也是"自然法则"在命题间逻辑关系中的体现。他们没有专门论述"逻辑的必然性",但这样强调了自然必然性和逻辑必然性的一致。斯多亚派说的世界是由内在的逻各斯决定的世界,这种"内在的逻各斯"(世界理性)是斯多亚主义的一个基本概念,表现了自然、宇宙、理性与神的统一。如斯托拜乌指出的,在斯多亚派看

---

① 见麦特《斯多亚学派的逻辑学》,第 77—85 页,贝克莱和洛杉矶,加利福尼亚大学出版社,1953。

来，"真理"、"自然"、"原因"、"必然性"和逻各斯，都是从不同角度说明同一的世界"本体"；后来马可·奥勒留在解释此观点时写道："一个神，一个本体，一个法则，共同（普遍）的逻各斯和一个真理"，用来描述"真理"是所有真实东西的首要原因。① 自然的因果联结表现在思想与语言层面就是人的"联结的概念"。世界是一个有物质构成要素的理性的构造。在自然事件和逻辑中后件由前件得出，其根据都是当且仅当它们之间的"联结"是"真"的时。全部"联结"的"真理"是自然、神或宇宙的逻各斯运作的。这种带有泛神论色彩的泛理性主义，是早期斯多亚派的本体论、认识论和逻辑学统一的理论根据。

第三节　早期斯多亚学派的物理学

早期斯多亚派的物理学就是他们的自然哲学，包括宇宙论、泛神论、因果决定论的天命观、灵魂说和天象学等自然科学思想等。这种自然哲学的目的是为他们论述"人应顺应自然与天命"的伦理学提供理论根据。他们从赫拉克利特那里袭取了逻各斯这个范畴，予以改造，使逻各斯成为创生万物、整合世界的力量与原理。它是能动的、创造性的"火"，是必然性与命运，也是神与理性。他们说的自然不只是物理的世界，更是一种赋有生命力与理性的存在。他们的自然哲学并不是简单地倒退至前苏格拉底的自然哲学，而是对先前的多种自然哲学思想有所吸取、综合，如它和柏拉图的宇宙论、亚里士多德的自然哲学有差异，但也有受后者影响的相似之处。他们解释自然现象的科学思想对当时科学思想的进展成果如天文学、医学思想有所吸取，但并不显著。他们描述的理性与神支配世界的自然画面，和伊壁鸠鲁的原子论自然哲学展示的自然画面，是不相同而相对立的。以下从基本理论与特征上分述早期斯多亚派自然哲学的三方面内容。

---

① 见阿尼姆编《早期斯多亚学派残篇》，Ⅱ913，Ⅶ9。

一 自然的本原和连续的整体性

早期斯多亚派认为,物理学要研究的世界万物是有长、宽、高三个维度的"形体"(body),它可被感知、经验到,有生灭变易,不仅可被思维,而且在现实中存在。① 这种带有素朴唯物论色彩的出发点,和柏拉图学派将全部实在归结为无形体的、只靠思想把握的理念显然不同,而接近于前期亚里士多德的"第一本体"说。在克律西普看来,存在的准则是"作用力和被作用力"②。自然万物和整个世界是如何得以生成的? 他们认为,宇宙万物有双重不可分割的、结合在一起的本原:一个是被动的原理,就是"没有性质规定的实体,即质料";另一个是主动的原理,就是"内在于这种实体的神,即理性"。神和自然的理性、逻各斯以及他们说的"普纽玛"(pneuma,创造性的火,有"呼吸"的词源意义)含义同一,它是永恒的、在世界生成中发挥主导作用的"匠师"。③ 质料是惰性的、潜在的、无规定性的,这个范畴借自亚里士多德,但后者的质料和形式是可分离的,斯多亚派说的"质料"和作为主动原理的神或逻各斯则是不可互相分离而存在的,神或逻各斯是能动的"形成"原理,是第一本原,它和质料结成一体,才成为一切存在的事物,并赋予自然以生命力。"神结合于质料,渗透于质料全体,使它形成为形体"④。这主动的原理就使无形体、无性质规定的质料成为有形式、有性质或状况规定的形体。所以,他们的"形体"又不是纯物质性的,而是质料和逻各斯即理性的普纽玛的复合体,其中有内在的自然理性与生命力。这种活力论的"自然"兼有广延与理性的属性,和近代斯宾诺莎的"神即自然"有某种相似处,但不尽同,因后者将神和自然完全等同,斯多亚派的自然是由精神色彩较浓的世界理性即逻各斯规定的。

---

① 见第欧根尼·拉尔修《著名哲学家的生平和学说》,第 7 卷,第 134 节。
② 普卢塔克:《论斯多亚学派的矛盾》,1042e,载于普卢塔克《道德论集》第 8 卷第 2 册。
③ 见第欧根尼·拉尔修《著名哲学家的生平和学说》,第 7 卷,第 134 节。
④ 阿尼姆编:《早期斯多亚学派残篇》,Ⅱ310。

元素不是本原,作为逻各斯的驱动力的普纽玛在宇宙生成与演化中起着首要作用。赫拉克利特的宇宙论主张世界的物质构成都是火这种本原的转形。早期斯多亚派中芝诺和克莱安塞将逻各斯等同于火,因火中有热,能给宇宙万物以活力。克莱安塞说:"事实上,一切能营养与生长的事物自身中包含具有活力的热,无此,它们便不能维系营养与生长。而每一热的、含火的东西由自身的动因产生与运动。"① 斯多亚派对赫拉克利特的火有所修正,用生物学的观念说明整个宇宙的运动与变化,并使火具有理智性,成为宇宙的"种子性"的逻各斯。自克律西普开始,将贯穿于处于生成与毁灭大循环的每一世界的逻各斯,等同于理智性的火和气,这就是普纽玛。它作为逻各斯的驱动力不是火与气的化学性的合成,而是有呼吸、灵魂那样的生命力意义,既是世界的物理构成要素,也是有能动的理智力的本原。宇宙的原初质料无性质规定,因普纽玛的渗透作用,赋予它热、冷、干、湿等基本性质,这才首先产生火、气、水、土四元素,火、气是物体的主动构成要素,水、土是物体的被动构成要素。贯穿宇宙全体的普纽玛具有整合、结集四元素的功能,形成天空与大地的每一个别事物,包括动物与人的身、心,植物的构造和坚实的石块。普纽玛的结合功能,不是外在的联结或混合(如谷粒的堆积),而是一种完全的"熔合"(有如铜中熔入少许锡即成青铜),所以极少比例的普纽玛熔入大量的质料,"这最小的(普纽玛)就扩展、贯通于最大的(质料),占据任何位置,使两者结合在一起"。② 于是产生有形物体。斯多亚派主张一种有限宇宙论,认为世界是有生命的存在,有内在的理性与活力。日、月、星辰都在天穹中按照严格的天体运行轨道运动。

斯多亚派提出普纽玛具有一种"张力"(tension),使宇宙万物、全部自然结成一种具有连续性的整体。他们说的"张力"吸取了赫拉克利特的对立统一思想,是一种不同于位移的运动:"在物体中有一种张力的运

---

① 西塞罗:《论神性》,第2卷,第23节,载于《西塞罗文集》第19卷。
② 见阿尼姆编《早期斯多亚学派残篇》,Ⅱ477。

动,是同时内向与外向的运动,外向的运动产生数量与性质,内向的运动
产生实体与统一性。"普纽玛也因冷热而有收缩与膨胀的功能。① 这样,
普纽玛就将宇宙万物和各部分结合成一种内在联结的、动态的连续体,
各种个别事物则因普纽玛的熔入及其张力不同而有个体特性。这种普
纽玛弥渗万物、结成自然的连续整体的画面,显然不同于伊壁鸠鲁描述
原子在虚空中结合与分离的自然画面,也不同于亚里士多德由外在的
"不动的第一动者"作为宇宙第一动因的自然观。有的西方学者将早期
斯多亚派的普纽玛和近现代的物理学概念类比,说其有些功能类似于 17
世纪以前的科学家设想的无处不在的"以太",或者类似于激活物质的
"力场"。

　　克律西普等人用四个范畴②来分析自然存在的"形体",比亚里士多
德的十范畴和次范畴、后范畴更抽象、原则,以此来描述形体是由普纽玛
和质料两种基本要素及其内在关联构成的。第一个范畴是"实体"
(substance),它不同于亚里士多德的"本体",相应于质料,用来说明形体
的基质。但质料若无弥渗其中的普纽玛就不能存在。这就有第二个范
畴"性质"(the qualified,qualification),它是指普纽玛赋予质料的质的规
定性,是任何存在事物的必有特性、质的差异性,每一个别事物都有个体
性,而一类事物具有的共同性质可用概念来概括一类特殊事物并作分
类,这就有专名和通名之分。第三个范畴是"品性"(disposition),指形体
总是处在一定的状态,或是恒久的状态,或是看来偶发的状态,这也是弥
渗于任何事物中的普纽玛决定的,普纽玛是任何持久状况和特殊时间中
特殊品性的原因,有必然性,即如"加图在行走"这特殊品性也有其必然
性。第四个范畴是"相对品性"(relative disposition),指任何事物必和其
他事物发生一定的关联、联结,在和外在事物的联结中规定它自身。如
子女总是相对于父母、受父母影响来确定自身的地位和品性,人也总是

---

① 见阿尼姆编《早期斯多亚学派残篇》,Ⅱ458,Ⅱ446。
② 西方学者一般认为克律西普最先提出四范畴(见阿尼姆编《早期斯多亚学派残篇》,Ⅱ376—
　404;朗《希腊化时代的哲学:斯多亚学派、伊壁鸠鲁学派和怀疑论学派》,第160—161页)。

在和环境的关联中存在与生活的。就宏观而言,宇宙的所有部分都因弥渗于其中的普纽玛而互相依存、内在联结。人要幸福,就要和自然处于合谐的关联。这和如今生态伦理说人与自然和谐相处有所相似;当然早期斯多亚派说的"自然"内含理性即"神",有其特殊含义。

早期斯多亚派认为普纽玛使宇宙联结成连续的整体,因普纽玛赋予的不同规定形成一种自然阶梯,特定物种处于自然阶梯的一定等级中。亚里士多德曾根据他的形式与质料说和灵魂说,提出自然阶梯说,具体分析了从无生命物到植物、动物、人的诸多梯级,展示了一种自然物种循次连续的图景。斯多亚派吸取这种观点,但用普纽玛的不同作用来说明自然物种的连续性与梯级性,高级物种除保有低级物种的性能外,还有更高的性能。在木、石等无生命物的最低梯级中,普纽玛只表现为"贯通连续的作用力"。在有生命物中,普纽玛不仅表现出"贯通连续的作用力",而且有"自然力"与"灵魂",有其较高的作用形式:植物有"自然力",能使自身获得营养和生长;动物更有"灵魂",有表象刺激产生的欲求成为行为驱动力,从而产生行为;人的灵魂更有理性,它是世界理性的一部分,能指导人的合理行为,所以人处于自然阶梯的最高级,是分有神性的。早期斯多亚派认为人的身体和灵魂因普纽玛的作用紧密联结成一体,这不同于柏拉图和后来的笛卡尔的身心二元论。人的灵魂有多种性质或功能,除了五种感觉功能(视觉、听觉、嗅觉、味觉、触觉)外,还有生殖、言说和理性支配等诸多功能。[①] 后两者位于心脏。克律西普描述理性像一只蜘蛛,其网线贯通于灵魂的各部分,因而能起支配作用。[②]

二 兼有泛神论和理性神色彩

早期斯多亚派将自然看做一个有生命与内在逻各斯的统一整体。他们说自然、逻各斯和神是同义语,神就是自然的主动本原,是自然中的

---

① 见阿尼姆编《早期斯多亚学派残篇》,Ⅱ 827。
② 见同上书,Ⅱ 879。

一种理智的创造力,是和人的理性相通的自然理性,表现在生成的一切自然事物中。神就是普纽玛,它就是自然整体的支配者与主宰,贯穿于自然中的一切事物与过程。它是自然神或自然理性之神。这种具有泛神论色彩的观念得自赫拉克利特所说的神:神是日与夜,冬与夏,战争与和平,是逻各斯,就是自然的法则与过程。当然,斯多亚派的神起着普纽玛赋予万物特质的功力,并有将宇宙万物结成连续整体的伟力,这种"逻各斯"是更为精致的。

早期斯多亚派的神突出了它的理性,又有较强的理性神色彩。神是一种世界理性,自然是理智的作品。柏拉图在《蒂迈欧篇》中所描述的"创造者"是一种理性神,它以"世界灵魂"创造了符合理念模本的整个世界。亚里士多德也主张理性神,和斯多亚派强调神的理智性有某种相似之处,它们都是一切事物的理性动因、终极原因。但两者也有不同。亚里士多德的神即最高的善是"不动的第一推动者",是一种纯粹的心智,它通过天体运行对自然起作用,他对它和大地上万物的目的性过程的关系说得不甚清楚。而斯多亚派的神就在自然存在的万物中起着支配性作用。

早期斯多亚派说神不具有人形,主张有泛神论和非人格化的理性神色彩的神,对希腊传统宗教的人格化诸神以及教仪崇拜有所非议,否定奉献牺牲、修建神庙、偶像崇拜。但从克莱安塞以来,他们渐而趋向将理性神和希腊传统宗教的诸神调和起来。他们将诸神解释为主宰自然与人世现象的某种伟力,而诸神之上有最高的主神宙斯,它就是自然的理性与逻各斯,是主宰、支配自然存在整体的,其他诸神都从属于它,不过是它的特殊部分与力量,如海神波塞冬、智慧女神雅典娜等,人给诸神命名以把握主神宙斯的各种属性与能力。克莱安塞写的华美的诗《宙斯颂》就表现了这种调和:称宙斯是"全智全能"的、"最荣耀"的"自然的伟大君王",它生成"遥远的天空和周围的大地",它看不见、听不到的"普遍法则","以理性指导获得幸福之人",使一切事物得当地被规约,对一切和诸神,它是"王中之王"。① 中期和罗马时期的斯多亚派受柏拉图的神学观念影响更大,附从人格化多神教更严重,所以他们都反对作为一神教的早期基督教。

在调和理性神与传统多神教中,早期斯多亚派开始运用喻意解经法,这对后来的宗教哲学有重要影响。他们致力于从古代宗教作品与传说中开掘哲学意义的解释,使传统宗教和他们的哲学见解结合起来。他们认为,各种自然的原理和道德概念都可以一种感性的形式显示在通俗信仰的神之中。② 如他们将主神宙斯解释为神圣本原、唯一的原初存在、宇宙理性,将其他诸神解释为宙斯的组成部分和特殊表现。这种喻意解经法对后来的斐洛用希腊哲学解释犹太神学,对基督教的哲学神学,有重要影响。

三 因果决定论和天命观

早期斯多亚派认为,由于自然有内在的逻各斯,发生的一切事件,包括自然界和社会、伦理事件,都有原因与后果,都有严格的因果关系的必然性。他们主张:"在先的事件是那些伴随它们发生的事件的原因,以这种方式,所有事物都彼此互相联结在一起,因而没有事物的发生,完全无他事物作为以它为原因的后果……对每一事物,总有他事物依赖它而随后发生,根据必然性作为原因。"③"任何人把握了未来事件的原因,必定把握了将存在的每一事物……时间的推移就像一条并不造成新东西的绳索。"④总之,世界上的一切事物都是由逻各斯这种内在的必然性预先决定的,就像每天必定日出、日落,在因果必然性支配的事物存在与发生的因果链条之外,不可能有新的别种花样。他们认为,宇宙是一个统一

---

① 见克莱安塞《宙斯颂》,转引自桑特尔斯编《亚里士多德之后的希腊与罗马哲学》,第149—150页,纽约,自由出版社,1966。
② 见策勒《斯多亚学派、伊壁鸠鲁学派和怀疑论学派》,莱希尔英译,第336页,伦敦,朗格曼斯·格林出版公司,1870。
③ 阿尼姆编:《早期斯多亚学派残篇》,Ⅱ945。
④ 同上书,Ⅱ944。

联结的严密系统,若说有一个无原因的事件,就等于毁坏了这个系统的连贯一致性。这种必然性也决定了假言命题与推理的逻辑关系:如果所有事物不是一种前件原因的确定后果的后件,每个命题也就不能有真或假了。他们认为一切未来事件在理论上都是可预见的。偶然性并不存在,它只是一个标志未发现原因的名词,表明人们对事件间因果联结的无知。这种完全否认偶然性的因果必然性论,不仅是机械的,而且是宿命论的。

基于这种宿命论的因果必然性理论,他们就主张一种"天命观","天命"(divine providence)就是神即自然的理性支配一切事物按照严格的命定法则存在与发生。芝诺、克律西普等人都认为"万物因命运或定数而发生。他们把命运界定为事物赖以存在的、不因人的目的而转移的因果链,或者界定为世界得以运行的原因与规则"①。这是神、自然的逻各斯支配一切的力量的表现。亚里士多德说事物的存在与发生有"四因"(质料因、形式因、动力因、目的因),虽有目的论倾向,但还是就事物自身的构成与作用探究原因,也讲自因与偶因,不是宿命论的。斯多亚派则认为,只有一种首要的、普遍的原因起着使一切事物在因果链条中发生的"天命"作用,那就是神、创造的理性。他们还牵强附会地理解这种"天命"的因果联系,认为从星相和占卜可预测未来的事件,星相学和占卜学都是真实可靠的科学。② 所以,早期斯多亚派热衷于研究、传扬东方传来的星相学和占卜学。他们还主张整个宇宙也有生成与毁灭的命定的循环法则,就是因火、普纽玛的作用,经过数千年,就有宇宙在大火中焚烧而毁灭,而后又复生一个新的宇宙,这种周而复始的宇宙论,就是他们的世界循环说。这和原子论者说因无数原子结合与分离的运动,有无数个世界产生与消亡,是完全不同的。

早期斯多亚派认为,在这种严格的因果必然性的支配下,人还是有

---

① 第欧根尼·拉尔修:《著名哲学家的生平和学说》,第 7 卷,第 149 节。
② 见普卢塔克《论斯多亚学派的矛盾》,1065b,转引自阿尼姆编《早期斯多亚学派残篇》,Ⅱ 38。

适度的自由的。人生活于一定的环境中,人的行为有两个方面:一是外部环境对人的刺激,形成一定的表象;二是逻各斯也决定了每一个体的人的内在精神结构,就是个人的逻各斯即人的理性,它和普遍的逻各斯、因果原则是一致的。个体的逻各斯就是现实的自我。个人没有绝对的、任意行为的自由,但有凭借理性审慎思索、按照逻各斯行为的自由,也就是个人的自律,这样顺应自然也就能得到自由与幸福。自由就是合乎人自身本性的必然性,作出合乎普遍必然性的自决行为。

世界是神即逻各斯、理性设计的和谐的整体,应是完善的。那如何解释世界上也存在恶呢? 克律西普认为,世界上没有绝对坏的东西,道德上也只有弱点。疾病、旱灾、地震等自然灾难不能归因于人的堕落;这些某种意义上是坏的东西,不能动摇自然的天命。他说:"在可怖灾祸中发生的恶有一种对其自身特殊的原理;因为在某种意义上它的发生也符合普遍的理性,就是说,相关于全体,它不是无用的。因为要是没有恶,就不能有无善的东西了"[1]。自然具有正确理性,其目的是善;但自然的天命中包含矛盾、映衬的东西,有恶才能衬托出善。这种对恶的天命观解释是牵强附会的,但也类似于后来有的宗教哲学的解释。

第四节　早期斯多亚学派的伦理学

早期斯多亚派的逻辑学和物理学为伦理学提供了基础,好比一个花园中的土壤,伦理学则是"一个花园中的果实",是哲学的中心目的。[2] 他们的伦理思想的基本口号是"与自然相一致地生活",这是伦理学的目标,它"与德性的生活是一回事";因为"我们个体的自然是整个宇宙的自然的一部分","幸福之人的德性和一种良好运进的生活,在于一切行为基于他自己的精神和宇宙支配者的目的相和谐的原理"。[3] 和神、逻各

---

[1] 普卢塔克:《论斯多亚学派的矛盾》,1065b,载于普卢塔克《道德论集》第 8 卷第 2 册。
[2] 见阿尼姆编《早期斯多亚学派残篇》,Ⅱ38。
[3] 见第欧根尼·拉尔修《著名哲学家的生平和学说》,第 7 卷,第 88 节。

斯、天命同义的"自然",是一切事物之价值的根源。克律西普说:"探究善的和坏的事物、德性和幸福的主题,必须着眼于普遍的自然和宇宙的运作,此外,没有可能的或更好的途径。"①不能简单地将早期斯多亚派的伦理学归结为一种消极无为的宿命论,一种以"顺应自然"为名、以服从统治为实的"奴隶主"道德,或昔尼克派的禁欲主义。他们的伦理思想,有交融情感与理性的自然主义伦理学的特征,有不少新的理论内涵。它不同于柏拉图强调理性抑制情感的伦理学,也不同于亚里士多德主张理性驾驭情感的伦理学,它在德性论上较强地认同于苏格拉底,但又不像后者完全抹煞情感在道德中的作用。他们主张从情感到理性和谐过渡的新伦理思想,据此规范新的社会与道德秩序,提出自然法的伦理根据,提出比较迎合当时历史进程的"世界主义"政治伦理。它成为贯穿两个文明时代的主流伦理,对近代西方的伦理学也有重要影响。

早期斯多亚派对伦理学进行了细致的研究,内容丰富,他们自己划分出八个论题,涉及冲动、激情、善与恶、德性、目的、基本价值与行为、责任、导致或抑制行为的诱因等。他们的伦理学以剖析灵魂的本性作为出发点,进向一种顺应自然的德性论和善的最高原则,提出他们的"贤人"说和政治理想。可以将他们的伦理学分述为四个方面。

一 人性与自然

早期斯多亚派认为,人个体的自然是自然全体的部分,个体的自然是人性所在,表现在逻各斯支配的人的灵魂中。所以,剖析灵魂,探究合乎自然的人性,是他们的伦理学的出发点。他们不像柏拉图那样将灵魂的情感部分和理性部分对立起来,而是主张冲动、欲望等情感的发生本身是自然的,不应贬低或否定,而要在正确理性的指导下,通过使人的行为合乎自然法则,实现情感与理智的合宜交融,从冲动、欲望向德性过渡,实现自然的人性。

① 普卢塔克:《论斯多亚学派的矛盾》,1035c,载于普卢塔克《道德论集》第 8 卷第 2 册。

人的灵魂中的理性支配原则像蜘蛛的网线贯通全部灵魂与全身,意识的各功能都和它相联结。灵魂有感觉、生殖、思想、言说、欲望等诸多功能,而从人的知觉与行为发生而言,首先是产生冲动(impulse)。冲动是"灵魂趋向或规避某种事物的运动"[1]。自然构成的一切动物都有这种品性,人之外的动物的冲动只是由其感觉或内在本能决定它趋向或规避某种事物,人的冲动则和理性之网关联。人的感官受外界事物刺激,产生"认同"感觉的表象,而同时也就有冲动这种心理活动,它是"一种认同的活动",是"人的理性命令他去行动"。[2] 如看到一个橘子,人意识到它是好的,就要去吃它,所以冲动是一种趋向行动的判断,既表现为欲望,又是和灵魂中的理性支配原则相关联的,它本身是自然、合理的心理活动。这种情感是和灵魂的理性部分紧密联结、交融为一体的。当代学者布伦南(Tad Brennan)指出:斯多亚派和柏拉图、亚里士多德相似,都主张理性是灵魂的中枢,灵魂有趋向特殊对象的欲望、追求;但斯多亚派并不把情感和理性分割开来,主张灵魂是统一、不可分的,不应是内在冲突的。[3] 就是说,就人的自然本性而言,伦理学应立足于情感和理性和谐一致的基点上,所以斯多亚派的伦理学在近代被有相似主张的亚当·斯密的《道德情操论》所赞同和吸取。

早期斯多亚派主张动物(包括人)的首要冲动是"自我保存",这是出于自然的本性。他们说:

> 一个动物的首要冲动的目的是自我保存,因为自然从一开始就使它保持趋向它自身,如克律西普在他的《论目的》第 1 卷中所说的:对每一种动物最珍贵的第一要事是它自身的生命构成和它对此的意识;因为自然不会使动物和它自身疏远,也不会在造就动物后使它疏远、不珍爱自身。那么,由此得出结论:自然在构成动物后,

---

[1] 阿尼姆编:《早期斯多亚学派残篇》,III 377。

[2] 见同上书,III 171,III 175。

[3] 见布伦南《老斯多亚学派的情感理论》,转引自斯夫拉、彼得森编《希腊化时代哲学中的情感》,伦敦,克鲁韦尔学术出版社,1998。

使它珍爱自身;这样动物就会排拒有害的东西,追求对它自身合适或亲似的东西。

他们认为有些人(主要是指伊壁鸠鲁学派)将快乐说成是动物的首要冲动的目的,这是错误的,因为快乐在动物求得适合自身的生活方式时才会产生,是事后的结果。"自然的法则就是遵从冲动的引导",和理性衔接,"也成为理性的存在,再正当地根据理性符合它们的自然的生活方式;因为理性也作为冲动的塑造者伴随产生"。① 他们主张自存、自爱是动物与人的本性,这符合自然法则,如西塞罗阐释斯多亚派的这种观点时说:"自然惯于使它们为其自因,与此相反的东西就被排绝。一个动物的首要的合宜功能是在它的自然状况中维护它自身。"②早期斯多亚派将个体的自存、自爱视为自然人性的起点,表明他们在宣述自然整体论、天命观和理性主导的德性论的同时,并不否定个体人的情感和合乎自然的自主性以及一定的自由度,这和希腊化文明中个人不再从属城邦、个人地位有所突出仍是相关的。

然而,早期斯多亚派认为并非人的一切冲动都是自然、合宜的。克律西普将激情(passion)这种冲动看做是"过度的",表现为心灵的过分的运动,就好像人的跑步超过了人的散步。他说激情是指谓极端好和极端坏的判断。③ 柏拉图将激情置于欲望之上,是灵魂中较好的情感部分;斯多亚派则将激情看做极端的冲动,是错误判断和行为的心理根源。激情涉及价值判断,这和自然的冲动一样,区别在于后者和理性融合一致,前者则是非理性的。那么,既然人的理性支配原则(内在逻各斯)只认同合乎理性的品性,这种激情怎么可能发生呢? 他们用区别"正确理性"和"错误理性"来作解释。灵魂有不同程度的"张力",任何人只要其"逻各斯"不连贯一致地在"张力"的正当、合宜的程度

---

① 见第欧根尼·拉尔修《著名哲学家的生平和学说》,第 7 卷,第 85—86 节。
② 西塞罗:《论目的》,第 3 卷,第 20—21 节,转引自朗《希腊化时代的哲学:斯多亚学派、伊壁鸠鲁学派和怀疑论学派》。
③ 见阿尼姆编《早期斯多亚学派残篇》,Ⅲ479,Ⅱ899,Ⅲ466,Ⅲ480。

上,就会缺失完善的合理性。他就有一种不坚实的"逻各斯","激情并非没有逻各斯,也不是两者的纷争,而是一个逻各斯由于变化的突然与急剧,在转折中逃脱了理性的注意力"。① 他们关于激情和理性的冲突的说明,和柏拉图的有关说明是不同的。在他们看来,只有"贤人"才始终有正确理性,他们是人的合理性的标准。大多数人只是在部分时间、在准正确的意义上被理性所规范,也在部分时间、在错误意义上被理性所规范,而这种和正确理性缺乏连贯一致性,造成人的行为有智、愚之分。所以道德的进步不在于消除一切情感与欲望,而是在于作为品性的欲望与情感愈益和正确理性连贯一致。斯多亚派很强调要抵制病态的情感。

和正确理性连贯一致的冲动就能导向和自然相一致的行为和生活,因为它和宇宙理性支配的自然法则相一致。他们认为这种普遍的自然法则是存在的,在和自然一致的生活中,"我们戒绝一切为万物所共有的法则所禁止的行为,而这种法则也就是那渗透万物的正确理性"。② 早期斯多亚派已经孕育了普遍自然法的思想,这为后来的罗马法提供了形而上学的理论根据,罗马法就是以自然法为出发点而发展兴盛起来的。人的冲动这种自然情感和正确理性连贯一致,也就使人在合理行为中造就了德性,达到了生活的善的目的。

二 德性与善

德性与善内在地联结在一起,这是早期斯多亚派伦理学的主要目的。芝诺说这目的就是"按照德性生活","善之目的就是道德上的高尚生活,这得自自然的荐许";德性与善也就是幸福之所在。③ 他们的德性与善的论说深受苏格拉底思想的影响,但也另有其新的含义。

---

① 见阿尼姆编《早期斯多亚学派残篇》,Ⅲ473,Ⅲ459。
② 见第欧根尼·拉尔修《著名哲学家的生平和学说》,第7卷,第88节。
③ 见阿尼姆编《早期斯多亚学派残篇》,Ⅰ180—181,Ⅲ16。

他们阐释了德性的含义：德性在严格的、必然的意义上就是善的行为，善体现为德性才成其为善。① 德性是一种和谐的品性，是灵魂的理性支配的品性与能力，"德性就寓于理性之中"，或者说，是"坚定地、不可动摇地和理性连贯一致"的品性与能力。② 德性是自然为人设立的生活目的，德性的生活就是和自然相一致的生活。克莱安塞说：德性就是"根据正确运用理性和自然和谐地生活，它在于合乎自然地选择事物"③。德性没有程度之分，只有有德性与无德性之分，它是直接的、完善的现实行为，它的对立面是邪恶（vice）。"人因自然本性，生来就有德性的种子"，"自然使人是可教的"，"人必须通过学习德性而发展这种德性的种子"；人在趋向成熟时期，必须有德性来提供恰当的行为范型。④ 最后，也是很重要的，德性是知识形式的累积，是以人的存在全体为其对象的技艺；个人德性在于知识，邪恶源于无知；德性"不能没有关于事物的知识和技艺（哲学）而达到，这种知识与技艺理解人的事物和神圣的事物"。⑤

从以上他们对德性的原则界定来看，他们强调德性靠理性育成，德性可教，德性在于知识，凭借知识与技艺（他们这里说的技艺就是关于人和自然逻各斯的知识）而达成。这些说法和苏格拉底关于德性的论述十分相似，可见苏格拉底的伦理思想对早期斯多亚派的德性论有深刻影响。但他们也不是简单地回复到苏格拉底的德性论，而有不同的新含义。这主要表现在三个方面：(1)他们说的德性从冲动的情感过渡而来，理性有正确理性和错误理性之分，德性是正确理性融合着和它连贯一致的情感，理性引导下的情感在形成德性中仍起着重要作用；而在苏格拉底那里，理性是纯粹正确的，是排斥情感的，他对所有的情感道德论都采取批判态度。(2)他们的德性论的首要的形而上学的根据，是德性即生

① 见阿尼姆编《早期斯多亚学派残篇》，Ⅰ190，Ⅲ76。
② 见同上书，Ⅰ199，Ⅰ202。
③ 同上书，Ⅰ180。
④ 见同上书，Ⅲ214，Ⅲ219。
⑤ 见同上书，Ⅲ200。

活行为合乎自然的逻各斯,是自然的理性的目的性体现;苏格拉底虽然也将善看做本体论的最高范畴,将德性视为善的体现,但这是比较抽象的,德性只被归结为灵魂的理性功能与善,不具体涉及自然的存在与贯穿其中的逻各斯。(3)斯多亚派说德性是知识,比较开阔,不只包括德性定义的知识,而且包括一切自然存在的知识,特别是对于人的全部生活经验的知识,还有他们在逻辑学、物理学中论述的认识准则和自然本性的知识;而苏格拉底说美德在于知识,这知识就是关于德性的普遍性定义的知识,比较狭隘。斯多亚派认为,"辩证法和物理学两者也应被冠以德性之名;因为辩证法传达了一种方法,它使我们免于认同任何错误或免于长久地被特殊的或然性所欺骗,它能使我们保留与捍卫我们学得的关于善与恶的真理;因为他们主张,若无辩证法的技艺,任何人会被从真理诱向错误。"①

斯多亚派认为德性是人的自然本性、理性的目的性的完善实现,这种观点和亚里士多德的德性观有一致之处,但两者也有很大差异。亚里士多德的德性有一个从潜能向现实的实现过程。如英沃特、多尼尼指出:斯多亚派完全不同意这种思想,即德性作为一种品性是一种和完全实现的"现实"相对应的潜能。斯多亚派的品性就已含有现实活动的意思。就像西塞罗阐释的,德性的行为从它开始的第一步,就是直接实现的。② 所以,斯多亚派强调德性就表现在现实的行为活动之中,注重从生活实际去考察德性。

他们具体研究了德性,认为人的基本德性有四种:智慧(包括实践智慧)、正义、勇敢、节制。这和希腊的四种传统主德是一致的。每种基本德性都是根据知识来界定的,如勇敢是关于应被坚忍持续的事物的知识。每种基本德性又都有分属的特殊德性,如正义包括虔诚、仁慈、友爱、公正等。他们对各种基本德性和特殊德性都有联系生活实际的细致

---

① 阿尼姆编:《早期斯多亚学派残篇》,Ⅲ281。
② 见英沃特、多尼尼《斯多亚派的伦理学》,转引自《剑桥希腊化时代哲学史》,第716—717页,剑桥,剑桥大学出版社,1999(以下所引此书均为此版本)。

考察。他们和苏格拉底相仿,也主张善统摄诸德性,使各种德性互相联结,成为一个整体,表现为一种完整的人格,犹如自然是一个连续的整体。德性是达到善与幸福的手段,也体现善与幸福的目的本身。他们认为,德性就是顺应自然,和宇宙的本性(逻各斯)和谐,承担天命(神圣的天道),所以德性总和责任相关,德性的生活总是一种责任。责任就是要通过人自身的调节适应自然的安排,做合理的事,不做反理性、反自然的事,如忠诚于祖国,尊敬父母,友爱兄弟与朋友,等等。所以他们的天命观中也包含着责任意识,不能将早期斯多亚派的天命观简单地看做只是一种宿命论、统治奴隶的道德。他们的德性论中包含着有价值的内容,对希腊化时代重建道德生活秩序起过积极的历史作用。

德性生活的目的是达到善,唯有善才有幸福。善是绝对的,如克律西普所说:"唯有从宇宙的共同本性和秩序角度才能恰当地探讨善与恶的问题"[①]。各种具体事物都表现出合乎自然,而善是合乎自然的最高观念,是直接理解了自然全体的本性。"善"的意思是发现了满足"顺应自然"的一般观念的行为原则,是通过归纳与反省形成的,也是人是理性的存在、有能力理解与参与自然的普遍活动这种人性的特殊事实。所以他们说的善不像柏拉图、亚里士多德那样抽象,而表现在德性生活的经验事实之中,就是人性,人性本善。他们将善看做道德上的美,真善美统一,这也类似于苏格拉底的观点。德性出于心灵的内在善,也还有健康、财富等外在的善,世上还有非善非恶的中性的事物。他们主张,要达到幸福,表现为德性的内在善是根本的。

早期斯多亚派论述善的一大特点是强调善是和利益相联结的,这在古代就容易招致批评,而今也引起不同的看法。克律西普的继承人、巴比伦的第欧根尼将生活的目的概括为一句话:"在选择自然的利益中合理地(即以正确理性)行动"。他们将德性自身和有德性的事物也在如下意义上称为善:"利益所从产生的源泉;利益因之产生的东西,如有德性

---

① 阿尼姆编:《早期斯多亚学派残篇》,Ⅲ 68。

的行为;利益借以产生的主体,如有德性的良善之人。"①他们还明确地说:"善是利益,或并非利益之外,用'利益'来理解德性与正确的行为,用'并非利益之外'来理解有价值的人和朋友。"②普卢塔克在转述克律西普的有关观点时,就攻击早期斯多亚派将无道德价值的自然利益、物质手段看做道德上的善。③古代有不少类似这样的批评。最早的是中期学园派的卡尼阿德的批评,他论辩说:从事任何理性的活动的目的必定是关于某种不包含在活动本身中的事物的成就,斯多亚派则用自然利益取代了它。巴比伦的第欧根尼的继承人、早期斯多亚派的最后一任主持人安提珀特则提出"以人的能力做每项事物去达到首要的自然利益的成就"。A. A. 朗认为:他是接过卡尼阿德的说法,以"自然利益的成就"作为有价值活动的目的;选择自然利益的道德价值仍然靠运用正确理性;早期斯多亚派认识到利益和善相联结,是幸福的构成部分。④英沃特则认为,斯多亚派的"善"是真实利益的来源,这真实利益只是德性,是"改善灵魂"的真实利益,这和苏格拉底的伦理思想是一致的。⑤其实,苏格拉底的善和利益也相关,早期斯多亚派确实较多有所修正地吸取了苏格拉底的伦理思想,但他们论善比较现实,更带有功利性色彩,因为他们的自然主义的伦理学也肯定正当的冲动与欲望,并不是禁欲主义的,而是融合情感的理性引导人通达善的、有德性的行为,自然的逻各斯也使这种行为产生正当利益的结果,成为幸福的必要成分。他们也说到"不动心"的思想宁静,那主要是就抵制不正当欲望、激情和克制错误理性而言的。不能说他们已有近代的功利主义思想,但他们调和理性与情感、德性与利益,这是他们的伦理学的一个特色。在希腊化时代,大规模的简单商品经济有所发展,在罗马时代则更为繁荣,这种伦理学既讲道德秩序的理性规

---

① 第欧根尼·拉尔修:《著名哲学家的生平和学说》,第7卷,第88、93节。
② 阿尼姆编:《早期斯多亚学派残篇》,Ⅲ75。
③ 见普卢塔克:《论斯多亚学派的矛盾》,1042c—d,载于普卢塔克《道德论集》第8卷第2册。
④ 见朗《希腊化时代的哲学:斯多亚学派、伊壁鸠鲁学派和怀疑论学派》,第195—197页。
⑤ 见英沃特、多尼尼《斯多亚派的伦理学》,转引自《剑桥希腊化时代哲学史》,第688页。

范与天命,又适度肯定现实的自然利益,所以能被广泛接受,成为主流伦理价值。因而它在近代受到亚当·斯密的重视,因为调和道德情操与市场中"看不见的手"带来的功利性后果,正是亚当·斯密一直致力于解决的一个难题。

三　贤人

和伊壁鸠鲁学派提出"哲人"作为他们的理想的完善道德人格的形象相仿,早期斯多亚派也提出"贤人"来树立他们的理想道德人格,而且是一种并不超脱现实、积极介入社会政治活动的道德典范。苏格拉底也提出过贤人政制的理想,那是为了挽救城邦危机、实现道德振邦;斯多亚派的贤人说则是为新的希腊化世界重塑关涉政治伦理的道德形象,蕴涵重建新政治体制与社会道德秩序的目的。

贤人是联结智慧与道德为一体的典范。他必定是智慧之人,具有关于自然存在全体的知识。这不是说他天生拥有百科全书式的知识,而是指他懂得所有确立德性所必需的知识,包括斯多亚派的逻辑学、物理学的原理和伦理学的规范原则,并在自己的心灵中将它们连贯一致,就如在自然存在中这三者是互相联结的一样。这样,他就能以正确理性为指导,无所不能地、正确清明地认识一切事物,过和自然的逻各斯相一致的生活。因有正确理性的指导,他又有完善的德性整体,总是严格按照伦理规范处世,有恰当的行为,有高度的责任意识,有完美的道德人格;他"不动心",那是指他将完善道德人格视为"自足"的幸福,"远离虚荣",并不看重外在的财富与名誉。贤人总能不陷入极端的"激情",避免恐惧、忧伤等非理性的情感,致力于"消除邪恶","努力去发现善的事物",并教导他人从善。贤人内心就有神性,是与神相似的,是真正的"祭司",但他也敬奉宙斯,对诸神虔敬。贤人也是要结婚生子的凡人,他"提倡尊重父母和兄弟,认为它仅次于敬神","因为父母对孩子的感情是自然向善而非向恶的",由此可见,斯多亚派在致力于重建社会道德秩序中,颇重视家庭伦理。奴役是剥夺人的自主、独立行动的能力,贤人在身、心上都没有这种奴役,能完全自主、独立地处世行事,是真正的自由之人。①

贤人不超凡出世,而积极从政,是"王者",具有"关于善与恶的知识"这种"统治者必备的品质",最有资格做"官吏、法官"。因为"贤人能处理万事万物恰如其分","法律给了他们驾驭所有事物的全部权威"。② 这里有抬高当时的王权统治、为选拔统治人才献计的意向,所以就此点而言,斯多亚派也受当时统治集团的青睐。早期斯多亚派树立"贤人"形象,已处于希腊城邦国家沦亡、新的王权统治的希腊化大世界兴起之时,因此他们的"贤人"已非苏格拉底的旨在改善城邦国家的"贤人",而是新世界中智德兼备的卓越的个人,从政者和道德家的范型,能以自然的德性联结希腊化的大世界。他们在"贤人"形象中寄寓了他们确立新的社会政治体制与道德秩序的理想。

四 世界主义的社会政治思想

如前所述,芝诺在较早还受昔尼克学派影响之时,就写过《国家篇》,主张废弃希腊城邦国家基本的社会与经济体制,构想了由良善的公民、朋友、自由人组成的社会,由善和友谊、自然的亲缘关系将万民联结在一起,并提出共有妇女与子女、禁用货币等粗糙的主张。克律西普较早时也有同名著作及类似的主张。面对新生的希腊化大世界,他们实质上已开始构设一种适应这种现实的世界城邦的社会政治理论,其立足点就是昔尼克学派的第欧根尼所说的"我是世界公民"。但当时他们还得从柏拉图的《国家篇》,甚至斯巴达的社会体制中袭用某些成分。后来早期斯多亚派的学说体系趋于成熟,芝诺、克莱安塞、克律西普等人又写过《论王权》、《论法律》、《论政治家》、《论城邦与法》、《论协约》等政治哲学著作③,虽仅存残篇,但可看出,他们已根据成熟的自然理性的天命观和自

① 见第欧根尼·拉尔修《著名哲学家的生平和学说》,第7卷,第116—121节。
② 见阿尼姆编《早期斯多亚学派残篇》,Ⅲ75。
③ 参见索费尔德《社会与政治思想》,转引自《剑桥希腊化时代哲学史》,第740页。

然主义伦理学原则论述"世界城邦"与"世界公民",在西方哲学史上提出第一种成形的世界主义社会政治理想;它适应希腊化王权帝国的现实,不同于后来康德的由世界内在目的决定的"普遍历史"观这种世界主义,更不同于当今在全球化进程中有些西方学者论述的"世界公民"说和立足于"普遍主义"的新世界主义。从思想根源看,世界主义从其产生起都是有特定的历史内涵的。

早期斯多亚派明确地主张,根据自然的律令,原有各城邦国家应结成"世界城邦"这个大家庭。据斐洛记述,他们说:"这个世界是一个大城邦,有一个总法规,一个法律,而这是自然的理性命令应做什么,不应做什么";原有的诸城邦确实"有不同的总法规与法律,它们绝不是同一的,因为不同的人们有不同的习惯与行为规则",但这些都只应是对统一世界城邦之法的附加品;因各地自然条件与生活习性不同,"人们(包括希腊人与外邦人)之间的友谊联结还较勉强",而这也由于"他们的贪欲和彼此缺乏信任使他们不能听从自然的律令并将这种律令赋以法律之名,不能有利于结成持有同样观念的社群。所以国家是有总法规约的,而不只是对自然的普遍法规的补充,而这些不同城邦的法律只是对自然的正确理性的补充"。在他们看来,"一个家庭是一个微缩的国家,它的管理可称之为国家的管理,就如一个国家也是一个大家庭,国家管理是家务管理"。总之,据西塞罗记述,他们认为,"由天命支配的世界是一个城邦",每一个人都是这个"世界"中的一分子,"由此得出的自然的结论就是我们宁要我们自己全体的共同利益"。① 显然,他们的服从总法规的"世界城邦"有其形而上学的根据,它是因自然理性、自然律令命定形成的。

他们的"世界城邦"实际上就是从理论上论证希腊化帝国的现实。普卢塔克记述芝诺最早提出这种思想:"可以概括为这样一个主要原则:我们这个世界上的居民,不应根据他们各自的正义的原则,分为独立的

---

① 见阿尼姆编《早期斯多亚学派残篇》,Ⅲ323,Ⅲ333。

城邦和社群；而是应该认为，所有的人都属于一个社群和一个政制，我们应该有一个共同的生活，对所有的人来说是共同的秩序；即便是一群羊也是一起喂养的，在共同的牧场放牧的。""当芝诺将他的哲学乌托邦写在纸上时，亚历山大实现了这种理论。"①芝诺描绘了这种"完善国家"的蓝图：一方面，它的法律不再是各城邦人为约定、各自实施的法律，而已发展成为根据理性的自然律颁布的公共法，摒除了原有诸城邦各有特权、偏见的法律和习俗，规定世界公民没有任何种族、等级差别，都是平等相处、互爱互助的兄弟。这是要求希腊化世界有普遍的法律秩序，并以某种宽容精神来沟通和融合各地区、各民族。另一方面，"世界城邦"要求全体公民依据自然律践履德性，负有忠于国家的道德责任。这种世界主义体现了帝国世界的统治要求，在长达800年的希腊化文明和罗马文明中，都是主导的政治伦理精神。

希腊化时代的三大王国，为了发展帝国型、兼融希腊与东方特色的大规模奴隶制经济，吸取东方的君主集权政治形式，实行王权政制与行省制，文化上一般采取比较宽容的政策，支持希腊文化和东方多民族的传统文化并存与融合，削弱了原有的僧侣文化专制。这种适应大型奴隶制的王权政治体制，为以后的罗马帝国的政制提供了蓝本。芝诺与克莱安塞都写过《论王权》，他们综述了有关史料，论述了一位国王的职能是什么，基本美德与自我规范如何用之于他的行为。他们宣述了许多王政活动的特殊方面：敬神，选择与利用盟友，对待公民，军务，决策、立法、常务及休闲等。国王必须合乎正义地统治并促进和平，特别是他必须显示人性、自制与仁和等品质。②他们认为王权政制中"最好的政府形式是民主制、君主制和贤人制（最善者的统治）的结合"③，就是要吸取这些政制中的好因素。希腊化王权在国家集权的控制下发展大型奴隶制经济，由于历年征战和佃农、小手工业者破产，奴隶数量增多，其中希腊人和东方

① 普卢塔克：《论亚历山大的幸福或美德》，329B，载于普卢塔克《道德论集》第4卷。
② 见索费尔德《社会与政治思想》，转引自《剑桥希腊化时代哲学史》，第743页。
③ 第欧根尼·拉尔修：《著名哲学家的生平和学说》，第7卷，第131节。

人皆有,不同于希腊城邦时代外邦或蛮族人方为奴隶,奴隶常掀起反对奴隶主的斗争。早期斯多亚派也重视奴隶问题。他们出于人性论,也说过"没有人按照自然本性就是一个奴隶"①,就是说奴隶和自由民是后天分化的;但他们认为,由于自然安排了人的优劣之分,奴隶制基于某些人、某些种族的低等禀性,所以是一种自然的制度,只是要改善。希腊化时代最杰出的历史学家波里比阿(Polybius,约前204—前122)是斯多亚主义者,他学识广博,才兼文武,到罗马当人质16年之久,以其学术素养获得罗马统治集团的宠信。公元前150年他获得自由,写了一部以罗马为焦点的《历史》,记述了希腊化世界由兴盛趋于衰落的历史。在他看来,当时各国的历史已成为相互联结的整体,历史发展最终都要归于罗马的统一。他的社会历史与政治观出于斯多亚派哲学的天命论,主张一种历史循环论,认为全部历史总是君主制、王权制、暴君制、贵族制、寡头制、民主制这六种政体不断反复的循环过程。他已看出希腊化世界的王权政制有劣弱之处,认为罗马政治制度和军事组织所以优越,在于他们恰当地把君主制、贤人制和民主制有机地融为一体,从而避免了滑向暴君制、寡头制和无政府状态或暴民政治,因此罗马必定会赢得整个世界。

　　早期斯多亚派对希腊化的"世界城邦"持有乐观态度,用自然的正义和萌发的自然法思想论证"世界公民"联结成一体,是合乎自然理性之必然。克律西普在他的著作《论美德》(On the Virtues)中说:"正义与法、正确理性都是根据自然存在的,不是根据约定而存在的"②。他们认为自然的正义就是以"正义的纽带将人们联结起来",而否定"有人和野兽之间的正义的纽带"。克律西普表述得好,说其他事物都是为人与诸神产生的,而人与诸神是为他们自己的社群与社会产生的。他们论述自然的正义就是自然赋予人的群体性:"自然产生父母对孩子的爱,这很重要。由此出发点可推出,爱联结人类的共有社会并使其发展","我们被自然驱

----

① 阿尼姆编:《早期斯多亚学派残篇》,Ⅲ351。
② 同上书,Ⅲ308。

使去爱所有那些相处之人。据此自然地得出结论,在人们中间有一种人们互相的共同、自然的亲似性","这样,人们就自然适宜于群居、结成集团与国家"。这可谓他们的国家自然生成说。这种人间互爱的正义也表现为他们很看重的"友谊"德性。"友谊"的纽带能将所有人联结在"世界城邦"这个大家庭里;而可进入"王者"、官吏之列的贤人们之间有真正的友谊,所以他们也能将原有各城邦地区联合成希腊化的"世界城邦"。他们还从自然全体来论"世界城邦"的整体主义价值至上:"宇宙由神的意志统治,它就像一个被诸神与人们分有的城邦或国家,我们每一个人是这宇宙的一部分。由此自然地得出结论,我们将共同的利益置于我们自己的利益之先。正如法律将所有人的利益置于个人利益之先,服从法律、认识自己的公民责任的良善的贤人,追求所有人的利益甚于任何个人与他自己的利益。"[1]

他们认为:自然法是"全体事物之法,是人的事物和神圣事物之'王'。因为这种法对善的和非善的事物,是一个主宰者,一种原则,一种统制权力,因此,它是正义和非正义的尺度。而对于本性上是政治动物的人,它命令应做什么,禁止不应做的事物"。而"国家就是由法统治的众多人群"。对人而言,自然法的首要原则是:自然的冲动是"人类要自我保存",因对同族的爱的冲动而"互相吸引,它将人们联合在一起","所以我们按自然本性联结、聚合在共同的社会与国家中。若非这样,也就没有正义或仁慈了"。[2] 他们认为希腊化王权政制应根据这种自然法,来制定保证巩固"世界城邦"的法律制度。这还是他们的原则的法制理想,后来罗马法将这种原则的理想充分发展成法学理论和法律体系。

---

① 见西塞罗《论目的》,第 3 卷,第 62—64、67、70 节,转引自英沃特、吉尔生编《希腊化时代的哲学:导读资料》,第 152—153 页,印第安纳波利斯,海克特出版公司,1988。
② 见阿尼姆编《早期斯多亚学派残篇》,Ⅱ 314,Ⅲ 340,Ⅲ 342。

第五节　中期斯多亚学派

公元前2世纪中叶至前1世纪,处在希腊化文明和罗马共和制的晚期。希腊化时代的前两个世纪经济兴旺,哲学与文化有较大发展,但这种繁盛富庶建立在大量奴隶困苦劳动的基础之上,大型集权奴隶制经济也必然导致贫富两极严重分化,而这正是希腊化文明后期衰落的重要原因之一。三大王国的外战内乱消耗了大量国力,王朝统治集团日趋昏庸腐败,公元前2世纪希腊化文明就趋向衰落。而罗马原是一个拉丁小邦,公元前510年罗马公民驱逐了暴君"高傲者"小塔克文,建立了共和国,至公元前275年征服全意大利半岛诸邦。平民在同贵族的斗争中促成一系列变制,权益有所扩大,缓和了阶级矛盾。罗马壮大了实力,得以对外扩张,到公元前146年消灭迦太基的布匿战争结束,已是地中海的霸主。通过掠夺大量的财富、土地和奴隶,罗马已从家内奴隶制发展成为发达的帝国型大规模奴隶制,就是由"家长制的、以生产直接生活资料为目的的奴隶制度,转化为以生产剩余价值为目的的奴隶制度"[1]。它在形成方式和内在本质上显然不同于希腊城邦的奴隶制,比希腊化文明的集权奴隶制显示出更有发展大规模简单商品经济的生命力。罗马共和制后期,又经历了格拉古兄弟改革、骑士与平民联合反元老势力等内部尖锐的政治斗争,促成屋大维于公元前29年以帝制取代共和制。也就在罗马共和制后期,公元前168年、前146年罗马先后灭亡马其顿、征服希腊本土,公元前64年罗马大将庞培消灭塞琉古王国,托勒密王朝的末代女王克娄巴特拉先后投靠凯撒和安东尼,最后在公元前30年,女王依靠的罗马大将安东尼败亡于罗马帝国的屋大维之手,女王也自杀身亡。希腊化文明终结了。而也在这一时期,希腊哲学与文化大举进入罗马,开始融入罗马文明,征服了罗马人。中期斯多亚派正是这种历史转变中

---

[1]《马克思恩格斯全集》第25卷,第371页,人民出版社,1974。

的一个哲学演变成果。

早期斯多亚派至安提珀特告结束。公元前2世纪中叶斯多亚派哲学就已传入罗马,得到罗马当权者西庇阿的支持,出现罗马的斯多亚团体。中期斯多亚派仍大多是希腊化世界的哲学家,其著作仍以希腊文为主,而西塞罗的优雅清畅的拉丁文著作使这种哲学更易在罗马帝国广泛传播。中期斯多亚派已开始直接进入罗马,面向罗马世界,而斯多亚派哲学自身也因在和各种哲学的交锋与交融中演变,因而有不同于早期斯多亚派的三个理论特征。(1)它和学园派、漫步学派既争论又有融会,共同反对伊壁鸠鲁哲学和怀疑论哲学,较多地吸收柏拉图与亚里士多德的哲学成分,以修正早期斯多亚派哲学,特别是开始表现出柏拉图化的倾向;而罗马本是兼收并蓄地引进各种希腊哲学的,更加强了中期斯多亚派哲学的这种折中特色,使之更能被罗马的知识阶层所接受。(2)它不重视逻辑学,更强调自然哲学的伦理目的,更注重伦理学的实践性,提出兼顾罗马平民与贵族的德性论、按照自然理性的生活方式乃至政治伦理与法哲学思想,这为罗马帝制时期斯多亚主义的全盛作了理论准备。(3)它既坚持"自然"的理性神,又迎合希腊化和罗马世界的各种流行宗教,神学内容更为斑驳错杂;它的某些内容被大体同时的斐洛在开始融会希伯来文化和希腊哲学中所吸取,它的柏拉图化与神秘主义因素后来为罗马斯多亚派哲学所发展,最终包纳入新柏拉图主义哲学。总之,中期斯多亚派承前启后,是早期斯多亚哲学向罗马斯多亚哲学的过渡环节,是沟通、连接希腊化文明和罗马文明的一个重要环节。

中期斯多亚派的希腊文著作大都只散存残篇,近些年西方学者分别整理、汇编了有关哲学家专人的残篇;西塞罗的较多的有关记述则完整地留存下来。中期斯多亚派有四位各具特色的代表,现分别简要评述他们的哲学思想。

一 帕奈提乌

帕奈提乌(Panaetius)约公元前185年出身于小亚细亚罗得岛的一

个显贵之家。他先在帕加马师从于语法学家马罗斯的克拉底（Crates of Mallos），后去雅典学习斯多亚派哲学，是巴比伦的第欧根尼和塔索斯的安提珀特的学生。他于公元前144年到罗马，和当时的罗马统治集团有密切交往，和希腊历史学家波里比阿同为罗马执政者西庇阿的密友与顾问，在注重引进希腊文化的西庇阿圈子中十分活跃。公元前141年他曾随西庇阿出征东方，在亚历山大里亚这一东方文化中心游学，后返回罗马。他学识广博，在罗马大力传扬斯多亚派哲学，和波里比阿等最早组成了罗马斯多亚派团体，是将斯多亚派哲学引进罗马的第一人；他的朋友与学生多为政界要人，使他得以有效地促进了斯多亚派哲学在罗马上流社会与知识阶层的传播。公元前128年他继安提珀特任斯多亚派的领袖，直至公元前110年去世。他培育了许多学生，波西多纽就是最著名的一个。他的思想在罗马政界、文化界很有影响，西塞罗就很崇敬他，在著作中常引述他的话。他写过许多著作，大都未留存，包括《论责任》，西塞罗的晚年名著《论责任》的前两卷的论述，就源自他的有关思想。西塞罗的著作记述了他的不少思想，第欧根尼·拉尔修等古代哲学家与编纂家也有记述。现代西方学者斯特拉腾（Van Straaten）编辑了《罗得的帕奈提乌残篇》一书，较全面地辑录了他的原始思想资料。

帕奈提乌依然坚执斯多亚派关于理性（逻各斯）支配自然整体的基本哲学观点，但又发生了一些重要的思想变化。中期学园派的卡尼阿德对芝诺、克律西普的批评及其宣述柏拉图学说，对他较有影响。他很推崇柏拉图，称颂柏拉图是"哲学家中的荷马"，尽力使斯多亚派和柏拉图的哲学调和起来，消弭其矛盾之处。但他比较赞赏早期柏拉图的那些"苏格拉底式"的对话和色诺芬的《回忆录》，对《斐多篇》等中期对话采取怀疑态度。这种亲柏拉图笔下的苏格拉底思想的态度，和他的伦理思想倾向相关。同时，他也颇受漫步学派的思想影响，经常以赞同的口吻引述亚里士多德、塞诺克拉底、塞奥弗拉斯特、狄凯亚尔库的话。他吸纳了柏拉图、亚里士多德的一些思想来改变早期斯多亚派的一些观点，开启了中期斯多亚派的这种思想进程。

他不重视逻辑学,不像克律西普以逻辑学作为研究的出发点,而主张物理学是哲学的起点。[①] 他的关于逻辑学的论述极少,只知他接受了克律西普的观点,认为表象是真理的准则,但在卡尼阿德的影响下,强调这表象必须是无自相矛盾的。[②] 而在自然哲学方面,他主张宇宙是不可毁灭的,否定克律西普等人所论述的赫拉克利特式的"世界大火"使宇宙周期性毁而复生的论说,如斐洛所记述的,他也否定了同样事件在连续的世界循环中永远重现的观念;他接受了亚里士多德肯定世界永恒性的思想。[③] 他对天文学有研究,认为彗星也只是一种特殊的星体,并界定了彗星和其他星体的区别。他强调不是星体征兆人事,而是气候这种地理环境对人有重要影响,正是由于气候好,阿提卡出了许多才智之人,而温热地区适于居住与育人。[④] 这种粗朴的地理环境决定说,和希波克拉底的有关论述是相似的。他坚持斯多亚派的天命观,写过论天命的书;但他和早期斯多亚派为星相学与占卜辩护不同,他出于一种比较科学的态度,坚决否定、摒弃星相学和占卜学,"拒斥星相学家们的预言",认为占卜也不可信。他论述道:星体和大地之间太遥远了,不可能有星相学所设定的天体运动和人世事务之间的因果关系。[⑤] 显然,他在论自然的天命中,已排除了宇宙中任何事件之间有任意的因果联系。而且,他认为自然并不是绝对完善的,也有缺陷,但自然的欠缺可通过教化和医药治疗来矫正。他的自然哲学中的科学态度,无疑得益于亚里士多德思想的熏陶。

在宗教神学问题上,帕奈提乌明显表现出调和理性神和传统多神教信仰的倾向。他将宗教分为三种:第一种是诗人的宗教,就是荷马以来传统信仰的拟人的诸神,这是虚妄的,将神说成有偷盗、通奸、吞食子女

---

① 见第欧根尼·拉尔修《著名哲学家的生平和学说》,第7卷,第41节。
② 见塞克斯都·恩披里柯《反数理学家》,第7卷,第253—257节,载于《塞克斯都·恩披里柯文集》第2卷。
③ 见斯特拉腾编《罗得的帕奈提乌残篇》,64—69,莱顿,布里尔出版社,1962。
④ 见同上书,76、135。
⑤ 见同上书,70、74。

等不道德行为,是充满荒诞内容的无稽之谈。第二种是哲学家的宗教,这是合理的、真的,但不适宜于流行。第三种是政治家的宗教,奉行对传统诸神合理的崇奉,用以教化公众,这是必要的。[①] 他否定希腊传统的拟人化的多神教,实际上认为柏拉图、亚里士多德以及斯多亚派哲学中的理性神才是真实的,但理性神毕竟难以被当时的社会与公众所接受,所以在社会政治生活中有必要以合适的方式保留对传统宗教的信仰,纳入斯多亚派的伦理内容,以利于维护社会道德秩序。

他的灵魂观也自有特色。他认为灵魂由"火"与"气"的混合(实为普纽玛)构成,将早期斯多亚派说的灵魂的八个部分压缩为六个部分,即五种感觉和一种理性的支配部分(将言说能力和营养部分归属于运动与自然本性),突出了理性在灵魂中的中心地位,这和柏拉图相一致。另一方面,他否定柏拉图的灵魂不朽说,认为一切产生的事物必定要消亡,灵魂也是出生后才有的,在生理、心智上也会害病、消亡。[②] 他认为世界全体、统制自然的普纽玛才是永恒的。

帕奈提乌最重视伦理学的主题,有靠近亚里士多德的幸福论、德性论,较少早期斯多亚派的理想化与思辨性,更切近日常生活实践等特色。他认为,自然赋予人冲动与理性,使人能恰当地生活。道德的目的是幸福,幸福在于合乎自然地生活,这是所有德性的共同目的,但每个人以不同方式达到这一目的。[③] 他用箭靶比喻德性目标,靶心有不同的颜色标示,不同的箭或射中白色部分靶心,或射中黑色部分靶心,用这个比喻说明:所有德性都以幸福为目的,以不同的按照自然生活的方式来达到这一目的。他说的幸福与德性无严格的整体齐一性,而带有实现方式的个体特性。西塞罗在《论责任》中开初说到四主德(智慧、正义、勇敢、节制)源自人的自然的冲动,体现了帕奈提乌的思想;帕奈提乌和亚里士多德相似,认为德性也是人性中情感要素的品性,而且更有情感与理性在道

---

① 见奥古斯丁《上帝之城》,希利英译,第 4 卷,第 27 章,伦敦,邓特出版公司,1947。
② 见斯特拉腾编《罗得的帕奈提乌残篇》,83、85—86,莱顿,布里尔出版社,1962。
③ 见同上书,109。

德生活中平行起作用的看法。他说:"灵魂有双重的能力与本性:其一是冲动,它驱使人做这做那;另一个是理性,它教导、说明应做什么和不应做什么。"[①]这不同于克律西普认为冲动只是从属于理性的一种功能。他主张德性有情感与理性的双重本源,这更适合于解释日常生活行为实践。他将德性区分为理论的和实践的两种,而更注重实际生活中的实践的德性。在实际生活中难以造就早期斯多亚派说的"贤人"这种有绝对完善德性的理想道德人格,帕奈提乌放弃了这种"贤人"说。有一个年轻人问他,贤人是否能有爱情或应有爱情,他回答说:让我们将贤人撇在一边吧,至于你和我这样的常人,远不是贤人,我们的目标是不要陷入心灵扰乱、无能为力、屈从于他人的状态。[②] 他认为,实际伦理生活的目标不是"完善的德性",而是"德性的近似性"。他的著作《论恰当的事物》研讨了"责任"应是所有人的"中介"目标,说道:"既然生活中并不接触到完善的、大智大贤之人,而接触到的是有好行为、表现出德性的近似性之人,所以我认为,必须懂得任何一个人表现出德性的常态,就不应漠视他。"[③]早期斯多亚派认为德性与恶无程度之分,只有有无之分,但他们又区别了贤人和常人,这未免自相矛盾。帕奈提乌将这种较生硬的道德学说,修正得切近生活实际,有利于将它应用于日常生活与道德教育。

责任是实现自然理性赋予人的自然禀赋与公务,体现"德性的近似性",是按照自然生活的应有之义。道德责任源自四主德,四主德是统一的整体,但每种主德都产生相应的一些特殊的责任。帕奈提乌研讨日常生活的德性,就集中在责任问题。西塞罗的《论责任》就是借鉴他的有关论说写的,书中多次提及帕奈提乌的见解,但难以细分全书中哪些是他的思想。但西塞罗指出帕奈提乌关于道德责任的论述"无疑是最透辟的",西塞罗"大体上信从他的学说,只是略有改动"。西塞罗说:帕奈提

---

① 斯特拉腾编:《罗得的帕奈提乌残篇》,87,莱顿,布里尔出版社,1962。

② 见同上书,114。

③ 西塞罗:《论责任》,第1卷,第15节,载于《西塞罗文集》第21卷,米勒英译,"洛布古典丛书",麻省,剑桥,哈佛大学出版社,1913。

乌"将人们经常考虑与权衡的伦理问题归纳成三个:第一个问题是,所做的某件事情是有德的还是无行的;第二个问题是,它是有利的还是不利的;第三个问题是,假如义与貌似之利发生冲突,如何决定取舍。"帕奈提乌用三个章节的篇幅详细阐述了前两个问题,并说将在适当时候讨论第三个问题,但在他去世前 30 年中未见下文。① 其实,这三个问题也就是贯穿西塞罗的 3 卷本《论责任》的基本问题。从中可见帕奈提乌的主要见解就是:人要达到道德上的善,应履行自然赋予的道德责任,实现德性;有德性、负责任的行为必然是有利益的(包括外在的善——健康与财富),义和利是统一的;真正的义和利并不发生冲突,义与貌似之利发生冲突时,只有通过和真正的德性保持一致来解决。

帕奈提乌认为正义表现为两个原则:一是不伤害他人,二是维护公共利益。西塞罗认为,自然的法则不允许伤害他人,个人利益与整个国家的利益应融为一体,否则就会毁害罗马帝国的"文明社会的整个结构"。② 可见他的正义观是符合罗马帝国的利益的。他在政治上拥护罗马的共和制,从理论上论证这是最好的政体。西塞罗的《国家篇》反映了他的观点,认为最好的政体是君主制、贵族制和民主制中好因素的调和。他的政治思想对罗马共和制后期的社会改革起有积极的影响。

二 波西多纽

波西多纽(Posidonius)于公元前 135 年生于西尔卡(Circa),和芝诺一样是叙利亚的闪族人,约于公元前 51 年去世,生活在罗马帝国征服希腊化世界之时。他在雅典学习哲学,是帕奈提乌的最有成就的弟子。他曾在广阔的地中海世界游历,到过高卢、北非、南意大利等地,考察各地历史、地理、文化与风俗民情,并研习自然科学,积累了广博的知识。公

---

① 见西塞罗《论责任》,载于《西塞罗三论:老年·友谊·责任》,徐奕春译,第 93—94、213—214 页,商务印书馆,1998(以下所引此书均为此版本)。
② 见同上书,载于《西塞罗三论:老年·友谊·责任》,第 221 页。

元前 97 年他定居罗得岛,创办学校,吸引了各路学子,甚至包括一些达官贵人。他本人虽未曾在罗马传播过哲学,但在罗马享有盛名。西塞罗在公元前 78 年到他处就学,这是西塞罗将斯多亚派哲学引入罗马的主要来源之一,据说西塞罗的《论神性》《论占卜》等是根据他的著述编写的。罗马统帅庞培曾专程去拜访他。他在东西方、希腊化世界和罗马世界、早期斯多亚哲学和罗马斯多亚哲学之间,起有重要的中介作用。

他无疑仍是一个斯多亚派哲学家,但他的思想表现出复杂的独特性。一方面,他比帕奈提乌更多地接受柏拉图的学说,用以修正早期斯多亚派的观点,推进了斯多亚哲学的柏拉图化,以至有些西方学者将他视为新柏拉图主义的先驱,耶格尔更称他是"第一个新柏拉图主义者"[①](这个说法并不合适,他基本上还是斯多亚派哲学家,还不像稍晚的新柏拉图主义先驱斐洛)。另一方面,他有广博的人文科学特别是自然科学学养,是在哲学中对希腊化时代重大科学成就有所体现的难得的哲学家,A. A. 朗说他学识的广度"可和亚里士多德、塞奥弗拉斯特"等相比,在他那里"可发现哲学和科学又结合了"。[②] 他的自然哲学包含了较多的科学内容,但某些内容又退回到早期斯多亚派的观点,甚至因而和帕奈提乌不同,又肯定了星相学与占卜学。

他是多产作家,著作涉及多方面,所留存残篇有些指名是他的,有些如西塞罗、塞涅卡及其他人的著作未指名他的名字,其实是他的残篇,所以汇编他的残篇并非易事。直到 1972 年以来才出了两个他的残篇汇编本:埃德尔斯坦因(L. Edelstein)、基德(I. G. Kidd)编《波西多纽:残篇卷一》,塞依勒(W. Theiler)编《波西多纽:残篇》。

他也将哲学分为逻辑学、物理学与伦理学三个部分,但对逻辑学研究极少,更注重自然哲学的研究。他在《论规范》中说:"正确理性是真理

---

① 阿姆斯特朗主编:《剑桥晚期希腊和早期中世纪哲学史》,第 126 页,剑桥,剑桥大学出版社,1967. 对此问题包括波西多纽对普罗提诺的影响,有不同看法,此书中有论述。
② 见朗《希腊化时代的哲学:斯多亚学派、伊壁鸠鲁学派和怀疑论学派》,第 218 页。

的标准"①,但也重视感觉经验。从残篇看,他对当时自然科学的前沿问题确实作了开阔的研究,科学方法上接近亚里士多德。他认为,科学需要对自然现象的经验观察,并凭借理性从中"探索出原因"。② 亚里士多德将"关于原因的知识"看做科学的基础,波西多纽和他一致,两人都注重搜集经验观察资料并在探究原因中提炼科学理论。他是著名的地理学家,到过地中海世界的许多地区,在西班牙、意大利、高卢等地考察江河、火山、海洋潮汐、天文气象等,并从天文学、气象学、数学和地理学角度作出因果关系的说明。他的考察资料后常被著名地理学家斯特拉波所引用。他将天文、气象和地理研究与数学结合起来,以求精确地发现自然的原因,这无疑受希腊化时期数理天文学兴起的影响。他在西班牙研究海洋与潮汐,根据事实观察和计算,认为海潮的运动和月球的运动密切关联。③ 这个结论是正确的,因为潮汐运动确实由于月球对海洋的引力所致。他试图精确地计算地球、月球与太阳的大小,这也正是当时数理天文学所致力研究的。他构建了一个有限圆穹的宇宙模型来说明各星体的运动轨道和银河、彗星,在天体研究上他追随亚里士多德。④ 他注重研究几何学,从新柏拉图主义者普洛克罗评释欧几里德的著作可见,他对平行线等一些几何定理作出了新界定,但是伊壁鸠鲁派的西顿的芝诺企图推翻几何学原理,他写了一整本书来反击,捍卫几何学,并强调几何学与物理学在天体研究中的运用。他认为,物理学研究天体的本体、力、性质、产生与消灭,能对它们的大小、形状和秩序提供证明,涉及天体运动的质与量;而传统的天文学不研究这些,只凭观察泛论天体的秩序,所以天文学需要数学与几何学,物理学和天文学应结合,这样才能把握住原因,得出天体运动的因果说明。⑤ 这种观点是对当时数理天文

---

① 第欧根尼·拉尔修:《著名哲学家的生平和学说》,第 7 卷,第 54 节。
② 见塞依勒编《波西多纽:残篇》,85,柏林和纽约,格鲁依特出版社,1982。
③ 见埃德尔斯坦因、基德编《波西多纽:残篇卷一》,83,剑桥,剑桥大学出版社,1972。
④ 见同上书,46、123、86、130。
⑤ 参见克列斯泰勒《希腊化时代的希腊哲学家》,伍兹英译,纽约,哥伦比亚大学出版社,1993。

学前沿问题的哲学解释,强调将经验观察和演绎证明结合起来,和亚里士多德的科学方法论是一致的。

波西多纽的科学研究最终是为了论述斯多亚派的自然哲学和宇宙观。他对自然物体的一些基本概念如质料、产生、消亡与原因有所规定。[①] 他认为宇宙是有限的和有生灭的,并和帕奈提乌不同,他又回复到赫拉克利特式的大火焚烧使宇宙周期性循环生灭的见解。他主张世界是一种有生命力的基体,由一种宇宙的"同情"(sympathy,指宇宙中一切事物的相互作用与联结)将万事万物结合成一个整体。世界有不同等级的存在,从无生命物到植物、动物与人类,构成硕大的系统与普遍和谐的秩序。所以他坚持一种严格的因果关系决定论,认为科学就是要确定事物的原因。他也认为神和自然是一体的,神是一种理智的、如火的精神即普纽玛,它无形体,但体现在自然万物之中。命运就是由这种神决定的。由此,他又和早期斯多亚派一样相信星相术与占卜术。据说他写过论占卜的书不下五本,西塞罗在他的《论占卜》与《论天命》中有所引述与论评。"他主张在自然中有关于未来事件的征兆"[②],它来自神、命运与自然本身,宇宙中一切事物都是交感的,因此星相术与占卜术是有道理的。实质上,他是夸张了可观察现象与未来事件的任意的因果联系,认为这种伪科学也是可信的,因而进行孜孜不倦的研究。希腊化时代前期的杰出天文学家阿里斯塔库,早在哥白尼之前1 800多年就已独具慧眼地提出日心说的宇宙论;波西多纽是颇有造诣的天文学家,曾构设了一个太阳仪说明所有行星的运行轨道,深知日心说可能成立。但他出于神学考虑反对日心说,因为它将地球与人类置于次要地位,违背了神意与人类中心的天命观。他坚执的是亚里士多德的以地球为中心的有限宇宙结构模型。

在灵魂学说方面,波西多纽颇受柏拉图的影响,将柏拉图的一些有

① 见埃德尔斯坦因、基德编《波西多纽:残篇卷一》,92、96、95,剑桥,剑桥大学出版社,1972。
② 西塞罗:《论占卜》,第1卷,第129节,转引自埃德尔斯坦因、基德编《波西多纽:残篇卷一》,110,剑桥,剑桥大学出版社,1972(以下所引此书均为此版本)。

关论说纳入斯多亚哲学的框架。他对柏拉图的《蒂迈欧篇》着力评释，接受了神创宇宙、世界灵魂是创生可感事物的中介等说法。他和柏拉图一样，主张身体和灵魂是可完全分离的，身体是有形的，是激发一些欲望等非理性情感的根源；灵魂则是无形的，具有包括理性和非理性的情感等心理活动；灵魂应驾驭身体。在个人灵魂的构成上，他更接受柏拉图的灵魂观，将灵魂区分为理性、激情与欲望三个部分，强调理性要克制激情与欲望。他对早期斯多亚派的有关观点有所批评，但也不完全类同于柏拉图的论说。克律西普认为激情是"过度的冲动"，而包括激情在内的所有的冲动和理性是可融合的，灵魂中没有非理性的部分。波西多纽则反对这种看法，主张灵魂中的理性有自身的限度，灵魂中必也有纯粹非理性的部分，激情作为"过度的冲动"就是非理性的，当然也包括欲望。柏拉图对也还高尚的激情并不贬斥，波西多纽则将激情贬落为和欲望同等的非理性的心理。在他看来，人既有追求德性与知识的自然倾向，也有追求快乐的自然倾向，两者常是相争相克的；人性中的非理性方面是人的激情的原因，必须使它服从于理性的控制，人才能达到生活追求的真正目的。① 柏拉图主张诗与音乐应起净化灵魂的教育作用，亚里士多德认为悲剧通过怜悯与恐惧起净化人心的社会功用，波西多纽论述通过艺术的净化功用治疗非理性的情感骚乱时也有类似的见解。

在伦理学上，波西多纽也有糅合早期斯多亚派和柏拉图见解的特色。他主张在理性和激情、欲望的冲突中，只有凭借灵魂的理性克制非理性的激情、欲望，才有恰当的行为，才能实现德性。他在和庞培会面时说，道德的善才是善，痛苦是有害的，但未必是坏事。② 他也强调道德的实践性，认为德性是现实的；但和帕奈提乌否认贤人不同，他认为贤人确实是存在的，苏格拉底就是完善德性的楷模。他写过论高尚的专文，赞同苏格拉底所说的唯独贤人是最高尚的。他主张，追求完善的德性、贤

① 见埃德尔斯坦因、基德编《波西多纽：残篇卷一》，34、160、148、186。
② 见同上书，38。

人的理想人格应是人生的目的;而他认为哲学家的最高人生目的是灵魂不受非理性的东西扰乱,过一种沉思真理与万物秩序的生活,这又接近于亚里士多德的说法了。① 和贤人说相关,他还主张一种文明起源与演化说。他认为人类历史开初是黄金时代,处于哲人(即贤人)的治理下,是哲人发明了各种技艺与工具,包括农耕、渔猎、纺织、造房、提炼金属、制作陶器等(还提到德谟克利特是建筑上拱门的发明者)。② 这样就将人类从原初低下的生活状态,提升到比较文明的状态。后来人类发生了堕落与暴力行为,于是就需要法律来规范。哲人则将制作性的应用技艺工作交给他人,自己专门从事政治活动和道德事业,以及科学研究与哲学思辨。他突出了哲人(贤人)在社会文明进步中的重大作用。

波西多纽也是一位历史学家,写过波里比阿的《历史》的续编,是长篇著作,尚存不少残篇③,对地中海世界各地区的历史文化与民俗风情有细致描述。他和波里比阿一样主张一种历史循环论,认为世界各地互相关联的历史发展,最终要归于罗马的统一。他主张罗马的国家制度要结合君主制、贤人制与民主制的优良因素,将政治与伦理紧密结合,使贤人与哲学家在立国、立法与以道德教化民众上起重要作用,统治者要将政治责任、道德责任与宗教责任三者统一起来。他的历史观与政治主张,无疑是适合当时罗马帝国的需要的。他的哲学、科学与文化思想在他去世后100多年间,在各领域一直很有影响,西塞罗与塞涅卡就从他那里吸取了不少哲学思想。

三 安提俄克

柏拉图学园派被怀疑论侵蚀大约有200年时间,就是阿尔凯西劳和卡尼阿德的中期学园时期,又回向新学园的"独断论"。虽说是恢复柏拉

---

① 见埃德尔斯坦因、基德编《波西多纽:残篇卷一》,29、186。
② 见同上书,286。
③ 参见同上书,51—78。

图主义,但实际上已交融了柏拉图、漫步学派和斯多亚学派的哲学。这种以融合、折中方式向老学园回复,肇始于拉利萨的菲罗及其弟子们,完成于阿斯开伦的安提俄克。在安提俄克的哲学中以斯多亚派哲学成分为主,但将斯多亚派哲学进一步柏拉图化了,可谓从学园派中走出来的中期斯多亚派的一位重要代表。

安提俄克(Antiochus of Ascalon)和波西多纽一样是叙利亚人,生于公元前130年,约在公元前68年去世。他年轻时到雅典成为学园派领袖、尚有怀疑论倾向的拉利萨的菲罗的学生,同时也就学于斯多亚派的达德努(Dardanus)和帕奈提乌的弟子姆涅撒克(Mnesarchus)。在菲罗的影响下,他成为新学园的积极支持者。公元前88年因反密泽里达战争爆发,他随菲罗离开雅典去罗马,不久菲罗去世,安提俄克成为学园派的领袖。在罗马,他结识了著名政治家、元老派将领苏拉的赞助者卢库鲁。公元前87—前86年,卢库鲁作为苏拉的副财务总管赴亚历山大里亚,安提俄克随同前往,这时他发生了和老师菲罗分道扬镳的思想转折。他在亚历山大里亚首次读到菲罗写的两卷书,菲罗不同于其先前的观点,在书中主张在旧学园和新学园之间作区别是错误的。书的详细内容已不可知,但从残存的安提俄克的回驳中可知,菲罗抹煞了中期的旧学园和新学园的区别,不完全放弃怀疑论,并说古代哲学家恩培多克勒、德谟克利特、苏格拉底、柏拉图在某种意义上也是怀疑论者,和新学园都是相容的。[①] 菲罗实际上仍受阿尔凯西劳和卡尼阿德的思想影响,认为事物的真正本性是不可知的。菲罗竟然将柏拉图也归于怀疑论名下,安提俄克断然反对。他针锋相对地宣称:"事物能就它们所是地被把握"[②]。

他和怀疑论彻底决裂,强调恢复学园的传统。但他所说的学园的传统有独异性,不仅包括老学园的斯彪西波、塞诺克拉底、波勒谟等人,也

---

① 见西塞罗《论学园派》,第1卷第13节,第2卷第13—18节,转引自朗《希腊化时代的哲学:斯多亚学派、伊壁鸠鲁学派和怀疑论学派》,第223页。

② 塞克斯都·恩披里柯:《皮罗主义纲要》,第1卷,第235节,载于《塞克斯都·恩披里柯文集》第1卷。

包括亚里士多德和早期漫步学派,更突出的是他声称斯多亚派和漫步学派只是在术语上而非在学说上不同,芝诺所建立的斯多亚主义是对老学园的一个"纠正",而非一种新的哲学体系。他说:"芝诺和阿尔凯西劳都是波勒谟的勤奋的弟子;但芝诺年长于阿尔凯西劳,是最聪敏的辩证法家……他着手重塑学园的体系"①。所以他说的恢复学园的传统具有折中色彩,而且突出了斯多亚派的哲学内容,将它引入新学园,并使它更进一步和柏拉图哲学调和起来。他的哲学主要是知识论和伦理学两个主题,也涉及自然哲学,都有斯多亚派的鲜明特色,他可说是学园中的斯多亚派。而他对斯多亚派哲学在罗马帝国的传播也起有重要作用,如西塞罗于公元前79—前78年在雅典时就学于他的门下,钦佩于他的雄辩与人格;他也是罗马名人瓦罗和布鲁图斯的老师,所以他也堪称中期斯多亚派的一位重要代表。西塞罗的《论学园派》和《论目的》等书中保留了他的一些思想资料,塞克斯都·恩披里柯只在两处简略地谈及他,新柏拉图主义者和中世纪的奥古斯丁对他也有论述。现代德国学者鲁基(G. Luck)将他的残篇汇编成《学园派人安提俄克》一书。

安提俄克在知识论上力图将斯多亚派的认知印象即表象说和柏拉图的理念说结合起来。一方面,他主张认知印象是真理的标准,真实的认知印象是知识的基础,可用来区别感知的真实与错误,表明事物是可知的;他全力捍卫斯多亚派的认知印象论,来反击怀疑论对它的攻击。另一方面,他强调知识必是"可靠的、不可动摇的",和柏拉图一样区别了"知识和信念",认为意见还不是知识,还无可靠的确实性,并说"理智自身是感知的来源",将真实的一般概念作为精确理解事物、确定真理的先决条件。② 他实际上将斯多亚派说的先存观念变成柏拉图说的理念,认为有这种作为一般概念的理念,认知才不会局限于"意见",才能上升为坚实的知识。柏拉图说的理念,还是指一种绝对的、理智的、和可感事物

---

① 西塞罗:《论学园派》,第 1 卷,第 43、35 节,载于《西塞罗文集》第 19 卷。
② 见同上书,第 2 卷,第 30 节,载于《西塞罗文集》第 19 卷。

分离的客观实在,并没有明确地将它等同于人的灵魂中的概念或思想,也没有说它是神的观念或思想。安提俄克则首先比较明确地将柏拉图的理念说成就是人的灵魂中的理智、概念,进而将理念说成最终就是神的思想。这种对柏拉图的理念说的重塑有着深远的影响,后来被亚历山大里亚的斐洛、罗马斯多亚派的塞涅卡等人、普罗提诺等新柏拉图主义者、奥古斯丁及一些中世纪哲学家吸取并进一步发挥,成为他们各自学说的重要内容。奥古斯丁在《上帝之城》中就引述了安提俄克的罗马弟子瓦罗的话,说密涅瓦女神(智慧女神)就是柏拉图的理念,也就是上帝的心智。[①]

安提俄克在伦理学上将斯多亚派的德性论和亚里士多德的伦理思想结合起来。他和早期斯多亚派一样主张:"善就是按照自然行为,必须遵照自然,终极的善必须只在自然中索求","在心智、身体与生活方式上符合自然地达到一切事物是意愿与主要善的目标"。[②] 他又和亚里士多德一样主张德性自身足以造就幸福,是达到幸福生活目的的必要的、充分的条件,但还不是"最幸福的生活"。[③] 他认为善和利益也是关联的,健康、富裕、名誉等等善的价值,虽然和德性的价值相比要轻弱,但对于造就幸福生活也是必要的。[④] 亚里士多德也主张健康、富裕等外在善是构成幸福的不可缺失的要素。安提俄克实质上是将亚里士多德说的外在善和斯多亚派的和利益相关的善等同起来,所以他说斯多亚派和亚里士多德的伦理学实质上一致,只在使用术语上表面有所不同。

安提俄克在斯多亚派哲学中的地位虽然不像帕奈提乌与波西多纽那样突出,但也自有特色,是向罗马斯多亚派演进的重要一环。他推进了斯多亚派哲学的柏拉图化,并糅合了自然主义伦理学和亚里士多德的

---

① 见奥古斯丁《上帝之城》,第7卷,第28章,转引自克列斯泰勒《希腊化时代的希腊哲学家》,伍兹英译,第149—152页,纽约,哥伦比亚大学出版社,1993。

② 见西塞罗《论学园派》,第1卷,第19节,载于《西塞罗文集》第19卷。

③ 见西塞罗《图斯库兰论辩》,第5卷,第21节,载于《西塞罗文集》第18卷,J. E. 金英译,"洛布古典丛书",麻省,剑桥,哈佛大学出版社,1927。

④ 见西塞罗《论学园派》,第1卷,第22节,载于《西塞罗文集》第19卷。

幸福观、德性与善的思想,更强调善和利益的关联,这符合建立罗马帝国兴盛时期的伦理生活的需要。他打起"恢复学园传统"的旗号,使学园派摆脱怀疑论的侵蚀,在学园中独树起一支和柏拉图、亚里士多德哲学交融的斯多亚派哲学,这对于柏拉图主义的复兴和罗马斯多亚派哲学的转型都有重要影响。

四　西塞罗

西塞罗是罗马帝国从共和制向帝制转变时期显要的政治活动家、雄辩的演说家和法学家,同时也是作为罗马本土人将希腊哲学与文化引入罗马的一位主要学者。他将希腊化时期的各种哲学广泛地介绍给罗马人,他本人的哲学思想也带有明显的融合、折中色彩,他起初接受过怀疑论思想,后来兼收并蓄地吸收柏拉图与亚里士多德、学园派与漫步学派的思想,但他主要肯定并阐发了斯多亚派的哲学,并用斯多亚派哲学来论述罗马应建立的伦理道德生活秩序、政治体制与法学理论,开始表现出罗马斯多亚派哲学的实践特色。所以,从他所处的时期和他的哲学特色而言,应将他列为中期斯多亚派哲学的罗马人代表,并将他视为从中期斯多亚派哲学向帝制时期罗马斯多亚派哲学转变的重要过渡环节。

西塞罗虽早就广泛学习、涉猎希腊哲学,但撰写大量哲学著述是在他晚年不得意之时。他作为政治家、法学家显著地活跃在充满政治斗争的、复杂惊险的罗马历史舞台上,一生交织着辉煌与悲壮,体现了那个时代的历史缩影。

西塞罗(Cicero)于公元前 106 年出身于罗马东南约 100 公里外的山区小城阿尔皮努姆的一个富有之家,父亲是罗马骑士,思想较开通,在罗马政界中有声名显赫的朋友如克拉苏、安东尼及西庇阿俱乐部的后期人物。西塞罗从小聪颖灵慧,到罗马就学出类拔萃,拉丁文写作尤为流利酣畅,对各种诗歌与史诗发生了浓厚的兴趣,翻译的一些斯多亚派学者的诗作比原作更有文采。约公元前 90 年,年少的西塞罗到庞培、苏拉的军队当兵,但因身体瘦弱,他觉得以口才与思想征服公众来赢得"广场的荣誉"更适合于他。于是他脱卸戎装,听法庭诉讼、赴公众集会,并潜心研究修辞学和哲学。他听过各种哲学讲座,后师从于学园派首领拉利萨的菲罗,倾倒于菲罗雄辩的口才和深刻的思想,并师从于斯多亚派的狄奥多托。公元前81年,年方25岁的西塞罗开始了律师生涯,他不畏权势,为被诬陷者辩护,连连胜诉案情复杂的官司,声名鹊起,但也得罪了独裁官苏拉。为避祸,他于公元前79年去雅典和罗得岛,研习希腊哲学与修辞学六个月,师从于波西多纽、安提俄克,加深了理论功底,结识了不少希腊哲学家与修辞学家、演说家,获益颇多,这也为他后来直接用拉丁文大量传播希腊哲学与文化奠定了基础。公元前78年苏拉去世,次年他返回罗马,曾任地方行政官,又进入元老院;同时仍操律师旧业,公元前71年因成功起诉西西里总督威勒斯而名扬全罗马,公元前66年当选为大法官,公元前63年当选为罗马最高行政长官——执政官。他当机立断,采取果断措施,一举粉碎了喀提林阴谋暴乱的未遂政变,被授予"国父"称号,从而达到他的政治事业的顶峰。

西塞罗是罗马共和制的坚决维护者,但当时罗马共和国已陷入险恶的政治斗争,西塞罗被卷入斗争的漩涡,成为牺牲品。他在公元前60—前58年先是拒绝参加凯撒、克拉苏、庞培瓜分权力的"前三头同盟",得罪了凯撒,元老院颁布法令放逐他,他逃离罗马,财产被洗劫。后凯撒远征,庞培掌权,召回西塞罗。公元前51年后,在凯撒和庞培的激烈的权力角逐中他支持庞培,庞培在内战中失败,但凯撒考虑到西塞罗的威望,未加害于他,倒是尊敬有加。已渐入老年的西塞罗在这段时期潜心著述,写了许多传世之作,包括哲学著作。公元前44年凯撒遇刺身亡,西塞罗又返回政治斗争舞台,他支持年轻的屋大维,发表了14篇演说词抨击奉行凯撒路线的安东尼;而公元前43年10月安东尼、屋大维、雷比达结成"后三头同盟",他被列入不受法律保护的黑名单,出逃外地,安东尼派追兵杀害了他,并残忍地将他的头与双手割下,钉在罗马广场的讲坛上示众。

西塞罗在公元前54—前49年就已写了名著《国家篇》(*On the*

Republic)、《法律篇》(*On the Laws*),表达了斯多亚派观点占主导的政治哲学和法哲学思想。直到公元前45年他年过60岁时,也就是他被杀害之前两年多,写下多部哲学著作。当时内战已破坏了罗马共和国,他心爱的女儿图利娅夭亡,他的心情极为忧郁悲伤,于是通过哲学著述来寻求慰藉与明志。他的哲学著作保存了大量希腊化时代各派的哲学思想,并也论述、阐发了他自己以斯多亚派观点为主的哲学思想。主要有《论学园派》(*Academics*)、《论目的》(*On Ends*)、《论神性》(*On the Nature of the Gods*)、《图斯库兰论辩》(*Tusculan Disputations*)、《论命运》(*On Fate*)、《论占卜》(*On Divination*)、《论责任》(*On Duties*)等。西塞罗的文笔典雅灵秀,如清泉畅泻,沁人心脾。他的大量论著、随笔、对话、演说和书信,在法学思想史和文学史上也是独步上乘的。

西塞罗在哲学上主要接受了柏拉图化的斯多亚派的观点,主张自然的理性主宰宇宙万物,人应顺应自然生活,才能达到善与幸福。他强调人的理性要把握柏拉图说的"理念",称颂"柏拉图是最有分量的权威",说"理念不是生成的,而是永恒的,它们只是被理性与理智所领悟","所以无论什么存在的事物都是推理方法的主题,都是同此类的理念相关的"。① 他受帕奈提乌与波西多纽的思想影响较多,在逻辑学、自然哲学与伦理学的基本观点上,对中期斯多亚派的哲学并无新的推进;他的主要贡献是将中期斯多亚派的哲学运用于研究罗马社会的伦理生活、国家制度与法律制度。

西塞罗强调伦理学的实践性,他的《论责任》就是一部晚年写给爱子马尔库斯的教诲道德责任的论著。此书发挥自帕奈提乌的同名之作,但实质上也深受波西多纽的思想影响,如和波西多纽一样称他的哲学"和亚里士多德学派的哲学并没有什么很大的差别",也都自称是"苏格拉底和柏拉图的信徒",但"主要是遵从斯多葛学派(即斯多亚派——引者)的

---

① 见西塞罗《论演说家》(*On the Orator*),第1卷,第9—10节,载于《西塞罗文集》第3卷,萨顿、拉克汉姆英译,"洛布古典丛书",麻省,剑桥,哈佛大学出版社,1942(以下所引此书均为此版本)。

教诲"。① 他认为,自然赋予每种动物以自我保存的本能,人则能凭借理性通过思想和有德性的行为履行道德责任,保持符合自然理性的社会秩序,达到道德上的善。他区分了"绝对的责任"和"普通的责任",和帕奈提乌说的绝对完善的德性和常人可有的"德性的近似性"是相一致的。相应于智慧、正义、勇敢、节制四主德,需要实现四种主要社会责任:充分发现并明智地发现真理,保持有组织的社会,树立坚强、高尚、不可战胜的精神,言行稳重、克己而有节制。② 这可谓他概括的罗马精神。他是罗马共和制的坚决维护者,强调自然意旨以"彼此关爱"和"为公众的利益"的德性将国家紧密联结在一起,抨击凯撒无视人神之法攫取最高权力。在实现德性上,他又采纳亚里士多德的"中道"原则,认为中道使一切言行都恰当。③ 他强调义与利不冲突,德性和真实的利益是关联一致的,基于德性发展了人类文明,兴建了城市,制定了法律,确立了确认私权、合理分配的社会制度,就是对此的最好明证。因此,个人利益与整个国家利益应融为一体。他为罗马共和国的"自由精神"辩护,说罗马帝国过去的扩张是"以服务而非欺压为立国之本,所以,进行战争只是为了盟国的利益或维护我们的最高地位","把我们的政府称作世界的保护者可能比称作世界的统治者更确切"。④ 他将斯多亚派的基于普遍自然理性的世界主义,赋予罗马帝国的新含义。不过,他认为自然的公平法则不允许剥夺他人生命、掠夺他人财产以肥自身,对外国人也应如此,否则就是破坏人类普遍友善这个维系人类社会的纽带;他站在维护共和制的立场,批判"专制者"挑起内战、掠人国土与财物、残害无辜生命,造成种种丑恶,说同他们是"水火不容的死对头","应当把那些人面兽心的怪物从可被称为人类共同体的集体中清除出去"。⑤

---

① 见西塞罗《论责任》,载于《西塞罗三论:老年·友谊·责任》,第 89、92 页。
② 见同上书,载于《西塞罗三论:老年·友谊·责任》,第 96 页。
③ 见同上书,载于《西塞罗三论:老年·友谊·责任》,第 99、133 页。
④ 见同上书,载于《西塞罗三论:老年·友谊·责任》,第 177—178 页。
⑤ 见同上书,载于《西塞罗三论:老年·友谊·责任》,第 219—223 页。

《论共和国》(即《国家篇》)约写于公元前 54—前 51 年罗马处于"前三头"联盟控制、共和制危难时期,此书现仅存约 1/3[1],从中仍可见他模仿柏拉图《国家篇》的体例,表达了他根据斯多亚派的自然人性论与德性论所论述的罗马政治体制的理想。他认为,追求德性、维护公共安全是自然赋予人的本性,对德性的最高运用是遵循伦理原则,通过立法确立符合普遍道德规范的国家制度。他下定义说:"国家乃人民之事业,但人民不是人们某种随意聚合的集合体,而是许多人基于法的一致和利益的共同而结合起来的集合体",这源自"人的某种天生的聚合性"。[2] 这种人的天生的聚合性和作为国家基础之法又都根源于自然的理性,而真正的法与自然吻合的"正确理性",也就是"正义"这立国的根基。他要论述的国家已不是指希腊城邦,而是指罗马共和国这地域广阔、民族众多的"共同体"。他论述了历史上形成的三种基本的国家政体:一人掌权的君主制(王政制),挑选少数杰出人士掌权的贵族制,全体人民拥有权力的民主制。他认为这三种政体各有优点和缺陷,都会蜕变为恶性的变异形式,于是,他和波里比阿一样认为历史就表现为国家体制周期性的循环变化。他也和波里比阿一样论证罗马帝国所以会强盛,就因为发展出一种成功地结合三政体中优秀成分的混合政体,如执政官制、元老院、公民大会(及保民官)分别有王政制、贵族制和民主制的优秀成分,它们相互补充和制衡。他进行了详细的历史分析,论述罗马共和国的国家体制是历经数百年改革与完善立法才得以形成的,在全世界是最优越的,最有公平性、稳定性、最能体现德性的治理。西塞罗已处于罗马共和制濒于沦亡之际,元老、贵族和骑士、平民的矛盾极端尖锐,军事独裁、内战蜂起。他写此书的目的是期盼有理想的治国者来保卫共和制,然而,在上述社会矛盾激化中,罗马共和制向帝制的转变已是历史之必然。但他的

---

[1] 此书在中世纪就悄然匿迹了,至 1820 年才在古代羊皮纸发现后出版,详见王焕生《〈论共和国〉导读》,第 62—63 页,四川教育出版社,2002。

[2] 见西塞罗《论共和国》第 1 卷,第 25 章,第 39 节,转引自西塞罗《论共和国 论法律》,王焕生译,第 39 页,中国政法大学出版社,1997(以下所引此书均为此版本)。

共和主义的国家学说对后世深有影响,在法国大革命时颇受推崇,对孟德斯鸠论述国家与法也有影响。

西塞罗是著名的法学家,在罗马帝制时期罗马法学理论全盛之前,他第一次系统、明确地阐述了自然法理论,而其他斯多亚学派虽然早有自然法思想雏形,但没有形成一种鲜明的法哲学理论。他的《法律篇》是《论共和国》的续篇,约写于公元前 52—前 45 年,现仅存前三卷。在《论共和国》中他已指出:真正的法是一种永恒不变并将对一切民族和一切时代有效的法律,它是符合自然本性的正确理性。[①] 这就是自然法。在《法律篇》中他指出,德性与道德原则是法与权利的基础,都源于自然的"正确理性",这种自然法不是别的,就是正确的理性;它规定什么是善恶,禁止邪恶;自然法是神人的共同联结纽带,是结成社会共同体的基础,是普遍正义之所在,是最有权威的最高之法;因此,自然法是最有普遍性的根本大法,各种具体的人定法(如公民法、宗教法和各地区的法规)都应根据自然法的普遍法则来制定,这样才能制定保障国家与人民安全、符合普遍道德与幸福的法律。不符合自然法的人定法,必然和正义相悖逆,是无效的。总之,西塞罗根据斯多亚派的自然的"正确理性"说,开拓出全新的法哲学思想:宇宙的本性有自然法,它是合乎人性和理性的法律,适用于全体人类(包括奴隶)甚至一切动物,是超越时空、永恒不变之法,是最理想、最好的法律,因此一切人制定的法都应以自然法为终极根据。这种自然法观念突破了过去罗马传统的法律神授说的束缚,为后来帝制时期罗马法学家从现实的人格和社会关系出发来制定法律提供了哲学根据,从而大为推动了罗马法的发展。西塞罗的自然法观念已有自然人性论的思想萌芽,虽不同于西方近代资产阶级启蒙思想家发展的自然人性论和自然法理论,但对后者有较多启发,对荷兰思想家格劳秀斯形成广为传播的理性自然法学派也有一定影响。

---

① 见西塞罗《论共和国》第 3 卷,第 22 章,第 33 节,转引自西塞罗《论共和国 论法律》。

第六节 晚期斯多亚学派

晚期斯多亚学派又称为罗马斯多亚学派,它是罗马帝制从兴盛趋于衰落时期的主流哲学。从公元前 29 年屋大维确立"奥古斯都"的统治至公元 2 世纪末安敦尼王朝结束,前期帝制处于鼎盛时期。从共和制向帝制的转变,经历了数十年的内部军事斗争,其动因是掌握工商金融实力的骑士阶层和中小奴隶主联合起来,反对以捍卫共和制为名、实为维护特权的元老贵族派守旧势力。所以罗马帝国由共和制向帝制转变后,虽然屋大维之后也经历过克劳狄乌斯、尼禄等君主的暴政,但总体上应当将它理解为一种历史的进步。确立帝制实质上是扩大罗马帝国奴隶制的社会基础,是时势之必然。屋大维执政 41 年,罗马帝国政治稳定、经济繁荣、文化昌盛,处于鼎盛之黄金时期。他曾说:"我接受的是一座砖造的罗马城,却留下一座大理石的城市"。公元 98—192 年有安敦尼王朝诸帝的昌盛的"白银时代",特别是图拉真在位时,内政上善恤民情,免税减赋,救济穷苦民众,整饬吏治,大修公共设施,融合行省居民与罗马公民;他将罗马帝国的疆域扩大到最大版图,东起美索不达米亚,西至大西洋和不列颠岛,北抵达西亚(今罗马尼亚),南达北非。然而,这个"罗马和平"时代盛极而衰,第五代皇帝、哲学家马可·奥勒留在位时已危机四伏,其子康茂德即位时罗马帝国走向衰落。总体来看,在前期罗马帝制时代,罗马文明发展到鼎盛的高峰。屋大维、图拉真等皇帝注重扶持文化事业,群贤毕至,人才辈出,硕果丰盛,是文化创造的黄金时代。为了适应罗马帝国集权统治的需要,罗马斯多亚派哲学体现了罗马帝国的基本文化精神,成为统治阶级的官方意识形态,盛行 200 多年,是最兴盛的主流哲学。

罗马斯多亚派哲学虽仍保留了斯多亚派历来主张的自然理性主宰宇宙万物、天命观、理性与情感融合的灵魂说等基本学理,但它在罗马帝制的社会历史背景中有四个新特点:(1)将斯多亚派哲学高度伦理化,很少理论思辨的研究,注重道德实践性,对逻辑学几乎不作研究,涉及少许自然哲学也是为伦理目的作旁饰,而伦理的研究主要是为帝制的稳固统治提供法制的伦理根据和建树伦理道德秩序,是奉献给君主的道德统治术和罗马帝国式的世界主义政治伦理。(2)折中色彩更为浓重,柏拉图化的特征比中期斯多亚派哲学更强烈,对亚里士多德与漫步学派、昔尼克学派及新毕达哥拉斯主义的学说也兼收并蓄。宿命论、禁欲主义的德性论突出。(3)它虽仍保留斯多亚派哲学的理性神,但更显著地使它和罗马传统宗教、罗马帝国世界的各种多神教相调和,罗马的"万神庙"可谓当时宽容各民族多神宗教(不包括新生的、一神论的早期基督教)的象征。罗马斯多亚派哲学表现出对各种多神教乃至罗马官方历来注重的占卜与星相学的容纳,神学气味更浓烈。(4)它有广泛而深远的影响,既被奉为官方哲学,也流行于贵族与平民各阶层,传播于罗马帝国的东西方世界,渗透在文学、史学和科学思想等各种文化形式之中。罗马斯多亚派哲学对新柏拉图主义和基督教的宗教伦理的产生都有直接影响。

　　斯多亚派哲学被西塞罗等引入罗马就成为显学,对它的传承、研究与发展持续不断。罗马斯多亚派的哲学家其实是颇多的,和西塞罗大体同时期的就有曾在雅典师从于安提俄克的名人瓦罗、加图(M. Porcius Cato)、亚历山大里亚的查勒蒙(Chaeremon)等人。奥古斯都(元首即皇帝)屋大维的两位教师都是斯多亚派哲学家。此后约200年间有一定影响的斯多亚派哲学家则有阿塔鲁斯(Attalus)、穆素尼乌斯·罗夫斯(Musonius Rufus)、考诺图斯(Cornutus)、派西乌斯(Persius)等。而最重要的三位罗马斯多亚派哲学家是塞涅卡、爱比克泰德和马可·奥勒留。他们的拉丁文著作大都被保存,但中译本还很少。西方学者主要研究罗马斯多亚派哲学的专著有:阿诺德的《罗马斯多亚主义》,摩福德(Mark Morford)的《罗马哲学家:从监察官加图至马可·奥勒留之死》。

一　塞涅卡

塞涅卡(Lucius Annaeus Seneca)于公元前 4 年出生于西班牙的考图巴(Corduba),父亲是修辞学家,写过关于罗马内战以来历史的著作。塞涅卡幼年就被带到罗马,受到良好的教育,包括修辞学训练和各种哲学熏陶。他曾师从于新毕达哥拉斯主义者索提翁和昔尼克派的德米特里乌,当时罗马的斯多亚派哲学家与演说家阿塔鲁斯是塞涅卡的老师,给了他最重要的思想影响,三位老师都渲染禁欲主义。他也向博学的哲学家法比安努斯(Papirius Fabianus)学习过自然史。他早年曾去埃及(他姨夫任当地总督)从政,获得管理行政、财经的经验,并考察了东方的地理、气象与人种。他回罗马后即从政,既青云直上,又在残酷的宫廷斗争中历经险恶。他当过检察官,公元 37 年卡里古拉皇帝即位时,他已是元老院的要人,因不合皇帝之意,几遭处决。公元 41 年克劳狄乌斯即位后,因淫后美撒里娜妒忌,他先被判死刑,后被流放科西嘉岛八年。公元 49 年美撒里娜被处死后,新皇后阿格里披娜召回他,并重用他为少年尼禄(她和前夫之子,过继为她和皇帝之子)的教师,因塞涅卡的才名可增强母子联盟,以便掌权。塞涅卡不久当上执政官,拥有了权势与荣誉。公元 54 年克劳狄乌斯被阿格里披娜用毒药谋杀,17 岁的尼禄被立为皇帝,母子合谋毒死了克劳狄乌斯的亲子不列塔尼库斯。不过,在这凶残的宫闱政变后,塞涅卡的地位愈益显要,成为稳定政局的执政大臣。尼禄登位后五年中,他和近卫军长官布路斯辅助君主将社会治理得井然有序,实行了有利于人民的财政改革,并阻止了尼禄的许多谋杀,帮他摆脱了阿格里披娜的控制。公元 62 年布路斯去世,尼禄变本加厉地荒淫残暴,杀掉争权之母,听信挑唆后对塞涅卡生怨害之意;塞涅卡感到危险,面见尼禄称老要求退休,并交还尼禄赐给的大量财富;尼禄假意挽留,实际上贬黜了他,他躲到外地研究哲学,以求避祸。[1] 但他还是未能逃脱被

---

[1] 见塔西佗《编年史》下册,王以铸、崔妙因译,第 495—499 页,商务印书馆,1997。

暴君凶杀的厄运。公元65年,他被诬陷为皮索反尼禄的同谋,尼禄派人去他家执行他"自杀"的死刑。他和妻子一起自杀,镇定自若,留下记录他的生活方式的遗嘱。[①] 他的弟弟和侄子著名诗人卢堪(Lucan)也被处死。塞涅卡是一个有着矛盾性格的悲剧人物,既忠于职守、反对暴政,意图凭借斯多亚主义伦理学建立清明的政治,又屈服于暴政;既反对贪婪和奢侈,宣扬并也有所践履简朴的生活,又接受尼禄赏赐的大量金钱、田庄和花园。他所积累的财富与他所宣称的斯多亚高尚原则正相抵触。不过,他的跌宕生涯也表现了他的哲学和现实政治的矛盾。

塞涅卡一生写了大量作品,留存很多。"洛布古典丛书"中出版了10卷本塞涅卡文集,其中有 3 卷《塞涅卡道德文集》(*Seneca Moral Essays*),3 卷《道德书信集》(*Ad Lucilium Epistulae Morales*),2 卷《塞涅卡论自然问题》(*Seneca Naturales Quaestiones*),2 卷《塞涅卡悲剧集》(*Seneca:Tragedies*),均有英译本。他用一种清新的散文阐发哲学问题,犹如平直流淌的江河之水,清明快畅。他的有关哲学的著述重在阐述伦理道德主题,可分为四类:第一类是对话,如《论天命》(*On Providence*)、《论坚定自持》(*On Constancy*)、《论善的生活》(*On the Good Life*)、《心灵的宁静》(*Tranquility*)、《对赫利维亚的安慰》(*Consolations to Helvia*,赫利维亚是塞涅卡之母)等。第二类是道德论著,如《论仁慈》(*On Clemency*)、《论恩惠》(*On Benefits*),前者是他教导年轻尼禄做仁君之作。第三类是124 封致友人卢西利乌的道德书信,引导他追求斯多亚派基于理性与德性的幸福。第四类是研究自然问题的著作,论及火、水、雷电、尼罗河、云、风、地震、彗星等自然现象,有斯多亚派物理观的解释,并无更深刻的科学见解,但从中也发挥了一些道德评释。他的 9 部悲剧均改编自希腊原作,体现了斯多亚派的天命观。

塞涅卡的哲学重在讨论人生问题,其理论根据是神学色彩加浓并有宿命论意味的斯多亚派的天命观。他强调自然中内在的理性(宇宙理

---

① 见塔西佗《编年史》下册,王以铸、崔妙因译,第 533—558 页,商务印书馆,1997。

性)就是天命、神、命运、必然性,它们支配宇宙万物包括人生。他用波西多纽探究过的大海潮汐变动由于月亮运动的实例,来解释宇宙的整体性和自然理性的支配伟力。① 自然只有一个根本的原因,就是神即理性,就像柏拉图在《蒂迈欧篇》中的"创造者"。他批评亚里士多德的"四因"说不当,说:"我们斯多亚派寻求的是首要的、普遍的原因,这样的原因必然是单一的,因为宇宙的成分是单一的,这就是创造理性、神"②,所以"服从神就是自由"③。顺应神即自然理性确定的因果关系,达到道德自律,就有自由。他从宇宙的秩序与严整性推出必有神的创造与支配,神体现为天命统制世界,此即命运,人生必须服从命运早已安排的连锁的因果链条:"命运使我们出生后就注定了每个人的一生。原因依赖原因,长系列的事物伸展着公共和私人事件的锁链。所以我们必须勇敢地承受每一事物。"④他说神是关爱善人的。那么世上为什么有恶存在呢?他解释那是神为了使从善之人认识到需要道德上的进步、完善,就像父母惩罚孩子、用药治病。他用自然现象作比喻:云过天朗,静海咆哮,风击四方,昼夜相继,群星此起彼落,"永恒通过对立存在。人的精神必须适应这个法则,必须遵从它,必须服从它";最好的人生就是"无怨地遵从神,因为神是每一发生事物的根源"。⑤ 从一种神定论、宿命论的天命观来解释顺应、忍受命运的人生观,这是他的伦理道德说的基调。

　　塞涅卡强调人应以理性克制激情与欲望,由此阐发了他的人性论与德性论。他认为人不必高举双手祈求神的视听,神性就内在于人的精神中,它"是我们的监护者,时时在我们行善与做坏事中监察我们"。人的

---

① 见《塞涅卡道德文集》第 1 卷,第 3—5 页,"洛布古典丛书",麻省,剑桥,哈佛大学出版社,1928。

② 塞涅卡:《道德书信集》,第 65 封,第 12 节,载于《塞涅卡文集》第 4 卷,"洛布古典丛书",麻省,剑桥,哈佛大学出版社,1917。

③ 同上书,第 96 封,第 2 节,载于《塞涅卡文集》第 6 卷,"洛布古典丛书",麻省,剑桥,哈佛大学出版社,1925(以下所引此书均为此版本)。

④ 塞涅卡:《论天命》,第 7 节,载于《塞涅卡文集》第 1 卷,"洛布古典丛书",麻省,剑桥,哈佛大学出版社,1928(以下所引此书均为此版本)。

⑤ 见塞涅卡《道德书信集》,第 107 封,第 8—10 节,载于《塞涅卡文集》第 6 卷。

精神的这种神圣的能力,在每个个人中得其特殊表现,它就是人性,也就是人的理性,"人就是被赋予理性的生命物",而理性要求"一个人按照他自己的本性生活"。① 这就是人生追求的目的即幸福,也就是顺应自然的生活。他的人性论和灵魂观紧密关联。他和柏拉图一样强调要以理性控制情感,消除激情和不正当的欲望,实现理性主导情感的"不动心"状态。他将斯多亚派的"不动心"作了柏拉图式的阐释。进行这种理性克制情欲的修身养性,也就是追求幸福所必需的德性。德性是自足的、内在的善,肉体的快乐短暂且会有害,健康、财富等外在的善也不能提供真正的幸福,唯有德性才能使人的灵魂净化,升华到和神同在的境界。所以,他提倡人要每日反省自己的行为与灵魂,做好事、不行恶,这已有宗教修养的意味。

他和以前的斯多亚派哲学家一样,也将"哲人"奉为德性完善的道德人格楷模,但认为这只有极少数大智大贤的杰出人物能达到。所以,他比较现实地将人的道德进步分为三个级别:最高级者是哲人和近乎哲人者,他们富有智慧与理性,完全摒弃了激情与不正当的情感,能以理性控制、调融情感。第二级者能摆脱极大多数的激情与心灵的扰乱,但还不能排绝它们故态复萌。第三级者能摆脱许多的恶,但仍有作恶、做坏事的倾向。他认为大多数人都还处于第三级别,只有努力实现道德进步,"才不被包括在最次级别的人中"。② 过去斯多亚派截然划分哲人与常人,常人不可企及所树立的道德人格理想;塞涅卡则为大多数人指出道德修养的可行之路,使他们在残酷的社会现实中不致陷于悲观绝望,这确是一种道德安慰剂。总之,塞涅卡对斯多亚派哲学所讲的自然和理性,渲染了浓烈的天命和神意色彩,强调世界性罗马帝国的臣民服从帝王和法律就是服从天命和神,提倡克制情欲、修身养性、磨砺德性,在人世苦难中反省、忏悔灵魂的罪孽。这和基督教已有异曲同工之妙,所以

---

① 见塞涅卡《论天命》,第1—2、8节,载于《塞涅卡文集》第1卷。
② 见同上书,第8、13—15节,载于《塞涅卡文集》第1卷。

恩格斯说:罗马斯多亚学派的"塞涅卡可以说是基督教的叔父"①。

罗马帝制时代帝王集全部国家权力于一身,元老院的政治功能愈益削弱,屈从于皇帝的权威。正义作为立国的政治伦理根本原则,塞涅卡已不予研讨了。他重在从理论上维护帝制、王权,以及帝王稳定、贤明治国所应具有的政治德性。在尼禄即位之初,他就给尼禄写了《论仁慈》,论证了王权的合理性,认为由天命和神意授权的帝王是国家的生命、神权的体现、臣民的父亲,帝王秉承神的意志,集神权、政权、军权、族权于一身,整个罗马世界的生杀予夺大权独揽于皇帝一身。他借皇帝自白说:皇帝的言语、决定与支配,决定广阔世界各民族的命运,"哪个国王被变成奴隶,谁的头上该戴上王冠,哪个城市将陷落,哪个城市将崛起——这些都出自我的法令"。②

帝王的品性关乎天下命运和帝国的兴衰存亡,所以他劝导尼禄培植仁慈与宽恕的帝王之德,在几代皇帝都大开杀戒之后,终止暴政,代以仁政。他要尼禄"将刀剑收藏起来","将仁慈放在手边";他认为仁爱是一切人的自然本性,施仁慈之政是各阶层的共同期盼,使帝王和臣民和谐是帝王统治权的可靠保证,"通过仁慈,国王在开阔的旷野上也保证安全。他的坚不可摧的防卫就是热爱他的国民"。③ 仁慈也包含了宽恕之德,它也是施仁政的必备之德。他认为贤君就是对有罪之人也要行宽恕之道,这才能起到启发良知的教化作用,何况大多数人都还处在不能完全排绝激情与非正当欲望、仍有为恶倾向的第三道德级别。总之,他从帝王施政之道的角度,发挥了斯多亚派哲学的自然人性论,主张帝王要以仁慈、宽容、普世之爱对待臣民,以德治政,求得四海太平。他在罗马首创的这种伦理精神,后来也被早期基督教所肯定与吸取。他主张对奴隶也要以温和的方式行使权力,因为奴隶也是人,也有人的自然本性。他甚至说:"奴隶只有他的身体受主人支配,而他的心灵是自己的主人",

①《马克思恩格斯全集》第19卷,第328页,人民出版社,1963。
② 见《塞涅卡文集》第1卷,第356—359页。
③ 见同上书第1卷,第358—359、412—413页。

也有自然法则赋予的自由本性。① 他并非否定奴隶制,只是罗马在经历过斯巴达克奴隶大起义后,在帝制时期释放奴隶问题也颇复杂而对之有争议,他主张对奴隶也应施以较宽松的"仁政",以求帝国长治久安。塞涅卡的"仁慈"论说教对暴虐的尼禄徒劳无用,他自己反被尼禄虐杀;但他的帝王政治伦理被不久后安敦尼王朝的几代明君接受,对"白银时代"的政局稳定与兴盛起了积极的历史作用。

罗马帝国是兼并了原希腊化时代三大王国、包纳众多民族与原有地区国家、横跨欧亚非的广袤的世界性帝国。它是统一的集权帝国,但以行省制方式也容许各民族与原国家地区有一定的自治权。塞涅卡为论证这种帝国政治建制的合理性,将斯多亚派的世界主义发展为"两个国家"的学说。他论述道:"我们在心中有着两个国家。第一个是广大的、真正的国家,包括神与人类。在此国家中,我们不是关注这个或那个角落,我们将我们的国家范围限于太阳之外的整个大地。第二个国家是我们出生后就使我们容身的地区国家。这就是雅典、迦太基或另一些城邦,它们不属于全体人,而属于确定的集团……前一种是更伟大的国家,我们能甚至作为私人的个体为之服务——确实,它对个人而言也是更好的,使我们能探究德性的本性。"②在他看来,后一种原地区性的城邦或民族国家从属于包纳全体人类的"世界城邦"大帝国,因为它是基于全体人的自然本性而联结在一起的,如今,德性已都是个人相对这世界性国家才能成立的。他说:"我们以一种宽涵的精神,不将我们自己封闭在一个城邦的围墙之内,我们已使我们自身和整个世界交互作用。我们宣称世界是我们的祖国,这样就给了我们自身一种更广阔的德性领域。"③这就是他用斯多亚派关于人的自然本性虽有差异毕竟同一的论说,来论证罗马世界帝国政治秩序的伦理根据。他的"两个国家"论说适应了维护集权型世界性大帝国统治的需要,也表现了罗马海纳万邦的某种宽容精

---

① 见塞涅卡《论仁慈》,第 28 章,第 1—2 节,载于《塞涅卡文集》第 1 卷。
② 塞涅卡:《论闲暇》(On Leisure),第 4 章,第 1—2 节,载于《塞涅卡文集》第 1 卷。
③ 塞涅卡:《心灵的宁静》,第 4 章,第 3—4 节,载于《塞涅卡文集》第 1 卷。

神,对罗马公民权在外邦的逐渐扩大或有积极意义;这种论说对后来的早期基督教及奥古斯丁的国家学说也有影响,而奥古斯丁批判了罗马帝国的伦理基础的败坏,提出了"上帝之城"说。

二　爱比克泰德

爱比克泰德(Epictetus)约于公元50年生于弗里吉亚(Phrygia)的一个小城镇希拉波利斯(Hierapolis,在今土耳其中南部),家世不明,也不知为何原因,他年少时就成了尼禄在世时的权贵埃帕弗罗迪托斯(Epaphroditus)①的家内奴隶。他的名字的希腊文意为"买来的"、"获得的"。罗马人对奴隶特别残忍,爱比克泰德当奴隶的经历无疑是痛苦、屈辱的。传说他腿跛是因为主人将他的腿骨拧断了,另一种说法是他得痛风病不治所致。出于本人的悲苦经历,他后来说到奴隶为免受毒打与饿肚子,得为主人做备受屈辱之事,为了自由会不顾一切而逃亡。② 他后来的学说也就比较关注"自由"问题。他还是奴隶时,有机会师从当时著名的斯多亚派哲学家穆素尼乌斯·罗夫斯。罗夫斯曾迭经流放,回罗马后很受尊敬。他注重将严格的逻辑训练运用于伦理研究,强调"德性不仅在于理论知识,也更在于实践的[生活],就像医疗与音乐训练"③,认为哲学可用于治疗心灵疾病,哲学学校就是"医院"。他将斯多亚派哲学作为"灵魂的训练",用于解决罗马社会日常道德生活问题,在当时颇有声誉,对爱比克泰德后来的哲学事业的取向有深刻影响。公元68年后爱比克泰德已成释放奴隶,在罗马从事哲学活动。公元93年,罗马皇帝图密善因政治斗争将斯多亚派哲学家逐出罗马,爱比克泰德也被放逐到希腊本

① 埃帕弗罗迪托斯原是释放奴隶,后爬上尼禄皇帝管家的要位,尼禄被处死时他助以匕首刺胸,后被放逐,又被多米提安皇帝处死。当时宫廷政治中不乏类似的大起大落的释放奴隶。

② 见《爱比克泰德论说集》,第1卷,第2章,第1—10节,载于《爱比克泰德文集》第1卷,阿里安编,奥尔德法塞英译,"洛布古典丛书",麻省,剑桥,哈佛大学出版社,1925(以下所引此书均为此版本)。

③ 摩福德:《罗马哲学家:从监察官加图至马可·奥勒留之死》,第205页,伦敦和纽约,劳特利奇出版社,2002。

土西陆的尼科波利斯(Nicopolis)。他在当地建立了一所学校,讲授哲学,进行道德"训练",自称他的学校是"医院"。他的学校名声大振,各路学子纷至沓来,罗马皇帝哈德良和马可·奥勒留都是听过他讲课的学生。他终老于这偏僻山镇,没再回罗马,只去过雅典一次。晚年为收养一弃儿才娶妻,安于地铺、草席、油灯的贫寒生活,视之为斯多亚派的道德实践。他约于135年去世。他和他所崇敬的苏格拉底一样述而不作,未有亲笔著作。他的学生阿里安(Arrian,亦为著名的历史学家)记录、整理了他的言论,发表了两部流传后世的名著,一部是《爱比克泰德论说集》(*Discourses of Epictetus*),简称《论说集》,发表时有8卷,现存4卷,稿本也可能经爱比克泰德本人审阅过;另一部是从上书选辑的《手册》(*Manual*),这是对爱比克泰德言行以及他对弟子作道德训练的具体实录,类似孔子的《论语》。

爱比克泰德在哲学上甚有建树之时,正值哈德良皇帝当政(117—138)时的比较繁荣稳定的盛世,他自己说当时罗马皇帝给人们以和平,不再有战争和纷斗,人们得以平安居行。[①] 为缓和奴隶主和奴隶的阶级矛盾,当时已有部分被释放奴隶成为隶农;但在帝制政治中统治集团争夺权力与财富的斗争仍不断,变幻莫测,权贵可瞬时变为阶下之奴。各阶层都面对着政治与道德生活的困惑,爱比克泰德的道德哲学应运而生。他在理论上重视逻辑学的训练,但只将它看做探讨伦理问题的必要手段;他承袭了斯多亚派关于天命与神、自然与理性、德性论、世界主义等的基本观点,但他最推崇苏格拉底与犬儒派的第欧根尼,融合了苏格拉底的道德哲学、柏拉图的理念说与灵魂观以及有所修正的昔尼克派禁欲主义,形成一种适合于稳定当时罗马社会道德秩序的学说。他强调哲学的道德实践性,认为哲学的目的与功能就是从事道德训练,给人治疗灵魂的疾病,使人处世和谐,摆脱烦恼与畏惧,获得心灵自由,从而学会

[①] 见《爱比克泰德论说集》,第3卷,第13章,第9—10节,载于《爱比克泰德文集》第2卷,阿里安编,奥尔德法塞英译,"洛布古典丛书",麻省,剑桥,哈佛大学出版社,1928(以下所引此书均为此版本)。

做人。就是要当好一个儿子、父亲、兄弟、丈夫,当好一个公民、统治者和臣民。他的论说常常是结合社会生活实例而阐发,但比塞涅卡更严谨、深入地将斯多亚派哲学运用于罗马社会的道德生活实际,成为适用于各阶层的道德指南。

爱比克泰德的哲学核心论题是人的"权能"观,它蕴涵了他据以发挥、自有特色的全部思想。他在《论说集》与《手册》一开头就提出"什么在我们权能之内,什么不在其内"的问题。他说:

> 有些存在的东西在我们的权能之内,而有些则不在我们的权能之内。在我们的权能之内的是理智、(通向一个目的的)冲动、欲望、(欲望的)拒绝等——一句话,是作为我们的行为的每一事物。不在我们权能之内的是身体、财产、名誉、政治权力等——一句话,不是作为我们的行为的一切东西。在我们的权能之内的东西本性上是自由的,无障碍、无阻塞,而不在我们的权能之内的东西是衰弱的、奴隶般的,屈从于障碍,在他人的控制之中。

他这里说的"行为"是指一种道德性活动。摩福德指出,"在我们的权能之内"的就是指"道德选择"。[①] 这也正是他的哲学的主要对象即人的道德生活。"在我们的权能之内"一语英译为 in our control 或 in our power,就是"在我们的控制之中"、"在我们的能力之中"的意思。说得明白些,就是指一种灵魂的自主支配力。其中自然也包容了斯多亚派一直说的表象和相关的目的性冲动、欲望等情感,但使灵魂真正有自主支配力、使"权能之内"者自由的主导只是理性,是理性正确运用表象、调融与控制出正当的情感,这才能妥帖、恰当地处事,有通达自由的行为;而身体与外在的名利、权财只是不正当情欲的对象,追求它们只会堕入受奴役、受他者控制的境地。

爱比克泰德区别"在我们的权能之内"和"不在我们的权能之内",已

---

① 见摩福德《罗马哲学家:从监察官加图至马可·奥勒留之死》,第 210—211 页,伦敦和纽约,劳特利奇出版社,2002。

可见他和柏拉图一样,将身体和灵魂对立起来,强调理性克制情欲。而他所说的主导"权能"的理性,实质上也和安提俄克那样,已将斯多亚派说的先存观念变成柏拉图说的理念,将柏拉图的理念说成就是人的灵魂中的理智、概念,并进而将理念说成最终就是神的理性。他将先存观念限于指人的灵魂天赋的一些道德理念,如善、幸福、正义、自制、应然、恰当等指导人行事的基本观念,它们是自然早就赋予每个人的,其他知识则是人后天习得的。但人并非天生能自觉理解与运用先存观念所在的理性,来正确运用表象,从而必定有合乎善、通达幸福的恰当行为。那是因为人往往不能做到苏格拉底所说的"自知无知"、"认识你自己",由于错误的认识与情感使人不能正确认识"真实自我",泯灭了人的天性,而"真实自我"(即人的本性)在于人的理性即灵魂中早就潜存的道德理念。所以人应通过道德学习与训练来开发这种道德理性,使之得以正确主导与运用表象,有合乎善与德性的行为。杨适说这种论说很接近于中国孟子与王阳明心学所说的"致良知"。[①] 爱比克泰德说的表象,指人的灵魂对一切对象的认知(印象)和情感(包括意欲)的心理反应,包括了冲动与认同。他说荷马史诗的全部内容都是在运用表象,就是指运用表象关涉人的全部行为。而他强调理性正确运用表象,则指道德理念支配、渗透表象,克制了不当的甚至向恶的情欲,调融了情感,这才有恰当的行为。他说:"就如灵魂的本性是趋同真理,背弃错误,对尚不明确的东西中止判断,追求善,背弃恶,对非善非恶的东西保持中立,这也是灵魂的本性。"[②]

为达到理性正确运用表象,人心向善,爱比克泰德主张要在三个方面进行道德选择的训练。首先是"愿望与厌恶"的训练,使人以理性支配情感,向善弃恶,有合适的行为选择。其次是"冲动与拒绝"的训练,使人有恰当的行动,确立"合乎秩序与理性"的"责任"。第三种又是最高级的

---

① 见杨适《爱比克泰德》,第 57 页,台北,东大图书公司,2000。
②《爱比克泰德论说集》,第 3 卷,第 3 章,第 3 节,载于《爱比克泰德文集》第 2 卷。

是"规避错觉与轻率"的理智训练,就是合理的"认同",它包括必要的逻辑训练,达到对理性(先存的道德理念)的自觉把握与运用,真正意识到苏格拉底所说的"未经审察过的生活是无价值的生活"。[①] 这三种训练也是他树立的道德进步的阶梯。

爱比克泰德认为,人的理性来自神,"神的本性是什么?身体?不!土地?不!是智力、知识、正确的理性"[②]。可见他说的神仍有理性神的意味,但也体现为罗马多神教的最高主神。神的理性体现为自然的逻各斯、世界生灭变化的法则,其中贯穿神的善的意志。人的理性是从神的理性中流溢出来的(他最早萌发了后来新柏拉图主义阐发的"流溢"说),是神赋予人高于其他动物的理性,主宰了"天命",安排了世界秩序,给人以善的恩惠。所以,他引用克莱安塞的《宙斯颂》来说明真正的自由在于使人的意愿遵从神的神圣能力,"我使我的冲动服从神","他要我意愿什么,我就意愿什么"。[③] 在他看来,顺应自然的生活就是服从神的天命,不论降临的是好运或厄运,都不怨天尤人,而要承受、忍耐,"如果善者预知将发生的事情,他会以配合的方式对付自身的疾病、死亡和残废,因为他知道这些事情都是依照宇宙的安排而降临到他身上的";人在忍受苦难中磨砺德性而获幸福,"他虽病而幸福,危险而幸福,被放逐而幸福,蒙受羞辱而幸福。把他指出来吧!神给我希望,能看到这样一个斯多亚派之人"。[④] 这种罗马斯多亚式的道德人格是以服从神意的宿命论为前提的,后来也被基督教神学所肯定。

黑格尔说:"自我意识的这种自由,就其出现在人类精神的历史上作为一个自觉的现象而言,大家都知道,叫做斯多葛主义(即斯多亚主义)。"[⑤]斯多亚主义意识到,符合自然的必然性,按照自然的逻各斯行事,

---

① 见《爱比克泰德论说集》,第3卷,第2章,第1—2节,载于《爱比克泰德文集》第2卷。
② 同上书,第2卷,第8章,第1—3节,载于《爱比克泰德文集》第1卷。
③ 见同上书,第3卷,第24章,第89、131节,载于《爱比克泰德文集》第2卷。
④ 见同上书,第2卷,第10章第5节,第19章第24节,载于《爱比克泰德文集》第1卷。
⑤ 黑格尔:《精神现象学》上卷,贺麟、王玖兴译,第133页,商务印书馆,1979。

才有自由。爱比克泰德当过奴隶,对获得自由必也感受良多,他的著述中谈及"自由"的不少。但他不是从人身与社会制度上论述取消奴隶制的必要性,也不是主张自由、平等是一切人的本性这种近代西方的"自由"观,更没有达到卢梭说的"人生而自由,而无往不在枷锁之中"的思想深度。他是释放奴隶,但已进入当时文化统治的主流圈,不可能摆脱所处历史地位的局限性。他主张的是道德自律的心灵自由,就是说,任何人,即便是奴隶,只要符合神意、顺应天命,坚持正义、恪守德性与善,不论处于何种逆境,在精神上都是自由的,甚至能有对抗邪恶的奋斗精神,能像一头公牛面对狮子袭击时那样勇敢地向前冲,保护自己与牛群;而尊贵者不论拥有何种权势与财富,如不能认识道德上的真实自我,不能做以正确理性指导的自主"权能"之事,而行不义之举,就总是精神上的奴隶。他的"自由"论是纯道义与心灵层面的,对要求解放的奴隶只是一种精神安慰剂,对统治权贵则有道德劝诫之意。

爱比克泰德和柏拉图一样主张理性抑制欲望,并受昔尼克派的禁欲主义影响,自己也身体力行,过着十分俭约、简朴的生活,认为从中自可磨砺德性。他说:"自由不是通过实现一个人的一些欲望而达到的,而是通过抑制人的欲望而达到的。"[1]但他反对将第欧根尼的故作粗鄙、违背习俗的生活方式,将芝诺的老师克拉底竟然和妻子、女哲学家希帕基娅在公共场合性交之类的犯众的行为,也都当做"自然"的东西引进罗马社会。他说,你的行为举止必须端正,符合社会习俗,"必须不羞辱神和人们",抑制欲望只是为了实现"道德的目的",他认为这才是真正的昔尼克派。[2] 老昔尼克派是不主张参与政治活动的,而爱比克泰德主张以积极的态度从政。

爱比克泰德和塞涅卡相似,主张一种罗马帝国式的世界主义政治理论。他认为,就人们在各地居集而言各有特殊的共同体,而最伟大、最权

---

[1]《爱比克泰德论说集》,第 3 卷,第 24 章,第 175 节,载于《爱比克泰德文集》第 2 卷。
[2] 见同上书,第 3 卷,第 24 章,第 13 节,载于《爱比克泰德文集》第 2 卷。

威、最有综合力的是包括所有人与神的世界共同体,它是凭借神的理性和与之相通的人的理性,将神与人、将所有人联结在一起的。作为个体的"我"是"世界公民",是"属于世界的"。世界共同体的政治权力是集中的,那就是"世界城邦"的"世界政府"。所以,他说:"这个世界只是一个城邦,所产生的东西,原来是作为一个城邦创造出来的","其中的一切,全都是友爱的——首先是诸神,接着是人类,彼此天生是作为一个大家庭成员组成起来的"。① 罗马公民权逐渐扩大到罗马帝国的所有地区,个体对罗马帝国这个"世界城邦"负有"世界公民"的责任,要在理性的支配下顾及它的整体的善来行事,不能只凭个人的冲动或欲望、只顾及某个局部共同体的利益,不正确运用表象,来做有损于"世界城邦"整体利益之事。他并不像昔尼克派那样宣扬无为地回归自然、消极遁世,而主张"世界公民"要积极参与政治活动。他说:"你生活的国家是一个帝国,担任官职是你的责任,要公正地进行审判,尊重他人的财产",要维护家庭与整个国家,克尽"世界公民"的政治责任。② 爱比克泰德虽然身居距离罗马非常遥远的山区小镇,但他的心仍很切近罗马帝国政治权力中枢和政治现实。他的政治理论与全部哲学思想不是出世的,而是积极入世的,所以能吸引哈德良与马可·奥勒留两个皇帝来师从于他;他的能适用于诸阶层的学说也得以广泛传播,起了稳定罗马前期帝制"白银时代"的政治与道德秩序的重要作用。

三 马可·奥勒留

马可·奥勒留(Marcus Aurelius)于 121 年生于罗马。他的家系原是西班牙的贵族,父亲定居罗马多年。他年少时在哲学、希腊与拉丁文学、修辞学、法律与艺术等方面得到良好的教育,后来他的著述也确实兼有哲学深度与文学才气。在《沉思录》第 1 卷中他自述感谢使他最有思

---

① 见《爱比克泰德论说集》,第 3 卷,第 24 章,第 10—11 节,载于《爱比克泰德文集》第 2 卷。
② 见同上书,第 3 卷,第 7 章,第 19—21 节,载于《爱比克泰德文集》第 2 卷。

想获益的 7 位哲学家,其中 5 位是斯多亚派哲学家,1 位是柏拉图派哲学家,1 位是漫步学派的哲人。斯多亚派哲学家中有当时颇负盛名的拉斯提库斯(Q. Junius Rusticus,后参与马可·奥勒留迫害基督教殉教者查士丁致死的事件),是他向马可·奥勒留传授了爱比克泰德的学说,并给了后者"家藏的《爱比克泰德论说集》"。[①] 爱比克泰德注重神人关系与道德实践哲学,对他有最重要的思想影响。他幼年时就获得哈德良皇帝(117—138 年在位)的好感,选定他为自己的继嗣安敦尼·庇护斯(奥勒留的叔父,138—161 年在位)的养子。安敦尼·庇护斯去世后,遵照哈德良的遗愿,马可·奥勒留和安敦尼·庇护斯的另一继嗣维勒斯并立为皇帝,共享皇权,但后者实际上并不起主政作用。马可·奥勒留是安敦尼王朝的第五代皇帝,"御座上的哲学家"。但他并不是柏拉图设想的统治"理想国"的"哲学王"。他生不逢时,当时罗马帝国兵荒马乱、动荡不安,已呈衰败之势。北方强悍的日耳曼部族伺机入侵,东部帕提亚(即安息)人不断引起骚乱,叛乱、起义频发,国内经济衰落,加之罗马军队带回的鼠疫使罗马城丧生万人,使众多村庄、城市沦为废墟,维勒斯也染瘟疫死于军中。马可·奥勒留在位的大部分时间用于东征西讨,置身于军旅之中,堪称为无奈疲于奔命的"马背上的哲学家"。177 年他赴北方战事,转战三年,饱经忧劳、心力交瘁,180 年病逝于帕诺尼亚行省的文多博纳(今维也纳)。

马可·奥勒留在戎马倥偬之际,用希腊文"给自己写"了"精神日记"式的 12 卷《沉思录》(Meditations),这是他的内心独白。此书的卷、节不是他本人分列的,而是后人的抄本按内容划分的。此书如何以抄本留存下来,已不得而知。为后人所知的两个抄本依次是在 4 世纪末叶和 10 世纪的拜占庭发现的。首次的拉丁文译本发表于 1559 年的苏黎世。据

---

① 见马可·奥勒留《沉思录》,汉尼斯英译,第 1 卷,第 7 节,"洛布古典丛书",麻省,剑桥,哈佛大学出版社,1979。可参见马可·奥勒留《沉思录——一个罗马皇帝的哲学思考》,朱汝庆译,中国社会科学出版社,1998(以下所引此书均为此版本);马可·奥勒留《马上沉思录》,何怀宏译,陕西师范大学出版社,2003。

考证,从书中提到日耳曼族的一支"魁迪"(Quadi)来看,此书写在他于170年后征伐日耳曼部族的军旅之中。① 这部著作表明,马可·奥勒留和先前的罗马斯多亚派一样,不论及逻辑学,重在论述神主宰自然、社会与人生,发挥爱比克泰德的道德论说,力图继续用斯多亚派的天命观、神道论和伦理、政治观,维系罗马帝国这个庞大的"世界共同体"。但他的哲学体现出罗马文明开始趋衰、罗马斯多亚派哲学嬗变的特征。他的学说中神学与柏拉图化的色彩更为浓烈,预示了新柏拉图主义的一些观点,并以折中方式将早期希腊哲学与亚里士多德的某些学说吸纳来作相对主义的解释。另一方面,他哀叹人生无常、万物流转、天道轮回,在变幻莫测的苦难中,人只能听从命运的安排,唯求内心宁静,他的伦理学中有悲观主义宿命论的基调。马可·奥勒留的斯多亚主义已散发出悲凉气息,表明它已无力发展自身以疗救江河日下的罗马帝国。他的学说标志着罗马斯多亚主义走向终结。

马可·奥勒留突出地宣扬神主宰自然的整体性,造就了支配宇宙万物的天命。他强调"宇宙的各个部分是由神圣的纽带联系起来、绞织起来的",是和谐的整体,"由同一的神所支配,服从同一的支配法则";神所昭示的因果法则、必然性就是天命。② 宇宙并非胡乱堆积、拼凑而成的,而是神周密设计出来的合理的存在、"有规律的并且美丽的创造物"。③ 而从神创造世界的基本目的而言,"世间的一切都是为了服务于理性的存在物而设计出来的","较高级的被创造物造成了较低级的被创造物",人作为高级的理性存在,也是神造就的天命的目的性结果。④ 他认为神对宇宙的主宰权、支配力是不容否认的,"一个没有神也没有天道的世界是不值得人生活其间的世界"⑤。神、人关联,神性和人性相通,离开了

① 见摩福德《罗马哲学家:从监察官加图至马可·奥勒留之死》,第230页,伦敦和纽约,劳特利奇出版社,2002。
② 见马可·奥勒留《沉思录——一个罗马皇帝的哲学思考》,第66页。
③ 见同上书,第30页。
④ 见同上书,第74、47页。
⑤ 同上书,第11页。

神,人世中的行动就会失败,而如果忽略了人世,也就无从把握神的自然性了,所以人应服从神,"与诸神融洽相处。只有那始终表现了自己的灵魂满足于天道所命的人,才能与神和谐相处,才能服从那代表了神之统驭者的神性道德的秩序,因为道德也是神的衍生"①。

由上可见,早期斯多亚派说神即自然的泛神论倾向,到马可·奥勒留处已基本消失,代之以苏格拉底的神为人作宇宙的目的性设计论,代之以柏拉图的《蒂迈欧篇》中由"创造者"(即神)创生宇宙的论说。马可·奥勒留说的"同一的神"也是一种"宇宙理性",实质上仍蕴涵理性一神的意思,但罗马帝国奉罗马传统多神教为国教,神权是皇权的根据,所以他含糊地将"同一的神"也说成是"诸神",不解释两者的关系,似乎"诸神"也代表"宇宙理性"之"一神"。这是他的神学思想中的内在矛盾。这个皇帝在现实政治中则严格维护罗马多神教,对当时崛起的基督教(反偶像崇拜的一神教)进行血腥的迫害,将这种异教的教徒视为"叛民",早期基督教著名神学家查士丁教士受他迫害而殉道,连里昂和维也纳的基督教教会也受摧残,可见他说的宗教宽容仅限于多神教范围,有虚伪性。然而,他和塞涅卡等人一样渲染人世苦难、仁慈与博爱的宗教伦理等,这和基督教的教义又相一致,所以后世有的罗马教皇也推崇他的学说。

柏拉图的宇宙创造论中"创造者"(神)通过宇宙灵魂这个中介创造了世界,马可·奥勒留也认为神通过宇宙灵魂创造、支配了宇宙的万物。他借用亚里士多德的两个范畴,说自然全体就是形式与质料两类,形式支配质料。就世界全体而言,它"是一种有生命的东西,也有灵魂和肉体",四元素构成"物质大块"的宇宙"身体"是质料,其中"运行着宇宙灵魂"这种形式。就人而言,也是灵魂支配身体。② 他主张宇宙中的一切包括人的理性都是从宇宙灵魂(即神的宇宙理性)中流溢出来的:从"广袤的欧亚大陆"到人作为理性存在的一切能力,到"咆哮的狮子","所有一

① 马可·奥勒留:《沉思录——一个罗马皇帝的哲学思考》,第46页。
② 见同上书,第33页。

切,均来自宇宙的灵魂"。①"每个人的灵魂均是至上之神的一分,由彼流溢而来"②。他说的宇宙灵魂已不是交杂着火与以太的"普纽玛",而是宇宙理性这种精神实体;他在新柏拉图主义前就较明确地孕生了"流溢说"。他认为正是宇宙理性安排了世界秩序,通过因果法则支配了一切世间事物的运变生灭,使"这不确定的世界始终不停地展开","一切事物便按必然的因果序列相随依次发生"。③ 斯多亚派说的自然理性、自然法则已变为表征神意的宇宙理性了,是神支配一切,造就了不可抗拒的命数。

马可·奥勒留对早期斯多亚派已片面吸纳、解释的赫拉克利特的万物流变的思想,更作出相对主义的曲解,主张世界的一切变易无常,如过眼烟云,瞬间消亡,命运难测,人生无确定的意义与价值。整个宇宙三千年经历一次大焚烧,周而复始地循环,一个现实世界都逃脱不了整体灭亡的命运。就事物而言,"所有具体的个别存在都有如急流一般,倏忽而过,匆匆穿过它们所由集合而成的宇宙大块"。宇宙操纵物质如"玩弄蜡块",或塑为一匹马,或融化后"重塑为一棵树,然后又是人或别的什么",所是的"某一类东西,都是极短暂的时刻"。④ 在他看来,"既然时间、物质、运动和朝生夕死的人,一切的一切都处在永恒的流逝之中",确定性难以确证与达到,世间一切事物就只有短暂性,并无意义,其实处于黑暗中,令人无法窥其真相,那就看不出世间有什么值得在意与追求的。⑤ 他从相对主义得出事物本性与命运不可知的结论。同无比硕大的宇宙相比,人类只是瞬间存在的"可怜的蜉蝣",前日荣耀,次日归于尘土,寿夭并无区别。人死亡后作为质料的身体分解为各元素与原子,灵魂飘去空中被宇宙灵魂所回收。于是他得出对人生的看法:"人的存在只是绵延

---

① 见马可·奥勒留《沉思录——一个罗马皇帝的哲学思考》,第58页。
② 同上书,第144页。
③ 见同上书,第102页。
④ 见同上书,第68—69页。
⑤ 见同上书,第41—42页。

不断的感觉活动形成的迁流,以及那倾向于瓦解的肉体。灵魂只是一个漩涡,而命运是无从猜测的。"①在这模糊的奔腾而过的急流中,身心所得的仅为梦幻泡影,人生是一场战役,一段旅途,其身后声名终归于湮没。且看亚历山大大帝、凯撒、奥古斯都等名人都转瞬即逝,像庞培城顷刻被火山灰掩埋,所谓永垂不朽的声名只是虚荣而已。在人生中,"唯哲学可以保持我们心中的神性",使人超然于苦乐之上,在短暂中和大化自然相和谐,"心灵虽遭逆顺而安之若素","坦然接受命运的支配,任随命运之神的意思"。② 马可·奥勒留的人生观渲染了一种悲观主义的宿命论。

马可·奥勒留主张一种柏拉图式的理性抑制情欲的灵魂说,并由此宣扬一种服从命运、服从罗马帝国社会整体的禁欲道德论。他认为,感觉由身体所生,产生欲望,被情欲驱使是"食肉猛兽的品性",耽于欲乐是无神论者与尼禄暴君的禀性,"是那些只要背着人便无恶不作的人的品质"。③ 灵魂中的激情往往使人偏执,行为不当。只有灵魂中的理性与思想能正确指导行为,使人泰然接受天命,服从神祇,不使内心的神性受污染,而保持纯净与宁静,将心灵推至壮丽的巅峰。神设计人这种理性的存在,赋予人以理性,就是为了不让感觉要求与情欲压倒理性,因为前两者都是动物性的、低下的,理性则天生是为了统制感觉和情欲的。在他看来,宇宙理性为自然立法并无动机与偏好,本性上无所谓善与恶,宇宙中发生的每一事物即便是缺陷与灾难,都是有利于宇宙整体的。每个人的命运遭遇就其天然性而言也无所谓善恶。人之善恶只是就人自身的行为而言,善与恶的行为决定了人生的幸福与否、快乐与痛苦。人的理性知悉神之天命,又普遍地体现于社会性,人心中的道德感就是仆从于神的支配,热爱人类,这就是普遍的善和人性所在。善就是做一个合乎理性的社会的人,履行人的职责,"照看好自

---

① 马可·奥勒留:《沉思录——一个罗马皇帝的哲学思考》,第 14 页。
② 见同上书,第 14、32 页。
③ 见同上书,第 22 页。

己的灵魂,使自己的行动符合理性并与社会协调,以促进人类的公共利益"。① 这种所谓的"公共利益",实为维护摇摇欲坠的罗马帝国的整体利益,这正是这位皇帝的道德论的基本宗旨。他明白点出:"一举一动要像热爱自己国家的罗马皇帝",随时听从召唤、放弃一切。② 斯多亚派一直论述的人的个体性在马可·奥勒留那里已完全淡出,湮没在罗马帝国的整体性之中。马可·奥勒留在德性论说上并无爱比克泰德论述日常道德实践的建树,只有一些笼统的道德说教。他以苏格拉底为道德人格的楷模,说他比君主更有内心宁静的自由;他强调王者要有仁爱之德,能因德受怨,臣民要做好公民,听命于天命与神愿,这样人就不是心灵的奴隶,也无现实的暴君了。对人生抱纯粹淡泊的态度,无须哀叹不幸,也就不会是悲剧角色了。此外,善就是还要修养内心,培植诚实、节制、忍耐、公正、谨慎、恭顺等有内在价值的品德。他的道德说教是为稳定罗马帝国趋于衰变的社会道德秩序的。

马可·奥勒留论述人的理性即人性普遍体现为一种社会性的互助互利互爱之心,提出世界主义的政治观,旨在维护已不甚稳固的罗马帝国的"世界共同体"。他认为理性的正义就是正确理性在社会中的体现,表现为人遵从法律与道德、习俗而结成共同体,从属于社会整体。"自然的本性便是使理性的生物相互利益和支持,并不得损害对方",所以一切人"便是联系在一起的一个统一家族,它们也是互为手足的"。③ "理性动物是靠公共事务、社会利益,是凭具体的友谊和家庭结合成一体的",社会共同体就应像天空中运行的群星和谐有序。④ 他强调人的理性生存的目标就是实现那神圣的世界城邦及其政治制度、法律,实现其理性的统治。他也和塞涅卡相似,提出"两个国家"的论说。他认为,既然人类有共通的理性,都服从于一个以理智的法令支配行动的共同法则,所以,

---

① 见马可·奥勒留《沉思录——一个罗马皇帝的哲学思考》,第 52—53 页。

② 见同上书,第 18 页。

③ 见同上书,第 95 页。

④ 见同上书,第 99 页。

"人类都是公民的一分子,属于某种政治国家(指城邦或地区性政治共同
体——引者)。进一步,我们可以说,整个世界是一个共同体"①。这个世
界共同体即世界城邦才是至高无上的,统辖原有城邦或地区性国家,那
就是马可·奥勒留统治的罗马帝国。他声称:"就我是安敦尼皇族而言,
我的城邦和我的祖国是罗马。就我是一个人而言,世界是我的城邦和我
的祖国。有利于我的国家和人类全体这两者的,就是有利于我的。"②他
说:"不符合蜂群利益的东西,也就不会符合单独每一只蜜蜂的利益。"③
他反复强调所有的城邦或地区性国家、所有的世界公民,都要维护罗马
帝国的政治与道德秩序,遵从它的法律与法令,服从它的整体利益,行事
都应有利于改善帝国社会,否则就是背叛天命、渎犯神灵的不义之举。
他的用意在于修缮、稳固已裂缝迭现的罗马帝国。他在政治历史舞台上
是一个吟叹"落花流水春去也"的无奈角色,他在《沉思录》的最后说,神
让他演完三幕就退场,那就是他的人生的全部,他没有职责对后几幕再
说东道西了。而在他之后的诸帝,续演了近三个世纪的罗马帝国日益衰
落以至崩解的历史之剧。

四　罗马斯多亚主义的文化精神

罗马斯多亚派哲学在一定程度上保留了希腊哲学和早、中期斯多亚
派哲学的理性主义,它不注重玄奥的理论思辨,而以一种罗马式的实践
理性注重将哲学与伦理运用于社会实际和道德生活实践,以自有特色的
理论适应罗马前期帝制时期的社会需要,成为这一鼎盛时期罗马文明的
主导性的基本文化精神。它为罗马帝国的法制、政制提供了社会伦理根
据,它的道德学说对于调和社会矛盾、维系帝国社会基础起有重要作用,
它对罗马帝国各种文化的发展也有弥渗性的深刻影响。

---

① 马可·奥勒留:《沉思录——一个罗马皇帝的哲学思考》,第25页。
② 参见同上书,第61页;译文据"洛布古典丛书"本(汉尼斯英译,麻省,剑桥,哈佛大学出版社,
　1979)有改动。
③ 同上书,第63页。

　　罗马斯多亚派哲学树立的自然法观念,为罗马帝国的法制和法学的发展提供了理论基础。罗马法是罗马奴隶制国家整个历史时期的法律总称,它是罗马文明的突出成就,是其留给后世的宝贵文化遗产。历代罗马统治者都十分重视制定法律,依靠建立法制秩序维护庞大帝国的统治。而在前期帝制时期,正是在罗马斯多亚派自然法观念的指导下,罗马法得到最兴盛的发展,形成完备的法典,发展出系统的法学理论,在法制建设和法学理论上达到古代的最高成就。自然法观念在斯多亚派哲学中早有萌发,而罗马的西塞罗明确提出自然法是一切法律的哲学根据。他宣称:"真正的法律乃是正确的规则,它与自然相吻合,适用于所有的人……一种永恒的、不变的法律"[1]。正确理性规定了善与恶,确立了最普遍的自然法。这种自然法观念为罗马斯多亚派哲学家们所阐发。它将伦理上的正当(right)和法学上的权利(right)结合起来,使法体现德性,因此,这种根植于自然理性、体现人性与正义的自然法是根本大法,是一切人定法的基础,各种法律的制定只有遵从自然法的理性和正义,才能成为联结政治社会的纽带。任何其他诸法都不能使自然法失效,而违反自然法的习惯法、神裁法、人定法是无效的。

　　前期帝制时期的罗马法学家大多将自然法的哲学观念奉为理论根据,在奥古斯都和安敦尼王朝统治的约一个半世纪中,形成以拉贝奥和卡彼托为首的两大流派,两者都以罗马斯多亚派的自然法观念作为理论出发点,都有面向罗马社会实际的良好学风,相互促进,推动了罗马法和罗马法学的兴盛发展,涌现了不少杰出的法学家,留下许多精深的法学著作。罗马法可从总体上分为自然法、公民法和万民法;也可具体分为规定国家公务(政府组织、官吏选任、公共财产管理、宗教祭仪等)的公法和规定个人权益的私法,私法中又分为规定人格身份的人法、作为财产法的物法,以及规定私权保护的诉讼法。罗马法是古代世界以维护私有

---

[1] 西塞罗:《论共和国》,王焕生译,第120页,中国政法大学出版社,1997。

制为基础的最完备的法律体系和法学理论。罗马法表现了罗马人凭借法制统治幅员辽阔、风云多变的大帝国的成熟才智。罗马帝国的简单商品生产已高度发达,从而形成复杂的经济关系和社会关系,罗马法特别是它的私法精华部分,本质上是一般商品经济社会关系的经典性法律规范,因此又有超越奴隶制社会的普遍性意义。19世纪德国的著名法学家耶林说:"罗马帝国曾三次征服世界,第一次以武力,第二次以宗教(指基督教),第三次以法律……唯有法律征服世界是最为持久的征服。"①那是指罗马法对后世的巨大影响。近代西方复兴了以自然法观念为根据的罗马法,17世纪荷兰格劳秀斯的理性自然法学派就有广泛影响。恩格斯指出:资产阶级国家立法可以"把商品生产者社会的第一个世界性法律即罗马法以及它对简单商品所有者的一切本质的法律关系……所作的无比明确的规定作为基础"②。拿破仑于1803—1804年颁行的《法国国民法典》,曾被用作为近代与现代西方各国编纂新法典的基础,可谓第二个世界性法典,它也是以罗马法为蓝本而制定的。

罗马斯多亚派哲学的世界主义国家学说,为罗马帝国的政制和长期稳定的政治统治提供了理论根据。西塞罗的《论共和国》提出了以德性为基础的宪政理论,认为国家是履行德性、根据有关法律与权利的协议而结合的多民族共同体。这种观点显然已超越了希腊城邦的含义,适合领土辽阔的罗马帝国政治统治的需要。罗马斯多亚派哲学认为罗马政制(包括帝制)集中了君主制、贵族制与民主制三者的优点,成为完善的混合政体。这当然是美化罗马政制的溢美之词。不过,鼎盛时期的罗马帝制,确实有别于东方专制君主制,保留了一定的以法治国的宪政形式。依据"两个国家"的世界主义,罗马帝国注意调和公民各阶层的利益,扩大奴隶制的社会基础,在中央集权统治的前提下赋予各行省一定的自治权,这就保证了帝国统治一度长期的相对稳定。罗马斯多亚派哲学又鼓

---

① 耶林:《罗马法精神》,转引自周枏《罗马法原论》上册,第10—11页,商务印书馆,1994。
②《马克思恩格斯全集》第21卷,第346页,人民出版社,1965。

吹人人皆是兄弟的世界大同主义,认为理性是人的共同本性,包括奴隶、外邦人的所有人都受同一宇宙理性支配,人都有自我保存的本能,它表现为自爱,理性又使自爱的本能提升和扩大为爱家庭、朋友、同胞以至全人类,因之人所生活的社会必定是有普遍性的"世界城邦",它由适合所有人的法律和普遍的伦理道德秩序所维系。人人皆有善良意志和理性赋予的自然权利,甚至奴隶也有其应得的权利,不能对他们过于酷虐。罗马斯多亚派的这种政治伦理表现了某种宽容精神,适应了维护集权型世界性大帝国统治的需要。

罗马斯多亚主义的德性论又为罗马帝国的稳定统治提供了普遍的道德规范。塞涅卡主张帝王和官吏也要以道德自律,不可纵欲无度,酿成荒淫暴虐之君和奢华腐败的政治。他还强调帝王要以德治政、广施仁政,自身要有仁慈、宽容和普遍爱人的德性,这样才能以博大的胸怀造就清明的政治。罗马斯多亚派对统治者的道德要求也是一种统治艺术,安敦尼王朝的几代贤明之主是有所实践的。爱比克泰德的道德论说宣扬顺应自然生活就是服从神和天命,号召被统治者们要以理性克制邪念肉欲,追求善、脱离恶,服从天命,尤其要以"配合"方式对待厄运,坦然忍受折磨而不怨天尤人,劝导在疾病、痛苦、羞辱中磨砺德性就是幸福。罗马斯多亚派的德性论包含着对被统治民众包括奴隶的道德规范,要求他们安于现状,在苦难中修炼灵魂,它实质上是一种道德安慰剂。

罗马斯多亚派哲学作为对自然、人生与社会历史的总体理解,对罗马前期帝制时期鼎盛的科学和各种精神文化有广泛、深刻的影响。

罗马前期帝制时期的科学理性精神的一大成就表现在,将古希腊以来的科学知识加以综合,集大成为知识体系,在保存希腊科学知识中又有所超越与发展。而斯多亚派哲学是他们探索自然、综合知识的一种核心理论指导。罗马斯多亚派哲学中也有一小支仍注重研究逻辑学与自然哲学,如科林苏斯、赫洛克勒等人,在科学家中较有影响。亚历山大里亚的著名科学家托勒密(约公元85—168)是古希腊以来天文学的集大成者。他生活在安敦尼王朝的升平年代,在希腊化时代希帕库工作的基础上，综合并发展了前人的研究成果，写了 13 卷的《天文学大成》，后来阿拉伯人翻译时推崇备至，改名为《至大论》(Almagest)。他设计的天体系统的几何结构，是由 80 个圆形轨道构成的复杂的本轮-均轮偏心模式，接受了亚里士多德和斯多亚派哲学的地心说。罗马斯多亚派哲学已强调神、宇宙理性为作为理性存在的人设计、创生世界，人所在的地球当然是天体系统的中心。托勒密的数理天文学运用数学工具——球面几何、球面三角构建的天体系统模型，较好地符合了望远镜发明之前的天文观测，所以在西方盛行了 1 000 多年，至于它后来被经院神学僵化和利用，不应由托勒密负责，托勒密体系在天文学史上有重要的历史地位。罗马最负盛名的医学家是稍后于托勒密的伽仑(公元 129—199)，他是希腊罗马古典医学集大成者。他出生于小亚细亚的帕加马，曾在亚历山大里亚学医，高超的医术使他声名远扬，马可·奥勒留皇帝曾召他为御医。他本人是医生兼信奉斯多亚主义的哲学家，写了 131 部著作，迄今保存 83 部，包括《最好的医生也是一位哲学家》、《逻辑学导论》、《论希波克拉底和柏拉图》(9 卷)等哲学著述，其中保存了中期斯多亚派的资料。他的医学思想中也多有斯多亚派哲学的印迹，如认为心脏在血液中注入生命灵气，动脉输送血液而给全身活力，大脑则将生命灵气变为灵魂灵气而有表象、记忆、思维功能；他倾向于斯多亚派的泛神论与理性一神论，认为神透过自然法则起作用，尖锐抨击了巫术和符咒。他的宗教哲学倾向易于得到基督教教徒和后来伊斯兰教教徒的认可，所以他的著作在日耳曼蛮族入侵时全都毁失，却被阿拉伯学者保存下来。他完成了奠定西方医学基础的工作，在 1 000 多年间他一直是西方医学尊崇的绝对权威。综合古希腊以来全部自然知识的宏图，是博物学家老普林尼(Elder Pliny)在毕生的辛勤工作中实现的。他曾作为军事与行政长官辗转于欧洲各地，积累了大量自然知识，公元 79 年维苏威火山大爆发，他亲赴火山区考察实情，不幸中毒气身亡，为探索自然的奥秘献出了生命。他于公元 77 年积毕生心血发表的 37 卷本巨著《自然史》，是一部内容遍及天文、地理、动物、植物、医学、农工百业、语言文字、艺术等所有知识领域的百科全书,在对自然的总体理解上也主张斯多亚派的泛神论与理性神论,认为神设计宇宙后听其自身按自然法则运行,又说唯一的神即自然,人是自然的中心,神不干预人世事务。这种一神论与人类中心论能被基督教认同,因而他的著作也能留传于世。

奥古斯都统治帝国40余年,他对内战后的社会风气实行拨乱反正,强调发扬斯多亚主义,恢复传统宗教和道德精神,培养公民的责任感,宣传罗马的历史使命。当时产生了深具罗马民族风格的三位伟大诗人,他们的作品都以不同方式体现了斯多亚派的哲学精神。释放奴隶之子贺拉斯(Horace,前65—公元8)的诗作《讽刺诗集》、《颂歌》和文艺理论著作《诗简》,在罗马学过法律、哲学的维吉尔(Virgil,前70—公元19)的《农事诗》、史诗《伊尼阿斯》,被放逐黑海之滨的奥维德(Ovid,前43—公元18)的《变形记》,不同程度地表现了斯多亚派的天命观、神学观和伦理道德思想。特别是贺拉斯与维吉尔,赞美斯多亚派哲学的神是主宰自然的伟力,讥讽罗马内战后奢靡败坏的世风,倡导用斯多亚派的伦理观念来恢复罗马传统的淳朴道德,肯定诗有寓道德教诲于艺术美的教育作用。塞涅卡的侄子、随他被处死的著名诗人卢堪师从于斯多亚派哲学家,他本人就是此派的哲人,他在作品中运用斯多亚派的宇宙循环生灭和历史循环论来描述罗马的历史演变,用天命观来表现他的人生观和道德思想。[①]

希腊化时代末期的波里比阿开创了罗马史学,它的全盛也是在前期帝制时期,当时涌现了一批杰出的史学家,他们的历史观深受斯多亚派的天命观、社会政治观和伦理道德观的影响。李维(Tius Livius,前59—公元17)深得奥古斯都宠幸,曾任其继外孙、未来皇帝克劳狄乌斯之师。他倾毕生心血写成142卷通史巨著《罗马自建城以来的历史》(现仅存35卷),记述了自罗马建城至奥古斯都时代长达800年的政事,开创了西方史学中的通史体例。他用天命观解释历史,认为罗马人是"天命所归"的

[①] 关于斯多亚派哲学和罗马诗人的思想关系,摩福德所著《罗马哲学家:从监察官加图至马可·奥勒留之死》中的第5、6、7章中有具体论述。

民族,顺应自然和神的意旨,所以能统治地中海世界;奥古斯都能开创元首政制、缔建伟大帝国,也是天命支配历史发展的必然结果。他主张史学的独特功用是从中引出道德教诲垂训于后世,以斯多亚主义的道德标准扬善戒恶,使后世从政者获得借鉴。塔西陀(Publicus Cornelius Tacitus,约公元55—120)堪称罗马史学中的修昔底德,写有16卷《罗马编年史》(现仅存第9卷和一些残篇),记述了自奥古斯都逝世至尼禄覆亡的历史,以及12卷《罗马史》(现仅存前4卷和第5卷片断),记述了尼禄死后至图密善称帝时的史事,两部书相衔接,是研究罗马前期帝制政事的史学名篇。书中留恋、歌颂共和制,批判帝制时代的专制压迫、文网密织、世风日下、立国精神沦丧,对专制帝王的凶残腐化和佞臣的阿谀弄权的批判鞭辟入里。他主张天命支配人世的历史循环论,认为历史和道德一如万物经历循环更替,历史学家应有道德家的立意,要"善善恶恶,贤贤贱不肖",赏善戒恶,以促进个人和公共的道德水平。普卢塔克(约公元46—120)学识渊博,以硕学通才知名,曾任图拉真、哈德良两帝之师和执政官。他毕生勤于著述,作品有227篇之多,后人辑其存篇编为《传记集》(又名《希腊罗马名人传》)和《道德论集》两书。他是柏拉图学园派哲人与史学家,对斯多亚派哲学有所批评,但也受斯多亚派的哲学特别是道德论的影响,信奉神明、世界灵魂、宇宙理性、天命和世界主义政治,认为刻画历史传统应当表现"人物身上所体现的灵魂",其核心精神是伦理道德。阿庇安(Appian,公元95—160)是罗马帝国最后一位卓越的史学家,曾任马可·奥勒留皇帝的修辞学老师。他处在帝制盛世趋衰之时,所写的纪事本末体通史巨著24卷《罗马史》(现存11卷)中,斯多亚派哲学的神学色彩浓重,相信天命、神兆等。但他的著作注重分析罗马社会斗争的成因,有超越历史局限性的眼界,重视社会经济在历史事件中的重要作用,这在古代罗马史学家中是独一无二的。马克思称赞说:"他极力要穷根究底地探索这些内战的物质基础"[1];恩格斯说:在关于罗

①《马克思恩格斯全集》第30卷,第159页,人民出版社,1975。

马共和国内部斗争的史料中,只有阿庇安一人清楚明白地告诉我们这一斗争是为土地所有权进行的。

罗马斯多亚派哲学家们维护传统多神教,反对甚至迫害已在东方产生并西传入罗马的基督教,但斯多亚派哲学本身就蕴涵着理性一神思想,它的道德论和基督教的宗教伦理也有相通之处,所以它对基督教神学也深有影响。恩格斯论述道:"斐洛的亚历山大里亚学派"和希腊罗马哲学主要是"柏拉图派的,特别是斯多葛派(即斯多亚派——引者)的","给予在君士坦丁时代成为国教的基督教"以"巨大影响","尤其是塞涅卡对形成中的基督教的影响"。[①] 他又指出,"如果我们可以把斐洛称为基督教教义之父,那末塞涅卡便是它的叔父。新约中有些地方几乎就像是从他的著作中逐字逐句抄下来的"[②]。除《新约全书》对斯多亚派哲学思想有直接吸收外,罗马斯多亚派哲学主要通过斐洛的吸取、它自身融入新柏拉图主义以及一些教父采纳它的某些内容,而影响基督教神学,成为"两希"(希腊哲学与希伯来宗教)文化融会的一个重要成分。

[①] 见《马克思恩格斯全集》第22卷,第532页,人民出版社,1965。
[②] 同上书第21卷,第12页,人民出版社,1965。

第十五章　怀疑论学派

　　怀疑论学派在希腊化时代开初就已产生,一直持续存在与演进至 3 世纪,在新柏拉图主义兴起之前,它和伊壁鸠鲁学派、斯多亚学派是希腊化与罗马时代的三个主要的、并行发展的学派。怀疑论(Scepticism)相对于独断论(Dogmatism)而言。伊壁鸠鲁学派、斯多亚学派以各自不同的方式肯定地阐论事物的本性和真理的标准,怀疑论学派则视他们为"独断论"加以批判,怀疑论学派也正是主要在批判这两种独断论,以及在批判、渗透、侵蚀学园派哲学这种独断论中,不断发展自身的哲学的。怀疑论学派和伊壁鸠鲁学派、斯多亚学派在思想进程中处于错综复杂、互斥互动的关系,策勒指出三个学派有同源性与内在联系:"不只是因为这三条思想路线是属于同一时代的,而且还在于它们之间的内在联系,可以将它们看做是源自同一棵树干的三根分支。"①

　　希腊文中"怀疑"(skepsis)的意思是"思辨与探究",怀疑论者(skeptikos)就是一个透视、审察之人,怀疑论哲学究其命名自身的本意,是指一种深究、探察的哲学。不能望文生义,简单地将它看做一种消极、

———————————

① 策勒:《斯多亚学派、伊壁鸠鲁学派和怀疑论学派》,莱希尔英译,第 487 页,伦敦,朗格曼斯·格林出版公司,1870。

没落、非理性、对一切持虚无主义态度的不可知论。塞克斯都·恩披里柯说:"怀疑主义是一种在现象和判断中以任何方式设置反题的能力:通过怀疑主义说明对立的事物状态和判断有'同等权重',我们首先达到'悬置判断',然后达到'摆脱扰乱的心灵自由'"①。怀疑论哲学在深刻的思辨探究(他们也自称是辩证法的探究)中,不断质疑、否定当时各种"独断论"的种种哲学命题,揭示理论上的种种矛盾,促使当时各派哲学思想在肯定-否定中深化演进,同时它在方法上对当时的科学思想(特别是如医学等经验科学)也有一定影响。而怀疑论的终极伦理目的是通过"悬置判断"达到"内心宁静","内心宁静"是当时各派共同的一个伦理主题,只是通达的方式很不相同。怀疑论哲学是希腊化和罗马时代哲学演变的重要环节,它批判当时的独断论哲学,其实也动摇了希腊哲学传统的一些基本原理,为新柏拉图主义哲学的兴起开辟了道路。它对后世文艺复兴时期和近代哲学有一定的积极影响。

怀疑论哲学不是在进入希腊化时代时突然冒出来的,而在希腊哲学进程中有其思想渊源。怀疑论派将赫拉克利特、爱利亚学派的塞诺芬尼与芝诺、德谟克利特奉为怀疑思想先驱②,一些怀疑论者还认为他们才真正秉承了苏格拉底与柏拉图的哲学精髓,这无疑有以偏概全的附会之处。但也可看出,早先希腊哲学中论述感知、现象的不确定性,相对主义,理性的思辨探究中的批判、否定精神,都有着"怀疑"的思想成分。如赫拉克利特的万物皆流变的思想,塞诺芬尼的疑神论,芝诺推翻运动的否定性主观辩证法,德谟克利特关于感觉有相对性和关于事物本质的"暧昧认识"的观点,智者派的相对主义,苏格拉底探究美德定义的"辩证法"中往往最后无肯定结论,柏拉图后期对话篇中对理念论的自我批判,等等,都是怀疑论者着意汲取的"怀疑"成分,既有感觉相对主义因素,也有理性思辨的批判精神。然而,进入希腊化时代后,有了超脱希腊古典

---

① 塞克斯都·恩披里柯:《皮罗主义纲要》,第 1 卷,第 8 节,载于《塞克斯都·恩披里柯文集》第 1 卷。

② 见第欧根尼·拉尔修《著名哲学家的生平和学说》,第 9 卷,第 71—74 节。

哲学的自由度,有了伊壁鸠鲁学派和斯多亚学派这两大"创新"的"独断论"哲学的刺激,才首创出了怀疑论这种哲学方法和独特成形的哲学形态。它有着两重性:既有只承认流变现象、否认事物本性可知的相对主义和消极的主观辩证法成分,也有探究、审察一切既有理论的批判精神。所以,这种开创怀疑论哲学的学派,在当时也有在批判中推动哲学与科学的积极作用,对后世的某些重要哲学家,如蒙田、笛卡尔、休谟、康德等人,都有一定影响。

怀疑论学派从公元前 4 世纪末叶创立,一直持续演进到公元 3 世纪初叶,长达 500 多年,从希腊化时代延伸入罗马帝制盛期,虽非主流哲学,但也堪称两个时代"三足鼎立"哲学之一。它在漫长的历史进程中自身的理论形态也有演变,大体经历了四个发展阶段:(1)公元前 4 世纪末叶至前 3 世纪初叶的早期皮罗主义,以皮罗与蒂蒙为代表。(2)公元前 3 世纪中叶至前 2 世纪末叶的中期柏拉图学园的怀疑主义,以阿尔凯西劳和卡尼阿德为代表。(3)公元前 1 世纪至公元 1 世纪(罗马共和制末期、进入帝制之际)的后期皮罗主义,以埃涅西德姆和阿格里帕为代表。(4)2 世纪至 3 世纪初叶的罗马经验论怀疑主义,主要代表是塞克斯都·恩披里柯。四个阶段的怀疑论哲学,各有不同的理论特征。

关于研究怀疑论哲学的史料,除了第欧根尼·拉尔修的《著名哲学家的生平和学说》第 9 卷中记述了皮罗与皮罗主义外,最主要的史料来源是罗马时代的医生、哲学家塞克斯都·恩披里柯的著作。他的医学著作已无留存,但五种哲学著作记述了怀疑论哲学的主要内容以及它们对"独断论"的批判,且有他自己的阐发,是较详细的古代资料。《皮罗主义纲要》(*Outline of Pyrronism*)是最著名、最有影响的一部,系统论述了怀疑主义。《反数理学家》(*Adversus Mathematicos*)是从文法学、修辞学、数学、几何学、星相学和音乐等六种"技艺"(知识)方面展开的批判,这里说的数理学家,是指精通上述六种技艺的知识人士。另四种书都是对《皮罗主义纲要》有关部分的扩展,也含《反数理学家》的相应部分:《反逻辑学家》(*Against the Logicians*)、《反物理学家》(*Against the*

Physicists)、《反伦理学家》(*Against the Ethicists*)、《反教师》(*Against Professors*),"洛布古典丛书"中有这些书的英译本(1976 年有重印本)。① 包利民等著《悬搁判断与心灵宁静:希腊怀疑论原典》中有《皮罗主义纲要》的内容。皮罗、阿尔凯西劳、卡尼阿德和埃涅西德姆都是述而不作的哲学家②,只能靠蒂蒙、克利托马库(Clitomachus)、西塞罗、普卢塔克等人著述中保存的残篇,了解更早保存的思想资料。罗马时代的医学中有独断论派和经验论派(包括方法论派)之分,古代希腊、罗马医学集大成者伽仑虽主要是一位理性主义者,但也不否定经验主义医派;他也是哲学家,有论逻辑、伦理、科学方法等的著作,如《经验主义纲要》等,其中也保存了怀疑主义及其在医学理论中的表现的资料。

西方学者研究怀疑论哲学的著作,除了策勒、A. A. 朗的有关断代研究著作外,已有一些专门研究此学派的专著,并有一些研究此学派哲学家专人的著述。③ 较有综合性、系统研究特点的专著有:布劳恰德(V. Brochard)的《希腊怀疑论者》(*Les Sceptiques grecs*,巴黎,1932),斯都格(C. L. Stough)的《希腊怀疑主义》,美国学者汉金松(R. J. Hankinson)积 15 年功力、于 20 世纪 90 年代中期出版的《怀疑论者》。

第一节 早期皮罗主义:皮罗和蒂蒙

怀疑论哲学的创始人是生活于希腊化时代开初时期的皮罗,蒂蒙是

① 《塞克斯都·恩披里柯文集》的"洛布古典丛书"本有 4 卷,伯里等英译:第 1 卷,《皮罗主义纲要》;第 2 卷,《反逻辑学家》(相当于《反数理学家》第 7—8 卷);第 3 卷,《反物理学家》(相当于《反数理学家》第 9—10 卷),《反伦理学家》(含《反数理学家》第 11 卷);第 4 卷,《反教师》(相当于《反数理学家》第 1—6 卷)。
② 埃涅西德姆有一个《皮罗主义者谈话录》,现只有一个摘要,是 9 世纪拜占庭学者福提乌斯为图书馆所藏之书写的说明(参见汉金松《怀疑论者》,第 5 页,伦敦和纽约,劳特利奇出版社,1995)。
③ 参见汉金松《怀疑论者》,"参考书目",伦敦和纽约,劳特利奇出版社,1995。

他的学生，记述、阐发了他的学说。早期皮罗主义还没有形成一个学派，但深有影响，后来逐渐发展成有系统理论、自成学派的怀疑论哲学。早期皮罗主义已形成了怀疑论哲学的一个基调：以一种探究、思察的精神，提出一种彻底的感觉论的现象主义，承认人所感知到的事物的现象，但认为感知与事物现象背后的本性是不可确定的，既不能肯定，也不能否定，只好悬置判断。

皮罗（Pyrrho）生活于公元前365—前270年，是希腊古典文明向希腊化文明激荡转折的时期，世界事物的闪忽多变、命运难测，对寻求个体心灵宁静与自由的皮罗生发怀疑主义哲学思想无疑有重要影响。他生于伯罗奔尼撒西北部的埃利斯（Elis），后为雅典公民。他原是一个贫穷的默默无闻的画家，早年曾师从于麦加拉学派斯提尔波的儿子布里松（Bryson），但他后来的学说和深受爱利亚学派熏陶的麦加拉学派并无内在的思想联系，他从麦加拉学派那里只是经受了推理、探究的“辩证法”训练。他躲避尘世、离群索居的生活方式更接近于小苏格拉底学派中的昔尼克学派。后来他跟随德谟克利特的再传弟子、梅特罗多洛[①]的门生阿那克萨库学习。梅特罗多洛已有怀疑论思想，常说自己一无所知，甚至不知自己无知；阿那克萨库也持较强烈的怀疑倾向，塞克斯都·恩披里柯说他“已废弃准则”[②]。阿那克萨库很赞赏皮罗处世冷漠、无动于衷的生活态度。他原是阿布德拉人，德谟克利特的同乡，大约尘心未断，竟成了一名宫廷哲学家，随亚历山大大帝东征，并带了皮罗一起，随征旅在这剧变的时代游历了世界各地，有风雨沧桑之体验。据记述，他和东方印度的“裸体智者”、波斯的玛伽僧侣有交往，这是可能的，因亚历山大大帝东征远达这些地区，但难以确证有关的东方宗教哲理对皮罗的学说有思想影

---

① 此人是德谟克利特的门生，将他的老师的学说向怀疑论方向发挥，他不是与之同名的伊壁鸠鲁学派的梅特罗多洛。

② 塞克斯都·恩披里柯：《反数理学家》，第7卷，第48节，载于《塞克斯都·恩披里柯文集》第2卷。

响。① 不过,皮罗听到过印度"裸体智者"对他的老师的批评:如果他自己还在宫廷里奉承、伺候君王,他就决不能教导别人什么是善。果然,阿那克萨库自己也不得善终,他罹祸惨死的下场,必定给皮罗极大的心灵震撼。

阿那克萨库和塞浦路斯僭主尼可克瑞翁结有宿怨,亚历山大大帝在一次宴会上问他菜味如何,他答说一切很出色,只缺某个总督(指尼可克瑞翁)的脑袋。此僭主耿耿于怀,亚历山大大帝去世后,他就设法将阿那克萨库抓来扔入石臼,命人用铁杵捣死。他却对人说:"捣吧,捣那装在石臼里的皮囊,他们捣的不是阿那克萨库。"僭主命人割下他的舌头,他咬下舌头吐向仇人。这位亚历山大大帝的座上客,靠山一倒,转眼间成为仇敌的俎上肉。动荡时代的变异,使皮罗看透世事,采取遗世独立的态度,置权力、名誉、财富与是非于不顾,潜心于从怀疑论哲学中寻求精神出路。他回雅典后,和做助产婆的姐姐相依为命,过着清贫的生活,甚至为生计去集市卖家禽与猪。他的生活方式与其学说一致,不凭感觉武断地判断事物之根由。他欣赏荷马的诗句"人的生命就像树上的叶子",人生如朝露,他就更为珍惜,他在现象世界的日常生活是正常、安详的,不问世事,力求心灵宁静,也不乏必要的预见。他活到九十高龄去世。也以心灵宁静为目的的同时代的哲学家伊壁鸠鲁和他在学问上对立,却经常打听他的情况,敬重他的生活方式。②

皮罗只有很少几个追随者,他自己也不写作,可能是怕给人独断化的印象。本来他的学说会在口述中飘没,所幸的是他的追随者蒂蒙在诗篇中传承了他的思想,使后继者得以发展出怀疑论学派;而蒂蒙的一些残篇还留存至今。蒂蒙(Timon)约生活于公元前320—前230年,是佛

---

① 弗林多夫在《皮罗和印度》一书中认为皮罗哲学直接受印度佛教的影响(参见汉金松《怀疑论者》,第59页,伦敦和纽约,劳特利奇出版社,1995)。A. A. 朗认为不可能确知这种东方思想在皮罗哲学中起有任何意义的作用(参见朗《希腊化时代的哲学:斯多亚学派、伊壁鸠鲁学派和怀疑论学派》,第80页)。

② 上述关于皮罗的生平和阿那克萨库的故事,参见第欧根尼·拉尔修《著名哲学家的生平和学说》,第9卷,第58、61—67节。

利乌斯(Phlius)人。他多才多艺,年轻时当了一名舞蹈演员,后去麦加拉,师从于斯提尔波;他学得祖传的医学知识,在医学界也颇有名气(怀疑论哲学和当时医学的联系也有可能始于他);他后又师从于皮罗,熟悉并阐扬皮罗的怀疑论思想。当时马其顿王安提戈诺颇欣赏他。他才气横溢,擅长写诗,写了大量史诗、讽刺诗和30部喜剧、60部悲剧,可惜大都已失传。在《西利篇》(Silli)的三篇讽刺诗中,他根据皮罗的怀疑论,讽刺了早先与当时的独断论哲学家,直接记述了一些皮罗本人的观点,也有他自己的见解。但此书也未留存,公元1世纪漫步学派的亚里斯多克勒(Aristocles)对此诗篇的观点有所概述,后这概述又被保存在欧塞比乌(Eusebius)主教的著作《福音初阶》中,可谓曲折留存,殊为难得。第欧根尼·拉尔修和塞克斯都·恩披里柯也有限地转述了皮罗的观点,但往往和后期皮罗主义混在一起。皮罗本人并无建立学派的意图,中期学园派的怀疑论和他的思路有别,蒂蒙的重要性还在于将皮罗学说通过几代弟子传到埃涅西德姆,发展出后期皮罗主义;又通过几代弟子,传到塞克斯都·恩披里柯,形成经验论的怀疑主义哲学。这样,皮罗作为怀疑论哲学的创始人,才被此派的后人确认。

感知是知识的起点或来源,是获得真理的根据,这是从赫拉克利特、恩培多克勒到德谟克利特等早期希腊哲学家都肯定的。爱利亚学派也不否认感知是"意见之路"的根据;柏拉图虽然区别了知识与信念,但也肯定经过感知的影像与意见的信念阶段,可通过思想超越而获得理念的知识;亚里士多德更明确主张感知及其形成的经验是理智认识的源泉与基础;伊壁鸠鲁学派和斯多亚学派也分别将感觉和认知性的印象作为认识的准则,都认为关于世界的客观知识是可以获得的。皮罗则一反这些将感觉-知觉作为知识出发点的学说,主张由于感知的相对性、不确定性,人的认识只能局限在所感知事物的现象之中,不可能有关于外在世界事物本性的客观知识。他的这种最初的怀疑论哲学,就其思想渊源而言,一方面是通过其师阿那克萨库受到德谟克利特哲学中变异出的怀疑论思想的影响,另一方面更重要的是和智者派普罗泰戈拉的感觉论相对主义有着内在的思想联系。普罗泰戈拉主张人是万物的尺度,感觉只是有相对性的主体意识的来源;他没有否认外在世界的存在,但认为越出个体感觉经验的、客观的陈述是不可能的。皮罗的怀疑论实质上与此相似,而且对独断论的知识论展开了批判。虽然他本人并未直接攻击伊壁鸠鲁和芝诺,但学理上是针锋相对的。早先的怀疑思想并未成为一种道德理论的基础,普罗泰戈拉的相对主义也只是涉及粗糙的情感道德论;皮罗的怀疑论则有体现时代特征的伦理目标,就是摆脱对心灵的扰乱,实现心灵的宁静与自由,这个目标看似与伊壁鸠鲁和斯多亚学派的伦理目的相同,其实质内涵是完全不同的。

亚里斯多克勒记述了蒂蒙转述的皮罗学说的要义:

> 皮罗的门生蒂蒙说,幸福之人必须思考三个问题:(1)事物实际上同样地是什么;(2)我们应对它们采取什么态度;(3)这样一种态度将有什么后果。据蒂蒙说,皮罗声称事物是同样地不可辨识、不可测度、不可确定的。因此,我们的感知活动、判断活动都无所谓真或假。所以,我们不应依靠它们,而应不作判断,既不倾向这种方式,也不倾向那种方式,而对每一个体事物坚定地说,它之所是并不甚于不是,或者说它既是又不是,或者说它既非是又非不是。对那些采取这种态度的人来说,后果首先是拒绝作断定,然后是心灵摆脱扰乱的自由。①

根据上述记述,可将皮罗的怀疑论哲学内容,分述为以下三点:

第一,人感知的只是事物的现象,事物的本性不可知。

上述思考的第一个问题,就是事物的普遍本性是什么,这是早期希腊哲学、希腊古典哲学和希腊化时代哲学的一个基本问题。皮罗实质上否定了对这个问题作哲学思辨的合法性。以往的一切哲学尽管学说不同,都得以各种方式回答这个问题,在普遍原理中说明实在的本性,对世

---

① 第尔斯编:《诗传哲学残篇》,"残篇之九",转引自朗《希腊化时代的哲学:斯多亚学派、伊壁鸠鲁学派和怀疑论学派》,第80—81页。

界的本质提出"真"的判断,否则就没有关于外在世界的知识。皮罗却声称人们关于事物的感知和作出的判断都无所谓真或假,也就是说,人们所感知和判断的东西并不是一种知识的对象,因为事物的本性并不可知。这样,皮罗就移走了作为哲学研究主题的外在世界。既然事物的真实本性不能被感觉或理性所知,也就没有什么相关的陈述之真或假能被检验了。他说事物同样地是不可辨识、不可测度、不可确定的,实质上是否定了所有的知识论,包括伊壁鸠鲁学派和斯多亚学派的认识准则,后者认为感知经验能提供关于外在对象的真实本性的精确信息。他的否定的根据是人们不能把握感知的对象本身,只能局限在感知事物的现象之内,作为"物自体"的对象自身的本性不能被感觉-知觉所探悉,感觉-知觉只能显示对感知者所显现的东西,不能从中推断事物的本性是什么。

　　皮罗不否定人感知、经验到的事物的现象,即它们对感知者所显现的东西,如蜂蜜对我显得是甜的,认为如"这样东西对我来说不像是蜂蜜"的陈述和"这不是蜂蜜"的陈述,是等值的。他不否定人在日常生活中对所有现象的陈述,但他认为人只能生活在现象世界,对现象作约定俗成的习惯性陈述,而不能断定事物的根由与本性。他论证的理由就是:感觉与知觉是相对于感知者形成的,可对不同的感知者而有不同的现象显现,它们是相对的,复杂多变、自相矛盾的。"对他们怀疑的论述过程中涉及的矛盾,他们首先论证事物引生信念的方式,然后用同样的根据摧毁这些根据的可信性。他们论述那些事物引生感觉-知觉所同意的信念,那些从不或仅少变化的事物如习惯,由法律规定的事物,那些快乐和好奇心的对象事物。然后,他们表明,和那些引生信念的事物相对立的事物,具有相等的或然性。"①在皮罗看来,感知、印象中获悉的现象事物只有和相反现象事物同等的或然性,这就必然有自相矛盾的陈述成立(后期皮罗主义的"十式"和"五式"就是据此设立的),所以对感知现象

———————

① 第欧根尼·拉尔修:《著名哲学家的生平和学说》,第9卷,第78—79节。

的陈述不可能是绝对真的,因为相反的陈述也可证明为真;人们对感觉、印象也就不可能如斯多亚派说的有真正的"认同",最多只能约定俗成,有暂时稳定的法律、习俗等事物。感知、印象也就不能作为认识的准则。皮罗的这种基本观点,显然对伊壁鸠鲁学派和斯多亚学派的认识准则都一概予以了否定。

皮罗并不否定感知到的事物现象是事实,也不像近代的贝克莱将存在归结为感觉,或像马赫主义将存在归结为感觉的复合,他的怀疑论是将人的认识局限在现象范围。如塞克斯都·恩披里柯所说:"那些说怀疑论者摧毁现象的人,在我看来没有听懂我们已说的话。如我们先前说的,我们并不推翻现象,现象作为表象所产生的一种状态的结果,不以意愿为转移地将我们导致某种同意。"怀疑论者只承认现象的事实,而拒绝探究现象后面的事物的本性,例如他们承认感知到蜂蜜是甜的现象,但怀疑甜就是蜂蜜的本性。他们即使用自相矛盾的推论说及和现象相反的东西,也不是要摧毁现象,"而是为了揭示独断论者的轻率"。[1] 这种将人的认识局限于感知现象的怀疑论,可以说是近代休谟的彻底经验主义怀疑论的先声。

第二,对事物的本性采取"悬置判断"的态度。

既然要根据感知的现象去探究事物本性(自在之物)就会产生互相矛盾的判断,所以怀疑论者对现象的基本态度就是"悬置判断",这是皮罗提出的怀疑论的要旨。就是用不置可否的态度,对世界的本原、本质、本体等形而上问题,以至一切具体事物的本性,都不作论断。在他们看来,说雪的本性是白的,并不见得比说雪的本性不是白的更对;说事物由原子构成和说事物的本质是理念,也都是虚构的妄测。应指出,这里皮罗所说的"判断"有特定含义,严格指关于事物本性的论断,是一种经过思索的对"自在之物"的推理性论断。而日常生活中对现象的陈述,如说

———————————————

[1] 见塞克斯都·恩披里柯《皮罗主义纲要》,第1卷,第19—20节,载于《塞克斯都·恩披里柯文集》第1卷。

"我看见一只猫",皮罗主义者视之为仅是一种感知经验的报道,不在应予悬置的"判断"之列。要是这种日常生活中必需的陈述也不能作,皮罗主义者就无法生存了。皮罗提出对涉及事物普遍本质的形而上问题采取悬置判断这个怀疑论哲学的根本态度,对后世哲学有深远的影响,如康德对"自在之物"取悬置态度,实证主义者拒斥形而上学,现代西方的胡塞尔的现象学也对意识性的描述现象背后的本性采取悬置判断的态度。

皮罗还只是由于根据感知现象探究事物本性会发生互相矛盾的判断,主张悬置判断,所以他主张的还是一种感觉论的怀疑主义,不同于后来的理性思辨式的怀疑论,即根据理性思辨探究事物本性会发生种种二律背反。但皮罗已有否定理性能获得关于事物本性的知识这种观点,如塞克斯都·恩披里柯说及他的思想:"就像已有论述的,如果通过感觉-知觉来领悟事物是互相矛盾的,理智把握事物也同样是这样;于是,无论何种事物的证明的前提,必定是不可信、不牢靠的。所以证明的推理也是不值得信赖的。"[1]学园派的思辨式怀疑论、后期皮罗主义的论式,也都受皮罗上述观点的影响。

皮罗的悬置判断的态度不仅运用于自然事物,也同样运用于伦理生活与道德行为。"他否定任何事物道德上是善的或坏的",认为只是"习惯与约定制约人的行为"。[2] 他论述了道德判断的相对性:没有什么事物本性上是善的或坏的,因为对所有人都同样是善的或坏的事物并不存在。"伊壁鸠鲁主张快乐是善,(昔尼克派的)安提司泰尼却主张快乐是坏的。结果就是同一事物既是善的又是坏的。但如若我们不同意被某人判断为善的各种事物真是善的,我们就得辨识各种不同的意见。而这是不可能的,因为正反双方的论证有同等的权重。所以,本性上善的事

---

[1] 塞克斯都·恩披里柯:《反数理学家》,第 8 卷,第 356 节,载于《塞克斯都·恩披里柯文集》第 2 卷。
[2] 见第欧根尼·拉尔修《著名哲学家的生平和学说》,第 9 卷,第 61 节。

物不可知。"①皮罗对希腊化时代哲学最关注的伦理主题,同样采取悬置判断的态度,而且这也是怀疑论哲学实现其伦理目的、采取其生活方式的主要手段。

第三,怀疑的伦理后果就是达到心灵摆脱扰乱的宁静与自由。

皮罗主张悬置判断的后果,在学理上就是放弃对事物的普遍本性和真理标准的一切哲学探究,满足于现象,以常识态度对待世界,这样处世也就会获得心灵的宁静与自由。在他看来,探究物质对象的本性、宇宙的结构、道德价值与神的存在,去追求知识的确定性和认识的准则,这些超越感知经验的、玄奥难决的问题,都无助于日常生活,只会扰乱人的心智,使心灵不得安宁。通过悬置判断,就能使人们摆脱对关于神、善的本质等问题所作的互相矛盾的说明所引起的混乱。如蒂蒙在诗中称颂他:"皮罗,年老的皮罗,您是如何从根底上摆脱那些智慧者的信念与空洞的理论建构的奴役而获得解放的? 您是如何解脱这些信念的欺骗、引诱的镣铐的? 您不去探究流行于全希腊之'风',每一种'风'从何处来、向何处去,免得扰乱心灵。"②他对一切传统哲学与宗教持一种消极的批判态度,认为所有宗教与独断论哲学为社会与个人所开的"药方"都是无用的,善与恶的本质无须思索、规定。他只接受日常生活的约定,认为这就是生活实践可遵从的。遵从约定俗成的生活世界,不受任何扰乱,这就是怀疑论者的基本伦理价值所在。

面对变化多端的大千世界,不去追究根源,不去思索善与恶的本质,对风波迭起的生活"不动心",取冷漠态度,这是皮罗和早期皮罗主义者处世的基本原则。据说有一次他乘船出海,遇到风暴,同船的人都惊慌失措,他却若无其事,指着船上一头正在吃食的小猪,对人们说,这就是智慧之人所应具备的宁静状态。③ 不能将这个故事理解为皮罗主张对待生活可浑浑噩噩、麻木不仁,混到哪里算哪里。皮罗主张对生活仍应小

---

① 第欧根尼·拉尔修:《著名哲学家的生平和学说》,第 9 卷,第 101 节。
② 同上书,第 9 卷,第 65 节。
③ 见同上书,第 9 卷,第 68 节。

心谨慎行事,遵从约定性的习惯与规范,这样才可能有自身的安全。他只是主张对任何生活现象的根由及其变乱,采取置之不理、"不动心"的冷漠态度,并不是对生活冷漠、弃绝尘世。这也是在希腊化时代变象环生的大世界里,不再有城邦依托之个体所采取的一种明哲保身的态度。在这点上,他和伊壁鸠鲁有共鸣之处,所以后者也还敬重他的生活方式。

西塞罗极少提到皮罗,在《论目的》中只提到他断言"德性只是善",似乎他在伦理上是一个严格的独断论者;西塞罗在对怀疑论有批判的《论学园派》中,也只在一处说到他否定智慧之人对事物"不动心"。这和第欧根尼·拉尔修说他否定任何道德上的善与恶,主张人的行为由约定支配很不同,似乎皮罗采取了自相矛盾的观点,不配被后期皮罗主义者奉为怀疑论的创始人;或者是西塞罗理解错了皮罗。但西塞罗在历史上比塞克斯都·恩披里柯、第欧根尼·拉尔修更靠近皮罗,而后两人都写到埃涅西德姆复兴皮罗主义。究竟是怎么回事呢? A. A. 朗的解释颇有道理:西塞罗并不知道蒂蒙的诗作,他对皮罗的了解是从学园派的怀疑论者那里得来的,如克利托马库、拉利萨的菲罗,还有已皈依独断论(斯多亚派)的安提俄克。学园派怀疑论者不承认皮罗的功劳,将苏格拉底与柏拉图奉为怀疑主义方法论的始祖。蒂蒙也曾讽刺学园派怀疑论建立人阿尔凯西劳。[1] 早期皮罗主义对学园派怀疑论虽有影响,但思路不相同。西塞罗无第一手资料,从学园派了解的关于皮罗的很少信息,是不确切的。

蒂蒙无疑赞同并阐述了他的老师的见解。此外,他认为用怀疑论来看,"几何学家意识到许多探究的困难,就在研究中采取规避风险而安全的方法,就是采取假设作为几何学的原理";他认为研究几何学"首先就要接受这种假设"。[2] 在他看来,几何学的公理和定理都无确定的真理性,都是为方便而约定的假设。这和现代某些实证主义者的观点相似。

---

[1] 见朗《希腊化时代的哲学:斯多亚学派、伊壁鸠鲁学派和怀疑论学派》,第76—77页。
[2] 见塞克斯都·恩披里柯《反数理学家》,第3卷,第1—2节,转引自汉金松《怀疑论者》,第70—72页,伦敦和纽约,劳特利奇出版社,1995(以下所引此书均为此版本)。

此说也是后期皮罗主义的"论式"说的先声,因相反的论式都只是假设。

第二节 中期学园派的怀疑主义:阿尔凯西劳和卡尼阿德

皮罗于公元前270年去世,他并未正式建立一个学派,而靠蒂蒙传播他的思想。希腊化时代的怀疑主义的第二个阶段是在它渗透入中期柏拉图学园而取得进展的。皮罗的后半生和阿尔凯西劳的盛年相重叠,后者约于公元前265年成为学园的主持人,使柏拉图学园转向,怀疑主义成为中期学园的主导思想,从公元前3世纪中叶到前2世纪末叶,持续约一个半世纪。中期学园派的怀疑主义也受皮罗思想的影响,但它和皮罗的感觉论的现象主义怀疑论有不同的理论特征:它自奉为得苏格拉底、柏拉图哲学之精髓,实质上是用怀疑论哲学,并借助于麦加拉学派的辩证法、智者派的相对主义论辩,改造了苏格拉底、柏拉图哲学,将后者的辩证法中的探究、怀疑方法变为否定知识可能性、可靠性的哲学,它比早期皮罗主义更有理论思辨色彩。此外,它也是在批判独断论中展开的,特别注重于批判当时并行产生、进展的斯多亚学派的哲学。中期学园派怀疑论哲学的两位著名代表是阿尔凯西劳和卡尼阿德,前者是学园派转向的挑头人,提出了学园派怀疑论的思想纲领,后者则较详致地阐发了学园派怀疑论哲学。现分别述评他们的主要思想。

一 中期学园派怀疑论哲学的开创者——阿尔凯西劳

阿尔凯西劳(Arcesilaus)生于公元前318年,卒于公元前242年,生活在希腊化时代开初诸派学说竞发之时。他原是小亚细亚皮塔涅(Pitane)一个富裕之家的子弟,在当地曾师从于数学家奥托利库(Autolycus)。后赴雅典,曾是漫步学派首领塞奥弗拉斯特的学生,最后却投奔于老学园的克冉托尔,因其才智过人,很受克冉托尔钟爱,塞奥弗拉斯特则感叹"一个多么睿智敏捷的学生离开了我的(吕克昂)学园"。当时波勒谟是老学园的主持人,克冉托尔、克拉底(Crates,不是昔尼克派的克拉底)均是学园的著名成员,阿尔凯西劳和他们过从甚密。克冉托尔、克拉底等主持人去世后,他成了学园的继任主持人,使学园转向以怀疑论精神为主导,因而成为中期学园的开创人。他长于论辩,常有创见,蒂蒙说他的思想也"游向皮罗和驼背的第奥多罗",可见他也接受了皮罗和麦加拉学派论辩术的影响,并采纳了一个小支派埃勒特里阿学派(Eretrian School)的论辩法。当时斯多亚派的阿里斯通说:"柏拉图是他的头,皮罗是他的尾,第奥多罗则是他的腰。"他热心助人,但不向马其顿王安提戈诺献殷勤,而是专注于学园事业;但他生活豪奢,并用居勒尼学派的阿里斯提波的格言来应对他人的责难。据说由于他对所有事物都悬置判断,所以从未写过一本著作。① 西塞罗、第欧根尼·拉尔修、塞克斯都·恩披里柯的著述中保存了他的一些论说。

公元前 4 世纪末叶至前 3 世纪初,柏拉图学园中已强化了对实践的道德教义的研究,如克冉托尔写了《论不幸》,西塞罗曾给予高度评价。② 阿尔凯西劳对这种道德主题不会不关心,但他不满足于恪守老学园的传统教义,认为这样会丧失苏格拉底、柏拉图所倡导的非教条式探究的原初活力。他作为一个辩证法家,引入了怀疑论精神,来改变老学园的传统。西塞罗说:"他从柏拉图的著述和苏格拉底的对话中主要得到的是,感觉和心智都不能理解任何确定的事物。"③他无疑称羡柏拉图的辩证法,但并未用柏拉图的理念论哲学体系来支持他的怀疑论,因为他要破除的正是柏拉图留传下来的学园传统;他所袭用的主要是苏格拉底的辩证法。在柏拉图早期对话篇如《拉凯斯篇》、《吕西斯篇》、《欧绪弗洛篇》中,在经过一番探讨后,苏格拉底都没有正面得出勇敢、友爱、虔敬的普遍性定义,而是说没有获得有关知识,自知无知比妄言有知好。阿尔凯西劳将苏格拉底的对话辩证法中积极的探究、怀疑精神,嬗变为怀疑论

---

① 见第欧根尼·拉尔修《著名哲学家的生平和学说》,第 4 卷,第 28—34、38—40 节。
② 见西塞罗《论学园派》,第 2 卷,第 135 节,载于《西塞罗文集》第 19 卷。
③ 西塞罗:《论演说家》,第 3 卷,第 67 节,载于《西塞罗文集》第 4 卷,拉克汉姆英译,"洛布古典丛书",麻省,剑桥,哈佛大学出版社,1942(以下所引此书均为此版本)。

哲学的一种方法。这种方法就是将论敌的论点接过来,通过相反的论证,显示其自相矛盾。"中期学园就从他开始;他第一个以相反论辩的矛盾而悬置判断,第一个就问题的相反两方面进行论辩,第一个修改了由柏拉图传下来的体系,借助问答法使其更像论辩术"①。

阿尔凯西劳是以芝诺为论敌、在和早期斯多亚派的论战中提出怀疑论哲学的纲领的。他从苏格拉底并回溯至德谟克利特、阿那克萨戈拉、恩培多克勒等,认为,"几乎所有古代哲学家都认为没有任何事物能被领悟、理解、知悉,感觉是有限的,心智是脆弱的,生活历程是短暂的,'真理沉淹在深渊中',而所有事物只是被意见与约定所支配,并无真理可言,它隐藏在黑暗中。"②他通过反驳斯多亚派的知识论与真理观,来论述达到确定知识不可能,只能悬置判断。

斯多亚派区别了三种认知状态:知识、领悟和意见(信念)。领悟(apprehension or grasping)是对于感觉所接受的外界信息、真实知觉或印象的认同,是介乎知识和意见之间的中介,也同为两者的认知基础。差别在于意见的领悟是脆弱的,可能是错的,是对表象的错误认同,它为次等的愚人所有;而智慧之人所作的形成知识的领悟表象,通过理性的论证而坚实、不可动摇。总之,"领悟对两者是共同的,这是真理的标准"。阿尔凯西劳反驳道:首先,"领悟绝不可能是介乎知识和意见之间的一种共同的准则",一种独立的检验真理的标准。因为斯多亚派已在智慧之人和次等的愚人、知识和意见之间作了绝对的析取,两者必居其一,设立一个中间的标准是多余的,同时适用两者更是不可能的。其次,将领悟定义为"认同一种认知印象",这就使知识的领悟和意见的领悟两者的根据都无效:前者认同的是一种命题而非感知印象,后者认同的是真实印象而不能是错误的。这两种根据都不成立了。这就是斯多亚派将意见和知识都立足于领悟、认同认知印象的内在矛盾。"如领悟不成

---

① 第欧根尼·拉尔修:《著名哲学家的生平和学说》,第4卷,第28节。
② 西塞罗:《论学园派》,第1卷,第43—45节,载于《西塞罗文集》第19卷。

立,所有事物就都是不可领悟的",只有愚人才会认同不可领悟的东西；斯多亚派主张智人只有在领悟不可能时才悬置判断,而既然所有事物都不可领悟,根据斯多亚派自己的逻辑可推论出,"智慧之人总是悬置判断的"。[①] 阿尔凯西劳在斯多亚派用作为真理标准的认同、领悟问题上,揭露了对方的思想矛盾,将它变为一种怀疑论哲学的论证。

阿尔凯西劳否定裁定真假意义上的知识的任何标准,但不否定某些日常陈述有真假之分,而是认为涉及事物本性的知识没有确定性；他否定了斯多亚派基于认同认知印象的知识论,否定了事物本性的可澄明性。西塞罗说:"他相信每一事物隐藏于暧昧性中,没有事物能被知悉或理解；任何人要作出一个断定或通过一种认同来赞同任何事物,是不合适的；一个人必须限制他自身,从每一个滑坡中检查他的轻率性,因为如果某些错误或未知事物被赞同,一个人的轻率性是明显的,没有比认同、赞同超乎知识与理解的东西更坏的了。"[②]从积极的意义上说,他似乎并不是完全否定知识,而是要避免错误的可能性,如 A. A. 朗所说,在阿尔凯西劳看来,"智慧的本质标志不是拥有知识,而是摆脱错误"[③]。但他无疑在否定斯多亚派的真理标准时,也否定了任何知识的确定性,学园的后继者们就发展出一种知识的"或然性"理论。他用对斯多亚派的知识论的思辨批判的方法,得出了和早期皮罗主义一样的结论:对每一事物"悬置判断"。

阿尔凯西劳的怀疑论,在伦理上得出一种实为主张约定性准则的模混结论。塞克斯都·恩披里柯记述道:"(1)既然探究生活事务是必要的,这种探究不能没有一个准则,幸福(即生活的目的)就有赖于它的可信性。阿尔凯西劳说对每一事物悬置判断的人会用'合理的东西'(eulogon,the reasonable)规约他的选择与回避,一般地说就是规约他的

---

① 见塞克斯都·恩披里柯《反数理学家》,第 7 卷,第 150—155 节,载于《塞克斯都·恩披里柯文集》第 2 卷。
② 西塞罗:《论学园派》,第 1 卷,第 45 节,载于《西塞罗文集》第 19 卷。
③ 朗:《希腊化时代的哲学:斯多亚学派、伊壁鸠鲁学派和怀疑学派》,第 92 页。

行为,而根据这个准则进行,他就会行事正当。(2)既然幸福通过实践智慧而得到,而实践智慧在于正当行为,一个正当行为是有一种合理的辩护起作用的行为。(3)所以任何伴随合理东西的人会正当地行为,且是幸福的。"①这"合理的东西"是否指理性或善并不清楚,但它实质上必定是一种约定性的伦理准则,而不是知识性的道德原则,因为在他看来知识的确定性已不存在,要用善的知识规定一个正确的行为也就不可能。所以,不论他是否还承认理性与善,他提出的怀疑主义纲领已销蚀了理性主义的道德原则。

由于阿尔凯西劳和苏格拉底一样述而不作,关于他的思想资料留存也很少,对他和苏格拉底、柏拉图哲学传统的思想关系如何一直有不同的看法。有些人依据西塞罗、塞克斯都·恩披里柯、奥古斯丁的一些记述,认为他的怀疑论仅限于批判斯多亚派和其他一些学派,他仍固守学园中正统的柏拉图主义。如科辛认为,阿尔凯西劳只是一个反芝诺的纯粹的辩证法家,他的一系列论证只是为了破坏斯多亚派的认识论。② 但自策勒以来,大多数学者否定这种观点,因为他对真理标准与理性的怀疑,否定知识的确定性,毕竟是同苏格拉底与柏拉图的理性主义知识论、道德观不一致的,中期学园的怀疑论转向毕竟是他开启的。

二 学园派怀疑论哲学的主要阐发者——卡尼阿德

阿尔凯西劳开创了中期学园派的怀疑论哲学,经过拉居得等几代传承,约 100 年后,出现了学园派怀疑论哲学的主要代表卡尼阿德,他系统阐发了学园派特色的怀疑主义哲学思想,是希腊化时代哲学史上的一个重要哲学家。

卡尼阿德(Carneades)约生于公元前 213 年,生活于希腊化时代由

---

① 塞克斯都·恩披里柯:《反数理学家》,第 7 卷,第 158 节,载于《塞克斯都·恩披里柯文集》第 2 卷。
② 参见汉金松《怀疑论者》,第 77 页。

盛趋衰、罗马共和国强敌压境、双方的哲学与文化交往已有开展之时。他原是北非居勒尼人,后到雅典,成为学园中和斯多亚派论战的主将,后任学园主持人。他学识渊博,潜心研究哲学,以至头发、指甲很长也不修剪。他才智非凡,擅长论辩,据说他讲哲学课时,"修辞学家们也解散自己的课堂,成群涌往他那里听他讲课"。① 公元前155年,他和当时斯多亚派、漫步学派的领军人物巴比伦的第欧根尼、克里托劳斯任雅典派往罗马的使节,因而有机会在罗马作了两次论正义的公开讲演。在第一次讲演中,他详致地为正义的约定观念辩护;在次日的讲演中,他却逐点批驳了他前次讲演的观点(西塞罗在他的《国家篇》中对此有概述)。这震惊了罗马共和国的知识界,而本来就保守的监察官加图对这种系统损坏传统罗马政治德性的行径很为恼火,要将这些哲学家驱逐出境。拉克坦提乌斯在《制度分类》中指出:"他在第一次讲演中汇集了所有倾向正义的论证,为了他可以推翻它们……这倒不是因为他认为应毁谤正义,而是为了表明对正义的辩护并不确定,并无坚实的论证。"他看出了卡尼阿德的怀疑论哲学的实质。② 卡尼阿德于公元前129年去世。

卡尼阿德细致研究了早期斯多亚学派的学说,特别是其主将克律西普的著述,着力予以批判。时人曰:"没有克律西普,就没有斯多亚学派";卡尼阿德则曰:"没有克律西普,就没有卡尼阿德"。③ 卡尼阿德的怀疑论哲学就是主要在批判克律西普的学说中展开的。他从知识论、神学与因果学说、伦理学等方面,全面批判了斯多亚派哲学,促使斯多亚派后来对自己的学说也作了修正。这里主要述评他自己的哲学思想,批判的细节从略。他和皮罗、阿尔凯西劳一样述而不作,幸亏他的门生、学园继任主持人克利托马库写有400多篇论文,详细阐释了他的学说,西塞罗在《论学园派》等著作中对卡尼阿德的学说有较多记述,大约就源自克利

① 见第欧根尼·拉尔修《著名哲学家的生平和学说》,第4卷,第62节。
② 见西塞罗《国家篇》,第3卷,第8、21、23节,转引自汉金松《怀疑论者》,第95页。
③ 见第欧根尼·拉尔修《著名哲学家的生平和学说》,第4卷,第62节。

托马库的可靠阐释。

下面，从知识论、神学与因果学说、伦理学等三方面，概要述评卡尼阿德的学园派怀疑论哲学的主要思想。

第一，强调知识的不确定性，提出或然性学说。

卡尼阿德和阿尔凯西劳一样认为，斯多亚派所主张的对认知印象与命题的"认同"是真理的标准是不确定、不可靠的，只能取悬置判断的态度。但阿尔凯西劳缺乏细致论证的根据，主要是否定地揭示对方的内在矛盾；卡尼阿德则提出一种自己的或然性学说，据以细致批判斯多亚派的认识论。

卡尼阿德论述道：按照斯多亚派的说法，真理的标准是认同"认知印象"。一个关于世界的真判断必须满足两个条件：(1)它基于正确地报道事实的印象，(2)这种印象的可靠性在于印象自身被知觉者正确地认识。斯多亚派认为他们说的"认知印象"（kataleptike phantasia）的特征就是"完全符合对象事实"，而且能被认同，所以能有确实为真的判断。卡尼阿德同意有感知印象存在，其中也有某些真印象满足条件之一，即正确报道事实；但他认为真判断仍不能成立，因感知印象符合对象事实的真实性不是自明的，而第二个条件更不能满足，知觉者在接受感知印象中并没有对真与假的"清晰辨识的标准"，有些看来明显是真的印象结果被证明是假的，认同本身就使判断带上主观色彩，更何况知觉者还可能处于迷梦、幻觉的境况。斯多亚派将"认知印象"作为真理标准是完全不可靠的。"认知印象"其实是似是而非的，塞克斯都·恩披里柯说卡尼阿德区分了感知印象的四种不同程度的"似是而非性"（plausibility）：难以置信，似是而非（在相当程度上显得为真），不可逆转地似是而非（因其他印象而固执），检验了的印象（因其他情况检验而不可逆转）。塞克斯都·恩披里柯举例说明这种印象的似是而非：在昏暗之屋，有人见一卷绳般的东西，乍见以为是蛇；后细看它不动，认为它不是蛇；再想冻僵之蛇是不动的，用手杖拨它，检验后又觉得最初以为是蛇的印象难以置信，仍是似是而非的。总之，卡尼阿德否定了斯多亚派的"认知印象"这个真理标准，认为斯多亚派意义上的知识是不可达到的。[①]

卡尼阿德认为对一切感知印象不能作真假区分，只能作或然和非或然的区分。希腊文中的"或然"及其拉丁文（probabile）有"有说服力"、"值得相信"的意思。西塞罗描述它是"智慧之人运用的感知印象，如若没有和此或然性相反的东西发生"[②]。这只是在无矛盾情况下对明显像是真的印象和明显像是错的印象的一种约定，权且用于日常生活的一种标准。而且，在他看来，孤立、单一的感知印象，也不能保证将它具有或然性来接受，还要靠其他每一感知印象的情况和检验来接受其或然性。如说"这是苏格拉底"，就要有关于这个人的身材、形姿、言说、衣服、所处等一系列感知印象来支持，且无任何可疑处，方可形成一个人看见苏格拉底的或然判断。一个或然判断的形成要靠有关时间、空间、所处、特性等一系列中介判断，才算成立。[③] 在他看来，这种或然性理论对日常生活实践是有用的。西塞罗举例说，一个智慧之人登船航行，他估量熟练的掌舵者、好水手、好天气后，就可作出大约可安全到达目的地的或然判断。[④] 卡尼阿德设立了一个或然标准，他的怀疑态度似乎没有皮罗、阿尔凯西劳那么坚决，其实不然，在哲学上对感知印象的真假问题、事物本性问题、知识的确定性问题，他的基本态度仍是悬置判断。他的或然性理论出于生活实用的需要："由于他本人为生活的作为、达到幸福，也需要某种标准，他不得不讲求实效地采取一种观点，将似是而非同时又令人信服、不被推翻、透彻检验过的印象作为一种标准"[⑤]。

卡尼阿德在西方哲学史上第一次提出感知印象及经验形成的知识都没有真、假的必然性，只有或然性，这是后来西方近现代一些经验论哲

① 见西塞罗《论学园派》，第2卷，第49—60节，载于《西塞罗文集》第19卷。
② 同上书，第2卷，第99节，载于《西塞罗文集》第19卷。
③ 见塞克斯都·恩披里柯《反数理学家》，第7卷，第176—183节，载于《塞克斯都·恩披里柯文集》第2卷。
④ 见西塞罗《论学园派》，第2卷，第100节，载于《西塞罗文集》第19卷。
⑤ 塞克斯都·恩披里柯：《反数理学家》，第7卷，第166节，载于《塞克斯都·恩披里柯文集》第2卷。

学的先声,实有深远的意义。所谓休谟问题的实质就是认为感知经验只有或然性;康德的综合判断是经验性的,要靠先验的知性范畴来"立法",规定出自然科学的必然性;逻辑经验主义的"还原论"教条难以成立,莱欣巴赫也用或然的"概率"来修补。卡尼阿德本人提出或然性理论,进而用它来批判斯多亚派的天命观与神学,阐发他的伦理思想。

第二,批判斯多亚派的神学和因果论的天命观。

卡尼阿德认为,人难以获得关于世界的确定知识,对神的本性及神和世界的关系也不能得出确定的判断,只有或然的推测。他对斯多亚派的神学思想从两方面进行批判:(1)否定斯多亚派的多神思想。斯多亚派虽然实质上有理性一神思想,但出于宗教统治、宗教生活的需要,在现实生活中仍维护希腊传统的多神教。卡尼阿德批判斯多亚派的多神思想是将所谓诸神混乱堆积,抹煞了神与人的区别。他说:"如果诸神存在,那么众山林美女(仙女)也是女神? 如果她们是神,那么潘斯与萨提尔这样的凡人与色徒也是神了,但后两者并不是神;所以山林仙女也不是神。但一些神殿仍由城邦向她们许愿与献祭。一些神殿所献祭的非神难道是神吗?"①卡尼阿德并非要推翻宗教,宣传无神论,而是要揭露斯多亚派仍承认的多神论是不能令人信服的。(2)否定斯多亚派主张神主宰人世的观点。斯多亚派认为,世界表现为神的天命的作品,所借以论证的一个最重要的实例,是人作为一种理性的存在正因神的设计而过着一种有德性的生活。卡尼阿德则指出:有德性者遭受痛苦,邪恶盛行,正好证明神对人世事务是极为冷漠、毫不关心的。在他看来,人之有理性,不能用来证明神的天命及其操纵人类,理性用得好,可做善事,用得不好,可做坏事,完全取决于人自身。②

卡尼阿德又从两方面批判斯多亚派主张的由严格的因果关系决定的天命观,在某种程度上肯定人有决定事务能力的意志自由。(1)否定

---

① 西塞罗:《论神性》,第 3 卷,第 43 节,载于《西塞罗文集》第 19 卷。
② 见同上书,第 3 卷,第 66—85 节,载于《西塞罗文集》第 19 卷。

斯多亚派的"先定原因"说。克律西普认为没有无原因的运动,每一事件发生都有"一个先定的原因",是命运的结果,与之相应,每一命题不是真就是假,命题间有严格的逻辑上的因果关系,这是天命的逻辑表征。卡尼阿德则指出:没有运动无原因而发生,这并不等于没有运动无"一个先定的原因"而发生,说一个陶罐是空的,原因可指它未装酒或水等多种,未必只指一个先定的原因。同样,人的心智的运动虽不是完全无原因的,但并不是因"一个先定的原因"而运动的。"意志性的运动"这种观念的意思,就是指一种在人自身能力中的运动。(2)否定斯多亚派的严格的"因果必然性"说。克律西普从每一命题不是真就是假,推断出一种严格的因果决定论,认为未来的事件都是由过去的事件决定的,出于"先定原因",是命运的一种结果。卡尼阿德认为命题真假关系的逻辑必然性,并不等于事实的必然性,不能从前者推断后者。事实上,过去事件和未来事件的关系很复杂,特别是人世事务,不是由一个"先定原因"必然地决定的,如"加图在某个未来时间进入元老院",就未必是由包含在宇宙本性中的某个"先定原因"决定的,而是出于一些或然的原因。应当用或然、偶然来描述现实事件的关系。他指出:"如果所有事件都是先定原因的结果,它们就被一根自然之链紧紧束缚在一起了。如若这样,所有事务只由必然性产生,那就没有任何处于人们的能力中的事务了。"[①]卡尼阿德确认世上一些事务由人的能力所掌握,人有一定的主观能动性与意志自由,这不仅是对斯多亚派的天命观的挑战,也是对柏拉图学园传统的一种突破,他秉承、发挥了苏格拉底主张人有决定自身范围内的事务的能力的思想。

第三,伦理与政治思想。

卡尼阿德认为,作为伦理基本原则的最高的善,是"享有那些自然原初给予我们自身的事物"。他批判斯多亚派一方面说人的首要的冲动是希望得到"基本的自然的利益"(如健康的身体),而另一方面在他们的德

[①] 西塞罗:《论命运》,第 14 卷,第 31 节,载于《西塞罗文集》第 4 卷。

性论中,又从人的道德目标中排除了这点,在他们所说的最高的善中没有得到自然利益的基本价值,因而斯多亚派的伦理原则是不一致的,自相矛盾的。卡尼阿德接受并热切维护的最高的善,是德性与快乐的结合。① 在他看来,满足快乐的人自身的利益,是不同人群的基本伦理价值的构成部分。这也就意味着伦理价值有约定性,是相对的。他看到不同的主要哲学学派对最高的善就并无一致的共识。西塞罗说,他"不仅考察了至今为止哲学家们对终极的善所持的不同意见,而且考察了所有可能的意见。所以他说并没有创生出对最高的善的唯一的专门知识"②。

如前所述,卡尼阿德在任雅典派往罗马的使节时,在罗马就正义主题作了两次完全相反论证的公开讲演。他赞同正义存在的实质,是认为正义是某种有益于所有人的东西,它给予每个人应得的东西,并在所有人中维护公平。而他驳斥正义,并不是因为他认为正义应被责难,而是因为正义的辩护者只是使正义处于一种很不安全和稳定的情况。拉克坦提乌斯在《制度分类》中指出:"卡尼阿德论证的根据是:人们为他们自身利益的缘故而修订法律……在同样的人们中法律常按照情况而变更;并没有自然法。所有的人和其他动物都是由自身的本性,就是根据有利于他们自身的原则,而指导行动的。所以,或者是没有正义这样的东西,或者,如果有正义,也是很蠢的东西,因为一个人会因正义思想为他者的利益而伤害他自己。"③卡尼阿德明确反对斯多亚派的自然法和齐一的自然正义思想,认为正义在于各自的利益,因而是相对的、根本不确定的,没有绝对的、真正适用于所有人的正义观。他的观点似乎类同于柏拉图批判过的智者的正义观,即强者的利益就是正义。但智者是以此来为城邦间的强权政治辩护的,卡尼阿德则是以此来抨击罗马帝国对希腊化世

---

① 见西塞罗《论学园派》,第 2 卷,第 131、139 节,载于《西塞罗文集》第 19 卷。

② 西塞罗:《论目的》,第 5 卷,第 16 节,载于《西塞罗文集》第 17 卷,拉克汉姆英译,"洛布古典丛书",麻省,剑桥,哈佛大学出版社,1914(以下所引此书均为此版本)。

③ 西塞罗:《国家篇》,第 3 卷,第 21 节,载于《西塞罗文集》第 16 卷,凯斯英译,"洛布古典丛书",麻省,剑桥,哈佛大学出版社,1928。

界的霸权政治。当时罗马帝国已取得布匿战争的胜利,控制了地中海海域,威胁着希腊化世界,并用以宣扬"正义"为名的立法和军事手段攻击非罗马的国家与民族,为罗马本土的利益而损害其他国家与民族的利益,用暴力攫取"他者"的领土与财富。卡尼阿德实质上揭露了正是依据这种帝国主义的"正义"思想,一些人将罗马帝国高颂入云霄。他们只是就罗马帝国的利益在宣扬正义,实质上只是表明就人类普遍利益意义而言的正义并不存在,而只完全是罗马的自我利益。①

就个人行为而言,卡尼阿德也认为,因自我利益,真正、普遍的正义很难做到,凭这种正义行事会好像是傻瓜。他举例说:如果一个人有一个要逃跑的奴隶和一所染瘟疫的病屋,要将其出售,他向买主挑明还是隐瞒问题呢? 如果挑明,他因未欺骗而确实是一个善良正直之人,但他也会被看做一个傻瓜,因为他只是为称颂而出售,没有将东西卖出;如果他隐瞒事实,他会因顾及自身利益而是一个聪明人,但又因欺骗而是不正义之人。同样,如一艘船失事,两人抓住一块只能支持一人的木板,两人中更为强壮之人如松手,会是正义之人而被淹死;如为自身保命,就会不正义而将另一人送入死亡。② 柏拉图、亚里士多德和斯多亚派都将正义、实践智慧和审慎联结在一起,看做善人的品性。卡尼阿德则强调,在现实生活中,正义关涉自身利益,是相对的、不牢靠的,不是一种基本的普遍价值,它并不是和所有的德性联结为一个连贯一致的伦理体系的。这也是他的或然性学说在考察伦理问题中的一种表现。

卡尼阿德将实践智慧等同于审慎,认为这样才能实现德性、快乐与幸福的生活目的。既然知识、正义都有不确定性,对事物的认识只有或然性,人们在生活中就要审慎地思索与行事,考虑到各种可能情况,这样才能作出不危及自身的选择。所以,他认为:审慎即实践智慧,它是关涉技艺的生活艺术;每种技艺有自身特有的某种目的,审慎也有自身特有

---

① 见西塞罗《国家篇 法律篇》,沈叔平、苏力译,第 99 页,商务印书馆,2002。
② 见同上书,第 103 页。

的目的,审慎就是德性与幸福之所在。① 他的审慎说一反伦理学中的独断论,不同于学园中的伦理学传统,表现了学园派怀疑论的伦理特色,也是应对当时希腊化-罗马世界险象迭起情势的一种生活方式。

卡尼阿德的学说由他的门生克利托马库继承与阐发,这种学园派怀疑论传统一直延续至拉利萨的菲罗(前148—前77),已有动摇式的修正,至菲罗的门生安提俄克则转向中期斯多亚派哲学了。由阿尔凯西劳开创的学园派怀疑论传统,历经约200年,终告结束。但怀疑论哲学并未终结,它在亚历山大里亚由埃涅西德姆以后期皮罗主义之名而获复兴。

第三节　后期皮罗主义:埃涅西德姆和阿格里帕

中期学园派的怀疑论是通过思辨方式(所谓"辩证法"名义)设立矛盾命题,以古代的"二律背反"否认判断真理的准则,将苏格拉底、柏拉图的传统修正为怀疑论哲学。它长期成为怀疑论的主流,掩盖了皮罗的现象主义怀疑论的流脉。蒂蒙死后,这一学派处于衰落,直到居勒尼的托勒密重新开始恢复皮罗主义的地位。这个托勒密是一位医生,但关于他的史料已无留存,只知他有不少门生,包括埃涅西德姆的老师赫拉克利德。② 约公元前1世纪,皮罗主义复兴,成为怀疑论哲学的主流,一直延伸入罗马帝制时代,演变为经验论的怀疑主义。在希腊化时代末期、罗马帝制初期的后期皮罗主义的特征是既秉承、发展了皮罗的现象主义,又吸收了中期学园派的"二律背反"式的思辨论证,以"论式"(mode)将怀疑论的观点系统化,达到悬置对事物本性的哲学判断的目的,以求内心宁静。它更为彻底地否定一切希腊传统和当时的"独断论"哲学,动摇了希腊哲学的理性主义根基,这对晚期罗马哲学和近代西方的经验论与怀

---

① 见西塞罗《论目的》,第5卷,第16节,载于《西塞罗文集》第17卷。
② 见第欧根尼·拉尔修《著名哲学家的生平和学说》,第9卷,第115—116节;汉金松《怀疑论者》,第120页。

疑论思想也深有影响。后期皮罗主义的主要代表是埃涅西德姆和阿格里帕。前者提出的十论式,注重论证就事物的现象及对其的感知不可能洞察事物的本性;后者提出的五论式,注重论述人的理性也不可能洞察事物的本性。共同的结论都是要"悬置判断"。

一 埃涅西德姆和他的十论式

埃涅西德姆(Aenesidemus)是克诺索斯人,他的生卒年代与生平不详,只知他的鼎盛期约在公元前1世纪中叶,因为公元9世纪的拜占庭学者福提乌斯(Photius)在他的《图书馆藏目》中提及埃涅西德姆严厉批评学园派中对怀疑论已有所动摇的拉利萨的菲罗是"以斯多亚派反对斯多亚派",故可推测他的学述当最早在公元前1世纪80年代。他的由学生编成的《皮罗主义者谈话录》(*Pyrrhonian Discourses*)是献给和西塞罗同时代的罗马政治家路西乌斯·图拜罗(Lucius Tubero)的,但认为怀疑论已沦落的西塞罗从未在论著中提及他。[1] 他复兴皮罗主义的活动地在东方的亚历山大里亚,西塞罗也未必掌握。

埃涅西德姆和阿尔凯西劳、卡尼阿德一样述而不作,他的著述大约都是由门生编成的。除了最主要的《皮罗主义者谈话录》之外,古代学者、编纂家提到他还有《反智慧》《论探究》《原理》《纲要》《初始导论》等著述。[2] 他的著述都未留存下来。但福提乌斯在他的《图书馆藏目》中概述了《皮罗主义者谈话录》的要旨,说到他综合了皮罗主义者们的论述(可见此书不只是他个人的独创,而是当时皮罗派的思想集成),旨在论述通过感觉和思想都不能可靠地把握任何事物的真理,并列述了此书8卷的主题,这里只简略提及:第1卷,皮罗主义者和学园派的分歧。第2卷,分别讨论真理、原因、状态、运动、生成与毁灭、对立,严密推论它们都不可领悟。第3卷,运动、感知及其属性,认知陷入矛盾,不可通达事物

[1] 见福提乌斯《图书馆藏目》,212,170a16—17,转引自汉金松《怀疑论者》,第120页。
[2] 见汉金松《怀疑论者》,第120页。

本性。第 4 卷,论标示(signs),通过作为明显现象的标示,不能洞察不明的事物本性,包括自然、宇宙的一切事物和神。第 5 卷,反原因论,因果论者的谬误,列述批判因果论的一些论式。第 6 卷,善与恶、选择与规避都被归于荒谬,根除理解与领悟它们的可能性。第 7 卷,反德性论。第 8 卷,并无所有人共同的生活目的,包括幸福、快乐、审慎等。① 由上述内容可知,他的这部谈论录相当开阔、系统地论述了后期皮罗主义哲学,后来罗马时代的塞克斯都·恩披里柯所著的《皮罗主义纲要》很可能是扩展、发挥此书内容而形成的。但有史料可据、归于埃涅西德姆名下的较详细的哲学论证,是他的著名的十论式,塞克斯都·恩披里柯的《皮罗主义纲要》第 1 卷(自第 41 节起)和第欧根尼·拉尔修的《著名哲学家的生平和学说》第 9 卷第 78—88 节都有记述,而更早的有关论述见诸大体和埃涅西德姆同时期的犹太哲学家、亚历山大里亚的斐洛所著的《论醉》。塞克斯都·恩披里柯的记述较严整,是本书述评十论式的主要依据,另外也参考了第欧根尼·拉尔修和斐洛的记述。

所谓"论式",是后期皮罗主义者的一种论证模式,是基于一种相对主义哲学,从事物的普遍现象和人的认识能力角度,论述要探究事物的普遍本性必定会导致互相矛盾的判断,因此事物本性不可知,必须对之"悬置判断",达到内心的宁静。这是后期皮罗主义将怀疑论哲学系统化的一种手段。埃涅西德姆的十论式,就是从十个角度论证事物本性不可知的模式,它们又可被归结为三个方面的论式:(1)关于判断者认识事物现象的论式;(2)关于事物现象本身的论式;(3)关于伦理及相关的政治、法律方面的论式。下面分别述评:

第一,关于判断者认识事物现象的四个论式。

论式之一:各种动物在身体构造、生殖方式(性交配或无性交配生殖)、营养方式等方面差异很大,他们的感官也就很不相同,所以对同一

---

① 详见福提乌斯《图书馆藏目》,212,转引自英沃特、吉尔生编《希腊化时代的哲学:导读资料》,第 183—184 页。

事物的相同现象必定会产生很不相同的印象,有很不相同的痛苦或快乐的感受。如:鹰的眼力极锐利,狗的嗅觉极灵敏,都胜过人;葡萄藤对山羊来说美味可口,人吃了却苦涩难咽。所以各种动物的感觉、印象必定是互相歧异、冲突的。

论式之二:人们的身体和灵魂也很不相同,对事物现象有很不相同的感觉,因而会产生很不相同的愉悦或不愉悦的感受,有很不同的气质,对事物的选择与规避也很不同,如印度人感受、处理事物就不同于希腊人。根据人类自身的差异也可合理地导致悬置判断。

论式之三:同一个人的各种感官并不相同,互不相通,如一幅画可被眼睛所看,却不能被映现给触觉。被感官所知觉的每个现象似乎是一种复合体,如苹果似乎是光滑、香、甜、黄的。但不能探明它是否只有这些性质,或它只有一种性质,或它是否有比所显现的更多的性质,是否某些性质逃脱了我们的知觉。如果感官不感悟外在对象,心智也就不能领悟它们,所以对外在的潜藏对象也只得悬置判断。①

论式之四:人的状态有自然和非自然之分,因年龄而变化和不同,行走或睡眠、动或静、恨或爱、空虚或满足、沉醉或清醒、倾向、自信、畏惧、痛苦与快乐。由于这些人的状态是自然的或非自然的,对象对人的作用也很不相同,如那些迷狂或处于神迷之人似乎听到神圣的声音,常人却不然。既然健康之人也有混合的性情,这些性情都会使外在的潜藏对象对健康的性情状态有不同的显现,而它们对非自然的性情状态也有不同的显现。将变易潜藏对象之现象的能力赋予这些性情状态而不赋予那些性情状态,是一种人为性。②

以上四个论式表明,埃涅西德姆从感性认识与心理角度发挥了一种主体相对主义,就是强调动物与人的身心、感官、感觉与性情状态都是极

① 塞克斯都·恩披里柯记述这一论式比第欧根尼·拉尔修的记述清晰,参见塞克斯都·恩披里柯《皮罗主义纲要》,第1卷,第91—94节,载于《塞克斯都·恩披里柯文集》第1卷。
② 塞克斯都·恩披里柯记述这一论式比第欧根尼·拉尔修的记述清晰,参见塞克斯都·恩披里柯《皮罗主义纲要》,第1卷,第100—103节,载于《塞克斯都·恩披里柯文集》第1卷。

有差异的,因此对外在事物现象的感知、印象与感受也都很不相同,在这种混乱不齐的认识基础上所形成的判断也必定是互相矛盾、二律背反的,所以不能有共同的认识准则。无论是感官还是理性的心智对事物现象的认识尚且不能一致,更谈不到把握事物的潜藏的、内在的本质了。由此,他从认识的根基上论证了外在对象事物的本性作为一种后来康德所说的"物自体"是不可知的,必须对其"悬置判断"。这种论说发挥了普罗泰戈拉的感觉论相对主义,且比后者更精致,并将它演进为怀疑论。它在当时的矛头所向,无疑是伊壁鸠鲁学派、斯多亚学派的认识准则,即主张感觉或感知印象的认同是认识的共同基础;后期柏拉图(如在《泰阿泰德篇》中论述的)、传统的学园派也肯定感知、意见是认识的起点,虽然它和把握理念截然有别,但一致的影像和意见也是认知的一个初级阶段,埃涅西德姆也是反对这种认识阶段的独断论的。

第二,关于被判断的事物现象本身的五个论式。

论式之五:所有的对象都得从一定的处所、一定的距离、一定的位置观察,事物现象在不同处所、距离、位置所产生的印象必有很大的差异。如大的事物像太阳远看会显得小;山峰远看较平整,近看却犬牙交错;石头在陆地显得重,在水中显得轻。所以事物的真实本性不可知,也只得悬置判断。

论式之六:任何潜藏对象都不是单凭其自身显现其效应的,而总是混合其他事物呈现现象的(如总是和空气、光线、湿气、热、冷、蒸汽、运动力量相混合)。或许我们能陈述这有关对象的混合物是什么,所见的伴和对象的东西是什么,但我们不能陈述外在潜藏对象实际上像是什么。

论式之七:事物现象在质与量上的显现很不相同,如热和冷、快和慢、无色和色彩的变异。适量饮酒可增强体质,过度饮酒会伤身,食物和其他东西也是这样。(此论式旨在说明,从差异极大的、变动的事物的质与量的显现,也会形成互相矛盾的判断,不能据以探究事物的本性。)

论式之八:经常的或奇特的、罕有的事物现象也会给人很不同的印象和感受。在那些经常发生地震的地方,人们对地震并不感到惊奇;人们对每天升起太阳更不以为奇(而对奇特的、罕有的事物现象就会很惊异了)。人体的美乍一扑眼令人兴奋,多见也就习以为常了。

论式之九:关于事物现象的相对性的总论式。事物都是互相比照而言的,如轻的东西是比照重的东西,强的东西是比照弱的东西,大的东西是比照小的东西,上是比照下。右边的东西并不是本性上为右,而是就它和其他东西的关系而理解的;要是它移动了,就不再是在右边了。同样,父亲和兄弟是关系术语,称呼白天则和太阳相关。而从总体上说,每一事物都是和智力相关而言的。事物自身是相对的,是不可知的。塞克斯都·恩披里柯说:"根据此论式我们推论,既然每一事物都是相对的,对事物就其自身本性绝对地是什么,我们就要悬置判断。要紧的是注意到,在这里就像在其他场合,我们使用表述'它是'(it is)代替了'它显得是'(it appears);而我们实际上正是在说'所有事物显得是相对的'。"他还指出这种相对性有两种方式:"第一种方式是相对于判断者(因为外在的潜藏对象是相对于判断者而显现和被判断的),而另一种方式是相对于伴随所见事物的东西,如左相对右。"①

以上论式的实质在于夸大了认知客体之间、主客体之间的关系的相对性,将事物的普遍联系都相对化,认为相对的现象之中并不寓有任何绝对的东西,从而将人的认识局限在现象领域,否定了事物自身本性可知,连判断一个事物是什么都不行,只能说一个事物显得是什么。埃涅西德姆将一切"绝对"的东西都融化在"相对性"之中。如塞克斯都·恩披里柯发挥说:"绝对地存在的事物有别于相对的事物,还是不有别于相对的事物? 如果它们并不有别,它们也是相对的了。而如果它们有别于相对的事物,那么,既然每个事物有别就是相对的,既然它们是处在和有别的事物的关系中,所谓绝对地存在的事物也就是相对的了。"②这看来像是一个诡辩,但集中表现了怀疑论的相对主义实质。这种怀疑论夸

---

① 塞克斯都·恩披里柯:《皮罗主义纲要》,第1卷,第135节,载于《塞克斯都·恩披里柯文集》第1卷。

② 同上书,第1卷,第137节,载于《塞克斯都·恩披里柯文集》第1卷。

大了被判断事物的相对性,从而否定事物现象中寓有绝对性,否定事物本性可知,在当时也是为了反对一切"独断论"的世界观。按照这种立论,伊壁鸠鲁学派的原子论自然哲学、斯多亚学派的物理学和因果必然性理论、传统学园派的理念论、漫步学派的形式与质料说以及四因说,就都不成立了。进而说,以往全部希腊哲学探究的本原论和宇宙论也都无意义了。这就是怀疑论哲学对希腊哲学的理性主义传统的破坏力所在。

第三,关于伦理及相关的政治、法律方面的论式。

论式之十:论及生活方式、习俗、神话信仰、不同人们中的约定以及一些教义的设定。包括关于荣誉与羞耻、真与伪、善与恶、神明、一切现象的生与灭的见识。对同一事物,一些人认为是正义的,另一些人却认为是不正义的;一些人认为是善的,另一些人却认为是恶的。如波斯人对一个父亲和他的女儿交合觉得并不越轨,希腊人则觉得是极可恶的。据欧多克索在其《周游世界》中记载,马萨格塔人共妻,希腊人则不然;西里西亚人乐于做海盗,希腊人则不愿意做。不同的人们信奉不同的神明;一些人信天命,一些人则不信。埃及人将尸体做成木乃伊,罗马人则焚化尸体,帕奥尼亚人却将尸体葬入湖中。就这些方面的事实而言,也得对真理悬置判断。

塞克斯都·恩披里柯说,这个论式表明,在生活方式、习俗、伦理与法等事务上,"存在着如此多的歧异,我们不能说这种对象就其本性是怎样的,而只能说它和这个生活方式,或那个法律,或那个习俗等等关联而显得是怎样的"。[1] 斐洛论述这个论式具有概括性,指出了在伦理、政治、法与哲学观念上都存在互相冲突、矛盾的见识:"就国家,或民族,或城邦,甚至就村落或特殊的家庭、男人、女人和儿童而言,都有着不同的见识,如我们看来是高贵的事情,另一些人看来是不高贵的,同样地,对生成与非生成、正义与非正义、虔诚与非虔诚、合法与非合法的事情,还有

---

[1] 见塞克斯都·恩披里柯《皮罗主义纲要》,第1卷,第163节,载于《塞克斯都·恩披里柯文集》第1卷。

对应非难与颂扬、惩罚与奖励的事情以及其他事情,他们都持有对立的见识。""既然在不同的人们中对这些事情的见识不是有轻微的差异,而是极为不可调和,以至对立与冲突,那么必然地,人们所经验的现象是很差异的,经验所得的判断是互相冲突的"。作为一位当时已深入研究希腊哲学的犹太神学家、哲学家,斐洛说:"我很惊讶,极大多数被称为哲学家的人们,声称求索事物的清晰性与真理,他们却分裂为不同的阵营,宣扬不可调和的教条……不是在论及细微之点上,而是在论及他们的研究所关注的各种实质上重要的事物上,都是不可调和的。"①

埃涅西德姆以他的相对主义的怀疑论论述伦理、道德、宗教、政治与法律等人类实践生活,乃至哲学,认为人们的有关见识也差异极大、互相冲突,不可能有一致的规范,人类实践生活的本性也是不可知的;一个群体的一些规范充其量也只能是一种经验性的约定。这种怀疑论、约定论的实践生活观,和斯多亚派的自然法与天命论的社会观、德性论,和柏拉图传统的社会伦理观以及亚里士多德传统的实践哲学,都是对立的。伊壁鸠鲁学派虽然在社会政治问题上也有约定论思想,但他们主张社会约定是自然地形成的,合乎自然法则,有确定性,埃涅西德姆主张的社会约定则完全是无法判断、无章可循、很不确定的,两者也很不相同。晚期希腊哲学都有求得心灵宁静的伦理旨归,途径却很不同。伊壁鸠鲁学派的途径是原子论的无神论思想;斯多亚学派的途径是服从自然的天命;埃涅西德姆的后期皮罗主义的途径则是相对主义的怀疑论,要人们满足于繁多歧义的、现象性的生活世界,认为探究世界本性的各种其他哲学都是不必要的,只要接受他们的学说,放弃对世界上一切事物的本性的判断,就能立即达到心灵宁静的境界。这是后期皮罗主义的最终结论。

二 阿格里帕的五论式

阿格里帕(Agrippa)的生平不明。第欧根尼·拉尔修只在记述了埃

---

① 见斐洛《论醉》,第193—198节,转引自汉金松《怀疑论者》,第264页。

涅西德姆的十论式后,说:"阿格里帕和他的协作者又另加了五个论式"①。这就是后人所知的"阿格里帕论式"。塞克斯都·恩披里柯说阿格里帕等是"较近的怀疑论者",而埃涅西德姆等是"较老的怀疑论者"。②阿格里帕无疑是罗马帝制时代的哲学家,他必定是生活于埃涅西德姆和塞克斯都·恩披里柯相距的 200 年中的某个时期。第欧根尼·拉尔修和塞克斯都·恩披里柯对他的五个论式有相似的记述,而塞克斯都·恩披里柯对它们则更有发挥。埃涅西德姆的十论式是就人感知的现象世界论证皮罗式的怀疑主义,阿格里帕的五论式则强调理性的逻辑论证也必然会陷入悖谬,不能借以探究事物的本性,而力图进一步摧毁希腊与罗马哲学的理性根基,为皮罗主义张目。他的五个论式针对理性的逻辑思维与论证从五个方面展开,指出它也无法确证事物本性,也得对之悬置判断。

论式之一:意见分歧。无论在日常生活还是在哲学家中,对任何提出的问题,我们都会发现一种不可决定的争论,结果就是我们不能择定某种意见,也不能否定它,这样我们就得悬置判断。这个论式是对运用理性思维探讨问题总会有歧义甚至冲突的看法这种情况的一种概括。这本是一种正常的认识过程,如苏格拉底的对话辩证法通过对不同意见的论证来探求普遍性定义。这个论式重在论说各种哲学的分歧无法解决,无法断定孰是孰非。如塞克斯都·恩披里柯在阐释此论式时指出:哲学家们有些说可感觉的东西才是真的(如伊壁鸠鲁学派),有些说理智可把握的东西才是真的(如传统的学园派),每一方都无法确证,无法解决这种分歧,对不可解决的分歧意见,只好将它们都搁置。③

论式之二:无穷倒退。对所提出问题的确证本身,又需要其他的确证,这样就会无穷地进行,于是我们就没有一个所由建立任何立论的起

---

① 第欧根尼·拉尔修:《著名哲学家的生平和学说》,第 9 卷,第 88 节。
② 见塞克斯都·恩披里柯《皮罗主义纲要》,第 1 卷,第 36、164 节,载于《塞克斯都·恩披里柯文集》第 1 卷。
③ 见同上书,第 1 卷,第 165、169 节,载于《塞克斯都·恩披里柯文集》第 1 卷。

始点,也就只得悬置判断。这个论式实际上认为,任何立论特别是哲学立论在论证中的起始基本前提、终极根据是无法找到的。塞克斯都·恩披里柯阐释说:对可感觉的东西还是理智性的东西才是真的这个问题,要确证就会陷入无穷倒退的论证。如说可感觉的东西是真的,就要用其他事物来确证,而如若用来确证的东西也是可感觉的东西,那它还要用另外的可感觉的东西来确证,这就会陷入无穷论证。如若用来确证的是理智性的东西,这是总有意见分歧的主题,更需要判断与确证,如用另外的理智性的东西来确证,也会陷入无穷倒退的论证;如用可感觉的东西来确证,则会陷入可感觉的东西和理智性的东西的无穷循环的倒退论证。[1] 其实,亚里士多德早已指出,演绎推理的初始前提(定义、公理)本身是不可用演绎逻辑证明的,只能用努斯(理智的直观)把握,也要借助于归纳的方法。人的认识与论证(特别是哲学)是多种样式的。此论式将一切论证都放到演绎逻辑证明的认识框架中来考察,就无法获得任何理论的初始基本前提,因而得出不能确证任何知识特别是哲学立论的怀疑主义结论。

论式之三:相对性。就如埃涅西德姆的论式之九已有所述的,显现为这种或那种事物的对象都处于与正在判断者以及与伴随对象的、所观察到的一些事物的关系之中,因此,对于对象自身的本性,我们只能悬置判断。埃涅西德姆是就感知的现象事物都因和其他现象事物相关联而论,认为对象都是相对他者而言的,只有相对性,所以对象自身的本性不可知。此论式则认为这种相对性同样也适用于所谓理智性的对象。塞克斯都·恩披里柯阐释说:理智性的论述对象也是相对的,它们也在对它们的一种思想中被表述,处于和思想它们的人的关系之中,如果它们本性上真是如思想它们的人所说的那样,它们也就不会是意见分歧的主题了(换言之,思想它们的人们的意见分歧,就表明了理智性的对象或主题是相对的,不可决定其本性)。因此,理智性对象的相对性就像感知的

---

[1] 见塞克斯都·恩披里柯《皮罗主义纲要》,第1卷,第169—172节,载于《塞克斯都·恩披里柯文集》第1卷。

事物现象的相对性一样关乎全局,关涉所有五个论式,所以,我们必然对所提出的所有理智性问题全都悬置判断。① 这个论式表明阿格里帕否定理性认识能把握事物本性,否定希腊与罗马哲学中全部理智性的本原(原理)或实在,这还是基于一种相对主义。

论式之四:假设无效。独断论者们被逼入一种"无穷倒退"论证的困境,就使用假设作为出发点(即论证的初始基本前提),他们并未确立这种假设,就认为这种简单而未经证实的假设值得被看做一致同意的出发点。此论式强调假设本身是未经证实的,不可用做论证的基本根据,再根据它以理性的推理来推断事物的本性。此论式完全否定假设也有可能被证实,否定了假设在科学认识中有其重要作用。塞克斯都·恩披里柯阐释此论式:如果某人设定他自己的值得相信的假设,我们也可以设定同等值得相信的一个与之对立的假设。如果某个设定假设的人假定了某种东西是真的,既然他是根据假设作此假定的,他就对此假定已投上了怀疑,这样也就没有确证它。如果他假定了某种东西是假的,要确证的事物的根据就是不成立的。②

论式之五:循环推论。那就是,当应为被探究事物本身提供确证时,它自身就需要根据被探究事物本身来确证。它们都要靠对方互相确证,所以不能接受任何一方来确证另一方,对两者我们都悬置判断。塞克斯都·恩披里柯阐释此论式:可感觉的东西是相对的,使人意见分歧,靠相关的其他可感觉的东西来论证,就会无穷倒退,那就要凭借理智的东西来论证;而理智的东西也是相对的,也使人意见分歧,又要凭借可感觉的东西来论证。这样就陷入了一种无穷的循环推论。③ 此论式实质上否定了依据感知经验或理智认知的所有"独断论"的哲学论旨。

后期皮罗主义者们后来又将悬置判断的全部论式概括为两论式:对

---

① 见塞克斯都·恩披里柯《皮罗主义纲要》,第 1 卷,第 167、177 节,载于《塞克斯都·恩披里柯文集》第 1 卷。

② 见同上书,第 1 卷,第 168、173 节,载于《塞克斯都·恩披里柯文集》第 1 卷。

③ 见同上书,第 1 卷,第 169、176 节,载于《塞克斯都·恩披里柯文集》第 1 卷。

所有事物的本性,或是通过事物本身来把握,或是通过其他事物来把握,两者都是不可能的。论式之一:通过事物本身把握不出其本性是清楚的,由于对可感觉对象和理智性对象都有不可解决的意见分歧,既然我们不能使用任何感性的和理智的准则,我们主张的任何有关东西都是不值得相信的。论式之二:任何事物的本性也不能凭借其他事物来把握,因为这样就会陷入循环推论或无穷倒退的论证。① 这是对后期皮罗主义的全部论式的一种综括。

第四节 经验派的怀疑主义:塞克斯都·恩披里柯

罗马帝制时代中期形成的经验派的怀疑主义哲学,是承袭、发挥皮罗主义传统的怀疑论,将人的认识限制在人经验的现象范围,认为对一切事物的本性都既不能肯定也不能否定,都得悬置判断。它将皮罗式的怀疑论在理论上作了系统的总结,对当时的独断论哲学也作了系统的批判。它的著名代表就是塞克斯都·恩披里柯。

塞克斯都·恩披里柯(Sextus Empiricus)生活于罗马帝制时代鼎盛的末期,约在160—210年间。他是一位经验派医生与怀疑论哲学家,曾在罗马、雅典、亚历山大里亚等地活动。他的名字"恩披里柯"就有"经验"的意思。从希腊化时代的公元前3世纪初至公元2世纪的500年间,和哲学上的"独断论"和"怀疑论"的分野相应,医学上也有学理派和经验派之分,前者如埃拉西斯特拉塔派(Erasistrateans)、赫罗菲拉派(Herophilean)等,他们在生理学和治疗术上虽有不同建树,但都认为医学理论的建构、生理病理的因果关系分析对医疗实践是至关重要的。经验派的医生则否定"独断论者"的学理教条,主张医学的经验对医疗实践才是至关重要的,它将怀疑论哲学的现象主义方法和经验论的医疗实践结合在一起。塞克斯都·恩披里柯就是这样一位经验派医生与怀疑论哲学家,一身二任。他的医学著作

---

① 见塞克斯都·恩披里柯《皮罗主义纲要》,第1卷,第178—179节,载于《塞克斯都·恩披里柯文集》第1卷。

都未留存下来，而如前所述的，他的《皮罗主义纲要》等著作，则为后人留存了怀疑论和独断论哲学论争的重要资料，也涉及许多古代希腊与罗马哲学的史料。他的《皮罗主义纲要》从现象主义的经验论角度，对皮罗式的怀疑论哲学作了系统的阐发，虽然有些明显是记述或综述既有的论说(如十论式、五论式等)，但也包含着他从经验论角度对怀疑主义哲学的总结与升华，显示了它在当时哲学的主要问题上和独断论的对立。下面作简要述评，也是对怀疑论哲学的一个综观。

一 怀疑论的基本原则和目标

塞克斯都·恩披里柯认为，长期以来各派哲学的主要差异可概括为独断论和怀疑论的对立。前者主张他们"已发现、把握了真理，如亚里士多德学派、伊壁鸠鲁派、斯多亚学派"，后者则"否定能把握真理"，皮罗传统之外还有学园派中的卡尼阿德、克利托马库等人。怀疑论实质上是一种关于探究活动与方法的哲学，特别是皮罗主义的特征表明，"怀疑的能力就是以任何方法设立对立现象与思想的能力，其首要结果就是由于相反对象和论证的同等权重，最终达到悬置判断和摆脱心灵扰乱的自由"。他强调人的认识局限于人能经验到的现象，那就是"那些显现给感觉的事物"，而根据这些现象，人们要作出是否有真理的判断时，就会遇到"现象和现象、思想和思想以及它们的交错(现象对思想、思想对现象)"的各种各样的、有同等力量的"对立的论证"。人的自然能力就因这种寻求事物中的真理或错误而受损扰。承认对立论证是同等的，对这种寻求悬置判断，终止独断论的态度，获得摆脱心灵扰乱的自由，这就是怀疑论的基本原则。[①] 这种将人的认识限制于经验的现象，认为关于事物之真理的对立论证有同等权重，因而放弃判断的哲学基本原则，是近代休谟的怀疑论的经验主义和康德的"二律背反"说

[①] 见塞克斯都·恩披里柯《皮罗主义纲要》，第1卷，第1—10节，载于《塞克斯都·恩披里柯文集》第1卷。

的先声。

　　塞克斯都·恩披里柯认为,怀疑论否定的只是对事物潜藏本性的独断论,并不是放弃对事物的一切认知,弃绝一切智慧,而是就事物现象显现的那样来考察事物。他说,怀疑论的目标是:对每一事物就像它显现的那样来处理与思想,而不是为了其他额外的东西,而它为了判断表象与把握真或假的事物现象也有哲学化活动,那就是经过看出有同等权重的对立陈述,悬置对所谓事物本性的判断,在这种悬置状态中,达到对也有制约性、规定性的事物的信念,以获得摆脱扰乱的心灵自由,这也是一种适度温和的认识状态。① 这就是说,怀疑论者主张认识所限的是人经验到的事物现象,而它们以及人的有关信念也是有某种强制性或制约性的,并不是混乱如麻或可任意指谓的,应是符合人的经验的。所以他说,怀疑论者也不是完全不受困扰与制约的,他和常人一样有时也感到寒冷与干渴,为两种情况所困扰:一是寒冷与干渴这种状态(现象)本身,二是认为这种状态本性上是坏的这种信念。而怀疑论者能弃绝后一种附加的关于状态本性的信念,就能保持对前一种强制性现象的平和状态。怀疑论者确认蜂蜜对人们显得是甜的,人们也有甜的感觉,并不将事物现象都灭绝了;甚至在用推理反对某种现象时也不是要灭掉它,而只是为了展示独断论者的轻率。②

　　怀疑论哲学有理论体系吗? 塞克斯都·恩披里柯确认它也有。他指出:如果“体系”的意思是指承认许多关于不自明事物(即所谓事物本性)相互间及它们和现象间的逻辑联结的教条,怀疑论哲学则没有这样的体系。而如果“体系”的意思是指一种遵循基于现象的合理程序这种方法,指示“使正当生活可能”(“正当”一词不限于“按照德性生活”,而有更简明的意义)的合理程序,包括悬置判断的能力,那么怀疑论也有一个体系。如伦理上的合理程序就指明了一种参照传统习俗、法律、公共实

---

① 见塞克斯都·恩披里柯《皮罗主义纲要》,第1卷,第25—26节,载于《塞克斯都·恩披里柯文集》第1卷。

② 见同上书,第1卷,第19、29—30节,载于《塞克斯都·恩披里柯文集》第1卷。

践与私人状况的生活方式。怀疑论也有逻辑学(认识准则学)、物理学和伦理学这三个当时哲学的组成部分。① 塞克斯都·恩披里柯在批判独断论哲学的相应的组成部分中,展开论述了它们的要义。

二 准则与标示

伊壁鸠鲁学派的准则学和斯多亚学派的逻辑学都研究认识的准则,这是他们建立各自哲学的基础。塞克斯都·恩披里柯指出,所说的"准则"(criterion)有两种含义:(1)指关于某种事物存在或非存在的指示,那是怀疑论所拒斥的独断的教条。(2)怀疑论者所接受的一种行动的准则,通过合乎这种准则的行动,人们在生活中就能做某些事务而不做另一些事务。而"现象就是怀疑论探究的准则"。根据现象,"我们就能按照日常行动的规则非独断地生活,我们就不会完全是惰性的"。日常行动的规则可分为四个方面:一是自然给予的指导,这是人能自然地感知与思想到的;二是人们自身的状态起作用所发生的制约,如饥饿了就要吃食物,渴了就要喝水;三是传统的法律与习俗,据此人们可以将诚实遵循它们的生活看做是善的,将背离它们的不当生活看做是坏的;四是技艺的教导,据此人们在采用技艺时就不会是无能的。② 显然,塞克斯都·恩披里柯所说的各种准则,是指自然和生活现象本身已自然地形成的一些规则。他反对在这现象之外另求或另加一些形而上的"准则",认为这样只会扰乱心灵、误导行动。

塞克斯都·恩披里柯将人用感官感知的现象看做行动的准则,他将"真的现象事物"和"真理"区别开来,认为两者都无准则。他指出:独断论者说的真理是要为"不自明事物"即所谓事物本性确立一种准则,这种真理的准则是不成立的。因为由于对真理有意见的分歧,就得另求一种

---

① 见塞克斯都·恩披里柯《皮罗主义纲要》,第1卷,第16—18节,载于《塞克斯都·恩披里柯文集》第1卷。
② 见同上书,第1卷,第21—24节,载于《塞克斯都·恩披里柯文集》第1卷。

准则来求得使分歧意见一致的论证,而又因意见分歧还得再另求一种准则来求得使分歧意见一致的论证,这就会陷入"循环推论"之论式。而一种真理的准则的发现总会成为可疑的,于是便要借助于假设作为准则来论证,而这种作为"假设"的准则又要借助于另一种作为"假设"的准则来论证,这就会陷入"无穷倒退"论证之论式。① 所以"真理的准则"是不存在的,"即使假设有某种真理的准则,它也是空洞无用的"。② "真理的准则"不存在,那是由于"智力自身不能接触与形成关于外在事物的印象,而是要通过感官,但感官并不理解外在对象,而只是了解感官所受作用的影响,它并不同于外在对象,如蜂蜜并不同于甜的感觉,艾酒不同于苦味。既然感官所受作用的影响不同于外在对象,印象也就不是关于外在对象的,而是与之不同的东西"③。很清楚,经验派的怀疑论将感觉与印象看做人的认识和客体对象本性之间不可撤除的屏障。塞克斯都·恩披里柯又认为,即使要为"真的现象事物"设立一个统一的准则也是不可能的,由于意见分歧和现象的相对性,也会陷入"循环推论"和"无穷倒退"论证之论式。④ 所谓现象是准则,也就是其真或假只是相对某人或某些人群所感知的现象而言,行动准则只是在现象制约的局部范围中,基于感觉与印象而相对地、约定俗成地形成的一些规则。

塞克斯都·恩披里柯还批判了独断论的"标示"(sign)说。他说:独断论者认为一些自明的事物可以作为"标示",借以通过推理来沟通、探知不自明的事物本性。他们区分了两种标示。一种是回忆性的标示,它可以使人推论出过去也曾和标示一起被观察过的事物的本性,如看到烟,可将它看做能推断有火的标示。另一种是指示性的标示,如根据出汗可推断皮肤有不可见的汗孔,身体的运动则是灵魂的

---

① 见塞克斯都·恩披里柯《皮罗主义纲要》,第1卷,第17—20节,载于《塞克斯都·恩披里柯文集》第1卷。
② 同上书,第2卷,第80节,载于《塞克斯都·恩披里柯文集》第1卷。
③ 同上书,第2卷,第72—73节,载于《塞克斯都·恩披里柯文集》第1卷。
④ 见同上书,第2卷,第85—92节,载于《塞克斯都·恩披里柯文集》第1卷。

标示。指示性标示在逻辑上就是条件句中结论的前件命题,所以它也表现为逻辑上的"莱克顿",即所说的事物或意思,标示在逻辑上也就是一种符号。塞克斯都·恩披里柯认为伊壁鸠鲁学派不承认有"莱克顿"存在,斯多亚学派则肯定"莱克顿"存在,对此就有意见分歧。而根据麦加拉学派的第奥多罗和斯多亚学派的条件句逻辑,即使从"如果事物的不可分割的元素不存在"这个假的前件,也可得出"事物的不可分割的元素存在"这个真的结论来。这本身就是自相矛盾、不成立的。实际上,这里塞克斯都·恩披里柯是不理解条件句逻辑中实质蕴涵的推理形式,借以否定根据逻辑上的前件和后件关系不能推断事物的本性。他主张所有现象事物都是相对的,所谓的标示也是相对的,不能用做借以推论后件的前件,不能用做推断不明的事物本性的根据。对标示存在还是不存在,也只能悬置判断。[1]

三　原因和神的问题

既然从感知的现象不能推断事物的本性,那么说事物的本性和事物现象之间存在因果关系也是无法确证的。独断论者说事物的本性就在于事物的发生有各种原因,如亚里士多德说的"四因";斯多亚派也列述了各种简单与复合的原因,认为宇宙中存在着紧密的因果链条,他们的天命观就以这种因果性为根据。塞克斯都·恩披里柯认为,说有原因存在、有任何原因使任何事物发生,那是可疑的,必然也会导致相反的对立论证。就是说,会导致二律背反:说原因不存在不行。因为事物的增加与减少、生成与毁灭、一般的变化,每个物理与心理的后果,整个宇宙的安排,所有事物的产生,难道不是由于某种原因? 总是有某种显现给人而非后果的原因存在。如果原因不存在,每一事物就会混乱地出自任何事物,如马从苍蝇所出,大象从蚂蚁所出,在埃及的底比斯居然下雪,等等。所以,说无原因的论证就被颠覆了。说原因存在也不行。因为原因

---

[1] 见塞克斯都·恩披里柯《皮罗主义纲要》,第2卷,载于《塞克斯都·恩披里柯文集》第1卷。

相对结果而言,不可能在把握结果之前就思索原因,在思索原因之前先要理解结果,而在理解结果之前又先要知道原因,这就陷入了循环论证。如果有人说他相信某事物是他事物的原因,这原因是他探究的结果,那么他就要提供此作为探究结果之原因的原因,以此类推,就会陷入无穷倒退的论证,而提供无限的原因是不可能的。所以,说原因存在的论证也被颠覆了。总之,原因概念,无论肯定或否定的论证都不成立,对之只能悬置判断。① 塞克斯都·恩披里柯对"原因"的批判,实质上是在物理学与宇宙论上要人们就现象说现象,不必寻求自然或宇宙的原因,更反对斯多亚派的因果论和天命观。由此,他也反对一切主张有神论的独断论哲学。

独断论和大多数人宣称神是世界的至要动因,塞克斯都·恩披里柯却持一种疑神论的态度。他认为,说神存在,是天命所在,那是独断论者的轻率。神有形还是无形,谁也没见过,没经验过。说神是某种赐福、不朽的东西,人们的理解也众说纷纭,有意见分歧。神的存在既不是自明的,也不是根据他者而能证明的。说神对宇宙中的每个事物都有深谋远虑,那宇宙中就该没有任何恶的东西了。说神对任何事物并不深谋远虑,那他无所作为、无所效果,那他的存在无所显示,也是人无从把握的。他说:"怀疑论者以一种较稳健的观点,只是在遵从传统习俗与法律、使事务依从宗教崇拜与实际信仰时,才陈述神存在,而在哲学研究的方式上,不作轻率的陈述。"②

塞克斯都·恩披里柯指出:哲学上早有有神论与无神论的意见分歧,而早先的哲学家也已有疑神论思想,如智者派的普罗狄科和普罗泰戈拉,后者说:"我不能说神是否存在,他们是何种东西,因为有许多妨碍我理解之处",他在书中提出了反希腊宗教信仰的论证,雅典人就判他死刑,他登上船逃走了,却掉落在海中。而伊壁鸠鲁虽然许可神在,这种神

① 见塞克斯都·恩披里柯《皮罗主义纲要》,第3卷,第13—29节,载于《塞克斯都·恩披里柯文集》第1卷。
② 见同上书,第3卷,第2—12节,载于《塞克斯都·恩披里柯文集》第1卷。

却并不存在于事物的本性中。就是说，他的神是和世界无关的。[①] 塞克斯都·恩披里柯进而以二律背反式的对立论证，批驳了对有神论的一些论证，主要的是两种：

第一个论证：共识的论证。几乎所有的人，包括希腊人和野蛮人，常人、荷马那样的诗人和毕达哥拉斯、恩培多克勒、伊奥尼亚哲人、苏格拉底、柏拉图、亚里士多德、斯多亚派哲人等，都相信神存在，有共同的神的概念。塞克斯都·恩披里柯指出，他们理解的神甚至宗教仪式都是很不相同的，对神的存在有很不相同甚至对立的理解，意见有分歧，他们对神的见识是互相冲突的，宗教仪式也往往是相反对的，宗教神话自身则就包含着对它们自身的否定。

第二个论证：宇宙设计论证。这是从苏格拉底到柏拉图、亚里士多德和斯多亚学派的有共同处的一种神学论证，那就是主张宇宙的物质本是僵死、无形体的，是神给予它们动力，并有目的地组织起来，形成一个以人这种最高级、最完善、最相似于神的生命体为中心的有秩序的整体，生成了一个最好的可能世界。塞克斯都·恩披里柯指出，也早有着一个有同等权重的对立论证，那就是无限的宇宙按照一种漩涡运动的必然性，自然地生成了和谐的、有秩序的世界。宇宙的生成与演化就不需要神的动力与目的性设计。伊奥尼亚传统的自然哲学家和德谟克利特都持有这种宇宙论。塞克斯都·恩披里柯认为，既然在宇宙论上有同等权重的对立论证，神的存在也是不可确证的。

塞克斯都·恩披里柯的疑神论思想，只在宗教传统和活动上权且容忍对神的信仰，将神的存在限制在民众信仰的范围内，在哲学上实质上否定了神的存在。在将多神教奉为国教、政教合流的罗马帝制时代，这不失为一种振聋发聩的勇敢主张。他用对立论证反驳宇宙设计论，则是近代康德的关于上帝存在的二律背反论证之先声。

[①] 见塞克斯都·恩披里柯《皮罗主义纲要》，第9卷，第50—58节，载于《塞克斯都·恩披里柯文集》第3卷。

四　善、恶和不动心

塞克斯都·恩披里柯认为,伦理学的要旨在于辨明善、恶和不动心问题,由此择取一种稳健、合适的生活态度和方式。他特别在批判斯多亚派的伦理观中论述了自己的主张。

斯多亚派主张善是有利益的,是德性,恶是危害性的行为,介乎善与恶的中性行为在于对某些冲动既不倾向又不避开。只有有利益的、合乎德性的行为才能达到幸福。塞克斯都·恩披里柯认为这些不是对善恶"提供了一个定义,而只是提供了它们的偶性之一",而且它们对"幸福"和"不幸福"都只是"工具性的"。至于中性行为也不可能,因为任何行为总是有倾向性的。① 他进而指出,对善、恶和中性行为实际上存在着各种不同的意见:漫步学派主张有三种善,就是灵魂的善如德性,身体的善如健康,外在的善如朋友、财富等。有些人将善归结为选择本身或选择活动,有的则认为善只是灵魂固有的。有些人主张善是快乐,昔尼克学派的安提司泰尼则断然声称"我宁愿发疯也不经验这种快乐",而伊壁鸠鲁将快乐奉为和他物一样也由原子构成的灵魂的目标,但不能说清楚快乐是如何从一堆原子中生成的。塞克斯都·恩披里柯则认为,在对待善、恶和中性行为的伦理学的基本问题上,众说纷纭,意见分歧,"没有一致认同的准则或论证",因此只能"悬置判断,不能确定地断言善本性上是什么"。②

斯多亚派说灵魂的善是德性,它设立了一种合理的生活方式。塞克斯都·恩披里柯则认为,由于有各种意见分歧与对立论证,没有本性上的善、恶和中性行为,因而也没有对生活方式的一致的本质规定。斯多亚派自身的克律西普在他的《国家篇》中竟然说:"(在他生活过的当地)

---

① 见塞克斯都·恩披里柯《皮罗主义纲要》,第3卷,第173—177节,载于《塞克斯都·恩披里柯文集》第1卷。
② 见同上书,第3卷,第179—186节,载于《塞克斯都·恩披里柯文集》第1卷。

至今习俗的许多行为仍应奉行、不受非难，一个母亲可和她的儿子生婴儿，一个女儿可和她的父亲、一个姐妹可和她的兄弟生婴儿"。他还介绍了一种吃人肉的习性："如果一个人的生命体被割开，发现它可用来吃掉，我们就不应将它埋葬或作其他处置，而应用来消化它，使它从我们的身体中又生长出来"。在他的《论合适的行为》中他说到对父母的埋葬："当父母死了，应埋葬的是对我们无用的身体部分，如指甲、牙齿、头发，我们不在乎的东西。而肉片可用于吃掉，人们要利用它们，这样做也是为了他们自己"，无用的身体部分才埋葬或焚烧。[1] 塞克斯都·恩披里柯对斯多亚派以子之矛攻子之盾的反驳是为了表明，生活方式因人、因地而有极大的差异，不可能依据德性的标准，来设计出一种统一的生活方式。

塞克斯都·恩披里柯主张对各种归属于意见的事务悬置判断，才能获得最完全的幸福。这不是要人如行尸走肉毫无作为。如荷马在史诗《奥德修记》中说的，"他不是生自古老的栎树或石头，而是出于人种"。人处于不合意、不合理的活动中会心灵受扰乱，而处于一种平和的情绪状态时心灵不受扰乱。对惰性和反复无常的、不协和一致的生活都应鄙弃。他说，既然生活的一切在于选择和规避，既不选择也不规避的人就等于是否定生活，只是以形如槁木的方式在悬置判断。而反复无常的、不协和一致的生活，就像沦于暴君之手，被逼做反复无常、违背自己意愿之事，那也不是真正摆脱了选择和规避。上述两种各走极端的生活方式都不对，人应把握值得选择和规避的事情。塞克斯都·恩披里柯指出：不能认为怀疑论者就不按照一种哲学理论生活，只按照非哲学的观察就能选择某些事情、规避另一些事情。怀疑论哲学指明，他应根据符合祖传的风俗与习惯的理解来选择一事情、规避另一事情，这样，他就会比按

---

[1] 见塞克斯都·恩披里柯《皮罗主义纲要》，第 3 卷，第 246—248 节，载于《塞克斯都·恩披里柯文集》第 1 卷。

照独断的教条来生活的人更容易克服困难。① 这就是塞克斯都·恩披里柯所指出的怀疑论者的生活态度与生活方式。

在希腊化和罗马时代，怀疑论哲学在经验论的医学学派中颇有影响，被奉为他们的医学的哲学根据，他们的学说在伽仑的《经验主义纲要》等著作中有所记述。他们主张人的身体的生理、病理情况千变万化，大有差异，不能根据某种医学理论的独断的教条千篇一律地来治疗各式各样的病，而只有在经验中发现生理、病理现象的差异，采取合适的、对症的方法，才能治疗好疾病。所以有的经验论医派也被称为方法主义医派。怀疑论哲学在科学上也是有其影响的。②

总之，怀疑论哲学的影响有两重性，我们应采取分析的态度。一方面，它通过对一切独断论哲学的批判，动摇、消解了希腊与罗马哲学传统的理性主义精神，它虽非主张非理性主义的哲学，但客观上为宗教与迷信盛行开辟了道路，它自身也在信仰领域为宗教留出了地盘，于是随后带有非理性色彩的新柏拉图主义得以产生。另一方面，它对独断论的批判切中那些哲学的一些问题或薄弱环节所在，这有助于哲学思想的演进，它对后世哲学特别是近代的怀疑论和经验论哲学也有深远影响。古代怀疑论哲学是值得重视的西方哲学史的一个环节。

---

① 见塞克斯都·恩披里柯《反数理学家》，第 11 卷，第 160—166 节，载于《塞克斯都·恩披里柯文集》第 3 卷。
② 参见汉金松《怀疑论者》，第 8—9 页，第 2 编第 13 章"医学学派中的怀疑主义"。

第十六章　新柏拉图主义

自 3 世纪后,罗马帝国进入后期帝制时期,罗马文明逐步走向衰落,陷入经济、政治和军事危机。新柏拉图主义是在罗马文明危机时期造就的古代希腊罗马哲学的最后一个哲学体系。

帝国集权型大奴隶制经济必然造成两极分化严重,阶级矛盾尖锐。由于土地兼并与集中,小农经济受排挤而萎缩,奴隶来源逐渐减少,劳动生产率降低,加之奴隶起义的冲击,一种隶农("科洛尼")制曾应运而生,就是大奴隶主将部分土地交给自由民、奴隶耕作,根据契约收取地租。隶农既非一般奴隶,又非独立小农,是封建农奴的前身,隶农制曾缓和了阶级矛盾。然而戴克里先和君士坦丁两帝改制,剥夺隶农的人身自由、财产权利和法律权利,迫使隶农重新沦为奴隶,这就扼杀了封建生产关系的萌芽,丧失了通过自行变革向新社会形态过渡的可能性。4 世纪后,处于水深火热之中的奴隶、隶农和其他劳动者的反抗斗争不断,汇成起义的洪流,在蛮族侵入前就已将帝国政权冲击得摇摇欲坠。

奥古斯都和安敦尼王朝实行元首制,政治相对清明,文化也较为昌盛。戴克里先正式称帝,实行绝对专制的君主制,酿成政治混乱和分裂,腐蚀了罗马文明的政治支柱。专制与腐败从来是孪生子。许多帝王荒淫豪奢,腐化至极;官吏贪污成风,吏治败坏;大奴隶主挥金如土,醉生梦死。腐败的无能皇帝只靠军队扶持其统治,塞维鲁皇帝说:"让士兵发财,其余的人皆可不管",笼络军队的后果是造成军队坐大而主宰政权的混乱局面。近卫军可以随意杀旧帝、立新帝,军队将领频频篡位夺权,内战不断爆发,帝国政治经常处于瘫痪、动乱状态。东、西罗马帝国分立就是在这种情势下分封割据的结果,大为削弱了统一帝国的实力。政治腐败也表现在军队腐败中,罗马军队已不复有往昔的尚武精神,而是耽于享乐,军纪松弛,丧失了战斗力,后来甚至主要靠招募蛮族雇佣军,这样自然无力抵御蛮族的大举入侵。马可·奥勒留和康茂德称帝时,罗马国力已趋衰弱,北方蛮族乘虚而入,他们允许一支日耳曼部族定居多瑙河南的帝国境内,企图以蛮制蛮,未获成功,却为之后蛮族大举入侵留下了隐患。3世纪罗马文明危机时期,蛮族入侵之外患已趋严重,251年哥特人击毙狄西皇帝,曾袭取拜占庭,攻入小亚细亚和爱琴海地区;法兰克人进入高卢、西班牙,建有据点;更有东方波斯的萨珊王朝向西进攻叙利亚,罗马皇帝瓦勒良率兵反击,战败被俘,沦为波斯王的奴隶,这是罗马帝国历史上的首次奇耻大辱。至4、5世纪蛮族大举入侵,终于使西罗马帝国灭亡,罗马文明终结,并使西欧从罗马文明向中世纪文明的转型经历了巨大、惨烈的痛苦过程。

伴随经济危机和政治腐败的是文化没落,因丧失维系健盛文化精神的活力,罗马文明在精神文化上也凋落了。3世纪后文学、艺术、史学、科学等各种文化也僵滞、退化,不再有奥古斯都和安敦尼王朝时期的杰出成就,而是流于平庸和鄙俗化。往昔罗马民族高昂、进取的道德精神已丧失殆尽,社会道德风气愈益败坏。曾用以建树社会道德秩序的斯多亚主义伦理观,在马可·奥勒留之后完全变成一种消极悲沉的人生道德观,罗马贵族还将伊壁鸠鲁派的伦理学曲解为一种享乐主义道德,以辩护他们穷奢极侈生活的正当性。哲学失落了理性精神,趋于宗教化,同神秘宗教合流,而只成为个人追求神性的神秘体验。新柏拉图主义是在这文化危机中尚呈斑斓色彩的一种回光返照,也是取代已陷颓势的斯多亚派哲学而欲为罗马文明再造文化生机的一种官方哲学。

从希腊罗马哲学自身演进的内在逻辑来看,新柏拉图主义以哲学向宗教复归的神秘色彩复兴、修变柏拉图哲学传统,也是必然的。从希腊化文明向罗马文明转折以来,中、晚期的斯多亚派哲学已愈益柏拉图化,且使其染上愈益浓重的宗教神秘气息。在现实生活中宗教神秘主义和迷信活动盛行,巫术、星相术和占卜猖獗的背景下,哲学中的理性主义也低迷殆竭。后期怀疑论派将希腊罗马哲学中的理性主义精神也都作为独断论加以否定,它虽也有疑神思想,客观上却为宗教神秘主义留下了地盘。在东方宗教的影响下,新毕达哥拉斯学派将毕达哥拉斯派的奥菲斯教教义、柏拉图和斯多亚派的世界灵魂说糅合起来,宣扬神秘的精灵崇拜和禁欲主义。柏拉图学园曾长期被怀疑论哲学占据,学园派将怀疑论哲学驱逐出去后,自身蜕变为折中色彩浓重的哲学,将柏拉图后期的宇宙创造论和晚期斯多亚派、新毕达哥拉斯派的宗教神秘主义结合起来。理性主义沦丧和哲学宗教化,可以说是罗马文明趋衰时期哲学思潮的基本特征。新柏拉图主义正是将这些宗教化的哲学思想,结集成古希腊以来最后一个哲学体系。

然而,不能简单地将新柏拉图主义看做毫无历史价值、纯粹非理性的宗教神秘主义。它以崇奉柏拉图哲学为主,其实对晚期希腊罗马的诸家哲学(包括漫步学派的亚里士多德传统)作出了一种综合,有其独特的理论建构,包含着有深远历史影响的哲学内涵。它更以错综复杂的哲学和宗教汇流的方式,表现为一种罗马文明向西欧中世纪文明转折的思想中介环节。从它自身的发端、建立与演变可看出,它体现了在东西方文化(特别是希伯来文化和希腊哲学)交融的背景下,以哲学和宗教会合的方式,在基本文化精神上终结了衰落的罗马文明,并为将以痛苦方式来临的中世纪文明作了思想准备。这是非常曲折、错杂的过程,甚至经历了激烈、残酷的斗争,那就是传自东方的一神教和罗马传统多神教的斗争。早在1世纪初叶,和创立基督教的耶稣同时代的犹太哲学家斐洛会合一神论的犹太教神学和希腊罗马哲学,以此独特的方式成为新柏拉图主义的先驱;希腊哲学中早就蕴生的、反拟人化的理性一神首先是被嫁接于犹太教的一神的,而希腊罗马的主要哲学家在现实社会生活中都一直是传统多神教的坚定维护者。3世纪中叶,普罗提诺建立正式罗马版的新柏拉图主义哲学体系,取代斯多亚主义的主导思想地位,广为传播至5世纪,蔚然成势,发展出他的学生波菲利的罗马学派,4世纪以扬布里柯为代表的叙利亚学派,5世纪以女哲学家希帕蒂娅为代表的亚历山大里亚学派和普洛克罗的雅典学派。它们的学说各有不同的演变与特色,但有一点是共同的:在3—5世纪的政治和宗教动乱中,罗马多神教和正崛起的基督教的斗争非常激烈,且同政治斗争交织在一起,新柏拉图主义尽管在学理上已有浓重的一神思想,但在现实社会中它仍作为适合"多神论的政治和爱国主义需要的一种表述"①。新柏拉图主义者们和恪守多神教的一些罗马皇帝结成联盟,对来自外邦的基督教进行抵制、挞伐乃至参与迫害。一些皇帝和权贵意图用这种哲学维系人心,巩固罗马多神教的统治,挽救罗马精神的颓势。基督教取得合法地位进而被确立为国教后,新柏拉图主义仍作为与之抗衡的、代表传统多神教的思想势力而存在。然而,希腊罗马哲学中的理性一神终究要通过新柏拉图主义,在现实生活中与基督教的非拟人化、高度伦理化的一神合为一体。和新柏拉图主义平行发展的基督教教父们(如克莱门特、奥立金等)一直致力于融会基督教神学和希腊罗马哲学,为奥古斯丁在西罗马帝国临近灭亡之时确立基督教哲学神学作了长期的思想准备。奥古斯丁的基督教哲学主要就是吸收和发展了新柏拉图主义,而成为西欧前期中世纪文明的基本文化精神的。新柏拉图主义者们生前绝未料到,随着罗马文明的终结,他们的思想最终被融合在他们顽固反对的基督教哲学之中,并且以这种变异的方式延续存在于漫长的后世文明之中。

　　新柏拉图主义的研究资料比较丰富。斐洛、普罗提诺等的主要原著大都留存,波菲利、扬布里柯、普洛克罗等支派的原著也留存不少,有关编纂史料也不可胜数。历来研究新柏拉图主义的著作也相当多。20世

---

① 《剑桥古代史》第12卷,第188页,剑桥,剑桥大学出版社,1981。

纪下半叶以来,除专人研究外,对此流派有总体研究的可参考著作有:阿姆斯特朗主编《剑桥晚期希腊和早期中世纪哲学史》,华利斯(R. T. Wallis)著《新柏拉图主义》,国际新柏拉图主义研究学会的哈列斯(R. B. Harris)主编的文集《新柏拉图主义和当代思想》。

第一节　先驱者犹太哲学神学家斐洛

早在 1 世纪中、末叶,罗马帝国征服全部希腊化世界之时,犹太哲学神学家斐洛就致力于用希腊哲学解释犹太教的圣经——《旧约全书》,首次在哲学上促成希伯来文化与希腊文化的会合与交融。他以不同于犹太学者解经传统的方法解释、发挥犹太教圣典,形成一种犹太教的哲学神学。他对犹太教的哲学解经,大量吸取、运用希腊哲学,主要是柏拉图和中期斯多亚派的哲学,也有亚里士多德和毕达哥拉斯派的哲学,已有了后来新柏拉图主义的基本思路与思想雏形,而且后来对基督教哲学神学也很有影响。他堪称为新柏拉图主义的思想先驱。饶有历史意味的是,新柏拉图主义与基督教哲学的历史都起始于一位犹太教哲学神学家。

一　亚历山大里亚的犹太哲学神学家

希伯来民族约公元前 2000 年来到迦南地区(今巴勒斯坦),有悠久的历史与文化传统。在一次特大灾荒中,雅各率家族到埃及尼罗河三角洲定居三四百年之久,约在公元前 13 世纪,因埃及人的奴役与迫害,摩西率众出埃及,在沙漠苦战四十多年,重返迦南。他们参考腓尼基拼音文字创造了希伯来文字。公元前 1000 年左右,他们又传说其族祖雅各曾与天使摔跤直至天明,被神赐名为"以色列人",其意为"与神角力者"。扫罗为建立统一的王国战死,先后继位的大卫和所罗门(前 1013—前933)将以色列带入一个国势强盛、经济与文化繁荣的兴盛时代。所罗门死后,王国分成南国犹大、北国以色列,自相残杀、国势日衰,北国以色列被亚述人征服,南国犹大独存至公元前 587 年,也被尼布甲尼撒攻陷,犹太人被放逐到巴比伦,这就是历史上著名的"巴比伦之囚",直到公元前 539 年波斯国王居鲁士控制了美索不达米亚,次年允许犹太人返归耶路撒冷,并重建耶和华圣殿。在希腊化时代,以色列先后受托勒密王朝和塞琉古王朝统治,高等祭司耶孙曾获塞琉古国王恩准,将希腊的制度引进耶路撒冷。然而,安条克四世下令取消犹太法和强迫犹太人改变习俗,献祭奥林帕斯诸神,激起公元前 164 年犹大-马加比的起义,迫使塞琉古政府放弃了宗教迫害政策。1 世纪 60 年代庞培征服耶路撒冷,犹太人从此受罗马的监督与统治。

犹太教是希伯来民族信奉的彻底的、律法伦理化的一神宗教。从犹大王国灭亡(公元前 587 年)到最后一次起义反抗罗马失败(公元前 135 年),先知们收集整理史料、汇编成书的有《旧约全书》《次经》《伪经》《死海古卷》。《旧约全书》是希伯来文化的总汇,也是犹太教的正典。它的基本特征有三点:(1)信奉唯一的、非拟人化的上帝;(2)原罪、神选(以色列人为上帝选民)和救赎的观念;(3)立约与律法观念(通过上帝立约确立了希伯来民族的律法和道德戒律)。犹太教作为严格的、非拟人化的一神教,具有严整的教义,胜过当时偶像崇拜的多神教。它赋有民族约束力和团结精神,使犹太人虽历经劫难、散落各地,而总是能保持本民族的向心力。基督教正是在《旧约全书》的基础上产生的,吸取了它的基本宗教观念,但是将威严无比的上帝转换成了仁慈博爱的耶稣基督。

"巴比伦之囚"以来,散居成为犹太民族的历史特性。在希腊化与罗马时代,以犹大王国为中心,犹太民族的散居辐射至广阔、遥远的地中海海域。当时亚历山大里亚是仅次于罗马的大都会与东西方文化交会中心,人口总数达 50 万,其中 1/5 是犹太人,有着当时世界上最大的犹太社区,他们深受希腊文化熏陶,甚至通用希腊语言。但《旧约全书》的正典化使散居的犹太人保持了共同的信仰、价值观和民族特性,具有巨大的凝聚力。在亚历山大里亚,希腊文化和希伯来文化一直有密切的交融,最早的重大成就是将《旧约全书》译成希腊文,即著名的《七十士五经》。① 也早有一些犹太学者热衷于研究希腊哲学,用来解释《旧约全书》,如早在公元前 2 世纪,犹太学者阿里斯托布罗就已用希腊哲学特别是亚里士多德的哲学,来解释《摩西五经》寓有的哲学含义。这种研究当时已较多,而做得最深入、最有出色成就的是犹太学者斐洛,他在用希腊哲学诠释《旧约全书》中创建了一种犹太教哲学神学。他的思想是希腊化时期已开展的用希腊哲学解释希伯来经典的延伸,可说源出于希腊化文明中东西方文化的交融。

斐洛(Philo)约公元前 20 年出身于亚历山大里亚一个富裕的犹太名门望族。② 他和耶稣及其使徒彼得、保罗大体是同时代人,但在他的所有著述中从未提到他们,可能因为他坚信的只是正统犹太教,对本是作为犹太教一个异端小支派而刚发生的原始基督教不知悉或不在意。处在亚历山大里亚这东西方文化交会的中心,斐洛既是虔诚的犹太教教徒,对摩西怀有深切的崇敬,又接受希腊教育,熟悉希腊的诗歌、历史、哲学,能纯熟地讲希腊语并用阿提卡希腊语写作。他潜心研读用亚历山大里亚的希腊方言翻译的《七十士五经》,尤其崇拜柏拉图,黑格尔说"在摩西身上他找到了柏拉图"③,同时他也受斯多亚学派和毕达哥拉斯学派的哲学的影响。他毕生致力于用希腊哲学来诠释《旧约全书》所寓有的深层意义,来开掘希伯来经典的哲学意义,其目的本是为深化理解与传扬《摩西五经》的教义,结果却是造就了一种东西方文化交融的奇特创作,就是形成了一种融合犹太教神学和希腊哲学的哲学神学。他独创的这种哲理深刻、具有"西化"(希腊化)色彩的犹太教哲学神学,在当时与后来漫

---

① 公元前 250 年左右,托勒密二世从犹大境内延请了 70 名犹太学者,将他们每人分别安置在岛上的一间房屋中,不能相互接触,各自翻译《旧约全书》中的《摩西五经》,70 种译本完成后竟一字不差,世称《七十士五经》。这是一项杰出的成就,几个世纪里它一直是神圣的经卷,被地中海地区讲希腊语的犹太人广为使用和解释,同时也使希腊人首次得以理解希伯来文化的核心部分。

② 斐洛的生卒之年无确定的历史记述,但他在一部著述(《出使盖乌斯》第 1 节)中自述公元 40 年出使罗马时是"头发灰白"的"老人",在犹太人中一般指超过 60 岁,近 70 岁,学者们推测他约生于公元前 20 年,约公元 50 年去世。

③ 黑格尔:《哲学史讲演录》第 3 卷,贺麟、王太庆译,第 162—163 页,商务印书馆,1959。

长的历史中,在犹太教神学内部并未发生多大影响,而对西方世界生发新柏拉图主义哲学、造就基督教的哲学神学倒产生了重要影响。

斐洛在犹太社区享有崇高的声望。他热心参与犹太人的公共事务,毕生致力于研究与传扬犹太教教义。他曾去耶路撒冷圣殿朝拜,经常在犹太教堂布道,公开宣讲他索隐探究出的犹太教经典的微言大义。他的放弃犹太教信仰的兄弟提庇留·亚历山大,曾资助落魄时的犹大国王希律·亚基帕,也是罗马皇帝克劳狄乌斯(公元 41—45 年在位)的朋友,先后任埃及行政长官和巴勒斯坦财政长官。他的外甥也从事罗马帝国的政治与军事事务。所以他的家庭与亲眷和犹大王国、罗马统治集团都有良好的关系。斐洛一直孜孜于从犹太教与希腊典籍中“研究哲学,沉思宇宙及其内容”,同时也置身于“为公民事务操劳的汪洋之中”。[①] 他晚年最为痛苦地卷入政治与宗教性事务,为抵制罗马的反犹政策、捍卫犹太教的纯洁性而出使罗马。本来,罗马建立帝制时的第一位元首(皇帝)奥古斯都实行文化宽容政策,承认各民族的宗教传统,尊重犹太社区和犹太教,他本人甚至也给耶路撒冷的圣殿敬献贡品。斐洛赞扬他是“最好的皇帝”,说“他在全部德性方面都有超人的品性”。[②] 但盖乌斯·卡里古拉称帝后,公元 37 年就挑起反犹太人战争,继而在亚历山大里亚煽起犹太人和希腊人、埃及人的敌对情绪。这个狂妄地自命为“神”的皇帝,更下令在亚历山大里亚的所有犹太教堂和一切宗教集会场所都必须竖立他的雕像。犹太教作为非拟人化的一神教是绝对禁止偶像崇拜的,在神圣的犹太教堂内崇奉一个皇帝雕像,违背摩西戒律,实为亵渎犹太教信仰,自然遭到犹太人的抵制。而罗马派驻亚历山大里亚的长官弗拉库斯支持当地的反犹情绪,将反对在犹太教堂中安放皇帝雕像诬称为政治上对皇帝不忠,要将当地犹太人贬为流浪来的异邦人,剥夺他们的公民权

[①] 见斐洛《论专门的律法》,第 3 卷,第 1 节,载于《斐洛文集》第 7 卷,“洛布古典丛书”,麻省,剑桥,哈佛大学出版社,1937(以下所引此书均为此版本)。

[②] 见斐洛《出使盖乌斯》,第 143、309 节,载于《斐洛文集》第 10 卷,“洛布古典丛书”,麻省,剑桥,哈佛大学出版社,1962(以下所引此书均为此版本)。

利,并煽动袭击犹太教堂。犹太社区就派出以斐洛为首的五位德高望重的长者所组成的代表团赴罗马,直接向卡里古拉皇帝请愿,劝阻他不要在圣殿中竖立自己的雕像,实为争求整个犹太民族与犹太教的生存权。斐洛在《出使盖乌斯》(*On the Embassy to Gaius*)和《反弗拉库斯》(*Against Flaccus*)这两部著述中详细记述了这场斗争与赴罗马请愿的过程。他表达了誓死捍卫犹太民族权利和犹太教信仰的决心:"犹太人宁愿忍受无数死亡,绝不容任何违背禁戒的行为";犹太民族应有"与各民族一样平等对待"的权利;为"保护律法而壮烈牺牲,虽死犹生",如若代表团无助于"我们祖制的恢复",宁愿殉教。① 代表团抵达罗马后,卡里古拉仍督令"巨型雕像必须竖立在犹太圣堂的内殿中";他和代表团会面时则指斥唯独犹太人和其他民族相反,"不相信我是一位神",是"恨神者",甚至讥讽犹太人拒绝吃猪肉的习俗。② 请愿使命虽不获成果,但向罗马帝国高层统治者申述了犹太民族的坚定信仰。幸得卡里古拉这个暴君不久便死了,接替皇位的克劳狄乌斯改变了他的反犹政策。

斐洛一生用流畅、典雅的希腊文写了大量著作,不少是在犹太会堂公开布道的讲稿,约 3/4 保存下来,大多是完整的原著,只有《为犹太人申辩》(*Apology for the Jews*)、《论天命》(*On Providence*)仅存残篇。他的现存著作的原文大多是希腊文,也有小部分是古亚美尼亚文,如《创世记问答》(*Questions and Answers on Genesis*)、《出埃及记问答》(*Questions and Answers on Exodus*)。③ 全部作品共留存 35 种,可分为杂论、律法评注(Exposition of Laws)和喻意解释(The Allegorical Interpretation)三部分,其中《论创世》(*On the Creation*)、《论亚伯拉罕》(*On Abraham*)、《喻意解经法》(*Allegorical Interpretation*)、《论世界的永恒》(*On the Eternity of the World*)、《论上帝的不变性》(*On the*

---

① 见斐洛《出使盖乌斯》,第 192、209、240、369 节,载于《斐洛文集》第 10 卷。
② 见同上书,第 353、362 节,载于《斐洛文集》第 10 卷。
③《斐洛文集》英译本未收入的一些英译自古亚美尼亚文本的著述,参见马库斯《斐洛:补充资料》(2 卷),"洛布古典丛书",麻省,剑桥,哈佛大学出版社,1953。

Unchangeableness of God）、《论天命》、《论亚伯拉罕的迁移》（*On the Migration of Abraham*）、《论十诫》（*On the Decalogue*）、《论专门的律法》（*On the Special Laws*）、《论德性》（*On the Virtues*）、《论赏罚》（*On Rewards and Punishments*）、《论醉》（*On Drunkenness*）等，都是关涉他的哲学神学的重要著述。[①]

二　喻意解经法

斐洛探究、阐发犹太教经典，运用一种喻意解释法，就是根据文本的字面意思来解读出文本背后所隐藏的深刻含义。这是一种哲学与神学上的隐喻解释。它区别了文本的表层意义和深层意义，从把握《旧约全书》文本表层的字面意义着手也很重要，而更关键的是要从字面意义中体悟出《旧约全书》所深蕴的哲学神学意义。实质上，这是他用希腊哲学解释《旧约全书》的深层隐喻意义的方法，使犹太教神学与希腊哲学互为释义、互相融会的一种方法。这种喻意解经法贯穿在他的全部研究之中。

喻意解释法在以往的希腊哲学与犹太神学诠释中早已有之。一些希腊思想家对荷马史诗中有的隐喻早有道德意义的诠释，而早期斯多亚派如克莱安塞等人已在哲学上运用喻意解释法，认为自然理性、理性之神也以感性形式显示在通俗信仰的诸神之中，从希腊传统宗教作品中开掘哲学意义，旨在调和此派学理上的理性一神和现实生活中崇奉多神的矛盾，使斯多亚派的神学和希腊拟人化的传统多神教协调起来。而亚历山大里亚的犹太神学家或律法学家如阿里斯托布罗等人，也早开始用喻意解释法来阐发犹太教经典中隐喻的象征意义，但他们还是就《旧约全书》文本自身阐释其律法与道德意义，如禁食食肉鸟（是指吃荤的鸟，不是吃素的鸟）的戒律被阐释为不掠夺、虐待同类，同时他们也是为了用喻

[①] 关于斐洛的全部著述目录（中文、拉丁文、英文对照），参见威廉逊《希腊化世界中的犹太人——斐洛思想引论》，徐开来、林庆华译，华夏出版社，2003。

意解释法来消解《旧约全书》中某些拟人化的表述,将其解释为非人格的上帝为使人们易于理解而用的一种通俗化的手段。他们还是非常敬畏地拘泥于《旧约全书》自身的原义,即如阿里斯托布罗已开始借助于希腊哲学解释,也颇有限、简浅。斐洛的喻意解经法虽然看来承袭了上述两种喻意解释法,但和它们都有很大的不同。斯多亚派的喻意解释法终究是为了说明希腊传统的拟人化的多神也体现自然理性,是理性神的特殊、多元的化身,有现实的合理性;斐洛的喻意解经法则是绝对反拟人化的多神教的,是要借助于希腊哲学论证犹太一神教是绝对合理的,说明它蕴涵的精深哲理也包容了希腊哲学。犹太神学家、律法家的喻意解经毕竟不敢游离《旧约全书》文本历来固有的意义,斐洛批评这些拘泥于字义的犹太神学家是顽固不化的保守者,不通晓《旧约全书》所包含的深刻真理,也是《创世记》中所述的旷野上的"迷途之人";斐洛则大胆利用喻意解经法的阐释自由度,以希腊哲学对《旧约全书》的诸多文本作出系统的阐释与发挥,形成一种独特的、交融理性与神秘色彩的犹太教哲学神学,他自认为这才是对《旧约全书》的真实理解与虔诚敬奉。

斐洛作为虔诚的犹太教学者,无疑认为唯一的、非拟人化的上帝至高无上,是全部真理的源泉。《圣经》是上帝的启示之言,是上帝对每个人所说的话语,每句话都非多余,都有价值,"在上帝的作品中,除了蕴涵而不显露的深刻真理外,你不会发现任何虚构的神话"。[①]对《圣经》的字面意义固然也须理解与赞美,但全部经文包括摩西律法都是隐喻,寓有内在的神秘哲理,必须用心智去领悟、把握这关于实在的真理。斐洛对希腊哲学有精深的研究和高度的认同,他用希腊哲学解经,揭示上帝之言的真理,并不是用希腊哲学来融化、改造犹太教教义,而是认为《圣经》中的潜藏真理早已包纳了希腊哲学,柏拉图等人的哲学思想实为源自摩西,希腊哲学不过是犹太律法之理性的流脉。他在确定《摩西五经》与希

---

① 见斐洛《恶人攻击善人》(*The Worse Attacks the Better*),第125—126节,载于《斐洛文集》第2卷,"洛布古典丛书",麻省,剑桥,哈佛大学出版社,1929(以下所引此书均为此版本)。

腊哲学的从属关系的前提下，就得以避免背教的异端之嫌，放手用希腊哲学解释《旧约全书》，尤其是《摩西五经》，创造性地发挥独特的见解。他说阅读《圣经》应从"先人的哲学中寻求智慧"，从字面的象征中"研究其潜在的喻意"，"通过外在的可见的东西探察到内在隐含的东西"。[①] 他说的"先人的哲学"，主要就是他极为推崇的柏拉图哲学，并大量吸纳已趋柏拉图化的中期斯多亚派的哲学。他的喻意解经也颇有想象力，如解释摩西象征智慧，伊甸园象征正确理性，亚当象征精神（灵魂），夏娃象征感觉与情感，伊甸园中诱惑夏娃的蛇则象征"快乐"。

斐洛的喻意解经法解释出的是一种犹太教版的"柏拉图主义"，这种喻意解经方法本身就是深受柏拉图哲学熏陶而产生的。罗马帝国末期的奥古斯丁的启蒙导师哲罗姆和其他希腊教父曾引用一句希腊语："或者说是柏拉图斐洛化了，或者说是斐洛柏拉图化了"[②]。斐洛用柏拉图反拟人化传统多神教的理性神思想解释他的无形体的、唯一的理智性上帝；用柏拉图的理性神"创造者"解释上帝创世；用理念解释逻各斯；而喻意解经也立足于柏拉图的"世界两重化"说，就是要透过"被感官察觉的世界"，去洞悉"只有理智才能领悟"的、"由永恒的理念构成"的世界，这样才能把握体现上帝心智的真实存在。[③] 斯多亚派哲学中的泛神论思想被他绝对排除，而含有的理性神思想则被他吸取，另外，它的自然理性的逻各斯、因果必然性思想与天命观，也都被他纳为喻意解经的重要内容。他的喻意解经法已先于后来的普罗提诺巧妙地糅合了柏拉图哲学与斯多亚派哲学，甚至也掺入毕达哥拉斯派的哲学。

总之，他主张人的心智也是上帝按逻各斯、理智的型相创造出来的，那么，凭借心智来喻意解经，就是人心和上帝的心智相通；上帝直接或间

[①] 见斐洛《论沉思生活》（*On the Contemplative Life*），第 28、78 节，载于《斐洛文集》第 9 卷，"洛布古典丛书"，麻省，剑桥，哈佛大学出版社，1941（以下所引此书均为此版本）。

[②] 阿姆斯特朗主编：《剑桥晚期希腊和早期中世纪哲学史》，第 156 页，剑桥，剑桥大学出版社，1967。

[③] 见斐洛《论梦》（*On Dreams*），第 185—187 节，载于《斐洛文集》第 5 卷，"洛布古典丛书"，麻省，剑桥，哈佛大学出版社，1934（以下所引此书均为此版本）。

接地都是摩西律法和希腊哲学的真理源泉,希腊哲学和犹太教本质上是讲述同一个真理的。当然,犹太教的真理更完善、更纯粹,而希腊哲学中的理性的真理作为犹太教真理的表现形式,自然有参照价值。他力图用喻意解经法将东方的犹太教和西方的希腊哲学融合起来。他的喻意解经法对犹太教神学传统影响不大,却是后来基督教"解经学"的先声。之后,也在亚历山大里亚的克莱门特、奥立金等教父都用这种方法来解释基督教的圣典,以融合早期基督教神学与希腊哲学,直至奥古斯丁最终形成基督教哲学神学体系,这种方法后来也一直被基督教神学家所运用。而斐洛用喻意解经法解释出的犹太教版柏拉图主义,和后来普罗提诺等人希腊版的新柏拉图主义,虽然在宗教态度上是对立的,但在哲理上颇为相似,前者启发后者,并已为后者提供了雏形。

三　论上帝

上帝观念是斐洛全部理论的出发点和最终归宿。他用柏拉图和斯多亚派的哲学来解释犹太教的非拟人化的一神论思想,可以归结为三点要义:

第一,上帝的存在与本质。他提出,"真正的哲学家"必须认真考虑两个问题,"一个是上帝是否存在","另一个是上帝本质上是什么"。[①] 他认为上帝是永恒、唯一、无限、原初、终极的"一"和最高的真实"存在",这就是《圣经》中所说的"主是唯一",上帝耶和华自称"我是我所是"。上帝是不可见的、超越于现实世界的另一种存在,但他又是超越与内在的统一,显现在万物之中。就好像人们在观赏雕像和绘画时会想到雕塑家和画家,看到衣服、船只和房屋时会想到有裁缝、造船工和建筑师,在进入一个秩序井然的城市时会想到有个优秀的治理者,那么,当我们面对更加宏伟的宇宙与人类的最高艺术和知识时,必然会获得世界的创造者——造就完美卓越知识的上帝存在的观念,"必定会推断出创造整个

---

① 见斐洛《论专门的律法》,第 1 卷,第 32 节,载于《斐洛文集》第 7 卷。

世界的工匠就是上帝"。① 这个关于上帝存在的论证,很像苏格拉底最早提出的宇宙设计论论证②,也是用希腊哲学中已有的理性—神思想来论证犹太教的唯一的、无形体的、非拟人化的上帝,他被奉为至高无上的存在和世界的终极原因。因而斐洛明确地将这种理性化的犹太—神论和各种"谬误"思想划清了界限。他严厉指责无神论作为"万恶之源"是"最卑劣的邪恶形式"。③ 他批判拟人化的多神论是"无耻地将暴民统治从地上转移到天上"④。"上帝不像一个人,也不像天空与宇宙",也不像被造物中的任何高贵者,而无论对神化人或动物的偶像崇拜都是"荒谬至极的",是违背犹太教的。⑤ 他强调《圣经》从未将上帝比做人,《圣经》描述上帝像人那样说话,那只是为了给缺乏智慧的人提供喻意的教诲。此外,他借批判迦勒底人从"赞美可见的存在"推导出"世界本身就是上帝",抨击早期斯多亚派的泛神论思想"极不虔敬地将被创造物比拟为创造者了"。⑥

斐洛说,上帝的本质是"一",是最高的、作为终极真理的唯一存在,有超越性、永恒不朽的不变性与统一性,他不同于一切存在物,却又是无处不在的。上帝和其具有的两种权能即创造权能与作为"主"(Lord)的主宰、统制权能,是三位一体的(这和后来基督教的"三位一体"说有区别,也有思想联系)。对这理性化的上帝之全智全能,难以确切、完全地解释,斐洛就将上帝喻意为一种人所不能见的、无形的太阳及其放射之

---

① 见斐洛《论专门的律法》,第 3 卷,第 97—99 节,载于《斐洛文集》第 7 卷;斐洛《论创世》,第 171 节,载于《斐洛文集》第 1 卷,"洛布古典丛书",麻省,剑桥,哈佛大学出版社,1929(以下所引此书均为此版本);斐洛《论上帝的不变性》,第 62 节,载于《斐洛文集》第 3 卷,"洛布古典丛书",麻省,剑桥,哈佛大学出版社,1930(以下所引此书均为此版本)。

② 参见本书"中篇"第 9 章第 3 节关于苏格拉底的宇宙设计论的内容。

③ 见斐洛《论专门的律法》,第 1 卷,第 32 节,载于《斐洛文集》第 7 卷。

④ 见斐洛《论亚伯拉罕的迁移》,第 178—179 节,载于《斐洛文集》第 4 卷,"洛布古典丛书",麻省,剑桥,哈佛大学出版社,1932(以下所引此书均为此版本)。

⑤ 见斐洛《论亚伯拉罕》,第 69 节,载于《斐洛文集》第 6 卷,"洛布古典丛书",麻省,剑桥,哈佛大学出版社,1935(以下所引此书均为此版本)。

⑥ 见斐洛《论亚伯拉罕的迁移》,第 178—179 节,载于《斐洛文集》第 4 卷;斐洛《论亚伯拉罕》,第 69 节,载于《斐洛文集》第 6 卷。

光,说只能凭精神与思想理解"上帝是他自身之光","他自己是无数发射之光的核心",赋予一切存在物以生命力和人的理解力。显然,这个"光喻"说和柏拉图在《国家篇》中论述最高的"善"这个理性神时所述的"洞穴比喻"与"太阳比喻"是很相似的,它也像是后来奥古斯丁的"光照说"之先声。

第二,上帝创造世界。斐洛认为,上帝不是按照什么自己的人格创造了世界与人,上帝作为至高的宇宙心智,以"逻各斯"这种理念中的理念、上帝的思想与智慧、上帝的长子或影子作为中介模型,创造了整个世界。世界是在上帝的创造中生成的,自身不是永恒、无限的存在,而上帝创世"根本不需要时间"。[①]"创造是上帝的本性"即权能,他从来没有停止过创造,"永远使自己处于创造状态之中"。[②] 上帝在创造中以逻各斯为理念原型,使无性质、无序混乱的质料塑成四元素,并创造了整个宇宙的天体和人的世界,现实世界是根据一个理念世界的模型而被创造的。[③]斐洛推崇摩西达到了哲学的顶峰,说他在柏拉图之前早就解释了世界是如何被上帝的理智创造的;其实,斐洛解经中所论的上帝创世,正是柏拉图的《蒂迈欧篇》中那个理性神"创造者"(即德谟革)以理念为模型创造世界的一个简约的犹太式翻版。斐洛又说,摩西已认识到世界的成因有两个基本原理:一个是积极的原因,即宇宙的理智;另一个是被动的原因,即混沌、无生机的物质性的基质,无形式的质料,上帝凭借积极的原因即理念才使它成形而赋有活力。其实,这种论说也取自斯多亚派哲学中的物理学思想,即自然理性生成的世界中有所谓被动的原理与主动的原理:惰性的、潜在的、无规定性的质料和能动的、赋予自然以生命力的逻各斯。善是最高理念,也是上帝体现的本质,是他创造世界的目的因,

---

[①] 见斐洛《创世记问答》,第 2 卷,第 47 节,载于马库斯《斐洛:补充资料》第 1 卷,"洛布古典丛书",麻省,剑桥,哈佛大学出版社,1953;斐洛《论亚伯拉罕》,第 69 节,载于《斐洛文集》第 6 卷。

[②] 见斐洛《对〈创世记〉的喻意解经》(*Allegorical Interpretation of Genesis 2 and 3*),第 1 卷,第 5 节,载于《斐洛文集》第 1 卷;斐洛《论创世》,第 7 节,载于《斐洛文集》第 1 卷。

[③] 见斐洛《论创世》,第 17—29 节,载于《斐洛文集》第 1 卷。

正是为了实现他的善,他创造出一切存在,他绝非世界中恶的原因。上帝创造出一个独一无二的向善世界,在人世中也"事事先关心他的创造物,使之过一种智慧和至福的生活"。[1] 总之,斐洛用柏拉图与斯多亚派的关于理性神创造或生成世界的哲学论证,使犹太教的上帝创世说也理智化了。

第三,人神关系。斐洛认为,人不能认识超验上帝的终极的神秘本性,就像人的肉眼不能注视太阳的光芒,因为人如能掌握上帝的终极本性,就意味着他"具有和上帝相等的无所不知的知识"了;即使论证了确有上帝存在,也只是凭借"清晰的直觉",并不是完全澄明了上帝的终极本性是什么。[2] 这就是说,上帝难以名状,只能用"耶和华"(YHWH)来指谓,或用一些否定性之词如不死的、不朽的、不变的、不可见的等来描述其特性。但人毕竟是上帝创造的,也有人神沟通之途。关于人的创造,斐洛也有新的说法:耶和华用尘土造人,将生命的气息吹在人里面,只是造就男女有别、有生与死、可感觉、可朽的人;而神同时按照自己的影子即逻各斯造人,人被造就为理念的摹本,人的灵魂中被赋予理念,人由此分有了永恒的、不朽的神性,人的灵魂能以上帝为目标,通过神秘体验与上帝沟通。他描述人的灵魂在沉思的洞见中与上帝神秘相遇,这是一种迷狂状态,是清醒的陶醉,上帝的恩惠充溢灵魂,灵魂欢愉微笑,翩翩起舞,似醉似痴,忘乎所以,进入极乐状态。斐洛将柏拉图在《会饮篇》中描绘的灵魂在升华中对于爱神(厄罗斯)的迷狂,改造成犹太教式的对于上帝的迷狂;柏拉图说在迷狂中洞见美和善自身,斐洛则说人在迷狂的最高状态中洞见上帝。斐洛最终宣扬一种神秘主义的神人相遇论,这也是后来普罗提诺的新柏拉图主义所着力渲染的。

---

[1] 见斐洛《论创世》,第 172 节,载于《斐洛文集》第 1 卷。
[2] 见斐洛《论该隐的后裔及流放》(*On the Posterity and Exile of Cain*),第 167 节,载于《斐洛文集》第 2 卷。

四 逻各斯

《七十士五经》译本中原有和逻各斯意义相似的词"rhema",斐洛将它修变为和希腊哲学中有相应含义的 logos 来阐发。逻各斯就成了上帝的心智与作为宇宙内在固有秩序的神圣理性,上帝和现实世界联系的中介。而且,他是用柏拉图的理念论和斯多亚派的作为自然理性的逻各斯之说来阐释的。

逻各斯和上帝同在,是上帝之灵性所在。它是非创造的、永恒的、超越的,在上帝创造世界之前就已固有在其心智之中。它作为上帝的第一长子与影子,地位仅次于上帝。这个神圣的逻各斯是非物质的、无形的"理念的理念","只能被智慧所理解"。[①] 实质上,它就是整个理念世界的总称。柏拉图虽已将世界二重化,但尚未用"理念世界"之词;斐洛则首次用 kosmos noetos(理智的世界)来表述有等级序列的理念世界总体。[②] 上帝正是以逻各斯这理念世界为原型,并以逻各斯的神圣功力为工具,创造了严整有序的现实世界的。他说:如果整个可感知世界"是神圣图式的摹本,那么原型(我们断言它只是可理解的理智世界)就必定是范型,是理念的原型理念,是上帝之道或逻各斯"。[③] 他解释上帝通过逻各斯创造世界,也已有后被新柏拉图主义详述的"流溢"的说法。逻各斯流溢出各层次的理念和世界灵魂,世界灵魂以理念为模本流溢出天体、四元素及其组成的大地自然、植物、动物与人。逻各斯将上帝的意旨传达到各等级的存在,这就是上帝所赋予的宇宙秩序和自然规律。它也就是《圣经》中上帝启示的真理。逻各斯体现在《摩西五经》中,也就是人们奉行的上帝的律法。

世界被创造出来后,逻各斯也内在于作为理念摹本的被创造物

[①] 见斐洛《恶人攻击善人》,第 75—77 节,载于《斐洛文集》第 2 卷。
[②] 见斐洛《论巨人》(On the Giants),第 61 节,载于《斐洛文集》第 2 卷。
[③] 见斐洛《论创世》,第 25 节,载于《斐洛文集》第 1 卷。

之中，就像灵魂寓于身体之中，它体现了上帝主宰、统制世界的权能。它就是上帝制导宇宙运行的秩序与规律，内在于世界万物，有"替天行道"的巨大支配力。逻各斯内在于自然万物，也意味着理念内在于它的摹本（具体事物）之中。这里，可见斐洛也力图克服理念和具体事物的"分离"。后期柏拉图对理念论有所修正，论述理念内在于具体事物，他必定也有了解，并受其思想影响。他所说的作为宇宙内在统制力和宇宙秩序的逻各斯，也来源于斯多亚派哲学中作为自然理性的逻各斯之说。就像后者以一种天命之力，将宇宙万物联结为一个由因果链条集合的整体，斐洛也说内在于世界的逻各斯是"世界不得溶解的黏合剂"，"逻各斯将全部事物、将事物的所有部分黏合在一起，防止它们松散或分离"。① 这种逻各斯实为世界普遍联系的因果律，他认为这是宇宙万物存在的保证。由此可见，他将后期柏拉图的理念论和斯多亚派主张的宇宙内在固有自然理性说及天命观巧妙地糅合在一起，发展出他的逻各斯学说，这对后来的新柏拉图主义也颇有影响。

逻各斯作为理念也内在于人的灵魂之中。斐洛认为，上帝创造人不仅赋予人以生命力，而且赋予人以理性灵魂，人的灵魂中的理性被刻上上帝的"印章"，那就是永恒的神圣逻各斯，是理念与相关的理性能力，它是对神圣逻各斯的分有，也是它的不可分割的部分。人的理性认识就是对灵魂中原有理念自身的把握。柏拉图说的理念是具体事物摹仿的原型，实为客观存在的一种型相，人凭借理性才可把握它，但他没有说理念也是灵魂内在固有的。已趋柏拉图化的中、晚期斯多亚派才明确主张理念也内在于灵魂中，使其带上主观性。斐洛实质上是吸取了这种已趋柏拉图化的斯多亚派的理念在灵魂中之说。因此，他认为，人理解、尊奉上帝，人和上帝沟通，不单靠信仰上帝、接受启示，而要结合信仰与理性，通过升华灵魂中的理念，达到对不可见的上帝的理解与信从。他指出上帝

---

① 见斐洛《论飞跃与发现》(*On Flight and Finding*)，第112节，载于《斐洛文集》第5卷。

赋予人的灵魂三种能力:感觉、言说与思维,就是要人通过感知可见世界,通过言语表达思维,达到理智认识即理念的自身把握,去洞悉整个理念世界,体察上帝的神性与伟力。他说,以色列的族祖和先知亚伯拉罕、以撒和雅各分别代表受教育的学习、直觉的自学和实践的德行这三种灵魂认识上帝的方法,都能使人真正追求上帝。在《论亚伯拉罕的迁移》中,他喻意解释亚伯拉罕的迁徙象征人追求与神合一的三阶段:从信仰天体、占星术转向对上帝的信仰,从感性世界回归自我,从认识自我中洞察上帝。

五 伦理与政治观

斐洛的伦理观也交融着犹太教的律法观和柏拉图、亚里士多德及斯多亚派的伦理思想。

摩西十诫、摩西律法实为一种以严峻的形式表示的伦理道德。斐洛赞美这是上帝启示的最完美的律法,表现了"具有普遍价值的德性",是世世代代所有人必须遵从的。就像宇宙中固有逻各斯这种自然律一样,这上帝规约的律法就是人世一直早有的、普遍适用的自然法。早在摩西之前的族长们并未遵循尚不存在的摩西律法,但已遵循尚未见诸文字,而和自然的逻各斯相一致的自然法,它和摩西律法的实质是吻合一致的。他说:摩西之前的亚伯拉罕"遵从它们(自然法之戒律),虽未得到书面文字的教导,但未成文的自然法给了他热情,引导他的纯洁的冲动"①。中期斯多亚派哲学曾详致阐发了体现自然理性、具有普遍性价值的自然法思想,西塞罗还将它奉为罗马法理的基础;斐洛接过斯多亚派哲学中的自然法观念,却用来阐释犹太教律法是普遍的伦理价值。

斐洛和柏拉图一样,在身体与灵魂的关系问题上,持一种身心二元论。他认为肉体是灵魂求善的严重障碍,是"灵魂的坟墓",灵魂寓于身

---

① 斐洛:《论亚伯拉罕》,第 275 节,载于《斐洛文集》第 6 卷。

体,就是"被禁锢在肉体这个无穷无尽的灾难处所",人必须逃脱"那邪恶的牢狱"。① 上帝是至善的,人的理性也应是向善的。斐洛秉承柏拉图的灵魂说,将灵魂分为理性、情感和欲望三部分,情感或受理性控制,或和欲望受肉体诱发。所以,他认为不受理性控制而受肉体煽诱的非理性情感与欲望是恶的根源。斯多亚派主张情感在德性形成和道德生活中有其重要作用,主张以理性调谐、引导"冲动"。斐洛并不像苏格拉底那样将情感完全从道德中排除出去,而是和亚里士多德、斯多亚派一样,都肯定合理情感的道德作用,并用它来解释犹太教的伦理情感,如义愤、怜悯、忏悔、憎恨罪恶、博爱等情感,都属于德性。但他认为"快乐"这种完全由肉体造就的情感本质上就是恶,所以他说《创世记》中的蛇就象征快乐,并指出快乐是一切非理性情感之本,"比其他坏情感要坏得多",必须"首先铲除"这个恶之本,才能消除其他坏情感。② 遵从摩西的第十诫,以理性克制欲望,"灵魂就会努力摒弃非理性的情感,并且会自愿体验理性认可的较高形式的激情"。③ 至于他说的人和上帝沟通的"迷狂",在他看来,并不是非理性的情感,而是灵魂中理念自我飞升的最高形式的激情。

　　斐洛的德性论吸取亚里士多德的道德理论来解释犹太教的律法伦理。他强调道德是实践性的,说就像"弹琴者不用他的竖琴"、"匠人不运用他的手艺"就无用,如果道德的"理论不与实践相结合",只拥有关于善的"知识就是无用的"。④ 他和亚里士多德一样,认为"德性就是中道",摩西律法的本质就是中道(means),这类似于中国传统伦理所说的中庸。他说:"摩西既不赞成斯巴达立法者所主张的过度节俭",也不赞成"引入

---

① 见斐洛《论语言的混乱》(On the Confusion of Tongues),第177节,载于《斐洛文集》第4卷;斐洛《论亚伯拉罕的迁移》,第9节,载于《斐洛文集》第4卷。
② 见斐洛《出使盖乌斯》,第65—68节,载于《斐洛文集》第10卷。
③ 见斐洛《谁是神物的后裔》(Who is the Heir of Divine Things),第192节,载于《斐洛文集》第4卷。
④ 见斐洛《论学问的统一》(On Mating with the Preliminary Studies),第45—46节,载于《斐洛文集》第4卷。

奢侈的生活",而是"开辟了一条中间的道路"。^① 过犹不及,犹太律法所取的中道是最基本的德性。他认为,摩西十诫既是人应遵从的律法,也已揭明了人应有的主要德性。他将德性分为两类:一类是神圣的德性,就是和信从上帝有关的规约,包括信仰(唯一的上帝)、忏悔(过错与罪)、虔诚、敬奉上帝;另一类是人自身的伦理德性或称理智的德性,包括审慎、勇敢、节欲、正义,还有博爱与学习等。他强调贪欲是恶行,节制是美德,称扬摩西戒律的严格的家庭婚姻观,批判当时希腊化世界中的享乐主义性放纵行为。^② 值得注意的是,他和基督教一样已突出强调了"博爱",认为所有人都是上帝之子,有亲缘关系,在上帝面前是平等的,即使是奴隶本来也是自由的,博爱与友谊是维系人类社会的纽带,所以他主张富人要以仁慈之心帮助穷人,并批判"高利贷者的富有"实际上是道义上的"贫困"。^③ 他强调学习开阔的知识(包括语法、音乐、几何、哲学等)就是培植理智的德性,而学习哲学与犹太教典籍是一种沉思的德性,它应以日常生活的实践德性为基础,弃绝一切非正义的恶行,使理性灵魂升华,这样就能进入洞察上帝的"迷狂"状态。

在社会政治学说方面,斐洛受斯多亚派的影响,既确认希腊化世界及继后的罗马帝国世界的统一性,又承认各地区民族政治的相对独立性。他认为,这个世界是"大城邦"(megapolis),它有单一的政制和律法,这是自然的逻各斯,命令人做应做的事,禁止人做不应做的事。但不同民族有不同的习性和准则,又受多种多样的地方性政制和律法的支配,它们附加到自然的逻各斯、统一的政制和律法上。神圣的逻各斯之光普照人间,君王对全人类都应一视同仁,统一的君主政制和各地区、各民族的政制应和谐地结合起来。君王和政治家应多才多艺,善于像舵手那样

---

① 见斐洛《论亚伯拉罕的迁移》,第147节,载于《斐洛文集》第4卷;斐洛《论专门的律法》,第4卷,第102节,载于《斐洛文集》第8卷,"洛布古典丛书",麻省,剑桥,哈佛大学出版社,1939(以下所引此书均为此版本)。
② 见斐洛《论专门的律法》,第4卷,第8—28节,载于《斐洛文集》第8卷。
③ 见斐洛《论德性》,第80—101节,载于《斐洛文集》第8卷。

操纵船只的航向,关心人类未来的幸福;应像人类生活的圆梦者,审视同胞们的梦想,教育民众,讲明美丑、善恶、正义与不正义等,培育公民的德性,建树一种伦理型的政治。他还期盼《旧约全书·以赛亚书》预言的弥赛亚时代即"末世"的到来,那时犹太人返家团圆、生活富足,摩西律法成为世界的普遍律法,刀打成犁头、枪打成镰刀,世界永久和平,所有的"城市、民族、国家以及整个人类都将达到最高的幸福"。[①] 这是他企求的乌托邦。他通过解释《圣经》讨论现实政治问题,开启了神学政治研究,这对后世基督教哲学家包括奥古斯丁和托马斯·阿奎那的神学政治思想有一定的影响。

总之,斐洛的学说虽然对犹太教神学并无显著影响,但他将希腊哲学和犹太教神学这两股思潮、两种文明的理论内核融合起来,标志着两大文明融会的深化。斐洛的学说对新柏拉图主义的兴起及其最终和早期基督教神学结合,都有直接的影响。斐洛对《旧约全书》所作的希腊哲学的喻意解释,也为后来亚历山大里亚的基督教神学家克莱门特、奥立金所采纳,成为基督教神学发展的重要因素之一。恩格斯说斐洛"是基督教的真正父亲",而罗马斯多亚学派的"塞涅卡可以说是基督教的叔父",并指出斐洛运用喻意解经法的著作,是"犹太传说和希腊哲学即斯多葛派(即斯多亚派——引者)哲学的混合物。这种西方观点和东方观点的调和,已经包含着基督教全部的本质观念——原罪、逻各斯……不是用牺牲而是把自己的心奉献给神的忏悔"。[②]

第二节　创立者普罗提诺

在 3 世纪罗马帝国趋衰之际,普罗提诺正式创立了希腊、罗马的最后一个深有影响的哲学体系——新柏拉图主义。他以独特的超验思辨方式,综合摄取了晚期希腊与罗马哲学的一些主要流派的思想,修变了

---

① 见斐洛《论德性》,第 119—120 节,载于《斐洛文集》第 8 卷。
② 见《马克思恩格斯全集》第 19 卷,第 328—329 页,人民出版社,1963。

柏拉图哲学传统,构建了一个具有哲学与宗教趋同特色的庞大的哲学体系。他的哲学体系及其演变,体现了罗马文明衰落时期理性低迷与嬗变、哲学宗教化的文化精神。普罗提诺常被视为一位神秘主义哲学家,但就他本人的哲学思想而言,其神秘色彩只是主要表现在:他以极端超验的形而上学思辨精神吹胀、拔高了柏拉图的理念论与理性神思想,并糅合其他既有的哲学流派中带有神秘色彩的理性神思想,提出人神合一的哲学宗旨,为希腊罗马哲学和宗教神学的合流开了路。他的哲学自身还是一种比较严整的理性思辨哲学,并不是一种纯粹的非理性主义;也不像他之后的一些新柏拉图主义支派恪守罗马或东方的多神教,明确反对甚至镇压基督教,并散发出浓重怪异的迷信与巫术气息;它同后世基督教中的神秘主义也有不同。正因为此,后来基督教哲学神学所融合的新柏拉图主义,主要是他的学说。他的哲学是联结罗马文明和中世纪文明的重要思想环节,对后世西方哲学也有深远影响。

一 从亚历山大里亚到罗马——生平与学述

普罗提诺生活的后期罗马帝制的塞维鲁王朝时期(193—280)是一个动荡的乱世,政治、经济、军事都陷入危机。军队坐大,任意谋杀、拥立皇帝,235—284 年换过约 24 个皇帝,只有一个皇帝因老病离世而不是死于非命。经济恶化、财政崩溃,民不聊生,日耳曼蛮族不断入侵,1/3 人口死于战争或瘟疫。普罗提诺的一生几乎是和罗马帝制时代以来最为多灾多难的一段时期相伴随的,他去世后戴克里先和君士坦丁称帝时才有短暂的稳定。民众不堪现实生活的苦难,便从各种神秘宗教与迷信中寄托精神追求,除罗马传统多神教为国教外,东方形形色色的宗教如埃及传来的伊西斯教与密特拉教以及占星术、巫术非常盛行;摩尼(Mani,约215—276)也在此时建立了善恶二神教,摩尼教后曾一度被奥古斯丁所信从;早期基督教虽还未被确立为罗马独尊的国教,但它已在罗马本土传布,在不断受压迫中和罗马多神教争夺人心,它的一个异端支派——宣扬以神秘知识来克恶救世的诺斯替教也在流行。在这动荡复杂的社

会与宗教背景下,普罗提诺创立一种准哲学神学体系,一方面意图取代
已没落不振的斯多亚主义文化精神,为罗马帝国重建社会与道德秩序提
供一种新精神支柱,在罗马帝国的最后 200 多年中它确实成了主要的哲
学思潮;另一方面,意图在芜杂的宗教思想泛滥中,在比柏拉图学说更高
的层次上,独辟出一种哲学宗教化或宗教哲学化的思想体系,兼容理性
神与道德律令,融合理性与信仰,克服宗教混乱,以凝聚、安定人心。这
个目的并不成功,因为在他之后的新柏拉图主义和多神教、巫术迷信合
流,对抗基督教也以失败告终,而基督教倒成功地融合了普罗提诺的正
版新柏拉图主义,这倒是它的长远历史价值所在。

关于普罗提诺(Plotinus)的生平与学述,有比较确切、详细的资料,
那就是他的亲随学生波菲利于 303 年撰写的《普罗提诺生平》,并将它保
存在他汇编普罗提诺所写的全部论文而成的《九章集》的前面附文中。
普罗提诺不对学生们谈他的早年身世,波菲利对此语焉不详。他卒于
270 年,活到 66 岁,可推知他约生于 204—205 年。4 世纪以来的史料才
记述他是埃及人,生于上埃及的吕科波利斯(Lycopolis),这并不可靠,因
并无确实根据。① 青年普罗提诺于 28 岁时到东西方文化交会的中心亚
历山大里亚,开始他的哲学生涯。有人带他去见当地颇有名气的学者阿
蒙纽斯(Ammonius),他说:"这正是我在找的人"②,阿蒙纽斯的教义使
他折服。他在亚历山大里亚师从于这位导师达 11 年之久,对当时汇流
于亚历山大里亚的各种哲学与文化包括斐洛的学说也有开阔的了解,对
希腊与罗马传统哲学尤其有深入的把握,打下了博厚的学术根基。有的
书说普罗提诺的老师阿蒙纽斯才是新柏拉图主义的奠立人,这并无根
据,因为普罗提诺的学述中没有提到他的思想出于其师,阿蒙纽斯也没
有留下任何著述,似乎述而不作,只有他人记述他主张灵魂是非物质的,

① 见阿姆斯特朗主编《剑桥晚期希腊和早期中世纪哲学史》,第 196 页,剑桥,剑桥大学出版社,
1967(以下所引此书均为此版本)。
② 波菲利:《普罗提诺生平》,第 3 节,载于《普罗提诺文集》第 1 卷,阿姆斯特朗英译,"洛布古典
丛书",麻省,剑桥,哈佛大学出版社,1969(以下所引此书均为此版本)。

与柏拉图和亚里士多德的思想有基本一致之处,这只是当时一些柏拉图主义者常有的观点。还有一种看法是认为他已有早期基督教神学思想,因为波菲利在《普罗提诺生平》中提到他的学生也包括后来成为亚历山大里亚基督教教义问答学校的著名教父的奥立金。现经西方学者道列(Dorrie)考证,仇恨基督教的波菲利提到的普罗提诺的同学当是另一个非基督教徒奥立金;普罗提诺的学述中也没有主张基督教神学的思想痕迹。普罗提诺奠立的新柏拉图主义,是他在综合掌握当时各种哲学思想的基础上建立的一个有其独创性的哲学体系。阿姆斯特朗认为,阿蒙纽斯的教学最吸引普罗提诺的,也许是他并不传授干巴巴的教条体系,而是开放式的研讨,使普罗提诺从中获益,育成了善于吸纳多种思想的开放的心智。①

243年普罗提诺离开亚历山大里亚,加入罗马皇帝哥尔第安三世(Gordian III)讨伐波斯的远征军,他个人的意图是借此了解波斯与印度的贤智高人的哲学。但他的意图未能实现,哥尔第安皇帝在美索不达米亚被谋杀,菲利卜(Philip)称帝,和哥尔第安关系亲近的普罗提诺艰难地逃至安条克,后又去罗马,时年40岁,从此定居此地约27年,专门从事哲学研究与教学。波菲利于263年到罗马,作为亲密弟子追随他约6年。

据波菲利的记载,普罗提诺在罗马度过的是学者生涯,但他和皇室、权贵保持着良好的关系;他的生活态度并非离群出世,而是关注社会人生而入世的。他开办学园,讲授哲学,阐述他所创立的新柏拉图主义,融会多种哲学思想来重新解释柏拉图哲学,建构"太一"这最高、无形的理性神派生宇宙的超自然世界图式,将人神关系置于重建道德秩序、强化道德修养的核心。他甚为尊奉柏拉图,他的学园定期集会纪念柏拉图,标榜"回到柏拉图"的口号,其实是神化柏拉图思想,吹胀柏拉图学说中的神秘主义成分。他培养了阿美琉斯(Amelius)、波菲利等著名弟子,曾

---

① 见阿姆斯特朗主编《剑桥晚期希腊和早期中世纪哲学史》,第197—200页。

开导心情忧郁、一度想自杀的波菲利,劝说他去了西西里以改变坏性情。他的学说吸引了许多达官贵人,包括加里安皇帝和皇后。一个元老拉伽提阿努斯(Ragatianus)听了他的课后,辞去公职,散去家产,释放奴隶,重获了健康,普罗提诺称赞他是践履哲学的典范。他积极参与公共生活,因心胸宽慈,许多达官贵人临终前将孩子及财产托付给他,请他做监护人,他的家中满是男女儿童,他诚心教育、管理他们。他没有从政,但有柏拉图式的道德振邦、重建社会的政治理想,他曾说服皇帝拟在康帕尼亚建立一座"柏拉图城",实验他的"理想国"的蓝图,因遭大臣反对而搁浅。普罗提诺年老时患重病,晚景凄凉,就隐居康帕尼亚,留下未能实验柏拉图式政治理想的遗憾离开人世。

普罗提诺大器晚成,动手写作时已近 50 岁。他生前写了 54 篇论文,波菲利在他死后按照研讨的主题分为 6 集,每集 9 章,故命名为《九章集》(*The Six Enneads*)。按照波菲利分集的主题,其内容大体是:第 1 集,伦理道德与辩证法;第 2 集,天体与世界;第 3 集,自然、天命与太一;第 4 集,灵魂;第 5 集,三原初首要本体("三位一体");第 6 集,太一、善、数和存在。就普罗提诺写作 54 篇论文的时间顺序而言,可分为三个时期:第一时期(254—262)写 21 篇,论三位一体原理,制定了他的哲学体系的轮廓;第二时期(263—268)写 24 篇,评论其他诸家哲学,进而阐发他自己的学说;第三时期(269—270)写 9 篇,继续阐发天命论、幸福观等问题。普罗提诺的著述在形而上学的思辨方面虽很玄深、抽象,但他的文笔很生动、优雅,特别是描述感性世界、人神合一、审美思想之处,颇有激情与神来之笔。他的论著在美学思想史上也有一定地位。

《九章集》是用希腊文写成的,现有多种拉丁文、英文、法文、意大利文译本①。特恩布尔(Grace H. Turnbull)根据麦克肯纳(Stephen MacKenna)的英译本,节选编成《普罗提诺的精华》一书,收有波菲利的

---

① 《九章集》的一些译本的情况,参见阿姆斯特朗主编《剑桥晚期希腊和早期中世纪哲学史》,第 676 页。

《普罗提诺生平》与《九章集》的要义。《普罗提诺文集》(阿姆斯特朗英
译,"洛布古典丛书")收有全部《九章集》和《普罗提诺生平》。西方历来
研究新柏拉图主义与普罗提诺的论著甚多,较近的、有特色的论著有:吉
尔生著《普罗提诺》,华利斯著《新柏拉图主义》,哈列斯主编的文集《新柏
拉图主义和当代思想》。

二　思想渊源及新毕达哥拉斯学派的影响

普罗提诺创立新柏拉图主义哲学并非凭空突生,而是晚期希腊与罗
马哲学最终演进的结果,他的哲学有多重思想来源。至罗马帝国中后
期,除了伊壁鸠鲁学派与怀疑论学派仍保持自身的独立思想而渐趋衰没
外,其他一些哲学流派都已加深互相之间局部的思想交融,而具有浓重
的折中特色。而普罗提诺创立的哲学具有更普遍的综合性,它以在理性
神学意义上拔高、提升柏拉图哲学传统为主轴,融合了漫步学派的亚里
士多德哲学、斐洛的哲学神学、斯多亚学派的哲学以及新毕达哥拉斯主
义,以应对怀疑论学派的挑战,构成一种自成严整格局、兼含理性神学与
道德神学意义的哲学体系,成为古代希腊与罗马哲学的终结。

在普罗提诺心目中,柏拉图无疑是至高无上的思想权威,他以继承
与推进柏拉图的学说为己任,柏拉图哲学是他建立哲学体系的主要依
据。他自称他的"这种学说不是新的",他只是要成为对柏拉图这位"古
人的解释者",他们"有着相同的见解"。[1] 后来的奥古斯丁称普罗提诺是
一位"使柏拉图复活之人"[2]。柏拉图的理念论、灵魂说、辩证法、伦理道
德论、宇宙创生论、审美迷狂说等主要学说都体现在普罗提诺的哲学
中,而普罗提诺对柏拉图学说的修变与更新,在于将它纳入一个更有
哲学神学意义与神秘主义色彩的体系中。他并不关注柏拉图的早期苏

---

[1] 见普罗提诺《九章集》,第5集,第1章,第8节,载于《普罗提诺文集》第5卷,阿姆斯特朗英
译,"洛布古典丛书",麻省,剑桥,哈佛大学出版社,1984(以下所引此书均为此版本)。
[2] 奥古斯丁:《反学园派》,第3章,第18节,转引自华利斯《新柏拉图主义》,第17页,纽约,查理
斯·斯克里布纳之子出版公司,1972。

格拉底式的对话篇,较多从柏拉图的中期对话篇如《斐多篇》、《会饮篇》、《国家篇》中吸取已趋成熟的柏拉图思想。应指出,柏拉图后期对话篇中有所演变的思想对普罗提诺的影响更大,如后期理念论已修正"分离"说,认为理念潜蕴于具体事物中,这种思想被他发挥;《巴门尼德篇》等后期对话篇论述最高存在范畴为"一",被他发展、尊奉为至高无上的"太一";后期柏拉图所论述的一与多、同与异、静与动、存在与非存在等哲学范畴以及"通种"说等,也被他采纳为最高理智即努斯所固有的普遍性理念,并体现在他的哲学分析中;他论述"太一"通过努斯、世界灵魂流溢出宇宙的创生过程,和《蒂迈欧篇》中的宇宙创生论更有异曲同工之妙。中、晚期斯多亚派哲学已趋柏拉图化,其修变了的柏拉图的理念论也渗入新学园派哲学(相对新柏拉图主义而通称"中期柏拉图主义"),普罗提诺的学说自然也延续、更新"中期柏拉图主义",从后者汲取了修正过的柏拉图哲学,如主张理念是神的心智、理念也为灵魂所固有等。

在普罗提诺看来,柏拉图和亚里士多德的思想本质上是一致的,他吸纳了许多亚里士多德的哲学思想,融入新柏拉图主义中,堪称两者的奇妙结合。波菲利说:"他的论著中沉积着斯多亚学派与漫步学派的学说,特别是亚里士多德的《形而上学》的思想凝聚在这些论著中。"[1]黑格尔指出:亚里士多德和柏拉图的思想对普罗提诺"同等有力",可以说他是新柏拉图派,"同样可以说他是新亚里士多德派",他的论著中的许多表述方法"完全是亚里士多德式的"。[2]亚里士多德的质料与形式说、潜能与现实说,还有作为宇宙最高目的因与动因的善即"不动的动者"等基本学说,都被糅合进普罗提诺的"三位一体"与流溢说,他所用的一些范畴或一般概念的表述也往往是亚里士多德式的。

普罗提诺曾长期在亚历山大里亚研修,对斐洛的哲学神学必有了

---

[1] 波菲利:《普罗提诺生平》,第14节,载于《普罗提诺文集》第1卷。
[2] 见黑格尔《哲学史讲演录》第3卷,贺麟、王太庆译,第181页,商务印书馆,1959。

解,他所建立的新柏拉图主义也深受斐洛的犹太-希腊哲学的影响,现代西方有的学者指出它"建立在犹太的思想模式上"①,"在许多方面斐洛的学说看起来像是为普罗提诺提供了蓝图"②。斐洛用柏拉图学说并交融亚里士多德与斯多亚学派的思想来阐发非拟人的一神论,论述"逻各斯"与伦理道德,描述人与上帝沟通的"迷狂"等,这些都和普罗提诺有异曲同工之处。但普罗提诺论述的"三位一体"与流溢说更为精致,思辨色彩更浓重,而且他并不信奉犹太教及其上帝,不是用希腊与罗马哲学来喻意解释犹太神学,将前者包容在后者之中,而是直接从希腊与罗马哲学中推演出一神思想,它不同于犹太教神学,也还无基督教神学思想,而是将他的带有神秘色彩的理性神学与道德神学包容在思辨哲学的思想形态之中,所以普罗提诺和斐洛的学说仍是有区别的。

斯多亚学派的哲学对普罗提诺学说的影响也很明显。中、晚期斯多亚学派已趋柏拉图化,也兼融亚里士多德思想,这和普罗提诺学说是合拍的。斯多亚学派中蕴涵的理性神思想,它的宇宙灵魂说,逻各斯说,因果律与天命观,主张全部宇宙包括感性世界是生命有机体的思想,肯定情感在认识与道德生活中的作用,等等,都有所修正与精致化地被普罗提诺吸收在自己的哲学神学体系中。但普罗提诺对早期斯多亚学派的泛神论思想是排斥的,在伦理方面也不赞同其强调"自我保存"是人的自然本性、合乎普遍自然法则。早期斯多亚派主张自然利益和道德上的善密切相关,较肯定"外在善",普罗提诺也是不接受的。

1世纪以来流行的新毕达哥拉斯主义对普罗提诺学说有直接影响。普罗提诺的"太一"与"三位一体"说,可以说也是延伸、提升了新毕达哥拉斯主义神化"数"的思想。对新毕达哥拉斯学派及其和新柏拉图主义的思想关系,这里仅作简要论述。

毕达哥拉斯派的学脉长久未断绝,1世纪在亚历山大里亚更有复兴。

①《普罗提诺的精华》,特恩布尔编,"前言",第1页,纽约,牛津大学出版社,1948。
② 阿姆斯特朗主编:《剑桥晚期希腊和早期中世纪哲学史》,第676页。

新毕达哥拉斯主义不仅信奉"数"为宇宙本原说,而且也有混合其他学派思想和神秘宗教的折中色彩。它也吸纳了柏拉图的理念论和灵魂说,特别是后期柏拉图与学园派的不成文学说(如论述"一"与"不定之二"),并交融了亚里士多德及其漫步学派论善和形式与质料的思想。另一方面,它崇奉奥菲斯教,又混杂了不少东方神秘宗教思想(如精灵崇拜)与巫术,显得光怪陆离。策勒说:"在他们这里,哲学好象是真正的宗教",哲学家仿佛只是神的仆人。① 新毕达哥拉斯主义表现在两种思想史料中。第一种是伪托与匿名著述。如伪托早期毕达哥拉斯派的阿尔基塔、布隆提诺(Brontinus)、考利克拉提达(Callicratidas)等人的作品,它们主张宇宙本原"一"即最高存在"善",即神,提出"一"与"不定之二"、形式与质料的对立原理是世界的成因。而在塞克斯都·恩披里柯、亚历山大·波利希斯托(Alexander Polyhistor)等人著作中保存的匿名新毕达哥拉斯主义者的思想,也以"一"与"不定之二"来解释世界生成,并已提出是"一"的"流溢"产生了世界万物(包括"流溢"出作为质料之源的"不定之二")。② 第二种思想史料是新毕达哥拉斯主义代表人物的学述,在一些编纂家、注释家的书中有记述。1世纪的摩德拉图(Moderatus)已将"一"分为三级:宣称"第一级的'一'是超越存在与所有实体"的至高无上的本体即神;第二级是理智的"一",就是理念;第三级则是灵魂之"一",它分有最高的"一"与第二级"一"的理念世界,派生出感性的自然世界。他也用和柏拉图的宇宙创生论相似的说法,解释灵魂之"一"如何凭借整体性的逻各斯使质料接受理念(形式),生成世界。③ 另一位著名代表尼可马库(Nicomachus)写有《算术导论》和《算术神学》,后对普洛克罗更有影响。他持多神论观,将数神化,将复数的数和诸神等而视之,称数先在于最高之神的心智中,复数的数即诸神是一切具体存在者存在的原因。上

① 见策勒尔(即策勒)《古希腊哲学史纲》,翁绍军译,第304页,山东人民出版社,1992。
② 见阿姆斯特朗主编《剑桥晚期希腊和早期中世纪哲学史》,第84—90页。
③ 见辛普里丘《〈物理学〉注释》,第230—231节,转引自阿姆斯特朗主编《剑桥晚期希腊和早期中世纪哲学史》,第84—90、91—92页。

述将毕达哥拉斯派的数完全神化、论述"一"与"不定之二"流生出世界万物的思想,普罗提诺的"太一"流溢世界说中对它们有较多吸收。另一位新毕达哥拉斯主义代表人物努美尼乌斯(Numenius,约公元 150—200)写有《论善》等论著,他的"三神"说更已惊人地接近于普罗提诺的"三位一体"说,以至于当时雅典学园的柏拉图主义者说普罗提诺剽窃了努美尼乌斯的思想,普罗提诺的弟子阿美琉斯为此专门写了一本小书,来论述两人的思想差异,加以驳斥。① 努美尼乌斯主张神有层级逐次降落的三种:至高无上、排位第一的神是"元一",这是完全自在的、无形的理智;第二种神沉思"元一"而有理念(首要的是理念数);第三种神是世界灵魂,其本性也是数,凭借"一"与"不定之二"创生世界。这种"三神"说实为"数"的一神说,已接近于普罗提诺的"三位一体"(太一、努斯与世界灵魂)说;但就一神分三层级的具体内涵及其相互关系而言,两者确实有差异,而且努美尼乌斯更推崇苏格拉底的思想,这和普罗提诺忽视早期柏拉图的苏格拉底式对话篇也是有别的。②

此外,怀疑论哲学当然不是普罗提诺哲学神学的思想来源,但它对后者也有双重影响。一方面,怀疑论者的疑神论抨击拟人化的多神论,促使普罗提诺拔高柏拉图的理性神,构设了非拟人化的超越一神;另一方面,怀疑论损毁希腊与罗马哲学中的理性主义根基,客观上为哲学与宗教合流创造了条件,普罗提诺的思想虽还有较多的理性色彩,但已完成哲学与宗教的神秘合流,他的后继者(除了亚历山大里亚支派之外)则有更浓烈的宗教神秘主义之势。普罗提诺对当时的基督教神学似乎不喜欢,不提及,对当时基督教中的诺斯替派则加以尖锐的批判。他的哲学神学既不同于斐洛的犹太教哲学神学,也不同于当时的早期基督教神学,将他的新柏拉图主义融会入基督教神学,是后来基督教教父们融会希腊罗马哲学与基督教神学的一个结果。

---

① 见波菲利《普罗提诺生平》,第 17 节,载于《普罗提诺文集》第 1 卷。
② 关于努美尼乌斯和普罗提诺思想同异之比较,可参见阿姆斯特朗主编《剑桥晚期希腊和早期中世纪哲学史》,第 96—106 页。

三 太一与流溢说

普罗提诺主张世界的最高、能动的本体是"太一"（the One），它是无所不包、不可分割的，超验、完满而有生命力的无形本体，是神和善本身。它依次流溢出理智（努斯，或译"心智"）和世界灵魂，这三层级的本体是统一的。这就是他的所谓"三位一体"（Hypostasis）说。他并不是主张有三种平行、不同的本体，不是提出三神论，而是认为理智和世界灵魂都流溢自而又复归于太一，太一通过它依次流溢出的中介即理智和世界灵魂，进而流溢（创生）出宇宙。所以，他说的"三位一体"，是指超越一切存在又赋予一切存在以活力的太一的三个"位格"或层级，它们都包摄在太一自身之中。他主张的还是一种透发神秘超验气息的理性一神论。普罗提诺系统地阐发这种"三位一体"说，后来对基督教神学的支柱——"三位一体"说深有影响，但两者的起初含义并不一样，基督教神学说的是圣父（上帝）、圣子（耶稣）与圣灵的"三位一体"。

普罗提诺说的太一是超越于一切具体存在物，也超越于理智与灵魂而包含全部生命力的最高本原，它超越时空，超越运动与静止，自在而不受任何限制，具有唯一性与单一性而又能使存在成为多样性的统一，是一种至高无上、完善的无形实在。它是原初根本的绝对现实，又蕴涵着全部潜能与生命力。对神不可能有任何认识，因为认识就意味着主客体分化的二重性，太一却是自身绝对同一的。它不可名状，不能用任何谓词表述，因为它既非物质形体，又非意识、意志与思想等精神性的东西，只能用它"不是什么"的否定性之词来表述（他和斐洛主张只能用否定性词表述上帝一样，已萌生否定神学思想）。英奇（W. R. Inge）认为这无法表述的、绝对的太一实质上是绝对的无。[①] 这"无"只能理解为非物质、非意识之无，并不是非存在与虚无，因为它实质上还是被肯定为极致化的唯一精神本体。它就是至高的善与唯一的神，是一切原因的原因，是一

---

① 见英奇《普罗提诺的哲学》第 2 卷，第 107 页，伦敦，朗格曼斯·格林出版公司，1918。

切存在的终极本原和追求的最终目的。它作为善,也就是神,而这唯一的"神是自因的,因为对神和神自身拥有的东西而言,神就只是神,原初的神自身,超越的神自身"。[①] 普罗提诺说的太一,实质上是将已有理性神意义的后期柏拉图说的"一"、柏拉图与亚里士多德说的至高的"善"、斐洛指谓上帝的"一",以及新毕达哥拉斯主义者神化数的"元一"融合在一起,整摄、升华为一种极致超越、有神秘韵味的新理性一神。他在哲学上持一神论,但又受宗教与政治环境影响,认为星辰日月等天体都是神明,说它们都是太一流溢出的,模仿"太一"而有神性,因而在这较低层次上包容了罗马传统多神教的众神,但他也并不将他的哲理一神等同于犹太教与基督教的"上帝"。

太一必定要逐次流溢出它自身包摄的理智、世界灵魂,并凭借两者流溢出全部外界的宇宙,犹如满必盈、孕必生。这里所说的"流溢"(emanation)无疑有"派生"、"创生"的意义,但它不像水流出后只成外在的东西,原在的水已成空无。一体三位的流溢,仍保持自身的完满,又依次潜存、包含于所流溢的另两层级本体与世界之中。流溢的具体机制与方式是无法解释的。普罗提诺将流溢比喻为阳光的放射,他说:"应将流溢想象为太阳喷射、发出光芒"[②],这"围绕太阳"的光永远不断地从永恒常在的太阳发射出来,太阳本体在流溢中却毫无改变,依然保持其真实存在。这种神秘的流溢说,来自柏拉图的《国家篇》中的日喻说,柏拉图说善就像理念界中的太阳,它照耀世界万物,给世界以生命力,又使人有视力,使人的灵魂中的理性能认知理念的真理、真实的存在。太一也像是亚里士多德的最高的善即"不动的动者",它自身无变化、生成,但在流溢中能给世界原动力。流溢说实质上将最高精神本体派生一切神秘化、模糊化,以避免柏拉图用"分有"或"摹仿"来解释理念和具体事物的关系所造成的世界两重化的困难,同时也发挥了后期柏拉图对此的修正,即

---

① 见普罗提诺《九章集》,第 6 集,第 8 章,第 14 节,载于《普罗提诺文集》第 7 卷,阿姆斯特朗英译,"洛布古典丛书",麻省,剑桥,哈佛大学出版社,1988(以下所引此书均为此版本)。
② 同上书,第 5 集,第 8 章,第 2 节,载于《普罗提诺文集》第 5 卷。

主张理念潜存、内涵于具体事物之中；太一、理智、世界灵魂和所创生的宇宙，也是相继潜涵的，太一之光作为生命力则映存于全宇宙。流溢似光的映照，此说是奥古斯丁的"光照"说的先声；奥古斯丁将太阳这光源说成是基督教的上帝，也是作为最高理念的"善"。

太一首先流溢出的是理智即努斯，它是普遍性理念的全体。中期柏拉图主义者认为理念是"神的思想"，普罗提诺也认为理智就是太一的心智。流溢出理智不损及太一自身的完满性。理智是对太一的沉思，这里思维和思维对象是同一的。理智已不只具有单一性，而是一与多的统一。"善的统一体赋予理智多样性"①。理智是永恒的精神现实，是原初的普遍存在。具体说，理智包含了后期柏拉图"通种说"所述的互相联系和互相渗透的存在与非存在、一与多、异与同、静与动等普遍范畴，还有后期柏拉图的不成文学说中的理念数，"不定之二"也就被称为理智质料，全部理念皆生于"一"与"不定之二"。理智中也就含有既具普遍共相又有多样性的理念，包括绝对正义与美。这里说的多样性，既指理智世界包容多样的理念，也指每个理念不仅是单一的共性，也包摄特殊性，是一种具体共相，这也是对后期柏拉图理念论的发展，他甚至认为有个体理念。这样，理智就包含着创生多样性统一的世界的可能。普罗提诺认为，这作为第二本体、第二位格之神的理智，不是干巴巴的、僵死的一些范畴，而是富有生命力的、创生世界万物的力量源泉。他描述这理智世界在其多样性统一中的生命力："在那个理智世界中，处处不是贫瘠、虚弱的，而是每个理念都充满生命力，沸腾生命力，事物从那里以一种出于单一源泉的方式流溢出，不是出于一种特殊的嘘气或热气，而是仿佛出于一种既包含自身又拥有所有性质的那种单一的质。"②一与多统一的、富有生命力的理智这精神本体，也就成了创生现实世界的本原。

理智又流溢出灵魂。这第三位格的灵魂本体是柏拉图与斯多亚派

---

① 普罗提诺：《九章集》，第6集，第7章，第5节，载于《普罗提诺文集》第7卷。
② 同上书，第6集，第7章，第22—30节，载于《普罗提诺文集》第7卷。

所说的世界灵魂,个体灵魂只是它创生宇宙的产物,但也分有它的神性,灵魂都是不朽的。世界灵魂有居间性,它上承理智,因而也赋有理念;下启它所创生、统制的宇宙和可感物质世界。灵魂也是一与多的统一,但已不仅是理念世界自身的一与多的统一,而且也包摄它所创生、统制的现实世界之一与多的统一。"灵魂是理智的影像",它也和太一、理智相似,具有创造性的生命力,它以逻各斯"去建立另一种现实的生命",就是创生世界,而归根究底,这仍是"神圣的太一与理智的活动与命令",使被创生的产物即世界"有着一种纯粹必然性的纽带"。[①] 普罗提诺虽没有像柏拉图在《蒂迈欧篇》中那样细致描述创造者(德谟革)通过世界灵魂,凭借理念数与理念,利用空间、质料性的接受器,来创造世界,但两者的神秘思路是一致的。普罗提诺也认为,原初就有的"质料"本是漆黑混沌,是存在(理念)的"缺失"(亚里士多德说的和"具有"对立的"缺失"),并非现实的存在,只是无规定的"非存在",是世界灵魂赋予它理念(形式)而成为有规定性的现实存在;可感世界的规定性包括性质、运动、空间和时间等都来自"三位一体"。可感现实世界由世界灵魂所创造,是理念世界的映制本,因而是有神性、有秩序的形象美丽的映象,显现崇高、壮丽的美,也适合诸多神明居住。世界灵魂所创生的宇宙从天体、人、动植物到无机界,有从高级到低级的严整序列。普罗提诺将希腊与罗马传统多神教所崇奉的诸神,只安置于天体一级,和太一之神相比远为逊色。他似乎也不太尊奉这种次等的诸神,平时只是应付仪式似地参与神庙献祭。一天阿美琉斯邀他一起去奉祭诸神,他竟说:"应是他们到我这里来,而不是我到他们那里去"[②]。逻各斯既指世界的形成原理,造就宇宙的恢宏秩序,也指统制世界的因果必然性,因而宇宙的造化有天命支配作用。这显然类似于斯多亚学派的逻各斯说与天命观,但他不像后者主张的那样绝对。他说:"天命不能是某种使人们沦为虚无的东西;认为天命是一

---

① 见普罗提诺《九章集》,第 5 集,第 1 章,第 3、6—10 节,载于《普罗提诺文集》第 5 卷。
② 华利斯:《新柏拉图主义》,第 71 页,纽约,查理斯·斯克里布纳之子出版公司,1972。

切而在生存中别无其他，那就是使天命也虚无化了；这样一种天命会毫无作用领域。"①他确认，在天命控制下，神依然赋予人一定的自由选择空间。

普罗提诺认为可感的现实世界是"三位一体"之神在流溢中创生的，体现神性，也富有生命力，自然与人应是善的，太一之光普照世界万物。他还没有"原罪"和人应"赎罪"的思想。所谓现实世界是理念世界的摹本，不是静态、机械地摹仿或分有，而是在光照式流溢中对理念世界的映制，理念世界仍独立自在，但又被复制而内在于现实世界中。所以，他是吸取了后期柏拉图已有的理念内在于具体事物的思想；而他说存在事物由神在流溢中将理念映制于质料而成，又是糅合了亚里士多德的关于本体由质料与形式合成的思想。理念本来是指一种有共相的理型，而他甚至认为个体事物也有个体理念。因此，这可感的现实世界体现神性，丰富多样，严整有序，勃发生机。他所发挥的仍是柏拉图与亚里士多德的理性一神思想。策勒认为："把普罗提诺的体系称作一种能动的泛神论，比称作一种发散论（emanation）体系更为正确。"②这个见解并不确切，普罗提诺说的神并不等同于自然，不在自然之中，世界的事物毕竟只是在太一之光普照中对先在的理念世界的映制品。他对早期斯多亚派的泛神论思想是反对的，对占星术、巫术之类也是反对的。

太一、理智、世界灵魂及流溢出的现实世界都是善的，那么，世界上为什么有许多"恶"呢？普罗提诺认为，恶的根源在于质料这"非存在"，质料的本性是"不具有存在"，"应该说它是非存在"，是对理念（形式）的"完全缺失"，使"存在"不复成立，而这"缺失就意味着非善"，质料之缺失理念（形式）就是恶，绝对的缺失就是绝对的恶。③ 现实事物变易而有不

---

① 普罗提诺：《九章集》，第3集，第2章，第9节，载于《普罗提诺文集》第3卷，阿姆斯特朗英译，"洛布古典丛书"，麻省，剑桥，哈佛大学出版社，1967。

② 策勒尔（即策勒）：《古希腊哲学史纲》，翁绍军译，第316页，山东人民出版社，1992。emanation即"流溢"、"放射"之意。

③ 见普罗提诺《九章集》，第1集，第8章，第5、10—12节，载于《普罗提诺文集》第1卷。

确定性,就有质料之缺失、不具有理念(形式)的可能,堕入恶之可能。他认为恶绝不是出于神性,反对诺斯替教派主张的善恶二元论。疾病、灾祸、贫乏等外在的恶,都是由于造化中质料缺失善的形式而造成的世界上局部、暂时的缺陷。个体的人由身体与灵魂构成,灵魂是使人成为存在的形式,身体是质料,它所引起的情欲如得不到灵魂的理性控制,就能在灵魂的非理性部分膨胀,使灵魂缺失理性,造成灵魂的邪恶。

普罗提诺认为,个体人的灵魂本是赋有世界灵魂之神性的精神实体,特别表现在它的理性部分;而灵魂和身体结合,就成为有多重认知、情感功能的连续体。他肯定感觉、记忆与思维、推理的认知作用,而思想是通向理智(理念世界)之路,与神合一之途。他也像斯多亚派那样,并不否定理性支配下的情感(同情、激情等)在认知与道德、审美活动中的作用,认为这也是爱理念、爱神、观照太一的必要途径。

四 灵魂上升之路

普罗提诺赞赏赫拉克利特的名言:上升之路和下降之路是同一条道路。当然他自有解释。太一逐次流溢理智、灵魂与现实世界,是下降之路。逆向的上升之路就是人通过完善道德、净化灵魂、哲理沉思与审美,爱德性、爱理念、爱神,回归太一,与神合一。他临终前说他的哲学的根本目的就是:"我试图将神带回到你那里,将神带回到一切人那里"[1]。他认为人是灵魂与身体的复合体,作为质料的身体不免因情欲生恶,玷污灵魂、迷失理性。个人的灵魂既可以通过思辨和观照得以上升,追求神,也可以下降,耽于肉欲的恶而不能自拔。走上升之路,净化、升华灵魂,回复神性,与神同在,这是人生的最高目的。普罗提诺论述灵魂上升有三种最终在观照神中合一的方式或途径:伦理道德、辩证法与审美活动。

普罗提诺的道德学说主张人的灵魂应培植逐级升华的三种德性:公德、净化与观照。公德即"政治德性"或"公民德性"。波菲利解释公德:

---

[1] 波菲利:《普罗提诺生平》,第 2 节,载于《普罗提诺文集》第 1 卷。

"这些德性的目标是使我们仁爱地和人类同伴相处,它们被称为公民德性,就因为它们将公民们互相联合在一起。公民德性平和激情,教导我们遵从人性的律法生活。"①公德是履行公共生活的规则,有实践性和限制的规范性,能使人避恶,还不足以使人趋善。因此,还要有灵魂内省的净化德性。净化又称"沉思德性","沉思德性从灵魂中除却激情;它们的目标是使人融合于神性"。② 沉思德性是理性的活动,是从感知上升为思想,是灵魂中理念的自身觉醒,能使灵魂排除不当的欲望,去恶,净化,洞开体察神圣的"理智"之门。这种德性也就具体表现为柏拉图说的智慧(审慎的思想)、勇敢、自制、正义等主要德性。沉思德性使人正义、神圣,成善,和神相近。但要真正达到努斯的境界,进而有最高的观照德性,归向太一,还要靠哲学的辩证法。

辩证法是神圣的"理智"赋予人的灵魂的最高能力。它在分析与结合理念中达到那完善的"理智"。这是最纯粹的"理智"、神圣的智慧,它直面最高、真实、超验的存在。他说:"哲学是最为精贵的,而辩证法又是哲学的最精贵的部分。它并不是由干巴巴的原则与理论构成的,它研察真实的存在。它知悉真理,首要是知悉灵魂的运作。"它突破感知的直接性,也超越推理的思维,是把握最有普遍性的理念的智慧。辩证法这种最高智慧的任务,"就是呈现一切最普遍的东西"。③ 那就是最普遍的存在、最普遍的理念这类哲学范畴,不靠推理,而靠纯粹的思辨去把握。他说的辩证法,也就是柏拉图的《国家篇》中所说的,辩证法是灵魂转向、上升的知识的最高境界,也就是把握后期柏拉图对话篇中的"通种说"和最普遍的哲学范畴。他将辩证法作为直通"理智"之神之途,认为掌握哲学的"辩证法",能使灵魂在努斯世界中更高地飞升。马克思在《关于伊壁鸠鲁哲学的笔记》中指出:关于这种辩证法,"普罗提诺把它称为使灵魂

①《普罗提诺的精华》,特恩布尔编,第 22—23 页注中波菲利的解释,纽约,牛津大学出版社,1948。
② 见同上书,第 23 页注中波菲利的解释。
③ 见普罗提诺《九章集》,第 1 集,第 3 章,第 5—6 节,载于《普罗提诺文集》第 1 卷。

'简化',即使灵魂直接与神合一的一种方法","在普罗提诺那里表现为一种状态——这就是出神状态"。①

太一之神是真善美的统一,灵魂上升也还要有审美之途。太一之神自身就是全部美的终极本原。太一流溢出的理智(理念世界)是美的,理智流溢出的世界灵魂是美的,世界灵魂创生的现实世界也耀发着太一之美的光辉。人在感知绚丽多彩的宏伟世界时,处处能感受到众多事物的感性美,而具体事物之所以美,不在于它的质料,而在于它的形式,即使事物成为"存在"的、事物自身深涵的理念,正是理念(形式)使事物美,所以"一切事物都具有同一的美"。② 就是说,人的灵魂在体察现实事物的感性美时,要体悟事物因含有理念(形式)而美,先上升到把握美的理念。人的灵魂进而要体悟灵魂自身之美,美的理念是灵魂自身固有的,因为美与其他理念像天赋观念潜存于灵魂,体察感性美能激醒理念美,体悟根源于世界灵魂的人的灵魂也是美的。灵魂的审美升华是和道德升华、辩证法升华融合在一起的。灵魂应通过净化体察"生活行为中的美"、"德性之美"。③ 同时灵魂通过辩证法的升华,达到"把握真实理智的美",这样"也就能理解那超验的神圣存在与一切存在之'父'"。④ 于是,自身具有美的灵魂,"登凌全然是美的神圣的理智",把握了最高的存在的真理太一;"美也就是善,而善必定是第一位的太一;神圣的理智之美直接派生自太一;灵魂也因神圣的理智而美"。⑤ 这样,灵魂最终体悟太一集真善美为一体,灵魂在"观照"中飞升绝顶,回归太一。

观照是最高德性,是体悟了真善美的"太一"的神圣境界,就是人神合一。这是一种神圣之爱的迷狂,是超越自我、洞见太一的神秘体验。波菲利说在他伴随老师期间,普罗提诺有四次进入这种迷狂(ecstasy)状

---

① 见《马克思恩格斯全集》第40卷,第145页,人民出版社,1982。

② 见普罗提诺《九章集》,第1集,第6章,第1节,载于《普罗提诺文集》第1卷。

③ 见同上书,第1集,第6章,第1节,载于《普罗提诺文集》第1卷。

④ 见同上书,第5集,第8章,第1节,载于《普罗提诺文集》第5卷。

⑤ 见同上书,第1集,第6章,第6节,载于《普罗提诺文集》第1卷。

态,而他自己在 68 岁时也有一次进入这种人神合一状态。① 在这神圣的迷狂中,人的灵魂不再有认识事物或把握理念的主客体之分,"人就似乎在天堂中洞见神和他自身:他自身充满理智之光而耀射,在这纯净之光中升华,没有任何束缚或负担,变为神的心智,实质上就是进入神中"。② 这种神圣境界难以用语言描述,它是经过了德性、理智、爱与美的升华历程,终于回归太一,人神合一。"这是神、似神和人中至福的生活;是一种对尘世罪恶事物的解脱,一种超越尘世快乐的生活,一种独一不二的飞升"③。"迷狂"一词是从柏拉图的《会饮篇》中所说的爱美理念的"迷狂"袭用过来的,普罗提诺则将它提高到回归太一的神圣境界。这种"迷狂"不能说是完全非理性的情感,却是一种融合理性的激情,它将灵魂的理性与理性神升华至神秘化的境界,哲学的归宿也就成了宗教式的神秘体验,哲学倒在宗教的怀抱之中。

普罗提诺的哲理性的宗教,秉承了毕达哥拉斯、柏拉图、亚里士多德的神学传统,将它发挥为一种思辨的哲学神学,一种崇奉理性神与伦理道德化的宗教。它交杂思辨性与神秘性,无通俗教义,不易为民间接受。它既不同于希腊罗马传统的多神教,也不同于当时已流行的基督教,它在当时还是一种和基督教异在的哲学神学,普罗提诺的一些传人更一度将新柏拉图主义畸变为基督教的敌手,他们反对甚至镇压基督教。但普罗提诺的哲学神学实质上将希腊罗马哲学中长期以来积累、演进的理性神思想,综合为一种一神论与伦理道德化的宗教思想,这实质上是和早期基督教神学合拍的。所以,后来的基督教教父们直至奥古斯丁都吸取他的哲学神学,并通过这个环节融合希腊罗马哲学,建立起以启示与信仰为基础、兼容哲理思辨的基督教哲学。

---

① 见波菲利《普罗提诺生平》,第 23 节,载于《普罗提诺文集》第 1 卷。
② 见普罗提诺《九章集》,第 6 集,第 9 章,第 9 节,载于《普罗提诺文集》第 7 卷。
③ 同上书,第 6 集,第 9 章,第 11 节,载于《普罗提诺文集》第 7 卷。

五 审美思想

普罗提诺对审美问题有较多的论述,在西方美学思想史上有重要地位。他的美学思想是他的本体论的有机组成部分,是对柏拉图美学思想传统的发挥与修变。如前所述,他认为:美本是太一与"三位一体"之神的本性,太一就是真善美的统一,美和真(神圣的存在)、善(德性)是不可分的。正是作为美的终极根源的太一流溢出美的理智(理念世界)、美的世界灵魂,继而通过理智、世界灵魂创生出美的现实世界包括人的灵魂之美;而灵魂上升之路,也始终伴随着审美活动,从现实世界的感性美察知美理念(形式),通过灵魂的道德净化与辩证法逐次升华而把握灵魂美与理智美,最终在集审美、道德与知识为一体的最高境界——"迷狂"中,回归真善美之神太一。这也就是他的美学思想的基本思路。下面仅就三个要点,简要述评他的审美思想:

第一,美的本质是理念(形式)。

普罗提诺以激情之笔称颂神创的现实世界绚丽多彩,人们可处处欣赏秀美壮丽的自然美,也可鉴赏精美多姿的人工作品的艺术美。那么,美的本质是什么?审美无疑伴随着视觉、听觉等感性活动,表现戏剧与文学作品的语词、文字与音乐也要凭借视觉和听觉等来传达。他认为,美呈现在可感事物中,要凭感觉渠道来初步获得感性美,但美的本质不能归结为感觉,也不能说可感事物就是美的本质。他认为美的本质在于理念(即形式,他将柏拉图说的理念和亚里士多德说的形式视为同一,希腊文中都可用 eidos 表述),正是这理念或形式使事物呈现美。而质料对"形式"的缺失就是丑,如他说:"一个灵魂变丑就在于它自身沉沦为异在的东西,堕入肉体,堕入质料","丑性就来自异在的质料,被剥失了形式"。① 这和他认为恶的本原在于质料对形式(理念)的缺失,也是一致的。自然事物之美包括美女海伦那样的人体美的根源就是"它早先就有

---

① 见普罗提诺《九章集》,第 1 集,第 6 章,第 5 节,载于《普罗提诺文集》第 1 卷。

美自身",神通过世界灵魂创生自然事物时"塑注入质料的形式是美的",
"在自然原理自身中就有美的理念原型,它可被见诸结合质料的形式中,
而那自然中美的原型的原型,又更是世界灵魂的美的原型"。[①] 他又论述
了人工制作的艺术品的美:假如有并放的两块石头,一块不成型,未经艺
术加工,只是质料,谈不到美;另一块则制作成神、人或缪斯的雕像,是一
件雕塑家之艺术倾注入爱与美的创作。"艺术家之手塑制入美的形式才
使雕像之石是美的,而不是原石是美的,因为如此粗糙的石头并不令人
愉悦"。[②] 他说的形式也就指理念,不是外在的"形式",这美的理念是艺
术家灵魂中原先就有的;进而回溯,更来自世界灵魂、理智(理念世界)固
有之美,太一之光更是美的终极本原。他不否定在具体事物中的美也有
外在形式的特性,但他批评斯多亚派等的一些哲学将美的本质归结为匀
称、适度、比例、和谐等外在形式,是倒果为因了,他认为美才造就匀称,
但美不是匀称本身,美是深层次的理性存在,能真正激发爱的东西,而匀
称等外在形式更不能解释高层次、精神性的灵魂美和理智美。

普罗提诺论美的本质,和柏拉图在中期对话篇(如《会饮篇》、《国家
篇》)中论美的理念一脉相承,但也有两点区别:(1)他将美的本质所在的
理念和亚里士多德说的"形式"糅合为一,实质上也用亚里士多德的形式
质料说解释美,因而能较开阔和丰富地阐论自然美、艺术创作与鉴赏的
美、道德品性的美和理性活动的美,直至灵魂上升、回归太一之美,更有
连贯一致性,并且比较肯定艺术作品的美及其价值,以求克服"诗和哲学
的争吵"。柏拉图只承认作为普遍共相、仅存在于精神世界中的美,在解
释美的多样性上不免有局限性,他对和美的真理隔着两层的艺术作品和
艺术家是颇为贬低的,他的美学思想中仍存在着诗和哲学的对立。
(2)普罗提诺糅合了亚里士多德的形式质料说来论美,也就在审美思想
中发挥了后期柏拉图已开始提出的"理念内在"说。后期柏拉图为克服

---

① 见普罗提诺《九章集》,第5集,第8章,第1—3节,载于《普罗提诺文集》第5卷。
② 见同上书,第5集,第8章,第1节,载于《普罗提诺文集》第5卷。

具体事物"分有"或"摹仿"理念("分离"说)所带来的使世界两重化的困难,原则上已主张理念潜涵于具体事物,但未明显展开这种观点。普罗提诺用亚里士多德的"形式"结合"流溢"说来解释美的本质,则认为美就存在于具体事物之中,在现实世界中美和美的事物乃至美的灵魂不是分离的。当然,他用"流溢"说来溯究美的终极本原时,则端出了那个超越的"三位一体"、真善美一体说。

第二,艺术美。

普罗提诺肯定艺术作品与艺术美,认为艺术作品是沟通现实世界与灵魂、理念世界的重要中介环节,艺术美将现实生活的感性美与灵魂、理念的美融合为一体,将感性世界的美提升至灵魂、理智的美,因而是高于自然美的。在他看来,无论是绘画、雕塑、建筑、音乐、舞蹈,还是诗歌、悲剧、喜剧,全部艺术创作既要有物质手段与现实生活的事实(它本身就蕴涵感性美)作为创作的材料,更得有艺术家的匠心,就是将艺术家灵魂中先在的理念塑注入创作材料,"征服"质料,统摄创作材料,使之成为一个新的有机、和谐的整体。而因艺术家灵魂中的理念熔铸进艺术素材,也就将现实世界的感性美升华为一种体现灵魂美、理智美的艺术美。所以,他确认艺术作品的审美价值,说"它当然是一种更高级、更真实的美,因为它所具有的艺术美比外在的现实美更高、更美"[1]。

普罗提诺也提出艺术的本性是摹仿说,此说有交融柏拉图与亚里士多德的艺术摹仿说的特色,但和后两者又都有区别。他说:"摹仿的艺术——绘画、雕刻、舞蹈、哑剧的手势等——大体上是立足于人间的基础。这些摹仿的艺术是遵循在感官中发现了的原初模型",但并不是简单的"复制",而更要通过摹仿即塑注入"人性中的灵魂的理性",这样才能呈现高级的艺术美。[2] 所以,"艺术绝不是单纯摹仿肉眼可见的事物,而必须回溯至自然事物所从出的理念这根源。不仅如此,许多艺术作品

---

[1] 普罗提诺:《九章集》,第 5 集,第 8 章,第 1 节,载于《普罗提诺文集》第 5 卷。
[2] 见同上书,第 5 集,第 9 章,第 11 节,载于《普罗提诺文集》第 5 卷。

有艺术独创性,因为艺术本身体现美的本原,它就能体察、补救外在事物的缺陷。菲狄亚斯创作宙斯雕像时,就不是以感性事物为蓝本,而是设想如宙斯肯现身于凡眼之前,他应该是个什么形象"①,就是说,菲狄亚斯以比现实的人更完美、更宏伟的尺度,来塑造这位主神的形象。

　　普罗提诺的摹仿说也包含着对理念的摹仿,这和柏拉图的摹仿说有一致、相通之处。但他吸取了亚里士多德关于艺术是对现实事物和人生的摹仿说,在两点上改造了柏拉图的摹仿说:(1)他认为艺术是对呈现感性美的现实世界和作为美的本原的理念世界的双重摹仿,后者和前者并不对立,后者起了升华至艺术美的作用,有匡正外在现实生活中的事物的功用。(2)他不像柏拉图那样将艺术作品贬低为只是对理念隔着两层的摹仿,和真理相距甚远,而是高度肯定艺术的价值。柏拉图贬低艺术的认识价值与社会功用,甚至扬言要将极大部分荷马之类的诗人驱送出他的理想城邦;普罗提诺则主张艺术的摹仿本身就指艺术家以自身也蕴涵理念、呈现感性美的现实事物为草本,更将灵魂中的理念塑注入艺术作品,并不是对外在、分离于现实事物与艺术作品的理念的摹仿,因而肯定艺术美对匡补现实生活、道德净化、灵魂升华、人性与神性合一的价值,这实际上是对柏拉图审美思想缺陷的弥补。普罗提诺的摹仿说在肯定艺术凭借"实践智慧"洞察人生、把握生活的真谛,体现"形式"与人性,艺术美高于现实事物的美,以及肯定艺术的净化灵魂作用等方面,和亚里士多德的摹仿说有相通、一致之处;但他的摹仿不是指提炼、升华人生知识的求知活动,毕竟是灵魂中理念和创作材料的塑合品,艺术美的价值终究被归结为步入"灵魂上升"之路的神学意义,这和亚里士多德的诗学及其摹仿说从哲学高度提炼魅力永恒的希腊艺术精神,总结艺术发展规律和创作原则,高度肯定艺术的社会功用,焕发出深刻的艺术哲学思想,还是不可比拟的。

　　第三,灵感与灵魂升华。

---

① 见普罗提诺《九章集》,第 5 集,第 8 章,第 1 节,载于《普罗提诺文集》第 5 卷。

普罗提诺描述艺术家在创作构思时迸发灵感,进入一种近乎观照的迷狂状态。他说:艺术家"会凝神见到充溢道德智慧美的正义的源泉与原理",那是"从神圣的德性摹仿而得的人间道德品质的原型",更可进入"开阔的理智领域,所见更是美不胜收";"那些饱吸琼浆玉液、酩酊大醉之人,他们所有的灵魂被这'美'所浸润,不能再仅是凝视者,而是将这种对美的凝视纳入他们自身之中";于是,所凝视的美不再是外在的,而进入艺术家的灵魂,和他们成为"一体"了,就是达到艺术家和理念美合一的状态。① 他将这种灵感比拟为在神庙中敬神、爱神的"迷狂",它"并非产生自雕像,而是来自神自身","凝视观照神不是一种视景,而是另一种凝视,即迷狂"。② 普罗提诺描述的灵感,相似于柏拉图在《伊安篇》中所说的诗人的灵感,以及在《斐德罗篇》中所描述的灵魂马车飞升天境洞察美与真实存在(理念)时的"迷狂"(mania)。迷狂总伴随着"厄罗斯"即爱,但那是爱神、爱美的理念,这不能说是非理性或反理性的情感,而是一种交融理性与激情的创作灵感,普罗提诺将它神秘化了。但从普罗提诺的灵感说,也看出艺术创作自有特性与魅力,那就是将审美激情融注入艺术形象,创造出美的意境,因而有艺术感染力。

普罗提诺认为鉴赏艺术作品的美,是灵魂升华的必要之途。艺术美中融合着道德美,能使灵魂实现道德净化,进而能使人的灵魂观照作为真实存在的理智(理念世界)之美,最终观照太一,人神合一。他说艺术鉴赏使灵魂升华,"净化了的灵魂就是完全摆脱了肉体,向美的神圣理智高升","美与善使灵魂如神,因为美以及一切真实存在都来自神"。③ 当然,灵魂实现升华还要靠哲学辩证法之力,但感染艺术美的激情也是不可或缺的。无疑,普罗提诺在论述艺术鉴赏与艺术的功能时赋予了神秘的神学意义,也有将艺术哲学宗教化的意味。但在神秘的外衣下,他实际上也肯定了艺术作品的认识价值与净化道德的社会功能和价值,这和

---

① 见普罗提诺《九章集》,第 5 集,第 8 章,第 10 节,载于《普罗提诺文集》第 5 卷。
② 见同上书,第 6 集,第 9 章,第 11 节,载于《普罗提诺文集》第 7 卷。
③ 见同上书,第 1 集,第 6 章,第 6 节,载于《普罗提诺文集》第 1 卷。

柏拉图贬低艺术作品的社会价值,只在非常有限的范围内(只根据他的道德理念创作的艺术作品)承认艺术作品的净化功用,是有别的,相比而言,和亚里士多德的艺术净化说倒较有相似、相通之处。

第三节 罗马学派、叙利亚学派、亚历山大里亚学派和雅典学派

普罗提诺创立了新柏拉图主义,从 3 世纪末叶延续至 5 世纪末叶西罗马帝国灭亡,是晚期罗马帝制时代的主要哲学思潮。新柏拉图主义在东西方广泛传播,先后形成了四种有不同特色的学派,即罗马学派、叙利亚学派、亚历山大里亚学派、雅典学派。它们对普罗提诺的哲学体系的内容("三位一体"等)有不同的解释与修变;在东西方各种宗教与迷信盛行、传统多神教和基督教斗争尖锐复杂的时代,对哲学、科学和宗教、迷信的态度成为它们的突出问题;在社会伦理与道德日益衰败堕落、世风日下的情势中,鼓吹禁欲主义,以求净化道德,拯救灵魂,也是后期新柏拉图主义关注的重要问题。这几个学派的思想比较芜杂,这里仅就它们的代表人物的思想特点作简要述评。

一 罗马学派:波菲利

普罗提诺在罗马创立自己的哲学,他的亲传弟子们形成秉承其师思想的罗马学派。亲传弟子中阿美琉斯思想晦涩,偏向新毕达哥拉斯派的努美尼乌斯,影响甚小。普罗提诺晚年的嫡传弟子波菲利学识渊博,既延传了他老师的哲学,也有他自己独特的思想发挥与贡献,并有他鲜明的宗教态度,在当时直到中世纪都较有影响。

波菲利(Porphyry)原是叙利亚的泰尔(一个腓尼基人的城市)人,生于 232 年,卒于约 305 年。他在青少年时期生活于东方,习得多种语言,对东方神秘宗教与巫术也较了解。他先去雅典师从于朗吉弩斯(Longinus)。朗吉弩斯是博学大师,被誉为"活图书馆与流动博物馆",

接受主张理念在心智中又有别于思想而独立实在的"中期柏拉图主义",他著有西方美学思想史上的重要名著《论崇高》。263年波菲利到罗马师从年近60岁的普罗提诺,伴随6年,切磋学问,成为亲传得意弟子。他因精神忧郁想自杀,经普罗提诺劝说去西西里定居数年。普罗提诺于270年去世后,他返回罗马,成为罗马学派的首领。约30年后,他在晚年之际汇编成普罗提诺的文集《九章集》,并写了《普罗提诺生平》(*Life of Plotinus*),以弘扬师说。在西西里期间,他就写了有自己思想特色的著述《亚里士多德〈范畴篇〉导论》(*On Aristotle's Categories*)、《反基督教》(*Against the Christians*),他的其他著述还有《毕达哥拉斯生平》(*Life of Pythagoras*)、《心智要义》(*Launching—Points to the Realm of Mind*)等许多论文。

波菲利对柏拉图和亚里士多德的著作有许多评释,强调他们的哲学本质上是一致的。他对亚里士多德的逻辑学著作有精深、独到的研究与发展,他吸取、运用逻辑分析的方法,在阐发普罗提诺的学说中也有新的见识。他在西西里时埋头研究亚里士多德著作,为了答复罗马元老院元老克利塞里乌斯来信请教的《范畴篇》的一些问题,写了颇有深久影响的《亚里士多德〈范畴篇〉导论》,将亚里士多德在《论题篇》中详致论述的"四谓词"学说,发展为"五谓词"(种、属、属差、特性、偶性)学说。此书在古代与中世纪流传甚广,被译成拉丁文、叙利亚文、阿拉伯文、亚美尼亚文等多种文字,在中世纪的西欧成为标准的逻辑教材。中国明朝末年李之藻与傅泛际译述亚里士多德逻辑学的《名理探》,也来源于此书对亚里士多德逻辑学的解释。[①]波菲利声称他写此论著是要阐明"古人们,特别是漫步学派是如何从逻辑角度"论述这些谓词的,并且指出"为了理解亚里士多德的范畴学说",必须认识上述五谓词的实

---

① 中国1631年刊行的《名理探》译自1611年在德国印行的葡萄牙高因盘利大学耶稣会教士的逻辑学讲义《亚里士多德辩证法概论》(上、下篇)的上篇,此讲义是根据波菲利的《亚里士多德〈范畴篇〉导论》而写的。

质。① 从逻辑学上说,他的五谓词说和亚里士多德的四谓词说的主要区别有两点:一是不论述定义,增释了属与属差;二是列入"属"所表述的个体词项作为主词,四谓词说则排除个体词项作主词,只研究种、属的逻辑关系,不研究个体和类的逻辑关系。这大约和他在哲学上重视个体性研究有关,普罗提诺也肯定过个体理念。他的逻辑思想促进了中世纪传统逻辑的发展。波菲利深知亚里士多德的逻辑学和哲学范畴论的内在关联,他自己在《亚里士多德〈范畴篇〉导论》中也阐发了不少哲学见解。他论述亚里士多德和柏拉图关于共相问题的分歧,归结为三个问题:(1)共相是独立实体,还是仅存在于人的思想中?(2)如共相是实体,它们是有形的还是无形的?(3)如共相实体是无形的,它们和可感事物是分离的,还是在可感事物之中? 这些问题实质上涉及如何理解理念(形式)和具体事物的关系,一般和个别的关系。他的《亚里士多德〈范畴篇〉导论》提出的问题,和 6 世纪初的学者、政治家(被称为"最后一位罗马哲学家和第一位经院哲学家")波埃修对《范畴篇》、《解释篇》的有关译注,引发了后来中世纪的唯名论和实在论的重大论争,对中世纪经院哲学的演变有很大影响。

波菲利注重运用逻辑分析阐发普罗提诺的学说,对"理智"(理念世界)和灵魂作了更进一步的分析。如《要句录》(*Section of the Canon*)除简明介绍普罗提诺的思想外,也有修变。他将"理智"本体进一步区分为"存在"、"思想"和"生命"三个次本体,认为各种实在(理念及其派生的存在事物)都可分别归属于这些次本体。这实际上是对理念的一种划分与哲学范畴分析。而后来的新柏拉图主义者如普洛克罗等,更对每一个次本体作多重的"三分",使"三位一体"说成为繁琐的思想体系。他认为人的灵魂是连接物质性的身体、外界事物和非物质性的精神的中介,不能说灵魂就是无瑕疵、不会变坏的,说灵魂单纯,只有一种,那是荒谬的,对

---

① 见波菲利《亚里士多德〈范畴篇〉导论》,瓦伦英译,第 27 页,多伦多,教廷中世纪研究学院,1975。

不同的生命体(包括动物和不同的人)的灵魂也要具体分析。因此,普罗提诺更关注灵魂的上升,他则更注重考察沉沦于凡世的人的个体灵魂,更注重研究道德净化和现世生活中的宗教事务等实践性问题。

他认为哲学的目的是拯救灵魂。人的灵魂寓于身体,受情欲与物欲束缚、诱惑,难免变坏,沾染罪恶,灵魂必须通过禁欲与获得神的知识来净化自身。灵魂净化要经历从低级到高级四个德性阶段。最低一级是实践公德,它本质上是一种人际交往的德性,要在理性制导下使灵魂中的情感服从于"中道"这黄金规则,这里可见亚里士多德的伦理思想对他也有影响。第二级德性是净化,泻洗掉灵魂中的一切恶的东西,禁绝一切情欲与物欲,漠然处之。第三级范型德性是灵魂通过思想转向努斯,这就可摒绝一切灵魂的恶,因为灵魂的恶源于欲望的低下对象。最高的德性就是灵魂完全返归"理念",获得至福。他强调,为实现这种灵魂的升级,必须实行禁欲,如禁食鲜肉、过独身生活(他自己却和一个寡妇结了婚)、禁表演与观看戏剧、禁娱乐等。他的哲学有浓重的禁欲主义色彩,而这在普罗提诺的学说中还不明显。这实际上是既要求被统治民众禁欲,又力图矫正当时罗马帝国奴隶主统治集团竞尚奢华、狂欢纵欲、极为败坏的社会道德风气。

波菲利的哲学也是宗教化的。但他的哲学并不和东方神秘宗教、巫术迷信合流为一,他对后者采取双重态度。他既反对明显乖异的巫术迷信,警诫人们这是误解、滥释神性,又接受了"精灵"说,认为精灵也可能是隐藏在宇宙中的。他坚决支持当时被尊为国教的罗马传统多神教,认为它的神话以喻意方式表现了哲学的真理,这是承袭了斯多亚派、斐洛的喻意解释说。他强调宗教生活应是不重言词与仪式,而重在实际行为。真正虔诚的人并不老是在祈祷或献祭,神不褒奖人的祈祷之词和空洞的仪礼,而是褒奖人的与其职责相符合的行为。普罗提诺对传统多神教采取不即不离的态度,波菲利则将新柏拉图主义和当时的罗马国教协调一致起来,尽管"太一"实为哲理上的一神。

普罗提诺不怎么喜欢基督教,但尚未公开反对。波菲利则坚决反对当时方兴未艾、已向罗马社会上层传布的基督教,与之公开论战。他在西西里时就写了 15 卷本《反基督教》,基督教被独尊为国教后,此书在 448 年被罗马帝国皇帝焚毁了,只留存一些残篇,基督教神学家的著作中也记述了少许,从中可约略见其某些内容。他力图阻挡有文化教养的人士皈依基督教,指责基督教反逻辑,是卑下的,内有许多矛盾;他特别攻击《圣经》及基督教徒们对它的解释,指出福音书中有明显的不一致与矛盾,也特别攻击基督的神性与论说。新柏拉图主义中的反基督教思潮是由波菲利开启的。这既由于他的哲学神学仍寄托于传统宗教,也出于维护罗马帝国上层统治的政治需要,因为当时传统多神教和基督教的宗教斗争已与政治斗争密切结合。这种反基督教的内容,在扬布里柯建立的叙利亚学派中表现得更为尖锐、突出。

二　叙利亚学派:扬布里柯

波菲利之后,4 世纪新柏拉图主义在罗马帝国的东方地区流行,畸变出以扬布里柯为代表的叙利亚学派,它的特征是更多地吸纳新毕达哥拉斯派的神秘主义,将普罗提诺的"三位一体"本体论推演为一个繁琐、神秘的体系,并且将它和希腊传统多神教、东方神秘宗教、迷信、巫术、占星术等糅合起来,成为一个怪异的哲学、宗教与迷信的综合体。它是晚期罗马哲学和神秘宗教、迷信交合而生的一个怪胎,而在当时复杂的宗教斗争中,它又是代表种种奉行偶像崇拜的多神教反对已在罗马帝国日益取得主导地位的基督教的一种极端势力。

扬布里柯(Iamblicus)生于 3 世纪中叶,比波菲利年轻约 15—20 岁,约在 326 年去世。他和波菲利一样也出身于叙利亚的富裕之家。关于他的生平,记述的史料极少。有人说他曾是波菲利的学生,有人说他只是研读过波菲利的著述,有争议,难以确定。[①] 他在叙利亚的阿帕密执教哲学多年,并建立了自己的学派。他无疑是一个崇奉传统多神教、醉心

---

① 见阿姆斯特朗主编《剑桥晚期希腊和早期中世纪哲学史》,第 295 页。

于东方神秘宗教与迷信之人，并要将它们提升、纳入他繁琐地重构的新柏拉图主义哲学之中。他写了解释迦勒底神谕的著述(失传)，并著有关于新毕达哥拉斯派哲学大全的著作，包括其算术、几何、物理学、天文学等，只留存《毕达哥拉斯传》(*On the Pythagorean Way of Life*)、《哲学劝学篇》(*The Exhortation to Philosophy*)和几卷有关数的神秘解释的书。他认为普罗提诺从理论上阐明了神性，他则要在宗教实践上达到神人相通。他批评波菲利没有贯通解决哲学问题和神圣法术问题，这正是他所要着力解决的。

他将"三位一体"说作了更加神秘的重叠建构，并将各种神灵或半神的"英雄"置于"三联体"的阶梯性存在结构之中。普罗提诺的"太一"本已是最高的、超越一切的"一"，他则在"太一"之上更设置了另一个还要高的、更超越的"一"，那是新毕达哥拉斯派意义上的"一"，也是"善"，他认为这个"一"才是更高的本体。而从"一"逐次派生出"理智"、世界灵魂、现实世界，他都用三分法分出次级本体、设立"三联体"，并使之相应于不同组的哲学概念。如从"一"派生出"理智"，就有理念世界(理智对象)、理智存在和统摄两者的努斯这次级"三位一体"。而努斯派生的世界灵魂，也是包容诸神灵魂与凡世灵魂的次级"三位一体"，通俗宗教中的诸神、天使、"英雄"都位居于这个可再作三分的神的"灵魂"世界中。希腊罗马的诸神、英雄和一些东方崇拜的神灵，全都位列于这座哲学"万神庙"之中。世界灵魂创生宇宙，也是首先将"一"与"不定之二"的理念数结合为统一体，也是可三分的"三位一体"。他通过这种神秘的思辨，建构了一个散发着宗教与迷信气息的体系，更浓烈地表现出新毕达哥拉斯派的神秘主义。他认为知识的目的是使人相信神无所不能，能创造奇迹，巫术就是再现神的奇迹，哲学也就成了通往信仰与崇拜诸神的必由之途。他宣扬宗教蒙昧主义，使罗马多神教更带上巫术成分，巫术成为人神感通的迷狂方式。实质上，他将神秘多神教和巫术、占星术等迷信"提升"到哲学上来论证，同时也就使哲学沦为神秘宗教与迷信的理论工具。

扬布里柯的宗教神秘气质也表现在他的伦理学说中。波菲利区别了公德、净化和范型三种德性。扬布里柯在后两种德性之间增入了理论德性，那就是灵魂以努斯为对象作沉思，从最高的"一"来凝视神圣存在的序列。通过范型德性，灵魂则使自身同一于努斯。在这四种德性之上，他更增加了第五种最高的德性，就是所谓祭司德性，灵魂通过实现这种德性，能在人神沟通的迷狂中和最高之神"一"即"善"合一；达到祭司德性才可见神的神圣启示，和神会合，祭司也因此比哲学家更高出一头。他的德性论已是一种神秘主义的宗教狂热道德论。

叙利亚学派在罗马帝国的东部地区流传，又衍生出极端反基督教的帕加马支派，它是由扬布里柯的一个学生埃德西乌斯（Aedesius）建立的。在君士坦丁皇帝尊奉基督教的情势下，他热衷于复辟传统多神教和神秘巫术。此派的萨路斯替乌斯（Sallustius）写了《论诸神和世界》来捍卫多神教。马克西姆（Maximus）特别注重宣扬巫术，利勃涅乌斯（Libonius）则写了一些反基督教的论著。这两人都是所谓"背教者"朱利安皇帝的教师。朱利安（Julianus）生于322年，卒于363年，在位仅三年（361—363）。君士坦丁后的皇室已皈依基督教，他却成了罗马传统多神教的复辟者，改变了君士坦丁的宗教政策，严厉取缔、镇压基督教，重新独尊罗马多神教，并写了3卷本《反基督教》。他颂扬扬布里柯是"英雄"、"世界的拯救者"。他在理论上简化新柏拉图主义，认为一切都直接从太一流溢出来，分为理智世界和可感世界，太阳则统辖两个世界并成为其中介。众神所在的理智世界中太阳是主神，它放射出一切理念，赋予灵魂与万物以生命力，应是各民族崇奉的主神，希腊人称其为赫利俄斯（Helios），波斯人称其为密特拉。他力图用混合东西方太阳神崇拜的新柏拉图主义变种来抗衡基督教，不免以失败告终。

三　亚历山大里亚学派：希帕蒂娅

亚历山大里亚是罗马帝国的一个科学与文化中心，新柏拉图主义也流播于此地，5世纪建立了亚历山大里亚学派，它和雅典学派并行发展、互有影响。392年提奥多西一世皇帝颁布法令,关闭一切异教(包括罗马传统的多神教)的神庙,禁止一切向偶像献祭的活动,正式确立基督教为举国独尊的国教,这在亚历山大里亚引发了基督教扼杀异教和本土异教捍卫自身生存的复杂斗争。但亚历山大里亚学派不固守罗马多神教,对宗教斗争持中立态度,后逐渐和基督教融合;它注重对希腊科学和柏拉图、亚里士多德的著作进行客观、严肃的诠释与研究,并不像罗马学派、叙利亚学派及雅典学派那样构建繁琐、神秘的哲学神学体系,后来使中世纪的拜占庭文明吸纳希腊的科学、哲学与文化成为可能。

希帕蒂娅(Hypatia)是建立亚历山大里亚学派的初期代表,是西方哲学史上一位罕见的、才智卓越而惨遭厄运的女性哲学家。她是数学家泰翁的女儿,对天文学与数学有精深的研究并写了有关论著,又注释了柏拉图与亚里士多德的著作,常作公开学术讲演,在当地很有影响,被誉为新柏拉图主义的权威解释者,并被推举为此学派的学校兼研究机构的主持人。她主张教育与研究在宗教斗争中持中立态度,在哲学上她不建立神秘的繁琐体系,而以科学思想促进形而上学思辨,致力于阐释柏拉图与亚里士多德学说的原义。她思想深邃,能言善辩,以理服人,团结同人,结集了不少弟子,他们后来都成为此学派的中坚。在西列路斯(Cyrillus,376—444)就任亚历山大里亚的基督教主教期间,415年发生了基督教镇压当地异教的事件,才华出众、深孚众望、端庄秀丽的哲学家希帕蒂娅出行时,基督教中尼特里教派的教士和基督教暴民在宗教狂热的骚乱中将她从马车上拖下,投入基督教教堂,野蛮杀害,然后剥掉衣服用牡蛎壳刮肉后火焚,至为残忍。可见当时宗教斗争之惨烈,基督教刚被"扶正"也并不宽容,非我族类必诛,甚至容不下一位中立的女哲学家。

希帕蒂娅被杀害后,新柏拉图主义的亚历山大里亚学派并未灭绝,仍然活跃,且有不少传人。希帕蒂娅的弟子西内西乌斯(Synesius)受波菲利思想影响,有回到中期柏拉图学园派的倾向,并力图使新柏拉图主义和基督教融合。希罗克勒曾是雅典学派的普鲁塔克(Plutarch,不是公元1—2世纪的那位学园派传记作家普卢塔克)的学生,他的学说综合柏拉图学园派、漫步学派、斯多亚派和新毕达哥拉斯学派的学说，并有明显的一神论思想。在 5 世纪后半叶，医生与数学家阿斯克勒庇欧多图斯（Asclepiodotus）注重研究亚里士多德伦理学的"中道"观。后继者中最重要的代表人物是阿蒙尼乌斯（Ammonius），他曾是雅典学派首领普洛克罗的学生，听后者关于亚里士多德逻辑学说的讲演，他本人对此也有精深研究。他对亚里士多德的逻辑学著作《范畴篇》、前后《分析篇》和《物理学》、《论生灭》及动物学、气象学等许多著作有独到的注释与研究，在雅典学派末期的辛普里丘之前，他是诠释亚里士多德著作的主导性权威。他在论述自己的独到的哲学见解中，力图调和柏拉图和亚里士多德的学说，如认为亚里士多德的最高的目的因也是一种在时间中永恒作用的动力因，它和柏拉图说的最高理念"善"一致。他的一些注释和见解对后来辛普里丘注释与研究亚里士多德很有影响。他培养了不少弟子，使亚历山大里亚学派一直存在到西罗马帝国灭亡前后。辛普里丘就是首先在亚历山大里亚师从此派学说而得以熟悉亚里士多德的逻辑学与哲学的；而至 7 世纪，查士丁尼皇帝于 529 年下令关闭雅典的一切哲学学园一个世纪之后，此派的学者斯特方还应邀前往君士坦丁堡（拜占庭）讲学与研究，使古代希腊罗马哲学和拜占庭文明有所衔接。

亚历山大里亚学派的哲学和普罗提诺、波菲利及扬布里柯所建构的思想体系都不同，自有三点思想特色：

第一，此派注重评释亚里士多德的逻辑、科学与哲学著述。此派对柏拉图和亚里士多德的著作都有注释和研究，并也力求将这两位哲学先师的思想调和一致，但他们不像普罗提诺等在"太一"流溢说和"三位一体"说的思想框架中糅合柏拉图、亚里士多德、斯多亚派及新毕达哥拉斯派的思想，而是首要地评释亚里士多德著作的原来意义，以此为基础来重新解释柏拉图，往往将柏拉图亚里士多德化。他们很注重研究亚里士多德的逻辑学以及其和他的科学思想、形而上学的内在关联。阿蒙尼乌斯对此有尤其深刻的研究，多有独到的见解。如关于"种"和"属差"的问题，柏拉图学园派和漫步学派有长期的争论，学园派认为"种先在于多"，阿蒙尼乌斯则倾向于漫步学派主张的"种在多之中"。在古代,假言命题与假言推理也并非只是麦加拉学派和斯多亚学派的逻辑专利,阿蒙尼乌斯也细致研究了假言三段论推理,并对它们作出了分类。[①] 所以,此派的哲学中较多地保存了希腊哲学中的科学理性精神。

第二,此派不像正统新柏拉图主义者那样作繁琐的思辨建构,也较少神秘的宗教气息。他们也阐扬柏拉图的学说,但注重评释柏拉图中、后期对话篇的思想,并不是作出普罗提诺式的神学意义解释,而是回复到学园派的中期柏拉图主义。在他们的哲学中,从太一到理智、世界灵魂的纯思辨推演都被略去,更摒弃了扬布里柯和雅典学派的普洛克罗的繁琐、神秘的体系,神秘的人神合一的迷狂说也不见了。他们评释的是柏拉图的理念论及其蕴涵的理性一神思想。

第三,此派不固守罗马或东方的多神教,而是逐渐接近并融合于基督教神学。这一方面是由于此派和基督教的著名的亚历山大里亚教理问答学校的教父们互有思想影响;另一方面是由于此派建立后罗马或东方的多神教已趋衰微,此派自身的哲学中也含有非拟人化的一神思想,他们的中期柏拉图主义也较易被基督教教父们所接受。希帕蒂娅的弟子西内西乌斯就已在论著中力图将新柏拉图主义和基督教结合起来,他本人于411年成为托洛曼斯的基督教主教。希罗克勒主张世界由唯一的神从无中创生,这表明他接受了犹太教和基督教的创世说的思想影响。此派的一些传人皈依基督教,如斐罗波努斯(Philoponus)在皈依后,写了一部反普洛克罗的世界永恒性观念的书,以解释柏拉图的《蒂迈欧篇》的方式论证了他自己的观点,即世界是神在时间中创造的;并且他和斐洛一样,认为柏拉图从《旧约全书》中汲取了智慧。由此看来,基督教神学和希腊哲学的会合,并非只是出于基督教的希腊教父和拉丁教父的长期努力,也较早出于新柏拉图主义的亚历山大里亚学派自身的演进。

[①] 见阿姆斯特朗主编《剑桥晚期希腊和早期中世纪哲学史》,第319—322页。

四 雅典学派:普洛克罗

4世纪后期,新柏拉图主义思潮也进入希腊本土的雅典,主导了柏拉图学园,形成它末期的一个重要支派即雅典学派,此派一直存在至5—6世纪,直至查士丁尼下令关闭学园。雅典学派受亚历山大里亚学派的影响,也重视注释、研究亚里士多德的著作,且有重要成果,但他们研究亚里士多德主要是为研究柏拉图作准备,用以重新解释与阐扬他们崇奉的柏拉图学说。另一方面,此派又因袭叙利亚学派的特色,按照"三位一体"原则,将新柏拉图主义演绎成一个更加繁琐、神秘的体系,并固守东西方的多神论以抗衡基督教,将诸多神灵、精灵和巫术迷信都纳入他们的思想体系。雅典学派的消亡,标志着作为最后一个罗马哲学学派的新柏拉图主义的终结。

雅典学派的先驱泰米斯提乌斯(Themistius)于4世纪末叶在君士坦丁堡潜心注释柏拉图和亚里士多德的著作,有折中特色。雅典的普鲁塔克正式建立此学派,他执教传授、撰写论著,评释柏拉图和亚里士多德的著作,并且娴熟于巫术、通灵术,以高龄卒于约431—432年。在他生前就继任为雅典学派首领的是西里阿努斯(Syrianus,约卒于430年),他也精通亚里士多德著作,尤其以评释《形而上学》著称,但他认为研究亚里士多德哲学只是研究柏拉图哲学的入门,两者的思想并不一致;他明确地捍卫柏拉图的理念论,反对亚里士多德对它的批判;他还将柏拉图主义和新毕达哥拉斯派的学说、奥菲斯教教义、迦勒底神谕糅合起来。他的哲学神学还不系统,但此派的后人对他高度赞扬。他的继任者是多米努斯(Dominus),一位犹太裔叙利亚人,写有研究数学的论著。而奠定雅典学派哲学体系的栋梁代表,是师从于普鲁塔克和西里阿努斯的另一位领军人物普洛克罗。

普洛克罗(Proclus)于410年出生在君士坦丁堡,卒于485年。他在小亚细亚西南部的吕底亚长大并获良好的学校教育,后去亚历山大里亚研习修辞学与文献学,但他的兴趣在哲学,听了许多关于亚里士多德与数学的课程。他 20 岁时到雅典,先后师从于普鲁塔克和西里阿努斯,系统研究了亚里士多德的逻辑学、物理学、伦理学、政治学和神学著作,又对柏拉图著作作了更多的探密。他从波菲利和扬布里柯的著述中也吸取了许多思想。他勤奋好学,学识渊博,思维缜密,著述丰富,构建了一个古代最大的繁琐的哲学体系,堪称为后来中世纪经院哲学的先本。他著有《神学要义》(*Elements of Theology*)、《柏拉图神学》(*The Platonic Theology*)等书,并写了许多评释性著作,其中一些已失传,现存他对亚里士多德的《形而上学》第 4、6、13、14 卷的评释,对柏拉图的《蒂迈欧篇》、《国家篇》、《巴门尼德篇》、《阿尔基比亚德Ⅰ篇》(现代学者对此篇的真伪有争议)和《克拉底鲁篇》的评释。他是一名禁欲主义者和素食主义者。他和他的弟子们怀有虔诚的宗教热情,信仰异教,反对罗马帝国独尊基督教的政策,因而在政治活动方面虽想有所作为,但总不得意。他相信降神术,甚至宣称他已获神的启示,得知他是新毕达哥拉斯派的尼可马库的再世。他对奥菲斯教、迦勒底神谕、埃及的太阳神和一些巫术都信奉,不仅个人坚持履行宗教戒规与仪式,而且将所有这些神秘宗教与迷信成分编织入他的抽象的哲学体系中。

普洛克罗的哲学体系的主题是丰富流溢说与多重"三位一体"的扩展。扬布里柯的哲学已对"三位一体"有多重建构,但较粗糙,普洛克罗则修正流溢说,以便较精致地建构含更多层级"三位一体"的体系。他认为,从最高本原"太一"到最低存在的逐次流溢过程中,流溢的结果和本原或原因之间总是部分相同、部分差异,有同有异,既保持又越出本原,这样才既有同一性又有多样性,成其为一与多的统一。流溢过程中的每一存在都自然地向善,因而也必然回复到流溢的本原,最终回复太一即善。于是,普洛克罗将流溢作为发展过程分为三方面:(1)保持本原,(2)越出本原,(3)回向本原。他强调这个"三分"原则贯穿于整个流溢系列中,这也是他演绎含更多重"三位一体"之繁琐思想体系的基本原则。

普洛克罗认为,一切存在的东西都有不同于结果的原因,而追溯因果系列不能如怀疑论派所说的那样陷入无穷倒退,而是在排除结果的差异性中追溯具有同一性的原因,这样追溯原因,最终必定逻辑上得出多样存在有其排除了一切差异性的第一因,那是绝对的同一性,就是绝对的"一",即绝对的"善",它超越于全部存在与推理性的思想,不可指谓、不可言喻、不可领悟,就是纯粹的、绝对的"一"。普洛克罗实质上对普罗提诺的"太一"作了因果推理的论证。根据他说的流溢的"三分"原则,这"太一"首先流溢出太一、努斯(理智)与灵魂的统一体。它已包含差异性,它的善性已是可指谓、推理与表述的。努斯又在流溢中三分为理智、理智对象与理智活动,三者分别相应于存在、生命与思想三个范畴,那也是次级三位一体的统一体。这三者的每一方面又可再作划分,前两者可再分别三分出三个更次级的三位一体,而理智活动(思想)可划分出七个"七分"的组合体。至于灵魂,它是努斯(理念世界)和可感世界的中介,前者为后者提供范型,后者是前者的映制品。同样,根据他的流溢的"三分"原则,灵魂也是三位一体的统一体,再分为神圣灵魂、精灵灵魂与人的灵魂,其中每一方面又可再作"三分"。希腊诸神处于神圣灵魂的序列中,按照他们的不同地位与功能分别被安排在不同层级的统一体中。精灵灵魂则是沟通诸神和人的中介,它又再三分为天使、精灵与英雄。神圣灵魂、精灵灵魂与人的灵魂三个系列的一些层级之间虽不存在直接的因果关系,但可相互感应,这类似于中国古代谶纬神学的"天人感应"说。普洛克罗以此来论述降神术、通灵术等巫术也是有"必然性"的。而且他认为知识、信仰与通神(人神沟通)三者也是统一的,知识也是沟通神灵,升华人的灵魂,最终回向太一的必要条件。

普洛克罗论述现实世界时,认为凡俗世界也是一个生命有机体,是由神圣灵魂统制的,所以这神圣灵魂与世界都向善,而不可能是恶的;质料不是独立的,神圣灵魂使它结合于映制理念的"形体"之中,质料也不是恶的根源。此说不同于普罗提诺将恶都归因于质料的观点。在他看来,恶只是由于存在的等级序列中较低层次的东西不完善、有缺陷造成的。他认为,人的灵魂是一种由精神之光构成的非尘世的"形体",是物质世界和精神世界的中介,是不朽的,且能以精神之光"感知"神灵。人的灵魂赋有比思想更高的回归太一的能力,那就是在迷狂中登临存在的终极本原。人的灵魂通过不同等级的德性(如扬布里柯说的,公德、净化、理论即沉思、范型、祭司等德性)上升而实现与太一的迷狂式合一。普洛克罗区分了灵魂升华的三阶段:爱、真理与信仰。真理使灵魂超越对美的事物的爱,充实了关于真的实在的知识,而信仰使灵魂对于不可领悟、不可言喻的终极本原保持神秘的宁静。普洛克罗回到晚期希腊罗马哲学的一个主题,即伦理与内心宁静,但他的论述已是神秘化、宗教化的。

普洛克罗精通数学,写了《欧几里德〈几何原本〉评释》(*A Commentary on Euclid's Elements*)一书,论述了柏拉图学派、亚里士多德学派、新柏拉图主义、新毕达哥拉斯学派和其他诸学者在数理哲学方面的许多见解,此书在西方哲学与数学思想史上有一定的地位。例如,此书在评释"欧几里德的平行线"公设时,已提出与其相矛盾的命题,即渐近平行线的命题(平行线可渐近而相交),他认为这是全部几何学的"最似是而非的陈述",几世纪以前罗得岛的盖米努斯在所著《形状学》中已以质疑的方式表达了此陈述,即"是否存在像双曲线的渐近线那样的相互以同样方式会合的平行线?"[①]他的这一评注起有双重的历史作用:他没有肯定这个命题,他的有关论述成了拒斥非欧几何世界存在的根据;他以较长的篇幅精细地展开论述了渐近平行线的命题,这对后来西方非欧几何思想的萌生又有一定的启发作用。

普洛克罗去世时西罗马帝国已经灭亡,而雅典学派仍继续在东罗马帝国范围存在近半个世纪。继普洛克罗之后任雅典学派首领的是马列努斯(Marinus),他以研究数学与评注柏拉图的《巴门尼德篇》著称。之后的继任者是伊斯多罗斯(Isidorus)。马列努斯的弟子达玛斯基乌斯(Damascius)于520年任此学派的最后一位主持人。他认为人的理性不

---

① 见托特《解释:对欧几里得评释的经历》,载于《第欧根尼》(国际哲学与人文科学理事会季刊)中文版,总第37期,2003年6月。

能理解太一及其与流溢的存在的关系,人的思想不能通达真理,人所使用的"原因"、"结果"乃至"流溢"等语词,都只是比拟的喻意,并不能确切地表达现实的存在。他的书中充斥着神秘主义与迷信。他的学生辛普里丘却是很有名的学者,也是末代不信基督教、固守传统多神教的新柏拉图主义者。他写了几本很有价值的评注亚里士多德著作的书,评注了亚里士多德的《范畴篇》、《物理学》、《论天》及动物学方面的著作,它们至今对研究希腊哲学与亚里士多德的思想仍颇有学术价值,特别是他对《物理学》的评注包含了不少前苏格拉底哲学的残篇。一度也曾短暂控制原西罗马帝国地盘的东罗马帝国皇帝查士丁尼,于 529 年禁止在雅典讲授哲学,达玛斯基乌斯、辛普里丘和另五名雅典学派的成员去了波斯,波斯国王乔斯洛伊斯(Chosroes)接待了他们,但他们对波斯的文化状况很失望,于 533 年怏然返回雅典。在 6 世纪中叶后不久,看来任何非基督教的新柏拉图主义者都不复存在了。

新柏拉图主义哲学却没有灭亡,它通过基督教教父们特别是奥古斯丁的吸收,融会入中世纪的基督教哲学中,在西欧中世纪文明中发挥了重要的思想作用。新柏拉图主义主张太一的神性之光普照宇宙,在论述自然时仿佛有近似泛神论的色彩,又重视研究个体性、个体灵魂与个体的伦理生活,并打破了人神之间不可逾越的界限,主张个人和神可直接沟通。因此,在西欧文艺复兴时期,库萨的尼古拉等进步思想家曾接过这种学说,并注入科学理性和人文精神的新内容,用做反对经院神学的思想武器,这种哲学对新教的宗教改革也有影响。这种曲折的历史影响,是西方哲学思想史上的一种错综复杂的奇妙现象。

第四节　早期基督教的兴起和古代希腊与罗马哲学的终结

1 世纪初产生而后逐渐壮大的早期基督教,是罗马文明中对后世西方最有巨大而深远影响的一个文化组成部分。这里所说的早期基督教,指基督教自产生、传播至国教地位和基本神学体系的确立,前后约 400

年,就是贯穿罗马帝制时代的基督教,它和罗马哲学平行进展。早期基督教神学的产生与发展,和希腊罗马哲学密切关联,而后者的最后一个学派——新柏拉图主义被融会入早期基督教神学,标志着古代希腊罗马哲学的终结,也是西欧古典文明向中世纪文明转折的重要环节。这里简略考察早期基督教及其神学和希腊罗马哲学的历史关系与历史作用,作为本书论述古代希腊罗马哲学的结束。

一 早期基督教及其神学的产生和希腊罗马哲学

基督教最初原本是巴勒斯坦下层民众在反抗罗马帝国残酷统治中产生的犹太教的一个支派。据《新约全书》记载,基督教创始人耶稣约在公元前 7 年至公元 7 年间[1],出生于耶路撒冷以南约 6 英里的伯利恒的加利利或拿撒勒。当时犹太人备受罗马帝国的残暴统治。公元前 63 年罗马攻占耶路撒冷,屠杀 1 200 名犹太人,公元前 40 年扶植当地贵族希律为国王。这个最残忍的暴君在 36 年间像野兽一样地统治他的国家,几乎每天都血腥虐杀犹太民众。公元前 4 年他死后,罗马将巴勒斯坦分封给他的三个儿子亚基帕、安提帕和腓力,各自称王,而犹太人因反抗暴君统治和苛捐重税发动大规模的暴动,罗马军团帮助亚基帕残酷镇压,2 000人被钉在十字架上,而在军队屡次侵伐中犹太人被俘为奴的达 6 万人之多。耶稣自小生活在正统犹太教环境中,习得希伯来文经书的知识。当时,在罗马的血腥迫害下,犹太人普遍流传"弥赛亚"(救世主)将会降临。耶稣 30 岁时在约旦河谷遇见一位先知——施洗者约翰,他在传道中宣称上帝的统治临近了,将在审判中使罪人灭亡,敦促听众忏悔罪过,称用约旦河水施洗是赦罪的必要条件。耶稣接受施洗,这成为他

---

[1] 有天文学家和历史学家据《新约全书》有关记载考证,耶稣诞生的日期当在公元前 7 年至公元 7 年之间,日期也不是 12 月 25 日,而是冬季到来之前。533 年修士狄奥尼修斯奉旨确定耶稣诞生年为公元元年,是计算有误。354 年确定 12 月 25 日为圣诞,只因为此日和一个古老的罗马节日有关(参见克勒尔《圣经:一部历史》,林纪焘、陈维振、姜瑞璋译,第 471—484 页,生活·读书·新知三联书店,1998)。

一生的重要转折。希律·安提帕很快逮捕并处死了约翰。之后3年间，耶稣在加利利的一些城镇布道，医治病人，斥责贪婪、放荡的生活，以拯救人类脱离罪孽为使命，他结集了约翰（不是那个施洗者约翰）、雅各等12位门徒，被人视为"弥赛亚"。他33岁时率信徒进入耶路撒冷，惊动全城。他怀着对圣殿的热爱，赶走了圣殿内一切买卖人、兑换银钱的人，抨击当地宗教领袖们的教导歪曲了律法。时值逾越节前夕，聚集的群众具有一触即发的爆炸性情绪。耶稣被其门徒之一犹大出卖，犹太教的祭司长抓获耶稣并将其送犹太教公会审判，罗织的罪名是"自立为犹太人君王"；又将他移交给罗马总督彼拉多，在严刑拷打后，以谋叛罗马罪处死，钉在郊外各各他山冈的十字架上。[①] 门徒传说他3天后复活升天，认为他将重新降世进行末日审判，并要门徒们去世界各地传教，告诉人们耶稣以自己的死为人类赎罪，人们要信奉上帝和耶稣才能得救。在使徒们广泛、持续的传教活动中，基督教这种新宗教才逐渐形成。

基督教的形成经历了一个历史过程。最初耶稣的门徒只在犹太人中传播福音，雅各的保守派仍坚持行割礼，立誓遵守律法，皈依犹太教。彼得派主张使这种宗教走向世界，但也受保守派的压力而有动摇。后来传播福音扩大至外邦人和希腊化的犹太人，称耶稣为"基督"（Christo），其希腊文原意是"涂过圣油的人"。耶稣亲传的门徒彼得本是一位贫贱的渔夫，后因遵循老师遗训进行传教活动，也被钉在十字架上处死。彼得派的原始基督教号召信徒团结互助、平等公有，交出部分财产作为公共基金，既用于宗教活动，亦可救济贫苦信众；它还有强烈的反抗意识，鼓动人民推翻罗马与犹太上层的黑暗统治，向往平等、均富的理想王国。它没有后世基督教的"三位一体"教义和教权制度，在抨击其他教派中表

[①] 耶稣及其12位门徒是否真实存在过，并没有当时目击者的可靠资料佐证。19世纪的青年黑格尔派学者施特劳斯和图宾根学派认为，他们只是无意识的"精神"所产生的神话；布鲁诺·鲍威尔则认为他们只是福音书作者们出于"自我意识"编造的。但当今一些考古学家、神学家如克勒尔在《圣经：一部历史》中认为，考证表明耶稣遇难的故事有历史的真实性。

现出进行一场全世界斗争的胜利信心。① 希腊化犹太人保罗是使基督教发生重大转变的关键人物。② 他及其门徒马可等人大力开展希腊语传教活动,东传经小亚细亚直达希腊、罗马,宣传已不同于原始基督教的教义,大量吸收非犹太人入教,广为发展教会组织,奴隶主和上层统治集团人员也加入进来。保罗派逐渐占据基督教的正统地位。

在公元1世纪末至2世纪编定、用希腊文写成的《新约全书》,包括记载耶稣传道活动的福音书4篇,《使徒行传》,使徒书信21篇,以及约翰启示录,共27篇。除《启示录》如前所述属彼得派的作品外,新约主要反映了保罗派的教义。它有两个特点:(1)宣扬忍耐服从、精神忏悔、禁欲修身和宿命思想,鼓吹顺从罗马统治。它将以斗争求实现的现实世界的千年王国,变为死后寻求安慰、解脱的彼岸世界王国,于是逐渐变为统治阶级可以接受的宗教。(2)吸收斐洛的犹太-希腊哲学和柏拉图学派、斯多亚学派的哲学思想,开始形成早期基督教神学,使基督教有了一定的理论根基。《新约全书》承袭了犹太教的一些基本观念,但也吸收了流行的希腊哲学思想,《约翰福音》所说的"道成肉身"中的"道",就是希腊哲学中的"逻各斯",但它还没有之后的"三位一体"教义的中心内容。青年黑格尔派的布鲁诺·鲍威尔认为,基督教只是在保罗派活动时期才形成,其诞生地在亚历山大里亚和罗马,完全否定原始基督教的存在,这种看法并不确切;但恩格斯也肯定他的研究功绩在于证明了正统的基督教作为世界宗教,"不是从外面、从犹太输入而强加给希腊罗马世界的",它

---

① 恩格斯剖析了《新约全书》中一篇最古老的文献《约翰启示录》,指出它在公元67年6月至68年1月或4月写成,托名为约翰(不是施洗者约翰)的作者,以展示幻景的极为激切奔放的语言,抨击其他教派吃祭偶像之物、行奸淫之事,违背犹太教的教训,并且用"巴比伦大淫妇"影射罗马,宣讲毫不隐讳的复仇,说从奥古斯都到尼禄这五个王都已倾倒了,之后第六、七、八个王也必将沉沦,预言基督会重新降临人世,在和黑暗势力的大决战中建立新的千年王国(见《马克思恩格斯全集》第22卷,第541—552页,人民出版社,1965)。

② 保罗原名扫罗,是小亚细亚塔索斯的希腊化犹太人,获罗马公民权,曾以制帐幕为业,受过犹太律法教育,在犹太教公会当过差,参与过迫害基督教徒的活动。后来据说基督向他空中显现,一下子使他皈依基督教。保罗本人约60岁时在耶路撒冷被捕,后被转送罗马囚禁2年,于公元67年被暴君尼禄处死。

"是这个世界的最道地的产物"。① 这也就是说,它是希伯来文化和希腊罗马文化相结合的产物;早期基督教神学在其形成时,就对希腊罗马哲学有所择纳,保罗到雅典传教时和相信伊壁鸠鲁学派等哲学思想的人士激烈辩论,对伊壁鸠鲁哲学和早期斯多亚派的泛神论思想是拒斥的。②

随着奴隶制危机的加深,不仅大量的百姓,甚至帝国统治集团和知识界的部分人士,也为寻求宗教慰藉而加入基督教,基督教逐渐在罗马帝国广为传播。至 3 世纪,帝国境内已有基督教徒 600 万,教会达 550 个,在罗马、米兰、亚历山大里亚、里昂、迦太基、拜占庭等城市都建立了地区教会中心。基督教坚持一神论,反对偶像崇拜和罗马王权的宗教基础——罗马传统的多神教,罗马皇帝们曾长期猜忌、仇视它,指控基督教徒是无神论者,甚至是吃人肉、倡淫乱的异教之徒,邪恶败类。继尼禄皇帝残杀基督教徒后,在 2—3 世纪图密善、马可·奥勒留、戴克里先等皇帝在位时,都实行过大规模的迫害基督教徒的政策,许多主教、信徒被残杀,甚或一次死难者达 2 000 人,基督教一直处于非法地位。亚历山大里亚的克莱门特等希腊教父和拉丁教父在护教运动中,一方面抨击基督教内部的异端教派,并吸收大量希腊罗马哲学的主流思想;另一方面写了不少护教篇向皇帝请愿,表示基督教徒会像侍奉神那样侍奉君主,教人敬畏上帝、克制欲望会有助于维护统治,极力表明帝国与基督教的利益一致。君士坦丁皇帝在位期间,于 313 年会同共治者李锡尼发布了米兰敕令,宣布帝国境内有信仰基督教的自由,之前没收的教会财产一律发还;他还于 325 年在小亚细亚的尼西亚城主持有 300 多位主教参加的尼西亚会议,制定了"尼西亚信经",这是至今天主教、新教和东正教唯一共同承认的信仰宣言。君士坦丁本人在临死前也受洗入教。基督教终于得到罗马帝国的确认,这在基督教发展史上具有划时代的意义。之后,背教者朱利安皇帝实行短暂的取缔、镇压基督教的政策,重新尊奉罗马

---

① 见《马克思恩格斯全集》第 22 卷,第 532 页,人民出版社,1965。
② 见《新约全书·使徒行传》,第 17 章,第 16—18 节。

多神教,但基督教毕竟已渗入罗马社会机体的各部分,势不可遏。392 年提奥多西一世皇帝颁布法令,关闭一切异教(包括罗马传统的多神教)的神庙,禁止一切向偶像献祭的活动,正式确立基督教为举国独尊的国教。从此,基督教成为罗马文明和西欧中世纪文明中与统治政权紧密结合的主流文化;尽管新柏拉图主义自身有过反基督教的倾向,但它本已宗教化,也连同其他一些晚期希腊罗马哲学被教父们有所修正地吸收进早期基督教神学,使之转型为基督教神学的理论根基。

二 从基督教的主要特征与取胜原因看它何以能和希腊罗马哲学融会

基督教为什么能战胜罗马帝国存在的各民族多神教,包括作为国教的罗马传统多神教? 为什么它能独立于犹太教而蓬勃发展,其影响远超过犹太一神教,而成为一种世界性宗教呢? 从基督教的基本教义的主要特征可看出,它取胜的根本原因就在于它适应当时的社会需要,综合了希伯来的宗教文化和希腊罗马哲学及神学思想,建立了一种具有完备形态的一神论哲学神学体系。

基督教的基本教义适应了晚期罗马帝国统治者在衰落中力图强化精神统治、被统治民众则寻求精神慰藉的双重社会需要。基督教承袭了犹太一神教的上帝创世、原罪与赎罪、灵魂拯救和天国来临等主要观念,但基督教的上帝已不只是犹太民族的上帝,而是各民族皆可尊奉的上帝,上帝的选民已不局限于犹太民族,而有很大的包容性,可包括全人类。就是说,基督教的上帝观念有超越于犹太一神和各民族多神的绝对权威,和较粗俗的罗马传统多神教相比较而言,它无疑更适合罗马帝国凭借神意维护专制王权、实行对庞大帝国多民族统治的需要。基督教宣扬人类的现世苦难皆由人类始祖的原罪造成,要人们克制欲望、遵守戒律、忍让服从、逆来顺受,以求救赎灵魂而得永生,这又有利于统治者对广大民众进行有效的心灵控制。基督教树立了一个"道成肉身"的人性化的耶稣形象,以基督复活、末日审判和天国降临为基本信仰,这就将现实世界的善恶价值转化为彼岸世界的善恶价值,将民众摆脱社会苦难、追求美好生活的理想,转移到在彼岸世界的千年王国寻求奴役与困苦的解脱,在奴隶制危机日益深重的情势下,这也为广大被压迫民众提供了一种很有吸引力的精神慰藉,所以当时的社会下层民众不顾一切迫害,将自己的理想追求寄托于基督教。

　　基督教的一神观念更为精致而且有人文内容,是宗教本身从低级形态向高级形态演进的产物,具有现实的感召力,它和希腊罗马哲学中一直蕴涵、演进着的理性一神思想是相吻合、可相通的,因而可融会后者,使自身的一神论也获得哲学根据。从各民族原始的多神教演变为理性一神教,是宗教自身进化的规律。古希腊爱利亚学派的哲学早就抨击神人同形同性的传统多神教观念,提出理性一神的主张;之后,柏拉图和亚里士多德更以精致的哲学论证确立了理性神;斯多亚主义和新柏拉图主义实质上也以神秘化方式承袭了理性一神的观念。但是,他们只让理性一神存在于抽象的哲学思辨中,并没有排除而是肯定了社会现实生活中对传统多神教的崇拜,罗马的斯多亚派和新柏拉图主义出于维护“国教”的统治需要,甚至也长期敌视、排挞基督教,虽然基督教的上帝观念和它们的理性神是相一致的。犹太教反对神人同形同性和偶像崇拜,只尊奉非拟人化的耶和华,它是古代世界中最早唯一的理智性一神教,显然比原始多神教的诸神明仍带有人间争斗、嫉妒乃至通奸等恶习要远为高明,这也是当时犹太民族在宗教上引以自豪的。然而,犹太教的上帝作为威武、严厉的立法者和裁判者,在冥冥中为犹太民族立约,规定严格的律法,他是犹太民族只能敬畏、服从而不可亲近的最高主宰,缺乏人情味和现实人性的魅力,崇拜他又须履行繁琐的戒律和教仪。基督教承袭了犹太教的一神上帝观念,也反对粗俗的神人同形同性和偶像崇拜,但它树立了为人类受苦受难的耶稣的崇高形象,后又强调圣父、圣子、圣灵“三位一体”(和新柏拉图主义的“三位一体”有别,也有思想联系),说耶稣是上帝的化身,是希腊罗马哲学中所说的逻各斯和神圣德性的体现。他为了将人类从罪孽和痛苦中拯救出来,引导人们进入美好的天国,不惜牺牲自己的“道成肉身”,通过自身经受磨难来激发人们的神圣情感。

基督教结合了犹太教的耶和华、希腊哲学的理性神,又使之体现为耶稣的崇高、丰满形象,这就使它富有现实的感召力。它又强调"因信称义",宣扬信仰上帝和基督是得救的根本途径,任何人不分民族、贫富贵贱,甚至包括罪人,只要凭其对上帝和基督的坚定信仰,都能洗涤罪孽,净化灵魂,领得天国的入门券。这比犹太教的严格戒律、繁琐教仪要简便易行,易为各阶层的人们所接受。由此也可理解斐洛的犹太-希腊哲学为什么未被犹太教神学所接受,却能被基督教神学家所尊奉与吸收。

基督教是高度伦理化的宗教,具有较强的规范、调节社会与个人行为的道德功能。伦理规范内容的增加和充实,也是宗教本身向高级形态进化的一个重要特点。原始多神教的伦理规范内容是简陋、散漫的,它只是表现了氏族社会末期或奴隶制社会不发达形态下的道德习俗,在建树社会伦理和道德秩序方面只起有相当薄弱的功能。犹太教有较为深刻的伦理内涵,但它表现为严峻的律法,缺乏普适性。基督教则提出了一整套有普适性的伦理道德要求,它和晚期希腊罗马哲学的伦理主题与伦理思想是相通、一致的,可融会后者来强化自身的宗教伦理精神。《新约全书》将"爱"看做基督教伦理的总纲,它统摄、包容了所有其他的道德要求,以至律法和摩西十诫。信、望、爱是基督教的三种主要神学美德,其中爱是最重要的,信仰上帝、仰望上帝之情都出于对上帝的热爱,从而派生出世俗美德,这样就能树立希腊人的四主德即智慧、勇敢、节制、正义,就能培植信实、虔敬、仁慈、谦卑、忍耐、宽容等个人美德,使灵魂净化,获得上帝的恩典。宣扬"博爱"精神正是基督教有别于犹太教的显著伦理特色,这是吸纳了塞涅卡等人的"仁慈"、"宽容"等伦理道德观念。对统治者而言,这是要他们施行仁政,以求缓和社会矛盾,巩固世界主义的帝国统治;对民众而言,这是渲染相亲相爱、团结互助,使教会内部有较大的凝聚力,在社会生活的局部范围内,它确实也能发挥协调人际关系的作用。所以,基督教作为融会希腊罗马伦理精神的宗教,有较强的道德吸引力和协调社会的功能,比犹太教和多神教都有高明之处。

早期基督教融会希伯来文化和希腊罗马哲学,逐渐建立了比较系统的神学体系,有较深厚的哲学理论根基,这也是它所以能胜出的特征与缘由。基督教在反异教斗争中,经历了和希腊罗马哲学既冲撞又融合的奇特过程。它受维护罗马多神教的斯多亚主义者、新柏拉图主义者的攻击,它内部也有一些反希腊罗马哲学的神学家,但它的主流势力却是在斐洛的犹太-希腊哲学神学的基础上,吸收、融合希腊罗马哲学,来构建哲学神学体系,壮大基督教的根基,这表现在护教运动中的教父哲学之中。被马可·奥勒留皇帝处死的希腊教父查士丁(Justinus,约公元100—165)最早提出"基督教哲学"观念,他在两篇《辩护词》中声称苏格拉底已看出希腊传统多神教之神的虚假,认识了真正的上帝,柏拉图的创世说是从摩西那里学来的,他们都是耶稣诞生之前的基督徒。他阐发基督即内在于理性的逻各斯,将《新约全书》的创世说和柏拉图的理念论、宇宙创生论结合起来。希腊护教士塔提安(Tatianus,约110—172)等人和北非的拉丁教父德尔图良(Tertullian,145—220)则固守希伯来《圣经》传统,敌视、排斥希腊罗马哲学,称之为"野蛮人的哲学",主张哲学家应当被送去喂野兽,大声疾呼"让斯多亚派、柏拉图、辩证法与基督教相混合的杂种滚开吧!"然而,当时东西方文明的融合毕竟是主流,亚历山大里亚教理问答学校在3世纪成为基督教神学的重要中心之一。克莱门特(Clement,约153—217)在《规劝异教徒》等神学著作中,剖示了东方宗教、希腊哲学和基督教之间源远流长的密切关系,大量吸收柏拉图和斯多亚派的哲学,调和理性与启示、知识与信仰,强调智慧(即神学)是哲学的女王,这是中世纪所谓哲学是神学的婢女之先声。献身基督教而自阉的奥立金(Origen,185—254),在《第一原理》、《反塞尔修斯》等著作中,运用斐洛的"喻意解经法",用希腊哲学解释上帝、三位一体、世界与人、自由意志等问题,主张上帝是最高的纯粹精神实体,批判塞尔修斯以柏拉图的"真逻各斯"反基督教的思想,而他自己则在将柏拉图哲学改造、纳入基督教神学体系方面大为推进,建立了较为完整的神学体系。他虽因主张圣子地位低于圣父,在533年的君士坦丁堡公会议上被定为异端,但他在基督教神学史上还是有地位的。至5世纪,北非迦太基的主教奥古斯丁集教父哲学之大成,写了大量的哲学、神学和经文注释、布道著作,将柏拉图哲学、新柏拉图主义和基督教教义紧密结合,建立了庞大的"基督教学说",提出了上帝启示知识与真理的"光照论"、"恩典论"、"质型说"、"爱的伦理学"和"上帝之城"的神学历史观等,他所完成的系统的基督教哲学神学体系在 13 世纪之前支配了西欧中世纪的思想进程。这里只是简略勾画了基督教教父融会希腊罗马哲学的曲折、漫长的过程,直至奥古斯丁最终建立他的"新柏拉图主义"的基督教哲学神学,他们主要为中世纪文明提供了主导的宗教哲学,此多卷本《西方哲学史》的"中世纪哲学卷"还要展开论述他们的思想。

三 从罗马文明向中世纪文明的转型,看基督教及其融会的希腊罗马哲学的历史作用

蛮族入侵无疑是西罗马帝国灭亡的重要直接外因,它使罗马文明终结,并使西欧从罗马文明向中世纪文明的转型经历了巨大的痛苦过程。罗马前期帝制强盛时,图拉真皇帝征服达西亚(罗马尼亚)和亚洲的帕提亚(安息),将罗马帝国版图扩大到最大范围,而北部行省设置仍以莱茵河为界,莱茵河以北是蛮族日耳曼人的天下。马可·奥勒留和康茂德称帝时,罗马国力已趋衰,北方蛮族乘虚而入,定居多瑙河南的帝国境内,蛮族入侵与外患已趋严重。4 世纪后半叶促使蛮族汹涌侵入罗马帝国的动因,是原在中国北方蒙古草原上的北匈奴西迁所带动的"民族大迁徙",促使日耳曼蛮族南侵。375 年,以匈奴人进逼为理由,包括 20 万武装士兵的百万西哥特人南渡多瑙河,罗马帝国边境藩篱荡然无存。5 世纪,罗马帝国遭受了三次蛮族大规模侵入的毁灭性打击:第一次是阿拉里克率西哥特人横扫希腊,远征意大利,于 410 年攻陷罗马这座"永恒之城",并屠城洗劫。第二次是汪达尔人侵占西班牙南部后转攻入北非,占领迦太基,422 年建立汪达尔王国,455 年汪达尔国王盖塞里克率强大海军攻克罗马城,大肆洗劫破坏,使这座古代最大的文化繁盛之都沦为人烟稀少、凄凉破败的废墟。第三次是被称为"上帝之鞭"的匈奴国王阿提

拉于451年率大军横扫意大利,兵临罗马城,对罗马帝国甩下致命一击。至5世纪50年代,西罗马帝国实际上已是蛮族的天下,纷立日耳曼蛮族诸国,奄奄一息的西罗马帝国只剩下意大利半岛还存在一个仰仗蛮族将领鼻息的皇宫了。476年,日耳曼人统帅奥多亚克废黜罗马末帝罗慕洛斯,自立为王,西罗马帝国正式灭亡,这标志着罗马文明和西欧古代奴隶制社会的终结,开始向西欧中世纪文明转型;东罗马帝国则艰难地步入中世纪封建社会,转型为另一种拜占庭文明。西罗马帝国灭于蛮族之手,主要是因为它自身已完全腐败了,已无抵御强敌之力;罗马文明向中世纪文明的转变也得靠蛮族的外部力量,因为衰落的罗马文明已完全失去自我革新的机制与活力,西欧的这种文明转型是极为痛苦、曲折的。罗马文明的辉煌成就惨遭毁灭性破坏,希腊罗马的精神文化濒于灭绝,在漫长的中世纪前期只在基督教内部以神学形式有所传承,又靠阿拉伯民族保存其文化遗产,直到中世纪盛期和文艺复兴时期才得以重放光彩。

西方思想家们对罗马文明衰落的原因历来有许多探究,也涉及基督教及希腊罗马哲学在文明转型中的历史作用问题。18世纪法国启蒙思想家孟德斯鸠在其名著《罗马盛衰原因论》中认为:罗马哲学与文化中的自由和法的精神对罗马的盛衰起有决定性作用,罗马建立君主专制制度后造成自由精神的丧失,基督教的传播和精神统治又颠覆了罗马传统多神教的精神支柱,这就招致蛮族入侵,毁坏了帝国。18世纪英国著名历史学家吉本在其名著《罗马帝国衰亡史》中也认为:前期罗马帝国吸取、发展了希腊哲学与文化的自由精神,因而繁荣强盛,从马可·奥勒留皇帝之后陷入危机,基督教的确立窒息了罗马民族的自由精神和文化活力,尖锐的宗教斗争和基督教内部的教派斗争更使罗马社会分裂,形成新的暴政压迫,基督教的胜利和蛮族入侵是罗马文明衰亡的两大直接主因。孟德斯鸠和吉本都将基督教和希腊罗马哲学的文化精神对立,并将基督教视为罗马文明衰亡的主因之一。20世纪英国著名历史哲学家汤因比在其名著《历史研究》中则认为:逆境的挑战是文明兴盛的动因,文明的衰落都有"自杀身死"的内因,即丧失自决能力。罗马帝国衰亡体现了文明衰落的普遍法则,即社会与文化分裂、解体的"自杀",宗教斗争只是它的一种表征。社会灵魂即社会文化比经济、政治更早失去活力,如晚期罗马哲学放弃追求理智而宗教化,禁欲主义的自暴自弃,人的灵魂的罪恶感和流离感,等等。正是社会体的崩析和精神文化的没落使罗马帝国走向衰亡。汤因比批评吉本用蛮族入侵和基督教的胜利来解释罗马帝国衰亡的原因是表面的,是倒果为因,而没有深究其社会与文化解体的内在原因。他指出,对当时基督教(及其融会希腊罗马哲学)的胜利也不能简单否定,因为它得到了民众的归心,它既是垂死社会的遗物,又是孕育后来诞生的新社会的子宫。汤因比的论述比较客观、深入,但他主要是用文化精神来解释文明的兴盛衰落,没有深究哲学、宗教和经济、政治的互渗互动的历史作用。

以历史主义的观点来分析,罗马文明作为经济、政治与文化互渗互动的综合体全面"病入膏肓"而衰亡,而基督教及其融会的希腊罗马哲学在这文明转型中起有正负面的双重历史作用,而且希腊罗马哲学的终结并不意味着它随罗马文明的衰亡而灭亡了。

帝国型奴隶制经济陷入深重危机,罗马帝国统治者又未能通过变革经济制度向新的生产方式过渡,而是倒行逆施(如废弃隶农制),强化奴隶制统治,致使两极分化严重,激化了阶级矛盾,奴隶、隶农和下层民众的起义摧毁了罗马文明的社会基础。君主专制的权力必然导致腐败,酿成政治混乱、军队腐败与社会分裂,腐蚀了罗马文明的政治支柱。伴随经济危机和政治腐败的是文化没落,丧失了创造性活力和维系健盛社会精神的活力。哲学是文明的灵魂,精神文化的理论核心。晚期罗马哲学是消沉的,怀疑论客观上损毁了希腊哲学的理性传统,晚期斯多亚派哲学和新柏拉图主义都失落了科学理性精神,趋于宗教化,同神秘宗教合流,哲学不再能为社会进程和各种精神文化提供理性指导和理智的价值取向,而只成为个人追求神性的神秘体验。新柏拉图主义无补于已颓废没落的社会伦理道德,社会道德风气极为败坏,罗马民族的凝聚力丧失殖尽,加速了社会的崩解。

基督教直到 4 世纪末才最终取得胜利,它并未成为罗马帝国有效的统治意识形态,未能开出疗救病入膏肓的罗马奴隶制社会的灵丹妙药,反而在两个多世纪同罗马传统多神教的尖锐反复的斗争和内部教派斗争中,牵动了全国性的政治斗争,加深了社会的分裂、解体。基督教取得国教地位后,凭借提奥多西一世等皇帝的取缔一切"异教"的敕令,为巩固自己的精神统治地位,将它所说的仁慈、宽容、"爱你的敌人"等都抛在一边,也以它的对手同样的宗教狂热扑灭对手,捣毁多神教崇拜的偶像,将各地多神教的神庙夷为平地。391 年,在亚历山大里亚,崇拜埃及神明的教徒和基督教徒狂热地对立,提奥多西皇帝关于拆除该城的一切偶像的命令一到,大主教提奥菲卢斯立即发动教徒拆毁了埃及古老、雄伟的塞拉皮斯大神庙,并抢劫、破坏了积累和传承东西方文化的亚历山大里亚图书馆。罗马帝国曾有所实行的宗教宽容政策已荡然无存。为确立正统神学的地位,基督教内部又进行了长期、激烈的反"异端"的教派斗争。基督教自形成之后,在是否、如何融会希腊罗马哲学上就有这种斗争。如诺斯替教派于公元 1 世纪产生,流行于 2、3 世纪,其代表是 2 世纪的瓦伦提诺(Valentinus),该教派受东方宗教和希腊哲学的影响,主张上帝通过神秘的理智和知识支配世界,贬低了耶稣的神性。里昂主教伊里奈乌(Irenaeus,约公元 120—202)写了 5 卷本《驳异端》批驳诺斯替教派(此书倒为后世保存了许多值得研究的诺斯替教派的资料),基督教一直严厉排斥此异端教派。基督教取得合法地位前后,内部斗争的焦点问题是如何融会希腊罗马哲学来理解、解释基本教义"三位一体"。《新约全书》对此本来没有明确论述,而基督教神学的中心问题始终是,基督作为有人格的神如何与一神论观点相调和。学识渊博的亚历山大里亚主教阿里乌斯(Arius,约 280—336)建立的教派,在亚洲地区相当有势力,他主张圣子由圣父派生,耶稣兼有人性和神性,其位格低于圣父。和他对立的阿塔那修斯(Athanasius,291—373)也是出生于亚历山大里亚的很有威望、斗志坚忍的主教,他建立的教派主张圣父、圣子、圣灵三者本体同一,耶稣就是上帝的神性。他写了《反异教》等多部著作驳斥阿里乌斯教派。这两派的激烈斗争牵动了整个基督教和罗马帝国的政治全局,它们互相镇压、屠杀,经历了近百年。提奥多西皇帝在君士坦丁堡召开宗教大会,最终确定阿塔那修斯派的三位一体神学体系为正统,将有悖于它的教派、学说一概定为异端邪说而明令禁绝。基督教为确立正统神学进行的尖锐的教派斗争,几乎贯穿气数将尽的整个罗马帝国末期,它同政治斗争紧密相关,造成社会秩序的动乱。基督教及其融会的晚期罗马哲学的负面作用,也是罗马帝国衰亡的原因之一。

然而,基督教及其融会希腊罗马哲学,毕竟出于社会的需要与文明进程之历史必然,它综合了希伯来文明和希腊罗马文明的成果,是罗马文明衰落中的一个文化硕果,是连接罗马文明和西欧中世纪文明的主要文化纽带,对它在这痛苦、曲折的文明转型中的积极的历史作用也应给予肯定的历史评价。430年汪达尔人又南下入侵北非,围困病危将临终的奥古斯丁主教座下的希波城。他在晚年历经13年写成《上帝之城》,对气息奄奄的罗马帝国已感到绝望,不再将它看做上帝拯救人类的工具,而将它划出圣史范围。他说罗马帝国是"另一个巴比伦",只是兴衰无常的"世俗之城",他期望未来再造教会高于国家的人间"上帝之城"。奥古斯丁最终奠定的基督教神学体系并没有成为罗马帝国的统治意识形态,而是为西欧中世纪文明准备了一种占统治地位的宗教文化。基督教后来对中世纪早期西欧的经济复苏与社会的封建化起有积极的促进作用,融会希腊罗马哲学的基督教哲学神学则形成了中世纪文明的基本文化精神。

基督教神学"融会"希腊罗马哲学,不能理解为吞没、灭绝后者,而是使后者折服和包裹于宗教神学之中,希腊罗马哲学的理性精神总是要突破这种束缚的。古代希腊与罗马哲学终结了,但希腊罗马哲学没有死亡,仍变形地延续生存,影响着中世纪的文化精神。不仅奥古斯丁的基督教哲学对它有所传承,中世纪初期波埃修的学说也局部闪亮着它的理性之光;在加洛林王朝文化复兴时期,它又顿而展现为爱留根纳(John

Scotus Eriugena,810—877)学说这朵绽开的理性奇葩;而柏拉图主义和亚里士多德主义之争,一直贯穿于整个经院哲学之演变。中世纪盛期,西欧文明和拜占庭文明、伊斯兰阿拉伯文明的文化交往得到开通,通过拜占庭、西西里和西班牙三个主要渠道,两大东部文明所保存的大量希腊罗马古典文本被重新引进西欧,希腊罗马哲学全面返回西欧。它的理性主义和人文精神传统受到重视和研究,促成了中世纪盛期西欧学术文化的高涨,呼唤着文艺复兴文明的到来。而希腊罗马哲学的科学理性与人文精神传统更盛发于近代西欧文明,深刻影响了近代欧美哲学。现当代西方的一些主要哲学流派,也仍从希腊罗马哲学溯取思想营养与理论根据。可见希腊罗马哲学的精髓有着悠久的生命力和高深的历史价值。

主要参考文献

一 外文著作

(一)古代原著与编纂史料

1. *Aristotle* (23 vols). The Loeb Classical Library, Cambridge, Harvard University Press, 1949

亚里士多德文集(23卷,希英对照本)."洛布古典丛书",麻省,剑桥,哈佛大学出版社,1949

2. Arnim H. von. *Stoicorum Veterum Fragmenta* (4 vols). Leipzig, B. G. Teubner, 1903 - 1924. reprinted Stuttgart, 1966

阿尼姆编.早期斯多亚学派残篇(4卷).莱比锡,泰布纳尔出版社,1903—1924;斯图加特,1966,重印

3. Aurelius Marcus. *Meditations*. translated by C. R. Haines. The Loeb Classical Library, Cambridge, Harvard University Press, 1979

奥勒留.沉思录.汉尼斯英译."洛布古典丛书",麻省,剑桥,哈佛大学出版社,1979

4. Bailey C. *Epicurus*. Oxford, Clarendon Press, 1926

贝利编.伊壁鸠鲁(英译,有评释).牛津,克拉伦登出版社,1926

5. Barnes J. *Aristotle's Posterior Analytic*. Oxford, Clarendon Press, 1975

巴恩斯.亚里士多德《后分析篇》注释.牛津,克拉伦登出版社,1975

6. Capelle W. *Die Vorsokratiker: Die Fragmente und Qullenberichte*. Stuttgart, Kronner Verlag, 1953

卡佩莱编.苏格拉底以前的学派:残篇和资料.斯图加特,克伦纳尔出版社,1953

7. Clark G. H. *Selections from Hellenistic Philosophy*. New York, Irvington Publisher, Inc. , 1975

克拉克编. 希腊化时代哲学文选. 纽约, 欧文顿出版公司, 1975

8. Connor E. *The Essential Epicurus*. Amherst, Prometheus Books, 1993

康诺编. 伊壁鸠鲁精华(英译, 有引论, 残篇较全). 埃默尔斯特, 普罗米修斯书店, 1993

9. Diels H. *Doxographi Graeci*. Berlin, Weidman, 1965

第尔斯. 希腊学述. 柏林, 魏德曼出版社, 1965

10. Diels H. und Kranz W. *Die Fragmente der Vorsokratiker*. Griechisch und Deutsch. Berlin, Weidmann, 1974

第尔斯, 克兰茨编. 苏格拉底以前哲学家残篇(希德对照本). 柏林, 魏德曼出版社, 1974

11. *Discourses of Epictetus*. edited by Arrian. translated by W. A. Oldfather. The Loeb Classical Library, Cambridge, Harvard University Press, 1979

爱比克泰德论说集. 阿里安编. 奥尔德法塞英译. "洛布古典丛书", 麻省, 剑桥, 哈佛大学出版社, 1979

12. Edelstein L. & Kidd I. G. *Posidonius: Fragments Volume I*. Cambridge, Cambridge University Press, 1972

埃德尔斯坦因, 基德编. 波西多纽: 残篇卷一. 剑桥, 剑桥大学出版社, 1972

13. Ferguson J. *Socrates − A Source Book*. London, The Open University Press, 1970

弗格逊编. 苏格拉底史料. 伦敦, 开放大学出版社, 1970

14. Freeman K. *Ancila to the Pre-Socratic Philosophers*. translated of the Texts in Diels-Kranz. Cambridge, Harvard University Press, 1978

弗里曼英译. 苏格拉底以前哲学家的辅助读物. 译自第尔斯-克兰茨编《苏格拉底以前哲学家残篇》. 麻省, 剑桥, 哈佛大学出版社, 1978

15. Freeman K. *The Pre-Socratic Philosophers: A Companion to Diels' Fragmente der Vorsokratiker*. Oxford, Blackwell, 1959

弗里曼. 苏格拉底以前的哲学家: 第尔斯的《苏格拉底以前哲学家残篇》导读. 牛津, 布莱克威尔出版社, 1959

16. *Hesiod and Homeric Hymn*. translated by A. G. E. White. The Loeb Classical Library, Cambridge, Harvard University Press, 1977

赫西奥德著作集和荷马颂歌. 怀特英译. "洛布古典丛书", 麻省, 剑桥, 哈佛大学出版社, 1977

17. *Hippocrates* (4 vols). translated by W. H. S. Jones. The Loeb Classical Library, Cambridge, Harvard University Press, 1972

希波克拉底文集(4 卷). 琼斯英译. "洛布古典丛书", 麻省, 剑桥, 哈佛大学出版社, 1972

18. Homer. *The Iliad* (2 vols). translated by A. T. Murray. The Loeb Classical Library,Cambridge,Harvard University Press,1972

荷马.伊利昂记(2 卷).默里英译."洛布古典丛书",麻省,剑桥,哈佛大学出版社,1972

19. Homer. *The Odyssey* (2 vols). translated by A. T. Murray. The Loeb Classical Library,Cambridge,Harvard University Press,1980

荷马.奥德修记(2 卷).默里英译."洛布古典丛书",麻省,剑桥,哈佛大学出版社,1980

20. Iamblichus. *On the Pythagorean Way of Life*. translated by J. Dillon & J. Hersbell. Atlanta,Scholar Press,1991

扬布里柯.毕达哥拉斯传.狄龙,赫尔斯贝尔英译.亚特兰大,学者出版社,1991

21. Iamblichus. *Theology of Arithmetic*. Berkeley,Hills Books,1999

扬布里柯.算术神学.伯克利,希尔斯出版社,1999

22. Inwood B. & Gerson L. P. *Hellenistic Philosophy*:*Introductory Readings* (Translated with Introduction and Notes). Indianapolis, Hackett Publishing Company,1988

英沃特,吉尔生编.希腊化时代的哲学:导读资料(附有引论与注释).印第安纳波利斯,海克特出版公司,1988

23. Kahn C. H. *The Art and Thought of Heraclitus* (An Edition of the Fragments with Translation and Commentary). Cambridge, Cambridge University Press,1983

卡恩编.赫拉克利特的艺术和思想(附有残篇英译和评释).剑桥,剑桥大学出版社,1983

24. Kirk G. S. *Heraclitus*:*The Cosmic Fragment* (Edited with an Introduction and Commentary). Cambridge,Cambridge University Press,1978

基尔克编.赫拉克利特宇宙论残篇(附有引论和评释).剑桥,剑桥大学出版社,1978

25. Kirk G. S. & Raven J. E. *The Pre-Socratic Philosophers* (A Critical History with a Selection of Texts). Cambridge,Cambridge University Press,1978

基尔克,拉文.苏格拉底以前的哲学家(附有原始文本资料选编的批判史).剑桥,剑桥大学出版社,1978

26. Laertius Diogenes. *Lives of Eminent Philosophers* (2 vols). translated by R. D. Hicks. The Loeb Classical Library,Cambridge,Harvard University Press,1972

第欧根尼·拉尔修.著名哲学家的生平和学说(2 卷).希克斯英译."洛布古典丛书",麻省,剑桥,哈佛大学出版社,1972

27. Leonard W. E. *The Fragments of Empedocles*. Chicago, Open Court Publishing Co. ,1908

列翁那德编译.恩培多克勒残篇.芝加哥,开放世界出版公司,1908

28. Long A. A. & Sedley D. *Hellenistic Philosophers*. Cambridge, Cambridge University Press, 1987

朗,塞德莱编. 希腊化时代的哲学家. 剑桥,剑桥大学出版社,1987

29. Luck G. *Der Akademiker Antiochos*. Bern, Paul Haup, 1953

鲁基编. 学园派人安提俄克. 伯尔尼,保罗·豪珀出版社,1953

30. Lucretius. *On the Nature of Things*. translated by C. Bailey. London, Oxford University Press, 1910

卢克莱修. 物性论. 贝利英译. 伦敦,牛津大学出版社,1910

31. Marcus R. *Philo Supplement* (2 vols). The Loeb Classical Library, Cambridge, Harvard University Press, 1953

马库斯. 斐洛:补充资料(2卷). "洛布古典丛书",麻省,剑桥,哈佛大学出版社,1953

32. Pendrick G. J. *The Fragments: Antiphon the Sophist*. New York, Cambridge University Press, 2001

潘德列克编. 智者安提丰残篇. 纽约,剑桥大学出版社,2001

33. *Philo*(12 vols). translated by F. H. Colson and others. The Loeb Classical Library, Cambridge, Harvard University Press, 1971

斐洛文集(12卷). 科尔森等英译. "洛布古典丛书",麻省,剑桥,哈佛大学出版社,1971

34. Philostratus E. *The Lives of the Sophists*. The Loeb Classical Library, Cambridge, Harvard University Press, 1921

菲罗斯特拉图. 智者的生平. "洛布古典丛书",麻省,剑桥,哈佛大学出版社,1921

35. *Plato*(12 vols). translated by P. Shorey, R. G. Bury and others. The Loeb Classical Library, Cambridge, Harvard University Press, 1971

柏拉图文集(12卷). 肖莱,伯里等英译. "洛布古典丛书",麻省,剑桥,哈佛大学出版社,1971

36. *Plotinus*(7 vols, Revised Text with Notes). translated by A. H. Armstrong. The Loeb Classical Library, Cambridge, Harvard University Press, 1966 - 1988

普罗提诺文集(7卷,修订本并有注释). 阿姆斯特朗英译. "洛布古典丛书",麻省,剑桥,哈佛大学出版社,1966—1988

37. Plotinus. *The Six Enneads*. translated by S. MacKenna & B. S. Page. London, Faber and Faber, 1956

普罗提诺. 九章集,麦克肯纳,佩奇英译. 伦敦,法伯出版公司,1956

38. Plutarch. *Moralia*(16 vols). translated by F. C. Babbitt and others. The Loeb Classical Library, Cambridge, Harvard University Press, 1956

普卢塔克. 道德论集(16卷). 巴比特等英译. "洛布古典丛书",麻省,剑桥,哈佛大学出版社,1956

39. Plutarch. *The Parallel Lives*. translated by B. Perrin and others. The Loeb Classical Library, Cambridge, Harvard University Press, 1982

普卢塔克. 希腊罗马名人传. 佩林等英译. "洛布古典丛书", 麻省, 剑桥, 哈佛大学出版社, 1982

40. Porphry. *On Aristotle's Categories*. translated by S. K. Strange. Ithaca, Cornell University Press, 1992

波菲利. 亚里士多德《范畴篇》导论. 斯特伦吉英译. 依泰卡, 康奈尔大学出版社, 1992

41. Ross W. D. *Aristotle's De Anima* (A Text with Introduction and Commentary). Oxford, Clarendon Press, 1961

罗斯. 亚里士多德《论灵魂》(附有引论和注释的希腊文校订本). 牛津, 克拉伦登出版社, 1961

42. Ross W. D. *Aristotle's Metaphysics* (2 vols, A Revised Text with Introduction and Commentary). Oxford, Clarendon Press, 1975

罗斯. 亚里士多德《形而上学》(2 卷, 附有引论和注释的希腊文校订本). 牛津, 克拉伦登出版社, 1975

43. Ross W. D. *Aristotle's Physics* (A Revised Text with Introduction and Commentary). Oxford, Clarendon Press, 1936

罗斯. 亚里士多德《物理学》(附有引论和注释的希腊文校订本). 牛津, 克拉伦登出版社, 1936

44. Ross W. D. *Aristotle's Prior and Posterior Analytics* (Revised Text with Introduction and Commentary). Oxford, Clarendon Press, 1949

罗斯. 亚里士多德《前分析篇》和《后分析篇》(附有引论和评释的校订本). 牛津, 克拉伦登出版社, 1949

45. Saunders J. L. *Greek and Roman Philosophy after Aristotle*. New York, The Free Press, 1966

桑特尔斯编. 亚里士多德之后的希腊与罗马哲学. 纽约, 自由出版社, 1966

46. Seneca. *Ad Lucilium Epistulae Morales* (3 vols). translated by R. M. Gummere. The Loeb Classical Library, Cambridge, Harvard University Press, 1917, 1920, 1925

塞涅卡. 道德书信集(3 卷). 古默尔英译. "洛布古典丛书", 麻省, 剑桥, 哈佛大学出版社, 1917, 1920, 1925

47. *Seneca Moral Essays* (3 vols). translated by John W. Basore. The Loeb Classical Library, Cambridge, Harvard University Press, 1928, 1932, 1935

塞涅卡道德文集(3 卷). 巴索尔英译. "洛布古典丛书", 麻省, 剑桥, 哈佛大学出版社, 1928, 1932, 1935

48. *Seneca Naturales Quaestiones* (2 vols). translated by T. Corcoran. The Loeb Classical Library, Cambridge, Harvard University Press, 1971, 1972

塞涅卡论自然问题(2卷).科尔克兰英译."洛布古典丛书",麻省,剑桥,哈佛大学出版社,1971,1972

49. *Sextus Empiricus* (4 vols). translated by R. G. Bury and others. The Loeb Classical Library, Cambridge, Harvard University Press, 1976

塞克斯都·恩披里柯文集(4卷).伯里等英译."洛布古典丛书",麻省,剑桥,哈佛大学出版社,1976

50. Straaten M. Van. *Panaetii Rhodii Fragmenta*. Leiden, Brill, 1962

斯特拉腾编.罗得的帕奈提乌残篇.莱顿,布里尔出版社,1962

51. Strodach G. K. *The Philosophy of Epicurus*. Evanston, Northwestern Universiy Press, 1963

斯特劳达赫编.伊壁鸠鲁的哲学(有伊壁鸠鲁文本的新英译和评释).伊文斯顿,西北大学出版社,1963

52. *The Collected Dialogues of Plato, Including the Letters*. edited by H. Hamilton & H. Cairns. Princeton, Princeton University Press, 1973

柏拉图对话全集,附信札.汉密尔顿,凯恩斯编.普林斯顿,普林斯顿大学出版社,1973

53. *The Complete Works of Aristotle* (2 vols, The Revised Oxford Translation). edited by J. Barnes. Princeton, Princeton University Press, 1984

亚里士多德全集(2卷,牛津英译版修订本).巴恩斯主编.普林斯顿,普林斯顿大学出版社,1984

54. *The Dialogues of Plato* (5 vols, Translated into English with Analytics and Introductions). by B. Jowett. Oxford, Clarendon Press, 1953

柏拉图全集(5卷,附有析义和引论),乔伊特英译.牛津,克拉伦登出版社,1953

55. *The Early Christian Fathers : A Selection from the Writings of the Fathers from St. Clement of Rome to St. Athanasuis*. London, Oxford University Press, 1969

早期基督教教父:罗马时代从圣克莱门特到圣阿塔那修斯教父著作选集.伦敦,牛津大学出版社,1969

56. *The Essence of Plotinus*. compiled by Grace H. Turnbull. New York, Oxford University Press, 1948

普罗提诺的精华(节选《九章集》和波菲利的《普罗提诺生平》).特恩布尔编.纽约,牛津大学出版社,1948

57. Theiler W. *Posidonius: Fragmenta* (2 vols). Berlin and New York, W. de Gruyter, 1982

塞依勒编.波西多纽:残篇(2卷,德文本),柏林和纽约,德·格鲁依特出版社,1982

58. Usener H. *Epicurea*. Leipzig, B. G. Teubner, 1887. reprinted Stuttgart, 1966

乌塞纳编.伊壁鸠鲁.莱比锡,泰布纳尔出版社,1887;斯图加特,1966,重印

59. Vogel C. G. de. *Greek Philosophy*：*A Collection of Texts with Notes and Explanations*（3 vols；Volume 1：*From Thales to Plato*，Volume 2：*Aristotle*，*The Early Peripatetic School and the Early Academy*，Volume 3：*The Hellenistic-Roman Period*）. Leiden，Brill，1967 - 1973

沃格尔编. 希腊哲学(附有注释的文本资料汇编；3 卷，第 1 卷：从泰勒斯到柏拉图，第 2 卷：亚里士多德、早期漫步学派和早期学园派，第 3 卷：希腊化与罗马时期). 莱顿，布里尔出版社，1967—1973

60. *Works of Aristotle*（12 vols）. edited by W. D. Ross. London，Oxford University Press，1908 - 1952

亚里士多德著作集(12 卷). 罗斯主编. 伦敦，牛津大学出版社，1908—1952

61. *Xenophon*. translated by E. C. Marchant ＆ O. J. Todd. The Loeb Classical Library，Cambridge，Harvard University Press，1927

色诺芬文集. 马庆德，托特英译. "洛布古典丛书"，麻省，剑桥，哈佛大学出版社，1927

（二）现代研究著作

（1）希腊与罗马的文明史和哲学史总论

1. Ackenecht E. H. *A Short History of Medicine*. New York，Ronald Press Co. ，1968

阿克奈西特. 医学简史. 纽约，罗纳德出版公司，1968

2. Brumbaugh R. S. *The Philosophers of Greek*. Albany，State University of New York at Albany Press，1981

勃隆堡. 希腊哲学家. 奥尔巴尼，纽约州立大学奥尔巴尼分校出版社，1981

3. Burkhard J. *The Greeks and Greek Civilization*. London，Harper Collins Publishers，1998

布克哈特. 希腊人与希腊文明. 伦敦，哈珀-柯林斯出版社，1998

4. Copleston F. *A History of Philosphy*. Volume 1（*Greece ＆ Rome*）. New York，Newman Press，1962

科普尔斯顿. 哲学史. 第 1 卷(希腊和罗马). 纽约，纽曼出版社，1962

5. Cornford F. M. *From Religion to Philosophy*：*A Study in the Origins of Western Speculation*. New York，Harper ＆ Row Publisher，1957

康福德. 从宗教到哲学：西方思辨起源研究. 纽约，哈珀与罗出版社，1957

6. Cornford F. M. *Principium Sapientiae*：*The Origins of Greek Philosophical Thought*. edited by W. K. C. Guthrie. Cambridge，Cambridge University Press，1953

康福德. 鉴别原理：希腊哲学思想的起源. 格思里编. 剑桥，剑桥大学出版社，1953

7. Crescenzo L. de. *The History of Greek Philosophy*. London，Pan Book，1989

克列申佐. 希腊哲学史. 伦敦，牧神书店，1989

8. Farrinton B. *Greek Science*（2 vols）. Middlesix，Penguin Books Ltd. ，1953

法灵顿. 希腊科学(2卷). 米德塞斯,企鹅出版社,1953

9. Gibbon E. *Barbarism and the Fall of Rome*. New York,Macmillan Publishing Co. ,1966

吉本. 蛮族和罗马的衰落. 纽约,麦克米兰出版公司,1966

10. Gomperz T. *The Greek Thinkers：A History of Ancient Philosophy*(4 vols). translated from German edition by L. Magnus. London,John Murray,1969

冈珀茨. 希腊思想家:古代哲学史(4卷). 马格纳斯英译自德文版. 伦敦,约翰·莫莱出版社,1969

11. Guthrie W. K. C. *A History of Philosophy*. Volume 1 - 6. Cambridge, Cambridge University Press,1965 - 1983

格思里. 希腊哲学史. 第1—6卷(从早期希腊哲学至亚里士多德). 剑桥,剑桥大学出版社,1965—1983

12. Heath H. L. *A History of Greek Mathematics*(2 vols). Oxford,Clarendon Press,1921

希思. 希腊数学史(2卷). 牛津,克拉伦登出版社,1921

13. Jaeger W. *Paedia：The Ideals of Greek Culture*. Volume 1 - 3. London, Oxford University Press,1947 - 1980

耶格尔. 潘迪亚:希腊文化的理想. 第1—3卷. 伦敦,牛津大学出版社, 1947—1980

14. Jordan N. J. (James Nicolas). *Western Philosophy ：From Antiquity to the Middle Ages*. New York ,Macmillan Publishing Co. ,1987

詹姆斯(即J. 尼古拉斯). 西方哲学:从古代至中世纪. 纽约,麦克米伦出版公司, 1987

15. Laistner M. I. W. *Christianity and Pagan Culture in the Later Roman Empire*. Ithaca,Cornell University Press,1951

莱斯特纳. 晚期罗马帝国中的基督教和非基督教文化. 依泰卡,康奈尔大学出版社,1951

16. Mansfield J. *Studies in the Historiography of Greek Philosophy*. Assen, Van Gorcum,1990

曼斯菲尔特. 希腊哲学史学研究. 爱森,范·高克姆出版社,1990

17. Mason S. F. *A History of the Sciences*. New York,Macmillan Publishing Co. ,1962

梅森. 科学史. 纽约,麦克米伦出版公司,1962

18. Moulton C(Editor in Chief). *Ancient Greece and Rome*(4 vols). New York, Scribner,1998

摩尔顿主编. 古代希腊与罗马(4卷). 纽约,斯克里布纳出版公司,1998

19. Nilson M. P. *A History of Greek Religion*. Oxford,Clarendon Press,1925

尼尔生. 希腊宗教史. 牛津,克拉伦登出版社,1925

20. Rostovtzeff M. *A History of the Ancient World*. Volume 1(*The Orient and Greece*). Oxford, Clarendon Press, 1925

罗斯托采夫. 古代世界史. 第 1 卷(东方和希腊). 牛津,克拉伦登出版社,1925

21. Sedley D. *The Cambridge Companion to Greek and Roman Philosophy*. Cambridge, Cambridge University Press, 2003

塞德莱主编. 剑桥希腊与罗马哲学指南. 剑桥,剑桥大学出版社,2003

22. Snell B. & Rosenmeyer T. G. *Discovery of the Mind；The Greek Origins of European Thought*. Cambridge, Harvard University Press, 1953

斯奈尔,罗森梅尔. 心智的发现:欧洲思想的希腊起源. 麻省,剑桥,哈佛大学出版社,1953

23. Tarn W. W. *Hellenistic Civilization*. London, Methuen & Co. Ltd. , 1966

塔恩. 希腊化文明. 伦敦,梅苏恩出版公司,1966

24. Tejera V. *Rewriting the History of Ancient Greek Philosophy*. Westport, Greenwood Press, 1997

特耶拉. 重写希腊哲学史. 西港,格林伍德出版社,1997

25. Ueberweg F. *History of Philosophy*. Volume 1(*History of the Ancient and Medieval Philosophy*). translated from German edition by G. S. Morris. New York, Charles Scribner's Sons, 1903

宇伯威格. 哲学史. 第 1 卷(古代和中世纪哲学史). 莫利斯英译自德文版. 纽约,查理斯·斯克里布纳之子出版公司,1903

26. Vlastos G. *Studies in Greek Philosophy*. Princeton, Princeton University Press, 1995

弗拉斯托斯. 希腊哲学研究. 普林斯顿,普林斯顿大学出版社,1995

27. West M. L. *Early Greek Philosophy and the Orient*. Oxford, Clarendon Press, 1971

韦斯特. 早期希腊哲学和东方. 牛津,克拉伦登出版社,1971

28. Windelband W. *A History of Philosophy*. Volume 1(*Greek · Roman · Medieval*). New York, Harper & Row Publisher, 1958

文德尔班. 哲学史. 第 1 卷(希腊、罗马和中世纪哲学). 纽约,哈珀与罗出版社,1958

29. Zeller E. *Outlines of the History of Greek Philosophy*. London, Routledge & Kegan Paul, 1931

策勒. 希腊哲学史纲. 伦敦,劳特利奇与基根·保罗公司,1931

(2) 早期希腊哲学

1. Allen H. J. & Wilbur J. B. *The Worlds of the Early Greek Philosophers*. Amherst, Prometheus Books, 1979

艾伦,维尔勃. 早期希腊哲学家的世界. 埃默尔斯特,普罗米修斯书店,1979

2. Barnes J. *Early Greek Philosophy*. Middlesex, New York, Penguin Books

Ltd. ,1987

巴恩斯.早期希腊哲学.米德塞斯,纽约,企鹅出版社,1987

3. Barnes J. *The Pre-Socratic Philosophers*（2 vols）. London，Routledge Press,1979

巴恩斯.苏格拉底以前的哲学家(2卷).伦敦,劳特利奇出版社,1979

4. Barron B. *Hippocrates in Red Vest*. Illinois,University of Illinois Press,1973

巴龙.着红袍的希波克拉底.伊利诺依,伊利诺依大学出版社,1973

5. Bartlett E. *An Discoures on the Time, Character and Writing of Hippocrates*. New York,King's Crown Press,1952

巴特列脱.论希波克拉底的时代、特性和著作.纽约,王冠出版社,1952

6. Bormann K. *Parmenides*. Hamburg,Felix Meiner Verlag,1971

鲍曼.巴门尼德.汉堡,F. 玛纳出版社,1971

7. Burnet J. *Early Greek Philosophy*. New York，The World Publishing Company,1930

伯奈特.早期希腊哲学.纽约,世界出版公司,1930

8. Burnet J. *Greek Philosophy. Part I, Thales to Plato*. London，Macmillan Publishing Co. ,1928

伯奈特.希腊哲学:第一部分,从泰勒斯到柏拉图.伦敦,麦克米伦出版公司,1928

9. Cherniss H. *Aristotle's Criticism of Pre-Socratic Philosophy*. Baltimore,The Johns Hopkins University Press,1935

彻尼斯.亚里士多德对苏格拉底以前的哲学的批判.巴尔的摩,霍普金斯大学出版社,1935

10. Cleve F. M. *The Giants of Pre-Sophistic Greek Philosophy*(2 vols). Hague, Martinus Nijhoff,1969

克莱芙.智者以前希腊哲学的巨人(2卷).海牙,马丁努斯·尼霍夫出版社,1969

11. Cleve F. M. *The Philosophy of Anaxagoras：An Attempt at Reconstruction*. New York,King's Crown Press,1949

克莱芙.重构阿那克萨戈拉的哲学.纽约,王冠出版社,1949

12. Cole A. T. *Democritus and the Source of Greek Anthropology*. American Philosophical Association,1967

考尔.德谟克利特和希腊人类学的来源.美国哲学协会,1967

13. Cornford F. M. *Before and After Socrates*. Cambridge，Cambridge University Press,1950

康福德.苏格拉底以前和以后.剑桥,剑桥大学出版社,1950

14. Cornford F. M. *Plato and Parmenides*. London,K. Paul,Trench,Trubner & Co. Ltd. ,1951

康福德.柏拉图和巴门尼德.伦敦,保罗-特伦奇-特鲁布纳出版公司,1951

15. Couprie D. ,Hahn R. and Naddaf G. *Anaximander in Context*：*New Studies in the Origins of Greek Philosophy*. Albany ,State University of New York at Albany Press,2003

考帕列等. 语境中的阿那克西曼德:希腊哲学思想起源新探. 奥尔巴尼,纽约州立大学奥尔巴尼分校出版社,2003

16. Fuller B. A. G. *History of Greek Philosophy*. *Thales to Democritus*. New York,Henry Holt & Co. ,1923

福勒. 希腊哲学史:泰勒斯到德谟克利特. 纽约,亨利·霍尔特出版公司,1923

17. Gershenson D. E. & Greenberg D. A. *Anaxagoras and the Birth of Physics*. New York,Blaisdell Publishing Company,1962

吉尔琛生,格林贝格. 阿那克萨戈拉和物理学的诞生. 纽约,布莱斯德尔出版公司,1962

18. Gorman P. *Pythagoras*:*A Life*. London,Routledge Press,1979

戈尔曼. 毕达哥拉斯传. 伦敦,劳特利奇出版社,1979

19. Grunbaum A. *Modern Science and Zeno's Paradox*. London,George Allen and Unwin Ltd. ,1967

格伦鲍姆. 现代科学和芝诺的悖论. 伦敦,乔治·艾伦-昂温出版公司,1967

20. Guthrie W. K. C. *Orphseus and Greek Religion*. Princeton, Princeton University Press,1993

格思里. 奥菲斯和希腊宗教. 普林斯顿,普林斯顿大学出版社,1993

21. Jaeger W. *The Theology of the Early Greek Philosophers*. Oxford, Clarendon Press,1947

耶格尔. 早期希腊哲学家的神学. 牛津,克拉伦登出版社,1947

22. Kahn C. H. *Pythagoras and the Pythagoreans*：*A Brief History*. New York,Hackett Publishing Company,2001

卡恩. 毕达哥拉斯和毕达哥拉斯学派简史. 纽约,海克特出版公司,2001

23. Kahn C. H. *The Verb "to be" in Ancient Greek*. Dordrecht, D. Reidel Publishing Company,1973

卡恩. 古希腊语动词"to be". 道特列希特,里德尔出版公司,1973

24. Kingsley P. Mystery and Magic：*Empedocles and Pythagorean Tradition*. Oxford,Clarendon Press,1997

金斯勒. 神秘与巫术:恩培多克勒和毕达哥拉斯学派的传统. 牛津,克拉伦登出版社,1997

25. Levin E. B. *Hippocrates*. New York,Twayne Publishers,Inc. ,1971

莱伐恩. 希波克拉底. 纽约,特威尼出版公司,1971

26. Long A. A. *The Cambridge Companion to Early Greek Philosophy*. Cambridge,Cambridge University Press,1999

朗编. 剑桥早期希腊哲学指南. 剑桥,剑桥大学出版社,1999

27. Luey G. de. *On the Doctrine of Hippocrates and Plato*. Berlin, Akadmie Verlag,1978

路依. 论希波克拉底和柏拉图的学说. 柏林,学术出版社,1978

28. Nietzsche F. *Philosophy in the Tragic Age of Greeks*. Chicago, Regnery Gateway Press,1962

尼采. 希腊悲剧时代的哲学. 芝加哥,雷格纳列·盖特威出版社,1962

29. O'Brien D. *Empedocles's Cosmic Cycle*. Cambridge, Cambridge University Press,1969

奥伯林. 恩培多克勒的宇宙循环. 剑桥,剑桥大学出版社,1969

30. Popper K. R. *The Open Society and Its Enemies*. Volume 1. Princeton, Princeton University Press,1966

波普. 开放社会及其敌人. 第1卷. 普林斯顿,普林斯顿大学出版社,1966

31. Sambursky S. *The Physical World of Greeks*. translated from the Hebrew by M. Dagut. London,Routledge and Paul,1956

萨姆伯斯基. 希腊人的物理世界. 达格特英译自希伯来文版. 伦敦,劳特利奇与基根·保罗公司,1956

32. Smith W. *The Hippocratic Tradition*. Ithaca,Cornell University Press,1979

史密斯. 希波克拉底传统. 依泰卡,康奈尔大学出版社,1979

33. Trépanier S. *Empedocles：An Interpretation*. New York, Routledge Press,2004

特列派尼尔. 恩培多克勒:一种解释. 纽约,劳特利奇出版社,2004

34. Whyte L. L. *Essay on Atomism：From Democritus to 1960*. Middletown, Wesleyan University Press,1961

华特. 论原子论:从德谟克利特到1960年. 密德尔顿,威斯利大学出版社,1961

35. Zeller E. *A History of Greek Philosophy：From the Earliest Period to the Time of Socrates*(2 vols). translated from German edition by S. F. Allevne. London, Longmans Green & Co. ,1881

策勒. 苏格拉底以前的学派(2卷). 奥列尼英译自德文版. 伦敦,朗格曼斯·格林出版公司,1881

(3) 希腊古典哲学

1. Ackrill J. L. *Aristotle's Categories, and De Interpretatione*. London, Clarendon Press,1966

阿克列尔. 亚里士多德的《范畴篇》和《解释篇》. 伦敦,克拉伦登出版社,1966

2. Barnes J. *Aristotle：A Very Short Introduction*. London,Oxford University Press,2000

巴恩斯. 亚里士多德:简要导论. 伦敦,牛津大学出版社,2000

3. Barnes J,Schofield M. and Sorabji R. *Articles on Aristotle*(4 vols；Volume 1：Sciences，Volume 2：Ethics and Politics，Volume 3：Metaphysics，Volume 4：

Psychology and Aesthetics). London, Gerald Duckworth & Company Ltd., 1975 -1979

巴恩斯等主编. 亚里士多德研究论文集(4卷;第1卷:科学,第2卷:伦理学和政治学,第3卷:形而上学,第4卷:心理学和美学). 伦敦,达克沃斯出版公司,1975—1979

4. Bostock D. *Plato's Phaedo*. London, Oxford University Press, 1986

波斯多克. 柏拉图的《斐多篇》. 伦敦,牛津大学出版社,1986

5. Buridan J. *Sophisms on Meaning and Truth*. New York, Meredith Publishing Company, 1966

布列丹. 智者论意义和真理. 纽约,梅雷迪斯出版公司,1966

6. Butcher S. H. *Aristotle's Theory of Poetry and Fine Art*. New York, Dover Publishing House, 1951

布乞尔. 亚里士多德的诗学与艺术理论. 纽约,多佛尔出版社,1951

7. Byrne P. H. *Analysis and Science in Aristotle*. Albany, State University of New York at Albany Press, 1997

拜恩. 亚里士多德的分析和科学思想. 奥尔巴尼,纽约州立大学奥尔巴尼分校出版社,1997

8. Chen Chung Hwan. *Sophia, The Science Aristotle Sought*. Hildesheim, George Olms, 1976

陈康. 智慧:亚里士多德寻求的学问. 希尔特汉姆,乔治·奥尔姆斯出版社,1976

9. Cherniss H. *Aristotle's Criticism of Plato and the Academy*. Volume 1. Baltimore, The Johns Hopkins University Press, 1944

彻尼斯. 亚里士多德对柏拉图和学园的批判. 第1卷. 巴尔的摩,霍普金斯大学出版社,1944

10. Chroust A. H. *Aristotle: New Light on His Life and on Some of His Lost Works* (2 vols). London, Routledge & Kegan Paul, 1973

克鲁斯特. 亚里士多德:生平和佚著新解(2卷). 伦敦,劳特利奇与基根·保罗公司,1973

11. Chroust A. H. *Socrates, Man and Myth*. Indiannapolis, University of Notre Dame Press, 1957

克鲁斯特. 苏格拉底,人与神话. 印第安纳波利斯,圣母大学出版社,1957

12. Coby P. *Socrates and the Sophistic Enlightenment : A Commentary on Plato's Protagoras*. Lewisburg, Bucknell University Press, 1987

考比. 苏格拉底和智者的启蒙:对柏拉图的《普罗泰戈拉篇》的评释. 列维斯堡,布克奈尔大学出版社,1987

13. Dudley D. R. *A History of Cynicism from Diogenes to the 6th Century A. D.* London, Methuen, 1937

杜德利. 从第欧根尼到公元6世纪昔尼克学派史. 伦敦,梅苏恩出版公司,1937

14. Else G. F. *Aristotle's Poetics*：*The Argument*. Cambridge，Harvard University Press，1957

厄尔斯. 亚里士多德的诗学：论证. 麻省，剑桥，哈佛大学出版社，1957

15. Evans J. D. E. *Aristotle*. Sussex，The Harvester Press；New York，St. Martin Press，1987

伊文斯. 亚里士多德. 苏塞克斯，收获者出版社；纽约，圣·马丁出版社，1987

16. Farness J. *Missing Socrates*：*Problems of Plato's Writing*. University Park，Pennsylvania State University Press，1991

法尼斯. 失落的苏格拉底：柏拉图著作的问题. 宾夕法尼亚州大学园，宾夕法尼亚州立大学出版社，1991

17. Field G. C. *Plato and His Contemporaries*. London，Methuen，1930

菲尔德. 柏拉图和他的同时代人. 伦敦，梅苏恩出版公司，1930

18. Field G. C. *The Philosophy of Plato*. London，Oxford University Press，1949

菲尔德. 柏拉图的哲学. 伦敦，牛津大学出版社，1949

19. Findlay J. N. *Plato and Platonism*：*An Introduction*. New York，Time Books，1978

芬德莱. 柏拉图和柏拉图主义：导论. 纽约，时代书店，1978

20. Findlay J. N. *Plato*：*The Written and Unwritten Doctrine*. London，Routledge & Kegan Paul，1974

芬德莱. 柏拉图：成文和不成文学说. 伦敦，劳特利奇与基根·保罗公司，1974

21. Gadamer H. G. *Dialogue and Dialectic*：*Eight Hermeneutical Studies on Plato*. translated by P. C. Smith. New Haven，Yale University Press，1980

伽达默尔. 对话和辩证法：八篇对柏拉图的解释学研究的论文. 史密斯英译. 纽黑文，耶鲁大学出版社，1980

22. Granger H. *Aristotle's Idea of the Soul*. Dordrecht，Kluwer Academic Publishers，1996

格朗吉尔. 亚里士多德关于灵魂的观念. 道特列希特，克鲁韦尔学术出版社，1996

23. Hardie W. F. R. *Aristotle's Ethical Theory*. London，Oxford University Press，1980

哈迪. 亚里士多德的伦理理论. 伦敦，牛津大学出版社，1980

24. Hare R. M. *Plato*. London，Oxford University Press，1982

海尔. 柏拉图. 伦敦，牛津大学出版社，1982

25. House E. *Aristotle's Poetics*. London，R. Hart‐Davis，1956

豪斯. 亚里士多德的诗学. 伦敦，R. 哈特-戴维斯出版社，1956

26. Hutchinson D. S. *The Virtues of Aristotle*. London，New York，Routledge & Kegan Paul in association with Methuen，1986

赫钦逊. 亚里士多德的德性论. 伦敦，纽约，劳特利奇与基根·保罗公司，梅苏恩

出版公司,1986

27. Irwin I. *Plato's Moral Theory：The Early and Middle Dialogues*. Oxford, Clarendon Press,1977

伊尔文. 柏拉图的道德论:早期和中期对话. 牛津,克拉伦登出版社,1977

28. Irwin T. *Aristotle's First Principles*. Oxford,Clarendon Press,1990

伊尔文. 亚里士多德的第一原理. 牛津,克拉伦登出版社,1990

29. Jaeger W. W. *Aristotle：Fundaments of the History of His Development*. translated by R. Robinson. Oxford,Clarendon Press,1934

耶格尔. 亚里士多德:发展史纲要. 罗宾逊英译. 牛津,克拉伦登出版社,1934

30. Jaeger W. W. *Studien Zur Entstehungschichte der Metaphysik des Aristotles*. Berlin,Springer,1912

耶格尔. 亚里士多德《形而上学》的发生学研究. 柏林,施普林格出版社,1912

31. Judson L. *Aristotle's Physics － A Collection of Essays*. Oxford, Clarendon Press,1991

鸠德逊主编. 亚里士多德的物理学——论文集. 牛津,克拉伦登出版社,1991

32. Kerferd G. B. *The Sophistic Movement*. Cambridge, Cambridge University Press,1981

柯费尔德. 智者运动. 剑桥,剑桥大学出版社,1981

33. Lear J. *Aristotle and Logical Theory*. Cambridge, Cambridge University Press,1980

利尔. 亚里士多德和逻辑理论. 剑桥,剑桥大学出版社,1980

34. Lennox J. G. *Aristotle's Philosophy of Biology － Studies in the Origins of Life Science*. Cambridge,Cambridge University Press,2001

列诺克斯. 亚里士多德的生物哲学——生命科学起源研究. 剑桥,剑桥大学出版社,2001

35. Leszl W. *Aristotle's Conception of Ontology*. Padva,Antenore,1975

莱思齐. 亚里士多德的本体论概念. 帕多瓦,安特诺列出版社,1975

36. Leszl W. *Aristotle's Logic and Metaphysics*. Padva,Padva University Press,1970

莱思齐. 亚里士多德的逻辑学和形而上学. 帕多瓦,帕多瓦大学出版社,1970

37. Lloyd G. E. R. & Owen G. E. L. *Aristotle on Mind and Sciences*. Cambridge, Cambridge University Press,1978

洛伊德,欧文. 亚里士多德论心智和感觉. 剑桥,剑桥大学出版社,1978

38. Maier H. *Socrates,Sein Werk und Seine Geschichtliche Stellung*. Tupingen, J. C. B. Mohr,1913

梅耶尔. 苏格拉底,他的作品和他的历史地位. 图宾根,摩尔出版社,1913

39. McCall S. *Aristotle's Modal Syllogism*. Amsterdam, North - Holland Publishing Corporation,1963

麦考尔. 亚里士多德的模态三段论. 阿姆斯特丹,北荷兰出版公司,1963

40. Navia L. E. *Classical Cynicism*: *A Critical Study*. Westport, Greenwood Press,1996

奈维亚. 古典昔尼克学派:一种批判的研究. 西港,格林伍德出版社,1996

41. Nussbaum M. C. & Rorty A. O. *Essays on Aristotle's De Anima*. Oxford, Claredon Press,1992

努斯鲍姆,罗蒂主编. 亚里士多德《论灵魂》论文集. 牛津,克拉伦登出版社,1992

42. Owen G. E. L. *Logic*, *Science and Dialectic*. Ithaca, Cornell University Press,1986

欧文. 逻辑、科学和辩证法(论文集). 依泰卡,康奈尔大学出版社,1986

43. Owens J. *The Doctrine of Being in Aristotlian Metaphysics*. Toronto, University of Torondo Press,1957

欧文斯. 亚里士多德《形而上学》中的"Being"学说. 多伦多,多伦多大学出版社,1957

44. Palmer J. A. *Plato's Reception of Parmenides*. London, Oxford University Press,1999

帕尔默. 柏拉图对巴门尼德的接受. 伦敦,牛津大学出版社,1999

45. Patterson R. *Aristotle's Modal Logic － Essence and Entailment in the Organon*. Cambridge, Cambridge University Press,1995

帕特逊. 亚里士多德的模态逻辑——"工具论"中的精华和遗产. 剑桥,剑桥大学出版社,1995

46. Patzig G. *Theory of the Syllogism*. Dordrecht, D. Reidel,1968

帕兹希. 亚里士多德的三段论理论. 道特列希特,里德尔出版社,1968

47. Press G. A. *Plato's Dialogues*, *New Studies and Interpretations*. Lanham, Rowman & Littlefield Publishing, Inc. ,1993

普莱斯编. 柏拉图的对话:新的研究与解释(论文集). 兰汉姆,罗曼-里特菲尔德出版公司,1993

48. Price A. W. *Love and Friendship in Plato and Aristotle*. Oxford, Clarendon Press,1989

普拉斯. 柏拉图和亚里士多德著述中的爱和友爱. 牛津,克拉伦登出版社,1989

49. Rankin H. D. *Sophists*, *Socrates and Cynics*. London, Croom Heim Press,1983

兰肯. 智者、苏格拉底和昔尼克学派. 伦敦,克罗姆·汉姆出版社,1983

50. Rogers A. K. *The Socratic Problem*. New Haven, Yale University Press,1933

罗杰斯. 苏格拉底问题. 纽黑文,耶鲁大学出版社,1933

51. Romilly J. de. *The Great Sophists in Periclean Athens*. translated by J. Lloyd. Oxford, Clarendon Press,1992

罗密利. 在伯里克利时代雅典的伟大智者. 利奥特英译. 牛津,克拉伦登出版社,1992

52. Santas G. X. *Socrates*, *Philosophy in Plato's Early Dialogues*. London, Routledge Press,1982

桑塔斯. 苏格拉底,柏拉图早期对话篇中的哲学. 伦敦,劳特利奇出版社,1982

53. Schiappa E. *Protagoras and Logos*: *A Study in Greek Philosophy and Rhetoric*. Columbia, University of South Carolina Press,2003

施阿帕. 普罗泰戈拉和逻各斯:希腊哲学和修辞学研究. 哥伦比亚,南卡罗来纳大学出版社,2003

54. Schmid W. T. *Plato's Charmides and the Socratic Ideal of Rationality*. Albany, State University of New York at Albany Press,1998

施密特. 柏拉图的《卡尔米德篇》和苏格拉底的合理性的理想. 奥尔巴尼,纽约州立大学奥尔巴尼分校出版社,1998

55. Smith N. D(ed.). *Plato－Critical Assessments*(4 vols). London, Routledge Press,1988

史密斯主编. 柏拉图评论集(4 卷). 伦敦,劳特利奇出版社,1988

56. Taylor A. E. *Platonism and Its Influence*. Boston, Marshall Jones Company,1924

泰勒. 柏拉图主义及其影响. 波士顿,马夏尔·琼斯出版公司,1924

57. Taylor A. E. *Plato*, *the Man and His Work*. London, Methuen,1927

泰勒. 柏拉图其人及其著作. 伦敦,梅苏恩出版公司,1927

58. Taylor A. E. *Socrates*, *the Man and His Thought*. New York, Doubleday & Company, Inc. ,1952

泰勒. 苏格拉底其人及其思想. 纽约,双日出版公司,1952

59. Untersteiner M. *The Sophists*. translated by K. Freeman. Oxford, Blackwell,1954

翁特斯泰纳. 智者. 弗里曼英译自意大利文. 牛津,布莱克威尔出版社,1954

60. Vlastos G. *Plato*: *A Collection of Critical Essays*(2 vols). Indianapolis, University of Notre Dame Press,1978

弗拉斯托斯. 柏拉图:批判论文集(2 卷). 印第安纳波利斯,圣母大学出版社,1978

61. Vlastos G. *Plato's Universe*. Seattle, University of Washington Press,1975

弗拉斯托斯. 柏拉图的宇宙. 西雅图,华盛顿大学出版社,1975

62. Vlastos G. *Socrates*, *Ironist and Moral Philosopher*. Ithaca, Cornell University Press,1991

弗拉斯托斯. 苏格拉底,讽喻者和道德哲学家. 依泰卡,康奈尔大学出版社,1991

63. Winspear A. D. & Silverberg T. *Who Is Socrates*. Indianapolis, University of Notre Dame Press,1939

温斯派尔,雪伏尔贝格. 苏格拉底是谁. 印第安纳波利斯,圣母大学出版社,1939

64. Zeller E. *Aristotle and the Earlier Peripatetics*(2 vols). translated by B. F. C. Costelloe and J. H. Muirhead. London,Longmans Green Corporation,1897

策勒. 亚里士多德和早期漫步学派(2 卷). 科斯特洛,缪尔海特英译. 伦敦,朗格曼斯•格林出版公司,1897

(4) 晚期希腊与罗马哲学

1. Alga K. ,Barnes J. ,Mansfield J. & Schofield M. *The Cambridge History of Hellenistic Philosophy*. Cambridge,Cambridge University Press,1999.

奥尔伽,巴恩斯,曼斯菲尔特等主编. 剑桥希腊化时代哲学史. 剑桥,剑桥大学出版社,1999

2. Armstrong A. H. *The Cambridge History of Late Greek* & *Early Medieval Philosophy*. Cambridge,Cambridge University Press,1967

阿姆斯特朗主编. 剑桥晚期希腊和早期中世纪哲学史. 剑桥,剑桥大学出版社,1967

3. Arnold E. V. *Roman Stoicism*. Cambridge,Cambridge University Press,1911

阿诺德. 罗马斯多亚主义. 剑桥,剑桥大学出版社,1911

4. Baily C. *The Greek Atomists and Epicurus*. Oxford,Clarendon Press,1928

贝利. 希腊原子论学派和伊壁鸠鲁. 牛津,克拉伦登出版社,1928

5. Barnes J. and others. *Science and Speculation*,*Studies in Hellenistic Theory and Practice*. Cambridge,Cambridge University Press,1982

巴恩斯等编. 科学和思辨:希腊化时代的理论和实践研究(论文集). 剑桥,剑桥大学出版社,1982

6. Bett R. *Pyrrho*,*His Antecedents*,*and His legacy*. London,Oxford University Press,2000

贝特. 皮罗:他的先驱和他的遗产. 伦敦,牛津大学出版社,2000

7. Bowersock G. W. *Greek Sophists in the Roman Empire*. Oxford,Clarendon Press,1969

波佛尔索克. 罗马帝国中的希腊智者. 牛津,克拉伦登出版社,1969

8. Christensen J. *An Essay on the Unity of Stoic Philosophy*. Copenhagen,Munksgarrd,1962

克里斯坦森. 论斯多亚学派哲学的统一性. 哥本哈根,蒙斯嘎特出版社,1962

9. Clarke M. L. *The Roman Mind*:*Studies in the History of Thought from Cicero to Marcus Aurelius*. London,Cohen & West,1956

克拉克. 罗马的心智:从西塞罗至马可•奥勒留的思想史研究. 伦敦,柯亨-韦斯特出版公司,1956

10. Farrington B. *The Faith of Epicurus*. London,Weidenfeld & Nicolson,1967

法灵顿. 伊壁鸠鲁的信念. 伦敦,威登费尔特-尼科尔森出版社,1967

11. Gersh S. & McInerny R. *Middle Platonism and Neoplatonism*:*The Latin*

Tradition(2 vols). Indiannapolis, University of Notre Dame Press, 1986

杰尔施, 麦金纳尼. 中期柏拉图主义和新柏拉图主义: 拉丁传统(2卷). 印第安纳波利斯, 圣母大学出版社, 1986

12. Gerson L. P. *Plotinus*. London, Routledge Press, 1994

吉尔生. 普罗提诺. 伦敦, 劳特利奇出版社, 1994

13. Groarke L. *Greek Scepticism : Anti-realist Trends in Ancient Thought*. Montreal, Buffalo , McGill - Queen's University Press, 1990

格罗阿克. 希腊怀疑主义: 古代思想中一种反实在论的思潮. 蒙特利尔, 布法罗, 麦克吉尔-女王大学出版社, 1990

14. Hankinson R. J. *Cause and Explanation in Ancient Greek Thought*. London, Oxford University Press, 1998

汉金松. 古代希腊思想中的原因和解释. 伦敦, 牛津大学出版社, 1998

15. Hankinson R. J. *The Sceptics*. London, New York, Routledge Press, 1995

汉金松. 怀疑论者. 伦敦, 纽约, 劳特利奇出版社, 1995

16. Harris R. B. *Neoplatonism and Contemporary Thought*. Albany, State University of New York at Albany Press, 2002

哈列斯主编. 新柏拉图主义和当代思想. 奥尔巴尼, 纽约州立大学奥尔巴尼分校出版社, 2002

17. Hicks R. D. *Stoics and Epicurean*. London, Longmans Green & Co. , 1910

希克斯. 斯多亚学派和伊壁鸠鲁学派. 伦敦, 朗格曼斯·格林出版公司, 1910

18. Inge W. R. *The Philosophy of Plotinus* (2 vols). London, Longmans Green & Co. , 1918

英奇. 普罗提诺的哲学(2卷). 伦敦, 朗格曼斯·格林出版公司, 1918

19. Inwood B. *Ethics and Human Action in Early Stoicism*. Oxford, Clarendon Press, 1985

英沃特. 早期斯多亚主义的伦理学和关于人的行为的思想. 牛津, 克拉伦登出版社, 1985

20. Katz J. *Plotinus' Search for the Good*. New York, King's Crown Press, 1950
卡茨. 普罗提诺对善的探求. 纽约, 王冠出版社, 1950

21. Katz J. *The Philosophy of Plotinus*. New York, King's Crown Press, 1950
卡茨. 普罗提诺的哲学. 纽约, 王冠出版社, 1950

22. Kristeller. P. O. *Greek Philosophers of the Hellenistic Age*. English translation by G. Woods. New York, Columbia University Press, 1993

克列斯泰勒. 希腊化时代的希腊哲学家. 伍兹英译. 纽约, 哥伦比亚大学出版社, 1993

23. Litman A. *Cicero's Doctrine of Nature and Man*. New York, Columbia University Press, 1930

利特曼. 西塞罗的关于自然与人的学说. 纽约, 哥伦比亚大学出版社, 1930

24. Long A. A. *Hellenistic Philosophy*：*Stoics*，*Epicureans*，*Sceptics*. London，Gerald Duckworth & Company Ltd. ，1974

朗. 希腊化时代的哲学:斯多亚学派、伊壁鸠鲁学派和怀疑论学派. 伦敦,达克沃斯出版公司,1974

25. Mate B. *Stoic Logic*. Berkeley，Los Angeles，University of California Press,1953

麦特. 斯多亚学派的逻辑学. 伯克利,洛杉矶,加利福尼亚大学出版社,1953

26. More P. E. *Hellenistic Philosophies*. Princeton，Princeton University Press,1923

摩尔. 希腊化时代的哲学. 普林斯顿,普林斯顿大学出版社,1923

27. Morford M. *The Roman Philosophers*：*From the Time of Cato the Censor to the Death of Marcus Aurelius*. London，New York，Routledge Press,2002

摩福德. 罗马哲学家:从监察官加图至马可·奥勒留之死. 伦敦,纽约,劳特利奇出版社,2002

28. Nicolas J. H. *Epicurean Political Philosophy*，*The De Rerum Natura of Lucretius*. Ithaca,Cornell University Press,1976

尼古拉斯. 伊壁鸠鲁学派的政治哲学——卢克莱修的《物性论》. 依泰卡,康奈尔大学出版社,1976

29. O'Meara D. J. *Pythagoras Revived*：*Mathematics and Philosophy in Late Antiquity*. London,Oxford University Press,1990

奥梅拉. 复活的毕达哥拉斯:晚期古代的数学和哲学. 伦敦,牛津大学出版社,1990

30. Powell J. G. F. *Cicero the Philosopher*：*Twelve Papers*. London，Oxford University Press,1999

鲍威尔. 哲学家西塞罗:十二篇论文. 伦敦,牛津大学出版社,1999

31. Rist J. M. *Epicurus*：*An Introduction*. Cambridge，Cambridge University Press,1972

里斯特. 伊壁鸠鲁导论. 剑桥,剑桥大学出版社,1972

32. Rist J. M. *Stoic Philosophy*. Cambridge,Cambridge University Press,1969

里斯特. 斯多亚学派的哲学. 剑桥,剑桥大学出版社,1969

33. Sambursky S. The Physics of the Stoics. London，Routledge & Kegan Paul,1959

萨姆伯斯基. 斯多亚学派的物理学. 伦敦,劳特利奇与基根·保罗公司,1959

34. Sihvola J. & Pedersen T. E. *The Emotions in Hellenistic Philosophy*. London,Kluwer Academic Publishers,1998

斯夫拉,彼得森编. 希腊化时代哲学中的情感. 伦敦,克鲁韦尔学术出版社,1998

35. Stough C. L. *Greek Skepticism*. Berkeley，University of California Press,1969

斯都格. 希腊怀疑主义. 伯克利,加利福尼亚大学出版社,1969

36. Striker G. *Essays on Hellenistic Epistemology and Ethics*. Cambridge, Cambridge University Press,1996

斯特拉克尔主编. 希腊化时代的认识论和伦理学论文集. 剑桥,剑桥大学出版社,1996

37. Strodach G. K. *The Philosophy of Epicurus*. Evanston, Northwestern University Press,1963

斯特罗达赫. 伊壁鸠鲁的哲学(附有伊壁鸠鲁的文本的新英译和评释). 欧文斯顿,西北大学出版社,1963

38. Strozier R. M. *Epicurus and Hellenistic Philosophy*. Lanham, University Press of America,1985

斯特罗兹尔. 伊壁鸠鲁和希腊化时代的哲学. 兰罕姆,美国大学出版社,1985

39. Wallis R. T. *Neoplatoism*. New York,Charles Scribner's Sons,1972

华利斯. 新柏拉图主义. 纽约,查理斯·斯克里布纳之子出版公司,1972

40. Wilsey E. D. *Roman World Philosophy : The Unity of Empire,Religion, and Law in the Conception of a System of the World*. New York, Columbia University Press,1931

维尔西. 罗马世界哲学:帝国的统一,在世界体系概念中的宗教和法. 纽约,哥伦比亚大学出版社,1931

41. Winspear A. D. *Lucretius and Scientific Thought*. Montreal, Harvest House,1963

温斯派尔. 卢克莱修和科学思想. 蒙特利尔,收获出版社,1963

42. Zeller E. *The Stoics,Epicureans,and Sceptics*. translated from German edition by O. J. Reichel. London,Longmans Green & Co. ,1870

策勒. 斯多亚学派、伊壁鸠鲁学派和怀疑论学派. 莱希尔英译自德文版. 伦敦,朗格曼斯·格林出版公司,1870

二 中文译著和著作

(一)古代原著译本和编译本

1. 阿庇安. 罗马史(上、下卷). 谢德风译. 商务印书馆,1979

2. 爱比克泰德. 哲学谈话录. 吴欲波等译. 中国社会科学出版社,2004

3. 柏拉图. 蒂迈欧篇. 谢文郁译注. 上海人民出版社,2003

4. 柏拉图对话集六种. 张师竹初译. 张东荪改译. 上海,商务印书馆,1933

5. 柏拉图对话集. 王太庆译. 商务印书馆,2004

6. 柏拉图"对话"七篇. 戴子钦译. 辽宁教育出版社,1998

7. 柏拉图. 法律篇. 张智仁,何勤华译. 上海人民出版社,2001

8. 柏拉图. 斐多(柏拉图对话录之一). 杨绛译. 辽宁人民出版社,2000

9. 柏拉图.赖锡斯.严群译.商务印书馆,1993

10. 柏拉图.理想国.郭斌和,张竹明译.商务印书馆,1986

11. 柏拉图.理想国.吴献书译.上海,商务印书馆,1929、1939 年简编版(万有文库,第 1 集);上海,商务印书馆,1957

12. 柏拉图.理想国.张子菁译.西苑出版社,2003

13. 柏拉图全集.第 1—4 卷.王晓朝译.人民出版社,2002—2003

14. 柏拉图.苏格拉底的最后日子:柏拉图对话集.余灵灵,罗林平译.上海三联书店,1988

15. 柏拉图.泰阿泰德·智术之师.严群译.商务印书馆,1963

16. 柏拉图.文艺对话集.朱光潜译.人民文学出版社,1963

17. 柏拉图五大对话集.郭斌龢,景昌极译辑.国立编译馆,1934

18. 柏拉图.游叙弗伦　苏格拉底的申辩　克力同.严群译.商务印书馆,1983

19. 柏拉图.政治家.原江译.云南人民出版社,2004

20. 北京大学哲学系外国哲学史教研室编译.西方哲学原著选读.上卷.商务印书馆,1999

21. 第欧根尼·拉尔修.名哲言行录(上、下).马永翔,赵玉兰,祝和军等译.吉林人民出版社,2003

22. 斐洛.论凝思的生活.石敏敏译.中国社会科学出版社,2004

23. 荷马.奥德修纪.杨宪益译.上海译文出版社,1979

24. 荷马.伊利亚特.陈中梅译.花城出版社,1994

25. 赫西俄德(即赫西奥德).工作与时日　神谱.张竹明,蒋平译.商务印书馆,1996

26. 克舍挪方(即色诺芬).追思录.邝健行译.香港,中文大学出版社,1987

27. 卢克莱修.物性论.方书春译.商务印书馆,1997

28. 马可·奥勒留.沉思录——一个罗马皇帝的哲学思考.朱汝庆译.中国社会科学出版社,1998

29. 马可·奥勒留.马上沉思录.何怀宏译.陕西师范大学出版社,2003

30. 苗力田主编.古希腊哲学.中国人民大学出版社,1989

31. 普罗提诺.论自然、凝思和太一——《九章集》选译本.石敏敏译.中国社会科学出版社,2004

32. 塞克斯都·恩披里柯.悬搁判断与心灵宁静:希腊怀疑论原典.包利民等译.中国社会科学出版社,2004

33. 塞涅卡.幸福而短促的人生:塞涅卡道德书简.赵又春,张建军译.上海三联书店,1989

34. 色诺芬.回忆苏格拉底.吴永泉译.商务印书馆,1984

35. 塔西佗.编年史.王以铸,崔妙因译.商务印书馆,1997

36. 西塞罗.国家篇　法律篇.沈叔平,苏力译.商务印书馆,1999

37. 西塞罗.论灵魂.王焕生译.西安出版社,1998

38. 西塞罗. 论神性. 石敏敏译. 香港,汉语基督教文化研究所,2001

39. 西塞罗. 论义务. 王焕生译. 中国政法大学出版社,1999

40. 西塞罗三论:老年·友谊·责任. 徐奕春译. 商务印书馆,1998

41. 西塞罗文录. 梁实秋译. 台北,台湾商务印书馆,1967

42. 希罗多德. 历史(上、下册). 王以铸译. 商务印书馆,1985

43. 修昔底德. 伯罗奔尼撒战争史(上、下册). 谢德风译. 商务印书馆,1997

44. 亚里士多德. 动物四篇:动物之构造、动物之运动、动物之行进、动物之生殖. 吴寿彭译. 商务印书馆,1985

45. 亚里士多德. 动物志. 吴寿彭译. 商务印书馆,1979

46. 亚里士多德. 范畴篇 解释篇. 方书春译. 商务印书馆,1959

47. 亚里士多德. 工具论:亚里士多德逻辑论文集. 李匡武译. 广东人民出版社,1984

48. 亚里士多德. 灵魂论及其他. 吴寿彭译. 商务印书馆,1999

49. 亚里士多德伦理学. 向达译. 上海,商务印书馆,1933

50. 亚里士多德. 尼各马可伦理学. 廖申白译注. 商务印书馆,2003

51. 亚里士多德全集(10卷). 苗力田主持翻译. 中国人民大学出版社,1990—1997

52. 亚里士多德. 诗学. 陈中梅译注. 商务印书馆,1996

53. 亚里士多德. 诗学. 天蓝译. 新文艺出版社,1953

54. 亚里士多德. 天象论 宇宙论. 吴寿彭译. 商务印书馆,1999

55. 亚里士多德. 物理学. 张竹明译. 商务印书馆,1982

56. 亚里士多德. 形而上学. 李真译. 台北,正中书局,1999

57. 亚里士多德. 形而上学. 吴寿彭译. 商务印书馆,1959

58. 亚里士多德. 雅典政制. 日知,力野译. 商务印书馆,1959

59. 亚里士多德. 政治论. 吴颂皋,吴旭初译. 上海,商务印书馆,1934

60. 亚里士多德. 政治学. 吴寿彭译. 商务印书馆,1965

61. 亚里斯多德(即亚里士多德). 诗学. 傅东华译. 上海,商务印书馆,1926

62. 伊壁鸠鲁,卢克莱修. 自然与快乐:伊壁鸠鲁的哲学. 包利民,刘玉鹏,王纬纬译. 中国社会科学出版社,2004

63. 伊壁鸠鲁. 学说与格言. 梭罗文辑译. 杨伯恺重译. 辛垦书店,1934

(二)近现代研究译著和著作

1. 阿赫曼诺夫. 亚里士多德逻辑学说. 马兵译. 上海译文出版社,1980

2. 巴克. 希腊政治理论:柏拉图及其前人. 卢华萍译. 吉林人民出版社,2003

3. 柏拉图. 巴曼尼得斯篇. 陈康译注. 商务印书馆,1982

4. 包利民. 生命与逻各斯:希腊伦理思想史论. 东方出版社,1996

5. 波普尔(即波普). 开放社会及其敌人(2册). 陆衡等译. 中国社会科学出版社,1999

6. 伯恩斯,拉尔夫. 世界文明史(4卷). 罗经国等译. 商务印书馆,1987

7. 伯内斯(即巴恩斯).亚里士多德.余继元译.中国社会科学出版社,1989

8. 布伦.苏格拉底.傅勇强译.商务印书馆,1997

9. 策勒尔(即策勒).古希腊哲学史纲.翁绍军译.山东人民出版社,1992

10. 陈康:论希腊哲学.汪子嵩,王太庆编.商务印书馆,1990

11. 陈康哲学论文集.江日新,关子尹编.台北,联经出版事业公司,1985

12. 陈中梅.柏拉图诗学和艺术思想研究.商务印书馆,1999

13. 丹皮尔.科学史及其与哲学和宗教的关系.李珩译.商务印书馆,1975

14. 范明生.柏拉图哲学述评.上海人民出版社,1984

15. 范明生.晚期希腊哲学和基督教神学:东西方文化的汇合.上海人民出版社,1993

16. 范寿康.柏拉图.上海,商务印书馆(万有文库,第1集),1930

17. 福莱主编.劳特利奇哲学史.第2卷(从亚里士多德到奥古斯丁).冯俊等译.中国人民大学出版社,2004

18. 伽达默尔论柏拉图.余纪元译.光明日报出版社,1992

19. 高捍东.哲学缘起和它最初的迈进:从哲学产生到智者学派.当代中国出版社,2003

20. 戈曼.智慧之神:毕达哥拉斯传.石定乐译.湖南文艺出版社,1993

21. 何子恒.希腊哲学史.光华书局,1926

22. 黑格尔.哲学史讲演录.第1卷.贺麟,王太庆译.商务印书馆,1959

23. 黑格尔.哲学史讲演录.第2卷.贺麟,王太庆译.商务印书馆,1960

24. 黑格尔.哲学史讲演录.第3卷.贺麟,王太庆译.商务印书馆,1959

25. 黄方刚.苏格拉底.上海,商务印书馆(万有文库,第1集),1931

26. 霍普·梅.苏格拉底.瞿旭彤译.中华书局,2002

27. 吉本.罗马帝国衰亡史(D.M.洛节编本,上、下册).黄宜思,黄雨石译.商务印书馆,1997

28. 靳希平.亚里士多德传.河北人民出版社,1996

29. 赖辉亮.柏拉图传.河北人民出版社,1996

30. 李仲融.希腊哲学史.开明书店,1940

31. 廖申白.亚里士多德友爱论研究.河南人民出版社,2000

32. 卢卡西维茨.亚里士多德的三段论.李真,李先焜译.商务印书馆,1981

33. 罗斑.希腊思想和科学精神的起源.陈修斋译.段德智修订.广西师范大学出版社,2003

34. 罗森.诗与哲学之争:从柏拉图到尼采、海德格尔.张辉试译.华夏出版社,2004

35. 罗斯.亚里士多德.王路译.商务印书馆,1997

36. 罗素.西方哲学史.上卷.何兆武,李约瑟译.商务印书馆,1963,2001年重印

37. 马克思.德谟克里特的自然哲学与伊壁鸠鲁的自然哲学的差别.贺麟译.人民出版社,1961

38. 马泰伊. 毕达哥拉斯和毕达哥拉斯学派. 管震湖译. 商务印书馆,1997

39. 马玉珂主编. 西方逻辑史. 中国人民大学出版社,1985

40. 麦金太尔. 德性之后. 龚群,戴扬毅等译. 中国社会科学出版社,1995

41. 梅林. 理解柏拉图. 喻阳译. 辽宁教育出版社,2000

42. 梅森. 自然科学史. 周煦良等译. 上海译文出版社,1980

43. 孟德斯鸠. 罗马盛衰原因论. 婉玲译. 商务印书馆,1962

44. 尼古拉斯. 伊壁鸠鲁主义的政治哲学:卢克莱修的《物性论》. 溥林译. 华夏出版社,2004

45. 清华大学哲学系,中华全国外国哲学史学会(宋继杰)主编. BEING 与西方哲学传统(论文集,上、下卷). 河北大学出版社,2002

46. 全增嘏主编. 西方哲学史(2册). 上海人民出版社,1983—1985

47. 汝信,夏森. 西方美学史论丛. 上海人民出版社,1963

48. 塞尔茨. 犹太的思想. 赵立行,冯玮译. 上海三联书店,1994

49. 斯东. 苏格拉底的审判. 董乐山译. 生活·读书·新知三联书店,1998

50. 斯塔斯. 批评的希腊哲学史. 庆泽彭译. 商务印书馆,1931

51. 宋洁人. 亚里士多德与古希腊早期自然哲学. 人民出版社,1995

52. 泰勒. 柏拉图——生平及其著作. 谢随知等译. 山东人民出版社,1991

53. 泰勒. 苏格拉底传. 赵继铨,李真译. 商务印书馆,1999

54. 泰勒. 苏格拉底. 周濂,朱万国译. 山东人民出版社,1998

55. 泰勒主编. 劳特利奇哲学史. 第1卷(从开端到柏拉图). 韩东晖,聂敏里,冯俊等译. 中国人民大学出版社,2003

56. 汤因比. 历史研究(修订插图本). 刘北成,郭小凌译. 上海人民出版社,2000

57. 梯利. 西方哲学史(增补修订版). 葛力译. 商务印书馆,1995

58. 托曼,托曼诺娃. 探索幸福的人:苏格拉底传. 许宏治等译. 生活·读书·新知三联书店,1987

59. 汪子嵩,范明生,陈村富等. 希腊哲学史(3卷). 人民出版社,1988—2003

60. 汪子嵩. 亚里士多德关于本体的学说. 人民出版社,1983

61. 汪子嵩. 亚里士多德·理性·自由. 河北大学出版社,2003

62. 王宏文,宋洁人. 柏拉图研究. 山东人民出版社,1991

63. 王晓朝. 希腊宗教概论. 上海人民出版社,1997

64. 威廉·涅尔,玛莎·涅尔. 逻辑学的发展. 张家龙,洪汉鼎译. 商务印书馆,1985

65. 威廉逊. 希腊化世界中的犹太人——斐洛思想引论. 徐开来,林庆华译. 华夏出版社,2003

66. 吴国盛. 科学的历程. 北京大学出版社,2002

67. 吴国盛. 希腊空间概念的发展. 四川教育出版社,1994

68. 希尔贝克,伊耶. 西方哲学史:从古希腊到二十世纪. 童世骏等译. 上海译文出版社,2004

69. 严群. 柏拉图. 世界书局,1934

70. 严群. 分析的批评的希腊哲学史. 商务印书馆,1981

71. 严群. 亚里士多德之伦理思想. 商务印书馆,2003

72. 阎国忠. 古希腊罗马美学. 北京大学出版社,1983

73. 杨适. 爱比克泰德. 台北,东大图书公司,2000

74. 杨适. 古希腊哲学探本. 商务印书馆,2003

75. 杨适. 哲学的童年:西方哲学发展线索研究. 中国社会科学出版社,1987

76. 杨寿堪. 亚里士多德范畴学说简论. 福建人民出版社,1983

77. 姚介厚.《国家篇》导读. 四川教育出版社,2002

78. 姚介厚,李鹏程,杨深. 西欧文明(2册). 中国社会科学出版社,2002

79. 叶秀山. 前苏格拉底哲学研究. 人民出版社,1982

80. 叶秀山全集. 第1卷. 江苏人民出版社,2019

81. 叶秀山. 苏格拉底及其哲学思想. 人民出版社,1986

82. 张传开. 古希腊哲学范畴的逻辑发展. 南京大学出版社,1987

83. 张静蓉. 超凡脱俗的个体自觉:塞涅卡伦理思想研究. 杭州出版社,2001

84. 章雪富. 基督教的柏拉图主义:亚历山大里亚学派的逻各斯基督论. 上海人民出版社,2001

85. 赵敦华. 西方哲学通史. 第1卷(古代中世纪部分). 北京大学出版社,1996

86. 中国科学院哲学研究所西方哲学史组编. 赫拉克利特哲学思想:赫拉克利特诞生二千五百周年纪念文集. 商务印书馆,1962

87. 朱龙华. 世界历史(上古部分). 北京大学出版社,1991

人名索引

后　记

历时三载,此书得以写成,首先应深为感谢江苏人民出版社社长吴源和周文彬等同志怀着对学术事业的可贵热诚,精心组织、具体支持我们撰写多卷本《西方哲学史》;同时也应感谢叶秀山和王树人两位总主编委托、信任我撰写此卷。他们给了我机会,能对古代希腊与罗马哲学做一番断代研究。

江苏人民出版社的刘卫、戴亦梁同志审读篇幅不算少的拙书稿,补删润色很是到位,细心订正一些误笔,做了大量精细入微的编辑加工工作,此书出版也凝注入他们的许多心力。在此,谨向他们表示深切的谢意。

年逾花甲,终于完成此书时,心中不禁涌起对导师全增嘏教授的感恩之情。1962—1965 年我在复旦大学哲学系作为研究生师从他,他很注重古希腊罗马哲学这西方哲学史的基础性环节,培养方案中有较多安排,指导我们读原著,谆谆讲解,引人入胜。以后我能在此领域做研究,有赖于当时他给我打下的良好基础。先师仙逝已逾 20 年,此书虽非硕果,也算是献给他的一瓣心香。

我和范明生、陈村富君随汪子嵩老师撰写《希腊哲学史》约 20 年。汪老师是陈康先生的学生,治学严谨,思想开放,待人宽诚。他和我们一起切磋探讨,多有教诲,使我研习希腊哲学有所深化。汪老年逾八十,身心健朗。作为后学,谨表敬谢之意。

写作中研读叶秀山、杨适、范明生、陈村富诸位学长的著述,颇得启迪。谨向他们表示敬意。

自开展多卷本《西方哲学史》课题以来,田士章学长多有帮助,中国社会科学院的王平同志也在许多具体事宜上给予了协助。谨向他们表示谢意。

还有,我妻蔡玉华、小女姚燕历年来为我写作提供有利条件和具体帮助,也当铭记。

古希腊罗马哲学是西方哲学之源,奠立了西方哲学与文化的传统,历来是在各历史阶段激发西方文化活力的智慧火种。随着我们以开放的视野注重探究西方文明及其全部文化传统,我们对深化研究希腊罗马哲学的重要意义与价值也在获得新的再认识。古希腊罗马哲学历史跨度大,内容丰富多样,有待做更全面、深入的探究。此书若能供做深入堂奥的踏脚路砖,则幸甚。作者学识有限,书中有错漏不当之处,敬请读者指正。

姚介厚
2005 年 5 月 27 日